NOVO CURSO DE DIREITO CIVIL

CONTRATOS

NOVO CURSO DE DIREITO CIVIL – V. 4
Pablo Stolze Gagliano
Rodolfo Pamplona Filho

1ª edição unificada — fev. 2018
2ª edição unificada — jan. 2019
3ª edição unificada — jan. 2020
4ª edição unificada — jan. 2021, 2ª tiragem — abr. 2021
5ª edição unificada — jan. 2022
6ª edição unificada — jan. 2023
7ª edição unificada — jan. 2024
8ª edição unificada — jan. 2025

PABLO STOLZE GAGLIANO

Juiz de Direito. Professor de Direito Civil da Universidade Federal da Bahia — UFBA. Mestre em Direito Civil pela Pontifícia Universidade Católica de São Paulo — PUC-SP. Especialista em Direito Civil pela Fundação Faculdade de Direito da Bahia. Membro da Academia Brasileira de Direito Civil — ABDC, do Instituto Brasileiro de Direito Contratual — IBDCont e da Academia de Letras Jurídicas da Bahia. Já ministrou palestras e cursos em diversas instituições brasileiras, inclusive no Supremo Tribunal Federal. Membro da Comissão de Juristas da Reforma do Código Civil.

RODOLFO PAMPLONA FILHO

Juiz Titular da 32ª Vara do Trabalho de Salvador-BA. Professor Titular de Direito Civil e Direito Processual do Trabalho do curso de Direito da Universidade Salvador — UNIFACS. Professor Associado da graduação e da pós-graduação (Mestrado e Doutorado) em Direito da Universidade Federal da Bahia — UFBA. Mestre e Doutor em Direito das Relações Sociais pela Pontifícia Universidade Católica de São Paulo — PUC-SP. Máster em Estudios en Derechos Sociales para Magistrados de Trabajo de Brasil pela Universidad de Castilla-La Mancha/Espanha — UCLM. Especialista em Direito Civil pela Fundação Faculdade de Direito da Bahia. Membro e Presidente Honorário da Academia Brasileira de Direito do Trabalho. Membro (e ex-Presidente) da Academia de Letras Jurídicas da Bahia e do Instituto Baiano de Direito do Trabalho. Membro da Academia Brasileira de Direito Civil — ABDC, do Instituto Brasileiro de Direito Civil — IBDCivil, do Instituto Brasileiro de Direito Contratual — IBDCont e do Instituto Brasileiro de Direito de Família — IBDFAM.

NOVO CURSO DE
DIREITO CIVIL

CONTRATOS

8ª edição
revista, atualizada e ampliada
2025

- Os autores deste livro e a editora empenharam seus melhores esforços para assegurar que as informações e os procedimentos apresentados no texto estejam em acordo com os padrões aceitos à época da publicação, *e todos os dados foram atualizados pelos autores até a data de fechamento do livro*. Entretanto, tendo em conta a evolução das ciências, as atualizações legislativas, as mudanças regulamentares governamentais e o constante fluxo de novas informações sobre os temas que constam do livro, recomendamos enfaticamente que os leitores consultem sempre outras fontes fidedignas, de modo a se certificarem de que as informações contidas no texto estão corretas e de que não houve alterações nas recomendações ou na legislação regulamentadora.

- Data do fechamento do livro: 07.01.2025

- Os autores e a editora se empenharam para citar adequadamente e dar o devido crédito a todos os detentores de direitos autorais de qualquer material utilizado neste livro, dispondo-se a possíveis acertos posteriores caso, inadvertida e involuntariamente, a identificação de algum deles tenha sido omitida.

- Direitos exclusivos para a língua portuguesa
  Copyright ©2025 by
  Saraiva Jur, um selo da SRV Editora Ltda.
  Uma editora integrante do GEN | Grupo Editorial Nacional
  Travessa do Ouvidor, 11
  Rio de Janeiro – RJ – 20040-040

- **Atendimento ao cliente: https://www.editoradodireito.com.br/contato**

- Reservados todos os direitos. É proibida a duplicação ou reprodução deste volume, no todo ou em parte, em quaisquer formas ou por quaisquer meios (eletrônico, mecânico, gravação, fotocópia, distribuição pela Internet ou outros), sem permissão, por escrito, da **SRV Editora Ltda.**

- Capa: Lais Soriano

- **DADOS INTERNACIONAIS DE CATALOGAÇÃO NA PUBLICAÇÃO (CIP)
  VAGNER RODOLFO DA SILVA – CRB-8/9410**

G135n   Gagliano, Pablo Stolze
Novo curso de direito civil - v. 4 - Contratos / Pablo Stolze Gagliano, Rodolfo Mário
   Veiga Pamplona Filho. – 8. ed. - São Paulo : Saraiva Jur, 2025.

848 p. – (Novo Curso de Direito)
ISBN 978-85-5362-741-7 (Impresso)

1. Direito. 2. Direito Civil. 3. Contratos. I. Pamplona Filho, Rodolfo Mário Veiga.
II. Título. III. Série.

	CDD 347
2024-4374	CDU 347

Índices para catálogo sistemático:
1.   Direitos Humanos   341.4
2.   Direitos Humanos   341.4

Respeite o direito autoral

Dedicamos esta obra

Ao Senhor Jesus Cristo, pelas oportunidades de encontros e despedidas, na certeza de que a vida se escreve um dia após o outro e de que tudo é mutável, menos a mudança;

Aos queridos amigos e parceiros da "Somos Educação", notadamente os estimados companheiros da Saraiva, Claudio Lensing, Flavia Alves Bravin, Deborah Caetano de Freitas Viadana, Thaís de Camargo Rodrigues e Roberto Navarro, que são testemunhas privilegiadas de uma nova fase em nossas vidas.

Agradecimentos

Dentre os nossos inúmeros defeitos, certamente não se incluirá a ingratidão.

Por isso, como em outras oportunidades, fazemos questão de registrar os nomes de diversos amigos que compartilharam conosco a caminhada de elaboração deste volume ou revisão dos anteriores.

Obrigado, Pinho e Virgínia, Giovanna (Nana), Gabriela (Bibi), Marina e Rodolfinho Pamplona, Fred, Camila, Luiz Augusto e Ricardo, os "amigos" Bruno e Buck, Geraldo Vilaça, Oliveiros Guanais Filho, Willis Santiago Guerra Filho, Teresa Rodrigues, Carolina Carvalho, Natália Cavalcante, Gilberto Rodrigues Martins, Geórgia Fernandes Lima, Rosângela Lacerda, Silvia Isabelle Teixeira, Murilo Sampaio, Guilherme Ludwig, Andrea Mariani Ludwig, Renato Dantas, Fábio Periandro Hirsch, Sílvio de Salvo Venosa, Giselda Hironaka, Francisco Cahali, Nelson Luiz Pinto, Alice Lotufo, Ronaldo Andrade, Meire Queiroz, ao Tribunal de Justiça do Estado da Bahia (pela confiança depositada) e ao Tribunal Regional do Trabalho, Camilo Colani, Fernanda Ivo Pires, Edivaldo Boaventura, Fredie Didier Júnior, Aloisio Cristovam dos Santos Júnior, Tatiana de Almeida Granja, Helena Argolo, Álvaro Maia, Sebastião Martins Lopes, Maria Aparecida Falcão, Roberto Figueiredo, Eugênio Kruschewsky, Rômulo Moreira, Márcio Soares Berclaz (PR), Andréa Rios (AL), Amanda Madureira, Sérgio Matos (Aracaju/SE), José Cairo Júnior, André Luiz Batista Neves, Celso Castro, Durval Carneiro Neto, Fernanda Lôrdelo, Cláudio Rolim, Juan Marcello (RJ), aos servidores das comarcas de Simões Filho e Salvador, Gustavo Pereira da Silva Couto, Thiago Borges, Soraya Thronicke (Campo Grande/MS), Yuri Sá, Fernanda Barretto, Luiz Carlos Assis Jr., Ana Carolina (Marília/SP), Samir Barros Leal (Universidade Federal do Ceará), Hélio Nascimento, Marina Ximenes, Lueli Santos, Mateus "Tevez" Conceição, Leiliane Ribeiro Aguiar ("Leila"), Paula Cabral Freitas, Edson Saldanha, Júlia Pringsheim Garcia, Marcela Freitas, Laerte Jaciel Scalco (Cuiabá-MT), Leonardo Grizagoridis da Silva (RJ), Marcos Avallone (MT), Poliana G. Teixeira Stulzer (Vitória/ES), Min. Walmir Oliveira da Costa (TST), Wilson Carlos de Campos Filho (ESUD CAMPO GRANDE/MS), Lislaine Irineu (Uberaba/MG), Hélio Nascimento, Antônio Adonias Aguiar Bastos, Salominho Resedá, Luciano Figueiredo, Talita Moreira Lima, Ana Paula Didier, Stefan Dudovitz (que nos fez redescobrir o fascínio do idioma alemão), Patrícia Fratelli (São Paulo), André Porto (Campinas/SP), Zen Evolution (Floripa), Teresinha Pitombeira e Maria do Socorro Veloso (Teresina/PI), Benedita Guerra (PI), Kaline Lewintel (CE), Alessandra Freitas (MG), Elaine Machado Pessoa (Belo Horizonte), Cíntia Pimenta (Ribeirão Preto/SP), Gabriela Resques (Belém/PA), Camilo Matos Cavalcante de Souza, Bena Mutim, Waldomiro Pereira, Bosco Drummond, Martinha Araújo ("anjo da guarda" de Rodolfo), Bruno Rodrigues, Ana Thereza Meirelles, Maria Guilhermina Barreto (Guila), Sílvia e Hudson Resedá, Guilherme Bellintani, Francisco Salles, Renato Barros, Eduardo Lima Sodré, João Glicério Filho, Mariana Moura, Rogério Greco, Sebastian Mello, André Morgan de Godói, Leandro Fernandez, Roni Andrade, Rodrigo Foureaux, Thiago Moreira, Noemi Lemos, Fernando Gaburri, Micheli Correa Berti, Fernando Oliveira, Gilberto de Jesus, Marcelo Rodrigues Monteiro, Marcella Botelho, Lara Monyque Santos, Salomão Viana, Rodrigo Moraes, Cicero Alisson Bezerra Barros, Satya Inagawa, Pedro Henrique Rodrigues, aos gerentes regionais da Saraiva/Somos Educação e livreiros, por todo o apoio na divulgação do nosso trabalho, e a todos os demais amigos que, embora não mencionados, torceram por nosso sucesso.

Nota de Abertura

Os contratos constituem, sem dúvida, o epicentro do direito privado brasileiro. Ao lado das obrigações, revelam a mais nítida expressão da autonomia privada nas relações particulares. Por meio deles, circulam inúmeros negócios jurídicos, a vontade se exprime e problemas são resolvidos.

A todo momento contratamos, muitas vezes sem sequer perceber. Compra e venda, prestação de serviço, doações, empreitada são alguns dos vários exemplos de importantes modelos contratuais celebrados diariamente por cada um de nós. Os denominados contratos atípicos, tais como o contrato de garagem ou o contrato de *personal trainer*, também ilustram a importância do assunto. Avançando no pensamento há, até mesmo, a contratualização de algumas questões de família, como o contrato de convivência na união estável, e a contratualização de temas procedimentais, como o negócio jurídico processual.

Nesta ordem de ideias, nada melhor do que compreender os contratos pela linha de pensamento de grandes professores, magistrados, doutrinadores respeitados no cenário nacional, com vasta experiência e sensibilidade.

Pablo Stolze Gagliano e Rodolfo Pamplona Filho são fruto de uma das melhores safras dos civilistas que o Brasil já recebeu. Experientes magistrados, possuem sensibilidade profissional incontestável. São conhecidos e admirados por todos os civilistas da atualidade por suas destacadas produções acadêmicas e acurada didática.

O presente volume 4 do *Novo Curso de Direito Civil* está unificado, atendendo a um antigo pedido de leitores e editores, de modo que todo o conteúdo da teoria geral dos contratos e dos contratos em espécie aqui é encontrado. Trata-se do maior livro da coleção dos autores, cujo tempo cada vez mais os credencia no mercado editorial.

Esta é uma obra atualizada e fundamental. Útil tanto para a graduação e pós-graduação quanto para a preparação dos mais diversos concursos públicos nacionais. Não há como, hoje, pensar o direito civil brasileiro sem, também, conhecer do pensamento jurídico de Pablo Stolze Gagliano e Rodolfo Pamplona Filho sobre o assunto.

Aliás, estes renomados juristas estão juntos há anos e, como vinho, o passar do tempo tem feito muito bem à produção acadêmica destes grandes civilistas. Pablo Stolze Gagliano e Rodolfo Pamplona Filho possuem diversas obras conjuntas, entre as quais *Parte Geral*, *Obrigações*, *Responsabilidade Civil*, *Direito de Família* e *Sucessões*, além de dois livros fora da coleção *Novo Curso de Direito Civil*: *O Divórcio na Atualidade* e *Manual de Direito Civil*.

Particularmente, sentimo-nos felizes e agradecidos pelo convite recebido. Mais que juristas, doutrinadores, magistrados, pais exemplares e grandes intelectuais, Pablo Stolze Gagliano e Rodolfo Pamplona Filho são amigos de décadas que orgulham o nome de todos os grandes juristas da Bahia, mantendo o elevado nível do debate jurídico e ofertando ao país relevantes contribuições doutrinárias.

E assim seguiremos, encontrando aqui e ali Pablo Stolze Gagliano e Rodolfo Pamplona Filho nas universidades, nos congressos, nas salas de aula, nas palestras e nos livros.

Àqueles que lutam por um direito civil mais justo e solidário, como nós, este livro representa mais do que uma obra dogmática. Estamos sendo agraciados com um verdadeiro presente intelectual, fruto de profundas reflexões e tempo dedicado a nós. Ficamos agradecidos por isso. Obrigado, Pablo Stolze Gagliano e Rodolfo Pamplona Filho, pela edição unificada.

A todos, desejamos uma ótima leitura.

Luciano Lima Figueiredo e *Roberto Lima Figueiredo*
Professores de Direito Civil na Bahia

Prefácio à Segunda Edição

O Direito Civil é o mais amplo e complexo de todos os ramos jurídicos que compõem a grande família romano-germânica do Direito, em suas derivações geográficas. A cientificidade do Direito Civil recua ao pretérito romano, sendo considerado o Direito (Romano) das Obrigações a primeira manifestação jurídica com laivos científicos de que se tem notícia na história do Direito.

O Direito Contratual faz parte das fontes obrigacionais, seja como fonte meramente instrumental do Direito Proprietário, conforme papel operacionalmente (e ideológico) menor que lhe atribui a modernidade jurídica do Código Civil Francês (1804), seja com ampla autonomia estrutural e funcional que lhe é atribuída pelas codificações pós-modernas do século XX.

Tamanha extensão temática do Direito Civil importa, via de regra, na maior codificação legal, sendo este o caso do Direito Brasileiro. É da essência do hercúleo labor do codificador civilista redigir um texto positivo que capture a vida do cidadão comum, haja vista ser o Código Civil propriamente a "Constituição do homem comum", em contraposição à Constituição da República reputada como a "Constituição do Estado", ao menos no cenário político liberal.

O homem comum nasce com vida, obriga-se por atos lícitos (contratos) ou ilícitos (responsabilidade civil), empreende, torna-se proprietário e possuidor, constitui família e, por fim, testando, legando ou nada disso fazendo, morre. Esse brevíssimo roteiro contempla os 2.046 artigos da codificação civil brasileira.

Contudo, o Direito Civil é muito mais do que a sua codificação, pois, enquanto o Código estrutura a matéria, é dado à Constituição da República estabelecer as bases essenciais da funcionalização social de cada um dos institutos civis, essencialmente *as titularidades, o trânsito jurídico e as famílias* (Fachin). Além do mais, entre Código Civil e Constituição sobejam fontes civis de diálogo, como a Lei de Locação de Imóveis Urbanos, o Estatuto da Terra, a Lei de Alimentos, o decreto sobre arrendamento e parceria rurais etc.

Em vista desse complexo quadro de fontes e institutos jurídicos de matiz civilista e de outras raízes que dialogam como o Direito Civil (*ex vi* empresarial e consumidor), põe-se a grande questão: *como assimilar o vastíssimo ramo jurídico chamado Direito Civil?*

Bibliotecas já foram escritas sobre o Direito Civil, matéria que ocupou, e ainda ocupa, a centralidade dos cursos jurídicos das famílias romano-germânicas, em vista da formação nitidamente privatista do Direito, desde a modernidade: nenhuma outra cadeira é ministrada em cinco ou, ao menos, em quatro anos, nos cursos jurídicos nacionais. *Quo vadis?*

A transferência do conhecimento do Direito Civil é uma arte em si. Desde breves notas em formato digital até grandes obras, como o *Tratado de Direito Privado*, de Pontes de Miranda, ocupam o seu espaço e a importância na formação dos estudantes e na missão dos operadores do Direito.

Na centralidade de tais fontes de conhecimento, indiscutivelmente, os Manuais e Cursos de Direito Civil propõem o balanço do conhecimento científico jurídico, e disso resulta a genialidade de quem os escreve.

Muito embora possa parecer uma fonte exaustiva do conhecimento do Direito Civil, os Cursos de Direito Civil se mostram como síntese do acúmulo de ao menos dois milênios de ciência jurídica.

A somatória dos milênios produziu no Brasil Cursos de Direito Civil que foram escritos no calor da codificação de 1916, pois, àquela época, era o ramo jurídico nacional mais destacado.

As obras foram sendo atualizadas ao longo do século XX, pelos próprios autores ou por juristas que sucediam aqueles já falecidos ou aposentados. E, assim, o Direito Civil veio sendo carregado nos ombros de comentaristas, ao longo do século XX, com as influências históricas da primeira codificação civil brasileira, cujos estudos e projetos se posicionam no século XIX.

Até a Constituição de 1988 pouco se modificou na estrutura dos Cursos de Direito Civil e dos Manuais, até porque levou um bom tempo até que os civilistas percebessem que o vigente texto constitucional rompeu com a *suma diviso* público-privado, inaugurando o assim chamado Direito Civil-Constitucional, metodologia expressamente adotada neste livro, além de também se apresentar um veio pós-positivista que valoriza os princípios estruturantes e funcionalizantes da normativa civil.

Nesse vibrante contexto pós-constitucional (1988), os juristas Pablo Stolze Gagliano e Rodolfo Pamplona Filho propõem o *Novo Curso de Direito Civil*, coleção já com sucessivas edições, pela Editora Saraiva. Certamente, é uma das obras de maior sucesso editorial jurídico brasileiro.

O Novo Curso de Direito Civil — sobretudo a edição unificada de Contratos — é dotado de características formais e materiais muito singulares, que garantem espaço de respeito no meio jurídico e o sucesso editorial.

Pode-se dizer que se trata de uma obra bem balanceada entre o profundo e o extenso, na qual resta destacado que "tão importante quanto o que se diz, é como se diz", parafraseando o Prof. Luiz Edson Fachin.

O Curso é dotado de uma linguagem direta, simples, composta em breves parágrafos. Por conta disso, na época do lançamento da primeira edição, observou-se uma verdadeira clivagem entre o antigo e o novo Direito Civil, destacando-se, além disso, a forma atemporal da escrita, herança do também baiano Prof. Orlando Gomes. Pode-se dizer que o Curso reflete os autores, sempre conectados com os ágeis meios de comunicação virtual e a distância, além da experiência de cada um deles na magistratura.

A atualização constante do conteúdo dos livros igualmente espelha o amadurecimento acadêmico dos autores ao longo das sucessivas edições, os quais construíram robusta formação jurídica *stricto sensu*, fornecendo ao leitor uma obra sólida na técnica jurídica e conceitualmente segura.

Pode-se dizer que é uma *obra viva*, em constante evolução, ao passo do amadurecimento profissional e acadêmico de Pablo e Rodolfo.

Especificamente sobre a edição unificada deste volume de Contratos ela foi muito acertada, para se manter a coerência teórica da Parte Geral dos Contratos em relação aos Contratos em Espécie, pautada pelo direito civil-constitucional, cuja metodologia vem anunciada no pórtico da obra.

Como se trata de um *work in progress*, a cada edição são incluídos novos temas ou institutos, não que eles faltassem às anteriores edições, mas sim em decorrência da atenção dos autores aos novos ventos do direito contratual, sempre tão dinâmico. Dentre outras, destaco aqui o stoppel, instituto vindo do *common law*, abordado no livro, e que possivelmente passará a fazer parte da jurisprudência nacional, ao lado dos conceitos parcelares da boa-fé (*venire contra factum proprium, surrectio, supressio, tu quoque*), também abordados neste volume.

Leveza, atualização constante, boa estrutura, conveniente distribuição dos temas e espaços a eles dedicados, acerto metodológico, conceitos corretos e confiáveis fazem do *Novo Curso de Direito Civil*, volume unificado de Contratos, uma obra indispensável a estudantes e operadores do Direito. Basta mencionar que recomendo a obra aos meus alunos da UFPR.

Boa leitura!

Paulo Nalin
Advogado e Árbitro
Professor Associado de Direito Civil da UFPR
(graduação e pós-graduação)
Mestre em Direito Privado – UFPR
Doutor em Direito das Relações Sociais (contratos) – UFPR
Pós-doutor em Contratos Internacionais – Uni-Basel
(Universidade de Basileia – Suíça)

Apresentação da Segunda Edição

Vivemos uma era de verdadeira *supercontratualização* das relações sociais. O contrato tornou-se o instrumento jurídico por excelência. Campos outrora avessos ao uso do instrumento contratual têm se valido do contrato com frequência cada vez maior. Basta pensar no Direito de Família, hoje povoado por acordos de convivência, pactos de união estável e agora até "contratos de namoro"; ou no Direito das Sucessões, em que se tem recorrido cada vez mais aos chamados planejamentos sucessórios, não raro amparados em instrumentos contratuais; ou, ainda, no Direito Processual Civil, em que o exercício da jurisdição estatal passa a conviver, desde a nova codificação processual, com negócios jurídicos processuais, sem mencionar o instituto da arbitragem, de natureza essencialmente contratual. Até o Direito Penal e o Direito Processual Penal, campos historicamente atrelados ao mais estrito legalismo, abrem-se aos espaços de contratualidade com os festejados acordos de delação premiada e de leniência.

Nesse contexto, cresce a importância de uma disciplina jurídica do contrato que não apenas transmita a segurança necessária aos novos arranjos consensuais e às novas funções que o contrato tem sido chamado a desempenhar nesses diferentes cenários, mas também se afigure capaz de garantir efetiva aplicação aos princípios contratuais que exprimem a concretização dos valores consagrados na Constituição da República. A função social do contrato, a boa-fé objetiva e o equilíbrio contratual erguem-se, assim, como pilares de uma nova visão do fenômeno contratual, inserida na releitura de todo o direito civil à luz da Constituição. Nessa perspectiva, o contrato desprende-se do rótulo de mera ferramenta de circulação de riquezas para assumir sua parcela de responsabilidade na implementação dos valores fundamentais do ordenamento jurídico, tais como a solidariedade social, a igualdade substancial, a erradicação da pobreza e, em última instância, a proteção e promoção da dignidade da pessoa humana. O Direito dos Contratos deixa, assim, de ser uma ilha de individualismo para se tornar terreno fértil à realização do interesse social.

A difusão dessa nova concepção do Direito dos Contratos no Brasil tem encontrado, desde 2004, uma valiosa contribuição na obra dos Professores Rodolfo Pamplona Filho e Pablo Stolze Gagliano. Originalmente publicado em tomos separados, o volume 4 do *Novo Curso de Direito Civil* encontra-se agora unificado, englobando tanto a teoria geral dos contratos como o estudo dos contratos em espécie, permitindo ao leitor uma visão atual e completa do Direito Contratual.

Nesse novo formato, os autores asseguram maior unidade metodológica ao enfrentamento das principais questões que desafiam a teoria geral dos contratos e a disciplina dos contratos em espécie. Pamplona e Stolze abordam, de forma corajosa e segura, os mais instigantes temas do direito contratual brasileiro, jamais se furtando de oferecer ao leitor o posicionamento que entendem mais adequado. Entre os diversos pontos contemplados na obra, vale destacar: (i) o estudo do próprio conceito de contrato, que, para os autores, deve estar sempre atrelado à concepção ética e social do instituto, confirmando a direta influência dos princípios constitucionais sobre as relações privadas; (ii) o inteiro capítulo dedicado ao princípio da boa-fé objetiva, cuja aplicação tem transformado definitivamente a incidência das normas jurídicas na seara contratual; (iii) o valioso exame do fenômeno da atipicidade contratual, de grande importância em tempos nos quais a incessante busca por inovação reconfigura continuamente os modos de exploração da atividade econômica; e (iv) o capítulo dedicado ao direito intertemporal, no qual o leitor encontra uma didática análise da espinhosa questão relativa à interpretação do art. 2.035 do Código Civil. Esses são apenas alguns exemplos das preciosidades que tornam a obra singular no mercado editorial brasileiro.

Este *Novo Curso de Direito Civil* possui, ademais, o mérito de ter sido o primeiro curso publicado por integrantes de uma nova geração de civilistas, surgida sob o compromisso de um estudo verdadeiramente contemporâneo do Direito Civil e ansiosa por revisar velhas estruturas a fim de atender às novas funções dos institutos jurídicos, na esteira das lições apreendidas de seus grandes mestres. Nas páginas seguintes, o leitor saberá perceber como a obra de Pamplona e Stolze combina esse olhar para o futuro com a melhor tradição civilista baiana, na qual pululam nomes da grandeza de Orlando Gomes e Eduardo Espínola. Além de talentosos escritores, inspirados pelas diferentes artes que praticam em suas vidas pessoais, Pamplona e Stolze são professores vocacionados, adorados por legiões de alunos e admirados por seus pares não apenas por suas pesquisas acadêmicas, mas também pela simplicidade e informalidade que aplicam em suas relações cotidianas. Ao leitor deixo a certeza de que o texto claro, leve e didático que tem agora em mãos oferece uma visão abrangente dos principais problemas do Direito Contratual, por meio de uma leitura verdadeiramente prazerosa e encantadora, quase musical, como só esses dois "novos baianos" poderiam proporcionar.

Rio de Janeiro, setembro de 2018.

Anderson Schreiber
Professor Titular de Direito Civil da UERJ

Nota dos Autores

Neste ano de 2025, completamos 24 (vinte e quatro) anos de parceria.

Foram 11 (onze) volumes lançados com nossa assinatura conjunta, contando os 7 (sete) volumes desta coleção, os dois tomos sobre Contratos (que foram fundidos no atual volume 4), a obra *O Novo Divórcio* (depois rebatizada de *O Divórcio na Atualidade*) e o nosso robusto *Manual de Direito Civil*.

Isto sem falar nas nossas obras produzidas individualmente ou com outros(as) colegas.

São vários livros, portanto, que nos orgulham e elevam a nossa responsabilidade acadêmica e o nosso compromisso com o público leitor.

Para estas novas edições, procedemos, como de costume, à revisão geral de toda a obra, acrescentando novos posicionamentos jurisprudenciais, bem como incorporando as mais recentes inovações legislativas.

Reiteramos nossa disposição para continuar ensinando o novo Direito Civil brasileiro com profundidade, objetividade e leveza. Por isso, agradecemos, mais uma vez, todas as sugestões de aperfeiçoamento que recebemos pelos nossos e-mails pessoais, aqui novamente divulgados, juntamente com nossos perfis no Instagram e nossos sites.

Muito obrigado por tudo!

Com Deus, sempre!

Pablo Stolze Gagliano
pablostolze@gmail.com
Instagram: @pablostolze
Visite: www.pablostolze.com.br

Rodolfo Pamplona Filho
rpf@rodolfopamplonafilho.com.br
Instagram: @rpamplonafilho
Visite: www.rodolfopamplonafilho.com.br

Índice

Agradecimentos VII
Nota de Abertura IX
Prefácio à Segunda Edição XI
Apresentação da Segunda Edição XV
Nota dos Autores XVII

Capítulo I
Introdução à Disciplina Jurídica dos Contratos

1. Importância do estudo dos contratos 1
2. Concepção histórica do contrato: do início dos tempos ao contrato por adesão 2
3. Os contratos no Código Civil de 2002 7
4. Conceito de contrato 8
5. A perspectiva civil-constitucional do contrato: uma (re)conceituação? 8
6. Natureza jurídica do contrato 11
7. Planos de existência, validade e eficácia aplicáveis ao contrato 13
   7.1. Elementos constitutivos do contrato (plano de existência do negócio jurídico) 14
   7.2. Pressupostos de validade do contrato (plano da validade do negócio jurídico) 15
   7.3. Fatores eficaciais do contrato (plano de eficácia do negócio jurídico) 17
8. Distinções terminológicas relevantes 17
9. Forma e prova do contrato 19
10. Principiologia tradicional do Direito Contratual 20
    10.1. Introdução 20
    10.2. Breve revista ao princípio da dignidade da pessoa humana 21
    10.3. Princípio da autonomia da vontade ou do consensualismo 25
    10.4. Princípio da força obrigatória do contrato 28
    10.5. Princípio da relatividade subjetiva dos efeitos do contrato 30

Capítulo II
Função Social do Contrato e Equivalência Material

1. Princípios sociais dos contratos: mudança de mentalidade jurídica 33
2. Função social do contrato 34
   2.1. Buscando uma delimitação conceitual 35
   2.2. A função social do contrato no Código Civil de 1916: análise da omissão legislativa 38
   2.3. Função social do contrato no Código de 2002: análise do art. 421 41
   2.4. A função social do contrato e os defeitos do negócio jurídico 45
3. Princípio da equivalência material 47

Capítulo III
Boa-Fé Objetiva em Matéria Contratual

1. A boa-fé como um princípio jurídico 51
2. Boa-fé objetiva e boa-fé subjetiva 52
3. Compreendendo o princípio da boa-fé objetiva 54
4. Funções da boa-fé objetiva.. 56
   4.1. Função interpretativa e de colmatação 56
   4.2. Função criadora de deveres jurídicos anexos ou de proteção 57
      4.2.1. Deveres de lealdade e confiança recíprocas.................................... 58
      4.2.2. Dever de assistência 59
      4.2.3. Dever de informação 59
      4.2.4. Dever de sigilo ou confidencialidade 61
   4.3. Função delimitadora do exercício de direitos subjetivos 61
5. A boa-fé objetiva e o art. 422 do Código Civil brasileiro.................................. 62
6. Desdobramentos da boa-fé objetiva 65
   6.1. *Venire contra factum proprium*.. 66
   6.2. *Supressio*... 67
   6.3. *Surrectio*... 68
   6.4. *Tu quoque* 68
   6.5. *Exceptio doli*.. 69
   6.6. Inalegabilidade das nulidades formais 70
   6.7. Desequilíbrio no exercício jurídico... 70
   6.8. Cláusula de *Stoppel* 70

Capítulo IV
Formação dos Contratos

1. Noções básicas.. 73
2. Fase de puntuação (negociações preliminares).. 74
3. Proposta de contratar 75
   3.1. Prazo de validade da proposta... 77
   3.2. A oferta ao público.. 79
   3.3. Consequências jurídicas da morte do proponente 80
4. A aceitação 81
5. Formação dos contratos entre ausentes 82
6. A proposta no Código de Defesa do Consumidor 84
7. Lugar da formação do contrato.. 85

Capítulo V
Das Estipulações Contratuais em Relação a Terceiros

1. Introdução... 87
2. Estipulação em favor de terceiro.. 87
   2.1. Efeitos.. 88
3. Promessa de fato de terceiro 89

3.1. Natureza jurídica 90
3.2. Exclusão de responsabilidade: uma novidade do Código Civil de 2002 90
4. Contrato com pessoa a declarar 91
    4.1. Distinção para a cessão de contrato 92

Capítulo VI
Classificação dos Contratos

1. O recurso pedagógico da classificação 93
2. Contratos considerados em si mesmos 94
    2.1. Contratos unilaterais, bilaterais ou plurilaterais 94
    2.2. Contratos onerosos ou gratuitos 96
    2.3. Contratos comutativos ou aleatórios 97
    2.4. Contratos paritários ou por adesão 100
    2.5. Contratos solenes ou não solenes 103
    2.6. Contratos consensuais ou reais 104
    2.7. Contratos pessoais ou impessoais 105
    2.8. Contratos individuais ou coletivos 106
    2.9. O autocontrato 107
3. Classificação dos contratos reciprocamente considerados 108
    3.1. Classificação quanto à relação de dependência 108
    3.2. Classificação quanto à definitividade 109

Capítulo VII
Contrato Preliminar

1. Considerações iniciais 111
2. Conceito e institutos similares 111
3. Natureza jurídica 112
4. Classificação 113
5. Tutela específica 115
6. Considerações sobre o contrato preliminar de doação 120

Capítulo VIII
Contratos Atípicos

1. Introdução 123
2. Contratos típicos e atípicos 124
    2.1. Distinção dos contratos nominados e inominados 126
    2.2. Classificação dos contratos atípicos 127
    2.3. Disciplina jurídica dos contratos atípicos 127
3. Os contratos atípicos no Código Civil de 2002 129
4. União de contratos ou contratos coligados 130

Capítulo IX
Vícios Redibitórios

1. Introdução 133
2. Conceito e características 133
3. Fundamento da garantia contra os vícios redibitórios 134
4. Vícios redibitórios × Erro como vício de consentimento 135
5. Consequências jurídicas da verificação de vícios redibitórios 136
6. Prazo para a propositura das ações edilícias 138
7. Vícios redibitórios e o Código de Defesa do Consumidor 142

Capítulo X
Evicção

1. Noções conceituais 143
2. Fundamentos jurídicos 144
3. Requisitos 144
   3.1. Aquisição de um bem 145
       3.1.1. Contratos onerosos 145
       3.1.2. Aquisição em hasta pública 146
   3.2. Perda da posse ou da propriedade 148
   3.3. Prolação de sentença judicial ou execução de ato administrativo 148
4. Direitos do evicto 149
5. Espécies de evicção: total e parcial 149
6. Evicção e autonomia da vontade — a cláusula de não evicção 151
7. Evicção e benfeitorias 152

Capítulo XI
Extinção do Contrato

1. Considerações metodológicas 155
2. Classificação das formas de extinção do contrato (noções terminológicas) 155
3. Extinção natural do contrato 157
   3.1. Cumprimento do contrato ou exaustão do seu objeto 158
   3.2. Verificação de fatores eficaciais 158
       3.2.1. Vencimento do termo 159
       3.2.2. Implemento de condição resolutiva 159
       3.2.3. Frustração da condição suspensiva 159
4. Causas anteriores ou contemporâneas à formação do contrato 160
   4.1. Nulidade ou anulabilidade 160
   4.2. Redibição 161
   4.3. Direito de arrependimento 161
5. Causas supervenientes à formação do contrato 162
   5.1. Resilição 162
       5.1.1. Bilateral (distrato) 162

  5.1.2. Unilateral 164
 5.2. Resolução 168
  5.2.1. Algumas palavras sobre a voluntariedade da inexecução 168
  5.2.2. Cláusula resolutória (expressa ou tácita) 169
 5.3. Rescisão 173
 5.4. Morte do contratante 174
 5.5. Caso fortuito ou força maior 175
6. Breves notas sobre a "quebra antecipada do contrato" e a "frustração do fim do contrato" à luz do Anteprojeto de Reforma do Código Civil 176

Capítulo XII
Exceção de Contrato Não Cumprido

1. Considerações iniciais 179
2. Conceito e natureza jurídica 179
3. Elementos caracterizadores 181
4. Escorço histórico 182
5. Restrição à aplicação do instituto 182
6. Garantia de cumprimento 182
7. A exceção do contrato não cumprido e a Administração Pública 183

Capítulo XIII
Teoria da Imprevisão e Resolução por Onerosidade Excessiva

1. Introdução 185
2. Concepção histórica da teoria da imprevisão 185
3. Compreendendo a distinção entre teoria da imprevisão, cláusula *rebus sic stantibus* e resolução por onerosidade excessiva 187
4. Elementos para Aplicabilidade da Teoria da Imprevisão 188
5. Teoria da imprevisão × Lesão 189
6. Teoria da imprevisão × Inadimplemento fortuito (caso fortuito ou força maior) 190
7. A teoria da imprevisão no Código de Defesa do Consumidor 191
8. A teoria da imprevisão no Código Civil de 2002 191
 8.1. Aplicabilidade do instituto 192
 8.2. Revisibilidade do contrato 193
 8.3. Aplicação da teoria nos contratos unilaterais 194
 8.4. Restrição contratual à aplicação da teoria 194
 8.5. Teoria da imprevisão e pandemia 195

Capítulo XIV
O Direito Intertemporal e os Contratos

1. A importância do direito intertemporal em matéria de contratos 197
2. Direito adquirido, ato jurídico perfeito e coisa julgada: breves noções 198
3. Da regra básica de direito intertemporal em matéria de contratos 200

4. Conflitos na aplicação das normas contratuais em face do CC/2002 201
   4.1. Da (in)constitucionalidade do art. 2.035 do Código Civil 201
   4.2. Entendendo o art. 2.035 do Código Civil 203

Capítulo XV
Compra e Venda

1. Introdução 207
2. Conceito e partes 209
3. Características 210
4. Elementos essenciais 215
   4.1. O consentimento 216
   4.2. A coisa 216
   4.3. O preço 218
5. Despesas com o contrato de compra e venda 221
6. Responsabilidade civil pelos riscos da coisa 222
7. Questões especiais referentes à compra e venda 225
   7.1. Venda a descendente 225
   7.2. Situações especiais referentes à falta de legitimidade para a compra e venda 229
   7.3. Venda a condômino 230
   7.4. Venda entre cônjuges e entre companheiros 232
8. Venda *ad corpus* e venda *ad mensuram* 233
9. Promessa/compromisso de compra e venda 236
   9.1. Natureza jurídica do direito do promitente comprador 238
   9.2. Escorço histórico 239
   9.3. Adjudicação compulsória 243
      9.3.1. A outorga da escritura definitiva como ato devido 245
      9.3.2. Adjudicação compulsória de compromisso de venda registrado 246
      9.3.3. Execução específica do compromisso de venda não registrado 246
10. Cláusulas especiais ou pactos acessórios à compra e venda 249
    10.1. Retrovenda 250
    10.2. Venda a contento e sujeita à prova (por experimentação) 254
    10.3. Preempção ou preferência 255
    10.4. Venda com reserva de domínio 258
    10.5. Venda sobre documentos 261
    10.6. Pacto do melhor comprador (reminiscência do CC/1916) 263
    10.7. Pacto comissório (reminiscência do CC/1916) 263

Capítulo XVI
Troca ou Permuta

1. Denominação e conceito 265
2. Características 265
3. Permuta de valores desiguais 267
4. Disciplina jurídica 268

Capítulo XVII
Contrato Estimatório

1. Introdução 271
2. Conceito e partes 272
3. Natureza jurídica 273
4. Características 275
5. Direitos e obrigações das partes 276
6. Antecipação da devolução da coisa consignada 277
7. Proibição de penhora e sequestro da coisa consignada 277
8. Responsabilidade pelo risco 278

Capítulo XVIII
Doação

1. Introdução 281
2. Conceito e partes 282
3. Características 283
4. Aceitação da doação 286
5. Doação *mortis causa* 289
6. Doação inoficiosa 290
7. Doação universal 294
8. Promessa de doação (*pactum de donando*) 296
9. Espécies de doação 298
    9.1. Doação pura × Doação com fatores eficaciais 298
    9.2. Doação contemplativa × Doação remuneratória 299
    9.3. Doação conjuntiva 300
    9.4. Doação com cláusula de reversão 301
    9.5. Doação mista × Doações mútuas 302
    9.6. Doação sob forma de subvenção periódica 303
    9.7. Doação indireta × Doação disfarçada 303
10. Doação entre companheiros e concubinos 304
11. Doação feita ao nascituro e ao embrião 308
12. Extinção do contrato de doação 314
    12.1. Meio natural de extinção 314
    12.2. Revogação da doação (inexecução do encargo e ingratidão do donatário) 314
        12.2.1. Hipóteses de ingratidão 317
        12.2.2. Ação revocatória: características. Condições. Prazos. Efeitos 324
        12.2.3. Doações não sujeitas à revogação 325
13. Doação por procuração 326

Capítulo XIX
Locação de Coisas

1. Noções gerais 329

2. Conceito 330
3. Considerações terminológicas... 331
4. Elementos essenciais.. 331
   4.1. Tempo (duração da locação)... 332
   4.2. Coisa (objeto da locação) 334
   4.3. Retribuição (preço da locação).. 334
5. Características... 336
6. Modalidades.. 337
7. Contratos correlatos.. 340
8. Aquisição da coisa por terceiro e contrato de locação 341
9. Conteúdo do contrato de locação (direitos e obrigações das partes)........ 343
   9.1. Obrigações do locador × Direitos do locatário 343
       9.1.1. Entregar ao locatário a coisa alugada 343
       9.1.2. Manter a coisa alugada no mesmo estado 344
       9.1.3. Garantir o uso pacífico da coisa....................................... 346
   9.2. Obrigações do locatário × Direitos do locador 346
       9.2.1. Servir-se da coisa alugada para os usos contratados...... 347
       9.2.2. Tratar a coisa alugada como se sua fosse 347
       9.2.3. Pagar pontualmente o aluguel... 347
       9.2.4. Levar ao conhecimento do locador as turbações de terceiros.......... 348
       9.2.5. Restituir a coisa, finda a locação, no estado em que a recebeu......... 348
10. A indenização por benfeitorias na coisa locada 348
11. Direito de retenção.. 349
12. Cessão do contrato de locação e sublocação 349
13. Extinção do contrato de locação... 351
14. Notas sobre a Lei do Inquilinato 354

Capítulo XX
Empréstimo

1. Introdução.. 357
2. Comodato.. 358
   2.1. Histórico e conceito... 358
   2.2. Características... 360
   2.3. Prazo do contrato 361
   2.4. Partes e objeto... 363
   2.5. Direitos e obrigações das partes 364
   2.6. Despesas feitas pelo comodatário 367
   2.7. Extinção 368
3. Mútuo.. 370
   3.1. Histórico e conceito... 370
   3.2. Riscos da coisa emprestada 371
   3.3. Características... 372
   3.4. Prazo do contrato 373
   3.5. Partes e objeto... 374

3.6. Mútuo feito a menor	375
3.7. Garantia de restituição ao mutuante	378
3.8. Direitos e obrigações das partes	378
3.9. Mútuo feneratício	379
3.10. Extinção	382

Capítulo XXI
Prestação de Serviço

1. Considerações terminológicas iniciais	383
2. Conceito e contratos afins	383
3. Características	385
4. Objeto	386
5. Forma	387
6. Retribuição	387
6.1. Compensação na ausência de habilitação	388
7. Tempo de duração	390
7.1. Direito ao aviso prévio	391
7.2. Contagem do tempo	392
8. Extinção do contrato	393
8.1. Direito à certificação	394
8.2. Indenizações pela extinção antecipada	394
9. Aliciamento de mão de obra	396
10. Direito à continuidade contratual na alienação de prédio agrícola	397

Capítulo XXII
Empreitada

1. Noções conceituais	399
2. Objeto	399
3. Características	400
4. Modalidades	402
4.1. Empreitada de lavor	402
4.2. Empreitada de materiais	403
5. O Preço	403
6. Direitos e deveres do empreiteiro e do comitente/dono da obra	405
6.1. Remuneração	405
6.2. Aceitação	405
6.3. Pagamento de materiais recebidos e inutilizados	406
6.4. Inalterabilidade relativa do projeto	406
7. Prazo de garantia	407
8. Suspensão do contrato de empreitada	410
9. Extinção do contrato de empreitada	411

Capítulo XXIII
Depósito

1. Introdução 413
2. Conceito 414
3. Características 415
4. Partes e objeto 418
5. Espécies de depósito 420
6. Direitos e obrigações das partes 423
7. Negativa de devolução da coisa depositada 425
   7.1. Análise dos arts. 633 a 635 do Código Civil 426
   7.2. Direito de retenção 427
   7.3. Prisão do depositário 428
8. Extinção do contrato de depósito 431

Capítulo XXIV
Mandato

1. Introdução 433
2. Conceito e denominação 433
3. Distinções terminológicas 434
4. Figuras contratuais correlatas 436
5. Partes 437
   5.1. Mandato conjunto 438
6. Características 439
7. Forma 440
8. Substabelecimento 442
9. Objeto do mandato 443
10. Espécies 446
    10.1. Mandato extrajudicial 447
    10.2. Mandato judicial 447
11. Conteúdo do mandato 450
12. Direitos e obrigações das partes 451
    12.1. Obrigações do mandatário × Direitos do mandante 451
    12.2. Obrigações do mandante × Direitos do mandatário 453
13. Irrevogabilidade do mandato 455
14. Extinção do mandato 457
    14.1. Revogação ou renúncia 457
    14.2. Morte ou interdição 457
    14.3. Mudança de estado 459
    14.4. Término do prazo ou conclusão do negócio 459

Capítulo XXV
Comissão

1. Introdução 461
2. Conceito e elementos 463
3. Características 464
4. Figuras contratuais correlatas 467
5. Direitos e obrigações das partes 470
6. Espécies de comissão 473
7. Comissão e relação de emprego 474
8. Cláusula *del credere* 476
9. Extinção do contrato 477

Capítulo XXVI
Agência e Distribuição

1. Introdução 479
2. Unidade ou distinção conceitual? 479
3. Características 482
4. Contratos correlatos 483
5. Direitos e obrigações das partes 486
6. Extinção do contrato 489

Capítulo XXVII
Corretagem

1. Noções introdutórias 493
2. Conceito e institutos análogos 493
3. Tipologia 494
4. Características 496
5. Direitos e deveres do corretor e do comitente 498
6. Remuneração do corretor 498
7. Extinção do contrato de corretagem 501

Capítulo XXVIII
Transporte

1. Introdução 503
2. Conceito 504
3. Características 506
4. Transporte de coisas ou mercadorias 509
5. Transporte de pessoas 518
6. Transporte gratuito 524
7. Extinção do contrato de transporte 526

Capítulo XXIX
Seguro

1. Noções introdutórias 529
2. Escorço histórico 529
3. Conceito 530
4. Princípios reguladores 532
5. Natureza jurídica 534
6. Características 535
7. Partes 537
8. Objeto do seguro: o risco 540
9. A boa-fé e o contrato de seguro 544
10. Apólice 549
11. Direitos e obrigações das partes 551
12. Prêmio 552
    12.1. Mora no pagamento do prêmio 554
13. Agente autorizado do segurador: o corretor de seguros 558
14. Espécies de seguro: seguro de dano e seguro de pessoa 559
    14.1. Seguro de dano 559
        14.1.1. Noções gerais de dano indenizável 559
        14.1.2. Seguro de dano: limites e proibição do sobresseguro 568
        14.1.3. Sinistro parcial 569
        14.1.4. Garantia do seguro e vício intrínseco da coisa segurada 569
        14.1.5. Seguro de coisas transportadas 571
        14.1.6. Transferência do contrato 572
        14.1.7. Direito de regresso da companhia seguradora 573
        14.1.8. Seguro de responsabilidade civil 576
    14.2. Seguro de pessoa 581
        14.2.1. Noções introdutórias 581
        14.2.2. Seguro de acidentes pessoais 583
        14.2.3. Seguro de vida 583
        14.2.4. Seguro em grupo 590
15. Prazos prescricionais e o contrato de seguro 591
16. Extinção do contrato 596
17. Lei n. 15.040, de 9 de dezembro de 2024 – Normas de seguro privado (*vacatio legis* de um ano) 596

Capítulo XXX
Constituição de Renda

1. Introdução 601
2. Conceito 601
3. Características 602
4. Forma 605
5. Direitos e obrigações das partes 605

6. Nulidade da constituição de renda	606
7. Direito de acrescer	607
8. Extinção do contrato	607

Capítulo XXXI
Jogo e Aposta

1. Noções introdutórias	609
2. Conceito	609
3. Natureza jurídica	611
4. Espécies de jogo	612
5. Características	615
6. Contratos diferenciais	617
7. Utilização do sorteio	618
8. Exigibilidade de dívida de jogo contraída no exterior	619
9. O reembolso de empréstimo para jogo ou aposta	621
10. Extinção do contrato	622

Capítulo XXXII
Fiança

1. Introdução	623
2. Conceito	624
3. Características	625
4. Partes	627
5. Objeto	632
6. Espécies de fiança	633
7. Efeitos da fiança	636
7.1. Benefício de ordem	636
7.2. Direitos e deveres das partes	639
8. Fiança conjunta	641
9. Limitação temporal da fiança	642
10. Fiança e aval	645
11. Fiança e outorga uxória	647
12. Extinção da fiança	650

Capítulo XXXIII
Transação

1. Visão metodológica dos autores	653
2. Conceito e natureza jurídica	653
3. Elementos analiticamente considerados	655
4. Características	655
5. Espécies	657

6. Forma 658
7. Objeto 658
8. Efeitos 659

Capítulo XXXIV
Compromisso

1. Esclarecimentos iniciais 663
2. Noções históricas gerais 663
3. Conceito de compromisso 664
4. Características 666
5. Natureza jurídica 667
6. O compromisso no procedimento da arbitragem 667
7. Extinção do contrato de compromisso 669

Capítulo XXXV
Contrato de Administração Fiduciária de Garantias

1. Breve introdução: Lei do Marco Legal das Garantias 671
2. Contrato de administração fiduciária de garantias 672

Referências 677

Capítulo I
Introdução à Disciplina Jurídica dos Contratos

Sumário: 1. Importância do estudo dos contratos. 2. Concepção histórica do contrato: do início dos tempos ao contrato por adesão. 3. Os contratos no Código Civil de 2002. 4. Conceito de contrato. 5. A perspectiva civil-constitucional do contrato: uma (re)conceituação? 6. Natureza jurídica do contrato. 7. Planos de existência, validade e eficácia aplicáveis ao contrato. 7.1. Elementos constitutivos do contrato (plano de existência do negócio jurídico). 7.2. Pressupostos de validade do contrato (plano da validade do negócio jurídico). 7.3. Fatores eficaciais do contrato (plano de eficácia do negócio jurídico). 8. Distinções terminológicas relevantes. 9. Forma e prova do contrato. 10. Principiologia tradicional do Direito Contratual. 10.1. Introdução. 10.2. Breve revista ao princípio da dignidade da pessoa humana. 10.3. Princípio da autonomia da vontade ou do consensualismo. 10.4. Princípio da força obrigatória do contrato. 10.5. Princípio da relatividade subjetiva dos efeitos do contrato.

1. IMPORTÂNCIA DO ESTUDO DOS CONTRATOS

Passaremos a enfrentar, neste volume, a figura jurídica mais importante de todo o Direito Civil.

Costumamos afirmar, em nossas aulas, que o contrato está para o civilista, assim como o crime está para o penalista.

Trata-se, em verdade, da espécie mais importante e socialmente difundida de negócio jurídico, consistindo, sem sombra de dúvidas, na força motriz das engrenagens socioeconômicas do mundo.

Desde os primórdios da civilização, quando abandonamos o estágio da barbárie, experimentando certo progresso espiritual e material, o contrato passou a servir, enquanto instrumento por excelência de circulação de riquezas, como a justa medida dos interesses contrapostos.

Ao invés de utilizar a violência para perseguir os seus fins, o homem passou a recorrer às formas de contratação, objetivando imprimir estabilidade às relações jurídicas que pactuava, segundo, é claro, os seus próprios propósitos.

Com habitual maestria, ARNOLDO WALD assevera que "poucos institutos sobreviveram por tanto tempo e se desenvolveram sob formas tão diversas quanto o contrato, que se adaptou a sociedades com estruturas e escala de valores tão distintas quanto às que existiam na Antiguidade, na Idade Média, no mundo capitalista e no próprio regime comunista"[1].

E, de fato, é natural que assim o fosse.

---

[1] Arnoldo Wald. O Contrato: Passado, Presente e Futuro, *Revista Cidadania e Justiça*: 1.º Semestre de 2000, Rio de Janeiro: Publicação da Associação dos Magistrados Brasileiros, p. 43.

Uma vez que o contrato dinamiza a circulação dos bens e riquezas em uma dada sociedade, fica fácil concluir que, em último plano, o *direito de propriedade* encontra, neste instituto, um instrumento efetivo de sua concretização[2].

Ora, partindo-se da premissa de que a propriedade é um direito complexo, que congrega as faculdades de *usar, gozar/fruir, dispor e reivindicar a coisa*, é forçoso convir que, por meio da celebração do contrato, o proprietário possa exercer um desses poderes reais, a saber: *o de disposição*.

Dessa forma, os bens jurídicos circulam, enquanto a propriedade se manifesta, segundo as vicissitudes da sociedade que lhe dá ambiência e conforme os interesses econômicos envolvidos.

Claro está, portanto, que em uma sociedade neoliberal, que encara a propriedade sob um enfoque exclusivista, o contrato passa a ter uma conformação mais individual e concêntrica do que em uma sociedade socialista, em que o fenômeno estatizante culmina por interferir nos negócios contratuais.

Por isso, podemos afirmar que o matiz ideológico do contrato é pintado segundo a época e a conjuntura social em que ele é celebrado, razão por que ARNOLDO WALD conclui que nenhum instituto jurídico é socialmente tão adaptável.

Vamos mais além.

Em nosso sentir, o estudo das formas contratuais de um povo é um dos elementos para a sua própria identificação sociológica.

Mas, afinal, posto o problema sob o prisma *histórico e sociológico*, quando o contrato surgiu?

2. CONCEPÇÃO HISTÓRICA DO CONTRATO: DO INÍCIO DOS TEMPOS AO CONTRATO POR ADESÃO

Não podemos fixar, ao longo da história, uma data específica de surgimento do contrato.

Conforme vimos acima, na medida em que a sua ocorrência confunde-se com a própria evolução moral da humanidade, a determinação de uma data ou de um período predefinido seria pura formulação de alquimia jurídica, sem validade científica.

O que podemos tentar, sim, é buscar um período em que a sua *sistematização jurídica* se tornou mais nítida, mais detectável pelo estudioso do direito ou pelo investigador da história.

No Direito Romano, atribui-se a GAIO a catalogação das fontes das obrigações, dentre as quais se incluía o *contrato* como uma delas, consoante já anotamos:

"Deve-se ao jurisconsulto GAIO o trabalho de sistematização das fontes das obrigações, desenvolvidas posteriormente nas Institutas de Justiniano, que seriam distribuídas em quatro categorias de causas eficientes:

a) *o contrato* — compreendendo as convenções, as avenças firmadas entre duas partes;

---

[2] Nesse sentido, Messineo, *Il Contratto in Genere*, Milano: Giuffrè, 1973, tomo primo, apud Humberto Theodoro Jr., *O Contrato e Seus Princípios*, Rio de Janeiro: Aide, 1993, p. 13.

b) o quase contrato — tratava-se de situações jurídicas assemelhadas aos contratos, atos humanos lícitos equiparáveis aos contratos, como a gestão de negócios;

c) o delito — consistente no ilícito dolosamente cometido, causador de prejuízo para outrem;

d) o quase delito — consistente nos ilícitos em que o agente atuou culposamente, por meio de comportamento carregado de negligência, imprudência ou imperícia"[3] (grifamos).

Todavia, foi na época clássica que se começou a introduzir efetivamente o elemento do *acordo contratual* no conceito de *contractus*, assim se alcançando o conceito técnico e mais estrito de contrato, como "contrato obrigacional"[4].

Nesse diapasão, poderíamos imaginar que fora em Roma que se deu o surgimento do negócio jurídico contratual.

Mas não foi.

O fato de o Direito Romano ter sido a *principal fonte histórica* dos sistemas jurídicos ocidentais não significa que todos os institutos hodiernamente conhecidos tenham sido forjados, pela primeira vez na história da humanidade, em seus cadinhos de normas.

Aliás, esse é um ponto que devemos ter o cuidado de realçar, pois, em geral, a doutrina costuma iniciar a investigação histórica de um instituto em Roma, muito embora o berço da civilização houvesse sido forjado na Grécia, Estado que não prescindia de uma ordem jurídica.

Mil vezes não.

Aliás, o próprio ORLANDO GOMES, magistral civilista baiano, citando BONFANTE, lembra que "não é no direito romano que se deve buscar a origem histórica da categoria que hoje se denomina contrato".

Em verdade, arremata o ilustre autor, a moderna concepção de contrato, tal qual nós o concebemos hoje, consistente "em um acordo de vontades por meio do qual as pessoas formam um vínculo jurídico a que se prendem", somente se esclarece à luz da ideologia individualista típica do regime capitalista de produção[5].

Diríamos, portanto, sem pretendermos estabelecer um preciso período de surgimento do fenômeno contratual — o que nunca faríamos sob pena de incorrermos em indesejável presunção intelectual — que cada sociedade, juridicamente producente, cada Escola doutrinária — desde os canonistas, passando pelos positivistas e jusnaturalistas — contribuíram, ao seu modo, para o aperfeiçoamento do conceito jurídico do contrato e de suas figuras típicas.

Mas, sem dúvida, contribuição inegável seria dada pelo movimento iluminista francês, o qual, segundo uma escancarada vocação antropocêntrica, firmara a *vontade racional do homem* como o centro do universo, determinando, assim, uma supervalorização da força normativa do contrato — levada às suas últimas consequências pela consagração fervorosa do *pacta sunt servanda*.

---

[3] Pablo Stolze Gagliano e Rodolfo Pamplona Filho, *Novo Curso de Direito Civil — Obrigações*, 21. ed., São Paulo: Saraiva, 2020, v. 2, p. 48.

[4] Max Kaser, *Direito Privado Romano (Römisches Privatrecht)*, Lisboa: Fundação Calouste Gulbenkian, 1999, p. 225.

[5] Orlando Gomes, *Contratos*, 14. ed., Rio de Janeiro: Forense, 1999, p. 6.

A elevação da autonomia privada à categoria de dogma, calcada na mencionada visão antropocêntrica e patrimonialista[6], refletiu-se amplamente em toda a concepção dos contratos até o final do século XIX e início do seguinte.

Essa tendência individualista, entretanto, acabaria por gerar sérios desequilíbrios sociais, somente contornados pelo dirigismo contratual do século XX, reflexo dos movimentos sociais desencadeados na Europa Ocidental, e que *recolocariam o homem na sociedade*, retirando-o do pedestal a que ascendera, após a derrocada do Antigo Regime, quando pretendeu assumir o lugar de Deus.

Aliás, o nosso caro leitor verificará uma nítida característica desta obra: toda investigação que fizermos acerca do fenômeno contratual terá o *homem* como o centro das nossas atenções, sem olvidarmos da finalidade *essencialmente patrimonial* que se persegue quando da elaboração de um contrato. Em outras palavras, o nosso estudo terá sempre como bússola o superior *princípio da dignidade da pessoa humana*, limitador da livre iniciativa e da liberdade econômica, juntamente com outros dogmas de natureza constitucional.

Nesse sentido, pertinente é a observação de MÁRIO LÚCIO QUINTÃO SOARES e LUCAS ABREU BARROSO:

"Uma das projeções da livre iniciativa é a liberdade de participação na economia, corroborando o capitalismo enquanto modelo econômico adotado, que traz consigo todas as mazelas e formas de exclusão que lhe são inerentes, mas que deverá, antes de tudo, respeitar os valores sociais do trabalho, juntamente com a livre iniciativa na posição de fundamento do Estado e preceito da ordem econômica, visando compatibilizar o regime de produção escolhido (capital, lucro), a dignidade da pessoa humana e a dimensão econômico-produtiva da cidadania"[7].

Nesse contexto, devemos concluir que, sem sombra de dúvidas, o contrato sofreu sensível transformação ao longo do século XX, havendo experimentado um inegável *processo de solidarização social*, adaptando-se à sociedade de massa que se formava.

Com absoluta propriedade, LEONARDO MATTIETO observa, nesse particular, que:

"Nas palavras emblemáticas de Ripert, 'o contrato já não é ordem estável, mas eterno vir a ser'. A noção de liberdade contratual havia sido construída como projeção da liberdade individual, ao mesmo tempo em que se atribuía à vontade o papel de criar direitos e

---

[6] "Há, desde logo, que observar que sujeito jurídico, propriedade e autonomia privada não são conceitos universais: eles pertencem ao domínio das relações entre proprietários. A atribuição de personalidade jurídica e, consequentemente, de capacidade negocial, encontra-se estreitamente vinculada ao surgimento da posse privada e do direito de propriedade: reivindicando a posse, ou afastando 'judicialmente' as turbações na posse do bem, a pessoa a quem esse bem foi atribuído surge como capaz de realizar actos produtores de efeitos jurídicos. Mas porque só a ela foi repartida-atribuída a posse de certa terra, só ela pode praticar esses actos que à terra respeitam e que produzem efeitos jurídicos.

Quando a pessoa passa a poder dispor do bem — e não apenas a ter o poder de o usar e assegurar a sua utilização produtiva — então ela afirma-se exclusiva titular de um poder de produzir efeitos jurídicos, já não só como meio de transmissão do próprio bem" (Ana Prata, *A Tutela Constitucional da Autonomia Privada*, Coimbra: Almedina, 1982, p. 7).

[7] Mário Lúcio Quintão Soares e Lucas Abreu Barroso, Os Princípios Informadores do Novo Código Civil e os Princípios Constitucionais Fundamentais: Lineamentos de um Conflito Hermenêutico no Ordenamento Jurídico Brasileiro, *Revista Brasileira de Direito Privado*, n. 14, p. 53, abr./jun. 2003.

obrigações. A força obrigatória do contrato era imposta como corolário da noção de direito subjetivo, do poder conferido ao credor sobre o devedor. Com a evolução da ordem jurídica, já não tem mais o credor o mesmo poder, o direito subjetivo sofre limites ao seu exercício e não compete aos contratantes, com exclusividade, a autodeterminação da *lex inter partes*, que sofre a intervenção do legislador e pode submeter-se à revisão pelo juiz"[8].

Com isso, temos que, especialmente nos últimos cinquenta anos, com o incremento da atividade industrial, o avanço tecnológico e o aquecimento dos mercados de consumo, o *princípio da igualdade formal entre as partes contratantes* — baluarte da teoria clássica contratual e que sempre serviu de lastro à regra (até então absoluta) do *pacta sunt servanda* — começou a enfraquecer, descortinando falhas no sistema social, e, sobretudo, afigurando-se, em muitos casos, como uma regra flagrantemente injusta.

No dizer de nosso querido amigo PAULO ROBERTO NALIN, culto Professor no Paraná:

"O homem contratante acabou, no final do século passado e início do presente, por se deparar com uma situação inusitada, qual seja, a da despersonalização das relações contratuais, em função de uma preponderante massificação, voltada ao escoamento, em larga escala, do que se produzia nas recém-criadas indústrias"[9].

De fato, nos dias que correm, em que a massificação das relações contratuais subverteu radicalmente a balança econômica do contrato, a avença não é mais pactuada sempre entre iguais, mas converteu-se, na grande maioria dos casos, em um negócio jurídico *standardizado*, documentado em um simples formulário, em que a uma parte (mais fraca) incumbe aderir ou não à vontade da outra (mais forte), sem possibilidade de discussão do seu conteúdo.

Bem-vindo à modernidade!

O princípio da igualdade formal, até então considerado absoluto, converteu-se em princípio da hipocrisia!

Contratos de cartões de crédito, de fornecimento de água e luz, de telefonia fixa ou celular, de empréstimo, de seguro, de transporte aéreo, terrestre ou marítimo, de financiamento habitacional, de alienação fiduciária, de consórcio, de *leasing*, de franquia, de locação em *shopping center*, de concessão de serviços públicos, de serviços via internet, de TV a cabo, enfim, as mais importantes figuras contratuais são pactuadas, hoje, sob a forma de *contrato de adesão*, modalidade contratual forjada no início do século XX, e cuja especial característica consistiria exatamente no fato de apenas uma das partes ditar o seu conteúdo, redigindo as suas cláusulas, impondo-se a outra, portanto, aceitar ou não a proposta que lhe fora apresentada.

Coincidência ou não, essa "faculdade de aderência", reservatório último da liberdade negocial e que resguarda, em última trincheira, a característica da "bilateralidade negocial", coloca o aderente em situação pouco confortável, visto que, regra geral, a parte adversa,

---

[8] Leonardo Mattieto, O Direito Civil Constitucional e a Nova Teoria dos Contratos, in *Problemas de Direito Civil Constitucional*, coord. Gustavo Tepedino, Rio de Janeiro: Renovar, 2000, p. 175.

[9] Paulo Nalin, *Do Contrato: Conceito Pós-Moderno — Em Busca de Sua Formulação na Perspectiva Civil-Constitucional*. Pensamento Jurídico, Curitiba: Juruá, 2002, v. II, p. 109.

criadora da moldura contratual, detém, quase sempre, avassalador poder econômico ou o monopólio de um serviço considerado essencial.

Realçando esse nítido sufocamento da vontade, GEORGES RIPERT, ao analisar o contrato de adesão, é peremptório:

"Que há de contratual neste ato jurídico? É na realidade a expressão de uma autoridade privada. O único ato de vontade do aderente consiste em colocar-se em situação tal que a lei da outra parte venha a se aplicar. O aderente entra neste círculo estreito em que a vontade da outra parte é soberana. E, quando pratica aquele ato de vontade, o aderente é levado a isso pela imperiosa necessidade de contratar. É uma graça de mau gosto dizer-lhe isso: tu quiseste. A não ser que não viaje, que não faça um seguro, que não gaste água, gás ou eletricidade, que não use de transporte comum, que não trabalhe ao serviço de outrem, é-lhe impossível deixar de contratar"[10].

Mas, por outro lado, devemos reconhecer que, a despeito de sua suscetibilidade às expansões do poder econômico, o contrato de adesão, desde que concebido segundo o superior *princípio da função social*, e pactuado em atenção ao *mandamento constitucional de respeito à dignidade da pessoa humana*, é um instrumento de contratação socialmente necessário e economicamente útil, considerando-se o imenso número de pessoas que pactuam, dia a dia, repetidamente, negócios da mesma natureza, com diversas empresas ou com o próprio Poder Público.

Com maestria, o mesmo RIPERT preleciona no mesmo sentido:

"Não se trata, é claro, dum desfavor lançado em bloco sobre todos os contratos de adesão, pelo contrário, a generalidade, a permanência, a rigidez que se descobre nestes contratos são as mais seguras garantias da sua utilidade...

(...)

A vontade que se afirma e atrai a si outras vontades representa um poder econômico indispensável à vida de um país".

E arremata:

"São os abusos deste poder econômico que é necessário impedir"[11] (grifamos).

Vemos, portanto, que a nocividade desta figura contratual está muito mais ligada ao *abuso desta técnica de contratação* do que propriamente à sua dinâmica de elaboração, que, como visto, tornou-se necessária em uma sociedade massificada como a nossa, sem prejuízo, porém, da coexistência, *em menor escala*, de situações fáticas em que *a igualdade material das partes* impõe o reconhecimento da aplicação de preceitos disciplinadores tradicionais da autonomia privada.

De fato, a mesma sociedade, que contrata em massa e exige respostas imediatas e praticamente padronizadas para demandas repetidas, não pode desprezar o ser humano, enquanto indivíduo, com liberdade e consciência, que busca a forma adequada e segura para o cumprimento de sua livre e consciente vontade.

Conjugar esses dois interesses, que aparentemente se chocam de forma diametral, é um dos grandes desafios do civilista da modernidade.

---

[10] Georges Ripert, *A Regra Moral nas Obrigações Civis*, Campinas: Bookseller, 2000, p. 112-3.

[11] Georges Ripert, ob. cit., p. 116.

No decorrer desta obra, ainda teremos a oportunidade de voltar a esse estudo, cabendo-nos, por ora, apenas apresentar a evolução conceptual do contrato nessa sociedade plural, para o fim de introduzirmos o nosso leitor nesta fantástica disciplina.

3. OS CONTRATOS NO CÓDIGO CIVIL DE 2002

Como arremate desse capítulo, é preciso passar em revista, dada a sua importância, a normatização codificada dos contratos.

O Código Civil de 2002 os disciplinou da seguinte forma:

a) **Título V — Dos Contratos em Geral**, subdividido em dois Capítulos (Capítulo I — "Das Disposições Gerais" — e Capítulo II — "Da Extinção do Contrato"). Tais capítulos são ainda estruturados em Seções, que versam sobre aspectos gerais da matéria contratual;

b) **Título VI — Das Várias Espécies de Contratos**, subdividido em vinte capítulos, compartimentados em várias outras Seções, cuidando dos Contratos em Espécie.

Nota-se, no estudo dessa disciplina, que o codificador inovou, ao tratar de temas não regulados pelo Código anterior, a exemplo do *contrato preliminar, do contrato com pessoa a declarar, da resolução por onerosidade excessiva (aplicação da teoria da imprevisão), da venda com reserva de domínio, da venda sobre documentos* e *do contrato estimatório*.

Além disso, disciplinou contratos novos, como a *comissão*, a *agência/distribuição, a corretagem* e o *contrato de transporte*, deixando de fazer referência a alguns outros institutos, como, por exemplo, a cláusula comissória na compra e venda (art. 1.163 do CC/1916).

Perdeu-se, todavia, a oportunidade de se regular, pondo fim a infindáveis dúvidas, algumas importantes modalidades contratuais já de uso corrente, como o *leasing*, o *franchising*, o *factoring*, o *consórcio*, os *contratos bancários* e os *contratos eletrônicos*.

Apesar dessas omissões, entretanto, devemos reconhecer que, especialmente no âmbito da teoria geral, o trabalho do codificador, *na seara contratual*, foi bem desempenhado, sobretudo por haver realçado a necessidade de imprimir *sociabilidade* à noção de contrato.

Nesse sentido, fazemos nossas as palavras do culto RUY ROSADO DE AGUIAR JR., que, comentando ainda o Projeto de Código Civil, já asseverava:

"... aplaudo o Projeto no que representa de inovador na visão geral do contrato como um ato que deve atingir finalidade social, regulado pelos princípios da boa-fé, da moralidade, da lealdade, dos bons costumes, da ordem pública. Para o juiz civil forneceu os instrumentos necessários para a realização da justiça material. Aplaudo-o também no que tem de apuro técnico. Apenas observo que, nesse propósito de atender àqueles princípios gerais antes enunciados, ao elaborar as normas de conduta, deixou de lhes dar plena aplicação — ou lhes deu em extensão aquém da possível e desejada. De qualquer forma, na Teoria Geral do Direito e na matéria obrigacional, constitui um avanço do qual não podemos mais retroceder"[12].

---

[12] Ruy Rosado de Aguiar Jr., *Projeto de Código Civil — As Obrigações e os Contratos*. Disponível em <http://www.cjf.gov.br/revista/numero9/artigo6.htm>.

A nossa tarefa, pois, é extrair sempre e sempre das normas codificadas a interpretação constitucional juridicamente possível e socialmente mais útil.

É também a nossa missão ao longo dessa obra.

E você, leitor amigo, está convidado a nos acompanhar.

4. CONCEITO DE CONTRATO

Conceituar não é tarefa fácil.

Aliás, apresentar um conceito é missão das mais intrincadas na doutrina, uma vez que aquele que se arrisca a realizá-la poderá pecar por presunção, por imaginar que a sua definição criada é a mais perfeita de todas ou simplesmente uma verdade jurídica absoluta; ou por omissão, acreditando que a enunciação simples demais seja a mais didática, quando, em verdade, não passa de uma concepção simplória.

Sem pretender incorrer nesses erros, entendemos que o contrato é *um negócio jurídico por meio do qual as partes declarantes, limitadas pelos princípios da função social e da boa-fé objetiva, autodisciplinam os efeitos patrimoniais que pretendem atingir, segundo a autonomia das suas próprias vontades.*

Claro está, todavia, que a evolução das relações sociais nos permite, hoje, reconhecer, em determinadas circunstâncias, negócios jurídicos contratuais que não têm conteúdo propriamente econômico, escapando do *standard* tradicional do contrato, o que pode se dar no âmbito das relações de família[13].

Não se poderá falar em contrato, de fato, sem que se tenha por sua pedra de toque a *manifestação de vontade.*

Sem *"querer humano"*, pois, não há negócio jurídico.

E, não havendo negócio, não há contrato.

Ocorre que toda essa manifestação de vontade deverá fazer-se acompanhar pela necessária responsabilidade na atuação do contratante, derivada do respeito a normas superiores de convivência, com assento na própria Constituição da República[14].

5. A PERSPECTIVA CIVIL-CONSTITUCIONAL DO CONTRATO: UMA (RE)CONCEITUAÇÃO?

Em uma perspectiva civil-constitucional, devemos ter em conta que o contrato, espécie mais importante de negócio jurídico, apenas se afirma socialmente se entendido como um instrumento de conciliação de interesses contrapostos, manejado com vistas à pacificação social e ao desenvolvimento econômico.

---

[13] Tal é o que se dá, por exemplo, em nosso sentir, quando duas pessoas, por meio de um especial ajuste negocial, pactuam a concepção de um filho, mediante reprodução assistida, sem que haja conjugalidade entre ambos. Fala-se, aqui, em "coparentalidade".

[14] Sobre essa interferência da principiologia constitucional no Direito Contratual, remetemos o leitor ao tópico "Principiologia tradicional do Direito Contratual", e Capítulos "Função Social do Contrato e Equivalência Material" e "Boa-Fé Objetiva em Matéria Contratual" deste volume, pois o estudo dos princípios é tão importante que não se pode limitar a tópicos ou a um único capítulo.

Não podemos, dessa forma, considerá-lo como um instrumento de *opressão*, mas sim de *realização*.

Lamentavelmente, não é raro um dos contraentes pretender utilizá-lo como açoite, visando a subjugar a parte economicamente mais fraca, em franco desrespeito à sua *função social*.

Isso mesmo: *todo contrato deve observar a uma função social*.

Ora, se nós já constatamos que este negócio jurídico serve como inegável veículo de manifestação do direito de propriedade, e este último fora, na Carta Magna de 1988, devidamente socializado, por consequência, o contrato também acabaria por sofrer o mesmo processo.

Nesse diapasão, com sabedoria, JOÃO HORA NETO preleciona:

"Em verdade, se é certo que a Carta Magna de 1988, de forma explícita, condiciona que a livre-iniciativa deve ser exercida em consonância com o princípio da função social da propriedade (art. 170, III), e, uma vez entendida que a propriedade representa o segmento estático da atividade econômica, não é desarrazoado entender que o contrato, enquanto segmento dinâmico, implicitamente também está afetado pela cláusula da função social da propriedade, pois o contrato é um instrumento poderoso da circulação da riqueza, ou melhor, da própria propriedade"[15].

Mas esse fenômeno — de socialização de institutos jurídicos de Direito Privado — não é novo.

O próprio CLÓVIS BEVILÁQUA, ao tratar da matéria, ainda que sob um enfoque de cunho historicista, já ressaltava esse aspecto, em sua clássica obra *Direito das Obrigações*, consoante deflui da análise deste interessante trecho:

"Pode-se, portanto, considerar o contracto como um conciliador dos interesses collidentes, como um pacificador dos egoísmos em lucta. É certamente esta a primeira e mais elevada funcção social do contrato. E para avaliar-se de sua importância, basta dizer que, debaixo deste ponto de vista, o contracto corresponde ao direito, substitue a lei no campo restricto do negocio por elle regulado. Ninguem dirá que seja o contracto o único factor da pacificação dos interesses, sendo o direito mesmo o principal delles, o mais geral e o mais forte, mas impossível será desconhecer que também lhe cabe essa nobre função socializadora. Vêde uma creança em tenra edade. Appetece um objecto, com que outra se diverte; seu primeiro impulso é arrebata-lo, num ímpeto de insoffrido egoísmo, das mãos frágeis, que o detêm. A experiência, porém, pouco e pouco, lhe ensina que encontrará resistência, sempre que assim proceder. Seu proceder vae amoldando-se às circumstancias e, em vez de apoderar-se à força, pede, solicita, propõe trocas, seduz com promessas capitosas e, esgotados os meios brandos, passará, então, à violência, ou aos gritos, último recurso dos fracos. Assim foi o homem primitivo, assim seria o homem civilizado, se não o contivessem os freios do direito, da religião, da opinião pública, de todas as disciplinas sociaes empenhadas na tarefa de trazer bem enjaulada a fera, que cada homem traz dentro de si"[16] (*sic*).

---

[15] João Hora Neto, O Princípio da Função Social do Contrato no Código Civil de 2002, *Revista de Direito Privado*, São Paulo: Revista dos Tribunais, n. 14, p. 44, abr./jun. 2002.

[16] Clóvis Beviláqua, *Direito das Obrigações*, Campinas: RED Livros, 2000, p. 211.

A dimensão da *socialização do contrato*, entretanto, tema que será ainda versado em capítulo específico[17], não se limita à ideia de "harmonização de interesses contrapostos".

Não só neste aspecto centra-se a denominada função social.

Em nosso sentir, na medida em que o processo de constitucionalização do Direito Civil conduziu-nos a um *repensar da função social da propriedade*, toda a ideologia assentada acerca do contrato passou a ser revista, segundo um panorama de respeito à dignidade da pessoa humana.

Em um Estado verdadeiramente democrático de direito, o contrato somente atenderá à sua função social no momento em que, *sem prejuízo ao livre exercício da autonomia privada*:

1) respeitar *a dignidade da pessoa humana* — traduzida sobretudo nos direitos e garantias fundamentais;

2) admitir a *relativização do princípio da igualdade das partes contratantes* — somente aplicável aos *contratos verdadeiramente paritários*, que atualmente são minoria;

3) consagrar uma *cláusula implícita de boa-fé objetiva* — ínsita em todo contrato bilateral, e impositiva dos deveres anexos de lealdade, confiança, assistência, confidencialidade e informação;

4) respeitar *o meio ambiente*;

5) respeitar o valor social do trabalho.

Enfim, todas essas circunstâncias, reunidas, moldam o princípio da *função social do contrato*, assentado no art. 421 do Código Civil, a ser estudado brevemente.

Mas há um importante aspecto que deve ser ressaltado: *o reconhecimento deste princípio não significa negação da autonomia privada e da livre-iniciativa*.

Pelo contrário.

Significa sua *reeducação*.

Nesse sentido, com maestria, escreve NELSON NERY JR.:

> "A função social do contrato não se contrapõe à autonomia privada, mas com ela se coaduna e se compatibiliza. À conclusão semelhante se chegou na 'Jornada de Direito Civil', como se pode verificar: Jornada 23: 'A função social do contrato, prevista no art. 421 do novo Código Civil, não elimina o princípio da autonomia contratual, mas atenua ou reduz o alcance desse princípio, quando presentes interesses metaindividuais ou interesse individual relativo à dignidade da pessoa humana'"[18].

Portanto, à vista do exposto, poderíamos, sem prejuízo da definição *supra* apresentada, e já sob uma perspectiva mais estrutural, reconceituarmos o contrato, genericamente, como sendo *um negócio jurídico bilateral, por meio do qual as partes, visando a atingir determinados interesses patrimoniais, convergem as suas vontades, criando um dever jurídico principal (de dar, fazer ou não fazer)*,

---

[17] Cf. o Capítulo "Função Social do Contrato e Equivalência Material" deste volume.
[18] Nelson Nery Jr., Contratos no Código Civil, in *Estudo em Homenagem ao Prof. Miguel Reale*, coordenadores: Domingos Franciulli Netto, Gilmar Ferreira Mendes, Ives Gandra da Silva Martins Filho, São Paulo: LTr, 2003, p. 421.

e, bem assim, deveres jurídicos anexos, decorrentes da boa-fé objetiva e do superior princípio da função social.

Esse conceito será desenvolvido em outros pontos de nossa obra, embora o nosso caro leitor já possa perceber que não se poderá apresentar uma definição de contrato desatrelada de sua concepção ética e social.

Firmado, portanto, o nosso conceito, a natureza jurídica do contrato se mostra evidente.

6. NATUREZA JURÍDICA DO CONTRATO

O contrato, como já dito, é espécie de *negócio jurídico*[19].

Segundo ORLANDO GOMES, para os adeptos da *corrente voluntarista*, "o negócio jurídico é a mencionada declaração de vontade dirigida à provocação de determinados efeitos jurídicos, ou, na definição do Código da Saxônia, a ação da vontade, que se dirige, de acordo com a lei, a constituir, modificar ou extinguir uma relação jurídica"[20].

A corrente voluntarista, como se sabe, é dominante no Direito brasileiro, consoante se depreende da leitura do art. 85 do CC/1916, refletindo-se no art. 112 do CC/2002, com pequena modificação terminológica decorrente da doutrina de EDUARDO ESPÍNOLA.

Comparem-se as normas:

CC/1916: "Art. 85. Nas declarações de vontade se atenderá mais à sua intenção que ao sentido literal da linguagem".

CC/2002: "Art. 112. Nas declarações de vontade se atenderá mais à intenção nelas consubstanciada do que ao sentido literal da linguagem".

É bom que se diga, todavia, que críticas contundentes são dirigidas à corrente voluntarista.

Afirma-se não ser verdadeira a premissa de que o declarante sempre *manifesta a sua vontade dirigida a um determinado fim querido e previamente conhecido.*

Na hipótese de conversão substancial (medida sanatória do ato nulo ou anulável[21]), por exemplo, as partes celebram um determinado negócio jurídico *inválido*, mas que, por força do *princípio da conservação*, poderá ser convertido em outra categoria de negócio, *se contiver os pressupostos de validade deste último* (um contrato de compra e venda de imóvel, nulo por inobservância da forma pública, por exemplo, pode-se *converter* em uma promessa de compra e venda, que admite instrumento particular). Note-se que, nesse caso, não se pode afirmar que o negócio resultante da conversão foi desejado e pretendido, e, ainda assim, não se nega a sua natureza negocial (JUNQUEIRA DE AZEVEDO)[22].

---

[19] Para o aprofundamento deste tópico, conferir o nosso *Novo Curso de Direito Civil — Parte Geral*, 22. ed., São Paulo: Saraiva, 2020, v. 1, p. 379 e s., com ampla referência bibliográfica.

[20] Orlando Gomes, *Introdução ao Direito Civil*, 10. ed., Rio de Janeiro: Forense, 1993, p. 280.

[21] Sobre o tema, confira-se o tópico 6 ("Conversão do negócio jurídico") do Capítulo XIV ("Invalidade do Negócio Jurídico") do v. 1 ("Parte Geral") desta obra.

[22] Vale conferir a excelente obra do Prof. Antônio Junqueira de Azevedo, *Negócio Jurídico — Existência, Validade e Eficácia*, 4. ed., São Paulo: Saraiva, 2002, p. 1 e s.

BRINZ e THON foram os primeiros a tentar explicar a natureza do *negócio jurídico* sob o prisma *objetivista*, contrapondo-se aos voluntaristas.

Nessa perspectiva, o negócio jurídico "seria antes um meio concedido pelo ordenamento jurídico para a produção de efeitos jurídicos, que propriamente um ato de vontade"[23]. Em outras palavras: para os objetivistas, o negócio jurídico, expressão máxima da autonomia da vontade, teria conteúdo normativo, consistindo em "um poder privado de autocriar um ordenamento jurídico próprio".

Nesse contexto, o duelo doutrinário agravou-se entre os partidários da *teoria da vontade (Willenstheorie) e da teoria da declaração (Erklärungstheorie)*. Para os primeiros, o elemento produtor dos efeitos jurídicos é a *vontade real*, de forma que a sua *declaração* seria simplesmente a causa imediata do efeito perseguido (se não houver correspondência entre a vontade real e a declaração emitida, prevalece a intenção) — SAVIGNY, WINDSCHEID, DERNBURG, UNGER, OERTMANN, ENNECCERUS. Os adeptos da segunda teoria — que, em essência, não se afasta tanto da corrente voluntarista tradicional — negam à intenção "o caráter de vontade propriamente dita, sustentando que o elemento produtor dos efeitos jurídicos é a declaração" — (ZITTELMAN).

Em verdade, a divergência doutrinária não é de raiz profunda.

Carece de significado prático a incessante tarefa de se responder se prevalece a *vontade interna* ou a *vontade declarada*.

Se o negócio jurídico, enquanto manifestação humana destinada a produzir fins tutelados por lei, é fruto de um processo cognitivo que se inicia com a *solicitação do mundo exterior, passando pela fase de deliberação e formação da vontade,* culminando, ao final, com a *declaração da vontade,* parece que não há negar-se o fato de que a *vontade interna e a vontade declarada são faces da mesma moeda.*

Aliás, adverte ROBERTO DE RUGGIERO que "a vontade deve ser manifestada, não tendo valor para o direito objetivo a que, posto que legitimamente formada, se não exteriorizou. Somente com a sua manifestação, o agente pode provocar a desejada reação jurídica e esta exteriorização, que torna visível a vontade e lhe dá existência objetiva, é o que nós chamamos declaração ou manifestação, sendo indiferente que se faça com palavras, gestos ou até com o simples silêncio"[24].

Feitas essas observações, pode-se conceituar, finalmente, agora sob o *critério estrutural,* e à luz da lição do magistral Professor JUNQUEIRA DE AZEVEDO, o negócio jurídico como "todo fato jurídico consistente em declaração de vontade, a que o ordenamento jurídico atribui os efeitos designados como queridos, respeitados os pressupostos de existência, validade e eficácia, impostos pela norma jurídica que sobre ele incide"[25].

Em linguagem mais simples, posto não menos jurídica, seria a *manifestação de vontade, emitida em obediência aos seus pressupostos de existência, validade e eficácia, com o propósito de produzir efeitos admitidos pelo ordenamento jurídico, pretendidos pelo agente.*

---

[23] Antônio Junqueira de Azevedo, ob. e loc. cits.
[24] Roberto de Ruggiero, *Instituições de Direito Civil*, Campinas: Bookseller, 1999, p. 316.
[25] Antônio Junqueira de Azevedo, ob. cit., p. 16.

A esse conceito, pois, *perfeitamente se subsume a noção de contrato*.

Entretanto, uma vez que o contrato é espécie do gênero "negócio", é forçoso convir que algum aspecto o particulariza dos outros negócios jurídicos.

Esse aspecto, sem sombra de dúvidas, consiste na *convergência das manifestações de vontades contrapostas*, formadora do denominado *consentimento*.

Discorrendo a respeito do tema, ORLANDO GOMES pondera, com habitual maestria:

"Emprega-se em duas acepções a palavra consentimento, ora como acordo de vontades, para exprimir a formação bilateral do negócio jurídico contratual, ora como sinônimo da declaração de vontade de cada parte do contrato. Admitida nesta última acepção, fala-se em mútuo consentimento, expressão considerada redundante, porque em um dos termos — consentimento — está contida a ideia que o outro — mútuo — exprime.

No exame dos elementos constitutivos do contrato, o consentimento apresenta-se como requisito típico, conquanto exigido, igualmente, na formação dos outros negócios jurídicos bilaterais. No contrato, porém, singulariza-se pela circunstância de que as vontades que o formam correspondem a interesses contrapostos"[26].

O consentimento ou consenso, portanto, é o núcleo do negócio jurídico contratual, formado a partir das vontades emitidas pelas partes declarantes.

Sem essa manifestação de vontade e, consequentemente, o consentimento, o negócio jurídico será considerado *inexistente*.

7. PLANOS DE EXISTÊNCIA, VALIDADE E EFICÁCIA APLICÁVEIS AO CONTRATO[27]

Embora esta seja uma matéria já trabalhada minuciosamente, como dito em volume anterior, parece-nos relevante abrir um tópico específico sobre os planos do contrato, enquanto negócio jurídico.

Isso porque, embora os *links* com os outros volumes de nossa obra sejam necessários, faz-se mister garantir ao leitor que este presente volume se sustente autonomamente.

É claro, porém, que tudo que já foi desenvolvido como plano de existência, validade e eficácia do negócio é perfeita e diretamente aplicável aos contratos, por ser esta uma espécie do gênero principal, o que, desde já, fica explicitado.

No presente tópico, portanto, cuidaremos de dar apenas uma visão geral da matéria, desdobrando-a adiante, quando cuidaremos de analisar, separadamente, os pressupostos de existência, validade e eficácia do contrato.

Conforme já tivemos oportunidade de anotar, em nossa obra dedicada à Parte Geral, ao analisarmos o *negócio jurídico* (gênero do qual o contrato é espécie), para apreender

---

[26] Orlando Gomes, ob. cit., p. 48.

[27] Cf. o excelente e indispensável Antônio Junqueira de Azevedo, *Negócio Jurídico — Existência, Validade e Eficácia*, 4. ed., Saraiva: São Paulo, 2002, e o nosso *Novo Curso de Direito Civil — Parte Geral*, já citado.

sistematicamente o tema — e não simplesmente reproduzir regras positivadas — faz-se mister analisá-lo sob os três planos[28] em que pode ser visualizado:

a) **Existência** — um negócio jurídico não surge do nada, exigindo-se, para que seja considerado como tal, o atendimento a certos requisitos mínimos.

b) **Validade** — o fato de um negócio jurídico ser considerado existente não quer dizer que ele seja considerado perfeito, ou seja, com aptidão legal para produzir efeitos, o que exige o atendimento de determinados pressupostos legais.

c) **Eficácia** — ainda que um negócio jurídico existente seja considerado válido, ou seja, perfeito para o sistema que o concebeu, isto não importa em produção imediata de efeitos, pois estes podem estar limitados por elementos acidentais da declaração.

Esses três planos, portanto, servem para a análise minuciosa e científica do contrato, uma vez que permite a dissecação dos seus elementos de constituição, os pressupostos de validade e os fatores que eventualmente inferem na sua eficácia jurídica.

Vamos a eles.

7.1. Elementos constitutivos do contrato (plano de existência do negócio jurídico)

Para um negócio jurídico — e, consequentemente, um contrato — existir, quatro elementos se fazem necessários, de maneira simultânea.

O primeiro deles, considerado a essência do negócio jurídico, é a *manifestação de vontade*. Como dissemos, sem *querer humano*, não há negócio jurídico e, não havendo negócio, não há que se falar em contrato.

Não se discute, neste momento, se a manifestação da vontade se confunde com a intenção propriamente dita de seu declarante, pois isso, como veremos, está no campo da validade da manifestação.

O que é imprescindível, para se entender existente um negócio jurídico, é justamente que tenha ocorrido uma declaração de vontade, faticamente aferível, e que decorra de um processo mental de cognição.

Nos insuperáveis ensinamentos de ANTÔNIO JUNQUEIRA DE AZEVEDO:

"A declaração, uma vez feita, desprende-se do *iter* volitivo; adquire autonomia, como a obra se solta de seu autor. É da declaração, e não da vontade, que surgem os efeitos. Tanto é assim que, mesmo quando uma das partes, em um contrato, muda de ideia, persistem os efeitos deste. Como diz TARDE: 'No momento em que se diz que minha vontade me obriga, esta vontade já não existe; ela se tornou estranha a mim, de modo tal que é exatamente como se eu recebesse uma ordem de outra pessoa'.

Ou, ainda, como afirma BETTI, com bons exemplos e muita clareza: 'Inversamente, o dogma em causa torna difícil justificar como possa vigorar uma 'vontade' sem estar sustentada e animada por uma pessoa viva e capaz; é o que acontece no testamento e pode acontecer no caso de incapacidade, que seja posterior à emissão da declaração (com a proposta), mas que surja antes que o negócio (contrato) esteja concluído (arts. 1.239 e

---

[28] Deve-se a Pontes de Miranda o desenvolvimento deste esquema teórico.

1.330 do CC italiano), ou antes que ele entre em vigor (se subordinando a uma condição). Na verdade, a vontade, como fato psicológico interno, já se determinou anteriormente: ela se exaure, como já dissemos, com a declaração ou com o comportamento, e neles permanece absorvida. Já, pelo contrário, o preceito de autonomia privada surge pela primeira vez como entidade duradoura, externa e desligada da pessoa do autor. O preceito opera para o futuro, vivendo vida própria, independent da vontade, que lhe deu o ser, e, talvez, até mesmo, se lhe contrapondo. Segue-se daí que, se a vontade, como fato psíquico, é alguma coisa que se confunde com a pessoa e não é concebível separada dela, o preceito do negócio é, por sua natureza normativa e não psicológica, alguma coisa de separado da pessoa, a ponto de se contrapor a ela (mesmo nos negócios unilaterais) e de a vincular'"[29].

Compreendida a autonomia da declaração da vontade, em relação à vontade propriamente dita, bem como ao seu emissor, neste último aspecto reside o segundo elemento existencial: a presença de um *agente*, para manifestar tal vontade.

Com efeito, a vontade contratual não se manifesta sozinha, sendo necessária a presença de sujeitos para declará-la.

E o que se declara?

Justamente o *objeto* do contrato, que consiste na prestação da relação obrigacional estabelecida, valendo destacar que tal objeto pode ser direto/imediato ou indireto/mediato, à medida que se materialize, respectivamente, na atividade a ser desenvolvida (prestação de dar, fazer ou não fazer) ou no bem da vida posto em circulação.

E, por fim, no contrato, essa *manifestação de vontade* do agente, para a realização desse *objeto*, precisa de uma *forma* para se exteriorizar.

Não se trata, aqui, de discutir a adequação, mas sim apenas a existência de uma exteriorização, de maneira a se compreender que o contrato realmente existiu no campo concreto, não se limitando a uma mera elucubração de um sujeito. Trata-se, pois, do veículo de condução da vontade: forma oral, escrita, mímica etc.

Presentes estes quatro elementos, podemos afirmar, sem a menor sombra pálida de dúvida, que o contrato, como negócio jurídico, existe no campo da realidade fática.

Todavia, se ele pode — e deve — produzir efeitos é um outro campo de análise.

Trata-se do plano de validade, a ser abordado no próximo subtópico.

7.2. Pressupostos de validade do contrato (plano da validade do negócio jurídico)

Existente um contrato, é preciso verificar se o mesmo pode ser considerado válido.

Neste campo, até para uma compreensão sistematizada e didática da matéria, costumamos ensinar que os pressupostos de validade nada mais são do que os próprios elementos de existência *adjetivados*.

De fato, embora a concreta *manifestação de vontade* seja suficiente, neste tópico, para reconhecer a existência de um contrato, a sua validade está condicionada a que esta vontade seja emanada de *maneira livre e de boa-fé*.

---

[29] Antônio Junqueira de Azevedo, ob. cit., p. 86.

Nesse campo, desponta o estudo dos vícios de consentimento e da boa-fé objetiva, para o qual remetemos o leitor[30].

No mesmo sentido, o *agente* precisa ter *capacidade* para manifestar sua vontade por meio de um contrato.

Esta capacidade não é somente a capacidade genérica, como medida da personalidade, mas também a específica para protagonizar determinado contrato, que denominamos *legitimidade*.

Nesse último caso, embora as partes possam gozar de plena capacidade, estarão impedidas circunstancialmente de praticar ato específico, por relevantes razões sociais e de ordem pública.

A consequência da violação de um desses impedimentos é a *nulidade do negócio que se realizou*, por violação a expressa disposição de lei.

O *objeto* do contrato, por sua vez, deve ser *idôneo*, assim considerado aquele *lícito* (ou seja, não proibido pelo Direito e pela Moral), *possível* (jurídica e fisicamente) e *determinado* ou *determinável* (com os elementos mínimos de individualização que lhe permitam caracterizá-lo).

Registre-se, inclusive, que, no campo da licitude do objeto, o art. 426 do vigente Código Civil estabelece expressamente:

"Art. 426. Não pode ser objeto de contrato a herança de pessoa viva".

Por fim, a *forma* do contrato deve ser a adequada, entendida esta como a *prescrita* ou *não defesa em lei*.

Não se confunda a forma, *enquanto elemento existencial do negócio*, com a *adequação da forma, pressuposto de validade*, de que ora se trata.

Sob o prisma do *Plano de Existência, a forma, entendida como o meio de exteriorização da vontade*, é elemento constitutivo ou pressuposto existencial do ato, uma vez que a sua supressão impede a formação ou o surgimento do próprio negócio. Sem uma *forma de exteriorização* (escrita, oral, mímica), o intento negocial fica encerrado na mente do agente, e não interessa ao direito.

Diferente é a hipótese de a lei estabelecer *um determinado tipo de forma* para que o contrato tenha validade.

Neste caso, desrespeitado o mandamento legal, o negócio jurídico (o contrato) existirá, mas será fulminado de nulidade, por ser reputado inválido.

Daremos um exemplo: *o humilde camponês, por meio de um contrato de compra e venda, adquire algumas glebas de terra do seu vizinho, e, insciente de que a aquisição da propriedade imobiliária exige a lavratura da compra e venda em escritura pública devidamente registrada (forma prescrita em lei), aceita, apenas, a documentação do ato em simples recibo firmado pela parte adversa.*

Em tal hipótese, dúvida não há quanto à existência do negócio, não obstante, sob o prisma legal, seja inválido (nulo), por não haver respeitado a forma prescrita em lei (escritura pública registrada), *ex vi* do disposto no art. 108 c/c o art. 166 do Código Civil de 2002.

---

[30] Confiram-se os Capítulos XIII ("Defeitos do Negócio Jurídico") do v. 1 da presente obra e "Boa-Fé Objetiva em Matéria Contratual" deste volume.

7.3. Fatores eficaciais do contrato (plano de eficácia do negócio jurídico)

Finalmente, para que recapitulemos integralmente a aplicação dos Planos do Negócio Jurídico aos contratos, é necessário tecer considerações sobre a possibilidade de previsão de fatores eficaciais em uma relação jurídica contratual.

De fato, existente e válido um negócio jurídico, o ordinário e habitual é que passe a produzir efeitos imediatamente.

Todavia, em certos contratos, é possível, eventualmente, inserirem-se elementos acidentais que limitam a produção imediata de efeitos ou fazem cessá-los, se ocorridos determinados fatos preestabelecidos.

Esses três elementos acidentais são os seguintes:

a) **Termo** — evento futuro e certo, que protrai o começo da produção de efeitos (termo inicial) ou faz cessá-los (termo final).

b) **Condição** — evento futuro e incerto que, se ocorrente, poderá dar início à produção de efeitos (condição suspensiva) ou fazer cessá-los (condição resolutiva).

c) **Modo/Encargo** — determinação acessória acidental de negócios jurídicos gratuitos, que impõe ao beneficiário da liberalidade um ônus a ser cumprido, em prol de uma liberalidade maior.

8. DISTINÇÕES TERMINOLÓGICAS RELEVANTES

Ainda neste capítulo, cumpre-nos estabelecer importantes distinções terminológicas, tendo em vista o apuro técnico e científico que se pretende em nossa obra.

A primeira delas é a diagnose diferencial entre *contrato* e *instrumento contratual*.

Preferimos utilizar a palavra *contrato* para nos referirmos ao negócio jurídico formado pela convergência de vontades contrapostas (consentimento).

O *instrumento contratual*, por sua vez, consiste na *documentação* do negócio. É a sua expressão escrita, composta por cláusulas contratuais, e, por vezes, por um ou mais anexos.

Com habitual erudição, ORLANDO GOMES lembra-nos de que o instrumento de qualquer contrato compõe-se de duas partes[31]:

a) preâmbulo;
b) contexto.

O preâmbulo é sua parte introdutória. Contém a qualificação das partes, a descrição do objeto, e, por vezes, anunciam-se as razões ou justificativas do contrato.

O contexto, por sua vez, compõe-se das disposições do contrato, ou seja, das cláusulas contratuais, quando se tratar de contrato escrito. A esse respeito, o citado civilista, com precisão, observa:

> "Nos contratos por instrumento público, o tabelião, em livro próprio, recolhe o ditado pelos contratantes, ou copia a minuta que lhe apresentem. Não há limitação para o número de cláusulas nem ordem a ser obrigatoriamente seguida, mas convém não avolumar

---
[31] Orlando Gomes, ob. cit., p. 17.

o texto com cláusulas ociosas ou com a inútil reprodução de textos legais, e, bem assim, que se procure dar ordenação lógica ao conjunto orgânico das proposições, usando os termos com propriedade e precisão técnica"[32].

Muito importante, aliás, observarmos que, hodiernamente, com o assustador aumento das demandas judiciais, a denominada *advocacia preventiva*, ou seja, o assessoramento jurídico prévio ao eventual litígio, ganha mais força e, nessa nova ordem, cresce a importância do apuro técnico na feitura de um contrato.

Um contrato bem redigido pode evitar futuras pugnas judiciais.

Salientamos, entretanto, que, segundo a nossa ordem civil-constitucional, contrato bem redigido não significa apenas aquele firmado segundo os pressupostos de validade estampados na lei.

O seu apuro fica a depender, também, do respeito à *função social da propriedade e do contrato* e, especialmente, da *cláusula de boa-fé objetiva*, compreensiva de uma regra ética juridicamente exigível, que impõe às partes lealdade e confiança recíprocas.

Lícito e legítimo, portanto, será apenas o contrato que respeitar não apenas as regras técnicas de validade, mas, sobretudo, as normas principiológicas que conduzem à necessária observância de um conteúdo ético e social indisponível.

Nessa linha, veremos, posteriormente, que a violação dessas regras poderá desembocar na responsabilidade civil do infrator.

Outra diferenciação que se nos afigura relevante deve ser feita entre as noções de *contrato* e *convenção*.

Comentando essa distinção no Direito argentino, GUILLERMO BORDA, com costumeira erudição, pontifica:

"El contrato es un acuerdo de voluntades destinado a reglar los derechos patrimoniales; convención, en cambio, se refiere a todo acuerdo de voluntades sea o no de carácter patrimonial, como puede ser, por ejemplo, el acuerdo sobre el régimen de visitas a los hijos, convenido por sus padres divorciados. Es decir, convención sería el género, contrato la especie.

Otras leyes y autores no distinguen entre contrato y convención jurídica, pues ambos comprenderían todo tipo de acuerdo, tenga o no un objeto patrimonial.

Nuestro Código se inclina por formular la distinción antes señalada, pues el artículo 1.169 establece que la prestación objeto de un contrato debe ser susceptibile de apreciación pecuniaria"[33].

Afastando-se, pois, da noção genérica de convenção, o *contrato* ganha autonomia, e, no dizer de RUGGIERO, "torna-se um esquema genérico, uma categoria abstrata, na qual predomina o elemento do consenso, e que é capaz de traçar as mais diversas figuras que possam ser criadas pela vontade das partes"[34].

Nessa linha de raciocínio, concluímos que a expressão "convenção", mais genérica, servirá para caracterizar acordos de vontade em geral; ao passo que denominamos "con-

---

[32] Orlando Gomes, ibidem.
[33] Guillermo Borda, *Manual de Contractos*, 19. ed., Buenos Aires: Abeledo-Perrot, 2000, p. 7.
[34] Roberto de Ruggiero, *Instituições de Direito Civil*, Campinas: Bookseller, 1999, v. III, p. 299.

trato" o negócio jurídico derivado de uma convergência de vontades, que se conjugam formando o consentimento.

Não há que se confundir, ainda, o contrato com os "pactos", visto que, em nosso sistema, esta última terminologia é utilizada para designar alguns negócios acessórios como o "pacto de retrovenda", o "pacto nupcial" etc.[35]

Na prática forense, entretanto, essas denominações, a que estamos tão habituados, muitas vezes se confundem, sem que esta identificação, em nosso sentir, traduza-se em erro grosseiro.

9. FORMA E PROVA DO CONTRATO

Fruto da autonomia da vontade, com as compreensíveis e justificáveis restrições impostas pelas normas cogentes e de ordem pública, a forma do contrato é, essencialmente, livre.

Aliás, o *princípio da liberdade da forma* é regente de todo o nosso sistema regulador do negócio jurídico.

Em geral, portanto, os negócios têm forma livre.

Assim, a caneta que o colega empresta ao outro na sala (contrato de comodato), o ônibus que o cidadão toma, parando-o com um simples gesto (contrato de transporte), o seguro que pactuamos até mesmo por telefone (contrato de seguro), o CD que trocamos com um amigo (contrato de troca), o anel de compromisso que compramos para a nossa namorada (contrato de compra e venda), e até mesmo o romântico gesto de presenteá-la com esse "mimo", em um jantar à luz de velas, é claro, traduz um negócio jurídico contratual (contrato de doação).

Veja-se, portanto, como estamos cercados, unidos, intrinsecamente ligados, a um emaranhado de relações contratuais, sendo que a esmagadora maioria delas não deve observar necessariamente *forma prescrita em lei*.

A regra geral, como dissemos, é a liberdade da forma.

No direito positivo brasileiro, por expressa determinação legal, consagrou-se o princípio da *liberdade da forma*[36]:

"Art. 107. A validade da declaração de vontade não dependerá de forma especial, senão quando a lei a exigir expressamente".

Observa-se, com isso, que os negócios jurídicos, como regra geral, podem ser realizados de acordo com a conveniência da forma preferida pelas partes.

Tal orientação, aliás, é a nota característica das sociedades contemporâneas, segundo já anotava, brilhantemente, CLÓVIS BEVILÁQUA:

"É princípio aceito pelo direito moderno que as declarações de vontade não estão sujeitas a uma forma especial, senão quando a lei expressamente a estabelece. É até um dos resultados da evolução jurídica, assinalado pela história e pela filosofia, a decadência do formalismo,

---

[35] Caio Mário da Silva Pereira, *Instituições de Direito Civil*, 10. ed., Rio de Janeiro: Forense, 2001, v. III, p. 4.

[36] Cf. volume 1, Capítulo XII, item 2.4, desta obra.

em correspondência com o revigoramento da energia jurídica imanente nos atos realizados pelos particulares, a expansão da autonomia da vontade e a consequente abstenção do Estado que se acantoa, de preferência, na sua função de superintendente, pronto a intervir, quando é necessário restabelecer coativamente o equilíbrio de interesses"[37].

Note-se, ainda, que, por força do *princípio da liberdade da forma*, os negócios formais ou solenes não são a regra em nosso Direito.

Em tais casos, quando a norma legal impõe determinado revestimento para o ato, traduzido em uma forma especial ou em uma indispensável solenidade, diz-se que o negócio é ad solemnitatem. É o caso do *testamento* (negócio jurídico unilateral), para o qual a lei impõe determinada forma (pública, cerrada ou particular), não reconhecendo liberdade ao testador para elaborá-lo de acordo com a sua vontade. Também servem de exemplo *os contratos constitutivos ou translativos de direitos reais sobre imóveis acima do valor consignado em lei*, uma vez que a forma pública é indispensável para a validade do ato, consoante acima se demonstrou (art. 108 do CC/2002).

Ao lado dos negócios *ad solemnitatem*, figura outra importante categoria: a dos negócios *ad probationem*.

Nesses, apesar de a forma não preponderar sobre o fundo, por não ser essencial, deverá, outrossim, ser observada, para efeito de *prova do ato jurídico*, o que deve ser considerado sempre algo excepcional[38].

Portanto, retornando à premissa inicial, a regra geral da *liberdade da forma do contrato* só deverá ser excepcionada quando a lei expressamente o determinar.

Aliás, é bom que assim o seja, por vivermos em uma sociedade extremamente dinâmica e mutável, que nos exige sempre respostas rápidas e cada vez menos burocráticas.

10. PRINCIPIOLOGIA TRADICIONAL DO DIREITO CONTRATUAL

10.1 Introdução

No presente capítulo, iniciaremos a tarefa de enfrentar os princípios norteadores do Direito Contratual.

Por princípio, entendam-se os ditames superiores, fundantes e simultaneamente informadores do conjunto de regras do Direito Positivo. Pairam, pois, por sobre toda a legislação, dando-lhe *significado legitimador* e *validade jurídica*.

A respeito deles, discorre, com a maestria que lhe é peculiar, o jusfilósofo WILLIS SANTIAGO GUERRA FILHO, em indispensável obra:

> "Princípios, por sua vez, encontram-se em um nível superior de abstração, sendo igual e hierarquicamente superiores, dentro da compreensão do ordenamento jurídico como uma 'pirâmide normativa' (Stufenbau), e se eles não permitem uma subsunção direta de fatos, isso se dá indiretamente, colocando regras sob o seu 'raio de abrangência'"[39].

---

[37] Clóvis Beviláqua, ob. cit., p. 317.
[38] É o caso do depósito voluntário, previsto no art. 646 do Código Civil, que só se prova por escrito.
[39] Willis Santiago Guerra Filho, *A Filosofia do Direito — Aplicada ao Direito Processual e à Teoria da Constituição*, 2. ed., São Paulo: Atlas, 2002, p. 92.

Dada a importância, pois, deste tema, preferimos destacá-los em capítulo próprio, uma vez que, se cotejarmos a doutrina clássica com a moderna abordagem constitucional da matéria, constataremos, de imediato, sensível mudança no colorido jurídico dos princípios contratuais.

Na medida em que nos desapegamos de uma tendência excessivamente patrimonial, fechada e egoística do Direito Civil, passando a reconhecer uma justa prevalência da *pessoa humana* em lugar dos *bens materiais*, é natural que a concepção teórica do sistema de princípios informadores do Direito Contratual experimentasse mudança.

E essa alteração no trato ideológico do Direito Civil fora muito bem sentida pelo gênio de LUIZ EDSON FACHIN:

"Da eliminação e das fronteiras arquitetadas pelo sistema privado clássico abre-se o Direito Civil contemporâneo.

Do estágio de direitos absolutos, individualistas e perpétuos, migra para a sua conformação contemporânea, o modelo de família num reconhecimento plural de entidades familiares, do contrato e da propriedade funcionalizados, mudanças que repercutem nos direitos e deveres que os diversos sujeitos apresentam"[40].

Perceberemos, portanto, na enumeração dos princípios que seguem abaixo, que alguns clássicos foram mantidos, posto hajam sido objeto de releitura, e, ainda, outros foram acrescentados, por entendermos necessários para a completude do conjunto.

Temos, portanto:

a) o princípio da autonomia da vontade ou do consensualismo;

b) o princípio da força obrigatória do contrato;

c) o princípio da relatividade subjetiva dos efeitos do contrato;

d) o princípio da função social do contrato;

e) o princípio da boa-fé objetiva;

f) o princípio da equivalência material.

Pairando por sobre todos eles, dando-lhes dimensão constitucional, está o *princípio da dignidade da pessoa humana*, que jamais poderá ser esquecido, pois, indiscutivelmente, servirá de medida para toda a investigação que fizermos a respeito de cada um dos princípios contratuais acima elencados.

Registramos, finalmente, que os princípios da *função social do contrato* e da *boa-fé objetiva* serão apreciados em capítulos autônomos, dada a importância de que gozam no conjunto apresentado, sendo que o princípio da equivalência material, por ser decorrente da função social reconhecida, será com ela desenvolvido.

10.2. Breve revista ao princípio da dignidade da pessoa humana

Não menos bela do que importante é a dimensão social e jurídica do *princípio da dignidade da pessoa humana*.

Em vão, aliás, será a tarefa de tentar o nosso leitor apreender o seu alcance na obra dos dicionaristas, que, em geral, dão-lhe conotação restrita e essencialmente aristocrática:

---

[40] Luiz Edson Fachin, *Teoria Crítica do Direito Civil*, Rio de Janeiro: Renovar, 2000, p. 328.

"Dignidade, s.f. (lat. *Dignitatem*). Qualidade de quem ou daquilo que é digno; cargo honorífico; nobreza; decoro; autoridade moral; respeitabilidade"[41].

Ademais, por se tratar de cláusula geral, de natureza principiológica[42], a sua definição é missão das mais árduas, muito embora arrisquemo-nos em dizer que a noção jurídica de *dignidade traduz um valor fundamental de respeito à existência humana, segundo as suas possibilidades e expectativas, patrimoniais e afetivas, indispensáveis à sua realização pessoal e à busca da felicidade.*

Mais do que garantir a simples *sobrevivência*, este princípio assegura o *direito de se viver plenamente*, sem quaisquer intervenções espúrias — estatais ou particulares — na realização desta finalidade.

Nessa mesma linha, e com absoluta precisão, ALEXANDRE DOS SANTOS CUNHA, discorrendo a respeito de tão importante tema, acentua:

"O princípio da dignidade da pessoa humana, não obstante a sua inclusão no texto constitucional, é, tanto por sua origem quanto pela sua concretização, um instituto basilar do direito privado. Enquanto fundamento primeiro da ordem jurídica constitucional, ele o é também do direito público. Indo mais além, pode-se dizer que é a interface entre ambos: o vértice do Estado de Direito.

O seu reconhecimento, enquanto direito fundamental, leva à necessidade de requestionamento de uma série de dogmas civilísticos, em especial aqueles que constituem seu núcleo central: a autonomia, os bens, o patrimônio, a pessoa e a propriedade"[43].

Vê-se, portanto, que o princípio da dignidade da pessoa humana culmina por descortinar a nova vocação do Direito Privado, qual seja, a de redirecionar o alcance de suas normas para a proteção da pessoa, sem prejuízo dos mecanismos reguladores da proteção ao patrimônio.

Conforme lembram CRISTIANO CHAVES DE FARIAS e PABLO STOLZE GAGLIANO, a sua dimensão é especialmente ampla, com assento, inclusive, na jurisprudência de outros Estados do mundo:

"Veja-se, nesse diapasão, importante precedente do Tribunal Constitucional de Portugal, asseverando que 'a ideia de dignidade da pessoa humana, no seu conteúdo concreto — nas exigências em que se desmultiplica — não é algo puramente apriorístico, mas que necessariamente tem de concretizar-se histórico-culturalmente' (Acórdão 90-105-2, de 29.3.90, rel. Bravo Serra)"[44].

Traduz-se, pois, em uma diretriz de inegável *solidarismo social*, imprescindível à implantação efetiva do Estado Democrático de Direito.

---

[41] *Grande Dicionário Enciclopédico Rideel*, org. por H. Maia de Oliveira, São Paulo: Rideel, 1978, v. 4, p. 889.

[42] Veremos, linhas adiante, que não há diferença irremediável entre um *princípio* e uma *cláusula geral*.

[43] Alexandre dos Santos Cunha, Dignidade de Pessoa Humana: O Conceito Fundamental do Direito Civil, in *A Reconstrução do Direito Privado*, org. por Judith Martins-Costa, São Paulo: Revista dos Tribunais, 2002, p. 260.

[44] Cristiano Chaves de Farias e Pablo Stolze Gagliano, *A Testemunha de Jeová e a Possibilidade de Recusa a Tratamento com Transfusão de Sangue*, artigo conjunto, ainda inédito.

Não é por outro motivo, aliás, que a Constituição da República, em seu art. 1.º, III, dispõe:

> "Art. 1.º A República Federativa do Brasil, formada pela união indissolúvel dos Estados, dos Municípios e do Distrito Federal, constitui-se em Estado Democrático de Direito e tem como fundamentos:
>
> (...)
>
> III — a dignidade da pessoa humana".

A sua magnitude constitucional, portanto, denota o seu conteúdo essencialmente político, transcendente, pois, de qualquer tentativa de contenção pelo Direito Público ou Privado.

Nessa linha de raciocínio é o pensamento do culto professor da UERJ, GUSTAVO TEPEDINO:

> "Com efeito, a escolha da dignidade da pessoa humana como fundamento da República, associada ao objetivo fundamental de erradicação da pobreza e da marginalização, e de redução das desigualdades sociais, juntamente com a previsão do § 2.º do art. 5.º, no sentido da não exclusão de quaisquer direitos e garantias, mesmo que não expressos, desde que decorrentes dos princípios adotados pelo Texto Maior, configuram uma verdadeira *cláusula geral de tutela e promoção da pessoa humana*, tomada como valor máximo pelo ordenamento"[45].

Nesse diapasão, tomando-se em contato os reflexos do princípio da dignidade da pessoa humana no plano infraconstitucional, verificamos a necessidade da efetiva proteção aos *direitos da personalidade*, atualmente disciplinados pelos arts. 11 a 21 do Código Civil.

Essa tutela, portanto, afigura-se indispensável para que o comando constitucional de "promoção da pessoa humana", para utilizarmos a precisa definição de TEPEDINO, tenha plena aplicabilidade.

Sobre os direitos da personalidade, aliás, já tivemos oportunidade de escrever que são *aqueles que têm por objeto os atributos físicos, psíquicos e morais da pessoa em si e em suas projeções sociais*[46].

O reconhecimento jurídico formal dos direitos da personalidade é relativamente recente, sendo, inclusive, sintomático que somente agora venham a ser consagrados no Código Civil brasileiro[47].

---

[45] Gustavo Tepedino, *A Parte Geral do Novo Código Civil: Estudos na Perspectiva Civil-Constitucional*, Rio de Janeiro: Renovar, 2002, p. XXV.

[46] Cf. volume 1, Cap. V, desta obra.

[47] A imprecisão doutrinária a respeito da teoria dos direitos da personalidade, cujo reconhecimento pleno só se deu recentemente, é apontado pelo saudoso jurista WALTER MORAES: "A doutrina dos direitos da personalidade, cheia ainda de imprecisões, contradições e perplexidades, continua a não dispensar o arrimo retórico para suprir o seu déficit de clareza e coerência" (Concepção Tomista de Pessoa. Um contributo para a teoria do direito da personalidade, *Revista de Direito Privado*, São Paulo: Revista dos Tribunais, n. 3, p. 188, jul./set. 2000).

Alguns dos direitos da personalidade, porém, se examinados em relação ao Estado (e não em relação aos outros indivíduos), ingressam no campo das *liberdades públicas*, consagradas pelo Direito Constitucional.

Distinguem-se as duas noções, normalmente, quanto ao plano e ao conteúdo.

No primeiro caso, tem-se que os direitos da personalidade situam-se acima do direito positivo, sendo considerados, em nosso entendimento, inerentes ao homem, devendo o Estado, por meio das normas positivas, apenas reconhecê-los e protegê-los.

Todavia, mesmo que tal reconhecimento não ocorra, esses direitos continuariam existindo, em função de seu caráter transcendente da natureza humana, ao contrário das chamadas *liberdades públicas*, que dependem necessariamente da positivação para assim serem consideradas.

No que diz respeito ao conteúdo, a diferença é uma consequência do parâmetro anterior, pois o surgimento de novas liberdades públicas, pertencentes a categorias transindividuais (econômicas e sociais, por exemplo), não se coaduna com o caráter individual dos direitos da personalidade.

O reconhecimento de tais direitos, portanto, liga-se umbilicalmente com a consagração constitucional do *princípio da dignidade da pessoa humana*, e, consequentemente, acaba por se refletir no campo do Direito Contratual.

Não se concebe mais, portanto, nesse diapasão, que o tratamento dispensado ao contratante subjugue o respeito que se deve ter em face da pessoa humana.

Valores tais como a vida, a imagem, a privacidade, a integridade física etc. não podem ser desconsiderados a pretexto de se exigir determinada prestação.

Com isso, entretanto, não queremos dizer que, pactuada uma avença, o contrato não deva ser cumprido e que o princípio da autonomia privada e da livre-iniciativa foram desprezados.

Não é isso.

O que estamos a dizer é que, ao se exigir o cumprimento forçado de uma prestação inadimplida, o credor não pode pretender lançar mão de mecanismos atentatórios à dignidade da pessoa humana, senão quando a própria Constituição expressamente admitir o sacrifício de um valor individual tendo em vista fins superiores[48].

E a prevalência do ditame constitucional de tutela da dignidade da pessoa humana, em face de quaisquer outros princípios, de natureza econômica ou não, é resultado da aplicação do *princípio da proporcionalidade*, que tem nítida função regulatória em nosso sistema jurídico.

E para que tenhamos a exata noção do alcance deste último princípio, perfeitamente aplicável à seara contratual, vejamos as ponderações do ilustrado Professor da PUCSP, WILLIS SANTIAGO GUERRA FILHO, maior autoridade brasileira no assunto:

"Para que o Estado, em sua atividade, atenda aos interesses da maioria, consignados em direitos coletivos e difusos, igualmente respeitando os direitos individuais fundamentais,

---

[48] É o caso da prisão civil nos alimentos, que se ampara na necessidade de se tutelar o alimentando, na sua expectativa de vida digna.

faz-se necessária não só a existência de normas para pautar essa atividade que, em certos casos, nem mesmo a vontade de uma maioria pode derrogar (Estado de Direito), como também há de se reconhecer e lançar mão de um princípio regulativo para ponderar até que ponto vai-se dar preferência ao todo ou às partes (princípio da proporcionalidade), o que também não pode ir além de certo limite, para não retirar o mínimo necessário a uma existência humana digna de ser chamada assim"[49].

E esse mesmo princípio, em nosso sentir, fará prevalecer a dignidade da pessoa humana, quando da eventual colidência com outros ditames de envergadura moral, axiológica e jurídica menor, segundo as circunstâncias do caso concreto.

Nesse diapasão, concluímos que qualquer investigação ou análise que fizermos a partir de agora, a respeito do Direito Contratual, deverá pautar-se também nesta superior norma regente (da proporcionalidade), informativa de todo o nosso ordenamento civil-constitucional.

10.3. Princípio da autonomia da vontade ou do consensualismo

Não se pode falar em contrato sem autonomia da vontade.

Mesmo em um sistema como o nosso, que toma por *princípio maior a função social do contrato*, este não poderá, obviamente, ser distendido a ponto de neutralizar a livre-iniciativa das partes, consoante bem advertiu o insuperável Professor ARRUDA ALVIM:

> "Parece, portanto, que a função social vem fundamentalmente consagrada na lei, nesses preceitos e em outros, mas não é, nem pode ser entendida como destrutiva da figura do contrato, dado que, então, aquilo que seria um valor, um objetivo de grande significação (função social), destruiria o próprio instituto do contrato"[50].

E, conforme já anotamos linhas acima, mesmo tendo por vetor a sua *função social*, o contrato é um fenômeno eminentemente voluntarista, fruto da autonomia privada e da livre-iniciativa.

ARNOLDO WALD, nesse particular, lembra-nos que

> "a autonomia da vontade se apresenta sob duas formas distintas: a liberdade de contratar (faculdade de realizar ou não determinado contrato) e a liberdade contratual (possibilidade de estabelecer o conteúdo do contrato)"[51].

Essa liberdade de contratar, por sua vez, manifesta-se no plano pessoal, ou seja, na liberdade de *escolher a pessoa com a qual contratar*.

Nota-se, com isso, que, com o advento do liberalismo, mormente após a propagação das ideias iluministas, esse importante princípio ganhou ainda mais visibilidade.

---

[49] Willis Santiago Guerra Filho, *A Filosofia do Direito*, cit., p. 87.

[50] J. Manoel de Arruda Alvim Netto, *A Função Social dos Contratos no Novo Código Civil*, texto gentilmente cedido, por via eletrônica a Pablo Stolze Gagliano, em 29-6-2004, publicado na *RT*, v. 815, e na *Revista Forense*, n. 371.

[51] Arnoldo Wald, Direito Civil — *Direito das Obrigações e Teoria Geral dos Contratos*, 22. ed., São Paulo: Saraiva, 2015, v. 2, p. 251.

A autonomia da vontade, nessa linha, vista no plano da bilateralidade do contrato, pode ser expressa pelo denominado *consensualismo*[52]: o encontro das vontades livres e contrapostas faz surgir o consentimento, pedra fundamental do negócio jurídico contratual.

Vale lembrar, inclusive, que, tal princípio, predominante no século XIX e no primeiro quartel do século XX, sofreria pesado golpe com os movimentos sociais, os quais, entretanto, não teriam o condão de aniquilá-lo.

Aliás, "nem mesmo os mais exacerbados regimes socialistas, como o soviético, conseguiram abolir o contrato"[53]. Isso porque, se nós prescindirmos da noção de vontade, consequentemente estaremos negando a própria existência real do contrato.

Contrato sem vontade não é contrato.

Pode ser tudo. Até tirania. Menos contrato.

Mesmo sabendo que em algumas modalidades contratuais, a exemplo daquelas pactuadas sob a forma de adesão, o âmbito de atuação da vontade é sobremaneira diminuído, não podemos negar a sua ocorrência, pois, ainda assim, o aderente tem a liberdade de contratar ou não[54].

Claro está, entretanto, que, no curso do século XX, com o incremento tecnológico e a eclosão de guerras e revoluções que redesenhariam a arquitetura geopolítica do mundo, o *individualismo liberal* cederia lugar para o *intervencionismo do Estado*, que passaria a se imiscuir mais e mais na atividade econômica, abandonando o vetusto dogma francês do *laissez-faire*.

Com isso, o reflexo dessa ingerência estatal se fez sentir nos sistemas jurídicos por meio do denominado "dirigismo contratual".

No dizer do culto WALD:

> "As ideias solidaristas e socialistas e a hipertrofia do Estado levaram, todavia, o Direito ao dirigismo contratual, expandindo-se a área das normas de ordem pública destinadas a proteger os elementos economicamente fracos, favorecendo o empregado, pela criação do Direito do Trabalho, o inquilino, com a legislação sobre locações, e o consumidor, por uma legislação específica em seu favor"[55].

As leis civis, portanto, pouco a pouco, deixariam de ser meramente abstencionistas, passando a intervir na seara das relações negociais, coibindo abusos e reequilibrando a balança contratual por meio da previsão de instrumentos ou mecanismos jurídicos em favor do hipossuficiente econômico (inversão do ônus da prova, responsabilidade civil objetiva, desconsideração da pessoa jurídica, teoria da imprevisão etc.).

---

[52] Autores há, como o grande mestre baiano Orlando Gomes, que fazem a distinção entre o princípio da autonomia da vontade e o princípio do consensualismo (*Contratos*, 24. ed., Rio de Janeiro: Forense, 2001, p. 22-36). Para efeitos didáticos, porém, acreditamos ser mais útil, na modernidade, o reconhecimento pragmático de sua sinonímia, sob a ideia geral da liberdade de contratar.

[53] René David, citado por Humberto Theodoro Jr., *O Contrato e Seus Princípios*, Rio de Janeiro: Aide, p. 13.

[54] Difícil imaginar que alguém possa, voluntariamente, querer ficar sem água ou luz, por exemplo, mas, mesmo em tais casos, em que o objeto do contrato é um serviço essencial, não se pode concluir, em nosso sentir, que a contratação é imposta ou coativa.

[55] Arnoldo Wald, *O Contrato: Passado, Presente e Futuro*, artigo jurídico citado, p. 44.

E uma nítida demonstração desse fenômeno, no Brasil, como visto, foi a aprovação do nosso Código de Defesa do Consumidor — Lei n. 8.078, de 1990.

Nota-se, por conseguinte, de todo o exposto, que a autonomia da vontade e o consensualismo permanecem como base da noção de contrato, *embora limitados e condicionados por normas de ordem pública em benefício do bem-estar comum.*

FERNANDO NORONHA, que prefere utilizar a expressão "autonomia privada" em substituição à "autonomia de vontade", demonstra, em sua obra, como o valor desta última tem sofrido restrições de outros princípios igualmente indispensáveis à efetivação da justiça contratual:

> "Foi a crítica aos princípios da autonomia privada e da liberdade contratual que permitiu que desabrochassem os princípios da boa-fé e da justiça contratual — os quais, aliás, nunca deixaram de estar latentes em todos os ordenamentos: apenas eram ofuscados pelo brilho artificialmente acrescentado ao princípio da (velha) autonomia da vontade"[56].

Nesse diapasão, podemos afirmar que a limitação da manifestação de vontade dos contratantes, imposta por normas de ordem pública (dirigismo contratual), tornou-se necessária, para que a liberdade volitiva, sem contenção, não se convertesse em abuso.

LUIS DÍEZ-PICAZO e ANTONIO GULLÓN afirmam, com propriedade, que a *autonomia privada* deve sofrer os seguintes condicionamentos[57]:

a) da Lei — a lei, manifestação maior do poder estatal, interfere no âmbito da autonomia privada, posto sem aniquilá-la, para salvaguardar o bem geral;

b) da Moral — trata-se de uma limitação de ordem subjetiva, com forte carga ético-valorativa;

c) da Ordem Pública — também este conceito, que mais se relaciona com a estabilidade ou segurança jurídica, atua na ausência de normas imperativas, impondo a observância de princípios superiores, ligados ao Direito, à Política e à Economia.

Todas essas limitações não significam, como se disse, aniquilação da autonomia privada, pois, sem esta, as relações de direito privado se estagnariam e a sociedade contemporânea entraria em colapso.

Apenas, como visto acima, vive-se um momento histórico marcado por disputas geopolíticas e imprevisão econômica, no qual o *individualismo selvagem* cedeu lugar para o *solidarismo social,* característico de uma sociedade globalizada, que exige o reconhecimento de normas limitativas do avanço da autonomia privada, em respeito ao princípio maior da dignidade da pessoa humana.

"Tal passagem, contudo, não se deu sem dor e perda", pontifica EDUARDO TAKEMI KATAOKA, "muitos autores chegaram a proclamar a morte, o declínio e o fim do Direito. Efetivamente, aquele 'belo' Direito de segurança, conceitos fechados e igualdade formal

---

[56] Fernando Noronha, *O Direito dos Contratos e Seus Princípios Fundamentais (Autonomia Privada, Boa-Fé, Justiça Contratual),* São Paulo: Saraiva, 1994, p. 122.

[57] Luis Díez-Picazo e Antonio Gullón, apud Joelma Ticianelli, Limites Objetivos e Subjetivos do Negócio Jurídico na Constituição Federal de 1988, in *Direito Civil Constitucional — Caderno 1,* org. por Renan Lotufo, São Paulo: Max Limonad, 1999, p. 41. Ver também o nosso volume I, Parte Geral, citado, Cap. X.

morreu, declinou, acabou. Um novo Direito surge, como aparece todos os anos uma nova safra dos grandes vinhos do passado, cabendo a nós degustar ambos. É preciso encarar o novo com otimismo e não com a nostalgia do passado irremediavelmente perdido"[58].

Em síntese, temos que, como corolário da liberdade individual no campo negocial, a liberdade contratual foi erigida realmente ao patamar de princípio, mas que, por sua vez, não pode ser interpretado de forma absoluta.

Assim, envolvem-se, nessa ideia de liberdade contratual e suas limitações por preceitos de ordem pública, três modalidades distintas que podem ser didaticamente compreendidas da seguinte forma:

a) a própria liberdade de contratar: em regra, ninguém pode ser forçado a celebrar um negócio jurídico, pois isso importaria em um vício de consentimento a macular a validade da avença. Numa evidente flexibilização de tal regra (o que já mostra que nenhum princípio pode ser encarado seriamente como uma verdade absoluta para toda e qualquer situação, mas sim somente como uma verdade socialmente aceita, enquanto socialmente aceita), o direito positivo consagrou algumas situações de contratação obrigatória, como, por exemplo, em determinadas modalidades securitárias;

b) a mencionada liberdade de com quem contratar: aqui, também, se visualiza uma ressalva, quando se verifica, por exemplo, a ocorrência de um monopólio na prestação de serviços, o que, por outro lado, também é hodiernamente combatido por normas de Direito Econômico, na busca da realização da livre concorrência, princípio constitucional insculpido no art. 170, IV, da Carta de 1988;

c) a liberdade de estabelecimento do conteúdo do contrato, ou seja, a liberdade para escolher o que se vai contratar. Da mesma forma, constata-se facilmente uma limitação de tal modalidade no fenômeno do dirigismo contratual, sendo o contrato individual de emprego o exemplo mais evidente disso, uma vez que seu conteúdo mínimo é todo estabelecido, no sistema brasileiro, por normas constitucionais (art. 7.º da CF/88) e infraconstitucionais (CLT e legislação complementar).

10.4. Princípio da força obrigatória do contrato

O princípio da força obrigatória, denominado classicamente *pacta sunt servanda*, traduz a natural cogência que deve emanar do contrato, a fim de que se lhe possa reconhecer utilidade econômica e social.

De nada valeria o negócio, se o acordo firmado entre os contraentes não tivesse força obrigatória.

Seria mero protocolo de intenções, sem validade jurídica.

Segundo ORLANDO GOMES, "o princípio da força obrigatória consubstancia-se na regra de que o contrato é lei entre as partes. Celebrado que seja, com a observância de todos os pressupostos e requisitos necessários à sua validade, deve ser executado pelas partes como se suas cláusulas fossem preceitos legais imperativos".

---

[58] Eduardo Takemi Kataoka, Declínio do Individualismo e Propriedade, in Gustavo Tepedino, *Problemas de Direito Civil Constitucional*, p. 459.

E arremata o ilustre civilista baiano: "Essa força obrigatória, atribuída pela lei aos contratos, é a pedra angular da segurança do comércio jurídico"[59].

Nada temos contra esse princípio.

Pelo contrário.

Sem o reconhecimento da obrigatoriedade dos contratos, a palavra dos homens careceria de força jurídica, em franco prejuízo à segurança das relações negociais.

Apenas defendemos, firmemente, que esse princípio não pode ser levado às suas últimas consequências.

Em outras palavras, não admitimos que se empreste ao *pacta sunt servanda caráter absoluto.*

Enquanto predominaram as ideias liberais e individualistas do século XIX, era natural e até compreensível que, partindo-se da ideia (posteriormente reputada como equivocada) de que as partes são formalmente iguais, a vontade que delas emanasse poderia traduzir-se em *lei imutável.*

Todavia, esse princípio da força obrigatória, manifestado especialmente na imodificabilidade ou intangibilidade dos termos do contrato, tornou-se um nefasto instrumento de opressão econômica.

As mudanças por que passou a humanidade no decorrer do século XX, alimentadas por um inimaginável esforço bélico, acentuariam as desigualdades sociais, facilitando a opressão do fraco pelo forte.

Com isso, consoante anotamos no Capítulo I, as leis perderiam o seu caráter de neutralidade, passando a interferir na atividade econômica e negocial.

Nesse contexto, não poderia o princípio sob análise subsistir incólume.

Em uma época como a atual, em que os contratos paritários cedem lugar aos contratos de adesão, o *pacta sunt servanda* ganhou um matiz mais discreto, temperado por mecanismos jurídicos de regulação do equilíbrio contratual, a exemplo da teoria da imprevisão[60].

Aliás, a teoria da imprevisão, construída a partir da revivescência da vetusta cláusula *rebus sic stantibus do direito canônico, é invocada quando um acontecimento superveniente e imprevisível torna excessivamente onerosa a prestação imposta a uma das partes, em face da outra que, em geral, se enriquece à sua custa ilicitamente.*

Interessa observar que o enriquecimento da parte contrária à que se onera não é elemento indispensável para a ocorrência da teoria, visto que situações há, nas quais a própria parte credora também resta prejudicada pela superveniência do acontecimento imprevisível.

Nesse sentido, OTÁVIO LUIZ RODRIGUES JUNIOR, citando respeitável doutrina:

"Como afirma RUI ROSADO DE AGUIAR JUNIOR:

'é possível que o fato futuro se abata sobre o devedor sem que daí decorra maior vantagem para o credor, e nem por isso deixa de existir a onerosidade excessiva que justifica a extinção ou a modificação do contrato por iniciativa do devedor'.

---

[59] Orlando Gomes, ob. cit., p. 36.
[60] Sobre essa teoria discorreremos pormenorizadamente, inclusive com remissão à legislação consumerista, no Capítulo "Teoria da Imprevisão e Resolução por Onerosidade Excessiva" deste volume.

REGINA BEATRIZ PAPA DOS SANTOS também adverte sobre a impropriedade de se associar ambas as exigências:

'Alguns autores acreditam que deve ocorrer também o enriquecimento indevido para a outra parte, favorecida pelo desequilíbrio contratual, do que se ousa discordar, pois, casos há em que a onerosidade excessiva para uma das partes não implica em lucro excessivo para a outra, mas, sim, até em algum prejuízo, por sofrer também as consequências da alteração das circunstâncias e, além disso, a finalidade principal da imprevisão é socorrer o contratante que será lesado pelo desequilíbrio contratual e não punir a parte que se enriquecerá com esse desequilíbrio'"[61].

Em outras palavras, por meio da teoria da imprevisão — que, *sob nova roupagem*, pode também ser denominada teoria da onerosidade excessiva — quer-se evitar o empobrecimento injustificado da parte contratante.

Nessa linha, uma vez configurados os pressupostos da teoria, a parte lesada poderá ingressar em juízo pleiteando a *revisão* ou a *resolução do contrato*.

Nota-se, assim, dessa simples análise, que a teoria em questão mitiga ou relativiza o princípio da força obrigatória, na medida em que este só deverá incidir plenamente quando, por razão de justiça, as condições econômicas da execução do contrato forem similares às do tempo de sua celebração.

Mudanças bruscas, portanto, durante a execução, e que impliquem injusta alteração na base econômica do contrato, poderão justificar a revisão de sua balança econômico-financeira.

Com isso, podemos facilmente perceber como o *pacta sunt servanda*, nos dias que correm, tornou-se visivelmente menos rígido, da mesma forma como vislumbramos no princípio da autonomia da vontade ou do consensualismo.

10.5. Princípio da relatividade subjetiva dos efeitos do contrato

Regra geral, os contratos só geram efeitos entre as próprias partes contratantes, razão por que se pode afirmar que a sua oponibilidade não é absoluta ou *erga omnes*, mas, tão somente, *relativa*.

Como negócio jurídico, em que há a manifestação espontânea da vontade para assumir livremente obrigações, as disposições do contrato, *a priori*, somente interessam às partes, não dizendo respeito a terceiros estranhos à relação jurídica obrigacional.

Assim, o contrato celebrado entre Caio e Tício não pode, em princípio, afetar Florisvaldo.

Todavia, existem figuras jurídicas que podem excepcionar esta regra.

É o caso, por exemplo, da *estipulação em favor de terceiro e do contrato com pessoa a declarar*.

Por meio da primeira previsão, uma parte convenciona com o devedor que este deverá realizar determinada prestação em benefício de outrem, alheio à relação jurídica obrigacional original.

---

[61] Otávio Luiz Rodrigues Junior, *Revisão Judicial dos Contratos*, São Paulo: Atlas, 2002, p. 125.

Na mesma linha, o *contrato com pessoa a declarar* é uma figura contratual consagrada expressamente pelo Código Civil de 2002, consistindo, em verdade, em uma promessa de prestação de fato de terceiro, que também titularizará os direitos e obrigações decorrentes do negócio, caso aceite a indicação realizada.

Para fins didáticos, trataremos dessas duas figuras em um capítulo próprio, dado o seu elemento comum ser de estipulações contratuais relacionadas a terceiros[62].

O que é importante destacar, porém, como arremate deste capítulo, é que, como todos os demais princípios tradicionais aqui descritos, também se verifica, na modernidade, sem trocadilho, a "relativização do princípio da relatividade subjetiva", quando se constata, por exemplo, a violação de regras de ordem pública e interesse social, como no caso da declaração de nulidade de cláusula contratual abusiva, em atuação judicial do Ministério Público, na defesa dos consumidores (CDC, art. 51, § 4.º).

Como visto, tudo aquilo que, outrora, era tido como princípio do Direito Privado, referente a contratos, tem se flexibilizado em função de outros interesses, não necessariamente limitados às partes contratantes, o que nos parece uma consequência evidente do macroprincípio constitucional da dignidade da pessoa humana, bem como daquilo que PAULO LUIZ NETTO LÔBO chama de "princípios sociais dos contratos"[63].

Feitas tais considerações, passaremos a estudar, nos próximos capítulos, justamente tais princípios sociais, a saber, os *princípios da função social do contrato, da equivalência material e da boa-fé objetiva*.

Vamos então.

---

[62] Confira se o Capítulo "Das Estipulações Contratuais em Relação a Terceiros" deste volume.

[63] "Os princípios sociais do contrato não eliminam os princípios individuais do contrato, a saber, o princípio da autonomia privada (ou da liberdade contratual em seu tríplice aspecto, como liberdades de escolher o tipo contratual, de escolher o outro contratante e de escolher o conteúdo do contrato), o princípio de *pacta sunt servanda* (ou da obrigatoriedade gerada por manifestações de vontades livres, reconhecida e atribuída pelo direito) e o princípio da eficácia relativa apenas às partes do contrato (ou da relatividade subjetiva); mas limitaram, profundamente, seu alcance e seu conteúdo" ("Princípios Contratuais", in Paulo Luiz Netto Lôbo e Eduardo Messias Gonçalves de Lyra Júnior (coordenadores), *A Teoria do Contrato e o Novo Código Civil*, Recife: Ed. Nossa Livraria, 2003, p. 14).

Capítulo II
Função Social do Contrato e Equivalência Material

Sumário: 1. Princípios sociais dos contratos: mudança de mentalidade jurídica. 2. Função social do contrato. 2.1. Buscando uma delimitação conceitual. 2.2. A função social do contrato no Código Civil de 1916: análise da omissão legislativa. 2.3. Função social do contrato no Código de 2002: análise do art. 421. 2.4. A função social do contrato e os defeitos do negócio jurídico. 3. Princípio da equivalência material.

1. PRINCÍPIOS SOCIAIS DOS CONTRATOS: MUDANÇA DE MENTALIDADE JURÍDICA

Cuidamos de destacar, em capítulos próprios, os *princípios da função social do contrato, da equivalência material e da boa-fé objetiva*, dada a importância que eles mesmos assumiram no sistema principiológico do Direito Contratual contemporâneo.

De fato, a grande contribuição da doutrina civil moderna foi trazer para a teoria clássica do direito contratual determinados princípios e conceitos, que, posto não possam ser considerados novos, estavam esquecidos pelo civilista.

Como se pode notar, trata-se de cláusulas gerais ou conceitos abertos (indeterminados) que, à luz do princípio da concretude, devem ser preenchidos pelo juiz, no caso concreto, visando a tornar a relação negocial economicamente útil e socialmente valiosa.

Aliás, de nada adianta concebermos um contrato com acentuado potencial econômico ou financeiro, se, em contrapartida, nos depararmos com um impacto negativo ou desvalioso no campo social.

Imagine-se, por exemplo, o contrato para a construção de uma obra de vulto, ou, até mesmo, a instalação de uma indústria.

Tal negócio não pode ser avaliado apenas sob o prisma formal dos seus pressupostos de validade — agente capaz, objeto lícito, forma prescrita em lei etc.

E os seus reflexos ambientais?

E os seus reflexos trabalhistas?

E os seus reflexos sociais?

E os seus reflexos morais (no âmbito dos direitos da personalidade)?

O contrato, portanto, para poder ser chancelado pelo Poder Judiciário deve respeitar regras formais de validade jurídica, mas, sobretudo, normas superiores de cunho moral e social, que, por serem valoradas pelo ordenamento como inestimáveis, são de inegável exigibilidade jurídica.

Com isso, queremos dizer que o fenômeno da *socialização do contrato (função social)* e o reconhecimento da *boa-fé objetiva* são mais do que simples parâmetros interpretativos, traduzindo, sobretudo, normas jurídicas (princípios) de conteúdo indeterminado e natureza cogente, que devem ser observadas pelas partes no contrato que celebrarem.

Destaque-se, entretanto, importante aspecto do tema objeto deste capítulo: entendemos que a *boa-fé objetiva e a função social do contrato* traduzem-se como cláusulas gerais (de dicção normativa indeterminada), sem prejuízo de podermos também admitir a sua *força principiológica*, que já encontrava assento na própria Constituição Federal.

E, enquanto cláusulas gerais, lembremo-nos da precisa advertência de JUDITH MARTINS-COSTA, indispensável antes de mergulharmos na profundidade desses apaixonantes temas:

"Dotadas que são de grande abertura semântica, não pretendem as cláusulas gerais dar resposta, previamente, a todos os problemas da realidade, uma vez que estas respostas são progressivamente construídas pela jurisprudência. Na verdade, por nada regulamentarem de modo completo e exaustivo, atuam tecnicamente como metanormas, cujo objetivo é o de enviar o juiz para critérios aplicativos determináveis ou em outros espaços do sistema ou através de variáveis tipologias sociais, dos usos e costumes. Não se trata — é importante marcar desde logo esse ponto — de apelo à discricionariedade: as cláusulas gerais não contêm delegação de discricionariedade, pois remetem para valorações objetivamente válidas na ambiência social. Ao remeter o juiz a estes critérios aplicativos, a técnica das cláusulas gerais enseja a possibilidade de circunscrever, em determinada hipótese legal (estatuição), uma ampla variedade de casos cujas características específicas serão formadas por via jurisprudencial, e não legal. Em outros casos, por não preverem, determinadamente, quais são os efeitos ligados à infringência do preceito, abrem a possibilidade de serem também estes determinados por via de jurisprudência"[1].

Feitas tais considerações, passemos à minuciosa análise da matéria, destacando que, neste capítulo, trataremos dos princípios da função social do contrato e da equivalência material dos contratantes, reservando o próximo capítulo para o estudo da boa-fé objetiva.

2. FUNÇÃO SOCIAL DO CONTRATO

A socialização da ideia de contrato não é ideia nova.

A partir do momento em que o Estado passou a adotar uma postura mais intervencionista, abandonando o ultrapassado papel de mero expectador da ambiência econômica, a *função social do contrato* ganhou contornos mais específicos.

Registre-se, nesse ponto, a arguta observação da magistral GISELDA HIRONAKA a respeito da intelecção da palavra "social":

---

[1] Judith Martins-Costa, *A Boa-Fé no Direito Privado*, São Paulo: Revista dos Tribunais, 1999, p. 299. Cumpre-nos registrar que esta ilustrada autora, após mencionar a existência de controvérsia doutrinária, traça diferença entre *cláusula geral e princípio jurídico* (p. 315 e s.), e, também, entre *cláusula geral e conceitos indeterminados* (p. 324 e s.). Não perfilhamos, *data venia*, tal entendimento, por não reconhecermos a existência de suficiente substrato diferencial, mormente na perspectiva dogmática, entre esses conceitos. Ademais, não haveria também, em nosso sentir, reflexo de tal diferenciação no plano eficacial. Por tais razões, utilizamos as referidas expressões no mesmo sentido.

"Ainda que o vocábulo social sempre apresente esta tendência de nos levar a crer tratar-se de figura da concepção filosófico-socialista, deve restar esclarecido tal equívoco. Não se trata, sem sombra de dúvida, de se estar caminhando no sentido de transformar a propriedade em patrimônio coletivo da humanidade, mas tão apenas de subordinar a propriedade privada aos interesses sociais, através desta ideia-princípio, a um só tempo antiga e atual, denominada 'doutrina da função social'"[2].

Já vimos, em capítulo anterior[3], que o contrato é figura que acompanha as mudanças de matizes da propriedade, experimentando inegável interferência deste direito.

Ora, ao constatarmos o inafastável conteúdo político da propriedade, erigida à condição de direito fundamental na Carta da República, é forçoso convir que as modificações no seu trato ideológico refletir-se-iam na seara contratual.

A partir do momento em que se começou a perceber que a propriedade somente mereceria tutela se atendesse a uma determinada finalidade social, abandonou-se o antigo modelo *oitocentista* de concepção desse direito, que cederia lugar a uma doutrina mais afinada aos anseios da sociedade atual.

Com isso, socializando-se a noção de propriedade, o contrato, naturalmente, experimentaria o mesmo fenômeno, ainda que o reconhecimento legal dessa alteração no seu trato ideológico não se houvesse dado de forma imediata.

2.1. Buscando uma delimitação conceitual[4]

Devemos, de logo, ressaltar que a *função social do contrato* traduz conceito sobremaneira aberto e indeterminado, impossível de se delimitar *aprioristicamente*.

HUMBERTO THEODORO JR., citando o competente professor curitibano PAULO NALIN, na busca por delimitar as suas bases de intelecção, lembra-nos, com acerto, que a função social manifestar-se-ia em dois níveis[5]:

a) intrínseco — o contrato visto como relação jurídica entre as partes negociais, impondo-se o respeito à lealdade negocial e à boa-fé objetiva, buscando-se uma equivalência material entre os contratantes;

b) extrínseco — o contrato em face da coletividade, ou seja, visto sob o aspecto de seu impacto eficacial na sociedade em que fora celebrado.

De fato, é perfeitamente adequada a sistematização e o trato ideológico da função social do contrato, segundo a doutrina de NALIN[6].

Sem pretendermos exaurir esforços na hercúlea tarefa de definir a função social do contrato, ela poderá, por outro lado, ser *delimitada* no espaço jurídico de atuação em que se projeta.

---

[2] Giselda Maria F. Novaes Hironaka, *Direito Civil — Estudos*, Belo Horizonte: Del Rey, 2000, p. 105.

[3] Cf. Capítulo I ("Introdução à Disciplina Jurídica dos Contratos").

[4] Confira-se o episódio do "Papeando com Pamplona" sobre "Função Social do Contrato" com o Prof. Flávio Tartuce no *Canal Pamplona*. Disponível em: <https://www.youtube.com/watch?v=8jd8ii-AiQEw&list=PLRz8jhdmNsMQRENmjZgKW-NWg4iP5fF3f&index=8>.

[5] Humberto Theodoro Jr., *O Contrato e Sua Função Social*. Rio de Janeiro: Forense, 2003, p. 43.

[6] Confira-se sua excelente obra: Paulo Roberto Nalin, *Do Contrato: Conceito Pós-moderno — Em Busca de Sua Formulação na Perspectiva Civil-Constitucional*, Curitiba: Juruá, 2001.

Em um primeiro plano, a socialização da ideia de contrato, na sua perspectiva intrínseca, propugna por um tratamento idôneo das partes, na consideração, inclusive, de sua desigualdade real de poderes contratuais.

Nesse sentido, repercute necessariamente no trato ético e leal que deve ser observado pelos contratantes, em respeito à clausula de boa-fé objetiva, a ser estudada no próximo capítulo.

E nessa perspectiva temos que a relação contratual deverá compreender os *deveres jurídicos gerais* e de cunho patrimonial (de dar, fazer, ou não fazer), bem como deverão ser levados em conta os *deveres anexos ou colaterais* que derivam desse esforço socializante.

Com isso, obrigações até então esquecidas pelo individualismo cego da concepção clássica de contrato ressurgem gloriosamente, a exemplo dos *deveres de informação, confidencialidade, assistência, lealdade* etc. E todo esse sistema é, sem sombra de dúvidas, informado pelo princípio maior de *proteção da dignidade da pessoa humana*.

Em um segundo plano, o contrato é considerado não só como um instrumento de circulação de riquezas, mas, também, de desenvolvimento social.

Isso mesmo: desenvolvimento social.

Sem o contrato, a economia e a sociedade se estagnariam por completo, fazendo com que retornássemos a estágios menos evoluídos da civilização humana.

Ocorre que todo desenvolvimento deve ser sustentado, racionalizado e equilibrado.

Por isso, ao concebermos a figura do contrato — quer seja o firmado entre particulares, quer seja o pactuado com a própria Administração Pública — não poderíamos deslocá-lo da conjuntura social que lhe dá ambiência.

Consoante inferimos linhas acima, como chancelar como válido, por exemplo, um negócio que, posto atenda aos seus pressupostos formais de validade, desrespeite leis ambientais ou pretenda fraudar leis trabalhistas?

Na mesma linha, não se pode admitir contratos que violem a livre concorrência, as leis de mercado ou os postulados de defesa do consumidor, sob o pretexto de se estar incentivando a livre-iniciativa.

Nessa mesma linha de intelecção, é o pensamento de EDUARDO SENS SANTOS:

"... o contrato não pode mais ser entendido como mera relação individual. É preciso atentar para os seus efeitos sociais, econômicos, ambientais e até mesmo culturais. Em outras palavras, tutelar o contrato unicamente para garantir a equidade das relações negociais em nada se aproxima da ideia de função social. O contrato somente terá uma função social — uma função pela sociedade — quando for dever dos contratantes atentar para as exigências do bem comum, para o bem geral. Acima do interesse em que o contrato seja respeitado, acima do interesse em que a declaração seja cumprida fielmente e acima da noção de equilíbrio meramente contratual, há interesse de que o contrato seja socialmente benéfico, ou, pelo menos, que não traga prejuízos à sociedade — em suma, que o contrato seja socialmente justo"[7].

---

[7] Eduardo Sens Santos, O Novo Código Civil e as Cláusulas Gerais: Exame da Função Social do Contrato, in *Revista Brasileira de Direito Privado*, n. 10, São Paulo: Revista dos Tribunais, abr./jun. 2002, p. 29.

Com isso, repita-se, não se está pretendendo aniquilar os princípios da *autonomia da vontade (ou autonomia privada)* ou do *pacta sunt servanda*, mas, apenas, temperá-los, tornando-os mais vocacionados ao bem-estar comum, sem prejuízo do progresso patrimonial pretendido pelos contratantes.

Como já diziam os antigos, em conhecido ditado, *"nem tanto ao mar, nem tanto à terra"*, ou seja, não pode ser considerado justo o modelo de contrato que só contemple a manifestação de vontade da parte declarante, seguindo diretriz tipicamente liberal, impondo-se, outrossim, a observância dos limites traçados pela própria ordem social, a fim de que a perseguição dos interesses das partes contratantes não esbarre em valores constitucionais superiores, condensados sinteticamente no princípio da dignidade da pessoa humana.

Para nós, a *função social do contrato* é, antes de tudo, um princípio jurídico de conteúdo indeterminado, que se compreende na medida em que lhe reconhecemos o precípuo efeito de impor limites à liberdade de contratar, em prol do bem comum.

E essa socialização traduz, em nosso sentir, um importante marco na história do Direito, uma vez que, com ela, abandonaríamos de vez o modelo clássico-individualista típico do século XIX.

"A autonomia da vontade", pontifica JOSÉ REINALDO DE LIMA LOPES, "marca registrada da teoria contratual do século XIX, gera ou é gerada por uma concepção de direito como expressão de faculdades individuais, entre elas a vontade de um soberano, e à noção de poder como capacidade de imposição da própria vontade, vontade que obriga"[8].

Essa correção de rumos, portanto, humaniza a ideia de contrato, rendendo ensejo a que seja banido de vez de nosso sistema o péssimo hábito de se encarar o contrato como uma *rede de caça*, em que o forte subjuga o fraco, utilizando, sobretudo, a técnica covarde da imposição de *cláusulas leoninas*[9].

De tudo o que dissemos até aqui, já se pode verificar que o Direito Contratual brasileiro passou, mormente após a edição de nossa Constituição de 1988, por um inegável processo de socialização, ou, por que não dizer, de "democratização jurídica".

Em verdade, garantias constitucionais, tais como as que impõem o respeito à função social da propriedade, ao direito do consumidor, à proteção do meio ambiente, às leis trabalhistas, à proteção da ordem econômica e da liberdade de concorrência, todas elas, conectadas ao princípio de *proteção à dignidade da pessoa humana*, remetem-nos à ideia de que tais conquistas, sob nenhuma hipótese ou argumento, poderão, posteriormente, virem a ser minimizadas ou neutralizadas por nenhuma lei posterior.

Nessa mesma linha, a socialização do contrato, devidamente amparada no sistema constitucional e consagrada expressamente pelo art. 421 do Código Civil, não poderia, em nosso entender, sofrer ulterior constrição ou violência por parte de outra lei ordinária, sob pena de flagrante *inconstitucionalidade*.

---

[8] José Reinaldo de Lima Lopes, *O Direito na História — Lições Introdutórias*, São Paulo: Max Limonad, 2000, p. 400.
[9] Exemplo de lei que traduz essa nova mentalidade socializante é o Código de Defesa do Consumidor (Lei n. 8.078, de 1990).

A essa conclusão chegamos, uma vez que, ao ferir esse princípio, os direitos e as garantias acima mencionados também restariam vulnerados.

Nesse passo, lembramo-nos do que o magistral J. J. GOMES CANOTILHO denominou *princípio da vedação ao retrocesso ou do não retrocesso social*:

"Com isto quer dizer-se que os direitos sociais e econômicos (ex.: direito dos trabalhadores, direito à assistência, direito à educação), uma vez obtido um determinado grau de realização, passam a constituir, simultaneamente, uma garantia institucional e um direito subjectivo".

E mais adiante arremata:

"O reconhecimento desta proteção de 'direitos prestacionais de propriedade', subjetivamente adquiridos, constitui um limite jurídico do legislador e, ao mesmo tempo, uma obrigação de prossecução de uma política congruente com os direitos concretos e as expectativas subjetivamente alcançadas"[10].

Embora concebido, segundo esse trecho do pensamento do ilustre constitucionalista, para ser aplicado sobretudo em defesa dos direitos sociais, nada impede que transplantemos o *princípio do não retrocesso social* para o âmbito do direito contratual, uma vez que, segundo a perspectiva constitucional pela qual estudamos esse último, a violação da função social do contrato traduzir-se-ia, sem dúvida, em inegável retrocesso em nossa nova ordem jurídica.

2.2. A função social do contrato no Código Civil de 1916: análise da omissão legislativa

Não por simples razão histórica, o Código Civil de 1916 ignorou a função social do contrato e da propriedade.

Quando da elaboração do seu projeto (1899) — fruto do empenho de CLÓVIS BEVILÁQUA, com inegável influência do esforço dos juristas que o antecederam, com destaque para TEIXEIRA DE FREITAS — vivia-se em uma sociedade de economia rudimentar, pós-escravocrata, e recém-ingressa na República[11].

Todos esses fatores, agregados ao poderio reacionário e à força política dos senhores de terra, apontavam no sentido oposto ao da socialização da propriedade e, por consequência, do contrato.

Com isso, acentuou-se uma nítida vocação materialista do Código de 1916, pouco afeito aos valores essenciais da pessoa humana, e imbuído cegamente do firme propósito de tutelar o *crédito e a propriedade*, mantendo ainda, a todo o custo, a *estabilidade da família casamentária*, pouco importando a dignidade do devedor ou o reconhecimento do filho bastardo.

---

[10] J. J. Gomes Canotilho, *Direito Constitucional e Teoria da Constituição*, 2. ed., Coimbra: Almedina, 1998, p. 322-3.

[11] Sobre a história da codificação brasileira, confira-se o Capítulo II ("A Codificação do Direito Civil") do v. 1 ("Parte Geral") desta obra.

Embora não possamos negar a sua grandeza técnica, sem cometermos grave injustiça, o fato é que o codificador de 1916 absorveu, demasiadamente, os valores individualistas, patriarcais e conservadores da sociedade de então.

Aliás, se fizermos uma detida análise do pensamento filosófico do grande BEVILÁQUA, elaborador do projeto do Código de 1916, poderemos detectar nítida *vocação positivista*, com acentuados matizes de *materialismo existencial*: "Resta, pois, por exclusão, a necessidade de acreditarmos numa causa externa para as nossas sensações. E esta causa, se ainda fugirmos à providência, ao espírito soberano (governing spirit), de Berkeley, há de ser forçosamente *a matéria*"[12] (grifamos).

E foi somente a partir do primeiro quarto do século XX, como já vimos, que o Estado Liberal cederia lugar ao Estado Social, refletindo-se esse processo político na ordem jurídica mundial.

No Brasil, entretanto, após vivermos os terríveis anos da ditadura, esse reflexo só viria a ser sentido mais tarde, com o processo político de redemocratização e a implantação efetiva, no plano constitucional, do Estado de Direito.

Isso mesmo.

Por incrível que possa parecer, a nossa legislação contratual — e civil em geral — somente se aperfeiçoou, alinhando-se aos sistemas mais avançados do mundo ocidental, após a entrada em vigor da atual Constituição Republicana. Com ela, valores de elevação da pessoa humana, além de princípios norteadores de um planejamento econômico sustentado, fariam com que a nossa legislação ordinária, sob muitos aspectos obsoleta, viesse a ser repensada e reconstruída.

Comprovando esse fato, veja o nosso amigo leitor quantas leis — reputadas avançadas — foram editadas após a Magna Carta de 1988: o Código de Defesa do Consumidor (Lei n. 8.078/90), o Estatuto da Criança e do Adolescente (Lei n. 8.069/90), as Leis de Proteção à Ordem Econômica (Leis n. 8.137/90, 8.176/91 e 12.529/2011, entre outras), a Lei Punitiva de Lavagem de Dinheiro (Lei n. 9.613/98), a Lei de Crimes Ambientais (Lei n. 9.605/98), a Lei do Bem de Família (Lei n. 8.009/90) etc.

---

[12] Clóvis Beviláqua, *Filosofia Geral*, São Paulo: EDUSP-Grijalbo, p. 112. Em pesquisa preparatória de exposição oral no Curso de Mestrado da PUCSP, na disciplina Filosofia do Direito, dirigida pelo culto Professor Dr. Willis Santiago Guerra Filho, Pablo Stolze Gagliano realizou estudo do pensamento filosófico do grande Clóvis Beviláqua, observando, em sua doutrina positivista, acentuados traços cientificistas, senão darwinianos, com inequívoca aversão à metafísica. Alguns trechos do livro estudado merecem referência, como este em que afirma (injustificadamente, em nosso sentir) que nosso povo, pelas próprias condições étnicas, climáticas, geográficas e econômicas, é vocacionado à moleza e à inaptidão científica: "As condições étnicas fazem com que nós só possamos valer alguma coisa pela pujança de nossa lírica; as condições econômicas mal nos permitem esse respiradouro. Consequência — nulidade científica (p. 36)". E adiante, comentando a necessidade de se valorizar a investigação científica, adverte: "e não é pequeno serviço esse, para um povo a que o clima prodigalizou indolência e moleza (p. 42)". Finalmente, antes que o nosso leitor decepcione-se de vez com o renomado autor, observamos que o mesmo não perdeu de vez a esperança em nossa força, quando profetiza: "Alicerce para uma grande nação nós possuímos, vê-se, o que nos falta, é energia no povo para arredar de seu caminho os homens que tudo sacrificam a seus interesses pessoais, e ao governo perspicácia para compreender as necessidades do país e seus elementos de vida (p. 33)".

Tudo isso a demonstrar a veracidade do que dissemos: a abertura do nosso horizonte ideológico na perspectiva civil deu-se, efetivamente, após a Constituição de 1988.

Entretanto, um ponto deve ser ressaltado.

Se, em nossa sociedade, a *cultura que diz respeito à Constituição* fosse mais valorizada e incentivada, talvez não precisássemos de tantas leis, medidas provisórias, decretos ou regulamentos, os quais, muitas vezes, explicitam simplesmente o *óbvio*.

E o óbvio é aquilo que já estava na Magna Carta, embora a miopia intelectual dos aplicadores do direito — alimentada muitas vezes por poderosas forças políticas ou econômicas — negasse a reconhecer.

Vivemos, no Brasil, em larga escala — e aqui tomaremos de empréstimo uma expressão amplamente difundida entre os penalistas[13] — um verdadeiro *Direito Civil Simbólico*.

Para cada questão que se afigure relevante, o Estado apressa-se em aprovar uma lei ou — pior — uma medida provisória, para, simplesmente, "arrefecer" os ânimos sociais acerca de determinada matéria, quando, em verdade, se tivéssemos cuidado de aplicar com *efetividade* a nossa Carta Constitucional, tal preocupação legiferante restaria desnecessária.

E um exemplo do que dissemos é a própria entrada em vigor do Código Civil de 2002.

Sem minimizarmos o alto quilate intelectual da comissão de juristas encarregada de elaborar o anteprojeto de Código Civil — coordenada pelo culto MIGUEL REALE —, o fato é que, dentro da tendência *descentralizadora* do Direito Civil mundial, mais razoável seria esperar do legislador que cuidasse de modernizar setorialmente o nosso sistema — como tem sido feito na seara processual —, valendo-se dos denominados *microssistemas jurídicos*, em vez de editar todo um código — imenso, diga-se de passagem — cuja formação se deu nos cruéis anos da ditadura.

Os *microssistemas ou estatutos jurídicos*, por sua vez, mais dinâmicos e funcionais, viabilizariam melhor o debate social das normas, sendo de adaptação mais fácil aos preceitos constitucionais.

Mas, uma vez que o Código Civil de 2002 tornou-se realidade, incumbe-nos, sem perdermos a nossa consciência crítica, extrair da análise de suas normas a interpretação constitucional mais justa possível.

Passado o período da *crítica à oportunidade do código*, passemos à sua *interpretação crítica*, seguindo sempre a diretriz superior da nossa Carta Constitucional.

---

[13] Sobre o tema, há farta doutrina nacional e estrangeira. Para um aprofundamento, sugerimos a leitura dos excelentes trabalhos do penalista baiano Paulo de Souza Queiroz (*Direito Penal — Introdução Crítica*, São Paulo: Saraiva, 2001, e *Funções do Direito Penal*, Belo Horizonte: Del Rey, 2001), além das obras essenciais: Nils Christie, *A Indústria do Controle do Crime*, Rio de Janeiro: Forense, 1998; Raul Eugenio Zaffaroni, *Em Busca das Penas Perdidas*, Rio de Janeiro: Revan, 1991; Janaina Conceição Paschoal, *Constituição, Criminalização e Direito Penal Mínimo*, São Paulo: Revista dos Tribunais, 2003; Leonardo Sica, *Direito Penal de Emergência e Alternativas à Prisão*, São Paulo: Revista dos Tribunais, 2002; Nilo Batista, *Introdução Crítica ao Direito Penal Brasileiro*, Rio de Janeiro: Revan, 1990; Louk Hulsman, *Penas Perdidas — O Sistema Penal em Questão*, 2. ed., Rio de Janeiro: Luam, 1997; Gamil Föppel El Hireche, *A Função da Pena na Visão de Claus Roxin*, Rio de Janeiro: Forense, 2004; Odone Sanguiné, "Função Simbólica da Pena", *Revista Portuguesa de Ciência Criminal*, Coimbra: Aequitas-Editorial Notícias, 1995; e Alessandro Baratta, *Criminologia Crítica e Crítica do Direito Penal*, Rio de Janeiro: Revan, 1982.

E é nesse contexto que iremos estudar, a seguir, o tratamento dispensado pelo Código de 2002 à função social do contrato.

2.3. Função social do contrato no Código de 2002: análise do art. 421

GUILLERMO BORDA, com acerto, assevera que *"La experiencia social ha puesto de manifiesto que no es posible dejar librados ciertos contratos al libre juego de la voluntad de las partes sin perturbar la pacífica convivencia social"*[14].

Nesse contexto, já vimos, durante o decorrer de todo esse capítulo, que a socialização da propriedade culminou por se refletir na seara contratual, fazendo com que o legislador deixasse de conceber o contrato apenas como um instrumento de manifestação privada de vontade, para tomá-lo como elemento socialmente agregador.

A respeito do fundamento constitucional desse princípio, cuja ressonância, sem dúvida, reverbera no *dogma maior do respeito à dignidade da pessoa humana*, PAULO NALIN, citando o culto JUNQUEIRA, complementa:

> "Mas a construção do pensamento da função social do contrato envolto aos efeitos que o negócio produz na coletividade já encontra espaço na prática judiciária. Conforme parecer civil de lavra de Junqueira de AZEVEDO, é exatamente esta a noção que se extrai da leitura do multicitado artigo 170, *caput*, da Constituição da República, sendo preceito destinado a que os contratos se estabeleçam em uma 'ordem social harmônica'"[15].

De fato, os princípios vetores de uma ordem econômica sustentada e equilibrada, em que haja respeito ao direito do consumidor, ao meio ambiente e, como já observamos, à própria função social da propriedade, todos eles, reunidos e interligados, dão sustentação constitucional à *função social do contrato*.

Nesse diapasão, o Código Civil de 2002, abrindo o capítulo dedicado à teoria geral dos contratos, consagrou esse importante preceito, nos seguintes termos:

> "Art. 421. A liberdade de contratar será exercida em razão e nos limites da função social do contrato".

A interpretação desse dispositivo nos levava a conclusões interessantes.

Ao mencionar que a liberdade de contratar será exercida *em razão* e *nos limites* da função social do contrato, o legislador estabeleceu, de uma só vez, um critério *finalístico ou teleológico* e outro critério *limitativo* para a caracterização desse princípio.

Sob o primeiro enfoque, toda a atividade negocial, fruto da autonomia da vontade, encontra a sua razão de ser, o seu escopo existencial, na sua *função social*. Trata-se, nesse particular, de referência desnecessária, uma vez que não deveria o legislador assumir o papel da doutrina, para tentar apontar "razão ou justificativa" desse ou daquele princípio ou instituto, tarefa desnecessária e perigosa, pois poderá restringir indevidamente as construções pretorianas. Talvez, por esse motivo, o antigo Projeto de Lei n. 6.960/2002 (renumerado para 276/2007, antes de seu arquivamento definitivo) pretendia alterar tal artigo para suprimir a expressão "em razão", mantendo o restante da norma.

---

[14] Guillermo Borda, ob. cit., p. 16.
[15] Paulo Nalin, ob. cit., p. 221.

Já sob o segundo aspecto, temos que essa liberdade negocial deverá encontrar justo limite no interesse social e nos valores superiores de dignificação da pessoa humana. Qualquer avanço para além dessa fronteira poderá caracterizar abuso, judicialmente atacável. Nesse ponto sim, andou bem o legislador, ao impor limite à liberdade de contratar, em prol do interesse social.

O banimento das cláusulas leoninas não se deve dar apenas no âmbito trabalhista ou do consumidor, mas sim em todo e qualquer contrato, civil ou empresarial, entre partes economicamente iguais ou não[16].

Assim deve ser a nova doutrina contratualista, segundo uma perspectiva civil constitucional.

Imagine-se, por exemplo, que se tenha pactuado um contrato de *engineering* (para a instalação de uma fábrica). Mesmo que o negócio pactuado seja formalmente perfeito (agente capaz, objeto lícito, forma prescrita ou não defesa em lei etc.), se a legislação ambiental ou de segurança no trabalho, por exemplo, houver sido violada, tal avença não haverá respeitado a sua função social, não devendo ser chancelada pelo Poder Judiciário. Na mesma linha, se se pretendeu instalar a indústria para fim de lavagem de dinheiro.

Claro está que, em caso de dano, poderá o prejudicado intentar ação indenizatória, sem que descartemos a hipótese de se poder atacar até mesmo a sua validade, pois, se a infringência ao superior princípio houver derivado de *fraude à lei*, hipótese bastante factível, nada impede que se obtenha judicialmente a nulidade do próprio contrato.

Nesse sentido, estabelece o art. 166 do Código Civil:

"Art. 166. É nulo o negócio jurídico quando:

I — celebrado por pessoa absolutamente incapaz;

II — for ilícito, impossível ou indeterminável o seu objeto;

III — o motivo determinante, comum a ambas as partes, for ilícito;

IV — não revestir a forma prescrita em lei;

V — for preterida alguma solenidade que a lei considere essencial para a sua validade;

VI — *tiver por objetivo fraudar lei imperativa;*

VII — a lei taxativamente o declarar nulo, ou proibir-lhe a prática, sem cominar sanção".

Vê-se, portanto, que tal regra possibilita, inclusive, que ganhe novos contornos até mesmo a legitimidade para requerer judicialmente a invalidação, pois o próprio Ministério Público poderá, desde que o interesse público assim o justifique, pretender a nulidade do contrato, nos termos acima apontados, como já lhe era reconhecido quanto às relações de consumo[17], facultando-se-lhe, inclusive, lançar mão da *disregard doctrine (doutrina da des-*

---

[16] *Vide* entendimento do STJ no REsp 494.377/SP, rel. Min. Ruy Rosado de Aguiar, 4.ª Turma, j. 10-6-2003, *DJ*, 8-3-2004, p. 260.

[17] "Apelação cível. Ação revisional. Contrato de abertura de crédito em conta corrente (cheque especial). Recurso da instituição financeira. Incidência do art. 478 do CC/2002 nas relações de consumo, impossibilidade de decretação da nulidade das cláusulas contratuais com base no art. 51 do CDC. Inovação recursal. Violação ao princípio do duplo grau de jurisdição. Apelo não conhecido no ponto. Revisão das cláusulas contratuais. Incidência do Código de Defesa do Consumidor.

consideração da pessoa jurídica), consagrada pelo art. 50 do Código Civil[18], para efeito de concretização do comando sentencial.

Nessa mesma linha, na perspectiva da função social, é possível se defender, por exemplo, a legitimidade da vítima de um acidente para pleitear reparação diretamente em face da seguradora, mesmo não tendo ela firmado contrato.

A esta conclusão conduz-nos o ensinamento da brilhante TERESA NEGREIROS:

"O poder jurígeno reconhecido à vontade individual não é, pois, originário e autônomo, mas derivado e funcionalizado a finalidades heterônomas. Sendo a própria lei o fundamento da força obrigatória do contrato, tal força obrigatória encontra a sua razão de ser nos fins visados pelo Direito em geral: justiça social, segurança, bem comum, dignidade da pessoa humana (...) A função social do contrato é, neste passo, resultado do novo fundamento da sua força obrigatória, que se deslocou da vontade para a lei. A força vinculante do contrato, porque fundada na lei, passa a estar funcionalizada à realização das finalidades traçadas pela ordem jurídica, e não mais pode ser interpretada como apenas um instrumento de satisfação dos interesses dos contratantes individualmente considerados".

Discorrendo a respeito desse importante princípio, ARNOLDO WALD notou que:

"A atribuição de uma função social ao contrato é decisão oportuna ao legislador que, em tese, não altera o respectivo regime jurídico, pois já se repelia o abuso de direito, com base na interpretação do art. 160 do CC/1916 e na norma constitucional de 1988. Efetivamente, a partir do momento em que o direito constitucional brasileiro considerou que

---

Súmula 297 do STJ que possibilita sua aplicação às instituições financeiras. Flexibilização do *pacta sunt servanda*. Determinação para exibição do contrato firmado entre as partes. Providência não cumprida. Impossibilidade de aferir a contratação de encargos. Aplicação do art. 359, I, do CPC. Juros remuneratórios. Sentença limitando em 12% ao ano. Ausência de prova da pactuação do encargo. *Decisum* mantido. Conforme reiteradas decisões, este Tribunal firmou entendimento no sentido de que, em não havendo prova sobre a contratação dos juros remuneratórios, a taxa deve ser fixada nos patamares legais consoante disciplina o Código Civil. Capitalização dos juros. Sentença vedando a incidência em qualquer periodicidade. Não vislumbrada a pactuação do encargo. Contrato não acostado. Manutenção da decisão recorrida. Repetição de indébito. Viabilidade sob a forma simples. Recurso conhecido em parte e, nesta, desprovido" (TJSC, Apelação Cível n. 2007.034134-7, da Capital — Continente, rel. Des. Cláudio Valdyr Helfenstein, j. 5-8-2010).

[18] Como nosso livro também é pensado para os prezados amigos concursandos de todo o País, registramos que, no XIX Concurso Público para o Cargo de Procurador da República, realizado em 2003, foi exigida, na prova subjetiva, justamente esta nova visão do contrato, inclusive com citação doutrinária de alto quilate, sendo apresentada uma questão com o seguinte teor: "'O contrato que tem o modelo liberal como seu paradigma, cujo princípio máximo é a autonomia da vontade, reflete, na verdade, um momento histórico que não corresponde mais à realidade atual. Essa concepção tradicional do contrato, que tem na vontade a única fonte criadora de direitos e obrigações, formando lei entre as partes, sobrepondo-se à própria lei, bem como a visão do Estado ausente, apenas garantidor das regras do jogo, estipuladas pela vontade dos contratantes, já há muito vem tendo seus pilares contestados e secundados pela nova realidade social que se impõe. Dessa forma o contrato se transforma para se adequar às exigências da nova realidade...' (Alinne Arquete Leite Novais, in *Problemas de Direito Civil Constitucional*, p. 17, Org. Gustavo Tepedino, ed. Renovar) — dissertação sobre A nova teoria contratual: seus principais paradigmas e diferenças com relação à concepção tradicional de contrato".

a propriedade tinha uma função social (art. 5.º, XXIII), conceituando-a amplamente, ou seja, no sentido de abranger todos os bens, o mesmo princípio haveria de ser aplicado aos contratos. Assim, em termos gerais, pode-se considerar que o novo Código explicitou uma norma constitucional, ratificando o entendimento implícito da legislação anterior e da construção jurisprudencial"[19].

Diante dessa lúcida colocação, observamos apenas que, ao consagrar expressamente esse princípio, o legislador trouxe mais segurança à atividade jurisprudencial, considerando-se que muitos juízes recalcitravam em reconhecer norma que não estivesse estampada no corpo da lei codificada.

A redação original do art. 421 foi, porém, modificada.

Antes da conversão em lei, a MP 881/2019 preceituava:

"Art. 421. A liberdade de contratar será exercida em razão e nos limites da função social do contrato, observado o disposto na Declaração de Direitos de Liberdade Econômica.

Parágrafo único. Nas relações contratuais privadas, prevalecerá o princípio da intervenção mínima do Estado, por qualquer dos seus poderes, e a revisão contratual determinada de forma externa às partes será excepcional".

Esse texto normativo gerou preocupação na doutrina, pois sua redação poderia render ensejo ao enfraquecimento da função social do contrato:

"Com o devido respeito, o texto da medida provisória parece ter ressuscitado antigos fantasmas de temor a respeito da função social do contrato, no momento em que o princípio encontrou certa estabilidade de aplicação, seja pela doutrina ou pela jurisprudência. No âmbito da jurisprudência do Superior Tribunal de Justiça, são encontrados mais de cem julgados sobre o princípio, sem que qualquer um deles tenha eliminado o pacta sunt servanda. Como se retira de um dos últimos acórdãos superiores, 'conquanto não se possa ignorar a força obrigatória das disposições na fase de execução contratual, há de ser ela mitigada pelos paradigmas da boa-fé objetiva e da função social do contrato' (STJ, REsp 1.443.135/SP, Rel. Ministra Nancy Andrighi, Terceira Turma, julgado em 24/04/2018, *DJe* 30/04/2018). Geralmente, tem-se utilizado o princípio em casos de abusos contratuais, na linha das palavras de Miguel Reale antes transcritas"[20].

Ao suprimir, da parte final do *caput*, a expressão "observado o disposto na Declaração de Direitos de Liberdade Econômica", que atuava, na norma, como um peculiar elemento limitativo da função social, o legislador, ao editar a Lei n. 13.874/2019, aperfeiçoou o texto anterior:

"Art. 421. A liberdade contratual será exercida nos limites da função social do contrato.

Parágrafo único. Nas relações contratuais privadas, prevalecerão o princípio da intervenção mínima e a excepcionalidade da revisão contratual".

---

[19] Arnoldo Wald, O Novo Código Civil e o Solidarismo Contratual, *Revista de Direito Bancário, do Mercado de Capitais e da Arbitragem*, São Paulo: Revista dos Tribunais, n. 21, p. 35, jul./set. 2003, ano 6.

[20] Flávio Tartuce, *A MP 881/19 (Liberdade Econômica) e as Alterações do Código Civil. Primeira Parte*. Disponível em: <https://www.migalhas.com.br/dePeso/16,MI301612,41046-A+MP+88119+liberdade+economica+e+as+alteracoes+do+Codigo+Civil>. Acesso em: 23 set. 2019.

Mais técnica, inclusive, a expressão "liberdade contratual", em vez de "liberdade de contratar".

Quanto ao seu parágrafo único, outrossim, houve, apenas, a reafirmação de uma premissa já conhecida, como bem observa CARLOS ELIAS DE OLIVEIRA:

"O art. 421 do CC, ao mesmo tempo em que continua elegendo a função social como um limite à liberdade contratual (e, nesse ponto, o legislador corrigiu falha redacional do preceito que se referia equivocamente à 'liberdade de contratar'), deixa claro que a intervenção nos contratos só pode ocorrer de modo excepcionalíssimo. O parágrafo único do art. 421 do CC positiva o princípio da intervenção mínima e o princípio da excepcionalidade da revisão contratual, tudo em redundância com o inciso III do art. 421-A do CC, que reitera a natureza excepcional e limitada da revisão contratual.

Não há nada novo debaixo do sol. Essa postura de excepcionalidade na revisão contratual já pertencia à doutrina e à jurisprudência majoritárias. A mudança legislativa é apenas simbólica"[21].

Parece-nos, sem dúvida, a melhor interpretação.

2.4. A função social do contrato e os defeitos do negócio jurídico

Nessa mesma linha de intelecção, entremostrando ainda mais a nítida preocupação *socializante* do Código de 2002, cuidou-se ainda de disciplinar dois outros defeitos do negócio jurídico, intimamente conectados à ideia de solidarismo social: a lesão e o estado de perigo[22], e que também têm reflexo na seara contratual.

De fato, ao prever essas duas espécies de vício, pretendeu-se amparar um dos contratantes da esperteza ou ganância do outro, resguardando-se, assim, o propósito maior de se impedir, a todo custo, o abuso de direito[23].

Pode-se conceituar a *lesão como sendo o prejuízo resultante da desproporção existente entre as prestações de um determinado negócio jurídico, em face do abuso da inexperiência, necessidade econômica ou leviandade de um dos declarantes.*

Traduz, muitas vezes, o abuso do poder econômico de uma das partes, em detrimento da outra, hipossuficiente na relação jurídica.

Trata-se de uma figura jurídica com raiz no Direito Romano[24], que fez história no Brasil, ontem e hoje.

Na época da imigração italiana, por exemplo, muitos coronéis induziam os lavradores a comprarem mantimentos nos armazéns da própria fazenda, a preços e juros absurdos,

---

[21] Carlos Eduardo Elias de Oliveira, *Lei da Liberdade Econômica: Diretrizes interpretativas da Nova Lei e Análise Detalhada das Mudanças no Direito Civil e nos Registros Públicos*. Texto gentilmente cedido pelo autor, publicado no *site*: <http://www.flaviotartuce.adv.br>.

[22] Nesse mesmo sentido, o culto Wald, ibidem, p. 36.

[23] Sobre esse tema, conferir os tópicos 2.4 ("Lesão") e 2.5 ("Estado de perigo") do Capítulo XIII do v. 1 ("Parte Geral") desta obra.

[24] Destacava-se a importância da *lesão enorme (laesio enormis)* no Direito Romano. Para a caracterização do vício, bastava que, em um contrato de compra e venda, a desproporção entre as prestações fosse superior à metade do preço justo. A sua fonte histórica, segundo os romanistas, seria o Código de Justiniano.

exorbitantes. Além de atuarem de má-fé, o contrato não guardava equilíbrio econômico entre as prestações, caracterizando velada forma de extorsão.

Os anos se passaram, mas algumas práticas abusivas persistiram com novas tonalidades e matizes.

Hoje, não mais os coronéis de outrora, mas grandes indústrias, empresas e instituições financeiras, muitas delas formando cartéis, lançam no mercado produtos e serviços, alguns de primeira necessidade, os quais são adquiridos por consumidores de todas as idades, sem que possam discutir os termos do negócio que celebram, os juros que são estipulados e as garantias que se lhes exigem.

Vivemos a era da contratação em massa, em que o contrato de adesão é o maior veículo de circulação de riquezas, e, paradoxalmente, o mais eficaz instrumento de opressão econômica que o Direito Contratual já criou.

Todo este processo, agravado pela eclosão das duas grandes guerras mundiais, e, posteriormente, pela própria globalização, levou o Estado a intervir na economia, editando leis que combatessem a usura, a eliminação da concorrência e a própria lesão nos contratos.

O primeiro diploma brasileiro a tratar da lesão, ainda que sob o aspecto criminal, foi a Lei n. 1.521, de 26-12-1951 (Lei de Economia Popular), que, em seu art. 4.º, previa:

"Art. 4.º Constitui crime da mesma natureza a usura pecuniária ou real, assim se considerando:

(...)

b) obter, ou estipular, em qualquer contrato, abusando da premente necessidade, inexperiência ou leviandade de outra parte, lucro patrimonial que exceda o quinto do valor corrente ou justo da prestação feita ou prometida.

Pena — detenção, de 6 (seis) meses a 2 (dois) anos, e multa, de cinco mil a vinte mil cruzeiros".

A despeito de se tratar de norma penal, a doutrina firmou entendimento no sentido de que o comportamento ilícito do agente também repercutiria na seara cível, autorizando a invalidação do contrato.

Quase quarenta anos mais tarde, a Lei n. 8.078, de 11 de setembro de 1990 (Código de Defesa do Consumidor), combatendo a lesão nos contratos de consumo, em seu art. 6.º, V, elencou como direito do consumidor: "a modificação das cláusulas contratuais que estabeleçam prestações desproporcionais", e, mais adiante, em seu art. 39, V, capitulou como prática abusiva "exigir do consumidor vantagem manifestamente excessiva". Além disso, no art. 51, IV, considerou nulas de pleno direito as cláusulas que "estabeleçam obrigações consideradas iníquas, abusivas, que coloquem o consumidor em desvantagem exagerada, ou sejam incompatíveis com a boa-fé ou a equidade", complementando, em seu § 1.º, que se presume exagerada a vantagem que "III — se mostre excessivamente onerosa para o consumidor, considerando-se a natureza e conteúdo do contrato, o interesse das partes e outras circunstâncias peculiares do caso".

Note-se que, na sistemática do CDC, a recusa de modificação dos termos do contrato determinará, não a simples anulação, mas a *nulidade absoluta e de pleno direito da cláusula contratual considerada abusiva*, por se reconhecer violação a superiores princípios de ordem pública.

O Código de 1916, a despeito da importância da matéria, não cuidou de indicar, entre os defeitos do negócio jurídico, a lesão.

O Código de 2002, contornando a omissão, previu, em seu art. 157, que:

"Art. 157. Ocorre lesão quando uma pessoa, sob premente necessidade, ou por inexperiência, se obriga a prestação manifestamente desproporcional ao valor da prestação oposta.

§ 1.º Aprecia-se a desproporção das prestações segundo os valores vigentes ao tempo em que foi celebrado o negócio jurídico.

§ 2.º Não se decretará a anulação do negócio, se for oferecido suplemento suficiente, ou se a parte favorecida concordar com a redução do proveito".

Analisando ainda o art. 157, pode-se concluir ter havido uma verdadeira mudança axiológica do Código Civil de 2002, prevendo este vício de consentimento como uma verdadeira limitação à autonomia individual da vontade, não mais admitindo o chamado "negócio da china", uma vez que não se aceitará mais passivamente a ocorrência de negócios jurídicos com prestações manifestamente desproporcionais.

Deu-se, pois, nesse particular, atenção à *função social dos negócios jurídicos em geral, especialmente do contrato.*

Já o *estado de perigo*, também consagrado pelo Código Civil de 2002, é um defeito do negócio jurídico que guarda características comuns com o *estado de necessidade*, causa de exclusão de ilicitude no Direito Penal.

Configura-se *quando o agente, diante de situação de perigo conhecido pela outra parte, emite declaração de vontade para salvaguardar direito seu, ou de pessoa próxima, assumindo obrigação excessivamente onerosa.*

Identifica-se, no caso, uma especial hipótese de *inexigibilidade de conduta diversa*, ante a iminência de dano por que passa o agente, a quem não resta outra alternativa senão praticar o ato.

Nesse sentido, o art. 156 do Código Civil de 2002:

"Art. 156. Configura-se o estado de perigo quando alguém, premido da necessidade de salvar-se, ou a pessoa de sua família, de grave dano conhecido pela outra parte, assume obrigação excessivamente onerosa.

Parágrafo único. Tratando-se de pessoa não pertencente à família do declarante, o juiz decidirá segundo as circunstâncias".

Pode-se, portanto, concluir, com acerto, que a disciplina desses dois novos defeitos, ensejadores da anulabilidade do contrato celebrado, afina-se com a moderna principiologia do direito contratual, que está não apenas voltado à manifestação volitiva em si, mas, sobretudo, à própria repercussão social do negócio jurídico maculado.

3. PRINCÍPIO DA EQUIVALÊNCIA MATERIAL

Desenvolvido pelo culto professor e amigo PAULO LUIZ NETTO LÔBO,

"o princípio da equivalência material busca realizar e preservar o equilíbrio real de direitos e deveres no contrato, antes, durante e após sua execução, para harmonização dos interesses. Esse princípio preserva a equação e o justo equilíbrio contratual, seja para manter a proporcionalidade inicial dos direitos e obrigações, seja para corrigir os desequilíbrios supervenientes, pouco importando que as mudanças de circunstâncias pudessem ser previsíveis. O que interessa não é mais a exigência cega de cumprimento do contrato, da forma como foi assinado ou celebrado, mas se sua execução não acarreta vantagem excessiva para uma das partes e desvantagem excessiva para outra, aferível objetivamente, segundo as regras da experiência ordinária. O princípio clássico *pacta sunt servanda* passou a ser entendido no sentido de que o contrato obriga as partes contratantes nos limites do equilíbrio dos direitos e deveres entre elas"[25].

Entretanto, diferentemente do mencionado autor, preferimos, por razões didáticas e metodológicas, tratar desse princípio como um *subproduto normativo* do princípio maior, senão axial, da *função social do contrato*, visto que, sem dúvida, no campo de abrangência deste último encontra-se subsumido.

Em verdade, tal princípio pode ser considerado um desdobramento da manifestação intrínseca da função social do contrato e da boa-fé objetiva, na consideração, pelo julgador, do desequilíbrio recíproco real entre os poderes contratuais ou da desproporcionalidade concreta de direitos e deveres[26], o que, outrora, seria inadmissível.

Nessa linha, como ensina o grande mestre alagoano:

"O princípio da equivalência material desenvolve-se em dois aspectos distintos: subjetivo e objetivo. O aspecto subjetivo leva em conta a identificação do poder contratual dominante das partes e a presunção legal de vulnerabilidade. A lei presume juridicamente vulneráveis o trabalhador, o inquilino, o consumidor, o aderente de contrato de adesão. Essa presunção é absoluta, pois não pode ser afastada pela apreciação do caso concreto. O aspecto objetivo considera o real desequilíbrio de direitos e deveres contratuais que pode estar presente na celebração do contrato ou na eventual mudança do equilíbrio em virtude das circunstâncias supervenientes que levem à onerosidade excessiva para uma das partes"[27].

De fato, somente se poderá atingir o tão almejado solidarismo social, em fina sintonia com a *proteção da dignidade da pessoa humana*, se o contrato buscar, de fato, o equilíbrio entre as prestações das partes pactuantes, evitando-se, assim, o abuso do poder econômico e a tirania — já anacrônica — do vetusto *pacta sunt servanda*.

---

[25] Paulo Luiz Netto Lôbo, *Princípios Sociais dos Contratos no CDC e no Novo Código Civil*. Jus Navigandi, Teresina, a. 6, n. 55, mar. 2002, disponível em: <http://www1.jus.com.br/doutrina/texto.asp?id=2796>. Acesso em: 7 dez. 2003.

[26] "Compra e venda. Laranja. Preço. Modificação substancial do mercado. O contrato de compra e venda celebrado para o fornecimento futuro de frutas cítricas (laranja) não pode lançar as despesas à conta de uma das partes, o produtor, deixando a critério da compradora a fixação do preço. Modificação substancial do mercado que deveria ser suportada pelas duas partes, de acordo com a boa-fé objetiva (art. 131 do C. Comercial). Recurso conhecido e provido" (STJ, REsp 256.456/SP (2000/0039981-7), *DJ*, 7-5-2001, p. 147; *JBCC*, v. 191, p. 234, *RDR*, v. 20, p. 400, rel. Min. Ruy Rosado de Aguiar, j. 22-3-2001, 4.ª Turma).

[27] Paulo Luiz Netto Lôbo e Eduardo Messias Gonçalves de Lyra Júnior (coords.), *A Teoria do Contrato e o Novo Código Civil*, Recife: Ed. Nossa Livraria, 2003, p. 18-9.

Assim, institutos jurídicos, tais como a *lesão e o estado de perigo*, já referidos, bem como a admissibilidade da *teoria da imprevisão*[28], a ser trabalhada em capítulo próprio[29], visam, afinal, resguardar essa equivalência material[30], e, em último plano, a própria função social do contrato.

Enfrentemos, no próximo capítulo, o tema da boa-fé objetiva em matéria contratual.

---

[28] "Apelação cível. Medida cautelar. Ação revisional. Teoria da imprevisão. Desequilíbrio contratual. 1) A lide versa sobre a desvalorização do real frente ao dólar e se refere aos contratos de compra e venda com reserva de domínio. 2) O excesso de onerosidade do contrato por conta da utilização do dólar como indexador caracteriza conduta de lesa-cidadania, promovendo o enriquecimento sem causa do credor e o simultâneo empobrecimento sem causa do devedor. 3) Considerando-se a onerosidade excessiva e o flagrante desequilíbrio contratual, os encargos decorrentes da abrupta elevação da taxa do dólar devem ser divididos entre apelante e apelado. 4) Aplicação da Teoria da Imprevisão e da melhor jurisprudência a respeito. 5) Provimento parcial do recurso da ré" (TJRS, 2005.001.36479 — Ap. Cív., Des. José Carlos Paes, j. 14-2-2006, 14.ª Câm. Cív.).

[29] Confira-se o Capítulo "Teoria da Imprevisão e Resolução por Onerosidade Excessiva".

[30] Para um aprofundamento da matéria, recomendamos a leitura da excelente dissertação de mestrado de Camila Lemos Azi, "*O Princípio da Equivalência Material das Prestações no Novo Código Civil*", defendida no Programa de Pós-Graduação em Direito da UFBA — Universidade Federal da Bahia.

Capítulo III
Boa-Fé Objetiva em Matéria Contratual

Sumário: 1. A boa-fé como um princípio jurídico. 2. Boa-fé objetiva e boa-fé subjetiva. 3. Compreendendo o princípio da boa-fé objetiva. 4. Funções da boa-fé objetiva. 4.1. Função interpretativa e de colmatação. 4.2. Função criadora de deveres jurídicos anexos ou de proteção. 4.2.1. Deveres de lealdade e confiança recíprocas. 4.2.2. Dever de assistência. 4.2.3. Dever de informação. 4.2.4. Dever de sigilo ou confidencialidade. 4.3. Função delimitadora do exercício de direitos subjetivos. 5. A boa-fé objetiva e o art. 422 do Código Civil brasileiro. 6. Desdobramentos da boa-fé objetiva. 6.1. *Venire contra factum proprium*. 6.2. *Supressio*. 6.3. *Surrectio*. 6.4. *Tu quoque*. 6.5. *Exceptio doli*. 6.6. Inalegabilidade das nulidades formais. 6.7. Desequilíbrio no exercício jurídico. 6.8. Cláusula de *Stoppel*.

1. A BOA-FÉ COMO UM PRINCÍPIO JURÍDICO

A noção de boa-fé (*bona fides*), ao que consta, foi cunhada primeiramente no Direito Romano, embora a conotação que lhe foi dada pelos juristas alemães, receptores da cultura romanista, não fosse exatamente a mesma[1].

Em Roma, partindo-se de uma acentuada amplitude semântica, pode-se afirmar que: "A *fides* seria antes um conceito ético do que propriamente uma expressão jurídica da técnica. Sua 'juridicização' só iria ocorrer com o incremento do comércio e o desenvolvimento do *jus gentium, complexo jurídico aplicável a romanos e a estrangeiros*"[2].

Já no Direito Alemão, a noção de boa-fé traduzia-se na fórmula do *Treu und Glauben* (lealdade e confiança), regra objetiva, que deveria ser observada nas relações jurídicas em geral.

A esse respeito, pontifica JUDITH MARTINS-COSTA:

"A fórmula *Treu und Glauben* demarca o universo da boa-fé obrigacional proveniente da cultura germânica, traduzindo conotações totalmente diversas daquelas que a marcaram no direito romano: ao invés de denotar a ideia de fidelidade ao pactuado, como numa das acepções da fides romana, a cultura germânica inseriu, na fórmula, as ideias de lealdade (*Treu* ou *Treue*) e crença (*Glauben* ou *Glaube*), as quais se reportam a qualidades ou estados humanos objetivados"[3].

Não nos surpreende, aliás, o desenvolvimento teórico e dogmático deste instituto ter-se dado entre os germânicos.

---

[1] Nesse sentido, Max Kaser, *Direito Privado Romano (Römisches Privatrecht)*, Lisboa: Fundação Calouste Gulbenkian, 1999, p. 154, item 3.

[2] Bruno Lewicki, Panorama da Boa-fé Objetiva, in *Problemas de Direito Civil Constitucional*, coord. Gustavo Tepedino, Rio de Janeiro: Renovar, 2000, p. 58.

[3] Judith Martins-Costa, *A Boa-fé no Direito Privado*, São Paulo: Revista dos Tribunais, 2000, p. 124.

Por se tratar de conceito demasiadamente aberto, que exige do jurista acentuada carga de abstração, a língua alemã, sem dúvida, dado o seu alto grau de precisão semântica, facilita a concretização linguística dos mais profundos pensamentos jurídicos. Não por outra razão, aliás, os maiores filósofos da modernidade[4] e psicanalistas exprimiam as suas ideias também nessa língua.

Também o direito canônico enfrentaria o tema, em termos semelhantes aos do direito alemão, *embora introduzisse um poderoso polo de significados: a boa-fé é vista como ausência de pecado, ou seja, como estado contraposto à má-fé*[5].

Feito esse breve apanhado histórico, já podemos observar que a *boa-fé* é, antes de tudo, *uma diretriz principiológica de fundo ético e espectro eficacial jurídico*. Vale dizer, *a boa-fé se traduz em um princípio de substrato moral, que ganhou contornos e matiz de natureza jurídica cogente.*

Contextualizando esse importante princípio em nossa ordem constitucional, PAULO ROBERTO NALIN pondera, com inteligência:

> "... tendo o homem como centro necessário das atenções, oportuno de indagar da possibilidade de localização da boa-fé enquanto princípio geral do Direito, no sistema constitucional, assim como os demais princípios então ditos fundamentais inclusos na Carta, como o da dignidade do ser humano, a vida, a integridade física, a liberdade, a propriedade privada, a livre manifestação do pensamento, a intimidade e vida privada etc."[6].

2. BOA-FÉ OBJETIVA E BOA-FÉ SUBJETIVA

Antes, porém, de aprofundarmos os contornos deste importantíssimo princípio, faz-se necessário que estabeleçamos uma diagnose diferencial entre a *boa-fé objetiva* e a *boa-fé subjetiva*.

Esta última consiste em uma situação psicológica, um estado de ânimo ou de espírito do agente que realiza determinado ato ou vivencia dada situação, sem ter ciência do vício que a inquina.

Em geral, esse estado subjetivo deriva do reconhecimento da ignorância do agente a respeito de determinada circunstância, como ocorre na hipótese do *possuidor de boa-fé* que desconhece o vício que macula a sua posse. Nesse caso, o próprio legislador, em vários dispositivos, cuida de ampará-lo, não fazendo o mesmo, outrossim, quanto ao possuidor de má-fé (arts. 1.214, 1.216, 1.217, 1.218, 1.219, 1.220, 1.242, do CC/2002).

Distingue-se, portanto, da *boa-fé objetiva*, a qual, tendo natureza de princípio jurídico — delineado em um conceito jurídico indeterminado —, consiste em uma verdadeira *regra de comportamento, de fundo ético e exigibilidade jurídica.*

A respeito da diferença entre ambas, vale conferir a culta preleção de GISELDA HIRONAKA:

---

[4] Frisamos a expressão "da modernidade", pois, em nosso sentir, o maior de todos os filósofos, sem a menor sombra de dúvida, foi grego e viveu na Antiguidade: Sócrates.

[5] Judith Martins-Costa, ob. cit., p. 129.

[6] Paulo Roberto Nalin, *Ética e Boa-fé no Adimplemento Contratual* (coord. Luiz Edson Fachin), Rio de Janeiro: Renovar, 1998, p. 188.

"A mais célebre das cláusulas gerais é exatamente a da boa-fé objetiva nos contratos. Mesmo levando-se em consideração o extenso rol de vantagens e de desvantagens que a presença de cláusulas gerais pode gerar num sistema de direito, provavelmente a cláusula da boa-fé objetiva, nos contratos, seja mais útil que deficiente, uma vez que, por boa-fé, se entende que é um fato (que é psicológico) e uma virtude (que é moral).

Por força desta simbiose — fato e virtude — a boa-fé se apresenta como a conformidade dos atos e das palavras com a vida interior, ao mesmo tempo que se revela como o amor ou o respeito à verdade. Contudo, observe-se, através da lição encantadora de André Comte-Sponville, que a boa-fé não pode valer como certeza, sequer como verdade, já que ela exclui a mentira, não o erro[7].

O homem de boa-fé tanto diz o que acredita, mesmo que esteja enganado, como acredita no que diz. É por isso que a boa-fé é uma fé, no duplo sentido do termo. Vale dizer, é uma crença ao mesmo tempo que é uma fidelidade. É crença fiel, e fidelidade no que se crê. É também o que se chama de sinceridade, ou veracidade, ou franqueza, é o contrário da mentira, da hipocrisia, da duplicidade, em suma, de todas as formas, privadas ou públicas, da má-fé[8].

Esta é a interessante visão da boa-fé pela sua angulação subjetiva; contudo, enquanto princípio informador da validade e eficácia contratual, a principiologia deve orientar-se pelo viés objetivo do conceito de boa-fé, pois visa garantir a estabilidade e a segurança dos negócios jurídicos, tutelando a justa expectativa do contraente que acredita e espera que a outra parte aja em conformidade com o avençado, cumprindo as obrigações assumidas. Trata-se de um parâmetro de caráter genérico, objetivo, em consonância com as tendências do direito contratual contemporâneo, e que significa bem mais que simplesmente a alegação da ausência de má-fé, ou da ausência da intenção de prejudicar, mas que significa, antes, uma verdadeira ostentação de lealdade contratual, comportamento comum ao homem médio, o padrão jurídico *standard*.

Em todas as fases contratuais deve estar presente o princípio vigilante do aperfeiçoamento do contrato, não apenas em seu patamar de existência, senão também em seus planos de validade e de eficácia. Quer dizer: a boa-fé deve se consagrar nas negociações que antecedem a conclusão do negócio, na sua execução, na produção continuada de seus efeitos, na sua conclusão e na sua interpretação. Deve prolongar-se até mesmo para depois de concluído o negócio contratual, se necessário"[9].

Nessa mesma linha, BRUNO LEWICKI pontifica que a concepção de boa-fé (subjetiva), "ligada ao voluntarismo e ao individualismo que informam o nosso Código Civil, é insuficiente perante as novas exigências criadas pela sociedade moderna. Para além de uma análise de uma possível má-fé subjetiva no agir, investigação eivada de dificuldades e incertezas, faz-se necessária a consideração de um patamar geral de atuação, atribuível ao homem médio, que pode ser resumido no seguinte questionamento: de que maneira agiria o *bonus pater familiae*, ao deparar-se com a situação em apreço? Quais seriam as suas ex-

---

[7] André Comte-Sponville, *Pequeno Tratado das Grandes Virtudes*, Martins Fontes, 1999, citado por Régis Fichtner Pereira, *A Responsabilidade Civil Pré-Contratual*, Renovar, 2001.

[8] Ibidem.

[9] Giselda M. F. N. Hironaka, Conferência de encerramento proferida em 21-9-2001, no Seminário Internacional de Direito Civil, promovido pelo NAP — Núcleo Acadêmico de Pesquisa da Faculdade Mineira de Direito da PUC/MG. Palestra proferida na Faculdade de Direito da Universidade do Vale do Itajaí — UNIVALI (SC), em 25-10-2002, palestra gentilmente cedida a Pablo Stolze Gagliano.

pectativas e as suas atitudes, tendo em vista a valoração jurídica, histórica e cultural do seu tempo e de sua comunidade?"[10].

A resposta a estas últimas indagações, portanto, encontra-se na definição da *boa-fé objetiva*, que, conforme já vimos, consiste em um princípio vinculado a uma imprescindível regra de comportamento, umbilicalmente ligada à *eticidade* que se espera seja observada em nossa ordem social.

Tal é a força da boa-fé que a sua eficácia se projeta para fora da própria relação jurídico-obrigacional, visando impedir a indevida interferência de terceiro na execução de um contrato. Daí se falar em "tutela externa do crédito" (ANTÔNIO JUNQUEIRA DE AZEVEDO)[11].

A título de arremate, vale observar que não deixamos de notar que o termo "princípio da boa-fé objetiva", em si, pode apresentar um conteúdo pleonástico, já que, se é princípio, somente pode ser o da boa-fé objetiva (já que a boa-fé subjetiva não é princípio). Melhor seria, sem dúvida, nominá-lo apenas de "princípio da boa-fé", mas manteremos a utilização consagrada pelo uso para não provocar maiores polêmicas, e por conta da indiscutível consagração em nosso sistema.

3. COMPREENDENDO O PRINCÍPIO DA BOA-FÉ OBJETIVA

Assim, em uma dada relação jurídica, presente o imperativo dessa espécie de boa-fé, as partes devem guardar entre si *a lealdade e o respeito* que se esperam do *homem comum*.

Com isso, queremos dizer que, livrando-nos das amarras excessivamente tecnicistas da teoria clássica, cabe-nos fazer uma releitura da estrutura obrigacional, revista à luz dessa construção ética, para chegarmos à inafastável conclusão de que o contrato não se esgota apenas na *obrigação principal de dar, fazer ou não fazer*.

---

[10] Bruno Lewicki, ob. cit., p. 56. Refere-se o autor aqui ao Código de 1916.

[11] Fala-se, pois, acerca de uma "tutela externa do crédito" (ANTÔNIO JUNQUEIRA DE AZEVEDO). Essa perspectiva também é abordada na denominada "teoria do terceiro cúmplice". Sobre essa temática, recomendamos a obra *Vínculo Obrigacional e Seus Efeitos perante Terceiro (Cúmplice)*, de FÁBIO PINHEIRO GAZZI (São Paulo: Lex, 2014) e o belo artigo intitulado *Zeca Pagodinho, a Razão Cínica e o novo Código Civil Brasileiro*, da Profa. JUDITH MARTINS-COSTA. Disponível em: <https://www.migalhas.com.br/dePeso/16,MI4218,101048-Zeca+Pagodinho+a+razao+cinica+e+o+novo+Codigo+Civil+Brasileiro>. Acesso em: 6 out. 2019. Ainda sobre o tema, destacamos trecho do noticiário STJ de 3-6-2022: "O terceiro ofensor também está sujeito à eficácia transubjetiva das obrigações, tendo em vista que seu comportamento não pode interferir indevidamente na relação negocial e, com isso, perturbar o normal desempenho da prestação do contrato pelas partes, sob pena de se responsabilizar pelos danos decorrentes de sua conduta. Com esse entendimento, a Terceira Turma do Superior Tribunal de Justiça (STJ) confirmou indenização de R$ 50 mil a um atleta por danos morais. A indenização deve ser paga por terceiro ofensor que enviou carta desabonadora à empresa patrocinadora do jogador, relatando suposta conduta criminosa do atleta patrocinado, com caráter difamatório e vingativo. De acordo com o princípio da eficácia transubjetiva, os efeitos do contrato podem alcançar terceiros ou, ainda, serem afetados por pessoas que, a princípio, não integram a relação contratual" (disponível em: https://www.stj.jus.br/sites/portalp/Paginas/Comunicacao/Noticias/03062022-Terceiro--ofensor-esta-sujeito-a-eficacia-transubjetiva-das-obrigacoes-decide-Terceira-Turma-.aspx, acesso em 19-9-2022).

Ladeando, pois, esse dever jurídico principal, a boa-fé objetiva impõe também a observância de *deveres jurídicos anexos ou de proteção*, não menos relevantes, a exemplo dos deveres de lealdade e confiança, assistência, confidencialidade ou sigilo, informação etc.[12].

Tais deveres — é importante registrar — são impostos tanto ao sujeito ativo quanto ao sujeito passivo da relação jurídica obrigacional, pois referem-se, em verdade, à exata satisfação dos interesses envolvidos na obrigação assumida, por força da boa-fé contratual.

Assim, passaríamos a ter o seguinte esquema:

	RELAÇÃO OBRIGACIONAL:
CONTRATO VÁLIDO (FONTE PRIMORDIAL DE OBRIGAÇÕES)	a) dever jurídico principal: prestação de DAR, FAZER ou NÃO FAZER; b) deveres jurídicos anexos ou satelitários (decorrentes da BOA-FÉ OBJETIVA): lealdade e confiança, assistência, informação, confidencialidade ou sigilo etc.

Uma ressalva, entretanto, há de ser feita.

Ao consignarmos a boa-fé objetiva como fundamento desses deveres de proteção, concebemos esse "fundamento" sob o prisma de sua função *normatizadora* de tais direitos.

A boa-fé objetiva, pois, é o princípio ou norma reguladora desses deveres, cuja enumeração não pode ser considerada taxativa[13].

---

[12] *Vide*: TJRS, Ap. Cív. 599418266, rel. Desa. Matilde Chabar Maia, j. 20-12-2000, 2.ª Câmara Especial Cível.

[13] "Entre os deveres com tais características encontram-se, *exemplificativamente*: a) *os deveres de cuidado, previdência e segurança*, como o dever do depositário de não apenas guardar a coisa, mas também de bem acondicionar o objeto deixado em depósito; b) *os deveres de aviso e esclarecimento*, como o do advogado, de aconselhar o seu cliente acerca das melhores possibilidades de cada via judicial passível de escolha para a satisfação de seu *desideratum*; o do consultor financeiro, de avisar a contraparte sobre os riscos que corre, ou o do médico, de esclarecer ao paciente sobre a relação custo/benefício do tratamento escolhido, ou dos efeitos colaterais do medicamento indicado, ou ainda, na fase pré-contratual, o do sujeito que entra em negociações, de avisar o futuro contratante sobre os fatos que podem ter relevo na formação da declaração negocial; c) *os deveres de informação*, de exponencial relevância no âmbito das relações jurídicas de consumo, seja por expressa disposição legal (CDC, arts. 12, *in fine*, 14, 18, 20, 30 e 31, entre outros), seja em atenção ao mandamento da boa-fé objetiva; d) *o dever de prestar contas*, que incumbe aos gestores e mandatários, em sentido amplo; e) *os deveres de colaboração e cooperação*, como o de colaborar para o correto adimplemento da prestação principal, ao qual se liga, pela negativa, o de não dificultar o pagamento, por parte do devedor; f) *os deveres de proteção e cuidado com a pessoa e o patrimônio da contraparte*, v. g., o dever do proprietário de uma sala de espetáculos ou de um estabelecimento comercial de planejar arquitetonicamente o prédio, a fim de diminuir os riscos de acidentes; g) *os deveres de omissão e de segredo*, como o dever de guardar sigilo sobre atos ou fatos dos quais se teve conhecimento em razão do contrato ou de negociação preliminares, pagamento, por parte do devedor etc." (Judith Martins-Costa, *A Boa-Fé no Direito Privado*, São Paulo: Revista dos Tribunais, 1999, p. 439).

Com isso, quer-se dizer que não se poderia, obviamente, na investigação da causa genética de tais deveres anexos, prescindir dos *fatos materiais* de que são originados (as negociações preliminares, o contrato, o fim do negócio etc.).

Nesse sentido, é o pensamento do culto MENEZES CORDEIRO, em obra clássica sobre o tema: "A boa-fé apenas normatiza certos factos que, estes sim, são fonte: mantenha-se o paralelo com a fenomenologia da eficácia negocial: a sua fonte reside não na norma que mande respeitar os negócios, mas no próprio negócio em si".

E mais adiante complementa, com maestria:

"O Direito obriga, então, a que, nessas circunstâncias, as pessoas não se desviem dos propósitos que, em ponderação social, emerjam da situação em que se achem colocadas: não devem assumir comportamentos que a contradigam — deveres de lealdade — nem calar ou falsear a actividade intelectual externa que informa a convivência humana — deveres de informação. Embora as estrutura e teleologia básicas sejam as mesmas, adivinha-se a presença de concretizações diversas, consoante os fatos que lhes deem origem"[14].

4. FUNÇÕES DA BOA-FÉ OBJETIVA

Nesse diapasão, cumpre-nos observar ainda que a doutrina destaca as seguintes funções da boa-fé objetiva:

a) função interpretativa e de colmatação;
b) função criadora de deveres jurídicos anexos ou de proteção;
c) função delimitadora do exercício de direitos subjetivos[15].

Vamos compreender cada uma dessas funções nos próximos subtópicos.

4.1. Função interpretativa e de colmatação

A função interpretativa é, de todas, a mais conhecida por nossa doutrina.

O aplicador do direito tem, na boa-fé objetiva, um referencial hermenêutico dos mais seguros, para que possa extrair da norma, objeto de sua investigação, o sentido moralmente mais recomendável e socialmente mais útil.

Guarda, pois, essa função, íntima conexão com a diretriz consagrada na regra de ouro do art. 5.º da Lei de Introdução às Normas do Direito Brasileiro, segundo a qual o juiz, ao aplicar a lei, deve atender aos fins sociais a que ela se dirige e às exigências do bem comum.

E essa base legal interpretativa encontra-se no art. 113 do Código Civil:

"Art. 113. Os negócios jurídicos devem ser interpretados conforme a boa-fé e os usos do lugar de sua celebração".

---

[14] Antônio Manuel da Rocha e Menezes Cordeiro, *Da Boa-fé Objetiva no Direito Civil*, Coimbra: Almedina, 2001, p. 646.

[15] Nesse ponto, confira-se a excelente dissertação da Juíza de Direito (Tribunal de Justiça da Bahia) Andréa Paula Matos R. de Miranda, apresentada ao Curso de Mestrado da Faculdade de Direito da Universidade Federal da Bahia, citando farta bibliografia, especialmente Menezes Cordeiro, p. 94 (inédita).

Comentando esse dispositivo, pondera MIGUEL REALE que "em todo ordenamento jurídico há artigos-chave, isto é, normas fundantes que dão sentido às demais, sintetizando diretrizes válidas 'para todo o sistema'".

E mais adiante acrescenta: "Com razão, o supratranscrito art. 113 dá preferência aos negócios jurídicos para fixar as diretrizes hermenêuticas da eticidade e da socialidade"[16].

Na mesma linha, a boa-fé serve ainda como suporte de colmatação para orientar o magistrado em caso de integração de lacunas.

A esse respeito, pontifica o magistral CLÓVIS DO COUTO E SILVA: "... o princípio da boa-fé revela-se como delineador do campo a ser preenchido pela interpretação integradora, pois, da perquirição dos propósitos e intenções dos contratantes pode manifestar-se a contrariedade do ato aos bons costumes ou à boa-fé"[17].

Também HUMBERTO THEODORO JR. salienta essa função:

"Nos tempos atuais, prevalece o princípio de que 'todos os contratos são de boa-fé', já que não existem mais, no direito civil, formas sacramentais para a declaração de vontade nos negócios jurídicos patrimoniais, mesmo quando a lei considera um contrato como solene. O intérprete, portanto, em todo e qualquer contrato, tem de se preocupar mais com o 'espírito' das convenções do que com sua 'letra'"[18].

4.2. Função criadora de deveres jurídicos anexos ou de proteção

Mas a boa-fé objetiva tem também a importante função criadora de *deveres anexos ou de proteção*.

Consoante vimos acima, esta função criadora não dispensa a convergência de um acontecimento que dê causa a tais deveres. Vale repisar, a boa-fé objetiva atua como fundamento normativo, e não propriamente fático, desses deveres.

Por óbvio não poderíamos, nessa linha de intelecção, pretender esgotar todos esses deveres, uma vez que a sua enumeração não é exaustiva. Apenas a título de ilustração, citem-se os deveres mais conhecidos:

a) lealdade e confiança recíprocas;

b) assistência;

c) informação;

d) sigilo ou confidencialidade.

Todos eles, sem dúvida, derivados da força normativa criadora da boa-fé objetiva.

São, em verdade, "deveres invisíveis", ainda que juridicamente existentes.

Compreendamos e exemplifiquemos esses deveres, reiterando, mais uma vez, que este rol não é taxativo.

---

[16] Miguel Reale, *Estudos Preliminares do Código Civil*, São Paulo: Revista dos Tribunais, 2003, p. 75-7.

[17] Clóvis V. do Couto e Silva, *A Obrigação como Processo*, São Paulo: Bushatsky, 1976, p. 33-4.

[18] Humberto Theodoro Jr., *O Contrato e Seus Princípios*, Rio de Janeiro: Aide, 1993, p. 38.

4.2.1. Deveres de lealdade e confiança recíprocas

Quando se fala em deveres de lealdade e confiança recíprocas, costuma-se denominá-los deveres anexos gerais de uma relação contratual.

Isso porque lealdade nada mais é do que a fidelidade aos compromissos assumidos, com respeito aos princípios e regras que norteiam a honra e a probidade.

Ora, se isso não estiver implícito em qualquer relação jurídica, não se sabe o que poderia estar.

A ideia de lealdade infere o estabelecimento de relações calcadas na transparência e enunciação da verdade, com a correspondência entre a vontade manifestada e a conduta praticada[19], bem como sem omissões dolosas — o que se relaciona também com o dever anexo de informação — para que seja firmado um elo de segurança jurídica calcada na confiança das partes que pretendem contratar, com a explicitação, a mais clara possível, dos direitos e deveres de cada um[20].

Confiança, nesse sentido de crença na probidade moral de outrem, é algo, portanto, que não se outorga por decreto, mas, sim, que se conquista justamente pela prática de uma conduta leal ou se pressupõe em uma sociedade que se pretende reconhecer como civilizada[21].

Como ensina PAIS DE VASCONCELOS, "a confiança depositada pelas pessoas merece tutela jurídica. Quando uma pessoa actua ou celebra certo acto, negócio ou contracto, tendo confiado na atitude, na sinceridade, ou nas promessas de outrem, ou confiando na existência ou na estabilidade de certas qualidades das pessoas ou das coisas, ou das circunstâncias envolventes, o Direito não pode ficar absolutamente indiferente à eventual frustração dessa confiança"[22].

E, ressalvando a sua importância, preceitua o insuperável MENEZES CORDEIRO que

"na sua falta, qualquer sociedade se esboroa. Em termos interpessoais, a confiança instalada coloca os protagonistas à mercê uns dos outros: o sujeito confiante abranda as suas defesas, ficando vulnerável. Seguidamente, todos os investimentos, sejam eles econômicos ou meramente pessoais, postulam a credibilidade das situações: ninguém dá hoje para receber (apenas) amanhã, se não houver confiança nos intervenientes e nas situações. Por fim, a confiança e a sua tutela correspondem a aspirações éticas elementares. A pessoa defraudada na sua confiança é, desde logo, uma pessoa violentada na sua sensibilidade moral. Paralelamente, o agente que atinja a confiança alheia age contra um código ético imediato"[23].

---

[19] *Vide*: TJRS, Ap. Cív. 70008063398, rel. Des. Jorge André Pereira Gailhard, j. 28-4-2004, 11.ª Câmara Cível.

[20] *Vide*: TJRS, Ap. Cív. 70006912810, rel. Des. Rubem Duarte, j. 9-6-2004, 20.ª Câmara Cível.

[21] *Vide*: STJ, REsp 356.821/RJ (2001/0132110-4), *DJ*, 5-8-2002, p. 334, *RSTJ*, 159/366, rel. Min. Nancy Andrighi, j. 23-4-2002, 3.ª Turma.

[22] Pedro Pais de Vasconcelos, *Contratos Atípicos*, Coimbra: Almedina, 1995, p. 63.

[23] Antônio Manuel da Rocha e Menezes Cordeiro, *Tratado de Direito Civil Português*, Coimbra: Almedina, 1999, p. 188.

4.2.2. Dever de assistência

O dever de assistência, também conhecido como dever de cooperação, se refere à concepção de que, se o contrato é feito para ser cumprido, aos contratantes cabe colaborar para o correto adimplemento da sua prestação principal, em toda a sua extensão.

A esse dever se liga, pela negativa, consequentemente, o de não dificultar o pagamento, por parte do devedor, ou o recebimento do crédito, pelo sujeito ativo da relação obrigacional[24].

No ensinamento de PAULO ROBERTO NALIN:

> "O dever de cooperação, de outra forma, se reporta à obrigação de se facilitar o cumprimento obrigacional, com base nos critérios e limites usuais ditados pelos usos, costumes e boa-fé. A cooperação é encarada, no mais, em um duplo sentido, apesar de sua natural tendência de favorecimento ao devedor, exigindo de ambos os contratantes uma postura de solidariedade"[25].

4.2.3. Dever de informação

Vejamos o dever de informação.

Trata-se de uma imposição moral e jurídica a obrigação de comunicar à outra parte todas as características e circunstâncias do negócio e, bem assim, do bem jurídico, que é seu objeto[26], por ser imperativo de lealdade entre os contraentes[27].

Discorrendo sobre o tema, no campo do Direito do Consumidor, adverte o culto Professor da Faculdade de Direito de Buenos Aires CARLOS GHERSI, realçando os seus campos de aplicação:

> "La información aparece cumpliendo una función de transcendencia, así en la toma de decisiones (aspecto psicológico); en la conveniencia o utilidad de los precios y o sus financiamientos (aspectos económicos); la cobertura o satisfacción de una necesidad (aspecto antropológico); la defensa o tutela del consumidor (aspecto jurídico) etc., sin embargo no podemos afirmar o fundamentar con firmeza y convicción que socialmente esto sea satisfactorio"[28].

Mas devemos registrar que este referido dever anexo também é exigível *nos contratos civis em geral*, e não apenas nos negócios celebrados no âmbito do Direito do Consumidor.

Vamos, pois, a um exemplo, a fim de aclarar a sua noção.

Imagine-se que BOMFIM fosse até uma determinada concessionária adquirir um veículo. Lá chegando, é recebido por um simpático gerente que o convence das qualidades do veículo que tanto deseja. Em dado momento do diálogo, o pretenso comprador indaga

---

[24] *Vide*: STJ, REsp 272.739/MG (2000/0082405-4), DJ, 2-4-2001, p. 299, JBCC, 200/126, RSTJ, 150/398, rel. Min. Ruy Rosado de Aguiar, j. 1.º-3-2001, 4.ª Turma.

[25] Paulo Roberto Nalin, Ética e Boa-fé no Adimplemento Contratual, in *Repensando os Fundamentos do Direito Civil Brasileiro Contemporâneo*, coord. Luiz Edson Fachin, Rio de Janeiro: Renovar, 1998, p. 198.

[26] *Vide*: STJ, REsp 330.261/SC (2001/0080819-0), DJ, 8-4-2002, p. 212, JBCC, 200/116, RSTJ, 154/350, rel. Min. Nancy Andrighi, j. 6-12-2001, 3.ª Turma.

[27] *Vide*: TJRS, Ap. Cív. 70002976298, rel. Des. Clarindo Favretto, j. 13-12-2001, 5.ª Câmara Cível.

[28] Carlos Ghersi, Derecho e Informação, *Revista de Direito Privado*, n. 14, abr./jun. 2003, cit., p. 55.

a respeito da revenda do automóvel, ao que é imediatamente interrompido pelo vendedor: *"Este veículo é facilmente revendido. A depreciação é mínima"*. O negócio então é fechado. Três meses depois, entretanto, BOMFIM é surpreendido com a notícia de que o seu carro havia saído de linha, razão pela qual sofreu desvalorização de 50%.

Em tal caso, duas situações podem ocorrer.

Caso o gerente já *soubesse do fim da produção do veículo*, a sua omissão dolosa poderia gerar a anulação do contrato, provando-se que sem ela o negócio não se teria celebrado, a teor do art. 147 do Código Civil. Neste caso, a quebra do *dever ético de informação*, em nítida violação à boa-fé objetiva, mesmo na fase de elaboração do negócio, repercutiria no âmbito de validade do contrato pactuado. Até porque nada impede que se reconheça *a sobrevivência dos deveres de proteção, ainda que o acordo apresente-se viciado ou a relação que ele institui venha a ser mais tarde destruída por ato de vontade das partes*[29].

Se, por outro lado, o gerente não sabia que o veículo sairia de linha, não se poderá falar em silêncio intencional, caracterizador da omissão dolosa prevista no art. 147 do Código Civil. Mas, ainda assim, embora houvesse sido celebrado contrato aparentemente perfeito (agente capaz, objeto lícito, forma adequada etc.), constata-se também violação ao *dever anexo de informação*, derivado da *boa-fé objetiva*, uma vez que, para a configuração da quebra desse princípio, não se exige a configuração específica de dolo ou culpa. Ademais, era obrigação da própria empresa revendedora, atuante no mercado de consumo, dispor de todas as informações a respeito dos bens que comercializa.

Portanto, concluímos que, nesta segunda situação, a quebra de qualquer dos deveres de proteção poderá dispensar a investigação do móvel psicológico que orientou o agente (dolo ou culpa), por se tratar, no caso, de *responsabilidade civil objetiva*. A intenção do agente somente interessará investigar no caso antes mencionado de omissão dolosa, anterior à execução do contrato.

Nesse sentido, é o pensamento de ANDRÉA PAULA DE MIRANDA:

"O princípio da boa-fé aparece frequentemente relacionado à culpa. É verdade que, quando da violação das regras de conduta estabelecidas pela boa-fé resultam danos, a culpa intervém em seu papel normal. As regras decorrentes da boa-fé, entretanto, têm aplicação mais ampla, uma vez que não exigem um pressuposto fático precisamente tipificado em que se insere a culpa"[30].

E para que não pairem dúvidas, o seleto grupo de juristas que se reuniu em Brasília para firmar posições a respeito do Código Civil de 2002, na I Jornada de Direito Civil, aprovou, por maioria, o Enunciado 24, com o seguinte teor:

"Em virtude do princípio da boa-fé, positivado no art. 422, a violação dos deveres anexos constitui espécie de inadimplemento, independentemente de culpa"[31].

---

[29] É o pensamento de Manuel A. Carneiro da Frada, citando Canaris, in *Contrato e Deveres de Protecção*, Coimbra: Suplemento do Boletim da Faculdade de Direito da Universidade de Coimbra, 1994, p. 96.

[30] Andréa Paula Matos R. de Miranda, ob. cit., p. 162.

[31] Para a consulta de todos os Enunciados das Jornadas de Direito Civil da Justiça Federal, confiram-se o *site* do Conselho da Justiça Federal <www.cjf.gov.br>, bem como o nosso <www.novodireitocivil.com.br>.

Vemos, portanto, que poderá haver responsabilidade civil por quebra de boa-fé objetiva, independentemente de culpa.

Aliás, essa tendência de objetivação do direito civil — anunciando a decadência da "era da culpa" — é perceptível, não apenas na seara contratual, mas, inclusive, no próprio Direito de Família, em cujo seio ganha contornos cada vez mais nítidos a linha de pensamento que sufraga o fim da discussão da culpa nas demandas relativas à separação e ao divórcio, tema a ser tratado em volume específico desta obra.

4.2.4. Dever de sigilo ou confidencialidade

Figuremos aqui também um exemplo, para o seu adequado entendimento.

Em um determinado contrato firmado entre as empresas OLIVEIRA e TIGÓ, para fornecimento de ração de pássaros, não se consignou cláusula no sentido de que as partes contratantes não poderiam, durante a vigência do contrato, ou mesmo após, divulgar dados ou informações uma da outra. Ora, ainda que não haja estipulação nesse sentido, é forçoso convir que a boa-fé objetiva impõe que se observe o *dever de sigilo ou confidencialidade* entre ambas.

É imperativo lógico da lealdade que deve ser observada entre as contratantes, resguardando direito da personalidade.

4.3. Função delimitadora do exercício de direitos subjetivos

Finalmente, temos ainda a função *delimitadora do exercício de direitos subjetivos*.

Por meio da boa-fé objetiva, visa-se a evitar o exercício abusivo dos direitos subjetivos. Aliás, no atual sistema constitucional, em que se busca o desenvolvimento socioeconômico sem desvalorização da pessoa humana, não existe mais lugar para a "tirania dos direitos".

Por isso, de uma vez por todas, não se pode mais reconhecer legitimidade ou se dar espaço às denominadas "cláusulas leoninas ou abusivas" (algumas são tão terríveis que a denominamos jocosamente, em nossas aulas, "zoológicas"...), quer se trate de um contrato de consumo, quer se trate de um contrato civil em geral.

É o exemplo do dispositivo contratual que preveja a *impossibilidade* de se aplicarem as normas da teoria da imprevisão (da onerosidade excessiva) em benefício da parte prejudicada. Em tal caso, temos convicção de que essa previsão, além de iníqua, viola a função social do contrato e a boa-fé objetiva, por ser inegavelmente abusiva.

Cabe, portanto, à boa-fé, também essa função delimitadora.

Referindo-se a essa função, CRISTOPH FABIAN adverte que aí "se encontra o problema do abuso de direito. Todo o direito é delimitado pela boa-fé. Fora ou contra a boa-fé não existe nenhum direito subjetivo. Tais interesses jurídicos não merecem proteção. O exemplo mais significativo para a limitação de direitos pela boa-fé é o art. 51 do CDC"[32].

---

[32] Cristoph Fabian, *O Dever de Informar no Direito Civil*, São Paulo: Revista dos Tribunais, 2002, p. 62.

O próprio Código Civil, aliás, na parte dedicada aos ATOS ILÍCITOS, faz referência a esse *efeito de contenção*, reconhecido à boa-fé objetiva:

"Art. 187. Também comete ato ilícito o titular de um direito que, ao exercê-lo, exceder manifestamente os limites impostos pelo seu fim econômico ou social, *pela boa-fé ou pelos bons costumes*"[33] (grifamos).

5. A BOA-FÉ OBJETIVA E O ART. 422 DO CÓDIGO CIVIL BRASILEIRO

Finalmente, após passarmos em revista os artigos que dão sustentação ao sistema da boa-fé objetiva do Código Civil de 2002, especialmente o art. 113, chegamos ao ponto em que devemos analisar aquele que reputamos o mais importante desses dispositivos.

Importante, não no sentido de haver uma hierarquia entre as normas legais consagradas no Código de 2002.

Não é isso.

Mas no sentido de que se trata de um dispositivo que, intimamente unido à diretriz legal impositiva da *função social do contrato* (art. 421), cuida, expressamente, da boa-fé objetiva como *princípio de direito*.

Trata-se do art. 422:

"Art. 422. Os contratantes são obrigados a guardar, assim na conclusão do contrato, como em sua execução, os princípios de probidade e boa-fé".

Note-se que o legislador tratou a observância dos princípios de probidade e boa-fé como verdadeira *obrigação* dos contratantes.

Falhou, entretanto, ao prever que a boa-fé somente seria observável *quando da conclusão e durante a execução do contrato*.

Não é bem assim.

Deverá esse princípio — que veio delineado no Código como cláusula geral — incidir mesmo antes e após a execução do contrato, isto é, *nas fases pré e pós-contratual*.

Isso mesmo.

Mesmo na fase das tratativas preliminares, das primeiras negociações, da redação da minuta — a denominada fase de *puntuação* — a boa-fé deve-se fazer sentir. A quebra, portanto, dos deveres éticos de proteção poderá culminar, mesmo antes da celebração da avença, na responsabilidade civil do infrator.

Por isso, embora imperfeita a atual redação legal, não hesitamos em afirmar que, com base no macroprincípio constitucional da dignidade da pessoa humana, a boa-fé objetiva deve ser observada também nas mencionadas fases anteriores e posteriores à celebração e cumprimento da avença.

---

[33] Comentando esse dispositivo, já anotamos que, "analisando o art. 187 do CC/2002, conclui-se não ser imprescindível, pois, para o reconhecimento da teoria do abuso de direito, que o agente tenha a intenção de prejudicar terceiro, bastando, segundo a dicção legal, que exceda manifestamente os limites impostos pela finalidade econômica ou social, pela boa-fé ou pelos bons costumes" (Pablo Stolze Gagliano e Rodolfo Pamplona Filho, *Novo Curso de Direito Civil — Parte Geral*, 21. ed., São Paulo: Saraiva, 2019, v. 1, p. 550).

Pensar em sentido contrário seria defender, em última análise, que o sistema positivo brasileiro admitiria, em tais fases, a prática de condutas desleais, somente sancionando-as na fase contratual, o que nos parece um absurdo!

Discorrendo a respeito, ainda na época da tramitação do Projeto do Código Civil, vejamos o que escreveu JUNQUEIRA DE AZEVEDO, em excelente artigo sobre o tema, demonstrando que, independentemente da sua positivação expressa, tal princípio não deve ser desprezado[34]:

> "... o art. 421 se limita ao período que vai da conclusão do contrato até a sua execução. Sempre digo que o contrato é um certo processo em que há um começo, prosseguimento, meio e fim. Temos fases contratuais — fase pré-contratual, contratual propriamente dita e pós-contratual. Uma das possíveis aplicações da boa-fé é aquela que se faz na fase pré--contratual, fase essa em que temos as negociações preliminares, as tratativas. É um campo propício para o comportamento de boa-fé, no qual ainda não há contrato e podem-se exigir aqueles deveres que uma pessoa deve ter como correção de comportamento em relação ao outro.
>
> Cito um caso entre a Cica e plantadores de tomate, no Rio Grande do Sul, no qual, em pelo menos 4 acórdãos, o Tribunal de Justiça do Rio Grande do Sul reconheceu que a Companhia Cica havia criado expectativas nos possíveis contratantes — pequenos agricultores —, ao distribuir sementes para que plantassem tomates e, depois, errou ao se recusar a comprar a safra dos tomates. Houve, então, prejuízo dos pequenos agricultores, baseado na confiança despertada antes do contrato, fase pré-contratual. Logo, o caso do art. 421 deveria também falar em responsabilidade pré-contratual ou extensão do comportamento de boa-fé na fase pré-contratual.
>
> Faço um parêntese para exemplificar, transformando em hipótese o que li nos jornais de hoje sobre o caso da Ford com o Governador do Rio Grande do Sul. A Ford, durante os dois anos em que teria procurado montar a sua indústria, certamente teve muitos gastos e, de repente, o negócio não teria sido efetivado. O problema da responsabilidade pré--contratual é justamente esse, qual seja, o dos gastos que se fazem antes do contrato e quando há a ruptura. Se essa hipótese da Ford for pré-contratual — no caso, suponho ter havido algum contrato anterior — mas se não houvesse, e se fosse apenas um problema de negociações, antes de qualquer efetivação do negócio, haveria dois pressupostos da responsabilidade pré-contratual: a confiança na realização do futuro negócio e o investimento na confiança. Faltariam, talvez, outros dois pressupostos: o de poder atribuir uma justificação à confiança que alguém teve e, em segundo lugar, o de que essa confiança tenha sido causada pela outra parte. Assim, poderíamos duvidar se o Governador chegou a criar essa confiança e, portanto, provocou a despesa da indústria; e, ainda, se a indústria não confiou demais e assim por diante. São problemas em aberto, mas de qualquer maneira, o meu primeiro ponto sobre a responsabilidade pré-contratual é que há uma omissão do Projeto de Código Civil, no artigo em causa".

E ainda, sobre a quebra da boa-fé objetiva, na fase pós-contratual, complementa o ilustre professor da Universidade de São Paulo:

---

[34] Antônio Junqueira de Azevedo, *Projeto do Código Civil — O Princípio da Boa-fé nos Contratos*, artigo disponível no *site* do Conselho da Justiça Federal: <http://www.cjf.gov.br/revista/numero9/artigo7.htm>. Acesso em: 30 jul. 2004.

"Isso também é assunto que a doutrina tem tratado — a chamada 'responsabilidade pós-contratual' ou *post pactum finitum*. Darei três exemplos para comprovação de que, após o contrato encerrado, ainda há possibilidade de exigir boa-fé dos contratantes:

1. O proprietário de um imóvel vendeu-o e o comprador o adquiriu por este ter uma bela vista sobre um vale muito grande, construindo ali uma bela residência, que valia seis vezes o valor do terreno. A verdade é que o vendedor gabou a vista e aí fez a transferência do imóvel para o comprador — negócio acabado. Depois, o ex-proprietário, o vendedor foi à prefeitura municipal, verificou que não havia a possibilidade de construir um prédio em frente, mas adquiriu o prédio em frente ao que tinha vendido e conseguiu na prefeitura a alteração do plano diretor da cidade, permitindo ali uma construção. Quer dizer, ele construiu um prédio que tapava a vista do próprio terreno que havia vendido ao outro — esse não era ato literalmente ilícito. Ele primeiramente vendeu, cumpriu a sua parte. Depois, comprou outro terreno, foi à prefeitura, mudou o plano, e aí construiu. A única solução para o caso é aplicar a regra da boa-fé. Ele faltou com a lealdade no contrato que já estava acabado. É, portanto, *post pactum finitum*.

2. Uma dona de *boutique* encomendou a uma confecção de roupas 120 casacos de pele. A confecção fez os casacos, vendeu-os e os entregou para essa dona da *boutique*. Aí, liquidado esse contrato, a mesma confecção fez mais 120 casacos de pele idênticos e vendeu-os para a dona da *boutique* vizinha. Há, também, evidentemente, deslealdade e *post pactum finitum*.

3. Um indivíduo queria montar um hotel e procurou o melhor e mais barato carpete para colocar no seu empreendimento. Conseguiu uma fornecedora que disse ter o preço melhor, mas que não fazia a colocação. Ele pediu, então, à vendedora a informação de quem poderia colocar o carpete. A firma vendedora indicou o nome de uma pessoa que já tinha alguma prática na colocação do carpete, mas não disse que o carpete que estava fornecendo para esse empresário era de um tipo diferente. O colocador do carpete pôs uma cola inadequada e, semanas depois, todo o carpete estava estragado. A vendedora dizia: cumpri a minha parte no contrato, entreguei, recebi o preço, o carpete era esse, fiz favor indicando um colocador. Segundo a regra da boa-fé, ela não agiu com diligência, porque, no mínimo, deveria tê-lo alertado — uma espécie de dever de informar e de cuidar depois de o contrato ter terminado — a propósito do novo tipo de carpete. Há responsabilidade pós-contratual.

Portanto, o art. 421 está insuficiente, pois só fala em conclusão — o momento em que se faz o contrato — e execução. Não fala nada do que está para depois, nem falava do que estava antes. Finalmente, ainda a propósito das insuficiências, o artigo fala apenas em execução, no momento final, e muitas vezes o caso na verdade não chega a ser de execução, mesmo que dilatemos a expressão em português 'execução'"[35].

Em conclusão, verificamos que os deveres anexos ou de proteção gerarão efeitos que subsistirão à própria vigência do contrato em si, caracterizando aquilo que a doutrina convencionou chamar de "*pós-eficácia das obrigações*".

"Insere-se a pós-eficácia das obrigações no âmbito da função integrativa da boa-fé objetiva como um dever lateral de lealdade", pontifica MAURICIO JORGE MOTA. "Os

---

[35] Antônio Junqueira de Azevedo, artigo citado.

deveres laterais de conduta inerentes à boa-fé são deveres funcionalizados ao fim do contrato, e, como tal, surgem e se superam no desenvolvimento da situação contratual como uma totalidade, autonomizando-se em relação ao dever de prestação principal para assegurarem o correto implemento do escopo do contrato. Assim, podem subsistir deveres pós-eficazes ao término do adimplemento do contrato, no interesse da correta consecução deste"[36].

Exemplificando essa subsistência dos deveres anexos, mesmo após a execução do contrato, como desdobramento de eficácia da boa-fé objetiva, transcrevemos ainda as sábias palavras de COUTO E SILVA:

> "Entre os deveres que permanecem, mesmo depois de extinta a relação principal, pode ser mencionado o dever do sócio que se retira de uma sociedade, que tem, em consequência, extinto seu vínculo jurídico, de evitar prejudicar com a sua atividade o funcionamento da sociedade de que participou, revelando circunstância que só podia conhecer em razão de sua qualidade de sócio. Outro exemplo é o dever de empregado que, nessa qualidade, tomou conhecimento de alguma circunstância relevante, como um segredo de fabricação, de não levá-lo ao conhecimento, por exemplo, de uma firma concorrente, mesmo após ter sido despedido"[37].

Nota-se, à luz desses ensinamentos, que, uma vez reconhecida a pré e pós-eficácia dos deveres anexos derivados da boa-fé, o que expressamente propugnamos, o art. 422, sob comento, é indubitavelmente deficiente, por circunscrever-se ao período de vigência contratual.

Por essa razão, pretendia o Projeto n. 6.960, de 2002 (renumerado para 276/2007, antes de ser, infelizmente, arquivado de forma definitiva) alterar o dispositivo, para se proceder à necessária retificação em seu texto normativo, que passaria a figurar nos seguintes termos:

> "Art. 422. Os contratantes são obrigados a guardar, assim nas negociações preliminares e conclusão do contrato, como em sua execução e fase pós-contratual, os princípios de probidade e boa-fé e tudo mais que resulte da natureza do contrato, da lei, dos usos e das exigências da razão e da equidade".

Assim esperamos que a lei seja devidamente modificada.

6. DESDOBRAMENTOS DA BOA-FÉ OBJETIVA

Compreendida a noção da boa-fé objetiva em matéria contratual, a sua aplicação pragmática gera importantes efeitos, nos mais diferentes campos.

Tais repercussões práticas podem ser sistematizadas em algumas locuções de uso corrente no dia a dia das lides forenses, consistentes em figuras parcelares, expressão que deve ser entendida como argumentações usuais para decisões com fundamentação tópica.

---

[36] Mauricio Jorge Pereira da Mota, A Pós-Eficácia das Obrigações, in *Problemas de Direito Civil Constitucional*, cit., p. 238.

[37] Clóvis V. do Couto e Silva, ob. cit., p. 119. Exemplo também citado por Mauricio Jorge Mota, no trabalho citado, p. 203.

Como bem observa LUCIANO DE CAMARGO PENTEADO:

"A boa-fé, segundo a insuperável classificação feita por Menezes Cordeiro ao tratar do exercício inadmissível das posições jurídicas, apresentaria oito figuras parcelares, ou seja, tipos de argumentos recorrentes com vistas a sua aplicação tópica. Entre eles estariam o *venire contra factum proprium*, o *tu quoque*, a *exceptio doli*, desdobrada em *exceptio doli generalis* e *exceptio doli specialis*, a inalegabilidade das nulidades formais, o desequilíbrio no exercício jurídico, a *supressio* e a *surrectio*. Sendo figuras parcelares de uma cláusula geral e não noções próprias de uma definição conceitual, é preciso desde já salientar que, em sua aplicação, não é necessário que todos os pressupostos estejam presentes, havendo a possibilidade de se julgar, não em termos de tudo ou nada, mas em termos de um mais e de um menos. Do mesmo modo, determinada situação jurídica pode ser reconduzida a mais de uma das figuras parcelares da boa-fé, porque estas gozam de certa plasticidade. Todas, entretanto, resultam da incidência do CC 422, em matéria de contratos e de direito das obrigações. São tipos em torno dos quais é possível agrupar os casos que tratem do tema da boa-fé objetiva. Como tipos, permitem esta qualificação móvel"[38].

Tais figuras parcelares, também chamadas de "função reativa"[39] ou de subprincípios da boa-fé objetiva, consistem em verdadeiros desdobramentos da boa-fé objetiva, de relevantíssima utilização, independentemente da denominação utilizada[40].

Assim, ousando ressistematizar, para meros efeitos didáticos no nosso sistema normativo, a classificação do grande professor português, apresentamos, a seguir, aqueles que consideramos os principais efeitos do desdobramento do princípio da boa-fé objetiva[41-42].

6.1. *Venire contra factum proprium*

A primeira repercussão pragmática da aplicação do princípio da boa-fé objetiva reside na consagração da vedação do comportamento contraditório.

Na tradução literal, *venire contra factum proprium* significa vir contra um fato próprio. Ou seja, não é razoável admitir-se que uma pessoa pratique determinado ato ou conjunto de atos e, em seguida, realize conduta diametralmente oposta.

---

[38] Luciano de Camargo Penteado, Figuras Parcelares da Boa-Fé Objetiva e V*enire contra Factum Proprium*, disponível em http://www.flaviotartuce.adv.br/secoes/artigosc/Luciano_venire.doc, acessado em 20 jul. 2008.

[39] "A função reativa é a utilização da boa-fé objetiva como exceção, ou seja como defesa, em caso de ataque do outro contratante. Trata-se da possibilidade de defesa que a boa-fé objetiva possibilita em caso de ação judicial injustamente proposta por um dos contratantes" (José Fernando Simão, A Boa-Fé e o Novo Código Civil — Parte III, disponível em: <http//www.professorsimao.com.br/artigos_simao_a_boa_fe_03.htm>. Acesso em: 20 jul. 2008).

[40] "Apenas o teu nome é meu inimigo. Tu és tu mesmo, não um *Montéquio*. O que é *Montéquio*? Não é nem mão, nem pé, nem braço, nem rosto — Oh, sê qualquer outro nome! — pertencentes a um homem. **O que há num nome? Isso que nós chamamos rosa, por qualquer outra palavra, cheiraria tão doce**. Então *Romeu*, não fosse ele chamado Romeu, reteria essa cara perfeição, que ele possui sem tal título. *Romeu*, joga fora teu nome e, por teu nome — que não é parte de ti —, toma todo o meu ser" — "Tomo-te em tua palavra. Chama-me somente de amor e serei novamente batizado. De agora em diante, jamais serei *Romeu*" (William Shakespeare, *Romeu e Julieta*, Ato II — Cena II, grifos nossos).

[41] Logicamente que também está abrangido neste estudo, dada a sua íntima conexão com a cláusula geral de eticidade, o princípio da confiança nas relações jurídicas.

[42] Por razão didática, preferimos estudar o *duty to mitigate the loss* em nosso volume 2 – Obrigações, Capítulo XXIII, item 3.

Parte-se da premissa de que os contratantes, por consequência lógica da confiança depositada, devem agir de forma coerente[43], segundo a expectativa gerada por seus comportamentos[44].

Alguns exemplos permitem esclarecer a ideia.

O primeiro reside no art. 973, CC/2002 (sem equivalente no CC/1916), em que se estabelece que a "pessoa legalmente impedida de exercer atividade própria de empresário, se a exercer, responderá pelas obrigações contraídas". Ou seja, embora impedido de exercer a atividade, se o faz, gera a expectativa, nos contratantes, do cumprimento do pactuado, não podendo o indivíduo invocar a sua própria torpeza para se desvencilhar das obrigações celebradas.

Outro exemplo reside no art. 330, CC/2002 (também sem equivalente no CC/1916), em que o credor, que aceitou, durante a execução de pacto de trato sucessivo, o pagamento em lugar diverso do convencionado, não pode surpreender o devedor com a exigência literal do contrato, para alegar descumprimento. A ideia, inclusive, pode ser desdobrada para o tempo do cumprimento do contrato, em que a tolerância habitual de determinado atraso, sem oposição, impede a cobrança de sanção pela mora do período.

Mais um exemplo pode ser encontrado no art. 175, CC/2002, explicitando que o contratante que, voluntariamente, iniciou a execução do negócio jurídico anulável, não pode mais invocar essa nulidade. Isso porque o cumprimento voluntário do negócio anulável importa, na dicção legal, em extinção de todas as ações ou exceções de que dispusesse o devedor, uma vez que esse livremente pratica o pactuado, não podendo surpreender a outra parte com a alteração de seu comportamento[45].

6.2. *Supressio*

A expressão *supressio* também é um importante desdobramento da boa-fé objetiva.

Decorrente da expressão alemã *Verwirkung*[46], consiste na perda (supressão) de um direito pela falta de seu exercício por razoável lapso temporal.

Trata-se de instituto distinto da prescrição, que se refere à perda da própria pretensão. Na figura da *supressio*, o que há é, metaforicamente, um "silêncio ensurdecedor", ou seja,

---

[43] *Vide*: STJ, 6.ª T., AgRg 610.607/MG, rel. Min. Maria Thereza de Assis Moura, 25-6-2009, *DJe*, 17-8-2009.

[44] *Vide*: STJ, 4.ª T., REsp 141.879/SP, rel. Min. Ruy Rosado de Aguiar, j. 17-3-1998, *DJU*, 22-6-1998, p. 90.
E também: STJ, 3.ª T., REsp 605.687/AM, rel. Min. Nancy Andrighi, j. 2-6-2005, *DJU*, 20-6-2005, p. 273.

[45] Na área trabalhista, vale destacar o interessantíssimo voto divergente do Ministro Walmir Oliveira da Costa, que prevaleceu, sustentando a aplicabilidade da vedação do comportamento contraditório também em sede de negociação coletiva do trabalho, entendendo "que a extinção do processo, sem resolução de mérito, por ausência do pressuposto processual do comum acordo, só viria a premiar o comportamento contraditório da suscitada, em face de sua prévia concordância com a quase totalidade da proposta da Federação suscitante com vistas à celebração de acordo coletivo de trabalho e de sua injusta recusa em que a Justiça do Trabalho julgue o presente dissídio coletivo" (Proc. TST-DC 203059/2008-000-00-00.3).

[46] Em português: perda.

um comportamento omissivo tal, para o exercício de um direito, que o movimentar-se posterior soa incompatível com as legítimas expectativas até então geradas.

Assim, na tutela da confiança, um direito não exercido durante determinado período, por conta desta inatividade, perderia sua eficácia, não podendo mais ser exercido. Nessa linha, à luz do princípio da boa-fé, o comportamento de um dos sujeitos geraria no outro a convicção de que o direito não seria mais exigido.

O exemplo tradicional de *supressio* é o uso de área comum por condômino em regime de exclusividade por período de tempo considerável, que implica a supressão da pretensão de cobrança de aluguel pelo período de uso.

Embora evidentemente próximo, há diferença da *supressio* para a prescrição, pois, enquanto esta subordina a pretensão apenas pela fluência do prazo, aquela depende da constatação de que o comportamento da parte não era mais aceitável, segundo o princípio da boa-fé[47].

Da mesma forma, há evidente proximidade da *supressio* e do *venire contra factum proprium*, não sendo desarrazoado vislumbrá-los em uma relação de gênero (*venire*) e espécie (*supressio*). Todavia, vale destacar que a *supressio* se refere exclusivamente a um comportamento omissivo, ou seja, à não atuação da parte gerando a ineficácia do direito correspondente.

6.3. *Surrectio*

Costumamos afirmar, em sala de aula, que a *surrectio* é o outro lado da moeda da *supressio*.

Com efeito, se, na figura da *supressio*, vislumbra-se a perda de um direito pela sua não atuação evidente, o instituto da *surrectio* se configura no surgimento de um direito exigível, como decorrência lógica do comportamento de uma das partes.

O já mencionado art. 330, CC/2002 (sem equivalente no CC/1916) pode ser considerado um didático exemplo. De fato, se o credor aceitou, durante a execução do contrato, que o pagamento se desse em lugar diverso do convencionado, há tanto uma *supressio* do direito do credor de exigir o cumprimento do contrato, quanto uma *surrectio* do devedor de exigir que o contrato seja, agora, cumprido no novo lugar tolerado.

Tal qual a *supressio*, também a *surrectio* deve ser tratada com "cuidados de ourives", para que não se confundam liberalidades com o surgimento de direitos exigíveis[48].

6.4. *Tu quoque*

Tu quoque, Brutus, fili mi!

---

[47] *Vide*: TJRS, 2.ª Câmara Cível, Apelação Cível 70001911684, j. 4-12-2000, Rel. Des. Maria Isabel de Azevedo Souza.

[48] Nesse sentido, confira-se o Superior Tribunal de Justiça: "Obrigação alimentar extinta mas mantida por longo período de tempo por mera liberalidade do alimentante não pode ser perpetuada com fundamento no instituto da *surrectio*" (STJ, 3.ª Turma, REsp 1.789.667-RJ, Rel. Min. Paulo de Tarso Sanseverino, Rel. p/ acórdão Min. Ricardo Villas Bôas Cueva, Terceira Turma, por maioria, julgado em 13-8-2019, *DJe* 22-8-2019).

A célebre frase, historicamente atribuída a Júlio César, pela constatação da traição de seu filho Brutus, dá nome também a um dos mais comuns desdobramentos do princípio da boa-fé objetiva.

A aplicação do *tu quoque* se constata em situações em que se verifica um comportamento que, rompendo com o valor da confiança, *surpreende* uma das partes da relação negocial, colocando-a em situação de injusta desvantagem.

Um bom exemplo é a previsão do art. 180, CC/2002, que estabelece que o "menor, entre dezesseis e dezoito anos, não pode, para eximir-se de uma obrigação, invocar a sua idade se dolosamente a ocultou quando inquirido pela outra parte, ou se, no ato de obrigar-se, declarou-se maior".

Outro bom exemplo desse desdobramento do princípio da boa-fé objetiva reside no instituto do *exceptio non adimpleti contractus*. Se a parte não executou a sua prestação no contrato sinalagmático, não poderá exigir da outra parte a contraprestação[49].

6.5. *Exceptio doli*

A "exceção dolosa", conhecida como *exceptio doli*, consiste em um desdobramento da boa-fé objetiva, que visa a sancionar condutas em que o exercício do direito tenha sido realizado com o intuito, não de preservar legítimos interesses, mas, sim, de prejudicar a parte contrária.

Uma aplicação deste desdobramento é o brocardo *agit qui petit quod statim redditurus est*, em que se verifica uma sanção à parte que age com o interesse de molestar a parte contrária e, portanto, pleiteando aquilo que deve ser restituído.

É o exemplo, no direito positivo brasileiro, do art. 940, CC/2002, que preceitua que aquele "que demandar por dívida já paga, no todo ou em parte, sem ressalvar as quantias recebidas ou pedir mais do que for devido, ficará obrigado a pagar ao devedor, no primeiro caso, o dobro do que houver cobrado e, no segundo, o equivalente do que dele exigir, salvo se houver prescrição".

Outro exemplo de aplicação é a figura do assédio processual, consistente na utilização dos instrumentos processuais para simplesmente não cumprir a determinação judicial.

Trata-se, nas palavras da magistrada MYLENE PEREIRA RAMOS, de situação processual de "procrastinação por uma das partes no andamento de processo, em qualquer uma de suas fases, negando-se a cumprir decisões judiciais, amparando-se ou não em norma processual, para interpor recursos, agravos, embargos, requerimentos de provas, petições despropositadas, procedendo de modo temerário e provocando incidentes manifestamente infundados, tudo objetivando obstaculizar a entrega da prestação jurisdicional à parte contrária" (63.ª Vara do Trabalho de São Paulo, Processo 02784200406302004).

Vale registrar, ainda, que a doutrina esmiúça a *exceptio doli* em *exceptio doli generalis* e *exceptio doli specialis*.

Nesse ponto, observa LUCIANO DE CAMARGO PENTEADO:

"A *exceptio doli specialis* nada mais seria do que uma particularização da *exceptio doli generalis* referida a atos de caráter negocial e a atos dele decorrentes, quando o primeiro

---

[49] Confira-se o Capítulo "Exceção de Contrato Não Cumprido" deste volume.

houvesse sido obtido com dolo. Assim, a *generalis*, como o próprio nome diz, é gênero e a outra espécie. A diferença específica encontra-se nos casos em que a fonte da que dimana o possível direito é um negócio jurídico e não qualquer outra fonte. O caráter excessivamente geral das duas figuras acaba por tornar sua aplicação perigosa em termos de segurança jurídica, valor que parece preservado pelas figuras anteriormente consideradas, na medida em que tem pressupostos concretos de verificação"[50].

6.6. Inalegabilidade das nulidades formais

A inalegabilidade das nulidades formais é a aplicação da regra de que ninguém se deve valer da própria torpeza, como desdobramento do princípio da boa-fé objetiva.

Consiste também em uma aplicação específica do *venire contra factum proprium*, vedando o comportamento contraditório em matéria de nulidade.

Trata-se de um princípio amplamente abarcado na legislação brasileira, notadamente no campo processual, valendo lembrar, por exemplo, as regras do art. 276 do CPC-2015 (com a mesma redação do art. 243 do Código de Processo Civil de 1973) e do art. 796, *b*, da Consolidação das Leis do Trabalho.

6.7. Desequilíbrio no exercício jurídico

A menção ao desequilíbrio no exercício jurídico é nada mais, nada menos, do que o reconhecimento da função delimitadora do exercício de direitos subjetivos, exercida pela boa-fé objetiva.

Com efeito, o exercício desproporcional e, por isso, abusivo de direitos caracteriza um ato ilícito que não pode ser tolerado pelo ordenamento jurídico[51].

6.8. Cláusula de *Stoppel*

Finalmente, como último desdobramento do princípio da boa-fé objetiva, vale registrar a figura conhecida como "Cláusula de *Stoppel*" ou "*Cláusula de Estoppel*"[52].

Trata-se de uma expressão típica do direito internacional[53], em que se busca preservar a boa-fé e, com isso, a segurança das relações jurídicas neste importante campo.

---

[50] Luciano de Camargo Penteado, Figuras Parcelares da Boa-Fé Objetiva e V*enire contra Factum Proprium*. Disponível em: <http://www.flaviotartuce.adv.br/secoes/artigosc/ Luciano_venire.doc>. Acesso em: 20 jul. 2008.

[51] Sobre o abuso de direito, confira-se o tópico 4 ("O abuso de direito") do Capítulo XVII ("Ato Ilícito") do volume 1 ("Parte Geral") desta coleção.

[52] As duas formas parecem ser corretas, sendo utilizadas pela doutrina. Preferindo "Cláusula de Estoppel", confiram-se as excelentes obras de Ian Brownlie (*Principles of public international Law*, 7 ed., New York: Oxford University Press Inc., 2008), Malcolm Shaw (International Law, 5 ed., New York: Oxford University Press Inc., 2003) e Valério Mazzuoli (*Curso de direito internacional público*, 7 ed. São Paulo: Revista dos Tribunais, 2013).

[53] Também do Direito Internacional deriva uma peculiar figura: Nachfrist (extensão de prazo/prazo suplementar): "outro conceito parcelar relativo à boa-fé objetiva que começa a ser debatido no Brasil é a Nachfrist (extensão de prazo), de origem alemã, previsto no art. 47 da mesma Convenção de

Consiste, em síntese, na vedação do comportamento contraditório no plano do Direito Internacional.

Um exemplo pode ser vislumbrado no imbróglio entre Brasil e Bolívia, no caso da exploração de petróleo pela Petrobrás, em que houve quebra do pactuado, mesmo tendo sido autorizada a realização de vultosos investimentos: a Bolívia criou a legítima expectativa no Governo Brasileiro, por meio da Petrobras, para investir naquele País, e, em seguida, baixou ato contrário ao esperado, rompendo a norma ética que se traduz na Cláusula de *Stoppel*.

Na observação de RODRIGO MURAD DO PRADO:

"No caso das Atividades Militares na Nicarágua o *stoppel* foi arguido pelos Estados Unidos, tendo a Corte rejeitado este argumento, lembrando que não basta que um Estado tenha aceitado de uma maneira clara e constante um regime jurídico ou um princípio, tornando-se ainda mais necessário que o seu comportamento tenha levado a um outro ou outros Estados, fundamentados nesta atitude, a modificar a sua posição em seu prejuízo ou a sofrer um prejuízo"[54].

Configura-se, portanto, como uma aplicação pragmática da boa-fé objetiva em relações internacionais, desde que a situação de prejuízo por quebra da confiança seja, como visto, de possível constatação.

Viena sobre Compra e Venda (CISG). Trata-se da concessão de um prazo adicional ou período de carência pelo comprador para que o vendedor cumpra a obrigação, o que tem o intuito de conservar a avença" (TARTUCE, Flávio. *Direito Civil* — Teoria Geral dos Contratos e Contratos em Espécie. 18. ed. Rio de Janeiro: Forense, 2023, v. 3, p. 140-141).

[54] Rodrigo Murad do Prado, A Jurisdição Internacional, os Novos Endereços Jurisdicionais, o Direito Processual Civil Internacional e as Cortes Internacionais de Justiça. Disponível em: <http://www.uj.com.br/publicacoes/doutrinas/default. asp?action=doutrina&iddoutrina=4753>. Acesso em: 20 jul. 2008.

Capítulo IV
Formação dos Contratos

Sumário: 1. Noções básicas. 2. Fase de puntuação (negociações preliminares). 3. Proposta de contratar. 3.1. Prazo de validade da proposta. 3.2. A oferta ao público. 3.3. Consequências jurídicas da morte do proponente. 4. A aceitação. 5. Formação dos contratos entre ausentes. 6. A proposta no Código de Defesa do Consumidor. 7. Lugar da formação do contrato.

1. NOÇÕES BÁSICAS

Em geral, o contrato é *negócio jurídico bilateral* decorrente da convergência de manifestações de vontade contrapostas[1].

Caio (parte 1), por exemplo, manifestando o seu sério propósito de contratar, apresenta uma *proposta ou oferta* a Tício (parte 2), que, após analisá-la, aquiesce ou não com ela. Caso haja *aceitação*, as manifestações de vontade fazem surgir o *consentimento*[2], consistente no núcleo volitivo contratual[3].

Note-se, entretanto, que até a formação do contrato (por meio do consentimento firmado), os interesses dos contraentes são contrários. Tome-se o exemplo de um contrato de compra e venda. O vendedor quer *vender pelo preço mais alto*, e o comprador quer *comprar pelo preço mais baixo*. Nessa linha, superada a fase das tratativas preliminares, formula-se uma proposta interessante também para o comprador, que, aquiescendo, culmina por fechar o negócio.

Com maestria, o sempre lembrado CLÓVIS BEVILÁQUA sintetiza o *iter* de formação de um contrato, salientando os seus reflexos psíquicos de constituição:

"Eu sinto-me inclinado a comprar um objecto, que vi e do qual me convém ser proprietário. Resisto ou cedo logo ao impulso do desejo, que me arrasta para o objecto, discuto as vantagens e desvantagens da obtenção, e, afinal, minha vontade, cedendo à solicitação dos motivos mais fortes, vae a traduzir-se em acto. Supponho que venceu o desejo de possuir o objecto em questão, começo a externar a minha volição, propondo, a alguém que possue o que eu ambiciono, que se resolva a m'o ceder. Na mente desse alguém, suscitará a minha proposta as mesmas phases da elaboração psychica, porque o pensamento passou em meu espírito, até que sua vontade convirja ou não para o ponto em que estacionou a minha. Se

---

[1] Excepciona essa regra os contratos plurilaterais, em que há a conjugação de duas ou mais declarações de vontade (partes) paralelas, a exemplo do contrato de sociedade.

[2] Deve-se evitar a expressão "mútuo consentimento", por ser considerada redundante, porque no termo *consentimento* está contida a ideia que a palavra "mútuo" exprime (Orlando Gomes, *Contratos*, 14. ed., Rio de Janeiro: Forense, 1994, p. 48).

[3] Veja, nesse particular, a primeira parte do art. 1.262 do Código Civil espanhol: *"El consentimiento se manifiesta por el concurso de la oferta y de la aceptación sobre la cosa y la causa que han de constituir o contracto"*.

convergir, será nossos interesses, ou o que se nos afigura tal, realizaram seu encontro harmônico, acham-se em congruência actual. Para mim era mais útil, no momento, possuir o objecto em questão do que a somma a desembolsar ou o serviço a prestar; para o possuidor do objecto, era mais vantajoso do possui-lo receber o que eu lhe oferecia. Com a manifestação em divergência de nossa vontade inicia-se o contracto"[4] (*sic*).

Vê-se, com isso, que o nascimento de um contrato segue um verdadeiro *iter ou processo de formação*, cujo início é caracterizado pelas negociações ou tratativas preliminares — denominada *fase de puntuação* — até que as partes chegam a uma *proposta definitiva*, seguida da imprescindível *aceitação*.

Somente nesse instante, com a junção desses dois elementos (PROPOSTA à ACEITAÇÃO), o contrato estará finalmente formado.

Em síntese, pois, teríamos:

PARTE 1	CONSENTIMENTO	PARTE 2
(PROPONENTE)		(ACEITANTE)

2. FASE DE PUNTUAÇÃO (NEGOCIAÇÕES PRELIMINARES)

A fase de puntuação, consoante anotamos acima, consiste no período de negociações preliminares, anterior à formação do contrato.

É neste momento prévio que as partes discutem, ponderam, refletem, fazem cálculos, estudos, redigem a minuta do contrato, enfim, contemporizam interesses antagônicos, para que possam chegar a uma proposta final e definitiva.

No dizer de GUILLERMO BORDA: *"Muchas veces las tratativas contractuales se desenvuelven a través de un tiempo más o menos prolongado, sea porque el negocio es complejo y las partes quieren estudiarlo en todas sus consecuencias o porque quien lo firma no tiene poderes suficientes o por cualquier otro motivo"*[5].

A característica básica desta fase é justamente a não vinculação das partes a uma relação jurídica obrigacional.

Como destaca CARLYLE POPP:

"A principal característica desta fase de negociações preliminares é a não obrigatoriedade. Isto porque realizar negociações é um direito concedido pelo ordenamento, de natureza constitucional, que autoriza a livre celebração de negócios jurídicos. Optar pela celebração ou não é um direito que assiste a cada um dos negociantes. Este direito, volta-se a dizer, é cada vez mais limitado, limitação esta diretamente proporcional ao incremento da boa--fé objetiva nas relações jurídicas. Não celebrar o negócio jurídico é um direito que assiste ao tratante, desde que aja dentro dos limites da boa-fé e não viole a confiança alheia"[6].

---

[4] Clóvis Beviláqua, *Direito das Obrigações*, Campinas: RED Livros, 2000, p. 225.
[5] Guillermo A. Borda, *Manual de Contractos*, 19. ed., Buenos Aires: Abeledo-Perrot, 2000, p. 33.
[6] Carlyle Popp, *Responsabilidade Civil Pré-Negocial: O Rompimento das Tratativas*, Curitiba: Juruá, 2002, p. 230.

Esta é, na nossa opinião, uma das mais sensíveis diferenças ao se propugnar por uma nova visão da teoria geral dos contratos.

De fato, ninguém é obrigado a contratar.

Todavia, ao se dar início a um procedimento negociatório, é preciso observar sempre se, a depender das circunstâncias do caso concreto, já não se formou uma legítima expectativa de contratar.

Dizer, portanto, que há direito subjetivo de não contratar não quer dizer que os danos, daí decorrentes, não devam ser indenizados, haja vista que, como vimos[7], independentemente da imperfeição da norma positivada, o princípio da *boa-fé objetiva* também é aplicável a esta fase *pré-contratual*, notadamente os deveres acessórios de lealdade e confiança recíprocas.

Apenas a título exemplificativo, podemos pensar na ideia de reparação dos prejuízos da parte que efetivou gastos na certeza da celebração do negócio, se todos os indícios da negociação iam nesse sentido.

Sobre o tema, voltaremos a tratar em capítulo próprio, para o qual remetemos o leitor.

Um outro importante ponto deve, ainda, ser ressaltado.

Esses atos preparatórios, característicos da fase de puntuação, não se identificam com o denominado *contrato preliminar*, figura jurídica que será estudada em momento oportuno[8].

A promessa de contrato, também denominada pré-contrato ou contrato preliminar, é aquele negócio jurídico que tem por objeto a *obrigação de fazer* um contrato definitivo. O exemplo mais comum é o compromisso de venda, o qual, como se sabe, pode inclusive gerar *direito real*[9].

Cuida-se de modalidade contratual que deverá conter todos os requisitos essenciais ao contrato definitivo (com exceção da forma), e cujo regramento — inexistente no Código de 1916 — encontra-se nos arts. 462 a 466 do Código de 2002.

Claro que, pactuando-se o contrato preliminar, a responsabilização do infrator será muito mais facilitada, por já existir previamente um título, que servirá de base ao pleito da parte prejudicada pelo inadimplemento da outra.

Caso não seja celebrada a promessa, a parte prejudicada poderá, outrossim, buscar a compensação devida, provando, no caso, a ocorrência de uma legítima expectativa de pactuação, com base na boa-fé objetiva, gerando prejuízos que devem ser reparados.

3. PROPOSTA DE CONTRATAR

A proposta, também denominada *policitação*, consiste na oferta de contratar que uma parte faz à outra, com vistas à celebração de determinado negócio (daí, aquele que apresenta a oferta é chamado de proponente, ofertante ou policitante).

---

[7] Confira-se o tópico 5 ("A Boa-Fé Objetiva e o Art. 422 do Código Civil Brasileiro") do Capítulo "Boa-Fé Objetiva em Matéria Contratual" deste volume.

[8] Confira-se o Capítulo "Contrato Preliminar" deste volume.

[9] Sobre o contrato preliminar de promessa de compra e venda e o direito real do promitente comprador, cf. Pablo Stolze Gagliano, *Código Civil Comentado*, São Paulo: Atlas, 2004, v. XIII, p. 224-36.

Trata-se de uma declaração receptícia de vontade que, para valer e ter força vinculante, deverá ser séria e concreta, ainda que verbal[10]. Meras conjecturas ou declarações jocosas não traduzem proposta juridicamente válida e exigível.

Da mesma forma, a seriedade da proposta deve ser analisada com bastante cuidado para que ela não seja confundida com uma simples *oferta de negociações preliminares*[11].

O Código Civil, ao discorrer sobre o tema na Seção II do Capítulo I do Título V (Da Formação dos Contratos), embora não haja elencado os seus elementos constitutivos, disciplinou-a, nos seguintes termos:

"Art. 427. A proposta de contrato obriga o proponente, se o contrário não resultar dos termos dela, da natureza do negócio, ou das circunstâncias do caso".

Observe-se, portanto, que a proposta de contratar *obriga* o proponente ou policitante, que não poderá voltar atrás, ressalvadas apenas as exceções capituladas na própria lei (arts. 427 e 428).

Cuida-se, no caso, do denominado *princípio da vinculação ou da obrigatoriedade* da proposta, diretriz normativa umbilicalmente ligada ao dogma da segurança jurídica.

---

[10] Na área trabalhista, a proposta verbal também pode ser considerada vinculante. A título exemplificativo, confira-se a seguinte notícia: "Ainda que a proposta seja feita verbalmente, aquele que prometeu fica obrigado a cumpri-la, principalmente quando ela ocorre na esfera trabalhista, pois, nos termos do artigo 443, da CLT, o contrato de trabalho pode ser acordado tácita ou expressamente, verbalmente ou por escrito. Com esse entendimento, a 8.ª Turma do TRT-MG manteve a decisão de 1.º Grau que condenou a fundação reclamada a ressarcir o trabalhador dos gastos que ele teve com alimentação e transporte.
Segundo esclareceu o desembargador Márcio Ribeiro do Valle, o artigo 427, do Código Civil, estabelece que 'a proposta de contrato obriga o proponente, se o contrário não resultar dos termos dela, da natureza do negócio, ou das circunstâncias do caso'. Assim, quem promete, obriga-se a cumprir os termos da promessa.
No caso, o contrato de trabalho escrito não contém cláusula indicando que a reclamada tenha se obrigado a ressarcir as despesas do autor com alimentação e transporte. Mas as demais provas do processo deixam claro que a fundação se comprometeu, verbalmente, a reembolsar esses gastos ao trabalhador. 'Neste contexto, conclui-se que a reclamada formulou uma promessa verbal ao reclamante, a qual se converteu em adendo benéfico ao contrato de trabalho, sendo o suficiente para obrigar a proponente a cumpri-la' — finalizou o relator, mantendo a condenação.
O desembargador ressaltou que os reflexos da ajuda alimentação também são devidos, porque, conforme já pacificado na jurisprudência, por meio da Súmula 241, do TST, essa parcela tem natureza de salário, exceto quando fornecida nos moldes do Programa de Alimentação ao Trabalhador, ou quando estabelecida a sua natureza indenizatória em norma coletiva, o que não ocorreu no caso" (Disponível em: <http://tprev.cenofisco.com.br/Livre.aspx?idTipo=Noticia&idDoc=1815>. Acesso em: 29 out. 2012).

[11] "É importante frisar, também, que muitos dos tratos negociais iniciam-se com a realização de uma proposta, sendo que a chamada contraproposta — na verdade nova proposta — instaura um procedimento negociatório. Esta sistemática proposta-contraproposta, mediante adições, restrições ou modificações, são negociações preliminares. Mais usual, contudo, é que o início ocorra mediante um convite a negociar, ou *invitation à pourpalers*, como diriam os franceses. A distinção concreta entre oferta firme e oferta de negociações não é facilmente perceptível, ainda que o intérprete esteja atento aos fatos, mas é de grande relevância jurídica. Isto porque, dependendo como elas se iniciam, os efeitos jurídicos, sobretudo os vinculatórios, serão diversos" (Carlyle Popp, obra e páginas citadas.).

Da análise desse dispositivo concluímos que o legislador reconhece a perda da eficácia cogente da oferta, nas seguintes situações:

a) **se o contrário (a não obrigatoriedade) resultar dos termos dela mesma** — é o caso de o proponente salientar, quando da sua declaração de vontade (oferta), que reserva o direito de retratar-se ou arrepender-se de concluir o negócio. Tal possibilidade, entretanto, não existirá nas ofertas feitas ao consumidor, na forma da Lei n. 8.078/90 (CDC);

b) **se o contrário (a não obrigatoriedade) resultar da natureza do negócio** — cite-se o exemplo, seguindo o pensamento de CARLOS ROBERTO GONÇALVES, "das chamadas propostas abertas ao público, que se consideram limitadas ao estoque existente"[12]. Podemos pensar também, como um exemplo do dia a dia, quando se oferece carona, em sua moto, a pessoas de um grupo (contrato de transporte gratuito), em que a oferta somente pode ser considerada válida ao primeiro que aceitar, pela impossibilidade fática de carregar mais de um no veículo;

c) **se o contrário (a não obrigatoriedade) resultar das circunstâncias do caso** — nesse caso, optou o legislador por adotar uma dicção genérica, senão abstrata, que dará ao juiz a liberdade necessária para aferir, no caso concreto, e respeitado o princípio da razoabilidade, situação em que a proposta não poderia ser considerada obrigatória.

Complementando esse rol de exceções, o codificador cuidou, ainda, de mencionar hipóteses de perda de força vinculante da proposta, por força do decurso de lapso temporal entre a proposta e a aceitação.

É o prazo de validade da proposta.

3.1. Prazo de validade da proposta

Dispõe o art. 428 do CC/2002:

"Art. 428. Deixa de ser obrigatória a proposta:

I — se, feita sem prazo a pessoa presente, não foi imediatamente aceita. Considera-se também presente a pessoa que contrata por telefone ou por meio de comunicação semelhante;

II — se, feita sem prazo a pessoa ausente, tiver decorrido tempo suficiente para chegar a resposta ao conhecimento do proponente;

III — se, feita a pessoa ausente, não tiver sido expedida a resposta dentro do prazo dado;

IV — se, antes dela, ou simultaneamente, chegar ao conhecimento da outra parte a retratação do proponente".

Para que entendamos tais situações, é preciso definir o que se entende por "pessoa presente" e "pessoa ausente".

Presentes são as pessoas que mantêm contato direto e simultâneo uma com a outra, a exemplo daquelas que tratam do negócio pessoalmente, ou que utilizam meio de trans-

---

[12] Carlos Roberto Gonçalves, *Direito Civil Brasileiro — Contratos e Atos Unilaterais*, 17. ed., São Paulo: Saraiva, 2020, v. 3, p. 84.

missão imediata da vontade (como o telefone, por exemplo). Observe-se que, em tais casos, o aceitante toma ciência da oferta quase no mesmo instante em que ela é emitida.

Ausentes, por sua vez, são aquelas pessoas que não mantêm contato direto e imediato entre si, caso daquelas que contratam por meio de carta ou telegrama (correspondência epistolar).

Caso interessante, não previsto expressamente em lei, diz respeito à contratação eletrônica ou via *Internet*[13].

E essa, aliás, é uma das críticas que fazemos ao codificador.

Afigura-se-nos inconcebível que, em pleno século XXI, época em que vivemos uma verdadeira revolução tecnológica, iniciada especialmente após o esforço bélico do século passado, um código que pretende regular as relações privadas em geral, unificando as obrigações civis e comerciais, simplesmente haja ignorado as relações jurídicas travadas por meio da rede mundial de computadores.

Importantes questões atinentes à celebração do contrato à distância, ao resguardo da privacidade do internauta, ao respeito à sua imagem, à criptografia, às movimentações financeiras, aos *home banking,* à validade dos documentos eletrônicos, à emissão desenfreada de mensagens publicitárias indesejadas (SPAMs), tudo isso mereceria imediato tratamento do legislador.

E ainda que não se considere o Código Civil a seara apropriada para essa disciplina, o fato é que, mesmo que se reservasse o tema à legislação especial, não se poderia de maneira simplista — sobretudo no capítulo dedicado à teoria geral dos contratos — ignorar os aspectos de formação e exigibilidade dos contratos eletrônicos.

Uma referência, ao menos, era merecida e necessária!

Fica aqui, portanto, a nossa respeitosa crítica.

Não havendo normas específicas que tratem da formação dos contratos eletrônicos, concluímos que deverão ser aplicadas, por analogia, as regras constantes no próprio Código Civil, respeitada sempre a principiologia constitucional de proteção e defesa do consumidor.

Nessa linha de raciocínio, poderemos considerar, *mutatis mutandis, entre presentes,* o contrato celebrado eletronicamente em um *chat (salas virtuais de comunicação),* haja vista que as partes envolvidas mantêm contato direto entre si quando de sua formação, e, por outro

---

[13] Contrato eletrônico, no dizer do ilustrado Juiz de Direito e Professor da PUCSP Ronaldo Alves de Andrade, é "o negócio jurídico celebrado mediante a transferência de informações entre computadores, e cujo instrumento pode ser decalcado em mídia eletrônica. Dessa forma, entram nessa categoria os contratos celebrados via correio eletrônico, Internet, Intranet, EDI (Electronic Date Interchange) ou qualquer outro meio eletrônico, desde que permita a representação física do negócio em qualquer mídia eletrônica, como CD, disquete, fita de áudio ou vídeo" (*Contrato Eletrônico no Novo Código Civil e no Código do Consumidor,* Barueri-SP: Manole, p. 31).
Sobre o tema, recomendamos também a leitura do excelente livro de Álvaro Marcos Cordeiro Maia (*Disciplina Jurídica dos Contratos Eletrônicos no Direito Brasileiro,* Recife: Nossa Livraria, 2003) e da dissertação de Mestrado de Anna Guiomar Nascimento Macêdo Costa (*A Validade Jurídica dos Contratos Eletrônicos*), apresentada no Curso de Mestrado em Direito da UFBA — Universidade Federal da Bahia.

lado, *entre ausentes*, aquele formado por meio do envio de mensagem eletrônica (*e-mail*), pois, nesse caso, medeia um lapso de tempo entre a emissão da oferta e a resposta.

Tecidas tais considerações, retornaremos à análise do art. 428, sob comento, o qual enumera as seguintes hipóteses de perda da eficácia obrigatória da proposta:

a) **se, feita sem prazo à pessoa presente, não foi imediatamente aceita** — ora, se se trata de pessoas presentes, infere-se daí que a resposta ou aceitação deve ser imediata, sob pena de perda de eficácia da oferta. Note-se que o legislador salienta considerar também presente a pessoa que contrata por telefone ou outro meio de comunicação semelhante (o mencionado *chat*, por exemplo);

b) **se, feita sem prazo à pessoa ausente, tiver decorrido tempo suficiente para chegar a resposta ao conhecimento do proponente** — neste caso, a proposta é enviada, sem referência a prazo, e decorre tempo suficiente para a manifestação do aceitante, que o deixa transcorrer *in albis*. Interessante notar que o legislador, ao referir-se a "tempo suficiente", consagrou uma expressão que encerra conceito aberto ou indeterminado, cabendo, portanto, ao julgador, sempre de acordo com o princípio da razoabilidade, aplicar da melhor forma a norma ao caso concreto. Como parâmetro pode o juiz, por exemplo, considerar "suficiente" o período de tempo dentro do qual, habitualmente, em contratos daquela natureza, costuma-se emitir a resposta;

c) **se, feita à pessoa ausente, não tiver sido expedida a resposta dentro do prazo dado** — nessa hipótese, a proposta é feita à pessoa ausente, com definição de prazo, e a aceitação não é expedida dentro do prazo dado. Exemplo: Caio envia correspondência a Tício, propondo-lhe a celebração de determinado contrato, consignando, na própria carta, o prazo de seis meses para a resposta (aceitação). Passam-se os seis meses e a resposta não é expedida. De tal forma, perde a proposta a sua obrigatoriedade;

d) **se, antes dela (a proposta), ou simultaneamente, chegar ao conhecimento da outra parte a retratação do proponente** — aqui, antes da proposta, ou junto com ela, chega ao conhecimento da outra parte a retratação ou o arrependimento do proponente, caso em que a oferta perderá também a sua obrigatoriedade.

Fora dessas hipóteses (arts. 427, segunda parte, e 428), portanto, a *proposta obriga o proponente* e deverá ser devidamente cumprida, caso haja a consequente aceitação.

3.2. A oferta ao público

O Código Civil de 2002 cuidou, ainda, de regular, no art. 429, a *oferta ao público*, consistente na proposta de contratar feita a uma coletividade.

Nesse sentido, dispôs que "a oferta ao público equivale a proposta quando encerra os requisitos essenciais ao contrato, salvo se o contrário resultar das circunstâncias ou dos usos".

Vê-se, portanto, que esta modalidade de oferta não se diferencia essencialmente das demais, singularizando-se apenas por se dirigir a um número indeterminado de pessoas.

Ademais, desde que seja feita observando-se os requisitos gerais de validade da proposta, torna-se obrigatória, ressalvada a hipótese de as circunstâncias ou os usos descaracterizarem-na como oferta. Imagine-se, por exemplo, que, em uma determinada localidade, muito distante, seja secular o costume de anunciar produtos, em alta voz, apenas como técnica publicitária, para atrair clientes à barraca do anunciante, sendo que a proposta definitiva somente é feita pelo vendedor após a escolha do bem pretendido.

Finalmente, vale notar que o mesmo dispositivo de lei admite a revogação da proposta, se for feita *pela mesma via de divulgação*, e desde que essa faculdade haja sido ressalvada na própria oferta. Com isso, quer-se dizer que, se o proponente não reservou a faculdade de revogação, dando inclusive ciência dela à outra parte, não poderá exercê-la.

Há, entretanto, um peculiar tipo de oferta, comum nos dias de hoje, e que merece a nossa redobrada atenção: *aquela operada por aparelhos automáticos de venda de produtos.*

Sobre o tema, manifesta-se, com propriedade, CAIO MÁRIO, citando o pensamento do culto FRAN MARTINS:

> "Constitui, ainda, tipo peculiar de oferta a que resulta do processo técnico com a adoção de aparelhos automáticos, nos quais a mercadoria é exposta e afixado o preço, formando-se o contrato com a introdução de moeda em uma ranhura; outros contratos, além da compra e venda, celebram-se pelo mesmo sistema, como o transporte em trem subterrâneo, pousada em motéis à margem das estradas, venda de jornais etc. O aparelho automático é que representa, no caso, o proponente; o oblato é o público em geral"[14].

Em nosso sentir, esta especial forma de contratação, típica da sociedade em que vivemos, é passível de concretização, na medida em que se reconhece juridicidade à atuação do aparato mecânico, o qual exerceria uma função semelhante à do *núncio*.

Não concebemos, portanto, que o mecanismo eletrônico ou mecânico seja admitido como "representante" da empresa ou do empresário que o instalou, uma vez que *poderes de representação* demandariam uma margem de voluntarismo e discernimento de que não dispõe.

Mas, sem dúvida, a máquina serve como *transmissor da vontade* do comerciante, que fixa o preço, as condições e instruções de venda e, ainda assim, anuncia (ou deve anunciar) a garantia do recebimento do produto ou a devolução do preço pago.

Por isso, quando colocamos uma moeda em uma máquina de refrigerantes, aceitamos uma proposta de contratar formulada pelo vendedor das mercadorias, por meio de um mecanismo transmissor da sua vontade.

Outros aspectos acerca da proposta feita ao público consumidor serão vistos, ainda neste capítulo, quando tratarmos do tema à luz do Direito do Consumidor.

3.3. Consequências jurídicas da morte do proponente

Finalmente, cumpre-nos indagar quais serão as consequências jurídicas da morte do proponente, antes da celebração do contrato, ou seja, antes que o aceitante possa aquiescer com a oferta.

Não temos dúvida de que, se a proposta feita puder ser cumprida *a posteriori*, por não se referir a prestação infungível (personalíssima), a sua obrigatoriedade perdurará, refletindo-se nos bens componentes do espólio, desde que seja plenamente válida[15].

---

[14] Caio Mário da Silva Pereira, ob. cit., p. 21.

[15] Nesse sentido, Caio Mário, ob. cit., p. 23; contra: a doutrina francesa e italiana, pois sustentam que "a superveniência da morte ou da incapacidade destrói a vontade e impossibilita o acordo, essencial à formação do contrato" (Darcy Bessone, ob. cit., p. 130).

Se, entretanto, o proponente vier a *falir* antes da aceitação da proposta, concordamos com o culto DARCY BESSONE, no sentido de que tal circunstância não o privaria da capacidade para contratar, embora os contratos que celebre não sejam oponíveis à massa falida (não podendo, portanto, prejudicar os seus credores). Advirta-se apenas que poderá o proponente (falido) encontrar, na superveniência de sua falência, razão para revogar a proposta, e, por outro lado, poderá o próprio aceitante desistir, se antever prejuízo ao negócio ou, caso já tenha aceitado insciente da quebra, poderá desligar-se posteriormente do contrato[16].

4. A ACEITAÇÃO

A aceitação é a aquiescência a uma proposta formulada.

Trata-se da manifestação de vontade concordante do *aceitante ou oblato* que adere à proposta que lhe fora apresentada.

Como se trata de atuação da vontade humana, deverá ser externada sem vícios de consentimento — como o erro, dolo, a lesão ou a coação — sob pena de o negócio vir a ser anulado.

Pressupõe, da mesma forma, a plena capacidade do agente, se não for o caso de estar representado ou assistido, na forma da legislação civil em vigor.

Cumpre-nos observar que se a aceitação for feita *fora do prazo, com adições, restrições, ou modificações*, importará em nova proposta. Ou seja, caso a aquiescência não seja integral, mas feita intempestivamente ou com alterações (restritivas ou ampliativas), converter-se-á em *contraproposta*, nos termos do art. 431 do Código Civil[17].

Nessa mesma linha, se a aceitação, por circunstância imprevista, chegar tarde ao conhecimento do proponente, este deverá comunicar o fato imediatamente ao aceitante, sob pena de responder por perdas e danos (art. 430).

Interessante esta última hipótese.

O referido dispositivo impõe ao proponente, à luz da superior regra de boa-fé objetiva, ainda que na fase pré-contratual, o *dever de informar*[18] ao aceitante que a sua manifestação de vontade chegou ao seu conhecimento tardiamente, sob pena de, em se omitindo, vir a ser responsabilizado.

Imagine-se, por exemplo, que Souza houvesse enviado a Frim uma proposta para a venda de uma tonelada de bananas-da-terra. Frim, então, dentro do prazo assinado, responde, aquiescendo com a oferta. Ocorre que, por circunstância imprevista, a carta é extraviada e somente chega às mãos do proponente/vendedor (Souza) sete dias após o final do prazo de resposta, já tendo o mesmo, inclusive, se comprometido a vender as bananas a um terceiro, Geraldo. Deverá, pois, neste caso, comunicar imediatamente a Frim o recebimento tardio da sua resposta, sob pena de ser civilmente responsabilizado pelos danos daí resultantes.

---

[16] Darcy Bessone, ob. cit., p. 132.

[17] Norma muito semelhante vem prevista no Código Civil argentino: "*Art. 1.152. Cualquiera modificación que se hiciere en la oferta al aceptarla, importará la propuesta de un nuevo contrato*".

[18] Sobre o dever de informação, confira-se o tópico "Dever de Informação" do Capítulo "Boa-Fé Objetiva em Matéria Contratual" deste volume.

Trata-se, sem dúvida, de norma clara e de inegável justiça, que se afina com o *princípio da eticidade,* valorizado pelo codificador.

Finalmente, vale salientar que a aceitação poderá ser expressa ou tácita, consoante se pode concluir da análise do art. 432 do Código Civil:

"Art. 432. Se o negócio for daqueles em que não seja costume a aceitação expressa, ou o proponente a tiver dispensado, reputar-se-á concluído o contrato, não chegando a tempo a recusa".

Nesses casos, o *costume negocial* ou, até mesmo, a *dispensa do proponente,* fazem com que se admita a *aceitação tácita,* se não chegar ao aceitante, antes da conclusão do negócio, a recusa do proponente.

Dificuldade há, todavia, na fixação do momento em que se reputa celebrado o contrato, por se tratar de aceitação tácita. Entretanto, desde que haja prova nesse sentido (início de atos executórios, por exemplo), o policitante não poderá mais se retratar.

Comentando a referida norma, MARIA HELENA DINIZ exemplifica, com peculiar precisão:

"Ter-se-á aceitação tácita quando: a) não for usual aceitação expressa. Por exemplo, quando um industrial costuma todos os anos enviar seus produtos a certa pessoa que os recebe e na época oportuna os paga, e, se num dado momento não mais convier a esta pessoa o recebimento da mercadoria, deverá avisar o industrial, sob pena de continuar vinculada ao negócio (RT, 232:227 e 231: 304; RF, 161:278); b) o ofertante dispensar a aceitação. Por exemplo, se alguém reserva acomodação num hotel, dizendo que chegará tal dia, se o hoteleiro não expedir a tempo a negativa, o contrato estará firmado"[19].

5. FORMAÇÃO DOS CONTRATOS ENTRE AUSENTES

Importante questão a ser enfrentada diz respeito à formação do contrato entre ausentes, especialmente o pactuado mediante correspondência epistolar.

Aliás, como carecemos de uma disciplina específica dos contratos eletrônicos, a matéria aqui exposta poderá, *mutatis mutandis,* ser adaptada àqueles negócios pactuados por e-mail.

Fundamentalmente, a doutrina criou duas teorias explicativas a respeito da formação do contrato entre ausentes[20]:

a) teoria da *cognição* — para os adeptos dessa linha de pensamento, o contrato entre ausentes somente se consideraria formado *quando a resposta do aceitante chegasse ao conhecimento do proponente.*

b) teoria da *agnição* (dispensa-se que a resposta chegue ao *conhecimento* do proponente):

---

[19] Maria Helena Diniz, *Código Civil Anotado,* 18. ed., São Paulo: Saraiva, 2017, p. 438.
[20] Cf. Caio Mário da Silva Pereira, ob. cit., p. 25, e Silvio Rodrigues, *Direito Civil — Dos Contratos e Declarações Unilaterais de Vontade,* 30. ed., São Paulo: Saraiva, 2004, p. 75, v. 3.

b.1. à subteoria da *declaração propriamente dita* — o contrato se formaria no momento em que o aceitante ou oblato redige, datilografa ou digita a sua resposta. Peca por ser extremamente insegura, dada a dificuldade em se precisar o instante da resposta.

b.2. à subteoria da *expedição* — considera formado o contrato, no momento em que a resposta é expedida.

b.3. à subteoria da *recepção* — reputa celebrado o negócio no instante em que o proponente *recebe* a resposta. Dispensa, como vimos, sua leitura. Trata-se de uma subteoria mais segura do que as demais, pois a sua comprovação é menos dificultosa, podendo ser provada, por exemplo, por meio do A.R. (aviso de recebimento), nas correspondências.

Mas, afinal, qual seria a teoria adotada pelo nosso direito positivo?

CLÓVIS BEVILÁQUA, autor do projeto do Código Civil de 1916, era, nitidamente, adepto da *subteoria da expedição*, por reputá-la "a mais razoável e a mais jurídica"[21].

Por isso, boa parte da doutrina brasileira, debruçando-se sobre o art. 1.086 do Código revogado, concluía tratar-se de dispositivo afinado com o pensamento de BEVILÁQUA:

"Art. 1.086 (*caput*). Os contratos por correspondência epistolar, ou telegráfica, tornam-se perfeitos *desde que a aceitação é expedida...*" (grifamos).

Na mesma linha, se cotejarmos esse dispositivo com o correspondente do Código em vigor, teremos a nítida impressão de que foi adotada a vertente teórica da expedição:

"Art. 434. Os contratos entre ausentes tornam-se perfeitos *desde que a aceitação é expedida*, exceto:

I — no caso do artigo antecedente;

II — se o proponente se houver comprometido a esperar resposta;

III — se ela não chegar no prazo convencionado" (grifamos).

Note-se, entretanto, que o referido dispositivo enumera situações em que o contrato não se reputará celebrado: *no caso do art. 433; se o proponente se houver comprometido a esperar a resposta* (nesta hipótese, o próprio policitante comprometeu-se a aguardar a manifestação do oblato); *ou, finalmente, se a resposta não chegar no prazo assinado pelo policitante.*

Ocorre que se observarmos a ressalva constante no inciso I desse artigo, que faz remissão ao art. 433, chegaremos à inarredável conclusão de que a aceitação não se reputará existente, se *antes dela ou com ela* chegar ao proponente a retratação do aceitante.

Atente-se para essa expressão: "se antes dela ou com ela CHEGAR ao proponente a retratação do aceitante".

Ora, ao fazer tal referência, o próprio legislador acabou por negar a força conclusiva da expedição, para reconhecer que, enquanto não tiver havido a RECEPÇÃO, o contrato não se reputará perfeito, pois, antes do recebimento da resposta ou simultaneamente a esta, poderá vir o arrependimento do aceitante.

Dada a amplitude da ressalva constante no art. 433, que admite, como vimos, a *retratação do aceitante até que a resposta seja recebida pelo proponente*, entendemos que o nosso Código Civil adotou a *subteoria da recepção*, e não a da expedição.

---

[21] Clóvis Beviláqua, *Direito das Obrigações*, Campinas: RED Livros, 2000, p. 238.

Esse é o entendimento também do culto amigo CARLOS ROBERTO GONÇALVES. Senão, vejamos:

"O art. 434 do Código Civil acolheu expressamente a teoria da expedição, ao afirmar que os contratos entre ausentes tornam-se perfeitos desde que a aceitação é expedida. Entretanto, estabeleceu três exceções: a) no caso de haver retratação do aceitante; b) se o proponente se houver comprometido a esperar resposta; e c) se ela não chegar no prazo convencionado. Ora, se sempre é permitida a retratação antes de a resposta chegar às mãos do proponente, e se, ainda, não se reputa concluído o contrato na hipótese de a resposta não chegar no prazo convencionado, na realidade o referido diploma filiou-se à teoria da recepção, e não à da expedição"[22].

6. A PROPOSTA NO CÓDIGO DE DEFESA DO CONSUMIDOR

Embora não seja objeto específico de nossa obra, não poderíamos nos furtar de tecer breves considerações acerca da oferta ao público feita no âmbito do Direito do Consumidor, por se tratar de tema atual e dos mais palpitantes.

O Código de Defesa do Consumidor — Lei n. 8.078, de 11-9-1990 — regula, no Capítulo V (Das Práticas Comerciais), Seção II, a oferta feita ao mercado de consumo (arts. 30 a 35)[23].

Logo no art. 30, o legislador cuidou de estabelecer, com nitidez, que as propostas feitas ao consumidor serão informadas pelo *princípio da vinculação*, o que significa dizer que terão sempre uma carga de obrigatoriedade mais acentuada do que as ofertas em geral, reguladas pelo Código Civil:

"Art. 30. Toda informação ou publicidade, suficientemente precisa, veiculada por qualquer forma ou meio de comunicação, com relação a produtos e serviços oferecidos ou apresentados, obriga o fornecedor que a fizer veicular ou dela se utilizar e integra o contrato que vier a ser celebrado".

Deverá, ademais, ser feita em língua portuguesa (art. 31) e com informações claras, precisas e ostensivas.

Analisando aspectos do referido princípio, ANTÔNIO HERMAN DE VASCONCELLOS E BENJAMIN pontifica:

"Dois requisitos básicos devem estar presentes para que o princípio atue. Em primeiro lugar, inexistirá vinculação se não houver 'exposição'. Uma simples proposta que, mesmo colocada no papel, não chegue ao conhecimento do consumidor, não obriga o fornecedor. Em segundo lugar, a oferta (informação ou publicidade) deve ser suficientemente precisa, isto é, o simples exagero (*puffing*) não obriga o fornecedor. É o caso de expressões exageradas, que não permitem verificação objetiva, como 'o melhor sabor', 'o mais bonito', 'o maravilhoso'. Contudo, até essas expressões, em alguns contextos, podem ganhar precisão, vinculando, então, o anunciante. Por exemplo, quando o fornecedor afirma ter o 'melhor

---

[22] Carlos Roberto Gonçalves, *Direito das Obrigações — Parte Especial — Contratos* (Sinopses Jurídicas), 21. ed., São Paulo: Saraiva, 2019, v. 6, t. I, p. 33.

[23] Sobre o Direito do Consumidor, indicamos a obra de Arruda Alvim, *Código do Consumidor Comentado*, 2. ed., São Paulo: Revista dos Tribunais, 1995.

preço da capital' ou a 'garantia mais completa do mercado'. A utilização do *puffing* em relação ao preço impõe, de regra, a vinculação"[24].

Ademais, tornando efetiva a tutela do consumidor, o art. 35 preceitua que, *se o fornecedor de produtos ou serviços recusar cumprimento à oferta, apresentação ou publicidade, o consumidor poderá, alternativamente e à sua escolha:*

a) **exigir o cumprimento forçado da obrigação, nos termos da oferta, apresentação ou publicidade** — neste caso, lançando mão, sobretudo, dos meios judiciais de tutela específica, postos à sua disposição;

b) **aceitar outro produto ou prestação de serviço equivalente** — trata-se de uma faculdade do consumidor, e não um direito do fornecedor;

c) **rescindir o contrato, com direito à restituição da quantia eventualmente antecipada, monetariamente atualizada, e a perdas e danos** — trata-se, em verdade, de resolução de contrato por inadimplemento, abrindo-se ao consumidor a possibilidade de pleitear a compensação devida, atualizada segundo os índices oficiais em vigor.

Com isso, vemos que a legislação consumerista imprimiu uma efetiva tutela, no plano processual inclusive, dos direitos dos consumidores, afinando-se, assim, com a nossa Lei Fundamental.

7. LUGAR DA FORMAÇÃO DO CONTRATO

Finalmente, cumpre-nos lembrar ao nosso amigo leitor que, nos termos do art. 435 do Código Civil, *o contrato reputa-se celebrado no lugar em que foi proposto*.

Tal regra, longe de ser desnecessária, afigura-se útil, especialmente quando surgirem questões atinentes à competência, ou quando o juiz tiver de analisar usos e costumes do lugar onde o negócio fora pactuado.

Claro está, entretanto, que, no caso da contratação eletrônica (pela Internet), nem sempre esta regra poderá ser aplicada com a devida segurança, considerando-se a frequente dificuldade de se precisar o local de onde partiu a proposta.

Talvez por isso os atuais *sites* de vendas de produtos exijam que o consumidor/internauta preencha um minucioso formulário, com indicação inclusive de seu endereço residencial, a fim de que o negócio seja concluído.

E quando não há esta indicação no contrato?

Uma boa solução é proposta por ÁLVARO MARCOS CORDEIRO MAIA, que defende posição bastante interessante:

"Como mídia que é, não sendo, consequentemente, o computador a fonte da vontade consubstanciada na declaração eletrônica, apesar de poder armazená-la e veiculá-la, entendemos que, independentemente da posição geográfica que o equipamento ocupe no momento da negociação, deverá ser considerado celebrado o contrato eletrônico no local da residência do policitante. Assim, somente quando não fosse possível o rastreamento da

---

[24] Antônio Herman de Vasconcellos e Benjamin, *Código Brasileiro de Defesa do Consumidor — Comentado pelos Autores do Anteprojeto* — Ada Pellegrini Grinover e outros, 5. ed., Rio de Janeiro: Forense, 1997, p. 215.

residência ou sede do proponente, o registro lógico é quem determinaria o local da celebração do contrato eletrônico.

Destarte, irrelevante seria, para a aplicação da lei no espaço, o local em que tivesse sido introduzida a declaração de vontade no computador. Em outras palavras, celebrado o contrato a bordo de um avião, ou dentro de um navio em águas internacionais, este deverá ser considerado formado na residência do proponente, ou quando não possível rastreá-lo, no local inquinado no endereço lógico.

E por que preferir o domicílio geográfico do proponente ao seu endereço lógico? Coadunamos com a corrente de opinião que sustenta que esta regra evitaria fraudes ou prejuízos aos contratantes de boa-fé, que, eventualmente, poderiam ter direitos lesados se o local da formação do contrato fosse determinado pelo endereço lógico, proveniente, por exemplo, de um país com escassa legislação consumerista, conquanto o policitante tivesse sede e desempenhasse regularmente suas atividades em outro país com um ordenamento jurídico altamente tutelador das relações de consumo"[25].

Tentam-se evitar, assim, futuros inconvenientes, muito embora a situação possa revestir-se de maior complexidade, se considerarmos as contratações internacionais e, na mesma linha, a dificuldade de se comprovar a veracidade de todas as informações veiculadas.

Vale registrar que, especificamente em relação ao local de celebração dos contratos eletrônicos, a Lei Modelo da UNCITRAL (United Nations Commission on International Trade Law)[26] estabelece em seu art. 15, § 4.º, que uma declaração eletrônica se considerará expedida e recebida no lugar onde remetente e destinatário, respectivamente, tenham seu estabelecimento. "Caso uma das partes, ou ambas, tenham mais de um estabelecimento, considerar-se-á o que guarde relação mais estreita com o objeto da relação, ou o estabelecimento principal. Caso remetente ou destinatário não possuam estabelecimento, considerar-se-á como tal o local da sua residência habitual"[27].

---

[25] Álvaro Marcos Cordeiro Maia, *Disciplina Jurídica dos Contratos Eletrônicos no Direito Brasileiro*, Recife: Ed. Nossa Livraria, 2003, p. 88.

[26] Vale registrar a existência desses organismos internacionais, como a mencionada *United Nations Commission on International Trade Law* (UNCITRAL), mas também a *International Chamber of Commerce* (ICC), *International Institute for the Unification of Private Law* (*UNIDROIT*) e *Organization for Economic Cooperation and Development* (*OECD*), que propõem modelos de legislação para buscar a unificação das regras referentes a Internet, facilitando os debates para sua elaboração nos diferentes ordenamentos jurídicos internos.

[27] Erica Brandini Barbagalo, *Contratos Eletrônicos: contratos formados por meio de redes de computadores: peculiaridades jurídicas da formação do vínculo*, São Paulo: Saraiva, 2001, p. 67.

Capítulo V
Das Estipulações Contratuais em Relação a Terceiros

Sumário: 1. Introdução. 2. Estipulação em favor de terceiro. 2.1. Efeitos. 3. Promessa de fato de terceiro. 3.1. Natureza jurídica. 3.2. Exclusão de responsabilidade: uma novidade do Código Civil de 2002. 4. Contrato com pessoa a declarar. 4.1. Distinção para a cessão de contrato.

1. INTRODUÇÃO

Como já afirmamos anteriormente, a regra geral é que os contratos só devem gerar efeitos entre as próprias partes contratantes, não dizendo respeito, *a priori*, a terceiros estranhos à relação jurídica contratual.

Assim, atendendo aos insistentes pedidos de nossos alunos, já cansados de Caio e Tício, e mudando um pouco os nomes de nossos exemplos, Valdir não tem nada a ver com o contrato celebrado entre Florisvaldo e Barbosa, não podendo exigir, para si, o mesmo conteúdo contratual.

Todavia, como toda regra parece comportar uma exceção (e talvez esta regra também comporte exceções...), não é diferente com o princípio da relatividade subjetiva dos efeitos do contrato.

Nos próximos tópicos, abordaremos três modalidades de estipulações contratuais relacionadas com terceiros, a saber:

a) estipulação em favor de terceiro;

b) promessa de fato de terceiro;

c) contrato com pessoa a declarar.

Vamos a elas.

2. ESTIPULAÇÃO EM FAVOR DE TERCEIRO

Por meio da estipulação em favor de terceiro, ato de natureza essencialmente contratual, uma parte convenciona com o devedor que este deverá realizar determinada prestação em benefício de outrem, alheio à relação jurídica-base.

No Código Civil brasileiro, a matéria é tratada de forma sucinta, praticamente repetindo o disposto na codificação revogada, consoante se pode observar dos seguintes dispositivos:

"Da Estipulação em Favor de Terceiro
Art. 436. O que estipula em favor de terceiro pode exigir o cumprimento da obrigação.
Parágrafo único. Ao terceiro, em favor de quem se estipulou a obrigação, também é permitido exigi-la, ficando, todavia, sujeito às condições e normas do contrato, se a ele anuir, e o estipulante não o inovar nos termos do art. 438.

Art. 437. Se ao terceiro, em favor de quem se fez o contrato, se deixar o direito de reclamar-lhe a execução, não poderá o estipulante exonerar o devedor.

Art. 438. O estipulante pode reservar-se o direito de substituir o terceiro designado no contrato, independentemente da sua anuência e da do outro contratante.

Parágrafo único. A substituição pode ser feita por ato entre vivos ou por disposição de última vontade".

No dizer do culto CAIO MÁRIO, a estipulação em favor de terceiro "origina-se da declaração acorde do estipulante e do promitente, com a finalidade de instituir um *iuris vinculum*, mas com a peculiaridade de estabelecer obrigação de o devedor prestar em benefício de uma terceira pessoa, a qual, não obstante ser estranha ao contrato, se torna credora do promitente"[1].

Nessa modalidade contratual especial, as partes são chamadas de *estipulante* — aquele que estabelece a obrigação — e *promitente ou devedor* — aquele que se compromete a realizá-la. Já o *terceiro ou beneficiário* é o destinatário final da obrigação pactuada.

O exemplo mais comum desta figura jurídica é o seguro de vida. Neste caso, consumado o risco previsto na apólice, a seguradora, conforme estipulado com o segurado, deverá pagar ao terceiro (beneficiário) o valor devido a título de indenização.

ÁLVARO VILLAÇA AZEVEDO lembra-nos outro exemplo:

"Também existe a estipulação ora cogitada, quando um pai (estipulante), por exemplo, determina a uma empresa (promitente ou devedora), de que é acionista, que prometa pagar a seu filho (beneficiário ou terceiro) os dividendos correspondentes a suas ações, na época em que forem devidos. Basta que essa empresa concorde, por seus legítimos dirigentes, com tal estipulação, para que esteja aperfeiçoado o contrato em favor de terceiro, porque dessa avença não toma parte"[2].

Percebe-se, com isso, que o terceiro, estranho ao negócio, será por ele afetado, situação esta que excepciona a regra geral da relatividade dos efeitos do contrato.

2.1. Efeitos

O principal efeito peculiar desta modalidade especial de contratação é a possibilidade de exigibilidade da obrigação tanto pelo estipulante quanto pelo terceiro.

Registre-se, porém, que esta dupla possibilidade somente é aceitável se o terceiro anuir às condições e normas do contrato, na forma do transcrito art. 436 do CC/2002[3].

Assim, anuindo o beneficiário com as "condições e normas do contrato", o que deve ser feito de forma expressa[4], ou seja, assumindo as obrigações dela decorrentes, incorpora

---

[1] Caio Mário da Silva Pereira, *Instituições de Direito Civil*, 10. ed., Rio de Janeiro: Forense, 2001, p. 65.
[2] Álvaro Villaça Azevedo, *Teoria Geral dos Contratos Típicos e Atípicos*, São Paulo: Atlas, 2002, p. 105.
[3] *Vide* decisão do STJ em: REsp 401.718/PR (2001/0188298-0), *DJ*, 24-3-2003, p. 228, rel. Min. Sálvio de Figueiredo Teixeira, j. 3-9-2002, 4.ª Turma.
[4] *Vide*: STJ, REsp 3.169/RS (1990/0004659-9), *DJ*, 24-9-1990, p. 9984, rel. Min. Athos Carneiro, j. 28-8-1990, 4.ª Turma.

ao seu patrimônio jurídico o direito de exigir a prestação, o que se infere da interpretação conjunta do mencionado dispositivo com o art. 437.

Dessa forma, a lógica de "quem pode o mais, pode o menos" deve ser "temperada" com a observância do direito adquirido, pois, se é lógico que quem estipula uma obrigação em favor de terceiro possa, justamente por ser o contratante, modificar o contrato, tanto no seu conteúdo quanto ao destinatário, também é imprescindível compreender que a exoneração do devedor (mediante uma remissão, por exemplo) não poderá ofender direito do beneficiário.

Nesse sentido, a faculdade de substituição deste deve ser, em nosso sentir, registrada explicitamente no contrato, como estabelece o art. 438 do CC/2002.

Nesse particular, avulta a crítica da doutrina à previsão legal, no que diz respeito à ausência de uma distinção quanto à onerosidade da avença em relação ao terceiro, pois nada impede que esse assuma obrigações para ter direito ao benefício estipulado.

É o que menciona ÁLVARO VILLAÇA, lembrando o saudoso SILVIO RODRIGUES:

"Após mostrar a falta de harmonia, no Código anterior (valendo a crítica também para o novo), entre esses artigos que tratam da estipulação estudada, demonstra Silvio Rodrigues que faltou ao legislador brasileiro diferenciar entre estipulação a título gratuito e a título oneroso, elucidando que, no tocante ao parágrafo único do art. 1.098 (parágrafo único do art. 436 do novo Código), colocam-se ao terceiro, ao lado das vantagens que lhe são concedidas, obrigações. Caso o beneficiário assuma estas, em razão dos benefícios oferecidos, concretiza-se o negócio, sem que exista qualquer possibilidade de revogação ou modificação pelo estipulante, sem que, com isso, concorde o terceiro. Faz ver, ainda, esse professor que, ante o art. 1.099 (art. 437 do novo Código), se a estipulação for a título gratuito, o estipulante 'só não a pode revogar se expressamente abriu mão desse direito, ao conferir ao terceiro a prerrogativa de exigir o cumprimento da promessa'; se for a título oneroso, 'não se compreende a exoneração do obrigado ou substituição, do terceiro' (ou, ainda, outra modificação contratual, entendo), 'pois isso envolveria um prejuízo para este último, sem qualquer causa que o justificasse'.

Quanto ao art. 1.100 do Código anterior (art. 438 do novo Código), prossegue o mesmo professor em sua exegese, só deve ser aplicado às estipulações graciosas, dado que o terceiro, com sua substituição, não sofre prejuízo, pois sua situação é de quem aguarda um benefício"[5].

3. PROMESSA DE FATO DE TERCEIRO

Além da previsão legal da estipulação em favor de terceiro, admite o Código Civil brasileiro a possibilidade de estabelecimento de uma declaração de vontade na afirmação da realização de um ato por terceiro.

A expressão "fato de terceiro", consagrada no texto codificado, nos parece um tanto imprópria, tendo em vista que se trata da prática futura de uma conduta humana, e não de um fato de coisa ou animal.

---

[5] Ob. cit., p. 107-8.

Trata-se, portanto, de um negócio jurídico em que a prestação acertada não é exigida do estipulante, mas sim de um terceiro, estranho à relação jurídica obrigacional, o que também flexibiliza o princípio da relatividade subjetiva dos efeitos do contrato.

3.1. Natureza jurídica

Um tema pouco tratado na doutrina especializada é a natureza jurídica da promessa de fato de terceiro.

No nosso entender, parece-nos bastante claro que se trata de um negócio jurídico submetido a um fator eficacial, ou seja, com um elemento acidental que limita não o *debitum* (a relação obrigacional em si mesmo), mas sim a *obligatio* (a responsabilidade civil pelo descumprimento do contrato).

Expliquemos melhor.

Se, voltando aos nossos velhos companheiros, Caio promete a Tício que o Professor Geraldo irá ministrar aulas em um curso preparatório para concursos, caso o ilustre propedeuta não realize tal tarefa, é óbvio que, não tendo participado da avença, não poderá ser compelido a fazê-lo[6].

O negócio jurídico, porém, existiu, é válido e eficaz, para vincular os sujeitos contratantes, e não, obviamente, o terceiro, motivo por que estabelece o *caput* do art. 439 do CC/2002 que aquele "que tiver prometido fato de terceiro responderá por perdas e danos, quando este não o executar".

Diferente situação haverá, todavia, quando o terceiro, nominado originalmente pelo estipulante, se comprometer diretamente à prestação, pois, aí, a obrigação será própria dele, conforme se verifica do art. 440:

"Art. 440. Nenhuma obrigação haverá para quem se comprometer por outrem, se este, depois de se ter obrigado, faltar à prestação".

Nada impede, obviamente, por força da autonomia da vontade, que se estabeleça uma responsabilidade solidária do estipulante original, mas isso dependerá, por certo, de manifestação expressa nesse sentido, por aplicação da regra do art. 265 do CC/2002.

3.2. Exclusão de responsabilidade: uma novidade do Código Civil de 2002

Ainda sobre a promessa de fato de terceiro, o Código Civil brasileiro de 2002 trouxe uma inovação, ao prever uma hipótese de exclusão de responsabilidade civil do estipulante, para o descumprimento da obrigação pelo terceiro.

É o que preceitua o parágrafo único do art. 439, estabelecendo que a "responsabilidade não existirá se o terceiro for cônjuge do promitente, dependendo da sua anuência o ato a ser praticado, e desde que, pelo regime do casamento, a indenização, de algum modo, venha a recair sobre os seus bens".

---

[6] Sobre a tutela específica das obrigações de fazer, confira-se o tópico 2.2.1 ("Descumprimento culposo das obrigações de fazer: a sua tutela jurídica") do Capítulo V ("Classificação Básica das Obrigações") do v. 2 ("Obrigações") desta obra.

É a situação em que Caio promete a Tício que sua esposa (de Caio, não de Tício), com quem é casado em comunhão universal de bens, irá transferir um imóvel para si. Ora, a responsabilidade civil de Caio, pelo descumprimento da prestação por sua esposa, acabará recaindo no patrimônio desta, o que seria uma situação de responsabilização de terceiro que não fez parte da relação jurídica obrigacional.

4. CONTRATO COM PESSOA A DECLARAR

Temos, ainda, o denominado *contrato com pessoa a declarar*.

Trata-se de figura contratual consagrada pelo Código Civil de 2002, que a regulou a partir do seu art. 467, sem equivalente na legislação codificada anterior:

"Do Contrato com Pessoa a Declarar

Art. 467. No momento da conclusão do contrato, pode uma das partes reservar-se a faculdade de indicar a pessoa que deve adquirir os direitos e assumir as obrigações dele decorrentes".

Traduz, em verdade, também uma promessa de prestação de fato de terceiro, que *titularizará os direitos e obrigações decorrentes do negócio*, caso aceite a indicação realizada, o que se dará *ex tunc* à celebração do negócio (art. 469).

A respeito do tema, ORLANDO GOMES preleciona:

"Trata-se de contrato no qual se introduz a cláusula especial *pro amico eligendo* ou *pro amico electo*, pela qual uma das partes se reserva a faculdade de nomear quem assuma a posição de contratante. A pessoa designada toma, na relação contratual, o lugar da parte que a nomeou, tal como se ela própria houvesse celebrado o contrato. O designante sai da relação sem deixar vestígios. Em suma, o contraente *in proprio* nomeia terceiro titular do contrato"[7].

No dizer de JONES FIGUEIRÊDO ALVES, por meio deste negócio,

"reserva-se a um dos contratantes, no negócio jurídico celebrado pela cláusula *pro amico eligendo*, a indicação de outra pessoa que o substitua na relação contratual, adquirindo os direitos e assumindo as obrigações dele decorrentes. Caso não exercite a cláusula ou o indicado recuse a nomeação, ou seja insolvente, disso desconhecendo a outra parte, permanece o contrato somente eficaz entre os contratantes originários (art. 470)"[8].

O prazo para a comunicação da indicação do terceiro é de cinco dias, se outro lapso não se estipulou (art. 468).

Trata-se, a nosso ver, de prazo decadencial contratualmente estipulado, dentro do qual o contraente exercerá, caso queira, o direito potestativo de indicação.

É de notar que o parágrafo único do referido art. 468 exige que a aceitação do terceiro deva observar a mesma forma que as partes usaram para o contrato. Assim, se a aceitação da proposta de contratar foi expressa, por escrito, a aquiescência do terceiro indicado

---

[7] Orlando Gomes, *Contratos*, ob. cit., p. 166-7.
[8] Jones Figueirêdo Alves, *Novo Código Civil Comentado*, coord. Ricardo Fiuza, São Paulo: Saraiva, 2002, p. 415.

não poderá ser tácita, o que deve ser observado no caso concreto, pois o silêncio do terceiro não será necessariamente interpretado como aceitação.

A própria lei, entretanto, ressalva hipóteses em que o contrato será eficaz apenas entre os contratantes originários (arts. 470 e 471):

a) se não houver indicação de pessoa, ou se o nomeado se recusar a aceitá-la;

b) se a pessoa nomeada era insolvente, e a outra pessoa o desconhecia no momento da aceitação;

c) se a pessoa a nomear era incapaz ou insolvente no momento da nomeação.

Claro está, portanto, que o contrato com pessoa a declarar é um negócio jurídico que envolve certa margem de risco, tanto para os contratantes originários como para o terceiro que aceita a indicação.

SÍLVIO VENOSA, aliás, lembra ser comum a ocorrência desta figura "nos compromissos de compra e venda de imóveis, nos quais o promissário comprador atribui-se a faculdade de indicar terceiro para figurar na escritura definitiva"[9].

4.1. Distinção para a cessão de contrato

Não se deve confundir o *contrato com pessoa a declarar* com a figura jurídica da *cessão de posição contratual*.

Sobre essa modalidade de cessão, também denominada cessão do contrato, já vimos que "é instituto jurídico conhecido da doutrina que, surpreendentemente, não mereceu a devida atenção no Código Civil de 2002. Diferentemente do que ocorre na cessão de crédito ou de débito, neste caso, o cedente transfere a sua própria posição contratual (compreendendo créditos e débitos) a um terceiro (cessionário), que passará a substituí-lo na relação jurídica originária"[10].

Os institutos não devem ser confundidos, visto que, no contrato com pessoa a declarar, a faculdade de indicação já vem prevista originariamente, podendo, inclusive, nunca ser exercida; na cessão da posição de contrato, por sua vez, não ocorre necessariamente estipulação prévia da faculdade de substituição.

Assim, o terceiro, embora não vinculado originariamente à relação contratual, poderá experimentar os seus efeitos, caso aceite a nomeação indicada.

Observa-se, portanto, nesse caso, que o espectro eficacial do negócio jurídico firmado entre os contraentes iniciais incidirá em sua órbita jurídica de atuação, mitigando-se, dessa forma, o princípio da relatividade dos efeitos do contrato.

---

[9] Sílvio Venosa, *Direito Civil — Teoria Geral das Obrigações e Teoria Geral dos Contratos*, 3. ed., São Paulo: Atlas, 2003, p. 491.

[10] Pablo Stolze Gagliano e Rodolfo Pamplona Filho, *Novo Curso de Direito Civil — Obrigações*, 21. ed. São Paulo: Saraiva, 2020, v. 2, p. 294.

Capítulo VI
Classificação dos Contratos

Sumário: 1. O recurso pedagógico da classificação. 2. Contratos considerados em si mesmos. 2.1. Contratos unilaterais, bilaterais ou plurilaterais. 2.2. Contratos onerosos ou gratuitos. 2.3. Contratos comutativos ou aleatórios. 2.4. Contratos paritários ou por adesão. 2.5. Contratos solenes ou não solenes. 2.6. Contratos consensuais ou reais. 2.7. Contratos pessoais ou impessoais. 2.8. Contratos individuais ou coletivos. 2.9. O autocontrato. 3. Classificação dos contratos reciprocamente considerados. 3.1. Classificação quanto à relação de dependência. 3.2. Classificação quanto à definitividade.

1. O RECURSO PEDAGÓGICO DA CLASSIFICAÇÃO

Toda classificação, por ser obra da inteligência humana, pode ser considerada imperfeita. Isso porque toda construção classificatória dependerá da visão metodológica de cada autor, que buscará, dentro da imensa gama de enfoques, aquele que lhe parece mais didático.

E é justamente essa a finalidade do recurso pedagógico da classificação: *mostrar as peculiaridades dos institutos estudados*, na medida em que são agrupados pelas suas similitudes.

É isso que pretendemos fazer com as modalidades contratuais, neste capítulo.

Dentro da enorme quantidade de prismas focais possíveis[1] e na falta de um critério legal expresso — como existe, ainda que incompleto, em relação aos bens (arts. 79 a 103 do CC/2002), preferimos, por analogia à mencionada classificação, proceder a nossa com base na análise dos *contratos em si mesmos*, bem como analisá-los na sua *consideração recíproca*[2].

Antes, porém, de analisar tal classificação, façamos um breve panorama sobre a classificação dos contratos no Direito Romano.

---

[1] "No direito moderno, atende-se a vários critérios para classificar os contratos, seja de acordo com o número de partes sobre as quais recaem as obrigações, seja com base na existência ou não de liberalidade, seja atendendo à transferência da posse de bens, à forma solene, à regulamentação específica contida na lei, à maior ou menor liberdade que têm as partes de discutir e fixar o conteúdo do contrato.

Algumas distinções são clássicas, vindo do direito romano ou dos autores medievais. Outras são mais modernas e algumas simplesmente de caráter acadêmico, pois a matéria é em grande parte subjetiva e cada autor pode enunciar uma classificação própria dos contratos, atendendo a critérios por ele fixados" (Arnoldo Wald, *Direito Civil — Direito das Obrigações e Teoria Geral dos Contratos*, 22. ed., São Paulo: Saraiva, 2015, v. 2, p. 269).

[2] Adota classificação semelhante a Profa. Maria Helena Diniz, em seu *Tratado Teórico e Prático dos Contratos* (7. ed., São Paulo: Saraiva, 2013).

2. CONTRATOS CONSIDERADOS EM SI MESMOS

A análise dos contratos em si mesmos, ou seja, sem qualquer relação com outros, é, sem sombra de dúvida, a mais profícua a proceder, pois importa em várias divisões e subdivisões, por força da multiplicidade de relações contratuais.

2.1. Contratos unilaterais, bilaterais ou plurilaterais

Toda relação contratual pressupõe a existência de duas ou mais manifestações de vontade.

Todavia, isso não quer dizer que produza, necessariamente, efeitos de natureza patrimonial para todas as partes.

Assim, na medida em que o contrato implique direitos e obrigações para ambos os contratantes ou apenas para um deles, será *bilateral* (ex.: compra e venda) ou *unilateral* (ex.: depósito).

Nessa classificação, é possível falar, por certo, em uma visão *plurilateral* (ou *multilateral*), desde que haja mais de dois contratantes com obrigações, como é o caso do contrato de constituição de uma sociedade[3] ou de um condomínio[4].

Nessa linha, quando o contrato estabelecer apenas uma "via de mão única", com as partes em posição estática de credor e devedor, pelo fato de se estabelecer uma prestação pecuniária apenas para uma das partes, como na doação simples, falar-se-á em contrato unilateral.

Já no contrato bilateral (ou no plurilateral), tem-se a produção simultânea de prestações para todos os contratantes, pela dependência recíproca das obrigações (sendo uma a causa de ser da outra), o que é chamado de *sinalagma*[5], motivo pelo qual tais contratos também são, em geral, conhecidos como *sinalagmáticos* ou *de prestações correlatas*[6].

Há quem defenda a existência de um *tertium genus* entre a unilateralidade e a bilateralidade dos efeitos do contrato.

---

[3] *Vide*: TJRS, Ap. Cív. 597093749, rel. Des. Armínio José Abreu Lima da Rosa, j. 5-11-1997, 1.ª Câmara Cível.

[4] *Vide*: TJRS, Ap. Cív. 26927, rel. Des. João Aymoré Barros Costa, j. 28-10-1982, 1.ª Câmara Cível.

[5] Há quem faça distinção conceitual entre contratos bilaterais e sinalagmáticos, em que, nos primeiros, a característica marcante seria a produção de efeitos para ambos os contratantes e, nos segundos, a relação de causalidade entre eles. Nesse sentido, observa Orlando Gomes: "Não é pacífica a noção de contrato bilateral. Para alguns, todo contrato produz obrigações para as duas partes, enquanto para outros a sua característica é o sinalagma, isto é, dependência recíproca das obrigações, razão por que preferem chamá-las contratos sinalagmáticos ou de prestações correlatas. Realmente, nesses contratos, uma obrigação é a causa, a razão de ser, o pressuposto da outra, verificando-se interdependência essencial entre as prestações" (*Contratos*, 24. ed., Rio de Janeiro: Forense, 2001, p. 71). Não vislumbramos, porém, no nosso Direito positivo, utilidade prática em tal diferenciação, pelo que utilizaremos indistintamente as expressões.

[6] "A dependência pode ser genética ou funcional. Genética, se existe desde a formação do contrato. Funcional, se surge em sua execução o cumprimento da obrigação por uma parte acarretando o da outra" (Orlando Gomes, ob. cit., p. 71).

Seria a figura do *contrato bilateral imperfeito*, o qual, na sua origem, seria unilateral, mas, durante a sua execução, converter-se-ia em bilateral. É o caso mesmo do contrato de depósito, em que o depositante pode ser obrigado a pagar ao depositário as despesas feitas com a coisa, bem como os prejuízos que provierem do depósito (art. 643 do CC/2002), em virtude de circunstância superveniente.

Tal figura intermediária é bastante imprecisa, conforme nos alerta ORLANDO GOMES:

"Uma vez que nos contratos unilaterais somente uma das partes se obriga, é impossível conceber qualquer espécie de dependência, mas, em alguns, surge, no curso da execução, determinada obrigação para a parte que tinha apenas direitos. Nesse caso, diz-se que o contrato é bilateral imperfeito. Seria uma categoria intermediária. A melhor doutrina repele-a, mas pode ser mantida por sua utilidade prática, especialmente para o direito de retenção. O contrato bilateral imperfeito não deixa de ser unilateral, pois, no momento de sua conclusão, gera obrigações somente para um dos contratantes. Em verdade, a obrigação esporádica não nasce do contrato, mas, acidentalmente, de fato posterior à sua formação. O contrato bilateral imperfeito subordina-se, com efeito, ao regime dos contratos unilaterais"[7].

A presente classificação é uma das mais importantes deste capítulo, pois gera inúmeras repercussões práticas (destacadas, em diferentes tópicos, por diversos doutrinadores[8]), a saber:

a) Somente nos contratos *bilaterais* é aplicável a *exceptio non adimpleti contractus*[9], exceção (defesa) substancial do contrato não cumprido, prevista expressamente no Código Civil brasileiro (art. 476 do CC/2002), consistente na regra de que nenhum dos contratantes, antes de cumprida a sua obrigação (o que já afasta a sua incidência em contratos unilaterais), pode exigir o implemento da prestação do outro. Por consequência, a garantia de execução do contrato (art. 477 do CC/2002) também somente pode ser invocada em tais avenças sinalagmáticas pela incompatibilidade estrutural com os contratos unilaterais[10].

b) Somente nos contratos *bilaterais* é aplicável a teoria da condição resolutiva tácita. De fato, por força da interdependência das obrigações, nos contratos *sinalagmáticos*, o descumprimento culposo por uma das partes constitui justa causa para a resolução do contrato, uma vez que, se um é causa do outro, deixando-se de cumprir o primeiro, perderia o sentido o cumprimento do segundo[11].

c) Somente nos contratos *bilaterais* (e comutativos) é aplicável a disciplina dos vícios redibitórios, entendidos como os vícios ou defeitos ocultos da coisa, que a tornem

---

[7] Orlando Gomes, ob. cit., p. 72.
[8] Orlando Gomes, ob. cit., p. 72-3; Arnoldo Wald, ob. cit., p. 270; Carlos Roberto Gonçalves, ob. cit., p. 36; Maria Helena Diniz, ob. cit., p. 139; Silvio Rodrigues, ob. cit., p. 83; e Sílvio de Salvo Venosa, ob. cit., p. 394-8.
[9] *Vide*: TJRS, Ap. Cív. 70006650311, rel. Des. Nereu José Giacomolli, j. 13-8-2003, 9.ª Câm. Cív.
[10] Sobre o tema, confira-se o Capítulo "Exceção de Contrato Não Cumprido".
[11] Sobre o tema, confira-se também o Capítulo "Extinção do Contrato" do presente volume.

imprópria ao uso a que é destinada ou que lhe diminuam o valor, na forma do art. 441 do CC/2002[12].

2.2. Contratos onerosos ou gratuitos

O ordinário quando se estabelece uma relação jurídica contratual é que ambas as partes experimentem benefícios e deveres. Assim, os efeitos da avença devem ser sentidos entre os contratantes da forma como fora pactuada (v. g., na compra e venda, o comprador tem de pagar o preço e o vendedor entregar a coisa), para que possam obter os proveitos desejados (no mesmo exemplo, o comprador receber a coisa e o vendedor embolsar o preço). Nessa situação, quando a um benefício recebido corresponder um sacrifício patrimonial, fala-se em *contrato oneroso*.

Quando, porém, fica estabelecido que somente uma das partes auferirá benefício, enquanto a outra arcará com toda obrigação, fala-se em contrato *gratuito* ou *benéfico*. É o caso típico, por exemplo, da doação pura (sem encargo) e do comodato.

Registre-se, a propósito, porém, que não é simplesmente a denominação do contrato que fixa a sua natureza, pois é possível que determinadas figuras contratuais sejam estabelecidas tanto na forma gratuita quanto onerosa, como, por exemplo, do mútuo (que pode ser celebrado sem pagamento de juros — gratuito — ou o feneratício — oneroso), do depósito, do mandato ou mesmo da fiança, lembrada por VENOSA, que "*pode ser concedida de favor (gratuita) ou mediante remuneração (onerosa)*", observando:

"Nos contratos gratuitos, toda a carga contratual fica por conta de um dos contratantes; o outro só pode auferir benefícios do negócio. Daí a denominação também consagrada de contratos benéficos. Inserem-se nessa categoria a doação sem encargo, o comodato, o mútuo sem pagamento de juros, o depósito e o mandato gratuitos. Há uma liberalidade que está ínsita ao contrato, com a redução do patrimônio de uma das partes, em benefício da outra, cujo patrimônio se enriquece. Não deixa de ser gratuito o contrato que circunstancialmente impõe deveres à parte beneficiada, como o dever do donatário em não incorrer em ingratidão (art. 555; antigo, art. 1.181). Essa espécie de obrigação, que mais tem cunho de dever moral, não tem o caráter de uma contraprestação: 'não está, no espírito das partes, uma compensação mais ou menos aproximada do que prometeu o doador nem a razão pela qual ele se obrigou' (Borda, 1989:23). A mesma situação ocorre no mandato gratuito, quando o mandante deve reembolsar o mandatário de despesas para o desempenho do mandato (arts. 675 e 678; antigo, arts. 1.309 e 1.312). Essa obrigação não retira do mandato seu caráter gratuito, o que ocorreria caso as partes tivessem estipulado uma retribuição por seu desempenho. Nesse último caso, o espírito que imbuiu as partes ao contratar foi oneroso"[13].

Como se pode verificar, há grande similitude entre a classificação dos contratos em unilaterais/bilaterais e gratuitos/onerosos, mas não se deve confundi-los.

---

[12] Sobre o tema, dada a sua grande importância e disciplina própria, destinamos integralmente o Capítulo "Vícios Redibitórios", deste volume, para uma análise minuciosa.

[13] Sílvio de Salvo Venosa, *Direito Civil — Teoria Geral das Obrigações e Teoria Geral dos Contratos*, 3. ed., São Paulo: Atlas, 2003, v. II, p. 401.

Como esclarece CARLOS ROBERTO GONÇALVES:

"Em geral, todo contrato oneroso é, também, bilateral. E todo unilateral é, ao mesmo tempo, gratuito. Não, porém, necessariamente. O mútuo feneratício ou oneroso (em que é convencionado o pagamento de juros) é contrato unilateral e oneroso. Unilateral porque de natureza real: só se aperfeiçoa com a entrega do numerário ao mutuário, não bastando o acordo de vontades. Feita a entrega (quando o contrato passa a produzir efeitos), nenhuma outra obrigação resta ao mutuante. Por isso se diz que gera obrigação somente para o mutuário. Como exemplo de contrato que pode ser bilateral e gratuito menciona-se o mandato, embora se trate de bilateral imperfeito, visto que, para o mandante, a obrigação surge, em geral, *a posteriori* (a de pagar as despesas necessárias à sua execução, p. ex.)"[14].

A diferenciação entre contratos gratuitos e onerosos também é bastante prestigiada pela legislação, que traz diversidade de regimes jurídicos em vários pontos, a saber:

a) A interpretação dos contratos gratuitos deve ser sempre mais restrita do que os negócios jurídicos onerosos[15], uma vez que, por envolver uma liberalidade, a legislação considerou razoável que o contratante não onerado tivesse uma proteção menor do que o pactuante devedor.

b) Pelo mesmo fundamento, no que diz respeito à responsabilidade civil pelo descumprimento do pactuado, nos contratos benéficos, o contratante onerado somente responde por dolo, enquanto o contratante beneficiado segue a regra da simples culpa, ao passo que, nos contratos onerosos, cada um responde por culpa, salvo, obviamente, o enquadramento da situação fática como de responsabilidade civil objetiva[16].

c) Da mesma forma, os riscos da evicção somente são suportados pelo adquirente de bens em contratos onerosos[17], não sendo imputável aos contratos gratuitos.

2.3. Contratos comutativos ou aleatórios

Os contratos onerosos se subdividem em comutativos e aleatórios.

Quando as obrigações se equivalem, conhecendo os contratantes, *ab initio*, as suas respectivas prestações, como, por exemplo, na compra e venda ou no contrato individual de emprego, fala-se em um *contrato comutativo*.

Já quando a obrigação de uma das partes somente puder ser exigida em função de coisas ou fatos futuros, cujo risco da não ocorrência for assumido pelo outro contratante,

---

[14] Carlos Roberto Gonçalves, *Direito das Obrigações — Parte Especial — Contratos* (Sinopses Jurídicas), 21. ed., São Paulo: Saraiva, 2019, v. 6, t. I, p. 40.

[15] CC/2002: Art. 114. *Os negócios jurídicos benéficos e a renúncia interpretam-se estritamente.*

[16] É a regra que se infere do art. 392 do CC/2002, que preceitua: "Art. 392. Nos contratos benéficos, responde por simples culpa o contratante, a quem o contrato aproveite, e por dolo aquele a quem não favoreça. Nos contratos onerosos, responde cada uma das partes por culpa, salvo as exceções previstas em lei". Registre-se, porém, que a regra anterior era distinta (art. 1.057 do CC/1916), pois se referia não aos contratos benéficos/onerosos, mas sim aos contratos unilaterais/bilaterais. Entendemos ter havido aqui uma evolução, até mesmo pelo reconhecimento da possibilidade de contratos unilaterais onerosos, em que não se justificaria a proteção, bem como pela ressalva às exceções legais, no que se enquadraria, por exemplo, a previsão do parágrafo único do art. 927 de responsabilidade civil objetiva por previsão legal ou exercício habitual de atividade de risco.

[17] CC/2002: "Art. 447. Nos contratos *onerosos*, o alienante responde pela evicção. Subsiste esta garantia ainda que a aquisição se tenha realizado em hasta pública" (grifos nossos).

fala-se em *contrato aleatório ou de esperança*, previsto nos arts. 458 a 461, como é o caso, por exemplo, dos contratos de seguro, jogo e aposta, bem como o contrato de constituição de renda[18].

É, inclusive, do art. 458 do CC/2002 que extraímos o conceito legal de contrato aleatório:

"Art. 458. Se o contrato for aleatório, por dizer respeito a coisas ou fatos futuros, cujo risco de não virem a existir um dos contratantes assuma, terá o outro direito de receber integralmente o que lhe foi prometido, desde que de sua parte não tenha havido dolo ou culpa, ainda que nada do avençado venha a existir".

A expressão aleatório vem de *alea*, expressão latina que significa sorte[19].

É importante registrar, porém, que "sorte", aqui, é utilizada no sentido de que a parte assume o risco do fato acontecer ou não, não sabendo, portanto, se terá um retorno patrimonial no contrato assumido.

Por isso, se a "sorte" ficar a cargo exclusivo de um dos contratantes (por exemplo, estabelecer que alguém fará um pagamento para mim, se eu quiser viajar), a hipótese não será propriamente de um contrato aleatório, mas sim de uma condição puramente potestativa, que impõe a nulidade absoluta do negócio jurídico, por força do art. 123, II, c/c o art. 166, VI, do vigente Código Civil brasileiro.

Sobre a condição potestativa, inclusive, já escrevemos:

"A segunda hipótese de cláusula vedada diz respeito às condições puramente potestativas, que são aquelas que derivam do exclusivo arbítrio de uma das partes.

Não se confundem, outrossim, com as condições simplesmente potestativas, as quais, dependendo também de algum fator externo ou circunstancial, não caracterizam abuso ou tirania, razão pela qual são admitidas pelo direito.

As condições puramente potestativas caracterizam-se pelo uso de expressões como: 'se eu quiser', 'caso seja do interesse deste declarante', 'se na data avençada, este declarante considerar-se em condições de prestar' etc. Todas elas traduzem arbítrio injustificado, senão abuso de poder econômico, em franco desrespeito ao princípio da boa-fé objetiva.

Por outro lado, as condições simplesmente potestativas, a par de derivarem da vontade de uma das partes apenas, alia-se a outros fatores, externos ou circunstanciais, os quais amenizam eventual predomínio da vontade de um dos declarantes sobre a do outro. Tome-se a hipótese do indivíduo que promete doar vultosa quantia a um atleta, se ele vencer o próximo torneio desportivo. Nesse caso, a simples vontade do atleta não determina a sua vitória,

---

[18] Como ensina o insuperável mestre baiano Orlando Gomes: "Nos contratos aleatórios, há incerteza para as duas partes sobre se a vantagem esperada será proporcional ao sacrifício. Os contratos aleatórios expõem os contraentes à alternativa de ganho ou perda. O equivalente, como reza o Código Civil francês, consiste '*dans la chance de gain ou de pert por chacune des parties*'. Aleatório é, em suma, o contrato em que, seguramente, é incerto o direito à prestação, como no jogo, a duração desta, como na renda vitalícia, ou a individualização da parte que vai supri-la, como na aposta (*Scordino*)" (Orlando Gomes, ob. cit., p. 74).

[19] É clássica a expressão "*alea jacta est*" (a sorte está lançada!) quando se inicia uma nova e desconhecida atividade.

que exige, para a sua ocorrência, a conjugação de outros fatores: preparo técnico, nível dos outros competidores, boa forma física etc."[20].

Há realmente uma certa semelhança entre os contratos aleatórios e os contratos condicionais.

A eventual confusão, porém, é meramente aparente.

De fato, no contrato aleatório, a incerteza ocorre em relação às vantagens procuradas pela parte, seja na sua própria ocorrência, seja na sua extensão, duração ou individualização da parte que vai supri-la; no contrato efetivamente submetido a condição, porém, é a eficácia da avença que dependerá da ocorrência de um evento futuro e incerto.

A distinção entre contratos comutativos e aleatórios tem grande distinção prática na disciplina dos vícios redibitórios, uma vez que, conhecendo-se previamente as prestações devidas, com vantagens e sacrifícios, a ocorrência de vícios ou defeitos ocultos da coisa, que a tornem imprópria ao uso a que é destinada ou que lhe diminuam o valor, alteram a equação financeira do contrato, o que inexiste, *a priori*, nos contratos aleatórios.

Todos os exemplos até aqui mencionados se referem a *contratos aleatórios por sua própria natureza*.

Todavia, um contrato tipicamente comutativo, como a compra e venda, pode-se tornar aleatório, em razão da autonomia da vontade, sendo considerado um *contrato acidentalmente aleatório*, como é o caso, por exemplo, da compra de uma colheita futura[21].

Registre-se, por isso, que, embora o Código Civil brasileiro expressamente declare uma disciplina sobre os contratos aleatórios, as regras dos arts. 458 a 461 se referem basicamente a um de seus exemplos, a saber, justamente o contrato de compra e venda aleatória.

Todavia, não se pode esquecer que, por ser a disciplina geral da matéria, tais dispositivos devem ser aplicados, no que couber, a todas as avenças com tal característica de álea, típicos ou atípicos, nominados ou inominados[22].

Especificamente sobre o contrato de compra e venda aleatória, ela pode-se dar de duas formas distintas, quais sejam, compra de coisas futuras, cujo risco se desdobra tanto em relação à própria existência da coisa, quanto à sua quantidade; e a compra de coisas existentes, mas expostas a riscos de perda ou deterioração.

Nessa mesma linha, podemos classificar os contratos de compra e venda aleatória da seguinte forma:

a) Contrato de Compra de Coisa Futura, com Assunção de Risco pela Existência (*emptio spei*) — nessa primeira espécie, prevista expressamente no art. 458, o contratante assume o risco de não vir a ganhar coisa alguma, deixando à sorte propriamente dita o resultado da sua contratação. Como ensinava o saudoso SILVIO RODRIGUES, "na *emptio spei* o adquirente compra o risco de as coisas adquiridas virem ou não a existir. Assim, será aleatório o contrato no qual alguém adquire a safra futura de um fazendeiro, assumindo o risco de nada receber se o vendedor nada colher. O exemplo clássico é o daquele que

---

[20] Pablo Stolze Gagliano e Rodolfo Pamplona Filho, *Novo Curso de Direito Civil — Parte Geral*, 22. ed., São Paulo: Saraiva, 2020, v. 1, p. 487-8.

[21] Nesse sentido, Sílvio de Salvo Venosa, ob. cit., p. 404.

[22] Sobre o tema dos contratos atípicos, confira-se o Capítulo "Contratos Atípicos" deste volume.

adquire o produto do lança na rede que o pescador está na iminência de fazer. Mesmo que o pescador nada apanhe, tem ele direito ao preço integral, se agiu com a habitual diligência"[23]. A hipótese é por demais didática, uma vez que mostra evidentemente o risco de quem paga o preço para que sejam jogadas as redes, podendo ser apanhada uma quantidade surpreendentemente grande — proporcionalmente maior ao valor pago — ou absolutamente nada[24]. Outra situação, esta ainda mais comum, é a da máquina de pegar bichos de pelúcia em parques infantis, pois há a possibilidade (para a tristeza das crianças!) de a mão mecânica descer e não pegar qualquer bicho de pelúcia, apesar do depósito de fichas.

b) Contrato de Compra de Coisa Futura, sem Assunção de Risco pela Existência (*emptio rei speratae*) — nessa segunda hipótese, prevista no art. 459 do CC/2002, não há a assunção total de riscos pelo contratante, tendo em vista que o alienante se comprometeu a que alguma coisa fosse entregue. No exemplo clássico citado na modalidade anterior, se o pescador nada conseguir ao lançar a rede, deve restituir o preço pactuado, o que não fará se conseguir um ou dois peixes, mesmo que o habitual fosse pescar dezenas. De certa forma, um outro exemplo pode ser considerado na utilização de máquinas eletrônicas de prêmios, comuns em parques infantis, onde, por exemplo, a pequena Marina, ao depositar fichas no equipamento, pode ser contemplada com um brinquedo da moda, embora, na maior parte das vezes, acabe ganhando somente um "prêmio de consolação" (um chaveiro, uma bolinha etc.).

c) Contrato de Compra de Coisa Presente, mas Exposta a Risco Assumido pelo Contratante — a última modalidade codificada é a que versa sobre a venda de coisa atual sujeita a riscos, prevista no art. 460. O exemplo clássico é o da compra de mercadoria embarcada, sem notícia do seu estado atual, em que o adquirente assume o risco de elas chegarem ao seu destino ou não, devendo pagar o preço mesmo na hipótese de perecimento. Como já ensinava SILVIO RODRIGUES, as "hipóteses figuradas nesse artigo do Código Civil, de interesse no passado, tornam-se obsoletas no presente, dada, entre outras razões, a eficácia dos meios de comunicação"[25]. A boa-fé de quem compra, porém, é sempre ressalvada, motivo pelo qual tal alienação aleatória "poderá ser anulada como dolosa pelo prejudicado, se provar que o outro contratante não ignorava a consumação do risco, a que no contrato se considerava exposta a coisa" (art. 461 do CC/2002).

2.4. Contratos paritários ou por adesão

Na hipótese de as partes estarem em iguais condições de negociação, estabelecendo livremente as cláusulas contratuais, na fase de puntuação, fala-se na existência de um *contrato paritário*, diferentemente do *contrato de adesão*, que pode ser conceituado simplesmente como *o contrato onde um dos pactuantes predetermina (ou seja, impõe) as*

---

[23] Silvio Rodrigues, *Direito Civil — Dos Contratos e Declarações Unilaterais de Vontade*, 30. ed., São Paulo: Saraiva, 2004, v. 3, p. 126.

[24] Nesse tópico, não há como deixar de fazer referência à passagem da pesca maravilhosa, determinada por Jesus Cristo, em *Lc 5, 1-14*, em que mandou Simão Pedro, depois de ter trabalhado toda a noite e nada apanhado, ir a mar alto e jogar novamente as redes, no que colheram uma quantidade tão grande de peixes que se rompia sua rede, quase levando a pique dois barcos...

[25] Silvio Rodrigues, ob. cit., p. 127.

cláusulas do negócio jurídico[26]. Trata-se de um fenômeno típico das sociedades de consumo, que não mais prescindem, por inegáveis razões econômicas, das técnicas de contratação em massa[27].

No insuperável ensinamento de ORLANDO GOMES:

"O conceito de contrato de adesão torna-se difícil em razão da controvérsia persistente acerca do seu traço distintivo. Há, pelo menos, seis modos de caracterizá-lo. Distinguir-se-ia, segundo alguns, por *ser oferta a uma coletividade*, segundo outros, por *ser obra exclusiva de uma das partes*, por *ter regulamentação complexa*, porque *preponderante a posição de uma das partes*, ou *não admitir a discussão a proposta*, havendo quem o explique como o *instrumento próprio da prestação dos serviços privados de utilidade pública*.

A discrepância na determinação do elemento característico do contrato de adesão revela que a preocupação da maioria dos escritores não consiste verdadeiramente em apontar um traço que permita reconhecê-lo. Predomina o interesse de descrevê-lo ou de explicá-lo, antes que o de ensinar o modo de identificá-lo, como ocorre, por exemplo, com os que procuram caracterizá-lo pela circunstância de ter regulamentação complexa. É certo que o contrato de adesão é praticável quando os interesses em jogo permitem, e até impõem, a pluralidade de situações uniformes, de modo que, sob esse aspecto, é, com efeito, oferta feita a uma coletividade. A necessidade de uniformizar as cláusulas do negócio jurídico elimina a possibilidade de qualquer discussão da proposta, criando para o oblato o dilema de aceitá-lo em bloco ou rejeitá-lo. Nada disso o distingue porquanto tais características são comuns a outras figuras jurídicas.

O traço característico do contrato de adesão reside verdadeiramente na possibilidade de predeterminação do conteúdo da relação negocial pelo sujeito de direito que faz a oferta ao público"[28].

Na esteira do grande mestre baiano, podemos trazer quatro traços característicos dos contratos de adesão:

a) uniformidade: o objetivo do estipulante é obter, do maior número possível de contratantes, o mesmo conteúdo contratual, para uma racionalidade de sua atividade e segurança das relações estabelecidas;

b) predeterminação unilateral: a fixação das cláusulas é feita anteriormente a qualquer discussão sobre a avença. De fato, a simples uniformidade não é suficiente para se considerar um contrato como de adesão, pois é imprescindível que tais cláusulas uniformes sejam impostas por somente uma das partes[29];

---

[26] O vigente Código de Defesa do Consumidor, em seu art. 54, traz previsão específica de um conceito legal de contrato de adesão para as relações consumeristas, com disciplina própria, que pode ser invocada também, analogicamente, para as demais relações civis.

[27] Rememore-se, nesse assunto, no Capítulo I ("Introdução à Disciplina Jurídica dos Contratos") deste volume.

[28] Orlando Gomes, *Contratos*, 24. ed., Rio de Janeiro: Forense, 2001, p. 117 (grifos nossos).

[29] Se as partes, em vez de contratarem uma assessoria jurídica especializada, resolverem celebrar contratos com formulários comprados "na esquina" (o que, evidentemente, não se recomenda), apesar da evidente (e lamentável!) uniformidade, não há que se falar em contrato de adesão, tendo em vista que ambos os contratantes optaram por tal conteúdo contratual.

c) rigidez: além de uniformemente predeterminadas, não é possível rediscutir as cláusulas do contrato de adesão, sob pena de descaracterizá-lo como tal;

d) posição de vantagem (superioridade material) de uma das partes: embora a expressão *superioridade econômica* seja a mais utilizada (até pela circunstância de ser a mais comum), consideramos mais adequada a concepção de *superioridade material*, uma vez que é em função de tal desigualdade fática que faz com que possa ditar as cláusulas aos interessados. É o exemplo de alguém que, embora não sendo considerado um potentado econômico, seja o detentor do monopólio de exploração de determinado produto ou serviço, pelo que, no campo dos fatos, sua vontade prevalece sobre a dos aderentes, ainda que mais forte economicamente.

Pela sua característica limitadora da liberdade contratual, pelo menos na sua concepção clássica, a interpretação do contrato de adesão não poderia dar-se da mesma forma que em um contrato paritário tradicional.

Por isso, não se estranha que, nas poucas oportunidades em que os contratos de adesão foram mencionados no Código Civil de 2002 (ante o absoluto silêncio da codificação anterior), tenha sido justamente para trazer regras de hermenêutica atenuadoras do elevado poder daqueles que predeterminam unilateralmente cláusulas uniformes e rígidas.

Devem-se distinguir, ainda, os *contratos de adesão* em relação à figura jurídica do *contrato-tipo*.

Esta última figura, também conhecida como *contrato de massa, em série* ou *por formulários*, se caracteriza pela forma com cláusulas predispostas, tal qual um contrato de adesão. Todavia, dele se diferencia, do ponto de vista estrutural, pela inexistência de predeterminação unilateral, com possibilidade de discussão de seu conteúdo[30].

Obviamente, porém, pelas suas próprias características, o contrato-tipo requer a forma escrita, tal qual o contrato de adesão.

Por fim, é importante distinguir a concepção de contrato de adesão da obrigatoriedade de contratação.

De fato, como observa ARNOLDO WALD:

> "Como vimos, um dos princípios clássicos é a liberdade de contratar, a faculdade de realizar ou não um contrato. Mas a intervenção estatal é tão acentuada que já há quem classifique alguns contratos como obrigatórios. Exemplo, entre nós, é o seguro obrigatório, instituído pelo art. 20 do Decreto-Lei n. 73, de 21-11-1966. Assim, basta ser proprietário de qualquer veículo, ou de unidade autônoma de edifícios em condomínio ou mutuário de empréstimos com bens dados em garantia e nos demais casos (são onze) previstos no indicado

---

[30] "Como acenamos, conquanto as partes estejam, na prática, em igualdade econômica, podem valer-se de contrato com cláusulas predispostas. O contrato-tipo aproxima-se do contrato de adesão pela forma com que se apresenta. Distingue-se do contrato de adesão porque aqui, no contrato-tipo, as cláusulas, ainda que predispostas, decorrem da vontade paritária de ambas as partes. Assim contratam, por exemplo, as empresas de determinado setor da indústria ou comércio com um grupo de fornecedores, podendo ou não ser representadas por associações respectivas. No contrato-tipo, o âmbito dos contratantes é identificável. No contrato de adesão, as cláusulas apresentam-se predispostas a um número indeterminado e desconhecido, *a priori*, de pessoas. Se a elaboração das cláusulas for unilateral, estaremos perante um contrato de adesão, e não um contrato-tipo. Isso é importante porque na interpretação haverá critério diverso. No contrato de adesão, na dúvida, interpreta-se em favor do aderente" (Sílvio de Salvo Venosa, *Direito Civil — Teoria Geral das Obrigações e dos Contratos*, 3. ed., São Paulo: Atlas, 2003, v. II, p. 384).

artigo, que haverá seguro obrigatório. A única liberdade (e às vezes nem isso, porque é a parte mais forte quem o indica no contrato de adesão) é a de escolher a companhia seguradora. Outro caso de contrato obrigatório, mas aí decorrente de vontade anterior, é o devido a um contrato preliminar, em que as partes assumem o dever de contratar"[31].

Saliente-se que a Lei da Declaração de Direitos de Liberdade Econômica inseriu no vigente Código Civil brasileiro o art. 421-A, com a seguinte redação:

"Art. 421-A. Os contratos civis e empresariais presumem-se paritários e simétricos até a presença de elementos concretos que justifiquem o afastamento dessa presunção, ressalvados os regimes jurídicos previstos em leis especiais, garantido também que:
I – as partes negociantes poderão estabelecer parâmetros objetivos para a interpretação das cláusulas negociais e de seus pressupostos de revisão ou de resolução;
II – a alocação de riscos definida pelas partes deve ser respeitada e observada; e
III – a revisão contratual somente ocorrerá de maneira excepcional e limitada".

O presente dispositivo, consagrado pela Lei n. 13.874/2019 (Lei da Declaração de Direitos de Liberdade Econômica), reafirma o princípio da autonomia privada, enfatizando a presunção de paridade e simetria entre as partes nas relações jurídico-contratuais civis e empresariais.

Reputamos importante sua inserção no Código Civil, porquanto o intervencionismo estatal somente deve se projetar em certas e determinadas relações jurídicas, por imperativo de ordem pública – em especial dada a vulnerabilidade de uma das partes –, a exemplo do que se dá no âmbito do Direito do Consumidor.

No que tange à excepcionalidade da revisão contratual (inciso III), trata-se de regra que já estava assentada no dispositivo anterior (art. 421).

2.5. Contratos solenes ou não solenes

Quanto à imprescindibilidade de uma forma específica para a validade da estipulação contratual, os contratos podem ser solenes ou não solenes.

A forma livre é a regra no nosso país (art. 107 do CC/2002), embora haja contratos solenes como o de compra e venda de imóvel acima do valor legal (arts. 108 e 1.245 do CC/2002).

Como já dito em capítulo anterior, o *princípio da liberdade da forma* é regente de todo o nosso sistema regulador do negócio jurídico, pelo que, como regra geral, os negócios têm forma livre.

Assim, os negócios formais ou solenes, definitivamente, não podem ser considerados a regra em nosso Direito, como o eram no Direito Romano.

Nessas situações excepcionais, porém, em que há imposição de um determinado revestimento formal para a validade do negócio jurídico (seja por uma forma especial ou por uma solenidade na sua celebração), diz-se que o negócio é *ad solemnitatem*.

Como exemplos de tal modalidade contratual, destacam-se, sem sombra de dúvida, os mencionados *contratos constitutivos ou translativos de direitos reais sobre imóveis acima do*

---

[31] Arnoldo Wald, *Direito Civil — Direito das Obrigações e Teoria Geral dos Contratos*, 22. ed., São Paulo: Saraiva, 2015, v. 2, p. 299.

valor consignado em lei, tendo em vista que a forma pública é indispensável para a validade do ato. O *testamento, embora não seja um contrato, mas, sim, um* negócio jurídico unilateral, pode ser lembrado, apenas para fins didáticos, como um exemplo de negócio jurídico para o qual a lei impõe determinada forma (pública, cerrada ou particular), uma vez que não reconhece liberdade ao testador para elaborá-lo de acordo com a sua vontade.

Paralelamente aos negócios *ad solemnitatem*, podemos vislumbrar uma outra utilização da forma para os contratos, a saber, os negócios *ad probationem*. Nesses, embora a forma não prepondere sobre o fundo, haja vista não ser essencial, os contratantes devem observá-la, todavia, apenas para efeito de *prova do negócio jurídico*[32].

Sobre a prova do contrato, remetemos o leitor às considerações feitas no capítulo anterior mencionado.

2.6. Contratos consensuais ou reais

Em relação à maneira (forma) pela qual o negócio jurídico é considerado ultimado, ainda nesta classificação quanto à forma, os contratos podem ser consensuais, se concretizados com a simples declaração de vontade, ou reais, na medida em que exijam a entrega da coisa, para que se reputem existentes.

Conforme vimos neste mesmo capítulo, tal classificação tem grande importância histórica, uma vez que suas origens remontam ao Direito Romano.

São exemplos de *contratos consensuais* todos aqueles não solenes, ou seja, que a ordem jurídica não exige nenhuma forma especial para sua celebração, tais como a compra e venda de bem móvel, locação, parceria rural, mandato, transporte e emprego.

São exemplos de *contratos reais* o comodato, o mútuo, o depósito e o penhor. Como ensina MARIA HELENA DINIZ, "antes da entrega efetiva da coisa, ter-se-á mera promessa de contratar e não um contrato perfeito e acabado. Todavia, autores há, como Osti, Colin e Capitant, Josserand, Baudry-Lacantinerie, Carrara e Planiol, que rejeitam essa noção de contrato real, fundando-se na ideia de que a entrega da coisa seria mero pressuposto de exigibilidade da obrigação de restituir"[33].

Sobre a importância de tal classificação, é precisa a observação do amigo VENOSA:

> "Parte da doutrina tacha, modernamente, de supérflua essa distinção. No entanto, é importante distingui-los para determinar o exato momento da formação do contrato. No Direito Romano, a classificação importava mais fortemente, porque as obrigações em geral eram cercadas de formalidades, e a entrega da coisa era uma delas para os contratos mencionados. De qualquer forma, a classificação serve para explicar o mecanismo de certos contratos. Não se anula o princípio geral de que o consentimento é bastante para aperfeiçoar o contrato. Alguns contratos, porém, exigem algo mais, que é a entrega da coisa, sob pena de desnaturarmos a relação contratual, fora do hermetismo da classificação.
>
> Já nos contratos ditos consensuais, basta exclusivamente o acordo de vontades, como ocorre, por exemplo, na locação, compra e venda e mandato.

---

[32] *Vide:* TJRS, Ap. Cív. 197216393, rel. Des. Jorge Luis Dall'Agnol, j. 19-11-1997, 8.ª Câmara Cível. Em outro sentido, veja-se este acórdão: TJSC, Ap. Cív. 1999.012872-5, rel. Des. Anselmo Cerello, j. 20-8-2001, 2.ª Câmara de Direito Civil.

[33] Maria Helena Diniz, *Tratado Teórico e Prático dos Contratos*, v. 1, 7. ed., São Paulo: Saraiva, 2013, p. 190.

Como bem afirma ORLANDO GOMES, os contratos reais são geralmente unilaterais, porque a entrega da coisa, essencial para sua formação, não significa um começo de execução, como pode sugerir à primeira vista. Se não houver a entrega da coisa numa avença desse tipo, existirá quando muito um pré-contrato inominado. Como a tradição da coisa é essencial no contrato real, integra ela o requisito de existência do negócio. O contrato não se forma quando não existe a entrega da coisa. Destarte, o aspecto fático é importante para o intérprete determinar o aperfeiçoamento da avença. Apesar de a regra ser estipulada como uma contraprestação quando, por exemplo, o depositante obriga-se a remunerar o depositário"[34].

2.7. Contratos pessoais ou impessoais

Quanto à *importância da pessoa do contratante* para a *celebração e produção de efeitos* do contrato, podem tais negócios jurídicos ser classificados em *contratos pessoais* ou *contratos impessoais*.

Os primeiros, também chamados de personalíssimos, são os realizados *intuitu personae*, ou seja, celebrados em função da pessoa do contratante, que tem influência decisiva para o consentimento do outro, para quem interessa que a prestação seja cumprida por ele próprio, pelas suas características particulares (habilidade, experiência, técnica, idoneidade etc.). Nessas circunstâncias, é razoável se afirmar, inclusive, que a pessoa do contratante torna-se um elemento causal do contrato.

O exemplo mais visível é o *contrato de emprego*, em que a pessoalidade é levada a graus extremos, uma vez que a possibilidade de o trabalhador se fazer substituir por terceiro na prestação laboral desvirtua a avença como sendo de trabalho subordinado. Outro bom exemplo é um contrato de prestação de serviços, em que se pactue uma obrigação de fazer infungível (encomendar um quadro feito por um pintor famoso, v.g.), em que não será possível a atribuição de tal mister para terceiro, ainda que às custas do devedor reticente.

Já os contratos impessoais são aqueles em que somente interessa o resultado da atividade contratada, independentemente de quem seja a pessoa que irá realizá-la. Assim, se contrato uma sociedade empresária para reformar um prédio, pouco me importa se o pedreiro responsável será o empregado JOÃO ou o empregado JOSÉ, desde que a prestação seja cumprida da forma como pactuada. Na situação extrema desse exemplo, pouco me importa, inclusive, que a pessoa jurídica contratada desempenhe pessoalmente a atividade ou subempreite a prestação, desde que me entregue a obra pronta no dia pactuado.

A distinção entre contratos pessoais e impessoais tem grande utilidade, a saber:

a) os contratos *intuitu personae* são *intransmissíveis*, não podendo ser executados por outrem. Por decorrência lógica, a morte do devedor é causa extintiva de tal avença, que, da mesma forma, não pode ser cedida a terceiro. Caso tal cessão ocorra, o que haverá, juridicamente, será, em verdade, a celebração de um novo contrato;

---

[34] Sílvio de Salvo Venosa, *Direito Civil — Teoria Geral das Obrigações e Teoria Geral dos Contratos*, 3. ed., São Paulo: Atlas, 2003, v. II, p. 413-4.

b) os contratos *intuitu personae* são anuláveis, na hipótese de erro de pessoa, na forma do art. 139, II do CC/2002, haja vista que a determinação do sujeito contratante foi a razão básica para a manifestação de vontade de contratar;

c) nos contratos *intuitu personae*, o descumprimento culposo de obrigação de fazer somente pode gerar perdas e danos ou, sendo ainda possível a prestação e havendo interesse do credor no seu cumprimento, a busca de uma tutela específica, mas, jamais, pela sua natureza, admitirá a prestação por terceiros, ainda que às expensas do devedor inadimplente.

2.8. Contratos individuais ou coletivos

Ainda na classificação quanto à pessoa do contratante, é possível tomar como parâmetro, por ora, também o número de sujeitos envolvidos/atingidos.

De fato, a concepção tradicional do contrato se refere a uma estipulação entre pessoas determinadas, ainda que em número elevado, mas consideradas individualmente.

Todavia, ao se falar em contrato coletivo, também chamado de contrato normativo, tem-se uma transubjetivização da avença, alcançando grupos não individualizados, reunidos por uma relação jurídica ou de fato.

Em geral, ao contrário do contrato individual, as cláusulas estipuladas no contrato coletivo têm uma força normativa abstrata, em situação analógica a preceitos legais, estabelecendo normas que devem presidir a celebração e execução dos contratos individuais subordinados, inclusive produzindo alterações no conteúdo dos contratos em curso.

No ensinamento magistral de ORLANDO GOMES, um dos pais da matéria no Brasil[35], o

"contrato normativo não prefixa, de regra, todo o conteúdo dos futuros contratos individuais. Prescreve, quase sempre, as disposições de maior importância, deixando margem às partes dos contratos singulares para que, em pontos secundários ou variáveis, exerçam a liberdade de estipulação, introduzindo cláusulas que não contradigam ou desvirtuem as disposições normativas. Para a caracterização desses convênios importa que se apresentem sob forma de regulamento, cujas disposições se insiram, inelutavelmente, no conteúdo das relações individuais formadas nos limites de sua eficácia"[36].

Sua mais importante espécie é a convenção coletiva e, na área trabalhista, encontra outra forma, a saber, o acordo coletivo de trabalho, cuja diferença básica se refere ao sujeito patronal (o sindicato dos empregadores, nas convenções coletivas; e o empregador, diretamente, no acordo coletivo) e a área de abrangência (toda a categoria econômica nas convenções coletivas; e a empresa, no acordo coletivo).

Trata-se de uma modalidade contratual *lato sensu* de grande utilização no campo do Direito do Trabalho, embora nada impeça o seu emprego em outros ramos do Direito, havendo, inclusive, norma expressa no vigente Código de Defesa do Consumidor[37], embora sem grande repercussão prática.

Nesse sentido, ensina ARNOLDO WALD:

---

[35] Vale destacar que a tese de Orlando Gomes para a Cátedra de Direito Civil na Faculdade de Direito da Bahia (hoje, integrada à UFBA — Universidade Federal da Bahia) se chamava "A Convenção Coletiva de Trabalho", obra de consulta obrigatória para todos que se debruçarem sobre o tema.

[36] Orlando Gomes, *Contratos*, 24. ed., Rio de Janeiro: Forense, 2001, p. 84.

[37] *Vide* art. 107 do CDC.

"Não é, todavia, apenas nas relações entre empregados e empregadores que surgem os contratos coletivos. Muitas vezes ocorrem entendimentos entre diversas indústrias ou diferentes firmas comerciais, para a produção, a compra ou a venda de determinados artigos, fixando-se princípios para evitar a concorrência desleal ou a luta de preços que poderia levar à ruína os produtores e os comerciantes. Não é só o fim ilícito de organizar que leva os interessados ao contrato coletivo. Muitas vezes, é um acordo que se torna necessário para atender a um determinado mercado, a certas modalidades de vendas, à realização de certas pesquisas, fixando-se as bases da cooperação de diversos grupos econômicos para fabricar ou comercializar o produto.

Muitas vezes o fabricante faz um contrato coletivo com os diversos revendedores, a fim de evitar a concorrência entre os mesmos, fixando modalidades gerais de trabalho e zona de atividade de cada um num documento de caráter mais estatutário do que contratual. Estabelece-se assim as quotas de cada um, a possibilidade ou não de transferi-las e o modo de operar em geral etc."[38].

2.9. O autocontrato

Como estamos classificando o contrato em relação às pessoas dos contratantes, faz-se mister falar, ainda que *en passant*, sobre a figura jurídica do autocontrato.

Como a relação contratual pressupõe a coexistência de duas vontades, pode soar, no mínimo, heterodoxo falar em autocontrato.

A perplexidade, porém, é meramente aparente, uma vez que não há propriamente um contrato consigo mesmo, mas, sim, um contrato em que um dos sujeitos é representado por outro com poderes para celebrar contratos e que, em vez de pactuá-lo, estipula-o consigo próprio.

É a situação, por exemplo, em que Geraldo, mandatário, com os devidos poderes, de Noemi para vender um terreno de sua propriedade pelo preço X, em vez de anunciar ao público em geral, adquire-o para si, pagando o valor pretendido.

É tal contrato válido?

Historicamente, sempre houve muita resistência na aceitação de tal figura contratual, tendo o vigente Código Civil estabelecido regra própria no art. 117, sem equivalente na codificação anterior:

"Art. 117. Salvo se o permitir a lei ou o representado, é anulável o negócio jurídico que o representante, no seu interesse ou por conta de outrem, celebrar consigo mesmo.

Parágrafo único. Para esse efeito, tem-se como celebrado pelo representante o negócio realizado por aquele em quem os poderes houverem sido subestabelecidos".

Assim sendo, em apertada síntese, temos que, no exemplo citado, a aquisição do referido terreno é inválida, salvo *se a lei expressamente autorizasse ou anuísse efetivamente* com seus termos a nossa amiga Noemi.

Razoável, portanto, é a conclusão do amigo VENOSA:

"Podemos concluir com Messineo (1973, v. 21, t. 1:286) acerca da admissibilidade do autocontrato. Em primeiro lugar, deve ser considerado que o representado é o melhor juiz

---

[38] Arnoldo Wald, *Direito Civil — Direito das Obrigações e Teoria Geral dos Contratos*, 22. ed., São Paulo: Saraiva, 2015, v. 2, p. 281-2.

de seu próprio interesse. Se, consciente das circunstâncias de fato, autorizou o representante a contratar consigo, o negócio é válido. No entanto, cumpre não só que exista uma autorização prévia, mas que ela tenha sido dada de forma específica ao negócio concluído. Se a autorização foi genérica, temos de examinar se houve conflito de interesses, e se, caso fosse o negócio concluído com terceiro, a situação teria sido a mesma. Em segundo lugar, deve ser tido como válido o autocontrato, se o titular do direito predeterminou o conteúdo do negócio no mandato, com tais minúcias e com cautelas de molde a impedir o conflito de interesses com o representante. Neste último caso, torna-se indiferente para o representado a pessoa do outro contratante. Também não podemos definir como anulável o autocontrato, se o titular do direito o aceita, por meio de aprovação posterior".

3. CLASSIFICAÇÃO DOS CONTRATOS RECIPROCAMENTE CONSIDERADOS

Conhecida a classificação dos contratos em si mesmos, passemos a analisar os contratos reciprocamente considerados.

Nessa última classificação, podemos, para efeito didático, também subdividi-la em duas, tomando como parâmetro ou a existência de uma relação de dependência entre os contratos; ou a definitividade da avença.

Enfrentemo-nas.

3.1. Classificação quanto à relação de dependência

Os contratos principais são os que têm existência autônoma, independentemente de outro.

São, até mesmo por força dos princípios da autonomia da vontade e da liberdade contratual, a regra geral no sistema jurídico.

Por exceção, existem determinadas relações contratuais cuja existência jurídica pressupõe a de outros contratos, a qual servem. É o caso típico da fiança, caução, penhor, hipoteca e anticrese.

Lembra MARIA HELENA DINIZ que, a respeito de tal classificação, "convém não olvidar os seguintes princípios fundamentais que os regem:

1.º) a nulidade da obrigação principal acarretará a das acessórias, porém a destas não implica a da principal (CC, art. 184);

2.º) a prestação da pretensão relativa à obrigação principal induzirá à alusiva às acessórias, mas a recíproca não é verdadeira; assim, a prescrição da pretensão a direitos acessórios não atinge a do direito principal (*RT, 476*:155)"[39].

É importante não confundir, porém, os *contratos acessórios* com os denominados *contratos derivados* ou *subcontratos*.

Esclarece tal distinção CARLOS ROBERTO GONÇALVES:

"Contratos derivados ou subcontratos são os que têm por objeto direitos estabelecidos em outro contrato, denominado básico ou principal (sublocação e subempreitada, p. ex.). Têm

---

[39] Maria Helena Diniz, *Tratado Teórico e Prático dos Contratos*, 7. ed., São Paulo: Saraiva, 2013, v. 1, p. 198.

em comum com os acessórios o fato de que ambos são dependentes de outro. Diferem, porém, pela circunstância de o derivado participar da própria natureza do direito versado no contrato-base. Nessa espécie de avença, um dos contratantes transfere a terceiro, sem se desvincular, a utilidade correspondente à sua posição contratual. O locatário, por exemplo, transfere a terceiro os direitos que lhe assistem, mediante a sublocação. O contrato de locação não se extingue. E os direitos do sublocatário terão a mesma extensão dos direitos do locatário, que continua vinculado ao locador"[40].

3.2. Classificação quanto à definitividade

Por fim, quanto à definitividade, podem os contratos ser classificados em *preliminares* e *definitivos*.

Os contratos preliminares (ou *pactum de contrahendo*), exceção no nosso ordenamento jurídico, nada mais são do que negócios jurídicos que têm por finalidade justamente a celebração de um contrato definitivo.

Pela importância dada ao contrato preliminar no Código Civil de 2002, sem equivalente na codificação anterior, trataremos dessa espécie no próximo capítulo, para o qual convidamos o leitor.

---

[40] Carlos Roberto Gonçalves, *Direito das Obrigações — Parte Especial — Contratos* (Sinopses Jurídicas), 21. ed., São Paulo: Saraiva, 2019, v. 6, t. I, p. 45.

Capítulo VII
Contrato Preliminar

Sumário: 1. Considerações iniciais. 2. Conceito e institutos similares. 3. Natureza jurídica. 4. Classificação. 5. Tutela específica. 6. Considerações sobre o contrato preliminar de doação.

1. CONSIDERAÇÕES INICIAIS[1]

Do ponto de vista do direito positivado, uma das inúmeras inovações do Código Civil brasileiro de 2002 é a disciplina formal do Contrato Preliminar, residente na Seção VIII do Capítulo I (*"Disposições Gerais"*) do Título V (*"Dos Contratos em Geral"*) do Livro destinado ao *"Direito das Obrigações"*.

A menção ao enfoque *de lege lata* se justifica pela circunstância de que tal instituto jurídico não constitui propriamente uma novidade para a doutrina nacional (ou mesmo para isoladas previsões legais específicas[2]), embora o nosso ordenamento ainda carecesse de uma regulamentação explícita e genérica da matéria.

E como passou a se dar tal disciplina?

Dissecá-la é a proposta do presente capítulo, como veremos nos próximos tópicos.

2. CONCEITO E INSTITUTOS SIMILARES

Conceituar um instituto jurídico nunca é uma tarefa definitiva, havendo sempre a possibilidade de divergências para a fixação dos limites de sentido e significado de cada palavra.

Sem cair na tentação das conceituações digressivas, *compreendemos o contrato preliminar como uma avença através da qual as partes criam em favor de uma ou mais delas a faculdade de exigir o cumprimento de um contrato apenas projetado.* Trata-se, portanto, de um negócio jurídico que tem por objeto a *obrigação de fazer* um contrato definitivo.

---

[1] Este capítulo foi redigido tomando por base o texto de Rodolfo Pamplona Filho, "A disciplina do contrato preliminar no novo Código Civil brasileiro", in Mário Luiz Delgado e Jones Figueirêdo Alves (coords.), *Novo Código Civil — Questões Controvertidas*, São Paulo: Método, 2004, v. II, e in Paulo Luiz Netto Lôbo e Eduardo Messias Gonçalves de Lyra Júnior (coords.), *A Teoria do Contrato e o Novo Código Civil*, Recife: Ed. Nossa Livraria, 2003.

[2] Mesmo antes do CC/2002, tanto a Lei de Incorporações (Lei n. 4.591, de 16-12-1964, art. 35, § 4.º) como a Lei de Loteamentos (Lei n. 6.766, de 19-12-1979, art. 27, *caput* e § 1.º) admitiam a vinculatividade do pré-contrato, equiparado a este a proposta de compra, a reserva de lote ou qualquer documento de que conste a manifestação de vontade das partes, a indicação do lote, o preço e modo de pagamento e a promessa de contratar. Em verdade, entre nós, o Decreto-Lei n. 58/37 é que se constituiu em verdadeiro marco inaugural, do ponto de vista legislativo, do contrato preliminar, ao regular o compromisso de compra e venda de terrenos para pagamento em prestações.

O exemplo mais comum desse tipo de promessa é a *de compra e venda* (*promessa de compra e venda*), a qual, quando devidamente registrada no Cartório de Imóveis[3], produz *eficácia real*, facultando ao promitente-comprador, se for necessário, recorrer à ação de adjudicação compulsória para a concretização do seu direito.

Tal figura já era conhecida, inclusive, no Direito Romano, pois o *pactum de contrahendo* compreendia o *pactum de mutuando* e *pactum de commodando*, entre outros.

Essa possibilidade de exigência da eficácia imediata de um contrato *in fieri* é também denominada, doutrinariamente, *pré-contrato*, *promessa de contrato*, ou *compromisso*, não devendo ser confundido com o negócio jurídico ainda não celebrado, cuja eficácia se pretende exigir.

Como observa ORLANDO GOMES:

"Trata-se de figuras distintas do respectivo contrato definitivo, havendo, entretanto, quem conteste a independência dos dois. Sob a influência do Direito francês, segundo a qual a promessa de venda — que é contrato preliminar no entendimento geral — vale venda quando haja consentimento das duas partes sobre a coisa e o preço, muitos autores negam a autonomia do pré-contrato. Pensam outros que, se consiste em criar a obrigação de celebrar o contrato definitivo, é supérfluo, porque, se alguém prometeu obrigar-se em dia certo, obrigado estará nesse dia, como se nele houvesse contraído a obrigação. Exigir que novamente se obrigue é admitir, como diziam certos canonistas, um *circuitus inutilis*"[4].

Da mesma forma, não se deve colocar na mesma tábua as chamadas negociações preliminares e o contrato preliminar[5].

De fato, as negociações preliminares — ao contrário do instituto aqui analisado — não geram direitos à contratação pretendida, podendo-se falar, no máximo, em uma responsabilidade civil pré-contratual, cujos danos são passíveis de indenização.

3. NATUREZA JURÍDICA

Toda vez que se indaga a respeito da *natureza jurídica* de uma determinada figura, deve o estudioso do Direito cuidar de apontar em que categoria se enquadra, ressaltando as teorias explicativas de sua existência, consoante já tivemos oportunidade de anotar[6].

Assim, fica claro concluir-se que *a natureza jurídica do contrato*, por exemplo, *é a de negócio jurídico*, uma vez que nesta última categoria subsume-se a referida figura, encon-

---

[3] Mesmo não registrado, o contrato preliminar (promessa de compra e venda) poderá ser judicialmente exigido, consoante anotou Pablo Stolze Gagliano: "Em verdade, firmada uma promessa de compra e venda, ainda que não registrado o seu instrumento preliminar, o contrato terá gerado *efeitos entre as próprias partes contratantes*, caso em que, posto não se afigure constituído o esperado direito real, a parte prejudicada pelo inadimplemento da outra poderá lançar mão dos meios comuns de execução específica da obrigação de fazer, para o fim de satisfazer o seu direito" (*Código Civil Comentado*, São Paulo: Atlas, 2004, v. XIII, p. 241).

[4] Orlando Gomes, *Contratos*, 24. ed., Rio de Janeiro: Forense, 2001, p. 135.

[5] *Vide*: STJ, REsp 145.204/BA (1997/0059517-0), *DJ*, 14-12-1998, p. 245, *RSTJ*, 118/289, *RT*, 763/171, rel. Min. Barros Monteiro, j. 20-10-1998, 4.ª Turma.

[6] Pablo Stolze Gagliano e Rodolfo Pamplona Filho, *Novo Curso de Direito Civil — Parte Geral*, 22. ed., São Paulo: Saraiva, 2020, v. 1, p. 231.

trando, também aí, a sua explicação teórica existencial (a teoria do negócio jurídico explica a natureza do contrato).

Afirmar a *natureza jurídica* de algo é, em linguagem simples, responder à pergunta: "o que é isso para o direito?".

Nesse diapasão, cumpre-nos investigar qual seria a natureza jurídica do *contrato preliminar*.

Indiscutivelmente, na nossa visão, o *contrato preliminar* é um *negócio jurídico*, na medida em que consiste em uma *declaração de vontade, emitida em obediência aos seus pressupostos de existência, validade e eficácia, com o propósito de produzir efeitos admitidos pelo ordenamento jurídico, pretendidos pelo agente.*

Daí, não é de se estranhar que disponha o art. 462 do Código Civil de 2002, *in verbis*:

"Art. 462. O contrato preliminar, exceto quanto à forma, deve conter todos os requisitos essenciais ao contrato a ser celebrado".

Isso porque, como negócio jurídico que é, o contrato preliminar também se submete a todos os requisitos essenciais do contrato a ser pactuado.

A exclusão da forma se dá por uma opção legislativa, de modo a facilitar e estimular a utilização do instituto, como ordinariamente se procede, por exemplo, quando o contrato definitivo exige a escritura pública e os requisitos do contrato preliminar são satisfeitos com a lavratura em instrumento particular.

Nada impede, porém, que o contrato definitivo contenha mais cláusulas do que as pactuadas no contrato preliminar, que, de maneira alguma, se desnatura com tal possibilidade. Com efeito, a regra legal deve ser interpretada com razoabilidade para se entender que a exigência é somente quanto aos *requisitos essenciais* (entenda-se, os elementos de existência e validade do negócio jurídico), e não quanto ao inteiro conteúdo do pactuado.

4. CLASSIFICAÇÃO

Toda classificação é variável de acordo com a visão metodológica de cada autor.

Na nossa compreensão, devemos classificar os contratos preliminares de acordo com a sua *exigibilidade, retratabilidade e onerosidade*[7].

Na classificação primária, percebemos que o pré-contrato pode ser *unilateral* ou *bilateral*.

Nesta primeira forma, a faculdade de exigir o cumprimento reserva-se única e exclusivamente a uma das partes, sendo que a outra contrai uma obrigação cujo adimplemento fica subordinado à vontade da que pode exigi-lo.

Destaque-se que a peculiaridade de criar obrigação ao talante de uma única parte não retira a natureza contratual desta promessa, uma vez que ela somente se aperfeiçoa com o acordo de vontades. São exemplos de tais contratos preliminares unilaterais a opção de compra, a venda a contento e a promessa de doação. Para hipóteses como essas é que foi concebido o art. 466 do Código Civil de 2002, a saber:

---

[7] Essa classificação toma por base a doutrina consagrada de Orlando Gomes (*Contratos*, 24. ed., Rio de Janeiro: Forense, 2001, p. 138), embora não coincida, *in totum*, com os critérios propostos pelo inesquecível mestre baiano.

"Art. 466. Se a promessa de contrato for unilateral, o credor, sob pena de ficar a mesma sem efeito, deverá manifestar-se no prazo nela previsto, ou, inexistindo este, no que lhe for razoavelmente assinado pelo devedor."

Como observa SÍLVIO VENOSA, "quem promete dar, fazer ou não fazer algo não pode ficar indefinidamente vinculado. Se não houve prazo na promessa, cujo decurso por si só desobriga o promitente, deve este conceder um prazo para que o interessado se manifeste. Em várias situações práticas a promessa unilateral é utilizada, como, por exemplo, na opção que se dá a um credor, para alienar um determinado bem"[8].

Já no contrato preliminar bilateral, cada parte pode exigir da outra a execução do contrato que projetaram, em toda a sua extensão e efeitos[9].

A promessa de venda é o exemplo mais habitual de tal espécie de avença, pois, nela, tanto o promitente vendedor quanto o promitente comprador podem exigir a realização do negócio jurídico prometido, a saber, a venda do bem, nos termos em que foi pactuado, ainda que com condição resolutiva da avença[10].

Nos pré-contratos bilaterais, vislumbra-se uma nova classificação (ou uma subclassificação) quanto à *retratabilidade*.

Por certo, não haveria sentido em estabelecer cláusula de arrependimento nos contratos preliminares unilaterais, uma vez que apenas a vontade de um dos (pré-)contratantes é relevante para a realização ou não do pré-contrato.

Nas formas bilaterais, porém, é relevantíssimo saber se há possibilidade de arrependimento ou irretratabilidade, pois, nesse último caso, na promessa de venda, o direito positivo pode considerar, inclusive, um direito real[11].

Especificamente sobre o contrato preliminar de compra e venda, a doutrina fazia distinção entre duas modalidades: o contrato preliminar próprio, que representaria mera promessa; e o impróprio, contrato em formação que vale por si mesmo[12]. Na nossa opinião, por força da atual disciplina positivada, tal classificação perdeu o sentido pragmático.

Por fim, registre-se, como o faz o Mestre ORLANDO GOMES[13], que a promessa pode ser onerosa ou gratuita, pois nada impede que se pactue o pagamento de uma retribuição (um prêmio, por exemplo), como contraprestação simplesmente pelo exercício do direito potestativo de realização do contrato (nas promessas unilaterais) ou do direito subjetivo de exigir a contratação (nos pré-contratos bilaterais), independentemente dos efeitos pecuniários do contrato definitivo.

---

[8] Sílvio de Salvo Venosa, *Direito Civil*, 3. ed., São Paulo: Atlas, 2002, v. II, p. 424.

[9] *Vide*: STJ, REsp 32.942/RS (1993/0006506-8), *DJ*, 13-12-1993, p. 27465, rel. Min. Sálvio de Figueiredo Teixeira, j. 25-10-1993, 4.ª Turma.

[10] *Vide*: STJ, REsp 205.835/SP (1999/0018447-5), *DJ*, 24-2-2003, p. 236, *RSTJ*, 168/360, rel. Min. Sálvio de Figueiredo Teixeira, j. 10-12-2002, 4.ª Turma.

[11] A matéria passou a ser regida, inclusive, pelo Código Civil de 2002, conforme se verifica de uma simples leitura dos seus arts. 1.417 e 1.418.

[12] *Vide*: STJ, REsp 35.840/SP (1993/0016264-0), *DJ*, 11-11-1996, p. 43713, *LexSTJ*, 92/110, *RSTJ*, 90/238, rel. Min. Sálvio de Figueiredo Teixeira, j. 15-10-1996, 4.ª Turma.

[13] Obra e página citadas.

5. TUTELA ESPECÍFICA

Como um *pactum de contrahendo*, a obrigação de fazer estabelecida no contrato preliminar deve, em regra, ser objeto da tutela prevista nos arts. 497 a 501 do CPC/2015 (equivalente à disciplina propugnada originalmente pela tutela específica prevista no art. 461 do CPC/1973 após a reforma de 1994), o que nos parece um imperativo da busca por uma maior efetividade das relações jurídicas de Direito Material, ainda que em detrimento da visão mais tradicional do Direito das Obrigações[14].

De tal perspectiva conservadora das relações obrigacionais, pelo seu cunho intrinsecamente patrimonialista, sempre se defendeu que seria uma violência à liberdade individual da pessoa a prestação coercitiva de condutas, ainda que decorrentes de disposições legais e contratuais.

Tal concepção de intangibilidade da vontade humana, embora se possa identificar com vetustas regras romanas (*nemo praeccise cogi potest ad factum*), reflete, em verdade, a essência dos princípios liberais que influenciaram a formação e consolidação do Direito Civil, em especial no século XIX, com o advento do *Códe Napoleón*. Nesse sentido, o "dogma da intangibilidade da vontade humana, zelosamente guardado nas tradições francesas pandectistas, fazia o mundo aceitar que 'toute obligation de faire, ou de ne pas faire, se resout en dommages et intérêts, en cas d'inexecution de la part du débiteur' (art. 1.142 do Código Civil Francês)"[15].

Assim, pela convicção de que a liberdade humana é o valor maior na sociedade, a resolução em perdas e danos seria a única consequência para o descumprimento das obrigações de fazer ou não fazer.

Essa visão, porém, como já dissemos outrora[16], é inaceitável na atualidade.

Isso porque o vigente ordenamento jurídico brasileiro há muito vem relativizando o princípio tradicional do *nemo praecise potest cogi ad factum*, reconhecendo que a incoercibilidade da vontade humana não é um dogma inafastável[17].

---

[14] *Vide*: STJ, REsp 6.370/SP (1990/ 0012226-0), *DJ*, 9-9-1991, p. 12196, *RSTJ*, 28/419, rel. Min. Nilson Naves, j. 20-8-1991, 3.ª Turma.

[15] Cândido Rangel Dinamarco, *A Reforma do Código de Processo Civil*, 4. ed., São Paulo: Malheiros, 1997, p. 152.

[16] Pablo Stolze Gagliano e Rodolfo Pamplona Filho, *Novo Curso de Direito Civil — Obrigações*, 21. ed., São Paulo: 2020, v. 2.

[17] Como observa o brilhante Fredie Didier Jr.: "Imaginava-se, de um lado, que toda espécie de obrigação poderia ser convertida em dinheiro, acaso descumprida. A par do manifesto equívoco deste pensamento, que olvidava os hoje inquestionáveis direitos não patrimoniais, como os personalíssimos e os transindividuais (estes últimos de avaliação pecuniária bastante difícil exatamente em razão do caráter difuso dos seus elementos e caracteres), a tese ainda padecia de terrível enfermidade: autorizava, simplesmente, o descumprimento contratual, privilegiando a parte mais rica da relação, apta que estaria a arcar com perdas e danos existentes — se existentes, pois danos não se presumem" (Fredie Didier Jr., Tutela Específica do Adimplemento Contratual, *Revista Jurídica dos Formandos em Direito da UFBA* — 2001/2, Salvador: s/ed., 2001, p. 322, também acessível na *Revista Eletrônica do Curso de Direito da UNIFACS*, no *site* www.unifacs.br/revistajuridica, edição de julho/2002, seção "Corpo Docente").

Com efeito, um bom exemplo disso é justamente a previsão do Decreto-Lei n. 58/37, com a disciplina do denominado compromisso irretratável de compra e venda, nada mais, nada menos do que um contrato preliminar bilateral, em que se verifica um direito real de aquisição, haja vista que obrigava o promitente-vendedor a uma prestação de fazer consistente na transferência definitiva da propriedade, uma vez pago totalmente o preço, sob pena de adjudicação compulsória[18].

Por outro lado, o Código de Defesa do Consumidor (Lei n. 8.078, de 11-9-1990) — certamente, a lei mais vanguardista e tecnicamente perfeita do sistema normativo brasileiro — garante, em diversos dispositivos, o direito do consumidor à tutela específica, inclusive, do adimplemento contratual, em razão da natureza obrigacional inerente às lides individuais consumeristas. Senão, vejamos:

"Art. 18. Os fornecedores de produtos de consumo duráveis ou não duráveis respondem solidariamente pelos vícios de qualidade ou quantidade que os tornem impróprios ou inadequados ao consumo a que se destinam ou lhes diminuam o valor, assim como por aqueles decorrentes da disparidade, com as indicações constantes do recipiente, da embalagem, rotulagem ou mensagem publicitária, respeitadas as variações decorrentes de sua natureza, podendo o consumidor exigir a substituição das partes viciadas.

§ 1.º Não sendo o vício sanado no prazo máximo de trinta dias, pode o consumidor exigir, alternativamente e à sua escolha:

I — *a substituição do produto por outro da mesma espécie, em perfeitas condições de uso*;

II — a restituição imediata da quantia paga, monetariamente atualizada, sem prejuízo de eventuais perdas e danos;

III — o abatimento proporcional do preço.

(...)

Art. 19. Os fornecedores respondem solidariamente pelos vícios de quantidade do produto sempre que, respeitadas as variações decorrentes de sua natureza, seu conteúdo líquido for inferior às indicações constantes do recipiente, da embalagem, rotulagem ou de mensagem publicitária, podendo o consumidor exigir, alternativamente e à sua escolha:

I — o abatimento proporcional do preço;

II — complementação do peso ou medida;

III — *a substituição do produto por outro da mesma espécie, marca ou modelo, sem os aludidos vícios*;

IV — a restituição imediata da quantia paga, monetariamente atualizada, sem prejuízo de eventuais perdas e danos.

(...)

Art. 35. Se o fornecedor de produtos ou serviços recusar cumprimento à oferta, apresentação ou publicidade, o consumidor poderá, alternativamente e à sua livre escolha:

I — *exigir o cumprimento forçado da obrigação, nos termos da oferta, apresentação ou publicidade*;

II — aceitar outro produto ou prestação de serviço equivalente;

---

[18] A respeito da adjudicação compulsória e da exigibilidade de promessa não registrada, cf. a obra de Pablo Stolze Gagliano, *Código Civil Comentado*, cit., v. XIII, p. 224-41.

III — rescindir o contrato, com direito à restituição da quantia eventualmente antecipada, monetariamente atualizada, e a perdas e danos.
(...)
Art. 84. Na ação que tenha por objeto o cumprimento da obrigação de fazer ou não fazer, o juiz *concederá a tutela específica da obrigação* ou determinará providências que assegurem o resultado prático equivalente ao do adimplemento" (grifos nossos).

Tão importante inovação, todavia, conforme observa FREDIE DIDIER JR. em face do CPC/1973, "estava restrita às lides de consumo: as outras ainda estavam ao desabrigo, havendo de conformar-se com a solução da tutela reparatória em dinheiro, prevalecendo a vontade humana de descumprir o pactuado. A discussão acabou, entretanto, com o advento da Reforma Legislativa de 1994, também chamada de dezembrada, que culminou com a modificação de mais de cem artigos do CPC, implementando a tutela específica das obrigações, contratuais ou legais, de fazer ou não fazer. Ampliou-se a possibilidade da mencionada modalidade de tutela de forma a alcançar o ideal chiovendiano da maior coincidência possível"[19].

Sobre as obrigações de fazer ou não fazer, estabelecem os arts. 536 e 537, do CPC/2015, *in verbis*:

"Art. 536. No cumprimento de sentença que reconheça a exigibilidade de obrigação de fazer ou de não fazer, o juiz poderá, de ofício ou a requerimento, para a efetivação da tutela específica ou a obtenção de tutela pelo resultado prático equivalente, determinar as medidas necessárias à satisfação do exequente.

§ 1.º Para atender ao disposto no *caput*, o juiz poderá determinar, entre outras medidas, a imposição de multa, a busca e apreensão, a remoção de pessoas e coisas, o desfazimento de obras e o impedimento de atividade nociva, podendo, caso necessário, requisitar o auxílio de força policial.

§ 2.º O mandado de busca e apreensão de pessoas e coisas será cumprido por 2 (dois) oficiais de justiça, observando-se o disposto no art. 846, §§ 1.º a 4.º, se houver necessidade de arrombamento.

§ 3.º O executado incidirá nas penas de litigância de má-fé quando injustificadamente descumprir a ordem judicial, sem prejuízo de sua responsabilização por crime de desobediência.

§ 4.º No cumprimento de sentença que reconheça a exigibilidade de obrigação de fazer ou de não fazer, aplica-se o art. 525, no que couber.

§ 5.º O disposto neste artigo aplica-se, no que couber, ao cumprimento de sentença que reconheça deveres de fazer e de não fazer de natureza não obrigacional.

Art. 537. A multa independe de requerimento da parte e poderá ser aplicada na fase de conhecimento, em tutela provisória ou na sentença, ou na fase de execução, desde que seja suficiente e compatível com a obrigação e que se determine prazo razoável para cumprimento do preceito.

§ 1.º O juiz poderá, de ofício ou a requerimento, modificar o valor ou a periodicidade da multa vincenda ou excluí-la, caso verifique que:

I — se tornou insuficiente ou excessiva;

---

[19] Fredie Didier Jr., ob. cit., p. 325.

II — o obrigado demonstrou cumprimento parcial superveniente da obrigação ou justa causa para o descumprimento.

§ 2.º O valor da multa será devido ao exequente.

§ 3.º A decisão que fixa a multa é passível de cumprimento provisório, devendo ser depositada em juízo, permitido o levantamento do valor após o trânsito em julgado da sentença favorável. (Redação dada pela Lei n. 13.256, de 2016) (Vigência).

§ 4.º A multa será devida desde o dia em que se configurar o descumprimento da decisão e incidirá enquanto não for cumprida a decisão que a tiver cominado.

§ 5.º O disposto neste artigo aplica-se, no que couber, ao cumprimento de sentença que reconheça deveres de fazer e de não fazer de natureza não obrigacional".

Dessa forma, faz mister propugnar por uma interpretação mais consentânea e lógica do art. 248 do CC/2002[20], ou seja, tal regra somente pode ser aplicada quando não é mais possível o cumprimento da obrigação ou, não tendo o credor mais interesse na sua realização — ante o inadimplemento do devedor —, o autor da ação assim o pretender.

Se, todavia, ainda é possível cumprir-se a obrigação pactuada, deve a ordem jurídica buscar satisfazer o credor com a efetiva prestação, proporcionando, na "medida do praticamente possível, que quem tem um direito receba tudo aquilo e precisamente aquilo que tem o direito de obter", e não impor indenizações equivalentes, haja vista que isso não realiza o bem da vida pretendido.

Na precisa observação de LUIZ GUILHERME MARINONI:

"Note-se que a tutela ressarcitória pelo equivalente permite apenas o sacrifício de um valor em dinheiro e não de valores concretos, como o do bem prometido ao credor. Preservam-se, assim, determinados valores, o que seria fundamental para garantir a liberdade e a propriedade dos sujeitos. A preocupação com a manutenção da liberdade e da propriedade é que inspirou uma forma de tutela que dava ao autor apenas o equivalente em dinheiro, já que a 'abstração dos valores' e, portanto, a 'troca dos equivalentes' era fundamental dentro de uma sociedade preocupada em garantir a liberdade e os valores ligados à propriedade.

O direito liberal era eminentemente patrimonialista e, portanto, supunha que os direitos podiam ser adequadamente tutelados através da via ressarcitória. Na verdade, os direitos que tornaram evidente a insuficiência das sentenças clássicas ainda não estavam consagrados à época do direito liberal, e muito menos falava-se, nessa época, em interesses difusos e coletivos como objeto da possível tutela jurisdicional"[21].

Para a efetivação da tutela específica, poderá o magistrado valer-se, inclusive *ex officio*, da fixação de *astreintes*, que são justamente essas multas diárias pelo eventual não cumprimento da decisão judicial, previstas no art. 537 do CPC/2015, bem como quaisquer outras diligências necessárias para a regular satisfação da pretensão, sendo a relação do § 1.º do art. 536 do CPC/2015 meramente exemplificativa, na espécie.

---

[20] CC/2002: "Art. 248. Se a prestação do fato tornar-se impossível sem culpa do devedor, resolver-se-á a obrigação; se por culpa dele, responderá por perdas e danos".

[21] Luiz Guilherme Marinoni, *Tutela Específica*, São Paulo: Revista dos Tribunais, 2000, p. 21-2.

Obviamente, a busca da tutela específica não exclui a indenização pelas perdas e danos ocorridos até a data da realização concreta da obrigação de fazer submetida à apreciação judicial.

Ou seja, nada impede que haja cumulação de pedidos de tutela específica e de perdas e danos, a depender da situação concreta.

O que não se pode mais sequer admitir é a antiga tese da intangibilidade da vontade humana para a realização de condutas, devendo a conversão da obrigação em perdas e danos ser considerada uma situação efetivamente excepcional pelas circunstâncias de fato ou da vontade — aí, sim! — do titular da obrigação (o credor).

É esta a linha do art. 499 do Código de Processo Civil de 2015, que preceitua:

"Art. 499. A obrigação somente será convertida em perdas e danos se o autor o requerer ou se impossível a tutela específica ou a obtenção de tutela pelo resultado prático equivalente".

Dessa forma, podemos visualizar a tutela jurídica das obrigações de fazer da seguinte forma esquemática:

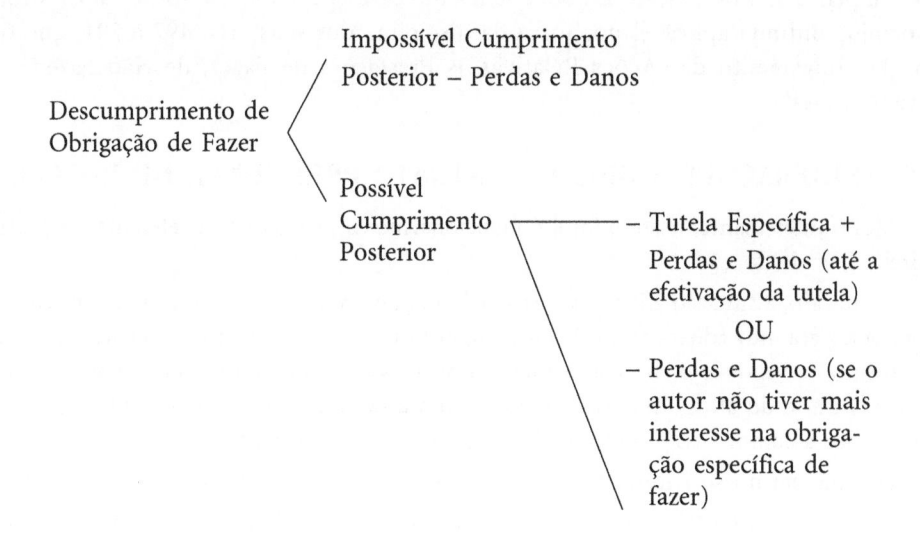

Descumprimento de Obrigação de Fazer
- Impossível Cumprimento Posterior – Perdas e Danos
- Possível Cumprimento Posterior
  - Tutela Específica + Perdas e Danos (até a efetivação da tutela)
  - OU
  - Perdas e Danos (se o autor não tiver mais interesse na obrigação específica de fazer)

Perfeitamente compatíveis com tais considerações são os dispositivos contidos nos arts. 463 a 465 do Código Civil de 2002, a seguir transcritos:

"Art. 463. Concluído o contrato preliminar, com observância do disposto no artigo antecedente, e desde que dele não conste cláusula de arrependimento[22], qualquer das partes terá o direito de exigir a celebração do definitivo, assinando prazo à outra para que o efetive.

Parágrafo único. O contrato preliminar deverá ser levado ao registro competente.

---

[22] *Vide*: STJ, REsp 424.543/ES; REsp (2002/0038610-7), *DJ*, 31-3-2003, p. 217, rel. Min. Nancy Andrighi, j. 6-3-2003, 3.ª Turma.

Art. 464. Esgotado o prazo, poderá o juiz, a pedido do interessado, suprir a vontade da parte inadimplente, conferindo caráter definitivo ao contrato preliminar, salvo se a isto se opuser a natureza da obrigação.

Art. 465. Se o estipulante não der execução ao contrato preliminar, poderá a outra parte considerá-lo desfeito, e pedir perdas e danos".

Afinado com nosso posicionamento é o pensamento do Mestre SÍLVIO VENOSA:

"Cumpridas as obrigações do contrato preliminar e sendo ele irretratável, portanto sem cláusula de arrependimento, a parte pode exigir sua execução específica, com os meios que o estatuto processual lhe faculta. O interessado poderá levar o pré-contrato a registro, geralmente o imobiliário, se o desejar, embora a nova lei utilize o termo deverá. É evidente que para ser ultimado o registro o contrato preliminar deve obedecer aos requisitos exigidos pela legislação registral, o que deve ser examinado em cada caso"[23].

Corroborando tudo quanto aqui afirmado, desde a primeira edição deste volume, a Lei n. 11.232/2005 inseriu, no Código de Processo Civil de 1973, dispositivo expresso, admitindo a possibilidade jurídica da obtenção de sentença que produza o mesmo efeito do contrato a ser firmado, na hipótese daquele que se comprometeu a concluí-lo não cumprir a sua obrigação. Embora sem um correspondente direto no CPC/2015, o raciocínio continua aplicável por força da disciplina dos seus arts. 497 a 501, que tratam "Do Julgamento das Ações Relativas às Prestações de Fazer, de Não Fazer e de Entregar Coisa".

6. CONSIDERAÇÕES SOBRE O CONTRATO PRELIMINAR DE DOAÇÃO

Muito interessante, neste ponto, é mencionarmos a problemática referente ao contrato preliminar de doação.

Neste caso, a situação afigura-se mais delicada, uma vez que, tratando-se de um contrato em geral gratuito (doação pura), posto sempre unilateral (quanto aos efeitos), o reconhecimento da validade e eficácia jurídica da promessa faria com que o donatário — simples beneficiário do ato — pudesse ingressar com a *execução específica* do contrato, forçando o doador a cumprir com o ato de liberalidade a que se obrigara.

Não há, em nosso Direito Positivo, regra explícita que o discipline.

Situando com costumeira erudição o problema, CAIO MÁRIO DA SILVA PEREIRA pontifica:

"Tem a doutrina se debatido se a doação pode ser objeto de contrato preliminar, *pactum de donando*. E a solução doutrinária tem sido infeliz, por falta de uma distinção essencial entre doação pura e doação gravada de encargo. Partindo da primeira, especifica-se a pergunta: Pode alguém obrigar-se a realizar uma doação pura? Formalmente sim, porque, tendo o contrato preliminar por objeto um outro contrato, futuro e definitivo (v. n. 198, *supra*), este novo *contrahere* poderia ser a doação, como qualquer outra espécie. Atendendo a este aspecto apenas, não falta bom apoio à resposta afirmativa, quer dos Códigos, quer dos doutores.

---
[23] Sílvio de Salvo Venosa, ob. cit., p. 423.

Acontece que não se pode deixar de encarar o problema sob o aspecto ontológico, e, assim considerado, a solução negativa impõe-se"[24].

De fato, *a latere* a doação gravada com encargo — figura jurídica perfeitamente compatível com a promessa pela sua onerosidade intrínseca —, a doação pura, por seu turno, se analisada inclusive em seu aspecto teleológico, não se compatibilizaria tão bem com a ideia de uma execução forçada, pelo simples fato de o *promitente-donatário* estar constrangendo a outra parte (*promitente-doador*) ao cumprimento de um ato de simples liberalidade, em face do qual inexistiu contrapartida prestacional.

Claro está, entretanto, que, muitas vezes, o doador não atua somente com o *animus donandi*, mas também impulsionado por outros sentimentos, como, até mesmo, o desejo de resgatar uma dívida de honra ou reconhecer o mérito do donatário.

No dizer de L. DÍEZ-PICAZO e A. GULLON, citados por ANA PRATA, em monumental obra do Direito Português: "A doação pode fazer-se por generosidade, por caridade, por vaidade, por simples pompa, por cultivar o que hoje se chama uma determinada imagem para o exterior ou por qualquer outra causa"[25].

Mas, ainda assim, prepondera o aspecto da beneficência (liberalidade) como *causa do contrato*.

Nesse diapasão, concluímos pela inadmissibilidade da execução coativa da promessa de doação, muito embora não neguemos a possibilidade de o promitente-donatário, privado da legítima expectativa de concretização do contrato definitivo, e desde que demonstrado o seu prejuízo, poder responsabilizar o promitente-doador pela via da ação ordinária de perdas e danos.

Nesse sentido é a conclusão de ANA PRATA: "Eliminando do regime da promessa de doação a tutela obrigacional da execução específica, está-se afinal a caracterizar tal contrato-promessa como integrando aquela categoria de promessas precárias, cujo cumprimento se resolve forçosamente na indenização"[26].

Note-se, entretanto, que, para existir esta consequente obrigação de indenizar, deverão estar configurados os pressupostos gerais da responsabilidade civil, já tratados no volume III desta obra.

Ora, em casos como esses, firmado o contrato preliminar, a sua inexecução culminará na *responsabilidade contratual* da parte inadimplente, que poderá, sem prejuízo de eventuais perdas e danos, ser compelida judicialmente ao cumprimento da avença, excepcionada a hipótese da doação pura, em que tal execução não seria possível.

Todavia, por razões várias, nem sempre as partes cuidam de pactuar contratos desse jaez.

---

[24] Caio Mário Pereira, ob. cit., v. III, p. 160-1.
[25] Ana Prata, *O Contrato Promessa e o Seu Regime Civil*, Coimbra: Almedina, 2001, p. 307.
[26] Ana Prata, ob. cit., p. 315.

Claro que, pactuando-se o contrato preliminar, a responsabilização do infrator será muito mais facilitada, por já existir previamente um título, que servirá de base ao pleito da parte prejudicada pelo inadimplemento da outra.

Caso não seja celebrada a promessa, a parte prejudicada poderá, outrossim, conforme vimos acima, buscar a compensação devida, se estiverem configurados os requisitos gerais da responsabilidade civil aquiliana, à luz da mencionada teoria da culpa in *contrahendo*, ou, segundo uma vertente mais moderna, até mesmo à luz da responsabilidade civil objetiva.

Capítulo VIII
Contratos Atípicos

Sumário: 1. Introdução. 2. Contratos típicos e atípicos. 2.1. Distinção dos contratos nominados e inominados. 2.2. Classificação dos contratos atípicos. 2.3. Disciplina jurídica dos contratos atípicos. 3. Os contratos atípicos no Código Civil de 2002. 4. União de contratos ou contratos coligados.

1. INTRODUÇÃO

Já tivemos oportunidade de mencionar que o contrato, principal espécie de negócio jurídico, é, sem dúvida, uma das mais importantes figuras jurídicas do Direito Civil.

Na mesma linha de comparação, o contrato está para o civilista, como o crime está para o penalista.

Ocorre que, diferentemente do delito, *que exige subsunção a um tipo penal previamente delineado na lei (tipicidade)*, o contrato se apresenta de variadas formas, com incontáveis matizes.

Com isso, queremos dizer que, por ser fruto da livre autonomia da vontade[1], não poderia o legislador conceber, antecipadamente, todos os tipos de contratos, moldando prévios *"standards" legais*, uma vez que sempre existiriam determinados contratos não previstos em lei — os denominados *contratos atípicos*. Tomem-se, a título de exemplo, o contrato de *factoring* ou o de hospedagem.

Vale, no entanto, mencionar que o Direito Romano, principal fonte histórica do Direito ocidental, por sua própria natureza formalista, não se adequou ao sistema dos contratos atípicos e inominados, consoante se pode observar da doutrina do culto EBERT CHAMOUN:

"Caracterizava o direito romano das obrigações a tipicidade contratual, diferentemente do que sucede no atual direito civil: os romanos entendiam que apenas certos negócios eram idôneos para configurar relações contratuais e demarcavam os limites de cada tipo de contrato com tal fixidez que, além deles, não eram possíveis quaisquer extensões. A prá-

---

[1] Lembre-se, entretanto, que toda autonomia da vontade, conforme já mencionamos no decorrer de nossa obra, deverá ser devidamente mensurada segundo os ditames constitucionais de valorização da pessoa humana e de solidarismo social. Não há, pois, mais espaço para a *liberdade absoluta* na manifestação de vontade, sob pena de esta liberdade converter-se em tirania. Nesse sentido, Massimo Bianca, em excelente obra, preleciona: *"L'autonomia privata rappresenta ancora un aspetto ineliminabile della libertà della persona, e cioè la libertà negoziale. Ma l'idea secondo la quale solo ed esclusivamente l'individuo può essere giudice dei suoi interessi non ha più riscontro nella società del nostro tempo. Il riconoscimento della libertà del singolo s'inserisce ormai in una concezione dell'ordinamento che s'ispira al prevalente valore della 'solidarietà sociale', quale valore di fondo della nostra Costituzione"* (*Diritto Civile — Il Contratto*, Milano: Giuffrè, 1987, v. III, p. 33).

tica, entretanto, exigia a criação de novas figuras contratuais, que o zelo sistemático e a rígida simetria do *jus civile* não podiam reconhecer. Como sempre sucedeu, foi o pretor que, sem as admitir em seus éditos, nem lhes conceder fórmulas-tipo, protegeu-as, porém, com ações através de decretos"[2].

O Direito Civil atual, por sua vez, admite a existência destas figuras jurídicas (contratos atípicos e inominados), consoante veremos no decorrer deste capítulo.

2. CONTRATOS TÍPICOS E ATÍPICOS

Por *contratos típicos* entendam-se aqueles que têm previsibilidade legal, ou seja, que são regulados pelo Direito Positivo, como *a compra e venda, a doação, a locação, o depósito, o seguro, o comodato, o mútuo etc.* São, portanto, figuras com assento na legislação em vigor.

Já os *contratos atípicos*, por sua vez, são aqueles não regulados em lei, como, por exemplo, os contratos de *hospedagem, factoring e engineering*[3], dentre tantos outros[4].

Vale salientar, aqui, que o Superior Tribunal de Justiça já decidiu no sentido de que o contrato para a cessão de uso onerosa de imóvel por meio de aplicativo ou plataforma digital, a exemplo do Airbnb, consiste em uma *hospedagem atípica*[5].

Uma boa definição de contrato atípico é dada pela competente Professora da USP, GISELDA HIRONAKA:

"A seu turno, portanto, contrato atípico é aquele não disciplinado pelo ordenamento jurídico, embora lícito, pelo fato de restar sujeito às normas gerais do contrato e não contrariar a lei, nem os bons costumes, nem os princípios gerais do direito"[6].

---

[2] Ebert Chamoun, *Instituições de Direito Privado*, 6. ed., Rio de Janeiro: Ed. Rio, 1977, p. 385.

[3] Situação interessante é a do contrato de *leasing*. Posto exista lei que o regule, em seus aspectos tributários (Lei n. 6.099/74), existe divergência no pensamento jurídico nacional a respeito do seu enquadramento entre os contratos típicos ou entre os atípicos. Nelson Nery Jr. e Rosa Maria de Andrade Nery, por exemplo, em seu *Código Civil Anotado e Legislação Extravagante* (São Paulo: Revista dos Tribunais, 2002), citam-no como figura atinente próxima aos negócios atípicos, consoante se pode concluir da análise da farta casuística elencada nas p. 182-4 de sua obra. Rodolfo de Camargo Mancuso, por sua vez, ao caracterizá-lo, cita jurisprudência do STJ, no sentido de que: "Contrato misto, em sua origem, o leasing tornou-se, entre nós, um negócio típico, nominado e autônomo: a locação mercantil definida e regida pela Lei 6.099/74" (REsp 7.234-0/SP, 1.ª T., rel. Humberto Gomes de Barros, j. 24-6-1992, *DJU*, 17-8-1992). Em nosso pensar, a despeito de sua inegável autonomia e importância jurídica, o *leasing continua sendo contrato atípico*, por falta de previsão legal específica, e pelo fato de a lei existente ter por objeto aspectos eminentemente fiscais do referido negócio.

[4] Sílvio Venosa, em sua obra *Teoria Geral das Obrigações e Teoria Geral dos Contratos*, 3. ed., Atlas, apresenta um rol exemplificativo de contratos atípicos (p. 411): "hospedagem, garagem, publicidade, excursão turística, espetáculos artísticos, feiras e exposições, serviços de gala e nojo, serviços de bufê em geral, mudança, claque teatral, garantia, fornecimento, manutenção de equipamentos, bem como vários contratos bancários, entre outros".

[5] Fonte: <https://www.stj.jus.br/sites/portalp/Paginas/Comunicacao/Noticias/20042021-Condominios-
-residenciais-podem-impedir-uso-de-imoveis-para-locacao-pelo-Airbnb--decide-Quarta-Turma.aspx>. Acesso em: 2 out. 2021. Sobre o tema, cf. tb. o item 6 do Capítulo XIX, "Locação de Coisas", deste volume.

[6] Giselda Maria Fernandes Novaes Hironaka, *Direito Civil — Estudos*, Belo Horizonte: Del Rey, 2000, p. 138.

Aproveitando a linha de pensamento da Professora HIRONAKA, concluímos que todo e qualquer contrato atípico, embora decorrente da autonomia privada e da livre-iniciativa, deverá respeitar os parâmetros, de matiz constitucional, fixados pelos princípios da *função social do contrato e da boa-fé objetiva*, amplamente estudados em capítulos anteriores desta obra[7].

Aliás, essa ideia de *solidarismo contratual* é bem nítida na excelente obra de PAULO ROBERTO NALIN: "A ideia de uma relação contratual solidária pressupõe, sobretudo, o existir da concorrência, e não da oposição, no que tange aos interesses envolvidos a propósito de um fim comum e de uma indispensável medida de cooperação entre as partes".

E mais adiante:

"Na atualidade, afastando-se dos padrões religiosos estritos e das casuísticas hipóteses oferecidas pelo Código Civil, bem como da própria Carta Constitucional brasileira, é factível se extrair um sentido do que seja contratação solidária, mostrando-se imperativa a leitura do Código Civil e a interpretação dos contratos, à luz da Carta. Sob o prisma constitucional, é possível sustentar que, independentemente da escolha ideológica que se faça, a melhor descrição da solidariedade deve estar voltada à verticalização dos interesses do homem, eficaz o suficiente para aniquilar as desigualdades subjetivas e regionais, configurando-se como indissociáveis, a solidariedade e a igualdade"[8].

Nessa linha, podemos concluir que as disposições normativas constantes nos arts. 421, 421-A e 422 do Código Civil, imprescindíveis para a nova concepção dos contratos na modernidade, *são perfeitamente aplicáveis aos contratos atípicos*:

"Art. 421. A liberdade de contratar será exercida em razão e nos limites da função social do contrato.

Parágrafo único. Nas relações contratuais privadas, prevalecerão o princípio da intervenção mínima e a excepcionalidade da revisão contratual. (Incluído pela Lei n. 13.874, de 2019)

Art. 421-A. Os contratos civis e empresariais presumem-se paritários e simétricos até a presença de elementos concretos que justifiquem o afastamento dessa presunção, ressalvados os regimes jurídicos previstos em leis especiais, garantido também que: (Incluído pela Lei n. 13.874, de 2019)

I — as partes negociantes poderão estabelecer parâmetros objetivos para a interpretação das cláusulas negociais e de seus pressupostos de revisão ou de resolução; (Incluído pela Lei n. 13.874, de 2019)

II — a alocação de riscos definida pelas partes deve ser respeitada e observada; e (Incluído pela Lei n. 13.874, de 2019)

III — a revisão contratual somente ocorrerá de maneira excepcional e limitada. (Incluído pela Lei n. 13.874, de 2019)

Art. 422. Os contratantes são obrigados a guardar, assim na conclusão do contrato, como em sua execução, os princípios de probidade e boa-fé".

---

[7] Confiram-se o tópico "Principiologia tradicional do Direito Contratual" e os Capítulos "Função Social do Contrato e Equivalência Material" e "Boa-Fé Objetiva em Matéria Contratual" deste volume.

[8] Paulo Nalin, *Do Contrato: Conceito Pós-Moderno — Em Busca de Sua Formulação na Perspectiva Civil-Constitucional*, Curitiba: Juruá, 2001, p. 174, 177-8.

A respeito deste fenômeno de *socialização jurídica* das relações contratuais, também notada, como visto, *no âmbito dos contratos atípicos*, vale referir outra preleção de GISELDA HIRONAKA, citando TEPEDINO:

"Gustavo Tepedino[9] bem observa que a inserção da função social como um dos megaprincípios constitucionais — entre os direitos e as garantias fundamentais — teve o escopo de elevar a determinação de seu atendimento ao patamar de regra fundamental, apta a instrumentalizar todo o tecido constitucional e, por via de consequência, todas as normas infraconstitucionais, criando um parâmetro interpretativo do ordenamento jurídico".

2.1. Distinção dos contratos nominados e inominados

Uma importante observação sobre o tema é a distinção entre contratos típicos e atípicos e os contratos nominados e inominados.

De fato, utiliza-se a expressão *"contratos nominados"* quando tais contratos tiverem terminologia ou nomenclatura definida. Assim sendo, conclui-se facilmente, portanto, que, por uma questão lógica, os contratos típicos, por serem objeto de previsão legislativa, são também nominados.

Nos exemplos de contratos atípicos que mencionamos até agora, todos possuem uma nomenclatura corrente e socialmente admitida, razão por que poderíamos, em nosso pensar, considerá-los também nominados.

Nada impede, entretanto, que as partes conjuguem prestações de diversos contratos, ou criem uma figura contratual completamente nova, segundo a autonomia de suas vontades, inexistindo, por consequência, *nomen juris* para esta nova modalidade negocial. Em tal caso, teríamos, aí sim, um contrato atípico *inominado*.

Vemos, portanto, que não é correto estabelecer-se uma sinonímia entre essas expressões, muito embora não incorramos em erro ao afirmar que os *contratos típicos são nominados, ao passo que os atípicos podem não o ser*.

Nesse diapasão, concluímos com a preleção de ÁLVARO VILLAÇA AZEVEDO, citando respeitável doutrina italiana, no sentido de que:

"Assim, quando falamos em contrato típico, ministra Ângelo Piraino Leto, com as palavras de Sacco, queremos dizer: '*contrato que se insere em uma figura que tem uma disciplina legal particular*'. Por outro lado, é contrato atípico aquele que não possui uma disciplina legislativa, possuindo uma '*causa nova e diversa, relativamente ao disciplinado pela lei*'. Os contratos típicos recebem do ordenamento jurídico uma regulamentação particular, e apresentam-se com um nome, ao passo que os atípicos, embora possam ter um nome, carecem de disciplina particular, não podendo a regulamentação dos interesses dos contratantes contrariar a lei, a ordem pública, os bons costumes e os princípios gerais do direito"[10].

---

[9] Gustavo Tepedino, A Nova Propriedade (o seu conteúdo mínimo, entre o Código Civil, a legislação ordinária e a Constituição), *Revista Forense*, v. 306, p. 75 e s., apud Giselda M. F. N. Hironaka, *Conferência de encerramento proferida em 21-9-01, no Seminário Internacional de Direito Civil, promovido pelo NAP — Núcleo Acadêmico de Pesquisa da Faculdade Mineira de Direito da PUC/MG*. Palestra proferida na Faculdade de Direito da Universidade do Vale do Itajaí — UNIVALI (SC), em 25-10-2002, gentilmente cedida a Pablo Stolze Gagliano.

[10] Álvaro Villaça Azevedo, *Teoria Geral dos Contratos Típicos e Atípicos*, São Paulo: Atlas, 2002, p. 132.

2.2. Classificação dos contratos atípicos

Cumpre-nos mencionar, ainda, que, em nosso sentir, e segundo doutrina de ORLANDO GOMES[11], os contratos atípicos comportam uma subtipificação[12]:

a) **contratos atípicos propriamente ditos** — são aqueles criados ou "inventados" pelas próprias partes, que cuidam de celebrar um negócio jurídico inteiramente novo, com características específicas, e sem similar no direito positivo[13]. São fruto da autonomia privada, limitada, como vimos, pelos princípios superiores de índole constitucional da função social do contrato e da dignidade da pessoa humana (este último compreensivo da necessidade de observância da boa-fé objetiva na relação negocial)[14];

b) **contratos atípicos mistos** — são aqueles formados pela conjugação de prestações típicas de outros contratos existentes. Provêm, pois, da fusão de elementos de outros contratos positivados, resultando em uma figura nova, dotada de autonomia jurídica e unidade sistêmica. É o caso do contrato de hospedagem, que decorre da conjugação de elementos de outros contratos como a locação, o depósito, a compra e venda etc.

2.3. Disciplina jurídica dos contratos atípicos

O maior problema no que tange aos contratos atípicos é a sua disciplina jurídica.

Inexistindo regra legal específica, e segundo o pensamento do civilista baiano ORLANDO GOMES[15], três soluções são apresentadas pela doutrina:

a) teoria da combinação;

b) teoria da absorção;

c) teoria da aplicação analógica.

Conforme a primeira teoria, o hermeneuta, ao analisar um contrato atípico, deverá decompô-lo, aplicando, para cada parte sua, a regra legal correspondente ao tipo de contrato que lhe é similar. Ou seja, no contrato de hospedagem, deveriam ser combinadas as regras legais da locação, do depósito e da compra e venda, para solucionar qualquer ques-

---

[11] Orlando Gomes, *Contratos*, cit., 15. ed., p. 102 e s.

[12] A doutrina, entretanto, não é pacífica, consoante se pode notar da análise da obra de Álvaro Villaça, que adota critério um pouco diferenciado: "Sem qualquer pretensão de inovar ou de criar polêmica, já em 1965, em minha citada tese sobre a matéria, a par de demonstrar a necessidade de regulamentação dos contratos atípicos, elaborei a sua classificação, segundo critério que nos pareceu racional. Assim, classifiquei, em sentido amplo, os contratos atípicos em duas categorias: os singulares e os mistos. Os contratos atípicos singulares são figuras atípicas, consideradas individualmente. Os contratos atípicos mistos apresentam-se: (a) com contratos ou elementos somente típicos; (b) com contratos ou elementos somente atípicos; e (c) com contratos ou elementos típicos e atípicos" (ob. cit., p. 138-9). Nesse ponto, preferimos seguir a classificação de Orlando Gomes — simples e precisa —, desenvolvida a partir do pensamento de Eneccerus, muito embora isso em nada diminua o brilho do pensamento do Professor Villaça, uma das maiores autoridades brasileiras no assunto.

[13] *Vide*: STJ, REsp 61.890/SP (1995/0010905-0), *DJ*, 22-3-1999, p. 207, *JSTJ*, 5/323, *Lex-STJ*, 120/124, *RT*, 767/188, rel. Min. Sálvio de Figueiredo Teixeira, j. 18-6-1998, 4.ª Turma.

[14] *Vide*: STJ, REsp 171.989/PR (1998/0029835-5), *DJ*, 13-10-1998, p. 129, rel. Min. Ruy Rosado de Aguiar, j. 20-8-1998, 4.ª Turma.

[15] Orlando Gomes, ob. cit., p. 106-8.

tão de natureza interpretativa. Consoante bem observou ORLANDO GOMES, a maior crítica que se pode fazer a esta teoria é no sentido de que não se afigura verdadeira a ideia de que o contrato atípico, dentro de sua unidade sistêmica, resulta da simples *soma* de outras figuras contratuais. E arremata:

> "Em resumo, o isolamento de elementos particulares de um contrato e dos respectivos efeitos jurídicos não pode ser feito sem prejuízo de sua estrutura. Ademais, as regras parciais de contratos cujos elementos são aproveitados na formação dos contratos mistos chocam-se, por vezes, tornando-se impossível, neste caso, a combinação"[16].

De fato, não vemos com bons olhos esta solução doutrinária, uma vez que, em sendo adotada, negar-se-ia autonomia e identidade ontológica e funcional ao contrato atípico, afigurando-se, pois, como uma solução extremamente simplista.

Os adeptos da segunda teoria, por sua vez, sustentam que em todo contrato atípico existe algum elemento preponderante ou influente em face dos outros, razão por que culminaria por absorvê-los. Assim, se, em determinado contrato atípico, a prestação preponderante é a de *depósito* (entregar coisa móvel para guardar e devolver), as regras deste último contrato deverão prevalecer, em detrimento de qualquer outra.

Não convence, entretanto, a ideia de que, em determinado contrato, um elemento seja preponderante em face do outro. Todos são, sem dúvida, igualmente importantes para a formação do contrato atípico, não havendo razões propriamente científicas para se concluir que uma prestação prefere a outra.

Com a devida vênia, portanto, afastamos esta segunda vertente de pensamento.

Defende-se, finalmente, a teoria da aplicação analógica, segundo a qual o intérprete deverá utilizar as regras legais referentes ao contrato típico mais semelhante àquele sob análise. Cuida-se de mecanismo também insatisfatório, na medida em que não resolve plenamente a delicada questão referente ao instrumento interpretativo mais preciso a ser utilizado, uma vez que, como dito acima, não se poderá afirmar que determinado elemento do contrato atípico é mais preponderante, a ponto de servir como elo com outro contrato típico. Ademais, poderá ocorrer de não se encontrar contrato dotado de semelhança suficiente para justificar o recurso da analogia.

Considerando, pois, a dificuldade de se apontar critério seguro de interpretação, concordamos com PEDRO PAIS DE VASCONCELOS, em excelente tratado sobre o tema, no sentido de que, nos contratos atípicos, o intérprete conta muito mais com as próprias estipulações contratuais do que com o direito positivo: "Nos contratos atípicos, o intérprete tem de contar mais com as estipulações negociais e pode contar menos com o direito dispositivo".

E adiante:

> "Tal como nos contratos típicos, o conteúdo dos contratos atípicos resulta primacialmente da sua interpretação e esta é feita acima de tudo pela interpretação das estipulações negociais que lhe dão vida e em que se materializam.
>
> As estipulações negociais que formam o contrato constituem a primeira matéria disponível para a sua interpretação. E é aí que o intérprete vai recolher em primeira linha a expressão da vontade negocial e é aí que vai, também numa primeira linha, ajuizar sobre a tipicidade ou atipicidade do contrato. As estipulações negociais não esgotam contudo o

---

[16] Orlando Gomes, ob. cit., p. 106.

campo de expressão da vontade negocial. Quando os contratos celebrados são típicos as partes podem reduzir a muito pouco a matéria das suas estipulações; os tipos fornecem injuntiva ou dispositivamente uma disciplina quase suficiente. Os contratos atípicos, ao contrário, não têm modelos regulativos que dispensem ou substituam as estipulações negociais. Assim, os contratantes de uma compra e venda não precisam em princípio de declarar mais do que a identificação da coisa vendida e o montante do preço; o tipo fornece tudo o mais em princípio necessário como disciplina do contrato. Já para os contratantes de um contrato atípico é necessário estipular nas declarações negociais que forma o contrato a disciplina em princípio completa do contrato"[17].

Assim sendo, entendemos que a interpretação de um contrato atípico deverá ser direcionada segundo as estipulações do próprio negócio, *e sempre segundo os condicionamentos de ordem pública, ditados pela Constituição Federal*[18].

Estendemos, portanto, aos atípicos, a lúcida observação feita por FLÁVIO TARTUCE, a respeito dos contratos típicos na atual perspectiva civil-constitucional: "Nessa nova estrutura, o contrato, típico instituto do Direito Privado, vem sofrendo uma série de alterações conceituais e a antiga visão de autonomia plena da vontade perde espaço para uma elaboração mais voltada para a realidade social dos envolvidos na relação negocial"[19].

Posto isso, passaremos a analisar o tema sob a ótica da legislação em vigor.

3. OS CONTRATOS ATÍPICOS NO CÓDIGO CIVIL DE 2002

O Código Civil de 1916 não consagrou dispositivo algum para os contratos atípicos.

O Código de 2002, por sua vez, posto não haja dedicado seção ou capítulo específico para a sua disciplina, fez-lhe expressa menção em seu art 425:

"Art. 425. É lícito às partes estipular contratos atípicos, observadas as normas gerais fixadas neste Código".

Vê-se, portanto, que o legislador remeteu a disciplina do tema às disposições gerais dos contratos, constantes nos arts. 421 a 480.

É de se notar a existência de proposta legislativa para alteração deste dispositivo, segundo a doutrina do eminente Professor VILLAÇA, consoante se pode observar da análise do culto Des. JONES FIGUEIRÊDO ALVES a respeito deste dispositivo de lei:

"Sustentou o Prof. Álvaro Villaça, em relevante contribuição crítica ao texto do projeto do CC de 2002, apresentada à Relatoria Geral, no sentido de que 'os contratos atípicos não podem ser regidos pelas normas dos contratos típicos, principalmente dos mistos, pois a contratação só se extingue após cumpridas todas as obrigações contratadas. O contrato forma um todo uno e indivisível'".

---

[17] Pedro Pais de Vasconcelos, *Contratos Atípicos*, Coimbra: Almedina, 1995, p. 375-6.

[18] *Vide*: STJ, REsp 5.680/SC (1990/0010653-2), *DJ*, 10-12-1990, p. 14812, rel. Min. Sálvio de Figueiredo Teixeira, j. 13-11-1990, 4.ª Turma.

[19] Flávio Tartuce, A Revisão do Contrato pelo Novo Código Civil. Crítica e Proposta de Alteração do art. 317 da Lei n. 10.406/02, in *Novo Código Civil — Questões Controvertidas*, coordenação de Mário Luiz Delgado e Jones Figueirêdo Alves, São Paulo: Método, 2003, v. I, p. 126.

Em razão disso, fora sugerida a seguinte alteração legislativa:

"Art. 425. É lícito às partes estipular contratos atípicos, resguardados a ordem pública, os bons costumes e os princípios gerais de direito, especialmente o princípio de que suas obrigações são indivisíveis, formando um só todo"[20].

Contudo, o relatório do Deputado VICENTE ARRUDA, na Comissão de Constituição e Justiça, cuidou de refutar a proposta de alteração legislativa, sob o seguinte argumento:

"Art. 425. Ao permitir a estipulação de contratos atípicos e determinar que os mesmos deverão observar as normas gerais fixadas no Código, que preconizam a boa-fé, os bons costumes, a preservação da ordem pública e os princípios gerais de direito, o dispositivo já impede a estipulação de contratos atípicos que não atendam aqueles pressupostos.

Pela manutenção do texto"[21].

De nossa parte, embora possa parecer que o legislador não avançou muito, assim não pensamos.

Dada a natureza destes contratos, afigura-se de certa forma impróprio que se pretenda esgotar sua disciplina, sendo mais razoável, portanto, que se deixe o seu tratamento ao sabor da autonomia da vontade das partes, sempre limitada pelas balizas constitucionais acima mencionadas.

Pensamos, pois, ser perfeitamente possível que se admita a aplicação das normas gerais da teoria geral dos contratos, sempre em observância dos limites de contratação delineados em nossa Constituição Federal.

O que não poderíamos é negar a sua importância, muito bem notada pelo magistral FRANCESCO MESSINEO: "*Il contratto innominato*[22] *è l'indizio più significativo che la vita giuridica non si fossilizza in forme immutabili e che, al contrario, essa è in perenne movimento e in constante evoluzione*"[23].

4. UNIÃO DE CONTRATOS OU CONTRATOS COLIGADOS

Como arremate deste capítulo, acreditamos que deve ser feita uma importante advertência: não podemos confundir o contrato atípico com a *união ou coligação de contratos*, instituto jurídico de natureza completamente distinta.

O contrato atípico, como visto, a despeito de carecer de previsibilidade legal, forma uma unidade negocial autônoma, diferentemente da coligação de contratos, em que temos vários negócios jurídicos conjugados, unidos entre si.

Nesta última hipótese, não se poderá reconhecer caráter de unidade sistêmica, nem, muito menos, identificá-lo com um contrato atípico (unidade contratual). Isso porque não se está diante de uma única figura, mas sim de várias (pluralidade contratual).

---

[20] Jones Figueirêdo Alves, *Código Civil Comentado*, 10. ed., São Paulo: Saraiva, 2016, p. 455.

[21] Tal parecer foi apresentado em 3-2-2004 e pode ser encontrado em: <http://200.219. 132.4/sileg/integras/196514.htm>. Acesso em: 31 jul. 2004.

[22] A advertência do autor refere-se aos atípicos, que são, em geral, inominados, consoante vimos acima.

[23] Francesco Messineo, *Il Contratto in Genere*, Milano: Giuffrè, 1973, t. I, p. 693.

Tal aspecto fora muito bem observado por MESSINEO:

"Il fenomeno del collegamento, o connessione, fra contratti si hà, quando un contratto presenti un certo nesso con un altro (duplicità): sia che il nesso abbia, come punto di riferimento, il primo contratto, sia che abbia, cume punto di riferimento, il secondo. Tal qualificazione provvisoria avrà bisogno di sviluppo; ma serve per um primo orientamento.

Il problema, che qui sorge, della pluralità o unità di causa, e, quindi, della dualità (o pluralità) di contratti, è identico a quello, vagliato sopra, a proposito del contratto innominato (capitolo XIII, § 8): condifferenza che — mentre, in quel caso, prende rilievo il fenomeno della dualità (o pluralità), che — come abbiamo notato — hà il primo e necessario presupposto, perché possa darsi collegamento fra contratti (i contratti come 'monadi')"[24].

A despeito de não haver previsão legal específica a respeito disso, é inegável que o fenômeno da coligação contratual poderá existir, segundo a autonomia (*condicionada*) da vontade das partes.

Situação muito comum que bem exemplifica a coligação de contratos, encontramos nas avenças firmadas entre donos de postos de combustível e os distribuidores de derivados de petróleo. Frequentemente, as partes envolvidas celebram, simultaneamente, vários contratos coligados, podendo eles figurar no mesmo instrumento ou não. Assim, são celebrados contratos de fornecimento de combustível, comodato das bombas, locação de equipamentos etc. Todos eles juridicamente vinculados, dando causa a uma complexa relação jurídica, vinculativa das partes contratantes[25].

Em termos de classificação, segundo doutrina de ENECCERUS, referida por ORLANDO GOMES[26], a união entre contratos poderá dar-se das seguintes formas:

a) união meramente externa;

b) união com dependência;

c) união alternativa.

Em todas elas, repita-se, não existe a formação de um contrato único, mas sim a conjugação de mais de um contrato[27].

No primeiro caso, tem-se apenas uma vinculação meramente documental. Os contratos não guardam vínculo de funcionalidade sistêmica entre si, mas, apenas, são consignados no mesmo instrumento. Em linguagem simples e coloquial, com a permissão do nosso caro leitor, e sem prescindirmos do amor à técnica, diríamos que os contratos *compartilham o mesmo lugar, o mesmo papel*. De fato, não se trataria propriamente de uma união de contratos, mas, apenas, de um compartilhamento de instrumento.

Aliás, já tivemos oportunidade de advertir que não se pode confundir o *contrato*, enquanto acordo negocial de vontades, cujo núcleo é o consentimento das partes contratantes, com o mero instrumento contratual, o documento que concretiza, na realidade

---

[24] Francesco Messineo, ob. cit., p. 720.

[25] Nesse sentido, cf. Carlos Roberto Gonçalves, *Direito das Obrigações — Parte Especial — Contratos* (Sinopses Jurídicas), 21. ed., São Paulo: Saraiva, 2019, v. 6, t. 1.

[26] Orlando Gomes, *Contratos*, cit., p. 104-5.

[27] Sobre o tema, o Enunciado 621 da VIII Jornada de Direito Civil da Justiça Federal estabeleceu: "Art. 421: Os contratos coligados devem ser interpretados a partir do exame do conjunto das cláusulas contratuais, de forma a privilegiar a finalidade negocial que lhes é comum".

externa, a vontade das partes. Nesse sentido, a união meramente externa é inequivocamente *superficial*.

No segundo caso, os contratos coligados guardam uma íntima vinculação de dependência entre si, como ocorre nos contratos firmados com donos de postos de gasolina, mencionado linhas acima, ou na hipótese de contratos (por exemplo, de empréstimo — mútuo ou comodato) firmados entre empregado e empregador no curso do contrato de emprego e a este vinculado. Os contratos unem-se formando uma espécie de bloco contratual capilarizado entre si. A impressão que se tem é que se trata de um contrato misto, mas tal imagem se desfaz ao procedermos com uma análise de fundo, e concluirmos pela existência de autonomia jurídica entre as diversas figuras vinculadas.

Bem a propósito, nesse particular, são as palavras do grande mestre ORLANDO GOMES:

"A dependência pode ser recíproca ou não. Na primeira forma, dois contratos completos, embora autônomos, condicionam-se reciprocamente, em sua existência e validade. Cada qual é a causa do outro, formando uma unidade econômica. Enfim, a intenção das partes é que um não exista sem o outro. A coligação dos contratos pode ser necessária ou voluntária. A coligação necessária, também chamada genética, é imposta pela lei, como que existe entre o contrato de transporte aéreo e o de seguro de passageiro. Quando decorre da vontade dos interessados, como se verifica ordinariamente, diz-se voluntária. Visto que nessa união de contratos há reciprocidade, os dois se extinguem ao mesmo tempo; a dissolução de um implica a do outro"[28].

E, finalmente, a união alternativa é aquela em que os contratos são excludentes entre si, prevalecendo um em lugar do outro, caso determinado acontecimento ou circunstância prevista pelas partes se implemente. É o caso, por exemplo, de um contrato de doação, cuja eficácia esteja condicionada a um determinado evento (ser aprovado em um concurso, v. g.), estabelecendo-se que, caso ele não se realize, a cessão do bem será considerada como um mero contrato de comodato. Também neste caso, entendemos que se trata de uma união aparente, com veio de superficialidade, visto que, de fato, apenas um dos contratos prevalecerá.

Merece especial menção, aqui, a Lei do Superendividamento (Lei n. 14.181, de 1.º-7-2021), que inseriu, no Código de Defesa do Consumidor, o art. 54-F[29], com expressa menção aos contratos coligados.

Em conclusão, frise-se que, posto não houvesse sido disciplinada em seção específica do Código Civil de 2002, por manifesta desnecessidade, força é convir que a *coligação de contratos* é perfeitamente possível em nosso direito positivo.

---

[28] Orlando Gomes, ob. cit., p. 104.

[29] CDC: "Art. 54-F. São conexos, coligados ou interdependentes, entre outros, o contrato principal de fornecimento de produto ou serviço e os contratos acessórios de crédito que lhe garantam o financiamento quando o fornecedor de crédito: I – recorrer aos serviços do fornecedor de produto ou serviço para a preparação ou a conclusão do contrato de crédito; II – oferecer o crédito no local da atividade empresarial do fornecedor de produto ou serviço financiado ou onde o contrato principal for celebrado". Para a compreensão desse artigo e das demais normas da Lei do Superendividamento, recomendamos a seguinte leitura: GAGLIANO, Pablo Stolze; OLIVEIRA, Carlos Eduardo Elias. Comentários à "Lei do Superendividamento" (Lei n. 14.181, de 01 de julho de 2021) e o Princípio do Crédito Responsável: uma primeira análise. *JusBrasil*. Disponível em: <https://direitocivilbrasileiro.jusbrasil.com.br/artigos/1240597511/comentarios-a-lei-do-superendividamento-lei-n-14181-de-01-de-julho-de-2021-e-o--principio-do-credito-responsavel-uma-primeira-analise>. Acesso em: 3 out. 2021.

Capítulo IX
Vícios Redibitórios

Sumário: 1. Introdução. 2. Conceito e características. 3. Fundamento da garantia contra os vícios redibitórios. 4. Vícios redibitórios × Erro como vício de consentimento. 5. Consequências jurídicas da verificação de vícios redibitórios. 6. Prazo para a propositura das ações edilícias. 7. Vícios redibitórios e o Código de Defesa do Consumidor.

1. INTRODUÇÃO

No presente capítulo e no próximo, cuidaremos de desenvolver dois importantes temas relativos à teoria geral dos contratos.

Ambos, tanto o *vício redibitório* como a *evicção*, são institutos jurídicos que têm a finalidade de resguardar ou garantir o adquirente de determinada coisa em contratos translativos da posse ou da propriedade, inclusive nas doações onerosas[1].

Se o nosso caro amigo leitor, por sua vez, cuidar de observar com atenção, pouca diferença houve entre os Códigos de 1916 e de 2002, embora as mudanças operadas entre os dois períodos históricos (e mesmo do espírito da nova codificação) hajam sido significativas.

Comecemos com a análise dos vícios redibitórios.

Vamos lá então.

2. CONCEITO E CARACTERÍSTICAS

Os vícios redibitórios, por definição, *são defeitos ocultos que diminuem o valor ou prejudicam a utilização da coisa recebida por força de um contrato comutativo* (art. 441 do CC/2002).

O principal aspecto a ser considerado é, precisamente, portanto, o fato de este vício ser *oculto, recôndito*, ou seja, *não aparente.*

Se for aparente, não se tratará de vício redibitório.

Nosso sempre lembrado e muito querido mestre CAIO MÁRIO, ao defini-lo, afirma, com absoluta precisão, tratar-se de "um defeito oculto de que é portadora a coisa objeto de contrato comutativo, que a torna imprópria ao uso a que se destina, ou lhe prejudica sensivelmente o valor".

E mais adiante arremata: "Não se aproxima ontologicamente o conceito de vício redibitório da ideia de responsabilidade civil. Não se deixa perturbar a sua noção com a

---
[1] Nesse sentido, Clóvis Beviláqua: "Na compra e venda, na troca, na dação em pagamento e em todos os contratos tendentes à translação do domínio, posse ou uso, tem cabimento a ação de rejeição, fundada em vício redibitório" (*Direito das Obrigações*, cit., p. 240).

indagação da conduta do contraente, ou apuração da sua culpa, que influirá, contudo, na graduação dos respectivos efeitos, sem aparecer como elementar de sua caracterização"[2].

Quanto a essa última afirmação do culto jurista, razão lhe assiste inteiramente.

Essencialmente, o vício redibitório aproxima-se muito mais de uma causa de *dissolução contratual* do que propriamente do sistema de responsabilidade civil, muito embora a parte prejudicada tenha o direito de ser devidamente indenizada.

Exemplo típico de aplicação da teoria ocorrerá quando Simplício[3], ao comprar um relógio de cobre da marca Scubix, ignora que ele é portador de um defeito oculto — uma conexão equivocada de suas engrenagens, v. g. — que prejudica a sua utilização.

Note-se, outrossim, que esse defeito deverá *acompanhar a coisa, quando da sua tradição*.

Sim, porque se o vício é *posterior* à aquisição da coisa, ou seja, se a causa do defeito operou-se já quando a *res* estava em poder do adquirente, por má utilização ou desídia, este nada poderá pleitear.

Nesse diapasão, poderíamos, assim, elencar os seguintes elementos caracterizadores ou requisitos do vício redibitório:

a) a existência de um contrato comutativo (translativo da posse e da propriedade da coisa);

b) um defeito oculto existente no momento da tradição;

c) a diminuição do valor econômico ou o prejuízo à adequada utilização da coisa.

3. FUNDAMENTO DA GARANTIA CONTRA OS VÍCIOS REDIBITÓRIOS

Seguindo a doutrina de ORLANDO GOMES[4], notamos que o fundamento jurídico da garantia legal contra os vícios redibitórios assenta, fundamentalmente, em três teorias:

a) **Teoria da evicção parcial** — para entendermos essa teoria, necessário se faz definirmos, ainda que em breves linhas, o que se entende por *evicção*, tema tratado pormenorizadamente no próximo capítulo. A evicção consiste na perda da propriedade de um bem, móvel ou imóvel, por força do reconhecimento judicial ou administrativo do direito anterior de terceiro. Exemplo: Oliveira compra um iate de Zigfrida. Pouco tempo depois, o comprador é surpreendido por uma ação reivindicatória, proposta por Bomfino, que prova seu anterior direito de propriedade sobre a coisa. Em tal caso, Oliveira poderá ser compelido a devolver o bem, voltando-se, regressivamente, contra o antigo vendedor (Zigfrida), para haver a devida e justa compensação. Nota-se, do exposto, que razão nenhuma existe para justificar a garantia contra os vícios redibitórios nesta teoria. Isso porque, como visto, a evicção guarda íntima conexão com descumprimento contratual e responsabilidade civil, ao passo que os defeitos de que tratamos têm mais que ver com a redibição ou rejeição do contrato (dissolução), pela existência de um vício prejudicial ao direito do novo dono.

---

[2] Caio Mário da Silva Pereira, *Instituições de Direito Civil*, 10. ed., Rio de Janeiro: Forense, v. III, p. 71.
[3] Desistimos de uniformizar tudo com Caio e Tício!
[4] Orlando Gomes, ob. cit., p. 94-5.

b) Teoria do erro — segundo ORLANDO GOMES, a semelhança com essa teoria, que vê no vício redibitório a incidência de um *erro sobre a vontade do adquirente*, é "impressionante"[5]. Ocorre que, se identificação houvesse, seria o caso de se *anular o contrato*, o que, nos termos das regras positivas em vigor, não ocorre[6]. De fato, *erro* e *vício redibitório* não se devem confundir, mormente em se considerando que o primeiro tem dimensão subjetiva ou psicológica e o segundo é de natureza eminentemente objetiva, conforme veremos abaixo.

c) Teoria do risco — segundo essa teoria, que muito agradou a Saleilles, a garantia legal contra os vícios redibitórios decorreria da própria lei, que imporia ao alienante os *riscos* pelos eventuais defeitos ocultos existentes na coisa. O grande problema desta teoria é que, por definição, em Direito Civil, risco traduz uma ideia de *perigo concreto de dano por caso fortuito ou de força maior*. Ora, se tal conceito guarda conexão com a noção de fortuito, chegar-se-ia à conclusão de que o alienante suportaria a redibição da coisa em face de defeitos por ele desconhecidos. E se assim o for, retornaremos à mesma ideia, geral, de "garantia".

Assim, concluímos que a previsão legal dos vícios redibitórios encontra a sua justificativa jurídica — e por que não dizer ideológica — na noção maior de *"garantia contratual"*.

E essa garantia decorrente dos vícios redibitórios é tal, em nosso direito positivo, que o art. 444 do Código Civil chega ao ponto de impor responsabilidade ao alienante, *ainda que a coisa pereça em poder do alienatário (adquirente), se tal perecimento decorrer do vício oculto, já existente ao tempo da tradição*. Ou seja, se a coisa vier a ser destruída ou se extinguir, em virtude do próprio defeito, já existente quando da tradição, ainda assim o adquirente terá o direito à compensação devida.

4. VÍCIOS REDIBITÓRIOS × ERRO COMO VÍCIO DE CONSENTIMENTO

Advertimos, mais uma vez, que *vício redibitório e erro*, posto sejam conceitos muito próximos, não devem ser confundidos, consoante já anotamos:

"Outro equívoco muito comum que deve ser afastado é a falsa ideia de que erro e vício redibitório se confundem.

O erro, consoante já se anotou, expressa uma equivocada representação da realidade, uma opinião não verdadeira a respeito do negócio, do seu objeto ou da pessoa com quem se trava a relação jurídica. Este defeito do negócio, portanto, vicia a própria vontade do agente, atuando no campo psíquico (subjetivo).

Diferente é a hipótese de vício redibitório, garantia legal prevista para os contratos comutativos em geral. Se o adquirente, por força de uma compra e venda, por exemplo, recebe a coisa com defeito oculto que lhe diminui o valor ou prejudica a sua utilização (vícios redibitórios), poderá rejeitá-la, redibindo o contrato, ou, se preferir, exigir o abatimento no preço.

---

[5] Orlando Gomes, ob. cit., p. 94.

[6] De fato, como veremos, a ocorrência de vícios redibitórios não fulmina o contrato comutativo no plano da validade, mas, sim, no campo da eficácia, por permitir o enjeitamento/devolução da coisa ou o abatimento no preço, fora a responsabilidade pelas perdas e danos.

Note-se, pois, que o agente, ao adquirir a coisa, não incorreu em erro, uma vez que recebeu exatamente aquilo que pretendia comprar. Apenas a coisa transferida portava defeito oculto que lhe depreciava ou tornava imprópria a sua utilização.

O vício redibitório, pois, não toca o psiquismo do agente, incidindo, portanto, na própria coisa, objetivamente considerada. Exemplo: o indivíduo pretende comprar um relógio de ouro da marca 'x'. Um vizinho lhe faz uma oferta, e então ele compra o produto desejado, sem que haja erro em sua manifestação de vontade. Alguns dias depois, entretanto, observa que o relógio não funciona bem, em virtude de um defeito oculto em seu maquinismo. Trata-se, no caso, de vício redibitório, que desafia, em concurso de ações, duas vias judiciais (ações edilícias): a ação redibitória (para desfazer o contrato e exigir o que se pagou, com perdas e danos se o alienante sabia do vício) ou a ação 'quanti minoris' (para se exigir o abatimento no preço)"[7].

5. CONSEQUÊNCIAS JURÍDICAS DA VERIFICAÇÃO DE VÍCIOS REDIBITÓRIOS

E, afinal de contas, verificada a incidência de **vício redibitório**, quais seriam as suas consequências jurídicas?

A resposta não é difícil.

A teor do art. 442 do Código Civil, abrem-se, para o adquirente, duas possibilidades:

a) rejeitar a coisa, redibindo o contrato (via *ação redibitória*);

b) reclamar o abatimento no preço (via ação *estimatória ou "quanti minoris"*).

A primeira solução é a mais drástica. O alienatário, insatisfeito pela constatação do vício, propõe, dentro do prazo decadencial previsto em lei, uma *ação redibitória*, cujo objeto é, precisamente, o desfazimento do contrato e a devolução do preço pago, podendo inclusive pleitear o pagamento das perdas e danos.

No segundo caso, prefere o adquirente, também dentro do prazo decadencial da lei, propor ação para pleitear o abatimento ou desconto no preço, em face do defeito verificado. Tal ação denomina-se *ação estimatória ou "quanti minoris"*.

Tanto a ação redibitória quanto a ação *quanti minoris* são espécies das denominadas *ações edilícias*, existindo, entre ambas, uma relação de alternatividade, ou seja, um concurso de ações: o adquirente somente poderá promover uma *ou* outra, visto que comportam pedidos excludentes entre si ("electa una via non datur regressus ad alteram").

Discorrendo sobre o tema no plano processual, o insuperável J. M. de ARRUDA ALVIM, em clássica obra, pontifica:

"A doutrina e a jurisprudência, tradicionalmente, aludem a concurso de ações, quando, em verdade, parece-nos que, mais propriamente, deveriam referir-se a concurso de pretensões. Isto porque a teoria do concurso de ações diz respeito à existência, para a satisfação de um mesmo interesse, de mais de uma pretensão de direito material".

---

[7] Volume 1 desta obra.

E mais adiante arremata:

"De várias formas pode-se apresentar o concurso de ações. Como, por exemplo, vejamos as ações que cabem ao comprador de coisa recebida com vício ou defeito oculto, que a tornem imprópria ao uso destinado. Estas existem para a satisfação do direito do comprador. Entretanto, pelo art. 442 do CC/2002, pode o adquirente ou mover ação redibitória, enjeitando a coisa e rescindindo o contrato, ou então reclamar abatimento no preço"[8].

Na mesma linha, ressaltando a impropriedade do termo "concurso de ações", apesar da ampla receptividade de tal expressão, o ilustrado FREDIE DIDIER[9] assevera:

"O denominado concurso de ações (rectius: direitos) pode dar-se, em seu aspecto objetivo, de duas formas: a) concurso impróprio: há mais de uma pretensão concorrente, nascida a partir de um mesmo fato gerador; b) concurso próprio: há pluralidade de causas de pedir que autorizam a formulação de mesmo pedido. Em caso de concurso de ações, somente é possível a satisfação de um dos direitos concorrentes: ou se pleiteia um dos pedidos possíveis (impróprio), ou se traz uma das causas de pedir (próprio). Não se podem cumular direitos concorrentes, pois é impossível o acolhimento simultâneo de todos eles (art. 295, par. ún., IV, CPC).

São exemplos de concurso de direitos: a) vício redibitório: *quanti minoris* ou ação redibitória — arts. 441-442, Código Civil/2002; b) invalidade do contrato por simulação ou por fraude; c) pedido de complementação de área na venda *ad mensuram*, ou, subsidiariamente, a redução do preço ou extinção do contrato (art. 500, Código Civil/2002); d) pedido de nulidade do contrato ou, subsidiariamente, redução do valor da dívida; e) nulidade de casamento ou, sucessivamente, separação judicial[10]; f) quem possui uma cambial é credor do emitente seja da obrigação abstrata que surge do negócio cambial, seja da obrigação causal que surge da relação fundamental; g) o credor de uma coisa determinada pode também ser seu proprietário, como nos casos de comodato, locação etc.; nestes casos, pode pretender a coisa como proprietário ou como credor[11]; h) passageiro que sofre lesões no transporte ferroviário: tem direito à indenização por força da culpa aquiliana do preposto ou da responsabilidade objetiva da empresa ferroviária[12]; i) vítima de acidente de trânsito, que tanto tem direito ao valor do seguro obrigatório como também a uma indenização do causador do acidente, devendo, entretanto, o valor daquele ser abatido desta"[13].

---

[8] José Manoel de Arruda Alvim, *Manual de Direito Processual Civil — Parte Geral*, 8. ed., São Paulo: Revista dos Tribunais, 2003, v. I, p. 479.

[9] Fredie Didier Jr., *Direito Processual Civil*, 3. ed., Salvador: JusPodivm, 2003, p. 280 e s. (mantidas inclusive as correspondentes notas de rodapé).

[10] Alguns exemplos retirados do rol de Araken de Assis, *Cumulação de Ações*, p. 258.

[11] Os dois últimos são exemplos de concurso próprio citados por Liebman, "Ações concorrentes", in *Eficácia e Autoridade da Sentença*, 2. ed., Rio de Janeiro: Forense, 1981, p. 222-3.

[12] Exemplo de concurso objetivo próprio de Cândido Dinamarco. "Electa una via non datur regressus ad alteram", in *Fundamentos do Processo Civil Moderno*, 3. ed., São Paulo: Malheiros, 2000, t. II, p. 915.

[13] Súmula 246 do Superior Tribunal de Justiça: "O valor do seguro obrigatório deve ser deduzido da indenização judicialmente fixada". A necessidade de dedução revela a existência de direitos concorrentes. Às vezes, o valor do seguro não corresponde ao valor dos danos, podendo a vítima pleitear em face do responsável pelo acidente a complementação da indenização. Permanece a regra: o direito concorrente só se extingue com a total satisfação do direito que com ele concorre.

Observe-se, outrossim, que, nos termos do art. 443, se o alienante conhecia o vício ou defeito oculto da coisa, deverá restituir o que recebeu com *perdas e danos*, mas, se não o conhecia, apenas restituirá o valor recebido, mais as despesas do contrato.

Trata-se, pois, de um dispositivo que guarda íntima conexão com a noção, já trabalhada, de boa-fé objetiva[14]. A quebra do dever de lealdade, consistente na alienação de coisa que *sabe ser defeituosa*, sujeita, pois, o alienante a pagar, a título indenizatório, perdas e danos à parte adversa. Caso, entretanto, desconheça o defeito, apenas restituirá o *status quo ante*, devolvendo o preço pago mais as despesas do contrato.

Registre-se, inclusive, que a nova codificação civil não renovou a norma proibitiva de admissão das ações edilícias quando a coisa fosse adquirida em hasta pública (CC/1916, "Art. 1.106. Se a coisa foi vendida em hasta pública, não cabe a ação redibitória, nem a de pedir abatimento no preço"), não trazendo qualquer norma equivalente, no que constituiu um avanço, até pela dificuldade de caracterização que se verifica na prática judicial[15].

Posto isso, passemos a enfrentar um importante aspecto referente às ações edilícias: *qual é o prazo para a sua propositura?*

6. PRAZO PARA A PROPOSITURA DAS AÇÕES EDILÍCIAS

Primeiramente, frise-se que, por se tratar de ações que têm por conteúdo, nitidamente, o exercício de *direitos potestativos*, os prazos, em questão, são *decadenciais, e não prescricionais*[16].

Aliás, é interessante observar que o artigo regente da matéria (art. 445 do CC/2002), se cotejado com o 178, §§ 2.º e 5.º, do CC/1916, indica uma das raras hipóteses de *aumento de prazo* no Código de 2002.

Comparemos os dispositivos:

> Código Civil de 2002:
> Art. 445. O adquirente decai do direito de obter a redibição ou abatimento no preço no prazo de *trinta dias se a coisa for móvel*, e de *um ano se for imóvel*, contado da entrega efetiva; se já estava na posse, o prazo conta-se da alienação, reduzido à metade.
>
> § 1.º Quando o vício, por sua natureza, só puder ser conhecido mais tarde, o prazo contar-se-á do momento em que dele tiver ciência, até o prazo máximo de cento e oitenta dias, em se tratando de bens móveis; e de um ano, para os imóveis.
>
> § 2.º Tratando-se de venda de animais, os prazos de garantia por vícios ocultos serão os estabelecidos em lei especial, ou, na falta desta, pelos usos locais, aplicando-se o disposto no parágrafo antecedente se não houver regras disciplinando a matéria.

---

[14] Cf. o Capítulo "Boa-Fé Objetiva em Matéria Contratual" deste volume.

[15] *Vide*: STJ, REsp 187.305/RS (1998/0064483-0) *DJ*, 2-5-2000, p. 145, *RSTJ*, 136/372, *RT*, 780/211, rel. Min. Barros Monteiro, j. 8-2-2000, 4.ª Turma.

[16] Sobre a diferença entre prescrição e decadência, confira-se o Capítulo XVIII ("Prescrição e Decadência") do v. 1 ("Parte Geral") desta obra.

> Código Civil de 1916:
> Art. 178. Prescreve:
> (...)
> § 2.º Em *15 (quinze) dias*, contados da tradição da coisa, a ação para haver abatimento do preço da coisa móvel, recebida com vício redibitório, ou para rescindir o contrato e reaver o preço pago, mais perdas e danos.
> (...)
> § 5.º Em *6 (seis) meses*:
> (...)
> IV — a ação para haver o abatimento do preço da coisa imóvel, recebida com vício redibitório, ou para rescindir o contrato comutativo, e haver o preço pago, mais perdas e danos; contado o prazo da tradição da coisa.

Conclui-se, pois, que o prazo decadencial para o ajuizamento da ação redibitória ou da ação *quanti minoris* aumentou de 15 para 30 dias — no caso de *bens móveis* —, e de 6 meses para 1 ano — no caso de *bens imóveis*. Entretanto, caso o adquirente já estivesse na posse da coisa, o prazo é contado, *a partir da alienação*, pela metade.

Essa última circunstância, por sua vez, não prevista no Código anterior, deve ser realçada por meio de um exemplo, para que não pairem dúvidas na mente de nosso atento leitor.

Imagine-se que Juca estivesse na posse de uma fazenda, pertencente a Chico, há 2 anos, na qualidade de arrendatário. Resolve, então, comprá-la. Ora, em tal caso, se vier a perceber a existência de *vício redibitório* (defeito oculto), terá o prazo de um ano, *reduzido à metade (6 meses, portanto)*, a contar da data do registro do título de transferência no cartório de imóveis (data da alienação formal) para propor a ação edilícia. O mesmo raciocínio se aplica, se se tratar de bens móveis, operando-se, todavia, a redução de prazo de 30 para 15 dias.

Mas, afinal de contas, qual seria o real motivo para que se procedesse a essa contagem do prazo pela metade?

A justificativa é que, uma vez que o adquirente *já estava na posse do bem*, o legislador entendeu que ele já disporia de tempo maior para a detecção do defeito, razão pela qual o prazo seria contado pela metade.

Essa explicação, todavia, nem sempre convence ou se afigura justa, pois, se o adquirente estiver na posse do bem *apenas um dia antes do ato de alienação*, suportará a perda de metade do prazo!

É isso mesmo.

Segundo o dispositivo sob comento, basta a simples "posse" da coisa, anterior à tradição, para que se proceda à redução do prazo. E, uma vez que não se estipulou critério objetivo para contagem desse lapso temporal, um breve período que seja, anterior à alienação, já justificaria a sua perda por metade.

Tal situação não nos parece justa, e deve, em nosso sentir, ser devidamente aferida pelo juiz, caso a caso, segundo o bom senso que se espera do julgador cauteloso.

Interessante ainda observar a dicção do § 1.º, do artigo sob comento, já transcrito:

"§ 1.º Quando o vício, por sua natureza, só puder ser conhecido mais tarde, o prazo contar-se-á do momento em que dele tiver ciência, até o prazo máximo de cento e oitenta dias, em se tratando de bens móveis; e de um ano, para os imóveis".

Cuidou-se, aqui, de regular a situação muito comum de o vício redibitório apenas ser detectado após a tradição ou, como quer o legislador, "ser conhecido mais tarde", hipótese em que o prazo será contado a partir do momento em que o adquirente tiver ciência do defeito (termo *a quo*), até o prazo máximo de 180 dias, se a coisa for móvel, e de um ano, se for imóvel.

Saliente-se este ponto: tal prazo somente correrá a partir do momento em que o dono da coisa detectar o vício, o qual, obviamente, não poderá decorrer de má utilização, e sim, ser anterior à tradição da coisa.

O presente dispositivo segue a trilha do art. 26, § 3.º, da Lei n. 8.078/90 (CDC), que dispõe acerca do prazo decadencial para que o consumidor reclame por vícios do produto ou serviço:

"Art. 26. O direito de reclamar pelos vícios aparentes ou de fácil constatação caduca em:

I — trinta dias, tratando-se de fornecimento de serviço e de produto não duráveis;

II — noventa dias, tratando-se de fornecimento de serviço e de produto duráveis;

(...)

§ 3.º *Tratando-se de vício oculto, o prazo decadencial inicia-se no momento em que ficar evidenciado o defeito*" (grifamos).

Em se tratando, entretanto, de venda de animais, o § 2.º do art. 445 do CC prevê que os prazos de garantia serão os estabelecidos em lei especial, ou, na falta desta, pelos usos locais, aplicando-se o disposto no parágrafo antecedente, se não houver regra disciplinando a matéria. Vê-se, portanto, tratar-se de regra supletiva, cuja finalidade é evitar eventuais litígios quando o vício redibitório incidir em animal, objeto de contrato de compra e venda.

Outro importante aspecto, abordado pelo Código Civil de 2002 e desconhecido pela legislação anterior, deve ser ressaltado: *a previsibilidade normativa da suspensão do prazo de garantia legal, enquanto estiver em curso a garantia contratual.*

E tão interessante é a dicção deste dispositivo que, em nosso sentir, na falta de regra semelhante, poderá o mesmo ser aplicado subsidiariamente às relações de consumo.

Nesse ponto, estamos a tratar da regra prevista no art. 446:

"Art. 446. Não correrão os prazos do artigo antecedente na constância de cláusula de garantia; mas o adquirente deve denunciar o defeito ao alienante nos trinta dias seguintes ao seu descobrimento, sob pena de decadência".

Comentando este dispositivo, JONES FIGUEIRÊDO ALVES observou:

"Cláusula de garantia é causa obstativa de decadência e como cláusula contratual, pela qual o alienante acoberta a indenidade da coisa, é complementar da garantia obrigatória e legal, a que responde. Não exclui, portanto, a garantia legal. O primeiro relatório ao projeto, de autoria do Deputado Ernani Satyro, já registrava não se haver 'como confundir o fato de não correr prazo na constância da cláusula de garantia, com a obrigação que tem o adquirente de denunciar o defeito da coisa ao alienante, tão logo o verifique. Trata-se, como se vê, de consagração jurídica de um dever de probidade e boa-fé, tal como anunciado no art. 422. Não é por estar amparado pelo prazo de garantia, que o comprador deva se prevalecer dessa situação para abster-se de dar ciência imediata do vício verificado na coisa adquirida"[17].

Em verdade, o que o legislador fez, não sem tempo, foi solucionar a delicada situação consistente no fato de *coexistirem duas modalidades de garantia: a legal e a contratual*. Isso ocorre com frequência no âmbito do mercado de consumo. O indivíduo compra, por exemplo, uma televisão, de determinada marca, com garantia *contratual* de 5 anos. Sem prejuízo de tal cláusula, entretanto, gozará também da *garantia legal genérica*, prevista pelo Código de Defesa do Consumidor para o caso de se verificar defeito no produto adquirido (art. 26).

Pois bem.

Em tal circunstância, enquanto estiver em curso o prazo de garantia contratual, a garantia legal estará sobrestada, paralisada, ou seja, não correrá prazo decadencial algum em desfavor do adquirente.

Todavia, verificado o defeito, o adquirente, *por imperativo da boa-fé objetiva*, deverá denunciá-lo (noticiá-lo) ao alienante, nos 30 dias seguintes ao descobrimento, sob pena de decadência.

Com isso, concluímos que, caso o alienatário descumpra esse dever de informação, perderá o direito à garantia legal.

Constate-se, portanto, mais uma vez, como toda a análise hermenêutica do novo diploma, especialmente na seara contratual, encontra-se profundamente influenciada pelo princípio da boa-fé, cuja noção vale sempre a pena ser recordada:

"Enquanto princípio normativo, a boa-fé surge como um critério norteador de comportamentos, impondo às partes uma conduta que possa valorar-se como honesta, correta e leal. Pretende com tal fórmula exprimir-se a ideia de que não é legítimo defraudar aquela confiança que constitui a base imprescindível das relações humanas, tornando-se, por isso, necessário que os contratantes atuem tal como deve esperar-se que o faça qualquer pessoa que participe corretamente no tráfico jurídico. No que vai implicada a exigência fundamental de que cada uma das partes da relação negocial tome em consideração os interesses legítimos da outra"[18].

Essa belíssima passagem do pensamento de ALMENO DE SÁ harmoniza-se perfeitamente com a ideia esposada: o adquirente *age de maneira leal e ética* ao comunicar ao alienante o defeito da coisa, dentro do prazo estipulado em lei.

O seu silêncio, outrossim, poderá indicar *intenção de prejudicar ou má-fé*, mormente em se considerando que os efeitos danosos provenientes do vício poderão, em virtude do seu comportamento omissivo, se agravar.

---

[17] Jones Figueirêdo Alves, *Novo Código Civil Comentado* (coord. Ricardo Fiuza), São Paulo: Saraiva, 2002, p. 397-8.

[18] Almeno de Sá, Relação Bancária, Cláusulas Contratuais Gerais e o Novo Código Civil Brasileiro, in *Revista Brasileira de Direito Comparado*, Rio de Janeiro: Instituto de Direito Comparado Luso--Brasileiro, 2003, p. 171.

7. VÍCIOS REDIBITÓRIOS E O CÓDIGO DE DEFESA DO CONSUMIDOR

Finalmente, cumpre-nos tecer breves considerações acerca dos vícios redibitórios e o nosso Código de Defesa do Consumidor (Lei n. 8.078/90).

A proteção dispensada pelo CDC ao consumidor é muito mais ampla do que aquela prevista no Código Civil.

Isso porque a lei consumerista não cuida de diferenciar os vícios aparentes dos redibitórios, consagrando, todavia, um eficaz sistema protetivo, que irá tutelar os direitos da parte hipossuficiente na relação de consumo, independentemente da natureza do defeito em tela (arts. 18 e s.).

Nesse mesmo sentido, JOSÉ FERNANDO SIMÃO, em excelente obra, observa que:

"O Código de Defesa do Consumidor inovou ao enfatizar o fato de o vício ser de qualidade ou quantidade. O fato de o vício ser oculto ou aparente realmente gera poucas diferenças na relação de consumo e suas consequências limitam-se à questão dos prazos para exercício do direito de reclamar pelos vícios (art. 26, Código de Defesa do Consumidor)"[19].

Já SÍLVIO VENOSA, com maestria, pontifica:

"Sem sombra de dúvida, é no âmbito do consumidor que avultará de importância a garantia pelos produtos ou pelos serviços. Já ressaltamos que o fornecedor tem o dever de informar o consumidor acerca das qualidades do produto ou serviço, bem como adverti-lo dos riscos. Entre as regras de programa que traz a lei (Lei n. 8.078/90), é reconhecida a vulnerabilidade do consumidor no mercado de consumo".

E mais adiante arremata:

"... existe um alargamento da responsabilidade legal do fornecedor, atendendo ao dinamismo e à forma das práticas de comércio. O fornecedor responsabiliza-se não somente pelo produto em si que coloca no mercado, como também pela imagem que divulga desse produto, sendo obrigado a respeitar sua veracidade"[20].

Assim, forçoso convir que, sem dúvida, a grande vantagem do sistema inaugurado pelo CDC consiste na ampliação da responsabilidade do fornecedor pelo vício do produto ou serviço.

Trata-se, em verdade, de uma forma objetiva de responsabilidade civil — o que favorece a defesa do consumidor —, compartilhada solidariamente por todos aqueles que participam da cadeia causal de consumo[21].

---

[19] José Fernando Simão, *Vícios do Produto no Novo Código Civil e no Código de Defesa do Consumidor — Responsabilidade Civil*, São Paulo: Atlas, 2003, p. 88.

[20] Sílvio de Salvo Venosa, *Direito Civil — Teoria Geral das Obrigações e dos Contratos*, 3. ed., São Paulo: Atlas, 2003, v. II, p. 554-5.

[21] Nesse sentido, confira-se o art. 18 do CDC.

Capítulo X
Evicção

Sumário: 1. Noções conceituais. 2. Fundamentos jurídicos. 3. Requisitos. 3.1. Aquisição de um bem. 3.1.1. Contratos onerosos. 3.1.2. Aquisição em hasta pública. 3.2. Perda da posse ou da propriedade. 3.3. Prolação de sentença judicial ou execução de ato administrativo. 4. Direitos do evicto. 5. Espécies de evicção: total e parcial. 6. Evicção e autonomia da vontade — a cláusula de não evicção. 7. Evicção e benfeitorias.

1. NOÇÕES CONCEITUAIS

Evicção é uma figura jurídica que nos remete à ideia de "perda".

Assim como os vícios redibitórios, a proteção contra seus efeitos nada mais é do que uma garantia contratual dos contratos onerosos.

Consiste a evicção na perda, pelo adquirente (*evicto*), da posse ou propriedade da coisa transferida, por força de uma sentença judicial ou ato administrativo que reconheceu o direito anterior de terceiro, denominado *evictor*.

Note-se, portanto, que a sua previsão legal decorre especialmente da necessidade de se resguardar o adquirente de uma eventual alienação *a non domino*, ou seja, *alienação de coisa não pertencente ao alienante*.

Em tal caso, poderá o alienatário (adquirente) voltar-se contra aquele, se vier a perder a coisa para terceiro.

Sob o prisma histórico, esse peculiar instituto jurídico tem indiscutível raiz romana.

Nasceu das formalidades da *mancipatio*, ou de negócio menos formal denominado *stipulatio*. Se o adquirente, pela *mancipatio*, viesse a ser demandado por terceiro, antes de ocorrer o usucapião, poderia chamar o vendedor, a fim de que ele se apresentasse em juízo para assisti-lo e defendê-lo na lide. Se o vendedor se recusasse a comparecer, ou, se mesmo comparecendo, o adquirente se visse privado da coisa, teria este último a denominada *actio auctoritatis*, para obter o dobro do preço que havia pago no negócio[1].

Vê-se, portanto, dessas breves noções conceituais introdutórias, que, da evicção, participam três personagens fundamentais:

a) alienante;

b) adquirente (evicto);

c) terceiro (evictor).

Sendo assim, caso o adquirente venha a perder a coisa adquirida para o terceiro/reivindicante (evictor), que prova o seu legítimo e anterior direito à propriedade da

---
[1] Sílvio Venosa, ob. cit., p. 565.

coisa, poderá voltar-se contra o alienante, para haver deste a justa compensação pelo prejuízo sofrido.

Os fundamentos de tal importante e justa garantia se mostram evidentes.

Explicitemo-nos.

2. FUNDAMENTOS JURÍDICOS

Torna-se, nesse diapasão, indiscutível o caráter essencialmente *garantista* da evicção.

De fato, mesmo que analisássemos o instituto sob uma ótica estritamente patrimonialista, teríamos por certo que *o princípio geral da proibição do enriquecimento sem causa* já legitimaria social e juridicamente a sua utilização.

Afinal de contas, ela somente é cabível nos contratos onerosos (em que os "ônus" da avença devem ser divididos entre os contratantes, para que possam obter os proveitos desejados), e a perda do bem, sem que se buscasse reparar as coisas ao *status quo ante*, importaria em locupletamento sem contraprestação do alienante[2].

Todavia, limitar-nos-emos a essa ótica de certa forma simplista.

Por certo, mais uma vez devemos frisar ao nosso atento leitor que todas essas noções vêm profunda e umbilicalmente informadas e influenciadas por um princípio maior, o da *boa-fé objetiva*.

Isso mesmo.

A ocorrência da evicção não deixa de traduzir, na esmagadora maioria das situações, uma afronta a esse princípio basilar das relações jurídicas (e, em especial, na modernidade, das relações contratuais), pela inegável quebra da lealdade que deve pautar toda e qualquer relação negocial.

Fazemos tal observação, uma vez que a investigação científica do (novo) Direito Civil não pode, em hipótese alguma, prescindir de uma inafastável base de *eticidade e transparência nas suas relações jurídicas*, valores aparentemente esquecidos pela cultura privatística nacional nos últimos anos, que pouco incremento deu à finalidade maior de *promoção da dignidade da pessoa humana*.

Assim, não temos dúvida, a garantia da evicção guarda íntima conexidade com o princípio da boa-fé, informador de todo o Direito Privado.

Por isso mesmo, e a título de exemplo, é que não se poderá falar de evicção, se o arrematante *sabia que a coisa era alheia ou litigiosa*, na forma do art. 457 do CC/2002.

3. REQUISITOS

Em nosso Código Civil, a evicção é disciplinada a partir do seu art. 447:

> "Art. 447. Nos contratos onerosos, o alienante responde pela evicção. Subsiste esta garantia ainda que a aquisição se tenha realizado em hasta pública".

---

[2] Sobre o tema, confira-se o Capítulo XXVIII ("Enriquecimento sem Causa e Pagamento Indevido") do v. 2 ("Obrigações") desta obra.

A primeira parte do dispositivo deixa bem claro quem responde pelos riscos: o *alienante*.

E para que a sua responsabilidade se manifeste, três requisitos devem ser conjugados:

a) aquisição de um bem;
b) perda da posse ou da propriedade;
c) prolação de sentença judicial ou execução de ato administrativo.

Analisemos cada um deles separadamente.

3.1. Aquisição de um bem

Para que a evicção se opere, é preciso se verificar qual foi a maneira pela qual o bem foi adquirido.

Isso porque, para caracterizar a evicção, tal aquisição deve *preceder cronologicamente à perda da coisa*.

Sendo de tal forma relevante, esta aquisição pode-se dar por duas maneiras, quais sejam, a celebração de um contrato oneroso, translativo da posse ou propriedade da coisa, ou a sua aquisição em hasta pública.

Expliquemos estas duas hipóteses de ocorrência.

3.1.1. Contratos onerosos

A primeira observação a ser feita é que se encontram fora da proteção contra os efeitos da evicção todos os contratos gratuitos traslativos de posse e propriedade de bens.

Assim, por exemplo, não há que se falar do instituto nos contratos de doação simples ou comodato, uma vez que os ônus patrimoniais foram impostos apenas para uma das partes pactuantes.

Quando se fala em riscos da evicção, concepção doutrinária tradicional faz menção sempre ao contrato de compra e venda.

Entretanto, é importante frisar que a evicção já poderá operar-se com a perda da simples posse da coisa, não sendo, ademais, uma figura exclusiva de tal figura contratual.

Nesse sentido, HERMANO FLÁVIO MONTANINI DE CASTRO e DANILO FLÁVIO MONTANINI DE CASTRO, citando pensamento de CAIO MÁRIO, asseveram que:

> "Em que pese quase todos os Códigos do mundo disciplinarem a evicção dentro das regras relativas ao contrato de compra e venda (o que, aliás, a técnica legislativa do Brasil não seguiu, pois tratou do assunto dentro do capítulo referente às disposições gerais dos contratos), o fato é que esta garantia não fica adstrita apenas a esta figura contratual"[3].

Aliás, a própria situação da aquisição em hasta pública não tem, propriamente, natureza de "contrato de compra e venda".

---

[3] Hermano Flávio Montanini de Castro e Danilo Flávio Montanini de Castro, Evicção no Novo Código Civil, *Revista Síntese de Direito Civil e Processual Civil*, Porto Alegre: Síntese, n. 25, p. 142, set./out. 2003.

3.1.2. Aquisição em hasta pública

Antes da vigência do Código Civil de 2002, havia acesa controvérsia doutrinária e jurisprudencial acerca da possibilidade de se falar na proteção contra os riscos da evicção quando o bem fosse adquirido em hasta pública[4].

Pela modificação legislativa, tal aspecto não comporta mais quaisquer dúvidas.

Por certo, nosso leitor já deve ter observado que o art. 447 do CC/2002 teve uma parte final acrescentada pelo codificador de 2002, que até então não existia na lei anterior: "subsiste esta garantia ainda que a aquisição se tenha realizado em hasta pública".

Imagine-se, por exemplo, que Carlos haja arrematado determinado bem móvel ou imóvel (em leilão ou praça, respectivamente). Se, após a arrematação e a expedição da imprescindível carta (comprobatória do seu novo direito de propriedade), vier a ser demandado, em sede de ação reivindicatória, proposta por Adolfo, e sucumbir, poderá exercer o seu direito de regresso (fruto da garantia da evicção) contra o devedor, de cujo patrimônio se originou o bem levado à hasta.

Nesse caso, o arrematante, Carlos, uma vez litigando com o terceiro, Adolfo, sobre a coisa adquirida em hasta pública, deve valer-se da denunciação da lide como meio de exercício de sua pretensão regressiva (art. 125, I, do CPC/2015).

É isso mesmo.

Quando Carlos arrematou o bem, o fez em sede de execução, para viabilizar que os credores do devedor/executado fossem satisfeitos. Ora, se o arrematante vier a perder a coisa, concluímos que o devedor locupletou-se indevidamente, por haver propiciado a hasta de um bem aparentemente seu, *mas que, de fato, não lhe pertencia*. Em tal caso, o valor pago por Carlos caracterizaria pagamento indevido, cabendo ao mesmo, por força da segunda parte deste dispositivo, voltar-se contra o executado (devedor), para exercer o direito que da evicção lhe resulta.

Nessa linha, questão bastante interessante é saber quem é o responsável por tal pagamento.

Dissertando sobre o tema, o competente processualista FREDIE SOUZA DIDIER JR., em excelente obra[5], aqui transcrita até mesmo nos rodapés, observa:

"Resta saber: quem será o responsável pelo pagamento dos prejuízos do arrematante?

Segundo demonstra ARAKEN DE ASSIS, que traçou belo painel da controvérsia, a doutrina brasileira adotou o pensamento de LIEBMAN: caberia pretensão regressiva em face do devedor, que se enriqueceu indevidamente; sendo ele insolvente, poderia o arrematante voltar-se contra o credor-exequente, que, muito embora tivesse o direito ao pagamento, não tinha direito a ser pago pela alienação de bem de terceiro[6].

---

[4] Cf.: STJ, REsp 625.322/SP (2004/0016472-0), *DJ*, 14-6-2004, p. 184, rel. Min. Luiz Fux, j. 11-5-2004, 1.ª Turma.

[5] Fredie Didier Jr., *Regras Processuais no Novo Código Civil*, 4. ed., São Paulo: Saraiva, 2010, p. 142.

[6] Araken de Assis, *Manual do Processo de Execução*, 8. ed., São Paulo: Revista dos Tribunais, 2002, p. 741. O autor cita os posicionamentos de Frederico Marques, Amaral Santos, Carlos Alberto Alvaro de Oliveira, Humberto Theodoro Jr., Paulo Barbosa de Campos Filho, Manuel de Almeida e Souza, Pereira e Souza e Paulo Furtado.

Vai além ARAKEN DE ASSIS — e o acompanhamos. Reconhece o autor, a partir de pensamento de WILARD DE CASTRO VILLAR, que também o Estado pode ser responsabilizado pelos prejuízos sofridos pelo arrematante em razão da evicção. Vejamos o seu pensamento, com o qual concordamos integralmente:

'Aqui, é preciso considerar a unidade do poder jurisdicional. Ao sub-rogar a vontade do executado, a instâncias do exequente, ou veicular a ação deste na esfera jurídica do obrigado, conforme o ângulo da análise, e, a um só tempo, decidir o domínio a favor de terceiro, o Estado assume o risco de entregar com uma mão o que, em seguida, retirará com a outra. Daí resulta o dever estatal de indenizar o evicto. Ademais, a inserção do Estado no negócio de arrematação autoriza imputar-lhe responsabilidade pelo dano porventura causado a terceiro. Deste modo, o Estado responderá solidariamente com as partes da relação processual pela evicção do arrematante'[7]".

Somente nesse aspecto, não concordamos, *data venia*, com o nosso espetacular processualista.

A possibilidade de se reconhecer legitimidade passiva ao *credor/exequente*, na demanda regressiva proposta pelo evicto, e mesmo ao *Estado* nos parece exagerada.

No primeiro caso, apenas admitiríamos a sua condição de réu se estivesse agindo ardilosamente. Caso não houvesse procedido de forma insidiosa, a sua boa-fé seria, em nosso sentir, justificativa suficiente para excluí-lo da lide, mormente porque, em toda arrematação existe, para o arrematante, uma álea de risco semelhante ou maior à ocorrente nos contratos em geral. Para o credor/exequente pouco importa qual é o bem que irá ser expropriado para satisfazer seu crédito, pois é a *relação jurídica obrigacional* (que o vinculava ao devedor) que quer ver cumprida, e foi justamente pelo inadimplemento do réu que teve de se valer do aparato judicial para receber sua prestação.

Na mesma linha, também não admitimos a responsabilidade do Estado, mormente em se considerando a hipótese de todo o trâmite processual — da constrição (penhora) à hasta pública — tiver sido devidamente obedecido e conduzido. Afinal, nada mais fez o Estado do que cumprir um dever constitucionalmente imposto, que é o de apreciar toda lesão ou ameaça de lesão a direito (art. 5.º, XXXV, da CF/88).

Assim, é importante perceber que, se houve expropriação de bens do devedor, isso ocorreu por sua única e exclusiva responsabilidade, pelo que ampliar o âmbito de garantia contra os riscos da evicção sem norma legal autorizadora soa como um superdimensionamento do instituto.

Basta pensar, por exemplo, na execução de um crédito trabalhista contra alguns dos devedores contumazes de tais verbas (aqueles que se convencionou chamar, jocosamente, de "clientes da casa" da Justiça do Trabalho), que simplesmente fecham as portas e nada pagam, pouco contribuindo para solução do litígio, a ponto de deixar ir à praça ou leilão seus bens. Nesse caso, o arrematante virará credor, pela evicção, do empregado e do Estado? Não nos parece razoável tal solução, pelo que consideramos, sem a menor sombra de dúvida, que toda a responsabilidade é do devedor expropriado.

---

[7] Araken de Assis, *Manual do Processo de Execução*, 8. ed., São Paulo: Revista dos Tribunais, 2002, p. 742.

Faz-se mister registrar, por fim, que, embora o exemplo mais evidente de aquisição em hasta pública seja a arrematação, a previsão não se limita a ela, podendo ser perfeitamente aplicável para o caso, por exemplo, de uma adjudicação.

3.2. Perda da posse ou da propriedade

A evicção, conforme dissemos, remete-nos à ideia de perda do domínio (ou da posse), por força de *ato judicial* ou *administrativo* que reconheça direito anterior de terceiro.

Note-se, portanto, que o prejudicado, quando consumada a perda do bem (e, consequentemente, a evicção), é o adquirente, também denominado evicto.

E mais: em nosso sentir basta que se perca a *posse* daquilo que legitimamente se transferiu ao evicto (independentemente de a sentença transitar em julgado ou da transferência do domínio), para que este possa fazer valer o seu direito contra o alienante[8].

3.3. Prolação de sentença judicial ou execução de ato administrativo

Esse é um ponto que também deve ser bem destacado e compreendido.

Tradicionalmente, a doutrina costuma referir que a evicção decorre de uma *sentença judicial*, que reconhece direito anterior de terceiro sobre a coisa.

Nesse sentido, veja esta definição de ORLANDO GOMES: "Dá-se evicção quando o adquirente vem a perder a propriedade ou posse da coisa, em virtude de sentença judicial que reconhece a outrem direito anterior sobre ela"[9].

Na mesma linha, para o clássico BEVILÁQUA, a evicção consiste "na perda, total ou parcial, da posse de uma coisa, em virtude de sentença que a garante a alguém que a ela tinha direito anterior"[10].

De fato, como regra geral, podemos afirmar que o evicto sucumbe ante o evictor no bojo de uma ação reivindicatória, em que este último formula a sua pretensão de direito real em face da coisa, que acaba por ser acolhida.

Entretanto, nada impede que a perda do bem se dê por força de um *ato administrativo*, como, por exemplo, uma *apreensão policial*.

Imagine-se, por exemplo, que Leodegário esteja guiando o seu veículo, recém-comprado, e seja parado por uma *blitz* policial. Após apresentar seus documentos, o policial verifica que o automóvel conduzido havia sido roubado. Situação extremamente desagradável e desconcertante, mormente porque Leodegário de nada sabia. Em seguida, o veículo é apreendido, operando-se, por consequência, a *perda da posse (e posteriormente da propriedade)* do bem. Nesse contexto, nada impede que o evicto (Leodegário), sem que houvesse sido prolatada nenhuma sentença, ingresse, de imediato, com ação judicial para haver do alienante do veículo a justa compensação por sua perda.

---

[8] *Vide*: STJ, REsp 69.496/SP (1995/0033775-4), *DJ*, 7-2-2000, p. 149, *RSTJ*, 130/233; rel. Min. Ari Pargendler, j. 9-12-1999, 3.ª Turma.

Veja também: STJ, REsp 152.772/SP (1997/0075844-3), *DJ*, 8-3-2000, p. 104, rel. Min. Carlos Alberto Menezes Direito, j. 16-12-1999, 3.ª Turma.

[9] Orlando Gomes, ob. cit., p. 97.

[10] Clóvis Beviláqua, ob. cit., p. 241.

Portanto, concluímos que a sentença nem sempre é indispensável para que se consume o risco decorrente da evicção.

Nesse sentido, é o pensamento sempre atual de SÍLVIO VENOSA: "Destarte, temos acompanhado sem rebuços essa corrente jurisprudencial que entende ser a apreensão administrativa, nessas premissas, equivalente a uma decisão judicial, dentro do espírito do instituto"[11]. Claro está, entretanto, que esse ato administrativo deve ser firme o bastante para implicar efetiva perda da posse ou da propriedade (outro bom exemplo seria a apreensão de produtos por fiscais da alfândega).

Confira-se, nesse ponto, o Enunciado n. 651 da IX Jornada de Direito Civil: "Art. 447: A evicção pode decorrer tanto de decisão judicial como de outra origem, a exemplo de ato administrativo".

Registre-se, porém, que não é uma limitação do direito de propriedade, advinda do Estado, que ensejará a evicção, mas sim a determinação da perda da propriedade ou da posse da coisa. O tombamento, por exemplo, em que pese poder reduzir os direitos do proprietário, é hipótese de não cabimento do instituto[12].

4. DIREITOS DO EVICTO

Nessa linha de intelecção, observa-se que o evicto, ao exercer o seu direito, resultante da evicção, formulará, em face do alienante, uma pretensão tipicamente indenizatória.

Poderá pleitear, pois, *salvo estipulação em contrário*, além da restituição integral do preço ou das quantias que pagou (art. 450 do CC/2002):

a) a indenização dos frutos que tiver sido obrigado a restituir;

b) a indenização pelas despesas dos contratos e pelos prejuízos que diretamente resultarem da evicção;

c) as custas judiciais e os honorários do advogado por ele constituído.

Vale notar que a obrigação prevista neste artigo subsiste para o alienante, ainda que a coisa esteja deteriorada, exceto se tiver havido dolo do adquirente (art. 451). Ou seja, se a coisa alienada não estava em perfeito estado de conservação ou estava parcialmente destruída, e o evicto vem a perdê-la, ainda assim terá direito à restituição integral, na forma do art. 450. Perderá, entretanto, esse direito, se atuou dolosamente, dando causa à deterioração. Em tal caso, não terá direito à compensação *integral*, abrangente das perdas e danos.

Ademais, caso o evicto já tenha sido compensado pelas deteriorações, o alienante poderá, obviamente, deduzir o valor dessas vantagens da quantia que teria de restituir-lhe, a teor do art. 452 do CC/2002.

5. ESPÉCIES DE EVICÇÃO: TOTAL E PARCIAL

Na medida em que implique a perda completa da propriedade ou apenas de fração dela, a evicção será chamada de total ou parcial, respectivamente.

---

[11] Sílvio Venosa, ob. cit., p. 566.
[12] *Vide*: STJ, REsp 407.179/PB (2002/0005955-3), *DJ*, 23-9-2002, p. 359, *RSTJ*, 163/309, rel. Min. Antônio de Pádua Ribeiro, j. 21-5-2002, 3.ª Turma.

Entretanto, vale notar que, seja total ou parcial, *o preço a ser restituído será o do valor da coisa, na época em que se evenceu (se perdeu), e proporcional ao desfalque sofrido no caso de evicção parcial*, na forma do parágrafo único do art. 450 do CC/2002 (sem correspondente direto no CC/1916).

Em caso de evicção parcial, ou seja, de perda não integral da coisa alienada (por exemplo, a reivindicação de parte de livros de uma biblioteca, de parte de um terreno adquirido ou de alguns animais de uma fazenda comprada de "porteira fechada"), poderá o evicto optar entre a dissolução do contrato ou a restituição da parte do preço correspondente ao desfalque sofrido. Caso não seja *considerável* a evicção (circunstância que deverá ser aferida pelo juiz *in concreto*), terá direito apenas à indenização (art. 455). Trata-se, como se pode ver, de uma hipótese de *concurso de direitos ou pretensões*, tema tratado no capítulo anterior[13], *não podendo, por óbvias razões, o evicto cumular ambos os pedidos.*

A lei não estabelece especificamente qual é o prazo para a dedução, em juízo, desta postulação, nem a sua natureza.

A primeira impressão é que se trata de uma *ação edilícia* e, por isso, deveria ser aplicado o mesmo prazo decadencial do art. 445 do CC/2002.

Todavia, assim não pensamos.

De fato, não nos parece muito técnico admitir, no sistema codificado civil, a fixação de prazos decadenciais por analogia.

Todavia, ainda que isso não seja óbice, é preciso analisar o que se pretende deduzir em juízo quando realizada a evicção.

A postulação que se faz, quando ocorrente a evicção, não é de desfazimento do negócio — postulação constitutiva negativa, que atrai um prazo de natureza decadencial — mas sim da sua dissolução por fato posterior, com as mencionadas indenizações correspondentes, proporcionais no caso de evicção parcial.

Assim, o que se tem, efetivamente, é uma pretensão e, por isso, o prazo deverá ser considerado prescricional[14].

E qual é o prazo?

A primeira tentação, da mesma forma, pela inexistência de uma previsão disciplinadora específica, é invocar o *caput* do art. 205 do CC/2002, para reconhecer o prazo de 10 (dez) anos.

Todavia, assim também não pensamos.

De novo, consideramos relevantíssimo verificar qual é a natureza da postulação deduzida em juízo.

E, nesse caso, constatamos que, no final das contas, o que se verifica é uma *pretensão de reparação civil*, pois o alienante (ou devedor expropriado, no caso da hasta públi-

---

[13] Cf. o tópico "Consequências Jurídicas da Verificação de Vícios Redibitórios" do Capítulo "Vícios Redibitórios" deste volume.
[14] *Vide*: STJ, REsp 9.552/SP (1991/ 0005942-0), *DJ*, 3-8-1992, p. 11308, *RT*, 674/236, rel. Min. Nilson Naves, j. 25-5-1992, 3.ª Turma.

ca) acabou por gerar um dano no patrimônio do adquirente evicto, por submeter um bem, que não era seu, mas sim do terceiro evictor.

Por isso, defendemos que, na atualidade, o prazo para tal pretensão é de 3 (três) anos, na forma do art. 206, § 3.º, V, do vigente Código Civil brasileiro (prazo para se formular pretensão de reparação civil).

6. EVICÇÃO E AUTONOMIA DA VONTADE — A CLÁUSULA DE NÃO EVICÇÃO

A nossa atenção, entretanto, deverá redobrar, quando passarmos a analisar o tormentoso tema referente à *exclusão, à diminuição ou ao aumento da garantia decorrente da evicção*.

De fato, essa garantia poderá, dentro do âmbito da autonomia da vontade, sofrer *extensão* ou *retração*, podendo, até mesmo, ser *suprimida*, nos termos do art. 448 do Código Civil:

"Art. 448. Podem as partes, por cláusula expressa, reforçar, diminuir ou excluir a responsabilidade pela evicção".

De logo, constatamos que essa possibilidade sempre decorrerá de cláusula expressa, nunca podendo, pois, ser implícita, consoante deflui claramente da primeira parte do dispositivo.

Assim, se as partes resolverem aumentar (*extensão da garantia*) o direito do adquirente — estabelecendo uma multa caso se consume a perda, por exemplo —, abater a garantia de indenização pelos eventuais frutos restituídos (*diminuição da garantia*), ou, bem assim, *excluírem totalmente a responsabilidade pela evicção*, somente poderão fazê-lo por cláusula expressa constante do contrato firmado.

É de se salientar, outrossim, que existe uma hipótese de *exclusão legal da garantia*, que é a mencionada previsão legal do art. 457 do Código, que proíbe o adquirente de demandar pela evicção, *se sabia que a coisa era alheia ou litigiosa*.

Trata-se, como já dito, de um dispositivo umbilicalmente ligado ao superior *princípio da boa-fé objetiva*, uma vez que não se afigura justo que o alienatário (adquirente) possa pleitear compensação por um dano conscientemente sofrido. Se sabia, pois, que a coisa era alheia (de terceiro) ou litigiosa (era objeto de disputa judicial), não deveria contratar.

Mas atenção.

Ainda que tendo havido a *exclusão convencional da garantia* (art. 448), se a evicção se operar, o evicto terá o direito de receber pelo menos o preço que pagou pela coisa evicta, se *não tiver sabido do risco da evicção*, ou, *tendo sido dele informado, não o assumiu*, conforme estabelecido expressamente pelo art. 449 do CC/2002.

Vale dizer, mesmo que no contrato conste a cláusula "*o alienante não responde pelos riscos da evicção*", ainda assim o evicto — *a quem não houvesse sido noticiado o risco de perda ou, mesmo informado, que não tenha assumido esse risco* — terá, ao menos, o direito de receber o preço pago. Não terá, portanto, direito à indenização pelos frutos restituídos, benfeitorias ou outras despesas, assistindo-lhe apenas o direito de haver de volta a quantia que pagou pela coisa que se evenceu.

Com isso, forçoso convir que o alienante apenas se exonerará totalmente da responsabilidade pelos riscos da evicção, caso faça constar do contrato a cláusula excludente da garantia, e, além disso, dê ao adquirente a efetiva ciência do risco de perda da coisa e de que assume esse risco, naquele ato.

Assim, compatibilizando as regras dos arts. 449 e 457, temos que, *havendo efetivamente o conhecimento dos riscos*, seja pela informação direta e expressa do alienante (art. 449), seja por outros meios admissíveis em Direito, por saber que a coisa era alheia ou litigiosa (note-se que o art. 457 não limita a forma de cientificação), não poderá o adquirente demandar pela evicção.

Note-se, portanto, que a controvérsia poderá instaurar-se em função da prova do conhecimento efetivo dos riscos existentes da possibilidade de perda da coisa.

Comentando essa última hipótese, ÁLVARO VILLAÇA AZEVEDO, citando doutrina de ARNOLDO WALD, pondera que

> "se o adquirente sabe do vício, que macula o direito do alienante, relativamente ao objeto que lhe é transmitido, e exclui, expressamente, a responsabilidade de quem alienou a essa mesma coisa, é claro que o adquirente está adquirindo bem litigioso. Nesse caso, o contrato apresenta-se com natureza aleatória, pois, ocorrendo a evicção, nada poderá o adquirente reclamar do alienante"[15].

7. EVICÇÃO E BENFEITORIAS

Outro interessante aspecto que merece ser tratado diz respeito às *benfeitorias*.

Por benfeitorias se entendem, conforme já afirmamos em outra oportunidade, "a obra realizada pelo homem, na estrutura da coisa principal, com o propósito de conservá-la, melhorá-la ou embelezá-la.

Considera-se necessária a benfeitoria realizada para evitar um estrago iminente ou a deterioração da coisa principal (ex.: reparos realizados em uma viga). Úteis, aquelas empreendidas com o escopo de facilitar a utilização da coisa (ex.: a abertura de uma nova entrada que servirá de garagem para a casa). E, finalmente, voluptuárias, quando empreendidas para mero deleite ou prazer, sem aumento da utilidade da coisa (a decoração de um jardim) (art. 96, CC/2002).

Note-se que toda benfeitoria é artificial, decorrendo de uma atividade humana, razão por que não se confunde com os acessórios naturais do solo (art. 97 do CC/2002)"[16].

Visando a evitar possíveis litígios, o legislador cuidou de disciplinar as consequências da evicção, em face das benfeitorias agregadas à coisa que se evenceu.

As benfeitorias necessárias ou as úteis, como dispõe o art. 453, não pagas (abonadas) ao que sofreu a evicção, serão devidas pelo alienante. Ou seja, caso o terceiro (evictor) não as pague, a responsabilidade recai sobre a pessoa que alienou a coisa perdida. A responsabilidade original de seu pagamento é, portanto, do terceiro evictor, uma vez que o adquirente evicto se encontrava na posse de boa-fé, invocando-se, portanto, o art. 1.219 do CC/2002.

---

[15] Álvaro Villaça Azevedo, *Teoria Geral dos Contratos Típicos e Atípicos*, São Paulo: Atlas, 2002, p. 102.
[16] Pablo Stolze Gagliano e Rodolfo Pamplona Filho, *Novo Curso de Direito Civil — Parte Geral*, 22. ed., São Paulo: Saraiva, 2020, v. 1, p. 339.

Nessa linha, e como consectário lógico, caso as benfeitorias tenham sido feitas pelo alienante, seu valor, abonado pelo evictor, será descontado da quantia a ser restituída por ele ao evicto (art. 454).

Note-se, outrossim, que o Código não fez referência alguma às benfeitorias voluptuárias, razão por que concluímos que elas, *quando realizadas de boa-fé, e desde que não tenham sido pagas, poderão ser removidas (levantadas), sem detrimento da coisa*, por aplicação subsidiária do mencionado art. 1.219 da lei civil, se o evictor não preferir pagar por elas.

Entretanto, *caso não se possam remover sem dano à coisa principal*, perdê-las-á o evicto em benefício do reivindicante, por não se afigurar justo que este último seja constrangido a pagar por uma benfeitoria de mero deleite, realizada sem a sua anuência. O mesmo se diga, aliás, do alienante da coisa, por absoluta falta de previsibilidade legal no sentido de sua responsabilidade civil em tal circunstância.

Capítulo XI
Extinção do Contrato

Sumário: 1. Considerações metodológicas. 2. Classificação das formas de extinção do contrato (noções terminológicas). 3. Extinção natural do contrato. 3.1. Cumprimento do contrato ou exaustão do seu objeto. 3.2. Verificação de fatores eficaciais. 3.2.1. Vencimento do termo. 3.2.2. Implemento de condição resolutiva. 3.2.3. Frustração da condição suspensiva. 4. Causas anteriores ou contemporâneas à formação do contrato. 4.1. Nulidade ou anulabilidade. 4.2. Redibição. 4.3. Direito de arrependimento. 5. Causas supervenientes à formação do contrato. 5.1. Resilição. 5.1.1. Bilateral (distrato). 5.1.2. Unilateral. 5.2. Resolução. 5.2.1. Algumas palavras sobre a voluntariedade da inexecução. 5.2.2. Cláusula resolutória (expressa ou tácita). 5.3. Rescisão. 5.4. Morte do contratante. 5.5. Caso fortuito ou força maior. 6. Breves notas sobre a "quebra antecipada do contrato" e a "frustração do fim do contrato" à luz do Anteprojeto de Reforma do Código Civil.

1. CONSIDERAÇÕES METODOLÓGICAS

O tema da "extinção do contrato" é tratado nos arts. 472 a 480 do Código Civil brasileiro.

De fato, como o próprio ciclo da vida, o contrato nasce, desenvolve-se e "morre" (extingue-se), por diversas modalidades que pretendemos aqui estudar.

Todavia, quem olha a pequena quantidade de artigos mencionada pode ter a equivocada visão de que se trata de um tema curto, de poucas digressões doutrinárias e jurisprudenciais.

Ledo engano.

Um estudo aprofundado da matéria nos permite constatar que há uma lamentável assistematização das previsões legais, bem como comuns divergências terminológicas no trato das formas de extinção.

Ademais, falar sobre o momento da extinção contratual importa em enfrentar importantes questões correlatas, como a *exceção do contrato não cumprido* e a *teoria da imprevisão*.

Por isso, consideramos conveniente destrinchar o tema, apresentando, neste capítulo, uma visão geral sobre a extinção do contrato, abordando, nos subsequentes, a análise específica dos mencionados institutos jurídicos.

Passemos, portanto, à classificação das formas de extinção do contrato, buscando sistematizar a matéria, de modo a esclarecer as divergências terminológicas encontradas na teoria e na pragmática.

2. CLASSIFICAÇÃO DAS FORMAS DE EXTINÇÃO DO CONTRATO (NOÇÕES TERMINOLÓGICAS)

Para compreender, sistematicamente, as formas de extinção contratual, parece-nos relevante tomar como parâmetro os motivos determinantes para tal ocorrência.

A "morte natural" do contrato, por certo, dar-se-á quando ocorrer o quanto esperado pelas partes ao celebrá-lo, ou seja, a extinção normal do contrato se dá quando do cumprimento do quanto pactuado ou da ocorrência de eventos, já previamente concebidos, que autorizam sua extinção.

Por outro lado, independentemente do contrato trazer ou não qualquer referência ensejadora de seu desfazimento, determinadas situações fáticas, somente verificáveis *a posteriori*, autorizam tal consequência jurídica, mesmo sendo tais causas anteriores ou contemporâneas à formação do contrato.

Além disso, causas efetivamente supervenientes à celebração da avença podem motivar a cessação da produção de seus efeitos, o que, obviamente, não pode ser esquecido em uma visão geral sobre o tema.

Antes de enfrentar, porém, cada uma das modalidades de extinção contratual, uma distinção terminológica se impõe.

Embora a legislação muitas vezes se valha indistintamente de denominações distintas (extinção, resilição, resolução e rescisão) como sinônimas[1], propugnamos, neste capítulo, por um maior rigor terminológico.

Assim, quando estivermos falando do gênero, utilizaremos as expressões "extinção", "dissolução" ou "desfazimento" do contrato, por considerá-las equivalentes[2], valendo destacar que a primeira é a consagrada no Capítulo II do Título V ("Dos Contratos em Geral") do texto codificado.

Todavia, na análise das modalidades extintivas posteriores (não necessariamente concebidas no contrato), verificaremos, como dito, causas anteriores, contemporâneas ou supervenientes à sua celebração.

Quanto às causas anteriores e contemporâneas, utilizaremos a expressão genérica *extinção*, embora, como veremos, aceitemos a utilização, em determinadas modalidades, de outras expressões, o que sempre explicitaremos.

No que diz respeito, porém, às últimas causas (motivos supervenientes), reservaremos as expressões "resilição" somente para a extinção baseada na declaração de vontade posterior de uma ou das duas partes; "resolução", para a extinção fundamentada no descumprimento contratual; e "rescisão", como modalidade para específicas hipóteses de desfazimento. Obviamente, a *morte de um dos contratantes*, bem como a ocorrência de caso fortuito ou força maior, é também um fato superveniente, que não pode ser desprezado para a discussão sobre a extinção do vínculo contratual estabelecido.

---

[1] A Consolidação das Leis do Trabalho, por exemplo, utiliza a expressão "rescisão" indistintamente para diversas modalidades de extinção contratual.

[2] Nesse ponto, discordamos de nosso estimado Sílvio Venosa, que propugna pela utilização somente da expressão "desfazimento", por entender que "o termo extinção apresenta noção mais clara para os contratos que tiveram vida normal e por qualquer razão vieram a ser extintos, seja porque o contrato foi cumprido, seja porque o vínculo extinguiu-se a meio caminho de seu cumprimento" (Sílvio de Salvo Venosa, *Direito Civil — Teoria Geral das Obrigações e dos Contratos*, 3. ed., São Paulo: Atlas, 2003, v. II, p. 498).

Dessa maneira, adequando à nossa visão, com modificações, classificação procedida pela maioria dos doutrinadores brasileiros[3], podemos esquematizar as formas de extinção do contrato da seguinte maneira:

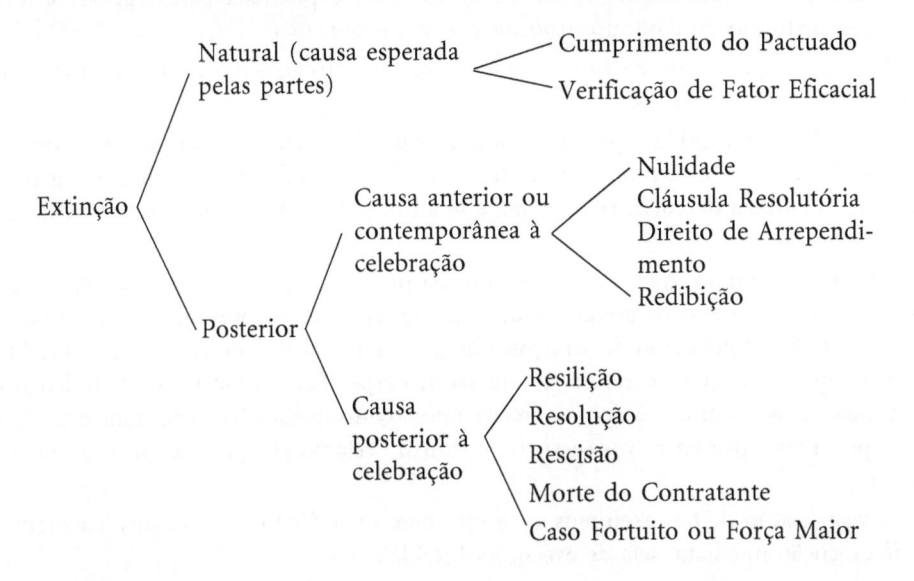

- Extinção
  - Natural (causa esperada pelas partes)
    - Cumprimento do Pactuado
    - Verificação de Fator Eficacial
  - Posterior
    - Causa anterior ou contemporânea à celebração
      - Nulidade
      - Cláusula Resolutória
      - Direito de Arrependimento
      - Redibição
    - Causa posterior à celebração
      - Resilição
      - Resolução
      - Rescisão
      - Morte do Contratante
      - Caso Fortuito ou Força Maior

Realizados os esclarecimentos terminológicos, passemos a enfrentar cada uma dessas modalidades extintivas do contrato.

3. EXTINÇÃO NATURAL DO CONTRATO

Sob a denominação "extinção natural do contrato", reunimos todas as situações fáticas em que a relação contratual se dissolve pela verificação de uma circunstância prevista pelas partes e tida como razoavelmente esperada.

A exemplificação mais óbvia é, indubitavelmente, a do regular cumprimento do contrato, mas não se limita a ela, uma vez que, por força da disciplina normativa do negócio jurídico, podem as partes estabelecer elementos de eficácia que limitam a produção de efeitos do contrato, possibilitando sua extinção[4].

Enfrentemos, nos próximos subtópicos, cada uma destas formas de extinção natural do contrato.

---

[3] Em linha semelhante, porém não necessariamente coincidente em sua integralidade, confiram-se Orlando Gomes, *Contratos*, 24. ed., Rio de Janeiro: Forense, 2001, p. 170-1; Arnoldo Wald, *Direito Civil — Direito das Obrigações e Teoria Geral dos Contratos*, 22. ed., São Paulo: Saraiva, v. 2, 2015, p. 373; Maria Helena Diniz, *Tratado Teórico e Prático dos Contratos*, 7. ed., São Paulo: Saraiva, 2013, v. 1, p. 271; Carlos Roberto Gonçalves, *Direito Civil Brasileiro*, 16. ed., São Paulo: Saraiva, 2019, v. 3, p. 181; Sílvio de Salvo Venosa, *Direito Civil — Teoria Geral das Obrigações e dos Contratos*, 3. ed., São Paulo: Atlas, 2003, p. 497-510.

[4] Sobre o tema, confira-se o Capítulo XV ("Plano de Eficácia do Negócio Jurídico") do v. 1 ("Parte Geral") desta obra.

3.1. Cumprimento do contrato ou exaustão do seu objeto

O contrato é feito para ser cumprido!

Essa máxima, aparentemente tão óbvia, deve ser explicitada para registrar a forma esperada de extinção do contrato: *realizando-se o seu conteúdo*.

Realizada a prestação, na forma como pactuada, extingue-se, *ex nunc*, a relação contratual havida entre as partes.

Com efeito, cumprida a prestação, muitas vezes já se encontra exaurido o objeto do contrato. É o caso, por exemplo, da venda de um bem móvel, em que, com o pagamento do preço e a entrega da coisa, consumada está a obrigação, extinguindo-se o vínculo contratual.

Registre-se, porém, que o cumprimento da prestação extingue juridicamente o contrato, independentemente da possibilidade fática de repetição da prestação. Um bom exemplo é o contrato de prestação de serviços, que não exaure materialmente a atividade (imagine, v. g., que o músico Cedric presta um serviço específico de tocar seu contrabaixo em uma banda de *rock*, em um único dia, recebendo a contraprestação correspondente. Ainda que ele possa vir a prestar novos serviços, a primeira relação já se extinguiu com seu cumprimento).

A visualização de tais exemplos se mostra bem mais fácil nos contratos instantâneos, seja de execução imediata, seja de execução diferida[5].

Nos contratos de duração, por sua vez, a tendência é a indeterminação do prazo, embora nem sempre a leitura das cláusulas contratuais permita dizer, de pronto, se o cumprimento imediato da prestação importará a extinção do vínculo.

Tal registro se impõe para afirmar que o silêncio não importa, por si só, em uma regra absoluta de indeterminação prazal. Isso porque a prestação pode significar a *exaustão do objeto do negócio*, ocorrente quando há uma evidente limitação natural ou jurídica na possibilidade de cumprimento. Por exemplo, quando se celebra um contrato de prestação de serviço para uma situação excepcional ou emergencial (v. g., o fornecimento de colchões para desabrigados por uma enchente, limitado obviamente ao número de pessoas necessitadas, ainda que desconhecido) ou oferece um produto no comércio, limitado ao estoque existente.

Nesse campo, seguindo as regras para a celebração do negócio jurídico, podem as partes estabelecer cláusulas no campo da eficácia, que também importarão em uma extinção natural do contrato.

3.2. Verificação de fatores eficaciais

Vale lembrar que, como em todo negócio jurídico, as partes celebrantes de um contrato podem estabelecer elementos limitadores da sua duração, concebendo previamente, portanto, a sua extinção.

Isso porque o cumprimento do contrato, em tais situações, está intimamente ligado a este fato eficacial, relacionado ao decurso do tempo ou à ocorrência de um evento futuro e incerto.

---

[5] Sobre o tema, confira-se o Capítulo "Classificação dos Contratos" deste volume.

3.2.1. Vencimento do termo

Uma das hipóteses para a extinção de um contrato, independentemente de seu regular e/ou integral cumprimento, é o advento de um termo.

Podem as partes, por exemplo, celebrar contratos sem a prefixação de um prazo. O exemplo mais didático é, por certo, o contrato de trabalho, que, por força do princípio da continuidade da relação de emprego, presume-se sempre de duração indeterminada, motivo pelo qual, para ser extinto, impõe, em regra, a concessão de um aviso prévio.

Outros contratos, porém, podem ser celebrados — e comumente o são — com a estipulação de um termo, embora nada impeça que sejam feitos sem limitação temporal. É o caso, por exemplo, de contratos de assistência técnica.

3.2.2. Implemento de condição resolutiva

Além de um evento certo quanto à ocorrência, como é o caso do termo, podem as partes estipular, querendo, que a duração do contrato seja limitada à ocorrência de um evento futuro e incerto: a condição.

Trata-se, no caso, do implemento de uma condição resolutiva.

Assim, caso seja celebrado um contrato, cuja eficácia esteja submetida a uma condição, o implemento de tal evento gerará a sua extinção automática.

O exemplo comumente citado de condição resolutiva ocorre quando, no próprio contrato, é prevista cláusula no sentido de que, em ocorrendo o inadimplemento por parte de qualquer dos contratantes, o vínculo jurídico estará extinto. Esta é, sem sombra de dúvida, a situação mais lembrada na doutrina especializada, embora devamos advertir que o fato concretizador desta previsão negocial lhe é superveniente (o inadimplemento).

Um outro exemplo interessante de implemento de condição resolutiva é o pacto de retrovenda, cláusula especial à compra e venda, que garante ao vendedor o direito de recobrar a coisa imóvel, no prazo decadencial de três anos, restituindo o preço recebido e desembolsando as despesas do comprador, na forma dos arts. 505 a 508, CC/2002[6].

3.2.3. Frustração da condição suspensiva

Embora não seja tecnicamente uma hipótese de extinção natural do contrato, parece-nos que, na busca pela completude que anima a redação desta obra, vale a pena lembrar, ainda que por extremo apego ao rigor acadêmico, que a frustração da condição suspensiva pode também gerar a extinção contratual, a depender da forma como venha inserida no negócio jurídico.

Por certo, se, por exemplo, Jorge estabelece que vai entregar um determinado bem a Iuri, se ganhar na loteria, enquanto não se realizar tal fato, o contrato, embora existente e válido, não produz efeitos, estando suspensa sua execução. Realizando-se este evento incerto, deverá produzir todos os efeitos pactuados. Todavia, se a loteria mencionada deixar de existir, não há como se imaginar que as partes estejam vinculadas indefinidamente, pelo que, por exceção, teremos a extinção do contrato pela impossibilidade jurídica de sua execução.

---

[6] Sobre o tema, confira-se o tópico "Retrovenda" do Capítulo "Compra e Venda" desta obra.

Embora pouco usual, não consideramos equivocada chamar esta modalidade de extinção (bem como a anterior) de *resolução contratual*, embora, como veremos, esta expressão seja reservada habitualmente para causas supervenientes, a saber, hipóteses de inexecução faltosa (descumprimento contratual).

Compreendidas as situações de extinção natural do contrato, passemos a enfrentar as hipóteses de extinção do contrato sem o cumprimento do quanto pactuado.

Dividamos, porém, tais modalidades em dois grandes grupos, tomando por parâmetro um critério temporal, a saber, de um lado, *causas anteriores ou contemporâneas à formação do contrato*; e, de outro, *causas supervenientes à celebração da avença*.

4. CAUSAS ANTERIORES OU CONTEMPORÂNEAS À FORMAÇÃO DO CONTRATO

Partindo-se da premissa de que o objetivo almejado pelas partes não foi cumprido (seja realizando a prestação, seja cumprindo os fatores eficaciais do negócio jurídico), toda extinção contratual posterior, nestes termos, deve ser considerada anormal.

Esta "morte não natural", porém, pode ter sua raiz em causas anteriores ou contemporâneas à formação do contrato, o que não lhe retira a caracterização de uma extinção posterior, haja vista que se parte da concepção de existência jurídica da avença.

Conheçamos, portanto, quais são tais causas.

4.1. Nulidade ou anulabilidade

A ocorrência de nulidade — seja absoluta, seja relativa — no negócio jurídico contratual é uma típica hipótese que pode ser anterior à própria celebração, mas que a contamina de tal forma, que impossibilita a produção válida de efeitos.

Conforme outrora já explicitamos, entendemos que a nulidade "se caracteriza como uma sanção pela ofensa a determinados requisitos legais, não devendo produzir efeito jurídico, em função do defeito que carrega em seu âmago.

Como sanção pelo descumprimento dos pressupostos de validade do negócio jurídico, o Direito admite, e em certos casos impõe, o reconhecimento da declaração de nulidade, objetivando restituir a normalidade e a segurança das relações sociojurídicas"[7].

Esta nulidade sofre gradações, de acordo com o tipo de elemento violado, podendo ser absoluta ou relativa, na medida em que decorra da infringência de normas de ordem pública ou de normas jurídicas protetoras de interesses preponderantemente privados[8].

---

[7] Volume 1 desta obra. Para um aprofundamento do tema, confira-se integralmente o Capítulo XIV ("Invalidade do Negócio Jurídico") do referido v. 1 ("Parte Geral").

[8] "A anulabilidade, diversamente da nulidade, não pode ser arguida por ambas as partes da relação contratual, nem declarada *ex officio* pelo juiz. Legitimado a pleitear a anulação está somente o contraente em cujo interesse foi estabelecida a regra (CC, art. 177). Tratando-se apenas de proteger o interesse do incapaz, do lesado, do enganado ou do ameaçado, só a estes — e, nos casos de incapacidade, devidamente assistidos por seu representante legal — cabe decidir se pedem ou não a anulação" (Carlos Roberto Gonçalves, *Direito Civil Brasileiro*, 17. ed., São Paulo: Saraiva, 2020, v. 3, p. 192).

O importante a destacar, porém, é que, partindo do pressuposto que o negócio efetivamente existiu, a sua extinção se dá pelo reconhecimento judicial da nulidade e anulabilidade, desfazendo-se qualquer vínculo contratual existente entre as partes.

4.2. Redibição

Um fenômeno, anterior à celebração do contrato, mas que também *pode* gerar a sua extinção, é a *redibição*.

A expressão "pode" é aqui utilizada em seu sentido técnico, qual seja, a de faculdade, pois nem sempre a ocorrência de um vício redibitório (entendido como o *defeito oculto que diminui o valor ou prejudica a utilização da coisa recebida por força de um contrato comutativo*) importará na extinção do contrato, podendo, sim, gerar uma revisão de suas prestações, com o abatimento do preço correspondente.

Como vimos em capítulo anterior[9], a redação do art. 442 do Código Civil brasileiro garante ao adquirente de coisa defeituosa a faculdade de *redibir* o contrato — leia-se **extingui-lo** pelo vício oculto da coisa — ou reclamar redução no preço pactuado.

Logo, trata-se de uma hipótese de extinção contratual por causa anterior à sua celebração, uma vez que se o vício ou defeito for decorrente da utilização posterior pelo adquirente (e não pela sua preexistência, ainda que oculta), não há como se invocar a garantia.

4.3. Direito de arrependimento

A lógica da celebração de um contrato é no sentido de que as partes, ao estabelecê-lo, já tenham a convicção de que querem efetivamente a prestação pactuada.

Todavia, como medida excepcional, é possível, em determinadas avenças, que as partes pactuem, contemporaneamente à celebração do negócio, um direito de arrepender-se, como a estabelecer um "período de carência", em que é possível se desfazer o contrato, sem maiores ônus.

Dada a excepcionalidade de tal medida, parece-nos razoável afirmar que tal direito somente pode ser reconhecido se previsto expressamente, em respeito ao princípio da autonomia da vontade[10].

Para tais situações, podem as partes estabelecer arras penitenciais, na forma como previsto no art. 420 do CC/2002, *in verbis*:

"Art. 420. Se no contrato for estipulado o *direito de arrependimento* para qualquer das partes, as arras ou sinal terão função unicamente indenizatória. Neste caso, quem as deu perdê-las-á em benefício da outra parte; e quem as recebeu devolvê-las-á, mais o equivalente. Em ambos os casos não haverá direito a indenização suplementar"[11] (grifos nossos).

Na advertência de ORLANDO GOMES, a "multa penitencial não se confunde com a cláusula penal, que pressupõe a inexecução do contrato ou o inadimplemento de obrigações

---

[9] Confira-se o Capítulo "Vícios Redibitórios" do presente volume.
[10] *Vide*: STJ, REsp 424.543/ES (2002/0038610-7), *DJ*, 31-3-2003, rel. Min. Nancy Andrighi, j. 6-3-2003, 3.ª Turma.
[11] Sobre o tema, confira-se o Capítulo XXVI ("Arras Confirmatórias e Arras Penitenciais") do v. 2 ("Obrigações") desta obra.

contratuais, correspondendo ao ressarcimento dos danos respectivamente provenientes. A multa penitencial nada tem a ver com a execução do contrato. É devida como compensação do exercício da faculdade de arrependimento. Garante o poder de resilir, de sorte que o contratante arrependido mais não tem a fazer do que pagar a multa, desvinculando-se por seu mero arbítrio"[12].

Registre-se, no particular, que, nas relações de consumo, o art. 49 do CDC confere ao consumidor, independentemente de previsão contratual, o direito potestativo de desistir da compra realizada fora do estabelecimento no prazo de sete dias. Trata-se do denominado *prazo de reflexão*.

5. CAUSAS SUPERVENIENTES À FORMAÇÃO DO CONTRATO

Quando mencionamos a ocorrência de causas supervenientes à formação do contrato, partimos do pressuposto de que ele se concretizou de forma plena, como negócio jurídico, nos planos da existência, validade e eficácia.

Assim, celebrado para ser cumprido, sem vícios ou previsão de arrependimento, sua dissolução posterior pode-se dar por diversas formas, que variam desde a manifestação expressa da vontade até os efeitos extintivos do eventual inadimplemento ou da morte de um dos contratantes.

Enfrentemos cada uma destas modalidades.

5.1. Resilição

A expressão "resilição" (utilizada expressamente, de forma técnica, pelo Código Civil de 2002, em seu art. 473, aperfeiçoando a redação legal codificada, outrora omissa) refere-se à extinção do contrato por iniciativa de uma ou ambas as partes.

Registre-se, portanto, de logo, que tal extinção não se opera retroativamente, produzindo seus efeitos *ex nunc*. Assim, nos contratos de trato sucessivo, não se restituem as prestações cumpridas, a menos que as partes assim o estabeleçam.

Em verdade, partindo da concepção de que o contrato gera um vínculo jurídico obrigatório às partes, a conclusão lógica é que a mesma manifestação conjunta da vontade possa extingui-lo.

Assim sendo, temos que a regra, no direito brasileiro, é que a resilição seja bilateral (distrato), embora se possa falar, em casos permitidos expressa ou implicitamente pela lei, em uma manifestação unilateral de vontade extintiva do contrato.

Compreendamos estas duas espécies.

5.1.1. *Bilateral (distrato)*

A resilição bilateral é chamada, pela doutrina e pelo próprio texto codificado, de *distrato*.

Se foi a autonomia da vontade que estabeleceu a relação contratual, é óbvio que esta mesma autonomia poderá desfazê-la, na forma como pactuado, possivelmente celebrando um novo negócio jurídico que estabelece o fim do vínculo contratual, disciplinando as consequências jurídicas deste fato.

---

[12] Orlando Gomes, *Contratos*, 24. ed., Rio de Janeiro: Forense, 2001, p. 187.

Assim, por exemplo, se a empresa X tem um contrato de prestação de serviços com um escritório de advocacia, celebrado por tempo indeterminado, as partes podem, de comum acordo, extingui-lo, estabelecendo as indenizações que acharem cabíveis por tal rompimento contratual.

Ainda sobre o tema, pertinente é a observação do sempre lembrado mestre baiano ORLANDO GOMES:

"Todos os contratos podem ser resilidos, por distrato. Necessário, porém, que os efeitos não estejam exauridos, uma vez que a execução é a via normal da extinção. Contrato extinto não precisa ser dissolvido. Se já produziram alguns efeitos, o acordo para eliminá-los não é distrato mas outro contrato que modifica a relação. Geralmente o distrato é utilizado nos contratos de execução continuada para desatar o vínculo antes do advento de seu termo extintivo, mas pode ser convencionado para pôr termo a contrato por tempo indeterminado. Claro é que se o contrato cessa por se ter expirado o prazo estipulado, não há que falar em distrato, pois, nesse caso, dá-se a extinção normal, por execução"[13].

E de que forma deve-se dar tal extinção?

a) Forma

Estabelece expressamente o art. 472:

"Art. 472. O distrato faz-se pela mesma forma exigida para o contrato".

Se é da substância do negócio jurídico uma determinada forma, somente por tal solenidade é que se pode considerar válido o distrato.

Assim, por exemplo, se, por força da regra do art. 108 do CC/2002, a lei obriga o registro, por escritura pública, de um determinado contrato para sua validade, não poderão as partes desfazê-lo por instrumento particular. Da mesma forma, se, segundo o art. 819 do CC/2002, a fiança somente pode dar-se por escrito, seu distrato não poderá ser feito oralmente.

Isso não implica dizer, porém, que, se o contrato foi estabelecido por uma determinada forma, não imposta pela lei, ele também tenha de seguir tal formalidade para ser extinto[14].

Destaque-se, ainda, que a Lei n. 13.786, de 27 de dezembro de 2018 (conhecida como a "Lei do Distrato"), alterou a Lei n. 4.591, de 16 de dezembro de 1964 (Lei sobre Condomínio em Edificações e sobre Incorporações Imobiliárias), para estabelecer, por meio de seu art. 35-A, VI, que os contratos de compra e venda, promessa de venda, cessão ou promessa de cessão de unidades autônomas de incorporação imobiliária serão iniciados por quadro-resumo que tem de conter "as consequências do desfazimento do contrato, seja por meio de distrato, seja por meio de resolução contratual motivada por inadimplemento de obrigação do adquirente ou do incorporador, com destaque negritado para as penalidades aplicáveis e para os prazos para devolução de valores ao adquirente".

---

[13] Orlando Gomes, *Contratos*, 24. ed., Rio de Janeiro: Forense, 2001, p. 185.

[14] *Vide*: TJSC, Ap. Cív. 1998.017316-7, rel. Des. Trindade dos Santos, j. 24-3-1999, 1.ª Câmara de Direito Civil.

Da mesma forma, a mesma Lei modificou a Lei n. 6.766, de 19 de dezembro de 1979 ("Lei do Parcelamento do Solo Urbano"), para determinar, pelo preceito cogente do art. 26-A, V, que os contratos de compra e venda, cessão ou promessa de cessão de loteamento serão também iniciados por quadro-resumo que tem de conter "as consequências do desfazimento do contrato, seja mediante distrato, seja por meio de resolução contratual motivada por inadimplemento de obrigação do adquirente ou do loteador, com destaque negritado para as penalidades aplicáveis e para os prazos para devolução de valores ao adquirente".

b) Quitação

Um dado relevante se refere ao instituto da quitação.

De fato, estabelecia o art. 1.093 do CC/1916:

"Art. 1.093. O distrato faz-se pela mesma forma que o contrato. Mas a quitação vale, qualquer que seja a sua forma".

Uma leitura apressada poderia levar à conclusão de que, com a retirada da menção à quitação no já transcrito art. 472 do CC/2002, esta também deveria seguir a mencionada regra de forma.

A observação é, como dito, apressada e equivocada.

Em verdade, não houve modificação da disciplina da quitação nos contratos, mas, sim, apenas um aperfeiçoamento da técnica legislativa, passando o instituto a ser disciplinado em dispositivo próprio, relacionado à prova do pagamento, mantida a concepção de liberdade de forma.

5.1.2. Unilateral

Partindo-se da concepção tradicional do princípio da força obrigatória dos contratos (*pacta sunt servanda*), é lógico que a extinção unilateral do contrato, por mera manifestação de vontade, não poderia ser bem vista.

Em verdade, essa visão específica continua válida, pois seria ilógico — ou, no mínimo, atentatório à segurança de uma estipulação contratual — imaginar que toda contratação pudesse ser simplesmente desfeita, ao alvedrio de uma das partes.

Nessa linha, admite-se, portanto, a resilição unilateral somente com autorização legal expressa ou implícita (pela natureza da avença) e, *sempre*, com a prévia comunicação à outra parte[15].

É o que se infere do *caput* do art. 473 do CC/2002, sem equivalente na codificação anterior:

"Art. 473. A resilição unilateral, nos casos em que a lei expressa ou implicitamente o permita, opera mediante denúncia notificada à outra parte".

Assim, por exemplo, nas relações trabalhistas, em que, pelo princípio da continuidade, presume-se a contratação por duração indeterminada, devem as partes conceder o aviso

---

[15] Em geral, deve anteceder a resilição unilateral a existência de um *aviso prévio ou pré-aviso*, o qual, quando descumprido, sujeitará o infrator ao pagamento das perdas e danos devidos.

prévio, na forma do art. 487 da Consolidação das Leis do Trabalho, para proceder à resilição unilateral, reconhecida majoritariamente como o exercício de um direito potestativo.

Na mesma linha, um contrato de prestação de serviços pactuado entre um professor de educação física e uma academia de ginástica também pode prever uma cláusula resilitória, mormente em se considerando que a relação contratual não deve ser vocacionada à eternidade.

Vale acrescentar, ainda, que o ato jurídico pelo qual se opera a resilição unilateral é "*denúncia*". "Denunciar um contrato", portanto, em Direito Civil, traduz a ideia de "resilir o negócio unilateralmente".

a) Limitação temporal

Nas relações civis em geral que admitem a resilição unilateral, não se propugna, independentemente de prévia comunicação, pela mais ampla possibilidade da extinção *imediata* do contrato.

Isso porque a parte contrária pode ter realizado vultosos investimentos, na perspectiva da continuidade do vínculo contratual, não sendo razoável, nem compatível com a boa-fé objetiva, que anima toda a nova codificação civil, que tais gastos permaneçam irressarcidos.

Dando um exemplo para melhor visualizar a hipótese, imagine-se um contrato de prestação de serviços de assistência técnica, em que a empresa prestadora invista na aquisição de equipamentos especializados para o maquinário da tomadora. Ora, se, repentinamente, esta última decide romper o vínculo contratual (por ter, p. ex., encontrado uma outra empresa que possa lhe prestar o serviço), ficaria a outra parte "a ver navios"?

Em outra linha, se, por força da maior proteção que lhe dá a legislação consumerista, pretende um consumidor desfazer um contrato de compra e venda, por não ter mais condições de cumprir o pactuado, deve o vendedor aceitar tal fato, sem qualquer ressarcimento pelas despesas feitas?

É claro que não, já havendo, inclusive, farta jurisprudência nacional sobre a matéria, mesmo aplicando regras anteriores ao novel Código Civil brasileiro[16].

Pensando em tais situações, foi explicitada a regra do parágrafo único do mencionado art. 473, *in verbis*:

> "Parágrafo único. Se, porém, dada a natureza do contrato, uma das partes houver feito investimentos consideráveis para a sua execução, a denúncia unilateral só produzirá efeito depois de transcorrido prazo compatível com a natureza e o vulto dos investimentos".

---

[16] *Vide*: STJ, REsp 508.053/MG (2003/0041447-5), *DJ*, 15-3-2004, rel. Min. Aldir Passarinho Junior, j. 10-2-2004, 4.ª Turma). Com exatamente o mesmo teor, confiram-se, ainda, as seguintes decisões do STJ: REsp 508.053/MG (2003/0041447-5), *DJ*, 15-3-2004, j. 10-2-2004, 4.ª Turma; REsp 188.951/DF (1998/0069070-0), *DJ*, 6-10-2003, j. 4-9-2003, 4.ª Turma; REsp 78.221/SP (1995/0056401-7), *DJ*, 29-9-2003, j. 26-8-2003, 4.ª Turma; REsp 355.818/MG (2001/0128189-4), *DJ*, 13-10-2003, j. 22-4-2003, 4.ª Turma; REsp 218.032 (1999/0049141-6), *DJ*, 25-8-2003, j. 8-4-2003, 4.ª Turma.
Veja também: STJ, REsp 247.615/RJ (2000/0010909-6), *DJ*, 15-3-2004, rel. Min. Nancy Andrighi, j. 16-12-2003, 3.ª Turma.
STJ, REsp 505.629/MG (2003/0002168-6), *DJ*, 29-3-2004, rel. Min. Aldir Passarinho Junior, j. 2-3-2004, 4.ª Turma.

Frise-se, entretanto, que a compensação das despesas efetuadas pela parte que não desfez o contrato deverá ser justa e fixada segundo critérios compatíveis com os princípios da função social do contrato e da dignidade da pessoa humana.

Por tais razões, não vemos com bons olhos as regras de "fidelização contratual" utilizadas pelas empresas de telefonia celular, resultando na imposição de pesadas multas ao consumidor que pretenda resilir o contrato, especialmente quando o móvel subjetivo da resilição for a insatisfação com o serviço fornecido.

Em tal hipótese, esta referida técnica de subordinação contratual afigura-se-nos injusta e ilegítima, uma vez que retira do consumidor o direito de escolha quanto à melhor concessionária que possa servir-lhe, ferindo, inclusive, todo o sistema de privatização e a própria Constituição Federal, que aponta a livre concorrência como o princípio básico da economia.

b) Formas especiais

Algumas modalidades contratuais permitem a resilição unilateral, tomando-se em consideração certas peculiaridades, utilizando, doutrina e legislação, *nomes especiais* para caracterizá-la.

Dentre essas formas especiais, destacamos a *revogação*, a *renúncia* e o *resgate*.

b.1) Revogação

A *revogação* consiste em uma modalidade de desfazimento de determinados negócios jurídicos, por iniciativa de uma das partes isoladamente.

É o exemplo da resilição unilateralmente feita *nos contratos de mandato* (arts. 682 a 687 do CC/2002) e *doação* (arts. 555 a 564 do CC/2002)[17].

Especificamente sobre o mandato, vale registrar que é possível o estabelecimento de cláusula restritiva da sua resilição, leia-se, cláusula de irrevogabilidade, na forma do art. 684.

Distinguindo *revogação* de *denúncia*, afirma ORLANDO GOMES que

> "esta põe fim, diretamente, à relação obrigacional, enquanto aquela extingue o contrato e, só como consequência mediata, a relação, fazendo cessar, *ex tunc* ou *ex nunc*, os efeitos do negócio.
>
> O ato de revogação requer cumprimento pelo próprio sujeito que praticou o ato que se revoga e deve destinar-se a impedir que este produza seus efeitos próprios. Contudo, o vocábulo revogação é empregado em sentido mais amplo. Tal como a denúncia consiste a revogação numa declaração receptícia de vontade, que opera extrajudicialmente, e, como ela, é direito potestativo.
>
> Os contratos estipulados no pressuposto da confiança recíproca entre as partes podem resilir-se *ad nutum*, mediante revogação. Está neste caso o mandato. A lei autoriza o mandante a revogá-lo, pondo-lhe termo, a todo tempo, por simples declaração de vontade, e independentemente de aviso prévio.
>
> Outros contratos comportam esse modo de resilição sem essa liberdade. A doação, por exemplo, pode ser revogada, mas o poder de revogação não se exerce livremente, estando

---

[17] Embora não seja tecnicamente um contrato, também no testamento é utilizado o vocábulo "revogação" neste sentido aqui expresso, conforme se constata da redação dos arts. 1.969 a 1.972 do CC/2002.

condicionado a causas peculiares. Neste caso, a revogação confunde-se com a resolução, porque depende de condição resolutiva a ser apreciada pelo juiz"[18].

b.2) Renúncia

Como a outra face da moeda, compreendemos que o sentido que se dá ao vocábulo "renúncia", em matéria de extinção contratual, nada mais é do que a resilição contratual por iniciativa unilateral do sujeito passivo da relação obrigacional, sendo também especialmente aplicável a algumas modalidades contratuais.

É o caso, por exemplo, também no contrato de mandato, da renúncia do mandatário, na forma determinada no art. 688 do CC/2002, que também prevê limitações ao seu exercício.

No ensinamento sempre atual de ORLANDO GOMES:

> "Posto que seja unilateral, a renúncia pertence à categoria dos negócios extintivos, apresentando-se normalmente como comportamento abdicativo destinado a extinguir uma relação jurídica pela autoeliminação de um dos seus sujeitos, o ativo. No direito das obrigações, a remissão da dívida é a figura mais característica da renúncia. No mandato, tanto o mandante pode desvincular-se do contrato, revogando os poderes do mandatário, como este, com a mesma liberdade de ação, se libera, renunciando-os. Exerce, deste modo, o poder de resilir unilateralmente o contrato, pelo que indeferimos a postulação do item 'a' da inaugural. Deve notificar sua intenção ao mandante e, em certos casos, aguardar substituto. Da renúncia distinguem-se os negócios omissivos, como o repúdio"[19].

b.3) Resgate

Exemplo clássico e difundido de resgate encontrávamos no Código Civil anterior, quando preceituava acerca do instituto da enfiteuse, direito real na coisa alheia não mais disciplinado pela codificação nacional.

Aliás, observa, a esse respeito, PABLO STOLZE GAGLIANO que:

> "Dado o seu caráter de perpetuidade e por imitar o direito de propriedade, sem sê-lo, o novo Código Civil, corretamente, pôs fim à enfiteuse, substituindo-a pelo direito real de superfície, mais dinâmico e de caráter temporário"[20].

Traduzia, pois, este *resgate* o exercício de um direito potestativo, então previsto no art. 693 do CC/1916, com a seguinte redação:

> "Art. 693. Todos os aforamentos, inclusive os constituídos anteriormente a este Código, salvo acordo entre as partes, são resgatáveis 10 (dez) anos depois de constituídos, mediante pagamento de um laudêmio, que será de 2,5% (dois e meio por cento) sobre o valor atual da propriedade plena, e de 10 (dez) pensões anuais pelo foreiro, que não poderá no seu contrato renunciar ao direito de resgate, nem contrariar as disposições imperativas deste Capítulo".

---

[18] Orlando Gomes, *Contratos*, 24. ed., Rio de Janeiro: Forense, 2001, p. 187.
[19] Orlando Gomes, *Contratos*, 24. ed., Rio de Janeiro: Forense, 2001, p. 188.
[20] Pablo Stolze Gagliano, *Código Civil Comentado — XIII (Direito das Coisas. Superfície. Servidões. Usufruto. Uso. Habitação. Direito do Promitente Comprador)*, São Paulo: Atlas, 2004, p. 21.

Na atual codificação, contudo, a expressão somente é utilizada em outro contexto, mais especificamente no exercício da retrovenda, referindo-se ao retorno do bem ao vendedor, conforme se verifica de uma simples leitura dos arts. 505 e 506:

"Art. 505. O vendedor de coisa imóvel pode reservar-se o direito de recobrá-la no prazo máximo de decadência de três anos, restituindo o preço recebido e reembolsando as despesas do comprador, inclusive as que, durante o período de *resgate*, se efetuaram com a sua autorização escrita, ou para a realização de benfeitorias necessárias.

Art. 506. Se o comprador se recusar a receber as quantias a que faz jus, o vendedor, para exercer o *direito de resgate*, as depositará judicialmente" (grifos nossos).

A retrovenda, em verdade, como visto, é uma cláusula especial à compra e venda, que limita a sua eficácia, uma vez que submete o negócio jurídico a uma condição resolutiva expressa[21], sendo considerado, por nós, uma modalidade de extinção natural do contrato.

Na anterior hipótese da enfiteuse, portanto, especialmente quando decorrente de um contrato firmado entre as partes, ou na situação atualmente prevista da retrovenda, podemos observar especiais modalidades de resilição[22], manifestadas por meio do direito de resgate.

5.2. Resolução

Embora a legislação codificada, por vezes, utilize a expressão em outros sentidos[23], o fato é que a teoria geral dos contratos reserva para o vocábulo *"resolução"* o significado de extinção contratual fundamentada no descumprimento do pactuado.

Sob a expressão "descumprimento", compreenda-se o inadimplemento tanto culposo quanto involuntário e, bem assim, a inexecução absoluta e a relativa.

Se o contrato é feito para ser cumprido, a não realização da prestação como pactuada *pode* ensejar, sim, *a priori*, a critério da parte lesada, por sua provocação, o desfazimento da relação obrigacional.

A expressão "pode" é, aqui, mais uma vez utilizada em seu sentido técnico, pois, na nova visão que se propugna para o direito obrigacional, deve-se sempre prestigiar a tutela específica da obrigação, caso seja possível a prestação e ainda haja interesse nela pela parte lesada, realizando-se a intenção declarada ao se celebrar a avença.

5.2.1. Algumas palavras sobre a voluntariedade da inexecução

Para efeito de resolução do contrato, pouco importa se a inexecução se deu voluntária ou involuntariamente.

---

[21] Sobre o tema, confira-se o tópico "Retrovenda" do Capítulo "Compra e Venda" deste volume.

[22] Nesse sentido, confiram-se Orlando Gomes, *Contratos*, 24. ed., Rio de Janeiro: Forense, 2001, p. 188, e Carlos Roberto Gonçalves, *Direito Civil Brasileiro*, 17. ed., São Paulo: Saraiva, 2020, v. 3, p. 220.

[23] Confiram-se, a propósito, os arts. 769, § 2.º; 770; 796, parágrafo único; 1.031 e 1.032; 1.359 e 1.360; e 1.499, III, do CC/2002.

De fato, seja pela recusa — justificada ou não — do devedor, seja por fatos alheios à sua vontade, como, por exemplo, no caso fortuito ou de força maior, sempre será possível ao interessado (parte lesada pelo descumprimento) pedir a resolução do contrato, extinguindo-se o vínculo contratual.

Necessário se faz, porém, verificar se há razoabilidade no incumprimento para efeito de verificação da responsabilidade civil por tal ato.

O tema do descumprimento do contrato, ensejando a sua resolução, desperta, na realidade, vários temas acessórios, como é o caso, por exemplo, nos contratos bilaterais, em que o inadimplemento de uma parte autoriza o não cumprimento de prestação correspondente pela outra, caracterizando a *exceção substancial do contrato não cumprido* (*exceptio non adimpleti contractus*).

Da mesma maneira, a resolução do contrato pode decorrer da impossibilidade de seu cumprimento por onerosidade excessiva, em virtude de acontecimentos extraordinários e imprevistos, tema, aliás, que pode ensejar, inclusive, a rediscussão das suas prestações, justamente para evitar a sua extinção.

Dada a importância desses dois últimos aspectos, disciplinados expressamente pelo Código Civil de 2002 — o segundo, inclusive, de forma inovadora —, por uma questão metodológica, vamos tratá-los também em capítulos autônomos[24].

5.2.2. Cláusula resolutória (expressa ou tácita)

As partes podem prever, no próprio conteúdo do contrato, que, caso haja descumprimento, o mesmo será considerado extinto.

Trata-se da chamada "cláusula resolutiva (ou resolutória) expressa"[25] ou "pacto comissório expresso"[26], que gera efeito dissolutório da relação contratual.

Quando, contudo, as partes nem sequer cogitaram acerca do inadimplemento contratual, fala-se, de maneira distinta, na preexistência de uma cláusula resolutória tácita[27], pois, em todo contrato bilateral, por força da interdependência das obrigações, o descumprimen-

---

[24] Confiram-se os Capítulos "Exceção de Contrato Não Cumprido" e "Teoria da Imprevisão e Resolução por Onerosidade Excessiva" do presente volume.

[25] *Vide*: STJ, REsp 482.485/GO (2002/0151327-3), *DJ*, 22-3-2004, rel. Min. Carlos Alberto Menezes Direito, j. 9-12-2003, 3.ª Turma.

[26] Esta expressão, posto houvesse recebido assento em dispositivo específico do Código anterior (art. 1.163), como pacto acessório ao contrato de compra e venda, não mereceu, por parte do legislador, a consagração de dispositivo correspondente no Código novo. Fica, entretanto, a sua subsistência em nível doutrinário. Atente o nosso leitor, entretanto, que tal expressão também serve para caracterizar instituto distinto, regulado pelas normas de Direitos Reais, a teor do art. 1.428 da nova Lei Codificada. Neste último sentido, proíbe-se, pois, o *"pacto comissório"*, que dê ao credor poderes para ficar com a propriedade da coisa dada em garantia real, pelo devedor.

[27] Ressalve-se que, embora o texto legal tenha adotado o adjetivo "resolutiva", preferimos nos valer do adjetivo "resolutória" justamente para diferenciar da aposição de uma condição ao negócio jurídico que deve ser, em regra, expressa. Nessa linha, utilizamos a expressão consagrada na legislação consumerista, v. g., no seu art. 54, § 2.º, ao explicitar que nos "contratos de adesão admite-se cláusula resolutória, desde que alternativa, cabendo a escolha ao consumidor, ressalvando-se o disposto no § 2.º do artigo anterior".

to culposo por uma das partes deve constituir justa causa para a resolução do contrato, uma vez que, se um é causa do outro, deixando-se de cumprir o primeiro, perderia o sentido o cumprimento do segundo.

Tal instituto está previsto expressamente no Código Civil de 2002, especificamente no seu art. 474:

> "Art. 474. A cláusula resolutiva expressa opera de pleno direito; a tácita depende de interpelação judicial".

Aplaudimos a nova disciplina legal, pois explicitou tratar-se de uma *cláusula* resolutiva, modificando a expressão anterior (*condição* resolutiva, constante do parágrafo único do art. 119 do CC/1916[28]), o que nos soa mais técnico, pela dificuldade de se imaginar um elemento limitador da eficácia implicitamente contida em um negócio jurídico.

E por que não se incluir, dentro da visão esquemática aqui propugnada, tal assunto na parte referente à extinção natural do contrato, haja vista que foram as próprias partes que já anteviram tal possibilidade?

Justamente porque, na visão ética que defendemos para as relações contratuais, não nos parece aceitável imaginar que, pela boa-fé objetiva, alguém pactue uma relação contratual já com a firme intenção de não cumpri-la.

A concepção da cláusula resolutória expressa deve ser aceita não pela ideia de que o contrato foi celebrado para não ser cumprido, mas, sim, justamente por uma questão de cautela, no caso de inadimplemento em função de eventuais situações supervenientes, o que se mostra mais evidente nos contratos de execução diferida ou de duração.

Por tais fundamentos, divergimos, neste particular, do dileto amigo e culto jurista CARLOS ROBERTO GONÇALVES, que elenca a cláusula resolutiva expressa como uma causa contemporânea à formação do contrato[29]. Em verdade, embora concebida na celebração da avença, a causa somente se materializa — e de forma sempre indesejada, embora admitida — com o descumprimento da obrigação pactuada.

Resolução pressupõe inadimplemento de algo exigível.

E inadimplemento é algo que nunca pode ser considerado normal ou contemporâneo ao contrato.

Por isso mesmo, a expressão "de pleno direito" deve ser interpretada com a devida ressalva, pois ela não quer dizer que, ocorrendo o inadimplemento, o contrato está automaticamente extinto.

Pensar dessa forma seria prestigiar o inadimplente, o que é inadmissível[30].

---

[28] CC/1916: "Art. 119. Se for resolutiva a condição, enquanto esta se não realizar, vigorará o ato jurídico, podendo exercer-se desde o momento deste o direito por ele estabelecido; mas, verificada a condição, para todos os efeitos, se extingue o direito a que ela se opõe.

Parágrafo único. A condição resolutiva da obrigação pode ser expressa, ou tácita; operando, no primeiro caso, de pleno direito, e por interpelação judicial, no segundo".

[29] Carlos Roberto Gonçalves, *Direito Civil Brasileiro*, 17. ed., São Paulo: Saraiva, 2020, v. 3, p. 191.

[30] *Vide*: STJ, REsp 435.920/SP (2002/0059717-8), *DJ*, 22-3-2004, rel. Min. Sálvio de Figueiredo Teixeira, data da decisão 19-8-2003, 4.ª Turma.

Assim, o que se deve ter em mente é que, ocorrendo o inadimplemento, a parte lesada tem o direito de exigir o seu cumprimento (haja vista que a tutela específica das obrigações deve ser a regra em nosso ordenamento[31]) ou, não sendo mais possível a prestação ou não havendo mais interesse em seu cumprimento, a declaração judicial da sua resolução.

Essa é a linha do novel art. 475 do Código Civil brasileiro:

"Art. 475. A parte lesada pelo inadimplemento pode pedir a resolução do contrato, se não preferir exigir-lhe o cumprimento, cabendo, em qualquer dos casos, indenização por perdas e danos".

Dessa forma, havendo o inadimplemento, e optando a parte lesada pela resolução, duas situações poderão advir:

a) Há cláusula resolutória expressa: nesse caso, uma manifestação judicial terá efeito meramente declaratório, operando-se *ex tunc*. A provocação do Estado-Juiz somente se faz necessária para assegurar uma certeza jurídica, o que é, em essência, a finalidade de qualquer postulação de natureza declaratória. Ademais, podem-se cumular pretensões (postulações condenatórias), ao exigir restituição de parcelas pagas, devolução de bens[32] e indenização pela extinção do contrato[33].

b) Não há cláusula resolutória expressa: nesse caso, entende-se ser imprescindível a interpelação judicial para desconstituir o vínculo contratual, uma vez que não é razoável se imaginar que, em um contrato *sinalagmático*, uma das partes tenha de continuar a cumprir a sua prestação, se a outra se abstém de tal mister. A finalidade de tal interpelação é justamente cientificar a parte contrária da intenção de considerar resolvido o contrato, podendo ser suprida por outra forma de cientificação[34].

Ressalte-se que, embora inadimplente o devedor, não se pode tolerar que o credor queira resolver o contrato, reavendo bens alienados em prestações, sem a devolução, com

---

[31] Sobre o tema, confiram-se os tópicos 2.2.1 ("Descumprimento culposo das obrigações de fazer: a sua tutela jurídica") e 2.3.1 ("Descumprimento culposo das obrigações de não fazer: a sua tutela jurídica") do v. 2 ("Obrigações") desta obra.

[32] *Vide*: TJSC, AgI 1998.017814-2, rel. Des. Trindade dos Santos, j. 23-2-1999, 1ª Câmara de Direito Civil.

[33] Há em nosso sistema uma compreensível e natural tendência de "desjudicialização". Nesse contexto, merece referência o art. 7º-A da Lei n. 8.935, de 18 de novembro de 1994, inserido pela Lei do Marco Legal das Garantias (Lei n. 14.711/2023), que passou a permitir aos Tabeliães de Notas "certificar o implemento ou a frustração de condições e outros elementos negociais", além de outras atribuições: "Art. 7º-A. Aos tabeliães de notas também compete, sem exclusividade, entre outras atividades: I – certificar o implemento ou a frustração de condições e outros elementos negociais, respeitada a competência própria dos tabeliães de protesto; II – atuar como mediador ou conciliador; III – atuar como árbitro. (...) § 2º O tabelião de notas lavrará, a pedido das partes, ata notarial para constatar a verificação da ocorrência ou da frustração das condições negociais aplicáveis e certificará o repasse dos valores devidos e a eficácia ou a rescisão do negócio celebrado, o que, quando aplicável, constituirá título para fins do art. 221 da Lei n. 6.015, de 31 de dezembro de 1973 (Lei de Registros Públicos), respeitada a competência própria dos tabeliães de protesto".

[34] Ver posição do STJ em: REsp 538.217/MT (2003/0051962-5), *DJ*, 22-3-2004, rel. Min. Carlos Alberto Menezes Direito, j. 16-12-2003, 3.ª Turma.

as devidas compensações, das parcelas pagas[35]. Nesse sentido, estabelece o Código de Defesa do Consumidor:

"Art. 53. Nos contratos de compra e venda de móveis ou imóveis mediante pagamento em prestações, bem como nas alienações fiduciárias em garantia, consideram-se nulas de pleno direito as cláusulas que estabeleçam a perda total das prestações pagas em benefício do credor que, em razão do inadimplemento, pleitear a resolução do contrato e a retomada do produto alienado.

§ 1.º (Vetado.)

§ 2.º Nos contratos do sistema de consórcio de produtos duráveis, a compensação ou a restituição das parcelas quitadas, na forma deste artigo, terá descontada, além da vantagem econômica auferida com a fruição, os prejuízos que o desistente ou inadimplente causar ao grupo.

§ 3.º Os contratos de que trata o *caput* deste artigo serão expressos em moeda corrente nacional".

Registre-se, ainda, que, no campo da disciplina legal ou da autonomia da vontade, é possível o estabelecimento de regras para a purgação da mora, afastando a resolução contratual, o que deve ser analisado no caso concreto[36], bem como ser admissível, por exceção, que a resolução do contrato se dê por iniciativa daquele que não conseguiu adimpli-lo[37].

Nesse sentido, observe-se que a Lei n. 13.786, de 27 de dezembro de 2018 (conhecida como a "Lei do Distrato") alterou a Lei n. 4.591, de 16 de dezembro de 1964 (Lei sobre Condomínio em Edificações e sobre Incorporações Imobiliárias), para estabelecer, por meio do seu art. 43-A, que a "entrega do imóvel em até 180 (cento e oitenta) dias corridos da data estipulada contratualmente como data prevista para conclusão do empreendimento, desde que expressamente pactuado, de forma clara e destacada, não dará causa à resolução do contrato por parte do adquirente nem ensejará o pagamento de qualquer penalidade pelo incorporador"[38].

---

[35] *Vide*: STJ, REsp 470.512/DF (2002/0119743-3), *DJ*, 17-11-2003, rel. Min. Castro Filho, j. 29-10-2003, 3.ª Turma.

[36] Ver posição do STJ em: STJ, REsp 471.613/GO (2002/0128388-2), *DJ*, 24-11-2003, rel. Min Aldir Passarinho Junior, j. 16-10-2003, 4.ª Turma.

[37] Cf.: STJ, REsp 476.775/MG (2002/0156077-0), *DJ*, 4-8-2003, rel. Min. Ruy Rosado de Aguiar, j. 20-5-2003, 4.ª Turma.

[38] Observe-se que os parágrafos do referido art. 43-A estabelecem:

"§ 1.º Se a entrega do imóvel ultrapassar o prazo estabelecido no *caput* deste artigo, desde que o adquirente não tenha dado causa ao atraso, poderá ser promovida por este a resolução do contrato, sem prejuízo da devolução da integralidade de todos os valores pagos e da multa estabelecida, em até 60 (sessenta) dias corridos contados da resolução, corrigidos nos termos do § 8.º do art. 67-A desta Lei.

§ 2.º Na hipótese de a entrega do imóvel estender-se por prazo superior àquele previsto no *caput* deste artigo, e não se tratar de resolução do contrato, será devida ao adquirente adimplente, por ocasião da entrega da unidade, indenização de 1% (um por cento) do valor efetivamente pago à incorporadora, para cada mês de atraso, pro rata die, corrigido monetariamente conforme índice estipulado em contrato.

§ 3.º A multa prevista no § 2.º deste artigo, referente a mora no cumprimento da obrigação, em hipótese alguma poderá ser cumulada com a multa estabelecida no § 1.º deste artigo, que trata da inexecução total da obrigação".

Por fim, vale lembrar que o Superior Tribunal de Justiça, julgando o Tema Repetitivo 1095, firmou a seguinte tese: "Em contrato de compra e venda de imóvel com garantia de alienação fiduciária devidamente registrado em cartório, a resolução do pacto, na hipótese de inadimplemento do devedor, devidamente constituído em mora, deverá observar a forma prevista na Lei n. 9.514/97, por se tratar de legislação específica, afastando-se, por conseguinte, a aplicação do Código de Defesa do Consumidor".

5.3. Rescisão

Se há uma modalidade de extinção contratual em que se constata profunda imprecisão terminológica e desvios teóricos, não há menor dúvida de que é "rescisão".

Do ponto de vista gramatical, a expressão encontra as seguintes acepções:

"*rescisão* s.f. (1813 cf.ms^2) ação de rescindir *1* anulação de (contrato) *1.1* JUR ato através do qual um contrato deixa de surtir efeitos devido a um vício nele contido; anulação *2* rompimento, corte. ETIM lat. *rescissio, onis* 'rescisão, anulação; supressão, destruição', com dissimilação das sibilantes; ver *cind*-; f.hist. 1813 *rescisão*, 1836 *rescisão*"[39].

Baseada nos ensinamentos de MESSINEO[40], porém, boa parte da doutrina civilista brasileira especializada[41] identifica o termo rescisão, tecnicamente, como a forma de extinção de contratos em que tenha ocorrido *lesão* ou celebrados sob *estado de perigo*[42].

Observando tal confusão, registra SÍLVIO VENOSA que

"rescisão é palavra que traz, entre nós, a noção de extinção da relação contratual por culpa. Originalmente, vinha ligada tão só ao instituto da lesão. No entanto, geralmente quando uma parte imputa à outra o descumprimento de um contrato, pede a rescisão em juízo e a sentença decreta-a. Os interessados, no entanto, usam com frequência o termo com o mesmo sentido de resilir, isto é, terminar a avença de comum acordo, distratar o que foi contratado. Nada impede que assim se utilize, num costume arraigado em nossos negócios"[43].

E, por mais contraditório que possa parecer, o próprio Código Civil de 2002 utiliza a expressão em diversos contextos, sem um elemento comum que os una[44].

---

[39] Antônio Houaiss e Mauro de Salles Villar, *Dicionário Houaiss da Língua Portuguesa*, Rio de Janeiro: Objetiva, 2001, p. 2436.

[40] Francesco Messineo, *Doctrina General del Contrato*, trad. de R. Fontanarossa, Sentis Melendo e M. Volterra, Buenos Aires: EJEA, 1952, t. II, p. 210.

[41] Nesse sentido, confira-se, a título exemplificativo, Orlando Gomes, *Contratos*, 24. ed., Rio de Janeiro: Forense, 2001, p. 188-9, e Carlos Roberto Gonçalves, *Direito das Obrigações — Parte Especial — Contratos (Sinopses Jurídicas)*, 21. ed., São Paulo: Saraiva, 2019, v. 6, t. I, p. 72.

[42] Sobre a disciplina normativa de tais vícios de consentimento, confira-se o Capítulo XIII ("Defeitos do Negócio Jurídico") do v. 1 ("Parte Geral") desta obra.

[43] Sílvio de Salvo Venosa, *Direito Civil — Teoria Geral das Obrigações e dos Contratos*, 3. ed., São Paulo: Atlas, 2003, v. II, p. 499.

[44] Confira-se, a propósito, os arts. 455 (tratando de evicção); 607 (tratando da extinção do contrato de prestação de serviços, mediante aviso prévio, o que caracteriza verdadeira resilição); 609 (tratando de hipótese onde não se caracterizaria, *a priori*, a extinção do contrato de prestação de serviços por alte-

Por outro lado, a Lei de Licitações (Lei n. 8.666/93) somente prevê a rescisão de contratos administrativos em face da inexecução total ou parcial do contrato, o que se acaba confundindo com o conceito assente de resolução.

E, como se fosse pouco, constata-se que a Consolidação das Leis do Trabalho, por sua vez, bem como a própria pragmática juslaboralista se vale do vocábulo "rescisão" para tratar, indistintamente, de todas as modalidades de ruptura contratual trabalhista (fala-se, assim, em termo de rescisão de contrato de trabalho, rescisão por justa causa, rescisão indireta, verbas rescisórias etc.).

Afinal de contas, nessa mixórdia, quem está com a razão?

Sinceramente, parece-nos que, para pôr ordem em tal confusão, podemos extrair duas acepções jurídicas da palavra.

A primeira é justamente a utilizada no sentido genérico de extinção do contrato, como ocorre no cotidiano civil e trabalhista. Justamente por tal imprecisão, não recomendamos tal uso, que pode gerar divergências de interpretação.

O outro sentido, mais próximo do gramatical, é o que corresponde à ruptura do contrato em face de uma nulidade. Como visto, a ideia de rescindir lembra "corte, rompimento", e é esta a sensação que se tem quando se verifica a declaração de nulidade de um contrato, pois, sabendo-o existente, verifica-se que ele não poderá produzir efeitos validamente (mesmo que, no campo da concreção, tenha gerado efeitos...).

Nessa mesma linha, é a doutrina do grande jurista MIGUEL MARIA DE SERPA LOPES, o qual, após registrar a confusão terminológica existente, prefere concluir que, em nosso Direito, a *rescisão* deve, de fato, ser tratada como causa extintiva do contrato em caso de *nulidade*, seguindo a linha do Código Civil francês[45].

Assim, na primeira acepção, rescisão seria uma causa superveniente à formação do contrato. Embora imprecisa, *trata-se da forma mais utilizada na prática*, motivo pelo qual preferimos, metodologicamente, tratar neste tópico o instituto. Todavia, para que não sejamos acusados de colidir as classificações feitas, esclarecemos que, se utilizada no sentido clássico de causa extintiva do contrato em caso de nulidade, rescisão, obviamente, será uma causa anterior ou contemporânea à formação do contrato.

5.4. Morte do contratante

Por fim, faz-se mister tecer algumas considerações acerca dos efeitos da morte de um dos contratantes para a relação jurídica obrigacional.

Como observa ORLANDO GOMES:

"Entre as causas de extinção dos contratos, a morte de um dos contratantes ocupa lugar à parte. Sua inclusão nos outros modos de dissolução não tem realmente cabimento. Não é possível afirmar-se que resolve o contrato. Sem dúvida, impossibilita sua execução, ou

---

ração do titular de prédio agrícola onde é realizado); 810 (referindo-se ao contrato de constituição de renda, como sanção pela perda da garantias do cumprimento de prestações futuras); 1.642, IV (autorizando extinção de contratos de fiança e doação de um cônjuge, estabelecidos sem autorização do outro).

[45] Miguel Maria de Serpa Lopes, *Curso de Direito Civil — Fontes das Obrigações: Contratos*, 6. ed., Rio de Janeiro: Freitas Bastos, 2001, v. III, p. 201.

faz cessá-la definitivamente, mas, a rigor, não pode ser considerada inexecução involuntária, porque seus efeitos não se igualam aos do caso fortuito. Não se justifica, também, enquadrá-la entre as causas de resilição, como procede a doutrina francesa, pois a resilição se caracteriza por ser consequência de manifestação da vontade de um ou dos dois contratantes"[46].

De fato, a morte de uma das partes somente constitui causa de dissolução do contrato naquelas avenças personalíssimas, contraídas justamente em função da pessoa do contratante (*intuitu personae*), equiparando-se à incapacidade superveniente[47]. Somente nestes casos pode ser aplicado o brocardo latino *mors omnia solvit*.

Mesmo assim, operando-se a extinção da avença, a mesma terá produzido seus efeitos normalmente até o evento morte, não tendo, portanto, efeito retroativo (*ex tunc*), mas, sim, obviamente, *ex nunc*, o que se torna mais evidente nos contratos de execução continuada ou periódica[48].

Nas demais situações fáticas, as obrigações contratuais[49], bem como os direitos correspondentes[50], transmitem-se aos herdeiros do *de cujus*.

5.5. Caso fortuito ou força maior

Apenas com a finalidade de dar completude à nossa classificação, devemos lembrar que hipóteses de caso fortuito ou força maior também ensejam a extinção do contrato.

A matéria já foi por nós tratada anteriormente[51], mas é importante reafirmar que ambas as hipóteses foram condensadas em conceito único, conforme se pode verificar do art. 393 do CC/2002:

"Art. 393. O devedor não responde pelos prejuízos resultantes de caso fortuito ou força maior, se expressamente não se houver por eles responsabilizado.

Parágrafo único. O caso fortuito ou de força maior verifica-se no fato necessário, cujos efeitos não era possível evitar ou impedir".

---

[46] Orlando Gomes, *Contratos*, 24. ed., Rio de Janeiro: Forense, 2001, p. 189.

[47] É o caso, por exemplo, do tratamento dado na extinção do mandato, pelo art. 682, II, do CC/2002, que menciona, justamente, a "morte ou interdição de uma das partes". Um outro exemplo é dado pelo dinâmico Professor Antônio Carlos Mathias Coltro, quando refere a extinção do contrato de mediação, *por força do falecimento do comitente*, pois, nesse caso, não teria como o corretor prosseguir no seu trabalho (*Contrato de Corretagem Imobiliária — Doutrina e Jurisprudência*, São Paulo: Atlas, 2001, p. 129).

[48] *Vide*: STJ, REsp 197.327/SP (1998/0089838-7), *DJ*, 23-4-2001, rel. Min. Ari Pargendler, j. 6-3-2001, 3.ª Turma.

[49] Confira a posição do STJ no: REsp 88.551/PB (96015040), *DJ*, 8-3-1999, rel. Min. Nilson Naves, j. 20-10-1998, 3.ª Turma.

[50] *Vide*: STJ, REsp 257.880/RJ (2000/0043135-4), j. 3-4-2001, rel. Min. Sálvio de Figueiredo Teixeira.

[51] Sobre o tema, confira-se o tópico 2.4 ("Caso fortuito e força maior") do Capítulo VIII ("Causas Excludentes de Responsabilidade Civil e Cláusula de Não Indenizar") do v. 3 ("Responsabilidade Civil") desta obra.

Há profunda divergência na eventual distinção conceitual entre os dois institutos. Sem intenção de dirimi-la, registramos, como já dissemos alhures, que "a característica básica da força maior é a sua *inevitabilidade, mesmo sendo a sua causa conhecida (um terremoto ou uma erupção vulcânica, por exemplo);* ao passo que o caso fortuito, por sua vez, tem a sua nota distintiva na *sua imprevisibilidade,* segundo os parâmetros do homem médio. Nesta última hipótese, portanto, a ocorrência repentina e até então desconhecida do evento atinge a parte incauta, impossibilitando o cumprimento de uma obrigação (um atropelamento, um roubo)"[52].

Não há diferença pragmática, porém, entre os institutos, que, ocorrendo na vigência de uma relação contratual, acabarão por extingui-la, sem ônus às partes.

Vale registrar, inclusive, a título de curiosidade, que algumas modalidades contratuais expressamente elencam a força maior como causa extintiva[53], o que, em verdade, é perfeitamente dispensável, tendo em vista o próprio sentido do instituto[54].

6. BREVES NOTAS SOBRE A "QUEBRA ANTECIPADA DO CONTRATO" E A "FRUSTRAÇÃO DO FIM DO CONTRATO" À LUZ DO ANTEPROJETO DE REFORMA DO CÓDIGO CIVIL

Figura jurídica interessante, com importantes aplicações práticas, é a denominada *quebra antecipada do contrato,* que se opera quando, mesmo antes da consumação ou implemento do marco de exigibilidade da obrigação, conclui-se pela manifesta impossibilidade (antecipada) de seu cumprimento.

É o que se dá, por exemplo, quando o promitente comprador, um mês antes da data de entrega das chaves do imóvel, descobre que o canteiro de obras está completamente abandonado, sequer com as fundações do empreendimento fixadas.

Logicamente, operou-se uma quebra antecipada do próprio contrato, resultando na faculdade de se pleitear, de logo, a sua resolução.

Trata-se de instituto já aplicável atualmente, e que não passou despercebido no Anteprojeto de Reforma do Código Civil:

"Art. 477-A. A resolução antecipada é admitida quando, antes de a obrigação tornar-se exigível, houver evidentes elementos indicativos da impossibilidade do cumprimento da obrigação".

A *frustração do fim do contrato,* por sua vez, tem uma dinâmica um pouco diferente, pois decorre de uma impossibilidade superveniente que frustra ou prejudica o fim comum buscado por ambas as partes. Ataca, pois, a própria "causa negocial".

---

[52] Pablo Stolze Gagliano e Rodolfo Pamplona Filho, *Novo Curso de Direito Civil — Obrigações,* 21. ed., São Paulo: Saraiva, 2020, v. 2, p. 157.

[53] É o caso, por exemplo, do contrato de prestação de serviço, sobre o qual, na previsão do art. 607 do CC/2002.

[54] Sobre o tema, confira-se a Súmula 638 do STJ: "É abusiva a cláusula contratual que restringe a responsabilidade de instituição financeira pelos danos decorrentes de roubo, furto ou extravio de bem entregue em garantia no âmbito de contrato de penhor civil".

Imagine-se, por exemplo, um contrato de franquia para a instalação de um empreendimento comercial em avenida litorânea que, após a celebração do contrato entre franqueado e franqueador, fora completa e permanentemente inundada pelo oceano.

O Anteprojeto traz interessante regra a respeito desse instituto:

"Art. 480-A. O contrato de execução continuada ou diferida poderá ser resolvido por iniciativa de qualquer uma das partes, quando frustrada a finalidade contratual.

§ 1.º Dá-se a frustração da finalidade do contrato por fatos supervenientes quando deixa de existir o fim comum que justificou a contratação, desde que isso ocorra por motivos alheios ao controle das partes e não integre os riscos normais do negócio ou os que tenham sido alocados pelas partes no momento da celebração do contrato.

§ 2.º A resolução por frustração do fim do contrato não depende da demonstração dos requisitos do art. 478 deste Código".

Trata-se, sem dúvida, de temática acentuadamente importante no Direito Contratual moderno[55].

---

[55] O Anteprojeto também consagra a denominada cláusula de *hardship*, impositiva do dever de renegociar, caso haja alteração da base objetiva do contrato em razão de circunstâncias supervenientes: "Art. 480. As partes podem estabelecer que, na hipótese de eventos supervenientes que alterem a base objetiva do contrato, negociarão a sua repactuação. Parágrafo único. O disposto no *caput* não afasta eventual direito à revisão ou resolução do contrato no caso de frustração da negociação, desde que atendidos aos requisitos legais".

Capítulo XII
Exceção de Contrato Não Cumprido

Sumário: 1. Considerações iniciais. 2. Conceito e natureza jurídica. 3. Elementos caracterizadores. 4. Escorço histórico. 5. Restrição à aplicação do instituto. 6. Garantia de cumprimento. 7. A exceção do contrato não cumprido e a Administração Pública.

1. CONSIDERAÇÕES INICIAIS

Um tema extremamente relevante, em sede de discussão sobre extinção contratual, é a aplicação da "exceção de contrato não cumprido" (*exceptio non adimpleti contractus*).

Trata-se de instituto de grande aplicabilidade prática, que, dada a sua importância jurisprudencial, merece ser tratado em capítulo próprio.

A matéria está disciplinada nos arts. 476 e 477 do CC/2002, que estipulam:

> "Seção III
> Da Exceção de Contrato não Cumprido
>
> Art. 476. Nos contratos bilaterais, nenhum dos contratantes, antes de cumprida a sua obrigação, pode exigir o implemento da do outro.
>
> Art. 477. Se, depois de concluído o contrato, sobrevier a uma das partes contratantes diminuição em seu patrimônio capaz de comprometer ou tornar duvidosa a prestação pela qual se obrigou, pode a outra recusar-se à prestação que lhe incumbe, até que aquela satisfaça a que lhe compete ou dê garantia bastante de satisfazê-la".

Compreendamos sistematicamente o tema, a partir da enunciação de seu conceito.

2. CONCEITO E NATUREZA JURÍDICA

Consiste a "exceção de contrato não cumprido" em *um meio de defesa, pelo qual a parte demandada pela execução de um contrato pode arguir que deixou de cumpri-lo pelo fato da outra ainda também não ter satisfeito a prestação correspondente.*

Como se infere, a mesma somente pode ser aplicada nos chamados contratos bilaterais, *sinalagmáticos* ou *de prestações correlatas*[1], em que se tem uma produção simultânea de prestações para todos os contratantes, pela dependência recíproca das obrigações.

Trata-se, portanto, de uma exceção substancial, paralisando a pretensão do autor de exigir a prestação pactuada, ante a alegação do réu de não haver percebido a contrapres-

---

[1] *Vide:* STJ, REsp 5.213/PA (1990/0009466-6), *DJ*, 7-10-1991, p. 13971, rel. Min. Sálvio de Figueiredo Teixeira, j. 20-11-1990, 4.ª Turma.

tação devida. Não se discute, *a priori*, o conteúdo do contrato, nem se nega a existência da obrigação[2] ou se pretende extingui-la[3], sendo uma contestação apenas do ponto de vista da exigibilidade.

Sobre as exceções substanciais, disserta, com brilhantismo, FREDIE DIDIER JR., aqui transcrito inclusive com suas referências em rodapé:

"A exceção substancial, para ser conhecida pelo juiz, precisa ser exercida pelo demandado. Não pode, de regra, o magistrado conhecer *ex officio* dessa exceção[4]. Não alegada a exceção substancial no momento da contestação, ocorre a preclusão, salvo se a lei expressamente permitir a alegação a qualquer tempo, o que é raro (ex.: prescrição, art. 193 do CC-2002). A exceção opera no plano da eficácia[5]: não pretende o demandado extinguir a pretensão contra si exercida, mas apenas retirar-lhe a eficácia. Quem excetua não nega a eficácia, busca neutralizá-la ou retardá-la[6]. A exceção, como reverso da pretensão, prescreve no mesmo prazo desta (art. 190 do CC-2002)[7]. São exceções substanciais, por exemplo, a prescrição, o direito de retenção e a exceção de contrato não cumprido"[8].

Trata-se, também, de um instrumento bastante útil para forçar o devedor a cumprir a sua obrigação, uma vez que a recusa de pagamento da obrigação pode compeli-lo a tal fim.

Registre-se, ainda, com SILVIO RODRIGUES, que a *"exceptio non adimpleti contractus* pode ser invocada, qualquer que seja a causa geradora do inadimplemento do contrato. Quer a recusa de cumprimento se funde na má vontade do contratante, quer na força maior ou no caso fortuito, em ambas as hipóteses a outra parte pode aduzir a exceção. Porque,

---

[2] *Vide*: STJ, REsp 7.076/PR (1990/0014189-3), *DJ*, 3-6-1991, p. 7425, rel. Min. Waldemar Zveiter, j. 14-5-1991, 3.ª Turma.

[3] Sobre o assunto, ver posição do STJ no REsp 152.497/SP (1997/0075403-0), *DJ*, 30-9-2002, p. 263, rel. Min. Ruy Rosado de Aguiar, j. 15-8-2002, 4.ª Turma.

[4] O Código Civil de 2002 inovou no particular, pois relativizou a vetusta regra, ao permitir que a prescrição, quando beneficie incapaz, possa ser conhecida de ofício pelo magistrado (art. 194 do CC-2002).

[5] Francisco Cavalcanti Pontes de Miranda, *Tratado de direito privado*, 4. ed., São Paulo: Revista dos Tribunais, 1984, t. 6, p. 10-1.

[6] "A exceção é direito negativo; mas, no negar, não nega a existência, nem a validade, nem desfaz, nem coelimina atos de realização da pretensão..., só encobre a eficácia do direito" (Francisco Cavalcanti Pontes de Miranda, *Tratado de Direito Privado*, 4. ed., São Paulo: Revista dos Tribunais, 1984, t. 6, p. 10-1). "Ao contrário de negar o direito em vias de exercício, a exceção supõe esse direito, mas supõe também um outro que toca ao excipiente" (Humberto Theodoro Jr., *Comentários ao Código Civil*, Rio de Janeiro: Forense, 2003, v. III, t. II, p. 183).

[7] Resolveu o legislador do Código Civil de 2002 questão assaz tormentosa, pois não havia no CC/1916 disposição semelhante, o que gerava muitas dúvidas sobre a incidência dos prazos prescricionais para a exceção. Sobre a prescritibilidade das exceções, Francisco Cavalcanti Pontes de Miranda, *Tratado de Direito Privado*, 4. ed., São Paulo: Revista dos Tribunais, 1984, t. 6, p. 24-5.

[8] Fredie Didier Jr., "Da exceção: o direito de defesa e as defesas", *Revista Eletrônica do Curso de Direito da UNIFACS*, no *site* www.unifacs.br/revistajuridica, edição de ago. 2004, seção "Corpo Docente".

tendo uma prestação sua causa na outra, deixando aquela de ser cumprida, seja qual for o motivo, cessa de exigir a causa de cumprimento da segunda"[9].

Por fim, é possível falar em exceção do contrato parcialmente cumprido (*exceptio non rite adimpleti contractus*) — no caso de uma das partes ter cumprido apenas em parte, ou de forma imperfeita, a sua obrigação, quando se comprometera a cumpri-la integralmente —, mas, em verdade, a sua concepção está abrangida na primeira.

3. ELEMENTOS CARACTERIZADORES

Para facilitar a compreensão do instituto, destrinchemos quais são os elementos necessários para sua caracterização:

a) **Existência de um contrato bilateral** — A *exceptio non adimpleti contractus*, em sentido próprio, somente pode ser invocada em contratos[10] onde há uma dependência recíproca das obrigações[11], em que uma é a causa de ser da outra, não sendo aplicável, *a priori*, para outras relações jurídicas[12];

b) **Demanda de uma das partes pelo cumprimento do pactuado** — Somente há sentido na invocação de uma exceção substancial (defesa em sentido material) se há uma provocação, exigindo-se o cumprimento, pois, na inércia das partes, não há que falar em defesa;

c) **Prévio descumprimento da prestação pela parte demandante**[13] — É justamente o prévio descumprimento pela parte demandante que autoriza o excipiente a se valer da *exceptio non adimpleti contractus*[14], uma vez que, tendo havido cumprimento da prestação, na forma como pactuada[15], a demanda pelo seu cumprimento constitui o regular exercício de um direito potestativo. Ressalte-se que se o descumprimento foi de terceiro, e não da parte contratante, não há como invocar a exceção[16].

Por fim, é digno de nota mencionar que o Enunciado n. 652 da IX Jornada de Direito Civil admite que "é possível opor exceção de contrato não cumprido com base na violação de deveres de conduta gerados pela boa-fé objetiva", a exemplo do dever de informação.

---

[9] Silvio Rodrigues, *Direito Civil — Dos Contratos e Declarações Unilaterais de Vontade*, 30. ed., São Paulo: Saraiva, 2004, v. 3, p. 87.

[10] *Vide*: TJRS, Ap. Cív. 70004905030, rel. Des. Marco Aurélio dos Santos Caminha, j. 16-10-2003, 5.ª Câm. Cív.

[11] Cf.: STJ, REsp 85956/SP (1996/0002563-0), *DJ*, 13-10-1997, p. 51574, *LexSTJ*, 102/167; *RSTJ*, 104/285, rel. Min. Carlos Alberto Menezes Direito, j. 17-6-1997, 3.ª Turma.

[12] *Vide*: STJ, REsp 191.502/SP (1998/0075508-0), *DJ*, 2-5-2000, p. 189, rel. Min. Fernando Gonçalves, j. 29-3-2000, 6.ª Turma.

[13] *Vide*: STJ, REsp 36.022/SP (1993/0016828-2), *DJ*, 12-6-1995, p. 17628, *LexSTJ*, 79/146, rel. Min. Sálvio de Figueiredo Teixeira, j. 16-5-1995, 4.ª Turma.

[14] Ver a posição do STJ no REsp 2.330/SC (1990/0001906-0), *DJ*, 28-5-1990, p. 4735, rel. Min. Barros Monteiro, j. 8-5-1990, 4.ª Turma.

[15] Cf.: TJRS, Ap. Cív. 195201587, rel. Des. Paulo Antônio Kretzmann, j. 27-11-2003, 10.ª Câm. Cív.

[16] *Vide*: STJ, REsp 520.547/SP (2003/0062593-0), *DJ*, 17-11-2003, rel. Min. Fernando Gonçalves, j. 7-10-2003, 4.ª Turma.

4. ESCORÇO HISTÓRICO

Há divergência doutrinária acerca da origem histórica do instituto.

SERPA LOPES, em pioneira e profunda monografia brasileira sobre o tema, registra:

"Uma corrente é partidária de sua origem romana, de um modo nítido, enquanto outra, posto não desconheça que certas manifestações de reação defensiva por meio de uma especial forma de *retentio* fossem já conhecidas dos romanos, todavia são de parecer que a sua estrutura jurídica, tal qual aparece no Direito moderno, é uma consequência da noção canônica a respeito da ideia de contrato, e que, no Direito Romano, as circunstâncias que presidiam àquele direito não podiam favorecer a ideia de *fides* que se encontra como um elemento fundamental e intrínseco na *exceptio n. ad. contractus*. Tais são as divergências que dividem os juristas em torno desse ponto delicado e histórico"[17].

Independentemente disso, o fato é que o instituto sobreviveu aos séculos, tendo se consagrado nas legislações ocidentais contemporâneas.

E é possível restringi-lo?

5. RESTRIÇÃO À APLICAÇÃO DO INSTITUTO

A disciplina legal da *exceptio non adimpleti contractus* nada dispõe sobre a possibilidade de restrição à invocação do instituto.

Nada impede, porém, que, partindo-se de situações fáticas em que as partes estejam em igualdade ou a restrição seja feita em interesse da coletividade, seja a mesma realizada.

É o posicionamento, por exemplo, de CARLOS ROBERTO GONÇALVES:

"Como decorrência do princípio da autonomia da vontade, admite-se a validade de cláusula contratual que restrinja o direito de as partes se utilizarem do aludido art. 476. Trata-se da cláusula *solve et repete*, pela qual se obriga o contratante a cumprir a sua obrigação, mesmo diante do descumprimento da do outro, resignando-se a, posteriormente, voltar-se contra este, para pedir o cumprimento ou as perdas e danos. Importa em renúncia ao direito de opor a exceção do contrato não cumprido. Não é muito comum, sendo encontrada em alguns contratos administrativos, para proteger a Administração. Nas relações de consumo deve ser evitada, em razão da cominação de nulidade a toda cláusula que coloque o consumidor em desvantagem exagerada (CDC, art. 51)"[18].

6. GARANTIA DE CUMPRIMENTO

Como visto, a *exceptio non adimpleti contractus* pressupõe o descumprimento da avença.

Todavia, celebrado o contrato, se houver fundado receio de seu futuro descumprimento, por força da diminuição posterior do patrimônio da parte contrária, é preciso que se faça algo para resguardar o interesse dos contraentes.

---

[17] Miguel Maria de Serpa Lopes, *Exceções Substanciais: Exceção de Contrato não Cumprido (Exceptio non adimpleti contractus)*, Rio de Janeiro: Freitas Bastos, 1959, p. 136.

[18] Carlos Roberto Gonçalves, *Direito das Obrigações — Parte Especial — Contratos* (Sinopses Jurídicas), 19. ed., São Paulo: Saraiva, 2017, t. I, p. 37.

Para isso, prevê o art. 477 do CC/2002:

"Art. 477. Se, depois de concluído o contrato, sobrevier a uma das partes contratantes diminuição em seu patrimônio capaz de comprometer ou tornar duvidosa a prestação pela qual se obrigou, pode a outra recusar-se à prestação que lhe incumbe, até que aquela satisfaça a que lhe compete ou dê garantia bastante de satisfazê-la".

Trata-se de uma forma de proteção aos interesses daquele que, por força da relação obrigacional, está adstrito ao cumprimento da prestação antes da parte contrária, constituindo-se, sem a menor dúvida, em medida das mais justas.

Exemplificando a matéria, observa o já citado amigo e professor CARLOS ROBERTO GONÇALVES:

"Procura-se acautelar os interesses do que deve pagar em primeiro lugar, protegendo-o contra alterações da situação patrimonial do outro contratante. Autoriza-se, por exemplo, o vendedor a não entregar a mercadoria vendida, se algum fato superveniente à celebração do contrato acarretar diminuição considerável no patrimônio do comprador, capaz de tornar duvidoso o posterior adimplemento de sua parte na avença, podendo aquele, neste caso, reclamar o preço de imediato ou exigir garantia suficiente.

Na hipótese mencionada, não poderá o comprador exigir do vendedor a entrega da mercadoria, enquanto não cumprir a sua obrigação de efetuar o pagamento do preço ou oferecer garantia bastante para satisfazê-la. Se promover ação judicial para esse fim, poderá aquele opor a exceção do contrato não cumprido"[19].

Dando outro exemplo, imagine-se que alguém contrate a banda TREBLEBES para fazer um *show* de final de ano, em uma determinada casa de espetáculos no interior da Bahia. Por força de uma enchente, porém, o local ficou interditado por vários meses, gerando visível e substancial prejuízo para seu proprietário. Ora, será que vale a pena correr o risco de se deslocar para a cidade, fazer a apresentação e não receber a contraprestação? É claro que não, motivo pelo qual deve o referido conjunto musical exigir garantias do cumprimento, antes de se aventurar pelas estradas da vida...

7. A EXCEÇÃO DO CONTRATO NÃO CUMPRIDO E A ADMINISTRAÇÃO PÚBLICA

Por fim, vale tecer algumas considerações sobre a possibilidade de invocação da exceção do contrato não cumprido, em sede de contratos administrativos.

Não há a menor dúvida de que isso pode ser feito, unilateralmente, pela Administração[20], mas a pergunta que se faz é se o particular também gozaria dessa prerrogativa.

Isso porque, estabelecido o contrato com a Administração Pública, o contratado assume o papel de seu colaborador, agindo, como tal, no interesse da comunidade, que não pode ficar prejudicada pela paralisação na sua execução.

---

[19] Carlos Roberto Gonçalves, *Direito Civil Brasileiro*, 17. ed., São Paulo: Saraiva, 2020, v. 3, p. 205-6.
[20] *Vide*: TJRS, Ap. Cív. 598080505, rel. Des. Fabianne Breton Baisch, j. 9-5-2001, 2.ª Câm. Cív.

Na observação de MARIA SYLVIA ZANELLA DI PIETRO, essa

"doutrina sofre hoje algum abrandamento, pois já se aceita que a *exceptio non adimpleti contractus* seja invocada pelo particular contra a Administração, embora sem a mesma amplitude que apresenta no direito privado. Neste, os interesses das partes são equivalentes e se colocam no mesmo pé de igualdade; no contrato administrativo, os interesses das partes são diversos, devendo, em determinadas circunstâncias, prevalecer o interesse público que incumbe, em princípio, à Administração proteger. Por isso, o particular deve, como regra, dar continuidade ao contrato, evitando de, *sponte sua*, paralisar a execução do contrato, já que a rescisão unilateral é prerrogativa da Administração; o que o particular pode e deve fazer, até mesmo para acautelar seus interesses, é pleitear a rescisão, administrativa ou judicialmente, aguardando que ela seja deferida"[21].

É claro que, em certas situações, a continuidade da prestação deve ser verificada de acordo com o princípio da razoabilidade (proporcionalidade), pois pode impossibilitar a execução do contrato ou causar ao contratado um desequilíbrio econômico de tal monta que não seria razoável exigir que o mesmo fosse suportado, pela desproporção entre esse sacrifício e o interesse público a atingir pela execução do contrato.

Assim, parece-nos, por exemplo, que as previsões do art. 78, XV e XVI, da Lei de Licitações (Lei n. 8.666/93) podem autorizar, excepcionalmente (sem trocadilho!), a aplicação da exceção do contrato não cumprido.

Até porque, nessa mesma linha de raciocínio, também não se afigura justo que o Estado se beneficie à custa do particular.

---

[21] Maria Sylvia Zanella Di Pietro, *Direito Administrativo*, 10. ed., São Paulo: Atlas, 1998, p. 232.

Capítulo XIII
Teoria da Imprevisão e Resolução por Onerosidade Excessiva

Sumário: 1. Introdução. 2. Concepção histórica da teoria da imprevisão. 3. Compreendendo a distinção entre teoria da imprevisão, cláusula *rebus sic stantibus* e resolução por onerosidade excessiva. 4. Elementos para aplicabilidade da teoria da imprevisão. 5. Teoria da imprevisão × Lesão. 6. Teoria da imprevisão × Inadimplemento fortuito (caso fortuito ou força maior). 7. A teoria da imprevisão no Código de Defesa do Consumidor. 8. A teoria da imprevisão no Código Civil de 2002. 8.1. Aplicabilidade do instituto. 8.2. Revisibilidade do contrato. 8.3. Aplicação da teoria nos contratos unilaterais. 8.4. Restrição contratual à aplicação da teoria. 8.5. Teoria da imprevisão e pandemia.

1. INTRODUÇÃO

Conforme explicitado em capítulo anterior[1], consideramos o tema da resolução contratual por onerosidade excessiva relevante demais para ser abordado em um simples tópico.

Por isso, fizemos a opção metodológica de abordá-lo em um capítulo próprio, concebendo-o dentro da chamada "Teoria da Imprevisão", tema muito mais amplo e que o abrange.

Compreendendo tal teoria, será possível enfrentar o instituto com muito mais propriedade, inclusive para além dos limites do Código Civil brasileiro.

Façamos, para isso, uma rápida digressão histórica.

2. CONCEPÇÃO HISTÓRICA DA TEORIA DA IMPREVISÃO

Umbilicalmente ligada ao princípio do *pacta sunt servanda,* a concepção dogmática da teoria da imprevisão ou da imprevisibilidade marcou, sem dúvida, um importante passo na história evolutiva do Direito.

A Lei 48 do Código de Hammurabi, grafado em pedra 2.700 anos antes de nossa era, já trazia latente tão importante teoria:

"Se alguém tem um débito a juros, e uma tempestade devasta o campo ou destrói a colheita, ou por falta de água não cresce o trigo no campo, ele não deverá nesse ano dar trigo ao credor, deverá modificar sua tábua de contrato e não pagar juros por esse ano"[2].

---

[1] Confira-se o tópico "Algumas palavras sobre a voluntariedade da inexecução" do Capítulo "Extinção do Contrato" do presente volume.

[2] J. M. Othon Sidou, *Resolução Judicial dos Contratos — Cláusula "Rebus Sic Stantibus" — e Contratos de Adesão — No Direito Vigente e no Projeto do Código Civil*, 3. ed., Rio de Janeiro: Forense, 2000.

Desenvolvida especialmente na França, a teoria da imprevisão traduz, sobretudo, um ressurgimento da vetusta cláusula *rebus sic stantibus* do Direito Canônico[3], segundo a qual o contrato somente seria exigível se as condições econômicas do tempo de sua execução fossem semelhantes às do tempo de sua celebração.

Referindo-se a essa cláusula, RUGGIERO observa que:

"Nos contratos a longo termo e com sucessivas prestações periódicas (*contractus qui habent tractum sucessivum*) deve considerar-se sempre subentendida a cláusula *rebus sic stantibus*, isto é, que quando uma alteração mais ou menos profunda se verifique mais tarde no estado de fato existente ou tido em conta pelos contraentes no momento do acordo, possa o obrigado invocar a rescisão do contrato que para ele se tornou excessivamente gravoso"[4].

Ocorre que esta cláusula, importante sobretudo pelo caráter mais solidarista que imprimia ao contrato, acabaria por cair no esquecimento nos sistemas jurídicos dos séculos XVIII e XIX, especialmente durante o auge do liberalismo, em que se cultuava a vontade e a razão humana como o centro de todo o universo social.

Durante muitos anos, portanto, consoante observamos linhas acima, o princípio da força obrigatória dos contratos imperou absoluto, sem que se pudesse conceber, sob pena de se cometer uma verdadeira "heresia jurídica", revisão ou resolução de um determinado contrato por força de uma circunstância superveniente imprevisível.

Tudo mudou, entretanto, na primeira metade do século XX.

A Primeira Grande Guerra (1914-1918) e os movimentos sociais que fervilhavam na Europa Ocidental, aliados a um redimensionamento das forças geopolíticas mundiais, alteraram sobremaneira a face da economia global, causando forte impacto nos contratos de longo prazo, celebrados antes do grande conflito.

Imagine-se, apenas a título de exemplo, quantas indústrias celebraram contratos para a extração e beneficiamento de carvão antes da guerra. Seria justo que tais contratos não fossem revistos após a deflagração do conflito?

Poderiam os preços praticados permanecer imodificáveis, nos mesmos parâmetros anteriores à guerra?

O *pacta sunt servanda*, pois, deveria ser repensado.

E foi a França o primeiro Estado a editar uma lei direcionada à disciplina de tão importante questão.

Trata-se da famosa Lei *Falliot*, de 21 de maio de 1918[5].

---

[3] "Embora não se saiba exatamente em que momento surgiu essa cláusula, sabe-se que os romanos já aceitavam a vulnerabilidade do princípio da obrigatoriedade do contrato ('pacta sunt servanda'). Antes de ser uma regra jurídica, ela foi uma regra moral adotada pelo cristianismo; exigia-se equivalência das prestações sempre que se estivesse em presença de um ato a título oneroso. Daí a frase, que é atribuída a Bartolo (1314-1354): 'contractus qui habent tractum successivum et dependentiam de futuro, rebus sic stantibus intelliguntur'" (Maria Sylvia Zanella Di Pietro, *Direito Administrativo*, 10. ed., São Paulo: Atlas, 1998, p. 234).

[4] Roberto de Ruggiero, ob. cit., v. 3, p. 350-1.

[5] No dizer de Ruy Rosado de Aguiar Jr., "A primeira reação ao princípio da inderrogabilidade dos contratos por efeito de fatos novos, veio de WINDSCHEID que, em 1850, lançou a *teoria da pressu-*

Nesse sentido, preleciona o culto DARCY BESSONE:

"Na França, ainda sob o fragor das batalhas, o problema desfiava solução. A Corte de Cassação resistiu tenazmente às solicitações de revisão dos contratos. O Conselho de Estado, no entanto, cedeu logo à premência dos fatos, firmando o princípio de que o poder público só poderia exigir do concessionário o cumprimento do contrato, tornado excessivamente oneroso por consequência de circunstâncias novas, das quais houvessem resultado dificuldades superiores às que poderia prever, se os revisse, adaptando-os às circunstâncias do momento. Em face da resistência da Corte de Cassação, tornou-se necessária a solução da questão por meio de lei, e, a 21 de maio de 1918, promulgou-se a Lei Falliot..."[6].

Assim, ganhou base legal a denominada *Teoria da Imprevisão*, consistente no reconhecimento de que a ocorrência de acontecimentos novos, imprevisíveis pelas partes e a elas não imputáveis, com impacto sobre a base econômica ou a execução do contrato, admitiria a sua resolução ou revisão, para ajustá-lo às circunstâncias supervenientes[7].

Analisando a teoria, com habitual erudição, ÁLVARO VILLAÇA AZEVEDO exemplifica:

"Suponhamos que um engenheiro se obrigue, fornecendo material e mão de obra, a construir para alguém uma casa, por oitocentos mil reais, reservando desta soma cento e cinquenta mil reais como seus honorários. Por imprevisível e brusca alteração no mercado, aumenta-se o preço do material de construção, eleva-se o salário mínimo, a ponto de impossibilitar o devedor ao cumprimento de sua obrigação. O que de material e de mão de obra tinha sido previsto para custar seiscentos e cinquenta mil reais, passa a custar oitocentos mil reais, colocando o engenheiro em posição de desempenhar o seu serviço, sem qualquer remuneração"[8].

3. COMPREENDENDO A DISTINÇÃO ENTRE TEORIA DA IMPREVISÃO, CLÁUSULA *REBUS SIC STANTIBUS* E RESOLUÇÃO POR ONEROSIDADE EXCESSIVA

Apenas por uma questão de rigor terminológico, parece-nos relevante explicitar a diferença entre Teoria da Imprevisão, Resolução por Onerosidade Excessiva e Cláusula *Rebus Sic Stantibus*.

---

posição, segundo a qual o contratante se obriga com a certeza da permanência de uma situação ou da ocorrência de um fato sem o qual não teria contratado. Falhando esse pressuposto, o interessado pode resolver o negócio" (*Extinção dos Contratos por Incumprimento do Devedor*, 2. ed., Rio de Janeiro: Aide, 2003, p. 144).

[6] Darcy Bessone, *Do Contrato — Teoria Geral*, São Paulo: Saraiva, 1997, p. 218.

[7] Pablo Stolze Gagliano, Algumas Considerações sobre a Teoria da Imprevisão, *Jus Navigandi*, Teresina, 1.5, n. 51, out. 2001, disponível em: <http:www.jus.com.br/doutrina/texto/asp?id=2006>, acessado em 4-11-2003.

[8] Álvaro Villaça Azevedo, O Novo Código Civil Brasileiro: Tramitação; Função Social do Contrato; Boa-Fé Objetiva; Teoria da Imprevisão e, em Especial, Onerosidade Excessiva ("Laesio Enormis"), in *Questões Controvertidas — Série Grandes Temas de Direito Privado*, coord. Mário Luiz Delgado e Jones Figueirêdo Alves, São Paulo: Método, 2004, v. 2, p. 18.

A "Teoria da Imprevisão" é o substrato teórico que permite rediscutir os preceitos contidos em uma relação contratual, em face da ocorrência de acontecimentos novos, imprevisíveis pelas partes e a elas não imputáveis.

Trata-se, em nosso pensar, de uma aplicação direta do princípio da boa-fé objetiva, pois as partes devem buscar, no contrato, alcançar as prestações que originalmente se comprometeram, da forma como se obrigaram. Assim sendo, nem mesmo para a Administração Pública, quando estabelece contratos, conseguimos encontrar óbice para a sua aplicação, *modus in rebus*, em função das peculiaridades dos interesses envolvidos.

Já a expressão "Cláusula *Rebus Sic Stantibus*" remonta, como visto, a tempos imemoriais. Mesmo sendo, em verdade, bastante anterior cronologicamente à concepção da Teoria da Imprevisão, sua finalidade acaba por se revelar uma aplicação dela, no reconhecimento pretoriano[9] no sentido de que, em todo contrato de prestações sucessivas, haverá sempre uma cláusula implícita de que a convenção não permanece em vigor se as coisas não permanecerem (*rebus sic stantibus*) como eram no momento da celebração. Tal construção teórica, inclusive, foi uma das responsáveis pela consagração jurisprudencial da correção monetária no país, ainda na época em que o texto codificado prestigiava o nominalismo[10].

Por fim, quando se fala em "Resolução por Onerosidade Excessiva", expressão utilizada pela nova codificação civil brasileira (arts. 478 a 480 do CC/2002), sem correspondente na anterior, já se está a invocar a extinção ("resolução") do contrato, em função do descumprimento (involuntário, pela onerosidade excessiva gerada por circunstâncias supervenientes).

A expressão, na chamada da Seção IV do Capítulo II ("Da Extinção do Contrato") do Título V ("Dos Contratos em Geral"), não é totalmente precisa, uma vez que, como veremos e se encontra positivado, a onerosidade excessiva não importa somente na extinção do contrato, mas também em sua revisão.

Além disso, como veremos, a expressão "teoria da onerosidade excessiva", embora calcada em fundamentos semelhantes, não corresponde exatamente à teoria da imprevisão, por estar mais focada na questão da desproporção do que propriamente na imprevisibilidade.

4. ELEMENTOS PARA APLICABILIDADE DA TEORIA DA IMPREVISÃO

Como já se observou, a presente teoria mais interessa aos *contratos de execução continuada ou de trato sucessivo, ou seja, de médio ou longo prazo*, bem como os de execução diferida[11], sendo inútil para os contratos de execução imediata.

Podemos, nessa linha de intelecção, decompor essa importante construção dogmática, nos seguintes elementos:

a) **superveniência de circunstância imprevisível** — claro está, assim, que se a onerosidade excessiva imposta a uma das partes inserir-se na álea de previsão contratual, não se

---

[9] *Vide*: STJ, REsp 67.226/SP (1995/0027270-9), *DJ*, 18-12-1995, p. 44647, rel. Min. Luiz Vicente Cernicchiaro, j. 21-8-1995, 6.ª Turma.

[10] Cf.: STJ, REsp 94.692/RJ (1996/0026395-7), *DJ*, 21-9-1998, p. 167, rel. Min. Sálvio de Figueiredo Teixeira, j. 25-6-1998, 4.ª Turma.

[11] Ver capítulo "Classificação dos Contratos" deste volume.

poderá, em tal caso, pretender-se mudar os termos da avença, visto que, na vida negocial, nada impede que uma das partes tenha feito um "mau negócio";

b) alteração da base econômica objetiva do contrato — a ocorrência da circunstância superveniente altera a balança econômica do contrato, impondo a uma ou a ambas as partes onerosidade excessiva[12];

c) onerosidade excessiva — consequencialmente, uma ou até mesmo ambas as partes experimentam um aumento na gravidade econômica da prestação a que se obrigou. Com isso, podemos concluir, consoante anotamos linhas acima, que a teoria da imprevisão não pressupõe, *necessariamente,* enriquecimento de uma parte em detrimento do empobrecimento da outra. Isso porque a superveniência da circunstância não esperada poderá haver determinado onerosidade para ambas as partes, sem que, com isso, se afaste a aplicação da teoria.

5. TEORIA DA IMPREVISÃO × LESÃO

Não se confunde, outrossim, a aplicação da teoria da imprevisão com o vício da lesão (art. 157 do CC), embora neste também se verifique a existência de *desproporção manifesta entre as prestações pactuadas,* consoante se pode observar da análise do mencionado dispositivo legal:

> "Art. 157. Ocorre a lesão quando uma pessoa, sob premente necessidade, ou por inexperiência, se obriga a prestação manifestamente desproporcional ao valor da prestação oposta".

Pode-se, assim, conceituar a lesão como sendo *o prejuízo resultante da desproporção existente entre as prestações de um determinado negócio jurídico, em face do abuso da inexperiência, necessidade econômica ou leviandade de um dos declarantes*[13].

Decompõe-se, pois, este defeito, em dois elementos:

a) objetivo ou material — desproporção das prestações avençadas;

b) subjetivo, imaterial ou anímico — a premente necessidade, a inexperiência e a leviandade (da parte lesada), valendo destacar que, tradicionalmente, se acrescenta a noção do dolo de aproveitamento (da parte beneficiada), embora o texto do Código Civil de 2002 a ele não faça menção expressa.

Nota-se, assim, de uma análise perfunctória dessas simples noções que, posto haja semelhança, uma nítida diagnose diferencial entre a *lesão* e a *imprevisão* poderá ser traçada.

A primeira cuida de *defeito do negócio jurídico,* apto a ensejar a sua anulação, e ocorrente desde o momento em que o contrato é celebrado. Ou seja, a lesão *nasce com o negócio jurídico,* invalidando-o.

A *teoria da imprevisão,* por sua vez, pressupõe a existência de um *contrato válido,* de execução continuada ou diferida, que, por circunstância superveniente, onera excessivamente

---

[12] *Vide*: STJ, REsp 509.986/DF (2003/0020044-7), *DJ,* 9-12-2003, rel. Min. Luiz Fux, j. 20-11-2003, 1.ª Turma.

[13] Pablo Stolze Gagliano e Rodolfo Pamplona Filho, *Novo Curso de Direito Civil — Parte Geral,* 22. ed., São Paulo: Saraiva, 2020, v. 1, p. 428.

o devedor. Não há, pois, aqui, *fundo de abuso de poder econômico*, como ocorre na lesão, mas sim alteração da sua base objetiva por fato posterior imprevisível. Caso se trate de situação previsível e de consequências calculáveis[14], dentro da álea econômica ordinária[15], ainda que *impossibilite* o cumprimento da obrigação principal, não há falar em aplicação da teoria sob análise, nem, muito menos, pretender-se a revisão judicial do contrato.

6. TEORIA DA IMPREVISÃO × INADIMPLEMENTO FORTUITO (CASO FORTUITO OU FORÇA MAIOR)

Embora muito próximos, cabe distinguir a teoria da imprevisão do denominado inadimplemento fortuito.

O caso fortuito ou a força maior, institutos com sede legal própria no Código Civil (art. 393), e, bem assim, principiologia específica, resultam no *inadimplemento fortuito da obrigação*, sem que, com isso, se imponha a qualquer das partes a obrigação de indenizar.

A teoria da imprevisão, por sua vez, enseja uma revisão dos termos do contrato, podendo gerar, na repactuação, um dever de ressarcir parcelas pagas ou gastos feitos[16], bem como até mesmo de indenizar pela extinção da avença.

Tratando da aplicação da teoria à Administração Pública e fazendo a distinção para a força maior, observa MARIA SYLVIA ZANELLA DI PIETRO:

"Nesta estão presentes os mesmos elementos: fato estranho à vontade das partes, inevitável, imprevisível; a diferença está em que, na teoria da imprevisão, ocorre apenas um desequilíbrio econômico, que não impede a execução do contrato; e na força maior, verifica-se a *impossibilidade absoluta* de dar prosseguimento ao contrato. As consequências são também diversas: no primeiro caso, a Administração pode aplicar a teoria da imprevisão, revendo as cláusulas financeiras do contrato, para permitir a sua continuidade, se esta for conveniente para o interesse público; no segundo caso, ambas as partes são liberadas, sem qualquer responsabilidade por inadimplemento, como consequência da norma do art. 1.058 do Código Civil. Pela Lei n. 8.666, a força maior constitui um dos fundamentos para a rescisão do contrato (art. 78, XVII), tendo esta efeito meramente declaratório de uma situação de fato impeditiva da execução"[17].

Trata-se, portanto, de dois institutos diversos, que não devem ser confundidos[18].

---

[14] *Vide*: STJ, REsp 465.972/MG (2002/0114444-4), *DJ*, 22-3-2004, p. 311, rel. Min. Aldir Passarinho Junior, j. 19-2-2004, 4.ª Turma.

[15] *Vide*: STJ, REsp 87.226/DF (1996/0007406-2), *DJ*, 5-8-1996, p. 26352, *RDR*, v. 6, p. 263, rel. Min. Costa Leite, j. 21-5-1996, 3.ª Turma.
E também: STJ, AGA 51.186/DF — Agravo Regimental no Agravo de Instrumento (1994/0011742-6), *DJ*, 31-10-1994, p. 29496, rel. Min. Waldemar Zveiter, j. 26-9-1994, 3.ª Turma.

[16] STJ, REsp 345.725/SP (2001/0121091-1), *DJ*, 18-8-2003, rel. Min. Nancy Andrighi, j. 13-5-2003, 3.ª Turma.

[17] Maria Sylvia Zanella Di Pietro, *Direito Administrativo*, 10. ed., São Paulo: Atlas, 1998, p. 236.

[18] "J. Bonnecasse faz uma ampla diversificação entre o fortuito ou a força maior e a teoria da imprevisão ao considerar que a força maior (fortuito) pressupõe a impossibilidade absoluta, a imprevisão, a impossibilidade relativa; na força maior (fortuito), encara-se o evento que a determinou (circunstân-

7. A TEORIA DA IMPREVISÃO NO CÓDIGO DE DEFESA DO CONSUMIDOR

Diferentemente do Código de Beviláqua, que não cuidou da matéria, o Código de Defesa do Consumidor, em seu art. 6.º, V, inovou, ao consagrar essa teoria com novo matiz, ao admitir que *o consumidor pudesse pleitear a revisão do contrato, se circunstância superveniente desequilibrasse a base objetiva do contrato, impondo-lhe prestação excessivamente onerosa.*

Vê-se, pois, da análise deste dispositivo, que a moldura jurídica dada pelo legislador a esta teoria é peculiar, na medida em que permite a revisão contratual, *independentemente de o fato superveniente ser imprevisível.*

Isso mesmo.

O CDC não exigiu a *imprevisibilidade* para que se pudesse rediscutir os termos do contrato, razão por que a doutrina e a jurisprudência especializadas preferem, aí, denominá-la *teoria da onerosidade excessiva*[19].

E, afinal, como se tratou da teoria da imprevisão no Código Civil brasileiro?

Como imprevisão propriamente dita ou como onerosidade excessiva?

É o que veremos no próximo tópico!

8. A TEORIA DA IMPREVISÃO NO CÓDIGO CIVIL DE 2002

O Código Civil de 2002, por sua vez, cuidou de regular a matéria, nos seguintes termos[20]:

---

cia objetiva), já na imprevisão encara-se o *animus* das partes ao momento da conclusão do ato jurídico (circunstância subjetiva); a força maior ou o fortuito tem latitude ampla e abrange todo o direito das obrigações; assim as que nascem do contrato como do delito, do quase contrato, e do quase delito; a imprevisão tem esfera restrita aos atos jurídicos; finalmente, a força maior ou o fortuito justifica a inexecução total da obrigação, enquanto que a imprevisão justifica só um atenuamento no seu rigor" (Anísio José de Oliveira, *A Teoria da Imprevisão nos Contratos*, 3. ed., São Paulo: Ed. Universitária de Direito, 2002, p. 63).

[19] Nesse aspecto, *vide* os seguintes julgados: STJ, REsp 472.594/SP (2002/0132082-0), *DJ*, 4-8-2003, p. 217, rel. p/ Acórdão Min. Aldir Passarinho Junior, j. 12-2-2003, 3.ª Turma;

STJ, REsp 468.158/SP (2002/0107562-6), *DJ*, 23-6-2003, p. 358, rel. Min. Carlos Alberto Menezes Direito, j. 13-5-2003, 3.ª Turma;

STJ, REsp 441.940/SP (2002/0070509-1), *DJ*, 12-5-2003, p. 301, rel. Min. Antônio de Pádua Ribeiro, j. 7-4-2003, 3.ª Turma;

STJ, REsp 437.660/SP (2002/0056040-9), *DJ*, 5-5-2003, p. 306, *RDDP*, 6/111, *RSTJ*, 168/412, rel. Min. Sálvio de Figueiredo Teixeira, j. 8-4-2003, 4.ª Turma;

STJ, REsp 432.599/SP (2002/0052127-9), *DJ*, 1-9-2003, p. 292, rel. p/ Acórdão Min. Ruy Rosado de Aguiar, j. 11-2-2003, 4.ª Turma.

[20] Tratando-se de um código novo, entendemos conveniente transcrever para o nosso leitor os principais dispositivos que forem referidos, para facilitar a clara compreensão de nossa obra, e, na mesma linha, tornar a nova lei cada vez mais conhecida de todos.

"Seção IV
Da Resolução por Onerosidade Excessiva

Art. 478. Nos contratos de execução continuada ou diferida, se a prestação de uma das partes se tornar excessivamente onerosa, com extrema vantagem para a outra, em virtude de acontecimentos extraordinários e imprevisíveis, poderá o devedor pedir a resolução do contrato. Os efeitos da sentença que a decretar retroagirão à data da citação.

Art. 479. A resolução poderá ser evitada, oferecendo-se o réu a modificar equitativamente as condições do contrato.

Art. 480. Se no contrato as obrigações couberem a apenas uma das partes, poderá ela pleitear que a sua prestação seja reduzida, ou alterado o modo de executá-la, a fim de evitar a onerosidade excessiva".

Diante dos termos da nova lei, algumas considerações podem ser tecidas.

8.1. Aplicabilidade do instituto

Primeiramente, notamos que a dicção do art. 478 faz presumir que a teoria adotada pelo codificador exige, para a sua configuração, que da superveniência do evento *extraordinário e imprevisível* decorra enriquecimento sem causa para uma parte em detrimento da outra.

Já criticamos, linhas atrás, a impropriedade de se considerar que a imprevisão exija relação causal entre enriquecimento e empobrecimento de uma parte e outra, uma vez que *o fato posterior poderá onerar a ambas*, caso em que, ainda assim, a teoria não poderia deixar de ser aplicada.

Interessante notar também que o novo diploma exige, além da imprevisibilidade, a *extraordinariedade* do evento, ou seja, deverá ser excepcional, escapando, assim, do curso normal e ordinário dos acontecimentos da vida. Aliás, por se tratar de cláusula geral, deverá o juiz efetivar a sua concreção atento às características do caso concreto.

Nessa linha, o devedor — excessivamente onerado — poderá, nos termos do art. 478, pleitear a *resolução*, ou seja, o desfazimento do contrato, caso em que os efeitos da sentença retroagirão ao momento da citação.

A respeito desse último aspecto, pontifica JOSÉ DE OLIVEIRA ASCENSÃO, com maestria:

"O art. 478 dispõe que os efeitos da sentença que decretar a resolução retroagirão à data da citação. Compreende-se, pois a sentença verifica, nesse caso, que havia realmente fundamento para a resolução do contrato. Mas pode perguntar-se se será essa a única solução possível. Uma vez que a actuação também pode ser extrajudicial, os efeitos poderão retroagir à data da interpelação dirigida por uma parte à outra, uma vez verificado que havia realmente fundamento para a resolução do contrato.

Na realidade, aquele trecho do art. 478, que traduz antes de mais nada a realidade processual comum, só confunde. Se se não quisesse estabelecer uma solução especial para esta hipótese, mais valia o Código ter omitido qualquer referência à retroacção. Mais uma vez, a roupagem processual em leis substantivas revela-se deslocada e nociva"[21] (*sic*).

8.2. Revisibilidade do contrato

O artigo subsequente, por sua vez, abre a possibilidade de se evitar a *resolução*, se o réu oferecer-se a modificar equitativamente as condições do contrato.

Nota-se, portanto, da leitura deste dispositivo, que a revisão do contrato, nos termos do Código Civil de 2002, é uma simples *faculdade do demandado*, o que se nos afigura um escancarado absurdo!

Como conceber que a revisão da base econômica do contrato fique ao alvedrio de apenas uma das partes?

A negativa dessa via — deferida exatamente à parte que, em geral, goza de maior poder econômico — pode significar, na prática, que ao autor da ação (devedor onerado pelo evento imprevisível) caiba, apenas, pleitear a *resolução do contrato*, ou seja, a dissolução do negócio, o que poderá não lhe interessar, ou, até mesmo, ser-lhe ainda mais prejudicial.

Por isso, sustentamos a inegável possibilidade, à luz dos princípios da dignidade da pessoa humana (do devedor) e da efetividade do processo, de o juiz, sem pretender substituir-se à vontade das partes, prolatar sentença revisional, corretiva das bases econômicas do negócio, mesmo com a oposição do réu (credor)[22].

Aliás, podendo-se o mais (a resolução), pode-se o menos (a revisão), por inegável razão de justiça[23].

Tal entendimento, inclusive, parece-nos respaldado por uma previsão específica de aplicação de tal teoria, *em relação ao pagamento da prestação devida por força da relação jurídica obrigacional*.

Trata-se do art. 317 do CC/2002, sem equivalente na codificação anterior, que estabelece:

> "Art. 317. Quando, por motivos imprevisíveis, sobrevier desproporção manifesta entre o valor da prestação devida e o do momento de sua execução, poderá o juiz corrigi-lo, a pedido da parte, de modo que assegure, quanto possível, o valor real da prestação".

Ainda nessa linha, vale destacar que a Lei n. 10.931, de 2 de agosto de 2004, que dispõe sobre o patrimônio de afetação de incorporações imobiliárias, Letra de Crédito Imobiliário, Cédula de Crédito Imobiliário, Cédula de Crédito Bancário, alterando o Decreto-Lei n. 911, de 1.º de outubro de 1969, as Leis n. 4.591, de 16 de dezembro de 1964, 4.728, de 14 de julho de 1965, e 10.406, de 10 de janeiro de 2002, e dando outras provi-

---

[21] José de Oliveira Ascensão, Alteração das Circunstâncias e Justiça Contratual no Novo Código Civil, in *Questões Controvertidas — Série Grandes Temas de Direito Privado*, v. II, citado, p. 188.

[22] Neste caso, não entendemos que o juiz estaria "criando novas prestações", mas, apenas, corrigindo o equilíbrio do contrato celebrado.

[23] *Vide* posição do STJ em: ROMS 7.399/MS — Recurso Ordinário em Mandado de Segurança (1996/0042843-3), *DJ*, 7-4-1997, p. 11172, rel. Min. Luiz Vicente Cernicchiaro, j. 25-11-1996, 6.ª Turma.

dências, acabou por estabelecer regras procedimentais para a hipótese de ação que visem rediscutir obrigações decorrentes de empréstimo, financiamento ou alienação imobiliários, norma compatível com a ideia de que o sujeito passivo da obrigação deve consignar o valor que entende devido, demonstrando a sua boa-fé e *animus solvendi*[24].

Sobre o tema, vale destacar, inclusive, por fim, que o Enunciado n. 367 do Conselho da Justiça Federal trata especificamente do tema nos termos aqui propostos[25].

8.3. Aplicação da teoria nos contratos unilaterais

Finalmente, o art. 480 consagra regra específica aos contratos unilaterais, ou seja, aqueles que impõem obrigações apenas para uma das partes. Neste caso, para *evitar* a onerosidade excessiva — veja que a norma tem cunho acautelatório — o devedor poderá pugnar pela *redução da prestação* ou *a alteração do modo de executá-la*.

Ora, se partimos da premissa de que o codificador optou pela referência à imprevisibilidade, tem-se que, na hipótese, ocorrido o evento inesperado, deste o devedor poderá pleitear a minimização das consequências danosas, nos termos anteriormente mencionados. É o caso, por exemplo, de alguém se comprometer, por meio de um contrato de doação (contrato unilateral), a fornecer 50 sacas de cereais, em um determinado dia, a uma família carente que reside em uma longínqua comunidade, cujo único acesso é uma estrada vicinal. Se um evento inesperado dificultar sobremaneira a prestação (uma grave erosão na estrada, por exemplo), o devedor poderá pugnar pelo envio do cereal pela via fluvial, em dias seguidos, segundo a disponibilidade dos barcos de transporte da região.

Vê-se, com isso, que a norma sob comento afina-se com os ditames constitucionais de valorização da pessoa humana, segundo uma perspectiva socializadora do contrato.

8.4. Restrição contratual à aplicação da teoria

Finalmente, cumpre-nos indagar a respeito da possibilidade de se proibir, por cláusula contratual, a aplicação da teoria da imprevisão.

Em nosso sentir, tal cláusula violaria preceito de ordem pública, sendo atentatória da própria garantia da função social do contrato, o que quer dizer, em outras palavras, que seria considerada leonina.

Aliás, discorrendo sobre a aplicação intertemporal das normas contratuais no Código Civil de 2002 (art. 2.035), tema enfrentado nesta obra, PABLO STOLZE GAGLIANO afirma que:

> "...determinadas normas, como a que prevê a *resolução por onerosidade excessiva* ou a correção econômica das prestações pactuadas, em nosso pensamento, por seu indiscutível

---

[24] *Vide* posição do STJ em: REsp 264.592/RJ (2000/0062834-4), *DJ*, 30-6-2003, p. 251, rel. Min. Aldir Passarinho Junior, j. 1.º-4-2003, 4.ª Turma.
E também: TJPI, Apelação Cível n. 2013.0001.002876-4, rel. Des. Edvaldo Pereira de Moura, 3.ª Câmara Especializada Cível, j. 22-1-2014.

[25] "Enunciado 367 — Art. 479. Em observância ao princípio da conservação do contrato, nas ações que tenham por objeto a resolução do pacto por excessiva onerosidade, pode o juiz modificá-lo equitativamente, desde que ouvida a parte autora, respeitada a sua vontade e observado o contraditório."

caráter publicístico e social, não podem, aprioristicamente, ser afastadas pela vontade das partes".

E mais:

"...o parágrafo único do artigo sob comento [*2.035*], utilizando linguagem contundente, determina que 'nenhuma convenção prevalecerá se contrariar preceitos de ordem pública, tais como os estabelecidos por este Código para assegurar a função social da propriedade e dos contratos"[26] (grifos nossos).

E, sem sombra de qualquer dúvida, a cláusula proibitiva de aplicação da teoria da imprevisão (ou da onerosidade excessiva), a par de injusta, afigura-se indiscutivelmente detrimentosa à concepção social do contrato.

8.5. Teoria da imprevisão e pandemia

Muitas dúvidas foram colocadas acerca da revisão dos contratos, e em especial quanto à aplicação da teoria da imprevisão, durante a pandemia da COVID-19.

Sobre o tema, escreveram PABLO STOLZE GAGLIANO e CARLOS ELIAS DE OLIVEIRA, ao comentarem o art. 7.º da Lei n. 14.010/2020[27], que instituiu o Regime Jurídico Emergencial e Transitório de Direito Privado:

"O preceito positiva a doutrina e a jurisprudência já pacificadas acerca da inviabilidade de considerar oscilações cambiais e monetárias como fatos imprevisíveis autorizadores da resolução ou revisão contratual.

De fato, os arts. 317, 478, 479 e 480 do CC consagram a teoria da imprevisão, à luz da qual é cabível a revisão ou a resolução de um contrato se estiverem presentes os seguintes requisitos: (1) fato superveniente, imprevisível e extraordinário; (2) prestação manifestamente onerosa; e (3) extrema vantagem para a outra parte.

O art. 7.º apenas faz um oportuno esclarecimento acerca do alcance do requisito do 'fato imprevisível', excluindo daí as oscilações monetárias ou cambiais. Ele tem, portanto, a natureza de uma norma interpretativa.

À semelhança do que já foi dito quanto ao art. 6.º, o art. 7.º — apesar de não ser aplicável a contratos anteriores em virtude da vedação à retroatividade mínima diante de ato jurídico perfeito — tem a importante finalidade de servir de guia interpretativo de modo a evitar insegurança jurídica.

---

[26] Cf. artigo *O Novo Código Civil e os Contratos Celebrados antes da Sua Vigência*, disponível em: <http:www.novodireitocivil.com.br>. Acesso em: 19-9-2004.

[27] "Art. 7.º Não se consideram fatos imprevisíveis, para os fins exclusivos dos arts. 317, 478, 479 e 480 do Código Civil, o aumento da inflação, a variação cambial, a desvalorização ou a substituição do padrão monetário.

§ 1.º As regras sobre revisão contratual previstas na Lei n. 8.078, de 11 de setembro de 1990 (Código de Defesa do Consumidor), e na Lei n. 8.245, de 18 de outubro de 1991, não se sujeitam ao disposto no *caput* deste artigo.

§ 2.º Para os fins desta Lei, as normas de proteção ao consumidor não se aplicam às relações contratuais subordinadas ao Código Civil, incluindo aquelas estabelecidas exclusivamente entre empresas ou empresários".

A derrubada do veto a esse dispositivo foi muito oportuna por deixar aos juristas um vetor uniformizador na aplicação do Direito.

Em verdade, o art. 7.º é mera positivação da jurisprudência anterior"[28].

Logicamente que a aplicação ou não da teoria da imprevisão — ou em sua roupagem "consumerista", da teoria da onerosidade excessiva — dependerá da análise cuidadosa da concorrência dos seus pressupostos[29], mesmo em período pandêmico que, sinceramente, esperamos jamais volte a ocorrer.

---

[28] GAGLIANO, Pablo Stolze; OLIVEIRA, Carlos Eduardo Elias de. Continuando os comentários à Lei da Pandemia (Lei n. 14.010, de 10 de junho de 2020 — RJET). Análise dos novos artigos. *Revista Jus Navigandi*, ano 25, n. 6279, 9 set. 2020. Disponível em: <https://jus.com.br/artigos/85303>. Acesso em: 9 set. 2020.

[29] Conferir, no STJ, o REsp 1.998.206/DF (julgado em 14-6-2022), segundo o qual "a situação decorrente da pandemia pela Covid-19 não constitui fato superveniente apto a viabilizar a revisão judicial de contrato de prestação de serviços educacionais com a redução proporcional do valor das mensalidades."

Capítulo XIV
O Direito Intertemporal e os Contratos

Sumário: 1. A importância do Direito Intertemporal em matéria de contratos. 2. Direito adquirido, ato jurídico perfeito e coisa julgada: breves noções. 3. Da regra básica de Direito Intertemporal em matéria de contratos. 4. Conflitos na aplicação das normas contratuais em face do CC/2002. 4.1. Da (in)constitucionalidade do art. 2.035 do Código Civil. 4.2. Entendendo o art. 2.035 do Código Civil.

1. A IMPORTÂNCIA DO DIREITO INTERTEMPORAL EM MATÉRIA DE CONTRATOS

Segue, agora, um dos mais importantes capítulos de nossa obra, cujo objeto é a aplicação intertemporal das normas do Código Civil de 2002, em face dos contratos celebrados antes da sua vigência.

De fato, dúvidas e controvérsias com certeza existirão, especialmente em face de atos jurídicos anteriormente praticados, e cuja eficácia perpasse a entrada em vigor do Código de 2002.

Imagine-se, por exemplo, que uma pessoa de 18 anos haja celebrado, sem assistente, um contrato, em 1999, com prazo de vigência de cinco anos. Ora, na data da celebração do negócio, carecia o agente de capacidade plena para a prática do ato, que culminaria por ser reputado anulável. Com a entrada em vigor do Código de 2002, ainda durante o prazo de execução do negócio, e em face da *redução da maioridade civil para os 18 anos*, poderíamos considerar o contrato *convalidado*? Ou seja, o novo diploma retroagiria para expurgar o vício da anulabilidade?

Outra hipótese: sabemos que, a partir da vigência do Código de 2002, a simulação passou a ser considerada causa de nulidade absoluta (art. 167 do CC/2002), e não mais de mera anulabilidade (art. 102 do CC/1916). Assim, poder-se-ia aplicar o novo regramento — em que daria inclusive poderes ao juiz para declarar *ex officio* a nulidade absoluta do negócio — em contratos celebrados antes da sua vigência? Ou continuaria aplicável em sua integralidade o Código de 1916?

Finalmente, uma última questão se nos impõe, para aguçar ainda mais a curiosidade do nosso atento leitor: as normas referentes à teoria da imprevisão (arts. 478 a 480) ou à desconsideração da pessoa jurídica (art. 50), ausentes no Código de 1916, poderiam atingir contratos anteriores?

Questões bastante polêmicas, que merecem a nossa atenção neste ponto da obra.

Claro está que toda e qualquer investigação que façamos a respeito do tema deverá partir de uma *perspectiva constitucional*, em respeito aos *princípios* de proteção ao *direito adquirido, ato jurídico perfeito e coisa julgada*.

Aliás, algo que nunca, sob nenhuma hipótese, poderá faltar ao jurista é a necessária consciência constitucional para cuidar de interpretar as normas infralegais sempre em atenção aos superiores preceitos da Carta da República: "sempre de cima para baixo, nunca de baixo para cima".

2. DIREITO ADQUIRIDO, ATO JURÍDICO PERFEITO E COISA JULGADA: BREVES NOÇÕES[1]

Consoante já tivemos oportunidade de observar, o respeito ao *ato jurídico perfeito, ao direito adquirido e à coisa julgada,* imposto constitucionalmente (art. 5.º, XXXVI, da CF), concretiza o princípio de que *as leis civis não têm retroatividade,* uma vez que os seus efeitos esbarram nessas situações[2].

Por *ato jurídico perfeito* entenda-se aquele já consumado, segundo a lei vigente, ao tempo em que se efetuou (art. 6.º, § 1.º, da LINDB). Note-se que, para se considerar perfeito, todos os seus requisitos essenciais já devem estar configurados na vigência da lei revogada.

Sobre esse aspecto, oportuno é o exemplo apresentado pelo magistral EDUARDO ESPÍNOLA, que, em sua festejada obra *Breves Anotações ao Código Civil Brasileiro,* discorre com peculiar erudição acerca da impossibilidade de violação ao ato jurídico já concretizado, em face de uma lei nova:

> "A posse contínua e incontestada, com justo título e boa-fé, por dez anos entre presentes, é fato aquisitivo complexo, que se perfaz decorrido o prazo decenal (art. 551 do Cód. Civ.). Se uma nova lei viesse aumentar o prazo para doze anos, o possuidor, só depois de passado este espaço de tempo, adquiriria o imóvel por usucapião, ainda que por dez anos menos um dia tivesse a posse na vigência da lei antiga"[3].

O *direito adquirido,* por sua vez, na precisa definição de GABBA, consiste naquele direito "que é consequência de um fato idôneo a produzi-lo, em virtude de lei vigente ao tempo em que se efetuou, embora a ocasião de fazê-lo valer não se tenha apresentado antes da atuação da lei nova, e que, sob o império da lei então vigente, integrou-se imediatamente ao patrimônio do seu titular"[4].

Em outras palavras, embora não tão eruditas, a Lei de Introdução às Normas do Direito Brasileiro considera adquiridos "assim os direitos que o seu titular, ou alguém por ele, possa exercer, como aqueles cujo começo do exercício tenha termo pré-fixo, ou condição preestabelecida inalterável, a arbítrio de outrem" (art. 6.º, § 2.º, da LINDB).

---

[1] Baseamo-nos, na elaboração deste item, e outros pontos deste capítulo, na obra de Pablo Stolze Gagliano, *Comentários ao Código Civil Brasileiro,* coord. Arruda Alvim e Teresa Alvim, v. XVII, Rio de Janeiro: Forense, ainda inédito.

[2] Pablo Stolze Gagliano e Rodolfo Pamplona Filho, *Novo Curso de Direito Civil — Parte Geral,* 22. ed., São Paulo: Saraiva, 2020, v. 1, p. 105.

[3] Eduardo Espínola, *Breves Anotações ao Código Civil Brasileiro — Introdução e Parte Geral,* Salvador — Bahia: Joaquim Ribeiro, 1918, v. I, p. 17.

[4] *Teoria della Retroatività delle Leggi,* apud Caio Mário da Silva Pereira, citado por Pablo Stolze Gagliano e Rodolfo Pamplona Filho, ob. cit., p. 105.

A *coisa julgada*, finalmente, traduz a *"decisão judicial de que já não caiba recurso"* (art. 6.º, § 3.º, da LINDB). Vale destacar que a intenção da norma é proteger, no final das contas, a segurança e força da manifestação judicial, naquilo que se chama de coisa julgada material, referente apenas às *decisões finais de mérito,* vale dizer, às *sentenças definitivas,* que não mais poderão ser rediscutidas em face de uma nova lei. Isso porque a coisa julgada formal, relacionada com decisões terminativas (sem apreciação do mérito), embora impeça a rediscussão da lide nos mesmos autos, não obstaculiza a reapreciação da matéria em outro processo.

Chega-se, pois, à nítida conclusão de que, sob pena de afronta à lei civil e à própria norma constitucional, nenhuma lei poderá retroagir, violando tais limites de incidência: *o ato jurídico perfeito, o direito adquirido e a coisa julgada.*

Por tais razões, não vemos com bons olhos a doutrina que pretende estabelecer um critério apriorístico, segundo a natureza das normas em jogo, para admitir a sua retroatividade apenas se a regra legal for considerada "de direito público". Além de desprovida de cientificidade, dada a dificuldade em se estabelecer com precisão a natureza da norma, esta teoria propicia abusos por parte de governantes menos escrupulosos que pretendam fazer retroagir uma lei, simplesmente por considerá-la de interesse público.

Nesse sentido, em nossa obra, já afirmamos que "nem mesmo o Estado poderá pretender retroagir os efeitos de uma nova lei para atingir situações definitivamente constituídas, razão por que nos insurgimos, com todas as nossas forças, e por amor à Constituição Federal, contra a falaciosa justificativa de que se deve reconhecer retroação de efeitos somente às leis de 'ordem pública'"[5].

Para evitar, portanto, conflitos intertemporais, o legislador cuida de estabelecer, no próprio corpo da lei codificada, regras de transição, cuja ocorrência é perceptível inclusive no direito comparado, consoante se pode constatar da análise do seguinte trecho do Código Civil espanhol:

> "*Las variaciones introducidas por este Código, que perjudiquen derechos adquiridos según la legislación civil anterior, no tendrán efecto retroactivo. Para aplicar la legislación que corresponda, en los casos que no están expresamente determinados en el Código, se observarán las reglas seguientes: Se regirán por la legislación anterior al Código los derechos nacidos, según ella, de hechos realizados bajo su régimen, aunque el Código los regule de otro modo o no los reconozca. Pero si el derecho apareciese declarado por primera vez en el Código, tendrá efecto desde luego, aunque el hecho que lo origine se verificara bajo la legislación anterior, siempre que no perjudique a otro derecho adquirido, de igual origen*" (Código Civil español, Disposiciones Transitorias).

Na mesma linha, o Código Civil argentino contém normas de transição, conforme se depreende da leitura dos arts. 4.044 a 4.051, do seu Título Complementar, bem como o Código Civil chileno (de 22-11-1855, com texto refundido, coordenado e sistematizado pelo *Decreto con Fuerza de Ley n. 01,* publicado em 30-5-2000), que estabelece, em seu art. 9.º, que *"La ley puede sólo disponer para lo futuro, y no tendrá jamás efecto retroactivo. Sin embargo, las leyes que se limiten a declarar el sentido de otras leyes, se entenderán incorporadas*

---

[5] Pablo Stolze Gagliano e Rodolfo Pamplona Filho, ob. cit., p. 105-6.

en éstas; pero no afectarán en manera alguna los efectos de las sentencias judiciales ejecutoriadas en el tiempo intermedio"⁶.

Diferentemente do que ocorre na seara penal, em que se admite, nos termos da própria Carta da República, a retroatividade de uma lei penal benéfica, nas lides de natureza privada, como não se está em xeque o *jus libertis,* mas, sim, interesses privados (patrimoniais, em sua grande maioria), não se poderia admitir, como regra geral, a retroação de efeitos jurídicos de uma norma, para se prejudicar um particular em detrimento de outro.

3. DA REGRA BÁSICA DE DIREITO INTERTEMPORAL EM MATÉRIA DE CONTRATOS

Relembradas tais noções, parece-nos ser possível enunciar a regra básica de Direito Intertemporal em matéria de contratos.

Se, de fato, segundo tais regras, as obrigações devem reger-se pela lei vigente ao tempo em que se constituíram, não há qualquer tratamento diferenciado quanto à base em que se fundamentam, ou seja, pouco importa se tenham elas base contratual ou extracontratual.

Assim, se queremos construir uma "regra de ouro" desta matéria para o campo contratual, não temos dúvida de que os vínculos negociais e seus efeitos jurídicos regem-se pela lei vigente ao tempo em que se celebraram, regra esta (imortalizada no brocardo *tempus regit actum*) que não deve ser interpretada somente para a aplicação de regras codificadas civis, mas também para todas as demais relações jurídicas não penais, conforme, aliás, é assente na doutrina e jurisprudência nacional⁷.

Saliente-se, inclusive, que até mesmo por uma questão de segurança e estabilidade jurídicas, tal norma deve ser observada principalmente em face de preceitos sancionatórios, como multas ou cláusulas penais⁸.

Reconhecemos, porém, que, excepcionalmente, a jurisprudência, pondo de lado a pureza técnica, mas escudando-se na equidade, cuida de admitir a retroatividade dos efeitos de uma lei civil, tendo em vista a relevância dos interesses em jogo ou a própria hipossuficiência econômica da parte. Em tais casos, a retroatividade se justificaria, em atenção ao princípio da proporcionalidade. Como exemplos de tais situações, de constitucionalidade duvidosa, mas de inegável justiça, citem-se: a Súmula 205 do STJ, que admite a aplicação da Lei n. 8.009/90 (Bem de Família) às penhoras efetivadas antes mesmo de sua vigência, e, bem assim, recente decisão do mesmo tribunal que admitiu o reconhecimento de união estável dissolvida antes da vigência da Lei n. 8.971/94, com a possibilidade de fixação dos alimentos à companheira necessitada⁹.

---

⁶ Registre-se, a bem da verdade, que tal texto normativo é acompanhado pela *Ley sobre El Efecto Retroactivo de Las Leyes,* de 7-10-1861, disciplinando especificamente a matéria.

⁷ *Vide* decisão do STJ em: REsp 604.103/SP (2003/0197364-4), *DJ,* 31-5-2004, p. 225, rel. Min. Luiz Fux, j. 11-5-2004, 1.ª Turma.

E também: STJ, REsp 511.224/DF (2003/0038276-4), *DJ,* 19-12-2003, p. 344, rel. Min. Luiz Fux, j. 20-11-2003, 1.ª Turma.

⁸ *Vide*: STJ, REsp 404.612/SP (2002/0000670-5), *DJ,* 26-5-2003, p. 363, rel. Min. Aldir Passarinho Junior, j. 11-3-2003, 4.ª Turma.

⁹ Noticiário do Superior Tribunal de Justiça, 14-8-2002, disponível em: <www.stj.gov.br>.

4. CONFLITOS NA APLICAÇÃO DAS NORMAS CONTRATUAIS EM FACE DO CC/2002

Conhecendo todas as premissas aqui relembradas, cuidou o legislador de consagrar as disposições do Livro Complementar, compreensiva de dezenove artigos (arts. 2.028 a 2.046), que cuidam de regular normas de transição, visando a acomodar no plano fático os atos e situações jurídicas constituídos sob a normatização anterior, embora não definitivamente esgotados ou exauridos.

Nesse diapasão, cumpre-nos destacar a disposição do art. 2.035 do Código Civil, que tem por objeto, precisamente, os negócios jurídicos — implicitamente os contratos — celebrados antes da sua vigência, a saber:

> "Art. 2.035. A validade dos negócios e demais atos jurídicos, constituídos antes da entrada em vigor deste Código, obedece ao disposto nas leis anteriores, referidas no art. 2.045, mas os seus efeitos, produzidos após a vigência deste Código, aos preceitos dele se subordinam, salvo se houver sido prevista pelas partes determinada forma de execução.
>
> Parágrafo único. Nenhuma convenção prevalecerá se contrariar preceitos de ordem pública, tais como os estabelecidos por este Código para assegurar a função social da propriedade e dos contratos"[10].

A primeira observação que se impõe é que a enunciada "regra de ouro" já foi, *de plano*, flexibilizada por tal disposição legal.

Todavia, a pergunta que mais nos angustia, neste ponto de nossa investigação, é, precisamente, a seguinte: haveria o legislador, neste dispositivo, violado o *ato jurídico perfeito*? Seria, pois, a referida norma inconstitucional? Ou seria perfeitamente válida, sob o prisma constitucional?

É o que veremos no próximo tópico.

4.1. Da (in)constitucionalidade do art. 2.035 do Código Civil

Muita controvérsia tem causado, ainda em nível doutrinário, e brevemente no plano dos Tribunais Superiores, a constitucionalidade do art. 2.035 do Código Civil.

Discute-se, pois, acerca da *validade material* desta norma, ou seja, da existência ou não de sua compatibilidade com as superiores regras da Constituição da República, especialmente o seu art. 5.º, XXXVI, que resguarda o *ato jurídico perfeito*.

É basilar o princípio de que as leis em geral, inclusive as de natureza civil, não têm retroatividade, não podendo, portanto, interferir em atos e negócios jurídicos anteriormente celebrados, tendo em vista a necessidade de se resguardar a segurança jurídica.

Ocorre que, como pudemos ver acima, o presente dispositivo, ao fazer uma "cisão" no tratamento dos negócios jurídicos em geral (dos contratos também, por consequência), estabeleceu critérios diferenciados de orientação hermenêutica, ao conduzir o intérprete a *não aplicar retroativamente as normas referentes ao PLANO DE VALIDADE dos negócios jurídicos*,

---

[10] "Art. 2.045. Revogam-se a Lei n. 3.071, de 1.º de janeiro de 1916 — Código Civil e a Parte Primeira do Código Comercial, Lei n. 556, de 25 de junho de 1850."

e ao admitir, por outro lado, *a incidência imediata das regras concernentes ao seu PLANO DE EFICÁCIA*.

Vale dizer, normas de validade não se aplicariam a contratos anteriores, ao passo que normas de natureza eficacial teriam incidência desde logo, aplicando-se, assim, a negócios já pactuados, cujo prazo de vigência ainda não houvesse se consumado.

Façamos, pois, uma releitura do dispositivo, salientando bem o tratamento dicotômico consagrado pelo codificador (validade x eficácia):

"Art. 2.035. A VALIDADE dos negócios e demais atos jurídicos, constituídos antes da entrada em vigor deste Código, *obedece ao disposto nas leis anteriores, referidas no art. 2.045...* mas os seus EFEITOS, *produzidos após a vigência deste Código, aos preceitos dele se subordinam*, salvo se houver sido prevista pelas partes determinada forma de execução".

O parágrafo único, por sua vez, traz-nos uma regra aplicada aos contratos leoninos ou abusivos, fulminando de *nulidade absoluta* todo e qualquer negócio, anterior ao Código de 2002, que afronte a função social do contrato ou da propriedade.

E afinal de contas, será que a opção feita pelo legislador, neste artigo, seria *inconstitucional*?

ANTÔNIO JEOVÁ SANTOS, em interessante obra, sustenta a respeito do tema o seguinte:

"O legislador tentou resolver um problema óbvio e criou vários outros. A primeira parte do art. 2.035 contém o óbvio. Os atos jurídicos consolidados antes da entrada em vigor do Código Civil de 2002 estarão sob a égide da lei anterior. A segunda parte, que tentou resolver problema grave e sério de direito intertemporal, não alcançou o fim desejado. Ao pretender que os efeitos dos negócios jurídicos ocorridos depois da vigência do novel Código a ele se subordinem, vulnerou o legislador o art. 5.º, XXXVI, da Constituição da República.

(...)

Vê-se, portanto, que uma lei nova não pode estender-se, com a finalidade de regê-los, aos efeitos futuros de contratos anteriormente pactuados, pois, se tal situação se revelasse possível, o Estado passaria a dispor de um inaceitável poder de interferir na esfera das relações contratuais privadas, afetando, em seus aspectos essenciais, a própria causa geradora daquelas consequências jurídicas".

E mais adiante arremata:

"Em sendo assim, os contratos de trato sucessivo que sobreviveram ao novo Código, ou melhor, a cujos efeitos se protraem e se protrairão mesmo depois da vigência do Código Civil de 2002, não gozarão de aplicação imediata e geral dessa novel legislação"[11].

De fato, inteira razão assiste ao autor, quando duvida da constitucionalidade deste dispositivo, em face da imperiosa necessidade de respeito ao *ato jurídico perfeito*.

A lei, ademais, não poderia ser irretroativa sob um aspecto (validade) e retroativa por outro (eficácia).

Apenas observamos que *o parágrafo único do art. 2.035* teria plena eficácia (inclusive retroativa), em face de sua indiscutível natureza constitucional, uma vez que, mesmo para

---

[11] Antônio Jeová Santos, *Direito Intertemporal e o Novo Código Civil*, São Paulo: Revista dos Tribunais, 2003, p. 61, 66 e 68.

os contratos anteriores ao Código de 2002, não se poderiam reputar como válidas as cláusulas que vulnerassem os princípios da *função social do contrato e da propriedade*.

Aliás, o fato é que não se precisaria do Código Civil para anunciar o *ocaso* das cláusulas abusivas, se se cuidasse de aplicar a Constituição Federal em todos os seus termos.

A verdade, porém, é que, em certas matérias, notadamente no campo jurídico tradicional, às vezes é preciso se explicitar o óbvio para que ele efetivamente se realize...

4.2. Entendendo o art. 2.035 do Código Civil

Tecidas, pois, as necessárias e pertinentes críticas ao referido artigo de lei, cuidaremos, finalmente, de analisar, detalhadamente, o conteúdo da presente norma.

Assim o faremos, pois, enquanto o Supremo Tribunal Federal não cuidar de firmar a sua inconstitucionalidade em nível geral, a referida regra, *ainda em vigor*, deverá ser plenamente entendida pelo aplicador do direito.

Ademais, compreender o sentido e alcance da norma, na forma como se encontra, é imprescindível em um livro que se pretende didático, ainda que a tese da inconstitucionalidade não prospere, no que não se acredita.

Este dispositivo, aliás, deve ser realmente muito bem apreendido, uma vez que a sua correta intelecção irá interferir em toda a disciplina dos negócios jurídicos e, consequentemente, dos contratos, celebrados antes da vigência do Código de 2002.

Em sua primeira parte, a norma estabelece que "*a validade dos negócios e demais atos jurídicos*, constituídos antes da entrada em vigor deste Código, obedece ao disposto nas leis anteriores".

Em princípio, entendemos pouco técnica a inserção da expressão "e demais atos jurídicos", visto que, em nosso pensamento[12], apenas os *atos jurídicos negociais* são apreciados sob a perspectiva de um plano de validade[13].

Assim, preferiríamos ler a regra com menção apenas aos *negócios jurídicos*, os quais, se celebrados antes da entrada em vigor do Código de 2002, continuarão regidos pelas leis anteriores (Código Civil de 1916, Código Comercial), no que tange aos seus *pressupostos de validade*, e, bem assim, a sua *nulidade e anulabilidade*.

Destarte, tomando como exemplo um contrato de mútuo (empréstimo de coisa não fungível) celebrado em 2000, não poderá o intérprete invocar os pressupostos de validade do art. 104 do CC/2002, uma vez que continuará a ser aplicada a regra anterior do Código revogado (art. 82 — agente capaz, objeto lícito, forma prescrita ou não defesa em lei).

Da mesma forma, não se deve pretender aplicar as regras da lesão e do estado de perigo, inauguradas pelo Código de 2002 (arts. 156 e 157), restando ao hermeneuta recorrer a outros meios de colmatação, eventualmente aplicáveis, e à luz da disciplina normativa anterior.

---

[12] Cf. Pablo Stolze Gagliano, "O Novo Código Civil e os Contratos Celebrados antes da sua Vigência", publicado no *Diário do Poder Judiciário do Estado da Bahia*, em 11 de fevereiro de 2003, e também disponível em <www.novodireitocivil.com.br>.

[13] Sobre o tema, confiram-se o tópico 7 ("Ato jurídico em sentido estrito") do Capítulo IX ("Fato Jurídico em Sentido Amplo") e Capítulo XII ("Plano de Validade do Negócio Jurídico") do v. 1 ("Parte Geral") desta obra.

Por tais razões, um contrato celebrado por um menor de 18 anos, antes de 11 de janeiro (data da entrada em vigor do Código de 2002), continua sendo *anulável* (art. 147, I, do CC/1916), a despeito da redução da maioridade civil (18 anos), já que, à época da celebração do negócio, segundo a lei então vigente, o ato seria considerado inválido.

Nessa mesma linha de intelecção, o culto MÁRIO DELGADO, ao analisar o art. 2.035, observa que:

"Estabelece o dispositivo retrotranscrito que os requisitos de validade dos negócios e demais atos jurídicos serão aqueles estabelecidos na lei anterior, mas os seus efeitos, desde que produzidos após a vigência do novo Código, a ele estarão subordinados. Assim, um contrato celebrado antes de 11/01/2003, ainda que uma das partes estivesse, por exemplo, em estado de perigo (art. 156), será válido, ou pelo menos por tal vício não haverá de ser anulado"[14].

Aliás, esta impossibilidade de retroação dos efeitos da lei nova para atingir a validade dos negócios já celebrados apenas consubstancia a observância da regra constitucional que impõe o respeito ao ato jurídico perfeito (art. 5.º, XXXVI, da CF).

No entanto, se, por um lado, não pode a lei nova atingir a *validade* dos negócios jurídicos já constituídos, por outro, a teor do presente dispositivo, se os *efeitos* do ato penetrarem o âmbito de vigência do Código de 2002, deverão subordinar-se aos seus preceitos, salvo se houver sido prevista pelas partes determinada forma de execução.

Esta parte final do *caput* deverá causar polêmica e abrir margem à insegurança jurídica, consoante já anotamos, linhas acima.

Mas tentaremos explicá-lo.

Para melhor entendê-lo, cumpre-nos marcar, mais uma vez, neste ponto, um divisor de águas: quanto ao aspecto de sua *validade*, não poderá o Código de 2002 atingir negócios celebrados antes da sua vigência; no entanto, quanto ao seu aspecto *eficacial*, ou seja, de executoriedade ou produção de seus efeitos, caso estes invadam o âmbito temporal de vigência da nova lei, estarão a esta subordinados.

Um exemplo.

Imaginemos um contrato de financiamento celebrado em 1999, de execução repetida no tempo (trato sucessivo), em que o financiado se obrigou a pagar, mensalmente, prestações pecuniárias à instituição financeira pelo prazo de 5 anos. Pois bem. Entra em vigor o Código Civil de 2002. Este, por expressa dicção legal, *não poderá interferir na validade do negócio celebrado, embora os efeitos do contrato — de execução protraída no tempo — se sujeitem às suas normas* (art. 2.035).

Com isso, regras como as relativas à "resolução por onerosidade excessiva"[15] (arts. 478 a 480), à "correção econômica das prestações pactuadas" (art. 317), ao "aumento progressivo de prestações sucessivas" (art. 316), ou às "perdas e danos" (arts. 402 a 405), para

---

[14] Mário Delgado, Problemas de Direito Intertemporal: Breves Considerações sobre as Disposições Finais e Transitórias do Novo Código Civil Brasileiro, in *Questões Controvertidas — Série Grandes Temas de Direito Privado*, São Paulo: Método, 2003, v. 1, p. 502.

[15] Trata-se da construção legal desenvolvida a partir da teoria da imprevisão.

citar apenas alguns exemplos, poderão ser imediatamente aplicadas aos negócios jurídicos já constituídos, *por interferirem, apenas, em seu campo eficacial ou de executoriedade*.

Também nesse diapasão, o supramencionado Professor MÁRIO DELGADO:

> "Entretanto, contratos anteriores, que ainda estejam sendo executados, como nos casos de financiamento a longo prazo, poderão ser revistos ou resolvidos sempre que, por evento imprevisível, ocorrido após 11/01/2003, venham a se tornar excessivamente onerosos para um dos contratantes (art. 478). Nas repactuações que venham a ser realizadas após a entrada em vigor do novo Código, aplicam-se integralmente todas as novas regras, desde que compreendidas como novo contrato"[16].

Entretanto, nos termos da parte final do art. 2.035, se as partes houverem previsto outra forma de execução, a exemplo da execução instantânea (que se consuma imediatamente, em um só ato), ou se expressamente afastaram a incidência de determinadas regras consagradas na lei nova — que não tenham substrato de ordem pública — a exemplo do aumento progressivo das prestações sucessivas, poderá ser evitada a incidência da nova lei.

Mas observe: determinadas normas, como a que prevê a resolução por onerosidade excessiva ou a correção econômica das prestações pactuadas, em nosso pensamento, por seu indiscutível caráter publicístico e social, não podem, *aprioristicamente*, ser afastadas pela vontade das partes. Têm base constitucional nos *princípios de socialização da propriedade* e de resguardo da *dignidade da pessoa humana*.

Finalmente, conforme mencionado, o parágrafo único do artigo sob comento, utilizando linguagem contundente, determina que *"nenhuma convenção prevalecerá se contrariar preceitos de ordem pública, tais como os estabelecidos por este Código para assegurar a função social dos contratos e da propriedade"*.

Utilizando a expressão "nenhuma convenção", o legislador impõe a todos os negócios jurídicos, não importando se celebrados antes ou após a entrada em vigor do Código de 2002, a fiel observância dos seus preceitos de ordem pública, especialmente a função social da propriedade e dos contratos.

Assim, contratos que violem regras ambientais ou a utilização econômica racional do solo, assim como as convenções que infrinjam deveres anexos decorrentes da cláusula de boa-fé objetiva (lealdade, respeito, assistência, confidencialidade, informação), expressamente prevista no art. 422 do Código de 2002, não poderão prevalecer, ante a nova ordem civil.

Aliás, no que tange aos deveres éticos decorrentes da norma geral de boa-fé e da própria socialização da figura do contrato, vale relembrar, os juristas que se reuniram em Brasília, na Jornada de Direito Civil, realizada de 11 a 13 de setembro de 2002, sob a presidência do Dr. Renzo Leonardi, firmaram entendimento, concretizado na proposição sobre o art. 422 (Enunciado 24), aprovada por maioria, no sentido de que:

> "Em virtude do princípio da boa-fé, postulado no art. 422 do novo Código Civil, a violação dos deveres anexos constitui espécie de inadimplemento, independente de culpa"[17].

---

[16] Mário Delgado, ob. e loc. cits.

[17] Tribuna da Magistratura, caderno especial jurídico, publicação oficial da Associação Paulista dos Magistrados, autor da proposição: Prof. Wanderlei de Paula Barreto, ano XIV, n. 122, setembro de 2002. Confira-se, ainda, o Capítulo "Boa-Fé Objetiva em Matéria Contratual" do presente volume.

Tal conclusão, a que chegaram os doutrinadores, entremostra a relevância conferida pelo codificador à necessidade do tratamento mais socializante dos negócios jurídicos — especialmente os contratos —, em atenção, principalmente, aos princípios constitucionais que conduzem à noção de função social em toda e qualquer atividade humana de circulação de bens e riquezas.

Essas ideias, aliás, já haviam sido anunciadas pelo grande jurista J. M. ARRUDA ALVIM, quando, em uma de suas insuperáveis obras, pontificou:

"O que ocorreu, crescentemente, ao longo do século XIX, e, mais acentuadamente, nesse século XX, é que, mesmo no âmbito do contrato clássico ou tradicional, aumentou o espectro das normas de ordem pública, e, por isso mesmo, correlatamente, diminuiu o âmbito da livre manifestação dos contratantes. Pode-se acentuar que a razão em decorrência da qual aumentou o espectro das normas de ordem pública foi, precisamente, a falência, aos olhos da sociedade, do modelo clássico ou tradicional, na sua originária (início do século XIX) e absoluta pureza. Desta forma, o que se verificou, mesmo em sede do contrato tradicional, foi a modificação paulatina — sem o desaparecimento da autonomia da vontade — do caráter intensamente dispositivo das regras atinentes aos contratos, passando a aumentar o número de regras imperativas"[18].

E todo esse escopo *socializador* deve ser considerado também quando da interpretação das disposições temporais do Código de 2002, em todas as suas repercussões, no que não se poderia excluir, dada a sua importância, a seara contratual.

---

[18] J. M. Arruda Alvim, *Direito Privado — Coleção Estudos e Pareceres*, São Paulo: Revista dos Tribunais, 2002, v. II, p. 109.

Capítulo XV
Compra e Venda

Sumário: 1. Introdução. 2. Conceito e partes. 3. Características. 4. Elementos essenciais. 4.1. O consentimento. 4.2. A coisa. 4.3. O preço. 5. Despesas com o contrato de compra e venda. 6. Responsabilidade civil pelos riscos da coisa. 7. Questões especiais referentes à compra e venda. 7.1. Venda a descendente. 7.2. Situações especiais referentes à falta de legitimidade para a compra e venda. 7.3. Venda a condômino. 7.4. Venda entre cônjuges e entre companheiros. 8. Venda *ad corpus* e venda *ad mensuram*. 9. Promessa/compromisso de compra e venda. 9.1. Natureza jurídica do direito do promitente comprador. 9.2. Escorço histórico. 9.3. Adjudicação compulsória. 9.3.1. A outorga da escritura definitiva como ato devido. 9.3.2. Adjudicação compulsória de compromisso de venda registrado. 9.3.3. Execução específica do compromisso de venda não registrado. 10. Cláusulas especiais ou pactos acessórios à compra e venda. 10.1. Retrovenda. 10.2. Venda a contento e sujeita à prova (por experimentação). 10.3. Preempção ou preferência. 10.4. Venda com reserva de domínio. 10.5. Venda sobre documentos. 10.6. Pacto do melhor comprador (reminiscência do CC/1916). 10.7. Pacto comissório (reminiscência do CC/1916).

1. INTRODUÇÃO

O contrato de compra e venda abre a parte de nossa obra dedicada aos contratos em espécie, não apenas pela topográfica razão de ser o primeiro dos contratos disciplinados pelo codificador (arts. 481 a 532), mas, sobretudo, pela larga tradição histórica e aceitação social de que goza, no Brasil e no mundo.

O Código Civil italiano também inicia o seu Título III (Dos contratos em espécie) com o tópico "Da venda", nos seguintes termos:

> "Art. 1.470. A venda é o contrato que tem por objeto a transferência da propriedade de uma coisa ou a transferência de um outro direito contra um preço equivalente"[1].

Na mesma linha, o Código Civil alemão abre a sua Seção VII, Título I (Obrigações em particular), com a Compra (*Kauf*), consoante se pode notar da leitura de seu § 433:

> "§ 433. Obrigações típicas de contrato de compra. (1) Através do contrato de compra estará o vendedor de uma coisa obrigado a entregar a coisa ao comprador e a proporcionar a propriedade da coisa. (...)"[2].

---

[1] CC italiano: "1.470. Nozione. — [I]. La vendita è il contratto che ha per oggetto il trasferimento della proprietà di una cosa o il trasferimento di un altro diritto [1376 ss., 1476] verso il corrispettivo di un prezzo [1498]".

[2] CC alemão: "433 Vertragstypische Pflichten beim Kaufvertrag. (1) Durch den Kaufvertrag wird der Verkäufer einer Sache verpflichtet, dem Käufer die Sache zu ubergeben und das Eigentum an der Sache zu verschaffen. (...)".

Da análise desses dois excertos legislativos, já podemos observar que o direito comparado, assim como o brasileiro, dá certa primazia ao contrato de compra e venda, disciplinando-o em primeiro lugar.

A justificativa de tal postura legislativa afigura-se-nos clara e de fácil entendimento, se considerarmos que talvez a compra e venda seja a atividade negocial mais comum e difundida em todo o mundo e de maior relevância para o sistema capitalista, desde os vultosos contratos de fornecimento, pactuados por grandes corporações, à simples aquisição de um doce, na lanchonete da esquina.

A compra e venda faz parte da vida do homem moderno[3].

Interessante, outrossim, salientarmos a controvérsia conceitual existente na doutrina, e refletida nas normas do direito nacional e estrangeiro, por conta de que a presente espécie contratual é enfatizada, por alguns, na ação de venda (contrato de venda e compra), ao passo que outros invertem as palavras (compra e venda).

Veja-se, por exemplo, nas citações legislativas acima referidas, que o direito italiano prefere enfocar a ação de "venda" (tal qual o direito francês[4]), enquanto os alemães preferem salientar a "compra". Na mesma linha, o Código Civil da Venezuela:

> "Artículo 1.474. La venta es un contrato por el cual el vendedor se obliga a transferir la propiedad de una cosa y el comprador a pagar el precio".

A *latere* tais discussões conceituais, o direito positivo brasileiro consagrou a denominação contrato de compra e venda, tal qual o Código Civil português[5] e o chileno[6],

---

[3] Sob o prisma histórico, lembra-nos o mestre Caio Mário, "desde as origens de Roma já se praticava a compra e venda. Antes dos primeiros monumentos elaborados pelo seu senso jurídico, antes mesmo que se tivessem cunhado as primeiras moedas, quando o libripens pesava em público uma porção do metal do pagamento, o romano já sabia distinguir da permuta em espécie a *emptio vendito*. Depois que se distinguiu da permuta, a venda caracterizou-se por ser um contrato translativo de imediato da propriedade por operação instantânea" (*Instituições de Direito Civil*, 10. ed., Rio de Janeiro: Forense, 2001, v. III, p. 104). Entretanto, a despeito de o Direito Romano servir-nos como importante *fonte histórica*, forçoso convir acerca da inegável *impossibilidade* de se precisar, no tempo e na história do direito, o momento exato do surgimento desta modalidade contratual. Mesmo diante dessa ingente dificuldade, estamos convictos de que a sua normatização jurídica e aceitação social representaram um inegável avanço, na medida em que a humanidade saiu do estágio de barbárie e começou a progredir moral e materialmente. Ou, como asseverou o mestre mineiro na sua referida obra: "*não é preciso remontar à origem da compra e venda. No princípio era o roubo que provia às necessidades de cada um, e só mais tarde, já numa fase social de notório polimento, foi que se substituiu a violência pelo entendimento, como técnica de aquisição*" (p. 103).

[4] CC francês: "Art. 1.582. La vente est une convention par laquelle l'un s'oblige à livrer une chose, et l'autre à la payer. Elle peut être faite par acte authentique ou sous seing privé".

[5] CC português: "Art. 874.º (Noção) — Compra e venda é o contrato pelo qual se transmite a propriedade de uma coisa, ou outro direito, mediante um preço".

[6] CC chileno: "Art. 1.793. La *compraventa* es un contrato en que una de las partes se obliga a dar una cosa y la otra a pagarla en dinero. Aquélla se dice *vender* y ésta *comprar*. El dinero que el comprador da por la cosa vendida, se llama *precio*".

consoante podemos observar na análise do art. 481 do Código Civil de 2002, expressão esta que será adotada ao longo do presente capítulo.

2. CONCEITO E PARTES

A definição do contrato de compra e venda é extremamente simples, dispensando grande esforço intelectual: traduz o negócio jurídico em que se pretende a aquisição da propriedade de determinada coisa, mediante o pagamento de um preço.

Trata-se, pois, de um negócio jurídico bilateral, pelo qual uma das partes (vendedora) se obriga a transferir a propriedade de uma coisa móvel ou imóvel à outra (compradora), mediante o pagamento de uma quantia em dinheiro (preço).

Não é outra, aliás, a dicção legal do nosso próprio Código Civil, que dispõe:

"Art. 481. Pelo contrato de compra e venda, um dos contratantes se obriga a transferir o domínio de certa coisa, e o outro, a pagar-lhe certo preço em dinheiro".

Nota-se, portanto, a existência de dois atores fundamentais neste cenário jurídico: o vendedor (que se obriga à transferência do domínio) e o comprador (que se obriga ao pagamento do preço).

É de salientar, entretanto, que, no sistema jurídico brasileiro, o contrato de compra e venda produz apenas *efeitos jurídicos obrigacionais*, não operando, *de per si*, a transferência da propriedade, senão a simples obrigação de fazê-lo.

Nesse mesmo diapasão é o direito argentino, consoante podemos observar do pensamento de GUILLERMO A. BORDA:

"Aunque ya volveremos sobre el tema, conviene destacar ab initio que este contrato no supone transferencia de la propiedad ni la entrega efectiva del precio, sino la obligación de hacerlo"[7].

Com isso queremos dizer que, celebrado o contrato de compra e venda, as partes ainda não podem considerar-se donas do preço (vendedor) ou da coisa (comprador), senão até que se opere a tradição da coisa vendida, embora já sejam titulares do direito de exigir a sua prestação.

Ou seja, a transferência de propriedade, no direito positivo brasileiro, resulta da constituição do título (contrato) e de uma posterior solenidade (modo — tradição do bem móvel/registro do bem imóvel). Por exemplo: se Caio celebrou contrato de compra e venda com Silvio (vendedor), enquanto não se operar o registro do título constitutivo no cartório de imóveis, o primeiro não poderá ser reputado dono da coisa.

Sob este aspecto, demonstrando a natureza jurídica obrigacional do contrato de compra e venda, era bastante claro o Anteprojeto do Código de Obrigações, de autoria do grande CAIO MÁRIO DA SILVA PEREIRA, que, em seu art. 388, dispunha:

"O contrato de compra e venda constitui o título causal da transferência de domínio, *a qual se opera pela tradição*, ou *pela transcrição no registro da sede do imóvel*, e não pode

---

[7] Guillermo A. Borda, *Manual de Contratos*, 19. ed., Buenos Aires: Abeledo Perrot, 2000, p. 148.

ser obstada pela morte do vendedor, nem por ato emanado deste ou de terceiro, salvo caso de dúvida, levantada perante o oficial do registro, ou por ele próprio"[8] (grifos nossos).

Diferentemente, no sistema francês, o contrato tem repercussão real imediata, como destaca RACHEL BERNARDI, em interessante estudo sobre o tema:

"O sistema francês reconhece às convenções, por si mesmas, o efeito translativo da propriedade mobiliária, independentemente de qualquer formalidade extrínseca e de qualquer ato de execução, não apenas em relação às partes contratantes, mas também em relação aos terceiros em relação aos quais a convenção seria oponível. Por outro lado, o artigo 2.279 do Código Civil francês estabelece que, quanto aos bens móveis, a posse equivale ao título, o que enseja o reconhecimento de que, concretamente, a tradição pode suplantar a eficácia real das convenções"[9].

Claro está, finalmente, que as partes envolvidas no presente contrato devem ser dotadas dos requisitos de capacidade e legitimidade, indispensáveis para a perfeita validade não somente da avença em questão, mas, também, de qualquer negócio jurídico[10].

3. CARACTERÍSTICAS

Trata-se, em síntese, de um negócio jurídico *bilateral* e *sinalagmático*, em regra *consensual*, *comutativo* ou *aleatório*, autorizador da transferência de propriedade, de *execução instantânea* ou *diferida*[11], entre outras características[12].

Nesse sentido, é conveniente lembrar que, nos dias que correm, a compra e venda é costumeiramente pactuada sob a forma de contrato de adesão.

É um contrato *bilateral*, na sua formação, pois exige a conjugação das vontades contrapostas do vendedor e do comprador, as quais, quando harmonizadas, formam o consentimento, núcleo do referido negócio. Sob outro enfoque, é considerado bilateral por gerar ou produzir direitos e obrigações para ambas as partes envolvidas na avença.

O denominado autocontrato ou contrato consigo mesmo, aquela espécie de negócio jurídico em que uma única pessoa celebra o ato em seu próprio favor, parece excepcionar a regra da bilateralidade na formação do contrato. É o caso do sujeito, dotado de poderes de representação (procurador/mandatário), que efetiva a compra e venda consi-

---

[8] Caio Mário da Silva Pereira, *Anteprojeto do Código de Obrigações*, Rio de Janeiro, 1964, material disponível na biblioteca da PUCSP.

[9] Rachel Grellet Pereira Bernardi, *Contrato de Compra e Venda como Título para a Transmissão da Propriedade Mobiliária*, dissertação de mestrado apresentada e defendida na PUCSP, sob a coordenação da Profa. Maria Helena Diniz (inédita).

[10] Sobre o tema, confiram-se os capítulos XII ("Plano de Validade do Negócio Jurídico") do v. 1 ("Parte Geral").

[11] Cf., a esse respeito, as obras de Caio Mário da Silva Pereira e Orlando Gomes, já citadas (p. 105 e 222, respectivamente).

[12] Sobre as modalidades classificatórias aqui adotadas, confira-se o Capítulo "Classificação dos Contratos" desta obra.

go mesmo, ou seja, que acaba por adquirir, segundo o preço solicitado pelo mandante, a coisa a ser vendida. Mas as aparências enganam. Neste caso, a unilateralidade da avença é apenas superficial, pois, no fundo, o mandatário/comprador age em nome e no interesse do mandante/vendedor, por meio do instituto jurídico da representação voluntária (mandato).

No dizer de ORLANDO GOMES,

"a figura do autocontrato é equívoca, porque violenta o princípio da duplicidade das declarações de vontades, o que levou alguns tratadistas a considerá-lo negócio unilateral. Se o contrato é o encontro e a integração de duas vontades, pressupõe duas declarações, não sendo possível admitir-se que resulte de uma só. A essa objeção responde-se dizendo-se que o essencial para a formação do contrato é a integração de declarações animadas por interesses contrapostos. Na formação do autocontrato, o representante emite duas declarações de vontades distintas que consubstanciam os interesses dos quais se tornou o ponto de convergência"[13].

Temos, assim, sob o critério eminentemente científico, que o contrato de compra e venda é bilateral na sua formação e quanto aos seus efeitos.

Nessa mesma linha, da sua ínsita bilateralidade resulta a consequente característica da existência do sinalagma entre as prestações pactuadas. Fala-se, pois, que é um contrato bilateral e sinalagmático.

E o que viria a ser, pois, o sinalagma?

Na precisa definição etimológica de ANTÔNIO HOUAISS:

"sinalagma s.m. JUR mútua dependência de obrigações num contrato ο ETIM gr. sunállagma, atos 'troca de relações', donde 'comércio íntimo; relações de negócios, por consequência, convenção, pacto, contrato'"[14].

Em nosso sentir, o sinalagma, característica imanente aos contratos bilaterais, traduziria a relação ou nexo de causalidade (reciprocidade) entre as prestações opostas, pactuadas. Assim, a prestação devida pelo vendedor (transferir a propriedade da coisa) seria correlata, recíproca ou correspectiva, por força do sinalagma, em face da prestação do comprador (pagar o preço). Há, como se vê, entre ambas, uma inequívoca relação de reciprocidade: o preço somente é devido porque a coisa também o é, e vice-versa.

Dessa noção, ademais, não discrepa LUIZ GUILHERME LOUREIRO:

"Nos contratos bilaterais ou sinalagmáticos, ao contrário, os contratantes são simultânea e reciprocamente credor e devedor do outro. Em tais contratos são criados direitos e obrigações para ambas as partes; cada uma delas fica adstrita a uma prestação" (grifamos).

E exemplifica:

"A doutrina cita como exemplo de contrato bilateral a compra e venda, onde o vendedor tem a obrigação de entregar a coisa vendida ao comprador e o direito a receber o preço

---

[13] Orlando Gomes, *Contratos*, cit., p. 85.
[14] Antônio Houaiss e Mauro de Salles Villar, *Dicionário Houaiss da Língua Portuguesa*, Rio de Janeiro: Objetiva, 2001, p. 2575.

ajustado; enquanto este tem a obrigação de pagar o preço em dinheiro e o direito de receber a coisa (art. 481 do CC)"[15].

Além de *bilateral*, é, em geral, *consensual*, ou seja, torna-se perfeito quando as partes convencionam a respeito do preço e da coisa a ser vendida. Vale dizer, o contrato se forma pelo simples consentimento, independentemente da entrega do bem.

Veja, nesse ponto, o nosso regramento legal:

"Art. 482. A compra e venda, quando pura, considerar-se-á obrigatória e perfeita, desde que as partes acordarem no objeto e no preço"[16].

Da leitura do supramencionado dispositivo é possível extrair os elementos essenciais do contrato de compra e venda (consentimento, coisa e preço), o que esmiuçaremos no próximo tópico.

É, ainda, espécie de negócio jurídico *oneroso*, podendo ser *comutativo* ou *aleatório*.

É *oneroso* porque traduz, para cada parte, o experimento de um ganho ou benefício, e a consequente diminuição patrimonial: o vendedor se beneficia com o preço, e perde a coisa; o comprador se beneficia com a coisa, e perde o preço.

Vale registrar que somente nos contratos onerosos é que o alienante responderá pelos riscos da evicção, na forma do art. 447 do CC/2002, bem como pelos vícios redibitórios, abrindo-se ao adquirente, neste caso, a possibilidade de rejeitar a coisa, redibindo o contrato (via ação redibitória), ou reclamar o abatimento no preço (via ação estimatória ou *quanti minoris*)[17].

Ressalte-se, porém, que, na forma do art. 503 do CC/2002, nas "coisas vendidas conjuntamente, o defeito oculto de uma não autoriza a rejeição de todas". Tal regra, no nosso entendimento, deve ser temperada em função da utilidade da coisa coletiva. Em se tratando de uma universalidade, por exemplo, uma biblioteca ou uma coleção de selos, cujo valor, em seu conjunto, pode superar o valor de cada um dos itens somados, individualmente considerados, ou na hipótese de a ausência de um inutilizar ou fazer perder o sentido da aquisição dos demais (ex.: par de brincos, cartas de baralho etc.), sem que sejam considerados, por isso, meras partes integrantes[18], a regra legal pode não fazer sentido se aplicada.

Nessa linha, poderá ser *comutativo* (se as prestações das partes forem certas) ou *aleatório*, se não houver certeza quanto à ocorrência de uma das prestações. A esse respeito, com absoluta propriedade, SÍLVIO VENOSA pontifica: (...)

---

[15] Luiz Guilherme Loureiro, *Teoria Geral dos Contratos no novo Código Civil*, São Paulo: Método, 2002, p. 138.

[16] No mesmo sentido, dispõe o Código Civil francês: "Art. 1.583. Elle est parfaite entre les parties, et la propriété est acquise de droit à l'acheteur à l'égard du vendeur, dès qu'on est convenu de la chose et du prix, quoique la chose n'ait pas encore été livrée ni le prix payé".

[17] Sobre o tema, confira-se o Capítulo "Vícios Redibitórios" deste volume.

[18] Sobre o tema, confira-se o capítulo VIII ("Bens Jurídicos") do v. 1 ("Parte Geral") desta obra, notadamente o tópico 4 ("Classificação dos bens jurídicos").

"é contrato geralmente comutativo porque, no momento de sua conclusão, as partes conhecem o conteúdo de sua prestação. Admite-se a compra e venda aleatória quando uma das partes pode não conhecer de início o conteúdo de sua prestação, o que não suprime os fundamentos básicos do negócio"[19].

Exemplo de contrato aleatório é a compra e venda de uma safra de soja.

Podemos ainda dizer que é um *contrato autorizador da transferência de propriedade*. Sobre essa característica já discorremos acima, quando mencionamos que a obrigação principal do vendedor é transferir o domínio da coisa, ao passo que a do comprador é o preço. Frise-se, mais uma vez, que esse efeito (translativo) é consequência do contrato, e somente se concretiza por meio da tradição (móveis) e do registro (imóveis)[20]. Observe-se, porém, que a compra e venda é, na classificação dos contratos reciprocamente considerados, um contrato *principal e definitivo*.

O contrato de compra e venda pode ainda se dar tanto na modalidade *paritária* quanto na *de adesão*, a depender de as partes estarem em iguais condições de negociação, estabelecendo livremente as cláusulas contratuais, na fase de puntuação, ou se *um dos pactuantes predetermina (ou seja, impõe) as cláusulas do negócio jurídico*, respectivamente.

Trata-se, ainda, de um contrato que pode dar-se tanto de forma livre (ou seja, *não solene*), ou, *a contrario sensu*, com rigor formal (*contrato solene*), quando envolva bens imóveis, a teor do art. 108 do CC/2002.

Destaque-se, ainda, que a Lei n. 13.786, de 27 de dezembro de 2018 (conhecida como a "Lei do Distrato"), alterou tanto a Lei n. 4.591, de 16 de dezembro de 1964 (Lei sobre Condomínio em Edificações e sobre Incorporações Imobiliárias), quanto a Lei n. 6.766, de 19 de dezembro de 1979 ("Lei do Parcelamento do Solo Urbano"), para determinar, especificamente sobre contratos de compra e venda imobiliária (e também de outras modalidades contratuais correlatas), que estes têm de ser iniciados com um quadro-resumo, com diversos requisitos formais[21].

Quanto à designação, trata-se, por óbvio, de um *contrato nominado* e, pela existência de uma disciplina legal específica, de um *contrato típico*.

---

[19] Sílvio de Salvo Venosa, *Direito Civil — Contratos em Espécie*, 3. ed. São Paulo: Atlas, 2003, v. III, p. 29.

[20] Vale lembrar que, sendo a venda a crédito, o vendedor não é obrigado a entregar a coisa antes de receber o preço (art. 491 do CC/2002).

[21] Com efeito, estabelecem, com redação quase idêntica, os arts. 35-A da Lei n. 4.591/64 e o art. 26-A da Lei n. 6.766/79:

Lei n. 4.591/64: "Art. 35-A. Os contratos de compra e venda, promessa de venda, cessão ou promessa de cessão de unidades autônomas integrantes de incorporação imobiliária serão iniciados por quadro-resumo, que deverá conter:

I – o preço total a ser pago pelo imóvel;

II – o valor da parcela do preço a ser tratada como entrada, a sua forma de pagamento, com destaque para o valor pago à vista, e os seus percentuais sobre o valor total do contrato;

III – o valor referente à corretagem, suas condições de pagamento e a identificação precisa de seu beneficiário;

IV – a forma de pagamento do preço, com indicação clara dos valores e vencimentos das parcelas;

V – os índices de correção monetária aplicáveis ao contrato e, quando houver pluralidade de índices, o período de aplicação de cada um;

VI – as consequências do desfazimento do contrato, seja por meio de distrato, seja por meio de resolução contratual motivada por inadimplemento de obrigação do adquirente ou do incorporador, com destaque negritado para as penalidades aplicáveis e para os prazos para devolução de valores ao adquirente;

VII – as taxas de juros eventualmente aplicadas, se mensais ou anuais, se nominais ou efetivas, o seu período de incidência e o sistema de amortização;

VIII – as informações acerca da possibilidade do exercício, por parte do adquirente do imóvel, do direito de arrependimento previsto no art. 49 da Lei n. 8.078, de 11 de setembro de 1990 (Código de Defesa do Consumidor), em todos os contratos firmados em estandes de vendas e fora da sede do incorporador ou do estabelecimento comercial;

IX – o prazo para quitação das obrigações pelo adquirente após a obtenção do auto de conclusão da obra pelo incorporador;

X – as informações acerca dos ônus que recaiam sobre o imóvel, em especial quando o vinculem como garantia real do financiamento destinado à construção do investimento;

XI – o número do registro do memorial de incorporação, a matrícula do imóvel e a identificação do cartório de registro de imóveis competente;

XII – o termo final para obtenção do auto de conclusão da obra (habite-se) e os efeitos contratuais da intempestividade prevista no art. 43-A desta Lei.

§ 1.º Identificada a ausência de quaisquer das informações previstas no *caput* deste artigo, será concedido prazo de 30 (trinta) dias para aditamento do contrato e saneamento da omissão, findo o qual, essa omissão, se não sanada, caracterizará justa causa para rescisão contratual por parte do adquirente.

§ 2.º A efetivação das consequências do desfazimento do contrato, referidas no inciso VI do *caput* deste artigo, dependerá de anuência prévia e específica do adquirente a seu respeito, mediante assinatura junto a essas cláusulas, que deverão ser redigidas conforme o disposto no § 4.º do art. 54 da Lei n. 8.078, de 11 de setembro de 1990 (Código de Defesa do Consumidor)."

(...)

Lei n. 6.766/79: "Art. 26-A. Os contratos de compra e venda, cessão ou promessa de cessão de loteamento devem ser iniciados por quadro-resumo, que deverá conter, além das indicações constantes do art. 26 desta Lei:

I – o preço total a ser pago pelo imóvel;

II – o valor referente à corretagem, suas condições de pagamento e a identificação precisa de seu beneficiário;

III – a forma de pagamento do preço, com indicação clara dos valores e vencimentos das parcelas;

IV – os índices de correção monetária aplicáveis ao contrato e, quando houver pluralidade de índices, o período de aplicação de cada um;

V – as consequências do desfazimento do contrato, seja mediante distrato, seja por meio de resolução contratual motivada por inadimplemento de obrigação do adquirente ou do loteador, com destaque negritado para as penalidades aplicáveis e para os prazos para devolução de valores ao adquirente;

VI – as taxas de juros eventualmente aplicadas, se mensais ou anuais, se nominais ou efetivas, o seu período de incidência e o sistema de amortização;

VII – as informações acerca da possibilidade do exercício, por parte do adquirente do imóvel, do direito de arrependimento previsto no art. 49 da Lei n. 8.078, de 11 de setembro de 1990 (Código de Defesa do Consumidor), em todos os contratos firmados em estandes de vendas e fora da sede do loteador ou do estabelecimento comercial;

O contrato de compra e venda é, também, um *contrato impessoal*, pois só interessa o resultado da atividade contratada, independentemente de quem seja a pessoa que irá realizá-la. Dessa forma, falecendo o comprador ou vendedor antes da tradição da coisa ou da transcrição (registro) da transferência, pode a providência ser exigida do seu espólio[22].

É, também, um *contrato causal*, que pode ser invalidado quando o seu motivo determinante for inexistente, ilícito ou imoral.

Mesmo tratando-se de contrato que envolve, normalmente, duas pessoas, é considerado um *contrato individual*, pois se refere a uma estipulação entre pessoas determinadas, ainda que em número elevado, mas consideradas individualmente.

Pela função econômica, estabelece uma troca, haja vista que se caracteriza pela permuta de utilidades econômicas, sendo uma delas o dinheiro.

Finalmente, é um *contrato instantâneo*, pelo fato de seus efeitos serem produzidos de uma só vez, podendo ser *de execução imediata* — quando se consuma no momento da celebração, com a entrega do bem móvel ou registro do contrato de transferência de bem imóvel —, ou *diferida* — quando as partes fixam prazo para a sua exigibilidade ou cumprimento.

4. ELEMENTOS ESSENCIAIS

Ainda que os requisitos (planos de existência e validade) dos negócios jurídicos sejam imanentes a todas as espécies contratuais, merecem eles, no contrato de compra e venda, algumas especificações e minudências.

De fato, da leitura do mencionado art. 482 do CC/2002[23], como visto, é possível extrair os elementos essenciais específicos da compra e venda, a saber:

VIII – o prazo para quitação das obrigações pelo adquirente após a obtenção do termo de vistoria de obras;

IX – informações acerca dos ônus que recaiam sobre o imóvel;

X – o número do registro do loteamento ou do desmembramento, a matrícula do imóvel e a identificação do cartório de registro de imóveis competente;

XI – o termo final para a execução do projeto referido no § 1.º do art. 12 desta Lei e a data do protocolo do pedido de emissão do termo de vistoria de obras.

§ 1.º Identificada a ausência de quaisquer das informações previstas no *caput* deste artigo, será concedido prazo de 30 (trinta) dias para aditamento do contrato e saneamento da omissão, findo o qual, essa omissão, se não sanada, caracterizará justa causa para rescisão contratual por parte do adquirente.

§ 2.º A efetivação das consequências do desfazimento do contrato, mencionadas no inciso V do *caput* deste artigo, dependerá de anuência prévia e específica do adquirente a seu respeito, mediante assinatura junto a essas cláusulas, que deverão ser redigidas conforme o disposto no § 4.º do art. 54 da Lei n. 8.078, de 11 de setembro de 1990 (Código de Defesa do Consumidor)".

[22] Este é um problema extremamente comum com os chamados "contratos de gaveta", que consistem, em síntese, em negócios jurídicos celebrados sem o registro formal (muitas vezes com o intuito de diminuir carga tributária ou na impossibilidade de assunção de dívida no financiamento imobiliário), na modalidade do *contrato preliminar de promessa de compra e venda*, somente obrigando *inter partes*, gerando, normalmente, muitas dores de cabeça para seus herdeiros...

[23] Sobre o tema, confira-se o tópico "Promessa/Compromisso de compra e venda" deste capítulo.

a) o consentimento (seu núcleo);
b) o preço;
c) a coisa.

Analisemos, separadamente, cada um desses requisitos.

4.1. O consentimento

Superada a fase das tratativas preliminares, ao firmarem as partes seu consentimento a respeito do preço e da coisa a ser vendida, o contrato reputa-se formado, independentemente de forma previamente estabelecida em lei.

Note-se, entretanto, que, em nosso sistema, se o contrato versar sobre imóvel que suplante o teto de 30 salários mínimos, considera-se indispensável a lavratura do ato em escritura pública, sob pena de nulidade absoluta.

Nesse sentido, o art. 108 do nosso Código Civil:

> "Art. 108. Não dispondo a lei em contrário, a escritura pública é essencial à validade dos negócios jurídicos que visem à constituição, transferência, modificação ou renúncia de direitos reais sobre imóveis de valor superior a trinta vezes o maior salário mínimo vigente no País"[24].

Não se confunda, outrossim, a exigência da forma pública do contrato definitivo de compra e venda com a do contrato preliminar de promessa[25], já que, para este último, a lei também admitiu a forma particular (art. 1.417), cabendo-nos lembrar que "uma das vantagens da promessa de compra e venda é, exatamente, a possibilidade de sua formalização sem os rigores do instrumento público"[26].

4.2. A coisa

Por óbvia razão, o bem, objeto do contrato de compra e venda, deverá ser coisa passível de circulação no comércio jurídico (a coisa não pode ser bem fora do comércio, seja por disposição de lei, contrato ou por sua própria natureza), certa e determinada (ou determinável), o que afasta, por consequência, todos os interesses não suscetíveis de aferição ou valor econômico essencial, como a honra, o nome, a integridade física, a vida etc.

---

[24] Interessante observar que alguns Códigos do mundo, dentre eles o Código Civil do Chile, comportam regra semelhante: "Art. 1.801. La venta se reputa perfecta desde que las partes han convenido en la cosa y en el precio; salvas las excepciones siguientes. *La venta de los bienes raíces, servidumbre y censos, y la de una sucesión hereditaria, no se reputan perfectas ante la ley, mientras no se ha otorgado escritura pública.* Los frutos y flores pendientes, los árboles cuya madera se vende, los materiales de un edificio que va a derribarse, los materiales que naturalmente adhieren al suelo, como piedras y sustancias minerales de toda clase, no están sujetos a esta excepción" (grifamos).

[25] Sobre a referida forma contratual, verifique-se o tópico "Promessa/Compromisso de compra e venda" do presente capítulo.

[26] Pablo Stolze Gagliano, *Código Civil Comentado — Direito das Coisas, Superfície, Servidões, Usufruto, Uso, Habitação, Direito do Promitente Comprador*, São Paulo: Atlas, 2004, v. XIII, p. 232.

Fixada tal premissa, fica claro que uma quantidade inimaginável de objetos pode transferir-se por meio da compra e venda, o que, inclusive, além de demonstrar progresso cultural e espiritual (em longo período da Antiguidade, os bens circulavam especialmente por força das guerras e batalhas), favorece e estimula a economia.

Desnecessário notar, ainda, que o bem — passível de transferência — deverá ser de propriedade do vendedor, sob pena de o negócio ser nulo (por falta de possibilidade jurídica), por caracterizar a indesejável alienação *a non domino*. Apenas por exceção, podemos admitir que a coisa vendida possa ser alheia, desde que o vendedor a adquira antes de o comprador sofrer a perda.

Note-se, entretanto, que se o objeto do negócio forem direitos — e não coisas —, mais técnico seria denominá-lo contrato de cessão de direitos, em vez de contrato de compra e venda.

Na trilha de pensamento de PABLO STOLZE GAGLIANO, "reputamos mais apropriada a utilização da palavra alienação para caracterizar a transferência de coisas de um titular para o outro, reservando a expressão cessão para os direitos em geral"[27].

É o caso da cessão onerosa do direito hereditário ou de quotas de determinada sociedade.

Posto isso, podemos observar que o Código Civil, em seu art. 483, admite que a compra e venda tenha por objeto coisas atuais ou futuras[28].

Por coisa atual entende-se o objeto existente e disponível, ao tempo da celebração do negócio; a coisa futura, por sua vez, é aquela que, posto ainda não tenha existência real, é de potencial ocorrência. Imagine-se, por exemplo, a compra de uma safra de cacau que ainda não foi plantada. Em tal caso, o contrato ficará sem efeito se a coisa não vier a existir, consoante previsto no mesmo dispositivo, ressalvada a hipótese de as partes terem pretendido pactuar contrato aleatório.

O legislador cuidou ainda de estabelecer que, caso a venda se realize à vista de amostra, protótipos ou modelos, entender-se-á que o vendedor assegura ter a coisa as qualidades que a ela correspondem (art. 484). Trata-se de regra clara, já existente no campo do Direito do Consumidor, e agora definitivamente implantada para os contratos civis em geral.

Ora, se o que se pretendeu, com a edição do novo diploma, dentre outras finalidades, foi a busca da concretização do ideal ético no plano jurídico, nada mais justo que, à luz do princípio da boa-fé objetiva, a parte vendedora venha a cumprir o seu dever de lealdade contratual, com a máxima diligência.

Essa previsão legal tem que ver, aliás, com os princípios da eticidade e socialidade, cujo conteúdo nada mais faz do que relativizar a fruição de um direito subjetivo, "reconhecendo-se", segundo MIGUEL REALE, "que este deve ser exercido em benefício da

---

[27] Ibidem, p. 38.
[28] "Civil. Contrato. Compra e venda. Soja. Preço fixo. Entrega futura. Oscilação do mercado. Resolução. Onerosidade excessiva. Boa-fé objetiva. Cédula de produto rural. Nulidade. Nos contratos agrícolas de venda para entrega futura, o risco é inerente ao negócio. Nele não se cogita em imprevisão. É nula a emissão de cédula de produto rural, pois desviada de sua finalidade típica, qual seja, a de servir como instrumento de crédito para o produtor rural" (STJ, REsp 866.414-GO 2006/0119123-7, rel. Min. Humberto Gomes de Barros, 3.ª Turma, j. 6-3-2008, *DJe*, 26-11-2008).

pessoa, mas sempre respeitados os fins ético-sociais da comunidade a que o seu titular pertence. Não há, em suma, direitos individuais absolutos, uma vez que o direito de cada um acaba onde o de outrem começa"[29].

Por isso mesmo, cumpre-nos lembrar que, havendo contradição ou diferença entre a maneira pela qual se descreveu a coisa no contrato e a amostra/protótipo/modelo, prevalecerá qualquer destes últimos, uma vez que se presume tenha o comprador se orientado pelo objeto apresentado para a efetivação da compra.

No campo do Direito do Consumidor, deverá prevalecer a oferta, a publicidade ou o anúncio, feito pelo fornecedor do produto ou serviço, cabendo ao consumidor (comprador), alternativamente e à sua escolha, exigir o cumprimento forçado da obrigação, nos termos da oferta, apresentação ou publicidade; aceitar outro produto ou prestação de serviço equivalente; ou, finalmente, rescindir o contrato, com direito à restituição da quantia eventualmente antecipada, monetariamente atualizada, e a perdas e danos (art. 35 do CDC).

No dizer de VASCONCELLOS E BENJAMIN:

"A parceria entre o Direito e a comunicação mercadológica com o consumidor evoluiu de uma proteção extracontratual (frágil) para uma tutela (efetiva) na fase da formação do contrato e, a partir desta, para um regime especial de execução do documento contratual. É nesta última concepção que as mensagens mercadológicas, em particular a publicidade, ganham força obrigatória, transformando-se a comunicação publicitária em autêntico serviço informativo em benefício dos consumidores"[30].

Força é convir, portanto, que o sistema protetivo do Código de Defesa do Consumidor é mais amplo do que o figurado no Código Civil brasileiro.

4.3. O preço

O Código Civil italiano, em seus arts. 1.473 e 1.474[31], dispõe que:

"Art. 1.473 (Determinação do Preço Confiada a um Terceiro).

As partes podem confiar a determinação do preço a um terceiro indicado no contrato ou a ser indicado posteriormente.

---

[29] Miguel Reale, *Estudos Preliminares do Código Civil*, São Paulo: Revista dos Tribunais, 2003, p. 36.

[30] Antônio Herman de Vasconcellos e Benjamin, *Código Brasileiro de Defesa do Consumidor — Comentado pelos autores do anteprojeto*, 5. ed., Rio de Janeiro: Forense, 1998, p. 235.

[31] CC italiano, *in verbis*: "Art. 1.473. Determinazione del prezzo affidata a un terzo. — [I]. Le parti possono affidare la determinazione del prezzo a un terzo, eletto nel contratto o da eleggere posteriormente.

[II]. Se il terzo non vuole o non può accettare l'incarico, ovvero le parti non si accordano per la sua nomina o per la sua sostituzione, la nomina, su richiesta di una delle parti, è fatta dal presidente del tribunale del luogo in cui è stato concluso il contratto [1349, 1474; 82 att.; 170 trans.].

Art. 1.474. Mancanza di determinazione espressa del prezzo. — [I]. Se il contratto ha per oggetto cose che il venditore vende abitualmente e le parti non hanno determinato il prezzo, nè hanno convenuto il modo di determinarlo, nè esso è stabilito per atto della pubblica autorità [1339] [o da norme corporative], si presume che lê parti abbiano voluto riferirsi al prezzo normalmente praticato dal venditore (1).

[II]. Se si tratta di cose aventi um prezzo di borsa o di mercato [1515, 1735], il prezzo si desume daí listini o dalle mercuriali del luogo in cui deve essere eseguita la consegna, o da quelli della piazza più vicina.

Se o terceiro não quiser ou não puder aceitar o encargo, ou então se as partes não se puserem de acordo quanto à sua indicação ou à sua substituição, será a indicação, a requerimento de uma das partes, feita pelo presidente do tribunal do lugar em que for concluído o contrato".

"Art. 1.474 (Falta de Determinação Expressa do Preço).

Se o contrato tiver por objeto coisas que o vendedor vende habitualmente e as partes não determinaram o preço, nem convencionaram o modo de determiná-lo, nem se acha ele fixado por ato de autoridade pública, presumir-se-á que as partes quiseram referir-se ao preço normalmente cobrado pelo vendedor.

Se se tratar de coisas que têm um preço de bolsa ou de mercado, estabelecer-se-á o preço de acordo com as cotações ou com os preços correntes do lugar em que deve ser feita a entrega ou com os da praça mais próxima.

Quando as partes se tiverem referido ao justo preço, aplicar-se-ão as disposições das alíneas anteriores, e, quando não ocorrerem os casos nelas previstos, será o preço, na falta de acordo, determinado por um terceiro nomeado de conformidade com a alínea 2 do artigo anterior".

Esses dispositivos, extraídos do Direito estrangeiro, demonstram claramente a preocupação que tem o legislador em estabelecer critérios de fixação do preço, pois, caso este seja considerado completamente indeterminado, o contrato não se reputará perfeito e acabado.

É, portanto, o preço um pressuposto existencial ou elemento constitutivo específico do contrato de compra e venda[32].

Nesse diapasão, em nosso direito positivo, a situação não poderia ser diferente.

Cuidou o codificador de dispensar cinco artigos para regular o preço, no contrato sob estudo (arts. 485 a 489).

Em princípio, o preço deverá ser fixado pelas próprias partes, segundo a autonomia de suas vontades. Entendemos, contudo, que a autonomia da vontade, no caso específico, não é absoluta, uma vez que o preço deve observar o princípio da equivalência material das prestações, bem como deve ser considerado sério (no sentido de não ínfimo), pois, em caso contrário, configurar-se-ia uma doação simulada.

Não há óbice, porém, a que o preço seja indicado por terceiro, a ser designado pelos próprios contraentes. Este terceiro atuaria como árbitro, especialmente nomeado para realizar a fixação da quantia a ser paga pelo comprador. Espera-se, portanto, deste sujeito, lisura e bom senso no cumprimento do seu encargo.

Na hipótese, entretanto, de o terceiro não aceitar a incumbência, ficará sem efeito o contrato, ressalvada a hipótese de os contratantes designarem outra pessoa (art. 485).

[III]. Qualora le parti abbiano inteso riferirsi al giusto prezzo, si applicano le disposizioni dei commi precedenti; e, quando non ricorrono i casi da essi previsti, il prezzo, in mancanza di accordo, è determinato da um terzo, nominato a norma del secondo comma dell'articolo precedente [1561]".

[32] Sobre os pressupostos gerais de existência do negócio jurídico, confira-se o Capítulo XI ("Plano de Existência do Negócio Jurídico") do v. 1 ("Parte Geral") desta obra.

Em nosso pensar, caso o terceiro denegue e as partes não indiquem substituto, concluímos não ser caso de simples ineficácia do contrato, mas, fundamentalmente, de inexistência, por ausência de requisito específico (preço), consoante mencionado linhas acima[33].

Nada impede, outrossim, que se deixe a fixação do preço à taxa de mercado ou de bolsa, em certo e determinado dia e lugar (art. 486).

Sobre essa possibilidade, pondera, com precisão, SÍLVIO DE SALVO VENOSA que

> "se na data fixada houver ocorrido oscilação de preço, levar-se-á em conta o preço médio, se o contrato não estipular diferentemente, como, por exemplo, o preço mais alto ou mais baixo do dia, o preço de determinado horário, o preço de abertura ou encerramento do mercado ou do pregão etc."[34].

De fato, as partes têm plena liberdade de proceder às devidas alterações e adaptações em face do índice ou critério escolhido, se não houver, por certo, razão superior que limite essa faculdade.

Nessa mesma linha, poderão as partes servir-se de índices ou parâmetros objetivos para a fixação do preço, desde que não sejam abusivos ou extorsivos.

Interessante notar, ainda, que o art. 488 do Código admite a utilização do costume *praeter legem*, segundo as vendas habituais da parte vendedora, em caráter supletivo, caso o contrato seja convencionado sem fixação de preço ou de critérios para a sua determinação, e não houver tabelamento oficial.

A título de revisão, lembremo-nos, na trilha de pensamento do insuperável NORBERTO BOBBIO, que

> "um exemplo quase que indiscutido de fonte reconhecida é representado pelo costume. Neste caso, com efeito, estamos diante de regras produzidas pela vida social externamente ao ordenamento jurídico do Estado, e por este último acolhidas num segundo momento como normas jurídicas"[35].

Tal regra, sem correspondente no Código anterior, afigura-se-nos muito útil, pois permite a subsistência do contrato pactuado.

Frise-se, por fim, que, não havendo acordo nesta hipótese, por ter havido diversidade de preço, prevalecerá o termo médio, ou seja, o valor médio resultante dos preços praticados pelo vendedor nos últimos tempos, na forma do parágrafo único do mencionado art. 488.

Cumpre-nos advertir ainda que a lei reputa nulo de pleno direito o contrato de compra e venda quando se deixe ao exclusivo arbítrio de uma das partes a fixação do preço (art. 489). Trata-se de regra clara, que decorre da proibição legal das cláusulas ou condições puramente potestativas, reputadas ilícitas, por traduzirem uma arbitrária manifestação da vontade humana.

Conforme já explicamos em outra oportunidade, a proibição legal "diz respeito às *condições puramente potestativas*, que são aquelas que derivam do exclusivo arbítrio de uma das partes.

---

[33] Veremos abaixo, entretanto, que, para evitar essa situação, a lei prevê, em caráter subsidiário, que se aplique o preço corrente nas vendas habituais do vendedor (art. 488).

[34] Sílvio de Salvo Venosa, *Contratos em Espécie*, cit., v. III, p. 34.

[35] Norberto Bobbio, *O Positivismo Jurídico — Lições de Filosofia do Direito*, São Paulo: Ícone, p. 164.

Não se confundem, outrossim, com as *condições simplesmente potestativas*, as quais, dependendo também de algum fator externo ou circunstancial, não caracterizam abuso ou tirania, razão pela qual são admitidas pelo direito.

As condições puramente potestativas caracterizam-se pelo uso de expressões como: 'se eu quiser', 'caso seja do interesse deste declarante', 'se, na data avençada, este declarante considerar-se em condições de prestar' etc. Todas elas traduzem arbítrio injustificado, senão abuso de poder econômico, em franco desrespeito ao princípio da boa-fé objetiva.

Por outro lado, as condições simplesmente potestativas, a par de derivarem da vontade de uma das partes apenas, aliam-se a outros fatores, externos ou circunstanciais, os quais amenizam eventual predomínio da vontade de um dos declarantes sobre a do outro. Tome-se a hipótese do indivíduo que promete doar vultosa quantia a um atleta, se ele vencer o próximo torneio desportivo. Nesse caso, a simples vontade do atleta não determina a sua vitória, que exige, para a sua ocorrência, a conjugação de outros fatores: preparo técnico, nível dos outros competidores, boa forma física etc."[36].

Sobre o tema, vale invocar a sintética e inteligente conclusão de ARNOLDO WALD:

> "São potestativas as condições que dependem da vontade do agente. Distinguem-se, na matéria, as condições puramente potestativas, que ficam ao exclusivo arbítrio de uma das contratantes e privam de todo o efeito o ato jurídico, das demais condições potestativas, em que se exige da parte um certo esforço, ou determinado trabalho. Viciam o ato as primeiras, citando-se como exemplo de condições puramente potestativas as seguintes: se a parte quiser, se pedir, se desejar etc. São, ao contrário, condições potestativas que não viciam o ato por importar desempenho de uma atividade as que subordinam a validade de uma doação à publicação de determinado livro que o donatário deverá escrever, à venda de certo objeto, à aquisição de algum bem, à conclusão de um curso etc."[37].

É preciso que se observe ainda que, se por um lado a *lei veda o estabelecimento de condição que derive exclusivamente do capricho de uma das partes*, tal não ocorre na chamada *venda a contento*, pacto acessório que dá direito ao comprador de experimentar a coisa antes de aceitá-la, uma vez que a sua causa não é o arbítrio, mas sim a satisfação do adquirente, o que é plenamente admitido por lei.

Por fim, vale lembrar que, na forma do art. 491, não sendo "a venda a crédito, o vendedor não é obrigado a entregar a coisa antes de receber o preço". Tal regra é a mais perfeita tradução da *exceptio non adimpleti contractus* (exceção de contrato não cumprido), típica dos contratos bilaterais, e revela que, dado que nem sempre a simultaneidade de prestações é alcançável (embora sempre recomendável), há grande importância no estabelecimento de garantias para o cumprimento do pactuado.

5. DESPESAS COM O CONTRATO DE COMPRA E VENDA

O contrato de compra, como já se explicitou, tem apenas efeitos obrigacionais, não importando, de forma imediata, na transferência da propriedade.

---

[36] Pablo Stolze Gagliano e Rodolfo Pamplona Filho, *Novo Curso de Direito Civil — Parte Geral*, 22. ed., São Paulo: Saraiva, 2020, v. 1, p. 488.

[37] Arnoldo Wald, *Direito Civil — Introdução e Parte Geral*, 14. ed., São Paulo: Saraiva, 2015, v. 1, p. 267.

Para esse fim, necessária se faz a entrega do bem, ou seja, a sua tradição, no caso de bens móveis. Tratando-se de bens imóveis, a propriedade somente se transferirá se, seguindo-se ao título (contrato), ocorrer o registro imobiliário.

Tais atos, notadamente o registro, importam em custos.

E quem deve arcar com eles?

A resposta está no art. 490 do CC/2002, que preceitua, *in verbis*:

"Art. 490. Salvo cláusula em contrário, ficarão as despesas de escritura e registro a cargo do comprador, e a cargo do vendedor as da tradição".

Interessante ressaltar que, estando as partes em condição de igualdade, o exercício da autonomia da vontade permite que os ônus sejam transferidos para a parte contrária, o que importa dizer, portanto, que a norma legal, neste aspecto, é de caráter supletivo (no caso de silêncio) e orientador de conduta, e não imperativo.

Nesse sentido, é importante explicitar também que o *"vendedor, salvo convenção em contrário, responde por todos os débitos que gravem a coisa até o momento da tradição"*, na forma do art. 502 do CC/2002.

Por mais óbvia que pareça a regra, a sua explicitação pela via legislativa se mostra bastante conveniente, uma vez que resolve os costumeiros conflitos sobre quem é responsável pelo pagamento de dívidas contraídas posteriormente à celebração do negócio jurídico de compra e venda, mas antes da transferência da propriedade.

Em nosso sentir, também há de se aplicar a regra no caso da transferência imobiliária, por conta de uma adequada e recomendável interpretação extensiva da palavra "tradição", já que, por conta do difundido adágio, *onde há a mesma razão, deve haver o mesmo direito*.

6. RESPONSABILIDADE CIVIL PELOS RISCOS DA COISA

Trata-se, agora, de enfrentarmos o instigante tema referente à responsabilidade civil pelo risco de a coisa perecer, por caso fortuito ou força maior.

Como sabemos, a regra geral do nosso sistema é no sentido de que a transferência da propriedade da coisa vendida somente se opera quando da sua tradição ou registro. Até que se consume, pois, qualquer desses atos, a coisa continua juridicamente vinculada ao vendedor, uma vez que ainda não saiu do seu âmbito de domínio.

Pois bem.

Partindo-se dessa premissa, é forçoso convir que a responsabilidade pela integridade da coisa, em face do risco de perecimento por caso fortuito ou de força maior, corre por conta do alienante. Aplica-se o dogma do *res perit domino* (a coisa perece para o dono).

Nesse sentido, dispõe nosso Código Civil:

"Art. 492. Até o momento da tradição, os riscos da coisa correm por conta do vendedor, e os do preço por conta do comprador".

Tal regra, a par de extremamente clara, afigura-se importante, na medida em que espanca qualquer dúvida referente à responsabilidade pela perda ou deterioração da coisa.

Claro está, entretanto, que se a coisa pereceu ou se deteriorou por culpa do próprio comprador, arcará este com as consequências jurídicas do seu próprio ato.

Ressalva, entretanto, o legislador (§ 1.º), que os casos fortuitos ocorrentes no ato de contar, marcar ou assinalar coisas, que comumente se recebem, contando, pesando, medindo ou assinalando, e que já tiverem sido postas à disposição do comprador, correrão por conta deste. Assim, imagine que Filogônio pretenda comprar 150 vacas do fazendeiro Oliveiros. No dia da venda, o comprador solicita que 200 reses do rebanho de Oliveiros sejam reunidas em uma pastagem a meio caminho entre as duas propriedades rurais e postas à sua disposição para a escolha. Ocorrendo um súbito desmoronamento, que culminou com o perecimento de trinta cabeças, o pretenso comprador deverá arcar com esse prejuízo, uma vez que referidos animais já estavam à sua disposição. Todavia, se os animais fossem reunidos na fazenda do próprio vendedor, entendemos que, neste caso, não faria sentido atribuir-se responsabilidade ao comprador, pelo fato de os bens não haverem saído do seu hábitat natural. Ademais, o dano poderia ocorrer mesmo que a venda não houvesse sido proposta.

Na mesma linha (§ 2.º), correrão também por conta do comprador os riscos das referidas coisas se estiver em mora de as receber, quando postas à sua disposição no tempo, lugar e modo ajustados, o que é perfeitamente compatível com a regra do art. 400 do Código Civil[38].

Vemos, portanto, que a mora do comprador também lhe é desfavorável, na medida em que lhe impõe responsabilidade pelos riscos pendentes sobre a coisa.

Ainda no campo da responsabilidade, questão interessante diz respeito a coisas entregues fora do local de concretização do negócio.

De fato, a regra geral é de que a "tradição da coisa vendida, na falta de estipulação expressa, dar-se-á no lugar onde ela se encontrava, ao tempo da venda" (art. 493 do CC/2002)[39].

Todavia, nada impede que as partes estabeleçam que a tradição seja feita em lugar diverso.

Nesse caso, de quem serão os riscos por eventual perecimento ou deterioração da coisa?

Sobre o tema, dispõe a nossa lei:

"Art. 494. Se a coisa for expedida para lugar diverso, por ordem do comprador, por sua conta correrão os riscos, uma vez entregue a quem haja de transportá-la, salvo se das instruções dele se afastar o vendedor".

Claro está que se a coisa é expedida para lugar diverso ou é entregue a terceiros para que seja o portador, ambas as situações por determinação do comprador, este passará a assumir a responsabilidade pela integridade da mesma, até chegar ao seu local de destino. Em

---

[38] Sobre o tema, confira-se o tópico 3 ("Mora do credor ('*accipiendi*' ou '*credendi*'") do Capítulo XXII ("Inadimplemento Relativo das Obrigações — A Mora") do v. 2 ("Obrigações") desta obra.

[39] Apenas a título de ilustração, vale registrar a interessante regra constante no art. 49 do CDC, que estipula prazo de reflexão em favor do consumidor, se a venda se opera fora do estabelecimento comercial (pela internet, p. ex.).

caso como este, interessa a celebração de um contrato de seguro, para prevenir o adquirente de eventuais prejuízos[40].

Assim, por exemplo, se Marina compra revistas raras do colecionador Maicon e este as entrega a um portador (ou ao serviço de correios), conforme instruções expressas da compradora, não arcará o vendedor com os riscos de eventual perda ou deterioração da coisa.

Se, entretanto, o vendedor, mesmo diante da ordem recebida, afasta-se dela, faz retornar para si a assunção do risco.

A esse respeito, com percuciência, pontifica CAIO MÁRIO:

"Se, porém, o vendedor contrariar as instruções do adquirente, suporta os riscos ocorridos durante o transporte, porque, assim procedendo, age como mandatário infiel (Clóvis Beviláqua). Não se escusará com a alegação de que procurou ser útil ao comprador mediante a adoção de meio mais eficiente e mais rápido (transporte aéreo em vez de terrestre, por exemplo), porque não se trata de apurar uma possível intenção de bem servir. Deixando de seguir as instruções do comprador, tomou a si o risco da coisa até a sua efetiva entrega, e, desta sorte, a pessoa que a transportou deixa de ser um representante do adquirente. A tradição fica, pois, adiada até a chegada ao destino"[41].

Trata-se, portanto, de uma hipótese de responsabilidade civil contratual, pois, descumprindo o vendedor as instruções expressas do comprador, impõe-se-lhe arcar com as consequências danosas do seu comportamento[42].

Entendemos ainda que, no caso da chamada *"tradição simbólica"* ou *"tradição ficta"*, entendida como a substituição da entrega material do bem pelo ato indicativo do propósito de transmitir a posse ou pela entrega de coisa que represente a transferida, o respeito à boa-fé objetiva impõe considerar que a finalidade declarada está consumada, pelo que a propriedade do bem se aperfeiçoou, sendo considerada legítima.

É de ressaltar, ainda, que o Código dá ao vendedor poderes para sobrestar (paralisar) a entrega da coisa, até que o comprador lhe dê garantia (caução) de pagar no tempo ajustado, caso este último haja caído em insolvência (art. 495). Disto se depreende, a nosso

---

[40] Aliás, em uma sociedade marcadamente imprevisível e perigosa como a nossa, o contrato de seguro ganha matizes e tonalidades fortes, tornando-se cada vez mais indispensável, por satisfazer a incessante busca do homem moderno pela tão almejada segurança social e confiança nas relações em geral. Aliás, como diria o Dr. François Ewald, filósofo assistente de Michel Foucault no Collège de France, "é interessante notar, a propósito, que esta ideia de confiança, esta construção de si mesmo como tendo capacidade, tendo possibilidade de viver em confiança, esta relação entre alguém e os outros, constitui um bem que é a condição de todos os outros bens. Podemos dizer que a confiança é um bem soberano, um bem primordial". E conclui: "Assim, localizado o seguro neste universo da confiança, podemos nos questionar sobre quais são as instituições que nos permitem, quais são as instituições por meio das quais, dentro da nossa cultura, procuramos obter este bem que é a confiança". E posteriormente, neste interessante trabalho, enumera quais seriam essas "instituições": a filosofia, a ciência, a religião, asseverando que o *seguro*, na história do ocidente, como "produtor de confiança", encontra assento ao lado dessas grandes "instituições" (François Ewald, *Risco, Sociedade e Justiça*. II Fórum de Direito do Seguro, edição patrocinada pelo IBDS — Instituto Brasileiro de Direito do Seguro, São Paulo: BEI, p. 27-42).

[41] Caio Mário da Silva Pereira, *Instituições*, cit., p. 120.

[42] Sobre o tema, confira-se o subtópico 3.2 ("Responsabilidade civil contratual × Responsabilidade civil extracontratual ou aquiliana") do Capítulo II ("Noções Gerais de Responsabilidade Civil") do v. III ("Responsabilidade Civil") desta obra.

ver, que esta garantia poderá ser real ou pessoal (fidejussória), a depender do quanto convencionado entre as próprias partes[43].

Com esse expediente, o legislador pretende evitar que o alienante seja prejudicado, caso opere a transferência do bem, sem o correspondente recebimento do preço. Em outras palavras, evita o enriquecimento sem causa.

7. QUESTÕES ESPECIAIS REFERENTES À COMPRA E VENDA

Neste ponto da obra, levaremos o nosso caro leitor a tomar contato com instigantes questões relativas ao contrato de compra e venda, que muito têm aguçado a curiosidade dos juristas e despertado acesas polêmicas na jurisprudência.

7.1. Venda a descendente

O art. 1.132 do Código Civil de 1916 dispunha que *"os ascendentes não podem vender aos descendentes, sem que os outros descendentes expressamente consintam"*.

Este dispositivo, em verdade, criava uma restrição à venda a descendentes, que não gozariam de legitimidade para figurar como adquirentes neste tipo de contrato. Estariam, pois, nesse contexto, impedidos de celebrar este negócio, ainda que fossem perfeitamente capazes, se os demais descendentes não houvessem expressado a sua aquiescência[44].

Em verdade, o que visou a nossa lei, neste particular, foi exatamente resguardar a legítima dos demais descendentes, que não participassem da referida venda.

Embora mantenhamos a nossa crítica à reserva da legítima — sobretudo porque incentiva discórdias e, afinal, se o autor da herança quisesse beneficiar determinada classe de herdeiros, poderia perfeitamente fazer um testamento — o fato é que a lei a mantém, adotando ainda providências tutelares em face desta porção patrimonial.

E uma dessas medidas de proteção à legítima é, precisamente, a necessidade de se colher a anuência dos demais herdeiros necessários preferenciais, para que se possa reputar válida a referida venda[45].

---

[43] Trata-se de uma aplicação específica da regra do art. 477 do CC/2002 (*"Art. 477. Se, depois de concluído o contrato, sobrevier a uma das partes contratantes diminuição em seu patrimônio capaz de comprometer ou tornar duvidosa a prestação pela qual se obrigou, pode a outra recusar-se à prestação que lhe incumbe, até que aquela satisfaça a que lhe compete ou dê garantia bastante de satisfazê-la."*).

[44] Para maiores digressões sobre o tema legitimidade, confira-se o tópico 2 ("Capacidade de direito e de fato e legitimidade") do Capítulo IV ("Pessoa Natural") do v. 1 ("Parte Geral") desta obra.

[45] "APELAÇÃO. AÇÃO ANULATÓRIA DE NEGÓCIO JURÍDICO. ALIENAÇÃO DE IMÓVEL. VENDA DE ASCENDENTE A DESCENDENTE. AUSÊNCIA DE CONSENTIMENTO DOS DEMAIS DESCENDENTES. REQUISITOS DA ANULAÇÃO PRESENTES. PROCEDÊNCIA DO PEDIDO. SENTENÇA MANTIDA. 1- A venda de bem imóvel de ascendente, sem o consentimento dos demais descendentes, torna anulável o negócio jurídico, notadamente *in casu*, em que o adquirente não provou a anuência dos demais descendentes, entre eles a Autora, para a realização do negócio. 2- Preliminar Rejeitada. Apelo Improvido" (TJMG, AC 10549100013958001-MG, rel. José Marcos Vieira, 16.ª Câm. Cível, j. 28-8-2014, public. 8-9-2014).

Acesa controvérsia, entretanto, instalou-se na jurisprudência acerca do grau da referida "invalidade", decorrente da violação deste preceito, antes da entrada em vigor do Código Civil de 2002.

Alguns entenderam tratar-se de hipótese de nulidade absoluta, por afronta a expresso dispositivo legal; enquanto outros juristas defenderam a tese da anulabilidade.

A justificativa para a primeira solução (nulidade absoluta), consoante mencionamos, resultaria da conjugação do já mencionado art. 1.132 com o art. 145, V, do Código revogado. O primeiro, utilizando a expressão "não podem", proibia que se efetuasse venda de ascendente a descendente, sem o consentimento dos demais; já o segundo, situado na Parte Geral, referia ser nulo o ato jurídico quando a lei "lhe negasse efeito". Da análise de ambos os dispositivos decorreria a indigitada nulidade.

Ocorre que floresceu na doutrina e na jurisprudência corrente diversa que sufragava a mera anulabilidade do negócio sob comento.

Nesse sentido, leia-se preleção de ARNOLDO WALD:

> "Segundo a melhor jurisprudência, tal venda, feita sem o consentimento de quem de direito, é anulável e não nula de pleno direito (Súmula 494) e a nulidade pode ser declarada em ação movida contra o ascendente, ainda em vida deste — (RE 115.105, julgado pelo STF, neste v., p. 550)"[46].

De fato, a corrente da anulabilidade, muito mais razoável, soluciona, com muito mais eficácia e utilidade, a problemática questão referente à venda entre ascendentes e descendentes.

Isso porque, caso fosse seguida a tese da nulidade absoluta, alguns intransponíveis (senão esdrúxulos) obstáculos surgiriam, a exemplo da imprescritibilidade do vício e, ainda, da possibilidade de o negócio ser impugnado por qualquer pessoa, ou, até mesmo, ter a nulidade reconhecida pelo juiz de ofício.

Ademais, seguindo-se essa corrente, estar-se-ia impedindo, por via oblíqua, que os demais herdeiros pudessem, posteriormente, chancelar o ato, eis que, como se sabe, o negócio jurídico nulo não admite confirmação.

Por isso, a jurisprudência do Superior Tribunal de Justiça, com inegável acerto, em diversos julgados[47], adotou esta última vertente de pensamento, mais consentânea com o nosso sistema jurídico.

---

[46] Arnoldo Wald, *Obrigações e Contratos*, 12. ed. São Paulo: Revista dos Tribunais, 1995, p. 256.

[47] "PROCESSUAL CIVIL. AGRAVO REGIMENTAL NO AGRAVO EM RECURSO ESPECIAL. AÇÃO ANULATÓRIA. CERCEAMENTO DE DEFESA. VENDA DE ASCENDENTE PARA DESCENDENTE. REEXAME DO CONJUNTO FÁTICO-PROBATÓRIO DOS AUTOS. INADIMISSIBILIDADE. INCIDÊNCIA DA SÚMULA N. 7/STJ. DECISÃO MANTIDA. 1. O recurso especial não comporta o exame de questões que impliquem revolvimento do contexto fático-probatório dos autos (Súmula n. 7 do STJ). 2. No caso concreto, o Tribunal de origem concluiu pela inexistência de cerceamento de defesa e pela suficiência das provas produzidas nos autos para o julgamento da lide. Alterar esse entendimento é inviável na instância especial a teor do que dispõe a referida súmula. 3. Segundo a jurisprudência do STj, para a anulação da venda de ascendente para descendente, sem a anuência dos demais, é necessária a demonstração de prejuízo pela parte interessada. 4. Agravo regimental a que

Nesse contexto, o Supremo Tribunal Federal havia editado a Súmula 494, cancelando a anterior Súmula 152, cujo teor é o seguinte:

Súmula n. 494 — "A ação para anular venda de ascendente a descendente, sem consentimento dos demais, prescreve em 20 (vinte) anos, contados da data do ato, revogada a Súmula n. 152".

Como se vê, a despeito de haver seguido a linha da anulabilidade, a nossa Suprema Corte acabou por admitir um incompreensível prazo vintenário, para que se pudesse impugnar o ato viciado. Esse (longo) prazo, a par de favorecer a sensação de insegurança jurídica, não se harmoniza com o nosso sistema de nulidades vigente, que, como se sabe, adota curtos prazos decadenciais para a anulação do negócio jurídico (*vide*, por exemplo, o art. 171 do CC).

O Código Civil de 2002, por sua vez, visando colocar um fim à controvérsia, dispôs, em seu art. 496, que:

"Art. 496. É anulável a venda de ascendente a descendente, salvo se os outros descendentes e o cônjuge do alienante expressamente houverem consentido.

Parágrafo único. Em ambos os casos, dispensa-se o consentimento do cônjuge se o regime de bens for o da separação obrigatória"[48] (grifamos).

Observe-se, de logo, a referência feita ao cônjuge do alienante, o qual, quando não casado no regime da separação obrigatória de bens, também deverá anuir na venda.

Tal circunstância se justifica, pelo fato de o Código de 2002 ter erigido o cônjuge à condição de *herdeiro necessário*.

Discorrendo sobre o tema, vejam as considerações de PABLO STOLZE GAGLIANO:

"Nesse contexto, observamos que o cônjuge migrou da condição de herdeiro facultativo para a de necessário (se o regime de bens assim o permitir) dividindo espaço com os descendentes e ascendentes do *de cujus*.

Leiam-se, a esse respeito, os arts. 1.829 e 1.830 do Código Civil (grifos nossos):

Da Ordem da Vocação Hereditária

Art. 1.829. A sucessão legítima defere-se na ordem seguinte:

I — aos descendentes, em concorrência com o cônjuge sobrevivente, salvo se casado este com o falecido no regime da comunhão universal, ou no da separação obrigatória de bens (art. 1.640, parágrafo único); ou se, no regime da comunhão parcial, o autor da herança não houver deixado bens particulares;

II — aos ascendentes, em concorrência com o cônjuge;

---

se nega provimento" (STJ, AgRg no AREsp: 159.537/PA 2012/0059515-0, rel. Ministro Antonio Carlos Ferreira, j. 14-10-2014, 4.ª T., *DJe* 21-10-2014).

[48] É importante registrar, a título de curiosidade histórica, que o dispositivo mencionava originalmente duas situações de anulabilidade, a saber, a venda de ascendente a descendente e o inverso (ou seja, venda de descendente a ascendente), hipótese última esta que foi retirada posteriormente, sem que se adaptasse o parágrafo único. Esclarecendo a questão, porém, estabeleceu o Enunciado 177 da III Jornada de Direito Civil do Conselho da Justiça Federal: "Art. 496: Por erro de tramitação, que retirou a segunda hipótese de anulação de venda entre parentes (venda de descendente para ascendente), deve ser desconsiderada a expressão 'em ambos os casos', no parágrafo único do art. 496".

III — ao cônjuge sobrevivente;

IV — aos colaterais.

Art. 1.830. Somente é reconhecido direito sucessório ao cônjuge sobrevivente se, ao tempo da morte do outro, não estavam separados judicialmente, nem separados de fato há mais de dois anos, salvo prova, neste caso, de que essa convivência se tornara impossível sem culpa do sobrevivente.

Em verdade, a opção do legislador foi, ao que nos parece, razoável, no sentido de se tentar homogeneizar o direito do cônjuge, que deixaria de deter o (nem sempre bem compreendido) direito ao usufruto vidual, e passaria a fazer jus diretamente à herança.

Justificando tal postura, pondera MIGUEL REALE:

'Com a adoção do regime legal de separação parcial com comunhão de aquestos, entendeu a comissão que especial atenção devia ser dada aos direitos do cônjuge supérstite em matéria sucessória. Seria, com efeito, injustificado passar do regime da comunhão universal, que importa a comunicação de todos os bens presentes e futuros dos cônjuges, para o regime de comunhão parcial, sem se atribuir ao cônjuge supérstite o direito de concorrer com descendentes e ascendentes'[49].

Mas note-se que tal direito somente existirá se, ao tempo da abertura da sucessão, não estavam judicialmente separados, nem separados de fato há mais de dois anos, salvo prova, neste caso, de que a convivência se tornara impossível sem culpa do cônjuge sobrevivo".

Entretanto, na hipótese de ser casado em regime de separação obrigatória, por não ter interesse jurídico reconhecido por lei no patrimônio do alienante, não precisará consentir.

Observe ainda, nosso caro amigo leitor, que o Código de 2002, dirimindo qualquer controvérsia, é claro ao dizer que a compra e venda de ascendente a descendente (não apenas do pai ao filho, mas do avô ao neto etc.) é *anulável*.

Pôs-se por terra, assim, a corrente minoritária que sustentava a tese da nulidade absoluta.

Mas, cumpre-nos salientar que, em nosso sentir, a antiga Súmula 494 do STF *perdeu a sua eficácia*, por força do art. 179 do Código de 2002 (sem correspondente na codificação anterior), que transcrevemos, *in verbis*[50]:

"Art. 179. Quando a lei dispuser que determinado ato é anulável, sem estabelecer prazo para pleitear-se a anulação, será este de dois anos, a contar da data da conclusão do ato".

Vê-se, com isso, que, uma vez não previsto o prazo decadencial de anulação, este será de dois anos, e não mais de vinte[51].

---

[49] Miguel Reale, *O Projeto do Novo Código Civil*, 2. ed., São Paulo: Saraiva, 1999, p. 92.

[50] Sobre o tema, confira-se o tópico 4 ("Nulidade relativa (anulabilidade)") do Capítulo XIV ("Invalidade do Negócio Jurídico") do v. 1 ("Parte Geral") desta obra.

[51] Nesse sentido também foi o entendimento explicitado na IV Jornada de Direito Civil da Justiça Federal, realizada de 25 a 27 de outubro de 2006, em que foi aprovado o Enunciado 368, com a seguinte redação: "Art. 496. O prazo para anular venda de ascendente para descendente é decadencial de dois anos (art. 179 do Código Civil)".

Finalmente, tenhamos ainda em mente que a restrição negocial sob comento não se aplica às doações, que se submetem a outro regramento, nem a outros atos jurídicos, como, por exemplo, o de concessão de uma garantia real (uma hipoteca), feita por ascendente em prol de um descendente seu. Isso porque, tratando-se de norma restritiva do direito de propriedade do alienante (art. 496), não poderá ser analisada extensivamente, nada impedindo que se possa eventualmente impugnar o ato, com fulcro em outros defeitos do negócio previstos em lei.

7.2. Situações especiais referentes à falta de legitimidade para a compra e venda

Já tivemos oportunidade de discorrer, em nosso volume I, acerca das diferenças existentes entre *capacidade* e *legitimidade*.

De fato, "nem toda pessoa capaz pode estar legitimada para a prática de um determinado ato jurídico. A legitimação traduz uma capacidade específica.

Em virtude de um interesse que se quer preservar, ou em consideração à especial situação de determinada pessoa que se quer proteger, criaram-se impedimentos circunstanciais, que não se confundem com as hipóteses legais genéricas de incapacidade. O tutor, por exemplo, embora maior e capaz, não poderá adquirir bens móveis ou imóveis do tutelado (art. 1.749, I, CC/2002). Dois irmãos, da mesma forma, maiores e capazes, não poderão se casar entre si (art. 1.521, IV, CC/2002). Em tais hipóteses, o tutor e os irmãos encontram-se impedidos de praticar o ato por falta de legitimidade ou de capacidade específica para o ato"[52].

Assim, podemos perceber que a *ilegitimidade* traduz um impedimento específico para a prática de determinado ato ou negócio jurídico, em razão de um interesse superior que se quer tutelar.

Nesse contexto, as pessoas referidas no art. 497 são consideradas pelo legislador carentes de legitimidade para a compra de determinados bens, ainda que em hasta pública, e, caso seja efetuada, será considerada *nula de pleno direito*[53].

Dessa forma, os *tutores, curadores, testamenteiros e administradores* não poderão adquirir os bens confiados à sua guarda (inciso I).

Os *servidores públicos em geral* — e note-se que o legislador foi mais técnico e preciso ao se referir a "servidor" em lugar de "funcionário" público, abrangendo, portanto, não somente os estatutários efetivos, mas, da mesma forma, os exercentes de cargo em comissão, contratados temporariamente em regime especial de direito administrativo (REDA) e os celetistas — também não poderão adquirir bens ou direitos da pessoa jurídica a que servirem, ou que estejam sob sua administração direta ou indireta (inciso II).

Na mesma linha, *os juízes, secretários de tribunais, arbitradores, peritos e outros serventuários ou auxiliares da justiça* não poderão adquirir bens ou direitos sobre que se litigar em tribunal, juízo ou conselho, no lugar onde servirem, ou a que estender a sua

---

[52] Pablo Stolze Gagliano e Rodolfo Pamplona Filho, *Novo Curso de Direito Civil — Parte Geral*, 22. ed., São Paulo: Saraiva, 2020, v. 1, p. 132.

[53] Lembre-se de que a nulidade é imprescritível, não convalescendo, pois, pelo decurso do tempo (art. 169).

autoridade (inciso III). Note-se, todavia, que o art. 498 ressalva que esta proibição "*não compreende os casos de compra e venda ou cessão entre coerdeiros, ou em pagamento de dívida, ou para garantia de bens já pertencentes a pessoas designadas no referido inciso*", o que nos parece de uma justiça evidente, uma vez que a relação jurídica submetida em juízo não tem qualquer vinculação, direta ou indireta, com o múnus público exercido.

Aliás, vale registrar que, em nosso sentir, a proibição prevista no inciso III atinge, por lógica interpretação, interpostas pessoas que, atuando no interesse (espúrio) de um dos agentes públicos mencionados, pretenda adquirir o bem para repassá-lo depois. Tratar-se--ia, no caso, de inequívoca *simulação*, padecente também do vício de nulidade (art. 167 do Código Civil).

Finalmente, a proibição estende-se aos *leiloeiros e seus prepostos*, no que tange aos bens de cuja venda estejam encarregados.

Registre-se, finalmente, que as proibições previstas neste artigo estendem-se também à cessão de crédito.

Observe-se que o Código Civil de 2002 não repetiu a dicção do art. 1.133, II, do Código Civil anterior, que proibia ao mandatário adquirir bens do mandante[54]. Correta, a nosso ver, a nova lei, pois nada impediria que o mandatário, satisfazendo todas as condições apresentadas pelo mandante, e em pé de igualdade com terceiro, viesse a comprar o bem.

Cuida-se, aliás, da peculiar figura do *autocontrato* ou do *contrato consigo mesmo*, por força do qual, na lavratura do título de transferência, figurará uma única pessoa (mandatário). Tal somente é possível, como se sabe, porque também atua no interesse do mandante.

Nada impede, ademais, que o próprio mandante compareça ao ato e participe da sua documentação, juntamente com o seu procurador (agora parte autônoma no negócio jurídico)[55].

7.3. Venda a condômino

Para a compreensão deste tópico, faz-se necessário transcrevermos o art. 504 do CC/2002:

> "Art. 504. Não pode um condômino em coisa indivisível vender a sua parte a estranhos, se outro consorte a quiser, tanto por tanto. O condômino, a quem não se der conhecimento da venda, poderá, depositando o preço, haver para si a parte vendida a estranhos, se o requerer no prazo de cento e oitenta dias, sob pena de decadência.
>
> Parágrafo único. Sendo muitos os condôminos, preferirá o que tiver benfeitorias de maior valor e, na falta de benfeitorias, o de quinhão maior. Se as partes forem iguais, haverão a parte vendida os comproprietários, que a quiserem, depositando previamente o preço".

---

[54] O próprio STF já havia contornado a *impropriedade* da lei anterior, ao editar a Súmula 165: "A venda realizada diretamente pelo mandante ao mandatário não é atingida pela nulidade do art. 1.133, II, do Código Civil".
[55] Nesse sentido, Venosa, *Contratos em Espécie*, cit., p. 49.

Trata-se de norma referente apenas ao *condomínio de coisa indivisível*, condicionante da faculdade de alienação, por determinar ao condômino/alienante a necessidade de conferir ao seu consorte *direito de preferência* em face da fração alienada, ou seja, o direito de prevalecer o seu interesse em adquirir o bem, se sua proposta estiver em iguais condições às dos demais interessados.

Por definição, o condomínio traduz a coexistência de vários proprietários que detêm direito real sobre a mesma coisa, havendo entre si a divisão ideal segundo suas respectivas frações.

No caso sob análise, a coisa, objeto do direito real dos comproprietários, não é passível de divisão, razão por que pretendeu o legislador imprimir a obrigatoriedade de se dar primazia a cada um dos consortes no caso de haver eventual alienação de parte do condomínio.

Mas note-se que, segundo expressa dicção legal, esse direito de preferência — que tem eficácia real — deverá ser exercido pelo condômino interessado em pé de igualdade com os terceiros que pretendam adquirir a referida quota.

Assim, se o condômino Bacildes anunciou a venda de sua parte pelo preço de R$ 1.000,00, Badja e Higuita — também coproprietários — deverão pagar o referido valor, não tendo direito a abatimento, preferindo, entretanto, a um eventual terceiro, que também demonstre interesse na aquisição da coisa.

Como a lei não especifica o modo pelo qual se deva dar ciência aos demais consortes, entendemos que tal comunicação poderá se operar por meio de notificação judicial ou extrajudicial, assinando-se prazo de manifestação, sob pena de o silêncio do notificado ser interpretado como recusa.

Vale observar, outrossim, que a violação deste direito de preferência, diferentemente do que se opera com a cláusula especial do contrato de compra e venda (arts. 513/520), gera *eficácia real* (e, consequentemente, oponibilidade *erga omnes*), na mesma linha dos arts. 27 e 34 da Lei n. 8.245, de 18-10-1991 (Lei do Inquilinato), consoante se pode observar na segunda parte do dispositivo: *"o condômino, a quem não se der conhecimento da venda, poderá, depositando o preço, haver para si a parte vendida a estranhos, se o requerer no prazo de cento e oitenta dias, sob pena de decadência"* (destaques nossos).

Trata-se de um preceito bastante adequado, dada a peculiaridade da indivisibilidade da coisa, tendo o propósito de evitar o ingresso, na comunhão, de pessoas estranhas, o que pode gerar constrangimentos evitáveis com o simples exercício do direito de preferência.

Essa faculdade reivindicatória, portanto, decorrente de um direito de natureza potestativa, somente será legitimamente exercida, se o respectivo preço houver sido depositado, respeitado o prazo máximo para o seu exercício (180 dias).

E a partir de quando se conta esse prazo?

A pergunta é pertinente pelo fato de que o próprio dispositivo legal se refere à circunstância de que o condômino não teve conhecimento da venda.

A resposta óbvia é de que o prazo começa a fluir a partir de tal conhecimento, que se presume quando efetivado o registro do título translativo.

Caso, entretanto, concorra mais de um condômino interessado, as seguintes regras deverão ser observadas:

a) preferirá o que tiver benfeitorias de maior valor;

b) na falta de benfeitorias, o condômino de quinhão maior;

c) se as partes forem iguais, terão direito à parte vendida os comproprietários, que a quiserem, depositando previamente o preço.

Concordamos, outrossim, com a observação de NELSON NERY JUNIOR e ROSA MARIA DE ANDRADE NERY[56], no sentido de que a regra sob estudo, impositiva do direito de preferência, aplica-se também ao coerdeiro que pretenda alienar a sua quota hereditária, uma vez que, como se sabe, a herança é considerada coisa universal e indivisível até se ultimar a partilha:

"Em que pese a controvérsia existente sobre o tema, merece ser prestigiado o entendimento segundo o qual a venda e a cessão de direitos hereditários, em se tratando de bem indivisível, se subordinam à regra do CC/16 1.139, que reclama seja dada preferência ao condômino coerdeiro. Em linha de princípio, a orientação legal é no sentido de evitar o ingresso de estranho no condomínio, preservando-o de futuros litígios e inconvenientes. A interpretação meramente literal deve ceder passo quando colidente com outros métodos exegéticos de maior robustez e cientificidade" (STJ, REsp 50.226-BA, *DJU*, 17-12-1999, p. 24700, rel. Min. Sálvio de Figueiredo Teixeira, v. u., julgado em 23-8-1994, 4.ª Turma).

7.4. Venda entre cônjuges e entre companheiros

Uma vez firmada a sociedade conjugal, os cônjuges assumem entre si direitos e deveres recíprocos, regendo-se os aspectos patrimoniais dessa união pelas normas constantes do regime de bens ou do pacto antenupcial.

Nessa ordem de ideias, a depender do regime de bens escolhido, os consortes podem manter patrimônio próprio e separado, a exemplo do que ocorre na comunhão parcial, na separação total e na participação final nos aquestos.

Em tais casos, nada impede que um dos cônjuges aliene ao outro bem próprio, não representando tal ato negocial, ao menos em tese, burla ao sistema legal em vigor.

Nesse sentido, escoimando qualquer dúvida, dispõe o art. 499 do CC/2002:

"Art. 499. É lícita a compra e venda entre cônjuges, com relação a bens excluídos da comunhão".

Aliás, devemos banir de vez a falsa perspectiva da existência de presunção de fraude nos atos celebrados entre pessoas casadas, como transparece da análise do controvertido art. 977 do Código Civil.

Por óbvio, o contrato de compra e venda, no regime da comunhão universal de bens, careceria de eficácia ou utilidade social, uma vez que, adquirido, o bem passaria a integrar o patrimônio comum.

No que tange aos companheiros, observamos que a mesma regra, por isonomia constitucional, se aplica, devendo-se ressaltar que, a teor do art. 1.725, o regime adotado é o da comunhão parcial de bens.

---

[56] Corresponde ao art. 1.139 do CC/1916 o presente art. 504. Nelson Nery Jr. e Rosa Maria de Andrade Nery, *Novo Código Civil e Legislação Extravagante Anotados*, São Paulo: Revista dos Tribunais, 2002, p. 204-5.

8. VENDA *AD CORPUS* E VENDA *AD MENSURAM*

Para bem compreendermos este tema, mister se faz transcrevermos o art. 500 do Código Civil:

"Art. 500. Se, na venda de um imóvel, *se estipular o preço por medida de extensão*, ou se determinar a respectiva área, e esta não corresponder, em qualquer dos casos, às dimensões dadas, o comprador terá o direito de exigir o complemento da área, e, não sendo isso possível, o de reclamar a resolução do contrato ou abatimento proporcional ao preço.

§ 1.º Presume-se que a referência às dimensões foi simplesmente enunciativa, quando a diferença encontrada não exceder de um vigésimo da área total enunciada, ressalvado ao comprador o direito de provar que, em tais circunstâncias, não teria realizado o negócio[57].

§ 2.º Se em vez de falta houver excesso, e o vendedor provar que tinha motivos para ignorar a medida exata da área vendida, caberá ao comprador, à sua escolha, completar o valor correspondente ao preço ou devolver o excesso.

§ 3.º Não haverá complemento de área, nem devolução de excesso, *se o imóvel for vendido como coisa certa e discriminada, tendo sido apenas enunciativa a referência às suas dimensões, ainda que não conste, de modo expresso, ter sido a venda 'ad corpus'*" (grifos nossos).

---

[57] STJ: PROCESSUAL CIVIL. RECURSO ESPECIAL MANEJADO SOB A ÉGIDE DO NCPC. AÇÃO DE RESCISÃO DE CONTRATO DE COMPRA E VENDA. SALA COMERCIAL ADQUIRIDA NA PLANTA PARA FINS DE INVESTIMENTO. DIFERENÇA DE 1,9667 METROS QUADRADOS NA ÁREA REAL. ALEGAÇÃO DE DESCUMPRIMENTO CONTRATUAL. APLICAÇÃO DO CÓDIGO DE DEFESA DO CONSUMIDOR. CABIMENTO. TEORIA FINALISTA MITIGADA. PRETENSÃO DE ENQUADRAR A COMPRA E VENDA COMO *AD MENSURAM*. IMPOSSIBILIDADE. DIFERENÇA DE METRAGEM QUE ESTÁ AQUÉM DA MARGEM FIXADA PELO ART. 500, § 1º DO CC. CARACTERIZAÇÃO DE COMPRA E VENDA *AD CORPUS*. RECURSO ESPECIAL NÃO PROVIDO. 1. Aplica-se o NCPC a este julgamento, ante os termos do Enunciado Administrativo n. 3, aprovado pelo Plenário do STJ, na sessão de 9/3/2016: Aos recursos interpostos com fundamento no CPC/2015 (relativos a decisões publicadas a partir de 18 de março de 2016) serão exigidos os requisitos de admissibilidade recursal na forma do novo CPC. 2. A questão trazida a debate consiste em saber de quem é a responsabilidade pela rescisão da compra e venda, na hipótese de diferença de metragem entre aquela definida no contrato e a constante no Registro de Imóveis. 3. Esta Corte Superior perfilha o posicionamento de que se admite a utilização do Código de Defesa do Consumidor para amparar, concretamente, o investidor ocasional (figura do consumidor investidor), pois ele não desenvolve a atividade de investimento de maneira reiterada e profissional. 4. Conquanto exista relação de consumo, a compra e venda, no caso sub judice, não se qualifica como ad mensuram, pois o negócio envolveu coisa delimitada (sala comercial), sem apego às suas exatas medidas. A referência à medida, no contrato, foi meramente enunciativa, não sendo decisiva como fator da aquisição. 5. A própria lei faz a presunção de que a compra deve ser considerada ad corpus quando a diferença encontrada não exceder de um vigésimo da área total enunciada (art. 500, § 1º, do CC), que é o caso dos autos, em que a diferença equivale apenas a 1,96% da área do imóvel, o que não inviabiliza, nem tampouco prejudica a utilização do bem para o fim esperado. Assim, a pretensa resolução contratual com atribuição de culpa à Construtora não se justifica. 6. Recurso especial não provido (REsp n. 2.021.711/RS, relatora Ministra Nancy Andrighi, relator para acórdão Ministro Moura Ribeiro, Terceira Turma, julgado em 14-3-2023, *DJe* de 23-3-2023).

Sublinhamos, como pode notar o nosso caro leitor, as duas espécies de venda tratadas neste item: a venda por medida de extensão — *ad mensuram* —, a primeira; e a venda por referência meramente enunciativa — *ad corpus*, a segunda.

No primeiro caso, o alienante cuida de especificar ou discriminar a área vendida, ou o próprio preço, por indicação de medida. Ex.: imóvel de 567 hectares, com ..... metros de frente, ... metros de fundo, na lateral ....., contíguo ao imóvel do senhor ..... ao norte. Ou então, o imóvel ....., de 567 hectares, será alienado onerosamente, pagando-se ..... reais *por hectare*.

O que temos, pois, aqui, é uma venda *especificada*, oficialmente certa e segura. Em geral, assim deve constar nas escrituras públicas de alienação, indispensáveis para as vendas de imóveis cujo valor ultrapasse os trinta salários mínimos (art. 108 do Cód. Civil).

Em tal caso, se foi estipulado o preço por medida de extensão, ou determinada a respectiva área, a venda é denominada *ad mensuram*, e, caso a área não corresponda, em qualquer dos casos, às dimensões dadas, o comprador terá o direito:

a) de exigir o complemento da área e, *não sendo isso possível*,

b) o de reclamar a resolução do contrato ou pedir o abatimento proporcional no preço.

Todavia, um ponto deve ficar bem claro: tais direitos somente existirão se se tratar de venda *ad mensuram*.

Em primeiro plano, como se pode ver, o legislador abre a possibilidade de o comprador prejudicado pleitear o *complemento da área vendida* (via ação *ex empto*)[58], e, *não sendo isso possível* — atente bem para esta expressão —, poderá pedir o desfazimento do contrato (com eventuais perdas e danos), ou o mero abatimento no preço (caso queira ficar com o imóvel de metragem menor do que a declarada pelo alienante).

Embora haja entendimento no sentido de que o adquirente possa ingressar de imediato com ação de resolução do contrato (para pedir o seu desfazimento) ou ação de abatimento do preço da venda, sustentamos que, por expressa determinação legal (basta ler o *caput* do artigo sob comento), estes dois pedidos somente seriam viáveis, caso se afigure impossível o complemento da área.

Claro está, entretanto, que, formulado o pedido de complemento, o autor (adquirente prejudicado) poderá cumulá-lo com o pedido de resolução do contrato *ou* abatimento no preço (estes excludentes entre si, caracterizando aquele fenômeno que a doutrina processual denominou de *cumulação eventual de pedidos*). O que não se admite, obviamente, é que na mesma demanda se postule o desfazimento do negócio *e*, *simultaneamente*, o abatimento no preço, por manifesta falta de compatibilidade lógica.

Urge assinalar, entretanto, que, se a diferença entre a dimensão real do imóvel e a sua dimensão declarada na escritura for igual ou inferior a 5% (1/20) da área total, presume-se que as referências às dimensões foram meramente enunciativas, não assistindo, pois,

---

[58] A ação *ex empto*, em nosso sentir, por dizer respeito a descumprimento de prestação contratual, tem natureza pessoal.

ao comprador direito algum, ressalvando-se-lhe a hipótese — dispõe o § 1.º do art. 500 — de *provar que, em tais circunstâncias, não teria celebrado o negócio*[59].

A despeito de reconhecermos, nesta última parte do dispositivo em estudo, um acentuado grau de subjetividade, reputamos razoável a preocupação do legislador que, dessa maneira, resguardaria o comprador, especialmente quando aquela diferença (5%) for de valor significativo. Ademais, dada a imprecisão do nosso sistema registrário, tal margem de erro é de possível ocorrência prática.

Cumpre-nos ainda notar que o Código Civil de 2002 avançou no tratamento desta matéria, se compararmos as suas normas com as constantes no Código de 1916.

Previu, por exemplo, a factível hipótese de ocorrer o inverso, ou seja, o *excesso de área*, ao invés de sua falta. Em outras palavras, o que fazer se o vendedor, após a tradição (registro), verificou que alienou mais do que declarou?

ORLANDO GOMES, em doutrina anterior ao Código de 2002, pontificava que:

"se a área do imóvel tiver dimensões maiores do que as declaradas, ao comprador aproveita o excesso, pois ao vendedor não se permite que, por essa razão, pleiteie a resolução do contrato, nem que pretenda a suplementação do preço. Entretanto, em algumas legislações, se lhes assegura expressamente esse direito, entendendo alguns escritores que a solução é aplicável entre nós, e outros que cabe a ação de anulação por erro"[60].

No sistema ora vigente, responde-nos o § 2.º, no sentido de que, em tal circunstância, se o vendedor comprovar que tinha motivos para ignorar a medida exata da área vendida, faculta-se ao comprador, e à sua escolha, *completar o valor correspondente ao preço* ou *devolver o excesso*.

Poder-se-ia argumentar, em um plano crítico de perspectiva, que direito algum assistiria ao vendedor, uma vez que se presume que deveria *conhecer aquilo que lhe pertence*, cabendo-lhe arcar com o ônus de alienar parcela maior do seu patrimônio.

Entretanto, o mínimo de experiência prática nos dá conta da imensa diversidade geográfica de nosso país, de proporções continentais, o que dificulta sobremaneira a perfeita mensuração dos imóveis urbanos e rurais, especialmente na zona rural e em face de pessoas de baixo poder aquisitivo. Nem todos têm, lamentavelmente, condições financeiras de custear o

---

[59] "AÇÃO CÍVEL. AÇÃO DE RETIFICAÇÃO DE REGISTRO IMOBILIÁRIO. ARTS. 212 E 213 DA LEI DE REGISTROS PUBLICOS (6.016/73). AMPLIAÇÃO DA ÁREA CONTIDA NO REGISTRO IMOBILIÁRIO FACE REGISTRO ERRÔNEO. LEVANTAMENTO PLANIMÉTRICO ASSINALANDO ÁREA MAIOR QUE A CONSTANTE NO REGISTRO ORIGINAL. CONFINANTES REGULARMENTE CITADOS. AUSÊNCIA DE IMPUGNAÇÃO. ADEQUAÇÃO DO ÁLBUM IMOBILIÁRIO À REALIZADADE FÁTICA. INEXISTÊNCIA DE PREJUÍZO A TERCEIROS. SENTENÇA REFORMADA. RECURSO CONHECIDO E PROVIDO. Desde que a retificação de área não objetive a incorporação de novos terrenos à gleba primitiva, ou ultrapasse e amplie as divisas e limites do imóvel originário, tampouco haja impugnação dos confiantes, juridicamente admissível a pretensão retificatória para adequação do registro imobiliário à realidade fática, ainda que a modificação implique em aumento de área. Precedente do Superior Tribunal de Justiça: 'Na linha de precedentes da corte, é possível a retificação do registro, para acréscimo de área, de modo a refletir a área real do imóvel, desde que não haja, como no caso, impugnação dos demais interessados'" (REsp n. 203.205, Min. Carlos Alberto Menezes Direito). (TJSC, AC 219113-SC 2004.021911-3, rel. Carlos Adilson Silva, j. 26-1-2010, 1.ª Câm. de Dir. Civil).

[60] Orlando Gomes, *Contratos*, 15. ed., Rio de Janeiro: Forense, 1995, p. 235.

trabalho de um engenheiro agrimensor. E, alie-se a isso, o fato de que nosso sistema de Registros Públicos é, em muitos Estados, excessivamente burocrático e, frequentemente, pouco preciso.

Por tais razões, concluímos pela razoabilidade do referido dispositivo, que garante ao vendedor *o direito de justificar a sua ignorância em face da dimensão exata da área*, cabendo, entretanto, ao comprador a faculdade de escolher se *complementa o preço* ou *devolve a área excedente*.

Finalmente, se as referências da área foram meramente enunciativas, ou seja, sem descrição, ou sua especificação por preço determinado, reputa-se a venda *ad corpus*, mesmo que tal expressão não conste do corpo da escritura de venda. Privilegia-se, assim, o conteúdo, em vez do mero formalismo.

Quanto ao prazo para o exercício das ações suprarreferidas, dispõe o legislador que o mesmo será de um ano[61], a contar do registro do título, tendo inequívoca natureza decadencial, por se tratar de exercício de direito potestativo[62], ainda que se admita a postergação do seu *dies a quo*.

Tal ressalva é feita pelo parágrafo único do art. 501, que preceitua que, se houver atraso na imissão de posse do imóvel, atribuível ao alienante, a partir dela é que fluirá o prazo de decadência. Neste caso, compreende-se que o prazo comece a fluir da posse efetiva, e não do mero registro, por considerarmos que, somente a partir da imissão, pode o adquirente verificar o imóvel e detectar o defeito.

9. PROMESSA/COMPROMISSO DE COMPRA E VENDA[63]

Toda vez que fazemos exposições, em sala de aula, sobre o tema "Contrato de Compra e Venda", muitas dúvidas surgem no que diz respeito à sua diferença para a Promessa ou Compromisso de Compra e Venda.

Assim sendo, parece-nos relevante tecer algumas rápidas considerações sobre o tema, notadamente no campo conceitual.

Isso porque esta última modalidade contratual tem sua prática tão disseminada, bem como enseja, em momento posterior, a produção análoga de efeitos aos da venda definitiva, que, comumente, se verifica uma confusão, na prática, entre os dois institutos.

Não há motivos, porém, do ponto de vista conceitual, para tanto.

---

[61] **STJ**: "(...) 8. Para as situações em que as dimensões do imóvel adquirido não correspondem às noticiadas pelo vendedor, cujo preço da venda foi estipulado por medida de extensão ou com determinação da respectiva área (venda *ad mensuram*), aplica-se o disposto no art. 501 do CC/02, que prevê o prazo decadencial de 1 (um) ano para a propositura das ações previstas no antecedente artigo (exigir o complemento da área, reclamar a resolução do contrato ou o abatimento proporcional do preço). (...) 12. Recurso especial parcialmente conhecido e, nessa extensão, não provido" (REsp 1.890.327/SP, Rel. Min. Nancy Andrighi, Terceira Turma, julgado em 20-4-2021, *DJe* 26-4-2021).

[62] Sobre a distinção entre prescrição e decadência, confira-se o Capítulo XVIII ("Prescrição e Decadência") do v. 1 ("Parte Geral") desta obra.

[63] Para a redação deste tópico, baseamo-nos, especialmente, na obra coletiva de comentários ao Código Civil brasileiro de 2002, editada pela Atlas, sob a coordenação do Prof. Álvaro Villaça Azevedo (Pablo Stolze Gagliano, *Código Civil Comentado*, v. XIII, cit.).

O Contrato de Compra e Venda é o contrato principal pelo qual uma das partes (vendedora) se obriga a transferir a propriedade de uma coisa móvel ou imóvel à outra (compradora), mediante o pagamento de uma quantia em dinheiro (preço).

Já o Contrato de Promessa ou Compromisso de Compra e Venda é um contrato preliminar que tem como objeto um contrato futuro de venda e compra. Por meio dele, o vendedor continua titular do domínio que somente será transferido após a quitação integral do preço, constituindo excelente garantia para o alienante.

Trata-se, como dito, de um contrato preliminar[64] especial, que, outrora regulado somente em legislação especial, passou a ser previsto expressamente pelo Código Civil de 2002, através de seus arts. 1.417 e 1.418, que assim preceituam:

> "Art. 1.417. Mediante promessa de compra e venda, em que se não pactuou arrependimento, celebrada por instrumento público ou particular, e registrada no Cartório de Registro de Imóveis, adquire o promitente comprador direito real à aquisição do imóvel.
>
> Art. 1.418. O promitente comprador, titular de direito real, pode exigir do promitente vendedor, ou de terceiros, a quem os direitos deste forem cedidos, a outorga da escritura definitiva de compra e venda, conforme o disposto no instrumento preliminar; e, se houver recusa, requerer ao juiz a adjudicação do imóvel".

Na precisa observação de ORLANDO GOMES, não se trata, por certo, de um contrato preliminar comum, mas, sim, de uma verdadeira promessa bilateral *sui generis*, na medida em que, potencialmente, gera *eficácia real* e comporta *execução específica* (via adjudicação compulsória)[65].

Isso porque, ao celebrá-lo, as partes envolvidas (promitente ou compromissário-vendedor e promitente ou compromissário-comprador) assumem a *obrigação de fazer* o contrato definitivo de compra e venda, mediante a outorga de escritura de venda do imóvel compromissado, após o adimplemento das obrigações financeiras assumidas[66].

---

[64] Sobre o tema, confira-se o Capítulo "Contrato Preliminar" deste volume.

[65] Orlando Gomes, *Contratos*, cit., p. 324-5. O mestre baiano, aliás, prefere tratá-lo como um verdadeiro *novum genus*, embora optemos por considerar o compromisso um contrato preliminar *especial* de compra e venda.

[66] "PROCESSUAL CIVIL. AGRAVO NO AGRAVO EM RECURSO ESPECIAL. PROMESSA DE COMPRA E VENDA DE IMÓVEL. INADIMPLÊNCIA DO PROMITENTE-VENDEDOR. RESCISÃO CONTRATUAL. DEVOLUÇÃO DAS PARCELAS PAGAS. EMBARGOS DE DECLARAÇÃO. OMISSÃO. CONTRADIÇÃO OU OBSCURIDADE. NÃO OCORRÊNCIA. VIOLAÇÃO DO ART. 458, II, DO CPC. AUSÊNCIA. REEXAME DE FATOS. INTERPRETAÇÃO DE CLÁUSULAS CONTRATUAIS. INADIMISSIBILIDADE.

– Ausentes os vícios do art. 535 do CPC, rejeitam-se os embargos de declaração.

– Devidamente analisadas e discutidas as questões de mérito, e fundamentado corretamente o acórdão recorrido, de modo a esgotar a prestação jurisdicional, não há que falar em violação do art. 458, II, do CPC.

– O reexame de fatos e a interpretação de cláusulas contratuais em recurso especial são inadmissíveis.

– Agravo não provido" (STJ, AgRg no AREsp 290.791-RJ 2013/0023994-0, rel. Min. Nancy Andrighi, 3.a T., j. 28-5-2013, *DJe* 4-6-2013).

Claro está, porém, que, na hipótese do promitente-comprador não cumprir as obrigações financeiras que lhe foram impostas, poderá ele, após ser devidamente constituído em mora, vir a perder a posse do bem, por meio da resolução do contrato.

A forma deste contrato, como se pode perceber da simples leitura do art. 1.417, poderá ser *pública* ou *particular*, cabendo-nos advertir que este artigo é de aplicação específica em face do art. 108, que exige a escritura pública nos atos de alienação ou constituição de direitos reais imobiliários que superem o teto de 30 (trinta) salários mínimos.

Trata-se, em verdade, de uma grande vantagem da promessa de compra e venda, pois possibilita sua formalização sem os rigores do instrumento público, o que, de certa forma, evita a ocorrência de nulidades formais.

9.1. Natureza jurídica do direito do promitente comprador

Sobre sua natureza jurídica, o direito do promitente-comprador não se subsume, perfeitamente, na subcategoria de *direitos de gozo ou garantia.*

Como já comentamos em nossa obra dedicada ao estudo da Parte Especial (Livro III, Tít. I a IX) do Código Civil,

> "trata-se, pois, do direito real conferido ao promitente-comprador de um imóvel, em virtude de um contrato preliminar especial de compra e venda (compromisso de venda), firmado com o promitente-vendedor, sem cláusula de arrependimento, em instrumento público ou particular, e devidamente registrado no Cartório de Registro Imobiliário.
>
> Por isso, melhor seria colocá-lo em categoria própria, qual seja, de *direito real à aquisição da coisa (ad rem)*, uma vez que não guarda a suficiente identidade com as duas outras categorias (gozo/fruição ou garantia) para o fim de encontrar assento em qualquer delas"[67].

ARNOLDO WALD, após passar em revista o aceso debate doutrinário em torno do tema, lembra que BARBOSA LIMA SOBRINHO considerou-o *"um direito real sobre coisa própria equiparado à propriedade"*, sendo que, para outros autores, seria um direito real na coisa alheia equiparado aos de gozo ou aos de garantia. Ao final, contudo, o culto professor da UERJ esposa entendimento semelhante ao nosso:

> "Preferimos conceituar a promessa como um direito real *ad rem*, direito de adquirir a coisa, ou seja, de incluir o imóvel em seu patrimônio — formando uma nova categoria no campo dos direitos reais, na qual incluiríamos, ao lado da promessa, o direito criado pelo pacto de retrovenda, cujas consequências são aliás análogas"[68].

De fato, encontraríamos intransponíveis barreiras ao tentarmos enquadrá-lo como simples direito de gozo ou fruição, uma vez que a sua precípua finalidade é a consolidação da propriedade, circunstância esta não verificada nos direitos reais limitados. Na mesma linha, direito de garantia também não seria, na medida em que a sua constituição não geraria necessariamente uma obrigação acessória, atrelada a uma principal.

---

[67] Pablo Stolze Gagliano, *Código Civil Comentado*, cit., v. XIII, p. 225 (arts. 1.369/1.418).
[68] Arnoldo Wald, *Direito Civil — Direito das Coisas*, 14. ed., São Paulo: Saraiva, 2015, v. 4, p. 312.

9.2. Escorço histórico

Para uma efetiva compreensão do contrato de promessa de compra e venda, parece-nos relevante recordar a evolução legislativa sobre o tema.

De fato, preceituava o art. 1.088 do CC/1916 (sem equivalente no CC/2002):

"Art. 1.088. Quando o instrumento público for exigido como prova do contrato, qualquer das partes pode arrepender-se, antes de o assinar, ressarcindo à outra perdas e danos resultantes do arrependimento, sem prejuízo do estatuído nos arts. 1.095 a 1.097".

Interpretando historicamente este artigo, que consagrava nítido direito de arrependimento, observamos que ele seguia uma natural e obsoleta tendência do legislador do século passado no sentido de tudo "resolver" por meio da "mágica fórmula" das perdas e danos.

A legislação codificada, a despeito de não defini-la com precisão, até por não ser função precípua do legislador fazê-lo, preferiu simplesmente traçar os seus contornos, delimitando o seu alcance, e deixando para a doutrina a difícil missão de apresentar uma conceituação teórica a seu respeito, consoante se depreende da leitura do seu art. 402 do CC/2002: "Salvo as exceções expressamente previstas em lei, as perdas e danos devidas ao credor abrangem, além do que ele efetivamente perdeu, o que razoavelmente deixou de lucrar".

Em outras palavras, as perdas e danos devidas ao credor deverão compreender o *dano emergente* (o que efetivamente perdeu) e o *lucro cessante* (o que razoavelmente deixou de lucrar).

Ocorre que a consequente obrigação de pagar *perdas e danos*, no atual estágio do Direito Processual Civil, pode não significar, na prática, a real e justa satisfação da parte credora, à luz do princípio da efetividade. Sobretudo em se considerando o inadimplemento resultante das obrigações de fazer ou não fazer.

Nesse sentido, já anotamos que:

"A visão tradicional do direito das obrigações, pelo seu cunho intrinsecamente patrimonialista, sempre defendeu que seria uma violência à liberdade individual da pessoa a prestação coercitiva de condutas, ainda que decorrentes de disposições legais e contratuais.

Tal concepção de intangibilidade da vontade humana, embora possa se identificar com vetustas regras romanas, reflete, em verdade, a essência dos princípios liberais que influenciaram a formação e consolidação do Direito Civil, em especial no século XIX, com o advento do Code Napoléon. Nesse sentido, o 'dogma da intangibilidade da vontade humana', zelosamente guardado nas tradições francesas pandectistas, fazia o mundo aceitar que 'toute obligation de faire, ou de ne pas faire, se resout en dommages et intérêts, en cas d'inexecution de la part du débiteur' (art. 1.142 do Código Civil francês)"[69].

"Assim, pela convicção de que a liberdade humana é o valor maior na sociedade, a resolução em perdas e danos seria a única consequência para o descumprimento das obrigações de fazer ou não fazer.

---
[69] Cândido Rangel Dinamarco, *A Reforma do Código de Processo Civil*, 4. ed. São Paulo: Malheiros, 1997, p. 152.

Essa visão, no nosso entendimento, é, todavia, inaceitável na atualidade.

Isso porque o vigente ordenamento jurídico brasileiro há muito vem relativizando o princípio tradicional do *nemo praecise potest cogi ad factum*, reconhecendo que a incoercibilidade da vontade humana não é um dogma inafastável[70], desde que respeitados direitos fundamentais"[71].

Aliás, dada a natural complexidade do procedimento ordinário, desencadeado pelo ajuizamento de uma demanda indenizatória, não é demais afirmar que, muitas vezes, as "perdas e danos" no Brasil tornaram-se uma forma juridicamente elegante de fingir ao credor que se está lhe dando alguma coisa, sem dar-lhe efetivamente nada.

Em verdade, esta velha fórmula, dissecada nos labirintos de uma ação ordinária, poderá resultar em desrespeito ao direito do credor, que não experimentará a adequada cobertura da lesão sofrida, e, sobretudo, no indesejável descrédito do Poder Judiciário.

Ressaltando a necessidade de a sentença, real e concretamente, reparar a lesão sofrida pelo credor, a partir dos fatos ocorridos, evitando-se, assim, afronta ao princípio processual da efetividade, o nosso mestre ARRUDA ALVIM pondera que:

> "Os efeitos jurídicos, que se produzem na sentença, normalmente, reportam-se à própria ocorrência dos fatos. Há que se ter presente que ... o 'processo não é mais do que o corretivo da imperfeita realização automática do direito objetivo'.
>
> Se assim não fosse, consequentemente, não se constituiria o processo em corretivo ou substitutivo do direito material, em seu funcionamento automático, pois, se os efeitos oriundos da sentença não encontrassem o seu momento *a quo* na própria verificação dos fatos, causa remota de demanda, não haveria 'cobertura integral' de uma lesão sofrida"[72].

Pois bem.

Diante de tudo isso, o referido art. 1.088 do Código Civil de 1916, deparando-se com uma insurgente realidade social que reclamava a efetividade do processo, converteu-se, em poucos anos, em uma norma inegavelmente injusta.

Muitos foram os casos, postos sob a apreciação judicial, mormente após a década de 30, em que promitentes-compradores (compromissários), após longos anos residindo no imóvel compromissado, adimplindo pontualmente as prestações decorrentes da promessa,

---

[70] Como observa o brilhante Fredie Didier Jr.: "Imaginava-se, de um lado, que toda espécie de obrigação poderia ser convertida em dinheiro, acaso descumprida. A par do manifesto equívoco deste pensamento, que olvidava os hoje inquestionáveis direitos não patrimoniais, como os personalíssimos e os transindividuais (estes últimos de avaliação pecuniária bastante difícil exatamente em razão do caráter difuso dos seus elementos e caracteres), a tese ainda padecia de terrível enfermidade: autorizava, simplesmente, o descumprimento contratual, privilegiando a parte mais rica da relação, apta que estaria a arcar com perdas e danos existentes — se existentes, pois danos não se presumem" (Fredie Didier Jr., "Tutela Específica do Adimplemento Contratual", in *Revista Jurídica dos Formandos em Direito da UFBA* — 2001.2, Salvador: s/ed., 2001, p. 322, também acessável na Revista Eletrônica do Curso de Direito da UNIFACS, no *site* <www.unifacs.br/revistajuridica>, edição de jul. 2002, seção "Corpo Docente").

[71] Pablo Stolze Gagliano e Rodolfo Pamplona Filho, *Novo Curso de Direito Civil — Parte Geral*, 19. ed., São Paulo: Saraiva, 2017, v. 1, p. 60.

[72] Arruda Alvim, *Manual de Direito Processual Civil — Processo de Conhecimento*, 8. ed., São Paulo: Revista dos Tribunais, 2003, v. 2, p. 651.

deparavam-se com a odiosa situação em que o promitente-vendedor, escudado no referido art. 1.088 da codificação anterior, negava-se a outorgar, em instrumento público, a tão desejada escritura, optando por pagar-lhe "perdas e danos", visando a alienar o imóvel por preço muitas vezes maior à indenização devida.

E se é que efetivamente iria pagar a indenização devida, dadas as manobras processuais protelatórias de que lançava mão...

A falta, pois, de instrumentos de tutela processual específica acabava por favorecer a especulação imobiliária, em detrimento, inclusive, da função social da posse e da propriedade.

Com inegável precisão, WASHINGTON DE BARROS MONTEIRO preleciona:

"A extraordinária valorização obtida pela propriedade imobiliária nestes últimos anos, num crescendo realmente vertiginoso, teve inesperadas repercussões no cenário jurídico. Inúmeros promitentes-vendedores, em virtude das valorizações alcançadas pelos imóveis compromissados, valendo-se do direito de arrependimento assegurado pelo art. 1.088 do Código Civil de 1916, preferiam sujeitar-se ao pagamento das indenizações, quase sempre a devolução do preço em dobro, a terem de outorgar escritura definitiva, evidentemente mais desvantajosa, do ponto de vista econômico. O compromissário-comprador ficava praticamente ao desamparo, sem recurso algum para coagir o contratante inadimplente ao cumprimento da palavra empenhada.

Tais compradores tinham de fiar, exclusivamente, na seriedade e na lisura do vendedor, nem sempre presentes".

E mais adiante acrescenta:

"A situação tornou-se mais grave e aflitiva com relação aos lotes de terrenos vendidos a prestações, mediante oferta pública. Numerosos compromissários viram-se despojados dos imóveis compromissados, valorizados com o produto do seu esforço e operosidade"[73].

Diante de todo esse contexto, visando conferir proteção ao promitente-comprador de um compromisso registrado, editou-se o Decreto-Lei n. 58, de 10 de dezembro de 1937, que, sem seu art. 22, dispôs:

"Art. 22. Os contratos, sem cláusula de arrependimento, de compromisso de compra e venda e cessão de direitos de imóveis não loteados, cujo preço tenha sido pago no ato de constituição ou deva sê-lo em uma ou mais prestações, desde que inscritos a qualquer tempo, atribuem aos compromissários direito real oponível a terceiros, e lhes conferem o direito de adjudicação compulsória nos termos do art. 16 desta Lei, 640 e 641 do Código de Processo Civil".

Lembre-se ainda que, por força do Decreto-Lei n. 745, de 7 de agosto de 1969, *mesmo que do contrato preliminar de compra e venda (promessa de compra e venda) constasse cláusula resolutiva expressa, a constituição em mora do promitente-comprador dependeria de prévia*

---

[73] Washington de Barros Monteiro, *Curso de Direito Civil — Direito das Coisas*, 44. ed., São Paulo: Saraiva, 2015, v. 3, p. 454-5.

interpelação judicial[74], ou por intermédio do Cartório de Registro de Títulos e Documentos, com 15 (quinze) dias de antecedência[75].

Com a edição dessa lei, portanto, conferiu-se ao compromissário-comprador o direito de ingressar com pedido de adjudicação compulsória do imóvel compromissado, sob o rito sumaríssimo — posteriormente denominado sumário (Lei n. 9.245/95), o qual foi extinto com o advento do CPC/2015[76] —, viabilizando, assim, que, dada a inércia do vendedor na outorga da escritura definitiva, o comando sentencial pudesse surtir o mesmo efeito pretendido.

Posteriormente, o Decreto n. 3.079, de 15 de setembro de 1938, regulamentaria o diploma legal anterior, estabelecendo, dentre outras diretrizes, que "*as escrituras de compromisso de compra e venda de imóveis não loteados, cujo preço deva pagar-se a prazo, em uma ou mais prestações, serão averbadas à margem das respectivas transcrições aquisitivas, para os efeitos desta Lei, compreendidas nesta disposição as escrituras de promessa de venda de imóveis em geral*" (art. 22).

Já no final da década de 40, seria aprovada a Lei n. 649, de 11 de março de 1949, que deu nova redação ao art. 22 do Decreto-Lei n. 58/37, abandonando a expressão "escrituras" para permitir a execução compulsória e a oponibilidade a terceiros dos "contratos", sem cláusula de arrependimento, de compromisso de compra e venda de imóveis não loteados, cujo preço tenha sido pago no ato de sua constituição ou deva sê-lo em uma ou mais prestações, desde que registrados a qualquer tempo no Cartório de Registro de Imóveis (com a modificação da Lei n. 6.014, de 27-12-1973)[77].

Finalmente, em 19 de dezembro de 1979 seria aprovada a Lei n. 6.766 (Lei do Parcelamento do Solo Urbano) que, revogando parcialmente o Decreto-Lei n. 58, iria dispor sobre os compromissos de venda de imóveis loteados urbanos.

Saliente-se, ademais, que o seu art. 25 prevê expressamente a *irretratabilidade da promessa*, admitida hoje, apenas, para os imóveis não loteados[78]:

> "Art. 25. São irretratáveis os compromissos de compra e venda, cessões e promessas de cessão, os que atribuam direito à adjudicação compulsória e, estando registrados, confiram direito real oponível a terceiros".

Observe-se ainda que, diferentemente do contrato definitivo de compra e venda, que, em geral, deverá ser lavrado em instrumento público (art. 108 do CC/2002), a promessa

---

[74] Nesse sentido, aliás, a Súmula 76 do STJ exige-a até mesmo para os compromissos não registrados: "A falta de registro do compromisso de compra e venda de imóvel não dispensa a prévia interpelação para constituir em mora o devedor".

[75] Nota de Nelson Nery Jr., e Rosa Maria de Andrade Nery, *Código de Processo Civil Comentado*, 4. ed., São Paulo: Revista dos Tribunais, 1999, p. 1786.

[76] CPC/2015, art. 1.049: "Sempre que a lei remeter a procedimento previsto na lei processual sem especificá-lo, será observado o procedimento comum previsto neste Código. Parágrafo único. Na hipótese de a lei remeter ao procedimento sumário, será observado o procedimento comum previsto neste Código, com as modificações previstas na própria lei especial, se houver".

[77] Arnoldo Wald, *Direito Civil — Direito das Coisas*, cit., p. 268.

[78] Nesse sentido, Carlos Roberto Gonçalves: "Em se tratando, porém, de imóvel não loteado, lícito afigura-se convencionar o arrependimento, afastando-se, com isso, a constituição do direito real" (*Direito Civil Brasileiro — Direito das Coisas*, 15. ed., São Paulo: Saraiva, 2020, v. 5, p. 530).

poderá ser documentada em instrumento público ou particular, consoante dispõe o art. 26 da própria lei:

> "Art. 26. Os compromissos de compra e venda, as cessões ou promessas de cessão poderão ser feitos por escritura pública ou por instrumento particular, de acordo com o modelo depositado na forma do inciso VI do art. 18 e conterão, pelo menos, as seguintes indicações...".

Firmado, pois, o compromisso e levado ao Registro Imobiliário, o referido título passaria a surtir efeitos reais, em caráter *erga omnes*, viabilizando, assim, a eventual adjudicação compulsória, se necessário.

Finalmente, com a aprovação da Lei n. 10.406, de 10 de janeiro de 2002 (Novo Código Civil Brasileiro), o direito real do promitente comprador passou a ter regulamentação expressa (arts. 1.417 e 1.418), permanecendo em vigor os dispositivos das leis anteriores apenas naquilo que com a mesma não fossem incompatíveis.

9.3. Adjudicação compulsória

O grande diferencial da Promessa Irretratável de Compra e Venda é, indubitavelmente, a possibilidade de adjudicação compulsória do bem, decorrente de sua eficácia real[79].

---

[79] A Lei n. 14.382, de 27 de junho de 2022, inseriu o art. 216-B na Lei de Registros Públicos (Lei n. 6.015/73), consagrando a "adjudicação compulsória extrajudicial". A sua regulamentação consta no Provimento n. 150, de 11 de setembro de 2023, do Conselho Nacional de Justiça. Destacamos alguns dos seus dispositivos: Art. 440-A. Este Capítulo estabelece regras para o processo de adjudicação compulsória pela via extrajudicial, nos termos do art. 216-B da Lei n. 6.015, de 31 de dezembro de 1973. Art. 440-B. Podem dar fundamento à adjudicação compulsória quaisquer atos ou negócios jurídicos que impliquem promessa de compra e venda ou promessa de permuta, bem como as relativas cessões ou promessas de cessão, contanto que não haja direito de arrependimento exercitável. Parágrafo único. O direito de arrependimento exercitável não impedirá a adjudicação compulsória, se o imóvel houver sido objeto de parcelamento do solo urbano (art. 2º da Lei n. 6.766, de 19 de dezembro de 1979) ou de incorporação imobiliária, com o prazo de carência já decorrido (art. 34 da Lei n. 4.591, de 16 de dezembro de 1964). Art. 440-C. Possui legitimidade para a adjudicação compulsória qualquer adquirente ou transmitente nos atos e negócios jurídicos referidos no art. 440-B, bem como quaisquer cedentes, cessionários ou sucessores. Parágrafo único. O requerente deverá estar assistido por advogado ou defensor público, constituídos mediante procuração específica. (...) Art. 440-K. O interessado apresentará, para protocolo, ao oficial de registro de imóveis, requerimento de instauração do processo de adjudicação compulsória. Parágrafo único. Os efeitos da prenotação prorrogar-se-ão até o deferimento ou rejeição do pedido. Art. 440-L. O requerimento inicial atenderá, no que couber, os requisitos do art. 319 da Lei Federal n. 13.105, de 16 de março de 2015 – Código de Processo Civil, trazendo, em especial: I – identificação e endereço do requerente e do requerido, com a indicação, no mínimo, de nome e número de Cadastro de Pessoas Físicas – CPF ou de Cadastro Nacional de Pessoas Jurídicas – CNPJ (art. 2º do Provimento n. 61, de 17 de outubro de 2017, da Corregedoria Nacional de Justiça); II – a descrição do imóvel, sendo suficiente a menção ao número da matrícula ou transcrição e, se necessário, a quaisquer outras características que o identifiquem; III – se for o caso, o histórico de atos e negócios jurídicos que levaram à cessão ou à sucessão de titularidades, com menção circunstanciada dos instrumentos, valores, natureza das estipulações, existência ou não de direito de arrependimento e indicação específica de quem haverá de constar como requerido; IV – a declaração do requerente, sob as penas da lei, de que não pende processo judicial que possa impedir o registro da adjudicação compulsória, ou prova de que tenha sido extinto ou suspenso por mais de 90 (noventa) dias úteis; V – o pedido de que o requerido seja

Cumpre-nos observar, ainda, que a promessa irretratável somente gera eficácia real com o respectivo registro no Cartório de Registro de Imóveis.

Nessa vereda, EDUARDO PACHECO RIBEIRO DE SOUZA salienta:

"Ao exigir o registro da promessa sem cláusula de arrependimento para a adjudicação, os art. 1.417 e 1.418 nada mais fazem do que ser fiéis ao sistema que integram, posto que sendo o direito do promitente comprador direito real (art. 1.225, VII), e adquirindo-se os direitos reais sobre imóveis constituídos ou transmitidos por atos entre vivos pelo registro (princípio da inscrição — art. 1.227), é inafastável a necessidade do registro da promessa para que se torne o promitente comprador titular de direito real e, então, possa exercê-lo *erga omnes*. A segurança das relações jurídicas envolvendo promitente vendedor e promitente comprador, bem como terceiros de boa-fé, só se faz presente com o registro da promessa, pois eventual adjudicação compulsória embasada em título à parte do fólio real poderia não ser eficaz se, durante o trâmite do processo, o bem fosse adquirido por terceiro de boa-fé, protegido pela prioridade decorrente da prenotação de seu título"[80].

No Superior Tribunal de Justiça, leia-se o seguinte julgado:

"PROCESSUAL CIVIL. AGRAVO INTERNO NO AGRAVO EM RECURSO ESPECIAL. REEXAME DO CONJUNTO FÁTICO-PROBATÓRIO DOS AUTOS. INADMISSIBILIDADE. INCIDÊNCIA DA SÚMULA N. 7/STJ. PROMESSA DE COMPRA E VENDA. REGISTRO. OPOSIÇÃO A TERCEIROS. DECISÃO MANTIDA.

1. O recurso especial não comporta o exame de questões que impliquem revolvimento do contexto fático-probatório dos autos (Súmula n. 7 do STJ).

2. No caso concreto, o Tribunal de origem concluiu que a Juíza que presidiu a audiência foi removida para outra vara sem competência cível. Alterar esse entendimento, a fim de concluir pela possibilidade de outro juiz sentenciar o feito, demandaria o reexame dos elementos fáticos dos autos, o que é vedado em recurso especial.

3. 'A promessa de compra e venda identificada como direito real ocorre quando o instrumento público ou particular é registrado no cartório de registro de imóveis' (REsp 1.185.383/MG, Rel. Min. Luis Felipe Salomão, 4.ª Turma, julgado em 8-4-2014, *DJe* 5-5-2014).

4. Agravo interno a que se nega provimento".

(AgInt no AREsp 304.012/MG, Rel. Min. Antonio Carlos Ferreira, 4.ª Turma, julgado em 13-3-2018, *DJe* 23-3-2018)

Consoante já vimos acima, em se tratando de imóvel loteado, a legislação especial, neste ponto ainda em vigor, proíbe seja previsto o arrependimento, que restou adstrito aos imóveis não loteados.

Nada impede, contudo, que, para imóveis compromissados não loteados, pactuado o arrependimento, sejam previstas *arras penitenciais* com o escopo compensatório da parte que não se arrependeu[81].

---

notificado a se manifestar, no prazo de 15 (quinze) dias úteis; e VI – o pedido de deferimento da adjudicação compulsória e de lavratura do registro necessário para a transferência da propriedade.

[80] SOUZA, Eduardo Ribeiro Pacheco de. A promessa de compra e venda no NCC. Reflexos das inovações nas atividades notarial e registral. Disponível em: <http://www.irib.org.br/obras/a-promessa-de-compra-e-venda-no-ncc-reflexos-das-inovacoes-nas-atividades-notarial-e-registral>. Acesso em: 29 set. 2018.

[81] Nesse sentido, aliás, a antiga Súmula 412 do STF: "No compromisso de compra e venda com cláusula de arrependimento, a devolução do sinal, por quem deu, ou a restituição em dobro, por quem o recebeu,

No Cartório de Registro de Imóveis, é feito o registro "dos contratos de compromisso de compra e venda de cessão deste e de promessa de cessão, com ou sem cláusula de arrependimento, que tenham por objeto imóveis não loteados e cujo preço tenha sido pago no ato de sua celebração, ou deva sê-lo a prazo, de uma só vez ou em prestações", nos termos do art. 167, I, 9, da Lei n. 6.015, de 31-12-1973 (Lei de Registros Públicos).

9.3.1. A outorga da escritura definitiva como ato devido

Faz-se mister registrar que a outorga da escritura definitiva afigura-se, para o compromissário vendedor que teve todas as parcelas devidamente adimplidas, como sendo um ato devido.

Nesse sentido, conclui com inegável precisão ORLANDO GOMES, ao discorrer sobre a promessa:

> "Considerando-se esse contrato um *novum genus*, a escritura definitiva não é o instrumento de outro negócio jurídico, mas a forma de um ato devido que apenas documenta o cumprimento de obrigação oriunda de contrato no qual o intento negocial das partes foi definido e a atribuição patrimonial, determinada"[82].

Pelo exposto, seguindo essa linha de pensamento, podemos concluir que os pressupostos gerais de validade do negócio jurídico, assim como a exigência de outorga uxória para o promitente-vendedor, são aspectos a serem considerados apenas quando da celebração do contrato preliminar, e não quando da outorga de escritura definitiva.

Aliás, imaginemos a hipótese de o promitente-comprador, solteiro, pactuar uma promessa, e, após a quitação das suas prestações, mas antes da outorga de escritura, casar-se, em regime de comunhão parcial de bens.

Poderia a sua esposa, em uma eventual separação judicial ou divórcio, exigir a meação do imóvel compromissado, argumentando que o mesmo somente se integrou ao patrimônio do seu marido após o casamento?

Vale indagar, outorgando-se a escritura definitiva somente após o casamento do compromissário-comprador, a sua esposa teria direito a 50% do bem?

Entendemos que não.

Primeiramente, pela circunstância, já mencionada, de que a outorga da escritura definitiva de compra e venda apenas concretiza, exaure, finaliza um negócio jurídico anterior, perfeito e acabado, e que não poderia ser alterado por fatos ocorridos posteriormente à sua celebração.

Finalmente, ao encontro desse pensamento, lembremo-nos de que o art. 1.661 reconhece serem incomunicáveis os bens cuja aquisição tiver por título uma causa anterior ao casamento, como na hipótese sob análise.

Entretanto, caso o compromissário-comprador case-se no curso da execução do contrato, as parcelas pagas firmarão uma presunção de esforço comum, possibilitando, portanto,

---

exclui indenização a maior, a título de perdas e danos, salvo os juros moratórios e os encargos do processo". Sobre o tema, confira-se o Capítulo XXVI ("Arras Confirmatórias e Arras Penitenciais") do v. 2 ("Obrigações") desta obra.

[82] Orlando Gomes, *Contratos*, cit., p. 334.

que a esposa tenha sobre o imóvel direito correspondente à meação das prestações adimplidas no curso do casamento.

Assim, por exemplo, se o adquirente pagou 5 das 15 parcelas, antes do seu matrimônio, a sua esposa terá direito, por metade, ao valor correspondente às 10 parcelas pagas no curso do casamento.

O mesmo raciocínio, aliás, pode ser aplicado à união estável, porquanto o art. 1.725 do Código Civil estabelece o regime de comunhão parcial de bens para os companheiros que não hajam firmado contrato escrito em sentido contrário.

9.3.2. Adjudicação compulsória de compromisso de venda registrado

Caso a promessa de compra e venda esteja devidamente registrada, poderá o compromissário-comprador, na forma da legislação especial, *ajuizar demanda de adjudicação compulsória*, caso em que, por sentença, o juiz adjudicará o imóvel compromissado ao seu patrimônio, se o vendedor não lhe houver outorgado a escritura definitiva, consoante convencionado[83].

A demanda, aliás, poderá ser intentada também contra terceiros, cessionários dos direitos do promitente-vendedor.

Entretanto, o que fazer se o compromisso de compra e venda não houver sido registrado, situação tão comum em nosso país?

É o que veremos no último tópico.

9.3.3. Execução específica do compromisso de venda não registrado

Uma vez não registrado o compromisso de compra e venda, concluímos naturalmente que o direito real do promitente-comprador não se teria constituído.

De fato.

Todavia, a nossa realidade, mormente para os que militam no interior do país, demonstra que o registro da promessa é uma atitude, embora necessária, pouco frequente, e, por vezes, até certo ponto desconhecida.

---

[83] Por outro lado, caso haja inadimplemento do promitente comprador, é nula a cláusula que preveja a perda de todas as parcelas pagas — *cláusula de decaimento* — a teor do art. 53 do CDC.

Sobre o tema, confira-se o seguinte REsp Repetitivo: "RECURSO ESPECIAL REPRESENTATIVO DE CONTROVÉRSIA. ART. 543-C DO CPC. DIREITO DO CONSUMIDOR. CONTRATO DE COMPRA DE IMÓVEL. DESFAZIMENTO. DEVOLUÇÃO DE PARTE DO VALOR PAGO. MOMENTO.

1. Para efeitos do art. 543-C do CPC: em contratos submetidos ao Código de Defesa do Consumidor, é abusiva a cláusula contratual que determina a restituição dos valores devidos somente ao término da obra ou de forma parcelada, na hipótese de resolução de contrato de promessa de compra e venda de imóvel, por culpa de quaisquer contratantes. Em tais avenças, deve ocorrer a imediata restituição das parcelas pagas pelo promitente comprador — integralmente, em caso de culpa exclusiva do promitente vendedor/construtor, ou parcialmente, caso tenha sido o comprador quem deu causa ao desfazimento.

2. Recurso especial não provido (REsp 1.300.418/SC, Rel. Min. Luis Felipe Salomão, 2.ª Seção, julgado em 13-11-2013, *DJe* 10-12-2013).

Observe-se que o julgado representativo da controvérsia abrange o inadimplemento de uma ou outra parte, tendo em vista a restituição de parcelas pagas, valendo lembrar que, se o inadimplemento é apenas do vendedor, o promitente comprador pode optar por exigir a outorga da escritura definitiva.

Nem sempre por ignorância, mas também por inocência ou, não podemos negar, falta de condições para o pagamento das taxas cartorárias ou do tributo de transmissão, inúmeras promessas de compra e venda são pactuadas, diariamente, *a latere* do sistema registrário oficial.

Se fosse afastada a possibilidade de se ingressar com o pedido direto de adjudicação compulsória, inaugurado pelo art. 16 do Decreto-Lei n. 58/37, como se poderia amparar o direito — ainda que meramente pessoal — do compromissário-comprador que honrou com a sua palavra?

Respondendo a essa indagação, ALEXANDRE CÂMARA pondera que

> "em matéria de obrigações de fazer ou de não fazer, um velho dogma do direito civil impedia esta tutela jurisdicional efetiva: o de que ninguém pode ser coagido a prestar um fato (*nemo ad factum praecise cogi potest*). Tal regra fazia com que se tornasse frequente a afirmação de que o inadimplemento do devedor de prestação de fazer ou de não fazer deveria ser resolvido através da conversão em perdas e danos. Este dogma, porém, vem sendo atenuado pelo direito positivo moderno, até que se pudesse chegar ao estágio atual, em que a conversão em perdas e danos deixa de ser a regra para esses casos, convertendo-se em exceção"[84].

Seguindo essa tendência, a legislação processual civil passou a alargar o âmbito de eficácia concreta da sentença nas obrigações de fazer e de não fazer[85].

Por tudo isso, não seria justo que ao promitente-comprador de um compromisso não registrado restasse apenas a alternativa das "perdas e danos".

---

[84] Alexandre Freitas Câmara, *Lições de Direito Processual Civil*, 5. ed. Rio de Janeiro: Lumen Juris, 2002, v. I, p. 90.

[85] No Código de Processo Civil de 2015, a matéria passou a ser disciplinada pelos arts. 497 a 501, que preceituam, *in verbis*:

"Art. 497. Na ação que tenha por objeto a prestação de fazer ou de não fazer, o juiz, se procedente o pedido, concederá a tutela específica ou determinará providências que assegurem a obtenção de tutela pelo resultado prático equivalente.

Parágrafo único. Para a concessão da tutela específica destinada a inibir a prática, a reiteração ou a continuação de um ilícito, ou a sua remoção, é irrelevante a demonstração da ocorrência de dano ou da existência de culpa ou dolo.

Art. 498. Na ação que tenha por objeto a entrega de coisa, o juiz, ao conceder a tutela específica, fixará o prazo para o cumprimento da obrigação.

Parágrafo único. Tratando-se de entrega de coisa determinada pelo gênero e pela quantidade, o autor individualizá-la-á na petição inicial, se lhe couber a escolha, ou, se a escolha couber ao réu, este a entregará individualizada, no prazo fixado pelo juiz.

Art. 499. A obrigação somente será convertida em perdas e danos se o autor o requerer ou se impossível a tutela específica ou a obtenção de tutela pelo resultado prático equivalente.

Art. 500. A indenização por perdas e danos dar-se-á sem prejuízo da multa fixada periodicamente para compelir o réu ao cumprimento específico da obrigação.

Art. 501. Na ação que tenha por objeto a emissão de declaração de vontade, a sentença que julgar procedente o pedido, uma vez transitada em julgado, produzirá todos os efeitos da declaração não emitida".

Observe-se, em especial, este último dispositivo transcrito, perfeitamente aplicável para o tema do presente tópico.

Em verdade, firmada uma promessa de compra e venda, ainda que não registrado o seu instrumento, o contrato terá gerado efeitos entre as próprias partes contratantes, caso em que, posto não se afigure constituído o esperado direito real, a parte prejudicada pelo inadimplemento da outra poderá lançar mão dos meios comuns de execução específica da obrigação de fazer, para o fim de satisfazer seu direito.

Na jurisprudência do STJ, destacamos:

"DIREITO CIVIL. RECURSO ESPECIAL INTERPOSTO SOB A ÉGIDE DO CPC/73. EMBARGOS DE TERCEIRO. COMPROMISSO DE COMPRA E VENDA NÃO REGISTRADO. NATUREZA JURÍDICA. EFEITOS. ALEGAÇÃO DE NEGATIVA DE PRESTAÇÃO JURISDICIONAL AFASTADA. AUSÊNCIA DO REGISTRO DO MEMORIAL DE INCORPORAÇÃO E DEMAIS DOCUMENTOS PREVISTOS NO ART. 32 DA LEI N. 4.591/64. ÔNUS DA INCORPORADORA. NULIDADE AFASTADA. SUCUMBÊNCIA. PRINCÍPIO DA CAUSALIDADE.

1. Inexiste ofensa ao art. 535 do CPC quando o tribunal de origem pronuncia-se de forma clara e precisa sobre a questão posta nos autos.

2. O descumprimento, pela incorporadora, da obrigação prevista no art. 32 da Lei 4.591/64, consistente no registro do memorial de incorporação no Cartório de Imóveis e dos demais documentos nele arrolados, não implica a nulidade ou anulabilidade do contrato de promessa de compra e venda de unidade condominial. Precedentes.

3. É da natureza da promessa de compra e venda devidamente registrada a transferência, aos adquirentes, de um direito real denominado direito do promitente comprador do imóvel (art. 1.225, VII, do CC/02).

4. A promessa de compra e venda gera efeitos obrigacionais adjetivados, que podem atingir terceiros, não dependendo, para sua eficácia e validade, de ser formalizada em instrumento público. Precedentes.

5. Mesmo que o promitente-vendedor não outorgue a escritura definitiva, não tem mais ele o poder de dispor do bem prometido em alienação. Está impossibilitado de oferecê-lo em garantia ou em dação em pagamento de dívida que assumiu ou de gravá-lo com quaisquer ônus, pois o direito atribuído ao promissário-comprador desfalca da esfera jurídica do vendedor a plenitude do domínio.

6. Como consequência da limitação do poder de disposição sobre o imóvel prometido, eventuais negócios conflitantes efetuados pelo promitente-vendedor tendo por objeto o imóvel prometido podem ser tidos por ineficazes em relação aos promissários-compradores, ainda que atinjam terceiros de boa-fé.

7. Recurso especial provido".

(REsp 1490802/DF, Rel. Min. Moura Ribeiro, 3.ª Turma, julgado em 17-4-2018, *DJe* 24-4-2018)

Nesse sentido, recordemos ainda que o mesmo Superior Tribunal editou duas súmulas, reconhecendo ao promitente-comprador direito decorrente da promessa, mesmo que não registrada.

A primeira delas, mais antiga, dispõe que:

Súmula n. 84 — "É admissível a oposição de embargos de terceiro fundados em alegação de posse advinda do compromisso de compra e venda de imóvel, ainda que desprovido de registro".

A segunda, posterior, prevê que:

Súmula n. 239 — "O direito à adjudicação compulsória não se condiciona ao registro do compromisso de compra e venda no cartório de imóveis".

Neste último caso, teremos uma demanda fundada em mero direito pessoal, por meio da qual o compromissário-comprador, valendo-se do disposto no já transcrito art. 501 do Código de Processo Civil de 2015, exigirá que a parte adversa outorgue a escritura definitiva, e, não sendo isso possível, a própria sentença surtirá o mesmo efeito da declaração de vontade não emitida.

Finalmente acrescentamos que, na hipótese da Súmula 239, a despeito de se manter a referência à expressão "direito à adjudicação compulsória", é bom que fique claro ao nosso estimado leitor que essa forma de "adjudicação" é exigida no bojo de uma *demanda de natureza obrigacional*, uma vez que, não estando o instrumento preliminar registrado, não há falar-se em direito real[86].

10. CLÁUSULAS ESPECIAIS OU PACTOS ACESSÓRIOS À COMPRA E VENDA

Na redação deste livro, uma das questões que nos surgiu era se, dada a amplitude da disciplina normativa codificada da compra e venda, não valeria a pena destrinchar o capítulo desta figura contratual em dois, sendo o primeiro para as *"Disposições Gerais"* (Seção I) e o segundo para as *"Cláusulas Especiais à Compra e Venda"* (Seção II).

Nossa opção metodológica foi a de manter o capítulo uno, pela simples razão de que, embora ele tenha se tornado um longo capítulo, toda a matéria aqui tratada se refere, direta ou indiretamente, ao contrato de compra e venda, sendo recomendável a busca por esta finalidade de completude dogmática.

---

[86] Observação que nos convida à reflexão é feita por Marcos Bernardes de Mello (Teoria do Fato Jurídico: Plano da Eficácia, 1.ª parte, 2. ed., São Paulo: Saraiva, 2004, p. 202-203):

"Por essa razão não se pode considerar direito real, mas, apenas, direito com eficácia *erga omnes*, o direito de adjudicação compulsória que a lei atribui ao promitente comprador de bem imóvel. O exercício do direito de adjudicação pressupõe o inadimplemento do promitente vendedor (devedor) consubstanciado na recusa de outorga da escritura definitiva. Esse inadimplemento somente pode ser feito pelo vendedor, não por outra pessoa qualquer, o que demonstra a relatividade da relação jurídica. Quando há exercício do direito de adjudicação compulsória por meio judicial, a 'ação' é proposta contra o devedor para que outorgue a escritura definitiva; se, mesmo intimado, não o faz, o juiz ordena o registro, fazendo-se a adjudicação ao promitente comprador. Nessa decisão judicial o juiz como que substitui o devedor na outorga da definitividade da transmissão; sua decisão se põe no lugar do ato que o promitente vendedor deveria praticar. A eficácia *erga omnes* que tem o direito do promitente comprador lhe dá o caráter de direito absoluto, nunca, porém, de direito real. Em solução inadequada e tecnicamente incorreta que já vem do art. 69 da Lei n. 4.380, de 21-4-1964, e do art. 25 da Lei n. 6.766/79, o Código Civil, art. 1.417, erigiu à categoria de direito real o direito do promitente comprador à aquisição do imóvel objeto de contrato preliminar de compra e venda, quando pactuado sem cláusula de arrependimento e inscrito no registro de imóveis. A solução correta dessa matéria já estava no Decreto n. 58, de 10-12-1937, que reconhecia a eficácia *erga omnes* do contrato preliminar de compra e venda de bens imóveis loteados, sem cláusula de arrependimento, quando registrado, e o direito à adjudicação compulsória, sem contudo falar em direito real, que, em verdade, não existe, como se mostrou".

E em que consistem tais cláusulas especiais?

Nada mais — dizemos nós — do que elementos acidentais do contrato de compra e venda, que não afetam, *a priori*, a sua existência ou validade, mas sim o campo da eficácia do negócio jurídico pretendido e celebrado, subordinando seus efeitos, em geral, a eventos futuros e incertos[87].

O vigente Código Civil brasileiro previu expressamente, na referida Seção II (*"Das Cláusulas Especiais à Compra e Venda"*) do Capítulo I (*"Da Compra e Venda"*) do Título VI (*"Das Várias Espécies de Contrato"*) do Livro I (*"Do Direito das Obrigações"*) da Parte Especial, 5 (cinco) modalidades de cláusulas especiais, sendo 4 (quatro) previstas na codificação anterior (retrovenda; venda a contento e venda sujeita à prova; preempção ou preferência; e venda com reserva de domínio) e 1 (uma) sem correspondente no CC/1916, a saber, a venda sobre documentos.

Parece-nos interessante, porém, tecer considerações sobre duas outras modalidades, não mais previstas na vigente legislação, mas que eram disciplinadas na antiga codificação, a saber, o *pacto de melhor comprador* e o pacto *comissório*.

Analisemos, pois, cada uma dessas cláusulas separadamente.

10.1. Retrovenda

A cláusula de retrovenda (também chamada de cláusula/direito de retrato ou *pactum de retrovendendo*) é um pacto acessório, adjeto à compra e venda, por meio do qual o vendedor resguarda a prerrogativa de resolver o negócio, restituindo o preço recebido e reembolsando as despesas feitas pelo comprador.

Trata-se, portanto, de uma condição resolutiva expressa, que submete o negócio jurídico da compra e venda a evento futuro e incerto, segundo o interesse do vendedor em reaver a coisa, aliado ao oferecimento do valor adequado para restituição e reembolso.

O primeiro elemento (interesse do vendedor) é autoexplicativo, sendo decorrente da sua autonomia da vontade.

Quanto ao segundo, porém, algumas considerações se fazem necessárias.

De fato, o valor adequado para a retrovenda, na forma do art. 505 do CC/2002, que podemos chamar de "justo preço", deve corresponder a todos os gastos empreendidos pelo comprador, devidamente atualizados, seja para a aquisição do bem, seja para a realização de benfeitorias necessárias.

Parece-nos lógico que benfeitorias úteis e voluptuárias devem estar fora deste preço (salvo se realizadas com autorização do vendedor), não somente por força da ausência de previsão legal, mas, também, em respeito ao princípio da boa-fé objetiva, uma vez que, dada a previsão contratual da possibilidade de retrovenda, tais dispêndios podem ser encarados como uma tentativa do comprador de inviabilizar o exercício da prerrogativa.

De fato, não podemos deixar de ter em mente que a retrovenda não constitui uma nova alienação, mas, sim, o desfazimento do negócio jurídico original, pela ocorrência da condição resolutiva estabelecida *ab initio*.

---

[87] Sobre o tema, confira-se o Capítulo XV ("Plano de Eficácia do Negócio Jurídico") do v. 1 ("Parte Geral") desta obra.

Justamente por isso é importante também ter redobrado cuidado na análise da situação fática em que se alega uma retrovenda, pois não é difícil imaginar que a mesma possa ser utilizada, lamentavelmente, como um instrumento de fraude. É o exemplo de uma simulação de compra e venda, com cláusula de retrovenda, para mascarar um empréstimo usurário, em que o imóvel tenha sido colocado como garantia[88].

É importante ressaltar que tais situações simulatórias traduzem hipóteses de nulidade absoluta, permitindo ao magistrado até mesmo o seu reconhecimento de ofício (CC/2002, art. 167).

Sobre a natureza do bem, a retrovenda somente é prevista para *bens imóveis*, o que é perfeitamente compreensível, dada a facilidade com que as coisas móveis circulam no comércio jurídico. Caso as partes, todavia, decidam instituir uma cláusula de retrovenda para bens móveis, ela não será nula, porém, deverá ser interpretada de acordo com a autonomia da vontade das partes.

Registre-se, entretanto, que a utilidade prática da cláusula de retrovenda cada vez mais se esvai, por força da disseminação da promessa (compromisso) de compra e venda, já estudada neste mesmo capítulo.

Nessa linha de pensamento, observa VENOSA:

> "Dois são os pontos fundamentais da cláusula, portanto: somente se defere à compra e venda de imóveis e seu prazo não pode ultrapassar os três anos. Houve quem no passado defendesse sua utilização para os móveis, sem sucesso, contudo. O fato de os móveis se transferirem sem maiores formalidades pela tradição, sem maior publicidade para cautela de terceiros, bem como os termos peremptórios da lei, não permitem outra conclusão. Se estabelecida a retrovenda na alienação de bem móvel, a questão ficará no campo negocial da autonomia de vontade contratual, subordinando-se aos princípios obrigacionais em geral, desvinculando-se da aplicação das normas do Código ora examinadas.
>
> Sabido da importância das vendas imobiliárias para o patrimônio dos contratantes, resulta extremamente inconveniente essa cláusula, cuja franca utilidade facilmente percebida é mascarar empréstimos onzenários ou camuflar negócios não perfeitamente transparentes. Geralmente, a inserção desse pacto na venda de imóvel procura atender a dificuldades econômicas do vendedor, que as entende passageiras. Se era útil no passado para garantir o pagamento, por parte do vendedor nas vendas a prazo, o compromisso de compra e venda substituiu-a com ampla vantagem, sepultando definitivamente a utilidade da retrovenda"[89].

Por sua condição de cláusula acessória, a nulidade do *pactum de retrovendendo* não afeta a validade do contrato de compra e venda.

O prazo para a retrovenda é de, no máximo, 3 (três) anos, nada impedindo que as partes estabeleçam prazo menor. Sua natureza, por se referir à desconstituição do negócio jurídico de compra e venda, é, obviamente, decadencial, o que somente foi explicitado com o Código Civil brasileiro vigente. Trata-se, em verdade, do exercício de um direito potestativo.

---

[88] *Vide*: STJ, REsp 285.296/MT; REsp (2000/0068512-7), *DJ*, 7-5-2001, p. 150, j. 22-3-2001, rel. Min. Ruy Rosado de Aguiar.
E também: TJRS, Ap. Cív. 70007927940, rel. Mário José Gomes Pereira, j. 10-1-2006, 19.ª Câm. Cível.
[89] Venosa, *Contratos em Espécie*, cit., p. 76.

Um ponto relevantíssimo a ser destacado, pois, é a questão da natureza jurídica da cláusula.

Por óbvio, há consenso doutrinário de que tal cláusula tem natureza jurídica obrigacional, não possuindo eficácia real, de forma distinta, portanto, da promessa irretratável de compra e venda, devidamente registrada.

Todavia, em que pese tal circunstância, o direito positivo reconhece uma oponibilidade transindividual, muito próxima da concepção *erga omnes* típica dos direitos reais.

De fato, confira-se o art. 507 do CC/2002:

"Art. 507. O direito de retrato, que é cessível e transmissível a herdeiros e legatários, poderá ser exercido contra o terceiro adquirente".

Parece-nos relevante registrar, porém, um elemento diferenciador da vigente disposição legal, para a norma equivalente revogada, que constava do art. 1.142 do CC/1916, nos seguintes termos:

"Art. 1.142. Na retrovenda, o vendedor conserva a sua ação contra os terceiros adquirentes da coisa retrovendida, *ainda que eles não conhecessem a cláusula de retrato*".

O novo texto legal suprime, como visto, a previsão expressa de dispensabilidade de conhecimento pelo terceiro da cláusula de retrovenda, para a sua exigibilidade.

Destarte, poderíamos concluir que, agora, o retrato somente poderá ser exercido se o terceiro tiver conhecimento da cláusula.

Assim pensamos pelo fato de soar extremamente incoerente que um Código, que prestigia enormemente a boa-fé (notadamente, na sua modalidade objetiva), venha a desprezá-la justamente em um instituto que, como já apontado, tem ensejado a simulação de negócios jurídicos.

Em conclusão, temos que, à luz do princípio da boa-fé objetiva (e também em atenção ao estado de inocência do terceiro, que podemos traduzir na expressão boa-fé subjetiva), o pacto de retrovenda somente poderá ser exercido caso se tenha realizado o registro da cláusula ou se fora dada ciência direta ao pretenso interessado na aquisição da coisa.

Feitas tais observações, somente nos resta aguardar a manifestação jurisprudencial pós-Código Civil de 2002, cumprindo-nos ressaltar, também, que o novo dispositivo legal põe fim à polêmica sobre a transmissibilidade do direito de retrato, proibindo a cessão desse direito por ato *inter vivos*, uma vez que menciona somente a sua transmissão para herdeiros e legatários, o que pressupõe o falecimento do vendedor original[90].

---

[90] Nesta linha de raciocínio, observa Sílvio Venosa: "O novo Código é expresso, proibindo a cessão desse direito por ato entre vivos e autorizando apenas no direito sucessório, para herdeiros e legatários (art. 507). Atende-se ao que reclamava a doutrina anterior: melhor conclusão seria sem dúvida tratar-se de direito personalíssimo, portanto intransmissível por ato entre vivos como sustentava Washington de Barros Monteiro (1980: 101). A possibilidade de cessão entre vivos, do direito de retrato abre, sem dúvida, mais uma possibilidade de fraude, entre todas aquelas a que já dá margem o instituto. No entanto, todos os argumentos contrários à possibilidade de cessão do direito de retrovenda eram subjetivos, porque a lei de 1916 não o proibia. Se fosse intenção do legislador vedá-lo, tê-lo-ia feito, como fez expressamente com o direito de preferência (art. 1.157; novo, art. 520). Agora, o novo Código é expresso nessa restrição. No sistema anterior, tratando-se de direito pessoal, nada estava a determinar na lei que o direito à retrovenda fosse personalíssimo" (Venosa, *Contratos em Espécie*, cit., p. 78).

Caso o bem ainda pertença ao comprador e este não cumpra espontaneamente a cláusula pactuada, poderá o vendedor exigir judicialmente o seu adimplemento, na forma do art. 506 do CC/2002, que preceitua, *in verbis*:

> "Art. 506. Se o comprador se recusar a receber as quantias a que faz jus, o vendedor, para exercer o direito de resgate, as depositará judicialmente.
>
> Parágrafo único. Verificada a insuficiência do depósito judicial, não será o vendedor restituído no domínio da coisa, até e enquanto não for integralmente pago o comprador".

Ressalte-se a parte final do parágrafo único, destacando a ideia do "justo preço" que aqui defendemos, não sendo estranho afirmar que a lide poderá se concentrar apenas na fixação do valor adequado para a retrovenda.

Se a coisa vier a perecer, sem culpa, extingue-se o direito de resgate, uma vez que houve perda do bem para o comprador, sem qualquer indenização à parte adversa, valendo a regra de que a coisa perece para seu dono (*res perit domino*). Outrossim, entendemos que, por força do mesmo princípio, se o imóvel se deteriorar, não terá o vendedor direito à redução proporcional do preço, devendo restituí-lo integralmente ao comprador.

Na mesma linha e pelo mesmo fundamento, o comprador, enquanto detiver a propriedade sob condição resolutiva, terá direito aos frutos e rendimentos do imóvel, justamente pela sua condição de proprietário.

Por fim, na forma do art. 508 do CC/2002, se "*a duas ou mais pessoas couber o direito de retrato sobre o mesmo imóvel, e só uma o exercer, poderá o comprador intimar as outras para nele acordarem, prevalecendo o pacto em favor de quem haja efetuado o depósito, contanto que seja integral*".

A nova regra simplifica a disposição anterior, facilitando a compreensão do instituto da *retrovenda conjunta* e sua finalidade.

De fato, garantido o direito a duas ou mais pessoas, o ideal seria que elas postulassem conjuntamente, por não haver prevalência do direito de uma em face da(s) outra(s). Todavia, como os interesses individuais são variáveis, agiu bem o legislador ao prever que, caso não haja manifestação conjunta, prevalecerá aquele que primeiro provocou, realizando o depósito, *desde que integral*. O óbvio, porém, deve ser ressaltado: somente será garantido o direito com o pagamento total, não havendo que se falar em retrovenda parcial.

Se houver discussão sobre o justo valor, realça-se a importância da comunicação aos demais interessados, pois estes poderão, querendo, exercer também o direito de retrato, fazendo, aí, sim, o depósito do valor adequado.

A pergunta que não quer calar é: e se todos realizarem, simultaneamente, o depósito adequado, exercitando o seu direito?

A lei não traz a resposta, sendo intuitivo responder que, não sendo possível delimitar quem efetivou a medida em primeiro lugar (o que, na maior parte das vezes, é relativamente fácil de comprovar, seja pela guia de depósito bancário, seja pelo protocolo de petição, judicial ou extrajudicialmente), seja razoável estabelecer um condomínio sobre o imóvel.

E se o bem imóvel vendido, com a cláusula de retrovenda, pertencia originalmente a uma coletividade, em condomínio, mas a sua alienação não foi realizada no mesmo ato ou com cláusula de retrovenda conjunta?

A regra expressa do sistema anterior (art. 1.143, § 2.º, do CC/1916) garantia que *cada qual, de per si, exercitasse sobre o respectivo quinhão o seu direito de retrato, sem que o comprador pudesse constranger os demais a resgatá-lo por inteiro.*

O Código Civil brasileiro de 2002 silenciou sobre a questão, mas, no nosso entendimento, não há mudança de orientação, uma vez que a regra é compatível com os princípios do condomínio.

10.2. Venda a contento e sujeita à prova (por experimentação)

A Subseção II da Seção destinada às cláusulas especiais à compra e venda reúne dois institutos jurídicos análogos, a saber, a venda a contento e a venda sujeita a prova.

Ambas as cláusulas se referem a vendas realizadas sob condição suspensiva, vale dizer, ao agrado do comprador ou à adequação do bem à finalidade desejada.

É interessante ressaltar que, na codificação revogada, ambas as modalidades estavam previstas no mesmo dispositivo, qual seja, o art. 1.144, que preceituava, *ipsis litteris*:

> "Art. 1.144. A venda a contento reputar-se-á feita sob condição suspensiva, se no contrato não se lhe tiver dado expressamente o caráter de condição resolutiva.
>
> Parágrafo único. Nesta espécie de venda, se classifica a dos gêneros, que se costumam provar, medir, pesar, ou experimentar antes de aceitos".

A nova codificação, por sua vez, destrincha os institutos, explicitando que, do ponto de vista técnico, a hipótese é propriamente de condição suspensiva, uma vez que sujeita a evento futuro e incerto.

Nessa linha, portanto, a venda a contento (também conhecida como venda *ad gustum* ou com *pactum displicentiae*) é aquela que se realiza sob a condição suspensiva de só se tornar perfeita e obrigatória após declaração do comprador de que a coisa o satisfaz.

Aqui, merece destaque a natureza subjetiva do ato revelador do contentamento, que deve ser encarada como uma condição potestativa simples, e não puramente potestativa, uma vez que o pacto acessório dá direito ao comprador de experimentar a coisa antes de aceitá-la, não sendo a sua concepção o arbítrio do potencial adquirente, mas, sim, a sua satisfação.

Já na venda sujeita a prova, a condição suspensiva reside no atendimento das qualidades asseguradas pelo vendedor e na idoneidade para o fim a que se destina.

Nessa segunda modalidade, o campo de subjetividade, embora existente, é menor, uma vez que é admissível falar em demonstração objetiva das qualidades e idoneidade para os fins (experimentação). Dessa forma, entendemos que, para a venda sujeita à prova, a recusa do comprador não pode ser injustificada, motivo pelo qual aplaudimos a explicitação da modalidade análoga.

Ressalte-se, no particular, que, em ambas as formas, o negócio jurídico, embora existente e válido, somente produzirá os seus efeitos após a declaração do comprador. Assim sendo, é instituto distinto do direito de arrependimento, que também é uma prerrogativa excepcional nas relações contratuais, salvo nas relações de consumo, em que o art. 49 do CDC confere ao consumidor o direito potestativo de desistir da compra realizada fora do estabelecimento no prazo de 7 (sete) dias.

Reconhecida a natureza jurídica de condição suspensiva destas duas modalidades de cláusulas especiais, duas consequências lógicas se impõem:

a) enquanto não advier a manifestação concordante do adquirente e a despeito de haver ocorrido a tradição, o domínio continua com o alienante, que sofre as perdas advindas do fortuito;

b) não tendo adquirido o domínio, o comprador, antes da ocorrência da condição, é mero comodatário, limitando-se por tal circunstância às suas obrigações (art. 511 do CC/2002), pelo que a posse que exerce é precária.

A lei não estabelece prazo para que o comprador se manifeste, declarando sua satisfação pessoal com o bem ou a adequação deste para as finalidades pretendidas.

Assim sendo, não havendo previsão contratual específica (escrita ou verbal), tem o vendedor a prerrogativa de intimá-lo, judicial ou extrajudicialmente, para que se verifique a ocorrência ou não da condição.

E se o comprador silenciar?

Na falta de previsão legal (ou contratual específica), parece-nos que a razoabilidade impõe reconhecer o ditado popular de que *"quem cala, consente"*.

Por exemplo, se Marli vende um DVD para Cleide, com a condição suspensiva de que esta goste do seu conteúdo, não fixando prazo para tal manifestação, deve comunicá-la, judicial ou extrajudicialmente, para que o faça, no prazo improrrogável de X dias, sob pena de caracterizar tacitamente o agrado. Até porque os princípios da razoabilidade e da segurança jurídica nos orientam no sentido de que este comportamento omissivo, aliado à subsistência da posse sobre a coisa, firma a ideia de que houve a satisfação ou o atendimento da expectativa do comprador em face da coisa.

10.3. Preempção ou preferência

Celebrado um negócio jurídico de compra e venda, e, em seguida, a transmissão da propriedade (pela tradição ou registro), o normal é que não haja mais qualquer vinculação entre os contratantes.

Todavia, podem os pactuantes estabelecer uma cláusula que obrigue o comprador de coisa móvel ou imóvel, no caso de pretender vendê-la ou dá-la em pagamento, a oferecê-la a quem lhe vendeu originalmente, para que este tenha a preferência em readquiri-la, em igualdade de condições, com quem também está interessado em incorporá-la em seu patrimônio.

É a cláusula de preempção, também chamada de cláusula de preferência, prelação ou *pactum protimiseos*, disciplinada pelos arts. 513 a 520 do CC/2002.

Trata-se de um pacto, decorrente unicamente da autonomia da vontade, e estipulado, evidentemente, em favor do alienante, aqui chamado preferente, prestigiando o seu desejo eventual de retomar o bem que outrora lhe pertenceu.

Por isso mesmo, não somente o comprador tem a obrigação de cientificar, na forma do *caput* do art. 513 do Código Civil como também o vendedor tem o direito de exercitá-lo, independentemente de provocação do comprador.

Para que o direito de preempção seja exercido, o vendedor, sob pena de perda da sua preferência, está *"obrigado a pagar, em condições iguais, o preço encontrado, ou o ajustado"* (art. 515 do CC/2002). Isso quer dizer que, para readquirir o bem, o vendedor originário deve igualar as condições oferecidas por terceiros, tanto no que se refere ao valor pecuniário (preço), quanto em relação às vantagens oferecidas.

Por isso, o cumprimento da cláusula, que se assemelha a uma condição resolutiva (não se identificando, pois se trata de uma nova aquisição, potencialmente com valor diferenciado, e não um retorno ao *status quo ante*), depende necessariamente de duas circunstâncias, a saber:

a) *interesse do comprador em se desfazer do imóvel por compra e venda ou dação em pagamento* (negócios jurídicos eminentemente onerosos);

b) *desejo do vendedor original em readquirir o bem, tendo condições de oferecer as mesmas condições de terceiros* (não basta a manifestação de vontade, sendo imprescindível tal igualdade, sob pena de prejudicar o comprador original, ora alienante[91]).

Sem a presença simultânea desses dois requisitos, não há como falar em prelação.

E qual é o prazo do direito de preferência?

Esta é uma pergunta interessante, excelente para fazer em provas sem consulta à legislação, uma vez que a resposta comporta desdobramentos.

Isso porque a cláusula especial de preferência, no contrato de compra e venda, terá sempre limitação temporal, cujo prazo ficará a critério das partes, não podendo, na forma do parágrafo único do art. 513 do CC/2002, exceder 180 (cento e oitenta) dias, se a coisa for móvel, ou 2 (dois) anos, se imóvel.

Este é o prazo de validade (temporal) da cláusula de preferência.

Todavia, para o exercício do seu direito, tem o vendedor o prazo de 3 (três) dias, se o bem for móvel, ou 60 (sessenta) dias, se for imóvel, contados, em ambas as hipóteses, da data em que o comprador tiver notificado o vendedor original.

É o que se infere do art. 516 do CC/2002, que aumentou o prazo (o que é uma exceção no vigente Código Civil brasileiro), no caso dos bens imóveis, em relação ao trintídio originalmente previsto no art. 1.153 do CC/1916.

Não há direito de preferência sobre parte do bem, móvel ou imóvel, ainda que estabelecido em benefício de duas ou mais pessoas.

Nesta hipótese, o prazo de validade da cláusula é o mesmo, mas o prazo decadencial correrá, para cada preferente, a partir de sua cientificação, podendo o direito caducar, portanto, para uns e não para outros.

É o que se infere do art. 517 do CC/2002:

"Art. 517. Quando o direito de preempção for estipulado a favor de dois ou mais indivíduos em comum, só pode ser exercido em relação à coisa no seu todo. Se alguma das pessoas, a quem ele toque, perder ou não exercer o seu direito, poderão as demais utilizá-lo na forma sobredita".

No que tange aos seus efeitos, a violação desta cláusula especial do contrato de compra e venda não gera eficácia real, mas, sim, se resolve na velha fórmula das perdas e danos, por expressa dicção legal.

---

[91] *Vide*: TJRS, Ap. Cív. 2006.001.08157, rel. Des. Nametala Machado Jorge, j. 31-5-2006, 13.ª Câmara Cível.

Assim, se o comprador não tiver afrontado (cientificado) o vendedor, estabelece o art. 518 do CC/2002, *in verbis*:

> "Art. 518. Responderá por perdas e danos o comprador, se alienar a coisa sem ter dado ao vendedor ciência do preço e das vantagens que por ela lhe oferecem. Responderá solidariamente o adquirente, se tiver procedido de má-fé".

É de lamentar que, neste aspecto, não tenha sido prevista qualquer modalidade de tutela específica para o descumprimento, pois a regra contratual, em situações como tais, é normalmente violentada por quem tem condições de abusar do poderio econômico[92].

Este é um elemento, inclusive, que diferencia tal cláusula especial à compra e venda com o direito de preferência do locatário, no contrato de locação imobiliária.

De fato, na forma dos arts. 27 a 34 da Lei n. 8.245/91, tem o locatário *"preferência para adquirir o imóvel locado, em igualdade de condições com terceiros, devendo o locador dar-lhe conhecimento do negócio mediante notificação judicial, extrajudicial ou outro meio de ciência inequívoca"*.

Este direito de preferência decorre, necessariamente, de preceito legal, e não meramente da autonomia da vontade, como o pacto acessório aqui tratado.

Assim, além da possibilidade de perdas e danos, o direito de preferência do locatário poderá ter eficácia real, com a possibilidade de tutela específica, *"desde que o contrato de locação esteja averbado pelo menos trinta dias antes da alienação junto à matrícula do imóvel"*.

É o que estabelece o art. 33 da Lei do Inquilinato (Lei n. 8.245/91), *in verbis*:

> "Art. 33. O locatário preterido no seu direito de preferência poderá reclamar do alienante as perdas e danos ou, depositando o preço e demais despesas do ato de transferência, haver para si o imóvel locado, se o requerer no prazo de seis meses, a contar do registro do ato no cartório de imóveis, desde que o contrato de locação esteja averbado pelo menos trinta dias antes da alienação junto à matrícula do imóvel".

Vale destacar também que o direito de preferência, quando estabelecido nesta cláusula especial de compra e venda, é considerado personalíssimo, ou seja, não se transmite, nem por ato *inter vivos*, nem *mortis causa*, o que é objeto de norma específica, a saber, o art. 520 do CC/2002: *"O direito de preferência não se pode ceder nem passa aos herdeiros"*.

Compreendida a cláusula especial de preferência, parece-nos relevante distingui-la da retrovenda, o que pode ser sintetizado em quatro pontos de divergência:

a) enquanto na retrovenda o negócio original se resolve, no pacto de preferência, há uma nova aquisição feita pelo vendedor primitivo;

b) a retrovenda recai somente sobre imóveis, enquanto o pacto de preferência recai sobre móveis e imóveis;

---

[92] Vale registrar que o Código de Processo Civil de 1939 trazia previsão que autorizava o preferente a exigir a coisa do terceiro adquirente, sem prejuízo da pretensão indenizatória. O Código de Processo Civil de 1973 estranhamente não repetiu o dispositivo, o que impunha o reconhecimento da aplicabilidade da fórmula positivada de perdas e danos. Não considerávamos heterodoxa, porém, uma decisão que, com base em uma visão principiológica do sistema, afastasse a regra legal imediata e trouxesse a hipótese de tutela específica, notadamente no caso de má-fé do terceiro, o que se reafirma com a disciplina dos arts. 497 a 501 do Código de Processo Civil de 2015.

c) na retrovenda, o vendedor conserva o direito de readquirir a coisa e o comprador é obrigado a vender; no pacto de preferência, o comprador não está obrigado a vender a coisa;

d) enquanto o direito contido na retrovenda é transmissível (art. 507 do CC/2002), o direito de preferência não se transfere a terceiros.

Por fim, de forma excepcional, a lei estabelece um direito de preferência, de natureza obrigacional, mas que não decorre de um contrato de compra e venda, e, sim, da expropriação para fins de necessidade ou utilidade pública.

Em direito administrativo, fala-se em *retrocessão*.

Em casos que tais, se "*a coisa expropriada para fins de necessidade ou utilidade pública, ou por interesse social, não tiver o destino para que se desapropriou, ou não for utilizada em obras ou serviços públicos, caberá ao expropriado direito de preferência, pelo preço atual da coisa*" (art. 519 do CC/2002).

Trata-se de medida das mais salutares, pois o desvio da finalidade originária do ato da Administração Pública deve ensejar o direito de o administrado reaver o seu bem, sem prejuízo do interesse público, que receberá o valor efetivo pelo *preço atual da coisa*, matéria que rende inúmeros desdobramentos e controvérsias, na seara específica do Direito Administrativo.

10.4. Venda com reserva de domínio

Trata-se de uma cláusula não prevista originariamente na codificação civil revogada, sendo, portanto, uma novidade do Código Civil de 2002.

A venda com reserva de domínio (ou *pactum reservati dominii*) nada mais é do que um contrato de compra e venda de coisa móvel, em que se subordina a efetiva transferência da propriedade ao pagamento integral do preço[93].

Por meio deste contrato, com tal condição suspensiva, transfere-se ao adquirente apenas a posse da coisa alienada, conservando o vendedor o domínio sobre a mesma, até lhe ser pago a totalidade do preço.

Nessas circunstâncias, a quitação do preço estipulado enseja a automática transferência do domínio, o que não exigirá mais qualquer ato, uma vez que, materialmente, já ocorreu a tradição.

Por isso mesmo, estando já o comprador na posse direta do bem móvel, é ele o guardião do mesmo, sendo o responsável pelos riscos da coisa, motivo pelo qual soa razoável a regra do art. 524 do CC/2002, que dispõe:

"Art. 524. A transferência de propriedade ao comprador dá-se no momento em que o preço esteja integralmente pago. Todavia, pelos riscos da coisa responde o comprador, a partir de quando lhe foi entregue".

---

[93] Lei n. 6.015/73 (Lei de Registros Públicos), com as alterações da Lei n. 14.382/2022: "Art. 129. Estão sujeitos a registro, no Registro de Títulos e Documentos, para surtir efeitos em relação a terceiros: (...) 5º) os contratos de compra e venda em prestações, **com reserva de domínio** ou não, qualquer que seja a forma de que se revistam, e os contratos de alienação ou de promessas de venda referentes a bens móveis; (...) 10º) a cessão de direitos e de créditos, a **reserva de domínio** e a alienação fiduciária de bens móveis" (grifos nossos).

Parece-nos evidente que a ideia de disciplinar tal modalidade de compra e venda, submetida a condição suspensiva, tem por finalidade *incentivar o crédito ao consumo de bens móveis*, proporcionando maior garantia ao vendedor, muito embora a *alienação fiduciária*, tema a ser tratado em momento próprio, afigure-se-nos muito mais dinâmica.

Por isso mesmo, há a preocupação de se explicitar a legitimidade de instituições financeiras para, na condição de cessionárias do crédito original do vendedor, exercer os direitos e pretensões decorrentes do contrato, a benefício do seu crédito, excluída a concorrência de qualquer outro.

É esta a regra do art. 528 do CC/2002:

"Art. 528. Se o vendedor receber o pagamento à vista, ou, posteriormente, mediante financiamento de instituição do mercado de capitais, a esta caberá exercer os direitos e ações decorrentes do contrato, a benefício de qualquer outro. A operação financeira e a respectiva ciência do comprador constarão do registro do contrato"[94].

No que diz respeito à validade formal de tal cláusula, estabelece a lei que a forma deve ser necessariamente escrita e, para valer contra terceiros, precisa ser registrada em cartório próprio, a saber, o Cartório de Títulos e Documentos, no domicílio do comprador.

Somente podem ser objeto da venda com reserva de domínio coisas móveis de natureza durável suscetíve l de caracterização perfeita, havendo restrição legal nesse sentido, no art. 523 do CC/2002, buscando evitar distúrbios na identificação do bem, sendo estabelecida, inclusive, regra de hermenêutica contratual, para explicar que, na dúvida, decide-se em favor do terceiro adquirente de boa-fé.

E se o comprador tornar-se inadimplente?

Bem, tratando-se de uma venda com condição suspensiva, em primeiro lugar, deve o vendedor constituir o comprador formalmente em mora, seja pelo protesto do título, seja por interpelação judicial, valendo destacar que tal ato é essencial, até mesmo porque enseja a possibilidade de purgação da mora pelo adquirente[95].

A partir daí, o art. 526, do Código Civil de 2002, oferece duas opções ao vendedor:

a) exigir o pagamento das obrigações vencidas e vincendas, sem prejuízo da pretensão indenizatória (compreendida na expressão *"e o mais que lhe for devido"* contida na lei); ou

b) reaver a coisa, uma vez que o comprador não tem mais justo título a respaldar a sua posse, motivo pelo qual há a possibilidade, inclusive, de concessão de medida liminar, para impedir que o comprador aliene, esconda ou deteriore a coisa, independentemente da boa-fé de terceiros[96].

Se o vendedor escolher a segunda opção[97], estabelece o art. 527 do novo Código Civil:

"Art. 527. Na segunda hipótese do artigo antecedente, é facultado ao vendedor reter as prestações pagas até o necessário para cobrir a depreciação da coisa, as despesas feitas e o

---

[94] É interessante registrar que, sobre o tema, na III Jornada de Direito Civil da Justiça Federal, foi aprovado o Enunciado n. 178, que explicita, ainda mais, esta ideia, ao afirmar: "Art. 528. Na interpretação do art. 528, devem ser levadas em conta, após a expressão 'a benefício de', as palavras 'seu crédito, excluída a concorrência de', que foram omitidas por manifesto erro material".

[95] *Vide*: TJRJ, AgI 2005.002.12460, rel. Des. Carlos C. Lavigne de Lemos, j. 12-7-2005, 7.ª Câmara Cível.

[96] Cf.: TJRS, Ap. Cív. 70014238877, relator: Lúcia de Castro Boller, j. 14-9-2006, 13.ª Câmara Cível.

[97] *Vide*: TJRS, Ap. Cív. 70012400917, rel. Sejalmo Sebastião de Paula Nery, j. 21-9-2006, 14.ª Câmara Cível.

mais que de direito lhe for devido[98]. O excedente será devolvido ao comprador[99]; e o que faltar lhe será cobrado[100], tudo na forma da lei processual".

Por fim, pergunta-se: qual é a diferença da venda com reserva de domínio para a alienação fiduciária em garantia?

Segundo ARNOLDO WALD, a alienação fiduciária em garantia

"é o negócio jurídico em que uma das partes (fiduciante) aliena a propriedade de uma coisa móvel ou imóvel ao financiador (fiduciário), até que se extinga o contrato pelo pagamento ou pela inexecução"[101].

Trata-se, portanto, de negócio jurídico bilateral, no qual se pretende a transferência da propriedade de uma coisa ao credor, com a finalidade de garantir um pagamento. Vale dizer, o devedor (fiduciante) permanece como possuidor direto, ao passo que o credor (fiduciário) detém a posse indireta e a propriedade resolúvel da coisa, até o adimplemento da dívida.

Nesse aspecto, é possível constatar a semelhança na circunstância fática de que há a transferência da posse direta do bem para o sujeito que pretende obter o seu domínio.

No mais, porém, há mais diferenças do que semelhanças, podendo os elementos de divergência ser assim resumidos:

a) Na venda com reserva de domínio, há uma venda com condição *suspensiva*, qual seja, o evento futuro e incerto do pagamento do preço pelo comprador, embora a posse direta do bem já seja transferida; na alienação fiduciária, há uma "venda" para a entidade financiadora com condição *resolutiva* (o pagamento da dívida consolidaria a propriedade no possuidor direto);

b) A venda com reserva de domínio pode ser feita diretamente entre comprador e vendedor, enquanto, na alienação fiduciária, há a presença indispensável de um financiador;

c) A venda com reserva de domínio se restringe a bens móveis, enquanto a alienação fiduciária pode ser aplicada igualmente tanto em venda de bens móveis (*vide* art. 1.361 do CC/2002), quanto de bem imóvel (art. 22 da Lei n. 9.514/97).

O fato, porém, é que, com a disseminação da alienação fiduciária, o espaço reservado para a venda com reserva de domínio tem diminuído, embora ainda seja figura contratual bastante utilizada, notadamente na aquisição de eletrodomésticos.

10.5. Venda sobre documentos

A venda sobre documentos, como modalidade especial de compra e venda, não encontrava previsão no Código Civil de 1916, sendo, também, uma novidade da codificação inaugurada em 2002.

Trata-se, porém, de instituto há muito conhecido, notadamente no comércio marítimo, tendo por finalidade agilizar a dinâmica contratual, de forma a possibilitar a conclusão

---

[98] *Vide*: TJRJ, Ap. Cív. 2006.001.07912, rel. Des. Nametala Machado Jorge, j. 17-5-2006, 13.ª Câmara Cível.

[99] *Vide*: TJRJ, Ap. Cív. 2006.001.16230, rel. Des. Leila Albuquerque, j. 28-6-2006, 12.ª Câmara Cível.

[100] Cf.: TJRS, Ap. Cív. 70013048939, rel. Carlos Alberto Etcheverry, j. 14-9-2006, 13.ª Câmara Cível.

[101] Arnoldo Wald, *Direito Civil — Contratos em Espécie*, 20. ed., São Paulo: Saraiva, 2015, v. 3, p. 53.

do negócio jurídico sem que se tenha de proceder à análise da coisa, que, comumente, está na detenção de terceiros, como, por exemplo, um transportador ou um depositário.

Consiste, na forma do art. 529 do CC/2002, em uma compra e venda em que "*a tradição da coisa é substituída pela entrega do seu título representativo e dos outros documentos exigidos pelo contrato ou, no silêncio deste, pelos usos*".

Saliente-se a menção aos usos, fonte normativa relevantíssima no meio comercial, o que já destaca a sua importância na disseminação do instituto.

O critério de segurança desta forma contratual reside na circunstância, prevista no parágrafo único do mencionado artigo, de que SE encontrando "*a documentação em ordem, não pode o comprador recusar o pagamento, a pretexto de defeito de qualidade ou do estado da coisa vendida, salvo se o defeito já houver sido comprovado*", hipótese última em que deve ser feita a ressalva pelo comprador, uma vez que, conhecendo ele o defeito e, mesmo assim, adquirindo o bem, a presunção é de que desejava o mesmo no estado em que se encontrava.

Um exemplo muito comum ocorre na venda de mercadoria ainda em transporte, depositada em armazém ou pendente de liberação na alfândega, em que o vendedor entrega ao comprador o título, *warrant* ou outro documento hábil ao recebimento da coisa, que, como se percebe em tais casos, se encontra com terceiros.

Como há a impossibilidade de se obstar o pagamento, a pretexto de defeito na coisa, se o documento a esta referente encontra-se em ordem, o que fazer se o bem entregue contiver um vício oculto?

A mesma conduta a se ter em qualquer outra modalidade de compra e venda — respondemos nós —, pois é óbvio que tal cláusula especial tem por fito, somente, facilitar a consumação da transferência de domínio, sem aguardar a tradição, e não lesionar o comprador, sendo aplicável, portanto, toda a disciplina de tutela em face dos vícios redibitórios, à luz do princípio da boa-fé objetiva.

Nesse sentido, observa CARLOS ROBERTO GONÇALVES que a

> "entrega dos documentos gera, pois, presunção de que a coisa conserva as qualidades neles apontadas, não podendo o comprador condicionar o pagamento à realização de vistoria para constatação de inexistência de defeitos ocultos (vícios redibitórios) ou aparentes. Como observa Paulo Luiz Netto Lôbo, ocorre, em relação ao comprador, aproximação com o esquema *solve et repete* (primeiro pague, depois reclame), muito utilizado no direito fiscal. O comprador paga contra a entrega do documento representativo e reclama contra o vendedor sobre vício ou defeito da coisa"[102].

E se, de fato, o bem não for entregue?

Como a propriedade já se transferiu, deve-se ingressar com a medida possessória ou petitória cabível, em face do alienante (ação reivindicatória, por exemplo).

O pagamento, devido pelo comprador, como dito, pela mera entrega do título representativo (ou outros documentos exigidos no contrato ou pelos usos do comércio), será efetuado na data e no lugar de entrega dos documentos, salvo convenção em sentido contrário, na forma do art. 530 do Código Civil.

---

[102] Carlos Roberto Gonçalves, *Direito Civil Brasileiro*, 17. ed., São Paulo: Saraiva, 2020, v. 3, p. 286.

Neste tipo de negócio jurídico, é extremamente recomendável a estipulação de um seguro[103], cujos ônus não foram esquecidos pelo vigente Código Civil brasileiro, ao estabelecer, em seu art. 531:

"Art. 531. Se entre os documentos entregues ao comprador figurar apólice de seguro que cubra os riscos do transporte, correm estes à conta do comprador, salvo se, ao ser concluído o contrato, tivesse o vendedor ciência da perda ou avaria da coisa".

A disposição legal tem por finalidade sancionar a má-fé do vendedor, que já tinha ciência da perda ou avaria da coisa e, mesmo assim, celebrou o negócio jurídico. É óbvio, porém, que o transcrito dispositivo é, em verdade, uma regra de responsabilidade civil, pois, de fato, o pagamento da contratação do seguro é custeado originalmente pelo comprador, apenas sendo possível invocar o dispositivo depois de se constatar que o negócio, já celebrado e consumado com a entrega dos documentos, não poderia tê-lo sido, pela perda ou avaria da coisa, o que somente pode ser constatado posteriormente.

Por fim, também se prevê a atuação de estabelecimentos bancários neste tipo de relação negocial.

É a regra do art. 532 do CC/2002:

"Art. 532. Estipulado o pagamento por intermédio de estabelecimento bancário, caberá a este efetuá-lo contra a entrega dos documentos, sem obrigação de verificar a coisa vendida, pela qual não responde.

Parágrafo único. Nesse caso, somente após a recusa do estabelecimento bancário a efetuar o pagamento, poderá o vendedor pretendê-lo, diretamente do comprador".

No testemunho autorizado de SÍLVIO VENOSA:

"Essa modalidade é regulada pelo Código italiano. Premissa ordinária da venda contra documentos é que a coisa encontre-se na posse de um terceiro em nome e por conta do vendedor. Ocorre com frequência na compra e venda internacional por nós já examinada. Sua utilidade maior acentua-se quando um ou ambos os contratantes se encontram em local diverso da mercadoria no momento da conclusão do contrato. Há, sem dúvida, a interferência dos princípios dos títulos de crédito no contrato de compra e venda. Esse negócio tem lugar quando esses documentos representam a própria coisa, como ocorre em alguns títulos de crédito"[104].

10.6. Pacto do melhor comprador (reminiscência do CC/1916)

O Código Civil de 1916 trazia, em suas disposições sobre as cláusulas especiais à compra e venda, a previsão do "pacto do melhor comprador", nos arts. 1.158 a 1.162, que estabeleciam:

"Art. 1.158. O contrato de compra e venda pode ser feito com a cláusula de se desfazer, se, dentro em certo prazo, aparecer quem ofereça maior vantagem.

Parágrafo único. Não excederá de 1 (um) ano esse prazo, nem essa cláusula vigorará senão entre os contratantes.

---

[103] Sobre o tema, confira-se o Capítulo "Seguro" deste volume.
[104] Sílvio de Salvo Venosa, *Contratos em Espécie*, cit., p. 99-100.

Art. 1.159. O pacto de melhor comprador vale por condição resolutiva, salvo convenção em contrário.

Art. 1.160. Esse pacto não pode existir nas vendas de móveis.

Art. 1.161. O comprador prefere a quem oferecer iguais vantagens.

Art. 1.162. Se, dentro no prazo fixado, o vendedor não aceitar proposta de maior vantagem, a venda se reputará definitiva".

A matéria não foi prevista no vigente Código Civil, mas é de interesse acadêmico, não somente porque o direito intertemporal impõe o conhecimento da codificação anterior, mas também porque nada impede — embora seja pouco provável — que a autonomia da vontade dos contratantes estabeleça cláusula equivalente na contemporaneidade.

E, afinal de contas, o que é esse pacto de melhor comprador?

O pacto de melhor comprador nada mais é, como antevia o revogado art. 1.159, do que uma condição resolutiva da compra e venda, limitada à hipótese de bens imóveis (art. 1.160), consistente no advento de um interessado posterior, que ofereça maior vantagem (em vantagens iguais, prevalece o negócio — art. 1.161) para o vendedor, sujeito beneficiado pela cláusula.

A ideia é muito simples: o contrato fica celebrado, mas, se o vendedor encontrar preço mais adequado ou condições melhores para a finalidade proposta (garantia, pagamento à vista etc.[105]), a avença é desfeita, retornando ao *status quo ante*.

Até mesmo por um critério de segurança jurídica, a cláusula obrigava apenas *inter partes*, com natureza personalíssima, bem como limitando-se no tempo, prazo este que, na norma revogada, tinha como limite máximo o período de 1 (um) ano, o que prevaleceria, inclusive, no silêncio do contrato sobre fixação de prazo.

Ultrapassado o prazo previsto em contrato ou fixado na lei, a propriedade seria definitivamente transferida para o comprador, tornando-se a venda perfeita.

O direito outorgado por meio dessa cláusula ao vendedor e último proprietário não pode ser transmitido a outrem, a qualquer título.

10.7. Pacto comissório (reminiscência do CC/1916)

Finalmente, para encerrar este capítulo, tratemos de uma outra reminiscência do Código Civil de 1916, a saber, o pacto comissório, que era previsto no art. 1.163 da codificação revogada, nos seguintes termos:

"Art. 1.163. Ajustado que se desfaça a venda, não se pagando o preço até certo dia, poderá o vendedor, não pago, desfazer o contrato, ou pedir o preço.

Parágrafo único. Se, em 10 (dez) dias de vencido o prazo, o vendedor, em tal caso, não reclamar o preço, ficará de pleno direito desfeita a venda".

O Código revogado, portanto, fazia menção a uma cláusula resolutiva expressa, na parte de compra e venda.

Sua utilidade era dispensar a notificação e a ação constitutiva negativa, para desfazimento do negócio jurídico.

---

[105] *Vide*: TJRS, Ap. Cív. 598280865, rel. Elba Aparecida Nicolli Bastos, j. 30-11-1999, 19.ª Câmara Cível.

No nosso entender, fez bem o codificador ao retirar o pacto comissório das cláusulas especiais.

Isso por dois motivos.

O primeiro é que se trata de matéria ligada à teoria geral dos contratos, e não especificamente do contrato de compra e venda.

O segundo é também terminológico, pois o Código de 2002 reservou a expressão "pacto comissório" para denominar instituto jurídico distinto, regulado pelas normas de Direitos Reais, a teor do art. 1.428 da nova Lei codificada. Neste último sentido, proíbe-se, pois, o "pacto comissório", que dê ao credor poderes para ficar com a propriedade da coisa dada em garantia real, pelo devedor.

Capítulo XVI
Troca ou Permuta

Sumário: 1. Denominação e conceito. 2. Características. 3. Permuta de valores desiguais. 4. Disciplina jurídica.

1. DENOMINAÇÃO E CONCEITO

Troca ou *permuta* são expressões equivalentes, que contêm uma grande quantidade de sinônimos: câmbio, escambo, comutação, permutação. Até a palavra "mútuo" é elencada neste rol[1].

Abstraída esta última palavra, que tem um sentido próprio no campo do Direito, qualquer uma delas pode ser utilizada indistintamente, embora, por óbvio, sejam preferíveis as adotadas pelo Código, que dão nome a este capítulo, o que prestigiaremos na medida do possível e do estilo redacional.

Trata-se de uma das modalidades contratuais de mais antiga utilização, mesmo antes do desenvolvimento da compreensão do sistema normativo moderno, consistindo seu conceito, em síntese, em um *negócio jurídico em que as partes se obrigam a entregar reciprocamente coisas, que não sejam dinheiro*.

A proximidade de tal modalidade contratual com o contrato de compra e venda é evidente, pois, afinal de contas, o que é uma troca senão uma compra que se paga com bem, em vez de pecúnia?

Fixado seu conceito, enunciemos suas principais características.

2. CARACTERÍSTICAS

Quanto à natureza da obrigação, trata-se de um *contrato bilateral*, na medida em que implica direitos e obrigações para ambos os contratantes. Nada impede, porém, que se apresente na modalidade *plurilateral* (ou *multilateral*), caso concorram mais de dois contratantes com obrigações, desde que seja assim estabelecido pela autonomia da vontade (ex.: Marina troca a figurinha *x* com Nathália, em contraprestação à figurinha *y* de Carol, que, por sua vez, receberá a figurinha *z* de que Nathália era detentora).

Da mesma forma, a troca é um *contrato oneroso*. Mesmo não havendo a entrega de pecúnia nesta modalidade contratual, isso não a torna um contrato gratuito. De fato, na permuta, a cada benefício recebido corresponde um sacrifício patrimonial, sendo aplicá-

---

[1] "Permuta. *s.f.* câmbio, comutação, escambo, mutuação, mútuo, permutação, troca" (Instituto Antônio Houaiss de Lexicografia e Banco de Dados da Língua Portuguesa S/C Ltda., *Dicionário Houaiss de sinônimos e antônimos da língua portuguesa*, Rio de Janeiro: Objetiva, 2003, p. 509).

veis todas as peculiaridades de tal característica, por exemplo, a exceção do contrato não cumprido[2].

As obrigações devem equivaler-se juridicamente, conhecendo os contratantes, *ab initio*, as suas respectivas prestações, pelo que se fala em um *contrato comutativo*. Tal correspondência não será necessariamente econômica, a depender da autonomia da vontade das partes, conforme esmiuçaremos no próximo tópico.

Pelas suas próprias peculiaridades, a troca ou permuta, em regra, pressupõe que as partes estejam em iguais condições de negociação, estabelecendo livremente as cláusulas contratuais na fase de puntuação, considerando-se, assim, um *contrato paritário*.

É um típico contrato civil, que, quanto à forma, é classificado, *a priori*, como *não solene* (a menos que envolva, por exceção, bens imóveis, em que, conforme preceituado pelo art. 108 do Código Civil de 2002, haverá a imprescindibilidade do registro para a validade da estipulação contratual) e *consensual*, tal qual a compra e venda, na medida em que se concretiza com a simples declaração de vontade, produzindo, de imediato, seus efeitos jurídicos obrigacionais, sem operar, de per si, a transferência da propriedade, senão a simples obrigação de fazê-lo.

Quanto à designação, por óbvio que se trata de um *contrato nominado* e, pela existência de uma disciplina legal específica, de um *contrato típico*.

O contrato de troca ou permuta, assim como o de compra e venda, não é celebrado em função da pessoa do contratante, mas, sim, pela circunstância fática de quem dispõe das coisas destinadas a serem os objetos da relação contratual. Assim sendo, pode ser considerado *contrato impessoal*, que é aquele em que somente interessa o resultado da atividade contratada, independentemente de quem seja a pessoa que irá realizá-la. Por exemplo, se um dos permutantes vier a falecer antes da entrega da coisa, poderá ser exigido do espólio o cumprimento da prestação.

Mesmo tratando-se de contrato que envolve, normalmente, duas pessoas, é considerado um *contrato individual*, pois se refere a uma estipulação entre pessoas determinadas, ainda que em número elevado, mas consideradas individualmente.

Quanto ao tempo, a troca ou permuta é um *contrato instantâneo*, já que seus efeitos são produzidos de uma só vez, podendo materializar-se tanto como um *contrato de execução imediata* quanto de *execução diferida*, a depender da situação fática, em que a produção concentrada de efeitos se dê *ipso facto* à avença ou em data posterior à celebração (em função da inserção de um termo limitador da sua eficácia).

Trata-se, ainda, em função do motivo determinante do negócio, de um *contrato causal*, que pode ser declarado inválido se a causa do negócio jurídico for considerada inexistente, ilícita ou imoral.

Na classificação pela função econômica, até pela sua denominação já se infere tratar-se de um contrato em que há permuta de utilidades econômicas.

---

[2] *Vide*: STJ, REsp 419.362/MS, *DJ*, 22-3-2004, p. 311, rel. Min. Cesar Asfor Rocha, rel. p/ Acórdão Min. Ruy Rosado de Aguiar, j. 17-6-2003, 4.ª Turma.

Por fim, tomando o critério classificatório dos *contratos reciprocamente considerados*, confirmamos ser um *contrato principal*, com existência autônoma, independentemente de outro, bem como *definitivo*.

3. PERMUTA DE VALORES DESIGUAIS

Como parece óbvio, somente de forma excepcional é que os bens permutados terão exatamente o mesmo valor econômico.

Por isso, não é raro que uma das partes componha a sua prestação com pecúnia, o que decorre do exercício da autonomia individual da vontade[3].

Do exposto, suscitamos a seguinte questão: quando a contraprestação pelo bem ofertado em troca for parcialmente em dinheiro, estará desvirtuada a permuta?

Para responder, é preciso analisar a natureza do contrato de permuta em que há saldo a satisfazer, pois, a depender do enfoque que se vislumbre, pode-se ter efetivamente uma permuta (ex.: a troca de uma casa por um apartamento, complementando a diferença em dinheiro) ou uma compra e venda com pagamento parcialmente *in natura* (ex.: a venda de uma fazenda com o recebimento de um apartamento como parte do pagamento).

Segundo a doutrina de Eduardo Espínola[4], é possível visualizar três teorias:

a) verificação de qual o maior valor exato, se da coisa ou do saldo, caracterizando-se objetivamente, no primeiro caso, a permuta, e, no segundo, a compra e venda[5];

b) verificação da efetiva intenção das partes, apreciada de acordo com as circunstâncias;

c) consideração da permuta como regra geral para a entrega recíproca de bens (permuta com saldo), a não ser que a importância paga como saldo seja de tal maneira superior à coisa objeto do contrato que, indubitavelmente, o pagamento em dinheiro deve ser considerado o objeto principal.

Nas palavras do já lembrado EDUARDO ESPÍNOLA, é "esta última a opinião dominante, com a qual se conformam os princípios reguladores da matéria nos vários sistemas

---

[3] "Contrato de permuta — Imóveis — Diferença em dinheiro — Ação revisional proposta por um dos contratantes — Pretensão de obter a revisão dos preços dos imóveis recebidos — Sentença de procedência parcial — Apelo dos réus — Preliminares de nulidade da sentença — Rejeição — Confronto entre os preços convencionados — Elemento contratual envolvendo a liberdade de contratação — Inocorrência de lesão — Revisão rejeitada — Ação improcedente — Apelação parcialmente provida" (TJSP, Ap. 0276243-89.2009.8.26.0000; rel. Carlos Henrique Miguel Trevisan; 5.ª Câmara Extraordinária de Direito Privado; Foro de Presidente Prudente — 3.ª Vara Cível; j. 17-9-2014; reg. 19-9-2014).

[4] Eduardo Espínola, *Dos Contratos Nominados no Direito Civil Brasileiro*, atualizado por Ricardo Rodrigues Gama, Campinas: Bookseller, 2002, p. 219-21.

[5] O antigo Código Civil português (1867) estabelecia expressamente, em seu art. 1.545, que "*Se o preço da coisa consistir parte em dinheiro e parte em outra, o contrato será de venda quando a parte em dinheiro for a maior das duas, e será de troca ou escambo quando essa parte em dinheiro for a de menor valor*". É este, ainda, o entendimento de Carlos Roberto Gonçalves: "Quando um dos contraentes faz a reposição parcial em dinheiro, a troca não se transmuda em compra e venda, salvo se representar mais da metade do pagamento. Assim, se um contratante recebe coisa que vale R$ 100,00 e entrega outra que vale R$ 30,00, fazendo a reposição da diferença (R$ 70,00) em dinheiro, terá havido compra e venda" (*Direito Civil Brasileiro*, cit., v. 3, p. 277).

legislativos. Tem razão Henri de Page quando adverte que em matéria de permuta com saldo não existe critério fixo que permita dizer invariavelmente se o caso é de venda ou de troca, ou de venda e troca geminadas. O que é certo é que as legislações modernas (salvo alguma como a portuguesa)[6] não se pronunciam por alguma das soluções admitidas pela doutrina, de onde se depreende que a permuta com saldo em dinheiro não deixa de ser permuta, salvo manifestação sincera das partes noutro sentido. Para evitar controvérsias, o Código Civil alemão limitou-se a declarar que à permuta se aplicam as disposições correspondentes da compra e venda (art. 515)", no que — acrescentamos nós — foi seguido pelo Código Civil brasileiro (art. 533 do CC/2002), com as devidas adaptações.

Assim sendo, registramos que o parâmetro de "mais da metade do valor", como qualquer outro, por não ter previsão legal específica, deve ser aplicado de acordo com o princípio da razoabilidade, motivo pelo qual é possível, sim, tomar outro parâmetro no caso concreto, a depender das circunstâncias fáticas.

4. DISCIPLINA JURÍDICA

A disciplina jurídica da troca ou permuta não mereceu maiores detalhamentos do legislador.

De fato, dada a semelhança existente entre o contrato de compra e venda e a troca ou permuta, toda a disciplina normativa aplicável ao primeiro poderá ser invocada, *mutatis mutandis*, à segunda[7], a saber, as regras sobre vícios redibitórios, evicção etc.

Ressalte-se, porém, que, dadas as peculiaridades desta modalidade contratual, notadamente a inexistência de um "preço" pelo bem trocado, na ocorrência de um vício redibitório, por exemplo, não haverá a opção de exigir entre a solução do contrato ou o abatimento do preço, concentrando-se as opções na extinção da avença.

O Código Civil brasileiro de 2002 reservou, por isso, à referida figura contratual apenas um único artigo do Capítulo II, que tem por finalidade fazer as adaptações às suas peculiaridades, assim preceituando:

"Capítulo II

Da Troca ou Permuta

Art. 533. Aplicam-se à troca as disposições referentes à compra e venda, com as seguintes modificações:

I — salvo disposição em contrário, cada um dos contratantes pagará por metade as despesas com o instrumento da troca;

---

[6] Referia-se o autor ao Código Civil português de 1867, que previa o contrato de permuta nos arts. 1.545/1.592. A codificação civil portuguesa, hoje regulada pelo Decreto-Lei n. 47.344, de 25-11-1966, não reserva mais regras específicas sobre a troca ou permuta, aplicando-se-lhe, no aspecto deste tópico, o art. 939, referente a outros contratos onerosos, que preceitua que as "normas da compra e venda são aplicáveis aos outros contratos onerosos pelos quais se alienem bens ou se estabeleçam encargos sobre eles, na medida em que sejam conformes com a sua natureza e não estejam em contradição com as disposições legais respectivas".

[7] É a linha também dos Códigos Civis italiano ("Art. 1.555 — Le norme stabilite per la vendita se applicano alla permuta, in quanto siano con questa compatibili") e francês ("Art. 1.707. Toutes les autres règles prescrites pour le contrat de vente s'appliquent d'ailleurs à l'échange").

II — é anulável a troca de valores desiguais entre ascendentes e descendentes, sem consentimento dos outros descendentes e do cônjuge do alienante".

Na primeira ressalva, como não se tem propriamente, de forma isolada, um comprador e um devedor, mas, sim, dois sujeitos que recebem e entregam prestações não pecuniárias, uma solução salomônica foi adotada para o estabelecimento das despesas do negócio jurídico. Tal regra, obviamente, é de aplicação supletiva, na ausência de estipulação contratual específica, decorrente da autonomia da vontade das partes.

Já a segunda ressalva, também existente na codificação anterior, foi "atualizada" no vigente Código Civil, passando de caso de nulidade para anulabilidade, acompanhando, portanto, a já mencionada modificação da disciplina da venda de ascendente a descendente (art. 496 do CC/2002)[8].

Sobre o tema, observa com a habitual sabedoria CARLOS ROBERTO GONÇALVES:

"Se os valores são desiguais, e o objeto que pertence ao ascendente é mais valioso, os demais descendentes devem ser ouvidos e consentir expressamente, pelas mesmas razões que justificam a necessidade de tal consentimento na venda de ascendente para descendente (art. 496). Se os valores são iguais, não há necessidade da referida anuência, pela impossibilidade de haver prejuízo para os demais descendentes. E, embora o Código não mencione, também será dispensável tal anuência se o bem recebido pelo ascendente, na troca, tiver valor superior ao por ele entregue, pois haverá, na hipótese, aumento de seu patrimônio, não tendo os demais descendentes legítimo interesse para discordar do negócio"[9].

Vê-se, portanto, neste ponto, a inequívoca preocupação do legislador de proteção da legítima.

---

[8] Confira-se o subtópico "Venda a descendente" do Capítulo "Compra e Venda" deste volume.
[9] Carlos Roberto Gonçalves, *Direito Civil Brasileiro*, cit., v. 3, p. 278.

Capítulo XVII
Contrato Estimatório

Sumário: 1. Introdução. 2. Conceito e partes. 3. Natureza jurídica. 4. Características. 5. Direitos e obrigações das partes. 6. Antecipação da devolução da coisa consignada. 7. Proibição de penhora e sequestro da coisa consignada. 8. Responsabilidade pelo risco.

1. INTRODUÇÃO

Uma das características mais marcantes do Código Civil de 2002 foi ter realizado uma parcial unificação do Direito Privado, condensando, em seu corpo normativo, regras referentes às *obrigações civis e comerciais*.

Comentando esse aspecto do novo diploma, o professor MIGUEL REALE adverte que:

"É preciso, porém, corrigir, desde logo, um equívoco que consiste em dizer que tentamos estabelecer a unidade do Direito Privado. Esse não foi o objetivo visado. O que na realidade se fez foi consolidar e aperfeiçoar o que já estava sendo seguido no País, que era a unidade do Direito das Obrigações"[1].

Assim, além de uma disciplina única para a teoria geral das obrigações, o novo diploma cuidou de regular inúmeros contratos de índole tipicamente mercantil, a exemplo dos contratos de *comissão, agência e distribuição, corretagem e de transporte*.

Nesse contexto, uma peculiar figura, também afeta ao Direito Comercial, passou a ser regida pelo Código de 2002, merecendo, neste momento, a nossa especial atenção: "o *contrato estimatório*" ou de "*venda por consignação*".

Muito frequente na prática mercantil, este contrato é amplamente utilizado por empresas ou empresários individuais que mantêm constante relacionamento com o público consumidor, a exemplo das *editoras* e dos *livreiros*.

Aliás, é fato que, no mercado de consumo, este contrato é amplamente difundido, consoante observa SÍLVIO DE SALVO VENOSA, quando aponta a sua frequente utilização para a venda de "bens duráveis, como veículos usados, eletrodomésticos, equipamentos de informática, maquinaria, joias, artigos de moda e arte etc.".

E conclui:

"a utilidade do contrato mostra-se patente também em outras circunstâncias, quando o fabricante ou atacadista coloca produto no mercado de difícil comercialização, sem implicar imobilização de capital por parte dos varejistas, logrando assim melhor distribuição"[2].

---

[1] Miguel Reale, *O Projeto do Novo Código Civil*, cit., p. 5.
[2] Sílvio de Salvo Venosa, *Contratos em Espécie*, cit., p. 539.

Pressupõe, sem dúvida, como veremos abaixo, a estrita observância da boa-fé objetiva, impositiva do dever de lealdade recíproco, especialmente porque, neste tipo de contrato, uma das partes transfere, em confiança, a posse de uma coisa móvel a outra (livros, p. ex.), a fim de que o recebedor efetue a sua alienação, dentro de um prazo estipulado, ou simplesmente a devolva à outra parte, caso não consiga realizar a venda.

A simples enunciação deste exemplo demonstra-nos como é usual o contrato estimatório, popularmente conhecido como *venda por consignação*.

Iniciemos, portanto, caro leitor, o aprofundamento da matéria.

2. CONCEITO E PARTES

Muito se discutiu, em doutrina, a respeito da natureza do contrato estimatório, firmando-se, ao final desta *tormenta doutrinária*, a tese defensiva de sua *autonomia jurídica*, consoante assevera o culto WALDIRIO BULGARELLI:

> "As discussões verificadas em torno da natureza jurídica do contrato estimatório (compra e venda sob condição resolutiva; depósito; oferta firme de venda; espécie de comissão, ou mesmo um tipo de sociedade) perderam muito da sua importância após a tipificação que lhe foi dada pelo Código Civil Italiano de 1942"[3].

De fato, o Código italiano cuidou de tipificá-lo (trazendo disciplina própria nos arts. 1.556/1.558), conceituando-o da seguinte forma:

> "*Art. 1.556. Pelo contrato estimatório entrega uma parte uma ou mais coisas móveis à outra e esta se obriga a pagar o preço, a não ser que restitua a coisa no prazo estabelecido*"[4].

Seguido, de forma muito próxima, quanto à sua dicção legal, pelo Código Civil brasileiro de 2002:

> "Art. 534. Pelo contrato estimatório, o consignante entrega bens móveis ao consignatário, que fica autorizado a vendê-los, pagando àquele o preço ajustado, salvo se preferir, no prazo estabelecido, restituir-lhe a coisa consignada".

Com fundamento nesses dispositivos legais, fica fácil conceituarmos o contrato consignatório como *um negócio jurídico por meio do qual uma das partes (consignante) transfere a outro (consignatário) bens móveis, a fim de que os venda, segundo um preço previamente estipulado, ou simplesmente os restitua ao próprio consignante*.

Enunciados estão, também, os sujeitos da relação contratual, quais sejam, o consignante (titular do bem) e o consignatário (responsável pela venda ou restituição da coisa), devendo ser reservada a expressão "consignado" para o bem objeto do negócio jurídico.

Ressalte-se que, embora haja identidade terminológica, o contrato estimatório (venda por consignação) não se confunde com a consignação em pagamento, que é, em verdade, um instituto jurídico colocado à disposição do devedor para que, ante o obstáculo ao recebimento criado pelo credor ou quaisquer outras circunstâncias impeditivas do pagamen-

---

[3] Waldirio Bulgarelli, *Contratos Mercantis*, 9. ed., São Paulo: Atlas, 1997, p. 263.

[4] CC italiano: "Art. 1.556. Nozione — [I]. Con il contratto estimatorio una parte consegna una o più cose mobili all'altra e questa si obbliga a pagare il prezzo, salvo che restituisca le cose nel termine stabilito".

to, exerça, por depósito da coisa devida, o direito de adimplir a prestação, liberando-se do liame obrigacional[5].

A matéria, embora já conhecida da doutrina e jurisprudência brasileira[6], bem como na história do Direito[7], somente veio a ser codificada com o advento do Código Civil de 2002, pois o Código de 1916 silenciou sobre o instituto.

3. NATUREZA JURÍDICA

Originalmente, havia bastante polêmica acerca da natureza jurídica do contrato estimatório (venda em consignação), o que, por certo, decorria da falta de uma disciplina codificada.

Ressalte-se, porém, que a autonomia da *venda por consignação* para a *compra e venda* já vinha sendo sustentada pela jurisprudência brasileira antes mesmo da positivação pelo vigente Código Civil brasileiro[8], que a reconhece como forma contratual típica e nominada.

Esta modalidade contratual, por isso mesmo, deve ser diferenciada de algumas espécies análogas, com as quais não se deve confundir, notadamente agora com o reconhecimento de sua autonomia.

O contrato estimatório, portanto, não deve confundir-se com o *mandato* (CC/2002, arts. 653/692)[9], pois o mandatário atua como mero *representante jurídico do mandante*, sem que esteja necessariamente obrigado a realizar atos de venda dentro de um prazo preestabelecido. Ademais, a *revogação e a renúncia* são direitos potestativos típicos do mandato, e não da consignação.

Na mesma linha de entendimento, não pode ser identificada ao *contrato de comissão*, figura jurídica regulada pelo Código Civil de 2002, em seus arts. 693/709 (equivalentes aos arts. 165/190 do Código Comercial de 1850, revogado, nesta parte, pela nova codificação civil)[10]. Posto exista similitude, várias diferenças podem ser apontadas, tais como:

a) a comissão tem por objeto a aquisição ou a venda de bens pelo comissário, em seu próprio nome, à conta do comitente, enquanto na venda por consignação o consignante apenas transfere a posse dos bens móveis ao consignatário, para que este efetive a venda;

---

[5] Sobre o tema, confira-se o Capítulo "Consignação em Pagamento" do v. 2, "Obrigações", desta obra.

[6] *Vide*: STJ, REsp 710.658/RJ, *DJ*, 26-9-2005, p. 373, rel. Min. Nancy Andrighi, j. 6-9-2005, 3.ª Turma.

[7] "Nos textos de Ulpiano, concernentes ao direito romano, ao menos em duas passagens (Digesto, Livro 19, tít. III, fr. 1, e tít. V, fr. 13) são encontradas alusões à consignação para venda, na qual o *tradens* entregava ao *accipiens* uma coisa com valor previamente estimado, para que este a vendesse, com a obrigação de pagar o preço ou de a restituir ('aut igitur ipsam rem debebit incorruptam reddere, aut estimationem de qua convenir')" (Carlos Roberto Gonçalves, ob. cit., v. 3, p. 292-3).

[8] Cf.: TJRS, Ap. Cív. n. 598315737, rel. Paulo Antônio Kretzmann, j. 15-10-1998, 10.ª Câmara Cível.

[9] Sobre o tema, confira-se o Capítulo "Mandato" deste volume.

[10] Sobre o tema, confira-se o Capítulo "Comissão" deste volume.

b) no contrato estimatório, por sua própria natureza, reconhece-se ao consignatário facultativamente a obrigação de vender ou restituir a coisa, nada impedindo que fique com a mesma, enquanto na comissão tal não ocorre;

c) mesmo não sendo considerado empregado, o comissário guarda uma vinculação maior às ordens e instruções do comitente, podendo, inclusive, ser *despedido sem justa causa*[11];

d) presume-se o comissário autorizado a conceder dilação de pagamento, salvo proibição do comitente, diferentemente do contrato estimatório, em que, por sua natureza, o prazo é concedido pelo próprio consignante;

e) é típica do contrato em comissão, e não do estimatório, a possibilidade de estipulação da *cláusula del credere*, pacto por força do qual o comissário responde solidariamente com as pessoas com que houver tratado em nome do comitente, fazendo jus a remuneração mais elevada, para compensar o ônus assumido, salvo estipulação em contrário.

Também não se poderá equipará-la ao *contrato de corretagem* (arts. 722/729 do CC/2002)[12], visto serem tratados por regras e princípios diversos, e especialmente porque o corretor atua como verdadeiro *mediador*, obrigando-se a obter, para o seu cliente, um ou mais negócios, conforme as instruções recebidas, diversamente do que ocorre com o consignatário.

Salientando as suas peculiaridades, na I Jornada de Direito Civil, promovida pelo Centro de Estudos Judiciários do Conselho da Justiça Federal, aprovou-se o Enunciado n. 32, referente ao contrato estimatório, nos seguintes termos:

> "*Enunciado n. 32* — No contrato estimatório (art. 534), o consignante transfere ao consignatário, temporariamente, o poder de alienação da coisa consignada com opção de pagamento do preço de estima ou sua restituição ao final do preço ajustado"[13].

Note-se, pois, que o consignatário fará jus a uma parcela do preço da venda, que deverá, pela natureza mesma do contrato, ser fixado pelo próprio consignante. Exemplo já mencionado é o da *editora* que transfere ao *livreiro* determinada quantidade de livros, estipulando o preço de venda e o período dentro do qual os exemplares devem ser vendidos, ou, simplesmente, caso isso não ocorra, serão restituídos ao consignante. Outra hipótese seria a de uma *distribuidora de bebidas* transferir, em consignação, a uma empresa organizadora de festas certa quantidade de engradados de refrigerante. O que for vendido é computado como lucro para ambas as partes, o que não for é devolvido ao consignante.

Em resumo, teríamos o seguinte quadro esquemático:

Consignante .... bens móveis .... Consignatário: VENDE ou RESTITUI

---

[11] Esta é a expressão utilizada pelo art. 705 do Código Civil de 2002: "Se o comissário for *despedido sem justa causa*, terá direito a ser remunerado pelos trabalhos prestados, bem como a ser ressarcido pelas perdas e danos resultantes de sua dispensa" (grifos nossos).

[12] Sobre o tema, confira-se o Capítulo "Corretagem" deste volume.

[13] Referência ao enunciado feita por Jones F. Alves, in *Novo Código Civil Comentado* (coord. Ricardo Fiuza), p. 482, e também disponível no *site* <www.cjf.gov.br>.

O objeto deste contrato, como visto, é limitado a bens móveis, não havendo permissibilidade legal para que se pactue o contrato tendo por objeto imóveis, pois isso desvirtuaria a natureza mesma da avença.

Outra importante observação, que o nosso leitor já deve ter percebido, deve ser manifestada.

Embora a lei aponte no sentido de que a coisa móvel deva ser vendida a terceiro, ou, se isso não ocorrer, restituída ao consignante, nada impede que *o próprio consignatário a compre, pagando o valor estipulado*. Tais possibilidades são conferidas *facultativamente* a ele, não podendo, em nosso sentir, o consignante impor a aquisição pelo consignatário, por força da inegável abusividade contida em cláusula deste jaez.

Finalmente, cumpre-nos advertir que, caso o contrato não estipule prazo para a venda ou a restituição do bem, poderá o consignante *notificar* o consignatário, fixando-lhe prazo para a necessária devolução[14].

4. CARACTERÍSTICAS

O contrato estimatório, como visto, embora conhecido na prática negocial há muito tempo (portanto, *nominado*), tornou-se *típico* no Código Civil de 2002 (arts. 534/537), sendo dotado das seguintes características:

a) **real** — pois a entrega da coisa ao consignatário é verdadeiro elemento constitutivo ou existencial do contrato. Em outras palavras, assim como ocorre no *penhor* e no *depósito*, enquanto não operada a transferência da posse, o contrato não se considera formado;

b) **bilateral** — impõe direitos e deveres para ambas as partes. A obrigação precípua do consignante é *remunerar* o consignatário, e o dever jurídico principal deste último é efetivar a venda da coisa. No próximo tópico, traremos mais detalhes específicos sobre este assunto;

c) **oneroso** — pois ambas as partes, em linha de princípio, experimentam, reciprocamente, sacrifícios patrimoniais e benefícios correspondentes;

d) **comutativo** — uma vez que as prestações impostas às partes são certas e determinadas no próprio contrato;

e) **de duração (prazo determinado ou não)** — em geral, no próprio contrato já se estabelece o prazo dentro do qual deve o consignatário efetivar a venda dos bens, ou devolvê-los. Entretanto, vimos, linhas acima, que, caso não se pactue este prazo, poderá o consignante, a qualquer tempo, notificar a parte adversa para que realize a devolução daquilo que recebeu;

f) **é fiduciário** — ou seja, é um contrato pactuado em confiança, pois o consignante sujeita-se a transferir coisas suas ao consignatário, sem a consequente translação do domínio, e em caráter potencialmente temporário.

A priori, trata-se de um contrato *paritário*, em que as partes, em iguais condições de negociação, estabelecem livremente as cláusulas contratuais, na fase de puntuação, mas também pode manifestar-se na modalidade de um *"contrato de adesão"* (*contrato em*

---

[14] Nesse mesmo sentido, Sílvio Venosa, *Contratos em Espécie*, cit., v. III, p. 538.

que um dos pactuantes predetermina as cláusulas do negócio jurídico). Ex.: Ricardo passa a Jorge, livreiro, vários livros da sua editora, informando o prazo, o valor pretendido com cada obra e até a margem de lucro aceitável, tendo Jorge apenas a alternativa de contratar ou não.

Trata-se de modalidade contratual amplamente difundida na prática, tanto nas relações *civis* quanto *comerciais*.

Embora seja, como visto, um contrato *real*, não há a imprescindibilidade de uma forma específica para a validade da estipulação contratual, pelo que é considerado um contrato *não solene*.

Trata-se, ainda, e em regra, de um contrato *impessoal*, pois somente interessa o resultado da atividade contratada, independentemente de quem seja a pessoa que irá realizá-la, o que importa em poder ser executado por outrem.

Na mesma linha da maioria das figuras contratuais nominadas do Código Civil de 2002, o contrato estimatório é um *contrato causal*, vinculado, portanto, à causa que o determinou, podendo ser declarado inválido se a mesma for considerada inexistente, ilícita ou imoral.

Pela *função econômica*, trata-se de um *contrato de atividade*, caracterizado pela prestação de uma conduta mediante a qual se pode conseguir uma utilidade econômica, tais como os contratos de emprego, prestação de serviços, empreitada, mandato, agência e corretagem.

Por fim, como é evidente, trata-se de um *contrato principal*, com existência autônoma, independentemente de outro, e *definitivo*, pois não depende de qualquer outra avença, não sendo preparatório para a compra e venda.

5. DIREITOS E OBRIGAÇÕES DAS PARTES

Em linha de princípio, cumpre-nos advertir ao nosso caro leitor que a entrega da coisa (móvel) ao consignatário não pode ser encarada como uma *obrigação decorrente do contrato*, uma vez que, como vimos acima, por se tratar de um negócio jurídico de natureza real, a transferência da posse do bem consistiria, em verdade, em pressuposto de existência do próprio contrato. Vale dizer, somente quando o consignante efetua a entrega da coisa reputa-se perfeito o contrato, e poderemos então falar em *direitos e obrigações* surgidos a partir daí.

Posto isso, observamos que as principais obrigações do *consignante* são: *não turbar a posse do consignatário; pagar-lhe a remuneração devida; respeitar o prazo estipulado para a venda; finalmente, não dispor da coisa antes de lhe ser restituída ou de lhe ser comunicada a restituição* (art. 537 do CC/2002).

Esta última obrigação demonstra que, posto permaneça o consignante como proprietário da coisa, o seu direito encontra limitação na própria lei, que o impede de exercer a faculdade de disposição enquanto não houver o bem de volta ou não lhe for noticiada a devolução. Trata-se, sem dúvida, de excelente providência, para evitar prejuízos não apenas ao consignatário, mas, inclusive, ao próprio terceiro de boa-fé, sendo uma decorrência lógica do dever jurídico anexo (acessório ou de proteção) de lealdade e confiança recíprocas. Afinal, o consignatário, que detém a posse direta do bem, possui, na medida da sua disponibilidade, o interesse de vendê-lo, tendo sido outorgada a si esta prerrogativa, da qual o consignante abre mão temporariamente.

Quanto aos seus *direitos*, por sua vez, anotamos os seguintes: *receber o pagamento pela venda da coisa; ser restituído em caso de não se realizar a alienação esperada; ser compensado por eventuais danos advindos da consumação de riscos* (art. 535) *ou do comportamento culposo do devedor*.

Já o consignatário tem as seguintes *obrigações*: *vender a coisa consignada, ou devolvê-la dentro do prazo estipulado no contrato; respeitar o preço indicado pelo consignante, repassando-lhe o valor devido; conservar a coisa, evitando danos provenientes inclusive da causas acidentais (caso fortuito ou força maior)* (art. 535).

Em contrapartida, tem os seguintes *direitos*: *perceber a remuneração estipulada; vender a coisa, podendo, facultativamente, restituí-la ou, eventualmente, ficar com a mesma, pagando o preço ao consignante; não ser turbado pelo consignante ou por quem quer que seja*.

6. ANTECIPAÇÃO DA DEVOLUÇÃO DA COISA CONSIGNADA

A respeito da possibilidade de o consignante antecipar a prestação, concordamos com SÍLVIO VENOSA:

"Questão de importância é saber se o consignatário pode antecipar a prestação, devolvendo a coisa antes do prazo. Segundo a natureza do contrato, entende-se que o prazo é concedido em favor do consignatário. Desse modo, não havendo para ele interesse na venda a terceiro, nada impede que restitua o objeto da obrigação ao *tradens*[15], salvo se o contrário resultar expressamente do contrato. Uma vez feita a opção pelo consignatário, pagando o preço ou devolvendo a coisa, não há, em tese, possibilidade de retratação"[16].

Essa conclusão, correta em nosso sentir, tem perfeita conexão com a regra positivada na segunda parte do art. 133 do Código Civil:

"Art. 133. Nos testamentos, presume-se o prazo em favor do herdeiro, *e, nos contratos, em proveito do devedor, salvo, quanto a esses, se do teor do instrumento, ou das circunstâncias, resultar que se estabeleceu a benefício do credor, ou de ambos os contratantes*" (grifamos).

7. PROIBIÇÃO DE PENHORA E SEQUESTRO DA COISA CONSIGNADA

A *penhora*, sabemos, é um ato processual de natureza constritiva, por meio do qual bens do patrimônio do responsável (devedor ou terceiro) são afetados à satisfação de um crédito e levados à expropriação; já o sequestro, por sua vez, era uma medida de natureza cautelar, prevista nos arts. 822 a 825 do CPC/1973 (sem correspondência direta no CPC/2015), que visava a resguardar direitos, com o propósito de garantir a execução para a entrega de coisa certa.

Nesse contexto, o codificador civil apenas explicitou o óbvio — e, por vezes, isso é salutar, pois em Direito o "óbvio" pode não ser consenso — quando dispôs, no art. 536

---

[15] "*Tradens*", no caso, é o consignante, aquele que transferiu a posse da coisa; já o "*accipiens*" é o consignatário, aquele que recebe a coisa.

[16] Sílvio de Salvo Venosa, *Contratos em Espécie*, cit., v. III, p. 540.

do CC/2002, que "a coisa consignada não pode ser objeto de penhora ou sequestro pelos credores do consignatário, enquanto não pago integralmente o preço".

Ora, partindo da premissa de que a coisa "não pertence ao consignatário" — salvo na hipótese de pagar integralmente o preço devido —, não poderiam os seus credores (do consignatário) pretender *penhorar ou sequestrar* algo que pertencesse ao consignante. Podem, entretanto, os referidos credores *pagar ao consignante o preço estimado*, subsistindo, nesse caso, a penhora ou o registro[17].

Outra situação, no entanto, pode ocorrer.

Imaginemos que o consignatário houvesse vendido a coisa consignada a terceiro. Em tal hipótese, também não poderão os seus credores pretender penhorar aquilo que não lhe pertence, não havendo óbice, naturalmente, à constrição dos créditos obtidos com a venda.

De outro lado, surge-nos outra indagação: e credores do *consignante* poderiam penhorar a coisa consignada?

Em nosso pensar, estando vigente o contrato, os eventuais credores do consignante não poderão adotar nenhuma providência que prejudique a convenção já celebrada, pois isso afrontaria o superior *princípio da função social*[18].

Poderão, todavia, intentar medida judicial que vise a bloquear valores devidos ao consignante, o que não prejudicaria a venda convencionada, devendo, em tal caso, ser o consignatário devidamente intimado para a adoção das providências cabíveis (depósito judicial do preço que seria repassado ao consignante, por exemplo).

8. RESPONSABILIDADE PELO RISCO

Quando falamos em responsabilidade pelo risco, referimo-nos à situação acidental, ou seja, não culposa, em que um bem é total ou parcialmente destruído em virtude da ocorrência de caso fortuito ou de força maior[19].

Nesse caso, quem responderá pelo prejuízo patrimonial daí decorrente?

Se fôssemos aplicar a regra clássica do nosso direito, no sentido de a coisa perecer para o dono (*res perit domino*), seria forçoso concluir que a destruição (total ou parcial) da coisa consignada seria suportada pelo consignante, uma vez que o contrato não opera transferência de propriedade, que permanece com o *tradens*.

Assim, no caso de roubo ou incêndio proveniente de causas acidentais, a relação obrigacional seria extinta, por inadimplemento fortuito, suportando o consignante (proprietário do bem) o prejuízo patrimonial por perdê-la.

---

[17] Esta última sugestão é feita por Caio Mário da Silva Pereira, em seu volume III, já citado, p. 147.

[18] Desenvolvemos minuciosamente este tema no Capítulo "Função Social do Contrato e Equivalência Material" deste volume.

[19] Sobre o caso fortuito e de força maior, dispõe o Código Civil, no art. 393, que: "O devedor não responde pelos prejuízos resultantes de caso fortuito ou força maior, se expressamente não se houver por eles responsabilizado. Parágrafo único. O caso fortuito ou de força maior verifica-se no fato necessário, cujos efeitos não era possível evitar ou impedir". Em doutrina, conferir o subtópico 2.4 ("Caso fortuito e força maior") do Capítulo VIII ("Causas Excludentes de Responsabilidade Civil e Cláusula de Não Indenizar") do v. 3 ("Responsabilidade Civil") desta obra.

Este princípio, no entanto, *não se aplica ao contrato estimatório*, por força do disposto no art. 535 do Código Civil:

"Art. 535. O consignatário não se exonera da obrigação de pagar o preço, se a restituição da coisa, em sua integridade, se tornar impossível, *ainda que por fato a ele não imputável*" (grifamos).

Pelo que está contido na norma, quer o dano derive de comportamento culposo do consignatário devedor (*accipiens*), quer derive de causa acidental (caso fortuito ou força maior), *responderá ele pelo pagamento do preço, se a restituição da coisa (em perfeito estado de conservação) for impossível.*

Notamos, pois, que o codificador subverteu o princípio acima (*res perit domino*) por admitir certa vulnerabilidade do consignante que, em razão da confiança, transferiu a outrem coisa sua sem a natural translação do domínio.

Imprimiu-se, assim, maior responsabilidade jurídica e ética ao consignatário, que não poderá alegar, por exemplo, um roubo, para eximir-se do dever de restituição.

Afinal, embora a titularidade do bem permaneça com o consignante, o fato é que o consignatário é quem detém um dever de custódia em relação à coisa consignada, em situação jurídica muito semelhante à do depositário.

Preveniram-se, assim, encenações fraudulentas ou simulações danosas ao direito do consignante.

Capítulo XVIII
Doação

Sumário: 1. Introdução. 2. Conceito e partes. 3. Características. 4. Aceitação da doação. 5. Doação *mortis causa*. 6. Doação inoficiosa. 7. Doação universal. 8. Promessa de doação (*pactum de donando*). 9. Espécies de doação. 9.1. Doação pura × Doação com fatores eficaciais. 9.2. Doação contemplativa × Doação remuneratória. 9.3. Doação conjuntiva. 9.4. Doação com cláusula de reversão. 9.5. Doação mista × Doações mútuas. 9.6. Doação sob forma de subvenção periódica. 9.7. Doação indireta × Doação disfarçada. 10. Doação entre companheiros e concubinos. 11. Doação feita ao nascituro e ao embrião. 12. Extinção do contrato de doação. 12.1. Meio natural de extinção. 12.2. Revogação da doação (inexecução do encargo e ingratidão do donatário). 12.2.1. Hipóteses de ingratidão. 12.2.2. Ação revocatória: características. Condições. Prazos. Efeitos. 12.2.3. Doações não sujeitas à revogação. 13. Doação por procuração.

1. INTRODUÇÃO

Em clássica obra, o professor da Faculdade de Direito de Lisboa JOSÉ DE OLIVEIRA ASCENSÃO pondera:

"Agindo, negocialmente ou não, o homem adquire. Surge-nos assim a figura da 'propriedade', que o Código de Seabra identificava com o gozo dos direitos. De 'propriedade' fala-se em sentido muito amplo, que é o constitucional (garantia da propriedade), o filosófico (fundamento da propriedade) e o econômico".

E mais adiante arremata:

"O exercício da autonomia no campo patrimonial acarreta necessariamente direitos sobre os bens"[1].

Tais assertivas guardam íntima conexão com o tema, objeto deste capítulo, que é o contrato de doação.

Isto porque, sem dúvida alguma, a doação é o negócio jurídico em que mais nitidamente identificamos a *faculdade real de disposição*, inerente ao direito de propriedade. O proprietário, pois, quando "doa", exerce em grau máximo o seu direito sobre a coisa, ao transferi-la gratuitamente a outra pessoa, que apenas é beneficiada.

Qualquer investigação, portanto, no âmbito negocial, desta especial figura de contrato, deve partir, metodologicamente, mais do que qualquer outra, da noção fundamental do direito de propriedade.

E a liberalidade ínsita ao contrato de doação é tão relevante que já houve, em tempos remotos, juristas que sustentaram a sua inaplicabilidade ao conceito de contrato. Argumen-

---
[1] José de Oliveira Ascensão, *Direito Civil — Teoria Geral*, 2. ed., Coimbra: Coimbra Ed., 2000, v. I, p. 24.

tavam, pois, que, por meio deste ato negocial, a parte beneficiária (donatário) não manifestaria vontade contraposta (formadora do consentimento), razão por que teria natureza simplesmente *unilateral*.

Nesse sentido, confira-se a observação de CLÓVIS BEVILÁQUA:

"Algumas vezes, porém, acontecia, no direito antigo, que a doação se realizava, eficazmente, sem que viesse fecundar a aceitação: a lei pressupunha, enquanto não houvesse manifestação positiva em contrário. SAVIGNY, para demonstrar a possibilidade desta hipótese, recorda a doação em forma de pagamento de uma dívida do donatário"[2].

Prevalece, entretanto, o entendimento no sentido de que a doação *tem natureza contratual*, uma vez que, por mais que sobreleve a figura do doador, o donatário *deve aceitar*, sob pena de não se formar o consentimento, e o contrato ser considerado juridicamente inexistente.

Mas note, caro amigo leitor, que a pedra de toque deste contrato é, indubitavelmente, o *animus donandi*, ou seja, a intenção de beneficiar ou favorecer o donatário por mera "liberalidade". Diferentemente da compra e venda, em que as partes são animadas por interesses antagônicos que se contemporizam, na doação prevalece o interesse do doador, convergente com a vontade do donatário.

Feita esta introdução, podemos enunciar o conceito de doação.

É o que faremos no próximo tópico.

2. CONCEITO E PARTES

Sobre o conceito de doação, muito incisiva, no caso em estudo, é a dicção do Código Civil de Portugal, em que se pode observar, nitidamente, o mencionado *animus donandi*, típico do contrato de doação:

"Art. 940 — 1. Doação é o contrato pelo qual uma pessoa, *por espírito de liberalidade* e à custa do seu patrimônio, dispõe gratuitamente de uma coisa ou de um direito, ou assume uma obrigação, em benefício do outro contraente.

2. Não há doação na renúncia a direitos e no repúdio de herança ou legado, nem tão pouco nos donativos conformes aos usos sociais" (grifos nossos).

Nesse mesmo diapasão, mas com redação mais concisa, preceitua o nosso Código Civil (art. 538 do CC/2002):

"Art. 538. Considera-se doação o contrato em que uma pessoa, *por liberalidade*, transfere do seu patrimônio bens ou vantagens para o de outra" (grifo nosso).

Vale salientar, neste ponto, que o nosso legislador, diferentemente do português, não considerou doação a "assunção de uma obrigação" — acertadamente ao nosso ver —, pois, em nosso sistema, tal situação jurídica subsume-se melhor em outros institutos jurídicos, típicos da teoria geral das obrigações, como a *assunção de dívida ou a novação subjetiva*

---

[2] Clóvis Beviláqua, *Direito das Obrigações*, cit., p. 289-90.

passiva, cuja finalidade diz mais respeito com a ideia de adimplemento (*animus solvendi*) do que com a de mera liberalidade[3].

Assim sendo, já podemos conceituar doação como um negócio jurídico firmado entre dois sujeitos (*doador* e *donatário*), por força do qual o primeiro transfere bens, móveis ou imóveis para o patrimônio do segundo, animado pelo simples propósito de beneficência ou liberalidade.

Duas são as partes, portanto, da doação, a saber, o doador, que é aquele que transfere o bem, e o donatário, que é aquele que recebe o benefício.

E quais são as características básicas desse contrato?

É o que veremos no próximo tópico.

3. CARACTERÍSTICAS

No Código Civil brasileiro de 2002, como visto, a doação vem regulada no art. 538:

"Art. 538. Considera-se doação o contrato em que uma pessoa, por liberalidade, transfere do seu patrimônio bens ou vantagens para o de outra".

Como se vê, trata-se de um contrato *típico* e *nominado*, cuja principal característica é a *unilateralidade*, impondo obrigação apenas para o doador.

E mesmo que se trate de doação onerosa — aquela gravada com um encargo —, ainda assim, em nosso pensamento, a característica da unilateralidade persistiria, uma vez que o ônus que se impõe ao donatário não tem o peso da contraprestação, a ponto de desvirtuar a natureza do contrato.

É o caso do sujeito que doa uma grande fazenda a Beneval, impondo a este o encargo (não a contraprestação) de pagar uma pensão a uma senhora idosa, tia do doador, até que a mesma complete 85 anos. Note-se que, neste caso, o ônus assumido por Beneval *deverá ser cumprido em benefício dele mesmo*, e não tem o matiz de uma contraprestação obrigacional, ou seja, ele (donatário) não está pagando a pensão como pressuposto para o recebimento da coisa (nota típica da bilateralidade sinalagmática).

E tanto é assim que — a despeito de o doador poder revogar o negócio se o encargo for descumprido[4] — desde o dia da celebração do ato, *o donatário já adquire a propriedade da coisa*, ainda que não tenha efetivado o pagamento devido (art. 136 do CC). Temos, assim, que o contrato de doação somente impõe *obrigação* (no sentido técnico estrito do termo) para uma das partes — o doador —, não desvirtuando esta unilateralidade a existência de onerosidade (doação com encargo)[5].

---

[3] Sobre tais institutos, confiram-se os Capítulos XIV ("Novação") e XX ("Transmissão das Obrigações: Cessão de Crédito, Cessão de Débito (Assunção de Dívida) e Cessão de Contrato") do v. 2 ("Obrigações") desta obra.

[4] Esta faculdade revocatória, prevista no art. 562 do CC/2002, opera-se, em nosso sentir, como uma sanção legalmente prevista para o donatário ingrato.

[5] Teríamos, então, aqui, a existência de um outro exemplo de contrato unilateral oneroso, como ocorre com o mútuo a juros (mútuo feneratício). Sobre o tema, confira-se o tópico "Mútuo Feneratício" do Capítulo "Empréstimo" desta obra.

Nesse mesmo sentido, conclui SÍLVIO VENOSA:

"... quando imposto encargo à doação, não se desvirtua a unilateralidade"[6].

Além da unilateralidade, a doação caracteriza-se por ser essencialmente formal, consoante se depreende da análise do art. 541 do Código Civil:

"Art. 541. A doação far-se-á por *escritura pública* ou *instrumento particular*" (grifos nossos).

Entretanto, poderá ser simplesmente consensual (verbal), caso tenha por objeto bens móveis, de pequeno valor, se lhe seguir, de imediato, a tradição, conforme consta do parágrafo único do mencionado art. 541. É o caso, por exemplo, do amigo que doa uma caneta ao outro, entregando-a de imediato. Observe-se, entretanto, que o legislador não cuidou de estabelecer critérios para a mensuração do conceito de "pequeno valor". Trata-se, pois, de um conceito aberto ou indeterminado, que deverá ser preenchido pelo juiz, no caso concreto[7]. Em doutrina, há quem considere "pequeno valor" aquele que não suplante o teto de um salário mínimo, a exemplo do que sustenta a doutrina penal[8], quando

---

[6] Sílvio Venosa, *Contratos em Espécie*, cit., v. III, p. 114.

[7] Sobre o tema, o Enunciado 622 da VIII Jornada de Direito Civil da Justiça Federal estabeleceu: "Art. 541: Para a análise do que seja bem de pequeno valor, nos termos do que consta do art. 541, parágrafo único, do Código Civil, deve-se levar em conta o patrimônio do doador".

[8] "O segundo requisito é que se trate de coisa de pequeno valor. Compete ao juiz a apreciação, o que, entretanto, não significa arbítrio. Deve ele atentar à realidade da vida, o que a muitos escapa, pois temos visto decisões considerarem de valor pequeno importância de certo vulto. A tanto não pode ir a liberalidade do julgador, à custa do patrimônio alheio. Pequeno valor é o que corresponde ao de um salário mínimo ao menos, na época do fato; o que passar daí será excesso.
Temos para nós que pequeno valor é aquele que, subtraído, não causa dano sensível à generalidade dos homens, em nosso meio: ao rico porque, talvez, nem perceberá sua falta; ao pobre, porque, na sua penúria, de pouco lhe valerá". (E. Magalhães Noronha, *Direito penal*, 25. ed., São Paulo: Saraiva, 1991, v. 2, p. 229-30).
"Pequeno valor da coisa subtraída: *a jurisprudência firmou entendimento no sentido de que o furto é mínimo quando a coisa subtraída não alcança o valor correspondente a um salário mínimo vigente à época do fato*. Note-se que o pequeno valor da coisa não deve ser avaliado em função da situação financeira da vítima, pois, dessa maneira, 'o furto de um carro para uma pessoa de muitas posses acabaria sendo considerado uma subtração de coisa de pequeno valor'. Não se deve confundir o pequeno valor da coisa com o pequeno prejuízo sofrido pela vítima. Assim, a ausência de prejuízo em face de a vítima ter logrado apreender a *res furtiva* ou o pequeno prejuízo não autorizam o privilégio legal. Importa ressalvar que o pequeno prejuízo somente constitui causa de diminuição de pena no crime de estelionato (CP, art. 171, § 2.º). Se o agente restituir a coisa ou reparar o dano no crime de furto, tal fato poderá caracterizar o arrependimento posterior que autoriza a diminuição de pena de um a dois terços (CP, art. 16) ou então a incidência da atenuante prevista no art. 65, III, *b*, do Código Penal. O valor da *res* no crime de furto deve ser medido ao tempo da subtração. No caso de furto tentado, leva-se em conta o valor do objeto que seria subtraído pelo agente. No crime de furto continuado, o privilégio leva em consideração o valor dos bens de cada furto, e não o valor total dos bens subtraídos, assim como os demais requisitos legais" (Fernando Capez, *Curso de Direito Penal — parte especial*, 17. ed., São Paulo: Saraiva, 2017, v. 2, p. 446 — grifos nossos).

da previsibilidade do furto privilegiado (CP, art. 155, § 2.º, CP), embora a questão não seja pacífica[9].

Vale lembrar, entretanto, que, em nosso sistema, se o contrato versar sobre imóvel que suplante o teto de 30 salários mínimos, considera-se indispensável a lavratura do ato em escritura pública (ou seja, a solenidade da forma), sob pena de nulidade absoluta.

Nesse sentido o já mencionado art. 108 do nosso Código Civil:

> "Art. 108. Não dispondo a lei em contrário, a escritura pública é essencial à validade dos negócios jurídicos que visem à constituição, transferência, modificação ou renúncia de direitos reais sobre imóveis de valor superior a trinta vezes o maior salário mínimo vigente no País"[10].

Outra importante nota característica da doação é a ocorrência do *animus donandi*, que pode ser entendida como o ânimo ou propósito de beneficiar patrimonialmente o destinatário da vontade do doador.

Este *animus donandi* não pode ser confundido com a simples renúncia abdicativa, ou seja, aquela manifestação negocial por meio da qual o declarante simplesmente se despoja de um bem do seu patrimônio, sem beneficiário certo ou determinado. Note-se, assim, que este tipo de declaração de vontade opera a extinção de um direito, como na hipótese em que o *"proprietário abandona o imóvel, quando o credor remite o crédito, quando o credor renuncia à fiança, ou à hipoteca, quando o devedor renuncia ao prazo concedido ao seu favor, quando o devedor renuncia à prescrição ..."*[11].

Em todas essas situações, pois, não existe uma transferência patrimonial voluntária, benéfica a determinada pessoa.

Caso, entretanto, se trate de renúncia translativa, posto guarde distinção ontológica com o contrato sob exame, a sua semelhança eficacial em face da doação é muito grande, pois, neste caso, há pessoas que se beneficiam do ato (ex.: Hollyveiros renuncia à sua quota da herança em favor do seu irmão Pedro). Trata-se de cessão de direitos com natureza de renúncia translativa.

Nessa mesma linha, não se deve confundir o *animus donandi* com o *solvendi*, em que a parte pretende solver um débito, cumprir uma obrigação.

Não é outra, aliás, a diagnose diferencial entre a *doação* e a *dação em pagamento* (arts. 356 a 359 do CC/2002), forma especial de pagamento, sobre a qual já tivemos oportunidade de discorrer, em nosso volume II ("Obrigações"):

---

[9] *Vide*: TJ, REsp 155.240/RJ, rel. Min. Antônio de Pádua Ribeiro, j. 7-11-2000, 3.ª Turma.

[10] Recordemo-nos que alguns Códigos do mundo, dentre eles o Código Civil do Chile, comportam regra semelhante: "Art. 1.801. La venta se reputa perfecta desde que las partes han convenido en la cosa y en el precio; salvas las excepciones siguientes. *La venta de los bienes raíces, servidumbre y censos, y la de una sucesión hereditaria, no se reputan perfectas ante la ley, mientras no se ha otorgado escritura pública.* Los frutos y flores pendientes, los árboles cuya madera se vende, los materiales de un edificio que va a derribarse, los materiales que naturalmente adhieren al suelo, como piedras y sustancias minerales de toda clase, no están sujetos a esta excepción" (grifamos).

[11] Francisco Manuel de Brito Pereira Coelho, "A Renúncia Abdicativa no Direito Civil", *Boletim da Faculdade de Direito — Stvdia Ivridica 8*. Coimbra: Coimbra Ed., 1995, p. 14.

"São requisitos dessa forma de extinção das obrigações:

(...)

d) o ânimo de solver (*animus solvendi*) — o elemento anímico, subjetivo, da dação em pagamento é exatamente, o *animus solvendi*. Sem esta intenção de solucionar a obrigação principal, o ato pode converter-se em mera liberalidade, caracterizando, até mesmo, a doação"[12].

Finalmente, salientando advertência feita quando enfrentamos o contrato de compra e venda[13], se o objeto do negócio forem direitos — e não coisas —, mais técnico será chamá-lo de contrato de cessão gratuita de direitos, em vez de contrato de doação. É o exemplo da cessão gratuita do direito hereditário ou de quotas de uma determinada sociedade.

A classificação quanto à comutatividade ou aleatoriedade é inaplicável ao contrato de doação, na modalidade de doação simples, tendo em vista a sua característica de unilateralidade quanto aos efeitos. Pelos mesmos fundamentos, não há falar em equação financeira do contrato ou contrato evolutivo, bem como em função econômica do contrato.

Embora gratuito, em geral, é um *contrato de adesão*, uma vez que, ao donatário, somente cabe anuir ou não à liberalidade do doador, não podendo discutir os seus termos.

Na classificação dos contratos quanto à disciplina jurídica, é contrato amplamente utilizado nas relações civis, não sendo muito comum nas comerciais, consumeristas e administrativas, nem aplicável para as relações trabalhistas.

Trata-se, ainda, de um contrato *impessoal*, entendido como aquele em que somente interessa o resultado da atividade contratada, independentemente de quem seja a pessoa que irá realizá-la, e *individual* (referindo-se a uma estipulação entre pessoas determinadas).

No que diz respeito ao tempo, a forma habitual é de contratação e execução imediatas, mas nada impede que a autonomia da vontade dos contratantes (no particular, do doador) a estabeleça sob a modalidade instantânea, com execução diferida ou, excepcionalmente, com duração (limitação temporal).

Por fim, trata-se de um *"contrato principal"* e, *a priori*, *"definitivo"*, embora haja quem admita possível a celebração de uma promessa de doação, contrato preliminar, que tem por finalidade justamente a celebração de um contrato definitivo.

4. ACEITAÇÃO DA DOAÇÃO

Ao apresentar a proposta de doação, espera-se que o donatário expressamente manifeste-se, aquiescendo ou repudiando a oferta do doador.

Como já asseveramos, por ser *negócio bilateral na origem (e unilateral nos efeitos)*, somente após haver a aceitação do donatário o consentimento se forma, dando origem ao contrato[14].

---

[12] Pablo Stolze Gagliano e Rodolfo Pamplona Filho, *Obrigações*, cit., p. 193.

[13] Confira-se o subtópico "A coisa" do Capítulo "Compra e Venda", deste volume.

[14] É interessante ressaltar que, neste aspecto, o texto codificado anterior era mais preciso, pois o art. 1.165 do CC/1916 (equivalente ao vigente art. 538 do CC/2002) mencionava expressamente a aceitação

Tal manifestação expressa pode ser tanto na modalidade escrita quanto verbal ou mesmo gestual.

Entretanto, pode acontecer que o doador, por cautela, cuide de assinar-lhe prazo de manifestação, a teor do art. 539 do Código Civil, sob pena do seu silêncio traduzir aceitação, tratando-se de doação pura:

> "Art. 539. O doador pode fixar prazo ao donatário, para declarar se aceita ou não a liberalidade. Desde que o donatário, ciente do prazo, não faça, dentro dele, a declaração, entender-se-á que aceitou, *se a doação não for sujeita a encargo*" (grifamos).

Veja-se que, cuidando-se de doação sem encargo (pura), estaríamos diante de uma situação peculiar, em que o *silêncio* de uma das partes produziria efeito aquisitivo de direitos. Este prazo, como se depreende da leitura da norma, ficará a critério do doador, segundo a sua autonomia de vontade.

Não devemos, outrossim, confundir esta modalidade de aceitação presumida, decorrente de uma abstenção do donatário (silêncio), com a hipótese em que, posto não haja expressamente aquiescido, nem tenha sido estipulado o prazo para manifestação, realiza o donatário atos compatíveis com a ideia de aceitar (providenciou a limpeza do bem doado, pagou tributos referentes ao mesmo, realizou orçamentos para a sua melhoria etc.), caso em que estaríamos diante de uma modalidade de *aceitação tácita*, perfeitamente possível, em nosso sentir.

Nesse mesmo sentido, observa DARCY BESSONE:

> "Cumpre, inicialmente, ter-se em vista que o silêncio não pode ser confundido com a manifestação tácita ou implícita. Vivante adverte que 'a voz do silêncio compreende o silêncio de palavras e de fatos, isto é, a inação'. Assim, quando Massé diz que quem guarda silêncio, não diz não, mas também não diz sim, deve-se entender que a abstenção de palavras deve ser acompanhada da abstenção de atos ou fatos, porque, de outro modo, a manifestação tácita, isto é, a que se inferisse de atos ou fatos que não comportassem outra explicação, caracterizar-se-ia. Então, o silêncio somente se configura quando haja abstenção completa, tanto de palavras, como de atos ou fatos"[15].

Assim sendo, chegamos à conclusão de que a aceitação poderá ser *expressa, tácita ou presumida* (art. 539 do CC/2002).

Note-se, entretanto, que, de forma excepcional, a lei dispensa a capacidade do aceitante como requisito inafastável de validade.

Sobre a capacidade, como pressuposto de validade do negócio jurídico, já tivemos oportunidade de observar que "o ato negocial demanda, para ser válido, a concorrência de um agente emissor de vontade *capaz e legitimado*. Desde que seja *plenamente capaz*, poderá a pessoa física ou jurídica — para esta última exigindo-se o necessário registro dos seus atos constitutivos — praticar atos e celebrar negócios em geral, na órbita jurídica"[16].

---

do donatário no conceito legal de doação, nos seguintes termos: "Art. 1.165. Considera-se doação o contrato em que uma pessoa, por liberalidade, transfere do seu patrimônio bens ou vantagens para o de outra, *que os aceita*" (grifos nossos).

[15] Darcy Bessone, *Do Contrato — Teoria Geral*, cit., p. 118-9.

[16] Pablo Stolze Gagliano e Rodolfo Pamplona Filho, *Parte Geral*, cit., v. 1, p. 338. Para um aprofundamento sobre o tema, confiram-se os tópicos 2 ("Capacidade de direito e de fato e legitimidade")

Indiscutível é, pois, a necessidade de que o doador seja pessoa capaz, não obstante possam concorrer impedimentos específicos, em determinadas situações, caracterizando o que a doutrina chamou de *ilegitimidade*, como a hipótese do sujeito casado que, mesmo capaz, pretenda doar um bem à sua concubina.

A lei permite, entretanto, especificamente no que tange ao donatário, que possam ser beneficiadas pessoas absolutamente incapazes (art. 543 do CC/2002), ou, até mesmo, o próprio nascituro (art. 542 do CC/2002) — tema desenvolvido abaixo —, o que reforça, neste último caso, a tese sustentada pelos adeptos da teoria concepcionista, no sentido de que o nascituro já seria considerado pessoa, e não mero "ente potencial" com expectativa de direitos[17].

Confiram-se, a propósito, os mencionados dispositivos:

"Art. 542. A doação feita ao nascituro valerá, sendo aceita pelo seu representante legal.

Art. 543. Se o donatário for absolutamente incapaz, dispensa-se a aceitação, desde que se trate de doação pura".

A ideia de dispensa da aceitação do absolutamente incapaz é, na verdade, a correção de uma impropriedade técnica do texto equivalente do CC/1916, que dizia que *as pessoas que não pudessem contratar poderiam, não obstante, aceitar doações puras*. Em verdade, o que ocorre é uma *modalidade especial de aceitação presumida*, uma vez que, sendo a doação pura (ou seja, sem qualquer encargo), não há qualquer prejuízo para o incapaz.

É óbvio que, se a doação importar em qualquer ônus ao donatário incapaz, o dispositivo legal não é aplicável, sendo a doação nula de pleno direito.

Claro está, entretanto, que, em linha de regra geral, no caso do absolutamente incapaz, este deverá estar devidamente representado, para a validade do ato da doação, o mesmo valendo para o nascituro. Nesta hipótese, poder-se-ia falar também em curatela, quando lhe faltar o seu representante legal.

A respeito do nascituro, entretanto, vale notar que, caso não nasça com vida, a estipulação negocial quedará prejudicada e sem efeito, permanecendo o bem no patrimônio do doador.

---

do Capítulo IV ("Pessoa Natural") e 2 ("Pressupostos de validade do negócio jurídico") do Capítulo XII ("Plano de Validade do Negócio Jurídico"), ambos do v. 1 ("Parte Geral") desta obra.

[17] E ainda que se adote a teoria natalista, não se poderia negar os benefícios, inclusive patrimoniais, previstos pela lei. Aliás, mesmo em outros Estados do mundo, vê-se a preocupação da doutrina no sentido de subministrar meios de efetiva tutela do nascituro, sem prejuízo do desenvolvimento científico. Leia-se, neste ponto, interessante trecho do pensamento de Jaime Vidal Martínez, comentando aspectos referentes ao nascituro no Direito Espanhol: "*A nuestro entender, el (ser humano) concebido y no nacido, al que se refiere nuestro Código Civil es, evidentemente, un ser que vive para nacer. Sin olvidar que el nacimiento determina la personalidad, hay que incluir esa posibilidad de nacer entre 'lo favorable' aludido en el texto legal como un presupuesto lógico y ontológico. Y todo ello — conviene tener presente este punto — 'a los efectos civiles', lo qual no excluye posibles consecuencias en otros campos, como el penal o del derecho administrativo*" (*Las Nuevas Formas de Reproducción Humana: Estudio Desde la Perspectiva del Derecho Civil Espanhol*, Universidad de Valencia: Editorial Civitas, 1988, p. 164).

Por fim, ainda sobre o tema da aceitação, é interessante destacar, ainda nesta linha, a indicação doutrinária e jurisprudencial feita por NELSON NERY JR. e ROSA MARIA DE ANDRADE NERY, no sentido de que a doação por representante voluntário (procurador) somente seria possível com a indicação explícita do donatário:

> "Para a validade da escritura de doação realizada por procurador, não bastam poderes para a liberalidade, de modo genérico. É indispensável a menção do donatário, bem como o objeto respectivo. No mesmo sentido: RT 495/44 (RT 472/95)"[18].

Concordamos com esse pensamento, uma vez que reforça o princípio da segurança jurídica nas relações negociais, evitando quebra da boa-fé objetiva por parte do mandatário.

5. DOAÇÃO *MORTIS CAUSA*

Delicado problema diz respeito à admissibilidade da doação *mortis causa*, aquela em que o disponente prevê a transferência de bem(ns) do seu patrimônio, a título gratuito, para depois da sua morte.

Analisando detidamente esta figura, somos por sua *inadmissibilidade*.

Isso porque, se atentarmos para o nosso sistema sucessório de normas, concluiremos que, para o atendimento deste tipo de desiderato, o legislador previu um instituto jurídico específico: *o testamento*.

Trata-se, pois, este último, de negócio jurídico unilateral, essencialmente revogável[19] e especialmente solene, pelo qual o autor da herança (testador) dispõe acerca da transmissibilidade dos seus bens, para depois da sua morte.

Poderá, fundamentalmente, na forma da lei civil, adotar uma das seguintes formas:

"Testamentos ordinários (art. 1.862 do CC/2002):

I — o público;

II — o cerrado;

III — o particular.

Testamentos especiais (arts. 1.886 e 1.887 do CC/2002):

I — o marítimo;

II — o aeronáutico;

III — o militar."

Note-se, ademais, que do art. 1.857 ao art. 1.990 deparamo-nos com uma exaustiva regulamentação da *sucessão testamentária*, sobretudo por meio de normas cogentes e de ordem pública (referentes não apenas à elaboração, como também à execução do testamento), tudo levando a crer que, em nosso Direito Positivo, a transmissibilidade do patrimônio *post mortem* somente poderá se dar por esta via, em prol da segurança e do respeito à última vontade do testador.

---

[18] Nelson Nery Jr. e Rosa Maria de Andrade Nery, *Código Civil anotado*, cit., p. 211.

[19] Poderá, entretanto, conter cláusula irrevogável, a exemplo da que opera o reconhecimento da filiação. Analisaremos detidamente o testamento em nosso volume 7 dedicado ao "Direito das Sucessões".

Concluímos, pois, pela inadmissibilidade da doação para depois da morte do doador, figura que, inclusive, carece de previsibilidade legal[20], sendo o legado — disposição testamentária a título singular, pela qual o testador deixa, à pessoa estranha ou não à sucessão legítima, um ou mais objetos individualizados ou quantia em pecúnia —, previsto nos arts. 1.912 a 1.940 do CC/2002, a figura jurídica mais próxima da noção de "doação *post mortem*".

6. DOAÇÃO INOFICIOSA

A denominada doação inoficiosa é aquela que traduz violação da legítima dos herdeiros necessários. Por herdeiros necessários entenda-se aquela classe de sucessores que têm, por força de lei, direito à parte legítima da herança (50%)[21].

O que o legislador pretendeu, ao resguardar o direito desta categoria de herdeiros, foi precisamente dar-lhes certo conforto patrimonial, impedindo que o autor da herança disponha totalmente do seu patrimônio[22].

De nossa parte, temos sinceras dúvidas a respeito da eficácia social e justiça desta norma (preservadora da legítima), a qual, na grande maioria das vezes, acaba por incentivar intermináveis brigas judiciais, quando não a própria discórdia ou até mesmo a indolência. Poderia, talvez, o legislador resguardar a necessidade da preservação da legítima apenas enquanto os herdeiros fossem menores, ou caso padecessem de alguma causa de incapacidade, situações que justificariam a restrição à faculdade de disposição do autor da herança. Mas, estender a proteção patrimonial a pessoas maiores e capazes, em nosso sentir, é demais!

De qualquer forma, o nosso Direito Positivo manteve a preservação da legítima, circunstância que se reflete no âmbito do Direito Contratual, especialmente na doação, consoante podemos observar da análise dos arts. 544 e 549 do Código Civil:

"Art. 544. A doação de ascendentes a descendentes, ou de um cônjuge a outro, importa adiantamento do que lhes cabe por herança.

(...)

Art. 549. Nula é também a doação quanto à parte que exceder à de que o doador, no momento da liberalidade, poderia dispor em testamento".

O que o legislador quer impedir é, pois, que o doador disponha gratuitamente de mais da metade da sua herança, com violação da legítima dos herdeiros necessários. *A contrario sensu*, se o ato de liberalidade não atingir o direito desta categoria de herdeiros,

---

[20] Vale observar que a tradicional "doação *propter nuptias*" desapareceu do nosso sistema legal, uma vez que o novo diploma civil não repetiu a dicção do art. 314 do Código anterior, que lhe dava sustentação: "*Art. 314. As doações estipuladas nos contratos antenupciais, para depois da morte do doador, aproveitarão aos filhos do donatário, ainda que este faleça antes daquele. Parágrafo único. No caso, porém, de sobreviver o doador a todos os filhos do donatário, caducará a doação*". Pelas razões supramencionadas, entendemos que tal figura jurídica não é mais passível de ocorrência.

[21] No Código Civil de 2002, são herdeiros necessários *os descendentes, os ascendentes e o cônjuge* (art. 1.845 do CC/2002), aos quais se reconhece direito à metade dos bens da herança, a denominada parte legítima (art. 1.846 do CC/2002).

[22] *Vide*: STJ, REsp 154948/RJ, rel. Min. Waldemar Zveiter, j. 19-2-2001, 3.ª Turma.

será reputado válido. Vale lembrar, inclusive, que, para efeito deste cálculo, deverá se considerar o valor do patrimônio do disponente, quando da alienação.

Para facilitar o entendimento do nosso estimado leitor, um exemplo irá ilustrar a hipótese:

Imaginemos que Claudio Adriano seja titular de um patrimônio avaliado em 100.000 reais. Viúvo, tem três filhos: Huguinho, Zezinho e Luizinho. Todos, como sabemos, herdeiros necessários. Pois bem. Imaginemos que Claudio resolva doar 50% do seu patrimônio (50.000) para um terceiro. Não haveria problema, pois esta quota sairia da sua parte disponível. Na mesma linha, poderia também doar este valor para um dos herdeiros necessários (50%), o qual, inclusive, poderia já receber, a título de adiantamento, a sua parte na legítima (16,66%). O que o testador *não poderia* seria doar a parte disponível (50%) + uma quota que ultrapassasse os 16,66% correspondentes à legítima dos outros herdeiros necessários.

Se isso ocorresse, a doação, no que concerne a esse excesso, seria considerada *nula*, a teor do art. 549 do Código Civil[23].

Importante aspecto a ser considerado diz respeito à natureza desta invalidade: *o ato seria reputado nulo (nulidade absoluta) ou anulável (nulidade relativa)?*

Jurisprudência anterior à entrada em vigor do Código Civil de 2002 atribuía a natureza *anulatória* ao ato, admitindo prazo de *vinte anos* para o exercício da ação judicial correspondente.

Nesse sentido, confira-se o seguinte acórdão do Superior Tribunal de Justiça[24], da lavra do Min. RUY ROSADO DE AGUIAR JR.:

"VENDA DE ASCENDENTE PARA DESCENDENTE. Interposta pessoa. Anulação. Prescrição. Data inicial. Doação inoficiosa. — A prescrição da ação de anulação de venda de ascendente para descendente por interposta pessoa é de quatro anos e corre a partir da data da abertura da sucessão. Diferentemente, a prescrição da ação de nulidade pela venda direta de ascendente a descendente sem o consentimento dos demais, é de vinte anos e flui desde a data do ato de alienação. — *A prescrição da ação*[25] *de anulação de doação inoficiosa é de vinte anos, correndo o prazo da data da prática do ato de alienação. Arts. 177, 1.778, 1.132 e 1.176 do C. Civil. Primeiro recurso não conhecido; conhecimento parcial do segundo e seu provimento, também parcial*" (STJ, Recurso Especial 1997/0074150-8, rel. Min. Ruy Rosado de Aguiar, data da decisão 25-6-1998, 4.ª Turma).

Vê-se, portanto, que o norte jurisprudencial, firmado antes da entrada em vigor do Código de 2002, era no sentido de considerar de *natureza anulatória, e com prazo de vinte anos (a contar do ato de doação)*, a ação judicial de invalidade da doação inoficiosa.

---

[23] Na mesma linha, o Código Civil português: "Art. 2.104. 1. Os descendentes que pretendem entrar na sucessão do ascendente devem restituir à massa da herança, para igualação da partilha, os bens ou valores que lhes foram doados por este: esta restituição tem o nome de colação".

[24] Grifos nossos.

[25] Com a devida vênia, não poderíamos deixar de observar que, em se tratando de ação anulatória, referente a exercício de um direito potestativo, melhor seria falar em *prazo decadencial* (sobre o tema, confira-se o Capítulo XVIII ("Prescrição e Decadência") do v. 1 ("Parte Geral") desta obra).

Ora, se este posicionamento persistir, forçoso será concluir que o prazo da anulatória teria sido reduzido para *dois anos*, a teor do art. 179 do Código Civil[26]:

"Art. 179. Quando a lei dispuser que determinado ato é anulável, sem estabelecer prazo para pleitear-se a anulação, será este de dois anos, a contar da data da conclusão do ato".

Temos, entretanto, algumas dúvidas a respeito da natureza anulatória deste prazo.

Isso porque, a par de as regras preservadoras da legítima terem natureza pública e cogente indiscutível, o fato é que o Código de 2002, ao referir a expressão "é nulo", culmina por remeter, o intérprete, à inafastável conclusão de que se trata de *nulidade absoluta*, e não mera anulabilidade.

Aliás, um ponto digno de elogio no novo diploma é exatamente este: cuidar de traçar uma diagnose linguística diferencial mais nítida entre os institutos jurídicos da nulidade e da anulabilidade.

Note-se, portanto, que quando o legislador quis mencionar a hipótese de anulabilidade tratou de ser *explícito*, como é o caso, por exemplo, das regras dos arts. 117, 496, 533, 1.550, 1.558 e 2.027, senão vejamos:

"Art. 117. Salvo se o permitir a lei ou o representado, é anulável o negócio jurídico que o representante, no seu interesse ou por conta de outrem, celebrar consigo mesmo.

Parágrafo único. Para esse efeito, tem-se como celebrado pelo representante o negócio realizado por aquele em quem os poderes houverem sido subestabelecidos".

"Art. 496. *É anulável* a venda de ascendente a descendente, salvo se os outros descendentes e o cônjuge do alienante expressamente houverem consentido."

"Art. 533. Aplicam-se à troca as disposições referentes à compra e venda, com as seguintes modificações:

I — salvo disposição em contrário, cada um dos contratantes pagará por metade as despesas com o instrumento da troca;

II — *é anulável* a troca de valores desiguais entre ascendentes e descendentes, sem consentimento dos outros descendentes e do cônjuge do alienante."

"Art. 1.550. *É anulável* o casamento:

I — de quem não completou a idade mínima para casar;

II — do menor em idade núbil, quando não autorizado por seu representante legal;

III — por vício da vontade, nos termos dos arts. 1.556 a 1.558;

IV — do incapaz de consentir ou manifestar, de modo inequívoco, o consentimento;

V — realizado pelo mandatário, sem que ele ou o outro contraente soubesse da revogação do mandato, e não sobrevindo coabitação entre os cônjuges;

VI — por incompetência da autoridade celebrante.

---

[26] Aliás, desde a primeira edição de nosso volume 1 — Parte Geral, já havíamos feito observação semelhante (1. ed., p. 406-7). Confira-se, a propósito, o Capítulo XIV ("Invalidade do Negócio Jurídico") do v. 1 ("Parte Geral") desta obra.

§ 1.º Equipara-se à revogação a invalidade do mandato judicialmente decretada.

§ 2.º A pessoa com deficiência mental ou intelectual em idade núbia poderá contrair matrimônio, expressando sua vontade diretamente ou por meio de seu responsável ou curador." [parágrafo inserido pelo Estatuto da Pessoa com Deficiência]

"Art. 1.558. É *anulável* o casamento em virtude de coação, quando o consentimento de um ou de ambos os cônjuges houver sido captado mediante fundado temor de mal considerável e iminente para a vida, a saúde e a honra, sua ou de seus familiares."

"Art. 2.027. A partilha é *anulável* pelos vícios e defeitos que invalidam, em geral, os negócios jurídicos [*caput* com redação dada pelo Código de Processo Civil de 2015].

Parágrafo único. Extingue-se em um ano o direito de anular a partilha" (grifos nossos).

E, como se sabe, não havendo prazo decadencial específico de anulabilidade, este será de dois anos, a teor do art. 179.

Ora, na hipótese sob análise, o legislador *expressamente* referiu ser **nula** a doação inoficiosa, e não simplesmente **anulável**, como fizera, por exemplo, no próprio artigo subsequente:

"Art. 550. A doação do cônjuge adúltero ao seu cúmplice *pode ser anulada* pelo outro cônjuge, ou por seus herdeiros necessários, até *dois anos* depois de dissolvida a sociedade conjugal" (grifos nossos).

Tais argumentos, portanto, seriam suficientes, em nosso sentir, para chegarmos à inafastável conclusão de que a doação inoficiosa, por traduzir afronta a normas de ordem pública, e segundo as normas legais do próprio Código Civil, **é nula de pleno direito**.

Mas a este argumento poder-se-ia contrapor outro: por ser imprescritível a arguição da nulidade absoluta, isso não geraria insegurança jurídica, ante a possibilidade de se poder atacar o ato a qualquer tempo?

De fato, o art. 169 do Código Civil dispõe que *o ato nulo não convalesce pelo decurso do tempo*.

Mas os efeitos patrimoniais decorrentes da declaração de invalidade, *sim*.

A *declaração de nulidade absoluta* da doação inoficiosa, a teor deste mencionado dispositivo de lei, não se submete a prazo algum, embora *o pedido dirigido à reivindicação da coisa (pretensão de natureza real) ou o pagamento das perdas e danos (pretensão de natureza pessoal)*, formulado pelo herdeiro prejudicado, submete-se ao prazo prescricional geral (para pretensões pessoais ou reais) de *dez anos*, na forma do art. 205 do CC/2002.

Sobre esse tema, aliás, já havíamos discorrido em nosso volume I — Parte Geral, quando tratávamos dos aspectos gerais do tema "invalidade do negócio jurídico":

"Por imperativo de segurança jurídica, melhor nos parece que se adote o critério da prescritibilidade da pretensão condenatória de perdas e danos ou restituição do que indevidamente se pagou, correspondente à nulidade reconhecida, uma vez que a situação consolidada ao longo de dez anos provavelmente já terá experimentado uma inequívoca aceitação social. Aliás, se a gravidade, no caso concreto, repudiasse a consciência social, que justificativa existiria para tão longo silêncio? Mais fácil crer que o ato já atingiu a sua finalidade, não havendo mais razão para se desconsiderar os seus efeitos. Em síntese: *a imprescritibilidade dirige-se, apenas, à declaração de nulidade absoluta do ato, não atingindo as eventuais pretensões condenatórias correspondentes*"27.

Diante de todo o exposto, e por inexistir jurisprudência maciça nos Tribunais Superiores a respeito do tema à luz do Código de 2002, duas correntes de pensamento poderão ser formadas:

a) a que considera a doação inoficiosa um *negócio jurídico anulável*, e cujo prazo decadencial para a ação correspondente seria de dois anos (art. 179);

b) a que considera a doação inoficiosa *negócio jurídico nulo*, sendo *imprescritível* o pedido declaratório da nulidade em si, e *prescritível em dez anos* a pretensão real de reivindicação do bem doado ou a pretensão pessoal de perdas e danos.

Em nosso sentir, há de prevalecer a segunda linha de pensamento.

7. DOAÇÃO UNIVERSAL

Uma outra forma de doação proibida em nosso sistema é a denominada doação universal, aquela que compreende todo o patrimônio do doador, sem reserva mínima de parte para a sua mantença.

Nesse sentido, dispõe o art. 548 do nosso Código Civil:

"Art. 548. É nula a doação de todos os bens sem reserva de parte, ou renda suficiente para a subsistência do doador".

Cuida-se, em nosso sentir, de inequívoca hipótese de nulidade absoluta, por traduzir violação de preceito cogente, de ordem pública, que visa a resguardar rendimento mínimo para a existência digna do doador.

Evitamos, inclusive, empregar o termo "subsistência" em seu sentido literal, uma vez que o presente dispositivo deve ser interpretado conjuntamente com o comando constitucional que prevê a *dignidade da pessoa humana* como um dos valores fundamentais no Estado Democrático de Direito.

E, sem dúvida, "viver dignamente é muito mais do que simplesmente *subsistir*".

Sobre a dignidade da pessoa humana, princípio fundamental tantas vezes referido nesta obra, lembremo-nos das brilhantes palavras de CANOTILHO:

"Perante as experiências históricas da aniquilação do ser humano (inquisição, escravatura, nazismo, stalinismo, polpotismo, genocídios étnicos) a dignidade da pessoa humana como base da república significa, sem transcendências ou metafísicas, o reconhecimento do *homo noumenon*, ou seja, do indivíduo como limite e fundamento do domínio político da República. Neste sentido, a República é uma organização política que serve o homem, não é o homem que serve os aparelhos político-organizatórios"28.

Em verdade, a preocupação do legislador é extremamente justificável. Se permitido fosse a doação de todo o patrimônio do disponente, estar-se-ia, ainda que por via oblíqua,

---

[27] Pablo Stolze Gagliano e Pamplona Filho, *Parte Geral*, cit., v. 1, p. 461-2.
[28] J. J. Gomes Canotilho, *Direito Constitucional e Teoria da Constituição*, cit., p. 219.

oportunizando-se que este mesmo doador, posteriormente, pudesse bater às portas de um parente, via ação de alimentos, ou do próprio Estado, por meio do sistema de Seguridade Social.

Garante-se, assim, a proteção a um patrimônio mínimo do indivíduo, como uma tutela indispensável a uma vida digna, da qual não poderá abrir mão, em hipótese alguma[29].

Poderá, entretanto, o juiz, à luz do *princípio da conservação dos negócios jurídicos*, reconhecer a nulidade meramente parcial da doação, para conservá-la no que tange ao *quantum* excedente do rendimento básico necessário à mantença do doador. Admite-se, portanto, em nosso sentir, que se opere a *redução* da liberalidade, como ocorre na doação inoficiosa, para que se possa preservar a vida digna do doador.

Obviamente, a restrição à doação se afere no momento da sua celebração, não havendo que falar em nulidade de doação, se, posteriormente, sem nenhuma vinculação direta com o referido contrato, vem o doador a cair na penúria[30].

Não é demais lembrar, nesse ponto, que, caso o doador tenha herdeiros necessários, deverá se sujeitar à restrição do art. 549, acima analisado[31].

---

[29] Sobre o tema, recomendamos a leitura da obra de Luiz Edson Fachin (*Estatuto Jurídico do Patrimônio Mínimo*, Rio de Janeiro: Renovar, 2001).

[30] "DIREITO CIVIL E PROCESSUAL CIVIL. AÇÃO DECLARATÓRIA DE NULIDADE DEDOAÇÃO E PARTILHA. BENS DOADOS PELO PAI À IRMÃ UNILATERAL E ÀEX-CÔNJUGE EM PARTILHA. DOAÇÃO INOFICIOSA. PRESCRIÇÃO. PRAZO DECENAL, CONTADO DA PRÁTICA DE CADA ATO. ARTS. ANALISADOS: 178, 205, 549 E 2.028 DO CC/16. 1. Ação declaratória de nulidade de partilha e doação ajuizada em 7/5/2009. Recurso especial concluso ao Gabinete em 16/11/2011. 2. Demanda em que se discute o prazo aplicável a ação declaratória de nulidade de partilha e doação proposta por herdeira necessária sob o fundamento de que a presente ação teria natureza desconstitutiva porquanto fundada em defeito do negócio jurídico. 3. Para determinação do prazo prescricional ou decadencial aplicável deve-se analisar o objeto da ação proposta, deduzido a partir da interpretação sistemática do pedido e da causa de pedir, sendo irrelevante o nome ou o fundamento legal apontado na inicial. 4. A transferência da totalidade de bens do pai da recorrida para a ex-cônjuge em partilha e para a filha do casal, sem observância da reserva da legítima e em detrimento dos direitos da recorrida caracterizam doação inoficiosa. 5. Aplica-se às pretensões declaratórias de nulidade de doações inoficiosas o prazo prescricional decenal do CC/02, ante a inexistência de previsão legal específica. Precedentes.6. Negado provimento ao recurso especial" (STJ, REsp: 1.321.998-RS 2011/0199693-0, rel. Min. Nancy Andrighi, 3.ª Turma, j. 7-8-2014, *DJe* 20-8-2014).

[31] STJ: O Código Civil de 1916, assim como o CC/2002, proíbem expressamente tanto a doação universal, como a doação inoficiosa. A doação universal (art. 1.175 do CC/1916; art. 548 do CC/2002) é vedada porque, como leciona a doutrina, "mesmo os que não possuem herdeiros, não podem doar simplesmente tudo o que têm", motivo pelo qual "o doador sempre deve manter em seu patrimônio bens ou renda suficientes para a sua subsistência". Por sua vez, a doação inoficiosa (arts 1.176 e 1.576 do CC/1916; art. 549 do CC/2002) é igualmente proibida no direito brasileiro porque quis o legislador tutelar os interesses dos herdeiros necessários, conferindo a eles uma certa garantia de subsistência decorrente dos estreitos vínculos de parentesco com o falecido. Uma parcela significativa da doutrina tem dado às doações universais e às doações inoficiosas o caráter de regra inflexível, reputando como absolutamente nulo o ato de disposição de todo o patrimônio ou o ato de disposição em des-

8. PROMESSA DE DOAÇÃO (*PACTUM DE DONANDO*)

Enfrentaremos aqui um dos mais tormentosos e interessantes problemas referentes à doação. Poderia este contrato ser objeto de uma promessa?

A promessa de contrato, também denominada pré-contrato ou contrato preliminar, é aquele negócio jurídico que tem por objeto a *obrigação de fazer* um contrato definitivo. O exemplo mais comum é o compromisso de venda, o qual, como se sabe, pode inclusive gerar *direito real*.

No caso da doação, entretanto, a situação afigura-se mais delicada, uma vez que, tratando-se de um contrato em geral gratuito (doação pura), posto sempre unilateral (quanto aos efeitos), o reconhecimento da validade e eficácia jurídica da promessa faria com que o donatário — simples beneficiário do ato — pudesse ingressar com a *execução específica* do contrato, forçando o doador a cumprir com o ato de liberalidade a que se obrigara.

A sua admissibilidade é explícita no Código Civil alemão (BGB), consoante se pode ler:

"**§ 518 (Forma da Promessa de Doação)**. Para a validade de um contrato pelo qual, como doação, é prometida uma prestação, é exigível a documentação judicial ou por tabelião da promessa. O mesmo se dá quando é outorgada, como doação, uma promessa de dívida ou um reconhecimento de dívida das espécies de promessa ou de declaração de reconhecimento assinaladas nos §§ 780 e 781.

O vício de forma será sanado pela execução da prestação prometida"[32].

Não havendo, entretanto, em nosso Direito Positivo, regra semelhante, a doutrina e a jurisprudência[33] controvertem-se a respeito.

---

respeito à legítima dos herdeiros necessários e, mesmo quem sustenta haver a possibilidade de alguma espécie de flexibilização dessas regras, não dispensa a preservação de um mínimo existencial para preservação da dignidade da pessoa humana do doador (na hipótese da doação universal) ou a obrigatória aquiescência dos herdeiros (na hipótese da doação inoficiosa). É nesse contexto, pois, que a doação remuneratória, caracterizada pela existência de uma recompensa dada pelo doador pelo serviço prestado pelo donatário e que, embora quantificável pecuniariamente, não é juridicamente exigível, deve respeitar os limites impostos pelo legislador aos atos de disposição de patrimônio do doador, de modo que, sob esse pretexto, não se pode admitir a doação universal de bens sem resguardo do mínimo existencial do doador, tampouco a doação inoficiosa em prejuízo à legítima dos herdeiros necessários sem a indispensável autorização desses, inexistente na hipótese em exame (REsp 1.708.951-SE, Rel. Min. Nancy Andrighi, Terceira Turma, por unanimidade, julgado em 14-5-2019, DJe 16-5-2019).

[32] "*§ Form des Schenkungsversprechens. (1) Zur Gultigkeit eines Vertrags, durch den eine Leistung schenkweise versprochen wird, ist dir notarielle Beurkundung des Versprechens erforderlich. Das Gleiche gilt, wenn ein Schuldversprechen oder ein chuldanerkenntnis der in den §§ 780, 781 bezeichneten Art schenkweise erteilt wird, von dem Versprechen oder der Anerkennungssrklärung.*

(2) Der Mangel der Form wird durch die Bewirkung der versprochenen Leistung geheilt".

[33] *Vide*: STJ, REsp 125.859/RJ, rel. Min. Ari Pargendler, j. 6-3-2001, 3.ª Turma. E também: STJ, REsp 30.647/RS, rel. Min. Barros Monteiro, j. 23-11-1998, 4.ª Turma; STF, RE 122.054-RS, *DJ* 6-8-1993; RE 105.862-PE, *DJ* 20-9-1985; STJ: REsp 92.787-SP, *DJ* 26-5-1997; REsp 730.626-SP, rel. Min. Jorge Scartezzini, j. 3-10-2006.

Situando com costumeira erudição o problema, CAIO MÁRIO DA SILVA PEREIRA pontifica:

"Tem a doutrina se debatido se a doação pode ser objeto de contrato preliminar, *pactum de donando*. E a solução doutrinária tem sido infeliz, por falta de uma distinção essencial entre doação pura e doação gravada de encargo. Partindo da primeira, especifica-se a pergunta: pode alguém obrigar-se a realizar uma doação pura? Formalmente sim, porque, tendo o contrato preliminar por objeto um outro contrato, futuro e definitivo (v. n. 198, *supra*), este novo *contrahere* poderia ser a doação, como qualquer outra espécie. Atendendo a este aspecto apenas, não falta bom apoio à resposta afirmativa, quer dos Códigos, quer dos doutores. Acontece que não se pode deixar de encarar o problema sob o aspecto ontológico, e, assim considerado, a solução negativa impõe-se"[34].

De fato, *a latere* a doação gravada com encargo — figura jurídica perfeitamente compatível com a promessa pela sua onerosidade intrínseca —, a doação pura, por seu turno, se analisada inclusive em seu aspecto teleológico, não se compatibilizaria tão bem com a ideia de uma execução forçada, pelo simples fato de o *promitente-donatário* estar constrangendo a outra parte (*promitente-doador*) ao cumprimento de um ato de simples liberalidade, em face do qual inexistiu contrapartida prestacional.

Claro está, entretanto, que, muitas vezes, o doador não atua somente com o *animus donandi*, mas também impulsionado por outros sentimentos, como, até mesmo, o desejo de resgatar uma dívida de honra ou reconhecer o mérito do donatário.

No dizer de LUIS DÍEZ-PICAZO e ANTONIO GULLÓN, citados por ANA PRATA, em monumental obra do Direito Português:

"a doação pode fazer-se por generosidade, por caridade, por vaidade, por simples pompa, por cultivar o que hoje se chama uma determinada imagem para o exterior ou por qualquer outra causa"[35].

Mas, ainda assim, prepondera o aspecto da beneficência (liberalidade) como *causa do contrato*.

Nesse diapasão, concluímos pela inadmissibilidade da execução coativa da promessa de doação, muito embora não neguemos a possibilidade de o promitente-donatário, privado da legítima expectativa de concretização do contrato definitivo, e desde que demonstrado o seu prejuízo, possa responsabilizar o promitente-doador pela via da ação ordinária de perdas e danos.

Nesse sentido é a conclusão de ANA PRATA:

"Eliminando do regime da promessa de doação a tutela obrigacional da execução específica, está-se afinal a caracterizar tal contrato-promessa como integrando aquela categoria de promessas precárias, cujo cumprimento se resolve forçosamente na indenização"[36].

---

[34] Caio Mário Pereira, *Introdução*, v. III, cit., p. 160-1.
[35] Ana Prata, *O Contrato Promessa e o seu Regime Civil*, Coimbra: Almedina, 2001, p. 307.
[36] Idem, ibidem, p. 315.

Outro não é, aliás, o pensamento de SÍLVIO VENOSA:

"Caso se torne impossível a entrega da coisa, por culpa do promitente doador, o outorgado tem ação de indenização por inadimplemento. Destarte, admitida a teoria do pré-contrato no ordenamento para os pactos em geral, não existe, em tese, obstáculo para a promessa de doar"[37].

Note-se, entretanto, que, para existir esta consequente obrigação de indenizar, deverão estar presentes os pressupostos gerais da responsabilidade civil, matéria de que já tratamos em volume anterior desta obra[38].

9. ESPÉCIES DE DOAÇÃO

Além das modalidades especiais já vistas no decorrer deste capítulo, é muito comum, em doutrina, apresentar diversas classificações do contrato de doação.

Aqui, elencaremos as mais comuns.

9.1. Doação pura × Doação com fatores eficaciais

A primeira modalidade é a *doação pura*, aqui algumas vezes já mencionada, que é aquela que se traduz simplesmente em uma liberalidade, sem fixação de qualquer fator eficacial (condição, termo ou encargo).

Ao lado dela, podemos lembrar de modalidades de doação, em que tenha sido estipulado um desses fatores, limitando a produção de seus efeitos[39].

É o caso da *doação condicional* e da *doação a termo*, cujas denominações são autoexplicativas. De fato, no primeiro caso, é estipulada uma condição (evento futuro e incerto) ao negócio, e, no segundo, é estabelecido um termo (evento futuro e certo) que delimita um prazo, findo o qual o donatário passa a exercer o domínio sobre a coisa alienada.

Dentro da imensa gama de situações em que pode ser enquadrada a doação condicional, temos a doação a entidade a se constituir, evento futuro e incerto quanto à efetiva ocorrência, para o qual o Código Civil de 2002 trouxe disciplina específica, estabelecendo um prazo decadencial para sua constituição, sob pena de invalidade da doação.

É a previsão do art. 554, do CC/2002, que preceitua:

"Art. 554. A doação a entidade futura caducará se, em dois anos, esta não estiver constituída regularmente".

Já a *doação modal*, *onerosa* ou *com encargo*, como o próprio nome indica, trata-se de doação gravada com um ônus (ex.: obrigo-me a doar-lhe uma fazenda, impondo-lhe o encargo de você pagar uma pensão de meio salário mínimo à minha tia idosa).

---

[37] Sílvio Venosa, *Contratos em Espécie*, cit., v. III, p. 132.

[38] Confira-se, para um aprofundamento sobre o tema, o volume 3 ("Responsabilidade Civil") desta obra.

[39] Sobre os fatores eficaciais, confira-se o Capítulo XV ("Plano de Eficácia do Negócio Jurídico") do v. 1 ("Parte Geral") desta obra.

Sua previsão é feita no art. 553 do Código Civil de 2002:

"Art. 553. O donatário é obrigado a cumprir os encargos da doação, caso forem a benefício do doador, de terceiro, ou do interesse geral.

Parágrafo único. Se desta última espécie for o encargo, o Ministério Público poderá exigir sua execução, depois da morte do doador, se este não tiver feito".

É preciso salientar, sempre, que o encargo não é uma contraprestação, sendo proporcionalmente muito menos extenso do que o benefício recebido. Isso porque, se o encargo for muito pesado, pode descaracterizar a doação, transformando-a, por exemplo, em uma compra e venda disfarçada. Descumprido o encargo, o seu beneficiário poderá exigir a sua execução judicial, sendo que, se o beneficiário for a coletividade, está o Ministério Público legitimado a exigir tal execução. Ressalte-se que, como veremos, além dessa consequência (execução coercitiva), se houver descumprimento do encargo, poderá o doador até mesmo revogar a doação.

9.2. Doação contemplativa × Doação remuneratória

Outra espécie de doação, expressamente mencionada tanto na codificação vigente quanto na revogada, é a *doação contemplativa*. Trata-se de uma modalidade em que o doador declina ou indica as razões (motivos) que o levaram a fazer a doação (ex.: doarei 1.000 reais a Pedro, pelo seu espírito de beneficência, altruísmo e compreensão). Em geral, é espécie de doação pura.

É importante perceber que a doação contemplativa não se confunde com a declaração unilateral de vontade, uma vez que aquela é uma relação jurídica negocial, com concurso de vontades (doar e aceitar a doação), enquanto esta é uma manifestação volitiva unilateral, que obriga apenas o declarante, constituindo-se em fonte de obrigações[40].

Equiparada à *doação contemplativa*, pelo menos para o texto codificado, está a *doação remuneratória*, que é aquela feita em retribuição a serviços prestados pelo donatário. É o caso do médico da família, que serviu ao doador, com dedicação durante toda a vida, sem cobrar nada por isso. Claro está, entretanto, que esta doação não consiste tecnicamente em *pagamento*, mas sim, tão somente, *em um justo reconhecimento do doador pelos favores recebidos*.

São elas previstas no art. 540 do CC/2002, que preceitua, *in verbis*:

"Art. 540. A doação feita em contemplação do merecimento do donatário não perde o caráter de liberalidade, como não o perde a doação remuneratória, ou a gravada, no excedente ao valor dos serviços remunerados ou ao encargo imposto".

Sobre o tema, vale a lição de PAULO LUIZ NETTO LÔBO:

"A doação remuneratória, prevista no art. 540 do Código Civil, conjuga liberalidade e remuneração por serviços prestados pelo donatário ao doador. Tem o propósito de recompensar serviços gratuitos recebidos. A razão prática do recurso à doação remuneratória é a de tornar indiscutível no tempo a atribuição patrimonial fundada na gratidão. A doação remuneratória não se confunde com adimplemento de obrigação nem com dação em pagamento, que é a substituição da coisa devida por outra. O pagamento ou adimplemento de obrigação é incompatível com a causa *donandi*; em outras palavras, se há negócio jurídico, não se pode solver a obrigação mediante doação.

---

[40] Sobre o tema, confira-se o Capítulo XXVII ("Atos Unilaterais") do v. 2 ("Obrigações") desta obra.

Na doação remuneratória, não há dever jurídico exigível pelo donatário, mas o doador sente-se no dever moral de remunerá-lo em virtude da prestação de algum serviço que aquele lhe prestou e, por alguma razão pessoal, renunciou à remuneração. Enquadrar-se-ia no conceito amplo de obrigação natural, residente na consciência individual do doador, que o direito reconhece e tutela. Na situação regular de obrigação natural, o devedor paga e não pode repetir. Na doação remuneratória, o credor não deseja receber pagamento; admite, todavia, receber doação, que não tem essa natureza. Por exemplo, o advogado que presta gratuitamente seus serviços profissionais a um amigo e, em virtude dos laços de amizade, constrange-se em receber qualquer pagamento; há doação remuneratória, no presente valioso ou estimativo que o amigo lhe faz. Não há nem pode haver correspectividade ou contraprestação no ato de doar com ânimo remuneratório. Com a tradição do objeto, dissolve-se a motivação e os efeitos da doação são assemelhados ao da doação pura"[41].

Cabe-nos mencionar, ainda, como uma subespécie, *a doação feita em contemplação a casamento futuro.*

Dispondo sobre esta espécie, o art. 546 do Código Civil é extremamente claro e elucidativo:

"Art. 546. A doação feita em contemplação de casamento futuro com certa e determinada pessoa, quer pelos nubentes entre si, quer por terceiro a um deles, a ambos, ou aos filhos que, de futuro, houverem um do outro, não pode ser impugnada por falta de aceitação, e só ficará sem efeito se o casamento não se realizar".

Interessante observar, nesse particular, que o negócio jurídico, segundo a dicção do presente dispositivo, ficará *sem efeito* se o casamento não se realizar. Conclui-se, portanto, e esse seria um erro grave, posto provável, imaginar-se que a doação seria *nula*, na falta do casamento. Todavia, assim não é, uma vez que seria o caso de *negativa de eficácia e não propriamente de validade.*

Com efeito, o negócio jurídico da *doação feita em contemplação a casamento futuro* é existente e válido, tendo apenas um fator eficacial pendente, qual seja, o referido matrimônio, evento futuro e incerto, como toda condição (por mais que os noivos estejam loucos para casar ou receber o bem doado...).

Em todas as espécies aqui mencionadas ou a mencionar, o caráter de liberalidade faz com que o *doador não seja obrigado a pagar juros moratórios, nem esteja sujeito às consequências da evicção ou do vício redibitório*, conforme consta da parte inicial do art. 552 do CC/2002. Todavia, como consta na parte final do mencionado dispositivo, nas "*doações para casamento com certa e determinada pessoa, o doador ficará sujeito à evicção, salvo convenção em contrário*".

9.3. Doação conjuntiva

Doação conjuntiva, por sua vez, é aquela feita a mais de uma pessoa, *ex vi* do disposto no art. 551 do Código Civil de 2002: "*Salvo declaração em contrário, a doação em comum a mais de uma pessoa entende-se distribuída entre elas por igual*". Nota-se que a distribuição

---

[41] Paulo Luiz Netto Lôbo. *Código Civil Comentado*: Direito de Família. Relações de Parentesco. Direito Patrimonial: Artigos 1.591 a 1.693 (coord.: Álvaro Villaça Azevedo), São Paulo: Atlas, 2003, v. XVI.

equitativa das quotas ou partes da coisa doada somente ocorrerá caso o doador, segundo a sua autonomia de vontade, não houver disposto em sentido contrário (ex.: 20% caberá a Pedro e 80% a João).

Em seguida, o parágrafo único do mesmo dispositivo prevê que: "*Se os donatários, em tal caso, forem marido e mulher, subsistirá na totalidade a doação para o cônjuge sobrevivo*". Assim, se os beneficiários da doação forem casados entre si, qualquer que seja o regime de bens, com a morte de um deles, a totalidade da herança tocará ao cônjuge sobrevivo, excepcionando-se, portanto, qualquer outra regra sucessória que desse destino diverso ao referido bem.

Em nosso sentir, todavia, o codificador poderia ter ido mais além, contemplando o mesmo benefício à companheira sobrevivente, uma vez que a união estável, entendida como uma legítima forma de constituição de família, também justificaria a mesma solução. Percebe-se aqui, como em todas as demais regras referentes à doação, uma primazia do matrimônio, a qual, se, por um lado, é fruto de nossa tradição religiosa, por outro, não poderia significar a minimização da tutela de outras formas de união livre, dotadas da mesma dignidade constitucional.

Aliás, como bem observou RODRIGO DA CUNHA PEREIRA, "a partir do momento em que a família deixou de ser o núcleo econômico e de reprodução para ser o espaço do afeto e do amor, surgiram novas e várias representações sociais para ela"[42].

9.4. Doação com cláusula de reversão

A *doação com cláusula de reversão*, por sua vez, é uma interessante figura jurídica, em que se prevê o retorno do bem ao doador, na hipótese de premoriência do donatário. A cláusula de reversão pode ser definida como sendo *a estipulação negocial por meio da qual o doador determina o retorno do bem alienado, caso o donatário venha a falecer antes dele*.

Tem-se, pois, inequivocamente, uma doação geradora de *propriedade resolúvel* do adquirente. Nesse sentido, dispõe o art. 547 do Código Civil que o "*doador pode estipular que os bens doados voltem ao seu patrimônio, se sobreviver ao donatário*".

Como se pode verificar, a morte é admitida pela lei como causa da reversão, nada obstando, porém, que se estipule, de outra forma, a *doação a termo*, no sentido de o bem doado poder reverter ao patrimônio do doador, antes mesmo da morte do donatário. Nesse sentido, observa SÍLVIO VENOSA: "pergunta-se também se essa cláusula pode ser aposta estipulando reversão antes da morte do donatário. A resposta é afirmativa. Cuida-se de aplicar o princípio geral que admite os negócios a termo"[43].

Nesse ponto, tudo fica no âmbito da autonomia da vontade das partes contraentes.

Interessante ponto a ser abordado diz respeito à possibilidade de renúncia da reversão. Em outras palavras: o direito à reversão poderia ser renunciado pelo doador?

Não temos dúvida de que sim.

Trata-se, pois, de um *direito potestativo disponível do doador*. Nessa mesma linha, pontifica GUILLERMO BORDA: "*Puesto que la reversión es un derecho de carácter patri-

---

[42] Rodrigo da Cunha Pereira, *Direito de Família e o Novo Código Civil* (coords. Rodrigo da Cunha Pereira e Maria Berenice Dias), Belo Horizonte: Del Rey/IBDFAM, p. 226-7.

[43] Sílvio de Salvo Venosa, *Contratos em Espécie*, São Paulo: Atlas, 2001, v. III, p. 115.

monial, nada impide que sea renunciado por el donante (art. 1845). La renuncia puede ser expresa o tácita"[44].

Outro instigante problema diz respeito à possibilidade de o bem ser revertido a terceiro. O Código anterior era omisso a esse respeito, o que levava parte da doutrina a admitir essa hipótese, caracterizando uma espécie de "fideicomisso[45] *inter vivos*", que operaria a transmissibilidade do domínio de um bem doado a um terceiro, sem que tivesse havido a morte do doador. Sua aceitação sempre foi polêmica, antes da edição do Código Civil de 2002, que culminou por proibi-lo, consoante se depreende do parágrafo único do artigo sob comento: "*Não prevalece cláusula de reversão em favor de terceiro*".

Talvez a razão de tal proibição resida não apenas na natureza testamentária do fideicomisso, mas, especialmente, na necessidade de se preservar o bem em poder de uma das partes, incentivando-a a imprimir destinação econômica ao mesmo, sem o risco de, ao final, ter de se sujeitar a uma segunda transferência, em benefício de terceira pessoa. Resguarda-se, outrossim, com tal restrição, a segurança nas relações jurídicas.

9.5. Doação mista × Doações mútuas

A **doação mista** (*negotium mixtum cum donatione*) é um negócio jurídico de conteúdo prestacional híbrido, com característica de negócio oneroso, mas trazendo em seu bojo também um matiz de liberalidade. Exemplo clássico pode ser invocado no caso de um sujeito pagar, livremente, 200 reais por um bem que vale apenas 100.

Em nosso sentir, para poder definir em qual categoria o contrato melhor se enquadraria (se na compra e venda ou doação), terá o intérprete de investigar a causa do negócio, para concluir se prepondera o espírito de liberalidade ou apenas a especulação econômica[46].

Pode-se falar, ainda, em doações mútuas, que não se confundem com a doação mista.

Observe-se que, nas "doações mútuas", grafamos propositadamente a expressão no plural, pois este negócio pressupõe que duas partes realizem reciprocamente atos de liberalidade, beneficiando-se mutuamente em um só ato.

Vale dizer, uma parte doa à outra, e vice-versa. Aproxima-se da troca, mas com esta não se confunde pela diferença de causa (a liberalidade), uma vez que na doação existe

---

[44] Guillermo Borda, *Manual de Contratos*, 19. ed., Buenos Aires: Abeledo-Perrot, 2000, p. 572.

[45] O fideicomisso é um instituto jurídico estudado no âmbito do Direito das Sucessões. Trata-se de uma modalidade especial de substituição testamentária por meio da qual o testador (fideicomitente) beneficia sucessivamente dois herdeiros ou legatários — o fiduciário (sucessor de 1.º grau) e o fideicomissário (sucessor de 2.º grau). No Código Civil, a sua disciplina é feita a partir do art. 1.951: "Pode o testador instituir herdeiros ou legatários, estabelecendo que, por ocasião de sua morte, a herança ou o legado se transmita ao fiduciário, resolvendo-se o direito deste, por sua morte, a certo tempo ou sob certa condição, em favor de outrem, que se qualifica de fideicomissário".
Vide: TJRS, AgI 70015005341, rel. Sérgio Fernando de Vasconcellos Chaves, j. 2-8-2006, 7.ª Câmara Cível.

[46] Sobre a causa dos negócios jurídicos, confira-se o subtópico 2.5 ("Algumas palavras sobre a causa nos negócios jurídicos") do Capítulo XI ("Plano de Existência do Negócio Jurídico") do v. 1 ("Parte Geral") desta obra.

uma liberalidade que não há na troca. Nesta última, há uma finalidade negocial típica de permutar o que é de um pelo que é de outro. Nas doações mútuas, há apenas o interesse de beneficiar o outro contratante, sem interesse na reciprocidade, embora existente no mesmo ato.

9.6. Doação sob forma de subvenção periódica

A *doação sob forma de subvenção periódica* é prevista no art. 545 do Código Civil, que dispõe:

"Art. 545. A doação em forma de subvenção periódica ao beneficiado extingue-se morrendo o doador, salvo se este outra coisa dispuser, mas não poderá ultrapassar a vida do donatário".

Em tal caso, tem-se um contrato cujas prestações, devidas pelo doador, são pagas periodicamente, nada impedindo, outrossim, que o doador aplique o capital e o donatário passe a perceber os seus frutos, sendo-lhe vedado o levantamento integral do valor. Claro está que o período de vigência desta doação dependerá do quanto estipulado livremente pelo doador, salientando que a lei, posto admita o benefício para depois da morte do doador, veda a possibilidade de os sucessores do donatário beneficiarem-se com o referido rendimento.

9.7. Doação indireta × Doação disfarçada

Por fim, vale tecer algumas considerações sobre o tema da *doação indireta* e da *doação disfarçada*.

O que a doutrina convencionou chamar de "doação indireta" não traduz, tecnicamente, doação, embora consista em um ato de vantagem patrimonial para uma das partes.

O exemplo mais lembrado é o da remissão (perdão) de dívida. A remissão de dívida não é uma doação, mas constitui um benefício, já que o devedor tem um acréscimo patrimonial consistente na quitação de seu passivo. Outro exemplo é o pagamento de débito alheio, notadamente quando se tratar de um terceiro não juridicamente interessado[47].

A doação disfarçada, por sua vez, é aquela que encobre um negócio jurídico simulado ou em fraude à lei. É o exemplo do indivíduo que forja uma doação, quando, na verdade, está vendendo o bem, para evitar que seus credores exijam o preço como garantia de suas dívidas ou de alguém que faz uma doação, para não incidir em vedações contratuais de compra e venda[48].

Essa classificação é encontrada na obra de CARVALHO DE MENDONÇA, que exemplifica: "As indiretas operam-se frequentemente: a) nas renúncias; b) nas estipulações em favor de terceiros; c) nas remissões de débitos". Outro exemplo seria a própria doação mista, já analisada acima.

---

[47] Sobre o tema, confira-se o Capítulo VIII ("Teoria do Pagamento — Condições Subjetivas e Objetivas") do v. 2 ("Obrigações") desta obra.

[48] *Vide*: STJ, REsp 290.605/SC, rel. Min. Ruy Rosado de Aguiar, j. 1.º-3-2001, 4.ª Turma.

E conclui o festejado jurista, distinguindo as duas modalidades:

"...teoricamente, a diferença consiste no seguinte: a indireta resulta de um ato que não é aparente, que é na realidade uma doação; a disfarçada é, ao contrário, uma doação com aparência de um ato jurídico diverso"[49].

Em complemento a este item, cuidaremos de destacar, em tópicos próprios e distintos, dadas a importância e a profundidade dos temas, a *doação entre companheiros e concubinos* e a *doação feita ao nascituro e ao embrião*.

Vamos a elas.

10. DOAÇÃO ENTRE COMPANHEIROS E CONCUBINOS

Para que possamos entender devidamente este tópico, faz-se necessário tecermos breves considerações acerca da união estável, diferenciando-a do concubinato impuro[50].

Em um primeiro momento da nossa história, falava-se apenas em *concubinato* — expressão de raiz latina que significava *cum cubere* (dormir com) — para caracterizar uma forma espúria de união entre pessoas de sexos distintos, que passavam a conviver extramatrimonialmente, figura esta já conhecida desde o Direito Romano.

Um breve voltar de olhos nos indicará que esta forma de convivência informal não receberia o beneplácito legal, por ser travada fora dos cânones legitimadores da Igreja. Aliás, a resistência religiosa, refletida em nossa legislação, consistiu, sem sombra de dúvida, no principal empecilho ao seu reconhecimento e tutela jurídica.

Emblemático, neste ponto, é o pensamento de WASHINGTON DE BARROS MONTEIRO, em obra editada em 1957:

"Presentemente, porém, por toda parte, nota-se generalizada condescendência em relação ao concubinato. Mas os que assim se mostram indulgentes, a pretexto de que se trata de fato frequente, sobretudo, entre as classes populares, concorrem indiretamente para a desagregação da família legítima. Primeiro, foi a tolerância com o adultério, depois, a maior facilidade para a obtenção do divórcio; procura-se outorgar, assim, ao concubinato, melhor tratamento jurídico, esquecidos os seus propugnadores de que estender o braço protetor aos concubinos será, sem dúvida, afetar e comprometer a estabilidade e a dignidade da família legítima. Inegável, todavia, a generalização do fato social, que revela o estado de decadência a que chegou a sociedade brasileira"[51].

Entretanto, a despeito do inegável quilate intelectual desse renomado jurista, forçoso convir que as vicissitudes do fato social culminariam por demonstrar o grave equívoco de se tentar cunhar um conceito ou *standard* fechado de *família* — tutelando-a apenas se revestida do qualificativo "legítima" — quando, em verdade, outras formas de arranjos familiares tornar-se-iam mais evidentes, merecendo a mesma proteção do legislador, especial-

---

[49] Manuel Inácio Carvalho de Mendonça, *Contratos no Direito Civil Brasileiro*, 4. ed., Rio de Janeiro: Revista Forense, 1957, t. I, p. 82.

[50] Este tema será detalhadamente desenvolvido em nosso volume 6, dedicado ao "Direito de Família".

[51] Washington de Barros Monteiro, *Curso de Direito Civil — Direito de Família*, 3. ed., São Paulo: Saraiva, 1957, p. 23.

mente por se encontrar nesses ninhos a pedra de toque de toda definição de família: *a afetividade*[52].

Nessa linha, é a sempre atual doutrina do nosso amigo e ilustrado jurista ANTÔNIO CARLOS MATHIAS COLTRO:

"De forma inevitável e na mesma esteira de tudo que o século passado assistiu alterar-se (sob o influxo de pressões sociais, psicológicas, antropológicas, com evidentes consequências no plano jurídico), também a família submeteu-se a uma visceral mudança. Apresenta-se como instituição, com forma multifária. A respeito dela sequer é possível afirmar um conceito único. Varia conforme o aspecto sob o qual se analisa e suscita indagações cada vez mais intrincadas quanto aos aspectos que a envolvem e os efeitos que produzem"[53].

Assim, com especial influência do Direito Francês[54], o nosso sistema jurídico, paulatinamente, passaria a ceder espaço ao concubinato — entidade familiar não matrimonializada[55] — preferindo, inclusive, substituir esta expressão — indicativa de uma relação proibida — pela noção de *companheirismo*.

Ora, sem pretensão de aprofundamento — uma vez que este será o objeto de nosso volume dedicado ao Direito de Família —, podemos observar que a evolução deste instituto deu-se a passos lentos, no âmbito do Direito Civil, que, de maneira tímida, apenas em 1912, por ocasião da entrada em vigor do Decreto n. 2.681, reconheceria à concubina direito à indenização pela morte do companheiro em estradas de ferro[56].

A partir daí, apenas o Direito Obrigacional deitaria os seus olhos à tutela da companheira, para admitir, em um primeiro momento, a possibilidade de se pleitear *indenização pelos serviços prestados* durante o período de convivência. Observava-se, pois, aqui, a preocupação da jurisprudência em evitar o enriquecimento sem causa de uma das partes da relação.

Todavia, note o nosso atento leitor que a companheira era tratada como uma mera *prestadora de serviços domésticos*.

Mas a jurisprudência evoluiria, em um segundo momento, para admitir o reconhecimento de uma *sociedade de fato* entre os companheiros, de maneira que a companheira

---

[52] Bela definição de família, neste contexto socioafetivo, é dada pelo conjunto musical *Titãs*, na música "Família" (<http://titas.letras.terra.com.br/letras/48973/>). Vale a pena conferir...

[53] Antônio Carlos Mathias Coltro, *Um Valor Imprescindível* (texto publicado na Revista Jurídica Del Rey/IBDFAM, maio 2002, a. IV, n. 8, p. 16).

[54] Vale registrar que dispõe o art. 515-8 do Código francês, alterado pela Lei n. 99-944, de 15 de novembro de 1999, no sentido de que: "Le concubinage est une union de fait, caractériseé par une vie commune présentant un caractère de stabilité et de continuité, entre deux pesonnes, de sexe différént ou de même sexe, qui vivent en couple". Nota-se, pois, que também é reconhecida a união entre pessoas do mesmo sexo, tendência sentida nas legislações da maioria dos Estados europeus.

[55] O Código Civil de 1916, lembra-nos Cláudia Grieco Tabosa Pessoa, não tratou o concubinato como instituto, "tendo havido, tão somente, previsões quanto ao impedimento absoluto para o casamento do cônjuge adúltero com o seu corréu condenado (art. 183, VII), à possibilidade de reivindicação de bens transferidos à concubina (art. 248, IV), ao reconhecimento da filiação em relação a prole havida das uniões concubinárias (art. 363, I), à proibição de doação (art. 1.177), à declaração de ilegitimidade passiva testamentária à concubina (art. 1.719, III) e à proibição de instituição de seguro de vida (art. 1.474)" (cf. a excelente obra *Efeitos Patrimoniais do Concubinato*, São Paulo: Saraiva, 1997, p. 17-8).

[56] Referência feita por Cláudia Grieco Tabosa Pessoa, ob. cit., p. 18.

deixaria de ser mera prestadora de serviços com direito à simples indenização, para assumir a posição de *sócia* na relação concubinária, *com direito à parcela do patrimônio comum*, na proporção do que houvesse contribuído.

Segundo ARNOLDO WALD,

"É necessário lembrar que a jurisprudência sobre a sociedade de fato surgiu no direito brasileiro, pela primeira vez, para favorecer os casais de imigrantes estrangeiros, que tinham convolado núpcias especialmente na Itália, sob o regime da separação de bens e que constituíram um patrimônio comum no Brasil, sentindo os Tribunais a injustiça de não se atribuir à mulher parte do patrimônio comum, embora estivesse o mesmo em nome do marido"[57].

Nessa linha, o Supremo Tribunal Federal, que já havia editado súmula admitindo o direito da companheira à indenização por acidente de trabalho ou transporte do seu companheiro, se não houvesse impedimento para o matrimônio (Súmula 35), avançaria mais ainda, para reconhecer, na Súmula 380, *direito à partilha do patrimônio comum*:

"Súmula 380 — Comprovada a existência da sociedade de fato entre os concubinos, é cabível a sua dissolução judicial, com a partilha do patrimônio adquirido pelo esforço comum".

A contribuição da companheira, que tanto poderia ser direta (econômica) ou indireta (psicológica), justificaria, pois, a demanda voltada à divisão proporcional do patrimônio, cujo trâmite seria feito em sede do Juízo Cível, pois, até então, a relação entre os companheiros não era admitida como uma forma de família.

A nossa Constituição Federal, todavia, modificaria profundamente este cenário, retirando o concubinato puro (entre pessoas desimpedidas ou separadas de fato) da árida zona do Direito Obrigacional, para reconhecer-lhe dignidade constitucional, alçando-lhe ao patamar de instituto do Direito de Família, consoante se depreende da leitura de seu art. 226, § 3.º:

"§ 3.º Para efeito da proteção do Estado, é reconhecida a união estável entre o homem e a mulher como entidade familiar, devendo a lei facilitar sua conversão em casamento".

Ao perceber esta importante evolução, GUSTAVO TEPEDINO prelecionou que:

"O ingresso do concubinato no direito de família caracterizaria, com efeito, uma nova e importante fase, na qual o legislador especial e, paulatinamente, a jurisprudência passariam a considerá-lo não só do ponto de vista das relações obrigacionais interpostas, tendo-se, ao contrário, em conta as relações de afeto e de solidariedade levadas a cabo pelos companheiros"[58].

Seguindo este referido mandamento constitucional, duas importantes leis foram editadas: a Lei n. 8.971, de 1994 (que regulou os direitos dos companheiros aos alimentos e à sucessão), e a Lei n. 9.278, de 1996 (que revogou parcialmente o diploma anterior, ampliando o âmbito de tutela dos companheiros).

---

[57] Arnoldo Wald, *Curso de Direito Civil Brasileiro — Direito de Família*, 11. ed., São Paulo: Revista dos Tribunais, p. 195.

[58] Gustavo Tepedino, *Temas de Direito Civil*, 2. ed., Rio de Janeiro: Renovar, 2001, p. 333.

O Código Civil de 2002, por sua vez, culminaria por derrogar[59] a Lei de 1996, uma vez que a disciplina da união estável passaria a integrar o corpo do nosso próprio Estatuto Civil:

"TÍTULO III

Da União Estável

Art. 1.723. É reconhecida como entidade familiar a união estável entre o homem e a mulher, configurada na convivência pública, contínua e duradoura e estabelecida com o objetivo de constituição de família.

§ 1.º A união estável não se constituirá se ocorrerem os impedimentos do art. 1.521; não se aplicando a incidência do inciso VI no caso de a pessoa casada se achar separada de fato ou judicialmente.

§ 2.º As causas suspensivas do art. 1.523 não impedirão a caracterização da união estável.

Art. 1.724. As relações pessoais entre os companheiros obedecerão aos deveres de lealdade, respeito e assistência, e de guarda, sustento e educação dos filhos.

Art. 1.725. Na união estável, salvo contrato escrito entre os companheiros, aplica-se às relações patrimoniais, no que couber, o regime da comunhão parcial de bens.

Art. 1.726. A união estável poderá converter-se em casamento, mediante pedido dos companheiros ao juiz e assento no Registro Civil.

Art. 1.727. As relações não eventuais entre o homem e a mulher, impedidos de casar, constituem concubinato".

No que interessa especificamente à problemática da doação, cumpre-nos observar, a teor de tais dispositivos, que o codificador dedicou as suas regras tutelares à *relação familiar constituída entre COMPANHEIROS* (pessoas desimpedidas ou simplesmente separadas de fato), ao passo que, por outro lado, *negou a tutela do Direito de Família aos CONCUBINOS* (pessoas de convivência proibida), dispensando, a estas últimas, apenas a disciplina do Direito Obrigacional, segundo a teoria da sociedade de fato.

E, aqui, chegamos ao clímax do nosso pensamento: para que possamos compreender devidamente o problema da doação, pois necessário se faz que tracemos uma diagnose diferencial entre a *relação travada entre companheiros* (inserida no âmbito do Direito de Família) e a *relação travada entre concubinos* (inserida no âmbito do Direito Obrigacional).

O que observamos, portanto, é que o Código Civil, ao tratar do contrato de doação, objeto do presente capítulo, *proíbe a doação entre concubinos* (especialmente a hipótese de quebra do dever de fidelidade por subsistência de outra relação amorosa, ao lado do casamento), e *não entre companheiros (partes em uma união estável)*:

---

[59] Não é correto dizer, em nosso sentir, que a Lei de 1996 teria sido totalmente revogada (ab-rogada). Tome-se, a título exemplificativo, a norma referente ao direito real de habitação da(o) companheira(o) sobrevivente que, posto não expressamente regulado no Código novo, ainda estaria em vigor. A negação deste direito, observou Pablo Stolze Gagliano, "*afigura-se grave, à medida que a difícil situação sucessória do companheiro <no Código de 2002> deve ser atenuada, segundo uma interpretação constitucional, e em atenção ao superior princípio da vedação ao retrocesso*", desenvolvido por Canotilho (cf. *Código Civil Comentado*, cit., v. XIII, p. 218).

"Art. 550. A doação do cônjuge adúltero ao seu cúmplice *pode ser anulada* pelo outro cônjuge, ou por seus herdeiros necessários, até *dois anos* depois de dissolvida a sociedade conjugal".

Fixada, portanto, a premissa de que a proibição sob análise diz respeito à doação entre *concubinos*, podemos concluir, por consequência, que pretendeu o legislador, no caso, preservar a estabilidade patrimonial do casamento e dos próprios herdeiros necessários do doador.

Tal distinção, aliás, já fazia o Superior Tribunal de Justiça, mesmo na vigência do Código anterior:

"Doação. Aquisição de imóvel em nome da companheira por homem casado, com, entretanto, o rompimento da vida conjugal deste. Distinção entre concubina e companheira. Não incidem as normas dos Arts. 248, inc. IV, e 1.177 do Código Civil, quando ocorrida a doação com o rompimento da vida em comum entre o finado doador e sua mulher; quando, enfim, se haviam findado as relações patrimoniais decorrentes do casamento. Precedentes do Tribunal quanto a distinção entre 'concubina' e 'companheira'. Recurso Especial conhecido, mas improvido" (STJ, REsp (1993/0017551-3), rel. Min. Barros Monteiro, data do julgamento 18-4-1995, 4.ª Turma).

Volvendo ainda os olhos ao art. 550, cuida-se, como se pode ver, de *demanda anulatória*, com prazo decadencial de dois anos (a contar da dissolução da sociedade conjugal).

Todavia, um outro importante aspecto deve ser observado.

Nada impede, a nosso ver, que, mesmo durante a vigência da sociedade conjugal, possa o cônjuge prejudicado intentar a ação anulatória, ou mesmo uma outra medida cautelar, para evitar a consumação do ato de alienação. Neste caso, não reconhecemos legitimidade aos demais herdeiros necessários, pois estariam interferindo em aspectos íntimos da vida do casal (fidelidade recíproca), muito embora pudessem impugnar o negócio por outra via, caso houvesse violação da legítima, *ex vi* do disposto no art. 549 do Código Civil, já analisado.

11. DOAÇÃO FEITA AO NASCITURO E AO EMBRIÃO

O significado etimológico da palavra nascituro é "o que está por nascer". Portanto, trata-se de um ente já concebido (o que pressupõe a fusão dos gametas, em que a junção do óvulo ao espermatozoide forma o zigoto ou embrião) e nidado (implementado nas paredes do útero materno), porém não nascido[60].

A categorização criada pela doutrina clássica do direito privado aponta a pessoa natural e o nascituro como sujeitos (efetivos ou potenciais) de direitos dentro do sistema jurídico. Esse sistema clássico termina por não acompanhar a nova realidade trazida pela prática das fertilizações artificiais, que origina a situação dos embriões concebidos *in vitro*, não implantados no útero materno por motivos diversos, e congelados por serem excedentes.

---

[60] No entanto, vale ressaltar as incessantes divergências na construção do conceito sobre aquele que está por nascer, originadas de interpretações diversas acerca das fases do desenvolvimento embrionário, uma vez verificada a dificuldade em identificar o momento em que o embrião ou zigoto possa começar a ser chamado de nascituro. Majoritariamente, o que se tem verificado é que o nascituro surge com o fenômeno da nidação, que é a fixação ou implantação (para o caso de concepções artificiais ou *in vitro*) do zigoto nas paredes do útero.

Pessoa natural é todo ser humano considerado pelo sistema jurídico como sujeito de direitos e obrigações. Inevitavelmente, foi necessário fixar um termo a partir do qual pudesse restar caracterizada a existência da pessoa, o momento em que se verifica a ocorrência dos pressupostos fáticos capazes de evidenciá-la como tal. Assim dispôs a codificação civil, em seu artigo 2.º, quando determinou que a personalidade civil da pessoa começa com seu nascimento com vida. Cumpre atentar, pois, para a íntima relação entre deter personalidade jurídica e ser sujeito de direitos e obrigações.

Personalidade jurídica, para a Teoria Geral do Direito Civil, é a aptidão genérica para titularizar direitos e contrair obrigações, ou, em outras palavras, é o atributo necessário para ser sujeito de direito. Adquirida a personalidade, o ente passa a atuar, na qualidade de sujeito de direito (pessoa natural ou jurídica), praticando atos e negócios jurídicos dos mais diferentes matizes. A pessoa natural, para o direito, é, portanto, o ser humano, enquanto sujeito/destinatário de diretos e obrigações[61].

Dessa forma, a junção dos pressupostos — nascimento e vida — implicará na constatação da existência da personalidade jurídica, de maneira que ainda que uma criança nasça com vida e depois venha a falecer, terá adquirido personalidade (e todas as consequências jurídicas de tal fato). O nascimento é a separação da criança do ventre da mãe, e a constatação da ocorrência do elemento vida está condicionada à existência da respiração (entrada de ar nos pulmões), enquanto fenômeno fisiológico[62].

Para explicar a natureza jurídica do nascituro, a doutrina se divide em três entendimentos: teoria concepcionista, teoria da personalidade condicional e teoria natalista.

A princípio, importa salientar que a discussão acerca da condição jurídica do nascituro também pressupõe a identificação do momento em que o ordenamento determina como o início da existência da pessoa, titular de direitos e obrigações. A exegese do art. 2.º do Código Civil condiciona a aquisição da personalidade ao nascimento com vida, mas adverte que os direitos do não nascido serão salvaguardados pela lei. Assim, surgem questionamentos quanto ao reconhecimento do nascituro como pessoa, uma vez que a lei não o reconhece, mas garante a observância de direitos que são genericamente inerentes a essa condição, configurando um sistema de proteção conferido aos entes dotados de personalidade civil.

Para a linha concepcionista, o nascituro tem personalidade jurídica, ou seja, o feto, desde a sua concepção, pode figurar como sujeito de direitos e obrigações, possuindo a mesma natureza que a pessoa natural. Dessa forma, a nidação (momento de instalação do embrião nas paredes do útero configurando a possibilidade de vida viável) seria o termo inicial de existência do nascituro, protegido desde então como pessoa, titular de direitos personalíssimos e, mesmo, patrimoniais. Para a teoria, não se deve discutir a titularidade

---

[61] Sobre o tema, confira-se o tópico 2 ("Personalidade jurídica") do Capítulo IV ("Pessoa Natural") do v. 1 ("Parte Geral") desta obra.

[62] Quanto à prole eventual, o Código Civil admite que os filhos ainda não concebidos (portanto, não existentes à época da sucessão) possam suceder por testamento, conforme dispõe o art. 1.799, I, do CC/2002. O que se infere da leitura do dispositivo é que os embriões mantidos em laboratórios, oriundos de reproduções artificiais e excedentes ao processo, não se encontram abrangidos pela previsão, na medida em que são entes já concebidos, o que os afasta da categoria de prole eventual, que, conforme a lei, se destina a seres ainda não concebidos, ou seja, ainda não existentes.

dos direitos patrimoniais do não nascido, mas tão somente os efeitos desses direitos, que evidentemente dependeriam do seu nascimento com vida.

Segundo tal visão, a personalidade do nascituro não é condicional; apenas certos efeitos de certos direitos dependem do nascimento com vida, notadamente os direitos patrimoniais materiais, como a doação e a herança. Nesses casos, o nascimento com vida é elemento do negócio jurídico que diz respeito à sua eficácia total, aperfeiçoando-a.

A doutrina concepcionista tem como base o fato de que ao proteger legalmente os direitos do nascituro, o ordenamento já o considera pessoa, na medida em que, segundo a sistematização do direito privado, somente pessoas são consideradas sujeitos de direito, e, consequentemente, possuem personalidade jurídica. É o caso do aborto, crime contra o não nascido que está disciplinado no Código Penal dentre os crimes do título "Crimes contra a pessoa". Dessa forma, para a teoria da concepção, não há expectativa de direitos para o nascituro; seus direitos não estão condicionados ao nascimento com vida, eles já existem independentemente disto.

A teoria da personalidade condicional sustenta a personalidade do nascituro (ou seja, desde a concepção) sob a condição de que nasça com vida. Sem o implemento da condição — nascimento com vida — não haverá aquisição da personalidade. Conclusivamente, a aquisição de certos direitos (como os de caráter patrimonial) ocorreria sob a forma de condição suspensiva, ou seja, se o não nascido nascer com vida a sua personalidade retroage ao momento de sua concepção. Assim, o feto tem personalidade condicional, pois tem assegurado a proteção e gozo dos direitos da personalidade, mas somente gozará dos demais direitos (os de cunho patrimonial) quando nascer com vida, ou seja, quando restar implementada a condição que conferirá a sua personalidade plena.

Nessa linha, o nascituro não é propriamente sujeito de direito, embora mereça a proteção legal, tanto no plano civil como no plano criminal. A proteção do nascituro explica-se, pois há nele uma personalidade condicional que surge, na sua plenitude, com o nascimento com vida e se extingue no caso de não chegar o feto a viver.

Desse modo, para a teoria da personalidade condicional, durante a gestação, o nascituro é tutelado pela lei (o curador ou seu representante legal seria o responsável pelo zelo de seus direitos), que lhe garante direitos personalíssimos e patrimoniais sujeitos à condição suspensiva — nascimento com vida. Tal teoria não é tão incisiva quanto a concepcionista, no que tange à aquisição da personalidade.

Por fim, temos a teoria natalista, que é a que reflete a interpretação literal extraída da exegese do art. 2.º do Código Civil. Só existe personalidade jurídica a partir do nascimento com vida. Assim, o não nascido não tem personalidade jurídica, mas, tão somente, expectativa de direito. Nascendo com vida, o indivíduo adquirirá personalidade e será titular em plenitude de direitos e obrigações, incluindo os de natureza patrimonial.

Dentro dessa visão, o nascituro não é ainda pessoa, pois não é dotado de personalidade jurídica. Os direitos que se lhe reconhecem permanecem em estado potencial. Nascendo e adquirindo personalidade, integraliza-se a trilogia essencial (sujeito — objeto — relação jurídica); mas, frustrando-se o nascimento, o direito não chega a constituir-se, e não há falar, portanto, em reconhecimento de personalidade ao nascituro, nem admitir que já antes do nascimento ele é sujeito de direito.

Embora essa seja a teoria aparentemente adotada pelo vigente Código Civil brasileiro, o ordenamento jurídico, independentemente da atribuição da personalidade somente a seres que nasçam com vida, *reconheceu a necessidade da tutela do nascituro*, e o fez sob a forma civil (garantindo a ele uma série de direitos) e sob a forma penal (criminalizando e proibindo o aborto, ressalvadas as exceções legais), o que nos leva a crer numa acentuada influência da doutrina concepcionista.

Em suma, nos termos do Código Civil em vigor, mesmo não sendo considerado pessoa, para os que adotam a linha natalista, o nascituro tem seus direitos protegidos desde a concepção, independentemente da teoria adotada.

Conforme já afirmamos alhures:

"A despeito de toda essa profunda controvérsia doutrinária, o fato é que, nos termos da legislação em vigor, inclusive do Novo Código Civil, o nascituro, embora não seja considerado pessoa, tem a proteção legal dos seus direitos desde a concepção".

Nesse sentido, pode-se apresentar o seguinte quadro esquemático:

a) o nascituro é titular de direitos personalíssimos (como o direito à vida, o direito à proteção pré-natal etc.)[63];

b) pode receber doação, sem prejuízo do recolhimento do imposto de transmissão *inter vivos*;

c) pode ser beneficiado por legado e herança[64];

d) o Código Penal tipifica o crime de aborto;

e) como decorrência da proteção conferida pelos direitos da personalidade, o nascituro tem direito à realização do exame de DNA, para efeito de aferição de paternidade[65].

---

[63] O art. 7.º do Estatuto da Criança e do Adolescente (Lei 8.069/90) dispõe que: "a criança e o adolescente têm direito à proteção à vida e à saúde, mediante a efetivação de políticas públicas que permitam *o nascimento* e o desenvolvimento sadio e harmonioso, em condições dignas de existência".

[64] Pablo Stolze Gagliano e Rodolfo Pamplona Filho, *Novo Curso de Direito Civil*, cit., v. 1, p. 128.

[65] Confira-se, nesse ponto, o polêmico julgado do Supremo Tribunal Federal no caso "Glória Trevis" (Rcl 2.040, Questão de Ordem na Reclamação, rel. Min. Néri da Silveira, j. 21-2-2002, órgão julgador: Tribunal Pleno, *DJ*, 27-6-2003, p. 31), em que podemos observar a aplicação da teoria da "ponderação de interesses", visando a dirimir eventuais conflitos entre direitos constitucionais. Embora se buscasse, em verdade, a apuração de um crime, o fato é que o nascituro mereceu, em nosso sentir, no caso em tela, o benefício da produção da prova pericial, para que, após seu nascimento, não tivesse que carregar o peso das circunstâncias duvidosas da sua concepção: "EMENTA: Reclamação. Reclamante submetida ao processo de Extradição n. 783, à disposição do STF. 2. Coleta de material biológico da placenta, com propósito de se fazer exame de DNA, para averiguação de paternidade do nascituro, embora a oposição da extraditanda. 3. Invocação dos incisos X e XLIX do art. 5.º da CF/88. 4. Ofício do Secretário de Saúde do DF sobre comunicação do Juiz Federal da 10.ª Vara da Seção Judiciária do DF ao Diretor do Hospital Regional da Asa Norte — HRAN, autorizando a coleta e entrega de placenta para fins de exame de DNA e fornecimento de cópia do prontuário médico da parturiente. 5. Extraditanda à disposição desta Corte, nos termos da Lei n. 6.815/80. Competência do STF, para processar e julgar eventual pedido de autorização de coleta e exame de material genético, para os fins pretendidos pela Polícia Federal. 6. Decisão do Juiz Federal da 10.ª Vara do Distrito Federal, no ponto em que autoriza a entrega da placenta, para fins de realização de exame de DNA, suspensa, em parte, na liminar concedida na Reclamação. Mantida a determinação ao Diretor do Hospital Regional da Asa Norte, quanto à realização da coleta da placenta do filho da extraditanda. Suspenso também o despacho do Juiz Federal da 10.ª Vara, na parte relativa ao fornecimento de cópia integral do prontuário médico da parturiente. 7. Bens jurídicos constitucionais como 'moralidade administrativa', 'persecução penal pública' e 'segurança pública' que se acrescem — como bens

Defendemos ainda, desde a primeira edição desta obra, o entendimento de que o nascituro tem direito a *alimentos*, por não ser justo que a genitora suporte todos os encargos da gestação sem a colaboração econômica do pai da criança que está por vir ao mundo. Por isso, é com bons olhos que vislumbramos que tal matéria passou a ser objeto de legislação expressa, por meio da Lei n. 11.804, de 5 de novembro de 2008, que disciplinou o direito aos chamados "alimentos gravídicos", que compreendem todos os gastos necessários à proteção do feto[66].

Feita a revisão conceitual da figura do nascituro, é importante ressaltar que, infelizmente, o Código Civil de 2002 quedou-se absolutamente silente quanto à disciplina do embrião, figura anterior à nidação, que, embora possa nunca se desenvolver como um ser humano, tem, potencialmente, condições de sê-lo.

Pois bem.

Após passarmos em revista tais conceitos, enfrentemos o problema referente às doações feitas ao nascituro e ao embrião.

O problema do embrião é mais complexo, uma vez que, carecendo ainda de uma proteção legal específica, e partindo de uma interpretação literal da lei em vigor, não se poderia concluir que um ente concebido em laboratório, e ainda não inserido no útero materno, pudesse ser beneficiário de doação.

Isso porque, consoante se depreende da análise dos já mencionados arts. 2.º e 542, o Código Civil apenas referiu a tutela do *nascituro*, deixando de fora o embrião.

Confiram-se, novamente, os referidos artigos de lei:

"Art. 2.º A personalidade civil da pessoa começa do nascimento com vida; mas a lei põe a salvo, desde a concepção, os direitos do *nascituro*.

(...)

Art. 542. A doação feita ao *nascituro* valerá, sendo aceita pelo seu representante legal" (grifamos).

---

da comunidade, na expressão de Canotilho — ao direito fundamental à honra (CF, art. 5.º, X), bem assim direito à honra e à imagem de policiais federais acusados de estupro da extraditanda, nas dependências da Polícia Federal, e direito à imagem da própria instituição, em confronto com o alegado direito da reclamante à intimidade e a preservar a identidade do pai de seu filho. 8. Pedido conhecido como reclamação e julgado procedente para avocar o julgamento do pleito do Ministério Público Federal, feito perante o Juízo Federal da 10.ª Vara do Distrito Federal. 9. Mérito do pedido do Ministério Público Federal julgado, desde logo, e deferido, em parte, para autorizar a realização do exame de DNA do filho da reclamante, com a utilização da placenta recolhida, sendo, entretanto, indeferida a súplica de entrega à Polícia Federal do 'prontuário médico' da reclamante".

[66] Lei n. 11.804, de 5 de novembro de 2008: "Art. 2.º Os alimentos de que trata esta Lei compreenderão os valores suficientes para cobrir as despesas adicionais do período de gravidez e que sejam dela decorrentes, da concepção ao parto, inclusive as referentes a alimentação especial, assistência médica e psicológica, exames complementares, internações, parto, medicamentos e demais prescrições preventivas e terapêuticas indispensáveis, a juízo do médico, além de outras que o juiz considere pertinentes.

Parágrafo único. Os alimentos de que trata este artigo referem-se à parte das despesas que deverá ser custeada pelo futuro pai, considerando-se a contribuição que também deverá ser dada pela mulher grávida, na proporção dos recursos de ambos".

Discorrendo acerca da *representação do nascituro*, NELSON NERY JR. e ROSA MARIA DE ANDRADE NERY observam que:

"A representação do nascituro dá-se por intermédio dos pais, como decorrência do poder familiar (CC 1630). Se a mulher é solteira, o nascituro permanece, salvo pretensão diversa do pai, representado pela mãe (CC 1633). Se o pai falecer estando grávida a mulher, não tendo esta o poder familiar, dar-se-á curador ao nascituro (CC 1779 e Código de Processo Civil, par. ún.). Se a mulher tiver sido interditada, seu curador será também o do nascituro (CC 1779, par. ún.)"[67].

Nesse contexto, vale salientar que *"nascituro"* é termo técnico, que traduz o *ente concebido, com vida intrauterina, mas ainda não nascido*. Nada impede, pois, que alguém pretenda fazer uma doação de bens ou valores ao *nascituro*, não obstante esta estipulação negocial esteja subordinada a uma condição suspensiva (nascimento com vida do donatário).

Em tal caso, poderão os genitores do nascituro, atuando na defesa dos seus interesses, lançar mão de medidas conservatórias do direito do seu futuro filho, nos termos do art. 130 do Código Civil:

"Art. 130. Ao titular do direito eventual, nos casos de condição suspensiva ou resolutiva, é permitido praticar os atos destinados a conservá-lo".

Nada impede, outrossim, que o próprio doador conserve a posse do bem enquanto não nascer o beneficiário.

Tudo dependerá dos termos da doação.

Questão mais delicada diz respeito ao embrião, pois, além de carecer de previsibilidade legal, uma eventual doação que lhe fosse feita far-nos-ia deparar com outro problema: *no atual estágio da medicina, um embrião poderá permanecer congelado durante anos a fio, e, em tal caso, como ficará a doação realizada? Pendente de efetivação indefinidamente? Como ficará o princípio da segurança jurídica? E se o embrião não for fecundado nunca? A propriedade permaneceria em um indefinido estado de jacência? E como ficará o direito de outros eventuais herdeiros necessários?*

Por tais razões, notadamente objetivas, reputamos inviável, inclusive por falta de previsão legal, a doação feita ao embrião[68].

Aliás, a regra geral, como se sabe, é no sentido de que os contratos devem ser celebrados entre *pessoas existentes, capazes e legitimadas*, apenas se admitindo, em caráter excepcional, e por expressa permissão legal, que se possa figurar no contrato um ente ainda não nascido.

---

[67] Nelson Nery Jr., e Rosa Maria de Andrade Nery, *Novo Código Civil e Legislação Extravagante Anotados*, cit., p. 212.

[68] O benefício sucessório, outrossim, seria possível, *ex vi* da dicção do art. 1.798 do Código, que evitou utilizar a expressão "nascituro": "legitimam-se a suceder as pessoas nascidas ou *já concebidas no momento da abertura da sucessão*" (grifamos). Entretanto, também aqui, tormentosos problemas práticos poderão ocorrer, a exemplo de a implantação no útero materno dar-se após a conclusão do inventário. Daí por que conclui Francisco Cahali que "Nesse contexto, embora a contragosto, concluímos terem os filhos assim concebidos o mesmo direito sucessório que qualquer outro filho, havido pelos meios naturais. E estaremos diante de tormentoso problema quando verificado o nascimento após o término do inventário, pois toda a destinação patrimonial está comprometida" (Francisco José Cahali e Giselda Maria F. N. Hironaka, *Curso Avançado de Direito Civil — Direito das Sucessões*, 2. ed., São Paulo: Revista dos Tribunais, 2003, v. 6, p. 132).

E foi neste sentido que o legislador ressalvou o direito do *nascituro*, deixando de fora o *embrião*.

12. EXTINÇÃO DO CONTRATO DE DOAÇÃO

Neste tópico, enfrentaremos o tema da extinção do contrato de doação, sob dois enfoques distintos.

O primeiro se refere à sua modalidade natural, com a sua regular execução.

O segundo prisma é justamente o outro lado da moeda, qual seja, a sua inexecução.

Vamos a eles.

12.1. Meio natural de extinção

A forma natural de extinção do contrato de doação dá-se por meio de sua execução, vale dizer, no momento em que o doador cumpre a prestação a que se obrigou, o negócio jurídico se exaure.

Caso, entretanto, padeça de alguma invalidade, o contrato será extinto por meio de declaração da sua nulidade, ou da sua desconstituição por anulabilidade, nos termos da teoria geral do negócio jurídico[69].

12.2. Revogação da doação (inexecução do encargo e ingratidão do donatário)

Uma especial forma de extinção do contrato de doação, entretanto, opera-se por meio da denominada *revogação do doador*.

Sua origem remonta ao Direito Romano, conforme a doutrina de CARVALHO DE MENDONÇA:

"Essa revogação, regulada por Justiniano, teve sua origem em uma disposição particular. O imperador Filipe estatuiu em uma Constituição que a doação feita por um patrono ao liberto seria sempre revogável à vontade. Percebe-se, porém, que tal faculdade só devia ser utilizada para suprimir a ingratidão do liberto. Esse intuito da lei, porém, era irrealizável, porque o patrono era, afinal, o árbitro único da conduta do seu liberto e daí resultava a inconsciência da doação. A isto veio obviar, em 355, outra Constituição, que só tolerava a revogação, em tal caso, quando o doador fizesse a liberalidade sem ter filhos, vindo mais tarde a tê-los. Quase ao mesmo tempo, em 349, estendia-se ao pai e à mãe o direito de revogar doações e mais tarde, em 426, a todos os descendentes"[70].

Trata-se, pois, a revogação, do exercício de um *direito potestativo*, por meio do qual o *doador, verificando a ocorrência de alguma das situações previstas expressamente em lei, manifesta vontade contrária à liberalidade conferida, tornando sem efeito o contrato celebrado, e despojando, consequentemente, o donatário do bem doado*.

---

[69] Sobre o tema, confira-se o Capítulo XIV ("Invalidade do Negócio Jurídico") do v. 1 ("Parte Geral") desta obra.

[70] M. I. Carvalho de Mendonça, ob. cit., p. 65-6.

Diferentemente da resolução[71], a revogação — até mesmo em respeito ao princípio da segurança nos negócios jurídicos — tem eficácia *ex nunc*, consoante observa MÁRIO JÚLIO DE ALMEIDA COSTA, citado por ARAKEN DE ASSIS:

> "A revogação consiste na destruição do vínculo contratual mediante uma declaração dos contraentes oposta à primitiva que lhe deu vida. Ainda quando se trate de revogação unilateral de uma das partes, não se confunde com a resolução, haja vista que opera *ex nunc*"[72].

Tal prerrogativa, exercida no bojo de uma ação judicial, culmina por excepcionar o caráter de perpetuidade do direito de propriedade, configurando-se, pois, como uma situação excepcional e peculiar[73].

Nesse diapasão, cumpre-nos mencionar que o Código Civil brasileiro admite a revogação da doação por duas ordens de motivos (art. 555):

a) por inexecução do encargo, na doação modal;

b) por ingratidão do donatário.

A primeira hipótese é de intelecção cristalina.

Caso o donatário, a quem fora imposto o cumprimento de um encargo, não o realize, poderá o doador desfazer a liberalidade, revogando-a.

Nada impede, outrossim, que o próprio beneficiário do encargo exija o seu cumprimento, adotando a medida judicial cabível. Se, entretanto, o beneficiário for a própria coletividade (imaginemos que o ônus fosse a construção de um posto de saúde), o Ministério Público poderá ingressar com a referida demanda, conforme já vimos no art. 553 do CC/2002.

Mas note-se: o direito de revogar, em primeiro plano, *cabe ao próprio doador*, e não à pessoa beneficiada pela estipulação do encargo, devendo-se frisar ainda que o seu exercício não poderá ficar ao livre arbítrio do disponente, exigindo-se, pois, a configuração de uma das duas ordens de causas revocatórias acima referidas.

Nesse sentido, decidiu o Superior Tribunal de Justiça, por sua Quarta Turma, em acórdão da lavra do Min. RUY ROSADO DE AGUIAR JR.:

> "SEPARAÇÃO. Doação. Revogação. É inaceitável a cláusula constante do acordo de separação, que submete a doação aos filhos, de imóveis de propriedade do casal, à condição de poder ser desfeita a qualquer tempo, pela vontade única dos doadores. Art. 115 do CCivil. Recurso não conhecido" (STJ, REsp 220.608/SP, Recurso Especial (1999/0056705-6), rel. Min. Ruy Rosado de Aguiar, data do julgamento 4-12-2001, 4.ª Turma).

---

[71] Sobre a resolução, revogação e resilição contratual, confira-se o Capítulo "Extinção do Contrato" deste volume.

[72] Araken de Assis, *Resolução do Contrato por Inadimplemento*, 3. ed., São Paulo: Revista dos Tribunais, 1999, p. 80.

[73] Interessante mencionar, neste ponto, que Orlando Gomes prefere não utilizar a expressão *propriedade resolúvel* para caracterizar a hipótese, pois, para o ilustre autor baiano, se assim o fosse, *no próprio título constitutivo da liberalidade já estaria prevista a causa de sua extinção*. Ter-se-ia, portanto, uma espécie de *propriedade temporária* sem que fosse considerada, tecnicamente, resolúvel (*Contratos*, cit., 14. ed., p. 219, e *Direitos Reais*, 18. ed., Rio de Janeiro: Forense, 2001, p. 235-7).

Verificada a mora do donatário, poderá o doador notificá-lo, assinando-lhe prazo para que cumpra o encargo, caso ainda tenha interesse[74], consoante dispõe o art. 562 do Código Civil:

> "Art. 562. A doação onerosa pode ser revogada por inexecução do encargo, se o donatário incorrer em mora. Não havendo prazo para o cumprimento, o doador poderá notificar judicialmente o donatário, assinando-lhe prazo razoável para que cumpra a obrigação assumida".

Interessante é a referência que o legislador fez ao "prazo razoável", expressão de conteúdo fluídico ou indeterminado, não admitindo parâmetros doutrinários ou jurisprudenciais *aprioristicos*, por depender das circunstâncias ditadas pela natureza do encargo imposto.

Questão interessante diz respeito ao prazo decadencial para revogar a doação, já tendo o Superior Tribunal de Justiça[75] decidido, ainda na vigência do Código de 1916, que este prazo seria o vintenário, na forma do art. 177 do Estatuto revogado:

> *"Doação com encargo. Revogação. Prescrição. Falta de motivação. Precedentes da Corte. 1. Já decidiu a Corte em vários precedentes que a revogação da doação por descumprimento do encargo prescreve em 20 anos, nos termos do art. 177 do Código Civil. 2. A decisão que afastou a prescrição está bem fundamentada, relevando a documentação existente nos autos, tal e qual posta na sentença e confirmada no Acórdão recorrido. 3. Recurso especial não conhecido"* (STJ, Recurso Especial (1994/0029503-0), rel. Min. Carlos Alberto Menezes Direito, data do julgamento 10-9-2002, 3.ª Turma).

Na linha deste acórdão, e considerando-se não mais existir, no Código de 2002, prazo vintenário de *prescrição extintiva*, é forçoso convir que este será, agora, de **dez anos**, *ex vi* do disposto no art. 205 do novo diploma:

> "Art. 205. A prescrição ocorre em dez anos, quando a lei não lhe haja fixado prazo menor"[76].

---

[74] "APELAÇÃO CÍVEL. PROP. DIR. REAIS SOBRE COISAS ALHEIAS. AÇÃO REVOCATÓRIA DE DOAÇÃO. COMPROVAÇÃO DA INEXECUÇÃO DOS ENCARGOS AJUSTADOS. SENTENÇA DE PROCEDÊNCIA MANTIDA.
Merece julgamento de procedência o pedido de revogação de doação nos casos em que o donatário deixa de comprovar a execução do encargo expressamente assumido por meio de escritura pública. Caso em que a prova documental e testemunhal demonstra, de forma inequívoca, que os donatários deixaram o imóvel dos doadores, passando estes ao cuidado de outra filha, descumprindo com o encargo de cuidado vitalício. Sentença de procedência mantida. APELO DESPROVIDO. UNÂNIME" (Ap. Cív. n. 70074034083, 17.ª Câmara Cível, TJRS, rel. Liege Puricelli Pires, j. 26-9-2017).

[75] O único reparo, *data venia*, que permitimo-nos fazer aos termos do julgado referenciado diz respeito à terminologia usada, pois não se cuida de *prazo prescricional*, mas sim de natureza *decadencial*, por estarmos diante do exercício de um direito potestativo. Confira-se o Capítulo XVIII ("Prescrição e Decadência") do v. 1 ("Parte Geral") desta obra. *Melhor seria o legislador deixar claro que, também para a hipótese da revogação por inexecução do encargo, o prazo decadencial seria de um ano para a desconstituição do ato*.

[76] Embora se trate de prazo prescricional, lembremo-nos de que, em verdade, cuida-se do exercício de um direito potestativo (revogação), que, tecnicamente, submeter-se-ia a *prazo decadencial*. Estaríamos, então, caso mantido o posicionamento do STJ, diante de uma situação peculiar, em que o prazo aplicado à espécie seria o mesmo geral, da prescrição extintiva.

Posto isso, vamos enfrentar, no próximo tópico, o tema referente à *revogação da doação por ingratidão do donatário*.

12.2.1. Hipóteses de ingratidão

Sem sombra de dúvidas, uma das piores qualidades que um homem pode cultivar é a *ingratidão*.

Segundo o clássico dicionarista CALDAS AULETE, o *ingrato é aquele "que não mostra reconhecimento"* ou, simplesmente, *"que se esqueceu dos benefícios que recebeu"*[77].

No caso de tal comportamento provir do donatário, a situação reveste-se de maior gravidade, na medida em que, beneficiado por um ato de liberalidade ou até mesmo altruísmo, volta-se traiçoeiramente contra aquele que o agraciou.

Podemos, inclusive, afirmar que o cometimento de qualquer dos atos de ingratidão capitulados na lei civil traduz quebra de *boa-fé objetiva pós-contratual*, ou seja, implica o cometimento de ato atentatório ao dever de respeito e lealdade, observável entre as próprias partes, mesmo após a conclusão do contrato.

Seguindo este raciocínio, concluímos que, caso o donatário realize qualquer dos atos de ingratidão elencados no art. 557 do Código Civil, estará atuando em detrimento à regra ética (e de exigibilidade jurídica) da *boa-fé objetiva pós-contratual*:

> "Art. 557. Podem ser revogadas por ingratidão as doações:
>
> I — se o donatário atentou contra a vida do doador ou cometeu crime de homicídio doloso contra ele;
>
> II — se cometeu contra ele ofensa física;
>
> III — se o injuriou gravemente ou o caluniou;
>
> IV — se, podendo ministrá-los, recusou ao doador os alimentos de que este necessitava".

Um detalhe, porém, se mostra relevante.

Não há limites para a ingratidão humana.

Assim sendo, a perspectiva de caracterização das hipóteses de ingratidão como violações à *boa-fé objetiva pós-contratual* faz com que reconheçamos que, ao contrário do que estava assentado na vigência do Código Civil brasileiro de 1916, o novo rol não é mais taxativo, aceitando, em nome do princípio, outras hipóteses, ainda que de forma excepcional.

Nesse sentido, posicionaram-se os juristas da I Jornada de Direito Civil, que aprovaram o Enunciado n. 33, com a seguinte redação:

> "Enunciado 33 — Art. 557: o novo Código Civil estabeleceu um novo sistema para a revogação da doação por ingratidão, pois o rol legal previsto no art. 557 deixou de ser taxativo, admitindo, excepcionalmente, outras hipóteses".

Feitas tais considerações, vamos, então, analisar uma a uma as hipóteses previstas no vigente Código Civil brasileiro.

---

[77] Caldas Aulete, *Dicionário Contemporâneo da Língua Portuguesa*. Rio de Janeiro: Delta, 1958, v. III, p. 2738.

a) Homicídio doloso consumado ou tentado

Caso o donatário cometa crime de homicídio doloso (o culposo está fora da previsão legal), consumado ou tentado, contra o doador, poderá ter a liberalidade revogada.

No caso da tentativa de morte, fica claro que o próprio doador, diante do pior dos atos de ingratidão (o atentado contra a sua própria vida), poderá exercer o seu direito potestativo revocatório, desconstituindo a liberalidade.

Trata-se, pois, de uma medida com perceptível conteúdo sancionatório, sem prejuízo da responsabilização criminal do agente criminoso.

Interessante mencionar, ainda, a questão referente ao *homicídio doloso consumado*, uma vez que, consoante já registramos linhas acima, a revogação é um direito personalíssimo conferido ao doador. Em tal caso, em face da sua morte, causada por ato do donatário, a quem caberia o exercício desta prerrogativa?

O Código Civil de 1916 era silente a respeito, havendo, todavia, sugestão doutrinária no sentido de que, em caráter excepcional, poderiam os herdeiros do doador falecido — vítima do homicídio — ingressar com a ação revocatória, por não se afigurar ético que o homicida/donatário permanecesse beneficiado pela liberalidade conferida.

O Código de 2002, por sua vez, cuidou de contornar a omissão, dispondo que:

"Art. 561. No caso de homicídio doloso do doador, a ação caberá aos seus herdeiros, exceto se aquele houver perdoado"[78].

A primeira parte do dispositivo é de intelecção imediata.

A ação de revogação (estudada com minúcia logo abaixo) caberá aos herdeiros do doador (legitimidade ativa), em caso de cometimento de homicídio doloso consumado. Note-se que, em caso de tentativa, a legitimidade continuará sendo, em caráter personalíssimo, do doador.

No entanto, a segunda parte da regra legal causa-nos certa perplexidade: "a revogação poderá ser evitada, *se o doador houver perdoado o seu homicida*".

Como entender esta ressalva partindo da premissa de que a norma cuidou da prática de homicídio doloso? O doador não estava morto? Como haveria então de perdoar?

Em resposta a esta indagação, descartada a hipótese de o legislador haver, no caso, previsto uma *"reaparição espiritual do falecido"*, talvez se houvesse pretendido considerar que, *na eventualidade de a morte não ser instantânea*, o doador, ainda antes do seu passamento, tenha relevado a agressão e perdoado o donatário. Exemplo: o donatário atira no doador, este é internado, e, no hospital, pouco antes de morrer, perdoa o seu agressor.

Outra hipótese é aventada por CARLOS ROBERTO GONÇALVES, quando sugere a possibilidade de se operar uma forma de *perdão tácito*, no caso de o doador não exercer o seu direito de revogação, dentro do prazo previsto em lei (que estudaremos abaixo):

"O citado art. 561 veio suprir omissão existente no diploma de 1916 sobre essa questão, ao determinar a aplicação do critério adotado em países como a França, a Espanha, a Itá-

---

[78] Dispositivo semelhante pode ser encontrado no *Anteprojeto do Código de Obrigações*, de autoria do Professor Caio Mário da Silva Pereira, já citado: "Art. 442. É privativo do doador o direito de revogar a doação, salvo se morrer ele em consequência de ofensa física praticada pelo donatário, caso em que a revogação poderá ser promovida por seus herdeiros. Proposta a ação contra o donatário, poderá em qualquer caso, continuar contra os seus herdeiros, bem como com os herdeiros do autor".

lia etc., cujos códigos permitem aos herdeiros propor a revogação da doação em caso de morte do doador, provocada pelo donatário, *salvo se aquele, não tendo morrido instantaneamente, teve oportunidade de promovê-la e não o fez, perdoando tacitamente o ingrato*"[79] (grifos nossos).

Na nossa visão, segundo um juízo de razoabilidade interpretativa, consideramos a segunda parte deste artigo de redação extremamente infeliz.

Em linha de princípio, e com a devida vênia, não perfilhamos a tese do perdão tácito, esposada pelo grande civilista e amigo CARLOS GONÇALVES.

Isso porque, em se tratando de situação tão grave (homicídio doloso do doador), afigurar-se-nos-ia extremamente perigoso admitir-se uma forma tácita ou indireta de perdão, mormente em se considerando que o doador talvez não houvesse podido intentar a revocatória por se encontrar internado, na UTI de um hospital, em estado de coma, em virtude da agressão sofrida. E mesmo que *tivesse a oportunidade de perdoar*, dada a natureza da agressão que sofreu, deveria fazê-lo expressamente, e não se firmar uma simples presunção. Vale dizer, em nosso sentir, admitida pelo legislador uma forma de perdão, este deverá ser sempre *expresso, manifesto e inequívoco*, e não simplesmente tácito.

Afastada, pois, esta hipótese, resta-nos considerar o perdão expresso, realizado pelo doador, antes da sua morte.

O que levaria uma pessoa a perdoar seu algoz, sabendo da sua morte iminente?

Piedade cristã, desespero, altruísmo, coerção religiosa por medo do inferno, enfim, deveria o direito positivo chancelar um perdão, em termos tais? Poderíamos considerar inteiramente livre a vontade da pessoa, ferida e moribunda, que perdoa o seu agressor? Seria justa esta forma de beneficência patrimonial? Como repercutiria tal ato na sociedade? Alimentaria no donatário/homicida sensação de impunidade, ainda que no plano civil?

Todas essas indagações, caro leitor, profundamente inquietantes, levam-nos a nutrir profunda antipatia intelectual por esta forma esdrúxula de perdão, muito embora reconheçamos — especialmente por não ser possível investigar com precisão a vontade íntima da vítima — que, segundo o dispositivo atualmente vigente, é juridicamente possível que o doador releve a agressão, chancelando, pois, a liberalidade conferida.

Na dúvida, entretanto, e desde que demonstre discernimento ao perdoar (o que pode ser comprovado por testemunhas ou até mesmo por laudo médico), deverá prevalecer a vontade do doador.

Afinal de contas, se a ingratidão é um dos sentimentos mais terríveis que pode acometer o ser humano, o perdão é a mais perfeita manifestação da divindade em cada um de nós...

Ainda neste tema, uma questão interessante nos foi suscitada em sala de aula e consideramos adequado compartilhá-la.

Imagine-se que Caio doa um bem a Tício[80]. O donatário (Tício) tem a propriedade perfeita e consumada, não sendo, portanto, proprietário resolúvel. Tício, então, resolve

---

[79] Carlos Roberto Gonçalves, *Direito Civil Brasileiro — Contratos e Atos Unilaterais*, cit., v. 3, p. 325.
[80] Embora tentemos abandonar os nomes (Caio, Tício e Mévio) dos exemplos clássicos, vamos usá-los novamente sempre que os exemplos não forem lá muito edificantes...

alienar o bem a Mévio. Consumada a venda, Tício tenta matar Caio, que, sobrevivendo, intenta revogar a doação. Como fica a situação de Mévio? A resposta, na nossa opinião, encontra-se no art. 1.360 do CC/2002, que garante que, se a propriedade se resolver por uma causa superveniente, o possuidor que a tiver adquirido por título anterior à resolução (Mévio) será considerado proprietário perfeito, restando à pessoa em cujo benefício houve a resolução (Caio) ação contra aquele cuja propriedade se resolveu (Tício) para haver a própria coisa ou o valor (ação regressiva). Esse tipo de propriedade (não resolúvel, mas que pode desfazer-se por uma causa superveniente) é conhecida como propriedade *ad tempus*.

Finalmente, observe-se com SILVIO LUIS FERREIRA DA ROCHA, Professor da PUCSP, que "O Código Civil não exige a prévia condenação criminal do donatário, contentando-se com o fato, mas a sentença criminal absolutória impede a revogação da doação"[81].

b) Ofensa física

Menos grave do que a situação anterior, posto não menos revoltante, a doação poderá ser revogada se o donatário ofender fisicamente o doador, ou seja, em linguagem penalmente mais apropriada, cometer contra ele qualquer crime que viole a sua integridade corporal ou a sua saúde física, especialmente a *lesão corporal*.

Na mesma linha do inciso anterior, dispensa-se a condenação criminal, e *não será considerada ingratidão se a lesão for culposa ou praticada em legítima defesa*[82]. Outra não era, aliás, a lição de CLÓVIS BEVILÁQUA, transcrita integralmente abaixo:

"a offensa physica também não necessita de ser reconhecida por acção penal, e ficará desclassificada de entre as modalidades de ingratidão, se resultar de repulsa a uma agressão, ou se não for intencional"[83].

Assim, imaginemos que, tempos depois da doação, as partes se encontrem, discutam e o donatário desfira um soco no doador. Em tal caso, poderá a doação ser revogada, independentemente do desfecho da ação penal, valendo notar que as ofensas de cunho moral ou psicológico enquadram-se no inciso seguinte.

c) Delitos contra a honra (calúnia, injúria e difamação)

Observe o nosso atento leitor que preferimos utilizar, na descrição deste título, uma expressão mais genérica (delitos contra a honra), em vez de simplesmente mencionar "a injúria grave e a calúnia", consoante vem consignado no dispositivo legal sob análise.

Isso porque entendemos que o codificador, na redação deste enunciado, incorreu num equívoco muito comum, enfrentado pelos doutrinadores dedicados ao fantástico estudo da hermenêutica jurídica: *disse menos do que deveria*.

---

[81] Silvio Luis Ferreira da Rocha, *Curso Avançado de Direito Civil*, São Paulo: Revista dos Tribunais, 2002, v. 3, p. 185.

[82] Ibidem.

[83] Clóvis Beviláqua, *Código Civil dos Estados Unidos do Brasil*, 9. ed., Rio de Janeiro: Francisco Alves, 1953, v. IV, p. 350-1.

Nesse caso, a *ratio* da norma importa a aplicação da denominada interpretação extensiva[84], muitas vezes necessária para fixarmos o exato sentido da norma jurídica, consoante exemplifica ORLANDO DE ALMEIDA SECCO:

> "Se, finalmente, a interpretação der à lei um sentido mais amplo do que aquele expresso pelo legislador no texto, será, então, declarativa extensiva. Exemplo: quando, no Código Penal, art. 235, se define o crime de bigamia como contrair, sendo casado, novo casamento, se quer punir não só o duplo casamento, como também o triplo, quádruplo e assim sucessivamente. A lei fala em 'bigamia', mas quer referir-se a dois ou mais casamentos, o que, em última análise, seria a bigamia e poligamia"[85].

E assim pensamos, pois não haveria lógica nem coerência em se considerar causas revocatórias da doação apenas a *injúria* e a *calúnia*, colocando-se de lado a *difamação*. Isso porque tratam os três tipos penais de delitos do mesmo gênero, vale dizer, de *crimes contra a honra*, geradores de "dano moral". Ademais, a difamação pode ser tão ou mais grave do que a injúria.

Como se sabe, e a título apenas de fixação, a *calúnia* é o delito de imputação falsa (intencional) de fato criminoso (ex.: Tibúrcio acusa falsamente Jonas de haver roubado o seu carro, embora soubesse de sua inocência); a *injúria*, por sua vez, traduz a agressão por meio de palavras de baixo calão, xingamentos, gestos desrespeitosos (evitaremos aqui o exemplo, por ser desnecessário...); finalmente, na *difamação*, o agente imputa à vítima fatos (não criminosos), posto desabonadores de sua conduta (ex.: Fibri divulga que Beto pode ser encontrado diariamente em pontos de jogo do bicho, casas de prostituição ou em determinados botecos, em vez de estar trabalhando ou estudando...).

As três situações, portanto, poderão justificar, *de per si*, a revogação da doação, independentemente de ter havido condenação criminal, nos mesmos termos esposados linhas acima.

Outro ponto interessante a destacar é o emprego do advérbio modal *"gravemente"*, no inciso legal sob estudo (*"III — Se o injuriou* **gravemente**") (sic).

O que teria querido o legislador dizer, quando empregou esta expressão para caracterizar a injúria? Por acaso, seria admissível um "juízo de gradação" no apreciar a injúria? Poderia, pois, ser leve, média, grave, a critério do julgador?

Em nosso sentir, por reputarmos a *injúria* um acontecimento de definição categorial técnica, qual seja, *um crime contra a honra*, somos forçados a convir que a expressão adverbial utilizada ressoa um tanto pleonástica, para reforçar uma natural e ínsita gravidade, existente em todo o delito contra a honra, especialmente a injúria.

Nessa linha, pensamos que, uma vez reconhecido pelo magistrado — ainda que incidentalmente no processo civil — a injúria sofrida pelo doador, este reconhecimento já traz em si a gravidade do fato, simplesmente por se tratar de um ilícito penal contra a honra.

---

[84] Sobre a interpretação normativa, confira-se o subtópico 3.1 ("Interpretação de normas") do Capítulo III ("Lei de Introdução ao Código Civil") do v. 1 ("Parte Geral") desta obra.
[85] Orlando de Almeida Secco, *Introdução ao Estudo do Direito*, 4. ed., Rio de Janeiro: Lumen Juris, 1998, p. 199-200.

Por isso, afirmamos ser desnecessária a colocação desta expressão no mencionado dispositivo, restando ao magistrado apenas admitir a existência ou não da injúria, para o efeito de revogar a doação.

Mas, uma vez a tendo admitido, *a sua gravidade é imanente*.

Pensamento contrário revestir-se-ia de um imenso e injustificável subjetivismo, aumentando em demasia o poder discricionário do julgador, que assumiria uma hercúlea — senão impossível — missão de graduar ou dimensionar o espectro danoso (psicológico) da lesão sofrida.

d) Recusa de alimentos

A obrigação de pagar alimentos, em nosso sistema, poderá derivar das seguintes causas: *do direito de família (casamento, parentesco, união estável), do direito das obrigações (decorrente do cometimento de ato ilícito, com cunho indenizatório) ou do próprio direito sucessório (legado de alimentos)*.

No âmbito do *direito de família*, os alimentos radicam-se no "princípio de solidariedade familiar" que deve existir entre os parentes, cônjuges ou sobreviventes, valendo transcrever o dispositivo que abre o Subtítulo III, Título II — "Do Direito Patrimonial", no Código Civil brasileiro:

"Dos Alimentos

Art. 1.694. Podem os parentes, os cônjuges ou companheiros pedir uns aos outros os alimentos de que necessitem para viver de modo compatível com a sua condição social, inclusive para atender às necessidades de sua educação.

§ 1.º Os alimentos devem ser fixados na proporção das necessidades do reclamante e dos recursos da pessoa obrigada.

§ 2.º Os alimentos serão apenas os indispensáveis à subsistência, quando a situação de necessidade resultar de culpa de quem os pleiteia".

Não nos cabendo, por ora, a análise desses dispositivos, tarefa a que nos propomos no volume de nossa obra dedicada ao Direito de Família, salientamos apenas o teor do seu *caput*, quando nos indica a *reciprocidade do direito aos alimentos*, exatamente em razão do supramencionado "princípio de solidariedade".

Pois bem.

Previu o legislador a possibilidade de o doador *revogar a doação*, na hipótese de o donatário, podendo conceder alimentos ao doador, os houver negado. Dada a situação, e pelo específico espectro de atuação das normas impositivas da obrigação alimentar, somos levados a crer que tal faculdade revocatória restringir-se-á, obviamente, às pessoas unidas por vínculo matrimonial, concubinário ou parental. Isso por não se admitir que pessoas estranhas (vale dizer, sem tais vínculos familiares) tenham entre si a obrigação de prestar alimentos.

Assim, e a título exemplificativo, imaginemos que Janio houvesse doado uma vultosa quantia a Bruno, seu irmão. Posteriormente, atingido por um revés, Janio passa por uma grave crise financeira, faltando-lhe, até mesmo, o necessário para a sua subsistência. Chocado, verifica ainda que o seu único irmão, Bruno, dono de uma próspera empresa de esponjas de aço, negou-lhe a prestação de alimentos. Poderá, pois, *revogar* a doação, com fundamento no dispositivo sob análise.

Vale mencionar, entretanto, que a presente causa revocatória pressupõe a conjugação de três requisitos[86]:

a) **a possibilidade de pagamento por parte do donatário** — pois não poderá sacrificar a sua família ou a si mesmo, à luz do próprio princípio da proporcionalidade, que determina a observância da *capacidade econômica de quem paga e a necessidade de quem pede*, para a justa fixação da pensão devida;

b) **a legitimidade passiva do donatário** — ou seja, o donatário deve, na forma da lei, ser devedor dos alimentos solicitados;

c) **a injustificada recusa do donatário** — a sanção (revogação da doação) pressupõe a solicitação por parte do doador, e a consequente negativa do donatário.

Uma importante observação, entretanto, deve ser feita.

O direito (potestativo) de revogar a doação, em caso da negativa injustificada do donatário, não impede a execução do título constitutivo da obrigação alimentar, nem, muito menos, a eventual decretação da prisão civil do devedor[87].

Em nosso pensar, a revogação fundamenta-se na quebra de lealdade, na traição, traduzida no *"virar as costas"* para aquela pessoa que, em determinado momento da vida do donatário, cuidou de beneficiá-lo, movido por simples liberalidade, ou outro nobre sentimento de altruísmo. Podemos falar aqui, por certo, em quebra de *boa-fé objetiva pós-contratual*.

E, nessa linha, mesmo que o donatário, demandado, pague com atraso a prestação devida, reputamos possível a revogação que, segundo a norma legal, decorre da simples recusa de pagamento. Ademais, caso se admita tese em sentido contrário, poderia o donatário lançar mão de malabarismos ou chicanas processuais, para retardar o pagamento, e apenas efetuá-lo quando estivesse na iminência de ser preso ou de ter a doação revogada.

Por tudo isso, concluímos no sentido de que a revogação é possível desde que consumada a negativa do donatário em prestar os alimentos devidos.

e) Ingratidão cometida contra pessoa próxima do doador

Prevê o art. 558 que poderá ocorrer também a revogação quando o ofendido, nos casos do artigo anterior, for *o cônjuge, ascendente, descendente, ainda que adotivo, ou irmão do doador*.

Em tais casos, embora o doador seja a vítima reflexa do comportamento danoso, em um evidente dano por ricochete[88], a agressão (ou violação a direito) é dirigida a pessoa próxima a si, razão por que se justifica seja a doação revogada.

Não referiu, todavia, o codificador a hipótese de a agressão ser dirigida à *companheira* do doador, situação indiscutivelmente possível e que também autorizaria, numa interpretação constitucional, o desfazimento do benefício. Isso porque o fato de a família

---

[86] Caio Mário da Silva Pereira, *Instituições de Direito Civil*, cit., v. III, p. 167.
[87] Sobre a execução da obrigação alimentar e a prisão civil, confira-se o Capítulo XXIV ("Prisão Civil") do v. 2 ("Obrigações") desta obra.
[88] Sobre o tema, confira-se o subtópico 4 ("Dano reflexo ou em ricochete") do Capítulo V ("O Dano") do v. 3 ("Responsabilidade Civil") desta obra.

constituída pelo doador não estar sob o pálio ("religiosamente legitimador") do casamento, mas sim no âmbito da *união estável*, não poderá impedir seja o donatário igualmente apenado pelo seu comportamento lesivo ou desabonador.

Finalmente, registre-se que, em nosso sentir, a referência feita ao descendente *"ainda que adotivo"*, é totalmente desnecessária, por reputarmos o adotado descendente para todos os fins de direito, até mesmo por força de regra constitucional, apenas compreendendo-se tal excesso pela preocupação que o legislador teve de escoimar qualquer dúvida a respeito da natureza e dos efeitos da adoção.

12.2.2. Ação revocatória: características. Condições. Prazos. Efeitos

O direito de revogar a doação é exercido por meio de ação judicial (revocatória), com prazo decadencial de um ano, a contar de quando chegue ao conhecimento do doador o fato que a autorizar e de ter sido o donatário o seu autor (art. 559 do CC/2002).

Note-se, portanto, que o *termo inicial* para a contagem do referido prazo não será o da consumação ou ocorrência do ato de ingratidão, mas sim o da "ciência do fato e de sua autoria".

Nessa linha, caso o doador houvesse sido vítima de um atentado, que culminou com o seu internamento hospitalar, por exemplo, durante dois meses, a contagem do prazo inicia-se a partir do momento em que tomou conhecimento de que o donatário fora o autor do delito.

Por se tratar de *prazo decadencial ou de caducidade*, não se submete, *a priori*, a causas impeditivas, suspensivas ou interruptivas[89].

Outro ponto importante a se destacar é que o direito de revogar a doação (por ato de ingratidão do donatário) é *"irrenunciável"*, *ex vi* do disposto no art. 556 do Código Civil:

> "Art. 556. Não se pode renunciar antecipadamente o direito de revogar a liberalidade por ingratidão do donatário".

Note, o nosso caro leitor, que a proibição legal refere-se à *renúncia antecipada*, nada impedindo, portanto, que o doador permita o escoamento do prazo para a propositura da demanda, operando-se, por conseguinte, os efeitos de uma renúncia tácita.

E isso, obviamente, somente pode ocorrer *após a consumação* do referido prazo. CLÓVIS BEVILÁQUA, discorrendo a respeito da renúncia, preleciona que:

> "O Código Civil, como outras legislações, considera de ordem pública o direito de revogar doações por ingratidão do donatário. Não pode, porém, a lei obrigar o doador a exercê-lo. Proíbe a renúncia, mas deixa ao interessado a liberdade de usar do seu direito de revogar, quando lhe parecer conveniente"[90].

No *polo ativo* da ação de revogação, figurará o doador, dado o caráter *intuitu personae* do direito sob estudo, podendo, no entanto, conforme vimos linhas acima, em caráter excepcional, a ação ser iniciada pelos herdeiros do doador, se este foi vítima de crime de homicídio doloso consumado (art. 561 do CC/2002).

---

[89] *Vide*: STJ, REsp 299.742/RS, *DJ*, 18-8-2003, p. 201, rel. Min. Antônio de Pádua Ribeiro, j. 26-6-2003, 3.ª Turma.

[90] Clóvis Beviláqua, *Código Civil dos Estados Unidos do Brasil*, cit., p. 349.

No *polo passivo*, por seu turno, estará o donatário, autor do ato de ingratidão a ser devidamente apontado e comprovado pelo demandante, na forma da legislação em vigor.

O ônus da prova é do autor, que deverá demonstrar cabalmente a ocorrência dos fatos caracterizadores da ingratidão[91].

Admite o legislador ainda que, em caso de falecimento do doador ou donatário, possam os seus herdeiros *prosseguir*[92] na demanda, uma vez que, considerando-se tratar de pedido com reflexos patrimoniais no espólio, haverá interesse dos mesmos nesta sucessão processual:

"Art. 560. O direito de revogar a doação não se transmite aos herdeiros do doador, nem prejudica os do donatário. Mas aqueles podem prosseguir na ação iniciada pelo doador, continuando-a contra os herdeiros do donatário, se este falecer depois de ajuizada a lide".

Finalmente, cumpre-nos salientar que a revogação da doação surtirá efeitos *ex nunc*, preservando-se, portanto, direitos adquiridos por terceiros anteriormente (art. 563, 1.ª parte), segundo *o princípio constitucional que resguarda o direito adquirido*. Assim, imaginemos que antes da revogação houvesse o donatário firmado contrato de locação da coisa doada por prazo de 12 meses. Deverá, pois, o doador respeitar o direito do inquilino, terceiro de boa-fé.

Nessa mesma linha, a teor da 2.ª parte do mesmo art. 563, o donatário não estará obrigado a restituir os *frutos colhidos ou percebidos* (provenientes da coisa doada), antes da *citação válida* na ação revocatória.

A citação[93], no caso, foi o referencial utilizado pelo legislador para marcar o momento processual em que o donatário converte-se em possuidor de má-fé, por estar (formal e processualmente) ciente de que poderá vir a perder aquilo que recebeu do doador. Após este ato de comunicação processual, portanto, deverá restituir tudo aquilo que perceber — inclusive, em nosso sentir, os *produtos*, posto a lei seja silente a respeito[94] —, e, caso não possa proceder à restituição *in natura*, deverá fazê-lo em espécie, indenizando o doador, segundo o valor médio da coisa.

12.2.3. Doações não sujeitas à revogação

Alguns tipos de doação, na forma do art. 564 do Código Civil, não poderão ser revogadas por ingratidão.

---

[91] "DOAÇÃO. REVOGAÇÃO. ALEGADA INGRATIDÃO. INOCORRÊNCIA. APLICAÇÃO DO ARTIGO 1.183 DO CÓDIGO CIVIL DE 1916. ENUMERAÇÃO TAXATIVA. SITUAÇÃO QUE REVELA MERA DESAVENÇA E QUE NÃO TRADUZ INGRATIDÃO NO SENTIDO JURÍDICO. AÇÃO IMPROCEDENTE. SENTENÇA MANTIDA. RECURSO IMPROVIDO"
(TJSP, APL 40009004220138260362-SP 4000900-42.2013.8.26.0362, rel. Vito Guglielmi, j. 2-12-2014, 6.ª Câmara de Direito Privado, publ. 2-12-2014).

[92] Pressupõe-se, pois, que a demanda já tenha sido iniciada.

[93] *Vide*: TJRS, AgI599427432, Rela. Matilde Chabar Maia, j. 22-12-1999, Segunda Câmara de Férias Cível.

[94] A respeito da diferença entre frutos e produtos, confira-se o subtópico 4.2.1 ("Classificação dos bens acessórios") do Capítulo VIII ("Bens Jurídicos") do v. 1 ("Parte Geral") desta obra.

Trata-se de enumeração *numerus clausus*, que esmiuçamos abaixo:

a) **doações puramente remuneratórias** — vimos, linhas acima, que a doação puramente remuneratória é aquela feita em retribuição a serviços prestados pelo donatário. É o caso do médico da família, que serviu ao doador, com dedicação, durante toda a vida, sem cobrar nada por isso. Observe-se que, por se tratar de uma doação feita em reconhecimento ao comportamento do donatário, a mesma não poderá ser revogada, por já se considerar o doador recompensado. Em algumas situações, entretanto, a norma parece-nos injusta, como no exemplo de o doador ser vítima de tentativa de homicídio, e não poder revogar a doação, ainda que tenha a mesma natureza remuneratória;

b) **doações oneradas com encargo já cumprido** — cumprido o encargo que grava a doação, não poderá mais, segundo a norma legal sob análise, o doador revogar a doação, por considerar que o donatário já sofreu um decréscimo patrimonial em troca do benefício patrimonial pretendido. Mas saliente-se que a irrevogabilidade somente ocorrerá se o encargo já houver sido cumprido;

c) **doações feitas em cumprimento a obrigação natural** — vimos no volume II de nossa obra (Obrigações) que a *obrigação natural ou imperfeita é aquela de cunho moral, desprovida de coercibilidade (ou exigibilidade) jurídica* (ex.: dívida de jogo, dívida prescrita). Ora, por se tratar de uma dívida de honra, o legislador considera que a doação feita em seu cumprimento, embora não tenha, tecnicamente, a natureza de *pagamento*, não poderá ser revogada pelo doador que cumpriu a sua palavra;

d) **doações feitas para determinado casamento** — a lei proíbe a revogação da doação nessa circunstância, por considerar que o desfazimento do ato de liberalidade poderá repercutir na entidade familiar, atingindo pessoas inocentes, que não participaram do ato de ingratidão. Preserva, assim, a própria boa-fé e a estabilidade nas relações jurídicas.

Discorrendo a respeito de idêntica regra do Código Civil anterior, CARVALHO SANTOS arremata:

> "a razão pela qual as doações feitas para determinado casamento não poderão ser revogadas por ingratidão do donatário é a seguinte: só se tornando efetiva com a realização do casamento (art. 1.173)[95], bem é de se ver que beneficia não somente o cônjuge, a quem é feita, mas também ao outro e aos filhos que nascerem do casamento. A revogação, portanto, iria prejudicar também o cônjuge inocente e os filhos do casal (art. 314)[96], em contrário ao princípio geral de que a pena deve ser pessoal, não devendo atingir, em seus efeitos, senão o culpado"[97].

13. DOAÇÃO POR PROCURAÇÃO

Encerrando este capítulo, reputamos necessário observar, ao nosso estimado leitor, que a doutrina e a jurisprudência têm admitido a *doação por procuração*, desde que o doador cuide de especificar o objeto da doação e o beneficiário do ato (donatário).

---

[95] Correspondente ao art. 546 do CC/2002.
[96] Sem artigo correspondente no CC/2002.
[97] J. M. Carvalho Santos, *Código Civil Brasileiro Interpretado — Direito das Obrigações*, 13. ed., Rio de Janeiro: Freitas Bastos, 1991, v. XVI, p. 462-3.

Tal situação, aliás, *não proibida por lei*, já era prevista no Anteprojeto de Código de Obrigações, elaborado pelo grande CAIO MÁRIO DA SILVA PEREIRA[98]:

"Art. 432. Não vale a doação que se faça por procurador, salvo investido de poderes especiais, com indicação expressa do donatário, ou de um dentre vários que o doador nominalmente mencionar".

O Código Civil de 2002, porém, silenciou sobre o tema, pelo que entendemos que, tomadas as cautelas necessárias (especificação do objeto e individualização do beneficiário), é possível, sim, tal modalidade de doação. Não seria válida, portanto, a procuração genérica, para doar o que o procurador considerasse conveniente, pois isso consistiria em uma situação de completa submissão do mandante ao mandatário.

---

[98] Caio Mário da Silva Pereira, *Anteprojeto do Código de Obrigações*, já citado.

Capítulo XIX
Locação de Coisas

Sumário: 1. Noções gerais. 2. Conceito. 3. Considerações terminológicas. 4. Elementos essenciais. 4.1. Tempo (duração da locação). 4.2. Coisa (objeto da locação). 4.3. Retribuição (preço da locação). 5. Características. 6. Modalidades. 7. Contratos correlatos. 8. Aquisição da coisa por terceiro e contrato de locação. 9. Conteúdo do contrato de locação (direitos e obrigações das partes). 9.1. Obrigações do locador × Direitos do locatário. 9.1.1. Entregar ao locatário a coisa alugada. 9.1.2. Manter a coisa alugada no mesmo estado. 9.1.3. Garantir o uso pacífico da coisa. 9.2. Obrigações do locatário × Direitos do locador. 9.2.1. Servir-se da coisa alugada para os usos contratados. 9.2.2. Tratar a coisa alugada como se sua fosse. 9.2.3. Pagar pontualmente o aluguel. 9.2.4. Levar ao conhecimento do locador as turbações de terceiros. 9.2.5. Restituir a coisa, finda a locação, no estado em que a recebeu. 10. A indenização por benfeitorias na coisa locada. 11. Direito de retenção. 12. Cessão do contrato de locação e sublocação. 13. Extinção do contrato de locação. 14. Notas sobre a Lei do Inquilinato.

1. NOÇÕES GERAIS

O contrato versado neste capítulo é um dos mais utilizados no cotidiano das relações sociais.

De fato, a locação está presente desde a constante preocupação com a moradia até os nossos momentos de lazer, quando alugamos uma casa na praia para descansar, um carro ou bicicleta para passear, um *smoking* para uma solenidade ou um filme para descontrair.

E, a depender da conotação da palavra "locação", o campo de abrangência pode ser maior ainda.

Isso porque a ideia original do instituto, na sua concepção romanista, abrangia não somente o uso e gozo de uma coisa infungível, mas também a prestação de um serviço apreciável economicamente ou a execução de alguma obra determinada.

Tinha-se, portanto, no instituto da locação romana, uma verdadeira tríade de relações contratuais, que poderiam ser assim visualizadas:

a) locação de coisas (*locatio conductio rerum* ou *locatio res*), referente, única e exclusivamente, ao uso e gozo de bem infungível;

b) locação de serviços (*locatio conductio operarum* ou *locatio operarum*), consistente em uma prestação de serviço economicamente apreciável, considerada em si mesma, independentemente do resultado;

c) locação de obra (*locatio conductio operis* ou *locatio operis*), significando a execução de uma obra certa ou de determinado trabalho, tendo em vista um fim ou efeito.

Tal visão, na modernidade, tornou-se abrangente demais, sendo inconveniente reunir, no mesmo instituto básico, atividades tão diversas.

Assim, desde a codificação de 1916, a locação de obra (*locatio conductio operis* ou *locatio operis*) passou a ser denominada *empreitada*, com regras próprias e específicas para as suas peculiaridades.

Nessa esteira, a antiga locação de serviços (*locatio conductio operarum* ou *locatio operarum*) passou a ser chamada formalmente, no Código Civil de 2002, de contrato de *prestação de serviço*, também com disciplina particular, adotando-se expressão que já vinha sendo utilizada na doutrina e na prática das relações jurídicas. Vale destacar que boa parte daquilo que originalmente era disciplinado por esta figura contratual, a saber, o trabalho humano em si mesmo, mudou para uma nova disciplina específica e típica, regida por normas de proteção ao trabalhador subordinado, ficando as regras codificadas apenas para o trabalho autônomo.

O objeto do presente capítulo, portanto, é somente a locação de coisas, reservando-se a análise das demais figuras contratuais a outros capítulos[1].

2. CONCEITO

A locação de coisas é o *negócio jurídico por meio do qual uma das partes (locador) se obriga a ceder à outra (locatário), por tempo determinado ou não, o uso e gozo de coisa infungível, mediante certa remuneração.*

Tal conceito, extraído inteiramente da previsão legal contida no art. 565 do Código Civil, é abrangente o suficiente para ser a base normativa fundamental para a compreensão do instituto.

É importante registrar, desde já, que, por opções políticas, modalidades de locação podem ter regras particulares, caracterizando verdadeiro micros-sistema jurídico, entendida a expressão na acepção de um conjunto coerente de regras e princípios, com motivação axiológica própria (o que não decorre apenas da existência de uma legislação especial, mas, sim, de todo um pequeno e complexo sistema, operando a partir de suas próprias diretrizes, ainda que sofrendo a influência e mantendo a comunicação com as regras codificadas).

É o caso das locações imobiliárias, regidas por lei própria, a saber, a Lei n. 8.245/91, cujo estudo aprofundado requereria não um capítulo, mas um volume inteiro, com o enfrentamento, inclusive, de aspectos processuais, o que não é objeto de nossa obra[2].

Mesmo em função de tais hipóteses, conhecer o tratamento codificado é importantíssimo não para sua aplicação direta, mas, certamente, pela sua natureza residual em face de lei especial, haja vista a raiz comum dos institutos[3].

Por isso, registramos que, dada a delimitação temática desta obra, abordaremos, no presente capítulo, apenas as regras gerais de locação de coisas, inserindo informações, sempre que possível, no corpo do texto ou em rodapé, sobre as peculiaridades da locação imobiliária, abrindo, ao final, um tópico específico com rápidas notas sobre esta lei parti-

---

[1] Confiram-se os Capítulos "Prestação de Serviço" e "Empreitada" deste volume.

[2] Sobre o estudo específico da Lei n. 8.245, de 18-10-1991, recomendamos: Sílvio de Salvo Venosa, *Lei do Inquilinato Comentada — Doutrina e Prática*, 5. ed., São Paulo: Atlas, 2001, e Sylvio Capanema de Souza, *Da Locação do Imóvel Urbano*, Rio de Janeiro: Forense, 2002.

[3] Com efeito, estabelece o art. 79 da Lei n. 8.245/91:

"Art. 79. No que for omissa esta Lei aplicam-se as normas do Código Civil e do Código de Processo Civil".

cular, de forma a permitir uma visão preliminar de tal disciplina, ainda que sem *animus* de esgotá-la.

3. CONSIDERAÇÕES TERMINOLÓGICAS

Antes de passar à análise dos elementos essenciais particulares do contrato de locação, consideramos conveniente tecer algumas considerações de ordem terminológica.

O nome do contrato que ora analisamos é, efetivamente, locação de coisas.

Todavia, não é completamente atécnico utilizar, como recurso redacional, a expressão "arrendamento" como sinônima, embora se prefira utilizá-la mais especificamente para certas locações imobiliárias rurais.

Já a expressão "aluguel" é cotidianamente empregada tanto no sentido do próprio contrato de locação quanto para representar um de seus elementos essenciais peculiares, a saber, o valor da retribuição ou preço.

Finalmente, no que diz respeito às partes, são utilizadas como sinônimos de locador e de locatário, respectivamente, arrendador e arrendatário, ou senhorio e inquilino, embora estas últimas sejam mais comuns nas locações imobiliárias.

Ainda em relação às partes, embora isso não seja tecnicamente uma consideração terminológica, vale registrar que a Lei do Inquilinato (Lei n. 8.245/91), em seu art. 2.º[4], faz presumir a solidariedade, na pluralidade de sujeitos, o que aparentemente contorna a regra estampada no art. 265 do Código Civil, de que a "solidariedade não se presume; resulta da lei ou da vontade das partes"[5].

4. ELEMENTOS ESSENCIAIS

Mesmo levando em consideração que os requisitos de existência e validade dos negócios jurídicos são aplicáveis a todas as figuras contratuais, consideramos conveniente destacar alguns deles no contrato de locação.

Isso se dá pelo fato de que, tal qual o contrato de compra e venda, a própria definição legal, constante do já transcrito art. 565 do CC/2002, explicita-os como essenciais, merecendo a sua análise particularizada, a saber:

a) *o tempo;*

b) *a coisa;*

c) *a retribuição.*

Analisemos, separadamente, cada um desses requisitos.

---

[4] Lei n. 8.245/91:

"Art. 2.º Havendo mais de um locador ou mais de um locatário, entende-se que são solidários se o contrário não se estipulou.

Parágrafo único. Os ocupantes de habitações coletivas multifamiliares presumem-se locatários ou sublocatários".

[5] Sobre o tema da solidariedade, confira-se o subtópico 3.4 ("Obrigações solidárias") do Capítulo VI ("Classificação Especial das Obrigações") do v. 2 ("Obrigações") desta obra.

4.1. Tempo (duração da locação)

O contrato de locação é essencialmente temporário.

Assim sendo, mesmo quando não explicitado o prazo de duração, as partes terão a avença sempre como finita, não podendo ser considerada vitalícia.

Contrato de locação perpétuo é uma contradição em termos.

Deve, pois, a locação ter prazo *determinado* ou *indeterminado*.

No primeiro caso, estabelece o art. 573 do CC/2002:

> "Art. 573. A locação por tempo determinado cessa de pleno direito findo o prazo estipulado, independentemente de notificação ou aviso".

A priori, pode-se imaginar que se trata da aplicação direta do princípio do *dies interpellat pro homine*.

Caso o locatário não devolva o bem ao término do contrato, passa a ter posse injusta e de má-fé, aplicando-se as regras dos arts. 1.216 a 1.220 do CC/2002.

Saliente-se, porém, que tal circunstância pode ser relevada pelo locador, uma vez que a ausência de oposição de sua parte, para a continuidade da posse do locatário em relação à coisa locada, faz presumir prorrogada a locação pelo mesmo aluguel, mas sem prazo determinado.

É a regra do art. 574 do CC/2002:

> "Art. 574. Se, findo o prazo, o locatário continuar na posse da coisa alugada, sem oposição do locador, presumir-se-á prorrogada a locação pelo mesmo aluguel, mas sem prazo determinado".

Ressalte-se a peculiaridade dessa regra legal, em que a caracterização jurídica da posse de boa ou má-fé dependerá, neste caso, da conduta do locatário em devolver o bem, findo o prazo originário da locação e, sucessivamente, da inércia do locador em exigir o bem de volta.

Tomemos um exemplo do dia a dia:

Se Davi loca um filme e esquece de devolver na data aprazada, sua posse, após o término do prazo, é considerada de má-fé, aplicando-se as regras pertinentes. Todavia, se devolve, ainda que serodiamente, o filme, deverá arcar com o valor correspondente à locação pelos dias de atraso, como se a locação tivesse se prorrogado até a data da devolução.

E no caso da locação por duração indeterminada?

Bem, neste caso, mister se faz a notificação do locatário para que devolva, imediatamente ou em prazo razoável, a coisa locada, sob pena de incidir nos efeitos da mora.

Nesse particular, não há previsão legal específica de prazo no Código Civil brasileiro, motivo pelo qual entendemos que se trata de uma regra em aberto, que deve ser colmatada diretamente pelo locador, que fixará prazo compatível para a entrega, sob pena de controle judicial *a posteriori*.

Apenas a título de sugestão, parece-nos bastante proporcional, como critério balizador deste prazo, que seja ele fixado de acordo com a periodicidade de pagamento da locação. Assim, por exemplo, se alugo um carro por diária, o prazo de um dia para devolução pode ser razoável; se alugo por semana ou quinzena, o prazo correspondente pode ser invocado. Esse critério tem respaldo na ideia de que esta periodicidade gera uma expectativa de percepção da verba.

Pode-se, por outra via, optar por um prazo menos flexível, com o que não concordamos. Seria o caso, por exemplo, da concessão do lapso temporal mínimo de trinta dias, por analogia à regra constitucional de concessão do aviso prévio, na relação de emprego.

Registre-se, a propósito, que, no âmbito da locação imobiliária, esta é a regra específica, pelo menos para a extinção unilateral por iniciativa do locatário, conforme consta do art. 6.º da Lei n. 8.245/91, a saber:

"Art. 6.º O locatário poderá denunciar a locação por prazo indeterminado mediante aviso por escrito ao locador, com antecedência mínima de trinta dias.

Parágrafo único. Na ausência do aviso, o locador poderá exigir quantia correspondente a um mês de aluguel e encargos, vigentes quando da resilição".

Voltando à hipótese de extinção unilateral do contrato de locação por iniciativa do locador, em caso de não devolução da coisa pelo locatário, este *"pagará, enquanto a tiver em seu poder, o aluguel que o locador arbitrar, e responderá pelo dano que ela venha a sofrer, embora proveniente de caso fortuito"*, conforme estabelece o *caput* do art. 575 do CC/2002.

O pagamento referido é chamado de *aluguel-pena*, sendo uma sanção pelo descumprimento do pactuado, o que não pode ser considerado uma regra meramente potestativa, haja vista que o parágrafo único do mesmo dispositivo admite um controle judicial da razoabilidade, regra sem equivalente no sistema codificado anterior.

Já a previsão de responsabilidade pelos danos sofridos pela coisa, ainda que provenientes de caso fortuito, é mera aplicação específica da regra dos efeitos da mora do devedor, constante do art. 399 do CC/2002[6].

Por fim, vale registrar que não há, na vigente codificação civil, tal qual na anterior, qualquer restrição de período de vigência do contrato de locação, deixando a matéria para a autonomia das partes contratantes.

Existe certa limitação, outrossim, na locação imobiliária, uma vez que a Lei n. 8.245/91 exige, em seu art. 3.º, anuência do cônjuge, para qualquer dos contratantes, quando for estipulada locação por prazo igual ou superior a dez anos[7].

A ausência dessa outorga uxória, todavia, não invalida o contrato; apenas implica a ineficácia da cláusula, quanto ao tempo excedente ao decêndio, em relação ao cônjuge, traduzindo-se como uma norma limitativa de direito.

---

[6] Sobre o tema, confira-se o Capítulo XXII ("Inadimplemento Relativo das Obrigações — A Mora") do volume 2 ("Obrigações") desta obra.

[7] Lei n. 8.245/91:

"Art. 3.º O contrato de locação pode ser ajustado por qualquer prazo, dependendo de vênia conjugal, se igual ou superior a dez anos.

Parágrafo único. Ausente a vênia conjugal, o cônjuge não estará obrigado a observar o prazo excedente".

4.2. Coisa (objeto da locação)

O objeto do contrato de locação pode ser coisa móvel ou imóvel.

O requisito indispensável, porém, é que seja um bem infungível, pois não é possível imaginar-se a locação de bens que possam ser trocados por outros da mesma espécie, por ser próprio da locação o retorno do bem ao locador.

Pelo mesmo fundamento, não é possível falar em locação de bens consumíveis, cujo uso importe na destruição imediata da sua substância[8].

Da mesma forma, observa CARLOS ROBERTO GONÇALVES:

"Não constitui óbice à locação a inalienabilidade da coisa, pois os bens públicos e também aqueles gravados com a referida cláusula especial, que os coloca fora do comércio, podem ser dados em aluguel. Igualmente podem ser alugados os bens incorpóreos ou direitos, como uma patente de invenção, uma marca, o usufruto e as servidões prediais juntamente com o prédio dominante etc."[9].

Uma interessante questão é saber se a coisa locada precisa ser, necessariamente, de propriedade do locador.

No nosso entender, a resposta é negativa.

Embora pareça lógico imaginar que o mais natural é que o locador seja proprietário do bem, nada impede que o mero possuidor alugue o bem de que não tenha a titularidade do domínio.

Afinal de contas, o contrato de locação não é translativo de propriedade (e, consequentemente, de posse indireta), mas, sim, fonte de obrigações pessoais.

Sobre o tema, CUNHA GONÇALVES observa que:

"A locação de coisa alheia será válida enquanto durar a posse do locador; e somente ficará sem efeito quando a coisa locada for reivindicada pelo seu verdadeiro proprietário, pois ficando evicto o locador, evicto ficará também o locatário. Todavia, o proprietário evictor tem a faculdade de manter o locatário mediante novo arrendamento"[10].

Parece-nos adequado tal entendimento, principalmente no campo da locação de coisas móveis, pois nem sempre é possível (e quase nunca é razoável) exigir que o locatário verifique se a coisa é de efetiva propriedade do locador.

Ademais, a possibilidade de sublocação também ratifica a possibilidade de alguém, que não é proprietário, mas mero possuidor, poder locar um bem.

4.3. Retribuição (preço da locação)

Como terceiro elemento fundamental particular do contrato de locação, temos a retribuição pela disposição da coisa locada.

---

[8] Sobre o tema, confira-se o Capítulo VIII ("Bens Jurídicos") do volume 1 ("Parte Geral") desta obra.
[9] Carlos Roberto Gonçalves, *Direito Civil Brasileiro — Contratos e Atos Unilaterais*, 17. ed., São Paulo: Saraiva, 2020, v. 3, p. 329.
[10] Luiz da Cunha Gonçalves, *Dos contratos em especial*, Lisboa: Ática, 1953, p. 300, *apud* Carlos Roberto Gonçalves, *Direito Civil Brasileiro*, cit., v. 3, p. 330.

Locação é contrato essencialmente oneroso.

Tal retribuição, chamada de *preço*, *aluguel* ou *renda*, é, *a priori*, estabelecida diretamente pelas partes, no exercício da autonomia da vontade, podendo ser feita "mediante arbitramento administrativo ou judicial, ou ainda imposto por ato governamental, como no caso dos táxis e dos prédios urbanos"[11].

No caso da locação de bens da União, o parágrafo único do art. 95 do Decreto-Lei n. 9.760, de 5-9-1946, determina que seja feita *"em concorrência pública e pelo maior preço oferecido, na base mínima do valor locativo fixado"*.

O valor, porém, não pode ser fixado de forma meramente potestativa por uma das partes.

De fato, sobre tal impossibilidade de estipulação potestativa do preço ao arbítrio exclusivo de um dos contratantes, vale transcrever o já mencionado art. 575 do CC/2002:

"Art. 575. Se, notificado o locatário, não restituir a coisa, pagará, enquanto a tiver em seu poder, o aluguel que o locador arbitrar, e responderá pelo dano que ela venha a sofrer, embora proveniente de caso fortuito.

Parágrafo único. Se o aluguel arbitrado for manifestamente excessivo, poderá o juiz reduzi-lo, mas tendo sempre em conta o seu caráter de penalidade".

Ou seja, até mesmo no chamado *"aluguel-pena"*, cuja natureza sancionatória é evidente, não há falar em ampla liberdade de uma das partes para fixação do valor, estando a matéria submetida a controle judicial *a posteriori*, característica, aliás, bastante evidente no novo sistema codificado[12].

Contudo, conforme adverte CARLOS ROBERTO GONÇALVES:

"Como também ocorre na compra e venda, o preço deve ser sério, isto é, real, pois se estipulado em valor ínfimo ou irrisório será, na realidade, fictício e descaracterizará o contrato. Deve ser, ainda, determinado ou ao menos determinável, nada impedindo, todavia, que seja variável de acordo com índices estabelecidos pela lei, ou contratados pelas partes de modo a não contrariá-la. A lei impõe, em regra, tetos aos reajustes. Embora o pagamento deva ser feito, via de regra, em dinheiro, nada obsta que se convencione outro modo, podendo ser misto, ou seja, parte em dinheiro e parte em frutos e produtos ou em obras e benfeitorias feitas pelo locatário. Se, todavia, for efetuado exclusivamente com os frutos e produtos do imóvel, deixará de ser locação propriamente dita, convertendo-se em contrato inominado.

---

[11] Carlos Roberto Gonçalves, *Direito Civil Brasileiro*, cit., v. 3, p. 331.

[12] Nesse sentido, vale registrar que, na III Jornada de Direito Civil da Justiça Federal, foi aprovado o Enunciado n. 180, com a seguinte redação: "Arts. 575 e 582: A regra do parágrafo único do art. 575 do novo CC, que autoriza a limitação pelo juiz do aluguel-pena arbitrado pelo locador, aplica-se também ao aluguel arbitrado pelo comodante, autorizado pelo art. 582, 2.ª parte, do novo CC". O referido dispositivo preceitua: "Art. 582. O comodatário é obrigado a conservar, como se sua própria fora, a coisa emprestada, não podendo usá-la senão de acordo com o contrato ou a natureza dela, sob pena de responder por perdas e danos. O comodatário constituído em mora, além de por ela responder, pagará, até restituí-la, o aluguel da coisa que for arbitrado pelo comodante".

Em geral, o pagamento é fixado em dinheiro, a ser pago periodicamente (por semana, quinzena ou mês), como contrato de execução prolongada ou sucessiva (*tempus successivum habet*), nada impedindo seja pago de uma só vez por todo o período da locação, como sucede com os aluguéis de temporada, que podem ser exigidos antecipadamente e de uma só vez (art. 20 da atual Lei do Inquilinato: Lei n. 8.245/91). A referida lei veda a estipulação do aluguel em moeda estrangeira e a sua vinculação à variação cambial ou ao salário mínimo (art. 17), não admitindo a exigência de pagamento antecipado, salvo a exceção apontada no citado dispositivo. A falta de pagamento do aluguel enseja ao locador o direito de cobrá-lo sob a forma de execução (CPC, art. 784, III) ou de pleitear a resolução do contratante, tanto no direito comum quanto no regime especial do inquilinato, mediante ação de despejo"[13].

Vale destacar a possibilidade, prevista na Lei n. 8.245/91, de qualquer das partes pedir a revisão judicial da importância do aluguel, com a finalidade de readequá-lo ao justo valor praticado no mercado.

Trata-se do seu art. 19, que preceitua, *in verbis*:

"Art. 19. Não havendo acordo, o locador ou locatário, após três anos de vigência do contrato ou do acordo anteriormente realizado, poderão pedir revisão judicial do aluguel, a fim de ajustá-lo ao preço de mercado".

5. CARACTERÍSTICAS

Fixado o conceito e compreendidos os elementos essenciais do contrato de locação de coisas, é hora de enunciar suas principais características:

Tradicionalmente prevista nas codificações brasileiras, a locação sempre foi um contrato *típico* e *nominado*.

Trata-se de um contrato *bilateral* e *individual*, uma vez que implica direitos e obrigações para ambos os contratantes (locador e locatário), individualmente considerados.

É um contrato essencialmente *oneroso*, haja vista que ao benefício recebido corresponde um sacrifício patrimonial (entrega da coisa pagamento do preço).

Como tais obrigações se equivalem, conhecendo, pois, os contratantes, *ab initio*, as suas respectivas prestações, consiste em um contrato *comutativo*, enquadrando-se também no conceito de *contrato evolutivo*.

Pode ser pactuado tanto na forma *paritária* como *por adesão*.

É contrato de ampla utilização nas relações *civis*, *comerciais* e *consumeristas*, sendo também utilizado, supletivamente, em relações *administrativas* e inaplicável para as avenças *trabalhistas*, no que tange ao exercício da atividade laboral.

Quanto à forma, trata-se de um contrato *consensual* e *não solene*, uma vez que se concretiza com a simples declaração de vontade; não exige forma especial, podendo ser convencionado por escrito ou verbalmente.

---

[13] Carlos Roberto Gonçalves, *Direito Civil Brasileiro*, cit., v. 3, p. 331-2.

Registre-se, porém, que se por acaso for exigida uma fiança, a lógica impõe que o contrato principal de locação seja escrito[14], uma vez que ficaria extremamente estranho haver um acessório formal de um contrato não solene.

Não pode ser considerado personalíssimo, especialmente em virtude da previsão do art. 577 do CC/2002, que admite a transferência da avença contratual, no caso de falecimento do locador ou do locatário, aos seus herdeiros.

Ademais, a possibilidade jurídica de ser cedido ou sublocado também é um elemento que reforça o caráter não personalíssimo deste contrato.

Nada impede, porém, que se estabeleça expressamente a impossibilidade de cessão e sublocação, emprestando-lhe efeito *intuitu personae*.

O tempo, como exposto, é um elemento essencial no contrato de locação, consistindo em um típico contrato *de duração*. Tal duração pode ser *determinada* ou *indeterminada*, na medida em que haja ou não previsão expressa de termo final ou condição resolutiva a limitar a eficácia do contrato. O que não se admite, em nosso sentir, é a locação vitalícia.

Como a maciça maioria das figuras contratuais codificadas, trata-se de um *contrato causal*, cuja invalidade pode ser declarada no caso de motivo inexistente, ilícito ou imoral.

Pela sua função econômica, consiste em um *contrato de troca*, caracterizado pela permuta de utilidades econômicas.

Por fim, trata-se de um contrato *principal* e *definitivo*, já que não depende de qualquer outra avença, bem como não é preparatório de nenhum outro negócio jurídico.

6. MODALIDADES

A disciplina aqui estudada se refere, precipuamente, ao contrato de locação de bens móveis.

Isso porque, como visto, existem outras modalidades de locação, regidas por normas diferenciadas, merecedoras apenas de referência neste capítulo, por escaparem, conforme dissemos acima, do seu objetivo.

A mais importante delas é a locação imobiliária urbana, disciplinada pela Lei do Inquilinato (Lei n. 8.245/91), norma que vem se mantendo após vários diplomas legais que tentaram regular a matéria, em substituição à previsão original do Código Civil brasileiro de 1916 (arts. 1.200 a 1.209), valendo registrar que a vigente codificação civil pouco menciona sobre locação imobiliária.

Tal norma reguladora da locação imobiliária urbana abrange a disciplina da locação residencial urbana (arts. 46 e 47), a locação de temporada, também denominada *time sharing* (arts. 48 a 50) e a locação não residencial, incluída para fins comerciais (arts. 51 a 57), com a incorporação de regras do antigo Decreto n. 24.150/34.

A própria Lei n. 8.245/91, porém, no parágrafo único do seu art. 1.º, excluiu expressamente determinadas locações e situações assemelhadas, a saber:

---

[14] Confira-se o tópico "Características" do Capítulo "Fiança" do presente volume.

"Art. 1.º A locação de imóvel urbano regula-se pelo disposto nesta lei:

Parágrafo único. Continuam regulados pelo Código Civil e pelas leis especiais:

a) as locações:

1. de imóveis de propriedade da União, dos Estados e dos Municípios, de suas autarquias e fundações públicas;

2. de vagas autônomas de garagem ou de espaços para estacionamento de veículos;

3. de espaços destinados à publicidade;

4. em apart-hotéis, hotéis-residência ou equiparados, assim considerados aqueles que prestam serviços regulares a seus usuários e como tais sejam autorizados a funcionar;

b) o arrendamento mercantil, em qualquer de suas modalidades".

Como observa SÍLVIO VENOSA,

"os imóveis de propriedade do Estado (União, Estados e Municípios) não se sujeitam a essa lei, assim como os das respectivas autarquias e fundações. O interesse público não permite que essas locações se sujeitem ao regime privado. Os arrendamentos dos imóveis da União são regidos pelo Decreto-lei n. 9.760/46 e pelo Decreto-lei n. 6.874/44"[15].

Ainda no que tange às modalidades de locação, na compreensão do parágrafo único do art. 1.º da Lei n. 8.245/91, outras importantes observações devem ser feitas.

As locações de vagas autônomas de garagem ou espaços para estacionamento são contratos atípicos, que denotam características não somente da locação de coisas, mas, também, dos contratos de depósito e prestação de serviços[16]. Registre-se que as vagas de estacionamento ligadas a locação imobiliária já se encontram incluídas na disciplina do inquilinato.

Já os espaços destinados a publicidade encontram sua regência na própria codificação civil, uma vez que sua finalidade é distinta da pretendida pela Lei n. 8.245/91, que objetiva disciplinar relações imobiliárias propriamente ditas.

Quanto aos apart-hotéis, hotéis residência ou equiparados, mencionados linhas acima, ressalta SÍLVIO VENOSA:

"A Lei do Inquilinato é expressa no excluir de seu alcance os *apart-hotéis, hotéis-residência* ou *equiparados*. São novas formas jurídicas que florescem no mundo negocial. Os *apart-hotéis* possuem forma de ocupação diferenciada da locação. A própria lei especifica que assim se entende os locais prestadores de serviços regulares a seus usuários e como tais estejam autorizados a funcionar. O fenômeno merece atenção do legislador que ainda não regulou essa modalidade de ocupação de imóvel. Pode ocorrer que, embora o *apart-hotel* esteja assim estruturado, a ocupação se dê por contrato de locação destinado à moradia, portanto alcançada a relação pela lei inquilinária. Há necessidade de exame das circunstâncias do caso concreto. Nos prédios destinados a essa modalidade de moradia, o pagamento é feito sob a forma de diárias, pois o contrato é de hospedagem e não de locação.

---

[15] Sílvio de Salvo Venosa, *Direito Civil — Contratos em Espécie*, 3. ed. São Paulo: Atlas, 2003, v. III, p. 147.

[16] Sobre a disciplina dos contratos atípicos, confira-se o Capítulo "Contratos Atípicos" deste volume.

Se a relação não estiver submetida à lei do inquilinato, a relação de hospedagem não está sujeita à ação de despejo, sendo utilizável a possessória para a restituição do imóvel"[17].

Por fim, o arrendamento mercantil (*leasing*) consiste em uma figura contratual autônoma, que não se enquadra perfeitamente nas regras codificadas, merecendo regras próprias e particularizadas, valendo destacar a circunstância de que o preço que se paga não é uma simples locação, mas, sim, um meio de pagamento parcial da coisa, com finalidade de aquisição.

Cumpre destacar, também, que a locação para exploração agrícola ou pecuária de prédio rústico, ou seja, o arrendamento rural, é regida pelo Estatuto da Terra (Lei n. 4.504, de 30-11-1964), aplicando-se supletivamente o Código Civil, conforme preceitua o § 9.º do art. 92 do mencionado Estatuto ("*§ 9.º Para solução dos casos omissos na presente Lei, prevalecerá o disposto no Código Civil*").

Uma distinção, por fim, deve ser feita.

Merecem especial referência os contratos pactuados por meio de aplicativos, a exemplo do Airbnb.

Essa aparente locação traduz, em verdade, um *contrato atípico de hospedagem*.

No dizer de RODRIGO TOSCANO DE BRITO,

"Diante dos elementos vistos no contrato realizado através das plataformas de hospedagem e aqui já suscitados, parece-nos que a natureza jurídica do contrato aqui estudada é atípica, aproximando-se mais do contrato de hospedagem, de forma que, é mais apropriada para a espécie a afirmativa de que se trata de um contrato atípico de hospedagem"[18].

Segundo o Superior Tribunal de Justiça, "o sistema de reserva de imóveis pela plataforma digital é caracterizado como uma espécie de contrato atípico de hospedagem — distinto da locação por temporada e da hospedagem oferecida por empreendimentos hoteleiros, que possuem regulamentações específicas"[19].

Trata-se de uma prática negocial que, certamente, acompanha a evolução tecnológica do século XXI, caracterizando-se pela variada oferta de imóveis, com preços compatíveis com a renda do interessado.

Em síntese, trata-se de um modelo contratual vantajoso para o proprietário — que pretende incrementar a sua renda — e para o "hóspede" — que busca um imóvel com preço justo.

Sucede que acesa polêmica instalou-se quanto à possibilidade de proprietários, em condomínios residenciais, cederem o seu imóvel por meio de uma dessas plataformas digitais.

---

[17] Sílvio de Salvo Venosa, *Contratos em Espécie*, cit., v. III, p. 147.

[18] Rodrigo Toscano de Brito, Contrato atípico de hospedagem realizado através de plataformas digitais e sua incompatibilidade com a destinação residencial dos condomínios edilícios. *Migalhas*. Disponível em: <https://www.migalhas.com.br/coluna/migalhas-contratuais/345206/contrato-atipico-de-hospedagem-realizado-por-plataformas-digitais>. Acesso em: 2 out. 2021.

[19] Fonte: <https://www.stj.jus.br/sites/portalp/Paginas/Comunicacao/Noticias/20042021-Condominios-residenciais-podem-impedir-uso-de-imoveis-para-locacao-pelo-Airbnb–decide-Quarta-Turma.aspx>. Acesso em: 2 out. 2021.

Surgiu um dilema: de um lado, o sujeito que, com base no seu direito de propriedade, pretende hospedar, mediante aplicativo, terceiro interessado; e, de outro, o interesse dos demais condôminos no sentido de impedir a exploração econômica de uma das unidades habitacionais, tendo em vista a finalidade eminentemente residencial do condomínio.

O Superior Tribunal de Justiça, julgando o REsp 1.819.075/RS, *proibiu* essa prática:

"Para o colegiado, o sistema de reserva de imóveis pela plataforma digital é caracterizado como uma espécie de contrato atípico de hospedagem — distinto da locação por temporada e da hospedagem oferecida por empreendimentos hoteleiros, que possuem regulamentações específicas.

Segundo a turma, havendo previsão expressa de destinação residencial das unidades do condomínio, será impossível a sua utilização para a atividade de hospedagem remunerada"[20].

Salvo autorização expressa na convenção de condomínio — ou, por certo, autorização tácita —, veda-se a utilização de imóvel em condomínio residencial para "hospedagem de terceiro" mediante aplicativo ou plataforma digital:

"Nesse sentido", conclui RODRIGO TOSCANO DE BRITO,

"é possível se concluir que o contrato envolvendo as plataformas digitais de hospedagem e seus clientes tem natureza de contrato de hospedagem atípico, que se aproxima de atividade de hoteleira e de turismo e que, por isso, é incompatível com a destinação residencial prevista na convenção de condomínio edilício, de forma que o condômino não poderá ceder o imóvel nesta modalidade contratual, salvo existindo autorização expressa constante na convenção de condomínio, ou na hipótese de concordância tática dos demais condôminos"[21].

7. CONTRATOS CORRELATOS

Embora a locação, junto com a compra e venda, seja um dos contratos mais disseminados no cotidiano das relações sociais, parece-nos relevante, para fins didáticos, apresentar diferenças pontuais da locação para outras figuras contratuais.

Assim, a diferença da locação para a compra e venda é evidente, uma vez que, na primeira, cede-se o uso (e gozo) do bem, com a obrigação de sua restituição, enquanto na segunda há obrigação de transferir a propriedade.

Outra interessante conexão é com o depósito.

Quando, no contrato de depósito, há, excepcionalmente, autorização de uso da coisa, percebe-se uma afinidade com a locação. Diferencia-se, porém, em dois aspectos básicos, a saber: a) o depósito é contrato real, enquanto a locação é consensual; b) o depósito pode ser gratuito, enquanto, na locação, a retribuição é elemento essencial.

Da mesma forma, guarda a locação alguma similitude com o contrato de empréstimo, pela circunstância de permitir a utilização de coisa alheia.

Não se confunde, todavia, nem com o mútuo nem com o comodato.

---

[20] Idem.
[21] Texto citado.

Com o primeiro, a infungibilidade da coisa é elemento essencial da locação, o que já fulmina qualquer aproximação, uma vez que o mutuário não deverá restituir ao mutuante o mesmo bem, mas, sim, outro da mesma espécie, quantidade ou qualidade. Tal circunstância é incompatível com a locação, pois o locatário deverá restituir ao locador o mesmo objeto locado, obrigando-se a manter a coisa em estado de servir ao seu destino econômico.

Já quanto ao comodato, que se refere também a coisas infungíveis, a indispensabilidade do elemento "gratuidade", da mesma forma que o mútuo, afasta qualquer tentativa de aproximação das formas contratuais, uma vez que a onerosidade é essencial na locação.

Finalmente, como observa VENOSA, na

"enfiteuse, também existe cessão onerosa de uso, mas esta é instituto de direitos reais e implica cessão perpétua, enquanto a locação é sempre temporária. O mesmo se pode dizer com relação ao direito de superfície, instituto de direito real, reintegrado ao ordenamento positivo pelo novo Código (arts. 1.369 a 1.377)"[22].

8. AQUISIÇÃO DA COISA POR TERCEIRO E CONTRATO DE LOCAÇÃO

Uma importantíssima questão diz respeito aos efeitos da alienação da coisa locada, enquanto pendente o contrato.

Sobre o tema, dispõe o art. 576 do CC/2002:

"Art. 576. Se a coisa for alienada durante a locação, o adquirente não ficará obrigado a respeitar o contrato, se nele não for consignada a cláusula da sua vigência no caso de alienação, e não constar de registro.

§ 1.º O registro a que se refere este artigo será o de Títulos e Documentos do domicílio do locador, quando a coisa for móvel; e será o Registro de Imóveis da respectiva circunscrição, quando imóvel.

§ 2.º Em se tratando de imóvel, e ainda no caso em que o locador não esteja obrigado a respeitar o contrato, não poderá ele despedir o locatário, senão observado o prazo de noventa dias após a notificação".

A locação, sendo fonte de obrigações de natureza pessoal, vincula, *a priori*, apenas *inter partes*.

Daí a justificativa para a regra do *caput* do dispositivo susotranscrito, explicitando que *o adquirente não está obrigado a respeitar o contrato*, o que decorre da aplicação do princípio da relatividade subjetiva dos contratos.

Todavia, dada a importância do contrato de locação, notadamente no ramo imobiliário, considerou conveniente o legislador permitir a outorga de eficácia real, ou seja, oponibilidade *erga omnes*, com o registro de tal contrato.

Tal possibilidade já era prevista desde a codificação anterior, conforme constava no *caput* do art. 1.197 do CC/1916.

Inova o Código Civil de 2002, porém, ao explicitar, em seu § 1.º, o local do registro, tanto para bens móveis quanto imóveis.

---
[22] Sílvio de Salvo Venosa, *Contratos em Espécie*, cit., v. III, p. 138.

A regra do § 2.º, por sua vez, se inova a codificação, não inova o sistema, pois já era prevista no art. 8.º da Lei n. 8.245/91, âmbito adequado, aliás, para sua previsão, uma vez que o Código Civil brasileiro pouco fala sobre locação imobiliária. Neste prisma, é possível referir, inclusive, que a inserção desta regra "*caiu de paraquedas*" no Código, tendo em vista que não houve a unificação da disciplina das locações na vigente codificação, nem se propugna tal postura como recomendável, ante o grau de especialização que a matéria alcançou.

De qualquer forma, não negamos importância ao dispositivo, que, ideologicamente, faz uma opção de proteção ao locatário, em detrimento do interesse econômico do adquirente, dada a importância social da locação imobiliária especialmente em consonância ao direito à moradia, tutelado constitucionalmente.

Registre-se que propugnamos por uma interpretação ampla do dispositivo, admitindo o seu alcance não somente para a aquisição por compra e venda, mas também a todas as demais formas de aquisição de um bem imóvel, inclusive a doação e a expropriação judicial (arrematação e adjudicação), *desde que as regras referentes ao registro hajam sido observadas*.

Por fim, em situações como essas, parece-nos haver influência da regra do art. 473 do CC/2002:

"Art. 473. A resilição unilateral, nos casos em que a lei expressa ou implicitamente o permita, opera mediante denúncia notificada à outra parte.

Parágrafo único. Se, porém, dada a natureza do contrato, uma das partes houver feito investimentos consideráveis para a sua execução, a denúncia unilateral só produzirá efeito depois de transcorrido prazo compatível com a natureza e o vulto dos investimentos".

Nessa linha, observa SÍLVIO VENOSA:

"Segundo podemos antever, mormente em situações de locação, principalmente a não residencial não albergada pela ação renovatória, haverá oportunidade e conveniência para aplicação desse dispositivo pelo julgador, na busca do equilíbrio social dos contratos, colimado pelo novo diploma civil. Nessas premissas, e em outras que se apresentarem análogas na locação de móveis ou imóveis, sob o caso concreto, poderá ser concedido prazo superior para a restituição da coisa ou a desocupação do imóvel"[23].

Saliente-se, por fim, que, na forma dos arts. 27 a 34 da Lei n. 8.245/91, tem o locatário "*preferência para adquirir o imóvel locado, em igualdade de condições com terceiros, devendo o locador dar-lhe conhecimento do negócio mediante notificação judicial, extrajudicial ou outro meio de ciência inequívoca*".

Não há confundir, porém, este direito de preferência com a cláusula especial à compra e venda, que decorre, necessariamente, da autonomia da vontade, e não de preceito legal. Vale salientar que, além da possibilidade de perdas e danos, tal qual no pacto acessório, o direito de preferência do locatário poderá ter eficácia real, com a possibilidade de tutela específica, "*desde que o contrato de locação esteja averbado pelo menos trinta dias antes da alienação junto à matrícula do imóvel*".

---

[23] Sílvio de Salvo Venosa, *Contratos em Espécie*, cit., v. III, p. 145.

9. CONTEÚDO DO CONTRATO DE LOCAÇÃO (DIREITOS E OBRIGAÇÕES DAS PARTES)

Neste tópico, pretendemos dar uma visão geral do conteúdo do contrato de locação, no que diz respeito aos direitos e obrigações das partes, reciprocamente consideradas.

De fato, se a todo direito corresponde uma obrigação, parece-nos razoável sistematizar esse tópico na divisão "*Obrigações do locador × direitos do locatário*" e "*Obrigações do locatário × direitos do locador*".

Todavia, registramos mais uma vez que, sendo necessário, faremos a indexação dos dispositivos codificados com as regras próprias da Lei do Inquilinato, de forma a dar uma visão realmente abrangente sobre o tema.

Vamos conhecê-los.

9.1. Obrigações do locador × Direitos do locatário

Sobre as obrigações do locador, estabelece o art. 566 do CC/2002:

"Art. 566. O locador é obrigado:

I — a entregar ao locatário a coisa alugada, com suas pertenças, em estado de servir ao uso a que se destina, e a mantê-la nesse estado, pelo tempo do contrato, salvo cláusula expressa em contrário;

II — a garantir-lhe, durante o tempo do contrato, o uso pacífico da coisa".

Vejamos cada uma delas, por partes.

9.1.1. Entregar ao locatário a coisa alugada

A primeira obrigação do locador é entregar ao locatário a coisa locada, com suas pertenças, em estado de servir ao uso a que se destina (CC, art. 566, I, primeira parte; Lei n. 8.245/91, art. 22, I).

Por mais óbvio que pareça, é necessário afirmar tal dever pela circunstância de que o contrato de locação é uma fonte de obrigações, que passam a ser exigíveis pela celebração do negócio jurídico, e não um contrato real, que somente se considera ultimado pela entrega da coisa.

Assim, celebrado o contrato, mas não cumprida tal obrigação básica do locador, cabe não somente a resolução da avença, mas, também, perdas e danos.

A obrigação de entregar ao locatário a coisa locada abrange, evidentemente, o dever de respeitar a vigência do contrato, quando estipulado por duração determinada.

Sobre o tema, determina o art. 571 do CC/2002:

"Art. 571. Havendo prazo estipulado à duração do contrato, antes do vencimento não poderá o locador reaver a coisa alugada, senão ressarcindo ao locatário as perdas e danos resultantes, nem o locatário devolvê-la ao locador, senão pagando, proporcionalmente, a multa prevista no contrato.

Parágrafo único. O locatário gozará do direito de retenção, enquanto não for ressarcido".

A concepção de que se trata de um ato ilícito é evidente na previsão de ressarcimento de perdas e danos pelo locador, bem como, no outro lado da moeda, o pagamento proporcional de multa pelo locatário.

Interessante é verificar a norma equivalente na Lei do Inquilinato, a saber, o seu art. 4.º, que, com a redação dada pela Lei n. 12.112, de 9 de dezembro de 2009, preceitua:

"Art. 4.º Durante o prazo estipulado para a duração do contrato, não poderá o locador reaver o imóvel alugado. O locatário, todavia, poderá devolvê-lo, pagando a multa pactuada, proporcionalmente ao período de cumprimento do contrato, ou, na sua falta, a que for judicialmente estipulada[24].

Parágrafo único. O locatário ficará dispensado da multa se a devolução do imóvel decorrer de transferência, pelo seu empregador, privado ou público, para prestar serviços em localidades diversas daquela do início do contrato, e se notificar, por escrito, o locador com prazo de, no mínimo, trinta dias de antecedência".

Vale registrar que a dispensa da multa, no caso de transferência do locatário por decisão patronal, justifica-se inteiramente, tendo em vista que se trata, tecnicamente, de um ato superveniente imputável, única e exclusivamente, a terceiro.

Por fim, registre-se a regra do art. 572 do CC/2002:

"Art. 572. Se a obrigação de pagar o aluguel pelo tempo que faltar constituir indenização excessiva, será facultado ao juiz fixá-la em bases razoáveis".

Sobre tal novel prerrogativa do magistrado, no controle de razoabilidade da indenização, na III Jornada de Direito Civil da Justiça Federal, foi aprovado o Enunciado n. 179, com a seguinte redação:

"Enunciado n. 179 — "Art. 572: A regra do art. 572 do novo CC é aquela que atualmente complementa a norma do art. 4.º, 2.ª parte, da Lei n. 8.245/91 (Lei de Locações), balizando o controle da multa mediante a denúncia antecipada do contrato de locação pelo locatário durante o prazo ajustado".

9.1.2. Manter a coisa alugada no mesmo estado

Não basta, porém, entregar a coisa, com seus acessórios, em perfeita condição de uso para o fim pactuado.

É também dever do locador manter o bem nesse estado pelo tempo do contrato, salvo cláusula expressa em contrário (CC, arts. 566, I, segunda parte, e 567; Lei n. 8.245/91, art. 22, III e X).

Isso quer dizer, no final das contas, que é dever do locador fazer a manutenção do bem locado, custeando todas as despesas necessárias para a sua conservação.

Tal dever, contudo, pode ser transferido ao locatário por força de previsão contratual, o que decorre, por certo, do respeito à autonomia da vontade das partes.

---

[24] Como respaldo normativo no vigente Código Civil brasileiro, confira-se a redação do art. 413: "Art. 413. A penalidade deve ser reduzida equitativamente pelo juiz se a obrigação principal tiver sido cumprida em parte, ou se o montante da penalidade for manifestamente excessivo, tendo-se em vista a natureza e a finalidade do negócio".

Uma pergunta interessante diz respeito a quem cabe o pagamento das despesas condominiais, na locação imobiliária urbana.

Isso porque, por força de preceito legal (a saber, o art. 23, XII, da Lei n. 8.245/91), as despesas ordinárias de manutenção e conservação de condomínio, na locação imobiliária urbana, são atribuídas, no silêncio da previsão contratual, ao locatário, e não ao locador.

A regra, em que pese sua ampla utilização na prática das relações sociais, é incoerente, na nossa visão, com a natureza *propter rem* das obrigações condominiais, sendo decorrente, talvez, de certo favorecimento ao locador, na vigente Lei do Inquilinato.

Afinal de contas, encerrado o contrato de locação e havendo inadimplemento da despesa condominial, não temos dúvida de que o proprietário responderá diretamente pela dívida, independentemente do ajuizamento de ação regressiva em face do agora ex-locatário.

Mais lógico seria que a lei explicitasse e mantivesse a obrigação de pagamento das despesas ordinárias com o locador, admitindo a possibilidade de inversão desta responsabilidade por expressa previsão contratual, tal como consta com outras obrigações *propter rem*, por exemplo, o inciso VIII do art. 22 ("*pagar os impostos e taxas, e ainda o prêmio de seguro complementar contra fogo, que incidam ou venham a incidir sobre o imóvel, salvo disposição expressa em contrário no contrato*" — grifos nossos) do mesmo texto legal.

Tal circunstância gerou, em nosso sentir, uma pequena atecnia (ou mesmo incoerência) no texto da Lei do Inquilinato.

De fato, estabelece o art. 25 da Lei n. 8.245/91:

"Art. 25. Atribuída ao locatário a responsabilidade pelo pagamento dos tributos, encargos e despesas ordinárias de condomínio, o locador poderá cobrar tais verbas juntamente com o aluguel do mês a que se refiram.

Parágrafo único. Se o locador antecipar os pagamentos, a ele pertencerão as vantagens daí advindas, salvo se o locatário reembolsá-lo integralmente".

O texto guarda uma antinomia porque, poucos momentos antes (no mencionado art. 23, XII), já atribuiu ao locatário a responsabilidade pelas despesas ordinárias de condomínio, gerando dúvida na interpretação do dispositivo, notadamente no campo de seu alcance. Afinal, não são as partes que atribuem a responsabilidade pelas referidas despesas, mas a própria norma legal...

Supera-se, porém, a incerteza apontada com a vivência na área em que, mesmo não se exigindo previsão contratual neste sentido (por força da aplicação do preceito legal aludido), é extremamente comum a estipulação de cláusula que atribui a responsabilidade final pelo pagamento do condomínio ao locatário.

A regra do art. 25 tem por fito apenas facilitar a cobrança da despesa do locatário pelo locador, seja extrajudicialmente (v. g., no mesmo boleto bancário), seja judicialmente (com a cumulação objetiva de pedidos).

Como consequência lógica do dever fundamental do locador pela manutenção da coisa alugada, estabelece o art. 567 do CC/2002:

"Art. 567. Se, durante a locação, se deteriorar a coisa alugada, sem culpa do locatário, a este caberá pedir redução proporcional do aluguel, ou resolver o contrato, caso já não sirva a coisa para o fim a que se destinava".

Da mesma forma, preceitua o art. 26 da Lei n. 8.245/91:

"Art. 26. Necessitando o imóvel de reparos urgentes, cuja realização incumba ao locador, o locatário é obrigado a consenti-los.

Parágrafo único. Se os reparos durarem mais de dez dias, o locatário terá direito ao abatimento do aluguel, proporcional ao período excedente; se mais de trinta dias, poderá resilir o contrato".

Tal direito do locatário (e dever do locador) é decorrência evidente do princípio da equivalência material das prestações no campo das relações bilaterais (sinalagmáticas)[25], sendo próprio, também, da existência de uma equação financeira do contrato, como um contrato *evolutivo*, na classificação propugnada por ARNOLDO WALD[26].

9.1.3. Garantir o uso pacífico da coisa

Por fim, a terceira obrigação fundamental do locador é garantir, ao locatário, durante o tempo do contrato, o uso pacífico da coisa.

De fato, se a propriedade da coisa locada pelo locador não é um requisito indispensável para a celebração do contrato de locação, indubitavelmente a posse mansa e pacífica o é, pois somente é razoável admitir a transferência temporária da prerrogativa de uso se não há questionamentos quanto a esta condição.

É corolário dessa obrigação a responsabilidade do locador, por exemplo, pelos vícios redibitórios da coisa locada.

Neste diapasão, estabelece o art. 568 do CC/2002 (art. 22, IV, da Lei 8.245/91):

"Art. 568. O locador resguardará o locatário dos embaraços e turbações de terceiros, que tenham ou pretendam ter direitos sobre a coisa alugada, e responderá pelos seus vícios, ou defeitos, anteriores à locação".

9.2. Obrigações do locatário × Direitos do locador

Sobre as obrigações do locatário, estabelece o art. 569 do CC/2002:

"Art. 569. O locatário é obrigado:

I — a servir-se da coisa alugada para os usos convencionados ou presumidos, conforme a natureza dela e as circunstâncias, bem como tratá-la com o mesmo cuidado como se sua fosse;

II — a pagar pontualmente o aluguel nos prazos ajustados, e, em falta de ajuste, segundo o costume do lugar;

III — a levar ao conhecimento do locador as turbações de terceiros, que se pretendam fundadas em direito;

---

[25] Para um aprofundamento da matéria, recomendamos a leitura da dissertação de mestrado de Camila Lemos Azi, "O Princípio da Equivalência Material das Prestações no Novo Código Civil", defendida no Programa de Pós-Graduação em Direito da UFBA — Universidade Federal da Bahia.
[26] Arnoldo Wald, *Direito Civil — Direito das Obrigações e Teoria Geral dos Contratos*, 22. ed., São Paulo: Revista dos Tribunais, 2015, v. 2, p. 237.

IV — a restituir a coisa, finda a locação, no estado em que a recebeu, salvas as deteriorações naturais ao uso regular".

Façamos, tal qual no subtópico anterior, a análise sistematizada de tais obrigações.

9.2.1. Servir-se da coisa alugada para os usos contratados

A primeira parte do inciso I do art. 569 do Código Civil de 2002 estabelece a obrigação de o locador "*servir-se da coisa alugada para os usos convencionados ou presumidos, conforme a natureza dela e as circunstâncias*".

Isso decorre da natureza *causal* do contrato de locação, sendo o desvio da finalidade pactuada um ilícito contratual que autoriza não somente a resolução da avença, mas também a demanda por perdas e danos.

Nesse tom, estabelece o art. 570 do CC/2002:

"Art. 570. Se o locatário empregar a coisa em uso diverso do ajustado, ou do a que se destina, ou se ela se danificar por abuso do locatário, poderá o locador, além de rescindir o contrato, exigir perdas e danos".

Registre-se, no particular, que a expressão mais adequada seria "resolver o contrato", traduzindo a dissolução da avença em caso de inadimplemento.

9.2.2. Tratar a coisa alugada como se sua fosse

Um segundo dever contratual do locatário, gerando direito ao locador, é tratar a coisa locada "*com o mesmo cuidado como se sua fosse*".

A expressão do texto legal é bem ilustrativa para exprimir a ideia de que o locatário deve ter o máximo cuidado no lidar com a coisa objeto do contrato de locação.

Todavia, ousando corrigir o texto codificado, consideramos mais didático afirmar que, na verdade, deve o locatário tratar o bem locado *melhor do que se fosse seu*, uma vez que, se seu fosse, ato ilícito algum cometeria, em princípio, se o destruísse, o que, definitivamente, não pode ser feito na locação, em que a restituição da coisa é também um dever contratual.

9.2.3. Pagar pontualmente o aluguel

A mais evidente obrigação do locatário é, sem a menor sombra de dúvida, "*pagar pontualmente o aluguel nos prazos ajustados, e, em falta de ajuste, segundo o costume do lugar*".

O pagamento pela locação, como exposto, é normalmente pós-retributivo, ou seja, pago após o início do uso (e gozo) do bem, podendo, porém, ser estabelecido de forma diversa.

No campo da locação imobiliária, estabelece o art. 20 da Lei n. 8.245/91 a vedação do *pagamento antecipado do aluguel, salvo para as hipóteses de ausência de garantia locatícia* (caução, fiança, seguro de fiança locatícia ou cessão fiduciária de quotas de fundo de investimento) *e de locação para temporada*.

Vale destacar que o art. 39 da mesma lei, com a redação dada pela Lei n. 12.112, de 9 de dezembro de 2009, estabelece que, "salvo disposição contratual em contrário, qualquer das garantias da locação se estende até a efetiva devolução do imóvel, ainda que prorrogada a locação por prazo indeterminado, por força desta Lei".

9.2.4. Levar ao conhecimento do locador as turbações de terceiros

Como vimos no subtópico 9.1.3, é dever do locador *garantir o uso pacífico da coisa, resguardando o locatário dos embaraços e turbações de terceiros*, sendo direito do locatário exigir o cumprimento de tal obrigação.

Por força do dever acessório de assistência, colaboração ou cooperação, decorrente do princípio da boa-fé objetiva, aos contratantes cabe colaborar para o correto adimplemento das prestações oriundas do pactuado principal, em toda a sua extensão.

Assim, não há dúvida de que é dever consectário do locatário *levar ao conhecimento do locador as turbações de terceiros, que se pretendam fundadas em direito*, para que o locador providencie as diligências necessárias para a defesa da coisa locada.

Nada impede, outrossim, que o próprio locatário, na qualidade de titular da posse direta da coisa, também possa ajuizar os interditos possessórios cabíveis, sem exclusão da legitimidade do locador, possuidor indireto do bem.

9.2.5. Restituir a coisa, finda a locação, no estado em que a recebeu

É característica fundamental do contrato de locação, que o diferencia, inclusive, de outras figuras contratuais, a devolução, ao locador, da coisa locada, ao término do contrato.

Assim, é obrigação fundamental do locatário, sendo direito do locador, *restituir a coisa, finda a locação, no estado em que a recebeu, salvas as deteriorações naturais ao uso regular.*

Neste dever, é evidente que se pressupõe a devida conservação da coisa locada, obrigação já explicitada no subtópico 9.2.3 deste capítulo, admitindo-se, obviamente, não somente as deteriorações naturais pelo uso, mas também pelo decurso inexorável do tempo.

10. A INDENIZAÇÃO POR BENFEITORIAS NA COISA LOCADA

Sendo a locação um típico contrato de duração, é perfeitamente natural que, no uso cotidiano da coisa, benfeitorias sejam feitas pelo locatário.

No campo das locações em geral, estabelece o art. 578 do CC/2002:

> "Art. 578. Salvo disposição em contrário, o locatário goza do direito de retenção, no caso de benfeitorias necessárias, ou no de benfeitorias úteis, se estas houverem sido feitas com expresso consentimento do locador"[27].

Note-se, portanto, que apenas subsidiariamente são aplicadas as regras legais, prevalecendo, pois, o quanto pactuado entre as partes, segundo o princípio da autonomia privada.

---

[27] Na Lei do Inquilinato, a norma equivalente se encontra nos arts. 35 e 36, que rezam:
"Art. 35. Salvo expressa disposição contratual em contrário, as benfeitorias necessárias introduzidas pelo locatário, ainda que não autorizadas pelo locador, bem como as úteis, desde que autorizadas, serão indenizáveis e permitem o exercício do direito de retenção.
Art. 36. As benfeitorias voluptuárias não serão indenizáveis, podendo ser levantadas pelo locatário, finda a locação, desde que sua retirada não afete a estrutura e a substância do imóvel".

11. DIREITO DE RETENÇÃO

Com a finalidade de proporcionar garantia maior para o credor, estimulando o devedor ao cumprimento de suas obrigações, prevê o ordenamento jurídico um meio de autotutela.

Trata-se do *direito de retenção*, que consiste na prerrogativa de o credor manter, sob sua posse direta, bem do devedor, até que este cumpra a prestação a que está obrigado. Cuida-se, em nossa visão, de um direito potestativo, por meio do qual o seu titular força o cumprimento de uma prestação que lhe é devida, mediante justificada negativa de devolução da coisa.

No caso das benfeitorias necessárias ou, se autorizadas, das úteis, vimos que o art. 578 do CC/2002 autoriza essa forma de autodefesa.

Todavia, esta prerrogativa foi ampliada no novo ordenamento jurídico civil.

Com efeito, se, na codificação passada, a previsão era restrita, na locação, às mencionadas benfeitorias, agora também é possível o locatário se valer de tal direito na hipótese de extinção antecipada do contrato de duração determinada, conforme previsão do já aludido parágrafo único do art. 571.

12. CESSÃO DO CONTRATO DE LOCAÇÃO E SUBLOCAÇÃO

Neste tópico, pretendemos analisar e diferenciar dois institutos bastante comuns no ramo das locações: *a cessão do contrato de locação e a sublocação*.

Sobre a cessão de contrato, em termos gerais, já nos pronunciamos da seguinte forma:

"A cessão de contrato ou de posição contratual é instituto jurídico conhecido da doutrina, mas que, surpreendentemente, não mereceu a devida atenção no Código de 2002.

Diferentemente do que ocorre na cessão de crédito ou de débito, neste caso, o cedente transfere a sua própria posição contratual (compreendendo créditos e débitos) a um terceiro (cessionário), que passará a substituí-lo na relação jurídica originária.

Com absoluta propriedade, SÍLVIO VENOSA observa que:

'a cessão de crédito substitui uma das partes na obrigação apenas do lado ativo, e em um único aspecto da relação jurídica, o mesmo ocorrendo pelo lado passivo na assunção de dívida. Todavia, ao transferir uma posição contratual, há um complexo de relações que se transfere: débitos, créditos, acessórios, prestações em favor de terceiros, deveres de abstenção etc. Na transferência da posição contratual, portanto, há cessões de crédito (ou podem haver) e assunções de dívida, não como parte fulcral no negócio, mas como elemento integrante do próprio negócio'[28].

Note-se que parte respeitável da doutrina, adepta da teoria atomística, fragmentava a análise científica do instituto sob exame, para concluir que, em verdade, a cessão da posição contratual não seria mais do que um plexo de cessões múltiplas — de crédito e débito —, conjugadas, carecedora de autonomia jurídica.

Não concordamos com esse entendimento.

Quando, em um determinado contrato (imagine uma promessa irretratável de compra e venda), uma das partes cede a sua posição contratual, o faz de forma integrada, não havendo, pois, a intenção de transmitir, separadamente, débitos e créditos.

---

[28] Sílvio de Salvo Venosa, *Contratos em Espécie*, p. 346.

Por isso, entendemos assistir razão à doutrina unitária, defendida por juristas de escol (PONTES DE MIRANDA, SILVIO RODRIGUES, ANTUNES VARELA, SÍLVIO VENOSA, dentre outros), segundo a qual a cessão de contrato *opera a transferência da posição contratual como um todo*, sem que se possa identificar a fragmentação (ou atomização) dos elementos jurídicos componentes da posição contratual.

Para que seja considerada válida, a cessão de contrato deverá observar os seguintes requisitos:

a) a celebração de um negócio jurídico entre cedente e cessionário;

b) integralidade da cessão (cessão global);

c) a anuência expressa da outra parte (cedido).

Por óbvio, obrigações há, de natureza personalíssima, que não admitem cessão. Assim, se eu contrato a feitura de uma obra de arte com um artista famoso, este não poderá ceder a sua posição contratual. Entendemos que a natureza mesma da obrigação impede, na hipótese, a cessão contratual.

Pode ocorrer, outrossim, que a obrigação não seja pactuada *intuitu personae* (personalíssima), e, ainda assim, o contrato proíba a cessão.

Entretanto, não havendo cláusula proibitiva, a cessão de posição contratual é possível, desde que haja expresso consentimento da outra parte.

Não havendo este consentimento, o cedente continuará obrigado à satisfação do crédito"[29].

No campo específico das locações, a cessão de contrato não é rara.

Ocorrendo a cessão de locação, o contrato-base é transferido, com a anuência do cedido, transferindo-se para o cessionário todos os direitos e obrigações deles resultantes.

Ela não se confunde, porém, com a sublocação.

Nesta, o contrato principal continua íntegro, produzindo todos os seus efeitos legais. Em que pese tal circunstância, o locatário cede temporariamente, em um outro contrato de locação (daí a expressão **sub**locação...), o próprio bem locado (a sua posse direta), de forma total ou parcial, para outra pessoa, assumindo, diante dela, a posição de (sub)locador.

O Código Civil brasileiro silencia sobre as duas figuras.

A Lei do Inquilinato (Lei n. 8.245/91), porém, faz várias referências.

A mais importante delas, na nossa opinião, pois traz a regra comum de licitude (validade jurídica) dos dois institutos aqui estudados, é, sem hesitação, a do art. 13, que prescreve:

"Art. 13. A cessão da locação, a sublocação e o empréstimo do imóvel, total ou parcialmente, dependem do consentimento prévio e escrito do locador.

1.º Não se presume o consentimento pela simples demora do locador em manifestar formalmente a sua oposição.

2.º Desde que notificado por escrito pelo locatário, de ocorrência de uma das hipóteses deste artigo, o locador terá o prazo de trinta dias para manifestar formalmente a sua oposição".

---

[29] Pablo Stolze Gagliano e Rodolfo Pamplona Filho, *Novo Curso de Direito Civil*, cit., v. 2, p. 308.

Sobre tal regra, como o *caput* exige o *"consentimento prévio e escrito do locador"* para a validade jurídica da *cessão da locação, a sublocação e o empréstimo do imóvel*[30], entendemos que o silêncio, neste caso, indica a negativa de assentimento à postulação do locatário[31].

Sobre as sublocações, especificamente, foi ainda mais longe a Lei n. 8.245/91, pois trouxe disciplina particular do valor do aluguel, em seu art. 21, a saber:

"Art. 21. O aluguel da sublocação não poderá exceder o da locação, nas habitações coletivas multifamiliares, a soma dos aluguéis não poderá ser superior ao dobro do valor da locação.

Parágrafo único. O descumprimento deste artigo autoriza o sublocatário a reduzir o aluguel até os limites nele estabelecidos".

Além disso, separou a Lei uma seção específica para o instituto, admitindo a aplicação às sublocações das regras de locações[32]; bem como reconhecendo a acessoriedade da sublocação diante da locação principal, o que implica seguir a sua sorte no caso de extinção, ainda que se garanta o direito do sublocatário a ser indenizado pelo sublocador. Ademais, estabelece a responsabilidade subsidiária do sublocatário perante o locador principal, pela importância que dever ao sublocador.

13. EXTINÇÃO DO CONTRATO DE LOCAÇÃO

A extinção natural do contrato de locação se dá com o advento do seu termo final, por aplicação do já analisado art. 573 do CC/2002.

No campo das relações imobiliárias, estabelecem os arts. 46 e 47 da Lei n. 8.245/91:

"Art. 46. Nas locações ajustadas por escrito e por prazo igual ou superior a trinta meses, a resolução do contrato ocorrerá findo o prazo estipulado, independentemente de notificação ou aviso.

§ 1.º Findo o prazo ajustado, se o locatário continuar na posse do imóvel alugado por mais de trinta dias sem oposição do locador, presumir-se-á prorrogada a locação por

---

[30] *Vide*: STJ, REsp 403.075/RO, *DJ*, 13-5-2002, p. 247, rel. Min. Vicente Leal, j. 18-4-2002, 6.ª Turma.

[31] Nesse sentido, confiram-se os seguintes acórdãos:

"Civil. Locação. Recurso especial. Ação de despejo por infração contratual. Sublocação dos imóveis locados. Pessoa jurídica. Existência diversa da pessoa física. Anuência da locadora. Aferição. Reexame de matéria fático-probatória. Impossibilidade. Súmula 7/STJ. Recurso especial conhecido e improvido. 1. Como bem sabido, as pessoas jurídicas possuem existência diversa de seus membros, sendo detentoras de personalidade jurídica própria, cuja desconsideração somente é reconhecida em situações excepcionais. Destarte, o fato de ser o recorrente sócio-cotista das empresas que estão efetivamente a ocupar os imóveis locados não invalida, em princípio, salvo expressa autorização da locadora, a cláusula contratual que proíbe a sublocação. 2. Tendo o Tribunal de origem firmado o entendimento de que a locadora, ora recorrida, não anuiu com a sublocação dos imóveis, rever tal posicionamento implicaria revolvimento do conjunto probatório, inviável em sede especial, por atrair o óbice da Súmula 7/STJ. 3. Recurso especial conhecido e improvido" (STJ, REsp 750.572/ES, *DJ*, 18-9-2006, p. 355, rel. Min. Arnaldo Esteves Lima, j. 22-8-2006, 5.ª Turma).

Em sentido contrário, confira-se a seguinte decisão:

"Civil. Sublocação. Consentimento tácito. Sublocação. A mitigar o rigor da lei a jurisprudência admite o consentimento tácito" (STJ, REsp 10.829/BA, *DJ*, 28-6-1993, p. 12885, rel. Min. Cláudio Santos, j. 4-5-1993, 3.ª Turma).

[32] *Vide*: STJ, REsp 440.398/GO, *DJ*, 4-4-2005, p. 335, rel. Min. Gilson Dipp, j. 3-3-2005, 5.ª Turma.

prazo indeterminado, mantidas as demais cláusulas e condições do contrato.

§ 2.º Ocorrendo a prorrogação, o locador poderá denunciar o contrato a qualquer tempo, concedido o prazo de trinta dias para desocupação.

Art. 47. Quando ajustada verbalmente ou por escrito e com prazo inferior a trinta meses, findo o prazo estabelecido, a locação prorroga-se automaticamente, por prazo indeterminado, somente podendo ser retomado o imóvel:

I — Nos casos do art. 9.º;

II — em decorrência de extinção do contrato de trabalho, se a ocupação do imóvel pelo locatário estiver relacionada com o seu emprego;

III — se for pedido para uso próprio, de seu cônjuge ou companheiro, ou para uso residencial de ascendente ou descendente que não disponha, assim como seu cônjuge ou companheiro, de imóvel residencial próprio;

IV — se for pedido para demolição e edificação licenciada ou para a realização de obras aprovadas pelo Poder Público, que aumentem a área construída em, no mínimo, vinte por cento ou, se o imóvel for destinado a exploração de hotel ou pensão, em cinquenta por cento;

V — se a vigência ininterrupta da locação ultrapassar cinco anos.

§ 1.º Na hipótese do inciso III, a necessidade deverá ser judicialmente demonstrada, se:

a) o retomante, alegando necessidade de usar o imóvel, estiver ocupando, com a mesma finalidade, outro de sua propriedade situado na mesma localidade ou, residindo ou utilizando imóvel alheio, já tiver retomado o imóvel anteriormente;

b) o ascendente ou descendente, beneficiário da retomada, residir em imóvel próprio.

§ 2.º Nas hipóteses dos incisos III e IV, o retomante deverá comprovar ser proprietário, promissário comprador ou promissário cessionário, em caráter irrevogável, com imissão na posse do imóvel e título registrado junto à matrícula do mesmo".

É possível, porém, como visto, a extinção antecipada, com os ônus correspondentes, na forma do art. 571 do CC/2002, e art. 4.º, da Lei n. 8.245/91.

A resilição bilateral, amigável, também é plenamente possível para a extinção do contrato de locação.

Na hipótese de locação por duração indeterminada, é possível, portanto, a resilição unilateral, desde que a parte interessada notifique a outra, com prazo razoável, sob pena de incidência dos efeitos da mora.

Trata-se da *denúncia vazia* do contrato de locação, entendida esta como a extinção por iniciativa unilateral, sem necessidade de justificação legal, mas, sim, como decorrência da manifestação da vontade da parte.

Lembremos, neste aspecto, a regra do art. 6.º da Lei n. 8.245/91, aplicável à extinção unilateral do contrato de locação imobiliária por prazo indeterminado, por iniciativa do locatário:

"Art. 6.º O locatário poderá denunciar a locação por prazo indeterminado mediante aviso por escrito ao locador, com antecedência mínima de trinta dias.

Parágrafo único. Na ausência do aviso, o locador poderá exigir quantia correspondente a um mês de aluguel e encargos, vigentes quando da resilição".

A morte do locador ou do locatário, por sua vez, não gera efeito extintivo da locação, tanto na previsão codificada do art. 577 do CC/2002 quanto na dos arts. 10 e 11 da Lei do Inquilinato.

Vale registrar que, no caso de modificação do estado civil, seja do locatário, seja do locador, não ocorrerá, tecnicamente, a extinção do contrato de locação, mas a sua cessão, com a sub-rogação dos direitos e deveres.

É a regra do art. 12, com a redação dada pela Lei n. 12.112, de 9 de dezembro de 2009, da Lei n. 8.245/91:

"Art. 12. Em casos de separação de fato, separação judicial, divórcio ou dissolução da união estável, a locação residencial prosseguirá automaticamente com o cônjuge ou companheiro que permanecer no imóvel.

§ 1.º Nas hipóteses previstas neste artigo e no art. 11, a sub-rogação será comunicada por escrito ao locador e ao fiador, se esta for a modalidade de garantia locatícia.

§ 2.º O fiador poderá exonerar-se das suas responsabilidades no prazo de 30 (trinta) dias contado do recebimento da comunicação oferecida pelo sub-rogado, ficando responsável pelos efeitos da fiança durante 120 (cento e vinte) dias após a notificação ao locador".

A aquisição do imóvel por terceiro também pode levar à extinção do contrato de locação, observadas as regras já tratadas em tópico anterior.

Saliente-se ainda que, sobre o tema da extinção do contrato de locação imobiliária urbana, o art. 9.º da Lei n. 8.245/91 preceitua:

"Art. 9.º A locação também poderá ser desfeita:

I — por mútuo acordo;

II — em decorrência da prática de infração legal ou contratual;

III — em decorrência da falta de pagamento do aluguel e demais encargos;

IV — para a realização de reparações urgentes determinadas pelo Poder Público, que não possam ser normalmente executadas com a permanência do locatário no imóvel ou, podendo, ele se recuse a consenti-las".

O descumprimento das obrigações do locador e do locatário, em qualquer das modalidades de locação, pode ensejar a sua resolução, sem prejuízo das perdas e danos correspondentes.

Por fim, destaquemos outra regra específica da Lei do Inquilinato.

"Art. 7.º Nos casos de extinção de usufruto ou de fideicomisso, a locação celebrada pelo usufrutuário ou fiduciário poderá ser denunciada, com o prazo de trinta dias para a desocupação, salvo se tiver havido aquiescência escrita do nu-proprietário ou do fideicomissário, ou se a propriedade estiver consolidada em mãos do usufrutuário ou do fiduciário.

Parágrafo único. A denúncia deverá ser exercitada no prazo de noventa dias contados da extinção do fideicomisso ou da averbação da extinção do usufruto, presumindo-se, após esse prazo, a concordância na manutenção da locação".

O usufruto é um direito real de fruir as utilidades e frutos de uma coisa, enquanto temporariamente destacado da propriedade; já o fideicomisso é uma disposição testamentária por meio da qual o testador institui alguém, chamado fiduciário, como seu herdeiro ou legatário, recebendo bens em propriedade resolúvel (limitada no plano da eficácia por termo ou condição, o que inclui, inclusive, a própria possibilidade de morte do fiduciário), transferindo-se os bens, com o advento do fator eficacial, a uma outra pessoa nomeada, denominada fiduciária.

Comentando o referido dispositivo, ainda na vigência do Código Civil brasileiro de 1916, observava SÍLVIO VENOSA:

"O projeto original desta lei trazia neste artigo o § 1.º com esta redação: 'Denunciada a locação, após o decurso do prazo e até a desocupação, o locatário responderá também pela cominação arbitrada na comunicação, a qual não poderá exceder o valor da obrigação principal'. Cuidava-se do aluguel-multa que não prosperou na lei vigente.

A inspiração do dispositivo residia na orientação do art. 1.196 do Código Civil. Sob a égide da lei revogada houve jurisprudência que admitia a aplicação de aluguel-multa arbitrado pelo locador nas hipóteses de denúncia vazia: É lícito ao locador arbitrar aluguel a ser pago pelo inquilino que deixa de restituir o imóvel após regular notificação, mas dentro dos limites estabelecidos pelo art. 920 do Código Civil (6.ª Câmara do 2.º TACSP, Apelação com revisão 247.491; no mesmo sentido RT 639/132). Essa orientação de parte da jurisprudência visava justamente coibir o abuso por parte do inquilino e seu injusto enriquecimento, motivado pela demora no julgamento definitivo dos despejos. Como a apelação nesses casos era recebida em ambos os efeitos, a suspensão da execução do despejo por muitos meses e até anos desmoralizava a atribuição da justiça e colocava o locador em posição de extrema inferioridade. Como basicamente a chamada 'denúncia vazia' servia para as locações não residenciais, a manutenção do inquilino no imóvel, explorando uma atividade lucrativa, com aluguel geralmente aviltado, trazia restrição sumamente injusta ao direito de propriedade do locador. A dificuldade maior nessas hipóteses era a fixação justa do aluguel-pena.

Havia um sentido altamente moralizador na norma, a qual no entanto não resistiu à redação definitiva. O parágrafo excluído, por outro lado, merecia crítica, já que dúvidas persistiriam no tocante ao montante da multa e sua forma de cobrança. Haveria dificuldades, naquela redação, do que se entenderia como 'obrigação principal'.

A referência ao art. 920 do Código Civil demonstrava que o legislador pretendia, sem dúvida, abrir a possibilidade ao locador de fixar multa (cominação, dizia a lei), quando do decurso de prazo da denúncia. O referido art. 920 dispõe: O valor da cominação imposta na cláusula penal não pode exceder o da obrigação principal.

Ao suprimir esta possibilidade de aluguel-multa, o legislador certamente levou em conta que na atual lei há maior agilização na efetivação dos despejos, mormente pela exclusão do efeito suspensivo dos recursos interpostos contra as sentenças. Com isso, uma vez declarado o despejo, não haverá o longo tempo do trâmite processual recursal para a desocupação do imóvel, o que torna desnecessária a fixação de uma pena. Assim, na nova lei, passa a não ser mais defensável a persistência de aplicação do art. 1.196 do Código Civil"[33].

14. NOTAS SOBRE A LEI DO INQUILINATO

Percebeu o nosso estimado leitor que, no desenvolver deste capítulo, procuramos sempre referir as disposições correspondentes da Lei do Inquilinato, para a análise das regras genéricas do contrato de locação.

---

[33] Sílvio de Salvo Venosa, *Lei do Inquilinato Comentada*, cit., p. 70.

Assim, soa despiciendo dar, aqui, um panorama das principais regras de direito material relacionadas ao contrato de locação imobiliária, até mesmo porque a sua maioria já foi aqui comentada ou apontada.

A expressão "principais regras de direito material", porém, foi aqui utilizada propositalmente, uma vez que a Lei n. 8.245/91 traz um verdadeiro sistema de "Direito Processual do Inquilinato", com regras procedimentais próprias, desde disposições gerais (art. 58) até minúcias do procedimento da Ação de Despejo (arts. 59 a 66), da Ação de Consignação de Aluguel e Acessórios da Locação (art. 67), da Ação Revisional de Aluguel (arts. 68 a 70) e da Ação Renovatória (arts. 71 a 75), várias delas alteradas pela Lei n. 12.112, de 9 de dezembro de 2009.

Dado o corte epistemológico desta obra, não teceremos maiores considerações sobre tais aspectos procedimentais, sob pena de afrontarmos o critério metodológico que tão cuidadosamente seguimos.

Capítulo XX
Empréstimo

Sumário: 1. Introdução. 2. Comodato. 2.1. Histórico e conceito. 2.2. Características. 2.3. Prazo do contrato. 2.4. Partes e objeto. 2.5. Direitos e obrigações das partes. 2.6. Despesas feitas pelo comodatário. 2.7. Extinção. 3. Mútuo. 3.1. Histórico e conceito. 3.2. Riscos da coisa emprestada. 3.3. Características. 3.4. Prazo do contrato. 3.5. Partes e objeto. 3.6. Mútuo feito a menor. 3.7. Garantia de restituição ao mutuante. 3.8. Direitos e obrigações das partes. 3.9. Mútuo feneratício. 3.10. Extinção.

1. INTRODUÇÃO

Emprestar não deixa de ser um ato de benevolência.

Pelo menos deveria ser assim, uma vez que a lei divina de convivência fraterna (entre homens de boa vontade) nos ensina que não devemos ser egoístas, nem guardarmos apego demais às coisas materiais e terrenas.

Afinal de contas, o que se leva dessa vida, senão a própria vida que levamos?

O sentido deste vocábulo, entretanto, para o Direito, não tem a mesma significação que lhe dá o uso coloquial, consoante arguta observação de CARVALHO DE MENDONÇA:

> "O vocábulo vulgar empréstimo não tem em direito a mesma significação técnica. No primeiro sentido, ele exprime a entrega de um objeto a alguém, que assume a obrigação implícita de o restituir, em um prazo mais ou menos determinado. Não se trata, porém, de distinguir a natureza do objeto, nem a forma da restituição. Assim, tanto se diz: emprestar um cavalo, ou emprestar dinheiro, como emprestar um prédio. O direito, ao contrário, partindo da forma por que deve ser feita a restituição, considera o empréstimo sob dois pontos de vista e o ramifica em dois institutos que são, na verdade, inconfundíveis: o mútuo e o comodato"[1].

Nesse contexto, a economia e a história da humanidade demonstraram, ao longo dos séculos, que nem sempre se persegue, em tais contratos — especialmente o mútuo — a realização de um benefício, podendo também existir acentuado escopo especulativo, tornando-se um fabuloso instrumento de riqueza para algumas classes. É o caso do mútuo a juros (feneratício), estudado adiante.

Assim, cuidaremos neste capítulo das duas modalidades de contratos de empréstimo: *o comodato* (arts. 579 a 585 do CC/2002) e o *mútuo* (arts. 586 a 592 do CC/2002), com as suas principais características, dando ênfase à finalidade social e ao tratamento dispensado à matéria pelo Código Civil de 2002.

---

[1] Manuel Inácio Carvalho de Mendonça, *Contratos no Direito Civil Brasileiro*, cit., t. 1, p. 99-100.

De logo, e já concluindo este tópico introdutório, advertimos não ter havido mudanças de fundo no tratamento legal dispensado pelo Código Civil de 2002, se o cotejarmos com a legislação revogada, conforme também observou CHRISTINE OLIVEIRA PETER DA SILVA:

> "Uma análise comparativa entre o Código de 1916 e o de 2002, voltada para o contrato de empréstimo (nas suas duas modalidades: mútuo e comodato), permite a conclusão de que, em grandes linhas, as alterações restringiram-se a adaptações do vernáculo, supressão e mudança de algumas expressões da língua portuguesa inadequadas, aglutinação de disposições e supressões de dispositivos obsoletos"[2].

Passemos, portanto, direto para a análise das duas modalidades de empréstimo, a começar pela primeira positivada: o *comodato*.

2. COMODATO

Neste tópico, abordaremos o contrato de comodato, que se refere ao empréstimo de coisas infungíveis ("empréstimo de uso").

2.1. Histórico e conceito

Segundo WASHINGTON DE BARROS MONTEIRO,

> "a expressão comodato originou-se provavelmente da locução latina *commodum datum*, sendo essa ainda, modernamente, a sua essência. Aliás, segundo as ordenações, o comodato era assim chamado porque se dava a coisa para cômodo e proveito daquele que a recebia"[3].

Já no âmbito do direito comparado, o Código Civil português, diploma que mais influenciou a redação do nosso Código de 2002, definiu o comodato, em seu art. 1.129, nos seguintes termos:

> "Art. 1129. Comodato é o contrato gratuito pelo qual uma das partes entrega à outra certa coisa, móvel ou imóvel, para que se sirva dela, com a obrigação de a restituir".

Seguindo a mesma linha, embora com redação diferente, o nosso Código, por sua vez, estabelece:

> "Art. 579. O comodato é o empréstimo gratuito de coisas não fungíveis. Perfaz-se com a tradição do objeto".

---

[2] Christine Oliveira Peter da Silva, A Disciplina do Contrato de Empréstimo no Novo Código Civil — Novas Perspectivas do Contrato de Mútuo Feneratício e a Questão da Limitação da Taxa de Juros, in *O Novo Código Civil — Estudos em Homenagem a Miguel Reale* (coords.: Domingos Franciulli Netto, Gilmar Ferreira Mendes e Yves Gandra da Silva Martins Filho), São Paulo: LTr, 2003, p. 518-9.

[3] Washington de Barros Monteiro, *Curso de Direito Civil — Direito das Obrigações (2.ª Parte)*, 34. ed., São Paulo: Saraiva, p. 197.

Assim, observamos que o comodato é um *negócio jurídico unilateral e gratuito, por meio do qual uma das partes (comodante) transfere à outra (comodatário) a posse de um determinado bem, móvel ou imóvel, com a obrigação de o restituir.*

Trata-se, pois, consoante definiu o legislador, do *empréstimo gratuito de um bem infungível, ou seja, insubstituível*. É o que ocorre quando alguém cede o uso do seu apartamento (bem infungível) a um amigo, impondo-lhe a obrigação de devolver.

Claro está que se trata de uma figura contratual especialmente assentada no princípio da lealdade contratual (boa-fé objetiva), pois parte do pressuposto de que o dono da coisa (comodante) confia no beneficiário do empréstimo (comodatário).

Aliás, é bom que se afirme que o comodato opera apenas a *transferência da posse da coisa*, e não da propriedade, razão por que podemos afirmar, sem risco de erro, que o comodatário é titular de uma simples *posse precária*, ou seja, de favor, podendo ser compelido à restituição a qualquer tempo. E é o próprio CLÓVIS BEVILÁQUA quem bem define a posse precária, figurando exemplo perfeitamente aplicável à figura do comodato:

> "É perfeitamente lícita a concessão da posse de uma coisa, a título precário, isto é, para ser restituída, quando o proprietário a reclamar"[4].

Nota-se, pois, nessa linha de intelecção, que a posse exercida pelo comodatário, por ser de natureza instável e sem *animus domini* (intenção de atuar como dono), poderá durar por tempo indeterminado, sem que se consume a prescrição aquisitiva oriunda do usucapião[5]. Em outras palavras, por estar exercendo uma posse simplesmente de favor, o comodatário não poderá usucapir o bem. Entretanto, caso o proprietário notifique-o para que devolva a coisa, e a restituição seja negada, a partir daí começa a fluir o prazo prescricional em favor do prescribente-comodatário, uma vez que, tendo afrontado o verdadeiro dono, passou a atuar como se proprietário fosse.

Finalmente, é bom que se diga que o comodato pode despontar no bojo de uma relação de consumo, como aquela travada entre o assinante de TV a cabo e a empresa prestadora do serviço.

No caso, o equipamento é fornecido ao consumidor, a título de empréstimo de uso, valendo salientar que o assinante deverá ser devidamente informado acerca de todas as cláusulas contratuais — muitas vezes omitidas no (superficial) contato via *telemarketing* — e, além disso, gozará da ampla proteção dispensada pelo Código de Defesa do Consumidor, consoante podemos observar, por exemplo, no seguinte trecho de acórdão do Tribunal de Justiça do Rio Grande do Sul:

> "Televisão a cabo. Aparelho. Restituição do valor correspondente ao equipamento. Cláusulas gerais do contrato. As cláusulas gerais do contrato estabelecem a responsabilidade do assinante em restituir o equipamento dado em comodato. Contudo, não existe comprovação da ciência do consumidor acerca dos termos gerais da pactuação, o que afasta a sua responsabilidade no presente caso, ainda mais por ser de praxe a utilização do *telemarketing* para a venda dos serviços da recorrente. Recurso improvido" (Turmas

---

[4] Clóvis Beviláqua, *Direito das Coisas*, 4. ed., Rio de Janeiro: Forense, 1956, v. I, p. 46.

[5] Veremos em nosso volume 6, dedicado aos "Direitos Reais", que a usucapião da propriedade, para se consumar, exige, como pressupostos gerais, o *decurso do tempo, a posse mansa e contínua e o "animus domini"*.

Recursais — JEC, Recurso cível n. 71000549287, Rel. Maria José Schmitt Santanna, j. 24-8-2004, Terceira Turma Recursal Cível).

2.2. Características

O contrato de comodato é uma forma contratual típica e nominada, que possui as seguintes características:

a) **real** — já anotamos que o contrato real é aquele que só se torna perfeito com a entrega da coisa de uma parte à outra. É o que ocorre no caso do comodato. O contrato em si somente se considera concluído quando o comodante entrega o bem ao comodatário. Trata-se, pois, de um pressuposto existencial específico deste tipo de negócio, a exemplo do que ocorre com o penhor e o depósito.

A respeito deste tema, invocamos a doutrina de ORLANDO GOMES:

> "O comodato é contrato real. Só se perfaz com a entrega da coisa... A convenção em que se estipule a obrigação de emprestar coisa não fungível é promessa de comodato. Só é comodato aquela em que se cede o uso da coisa e não a em que se promete cedê-lo"[6].

b) **unilateral** — pois apenas o comodatário, posto experimente benefício, assume obrigação em face do comodante: deverá *guardar e conservar* a coisa como se fosse sua, devendo *restituí-la* ao final do contrato ou quando o comodante o exigir, conforme veremos abaixo;

c) **gratuito** — em outras palavras, é um contrato benéfico, pois apenas o comodatário experimenta benefício, uma vez que poderá usar (e possuir) coisa alheia infungível;

d) **fiduciário** — este adjetivo, no dizer de AURÉLIO BUARQUE DE HOLANDA FERREIRA, traduz a ideia de *confiança*[7]. E, de fato, o contrato de comodato traz ínsito, em grau mais sensível do que a média dos outros contratos, o imperativo ético de lealdade e confiança recíprocas, dever jurídico anexo derivado do princípio da *boa-fé objetiva*. A essa conclusão chegamos, com certa facilidade, quando observamos que o comodante, nesta modalidade negocial, despoja-se da posse daquilo que lhe pertence para favorecer a outra parte. Força é convir que não costumamos emprestar algo a quem não nos inspira confiança;

e) **temporário** — o comodato, por gerar mero direito pessoal, é essencialmente temporário, não se transmitindo aos herdeiros do comodatário. Aliás, raciocínio contrário desembocaria na dilatada e absurda privação do direito real do comodante. O prazo de sua vigência poderá vir estipulado no contrato, ou, caso este seja omisso, será o necessário para o uso concedido, conforme veremos no próximo tópico;

f) *intuitu personae* — o comodato é contrato personalíssimo, de natureza *individual*, pois é pactuado em atenção à pessoa do comodatário, embora esta característica possa ser afastada pela vontade das partes.

---

[6] Orlando Gomes, *Contratos*, 14. ed., cit., p. 316.

[7] Aurélio Buarque de Holanda Ferreira, 1. ed., 11. reimpr., Rio de Janeiro: Nova Fronteira, 1977, p. 221.

Finalmente, devemos anotar a possibilidade de ser aposto ao comodato um encargo ou modo, caracterizando o denominado *comodato modal*, cuja exemplificação é feita com precisão por SÍLVIO VENOSA:

> "Fabricante empresta prateleiras, refrigeradores e dispositivos de divulgação a fim de que o comerciante exponha e venda os produtos de sua fabricação; municipalidade empresta imóvel para ser utilizado como centro esportivo; distribuidora de derivados de petróleo fornece equipamentos, tais como bombas, elevadores de veículos, compressores etc., desde que o posto de serviços de veículos comercialize unicamente produtos de sua bandeira etc."[8].

Pela sua unilateralidade, a classificação dos contratos em *comutativos ou aleatórios*, bem como de *contratos evolutivos*, não lhe é aplicável.

A depender das circunstâncias, pode-se materializar tanto como um *contrato paritário*, quanto *por adesão*.

Quanto à forma, é uma avença *não solene*, uma vez que a forma é livre para a validade da estipulação contratual.

Trata-se, por fim, como a maioria das formas contratuais previstas no Código Civil brasileiro, de um *contrato causal*, cujos motivos determinantes podem impor o reconhecimento da sua invalidade, caso sejam considerados inexistentes, ilícitos ou imorais.

Pela *função econômica*, trata-se de um contrato *de crédito*, posto *sui generis*, pois caracterizado pela obtenção de um bem para ser restituído posteriormente, calcada na confiança dos contratantes, podendo estar relacionado a um interesse de obtenção de uma utilidade econômica em tal transferência de posse.

Por fim, trata-se de um contrato *principal* e *definitivo*, sendo possível falar de uma promessa de empréstimo (contrato *preliminar*).

2.3. Prazo do contrato

Vimos acima que o comodato é um contrato essencialmente temporário, conforme demonstra o art. 581 do Código Civil:

> "Art. 581. Se o comodato não tiver prazo convencional, presumir-se-lhe-á o necessário para o uso concedido; não podendo o comodante, salvo necessidade imprevista e urgente, reconhecida pelo juiz, suspender o uso e gozo da coisa emprestada, antes de findo o prazo convencional, ou o que se determine pelo uso outorgado".

Da leitura do artigo de lei, depreende-se que o mais comum seja a fixação de prazo para o comodato, não obstante permita a norma legal que o contrato não tenha prazo determinado, caso em que se *presumirá o necessário para o uso concedido*. Assim, a título de ilustração, imaginemos que Jazon, dono de um belo apartamento situado na costa de Salvador, houvesse emprestado o imóvel a Oliveiros, seu primo, que se encontrava acometido de pneumonia, a fim de que o mesmo convalescesse mais rapidamente em virtude da benéfica influência da brisa do mar. Ora, posto não houvesse sido fixado prazo contratual, este será o razoavelmente necessário para o uso concedido, ou seja, até a convalescença do comodatário.

---

[8] Sílvio de Salvo Venosa, *Contratos em Espécie*, cit., p. 232.

Veja, pois, o nosso caro amigo leitor, a demonstração da afirmativa que fizemos acima, no sentido de tratar-se de um contrato acentuadamente fiduciário, ou seja, calcado na lealdade e confiança entre as partes contratantes, como decorrência da cláusula geral de boa-fé objetiva. Aliás, nesse particular, não é demais lembrar a preleção sempre oportuna de NELSON NERY JR.:

"A boa-fé objetiva impõe ao contratante um padrão de conduta, de modo que deve agir como um ser humano reto, vale dizer, com probidade, honestidade e lealdade"[9].

E é este comportamento que se espera especialmente do comodatário, beneficiário do contrato sob estudo.

Em geral, o comodato verbal é feito por prazo indeterminado, devendo o comodante comunicar ao comodatário acerca da devolução, o que pode ser feito por meio de notificação judicial ou extrajudicial.

É o caso, por exemplo, do professor que empresta livros para seus orientandos pesquisarem, do colega que empresta seu caderno a outro para tirar cópias, ou do amigo ou irmão que empresta uma casa ou um carro para outro...

Nesse sentido, confiram-se os seguintes julgados do Superior Tribunal de Justiça:

"Civil e processual. Ações de reintegração de posse e usucapião. Domínio reconhecido. *Comodato* por *prazo* indeterminado em parte da área objeto da reintegratória. Falta de notificação prévia. Impossibilidade jurídica do pedido de desocupação sobre o terreno objeto do *comodato*. Matéria conhecível de ofício. Viabilidade de sua provocação em apelação apresentada à Corte estadual. Julgamento *extra petita* e *reformatio in pejus* inocorrentes. CC, Arts. 960, 1.250 e 1.252, CPC, Art. 267, IV, VI e § 3.º. Prequestionamento insuficiente. Matéria de fato. Súmulas ns. 282 e 356-STF, e 211-STJ. I. *Firmado pelas instâncias ordinárias que a área de 5.000m² onde reside o réu decorreu de ocupação autorizada pelos autores, é de se reconhecer a existência de comodato verbal, por prazo indeterminado, de sorte que para a reintegração na posse do bem exigível a prévia constituição em mora do comodatário, aqui inexistente, como condição imprescindível ao pedido reintegratório.* II. Tratando-se de condição para a reintegração, possível ao réu suscitá-la em apelação perante o Tribunal de 2.º grau, que deveria, inclusive, conhecê-la de ofício, não podendo a tanto escusar-se ao argumento de que não fora aduzida na contestação a falta da notificação e estaria, assim, preclusa. III. Pedido reintegratório procedente, todavia, em relação à área restante também alvo da mesma ação, de 15 hectares, fixado esse direito dos autores com base na prova dos autos, que não tem como ser revista em sede especial, ao teor da Súmula n. 7 do STJ. IV. Reconhecimento, por igual, da titularidade dos autores sobre a área de 5.000m² alvo do *comodato*, apenas que, para obter a posse, terão de promover a prévia notificação e intentar novo procedimento. V. Não configura julgamento *extra petita*, nem *reformatio in pejus*, a explicitação do acórdão da apelação, em sede de embargos declaratórios, no tocante à definição das áreas compreendidas na decisão da Corte. VI. Ausência de prequestionamento impeditiva do conhecimento do recurso especial em toda a extensão pretendida pela parte, em face dos óbices das Súmulas ns. 282 e 356 do C. STF e 211 do STJ. VII. Recurso especial conhecido em parte e parcialmente provido" (STJ, REsp 97859/MG; REsp (1996/0036264-5), rel. Min. Aldir Passarinho Júnior, julgado em 20-3-2003, 4.ª Turma).

"COMODATO. Extinção. Notificação. *O comodato gratuito se extingue com a notificação do comodante.* Ressalva do relator. Recurso não conhecido" (STJ, REsp 286339/RJ; REsp (2000/0115207-6), rel. Min. Ruy Rosado de Aguiar, julgado em 19-4-2001, 4.ª Turma) (grifos nossos).

---

[9] Nelson Nery Jr., "Contratos no Novo Código Civil — Apontamentos Gerais", in *O Novo Código Civil — Estudos em Homenagem a Miguel Reale*, cit., p. 434.

Já em outra oportunidade, o próprio STJ firmou o entendimento de que, se o contrato de comodato fora pactuado a *prazo determinado*, dispensa-se a constituição do devedor em mora, e, consequentemente, a sua notificação. Nada impede, entretanto, que o comodante notifique-o, embora não seja obrigado a tanto, por força do termo de devolução fixado:

> "Direito Civil. *Comodato* a termo. Inexigibilidade da interpelação ao comodatário para constituí-lo em mora. Aplicação do Art. 960 do Código Civil. Recurso acolhido. — *O comodato com prazo certo de vigência constitui obrigação a termo, que dispensa qualquer ato do credor para constituir o devedor em mora (mora 'ex re'), nos termos do que dispõe o art. 960 do Código Civil*"(STJ, REsp 71172/SP; REsp (1995/0038113-3), rel. Min. Sálvio de Figueiredo Teixeira, julgado em 18-11-1997, 4.ª Turma) (grifos nossos).

Em qualquer caso, se o comodatário não proceder com a restituição da coisa, poderá ter contra si ajuizada *ação de reintegração de posse*.

Retomando, agora, a análise do mencionado art. 581, vale notar que, haja *prazo determinado* ou seja este o *necessário para o uso concedido*, poderá o comodante, em caráter excepcional, e a qualquer tempo, provando *necessidade imprevista e urgente*, reconhecida pelo juiz, suspender o uso e gozo da coisa emprestada.

A "necessidade imprevista e urgente", referida no enunciado normativo, traduz uma expressão de conceito aberto ou indeterminado, que dá, ao juiz, ampla margem de atuação discricionária no seu preenchimento, o que não significará brecha para abuso ou arbitrariedade, uma vez que tal atividade de integração deverá sempre ser limitada por valores constitucionais, especialmente pela *função social do contrato* e pelo postulado axial de *valorização da dignidade da pessoa humana*.

Em conclusão, devemos observar que o comodato — diferentemente do que ocorre no usufruto ou na superfície[10] — não gera *direito real*, mas sim, e tão somente, *direito pessoal ao comodatário*, caracterizado por uma natural transitoriedade.

2.4. Partes e objeto

No decorrer do presente capítulo, pudemos constatar que são partes no contrato de comodato o *comodante* (proprietário da coisa emprestada) e o *comodatário* (beneficiário do contrato/possuidor da coisa).

Não podem figurar como comodantes, no presente contrato, as pessoas mencionadas no art. 580 do Código Civil:

> "Art. 580. Os tutores, curadores e em geral todos os administradores de bens alheios não poderão dar em comodato, sem autorização especial, os bens confiados à sua guarda".

---

[10] O usufruto e o direito de superfície são espécies de *direitos reais na coisa alheia*, disciplinados no Código Civil a partir do art. 1.369 (sobre este tema, cf. Pablo Stolze Gagliano, *Código Civil Comentado*, v. 3, cit.).

Não se trata, no caso, de *incapacidade*, mas sim de falta de *legitimidade* para dar em comodato[11]. Isto é, pesa contra tais pessoas um impedimento circunstancial ou específico, criado pelo legislador, com o escopo de proteger o interesse de pessoas em situação especial, como os tutelados ou curatelados.

O objeto por excelência do contrato de comodato são as coisas infungíveis, ou seja, que não se podem substituir por outras do mesmo gênero, quantidade e qualidade, independentemente do valor. Ex.: o empréstimo de um apartamento, um livro ou uma caneta. Trata-se, pois, de coisas específicas, individualizadas.

A doutrina admite, no entanto, o empréstimo de coisas fungíveis e consumíveis, *contanto que o comodatário as conserve intactas, para, em seguida, restituí-las no mesmo estado em que as recebeu*[12]; é o denominado comodato *"ad pompam vel ostentationem"*, cuja raiz remonta ao Direito Romano. Imagine-se, a título de exemplo, que Caio peça, a título de empréstimo, à sua amiga Charlot, dona de um *buffet* de alto luxo, um *peru assado*, apenas para a ornamentação de uma mesa, durante duas horas. Ao final do prazo, será devolvido o mesmo peru ao comodante. Trata-se, pois, de uma espécie de comodato apenas para ornamentação.

2.5. Direitos e obrigações das partes

Já vimos acima que o contrato de comodato é essencialmente unilateral, impondo, pois, ao comodatário, a precípua obrigação de *restituir a coisa*, quando lhe for reclamada.

Mas o comodatário, a quem fora confiado o bem emprestado, deverá ainda *usá-lo de conformidade com o contrato ou a sua natureza, conservando o bem como se seu próprio fosse (art. 582 do CC/2002), e ainda salvaguardando-o de eventuais riscos de destruição (total ou parcial) pela ocorrência de caso fortuito ou de força maior (art. 583 do CC/2002).*

Caso não utilize corretamente a coisa, causando dano ao seu proprietário, deverá indenizá-lo, segundo as regras da responsabilidade civil contratual. Vale lembrar, inclusive, que, tratando-se de responsabilidade civil contratual, a culpa do comodatário é presumida, cabendo-lhe o ônus da prova de que o fato ocorreu sem concorrência de sua culpa.

É interessante salientar a referência feita no art. 583, no sentido de, caso o comodatário pretenda antepor a salvação de objeto seu, em detrimento do direito do comodante, responderá pelo dano ocorrido, ainda que proveniente de evento acidental. Figure-se a hipótese de a casa do comodatário estar em chamas, em virtude de um curto-circuito ocasional. Se, ao retirar os pertences das chamas, o comodatário der primazia aos seus, deixando para trás os pertencentes do comodante, responderá pelo dano ocorrido.

É óbvio que se dano decorreu, todavia, de comportamento culposo ou doloso seu, deverá também compensar a vítima.

A regra é extremamente dura e assemelha-se àquela prevista para o contrato estimatório, já estudado anteriormente (art. 535 do CC/2002).

---

[11] Sobre a diferença entre incapacidade e ilegitimidade, remetemos às considerações feitas no subtópico "Situações especiais referentes à falta de legitimidade para a compra e venda" do Capítulo "Compra e Venda" deste volume. Para um aprofundamento sobre o tema, confira-se novamente o tópico 2 ("Capacidade de direito e de fato e legitimidade") do Capítulo IV ("Pessoa Natural") do v. 1 ("Parte Geral") desta obra.

[12] Clóvis Beviláqua, *Direito das Obrigações*, 8. ed., Rio de Janeiro: Francisco Alves, 1954, p. 200.

Pretendeu o legislador, sem sombra de dúvida, evitar fraudes, impondo ao tomador do empréstimo a redobrada cautela e extrema responsabilidade de salvaguardar aquilo que não lhe pertence, em face da eventual consumação de um risco.

Todavia, em nosso sentir, e invocando um juízo de ponderação e bom senso, entendemos que o presente dispositivo somente será aplicado caso o comodatário *anteponha* a salvação dos seus objetos *abandonando* os do comodante, consoante se observa do enunciado normativo, constante no referido artigo de lei:

> "Art. 583. Se, correndo risco o objeto do comodato juntamente com outros do comodatário, *antepuser* este a salvação dos seus *abandonando* o do comodante, responderá pelo dano ocorrido, ainda que se possa atribuir a caso fortuito, ou força maior" (grifamos).

Ora, diante disso, é forçoso convir que, tratando-se de evento fortuito, se o comodatário não teve tempo, chance ou oportunidade de salvar objeto algum, mas apenas a sua própria vida e a de sua família, responsabilidade nenhuma lhe poderá ser imposta, por constatarmos que tal situação desbordaria do âmbito de previsão normativa. É claro que — ressalte-se! — o ônus da prova de tal circunstância cabe ao comodatário, e não ao comodante, proprietário da coisa perdida.

Em outras palavras, haverá, para o tomador do empréstimo, a obrigação de pagar perdas e danos apenas e tão somente na hipótese de *preterir os bens do comodante aos seus*, quando da situação de risco em que se encontrava.

À conclusão semelhante chegou o grande civilista WASHINGTON DE BARROS MONTEIRO:

> "Se o comodante efetua o empréstimo e a casa onde se acha o objeto dele vem a ser destruída por incêndio, por exemplo, evidentemente não está o comodatário obrigado a arriscar a própria vida para salvar a coisa emprestada; em tal conjuntura, ocorre caso fortuito ou força maior, que libera o comodatário da obrigação de restituir. Todavia, se o comodatário tem a alternativa de salvar objetos da sua propriedade e a coisa dada em comodato, manda a lei que primeiramente proceda ao salvamento desta. Se ele antepuser, porém, os próprios bens, ficará obrigado a ressarcir os prejuízos do comodante[13].

Portanto, caso configurada a responsabilidade do comodatário, por aplicação do art. 583, poderíamos concluir estar excepcionada a milenar regra "*res perit domino*", segundo a qual *a coisa pereceria para o próprio dono*, uma vez que o prejuízo resultante da consumação do risco não seria experimentado pelo proprietário, mas sim pelo mero possuidor da *res* (o comodatário).

Vale notar ainda que, uma vez constituído em mora — o que ocorre em geral por meio de *notificação* —, a segunda parte do art. 582 impõe ao comodatário o pagamento de um *aluguel*, arbitrado pelo comodante, até que efetive a devolução, correndo ainda contra si os riscos pela destruição da coisa[14].

---

[13] Washington de Barros Monteiro, *Curso*, cit., p. 205.

[14] Sobre o tema, na III Jornada de Direito Civil da Justiça Federal, foi aprovado o Enunciado n. 180, com a seguinte redação: "Arts. 575 e 582: A regra do parágrafo único do art. 575 do novo CC, que autoriza a limitação pelo juiz do aluguel-pena arbitrado pelo locador, aplica-se também ao aluguel arbitrado pelo comodante, autorizado pelo art. 582, 2.ª parte, do novo CC".

Quanto à assunção do risco, novidade não há, pois, como já vimos[15], uma vez configurada a mora, o devedor assume a responsabilidade pela integridade da coisa, mesmo por caso fortuito ou força maior, nos termos do art. 399 do CC, caracterizando a denominada *perpetuatio obligationis*.

Importantes observações, no entanto, devem ser feitas quanto ao direito conferido ao comodante de *arbitrar aluguel* a ser pago pela outra parte, enquanto a mora estiver configurada.

Primeiramente, posto a lei faculte ao próprio comodante indicar este valor, claro está que a sua fixação não poderá ser extorsiva, sob pena de atuar abusivamente, incorrendo na previsão normativa do art. 187 do CC, que define como *ato ilícito* o abuso de direito:

> "Art. 187. Também comete ato ilícito o titular de um direito que, ao exercê-lo, excede manifestamente os limites impostos pelo seu fim econômico ou social, pela boa-fé ou pelos bons costumes".

Deverá atuar, pois, de conformidade com os princípios da *boa-fé objetiva e da função social do contrato* (art. 422).

Finalmente, cumpre-nos observar que, embora o legislador haja referido a palavra "aluguel", isso não quer dizer que o contrato de comodato haja se convertido em locação.

Não é nada disso.

A palavra "aluguel" vem aí empregada no sentido de *perdas e danos*, ou seja, deverá o comodatário *indenizar* o comodante em virtude da mora, pois, conforme sábia advertência de BARROS MONTEIRO, "*o aluguel é apenas a maneira pela qual se indeniza o comodante dos prejuízos resultantes da mora, entre os quais se inclui também verba de honorários de advogado*"[16].

É de notar, ainda, que, havendo mais de um comodatário, haverá *solidariedade legal* entre eles, por força do que dispõe o art. 585 do CC/2002, em face de todo e qualquer dano que venham causar ao comodante.

Assim, segundo as regras da solidariedade passiva, estudadas no v. II desta obra (Obrigações)[17], poderá o credor (comodante) exigir o pagamento integral da reparação de qualquer dos comodatários, garantindo-se, como se sabe, ao que pagou, ação regressiva contra os demais devedores solidários.

---

[15] Confira-se o tópico 2 ("Mora do devedor ('*Solvendi*' ou '*Debendi*')" do Capítulo XXII ("Inadimplemento Relativo das Obrigações — A Mora") do v. 2 ("Obrigações") desta obra.

[16] Washington de Barros Monteiro, *Curso*, cit., p. 205. No mesmo sentido, Carlos Roberto Gonçalves, (ob. cit., p. 321) e Sílvio de Salvo Venosa, (ob. cit., p. 231). Contra, no sentido de que o empréstimo estaria convertido em locação, Orlando Gomes, *Contratos*, cit., p. 316. Sem tomar partido neste embate doutrinário, mas reconhecendo que a jurisprudência tem admitido que se trata de um parâmetro de correspondência às perdas e danos, cf. Maria Helena Diniz, (*Tratado Teórico e Prático dos Contratos*, 5. ed., São Paulo: Saraiva, 2003, v. I, cit., p. 295).

[17] Confira-se o subtópico 3.4 ("Obrigações solidárias") do Capítulo VI ("Classificação Especial das Obrigações") do v. 2 ("Obrigações") desta obra.

2.6. Despesas feitas pelo comodatário

Cuidamos de destacar em tópico autônomo, embora pudesse fazer parte do item anterior, a importante regra que impede que o comodatário recobre do comodante *despesas* feitas com o uso e gozo da coisa emprestada (art. 584 do CC/2002).

Uma primeira interpretação conduzir-nos-ia à conclusão de que, ao proibir que o comodatário exija reparação por eventuais "despesas" efetuadas na coisa, estariam incluídos na vedação todo e qualquer gasto, inclusive benfeitorias realizadas.

Entretanto, a referida regra deve ser vista com ressalva.

Quando o legislador proibiu que o comodatário pleiteasse ressarcimento por eventuais despesas realizadas, referiu-se, na esteira da melhor interpretação, às *despesas ordinárias*, ou seja, *comuns*, e não, obviamente, às *extraordinárias*, imprescindíveis à conservação da coisa, a exemplo das benfeitorias necessárias, pois seria uma flagrante injustiça negar-se reparação neste último caso.

Assim, não poderá o comodatário exigir nada, se pretende fazer uma reforma para melhorar o acesso a uma sala. Neste caso, não terá direito a nada, ressalvada a hipótese de as partes haverem convencionado reparação.

Por outro lado, imagine que o comodatário precisasse reformar uma viga ou o telhado do imóvel, que ameaça desabar. Por óbvio, tratando-se de uma despesa necessária que também seria feita pelo próprio dono, o seu direito à reparação é inegável. E ainda que houvesse norma contratual proibitiva, entendemos que tal disposição seria nula, por violar a função social do contrato, especialmente em seu aspecto intrínseco, de respeito à boa-fé objetiva.

Nesse sentido, ainda na vigência do Código anterior, mas pronunciando-se acerca de regra idêntica (art. 1.254 do CC/1916), o Superior Tribunal de Justiça, por sua 4.ª Turma, decidiu que:

"COMODATO. BENFEITORIAS. O comodatário tem direito de ser indenizado pelas despesas extraordinárias e urgentes (Art. 1.254 do CC). Não definida, pelas instâncias ordinárias, a existência de circunstâncias especiais que justificariam o exame do alegado direito do comodatário de ser indenizado, fora daqueles estreitos limites (consentimento, etc.), descabe apreciar a matéria em Recurso Especial. Recurso não conhecido" (STJ, REsp 64114/GO; REsp (1995/0019145-8), *DJ*, 18-12-1995, p. 44580, rel. Min. Ruy Rosado de Aguiar, julgado em 19-9-1995, 4.ª Turma).

Nessa mesma linha, ainda que mais explícito, é o Código Civil argentino, que, em seu art. 2.287, dispõe:

"2.287. El comodante debe pagar las expensas extraordinarias causadas durante el contrato para la conservación de la cosa prestada, siempre que el comodatário lo ponga en su conocimiento antes de hacerlas, salvo que fueses tan urgentes que no pueda anticipar el aviso sin grave peligro".

Finalmente, cumpre-nos observar que, até o pagamento, terá o comodatário direito de retenção, por aplicação do mesmo princípio que o assegura em virtude das benfeitorias necessárias[18].

---

[18] Caio Mário da Silva Pereira, *Instituições de Direito Civil*, cit., v. III, p. 217.

2.7. Extinção

Antes de aprofundarmos a análise deste tópico, fixemos a premissa de que aqui tratamos do contrato *válido* de comodato. Isso porque, se for padecente de alguma nulidade (absoluta ou relativa), o estudo de sua desconstituição é feito no bojo da própria teoria geral, quando da análise da *invalidade do negócio jurídico*[19].

Posto isso, podemos afirmar que o contrato (válido) de comodato extingue-se pelo *exaurimento do seu prazo de vigência*, e, caso seja pactuado por prazo indeterminado, será considerado cumprido quando *esgotada a finalidade de sua utilização*, conforme vimos acima.

Poderá, ainda, o contrato de comodato ser dissolvido por *resolução ou resilição*.

Conforme já dissemos alhures:

"Embora a legislação muitas vezes se valha indistintamente de denominações distintas (extinção, resilição, resolução e rescisão) como sinônimas[20], propugnamos, neste capítulo, por um maior rigor terminológico.

Assim, quando estivermos falando do gênero, utilizaremos as expressões '*extinção*', '*dissolução*' ou '*desfazimento*' do contrato, por considerá-las equivalentes[21], valendo destacar que a primeira é a consagrada no Capítulo II do Título V ("Dos Contratos em Geral") do texto codificado.

Todavia, na análise das modalidades extintivas posteriores (não necessariamente concebidas no contrato), verificaremos, como dito, causas anteriores, contemporâneas ou supervenientes à sua celebração.

Quanto às causas anteriores e contemporâneas, utilizaremos a expressão genérica *extinção*, embora, como veremos, aceitemos a utilização, em determinadas modalidades, de outras expressões, o que sempre explicitaremos.

No que diz respeito, porém, às últimas causas (motivos supervenientes), reservaremos as expressões '*resilição*' somente para a extinção baseada na declaração de vontade posterior de uma ou das duas partes; '*resolução*', para a extinção fundamentada no descumprimento contratual; e '*rescisão*', como modalidade para específicas hipóteses de desfazimento. Obviamente, a *morte de um dos contratantes* é também um fato superveniente, que não pode ser desprezado para a discussão sobre a extinção do vínculo contratual estabelecido.

---

[19] Sobre o tema, confira-se o Capítulo IV ("Invalidade do Negócio Jurídico") do v. 1 ("Parte Geral") desta obra.

[20] A Consolidação das Leis do Trabalho, por exemplo, utiliza a expressão "rescisão" indistintamente para diversas modalidades de extinção contratual.

[21] Nesse ponto, discordamos de nosso estimado Sílvio Venosa, que propugna pela utilização somente da expressão "desfazimento", por entender que "o termo extinção apresenta noção mais clara para os contratos que tiveram vida normal e por qualquer razão vieram a ser extintos, seja porque o contrato foi cumprido, seja porque o vínculo extinguiu-se a meio caminho de seu cumprimento" (Sílvio de Salvo Venosa, *Direito Civil — Teoria Geral das Obrigações e dos Contratos*, 3. ed., São Paulo: Atlas, 2003, v. II, p. 498).

Dessa maneira, adequando à nossa visão, com modificações, classificação procedida pela maioria dos doutrinadores brasileiros[22], podemos esquematizar as formas de extinção do contrato da seguinte maneira:

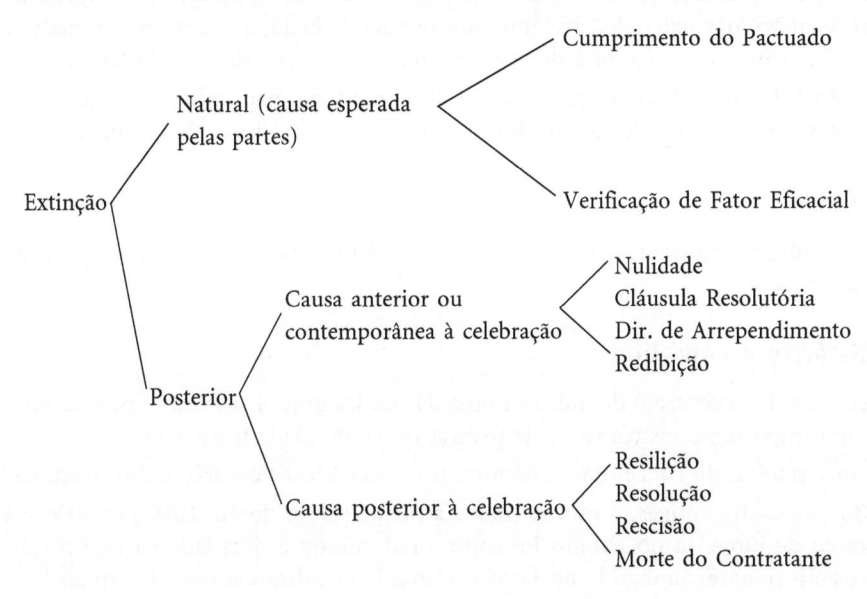

- Extinção
  - Natural (causa esperada pelas partes)
    - Cumprimento do Pactuado
    - Verificação de Fator Eficacial
  - Posterior
    - Causa anterior ou contemporânea à celebração
      - Nulidade
      - Cláusula Resolutória
      - Dir. de Arrependimento
      - Redibição
    - Causa posterior à celebração
      - Resilição
      - Resolução
      - Rescisão
      - Morte do Contratante

Assim, caso haja descumprimento do contrato de comodato (ex.: o comodatário não está atendendo à obrigação de bem conservar a coisa), poderá o mesmo ser *resolvido*; nada obstando que as próprias partes pactuem o seu desfazimento bilateral, mediante distrato (*resilição bilateral*), ou, caso não haja disposição contratual proibitiva, seja exercida a faculdade de *resilição unilateral* por qualquer das partes, mediante aviso prévio.

Findará ainda o contrato se o seu objeto sofrer *destruição total (perecimento)*, como na hipótese de um acidente natural (enchente, terremoto etc.) destruir a casa, cedida para uso do comodatário. Sendo destruição, todavia, apenas parcial, nada impede que o comodato subsista, a depender do interesse das partes. Se, entretanto, o comodatário laborou com culpa ou incorreu em alguma das situações de responsabilidade vistas acima (arts. 582 e 583), a obrigação converte-se em perdas e danos.

Questão interessante diz respeito à morte das partes.

Poderá ser considerado dissolvido o contrato, em caso de *falecimento do comodatário*, se o contrato for considerado *intuitu personae*, pois há casos em que o comodante cede o uso da coisa em atenção, não especificamente à pessoa do comodatário, mas em favor do interesse do mesmo. Expliquemos. Pode o comodante haver emprestado uma casa para um di-

---

[22] Em linha semelhante, porém não necessariamente coincidente em sua integralidade, confiram-se Orlando Gomes, *Contratos*, 24. ed., Rio de Janeiro: Forense, 2001, p. 170-1; Arnoldo Wald, *Curso de Direito Civil Brasileiro — Obrigações e Contratos*, 12. ed., São Paulo: Revista dos Tribunais, 1995, v. II, p. 251-3; Maria Helena Diniz, *Tratado Teórico e Prático dos Contratos*, cit., v. I, p. 175-215; Carlos Roberto Gonçalves, *Direito Civil Brasileiro*, 17. ed., São Paulo: Saraiva, 2020, v. 3, p. 190-224; Sílvio de Salvo Venosa, *Direito Civil — Teoria Geral das Obrigações e dos Contratos*, cit., v. II, p. 497-510.

leto amigo morar com a sua esposa. O comodatário morre e o contrato poderá ser mantido com a viúva.

Tudo dependerá da *vontade das partes* ou da *natureza mesma do negócio*, como bem exemplifica, neste último caso, CARLOS GONÇALVES: "Se, no entanto, o empréstimo do trator ao vizinho, por exemplo, foi feito para uso na colheita, a sua morte prematura não obriga os herdeiros a efetuarem a devolução antes do término da aludida tarefa"[23].

Finalmente, vale observar que a morte do comodante não induz a extinção do contrato, uma vez que os seus herdeiros deverão respeitar o seu prazo de vigência.

3. MÚTUO

Neste tópico, abordaremos o contrato de mútuo, que consiste no empréstimo de coisas fungíveis.

3.1. Histórico e conceito

Sem dúvida, o contrato de mútuo é uma das molas propulsoras da economia mundial, por ser um importante instrumento de realização da atividade financeira.

Antes, porém, de conceituá-lo, cumpre-nos tecer breves considerações históricas.

Nas sociedades antigas, o mútuo traduzia manifestação de caridade, pois se condenava a fixação de juros. Já no Direito Romano, predominou a liberdade na estipulação dos juros, posteriormente combatida no Direito Canônico e admitida nos dias atuais[24].

Conceitualmente, o mútuo consiste em um *"empréstimo de consumo"*, ou seja, trata-se de um negócio jurídico unilateral, por meio do qual o *mutuante* transfere a *propriedade* de um objeto móvel fungível ao *mutuário*, que se obriga à devolução, em coisa do mesmo gênero, qualidade e quantidade.

Nesse sentido, clara é a dicção do art. 586 do Código Civil:

"Art. 586. O mútuo é o empréstimo de coisas fungíveis. O mutuário é obrigado a restituir ao mutuante o que dele recebeu em coisa do mesmo gênero[25], qualidade e quantidade".

---

[23] Carlos Roberto Gonçalves, *Direito Civil Brasileiro*, cit., v. 3, p. 368.

[24] Miguel Maria de Serpa Lopes, *Curso de Direito Civil — Fontes das Obrigações*: Contratos, 5. ed., Rio de Janeiro: Freitas Bastos, 1999, v. IV, p. 394.

[25] Tradicionalmente, a doutrina costuma caracterizar a obrigação de dar coisa incerta como aquela indicada, ao menos, pelo *gênero* e quantidade. ÁLVARO VILLAÇA, todavia, pondera que "melhor seria, entretanto, que tivesse dito o legislador: *espécie* e quantidade. Não: gênero e quantidade, pois a palavra gênero tem sentido muito mais amplo. Considerando a terminologia do Código, por exemplo, o cereal é gênero e o feijão é espécie. Se, entretanto, alguém se obrigasse a entregar uma saca de cereal (quantidade: uma saca; gênero: cereal), essa obrigação seria impossível de cumprir-se, pois não se poderia saber qual dos cereais deveria ser o objeto da prestação jurídica" (*Teoria Geral das Obrigações*, 9. ed., São Paulo: Revista dos Tribunais, 2001, p. 66). Com fulcro nesse entendimento, contrário ao clássico entendimento dos doutos, o Projeto de Lei n. 6.960/2002 (renumerado para 276/2007, antes de seu arquivamento definitivo) pretendeu alterar o art. 243, substituindo a expressão "gênero" por "espécie", nos seguintes termos: "Art. 243. A coisa incerta será indicada, ao menos, pela espécie e pela quantidade". Todavia, a ordem jurídica vigente ainda segue o pensamento anterior, em que pese o art. 85 do CC/2002 preceituar que são *"fungíveis os móveis que podem substituir-se por outros da mesma espécie, qualidade e quantidade"*.

Note-se, em linha de princípio que, posto o dinheiro seja bem fungível por excelência, o mútuo pode ter por objeto outros bens, passíveis de consumibilidade. Tal aspecto, inclusive, é bem realçado no Código Civil espanhol, quando trata do presente contrato:

> "Art. 1.754. La obligación del que toma dinero a préstamo se regirá por lo dispuesto en el artículo 1.170 deste Código.
>
> *Si lo prestado es otra cosa fungibile, o una cantidad de metal no amonedado, el deudor debe una cantidad igual a la recibida y de la misma especie y calidad, aunque sufra alteración en su precio*" (grifos nossos).

Assim, tanto haverá o mútuo quando se toma dinheiro emprestado em um banco, como também quando vamos ao vizinho e pedimos "emprestado" uma porção de açúcar, obrigando-nos a devolver outra porção, do mesmo gênero, no dia seguinte.

É importante, pois, que fixemos este ponto: *enquanto comodato tem por objeto coisas* **infungíveis (empréstimo de uso);** *o mútuo tem por objeto coisas* **fungíveis (empréstimo de consumo)**, sendo que, neste caso, como bem observa SILVIO LUIS FERREIRA DA ROCHA,

> "a transferência da propriedade não é a finalidade do contrato desejada pelas partes, como ocorre na compra e venda, mas a consequência normal da fungibilidade do bem emprestado, que, na maioria das vezes, impede a restituição do mesmo bem emprestado"[26].

3.2. Riscos da coisa emprestada

Exatamente porque a coisa emprestada é transferida ao mutuário, como condição para a celebração do contrato, forçoso convir que os riscos de destruição correrão, única e exclusivamente, por conta do tomador do empréstimo, desde o momento da tradição (art. 587 do CC/2002).

Trata-se, pois, de uma natural aplicação da regra, diversas vezes citada, segundo a qual *a coisa perece para o dono* ("*res perit domino*").

Assim, imaginemos que Eustáquio, ao sair da agência bancária, onde obteve empréstimo de R$ 5.000,00, houvesse sido assaltado, enquanto atravessava a rua. Pois bem. Nada poderá reclamar do banco, já que, por força de lei, assumiu os riscos de perda da coisa desde a sua entrega efetiva[27].

Podemos, então, dizer que o mutuário se torna *dono da coisa a partir do momento em que a mesma lhe é entregue*.

Mas note-se que, conforme anotamos linhas acima, citando doutrina de SILVIO DA ROCHA, a "*causa*" deste contrato é diferente da compra e venda, pois o mutuário adquire o bem *com a obrigação de devolver outro equivalente àquele que recebeu* (do mesmo gênero, qualidade e quantidade).

---

[26] Silvio Luis Ferreira Rocha, ob. cit., p. 270-1.

[27] Claro está, outrossim, que se o assalto houvesse ocorrido no interior da agência, a responsabilidade civil poderia ser imputada ao banco. Sobre o tema, confira-se o Capítulo XIX ("Responsabilidade Civil das Instituições Financeiras") do v. 3 ("Responsabilidade Civil") desta obra.

Assim, podemos afirmar que, em verdade, o mutuário se torna "dono" da coisa, individualmente considerada, mas não do seu valor, pois está obrigado a restituir outro bem equivalente.

3.3. Características

O mútuo é um contrato típico e nominado, que se particulariza pelas seguintes características:

a) **real** — na mesma linha do comodato, este contrato só se torna perfeito com a entrega da coisa de uma parte à outra. Vale lembrar: o contrato em si somente se considera concluído quando o mutuante entrega o bem ao mutuário. Não basta, pois, a mera assinatura do instrumento contratual, nem a prestação de garantias. Enquanto a coisa emprestada não for transferida ao mutuário, o contrato não é considerado juridicamente existente. Interessante, neste ponto, é a abordagem da questão da promessa de contratar, ou seja, teria eficácia a celebração de um mero contrato preliminar (promessa) de mútuo em que as partes se obrigariam à conclusão do negócio definitivo? Existe posicionamento doutrinário no sentido de negar exigibilidade na promessa de empréstimo gratuito, admitindo-se a força da promessa, entretanto, quando tivesse por objeto empréstimo oneroso (a juros, por exemplo). Em qualquer dos casos, todavia, quer se trate de negócio gratuito ou oneroso, uma vez descumprida a promessa, a parte prejudicada fará jus às perdas e danos[28].

b) **unilateral** — é unilateral, pois, uma vez formado o contrato (com a entrega da coisa), apenas o mutuário assume obrigações. Nesse sentido, é o pensamento de SALVAT, ACUÑA ANZORENA, BAUDRY LACANTINERIE Y WAHL, CASTÁN TOBEÑAS e ENNECCERUS[29].

c) **gratuito ou oneroso**[30] — será gratuito quando não for fixada remuneração ao mutuante, pois, neste caso, o mutuário apenas se beneficiaria com o empréstimo; entretanto, fixado pagamento ao mutuante, como ocorre no mútuo a juros, haverá também sacrifício patrimonial ao tomador do empréstimo, convertendo o contrato em oneroso.

No dizer de ORLANDO GOMES,

> "ao contrário do comodato, a gratuidade não é da essência do mútuo, mas, sim, de sua natureza. Em Direito Civil, só não é gratuito se for expressamente estipulado o contrário. Tal estipulação se permite. Toma, então, o nome de mútuo feneratício ou frutífero, sendo normalmente oneroso o mútuo de dinheiro"[31].

Expliquemos melhor.

Imaginemos que João e Pedro houvessem acertado um contrato de mútuo. João, *mutuante*, emprestou a Pedro, *mutuário*, R$ 1.000,00, com a obrigação de pagar-lhe em

---

[28] É a conclusão de Clóvis Beviláqua, *Direito das Obrigações*, cit., p. 204.

[29] Guillermo Borda, ob. cit., p. 713.

[30] Lembremo-nos que um determinado contrato é considerado gratuito, quando uma das partes apenas se beneficia, e oneroso, quando, ao benefício experimentado, corresponde um sacrifício patrimonial.

[31] Orlando Gomes, *Contratos*, cit., p. 318.

30 dias. Pois bem. Caso não fosse fixada remuneração ao mutuante (pagamento de juros), seria correto dizer que, embora assumida a obrigação de devolver, o patrimônio de Pedro em nada seria abalado ou diminuído, pois, recebendo 1.000, devolveria apenas 1.000 em trinta dias. Diz-se, pois, neste caso, que o empréstimo seria *gratuito*, pois apenas beneficiaria o mutuário. Por outro lado, caso houvessem sido fixado juros, no final do prazo estipulado Pedro não devolveria apenas 1.000, mas sim a quantia de 1.010, acrescida de juros (1.000 = capital + 10 = juros). Neste caso, poderíamos concluir que, ao benefício experimentado, correspondeu um sacrifício patrimonial imposto ao mutuário, caracterizando uma modalidade *onerosa* de empréstimo (mútuo feneratício).

d) **temporário** (ou **contrato de duração**) — esta modalidade de contrato é fixada por prazo determinado, e, não o havendo, aplicar-se-iam as regras previstas no art. 592, estudadas abaixo.

Pela sua unilateralidade, a classificação dos contratos em *comutativos ou aleatórios*, bem como de *contratos evolutivos*, não é aplicável ao mútuo, assim como ao comodato.

É um contrato *pessoal*, quanto à celebração, pois o empréstimo de coisa fungível é feito em face da pessoa do mutuário.

A depender das circunstâncias, pode se materializar tanto como um *contrato paritário*, quanto *por adesão*.

É contrato amplamente utilizado nas relações civis, comerciais e consumeristas, não sendo comum nas administrativas e inaplicável nas trabalhistas[32], sendo sempre um contrato *individual*, referindo-se a uma estipulação entre pessoas determinadas (ainda que em número elevado, serão consideradas individualmente).

Quanto à forma, é uma avença *não solene*, uma vez que a forma é livre para a validade da estipulação contratual.

Trata-se, por fim, como a maioria das formas contratuais previstas no Código Civil brasileiro, de um *contrato causal*, cujos motivos determinantes podem impor o reconhecimento da sua invalidade, caso sejam considerados inexistentes, ilícitos ou imorais.

Pela *função econômica*, trata-se de um contrato *de crédito*, pois caracterizado pela obtenção de um bem para ser restituído posteriormente, calcada na confiança dos contratantes, podendo estar relacionado a um interesse de obtenção de uma utilidade econômica em tal transferência de posse.

Por fim, trata-se de um contrato *principal* e *definitivo*, havendo entendimento no sentido de admitir uma promessa de empréstimo (contrato *preliminar*).

3.4. Prazo do contrato

O mútuo é, por excelência, um contrato com prazo determinado, quer seja por estipulação das próprias partes, mais comum, quer seja por aplicação supletiva do art. 592 do Código Civil.

---

[32] Note-se que a prática do "adiantamento salarial" não pode ser considerada uma relação contratual de mútuo, uma vez que, em verdade, constitui-se em uma antecipação da prestação devida pelo empregador, no pacto de trato sucessivo.

Assim, não havendo sido estipulado prazo, este será:

a) até a próxima colheita, se o mútuo for de produtos agrícolas, assim para o consumo, como para semeadura;

b) de trinta dias, pelo menos, se for de dinheiro;

c) do espaço de tempo que declarar o mutuante, se for de qualquer outra coisa fungível.

Na hipótese prevista na alínea "c", regra nitidamente subsidiária, o próprio mutuante irá declarar o prazo do contrato, caso este não tenha por objeto *produtos agrícolas ou dinheiro*, assinando-lhe prazo para pagamento.

3.5. Partes e objeto

Já vimos, linhas acima, o presente contrato é pactuado entre duas partes: *o mutuante (cedente da coisa)* e o *mutuário (tomador do empréstimo)*.

No âmbito do mercado financeiro, as instituições de crédito frequentemente figuram no polo ativo da relação, emprestando dinheiro, segundo as normas definidas pelo Banco Central do Brasil.

Conforme veremos no tópico dedicado ao *mútuo feneratício*, essas instituições não se submetem ao teto legal de juros, estabelecido pelo Código Civil ou pela Lei de Usura (Dec. n. 22.626/33), embora se encontrem no âmbito de incidência do Código de Defesa do Consumidor.

Nesse sentido, vejam-se trecho de julgado da 3.ª Turma e a recente Súmula 297 do Superior Tribunal de Justiça:

"Direito bancário e processual civil. Recurso especial. Relação de consumo. Juros remuneratórios. TR. Comissão de permanência. Novação. Súmula n. 7/STJ. — *Os bancos ou instituições financeiras, como prestadores de serviços especialmente contemplados no art. 3.º, § 2.º, estão submetidos às disposições do CDC.* — *Nas operações realizadas por instituição integrante do sistema financeiro nacional, não se aplicam as disposições do Decreto n. 22.626/33 quanto à taxa dos juros remuneratórios. Aplica-se a Súmula n. 596/STF aos contratos de mútuo bancário, à exceção das notas e cédulas de crédito rural, comercial e industrial, regidas por legislação especial.* — É lícita a cláusula contratual que prevê o reajuste das parcelas mensais pela TR, desde que pactuada, bem como de cobrança de comissão de permanência, desde que não cumulada com correção monetária, multa e juros moratórios. — A novação não pode ser discutida em sede de recurso especial, quando amparada em análise do documento próprio, considerado como decorrente de relação jurídica continuada. — Apenas a capitalização anual de juros é válida, nos termos do art. 4.º do Decreto-Lei n. 22.626/33" (STJ, REsp 387805/RS; REsp (2001/0171862-8), DJ 9-9-2002, p. 226, rel. Min. Nancy Andrighi, julgado em 27-6-2002, 3.ª Turma) (grifos nossos).

Súmula 297, STJ: "O Código de Defesa do Consumidor é aplicável às instituições financeiras".

Já quanto ao objeto, ao definirmos o mútuo, afirmamos que serão apenas coisas fungíveis, destacando-se, nesse grupo, o *dinheiro*. Nesse ponto, vale, todavia, a advertência feita por MARIA HELENA DINIZ, que registra que, excepcionalmente, o contrato de mútuo "possa recair sobre coisa inconsumível pelo uso que, por convenção ou por destinação, se torne fungível, como, por ex., o empréstimo, tomado a um livreiro, de dois exemplares de uma obra com a obrigação de restituí-los em igual número"[33].

O exemplo é pertinente para realçar a característica de fungibilidade do objeto do mútuo, pois o livro, no caso, não é considerado na sua individualidade, mas sim como um produto, com determinadas características, que pode ser substituído por outro, da mesma natureza, quantidade e qualidade.

3.6. Mútuo feito a menor

Claro que, como todo negócio jurídico, o mútuo deve observar *pressupostos gerais de validade*, destacando-se a *capacidade* das partes contratantes, que pressupõe a maioridade, cuja regra etária refere-se ao cômputo de dezoito anos completos, ressalvada a emancipação[34].

Ocorre que, a despeito disso, admitiu o legislador a validade e eficácia de empréstimo feito a menor, com determinadas ressalvas, consoante podemos concluir da análise dos seguintes dispositivos legais:

> "Art. 588. O mútuo feito a pessoa menor, sem prévia autorização daquele sob cuja guarda estiver, não pode ser reavido nem do mutuário, nem de seus fiadores.
>
> Art. 589. Cessa a disposição do artigo antecedente:
>
> I — se a pessoa, de cuja autorização necessitava o mutuário para contrair o empréstimo, o ratificar posteriormente;
>
> II — se o menor, estando ausente essa pessoa, se viu obrigado a contrair o empréstimo para os seus alimentos habituais;
>
> III — se o menor tiver bens ganhos com o seu trabalho. Mas, em tal caso, a execução do credor não lhes poderá ultrapassar as forças;
>
> IV — se o empréstimo reverteu em benefício do menor;
>
> V — se o menor obteve o empréstimo maliciosamente".

É interessante registrarmos o histórico deste instituto, descrito com maestria por SILVIO RODRIGUES:

> "A lei, no intuito de proteger o menor, nega ao mutuante, que lhe concedeu empréstimo sem prévia autorização do pai ou tutor, o direito de reaver a importância emprestada, quer do próprio menor, quer de seus fiadores ou abonadores (CC, art. 588). A regra, tradicional nos quadros de nosso direito privado, inspira-se no *senatus consultus* macedoniano, e ingressou no Código Civil de 1916 (art. 1.259) pela vetusta porta das Ordenações do Reino. Referido *senatus consultus* (que tira seu nome do criminoso que matou o próprio pai para lhe herdar os bens e assim pagar suas dívidas) negava ao credor toda ação tendente a obter o pagamento do dinheiro emprestado a um *filius familiae*"[35].

---

[33] Maria Helena Diniz, *Curso de Direito Civil Brasileiro — Teoria das Obrigações Contratuais e Extracontratuais*, 35. ed., São Paulo: Saraiva, 2019, v. 3, p. 363.

[34] Confira-se o tópico 2 ("Capacidade de direito e de fato e legitimidade") do Capítulo IV ("Pessoa Natural") do v. 1 ("Parte Geral") desta obra.

[35] Silvio Rodrigues, *Direito Civil — Dos Contratos e das Declarações Unilaterais da Vontade*, 30. ed., São Paulo: Saraiva, 2004, v. 3, p. 265-6.

O primeiro desses dispositivos (art. 588 do CC/2002) não admite a força eficacial do mútuo feito a pessoa menor, sem autorização do seu representante, impondo ao próprio mutuante o prejuízo eventualmente advindo deste empréstimo, em face da vedação legal de reaver o valor emprestado *do próprio menor ou do seu fiador*.

Interessante notar que o enunciado normativo refere a necessidade de autorização da pessoa *sob cuja guarda estiver o menor*, condição esta que, quando observada, daria ao mutuante o direito de reaver o valor cedido. E note-se: a pessoa legitimada a efetivar a aludida "autorização" não será necessariamente o pai ou a mãe, mas também o tutor ou qualquer outra pessoa exercente da guarda.

O dispositivo correspondente do Código de 1916, por sua vez, ia mais além, pois proibia inclusive que o mutuante, na falta da referida autorização, cobrasse o valor do "abonador" do menor:

> "Art. 1.259. O mútuo feito a pessoa menor, sem prévia autorização daquele sob cuja guarda estiver, não pode ser reavido nem do mutuário, nem de seus fiadores, ou *abonadores* (art. 1.502)" (grifamos).

O denominado *abonador*, no caso, seria uma espécie de "fiador do fiador", referência redundante e totalmente desnecessária, corretamente excluída no Código novo.

O dispositivo seguinte, por seu turno, abre exceções à regra, consagrando hipóteses em que poderá o mutuante exigir a restituição do que emprestou.

Vamos a elas:

a) se houver posterior ratificação do representante ou guardião do menor — vale dizer, se a pessoa de cuja autorização necessitava o mutuante, o ratificar, poderá exigir o pagamento do que emprestou. É o caso do pai que, ao saber da dívida contraída pelo filho menor, em virtude do mútuo que celebrou, corroborou o débito, por considerá-lo questão de honra;

b) se o menor contraiu o empréstimo para os seus alimentos habituais, estando ausente a pessoa que o assistia — nesse caso, o representante ou guardião do menor encontra-se ausente — e a palavra "ausência" aqui deve ser entendida em sentido comum (ou seja: *não estava presente para ministrar os alimentos*) —, e o menor, dada a situação de risco em que se encontrava, contraiu a dívida. Nesse contexto, poderá o mutuante exigir de volta o que emprestou, por inegável razão de justiça;

Frise-se, finalmente, que a expressão *alimentos habituais* deve ser entendida em sentido amplo, conforme bem observa CARLOS ROBERTO GONÇALVES:

> "A palavra alimentos é empregada em sentido amplo, abrangendo não apenas aos naturais ou necessários, destinados à satisfação das necessidades primárias da vida, como também os civis ou côngruos, que se prestam a manter a condição social do menor e abrangem os gastos com vestuário, educação, assistência médica etc."[36];

c) se o menor tiver bens ganhos com o seu trabalho — posto não seja comum, o menor pode ter bens ganhos com o seu trabalho, pois, como sabemos, a capacidade laboral advém aos 16 anos, nos termos do art. 7.º, XXXIII, da Constituição Federal, podendo atuar, abaixo desta idade, na qualidade de *aprendiz*. Em tais casos, formando, portanto,

---

[36] Carlos Roberto Gonçalves, *Direito Civil Brasileiro*, cit., v. 3, p. 373.

patrimônio, poderá o menor/mutuário ser demandado, para pagar aquilo que tomou emprestado.

Nesse ponto, vale lembrar, com SILVIO RODRIGUES que

"o novo Código aumentou a abrangência da exceção, pois, fugindo da ideia de só permitir a validade do empréstimo feito a menor que tiver bens adquiridos no serviço militar e em função pública, deu validade a tais empréstimos quando o menor tiver bens adquiridos com qualquer tipo de trabalho"[37].

Ressalva, entretanto, o legislador, que a *execução do credor não poderá ultrapassar as forças dos bens do menor*, ou seja, somente aquilo que for resultado de seu próprio trabalho poderá ser objeto de constrição em uma eventual demanda, estando fora qualquer patrimônio adquirido por outro meio (herança, doação etc.), garantindo-lhe um patrimônio mínimo para sua subsistência, no que se inclui, obviamente, o próprio salário, pela sua característica de impenhorabilidade, prevista no art. 833, do Código de Processo Civil de 2015. Isso evita que se vulnere o princípio constitucional da dignidade da pessoa humana, cujo alcance é magistralmente apreendido pelo culto LUÍS ROBERTO BARROSO:

"O princípio da dignidade da pessoa humana identifica um espaço de integridade moral a ser assegurado a todas as pessoas por sua só existência no mundo. É um respeito à criação, independente da crença que se professe quanto à sua origem. A dignidade relaciona-se tanto com a liberdade e valores do espírito como com as condições materiais de subsistência"[38];

d) se o empréstimo reverteu em benefício do próprio menor — sem dúvida, este inciso afigura-se, dentre todos, o de amplitude mais elástica. Com esta regra (decorrente, sem dúvida, também do preceito contido no art. 181 do CC/2002), admite o legislador que o mutuante tenha o direito ao reembolso, se provar que *reverteu em benefício do próprio menor (mutuário) a coisa emprestada*. Note-se que o ônus da prova cabe *ao próprio mutuante*, e, além disso, deve demonstrar que o benefício incrementou *diretamente* o patrimônio do menor. Assim, figure-se a hipótese de Zé Carlos emprestar 100 reais a Juquinha, e este, com o referido valor, comprar uma bicicleta. Deve, pois, haver um liame jurídico, um nexo de causalidade, entre o bem ou valor emprestado e a vantagem auferida pelo mutuário. Finalmente, registre-se que, segundo a doutrina, se o empréstimo beneficiar a pessoa que deveria autorizá-lo, poderá também o mutuante reaver o que emprestou, para evitar o enriquecimento sem causa[39];

e) se o menor obteve o empréstimo maliciosamente — caso o menor haja obtido o empréstimo de maneira ardilosa, vil, rasteira, poderá o mutuante exigir de volta o que

---

[37] Silvio Rodrigues, ob. cit., p. 267.

[38] Luís Roberto Barroso, Fundamentos Teóricos e Filosóficos do Novo Direito Constitucional Brasileiro (Pós-Modernidade, Teoria Crítica e Pós-Positivismo), in *A Nova Interpretação Constitucional — Ponderação, Direitos Fundamentais e Relações Privadas* (obra coletiva), Rio de Janeiro: Renovar, 2003, p. 37-8. Na mesma linha, sugerimos a leitura da excelente obra *Estatuto Jurídico do Patrimônio Mínimo* (Renovar, 2001), de autoria de Luiz Edson Fachin, em que o renomado autor defende, em uma perspectiva civil-constitucional, a garantia de um patrimônio mínimo para cada pessoa, a fim de que tenha uma existência efetivamente digna.

[39] Maria Helena Diniz, *Direito Civil Brasileiro*, cit., v. 3, p. 321.

emprestou. Imagine-se, por exemplo, que, ao celebrar o contrato, o mutuário haja dolosamente ocultado a sua menoridade. A esse respeito, aliás, dispõe o art. 180 do Código Civil:

"O menor, entre dezesseis e dezoito anos, não pode, para eximir-se de uma obrigação, invocar a sua idade se dolosamente a ocultou quando inquirido pela outra parte, ou se, no ato de obrigar-se, declarou-se maior".

3.7. Garantia de restituição ao mutuante

Como forma de resguardar o direito do mutuante, prevê o Código Civil, em seu art. 590, a possibilidade de exigir do mutuário garantia, se, antes do vencimento da dívida, este último sofrer *notória mudança em sua situação econômica*.

A garantia possível de ser exigida poderá ser *real* (penhor, hipoteca, antricrese) ou *fidejussória* (fiança). Nada impede ainda a caução de dinheiro, mediante depósito em conta corrente, e mediante autorização judicial. Mas devemos observar que a norma estabeleceu como *conditio sine qua non* para a constituição da garantia que tenha havido *notória mudança* na situação econômica do devedor.

Assim sendo, e partindo da premissa de que na lei não há palavras inúteis (é, ao menos, o que se espera...), forçoso convir que o mutuário somente estará obrigado à prestação da garantia se sofrer *considerável abalo no seu patrimônio, de conhecimento geral*, o que deve ser objeto de prova do mutuante, em caso de negativa.

Trata-se de uma manifestação específica do disposto no art. 477 do CC/2002[40].

Momentâneos desequilíbrios econômicos ou pequenos abalos patrimoniais não justificariam, pois, a medida acautelatória.

3.8. Direitos e obrigações das partes

Fundamentalmente, e por considerarmos que o contrato de mútuo tem natureza unilateral (gerando, pois, obrigação apenas para o mutuário), podemos afirmar que a obrigação precípua, assumida pelo tomador do empréstimo, é de devolver aquilo que se lhe emprestou em coisa da mesma natureza (entendida como gênero — ou espécie, na forma mais técnica do art. 85 do CC/2002), quantidade e qualidade.

O mutuante, em princípio, não assume obrigação (derivada do contrato), valendo mencionar a interessante ressalva feita por SILVIO LUIS F. DA ROCHA, no sentido de que

"eventualmente, o mutuante pode vir a ter obrigações para com o mutuário, como indenizá-lo pelos danos causados por vícios da coisa que eram do seu conhecimento e ignorados pelo mutuário, a exemplo do que determina do art. 1521 do Código Civil italiano"[41].

Outras considerações a respeito da obrigação assumida pelo mutuário veremos abaixo, ao tratarmos do mútuo feneratício, especialmente a tormentosa questão dos juros.

---

[40] Para um aprofundamento do tema, confira-se o Capítulo "Exceção de Contrato Não Cumprido" deste volume.

[41] Silvio Luis Ferreira da Rocha, ob. cit., p. 276.

3.9. Mútuo feneratício

A concepção coloquial de empréstimo, tradicionalmente, se refere a uma modalidade contratual em que se transfere, provisoriamente, a posse de um bem, por mera liberalidade.

Todavia, cada vez mais ganha importância uma modalidade diferenciada de empréstimo de coisa fungível, qual seja, o mútuo feneratício, frutífero ou a juros[42].

Trata-se de uma modalidade de contratação unilateral onerosa, que sofreu particular alteração de disciplina com o vigente Código Civil brasileiro.

Conforme já explicamos em outra oportunidade, os juros nada mais são do que um

"fruto civil correspondente à remuneração devida ao credor em virtude da utilização do seu capital.

Em linhas gerais, os juros fixados, legais (determinados por lei) ou convencionais (fixados pelas próprias partes), subdividem-se em:

a) compensatórios;

b) moratórios.

Os primeiros objetivam remunerar o credor pelo simples fato de haver desfalcado o seu patrimônio, concedendo o numerário solicitado pelo devedor. Os segundos, por sua vez, traduzem uma indenização devida ao credor por força do retardamento culposo no cumprimento da obrigação.

Assim, celebrado um contrato de empréstimo a juros (mútuo feneratício), o devedor pagará ao credor os juros compensatórios devidos pela utilização do capital (ex.: se tomou 10, devolverá 12).

Se, entretanto, no dia do vencimento, atrasar o cumprimento da prestação, pagará os juros de mora, que são contabilizados dia a dia, sendo devidos independentemente da comprovação do prejuízo"[43].

O Professor ARNOLDO WALD ensina que

"os juros compensatórios são geralmente convencionais, por dependerem de acordo prévio das partes sobre a operação econômica e as condições em que a mesma deveria ser realizada, mas podem decorrer de lei ou de decisão jurisprudencial (Súmula 164), enquanto que os juros moratórios podem ser legais ou convencionais conforme decorram da própria lei ou da convenção"[44].

Não nos cabe, neste capítulo, descer à análise dos juros, tarefa que fizemos no volume II, mas cumpre-nos registrar que sempre houve uma preocupação na limitação dos juros, no Brasil (lembremo-nos do art. 192 da CF, em sua redação original...), muito embora, na prática, tal esforço não houvesse logrado êxito, por razões de variada ordem.

Exemplo deste esforço de contenção é o Decreto-Lei n. 22.626, de 1933 (Lei da Usura), que, em seu art. 1.º, vedou que qualquer espécie de juros fosse estipulada com taxa

---

[42] Para um aprofundamento do estudo dos juros no ordenamento jurídico brasileiro, confira-se o tópico 3 ("Juros")" do Capítulo XXIII ("Perdas e Danos") do v. 2 ("Obrigações") desta obra.

[43] Pablo Stolze Gagliano e Rodolfo Pamplona Filho, ob. cit., v. 2, p. 338.

[44] Arnoldo Wald, *Obrigações e Contratos*, cit., p. 132.

superior ao dobro da taxa legal, perfazendo, assim, um teto máximo de 12% (doze por cento) ao ano.

Em verdade, os bancos nunca se submeteram totalmente a tais parâmetros[45].

Empréstimo de dinheiro, na maioria das relações negociais, se faz ordinariamente mediante cobrança de juros, o que se vê todos os dias, ao vivo e em cores, no cotidiano das entidades financeiras e dos cidadãos, em níveis astronômicos.

É claro que o direito aos juros, aí, sim, pode ser renunciado, explícita ou implicitamente, pelos sujeitos envolvidos, como, por exemplo, quando alguém pede emprestado um dinheiro ao colega para comprar um lanche na cantina da escola; porém, é preciso que se conscientize de que, em geral, a lógica econômica, agora, é inversa da codificação anterior.

Essa é a exegese ideológica que se faz do art. 591 do CC/2002, que explicita:

"Art. 591. Destinando-se o mútuo a fins econômicos, presumem-se devidos juros.

Parágrafo único. Se a taxa de juros não for pactuada, aplica-se a taxa legal prevista no art. 406 deste Código".

Nesse sentido, também, foi o consenso obtido na I Jornada de Direito Civil da Justiça Federal, que editou o Enunciado n. 34, do seguinte teor:

"Enunciado 34 — Art. 591: no novo Código Civil, quaisquer contratos de mútuo destinados a fins econômicos presumem-se onerosos (art. 591), ficando a taxa de juros compensatórios limitada ao disposto no art. 406, com capitalização anual".

Essa linha de pensamento já era antevista por WASHINGTON DE BARROS MONTEIRO, que já ensinava originalmente,

"o mútuo era desinteressado e, pois, inteiramente gratuito; o *foenus* era reprovado e aos juros atribuiu Santo Agostinho, com veemência, a denominação de *mammona iniquitatis*. Mas, hoje, reconhecem as leis a validade de sua estipulação, dando origem assim ao chamado mútuo oneroso. Ordinariamente, nos dias atuais, os empréstimos só se efetuam mediante pagamento de juros; a prática frequente de empréstimo de dinheiro, a profissão habitual desse negócio em troca dos juros constitui um dos mais importantes aspectos do comércio bancário"[46].

Nas relações civis em geral, a teor do Código de 2002, os juros não poderão exceder ao limite estabelecido no art. 406 do CC/2002, que, com a redação dada pela Lei n. 14.905/2024, assim preceitua:

"Art. 406. Quando não forem convencionados, ou quando o forem sem taxa estipulada, ou quando provierem de determinação da lei, os juros serão fixados de acordo com a taxa legal.

§ 1.º A taxa legal corresponderá à taxa referencial do Sistema Especial de Liquidação e de Custódia (Selic), deduzido o índice de atualização monetária de que trata o parágrafo único do art. 389 deste Código.

---

[45] Súmula 596 do STF: "As disposições do Decreto n.º 22.626/33 não se aplicam à taxa de juros e aos outros encargos cobrados nas operações realizadas por instituições públicas ou privadas, que integram o sistema financeiro nacional".

[46] Washington de Barros Monteiro, *Curso de Direito Civil*, 34. ed., São Paulo: Saraiva, 1997, v. 5, p. 212.

§ 2.º A metodologia de cálculo da taxa legal e sua forma de aplicação serão definidas pelo Conselho Monetário Nacional e divulgadas pelo Banco Central do Brasil.

§ 3.º Caso a taxa legal apresente resultado negativo, este será considerado igual a 0 (zero) para efeito de cálculo dos juros no período de referência".

O IPCA passou a ser, portanto, o índice geral supletivo para o cálculo da correção monetária, o que, por certo, terá importante impacto inclusive no âmbito dos débitos judiciais.

A taxa de juros, por sua vez, quando não forem convencionados, ou quando o forem sem taxa estipulada, ou quando provierem de determinação da lei, decorrerá da seguinte operação: valor da SELIC abatido o IPCA (SELIC – IPCA). A obrigação decorrente de um atropelamento, por exemplo, terá a taxa de juros assim calculada[47].

Sobre o tema, ensina CARLOS ELIAS DE OLIVEIRA:

"A lei dos juros legais (Lei 14.905/24) promoveu alterações relevantes na sistemática dos juros remuneratórios, dos juros moratórios e da correção monetária. Buscou uniformizar essas regras para todas as dívidas civis, inclusive para as de contribuição condominial. (...)

Convém que a calculadora interativa a ser criada pelo BACEN – Banco Central do Brasil seja mais completa do que a atual Calculadora do Cidadão e ofereça cálculos mais completos com diferentes marcos temporais e diferentes eventos, com funcionalidades até mais avançadas das tradicionais calculadoras disponibilizadas pelos sites de Tribunais. A ideia é permitir que o cidadão, com facilidade, obtenha um resultado rápido"[48].

De fato, referida lei também causou impacto no âmbito das obrigações condominiais, conforme a nova redação do § 1.º do art. 1.336 do Código Civil:

"Art. 1.336. (...)

§ 1.º O condômino que não pagar a sua contribuição ficará sujeito à correção monetária e aos juros moratórios convencionados ou, não sendo previstos, aos juros estabelecidos no art. 406 deste Código, bem como à multa de até 2% (dois por cento) sobre o débito".

Com a devida vênia, a proposta feita pela Comissão de Juristas do Senado (Reforma do Código Civil), quanto à taxa legal de juros, é muito mais clara, simples e precisa:

"Art. 406. Quando os juros moratórios não forem convencionados ou assim forem sem taxa estipulada, ou quando provierem de determinação da lei, serão fixados segundo a taxa mensal de 1% (um por cento) ao mês.

Parágrafo único. Os juros moratórios, quando convencionados, não poderão exceder o dobro da taxa prevista no *caput*".

---

[47] Recomendamos, nesse ponto, a leitura do excelente texto "Análise jurídico-econômica dos juros legais de mora – a nova redação do art. 406 do Código Civil" (Bruno Meyerhof Salama; Alberto L. Barbosa Jr., Alberto L. *Jota*, 12 jul. 2024. Disponível em: <https://www.jota.info/artigos/analise-juridico-economica-dos-juros-legais-de-mora-12072024>. Acesso em: 26 jul. 2024).

[48] Carlos Eduardo Elias de Oliveira, Juros remuneratórios, juros moratórios e correção monetária após a Lei dos Juros Legais (Lei n.º 14.905/2024): dívidas civis em geral, de condomínio, de *factoring*, de antecipação de recebíveis de cartão de crédito e outras. *Migalhas*, 17 jul. 2024. Disponível em: <https://www.migalhas.com.br/arquivos/2024/7/ABA04576D5B652_A6859FC25B407B_2024-7-6-Jurosm.pdf>. Acesso em: 27 jul. 2024.

Essa proposição, por certo, a par de justa e equilibrada, resultaria em uma compreensão muito mais facilitada por parte dos brasileiros, destinatários últimos de qualquer mudança legislativa.

Vale ainda lembrar que, mesmo após a edição da Lei n. 14.905, de 28 de junho de 2024, analisada anteriormente, "não se aplica o teto dos juros remuneratórios nem outras restrições da lei de usura (como a vedação de capitalização de juros em periodicidade inferior à anual) para obrigações entre pessoas jurídicas ou *para obrigações no âmbito do mercado financeiro*"[49] (grifamos).

Com isso, temos que o enunciado 297 ("O Código de Defesa do Consumidor é aplicável às instituições financeiras") da Súmula do STJ não tem o alcance esperado, pois a atividade financeira propriamente dita – especialmente concessão de capital a juros – observa balizas próprias e, por vezes, abusivas.

Registre-se, por fim, que, em eventual demanda de revisão de obrigação decorrente de empréstimo, financiamento ou de alienação de bens, o autor deverá discriminar na petição inicial, sob pena de inépcia, entre as obrigações contratuais, aquelas que pretende controverter, além de quantificar o valor incontroverso do débito, na forma determinada pelo § 2.º do art. 330 do CPC/2015, estabelecendo, ainda, o § 3.º do mesmo dispositivo que o "valor incontroverso deverá continuar sendo pago no tempo e modo contratados".

3.10. Extinção

Por fim, falaremos a respeito da dissolução do contrato (válido) de mútuo.

Como se trata de um contrato temporário, o mútuo extingue-se com o *advento do seu termo*, ou, antes dele, se o mutuário efetuar o pagamento.

Todavia, se o mutuário, uma vez vencida a dívida, não pagá-la, a dissolução se dará por meio da *resolução do contrato*, podendo o mutuante, neste caso, exigir a devida compensação pelo prejuízo sofrido, incluindo-se os juros de mora.

Nada impede, outrossim, na mesma linha do que desenvolvemos quando tratamos do comodato, que o contrato se desfaça por meio de *resilição unilateral* (por manifestação de vontade de qualquer das partes, se houver estipulação neste sentido) ou *bilateral* (mediante distrato).

---

[49] Carlos Eduardo Elias de Oliveira, Juros remuneratórios, juros moratórios e correção monetária após a Lei dos Juros Legais (Lei n.º 14.905/2024): dívidas civis em geral, de condomínio, de *factoring*, de antecipação de recebíveis de cartão de crédito e outras. Migalhas, 17 jul. 2024. Disponível em: <https://www.migalhas.com.br/arquivos/2024/7/ABA04576D5B652_A6859FC25B407B_2024-7-6-Jurosm.pdf>. Acesso em: 27 jul. 2024.

Capítulo XXI
Prestação de Serviço

Sumário: 1. Considerações terminológicas iniciais. 2. Conceito e contratos afins. 3. Características. 4. Objeto. 5. Forma. 6. Retribuição. 6.1. Compensação na ausência de habilitação. 7. Tempo de duração. 7.1. Direito ao aviso prévio. 7.2. Contagem do tempo. 8. Extinção do contrato. 8.1. Direito à certificação. 8.2. Indenizações pela extinção antecipada. 9. Aliciamento de mão de obra. 10. Direito à continuidade contratual na alienação de prédio agrícola.

1. CONSIDERAÇÕES TERMINOLÓGICAS INICIAIS

Dando continuidade à tríade de relações contratuais originadas da concepção romanista de locação, iniciada em capítulo anterior e que ainda seguirá no próximo, enfrentemos a tarefa de compreender o contrato de prestação de serviços, previsto nos arts. 593 a 609 do vigente Código Civil brasileiro.

Trata-se, na visão mencionada, da antiga *locação de serviços* (*locatio conductio operarum* ou *locatio operarum*), que, na vigente codificação, tomou a terminologia de *prestação de serviço*.

Essa modificação de denominação, no nosso entender, é bem mais adequada e *politicamente correta*, já que o trabalho humano não deve ser considerado objeto de locação (pois o homem não é coisa a ser locada), mas, sim, destinado à realização ("prestação") de uma atividade.

É com este objetivo que conceituaremos o instituto, conforme se verificará no próximo tópico.

2. CONCEITO E CONTRATOS AFINS

O contrato de prestação de serviços é o negócio jurídico por meio do qual uma das partes, chamada prestador, se obriga a realizar uma atividade em benefício de outra, denominada tomador, mediante remuneração.

Trata-se de uma modalidade contratual aplicável a qualquer tipo de atividade lícita, seja manual, seja intelectual, conforme explicita o art. 594 do CC/2002.

A proximidade do contrato de prestação de serviços com o contrato de emprego é evidente, diferenciando-se os dois pelo elemento *subordinação jurídica* (entendida como hierarquização), que é indispensável no segundo e ausente no primeiro[1].

---

[1] Esta nota distintiva é muito visível no Código Civil português, que conceitua Contrato de Trabalho, embora remetendo sua disciplina à legislação especial, da seguinte forma:
"Art. 1.152.º (Noção) — Contrato de trabalho é aquele pelo qual uma pessoa se obriga, mediante retribuição, a prestar a sua actividade intelectual ou manual a outra pessoa, *sob a autoridade e direcção desta*".
"Art. 1.153.º (Regime) — O contrato de trabalho está sujeito a legislação especial" (grifos nossos).

Com efeito, a prestação de serviços, regida pelas regras do Código Civil brasileiro, é aquela desenvolvida de forma autônoma, visando à obtenção de determinado resultado, não sendo a modalidade negocial adequada para relações jurídicas empregatícias (trabalho subordinado) ou mesmo para outras formas de relação de trabalho autônomo (p. ex. empreitada, comissão, corretagem ou representação comercial autônoma)[2].

Por isso, o próprio texto codificado faz a ressalva expressa em seu art. 593:

"Art. 593. A prestação de serviço, que não estiver sujeita às leis trabalhistas ou a lei especial, reger-se-á pelas disposições deste Capítulo".

A similitude com a empreitada também é marcante, mas, nesta última, a finalidade é específica, qual seja, a execução de uma obra, ou a criação de algo novo, como a construção de um armazém (construção civil) ou uma criação técnica (elaboração de um projeto científico), artística (redação de um livro ou peça teatral) ou artesanal (feitura de vasos de argila para decoração).

Note-se, portanto, que na empreitada tem-se por meta o "resultado" da atividade, e não a atividade em si, como se dá na prestação de serviços.

---

[2] "Quando da primeira votação do texto pela Câmara dos Deputados, em 1984, houve uma proposta apresentada pelo Deputado Tancredo Neves de supressão de todo o Capítulo VII, ao argumento de que as hipóteses de 'prestação de serviço', ou seriam regidas pelas leis trabalhistas, ou pelas normas que regem a empreitada, nada, assim, lhe restando de próprio. A emenda veio a ser rejeitada pelo então relator geral, o Deputado Ernani Sátyro que assim justificou: 'Entre as atividades exercidas e caracterizadas pelo 'vínculo empregatício' (às quais correspondem 'salários') e as atividades executadas em razão de 'empreitada', ainda resta um vasto campo de atividades autônomas irredutíveis àquelas duas. Não se pode sequer afirmar, categoricamente, que esse resto estaria coberto pelas leis especiais, dada a multiplicidade dos tipos de atividade que compõem o instituto da 'prestação de serviços'. (...) Quando mais não seja, por uma razão de prudência, é aconselhável se mantenham as disposições do Código Civil pertinentes à prestação de serviços, a qual se distingue pela ausência de vínculo de subordinação trabalhista, e pressupõe atividade autônoma, retribuída ou não, no mais das vezes de breve duração, caracterizadas pela autonomia de quem presta o serviço e livremente conveniona a sua 'retribuição', sem ficar adstrito às normas cogentes do Direito do Trabalho, como as relativas aos 'contratos coletivos'. Trata-se, além do mais, de um domínio em que prevalece o princípio da autonomia da vontade, a salvo de restrições como as que, por motivos de ordem pública, vigoram no Direito do Trabalho. De outro lado, não nos parece que, dada a especificidade da matéria, se possa sujeitar todas as hipóteses de prestação de serviço ao contrato de empreitada, como pretende o ilustre autor da emenda, que, para tal fim, também oferece a Emenda n. 443, a qual importa no reconhecimento da distinção. Não se pode, pensamos nós, afirmar que a disciplina autônoma da 'prestação de serviços' deva ser considerada superada pela nossa época. Ao contrário, crescem dia a dia, ao lado dos contratos de trabalho e de empreitada, novas exigências de 'serviços autônomos', dos quais o Código não pode fazer abstração. Não tem sentido, data vênia, afirmar-se que a supressão dos contratos de prestação de serviços seja uma exigência dos novos tempos. Para demonstrar a improcedência dessa tese bastará lembrar que o Código Civil italiano, que é de 1943, apesar de nele se conter toda a legislação do trabalho, reserva título especial (Tít. III do Livro 5.º) ao trabalho autônomo, abrangendo a prestação de trabalhos intelectuais (arts. 2.222 *usque* 2.238). A mesma distinção se encontra no recentíssimo Código Civil português, que é de novembro de 1966, havendo nele o Capítulo VIII do Título II (Dos contratos em especial) destinado ao 'Contrato de trabalho', e o Capítulo IX para a 'prestação de serviços', uma de cujas modalidades seria a empreitada (cfr. artigo 1.155.º). O que se deve considerar em desuso é apenas a expressão 'locação de serviços', substituída no Projeto por 'prestação de serviço'" (Jones Figueirêdo Alves, *Novo Código Civil Comentado* (coord. Ricardo Fiuza), São Paulo: Saraiva, 2002, p. 531-2).

3. CARACTERÍSTICAS

Compreendido o conceito do contrato de prestação de serviço, é preciso enunciar suas principais características.

Trata-se de um contrato típico e nominado, amplamente utilizado nas relações *civis, comerciais, consumeristas* e *administrativas*. Pode ser encarado como um contrato de trabalho *lato sensu*, do qual se desprendeu, desenvolvendo-se como modalidade própria, o contrato de trabalho subordinado ("contrato de emprego").

Possui um marcante traço de *bilateralidade*, uma vez que o prestador se obriga a realizar a atividade, em troca da retribuição, e o tomador se obriga a pagar o pactuado, em retorno à conduta efetivada.

Por haver equivalência entre tais prestações, classifica-se como um contrato *comutativo*, sendo perfeitamente aplicável o conceito de contrato *evolutivo*, em que é estabelecida a equação financeira do contrato, impondo-se a compensação de eventuais alterações sofridas no curso do contrato.

A previsão codificada apenas faz menção à forma onerosa de prestação de serviços, ao contrário do Código Civil português, que também a admite na modalidade gratuita[3]. No sistema brasileiro, portanto, a prestação de serviços não onerosos estará fora do campo de aplicação das regras codificadas, sendo própria da disciplina do trabalho voluntário[4].

Pode ser celebrado tanto na modalidade *paritária*, como na *por adesão*.

Quanto à forma, trata-se de um contrato "*não solene*", com forma livre de pactuação (consensual), concretizando-se com a simples declaração de vontades.

Quanto à pessoa do contratante, o contrato de prestação de serviço é *individual* e, em regra, *personalíssimo*, ou seja, celebrado *intuitu personae*.

Essa característica é evidenciada pelo art. 605 do CC/2002, que preceitua, *in verbis*:

"Art. 605. Nem aquele a quem os serviços são prestados, poderá transferir a outrem o direito aos serviços ajustados, nem o prestador de serviços, sem aprazimento da outra parte, dar substituto que os preste".

A menção, porém, à expressão "em regra" é justamente porque, por exceção, é possível, sim, o prestador de serviço se fazer substituir por outrem, *desde que haja a anuência do tomador*, o que significa, no final das contas, que é possível uma subcontratação, pela autonomia da vontade das partes.

Isso, por sua vez, não é possível de forma alguma na relação de emprego, em que, se houver alguma "substituição" do prestador de serviços (leia-se, do empregado), considera-se que o vínculo é mantido diretamente por este substituto com o tomador, e não com o prestador original, que tem seu contrato, nesta hipótese, suspenso.

---

[3] Com efeito, estabelece o art. 1.154.º do Código Civil português: "Art. 1.154.º (Noção) — Contrato de prestação de serviço é aquele em que uma das partes se obriga a proporcionar à outra certo resultado do seu trabalho intelectual ou manual, com ou *sem retribuição*" (grifos nossos).

[4] Sobre o tema, confira-se a Lei n. 9.608, de 18-2-1998, que dispõe sobre o serviço voluntário e dá outras providências.

Não se confunda, porém, esta previsão com a terceirização, que nada mais é do que a utilização do contrato de prestação de serviço, por uma empresa, para disponibilizar mão de obra para outra.

Quanto ao tempo, o contrato de prestação de serviços pode ser tanto *instantâneo* (seja na modalidade de *execução imediata*, seja na de *execução diferida*), quanto *de duração* (*determinada ou indeterminada*). Vale registrar que, nesse último caso (contratação por duração previamente determinada), há uma limitação temporal máxima, qual seja, de 4 (quatro) anos, conforme consta no art. 598 do CC/2002, que estabelece:

> "Art. 598. A prestação de serviço não se poderá convencionar por mais de quatro anos, embora o contrato tenha por causa o pagamento de dívida de quem o presta, ou se destine à execução de certa e determinada obra. Neste caso, decorridos quatro anos, dar-se-á por findo o contrato, ainda que não concluída a obra".

Trata-se, como a maioria das formas contratuais previstas no Código Civil brasileiro, de um *contrato causal*, o que é reforçado pela sua característica de contrato personalíssimo. Assim, seus motivos determinantes podem impor o reconhecimento da sua invalidade, caso sejam considerados inexistentes, ilícitos ou imorais.

Pela *função econômica*, consiste em um contrato *de atividade*: caracterizado pela prestação de uma conduta de fato, mediante a qual se conseguirá uma utilidade econômica.

Por fim, trata-se de um contrato *principal* e *definitivo*, haja vista que não depende de qualquer outra avença, bem como não é preparatório de nenhum outro negócio jurídico.

4. OBJETO

O objeto primordial do contrato de prestação de serviço é sempre uma atividade humana lícita, que pode ser tanto manual (material) quanto puramente intelectual (imaterial), conforme se extrai do já citado art. 594, que expressa:

> "Art. 594. Toda a espécie de serviço ou trabalho lícito, material ou imaterial, pode ser contratada mediante retribuição".

A lógica, portanto, é que a prestação de fazer estabelecida seja certa e determinada.

Todavia, por exceção, é possível estabelecer um contrato de prestação de serviço sem uma determinação específica.

Isso, porém, não quer dizer que a contratação seja genérica e ilimitada, mas sim, embora ampla, delimitada pelas características inerentes à sua condição.

É o que dispõe o art. 601 do CC/2002:

> "Art. 601. Não sendo o prestador de serviço contratado para certo e determinado trabalho, entender-se-á que se obrigou a todo e qualquer serviço compatível com as suas forças e condições".

Assim, por exemplo, se um escritório de advocacia é contratado para cuidar do setor jurídico de uma empresa, todas as tarefas inerentes a esta atividade se encontram incluídas no "pacote", seja a redação de peças, seja o comparecimento a audiências ou a redação de pareceres. Não se inclui, aí, aquilo que está fora do seu ramo de atividade, como contabilidade, organização de arquivos, investimentos em bolsa ou administração de recursos humanos.

Da mesma forma, pensando em pessoa física, se um médico é contratado, direta e pessoalmente, para cuidar da saúde de alguém, não se pode esperar que isso inclua o acompanhamento a compras, a indicação de vestimentas ou o aconselhamento psicológico.

5. FORMA

Como visto em tópico anterior, a prestação de serviço é um contrato *não solene*, com forma livre de pactuação. Assim, pois, pode ser estabelecido tanto verbalmente (o que, aliás, é muito comum no dia a dia das relações jurídicas de direito material) quanto de forma escrita.

Sobre esta última forma, na hipótese de qualquer das partes não ser alfabetizada, a lei estabelece um meio de prova para a sua declaração de vontade. É o que se depreende do art. 595 do CC/2002, *in verbis*:

> "Art. 595. No contrato de prestação de serviço, quando qualquer das partes não souber ler, nem escrever, o instrumento poderá ser assinado a rogo e subscrito por duas testemunhas".

Registre-se a natureza instrumentária de tais testemunhas, que servirão para comprovar a declaração de vontade contida no documento, em caso de impugnação.

6. RETRIBUIÇÃO

Em função do caráter bilateral e comutativo do contrato de prestação de serviço, o regular desempenho da atividade pactuada faz surgir o direito a uma contrapartida.

Este dever do tomador do serviço é uma *retribuição* pela conduta praticada, sendo também chamada de honorários, soldadas[5], preço ou salário. Buscaremos evitar, porém, esta última denominação (embora também utilizada pela lei, conforme se verifica do parágrafo único do art. 599 do CC/2002, a seguir tratado), tendo em vista que a consideramos atécnica, uma vez que, na atualidade, reservamos a expressão "salário" somente para a retribuição do contrato de emprego[6].

Tal contrapartida pelo serviço prestado, em regra, deve ser estabelecida prévia e expressamente pelos contratantes.

O sistema codificado brasileiro, na espécie, não admite, como já mencionado, a prestação gratuita de serviços, motivo pelo qual o prestador fará sempre jus a uma retribuição.

---

[5] A expressão *"soldadas"*, não mais usada na vigente codificação, era mencionada no art. 1.234 do CC/1916 (dispositivo sem equivalente no CC/2002), nos seguintes termos:
"Art. 1.234. Embora outra coisa haja estipulado, não poderá o locatário cobrar ao locador juros sobre as soldadas, que lhe adiantar, nem, pelo tempo do contrato, sobre dívida alguma, que o locador esteja pagando com serviços".

[6] *"Salário* é toda retribuição diretamente devida pelo empregador, como contraprestação da energia pessoal posta pelo empregado à sua disposição, por força do contrato individual de emprego" (José Augusto Rodrigues Pinto e Rodolfo Pamplona Filho, *Repertório de Conceitos Trabalhistas*, São Paulo: LTr, 2000, p. 461).

Na ausência de pactuação, pelas partes, da sua forma e valor, caberá ao juiz arbitrá-la de acordo com os costumes do lugar, levando em consideração o tempo de execução do serviço, bem como sua qualidade, conforme se verifica do art. 596 do Código Civil.

Por uma questão de ordem natural, o pagamento é normalmente pós-retributivo e global, ou seja, realizado posteriormente à prestação do serviço e de forma total.

Todavia, há ampla liberdade, no exercício da autonomia individual da vontade, para modificar tal regra, seja quanto ao momento do seu pagamento (antecipadamente à prestação do serviço, concomitante, considerando as etapas já executadas, ou após a sua conclusão), seja quanto à forma da prestação (parcela única ou dividida).

É o que se infere da autorização contida no art. 597 do CC/2002:

"Art. 597. A retribuição pagar-se-á depois de prestado o serviço, se, por convenção, ou costume, não houver de ser adiantada, ou paga em prestações".

6.1. Compensação na ausência de habilitação

A ideia de retribuição é tão importante no contrato de prestação de serviço que, mesmo não tendo o prestador habilitação específica para o exercício da atividade pactuada, deve receber alguma contrapartida, a título de compensação, caso esteja de boa-fé e tenha a outra parte auferido efetivo benefício.

É o que dispõe a regra do art. 606 do CC/2002:

"Art. 606. Se o serviço for prestado por quem não possua título de habilitação, ou não satisfaça requisitos outros estabelecidos em lei, não poderá quem os prestou cobrar a retribuição normalmente correspondente ao trabalho executado. Mas se deste resultar benefício para a outra parte, o juiz atribuirá a quem o prestou uma compensação razoável, desde que tenha agido com boa-fé.

Parágrafo único. Não se aplica a segunda parte deste artigo, quando a proibição da prestação de serviço resultar de lei de ordem pública".

Sobre a referida disposição legal, comenta JONES FIGUEIRÊDO ALVES:

"Contempla-se, aqui, a necessária retribuição ou remuneração pelo serviço prestado, quer tenha ou não o prestador do serviço a habilitação técnica adequada para a sua execução. A retribuição se torna exigível, como contraprestação correspondente, certo que o contratante não poderá locupletar-se do trabalho executado, deixando de remunerá-lo no preço habitual à natureza e especificidade do serviço.

O valor será, porém, atenuado, uma vez que quem o prestou não tenha título de habilitação, não podendo, daí, exigir o preço compatível ao serviço realizado. Desde que tenha atuado de boa-fé, por ignorar a necessidade de alguma habilitação técnica, mesmo que não saiba o contratante da insuficiência de aptidão, o prestador receberá pelo serviço um valor razoável, não existindo, porém, tal obrigação de compensar 'quando a proibição da prestação de serviço resultar de lei de ordem pública'. A norma tem um sentido profilático, pretendendo inibir a execução de serviços por pessoas não habilitadas, em concorrência com os que revelam uma habilitação especial, e o diferencial de valor da retribuição colima, exatamente, distinguir os desiguais.

A ressalva do parágrafo único objetiva impedir o exercício ilegal de atividade profissional para a qual a lei obriga o atendimento a determinados requisitos. Mais porque certas atividades necessitam de um conhecimento diferenciado, técnico e específico, sob pena de pôr em risco a vida ou o patrimônio das pessoas"[7].

Algumas observações imediatas se fazem necessárias.

A primeira é que dois são os requisitos para que possa ser exigida a compensação mencionada para o prestador não habilitado legalmente: a) verificação de benefício para o tomador do serviço; e b) boa-fé do prestador;

Enquanto o primeiro requisito decorre do princípio geral de vedação ao enriquecimento sem causa[8], o segundo elemento imprescindível se refere à conduta proba, própria do homem médio, sem intenção de prejudicar a parte contrária.

Se o dispositivo mencionado é inédito no sistema codificado nacional, a forma como ele homenageia esses importantes princípios, estabelecendo uma compensação razoável, já era encontrada na jurisprudência trabalhista, notadamente na declaração de nulidade contratual por ausência de prévio concurso público[9].

Outra observação a ser feita é sobre a ressalva final.

O que é uma *"lei de ordem pública"*?

Será que a mencionada previsão constitucional de imprescindibilidade de concurso para acesso a cargo público não seria uma *'lei de ordem pública'*?

Será que a habilitação específica para o exercício da profissão de advogado, médico ou engenheiro não seria também uma *'lei de ordem pública'*?

Trata-se, portanto, de um conceito aberto que deverá ser colmatado pela jurisprudência.

Se a exegese que prevalecer do dispositivo for ampla demais, não duvidaremos da sua inconstitucionalidade, por negar eficácia ao *'valor social do trabalho e da livre-iniciativa'* (lembre-se de que a premissa é a atuação de boa-fé do prestador, com real benefício do tomador!), princípio fundamental da República Federativa do Brasil, na forma do art. 1.º, IV, da Constituição Federal.

Nesse sentido foi a conclusão do grupo de trabalho da AMATRA 5, formado por Juízes do Trabalho da Bahia e Sergipe, para estudo da nova competência da Justiça do Trabalho:

> "Diante de tal observação, indaga-se: não seria o parágrafo único do art. 606 do novo CC inconstitucional por violar o princípio esculpido no art. 1.º, inc. IV da CF/88, que assegura o valor social do trabalho? Não violaria também o primado hoje expressamente previsto no art. 884 do Código Civil da Proibição do Enriquecimento sem Causa? Como

---

[7] Jones Figueirêdo Alves, *Novo Código Civil Comentado* (coord. Ricardo Fiuza). São Paulo: Saraiva, 2002, p. 543.

[8] Sobre o tema da promessa de recompensa, confira-se o Capítulo XXVIII ("Enriquecimento sem Causa e Pagamento Indevido") do volume 2 ("Obrigações") desta obra.

[9] É o que se infere da Súmula 363 do Tribunal Superior do Trabalho, que estabelece:
"Contrato nulo. Efeitos — Nova redação — Res. 121/2003, DJ 21.11.2003. A contratação de servidor público, após a CF/1988, sem prévia aprovação em concurso público, encontra óbice no respectivo art. 37, II e § 2.º, somente lhe conferindo direito ao pagamento da contraprestação pactuada, em relação ao número de horas trabalhadas, respeitado o valor da hora do salário mínimo, e dos valores referentes aos depósitos do FGTS".

contemporizar a vedação do parágrafo único com tais princípios, quando o trabalho já tiver sido realizado pelo prestador de serviços?"[10].

Pensemos, portanto, em alguns exemplos.

Será que o indivíduo que presta efetiva orientação jurídica, tecnicamente adequada, mesmo sem ser bacharel, não merece uma retribuição? Ou, então, o curandeiro (ou pajé) da pequena comunidade do interior ou grupo de cunho espiritual, que atua, no entender dos envolvidos, em benefício da coletividade? Ou mesmo a já mencionada situação de trabalhadores que são contratados para prestar, como empregados, serviço de natureza pública, mas não se submeteram a concurso (porque, lamentavelmente, por vezes, o Administrador Público nem sequer cogitou fazê-lo)?

Se é certo que tais condutas ferem preceitos de ordem pública, o fato é que, muitas vezes, há um enriquecimento indevido da parte contrária, que se vale de um efetivo benefício, na atuação, obviamente de boa-fé (sempre vale a pena ressaltar esta premissa!) do prestador...

É algo a pensar, não?

7. TEMPO DE DURAÇÃO

O já transcrito art. 598 do CC/2002 limita, como visto, o tempo de duração do contrato de prestação de serviço em quatro anos, para a sua fixação convencional, ainda que não concluída a obra (leia-se tarefa pactuada, uma vez que a expressão "obra" deve ser reservada para o contrato de empreitada).

Assim, em reverência à concepção de conservação do contrato, a análise de um pacto com prazo superior não deverá importar na nulidade da avença, mas apenas da cláusula, readequando-a ao limite legal.

A limitação tem por finalidade evitar a celebração de avenças longas demais, com *animus* de definitividade, acorrentando as partes a um contrato do qual não teriam condições econômicas de se desvencilhar, pela possibilidade do valor das perdas e danos daí advindas levá-los à ruína...

Isso não impede, obviamente, que as partes, vencido o prazo contratual convencionado, o renovem, por outro período, caso seja de seus interesses.

E isso se dá, sem sombra de dúvida, porque, da mesma forma, não há impedimento para a contratação por duração indeterminada, o que, por óbvio, pode ultrapassar tal limite...

Ademais, nessas hipóteses de contratação por duração indeterminada, têm as partes o direito à resilição unilateral, conforme se verificará no próximo subtópico.

Todavia, ainda sobre o tema da duração do contrato de prestação de serviço, há quem acentue, como nota distintiva do contrato de prestação de serviços para o contrato de emprego, a ausência de habitualidade (entendida no sentido de continuidade da relação jurídica de direito material).

Trata-se, na nossa visão, de erro técnico.

---

[10] Alice Maria da Silva Pinheiro *et alli*, "A Ampliação da Competência da Justiça do Trabalho", in *Revista Amatra 5*: Vistos etc.", vol. 5, Salvador: Amatra 5, 2005, p. 55.

Com efeito, um contrato de prestação de serviço pode ser habitual, sem que, com isso, se converta em um contrato de emprego.

O exemplo do escritório de advocacia que presta serviços de consultoria, há longos anos, para uma mesma empresa, é um bom indicador da veracidade desta informação.

O que há, porém, é que a continuidade na prestação de serviços, por pessoa física, pode inferir a caracterização de uma relação de emprego, apenas travestida sob outra forma contratual, o que, lamentavelmente, é muito comum.

Em verdade, inclusive para efeito de ônus da prova em processo na Justiça do Trabalho, alegada a existência de vínculo empregatício pelo reclamante, fato negado pelo reclamado, mas com a admissão de uma prestação de serviços autônomos (contrato de prestação de serviço), o *onus probandi* será do demandado, pois o vínculo empregatício, no caso, seria presumido.

Isso, todavia, não se confunde com a ideia de que, pela continuidade da relação contratual, haveria necessariamente a presunção de conversão, mas, sim, é decorrência da aplicação própria das regras consolidadas de ônus da prova.

7.1. Direito ao aviso prévio

Embora haja um prazo máximo estipulado na lei para a fixação convencional do prazo, o fato é que as partes podem celebrar um contrato de prestação de serviço de forma indeterminada e que pode ultrapassar tal prazo-limite. Podem, também, até mesmo, como vimos acima, renová-lo, sem limite de tempo ou número de recontratações, segundo a autonomia das suas vontades.

No entanto, não havendo prazo determinado, enquanto não se estabelecer um termo final, os contratantes estarão vinculados à avença.

Por isso mesmo, não havendo qualquer prestígio à concepção de pactos perpétuos, admite-se a resilição unilateral do contrato de prestação de serviço, desde que a parte interessada comunique previamente à outra, de forma que se prepare para a extinção do vínculo que, muitas vezes, é sua única fonte de subsistência. É o aviso prévio, instituto que teve origem nas relações de comércio, e se difundiu, sobremaneira, por causa da sua utilização também nos contratos de emprego[11].

---

[11] "*Aviso prévio*, no Direito Individual do Trabalho, é a comunicação a que está obrigado qualquer dos sujeitos do contrato individual de emprego com duração indeterminada de sua intenção de resili-lo, sem motivo legalmente justificável, após o decurso de um lapso mínimo de tempo do recebimento pelo destinatário.

Há duas tendências instintivas, porém errôneas, do iniciante no estudo do Direito do Trabalho: considerá-lo um instituto de *natureza trabalhista* e um *efeito da ruptura* do contrato individual. Entretanto, sua origem é tão antiga, pelo menos, quanto o *Deuteronômio* (Suzanne Magnan, 'Le délai congé', apud José Martins Catharino, 'Compêndio de Direito do Trabalho', vol. 2, p. 338, Saraiva, São Paulo, 1981). Ele foi usado, sem nenhuma dúvida, entre as regras das corporações de ofício, na Idade Média, e insinuou-se através do Direito Comum, na sociedade pós-Revolução Industrial. Quanto a considerá-lo *efeito* da extinção, note-se que ele a *precede e anuncia*, não podendo, obviamente, ser consequência dela.

No Brasil, antes da legislação trabalhista, já estava previsto no Código Comercial de 1850 (art. 81), para pôr fim à relação entre o comerciante e seus *agentes*, sendo repetido no Código Civil de 1916

Sua disciplina específica para o contrato de prestação de serviço se encontra no art. 599 do CC/2002, que preceitua, *in verbis*:

"Art. 599. Não havendo prazo estipulado, nem se podendo inferir da natureza do contrato, ou do costume do lugar, qualquer das partes, a seu arbítrio, mediante prévio aviso, pode resolver o contrato.

Parágrafo único. Dar-se-á o aviso:

I — com antecedência de oito dias, se o salário se houver fixado por tempo de um mês, ou mais;

II — com antecipação de quatro dias, se o salário se tiver ajustado por semana, ou quinzena;

III — de véspera, quando se tenha contratado por menos de sete dias".

Abstraída a já comentada atecnia (mantida da legislação anterior) de denominar a retribuição da prestação de serviço como salário, o prazo estabelecido é bastante razoável, dada a expectativa de tempo para a percepção da contrapartida.

Note-se, portanto, que a resilição contratual do contrato de prestação de serviço sem duração determinada é considerada um direito potestativo da parte, o qual, para ser regularmente exercido, exige a concessão do aviso prévio.

Por isso, entendemos que a ausência da comunicação, pela parte que resiliu o contrato, faz nascer, para o outro contratante, o direito de pleitear perdas e danos pelos prejuízos causados, o que, por óbvio, deve ser demonstrado.

7.2. Contagem do tempo

Regra interessante é prevista no art. 600 do CC/2002:

"Art. 600. Não se conta no prazo do contrato o tempo em que o prestador de serviço, por culpa sua, deixou de servir".

A previsão é estabelecida, *a priori*, em favor do tomador do serviço, evitando que o prestador conte, como prazo do contrato, período em que, *por culpa sua, deixou de servir*.

Isso, porém, importa em afirmar que todo o tempo em que o prestador deixou de servir, sem culpa sua, deverá ser computado, mesmo em detrimento do interesse do tomador. É o caso, a título exemplificativo, de enfermidades ou convocação para serviço público obrigatório.

No entanto, essa contagem não implica que tenha o prestador necessariamente direito à retribuição do período. Isso porque, caso a retribuição não tenha sido estipulada de

---

(art. 1.221), para extinguir o contrato de *prestação de serviço*, ambos avizinhados do contrato individual de emprego. Mas, como *norma trabalhista típica* só apareceu, em 1923, na primeira disciplina do *emprego doméstico*. Quando se generalizou, no Direito do Trabalho, através da Lei n. 62, de 05.06.35, trouxe uma curiosa inversão de protecionismo: o obrigado a dá-lo foi *apenas o empregado*. Com o Capítulo VI, Título IV da CLT, em 1943, o *aviso prévio* adquiriu *status* definitivo de *instituto jurídico trabalhista*, sendo guindado à nobreza de *garantia constitucional do trabalhador (direito social)*, com a Constituição de 1988 (art. 7.º, XXI)" (José Augusto Rodrigues Pinto e Rodolfo Pamplona Filho, *Repertório de Conceitos Trabalhistas*, São Paulo: LTr, 2000, p. 94-5).

forma global, mas, sim, por dia efetivamente disponibilizado, sua interpretação deve ser restritiva.

Assim, para efeito de retribuição, não havendo pactuação específica (que prevaleceria, pela autonomia da vontade das partes), parece-nos que a sua vinculação ao tempo à disposição deve ser interpretada de forma restritiva, ou seja, o período em que o prestador deixou de servir, <u>com</u> ou <u>sem</u> culpa, não deve ser remunerado, por ser dele (prestador) o risco da atividade econômica.

Exemplificando: contratado o profissional Caio como consultor presencial de Tício pelo valor de R$ 10.000,00 por seis meses, o período em que Caio esteja fora do país para tratar de interesse particular não pode ser contado no tempo do contrato. Já o período em que esteja adoentado deve ser contado, por ser fato independente da sua vontade (ou seja, sem concorrência de sua culpa). A remuneração, porém, somente será devida se o serviço for realmente prestado, independentemente do cômputo ou não do prazo contratual, salvo previsão específica.

Trata-se, portanto, de uma concepção diferente da relação de emprego, em que o empregador (tomador de serviços) assume os riscos da atividade econômica, remunerando o empregado em diversas hipóteses em que não há labor (férias, repouso semanal, licenças médicas até o 15.º dia etc.), o que é conhecido como "suspensão parcial" ou "interrupção" do contrato de emprego.

8. EXTINÇÃO DO CONTRATO

Chegando, finalmente, ao tema da extinção do contrato de prestação de serviço, constatamos que a nova codificação aperfeiçoou bastante o sistema anterior, que apenas previa expressamente o término do contrato de "locação de serviços" com a morte do "locador"[12], embora, obviamente, a aplicação da teoria geral dos contratos importasse o reconhecimento de outras hipóteses lógicas, como o advento do termo, o distrato ou o cumprimento do contrato.

De fato, explicitaram-se, como em poucas figuras contratuais, quase todas as modalidades extintivas da prestação de serviços, conforme se pode verificar do art. 607 do Código Civil:

> "Art. 607. O contrato de prestação de serviço acaba com a morte de qualquer das partes. Termina, ainda, pelo escoamento do prazo, pela conclusão da obra, pela rescisão do contrato mediante aviso prévio, por inadimplemento de qualquer das partes ou pela impossibilidade da continuação do contrato, motivada por força maior".

Sistematizando a disciplina legal e adequando-a à nossa classificação pessoal, à qual remetemos o leitor, temos que o contrato de prestação de serviço pode se extinguir pelos seguintes motivos:

a) Extinção Natural

a.1) Cumprimento do Contrato ou exaustão de seu objeto ("*conclusão da obra*");

---

[12] CC/1916: "Art. 1.233. O contrato de locação de serviços acaba com a morte do locador".

a.2) Verificação de Fatores Eficaciais ("*escoamento do prazo*", no que se pode incluir, porque implícito, também o eventual implemento de condição resolutiva ou frustração de condição suspensiva);

b) Causas Supervenientes

b.1) Resilição Unilateral (*rescisão do contrato mediante aviso-prévio*);

b.2) Resolução ("*inadimplemento de qualquer das partes*");

b.3) Morte do Contratante ("*morte de qualquer das partes*");

b.4) Força Maior ou Caso Fortuito ("*impossibilidade da continuação do contrato, motivada por força maior*", considerando que o tratamento jurídico do caso fortuito é o mesmo da força maior).

Somente ficou faltando, dentre as causas supervenientes, a mais óbvia de todas: o distrato, que é a extinção pelo comum acordo das partes, o que, em uma avença disciplinada pela autonomia da vontade, deve ser a forma mais desejável...

Obviamente, causas anteriores ou contemporâneas à formação do contrato, como nulidades ou anulabilidades, também gerarão a sua extinção, caso não sejam sanadas, na hipótese da nulidade relativa[13].

8.1. Direito à certificação

Extinguindo-se o contrato, têm os contratantes o direito à regular quitação, o que decorre até mesmo da Teoria Geral das Obrigações[14].

Nessa linha, estabelece o art. 604 do CC/2002:

"Art. 604. Findo o contrato, o prestador de serviço tem direito a exigir da outra parte a declaração de que o contrato está findo. Igual direito lhe cabe, se for despedido sem justa causa, ou se tiver havido motivo justo para deixar o serviço".

A explicitação de tal direito é bastante razoável.

O que é inexplicável é a menção somente ao prestador de serviço.

Se é certo que, normalmente, é deste o interesse em obter a quitação, seja para se precaver de responsabilidade, seja para exigir o pagamento do preço, o Direito não pode fechar os olhos para a bilateralidade deste contrato.

De fato, pode o tomador ter interesse jurídico e pragmático na obtenção de tal, seja, por óbvio, como um recibo dos pagamentos efetivados, seja como prova para eventual ação de reparação civil.

8.2. Indenizações pela extinção antecipada

Como vimos, o contrato de prestação de serviço pode ser estabelecido por duração indeterminada ou determinada.

---

[13] Sobre o tema, confira-se o Capítulo XIV ("Invalidade do Negócio Jurídico") do volume 1 ("Parte Geral") desta obra.

[14] Sobre o tema da quitação, confira-se o subtópico 4.1 ("Do objeto do pagamento e sua prova") do Capítulo VIII ("Teoria do Pagamento — Condições Subjetivas e Objetivas") do volume 2 ("Obrigações") desta obra.

Na primeira hipótese, é possível, sim, a resilição unilateral, desde que seja concedido o aviso prévio à parte contrária, na forma estabelecida no analisado art. 599 do Código de 2002.

A situação é diferenciada, porém, quando há termo final adrede estabelecido.

Neste caso, como há uma expectativa da duração da obra, para seu regular cumprimento, a lógica é de que não haja extinção do contrato antes do advento do termo pactuado.

Todavia, não é possível, em uma relação dinâmica como a prestação de serviço, "engessar" a conduta das partes, impedindo o prosseguimento de suas vidas, com a impossibilidade absoluta de desfazimento do negócio a que estão vinculadas.

Assim, é *possível, sim, a extinção antecipada do contrato de prestação de serviço de duração determinada.*

Nesses casos, porém, as partes devem observar regras de justa compensação.

Responderá a parte, em geral, pelas perdas e danos que a outra vier a sofrer com tal extinção antecipada.

Observe-se, porém, que, se a iniciativa da extinção antecipada for do tomador, o texto legal já fixa a indenização devida, pré-tarifando as perdas e danos.

É o que se extrai dos arts. 602/603 do CC/2002:

"Art. 602. O prestador de serviço contratado por tempo certo, ou por obra determinada, não se pode ausentar, ou despedir, sem justa causa, antes de preenchido o tempo, ou concluída a obra.

Parágrafo único. Se se despedir sem justa causa, terá direito à retribuição vencida, mas responderá por perdas e danos. O mesmo dar-se-á, se despedido por justa causa.

Art. 603. Se o prestador de serviço for despedido sem justa causa, a outra parte será obrigada a pagar-lhe por inteiro a retribuição vencida, e por metade a que lhe tocaria de então ao termo legal do contrato".

Parece-nos relevante registrar que o dispositivo vigente (art. 603) consiste basicamente na atualização da regra codificada anterior.

Tal registro nos parece importante para observar que esta concepção de pré-tarifação de perdas e danos, quando ocorrer a extinção antecipada do contrato de duração determinada, influenciou, há muito, a legislação trabalhista, conforme se pode verificar dos arts. 479 e 480 da Consolidação das Leis do Trabalho:

"Art. 479. Nos contratos que tenham termo estipulado, o empregador que, sem justa causa, despedir o empregado será obrigado a pagar-lhe, a título de indenização, e por metade, a remuneração a que teria direito até o termo do contrato.

Parágrafo único. Para a execução do que dispõe o presente artigo, o cálculo da parte variável ou incerta dos salários será feito de acordo com o prescrito para o cálculo da indenização referente à rescisão dos contratos por prazo indeterminado.

Art. 480. Havendo termo estipulado, o empregado não se poderá desligar do contrato, sem justa causa, sob pena de ser obrigado a indenizar o empregador dos prejuízos que desse fato lhe resultarem.

§ 1.º A indenização, porém, não poderá exceder àquela a que teria direito o empregado em idênticas condições".

No caso de extinção *por justa causa*, seja por falta do prestador ou do tomador, entendemos deva a parte que não deu causa à ruptura ser compensada pelos danos eventualmente sofridos, em moldes semelhantes.

Vale registrar, finalmente, que o novo sistema codificado não incorreu no erro do anterior de explicitar as hipóteses de justa causa[15], pois é muito mais adequada a concepção de uma fórmula genérica, referente ao descumprimento faltoso do contrato, cláusula geral que será colmatada, no caso concreto, pelas partes e, sucessivamente, pelo Estado-juiz.

9. ALICIAMENTO DE MÃO DE OBRA

Norma de conteúdo inegavelmente ético é a prevista no art. 608 do CC/2002:

"Art. 608. Aquele que aliciar pessoas obrigadas em contrato escrito a prestar serviço a outrem pagará a este a importância que ao prestador de serviço, pelo ajuste desfeito, houvesse de caber durante dois anos".

A regra, já existente no sistema anterior (que apenas mencionava um prazo maior de 4 anos, limitando a regra à atividade agrícola), tem por finalidade combater a concorrência desleal, com o aliciamento de mão de obra.

Sobre o tema, observa VENOSA:

"Como se infere, esse aliciamento é punível qualquer que seja a natureza da prestação de serviço; contudo, a nova lei exige que exista contrato escrito com o terceiro, ao contrário da lei revogada, tornando mais objetiva a possibilidade de indenização.

Presentes essas premissas, o dono do negócio que perdeu seu prestador de serviço em favor de outro poderá ser indenizado, com o valor de dois anos da remuneração do prestador. Há, no entanto, aspectos que devem ser considerados no caso concreto: a especialidade ou não da prestação; o grau de especialização do sujeito; a exclusividade nessa prestação de serviço etc. Se não há cláusula de exclusividade e o prestador continua a atender eficazmente a ambos contratantes, por exemplo, não haverá, em tese, possibilidade de indenização. Há prestadores de serviço cuja atividade é precipuamente atender a vários clientes. No entanto, imagine-se a situação de técnico, de alta especialização, que se vincula com exclusividade para a manutenção de um equipamento perante um dono do

---

[15] Código Civil de 1916 (sem correspondência no CC/2002):

"Art. 1.226. São justas causas para dar o locador por findo o contrato:

I — ter de exercer funções públicas, ou desempenhar obrigações legais, incompatíveis estas ou aquelas com a continuação do serviço;

II — achar-se inabilitado, por força maior, para cumprir o contrato;

III — exigir dele o locatário serviços superiores às suas forças, defesos por lei, contrários aos bons costumes, ou alheios ao contrato;

IV — tratá-lo o locatário com rigor excessivo, ou não lhe dar a alimentação conveniente;

V — correr perigo manifesto de dano ou mal considerável;

VI — não cumprir o locatário as obrigações do contrato;

VII — ofendê-lo o locatário ou tentar ofendê-lo na honra de pessoa de sua família;

VIII — morrer o locatário".

serviço. O aliciamento por terceiro, concorrente no mesmo mercado, nesse caso, gerará dever de indenizar"[16].

10. DIREITO À CONTINUIDADE CONTRATUAL NA ALIENAÇÃO DE PRÉDIO AGRÍCOLA

Arrematando a análise das regras positivadas no Código Civil brasileiro sobre o contrato de prestação de serviço, faz-se mister tecer algumas considerações sobre uma última característica bem peculiar.

Trata-se do direito à continuidade contratual na alienação de prédio agrícola, prevista no art. 609 do CC/2002:

"Art. 609. A alienação do prédio agrícola, onde a prestação dos serviços se opera, não importa a rescisão do contrato, salvo ao prestador opção entre continuá-lo com o adquirente da propriedade ou com o primitivo contratante".

A concepção do instituto é preservar os interesses do prestador de serviço, no caso de alteração da titularidade do imóvel onde realiza a atividade contratada.

Note-se que a regra é, indubitavelmente, protetiva, uma vez que faculta a ele a continuidade com o adquirente ou com o primitivo contratante.

O dispositivo é interessante, mas, no nosso entender, é também ainda incompleto.

Com efeito, esta opção não deve se limitar à continuidade com um ou outro titular, mas, certamente, também se admitir a possibilidade de extinção contratual, sem ônus, caso não haja interesse do prestador no prosseguimento da atividade com o novo titular, na hipótese de impossibilidade fática de permanência com o primitivo contratante, garantindo-se-lhe, por óbvio, direito à retribuição pelo serviço prestado.

Afinal, os contratos existem para ser cumpridos, e não simplesmente para se aferir de quem é a responsabilidade patrimonial deles decorrentes.

Vale registrar, por fim, que a mencionada disciplina também é aplicada, *mutatis mutandi*, aos contratos de emprego, que têm regra legal equivalente (e mais ampla!) nos arts. 10 e 448, da CLT, que preceituam, *in verbis*:

"Art. 10. Qualquer alteração na estrutura jurídica da empresa não afetará os direitos adquiridos por seus empregados.
(...)
Art. 448. A mudança na propriedade ou na estrutura jurídica da empresa não afetará os contratos de trabalho dos respectivos empregados".

---
[16] Sílvio de Salvo Venosa, *Direito Civil — Contratos em Espécie*, 3. ed., São Paulo: Atlas, 2003, p. 192.

Capítulo XXII
Empreitada

Sumário: 1. Noções conceituais. 2. Objeto. 3. Características. 4. Modalidades. 4.1. Empreitada de lavor. 4.2. Empreitada de materiais. 5. O preço. 6. Direitos e deveres do empreiteiro e do comitente/dono da obra. 6.1. Remuneração. 6.2. Aceitação. 6.3. Pagamento de materiais recebidos e inutilizados. 6.4. Inalterabilidade relativa do projeto. 7. Prazo de garantia. 8. Suspensão do contrato de empreitada. 9. Extinção do contrato de empreitada.

1. NOÇÕES CONCEITUAIS

Encerrando a tríade de relações contratuais originadas da concepção romanista de locação, conheçamos o contrato de empreitada, prevista nos arts. 610 a 626 do vigente Código Civil brasileiro.

Trata-se, na visão mencionada, da antiga locação de obra (*locatio conductio operis* ou *locatio operis*), nominada, tanto no CC/1916 quanto no CC/2002, de contrato de *empreitada*, que tem por finalidade a execução de uma obra certa ou de determinado trabalho.

Conceituando este contrato, entendemos a empreitada como *um negócio jurídico por meio do qual uma das partes (denominada de "empreiteiro", "empresário" ou "locador") se obriga, sem subordinação ou dependência, a realizar, pessoalmente ou por meio de terceiros, obra certa para o outro contratante (denominado "dono da obra", "comitente" ou "locatário"), com material próprio ou por este fornecido, mediante remuneração determinada ou proporcional ao trabalho executado*.

A ausência de subordinação ou dependência é destacada, desde já, como uma nota distintiva desta modalidade contratual para a relação de emprego, que será analisada, nos limites objetivos desta obra, no próximo capítulo.

Da mesma forma, incluímos, no nosso conceito, a referência ao modo de fixação de preço, bem como à utilização ou não de material próprio, para distinguirmos as modalidades de empreitada, como veremos adiante.

2. OBJETO

Antes de conhecermos as características, bem como discorrermos sobre as modalidades do contrato de empreitada, conveniente tecer algumas considerações sobre o seu objeto.

Com efeito, na empreitada, o que importa, como objeto da relação contratual, é a obra a ser executada (como, por exemplo, a construção de um armazém), para que haja a retribuição correspondente, valor este conhecido simplesmente como "preço" da empreitada.

É, por consequência, a relação contratual básica e de mais frequente utilização na atividade de construção civil, embora não se limite a ela, podendo ser utilizada também, assim, para o desenvolvimento de um trabalho, seja manual ou intelectual, como uma criação técnica (elaboração de um projeto científico), artística (redação de um livro ou uma peça teatral) ou artesanal (feitura de vasos de argila para decoração).

Isso pode ser inferido até mesmo do § 2.º do art. 610 do Código Civil, ao mencionar que o *"contrato para elaboração de um projeto não implica a obrigação de executá-lo, ou de fiscalizar-lhe a execução"*, pois a elaboração do projeto também pode ser resultante de um contrato de empreitada, sem o estabelecimento de qualquer obrigação de executar a obra.

Assim sendo, se, na empreitada, em geral, o que interessa é a realização da obra, não há, *a priori*, impedimento legal para a sua subcontratação (a chamada "subempreitada"), o que, como veremos, somente pode ser limitado por norma específica[1] ou pela autonomia da vontade.

Enunciado o conceito e conhecido o objeto da empreitada, conheçamos as principais características deste contrato.

3. CARACTERÍSTICAS

O contrato de empreitada, forma contratual *típica* e *nominada*, é um negócio jurídico necessariamente *bilateral*, com estabelecimento de direitos e obrigações para ambas as partes.

Pela proporcionalidade das prestações, com conteúdo patrimonial, considera-se *comutativo* e *oneroso*, podendo ser enquadrado no conceito de contrato *evolutivo*, pelo reconhecimento da existência de uma equação financeira do contrato[2].

Vale destacar que não conseguimos visualizar, em sentido próprio, um contrato gratuito de empreitada, tendo em vista que o estabelecimento de uma obrigação de realizar, sem ônus, uma obra para outrem se enquadraria em uma figura contratual atípica, que reuniria elementos dos contratos de empreitada e de doação.

Normalmente realizado de forma *paritária*, em função mesmo da lei da oferta e da procura, não há impedimento para que seja celebrado no formato "por adesão".

É um tradicional contrato *civil*, mas que também é utilizado, com frequência, em relações jurídicas de direito material *consumeristas* e *administrativas*.

Quanto à forma, é um contrato *não solene*, que prescinde de forma específica, e consensual, pois se perfaz com a simples declaração de vontade. É importante destacar que, embora se refira à realização de uma obra, não é a entrega da coisa que configura o contrato, mas, sim, o estabelecimento da obrigação de fazê-la.

Em relação à pessoa do contratante, na empreitada, em geral, o que interessa é a realização da obra, não havendo impedimento para a sua subcontratação (a chamada "subempreitada"), salvo a própria manifestação da vontade em sentido contrário. Por isso, é classificado, *a priori*, como um contrato "impessoal", podendo, porém, ser celebrado *intuitu per-*

---

[1] Registre-se, a título exemplificativo, que a Lei n. 8.666/93 estabelece, em seu art. 72, que o "contratado, na execução do contrato, sem prejuízo das responsabilidades contratuais e legais, poderá subcontratar partes da obra, serviço ou fornecimento, até o limite admitido, em cada caso, pela Administração", prevendo, no art. 78, VI, como "motivo para rescisão do contrato", "a subcontratação total ou parcial do seu objeto, a associação do contratado com outrem, a cessão ou transferência, total ou parcial, bem como a fusão, cisão ou incorporação, não admitidas no edital e no contrato".

[2] *Vide*: STJ, REsp 99.481/SP; REsp (1996/0040890-4), rel. Min. Ari Pargendler, j. 3-4-1997, 2.ª Turma.

sonae, ou seja, em função da pessoa do contratante, tornando-se esta um elemento causal do contrato.

Nesse sentido, inclusive, é o art. 626 do CC/2002:

"Art. 626. Não se extingue o contrato de empreitada pela morte de qualquer das partes, salvo se ajustado em consideração às qualidades pessoais do empreiteiro".

Trata-se, ainda, de um contrato *individual*, concebido tradicionalmente como uma estipulação entre pessoas determinadas, ainda que em número elevado, mas consideradas isoladamente.

Quanto ao tempo, o contrato de empreitada é celebrado como um contrato *de duração*, também chamado de contratos *de trato sucessivo, execução continuada* ou *débito permanente*, com limitação temporal *determinada*.

Não faz sentido, para nós, em função do objeto da empreitada (que é sempre uma obra ou trabalho determinado), a sua contratação por duração indeterminada, uma vez que toda realização de obra ou trabalho deve ter um *animus* de finitude.

Não se confunda, porém, a imprescindibilidade de um termo final determinado com a obrigatoriedade de uma data, pois a certeza do termo é quanto à esperada ocorrência, e não necessariamente quanto ao dia[3].

Assim, por exemplo, se Niraldo contrata com Chiquita a construção de uma casa, as partes podem ter a expectativa de terminá-la em x meses, mas isso pode variar de acordo com o próprio andamento dos trabalhos, que não se esgotam em uma única prestação.

É claro que nada impede que a autonomia da vontade estabeleça prazo específico para a realização da obra, caracterizando-se o inadimplemento se a mesma não foi entregue com o advento do termo.

Na mesma linha, consideramos inaceitável, do ponto de vista teórico, a concepção de uma "empreitada instantânea". De fato, por mais rápida que seja a conduta de realização da obra e do trabalho, há sempre um lapso temporal, por menor que seja (dias, horas ou mesmo minutos...), entre a manifestação da vontade de celebração da avença e a concretização do pactuado.

Trata-se, ainda, como a maioria das formas contratuais previstas no Código Civil brasileiro, de um *contrato causal*, cujos motivos determinantes podem impor o reconhecimento da sua invalidade, caso sejam considerados inexistentes, ilícitos ou imorais.

Pela *função econômica*, consiste em um contrato *de atividade*: caracterizado pela prestação de uma conduta de fato, mediante a qual se conseguirá uma utilidade econômica. Vale ressaltar que se trata de uma prestação de atividade, em sentido diverso da constante nos contratos de emprego e de prestação de serviços, uma vez que não considera a atividade em si mesma, porém, como um meio para obtenção do objeto da relação contratual (obra ou trabalho).

---

[3] Sobre o tema, confira-se o tópico 2 ("Elementos acidentais limitadores da eficácia do negócio jurídico") do Capítulo XV ("Plano de Eficácia do Negócio Jurídico") do v. 1 ("Parte Geral") desta obra.

Por fim, trata-se de um contrato *principal* e *definitivo*, uma vez que não depende de qualquer outra avença, bem como não é preparatório de nenhum outro negócio jurídico.

Conhecidas as características básicas do contrato de empreitada, verifiquemos as suas modalidades, começando com a empreitada de lavor para, somente depois, dada a importância, enfrentarmos o tema da empreitada de materiais.

4. MODALIDADES

Toda classificação de um instituto jurídico pode variar de acordo com a visão metodológica de cada autor.

Na classificação do contrato de empreitada, adotamos como critério a própria disciplina legal, analisando-a sob a forma de sua execução, na medida em que o empreiteiro contribua somente com seu trabalho ou também forneça os materiais correspondentes.

Com efeito, preceitua o art. 610 do Código Civil de 2002:

"Art. 610. O empreiteiro de uma obra pode contribuir para ela só com seu trabalho ou com ele e os materiais.

§ 1.º A obrigação de fornecer os materiais não se presume; resulta da lei ou da vontade das partes.

§ 2.º O contrato para elaboração de um projeto não implica a obrigação de executá-lo, ou de fiscalizar-lhe a execução".

Vamos conhecer cada uma dessas modalidades.

4.1. Empreitada de lavor

A *"empreitada de lavor"*, também conhecida como *"empreitada de mão de obra"*, é a regra geral, que se presume na ausência de manifestação.

Por meio dela, o empreiteiro simplesmente entrega a sua força de trabalho para a realização da obra contratada.

Nesta modalidade de empreitada, os riscos da atividade são, *a priori*, do dono, por aplicação do princípio geral *"res perit domino"*, salvo no caso de conduta culposa do empreiteiro, em que o elemento anímico faz incidir a sua responsabilidade.

Assim, v. g., se uma forte chuva destrói parte de obra em curso, deve o dono arcar com os prejuízos, inclusive com os custos para a reconstrução, o que não ocorreria se a destruição se desse por culpa do empreiteiro que, por exemplo, deixou ao ar livre materiais perecíveis, não guardou equipamentos etc.

Todavia, afirmar que o risco é exclusivo do dono, neste caso, parece-nos, se não inadequado, pelo menos revelador de uma meia verdade.

Isso porque, no caso de perecimento fortuito da coisa (ou seja, sem culpa do empreiteiro, nem mora do dono), embora o dono realmente sofra a frustração de não obter o bem, o fato é que a disciplina legal imputa ao empreiteiro o ônus da perda da retribuição correspondente.

É a regra que se infere do art. 613 do Código Civil de 2002:

> "Art. 613. Sendo a empreitada unicamente de lavor (art. 610), se a coisa perecer antes de entregue, sem mora do dono nem culpa do empreiteiro, este perderá a retribuição, se não provar que a perda resultou de defeito dos materiais e que em tempo reclamara contra a sua quantidade ou qualidade".

A regra não se nos afigura justa, uma vez que retira a retribuição pelo labor dispendido, sem que o empreiteiro tenha tido qualquer culpa no perecimento da coisa.

Ademais, a parte final do dispositivo soa como de uma obviedade ululante, uma vez que, se o empreiteiro provar *"que a perda resultou de defeito dos materiais e que em tempo reclamara contra a sua quantidade ou qualidade"*, a culpa do dono da obra (responsável pelos materiais que geraram a perda) estará configurada, atraindo a aplicação das regras de responsabilidade civil.

4.2. Empreitada de materiais

A empreitada de materiais, também chamada de empreitada mista, é aquela em que o empreiteiro se obriga não somente a realizar a obra, mas, também, em fornecer os materiais necessários para o seu desenvolvimento.

Na forma do já mencionado § 1.º do art. 610, trata-se de situação que exige previsão específica, seja de norma legal própria, seja da autonomia da vontade.

Assim, a regra geral positivada é a empreitada de lavor, considerando-se a empreitada mista como situação excepcional, embora, na prática, ela seja extremamente comum.

A diferença, em essência, da modalidade anterior também se refere aos riscos da atividade econômica, aqui inclusive sobre o perecimento da coisa, que correm por conta, única e exclusivamente, do empreiteiro.

É a disciplina que se extrai do art. 611 do CC/2002, que preceitua:

> "Art. 611. Quando o empreiteiro fornece os materiais, correm por sua conta os riscos até o momento da entrega da obra, a contento de quem a encomendou, se este não estiver em mora de receber. Mas se estiver, por sua conta correrão os riscos".

A ressalva quanto à mora do dono da obra é pertinente apenas para mostrar que não há diferença, em essência, quanto à regra geral da mora, contida no art. 400 do Código Civil.

5. O PREÇO

Se a empreitada é um contrato em que um dos contraentes (empreiteiro) se obriga, sem subordinação ou dependência, a realizar certo trabalho para o outro (dono da obra), tal atividade deve ter uma retribuição, que, como visto acima, é denominada "preço".

Este valor pode ser fixado através de uma *remuneração global*, que abranja, de uma só vez, toda a atividade desenvolvida; ou *proporcional ao trabalho executado*.

Neste último caso, incide a regra do art. 614 do CC/2002:

> "Art. 614. Se a obra constar de partes distintas, ou for de natureza das que se determinam por medida, o empreiteiro terá direito a que também se verifique por medida, ou segundo as partes em que se dividir, podendo exigir o pagamento na proporção da obra executada.

§ 1.º Tudo o que se pagou presume-se verificado.

§ 2.º O que se mediu presume-se verificado se, em trinta dias, a contar da medição, não forem denunciados os vícios ou defeitos pelo dono da obra ou por quem estiver incumbido da sua fiscalização".

Ressalte-se a importância das presunções trazidas pelos dois parágrafos (o segundo, inclusive, sem correspondente na codificação revogada), presunções estas *juris tantum*, ou seja, que admitem a produção de prova em sentido contrário.

O pagamento ao empreiteiro, pelo dono da obra, do preço da medida faz presumir a verificação.

Assim, em princípio, o ônus da prova de eventual vício é do dono da obra.

Situação complexa, porém, é se o contrato de empreitada for estabelecido em uma relação de consumo. Nesse caso, pois, pode ocorrer a inversão do ônus da prova (CDC, art. 6.º, VIII[4]), uma vez que o consumidor, nesta situação, é justamente o dono da obra.

Sobre o caráter relativo da presunção, lembra VENOSA que, geralmente, "nessa modalidade de empreitada, as partes se documentam com cronogramas, planilhas e documentos de medição da obra. As presunções apontadas na lei são relativas e admitem prova em contrário. A matéria é de exame no caso concreto"[5].

Quanto à variabilidade do preço, é preciso ter em mente que, em regra, o preço da empreitada é fixo, estabelecido no momento da celebração, não havendo direito à sua rediscussão posterior.

Nessa linha, estabelece o art. 619 do CC/2002:

"Art. 619. Salvo estipulação em contrário, o empreiteiro que se incumbir de executar uma obra, segundo plano aceito por quem a encomendou, não terá direito a exigir acréscimo no preço, ainda que sejam introduzidas modificações no projeto, a não ser que estas resultem de instruções escritas do dono da obra.

Parágrafo único. Ainda que não tenha havido autorização escrita, o dono da obra é obrigado a pagar ao empreiteiro os aumentos e acréscimos, segundo o que for arbitrado, se, sempre presente à obra, por continuadas visitas, não podia ignorar o que se estava passando, e nunca protestou".

Neste dispositivo, já se vislumbra o direito subjetivo do dono da obra de alterar o seu projeto original, o que deve ser feito, em regra, expressamente (as *instruções escritas do dono da obra* mencionadas no *caput*), admitindo-se, porém, a modalidade tácita[6], na parte final do parágrafo único do mencionado dispositivo.

---

[4] CDC: "Art. 6.º São direitos básicos do consumidor:
(...)
VIII — a facilitação da defesa de seus direitos, *inclusive com a inversão do ônus da prova, a seu favor, no processo civil, quando, a critério do juiz, for verossímil a alegação ou quando for ele hipossuficiente, segundo as regras ordinárias de experiências*;" (grifos nossos).

[5] Sílvio de Salvo Venosa, *Direito Civil — Contratos em Espécie*, cit., v. III, p. 210.

[6] Cf.: STJ, REsp 103.715/MG; REsp (1996/0050339-7), *DJ*, 28-2-2000, p. 84, rel. Min. Sálvio de Figueiredo Teixeira, j. 5-10-1999, 4.ª Turma.

Nada impede, porém, que as partes, em empreitadas de duração mais longa, estabeleçam preços reajustáveis, de acordo com índices oficiais de mercado. Da mesma forma, a autonomia da vontade autoriza que os contratantes pactuem o estabelecimento de um preço máximo ou, *a contrario sensu*, fixem que a obra será realizada sem o intento de lucro, com preço de custo.

A própria disciplina positivada do contrato de empreitada prevê, porém, uma hipótese de aplicação específica da cláusula *rebus sic stantibus*, estabelecendo (art. 620 do CC/2002):

"Art. 620. Se ocorrer diminuição no preço do material ou da mão de obra superior a um décimo do preço global convencionado, poderá este ser revisto, a pedido do dono da obra, para que se lhe assegure a diferença apurada".

Não é de estranhar que o dispositivo seja inovador, uma vez que a teoria da onerosidade excessiva, embora aceita doutrinária e jurisprudencialmente, somente veio a se positivar, em norma geral estritamente civil, com o advento da codificação civil brasileira.

6. DIREITOS E DEVERES DO EMPREITEIRO E DO COMITENTE/DONO DA OBRA

A análise do conteúdo do contrato de empreitada importa na compreensão de alguns direitos e deveres dos sujeitos da relação jurídica de direito material, o que ora apreciamos.

6.1. Remuneração

Conforme visto no tópico anterior, o pagamento da empreitada, denominado "preço", é feito pelo resultado do serviço.

Dessa forma, o empreiteiro se obriga a dar a obra pronta por um preço certo ou proporcional ao serviço, sem atenção, *a priori*, ao tempo nela empregado, somente sendo devida a remuneração se a obra for realmente executada.

Despendendo mais tempo do que o previsto, não terá direito a qualquer majoração, salvo se houver pactuação neste sentido.

Sendo a remuneração ou preço um elemento essencial do contrato, dada a impossibilidade de uma empreitada gratuita, faz-se mister observar que ele não significa, necessariamente, um pagamento em dinheiro, mas, sim, uma retribuição pela obra realizada, que pode ser de outra espécie, que não pecúnia, inclusive uma cota-parte da própria obra a ser realizada.

6.2. Aceitação

Tendo sido a obra realizada, na forma estabelecida, não há direito de recusa do seu dono a recebê-la, havendo, portanto, direito subjetivo do empreiteiro de obter a aceitação.

Todavia, tal não ocorre na óbvia hipótese de inobservância das regras estabelecidas para a construção, pois isso caracteriza, de forma evidente, o inadimplemento contratual.

É o que se extrai do art. 615 do Código Civil de 2002:

"Art. 615. Concluída a obra de acordo com o ajuste, ou o costume do lugar, o dono é obrigado a recebê-la. Poderá, porém, rejeitá-la, se o empreiteiro se afastou das instruções recebidas e dos planos dados, ou das regras técnicas em trabalhos de tal natureza".

Por outro lado, em um exemplo evidente de respeito à concepção de preservação (teoria da conservação) do negócio jurídico, o art. 616 admite que, na mencionada situação de desvio das instruções, planos ou regras estabelecidas, mas sendo a obra ainda de interesse do seu dono, *pode quem encomendou a obra, em vez de enjeitá-la, recebê-la com abatimento no preço*.

6.3. Pagamento de materiais recebidos e inutilizados

Um outro elemento importante, na análise do contrato de empreitada, é sobre a responsabilidade pelos riscos da inutilização do material.

Parece-nos óbvio que, na empreitada de materiais, este risco é próprio do empreiteiro, que os fornece, salvo se a perda do material decorrer de conduta imputável, única e exclusivamente ao dono da obra, o que é aplicação das mais básicas regras de responsabilidade civil.

Mutatis mutandis, positivou-se a mesma concepção para a situação inversa, conforme se verifica do art. 617 do CC/2002:

"Art. 617. O empreiteiro é obrigado a pagar os materiais que recebeu, se por imperícia ou negligência os inutilizar".

A regra, aqui, porém, é somente em relação aos materiais.

Vale registrar que a direção e fiscalização da atividade competem somente ao próprio empreiteiro, que contratará e despedirá sua mão de obra, bem como dirigirá a prestação da atividade.

Saliente-se, ademais, que a única fiscalização que o dono da obra poderá fazer, em situações como essa, é aquela relacionada à própria realização da obra, no que diz respeito à observância dos parâmetros estabelecidos no projeto. Não deve ter ele, pois, qualquer tipo de ingerência direta na atividade dos trabalhadores contratados pelo empreiteiro, pois isso pode caracterizar a existência de um vínculo empregatício direto consigo.

6.4. Inalterabilidade relativa do projeto

Estabelecido o projeto da obra a ser desenvolvida pelo empreiteiro, a lógica, até mesmo pela concepção de tratar-se de uma construção, é que o mesmo seja realizado como se contém.

Todavia, é extremamente comum a inserção de pequenas modificações do projeto original.

Neste caso, a quem cabe a modificação?

A lógica é que seja ao dono da obra, já que é ele o destinatário final da construção, pois o empreiteiro é contratado para realizar a edificação exatamente da forma como foi pactuada.

Assim sendo, é preciso explicitar que é, portanto, direito subjetivo do dono da obra fazer alterações no projeto a ser implantado.

E como fica a questão da autoria do projeto, caso este tenha sido realizado por pessoa distinta do dono da obra?

Sobre o tema, inovou o vigente Código Civil brasileiro, sem qualquer correspondência no sistema anterior, estabelecendo, em seu art. 621:

> "Art. 621. Sem anuência de seu autor, não pode o proprietário da obra introduzir modificações no projeto por ele aprovado, ainda que a execução seja confiada a terceiros, a não ser que, por motivos supervenientes ou razões de ordem técnica, fique comprovada a inconveniência ou a excessiva onerosidade de execução do projeto em sua forma originária.
>
> Parágrafo único. A proibição deste artigo não abrange alterações de pouca monta, ressalvada sempre a unidade estética da obra projetada".

A regra nos parece extremamente adequada, pois pondera os interesses das partes na manutenção do projeto estabelecido, o que é uma garantia mínima de segurança jurídica, admitindo a sua flexibilização para as pequenas alterações tópicas, que não importam em sensível modificação de custos e do direito do autor do projeto em realizar o idealizado.

Da mesma forma, ressalvada fica a ideia de conservação da avença contratual, permitindo a alteração quando, *por motivos supervenientes ou razões de ordem técnica, fique comprovada a inconveniência ou a excessiva onerosidade de execução do projeto em sua forma originária.*

7. PRAZO DE GARANTIA

Um dos dispositivos legais mais importantes, em nossa opinião, na disciplina jurídica do contrato de empreitada, é o que estabelece um prazo de garantia pela solidez e segurança do trabalho[7], bem como pelos materiais e solo utilizados.

Estabelece o *caput* do art. 618 do Código Civil:

> "Art. 618. Nos contratos de empreitada de edifícios ou outras construções consideráveis, o empreiteiro de materiais e execução responderá, durante o prazo irredutível de cinco anos, pela solidez e segurança do trabalho, assim em razão dos materiais, como do solo".

Trata-se, o prazo de 5 (cinco) anos, de um lapso temporal bastante razoável para atestar se a edificação feita pelo empreiteiro é sólida e segura o suficiente para se garantir como um produto que respeita as especificações estabelecidas.

Vale registrar que o novo texto suprimiu a ressalva que havia na codificação anterior, em relação ao solo, em que se mencionava que não haveria tal garantia *se, não o achando firme, preveniu em tempo o dono da obra.*

Agiu bem, na nossa opinião, o codificador de 2002.

De fato, tal ressalva nos soava absurda, pois não teria sentido a criação de uma causa excludente de responsabilidade do empreiteiro por ter dado ciência ao dono da obra e, mesmo assim, ter prosseguido em um trabalho de risco.

É importante, porém, discutir a natureza deste prazo de 5 (cinco) anos.

---

[7] *Vide*: STJ, REsp 63.941/SP; REsp (1995/0018236-0), *DJ*, 26-8-1996, p. 29681, rel. Min. Eduardo Ribeiro, j. 26-6-1996, 3.ª Turma.

Não se trata nem de prazo prescricional, nem decadencial, pois, em verdade, se refere a uma garantia legal, imposta ao empreiteiro, como um ônus decorrente da atividade exercida.

E esse prazo de garantia não está relacionado com prazos decadenciais ou prescricionais? Ledo engano!

O parágrafo único do art. 618, neste aspecto sem equivalente direto na codificação anterior, preceitua:

> "Parágrafo único. Decairá do direito assegurado neste artigo o dono da obra que não propuser a ação contra o empreiteiro, nos cento e oitenta dias seguintes ao aparecimento do vício ou defeito".

Este prazo decadencial se refere, única e exclusivamente, ao exercício do direito de garantia. Trata-se, portanto, de um prazo para o ajuizamento da postulação decorrente de uma ação redibitória ou *a quanti minoris*, que discrepa da regra geral contida no art. 445 do Código Civil.

Tal prazo decadencial não se confunde com o prazo prescricional para o ajuizamento de postulação de natureza condenatória, para a obtenção de indenização pelos danos verificados[8].

Este entendimento já estava pacificado no STJ, através de sua Súmula 194, publicada no Diário de Justiça de 3-10-1997, que dizia: *"Prescreve em vinte anos a ação para obter, do construtor, indenização por defeitos da obra"*.

O aresto jurisprudencial, por óbvio, deve ser atualizado com o novo (e reduzido) prazo prescricional para ações de reparação civil, qual seja, de 3 (três) anos, na forma do art. 206, § 3.º, V, do Código Civil brasileiro de 2002, ou 5 (cinco) anos, se o dono da obra, vítima do dano, for consumidor, a teor do art. 27 do CDC, a depender da natureza da relação jurídica travada.

O prazo prescricional, obviamente, somente começa a contar do momento em que se verificou o dano, em observância ao *princípio da actio nata*, pois é nesse momento que o direito é considerado violado, nascendo a pretensão, na forma do art. 189 do Código de 2002.

Esta dicotomia de prazos foi, inclusive, reconhecida também na III Jornada de Direito Civil da Justiça Federal, que editou o Enunciado 181, com a seguinte redação:

> "Enunciado 181 — Art. 618: O prazo referido no art. 618, parágrafo único, do CC refere-se unicamente à garantia prevista no *caput*, sem prejuízo de poder o dono da obra, com base no mau cumprimento do contrato de empreitada, demandar perdas e danos".

Sobre esta interessante temática, confira o nosso leitor o que escrevemos em nosso volume dedicado ao estudo da Responsabilidade Civil, com incursões inclusive no Direito do Consumidor[9]:

---

[8] *Vide*: STJ, REsp 161.351/SC; REsp (1997/0093796-8), *DJ*, 3-11-1998, p. 130, rel. Min. Waldemar Zveiter, j. 20-8-1998, 3.ª Turma.

[9] Confira-se o Capítulo XVIII ("Responsabilidade Civil do Empreiteiro, Construtor e Incorporador") do v. 3 ("Responsabilidade Civil") desta obra.

"Bem, em nosso sentir, o prazo previsto no parágrafo único deste artigo concerne apenas a eventuais vícios de qualidade que prejudiquem a economicidade ou a utilização da obra realizada. Ou seja, o dono da obra terá o prazo *decadencial de 180 dias* para redibir o contrato, rejeitando a obra, ou, eventualmente, pleitear o abatimento no preço, caso constate qualquer defeito desta natureza. Trata-se, pois, de regra específica, que prevaleceria em face da prevista no art. 445 do Código Civil, referente aos vícios redibitórios em geral.

Registre-se, porém, que o termo inicial de tal prazo não se identifica com a celebração do negócio jurídico, mas sim com a manifestação do vício ou defeito[10].

Se, entretanto, tiver havido dano proveniente de falha na estrutura da obra, por defeito de segurança ou solidez, o direito de pleitear a *reparação por perdas e danos poderá ser postulado no prazo prescricional geral de três (CC) ou cinco anos (CDC)*, como visto acima, caso se cuide ou não de relação de consumo.

A única advertência que fazemos é a impossibilidade de se sustentar que o prazo seja vintenário, considerando a não adoção deste lapso temporal no Código de 2002, cujo prazo máximo da prescrição liberatória é de dez anos"[11].

Registre-se, todavia, que, havendo uma subempreitada (subcontratação da empreitada), estabelece o art. 622 do CC/2002:

"Art. 622. Se a execução da obra for confiada a terceiros, a responsabilidade do autor do projeto respectivo, desde que não assuma a direção ou fiscalização daquela, ficará limitada aos danos resultantes de defeitos previstos no art. 618 e seu parágrafo único".

A previsão legal se refere à situação em que terceiro, contratado como empreiteiro, apenas execute a obra, com autonomia, sem nenhuma relação direta com o autor do respectivo projeto. Assim sendo, parece realmente lógico que a responsabilidade do mencionado autor do projeto se restrinja à solidez e segurança decorrente dos materiais e do solo, pois são, *a priori*, as únicas atividades decorrentes de conduta a si imputável, o que é um elemento básico de responsabilidade civil.

Sobre o referido dispositivo legal, comenta CARLOS ROBERTO GONÇALVES:

"Pode a obra, com efeito, ser projetada por uma pessoa e executada por outra. É bastante comum, no entanto, ser projetada e executada pela mesma pessoa. Neste caso, responde o projetista pelos danos que causar ao dono da obra, tanto por defeitos do projeto quanto por omissões na fiscalização da execução do serviço. Quando, no entanto, o projetista limita-se a elaborar o projeto, a sua responsabilidade cinge-se, nos termos do supratranscrito art. 618, à solidez e segurança da obra, no que diga respeito às características do trabalho apresentado. Naturalmente os defeitos devem verificar-se no projeto em si e não na execução da obra. Se o vício de solidez e segurança resulta de falha ou imprecisão do projeto, a responsabilidade é imputada a quem o elaborou. Todavia, se decorre da execução, responsabiliza-se o empreiteiro que a promoveu"[12].

---

[10] *Vide*: TJDF, Ap. Cív. 4462497/DF, Acórdão n. 112865, rel. George Lopes Leite, *DJU*, 12-5-1999, p. 43, j. 23-11-1998, 2.ª Turma.

[11] Pablo Stolze Gagliano e Rodolfo Pamplona Filho, *Novo Curso de Direito Civil — Parte Geral*, cit., v. 3, p. 391.

[12] Carlos Roberto Gonçalves, *Direito Civil Brasileiro*, v. 3, p. 400.

8. SUSPENSÃO DO CONTRATO DE EMPREITADA

Na generalidade dos casos, o contrato de empreitada é um típico negócio de duração, em que a atividade contratada não se esgota em um único ato, caracterizando-se como um pacto de trato sucessivo na sua prestação.

Todavia, mesmo iniciada a obra, qualquer das partes pode, em determinadas hipóteses, suspender a sua execução, o que faz nascer o direito subjetivo da parte contrária de ser indenizada pelos danos causados.

É o que verificamos dos arts. 623 e 624 do CC/2002:

"Art. 623. Mesmo após iniciada a construção, pode o dono da obra suspendê-la, desde que pague ao empreiteiro as despesas e lucros relativos aos serviços já feitos, mais indenização razoável, calculada em função do que ele teria ganho, se concluída a obra.

Art. 624. Suspensa a execução da empreitada sem justa causa, responde o empreiteiro por perdas e danos".

Note-se que tais hipóteses fáticas são denominadas de suspensão, somente pela possibilidade — mais teórica do que fática — de retomada da obra pelas próprias partes, em comum acordo (o que não demanda previsão legal específica).

No entanto, uma reflexão mais detida nos levaria à conclusão de que a situação se aproximaria muito mais de uma modalidade de resilição unilateral.

E o mais interessante, na nossa leitura, é que, por incrível que pareça, a disciplina dessas duas modalidades de "suspensão da empreitada" vão, por caminhos diferentes, para o mesmo lugar: *a extinção do contrato*.

De fato, em que consiste o pagamento das *despesas e lucros relativos aos serviços já feitos* senão os danos emergentes sofridos pelo empreiteiro? E o que seria a *indenização razoável, calculada em função do que ele teria ganho, se concluída a obra,* senão uma forma eufemística de denominar os lucros cessantes?

A ideia, portanto, é a mesma!

Suspenso ou *resilido unilateralmente* o contrato de empreitada por qualquer das partes, sem justa causa, esta responde, em face da outra, pelas perdas e danos sofridos (tal como se dá, de forma semelhante, no pagamento das arras penitenciais).

Na mesma linha, o art. 625 do Código Civil:

"Art. 625. Poderá o empreiteiro suspender a obra:

I — por culpa do dono, ou por motivo de força maior;

II — quando, no decorrer dos serviços, se manifestarem dificuldades imprevisíveis de execução, resultantes de causas geológicas ou hídricas, ou outras semelhantes, de modo que torne a empreitada excessivamente onerosa, e o dono da obra se opuser ao reajuste do preço inerente ao projeto por ele elaborado, observados os preços;

III — se as modificações exigidas pelo dono da obra, por seu vulto e natureza, forem desproporcionais ao projeto aprovado, ainda que o dono se disponha a arcar com o acréscimo de preço".

Tais situações, em geral, resultarão, não na simples suspensão do contrato — admitida excepcionalmente — mas na própria extinção do contrato, razão pela qual não consideramos técnica a referência à palavra "suspensão" no *caput* do dispositivo.

Somente a título exemplificativo, tomemos o inciso I.

Ocorrendo um evento de força maior, a exemplo de um incêndio ou enchente que destruam totalmente o local da obra, impedindo nova edificação, configurar-se-á a dissolução da avença.

Na mesma linha, no inciso II, diante de *dificuldades imprevisíveis de execução, resultantes de causas geológicas ou hídricas, ou outras semelhantes*, o contrato poderá ser resolvido, e não simplesmente suspenso.

Da mesma maneira, na hipótese do inciso III, mesmo sendo direito subjetivo do dono da obra a apresentação de alterações ao projeto aprovado, dispondo-se, inclusive, a arcar com o acréscimo do preço, o fato é que nem sempre o empreiteiro pode ter condições reais para realizar tais alterações.

Em tais situações poderá, sim, em nosso sentir, o contrato ser desfeito, admitindo-se apenas excepcionalmente a suspensão do contrato, caso seja possível a reversão da situação fática impeditiva.

Apenas para arrematar, vale destacar que, de forma curiosa, nada falou o vigente Código Civil brasileiro sobre justos motivos específicos para a suspensão da obra pelo seu dono, razão pela qual a matéria pode ser regida pela disciplina geral da extinção do contrato[13].

9. EXTINÇÃO DO CONTRATO DE EMPREITADA

A forma ordinária de extinção do contrato de empreitada se dá, simplesmente, pela consumação da sua finalidade, ou seja, mediante sua execução.

É claro, porém, que os demais meios comuns de dissolução do contrato são perfeitamente aplicáveis à espécie aqui analisada.

Assim, embora normalmente celebrado de forma impessoal, admitida uma empreitada firmada, na forma do já mencionado art. 626 do CC/2002, *em consideração às qualidades pessoais do empreiteiro*, o falecimento do empreiteiro levará, inexoravelmente, à extinção do contrato. Por decorrência, se celebrado com pessoa jurídica, a sua despersonalização poderá levar também à extinção do negócio.

Além disso, como visto no tópico anterior, a disciplina codificada do contrato de empreitada acaba admitindo expressamente a resilição unilateral, tanto por parte do dono da obra quanto do empreiteiro, na forma dos arts. 623 e 624 do Código Civil, já estudados.

Finalmente, na mesma linha de entendimento, as situações previstas no art. 625 poderão resultar na extinção do contrato, a depender das circunstâncias do caso concreto.

---

[13] *Vide*: STJ, REsp 191.802/SP; REsp (1998/0075964-6), *DJ*, 28-2-2000, p. 88, rel. Min. Ruy Rosado de Aguiar, j. 2-2-1999, 4.ª Turma.

Capítulo XXIII
Depósito

Sumário: 1. Introdução. 2. Conceito. 3. Características. 4. Partes e objeto. 5. Espécies de depósito. 6. Direitos e obrigações das partes. 7. Negativa de devolução da coisa depositada. 7.1. Análise dos arts. 633 a 635 do Código Civil. 7.2. Direito de retenção. 7.3. Prisão do depositário. 8. Extinção do contrato de depósito.

1. INTRODUÇÃO

O depósito já era de uso frequente entre os próprios gregos, que lhe deram o nome de *parakatatheke*, e o consideraram como algo especialmente protegido pelos deuses, tendo características próprias de um ritual sagrado[1].

Já no Direito Romano, as sanções que regiam o instituto eram fundamentalmente duas: a *actio depositi directa*, que punia a violação das obrigações do depositário, obrigando-o à devolução; e a *actio depositi contraria*, que sancionava o descumprimento das obrigações do depositante, compelindo-o a reembolsar o depositário pelas despesas indispensáveis, feitas para a conservação da coisa depositada[2].

As legislações modernas admitem amplamente esta figura jurídica, com algumas modificações em sua estrutura conceitual, especialmente no que tange ao seu objeto, conforme podemos ver abaixo, em interessante passeio pelo direito comparado:

Código Civil Espanhol:
"*Art. 1.758. Se constituye el depósito desde que uno recibe la cosa ajena con la obligación de guardarla y de restituirla*".
"*Art. 1.761. Sólo pueden ser objeto del depósito las cosas muebles*".

Código Civil Argentino:
"*Art. 2.182. El contrato de depósito se verifica, cuando una de las partes se obliga a guardar gratuitamente una cosa mueble o inmueble que la otra le confía, y a restituir la misma e identica cosa*".

Código Civil do Chile:
"*Art. 2.211. Llámase en general depósito el contrato en que se confía una cosa corporal a una persona que se encarga de guardarla y de restituirla en especie.*
La cosa depositada se llama también depósito".

---
[1] Clóvis Beviláqua, *Direito das Obrigações*, cit., p. 214.
[2] José Cretella Jr., *Curso de Direito Romano*, 20. ed., Rio de Janeiro: Forense, p. 269.

Código Civil do Uruguai:

"*Art. 2.239. El depósito en general es un acto (Artículo 2.287, inciso 3.º) por el cual alguno recibe una cosa ajena con la obligación de guardarla y de restituirla en especie.*

La cosa depositada se llama también depósito".

Código Civil de Portugal:

"*Art. 1.185. Depósito é o contrato pelo qual uma das partes entrega à outra uma coisa, móvel ou imóvel, para que a guarde e a restitua quando for exigida*".

Código Civil Italiano:

"*Art. 1.766. Nozione. Il deposito è il contratto col quale una parte riceve dall'altra una cosa mobile con l'obbligo di custodirla e di restituirla in natura*".

Código Civil Francês:

"*Art. 1.915. Le dépôt, en général, est un acte par lequel on reçoit la chose d'autrui, à la charge de la garder et de la restituer en nature*"[3].

No Brasil, o depósito é tratado como contrato *típico* e *nominado* (art. 627 do CC/2002), tendo por objeto apenas *bens móveis*. Afasta-se, pois, o nosso direito positivo, de Estados como Portugal e Argentina, que admitem o depósito imobiliário.

Nesse sentido, embora tratando de depósito judicial (matéria que tem suas regras próprias), confira-se o seguinte julgado do TJRS:

"Agravo de instrumento. Ação de execução. Recusa de nomeação como depositário judicial. O depósito é incabível em relação a bem imóvel. Ademais, se não é admitido depósito de bem imóvel, tão logo descabe nomeação de depositário fiel, ao caso. Uma vez realizado o ato de penhora, este deverá ser levado à registro junto ao respectivo Registro imobiliário, sendo dispensada a figura do fiel depositário, por corolário lógico. Por unanimidade, negaram provimento ao recurso" (TJRS, AgI n. 70006918197, rel. Angelo Maraninchi Giannakos, julgado em 26-11-2003, 15.ª Câmara Cível)[4].

Frise-se, outrossim, que as modalidades de depósito de que trataremos no decorrer deste capítulo serão a *convencional* e a *legal* (*necessário ou miserável*), ficando de fora o depósito judicial, matéria mais afeta ao Direito Processual Civil.

Vamos, então, ao estudo desta interessante figura jurídica.

2. CONCEITO

Podemos definir o contrato de depósito como sendo um *negócio jurídico por meio do qual uma das partes (depositante) transfere à outra (depositário) a guarda de um objeto móvel, para que seja devidamente conservado e, posteriormente, devolvido*.

---

[3] "O depósito, em geral, é um ato pelo qual alguém recebe uma coisa de outrem, com a obrigação de guardá-la e restituí-la em espécie" (tradução livre dos autores).

[4] O mencionado acórdão é bastante interessante e inovador, mas ressalvamos o nosso entendimento pessoal de que o depósito judicial não se confunde com o contrato de depósito, sendo aplicável ao primeiro apenas supletivamente as regras do segundo. Com efeito, não se pode esquecer que o depositário judicial é, em verdade, um guardião da coisa, respondendo pela sua deterioração ou qualquer outra modificação não natural (ou seja, por exemplo, que não decorra do decurso do tempo) do bem penhorado.

Esta nossa despretensiosa definição não discrepa muito da do grande BEVILÁQUA:

"Depósito é o contrato pelo qual uma pessoa recebe um objeto móvel alheio, com a obrigação de guardá-lo, conservá-lo e restituí-lo em seguida"[5].

Note-se, ademais, que se trata de um contrato calcado na *confiança*, ou seja, especialmente sujeito à incidência principiológica da *boa-fé objetiva*, eis que o depositante, sem perder a propriedade daquilo que lhe pertence, transfere o poder de fato sobre a coisa, para terceiro (depositário), que não poderá utilizá-la, senão quando expressamente permitido, conforme estudaremos abaixo.

No Código Civil brasileiro, o conceito legal do depósito vem estampado logo em seu art. 627, escoimando quaisquer dúvidas a respeito do seu objeto (apenas bens móveis):

"Art. 627. Pelo contrato de depósito recebe o depositário um objeto móvel, para guardar, até que o depositante o reclame".

Finalmente, para que não haja dúvida acerca da dimensão conceitual deste instituto, é preciso que não o confundamos com o denominado "sequestro", que consiste no depósito judicial de coisa sobre a qual pende litígio.

Como bem adverte o ilustre Professor CAIO MÁRIO DA SILVA PEREIRA, a disciplina do sequestro, em nosso sistema, diferentemente de outros ordenamentos, sujeita-se às regras do Código de Processo Civil. E pontifica:

"Costuma-se compreender na dogmática do depósito o sequestro, que é o depósito de coisa litigiosa. A sua disciplina, que em outros sistemas se abriga no Código Civil, em nosso direito obedece a orientação diferente, regulando-se pelo disposto no Código de Processo Civil. Tanto pode compreender bens móveis ou imóveis, realizando-se, neste último caso, simbolicamente. Efetua-se por mandado judicial, cuja expedição obedecerá à verificação sumária de requisitos (Código de Processo Civil, arts. 822 e ss.), seja como medida preparatória ou antecedente da ação, seja como incidente na pendência da lide"[6].

De fato, no Código de Processo Civil de 1973, o sequestro era tratado como *procedimento cautelar*. Já no Código de Processo Civil de 2015, passou a ser referido como uma das formas de efetivação de tutela de urgência[7]. Em verdade, achamos acertada a posição do legislador em situar topograficamente a sua disciplina no Código de Processo Civil.

3. CARACTERÍSTICAS

O depósito, contrato *típico* e *nominado*, é celebrado de forma *individual*, tendo as seguintes características:

a) **unilateral ou bilateral** — na sua essência, o depósito é um contrato tipicamente unilateral, ou seja, impõe obrigação apenas para uma das partes: *o depositário*. Entretanto, especialmente naqueles negócios de natureza mercantil, poderá apresentar-se ainda sob a forma de contrato bilateral. Em tal caso, pactuou-se, *ab initio*, a remuneração do depositário. É o que ocorre, por exemplo, nos contratos de guarda de veículos em estaciona-

---

[5] Clóvis Beviláqua, *Direito das Obrigações*, cit., p. 214.
[6] Caio Mário da Silva Pereira, *Instituições de Direito Civil*, cit., v. III, p. 234.
[7] *Vide* art. 301 do CPC/2015.

mentos de *shoppings centers*, modalidade contratual atípica[8] assemelhada ao contrato de depósito[9], cuja disciplina legal lhe é aplicável, notadamente no que diz respeito à responsabilidade civil[10]. Nada impede, outrossim, que seja, ainda, *bilateral imperfeito*, situação peculiar, na qual o contrato nasce *unilateral*, convertendo-se, posteriormente, em *bilateral*, durante a sua execução. Em outras palavras, quando celebrado, apenas o depositário estava obrigado, mas, no curso do contrato, passou a ter também direito em face do depositante. É o que ocorre quando, celebrado um depósito unilateral (sem remuneração convencionada), o depositário acaba por realizar, à sua custa, despesas de conservação da coisa, cabendo-lhe, por lei, o direito de retê-la, até que o depositante lhe indenize (art. 644 do CC/2002);

b) **gratuito ou oneroso** — se for celebrado na modalidade unilateral, considera-se o contrato *gratuito*, pois apenas o depositante se beneficia; caso, entretanto, seja pactuada remuneração ao depositário, reputar-se-á o negócio oneroso, pois ambas as partes, ao benefício patrimonial experimentado, suportarão correspondente prejuízo.

A respeito do tema, observa ORLANDO GOMES, com peculiar sabedoria:

"A gratuidade não é da essência do contrato. Se, em direito civil, está presumida obsoletamente, de regra se tornou oneroso, forma ordinariamente utilizada atualmente"[11].

De fato, nos dias de hoje, a modalidade onerosa é, na prática, a mais comum, pois o contrato de depósito passou a ter acentuado intuito especulativo, havendo inúmeras sociedades empresárias dedicadas exclusivamente à sua exploração, a exemplo daquelas, já mencionadas, que se dedicam ao ramo dos *estacionamentos pagos*, relação contratual esta à qual a disciplina do contrato de depósito é aplicável. Sensível a isso, o codificador admitiu a onerosidade do contrato, em dispositivo de intelecção clara:

---

[8] Sobre o tema, confira-se o Capítulo "Contratos Atípicos" deste volume.

[9] De fato, tal modalidade contratual guarda muita semelhança com o contrato de depósito, mas também tem aspectos do contrato de prestação de serviço, estando, no nosso entender, submetido também à disciplina das regras protetivas de consumo. Nesse sentido, já observava, há muito, Caio Mário, ao afirmar que o "direito moderno conhece várias figuras de negócios jurídicos de natureza contratual que não se enquadram perfeitamente nos tipos clássicos dos contratos tradicionais, como, *ex. gr.*, guarda de mercadorias nos armazéns-gerais, de títulos ou valores nos bancos, de objetos em câmara frigorífica, de automóveis em garagem. São modalidades assemelhadas ao depósito, com autêntica atração do regime jurídico deste; mas que melhor se definem sob a designação especial de contrato de guarda, nas quais se associam ao típico depósito outras obrigações ou prestações de atividades, como é o caso da guarda de animal, aliada ao dever de alimentá-lo; a guarda de automóvel e dever de limpá-lo e movimentar o motor" (*Instituições de Direito Civil*, 3. ed., Rio de Janeiro: Forense, 1993, v. III, p. 250). Ressaltamos, porém, que a principiologia aplicável é a mesma, notadamente no que diz respeito à responsabilidade civil pelos danos causados ao bem. No mesmo sentido, preleciona Orlando Gomes: "Modalidade interessante é também a do depósito de automóveis em garagens, a que se aplicam os mesmos princípios, embora, quase sempre, outras obrigações assumidas pelo depositário transformem o depósito em contrato misto" (*Contratos*, 24. ed., Rio de Janeiro: Forense, 2001, p. 346).

[10] STJ, Súmula 130: "A empresa responde, perante o cliente, pela reparação de dano ou furto de veículo ocorridos em seu estacionamento".

[11] Orlando Gomes, *Contratos*, cit., p. 339.

"Art. 628. O contrato de depósito é gratuito, exceto se houver convenção em contrário, se resultante de atividade negocial ou se o depositário o praticar por profissão.

Parágrafo único. Se o depósito for oneroso e a retribuição do depositário não constar de lei, nem resultar de ajuste, será determinada pelos usos do lugar, e, na falta destes, por arbitramento"[12].

Todavia, não se pode desprezar a sua ocorrência gratuita, até mesmo por força da dicção legal.

São exemplos corriqueiros de contratos gratuitos de depósito hipóteses como a do vaqueiro que deixa seus animais (cavalos, vacas etc.) no curral de um determinado fazendeiro (nem sempre seu patrão) ou, especificamente no âmbito da relação de emprego, do empregador que disponibiliza armários para os empregados guardarem seus pertences pessoais. Da mesma forma, nas relações de consumo, vislumbram-se contratos gratuitos de depósito em academias de ginástica, que oferecem, sem custo, armários para os seus atletas colocarem suas roupas enquanto se exercitam.

c) **real** — diversas vezes, no curso desta obra, cuidamos de definir o que se entende por *contrato real*. No entanto, posto não pretendamos cansar o nosso amigo leitor, reputamos necessário, por amor à didática e à clareza, relembrarmos que *real é o contrato que somente se torna perfeito e acabado com a entrega do bem — objeto do negócio — de uma parte à outra*. Tal é o que se dá com o *mútuo*, o *penhor* e, na mesma linha, com o *depósito*. Enquanto não efetuada a entrega ao depositário, o contrato não se torna perfeito. Não se diga com isso, entretanto, que o contrato tenha *efeitos reais*, pois a *propriedade não é transferida ao depositário, que atuará como mero detentor*.

Quanto ao caráter "*intuitu personae*", apontado por juristas de alto quilate[13], preferimos não elencá-lo neste rol, pois, em nosso sentir, tal contrato tem perdido a nota de pessoalidade que tradicionalmente se lhe aponta.

Nesse sentido, MARIA HELENA DINIZ:

"Todavia, hodiernamente, esse caráter não tem prevalecido, por ser normal que alguém confie a guarda de bem, que lhe pertence, a depositário que mal conhece, principalmente se se tratar de uma empresa, ou empresário, que exerce atividade negocial de depositário"[14].

Enquanto contrato unilateral, a classificação em *contratos comutativos ou aleatórios* não é aplicável ao depósito. Todavia, por exceção, pode o contrato se converter em bilateral, quanto à sua execução, hipótese em que será, por certo, um contrato comutativo, uma vez que as obrigações se equivalerão. Neste último caso, pode-se falar em *contrato evolutivo*, em que é estabelecida a equação financeira do contrato, impondo-se a compensação de eventuais alterações sofridas no curso do negócio.

A depender das circunstâncias, pode se materializar tanto como um *contrato paritário*, quanto *por adesão*.

---

[12] O Código Civil de 1916 apenas ressalvava, no parágrafo único do art. 1.265, após afirmar a regra legal de gratuidade do depósito, que as partes poderiam estipular que o depósito seria gratificado.

[13] Orlando Gomes, *Contratos*, cit., p. 338; Washington de Barros Monteiro, *Direito das Obrigações* (2.ª Parte), citado, p. 242.

[14] Maria Helena Diniz, *Teoria Geral das Obrigações Contratuais e Extracontratuais*, cit., v. 2, p. 377.

É contrato amplamente utilizado nas relações civis, comerciais e consumeristas, não sendo muito comum nas administrativas e inaplicável nas trabalhistas.

Quanto à forma, o depósito, na sua modalidade voluntária, é uma avença em geral *solene*, uma vez que a lei exige expressamente a forma escrita para a sua comprovação, como previsto no art. 646 do CC/2002. Todavia, esta forma escrita é *ad probationem* e não *ad substantiam*, não sendo desarrazoado admitir-se a sua prova por outros meios, já que a inexistência da forma escrita não faz presumir, *jure et de jure*, a inexistência do negócio. O depósito necessário, por sua vez, dada a sua natureza, pode ser celebrado de maneira *não solene*, sem qualquer restrição, apenas pela prática dos atos materiais correspondentes.

Trata-se, por fim, como a maioria das formas contratuais previstas no Código Civil brasileiro, de um *contrato causal*, cujos motivos determinantes podem impor o reconhecimento da sua invalidade, caso sejam considerados inexistentes, ilícitos ou imorais.

Pela *função econômica*, trata-se de um contrato *de crédito*, pois caracterizado pela obtenção de um bem para ser restituído posteriormente, calcado na confiança dos contratantes, podendo estar relacionado a um interesse de obtenção de uma utilidade econômica em tal transferência de posse.

Por fim, trata-se de um contrato *principal* e *definitivo*.

Vale registrar, ainda, que se trata de contrato *temporário*, cuja *duração* é normalmente *determinada*, não havendo óbice para que se estabeleça de forma *indeterminada*, com os ônus correspondentes, quando o contrato não for gratuito.

4. PARTES E OBJETO

Já tivemos oportunidade de afirmar que são partes no contrato de depósito o *depositante* (proprietário da coisa) e o *depositário* (a pessoa a quem se transfere a coisa para a sua guarda), sendo desnecessário referir que, para a sua validade, devem os partícipes da relação negocial ser capazes, ou, caso não o sejam, estar devidamente representados ou assistidos.

Quanto aos bens que podem ser depositados, podemos afirmar que, seguindo diretriz oriunda do Direito Romano, o nosso permite apenas o *depósito de coisas móveis*.

Nesse sentido, preleciona o brilhante BEVILÁQUA:

"No direito romano, só as coisas móveis se consideravam regularmente depositáveis. Entre nós também é essa a doutrina aceita"[15].

O bem, objeto do depósito, deverá, naturalmente, ser de propriedade do depositante, ou, se assim não o for, deverá ele ter poderes para efetuar o contrato.

Pergunta interessante que se nos impõe, agora, é a seguinte: *poderá o depósito ter por objeto bens fungíveis e consumíveis?*

A resposta é afirmativa.

Trata-se do denominado *depósito irregular*, que tem como exemplo mais comum e difundido o depósito de dinheiro (bancário).

---

[15] Clóvis Beviláqua, *Direito das Obrigações*, cit., p. 215.

Há, na espécie, inegável semelhança — embora não identificação — entre o *depósito* e o *mútuo*, razão pela qual se lhes aplicam as mesmas regras.

A diferença, entretanto, entre tais figuras, existe e está, segundo ENNECCERUS, KIPP e WOLF[16], nos *fins econômicos dos respectivos contratos*: o depósito é feito no interesse do depositante, e o mútuo, no do mutuário[17].

No Código Civil, a disciplina do depósito irregular é feita pelo art. 645:

"Art. 645. O depósito de coisas fungíveis, em que o depositário se obrigue a restituir objetos do mesmo gênero, qualidade e quantidade, regular-se-á pelo disposto acerca do mútuo"[18].

Ao mencionar que deverão ser restituídas coisas do mesmo "gênero, quantidade e qualidade", quis o legislador enfatizar a natureza *fungível e consumível* do bem entregue ao depositário, afigurando-se, obviamente, impossível, a entrega da coisa original.

Assim, quando fazemos, no banco, o depósito de R$ 1.000,00, ao efetuarmos, posteriormente, o saque do numerário, não receberemos as mesmas cédulas que depositamos, mas, sim, outras notas, representativas do mesmo valor.

Na jurisprudência do Superior Tribunal de Justiça, vemos a larga consagração do depósito irregular, em interessantes julgados:

"Falência — Depósito bancário — Restituição — Art. 76 do DL 7.661/45 — Impossibilidade — Habilitação do crédito junto ao quadro geral de credores — Precedente da Segunda Seção — Recurso provido. 1. O depósito bancário é espécie irregular. Funciona como mútuo. Assim, o dinheiro nominalmente depositado transfere-se a propriedade do depositário. 2. Em caso de falência do banco, os valores nele depositados serão arrecadados pela massa, como patrimônio do falido (Arts. 1.280, 1.256 e 1.257 do CC). Aos depositantes não cabe o pedido de restituição (Art. 76 da LF). Devem habilitar o respectivo crédito, para que se integrem no quadro geral de credores" (STJ, REsp 504300/MG, *DJ*, 7-6-2004, p. 220, rel. Min. Humberto Gomes de Barros, julgado em 20-5-2004, 3.ª Turma.

"Contrato de depósito. Depósito irregular. Sacas de arroz. Política de Garantia de Preços Mínimos — PGPM. Produto vinculado a operação de AGF — Aquisição do Governo Federal. Precedentes da Segunda Seção. 1. Nos depósitos de bens fungíveis e consumíveis vinculados a operações de EGF — Empréstimo do Governo Federal e AGF — Aquisição do Governo Federal, é incabível a ação de depósito. 2. Presente o prequestionamento e ausente a necessidade de reexame de provas, o especial pode transitar. 3. Agravo regimental desprovido" (STJ, AgRg nos EDcl. no REsp 498388/RS, *DJ*, 28-10-2003, p. 286, rel. Min. Carlos Alberto Menezes Direito, julgado em 4-9-2003, 3.ª Turma).

Ainda quanto ao objeto do depósito, cumpre-nos lembrar que, a teor do art. 630 do CC/2002, se for entregue "fechado, colado, selado ou lacrado", neste mesmo estado deverá ser mantido. Trata-se de um dever *"ex lege"*, cujo descumprimento, por traduzir infração ao dever de lealdade emanado da boa-fé objetiva, poderá resultar na responsabilidade civil do depositário.

---

[16] Citado por Orlando Gomes, *Contratos*, p. 342.

[17] Veja a posição do STJ no REsp 210.674/RS; REsp (1999/0034411-1), *DJ*, 27-3-2000, p. 111, rel. Min. Cesar Asfor Rocha, j. 16-12-1999, 4.ª Turma.

[18] *Vide*: STJ, REsp 68.024/PR; REsp (1995/0029668-3), *DJ*, 30-4-2001, p. 136, rel. Min. Sálvio de Figueiredo Teixeira, j. 23-11-2000, 4.ª Turma.

Nada impede, no entanto, em caso de urgência e supedaneado em interesse público, que o depositário viole o invólucro ou embalagem do depósito, se não houver tempo de recorrer à autoridade pública competente. Claro que isso sempre em caráter excepcional. Imaginemos, por exemplo, que o depositário houvesse desconfiado de haver recebido material inflamável com risco sério e real de explosão, havendo o depositante se omitido a respeito de todas as características da coisa.

Sendo a sua suspeita fundada, e não tendo como obter imediato auxílio da polícia técnica, poderá ser levado a devassar o sigilo do bem, abrindo a sua embalagem, para assegurar-se a respeito da sua suposta periculosidade.

Claro está, entretanto, que, em havendo excesso de sua parte, poderá ser compelido a indenizar o depositante.

Finalmente, lembramos ao amigo leitor que, se o depositário, por circunstância inevitável (caso fortuito ou força maior), houver perdido a coisa depositada e recebido outra em seu lugar — como ocorre na hipótese de pagamento da indenização do seguro — ficará obrigado, nos termos do art. 636 do CC/2002, a entregar a segunda coisa ao depositante, cabendo-lhe as ações que eventualmente tiver contra o terceiro responsável pela restituição da que foi perdida.

Na mesma linha, conforme prevê o art. 637 do CC/2002, o *"herdeiro do depositário, que de boa-fé vendeu a coisa depositada, é obrigado a assistir o depositante na reivindicação, e a restituir ao comprador o preço recebido*. A previsão visa a prestigiar o princípio da boa-fé, acautelando os direitos do depositante.

Assim, por exemplo, temos a situação em que Caio, após receber uma coisa em depósito de Tício, vem a falecer, deixando Mévio como seu único herdeiro. Desconhecendo este último a relação jurídica travada, pode, de boa-fé, acreditar que o bem depositado fosse de titularidade do *"de cujus"*, pelo que, pensando que tinha passado para sua propriedade, vende-o à Xisto. Ora, neste caso, Mévio não somente deve restituir a Xisto o valor recebido, como também deve apoiar e custear (a expressão "assistir", neste caso, deve ser entendida de forma ampla) o depositante, na ação reivindicatória, na condição de assistente do autor.

5. ESPÉCIES DE DEPÓSITO

Em primeiro plano, temos o depósito convencional, centro das nossas atenções no presente capítulo. Trata-se do *depósito contratual* ou *voluntário*, negócio jurídico definido pelo art. 627 do Código Civil, cujo estudo já iniciamos linhas atrás.

Além deste, temos ainda o *depósito judicial*, aquele que deriva de uma decisão ou sentença, a exemplo do que ocorre nas ações de consignação em pagamento, ou, ainda, nas de sequestro, já mencionado no decorrer deste capítulo.

Outra importante figura é a denominada *depósito necessário ou obrigatório*, que se subtipifica em *legal e miserável*.

Em verdade, estas duas últimas submodalidades de depósito são derivadas de mandamento normativo, previsto no Código Civil em seu art. 647:

"Art. 647. É depósito necessário:

I — o que se faz em desempenho de obrigação legal;

II — o que se efetua por ocasião de alguma calamidade, como o incêndio, a inundação, o naufrágio ou o saque".

O denominado *depósito legal*, previsto no inciso I, é aquele decorrente de uma obrigação prevista em texto normativo, a exemplo do que ocorre quando o sujeito encontra coisa alheia perdida, impondo-se-lhe, a teor dos arts. 1.233 a 1.237 do Código Civil, que se encaminhe a uma delegacia de polícia, para efetuar o depósito, sob pena de incorrer no crime de apropriação indébita de coisa achada (CP, art. 169, II)[19].

Outros exemplos de depósito legal, segundo a doutrina sempre atual de WASHINGTON DE BARROS MONTEIRO, são os seguintes:

"b) o de dívida vencida, pendente a lide, quando vários credores lhe disputarem o montante, uns excluindo outros (art. 345); c) o que deve ser feito pelo administrador dos bens do depositário que se tenha tornado incapaz (art. 641); d) o do lote compromissado, no caso de recusa de recebimento da escritura definitiva (Dec.-Lei n. 58, de 10-12-1937, art. 17, parágrafo único, e Dec. n. 3.079, de 15-9-1938, art. 17, parágrafo único"[20].

Já o *depósito miserável*, também decorrente de lei, é, como já dissemos, aquele desempenhado em situação de desespero, como um incêndio, uma inundação, um naufrágio ou o saque.

Claro está que esta enumeração legal *não é exaustiva*, eis que o legislador, por não ser profeta, não poderia prever, antecipadamente, toda situação fática justificadora deste tipo de depósito. Assim sendo, a critério do julgador, sendo a situação comprovadamente calamitosa, tal depósito deverá ser permitido.

Na hipótese de uma enchente, por exemplo, a pessoa poderá ser levada a efetuar a entrega de seus bens a um vizinho, cuja casa não fora invadida pela água, devendo-se registrar que, por não se presumir gratuito (art. 651 do CC/2002), o depositário poderá vir a ser remunerado, especialmente quando houver sofrido prejuízo. No geral, entretanto, nenhum valor é estipulado ao depositário, que atua por espírito de solidariedade.

Finalmente, cumpre-nos observar que, por força do art. 648 do CC/2002, abaixo transcrito, aplicam-se, subsidiariamente, ao depósito necessário as regras da modalidade voluntária:

"Art. 648. O depósito a que se refere o inciso I do artigo antecedente, reger-se-á pela disposição da respectiva lei, e, no silêncio ou deficiência dela, pelas concernentes ao depósito voluntário.

Parágrafo único. As disposições deste artigo aplicam-se aos depósitos previstos no inciso II do artigo antecedente, podendo estes certificarem-se por qualquer meio de prova".

---

[19] Há situações, entretanto, no mínimo inusitadas. Imagine que você esteja caminhando e encontre, na rua, uma moeda de um real. Afastada a hipótese, estapafúrdia, de tentar encontrar o dono aos berros ("De quem é este dinheiro?!), também não é menos esquisito defendermos a hipótese de realização do depósito legal com todos os seus consectários, inclusive publicação de anúncio pelos meios de informação ou a imprensa (art. 1.236). Claro está que, pelo diminuto valor da coisa, e pela quase impossibilidade de se identificar o dono, um juízo de bom senso, à luz do *princípio da insignificância*, sugere-nos que seja evitada a via legal do depósito. O direito deve ser aplicado com lógica e razoabilidade! Assim, para ficarmos com a consciência tranquila, evitando apropriação da coisa, que tal depositarmos o dinheiro na caixinha de esmolas da igreja mais próxima?

[20] Washington de Barros Monteiro, *Direito das Obrigações* (2.ª Parte), cit., p. 254.

Interessante a referência feita no parágrafo único, no sentido de se poder provar o depósito miserável por qualquer meio de prova, *dada a gravidade do seu contexto*, aspecto este que não escapou ao olhar observador de CARLOS ALBERTO BITTAR:

"Em alguns casos, indicam-se os bens e a pessoa a quem compete a guarda (depósito legal), e, em outras, toma-se como depositário aquela que primeiro a tanto se dispuser (depósito miserável), cingindo-se aos bens que se oferecerem à ocasião. *Na primeira hipótese, prova-se por escrito o depósito; na segunda, por qualquer outro meio possível*"[21].

Nesse diapasão, temos, ainda, *o depósito das bagagens dos viajantes ou hóspedes*, equiparado ao legal (CC/2002, art. 649, *caput*).

Trata-se de um depósito oneroso, cujo preço é incluído na hospedagem (art. 651, segunda parte, do CC/2002), podendo atingir hotéis, motéis, pensões, albergues, pousadas e todo e qualquer estabelecimento que exerça atividade idêntica.

Esta modalidade de depósito reveste-se de particular interesse, pois a sua disciplina não é feita apenas pelo Código Civil, mas, também, pelo Código de Defesa do Consumidor (Lei n. 8.078/90), uma vez que os hospedeiros podem ser considerados, em geral, *"fornecedores"* de produtos e serviços, submetendo-se, assim, ao império desse importante microssistema.

Assim, toda e qualquer análise feita a respeito desta matéria deverá considerar a incidência dos princípios protetivos desta lei especial.

Com isso, não estamos sustentando o desprezo às normas insculpidas no Código Civil, mas, apenas, apontando a necessidade de o intérprete aplicá-las sistematicamente, cotejando-as com o CDC, resguardando sempre o comando constitucional, de indiscutível cunho principiológico, de defesa do consumidor.

Por serem considerados depositários, os hospedeiros responderão por eventuais prejuízos causados aos hóspedes[22], assim como pelos furtos e roubos que perpetrarem as *pessoas empregadas* ou *admitidas* nos seus estabelecimentos (art. 649, parágrafo único, do CC/2002).

A responsabilidade civil por atos de *pessoas empregadas* é consectário lógico da condição de empregador, havendo dispositivo expresso, no próprio Código Civil, dispondo neste sentido:

"Art. 932. São também responsáveis pela reparação civil:

(...)

III — o empregador ou comitente, por seus empregados, serviçais e prepostos, no exercício do trabalho que lhes competir, ou em razão dele;

(...)"

Vale lembrar, aliás, consoante já destacamos em nosso volume dedicado à Responsabilidade Civil, que tal responsabilidade também é objetiva, a teor do art. 933 do mesmo diploma.

---

[21] Carlos Alberto Bittar, *Contratos Civis*, 2. ed., Rio de Janeiro: Forense, 1991, p. 103.

[22] *Vide*: STJ, AgRg no Ag 188.569/SP, *DJ*, 14-6-1999, p. 207, rel. Min. Sálvio de Figueiredo Teixeira, j. 6-5-1999, 4.ª Turma.

Quanto às *pessoas admitidas*, reputamos todas aquelas que obtenham autorização de acesso nas dependências do estabelecimento de hospedagem, desde o mero prestador de serviço (um encanador contratado, por exemplo) a um terceiro que esteja apenas de passagem.

Daí por que a segurança nos hotéis e motéis é, geralmente, mais criteriosa.

Ao se referir a "*furtos e roubos*", no art. 649, ora estudado, o legislador não pretendeu, em nosso pensar, e nem pôde, esgotar todas as hipóteses de cometimento de crimes contra o patrimônio, impositivas do dever de indenizar[23].

Entendemos, pois, que tal referência enumerativa não é exaustiva, de maneira que haverá responsabilidade civil também quando seus empregados ou pessoas admitidas cometerem, por exemplo, crime de apropriação indébita ou de estelionato, em detrimento do hóspede (depositante), pois a *ratio* da norma é responsabilizar pelos danos ao patrimônio dos viajantes ou dos hóspedes.

Outra peculiar situação, entretanto, deverá ser destacada.

Frequentemente, os hospedeiros, ao receberem o hóspede, solicitam que informe se está portando objetos de valor, e, em caso positivo, se gostaria de utilizar o cofre do apartamento ou da recepção. Trata-se de uma cautela razoável e compreensiva, embora não possa significar, se o hóspede não quiser utilizar o serviço, isenção de responsabilidade.

Isso porque, em havendo *falha no sistema de segurança*, não se poderá isentar o hospedeiro, mormente em se considerando que, por estar inserido em uma relação de consumo, sujeita-se às normas da *responsabilidade objetiva*, não havendo espaço para se discutir culpa ou dolo.

Nessa linha, o codificador somente admitiu a isenção de responsabilidade, se houver prova de que "os fatos prejudiciais aos viajantes ou hóspedes *não podiam ter sido evitados*" (art. 650 do CC/2002).

Por conseguinte, apenas situações graves de rompimento do nexo causal — como a culpa exclusiva da vítima, o fortuito externo ou a força maior[24] — poderiam impedir que o hóspede ou viajante fizesse jus à compensação devida, o que é ônus da prova do estabelecimento hoteleiro[25].

6. DIREITOS E OBRIGAÇÕES DAS PARTES

Em geral, o depósito impõe obrigações apenas ao depositário, a quem incumbe, precipuamente, *guardar, conservar e devolver* a coisa depositada, respondendo por qualquer dano decorrente de sua má atuação, ressalvadas a consumação do risco por caso fortuito ou força maior.

Nada impede, outrossim, que seja pactuado como contrato bilateral, caso em que o depositante obriga-se a remunerar o depositário pela prestação da atividade.

---

[23] Cf.: STJ, AGA 260.823/SP; AgRg no AgI (1999/0080630-1), *DJ*, 8-3-2000, p. 131, rel. Min. Sálvio de Figueiredo Teixeira, j. 14-12-1999, 4.ª Turma.

[24] *Vide*: STJ, AgRg no Ag 249.826/RJ, *DJ*, 3-4-2000, p. 149, rel. Min. Eduardo Ribeiro, j. 10-12-1999, 3.ª Turma.

[25] Cf.: STJ, REsp 227.014/GO, *DJ*, 25-3-2002, p. 289, rel. Min. Barros Monteiro, j. 16-10-2001, 4.ª Turma.

De qualquer forma, podemos afirmar, sem risco de erro, que a obrigação nuclear derivada deste contrato é imposta ao depositário.

Aliás, vale lembrar que esta obrigação de guarda deve ser feita de maneira responsável e criteriosa, expressamente determinado por lei, conforme se depreende do art. 629 do CC/2002:

> "Art. 629. O depositário é obrigado a ter na guarda e conservação da coisa depositada o cuidado e diligência que costuma com o que lhe pertence, bem como a restituí-la, com todos os frutos e acrescidos, quando o exija o depositante".

Observe, nosso caro leitor, que, caso a coisa depositada produza frutos, estes deverão ser devolvidos juntamente com a coisa principal. Assim, imagine-se a hipótese de uma vaca ter sido entregue em depósito. Claro está que, se vier a ter um bezerrinho, durante a vigência do depósito, este também deverá ser devolvido ao depositante.

Na mesma linha, qualquer acréscimo realizado na coisa (imagine-se um reparo ou a colocação de um instrumento necessário de segurança em um veículo depositado) deverá acompanhar a devolução da *res*, sem prejuízo de o depositário ser compensado.

Quanto à restituição da coisa, esta deve ser feita, salvo disposição em contrário, no lugar em que tiver de ser guardada, correndo as despesas de restituição por conta do *depositante* (art. 631 do CC/2002). Esta referência à obrigação de o depositante pagar as despesas de restituição afigura-se-nos importante, uma vez que, sendo omisso o contrato, a ausência de tal previsão legal poderia gerar dúvida ou litígio. E, nesse sentido, comprova-se, mais uma vez, que, embora o depósito seja originalmente unilateral e gratuito, poderá gerar obrigações para o depositante.

Caso o bem depositado seja de terceiro, aplica-se-lhe o art. 632 do CC/2002, nos seguintes termos:

> "Art. 632. Se a coisa houver sido depositada no interesse de terceiro, e o depositário tiver sido cientificado deste fato pelo depositante, não poderá ele exonerar-se restituindo a coisa a este, sem consentimento daquele".

Com isso, resguarda-se o direito do terceiro, legítimo proprietário da coisa.

Ainda quanto à obrigação de restituir, cumpre-nos advertir que o depositário somente poderá negar-se à mesma nas estritas hipóteses de lei, estudadas linhas abaixo (arts. 633 e 634 do CC/2002). Fora daí, deverá devolver sempre, *não podendo alegar que a coisa não pertence ao depositante* nem, muito menos, *opor compensação*, salvo se noutro depósito a referida compensação se fundar (CC/2002, art. 638).

No presente caso, o legislador somente admitiu a compensação[26], se esta provier de outro depósito. Assim, imagine-se que Joseph mantém em depósito uma coisa de Milton, sem ter efetuado a restituição solicitada. No entanto, Joseph entregou, também em depósito, coisa sua a Milton. Neste caso, Milton poderá, quando instado a devolver o bem pertencente a Joseph, retê-lo, alegando compensação.

Outra importante regra referente ao dever de restituir está prevista no art. 639 do CC/2002:

---

[26] A respeito da compensação, convidamos o nosso leitor a conferir o volume 2 ("Obrigações"), Capítulo XV ("Compensação") desta obra.

"Art. 639. Sendo dois ou mais depositantes, e divisível a coisa, a cada um só entregará o depositário a respectiva parte, salvo se houver entre eles solidariedade".

Um exemplo vale por mil palavras: suponhamos que Jassa e Odessa sejam proprietários de uma tonelada de soja, depositada em poder de Oliveiros. Neste caso, tratando-se de *coisa divisível*, deverá o depositário entregar a cada um dos depositantes a sua respectiva parte (500 kg, se o contrato não dispuser de forma diferente). Todavia, se houver entre eles *solidariedade*, poderá o depositário entregar *todo o bem* para apenas um dos depositantes, que o reclamar (art. 275 do CC/2002). Esta mesma solução, ainda que por justificativa de outra natureza, deverá ocorrer, se a coisa depositada for *indivisível*, dada a impossibilidade de fracionamento da *res* (art. 260 do CC/2002)[27].

Outro ponto a ser destacado diz respeito à proibição, imposta ao depositário, no sentido de não poder servir-se da coisa depositada, sem *expressa autorização do depositante*, nem, muito menos, *dar em depósito a outrem*. Neste último caso, entretanto, caso esteja autorizado, responderá juntamente com o terceiro por qualquer ato danoso que este venha a cometer, se houver agido com culpa na sua escolha (art. 640 do CC/2002). Assim, ainda que devidamente autorizado, se o depositário confiar a coisa a alguém que normalmente não cumpre com suas diligências, incidirá em culpa *in eligendo*, responsabilizando-se civilmente, o que também ocorrerá se delegar a função, por exemplo, a um menor ou a um enfermo mental.

E por falar nos incapazes, é de se notar que, caso o depositário seja acometido por uma incapacidade superveniente, o administrador dos seus bens — em geral, o curador — deverá diligenciar a imediata restituição da coisa depositada, e, não querendo ou não podendo o depositante recebê-la, recolhê-la-á ao depósito público, ou promoverá a nomeação de outro depositário (art. 641 do CC/2002). Nesta última situação, posto não haja o legislador estabelecido prazo para a nova nomeação, deverá ser este o razoável para a escolha de pessoa idônea, constituindo-se em uma hipótese exemplificativa de depósito necessário legal (art. 647, I, do CC/2002).

Finalmente, cumpre-nos lembrar que caberá ao *depositante* as despesas feitas com a coisa, e os prejuízos que do depósito vierem. Vale dizer, deverá o depositante, por ser proprietário, arcar com os custos provenientes do depósito (art. 643 do CC/2002), salvo, é claro, estipulação contratual em sentido contrário.

7. NEGATIVA DE DEVOLUÇÃO DA COISA DEPOSITADA

Como já nos parece claro, as obrigações do depositário envolvem a guarda e a conservação do bem, sendo seu corolário lógico a obrigação de restituir a coisa para o seu efetivo titular.

Todavia, há situações em que a recusa de devolução é autorizada por lei, tendo em vista a ocorrência de circunstâncias fáticas diferenciadas.

E que circunstâncias são essas?

É o que veremos no próximo tópico.

---

[27] Sobre o tema, confira-se o Capítulo VI ("Classificação Especial das Obrigações") do v. 2 ("Obrigações") desta obra.

7.1. Análise dos arts. 633 a 635 do Código Civil

Conforme vimos, uma das obrigações precípuas do depositário é de devolução da coisa recebida do depositante. Aliás, por se tratar de contrato essencialmente calcado na confiança recíproca, o descumprimento desse dever traduziria injustificável infração à *cláusula geral de boa-fé objetiva*.

Entretanto, situações há, previstas na própria lei, que autorizariam a negativa de restituição, sem a esperada responsabilidade civil do depositário, que estaria, no caso, atuando no estrito cumprimento de um dever legal.

Sobre o estrito cumprimento do dever legal, já teve oportunidade de asseverar o grande JOSÉ FREDERICO MARQUES tratar-se, em verdade, de situação de *exercício regular de direito*:

> "o próprio 'cumprimento do dever legal', não explícito no artigo 160[28], nele está contido, porquanto atua no exercício regular de um direito reconhecido aquele que pratica um ato 'no estrito cumprimento do dever legal'"[29].

Nesse diapasão, com amparo nos arts. 633 a 635 do Código Civil, as hipóteses legais de negativa de devolução seriam as seguintes:

a) **exercício do direito de retenção** (analisado no próximo subtópico);

b) **embargo judicial do objeto depositado** — trata-se da situação em que pende sobre o bem alguma medida judicial constritiva ou assecuratória, como o arresto ou o sequestro.

c) **execução pendente sobre o objeto depositado** — claro está que, em havendo execução em curso, com a real possibilidade de penhora e excussão do bem sob poder do depositário, sendo este comunicado do fato, não poderá efetuar a devolução da coisa ao devedor/executado, devendo depositá-la perante o juízo da própria execução. Percebe-se, em tal caso, que, se a penhora já está consumada, com mais razão ainda deve o depositário negar-se à restituição;

d) **ocorrência de motivo razoável acerca da procedência ilícita da coisa depositada** — o legislador, aqui, ao utilizar a expressão "motivo razoável", cunhou um conceito aberto ou indeterminado, a ser preenchido pelo juiz, no caso concreto. Assim, se o depositário, por exemplo, suspeitar que a *res* é contrabandeada, poderá negar-se à restituição, sob pena, inclusive, de vir a ser responsabilizado criminalmente pelo fato. Em tal circunstância, deverá a coisa ser recolhida ao depósito público (art. 634 do CC/2002).

Finalmente, cumpre-nos advertir que o legislador, em norma aberta (art. 635 do CC/2002), admite o depósito judicial, caso o depositário, tendo "motivo plausível", não possa guardar a coisa e o depositante se negue a recebê-la. Trata-se, como se pode observar de regra de espectro amplo, composta por conceito indeterminado, exigindo do juiz extrema cautela, ao preenchê-lo, no caso concreto, à luz do princípio da operabilidade.

Nessa situação, temos uma hipótese de consignação em pagamento, uma vez que é obrigação do depositário guardar, conservar e restituir a coisa. Não sendo mais possível que se cumpram as duas primeiras obrigações, é seu dever comunicar o depositante e devolver o bem, pelo que, havendo resistência, deverá consigná-lo.

---

[28] A referência é ao Código Civil brasileiro de 1916; no CC/2002, confira-se o art. 188.
[29] Citado por Carlos R. Gonçalves, in *Responsabilidade Civil*, 19. ed., São Paulo: Saraiva, 2020, p. 514.

7.2. Direito de retenção

Poderá também o depositário opor-se à devolução, caso exerça, na forma do art. 644 do CC/2002, o seu *direito de retenção* (*jus retentionis*).

Trata-se, em nosso sentir, de um direito potestativo, oponível contra o depositante, por meio do qual o seu titular (depositário) força o cumprimento de uma prestação que lhe é devida, mediante justificada negativa de devolução da coisa depositada.

Na mesma linha, o eminente SILVIO RODRIGUES pontifica que:

"O direito de retenção, já vimos, é um meio direto de defesa que a lei confere ao credor, para coagir o devedor a efetuar o pagamento de um débito, oriundo de relação com determinada coisa, que pertence ao devedor mas que se encontra em mãos do credor. Como meio compulsório de defesa, estimula o proprietário da coisa, que procura reavê-la, a resgatar dívida que de sua guarda resultou"[30].

Não se trata — frise-se — de um direito real, mas, sim, de um direito de natureza pessoal com eficácia coercitiva, especialmente porque, se direito real fosse, figuraria, à luz do princípio da tipicidade, no rol do art. 1.225 do CC/2002. Ademais, é exercido *contra o depositante*, não se configurando como manifestação de poder real direto sobre a coisa.

Só existe, pois, na medida em que visa a forçar o cumprimento de uma prestação devida ao seu titular.

Nesse campo, vejamos, em que hipóteses admite o legislador o exercício do direito de retenção no contrato de depósito.

Em princípio, lembremo-nos de que, tão logo o depositante reclame a restituição da coisa, o depositário deverá fazê-lo, sob pena inclusive de quebra da boa-fé objetiva contratual.

Excepcionalmente, todavia, poderá o depositário exercer o direito de retenção da coisa, nas seguintes situações (art. 644 do CC/2002):

a) até que lhe seja paga a retribuição devida — vale dizer, pactuado o depósito em sua modalidade onerosa, poderá o depositário reter a coisa depositada até que seja pago. É o caso, por exemplo, do sujeito que guarda sua bagagem no maleiro de um aeroporto. Enquanto não pagar o valor, não poderá ter acesso aos seus bens. Aplicando a regra para o contrato de estacionamento de veículo, imagine, por exemplo, que você deixou seu carro no estacionamento pago do *shopping*. Enquanto não houver o pagamento, não há liberação do veículo...

b) até que lhe seja pago o valor líquido da despesa que tenha realizado — se o depositário efetuou despesas extraordinárias (não imputadas a ele) durante a execução do contrato, poderá exercer o direito de retenção, até ser compensado. Tal dispositivo visa a evitar o enriquecimento sem causa do depositante. Figure-se, a título exemplificativo, a situação em que o depositante entrega um cachorro, a título de depósito. Ao efetuar a entrega, forneceu também a quantidade de ração que reputou suficiente para alimentar o animal durante o período do contrato. Ora, verificando o término do alimento, antes da data de restituição do animal, o depositário, às suas expensas, adquiriu mais ração, para alimentar o cãozinho. Terá, pois, direito de retê-lo, enquanto não for ressarcido por esta despesa imprevista;

---

[30] Silvio Rodrigues, *Direito Civil — Dos Contratos*, cit. p. 279.

c) até que seja indenizado por eventual prejuízo decorrente do depósito — esta hipótese, também conectada ao princípio que veda o enriquecimento sem causa, é de clareza meridiana. Ora, se por força do depósito, o depositário sofre dano, é mais do que justo que seja devidamente ressarcido. É o caso em que a vaca, entregue a título de depósito, está contaminada por aftosa, e o depositário, insciente do fato, a coloca com animais seus, que vêm a perecer. Em tal situação, poderá reter o animal depositado até que o depositante o indenize pelas despesas que teve.

Registre-se que o Projeto de Lei n. 6.960, de 2002 (posteriormente renumerado para n. 276/2007, antes de seu arquivamento definitivo), previa uma nova hipótese de negativa, qual seja, se houvesse sido pactuado um segundo depósito.

Prevê, outrossim, o parágrafo único do art. 644 que, se tais dívidas, despesas ou prejuízos não forem provados suficientemente, ou forem ilíquidos (de valor ainda não determinado), o depositário poderá exigir caução (garantia) idônea do depositante ou, na falta desta, a remoção da coisa para o depósito público, até que se liquidem.

Finalmente, uma interessante e derradeira questão se nos impõe: *poderia o depositário negar-se a restituir a coisa, alegando que lhe pertence?*

O bom senso, em nosso sentir, sugere ser afirmativa a resposta, desde que a resistência do depositário seja exercida de maneira adequada, recolhendo-se a coisa ao depósito público. Tal providência, a par de justa, resguarda o direito de propriedade, pois permite a apuração de quem seja o legítimo titular da coisa.

Ademais, como devolver aquilo que a nossa convicção considera ser nosso?...

Nessa linha de intelecção, é o pensamento do sempre lembrado CAIO MÁRIO, citando a doutrina de JOÃO LUIS ALVES:

> "Tem-se discutido se o depositário pode negar-se a restituir sob fundamento de que a coisa lhe pertence, e não obstante opiniões em contrário, deve-se pender para a afirmativa, sob a condição de ser feito o recolhimento do objeto ao depósito público, pois que, se é certo que não pode o depositário fazer justiça por suas próprias mãos, certo é também que o rigor dos princípios não pode ser levado ao ponto de se sustentar que por si próprio se veja despojado dele, em favor de quem não é dono"[31].

7.3. Prisão do depositário

Tema dos mais tormentosos sempre foi a questão da prisão civil do depositário, quando este não restituir a coisa depositada.

A matéria foi positivada no Código Civil de 2002, conforme se pode verificar da redação do art. 652 do CC/2002, estabelecendo:

> "Art. 652. Seja o depósito voluntário ou necessário, o depositário que não o restituir quando exigido será compelido a fazê-lo mediante prisão não excedente a um ano, e ressarcir os prejuízos".

---

[31] Caio Mário da Silva Pereira, *Instituições de Direito Civil*, cit., v. III, p. 231.

A prisão civil, no magistério de ÁLVARO VILLAÇA AZEVEDO, "é o ato de constrangimento pessoal, autorizado por lei, mediante segregação celular, do devedor, para forçar o cumprimento de um determinado dever ou de uma determinada obrigação"[32].

Trata-se, portanto, de uma medida de força, restritiva da liberdade humana, que, sem conotação de castigo, serve como meio coercitivo para forçar o cumprimento de determinada obrigação.

Todavia, a questão não é tão simples assim.

De fato, como já abordamos em outra oportunidade[33], a partir da Constituição Federal de 1967, firmou-se, em nível constitucional, a regra de que a prisão civil somente seria admitida em caráter excepcional, nas taxativas hipóteses *do inadimplemento de obrigação alimentar e do depositário infiel*.

Nesse sentido, a Constituição Federal de 1988, em seu art. 5.º, LXVII, estabeleceu que:

"Art. 5.º Todos são iguais perante a lei, sem distinção de qualquer natureza, garantindo-se aos brasileiros e aos estrangeiros residentes no País a inviolabilidade do direito à vida, à liberdade, à igualdade, à segurança e à propriedade, nos termos seguintes:

(...)

LXVII — Não haverá prisão civil por dívida, salvo a do responsável pelo inadimplemento voluntário e inescusável de obrigação alimentícia e a do depositário infiel".

Na interpretação original do texto constitucional, somente, portanto, nessas duas únicas hipóteses, a constrição da liberdade humana, observada fielmente a legislação em vigor, poderia ser admitida como meio coercitivo de pagamento[34].

A matéria, porém, sofreu posteriormente uma reviravolta, com o afastamento, pelo Supremo Tribunal Federal, da prisão do depositário infiel, através da Súmula Vinculante 25 (*"É ilícita a prisão civil de depositário infiel, qualquer que seja a modalidade do depósito"*), publicada no *Diário Oficial da União*, de 23-12-2009.

Mas como isso se deu?

Não obstante o Brasil fosse signatário do Pacto de San José da Costa Rica, incorporado formalmente ao nosso Direito Positivo pelo Dec. Executivo n. 678/92, o qual restringiu a prisão civil apenas à hipótese de dívida decorrente de prisão alimentar, o Supremo Tribunal Federal, originalmente, havia firmado posição no sentido da admissibilidade da prisão para o depositário infiel.

Nesse sentido, estabeleceu o Min. MAURÍCIO CORREA no julgamento do HC 75.512-7/SP:

---

[32] Álvaro Villaça Azevedo, *Prisão Civil por Dívida*, São Paulo: Revista dos Tribunais, 2000, p. 3.

[33] Confira-se o Capítulo XXIV ("Prisão Civil") do v. 2 ("Obrigações") desta obra.

[34] Nesse sentido, vale registrar, a título de curiosidade histórica, que a Súmula 280 do STJ ("O art. 35 do Decreto-Lei n. 7.661/45, que estabelece a prisão administrativa, foi revogado pelos incisos LXI e LXVII do art. 5.º da Constituição Federal de 1988") já concluía pela inexistência, no ordenamento jurídico brasileiro, da prisão administrativa para os casos de descumprimento pelo falido dos deveres a ele impostos pelo art. 34 do Decreto-Lei n. 7.661/45 (a antiga "Lei de Falências"), sendo esse o entendimento firmado também pelo Supremo Tribunal Federal, que já não admitia esse tipo de prisão diante do estabelecido pelos incisos LXI e LXVII do art. 5.º da Constituição Federal.

"Os compromissos assumidos pelo Brasil em tratado internacional de que seja parte (§ 2.º, do art. 5.º, da Constituição) não minimizam o conceito de soberania do Estado-Povo na elaboração de sua Constituição: Por esta razão, o Pacto de San José da Costa Rica (ninguém deve ser detido por dívida: este princípio não limita os mandados de autoridade judiciária competente expedidos em virtude de inadimplemento de obrigação alimentar) deve ser interpretado com as limitações impostas pelo art. 5.º, LXVII, da Constituição".

Todavia, anos depois, mudou o Supremo Tribunal Federal o seu posicionamento sobre a matéria.

De fato, no julgamento do HC 92.566/SP, de relatoria do Min. Marco Aurélio, declarou-se expressamente revogada a Súmula 619 daquela Corte, que autorizava a decretação da prisão civil do depositário judicial no próprio processo em que se constituiu o encargo, independentemente do prévio ajuizamento da ação de depósito.

O entendimento do STF passou a basear-se na tese de que os tratados internacionais sobre direitos humanos ratificados pelo Brasil — como a Convenção Americana de Direitos Humanos (Pacto de San José da Costa Rica), que proíbe a prisão por dívida, salvo a de pensão alimentícia — são "supralegais", hierarquicamente superiores às normas infraconstitucionais (que não estão previstas na Constituição Federal).

Note-se que a hipótese reconhecida não foi de aplicação das novas regras constitucionais contidas no § 3.º ao artigo 5.º da Constituição Federal, que estabeleceu que os tratados sobre direitos humanos terão *status* constitucional desde que passem pelo processo de aprovação, no Congresso, das emendas constitucionais.

Assim, a prisão do depositário infiel não foi considerada inconstitucional, pois sua previsão segue na Constituição (que é considerada, pelo STF, superior aos tratados), mas foi considerada ilícita, pela ausência de norma legal válida a respaldá-la.

No final das contas, em termos pragmáticos, a decisão terminou com a prisão de depositário infiel no Brasil, pois as leis que operacionalizam esse tipo de medida coercitiva estão hierarquicamente inferiores aos tratados internacionais de direitos humanos.

Reafirme-se, porém, mais uma vez, que não se reconheceu a atribuição de força constitucional a este tratado de direitos humanos, mas, sim, que a lei ordinária não poderia sobrepor-se ao disposto em um tratado desta natureza, ao qual o Brasil aderiu, motivo pelo qual a decretação da prisão civil do depositário infiel, inclusive a do depositário judicial, constituiria ato arbitrário, sem qualquer suporte em nosso ordenamento positivo, porque absolutamente incompatível com o sistema de direitos e garantias consagrado na Constituição da República e nos tratados internacionais de direitos humanos.

Assim, na Sessão Plenária do dia 16-12-2009 (*DOU* de 23-12-2009, p. 1), o STF editou a seguinte Súmula Vinculante 25, nos seguintes termos:

"É ilícita a prisão civil de depositário infiel, qualquer que seja a modalidade do depósito".

Na mesma linha, o Superior Tribunal de Justiça editou a Súmula 419 ("Descabe a prisão civil do depositário judicial infiel").

É esse o quadro hoje existente no vigente ordenamento jurídico brasileiro.

Mas, considerada ilegal a prisão civil do depositário infiel, qual seria a adequada consequência jurídica do enquadramento fático em tal previsão jurídica?

Seria uma conduta sem sanção?

Sinceramente, assim não acreditamos.

A ilicitude da conduta deve ser rechaçada com a exigência judicial da obrigação correspondente, por meio de uma tutela específica da obrigação.

Isso tudo sem prejuízo do enquadramento da conduta em tipo penal próprio, seja de apropriação indébita, seja de disposição de coisa alheia como própria (nos termos do art. 55 da Lei n. 10.931, de 2 de agosto de 2004, c/c o art. 171, § 2.º, I, do Código Penal), cabendo a devida *notitia criminis* à autoridade competente.

O registro é apenas para ressalvar que a extinção da prisão do depositário infiel no Brasil não é o fim do respeito à autoridade judiciária, no que diz respeito ao depósito judicial, ou a inviabilidade fática do contrato de depósito, mas, sim, um louvável avanço da jurisprudência nacional, na tutela jurídica dos direitos humanos.

8. EXTINÇÃO DO CONTRATO DE DEPÓSITO

Como arremate deste capítulo, vale tecer rápidas considerações sobre a extinção do contrato de depósito.

Como se trata de uma avença temporária, o advento do termo deve extinguir o negócio. Quando não for estabelecido o prazo, a solicitação do depositante ou a devolução justificada do bem pelo depositário terá o mesmo efeito.

Obviamente, o perecimento do objeto também tem o efeito extintivo da relação jurídica. A morte do depositário pode também ter o mesmo efeito, se o contrato for estabelecido de forma pessoal.

Resumindo tais modalidades, observa, com propriedade, SÍLVIO VENOSA:

> "O depósito extingue-se pelo vencimento do prazo, pela manifestação do depositante que pede a restituição; por iniciativa do depositário, se não quiser ou já não puder manter a coisa em seu poder, na descrição do art. 635 (antigo art. 1.270). Extinguir-se-á também o negócio se a coisa perecer, por desaparecimento do objeto e pela morte ou incapacidade do depositário, quando exclusivamente *intuitu personae* o contrato. A Lei n. 2.313/54 e o Decreto n. 40.395/65 estabelecem que o depósito extingue-se no prazo de 25 anos, quando não reclamada a coisa"[35].

---

[35] Sílvio de Salvo Venosa, cit., p. 263.

Capítulo XXIV
Mandato

Sumário: 1. Introdução. 2. Conceito e denominação. 3. Distinções terminológicas. 4. Figuras contratuais correlatas. 5. Partes. 5.1. Mandato conjunto. 6. Características. 7. Forma. 8. Substabelecimento. 9. Objeto do mandato. 10. Espécies. 10.1. Mandato extrajudicial. 10.2. Mandato judicial. 11. Conteúdo do mandato. 12. Direitos e obrigações das partes. 12.1. Obrigações do mandatário × Direitos do mandante. 12.2. Obrigações do mandante × Direitos do mandatário. 13. Irrevogabilidade do mandato. 14. Extinção do mandato. 14.1. Revogação ou renúncia. 14.2. Morte ou interdição. 14.3. Mudança de estado. 14.4. Término do prazo ou conclusão do negócio.

1. INTRODUÇÃO

A modalidade contratual objeto deste capítulo é uma das mais comuns no cotidiano das relações sociais.

De fato, o *mandato* é um contrato de grande utilidade prática, extremamente presente no nosso dia a dia, desde situações corriqueiras (ex.: quando pedimos a algum colega que faça, em nosso lugar, a matrícula na escola, a entrega de um trabalho ou a apuração de um resultado) até hipóteses de grande repercussão individual e/ou social (como o ajuizamento de demandas judiciais ou a celebração de vultosos negócios).

É este contrato, previsto nos arts. 653 a 692 do Código Civil, que tentaremos esmiuçar nas linhas que seguem.

2. CONCEITO E DENOMINAÇÃO

Mandato é o "negócio jurídico pelo qual uma pessoa, chamada mandatário, recebe poderes de outra, chamada mandante, para, em nome desta última, praticar atos ou administrar interesses".

Tal conceito é extraído da previsão contida no art. 653 do CC/2002:

"Art. 653. Opera-se o mandato quando alguém recebe de outrem poderes para, em seu nome, praticar atos ou administrar interesses. A procuração é o instrumento do mandato".

Registremos, desde já, com EDUARDO ESPÍNOLA, que a

"palavra mandato (lat. *Mandatum*) vem de *manu dare* — '*dictum ex eo quod dat manu dextera fidem mandatae susceptaeque operi invicem alligabant*' — quem dava o encargo e quem o recebia apertavam a mão, demonstrando um a confiança que depositava no outro e este a segurança que corresponderia a esta confiança"[1].

---
[1] Eduardo Espínola, *Dos Contratos Nominados no Direito Civil Brasileiro* (atual. por Ricardo Rodrigues Gama), Campinas: Bookseller, 2002, p. 496.

Note-se ainda que, posto o objeto do mandato seja a representação, nada impede haja representação sem mandato, como na hipótese da representação legal dos pais em face dos filhos menores, conforme veremos em seguida.

3. DISTINÇÕES TERMINOLÓGICAS

Fazer a distinção terminológica adequada do mandato para a procuração exige um cuidado de ourives no lapidar dos institutos.

De fato, o primeiro é o contrato, ou seja, a causa do vínculo jurídico que une dois sujeitos e disciplina a realização de determinada conduta, de interesse de ambos, a saber, a prática de atos ou administração de interesses. Justamente por ser uma relação contratual, interessa, *a priori*, somente às partes contratantes, que disciplinarão os efeitos pretendidos.

Neste ponto, é importante observar que não se deve confundir "*mandato*" com "*mandado*", pois este último expressa, em verdade, a formalização, por escrito, de uma ordem judicial, sendo decorrente de uma relação jurídica processual, nada tendo que ver com a celebração de um negócio jurídico.

Já a expressão "procuração" tem um sentido muito mais amplo do que o previsto no mencionado dispositivo legal.

De fato, a primeira acepção, decorrente diretamente do texto normativo transcrito, é a de instrumento. Ou seja, procuração, neste sentido consagrado pela lei e pela utilização coloquial (uma vez que se trata de expressão que "caiu no uso comum"), é o documento ou título, público ou particular, por meio do qual uma pessoa estabelece quais são os poderes outorgados a outrem, para que possa praticar atos ou administrar negócios em seu interesse.

Trata-se, pois, do instrumento formal de delimitação de poderes no mandato.

Todavia, esta significação — meramente formal — não deve ser confundida com a declaração que outorga os poderes de representação.

Tal outorga de poderes dá-se através de uma declaração unilateral de vontade (negócio jurídico unilateral), que, na falta de uma expressão típica no sistema brasileiro, é também chamada de *procuração*.

Assim, tem-se o reconhecimento de que a palavra "procuração" é plurissignificativa, tendo a acepção tanto do instrumento formal do mandato quanto do negócio jurídico unilateral de outorga de poderes.

Como esclarece ORLANDO GOMES,

"O *mandato* é a relação contratual pela qual uma das partes se obriga a praticar, por conta da outra, um ou mais *atos jurídicos*. O contrato tem a finalidade de criar essa obrigação e regular os interesses dos contratantes, formando a *relação interna*, mas, para que o mandatário possa cumpri-la, é preciso que o mandante lhe outorgue o *poder de representação*; se tem, ademais, interesse em que aja em seu nome, o poder de *representação* tem projeção exterior, dando ao agente, nas suas relações com terceiras pessoas, legitimidade para contratar *em nome* do interessado, com o inerente desvio dos efeitos jurídicos para o patrimônio deste último. A atribuição desse poder é feita por *ato jurídico unilateral*, que não se vincula necessariamente ao *mandato* e, mais do que isso, que tem existência independente da relação jurídica estabelecida entre quem o atribui e quem o recebe. Esse ato unilateral carece, em nossa terminologia jurídica, de expressão que o designe inconfundivelmente. O termo *procuração*, que o definiria melhor, é empregado comumente para designar o instrumento do ato concessivo de poderes, mas tecnicamente é o vocábulo próprio. Até os que conceituam a procuração erroneamente como instrumento do *mandato*, admitem que possa ser verbal, embora confundindo-a com o mandato, isto é, sem que tenha a forma instrumental. Justamente porque se faz essa confusão e não há vocábulo próprio para qualificar o *negócio jurídico unilateral de atribuição de poderes de representação*, este denominado também mandato, como se não fosse coisa diferente do contrato que tem esse nome. O resultado dessa sinonímia absurda é a confusão entre *mandato* e *representação*, que leva à falsa ideia de que toda *representação voluntária é mandato*. Há que distinguir, pois, o *contrato* do *ato jurídico unilateral*, o *mandato* da *procuração* em sentido técnico. A própria contextura da *procuração* denuncia o caráter unilateral do negócio jurídico nela consubstanciada, pois, nesse ato, o representante não intervém"[2].

Da mesma forma, observa FERRER CORREIA:

"Procuração é o ato pelo qual o representado se vincula, em face de pessoa determinada ou do público, a receber e suportar na sua esfera jurídica os efeitos dos negócios que em seu nome realizar o procurador, nos limites objetivamente assinalados — e, ao mesmo tempo, adquire direito a haver por seus, diretamente, esses negócios. Se quisermos, o ato pelo qual o representado se apropria, preventivamente, dos efeitos ativos e passivos de certos negócios jurídicos, a concluir em seu nome pelo representante"[3].

A representação (que, como vimos em outra oportunidade[4], pode ser legal ou voluntária) não se confunde com o mandato. É possível, nessa linha, haver mandato sem representação (pois o estabelecimento da relação contratual de mandato não outorga automaticamente os poderes de representação, sendo necessária a declaração unilateral de vontade de estabelecimento de tais poderes) e, principalmente (o que é mais comum!), representação sem mandato (p. ex., na representação legal de incapazes, a saber a tutela ou a curatela; ou, então, na representação assumida como um *munus* judicial, caso do inventariante ou do síndico da falência).

A relação entre os institutos, em síntese, é que os poderes de representação voluntária, quando necessários para o regular cumprimento das obrigações decorrentes do mandato, são outorgados através da procuração (declaração unilateral de vontade), manifestação esta que se instrumentaliza normalmente através de um documento com o mesmo nome (procuração)[5].

---

[2] Orlando Gomes, *Contratos*, 24. ed., Rio de Janeiro: Forense, 2001, p. 347-8.

[3] A. Ferrer Correia, "A Procuração na Teoria da Representação Voluntária" in *Estudos de Direito Civil, Comercial e Criminal*, 2. ed., Coimbra: Almedina, 1985, p. 31-2.

[4] Sobre o tema, confiram-se os subtópicos 2.4 ("Suprimento da incapacidade (representação e assistência)") do Capítulo IV ("Pessoa Natural") e 2.2.1 ("Da representação") do Capítulo XII ("Plano de Validade do Negócio Jurídico") do v. 1 ("Parte Geral") desta obra.

[5] Em posicionamento ligeiramente distinto do aqui adotado, divergindo basicamente na terminologia utilizada, observa Carlos Roberto Gonçalves:

"A denominação deriva de *manu datum*, porque as partes se davam as mãos, simbolizando a aceitação do encargo e a promessa de fidelidade no cumprimento da incumbência. O vocábulo *mandato* designa ora o poder conferido pelo mandante, ora o contrato celebrado, ora o título deste contrato, de que é sinônimo a procuração. A pessoa que confere os poderes chama-se *mandante* e é o repre-

Nesse sentido, vale transcrever a observação de LEONARDO MATTIETTO, ainda na vigência da codificação anterior:

"Procuração é o negócio jurídico pelo qual se constitui o poder de representação voluntária.

(...)

Também se denomina procuração, contudo, além do negócio jurídico constitutivo do poder de representação voluntária, o documento que marca a outorga desse poder. Se de fato no mais das vezes a outorga seja efetivamente materializada em um escrito, ela também pode ser verbal, bem como pode ocorrer de modo expresso ou tácito.

Aproveitando a lição de Andreas von Tuhr, pode-se dizer que a procuração designa tanto o ato de outorga do poder representativo como o instrumento deste poder. O professor Oliveira Ascensão acrescenta que 'a linguagem técnica distancia-se aqui da linguagem corrente. Para esta a procuração é o documento no qual se exara a autorização do representado. Tecnicamente, porém, pode haver procuração meramente verbal'.

Assim, não se pense em procuração apenas como um documento (embora tal concepção formalista seja insinuada pelo art. 1.288, 2.ª Parte, do Código Civil Brasileiro), mas também como um negócio jurídico"[6].

Portanto, é possível haver mandato verbal, bem como procuração (relação jurídica) verbal, mas é impróprio se falar em "instrumento verbal de procuração", pois todo instrumento deve ser escrito...

Compreendida tal distinção terminológica[7], com a apreensão da essência dos institutos, passemos a diferenciar o contrato de mandato de outras figuras contratuais correlatas.

4. FIGURAS CONTRATUAIS CORRELATAS

Algumas figuras contratuais estão muito próximas do conceito de mandato.

Uma delas, sem sombra de dúvida, é o contrato de comissão.

A semelhança, todavia, é apenas aparente, pois o comissário, em verdade, age em seu próprio nome, sendo responsável pessoalmente pelos atos realizados em face de terceiros. Já no mandato, *alguém recebe de outrem poderes para, em seu nome, praticar atos ou administrar interesses*. Ou seja, no mandato, os atos são praticados pelo mandatário, não em seu

---

sentado; a que os aceita diz-se *mandatário* e é *representante* daquela. Mandato não se confunde com *mandado*, que é uma ordem judicial" (Carlos Roberto Gonçalves, *Direito Civil Brasileiro*, 17. ed., São Paulo: Saraiva, 2020, v. 3, p. 431).

[6] Leonardo Mattietto, "A Representação Voluntária e o Negócio Jurídico de Procuração", in *Revista Trimestral de Direito Civil*, v. 4, Rio de Janeiro: Padma, out./dez. 2000, p. 64-5.

[7] Para um aprofundamento sobre a matéria, confiram-se Leonardo Mattietto, "A Representação Voluntária e o Negócio Jurídico de Procuração", cit., p. 55-71; Emilio Betti, *Teoria Geral do Negócio Jurídico*, Coimbra: Coimbra Ed., 1970, t. III; José Paulo Cavalcanti, *Direito Civil — Escritos Diversos*, Rio de Janeiro: Forense, 1983; A. Ferrer Correia, "A Procuração na Teoria da Representação Voluntária", cit.; e Renan Lotufo, *Questões relativas a mandato, representação e procuração*, São Paulo: Saraiva, 2001.

próprio nome, mas, sim, em nome do mandante, nos limites do quanto pactuado, não havendo responsabilização pessoal do mandatário, se atendeu às regras estabelecidas.

Outro contrato bem próximo do mandato é o de prestação de serviços.

Não se confundem, porém, as figuras, uma vez que somente no contrato de mandato, por meio da procuração, podem ser outorgados os poderes de representação voluntária, quando necessários para o regular cumprimento das obrigações decorrentes do mandato, não havendo tal necessidade na prestação de serviço.

Ademais, o objeto do contrato, no mandato, é a autorização para a realização de um ato ou negócio jurídico, ao qual o mandatário se obriga, enquanto, na prestação de serviço, o que se contrata é, específica e unicamente, a realização de uma conduta determinada, ou seja, uma atividade do devedor. Por outro lado, no mandato há normalmente um campo maior de liberdade de atuação do mandatário, que atua em nome do mandante, vinculando-o, enquanto, na prestação de serviço, limita-se o prestador a realizar a conduta pactuada.

Uma peculiaridade que merece destaque é a atividade profissional de advogado, que é um bom exemplo em que as duas figuras contratuais podem coexistir. Com efeito, na prática, o causídico é contratado, através do negócio jurídico de prestação de serviço, para, p. ex., ajuizar uma demanda e, para fazer isso em nome do cliente, ajusta uma relação contratual de mandato, com a outorga de poderes de representação mediante procuração.

Sem sombra de dúvida, a outorga de poderes de representação, pela procuração, é a mais evidente nota distintiva do contrato de mandato para outras relações jurídicas correlatas.

Como observa CARLOS ROBERTO GONÇALVES:

"É também a representação que distingue o mandato da preposição exercida nas relações diárias e quotidianas pelos criados, operários, porteiros, motoristas particulares etc."[8].

5. PARTES

Dois são os sujeitos do contrato de mandato.

O primeiro sujeito é o *mandante*. É ele que outorga poderes para que outrem, em seu nome, pratique atos ou administre interesses.

O segundo sujeito é o *mandatário*. Trata-se do indivíduo que assume a obrigação de vincular o mandante.

Observe-se que a atribuição do mandatário não se resume ao poder de vincular, mas, sim, no dever de realizar a conduta que lhe foi determinada, o que, como visto, é um ponto de aproximação — mas não de identidade — com o contrato de prestação de serviço. Caso não tenha a efetiva obrigação de praticar atos ou administrar interesses, não se estará diante de um contrato de mandato, mas de outra figura contratual.

Não há regras especiais em relação à capacidade das partes, valendo destacar que o *caput* do art. 654 do CC/2002 estabelece expressamente que todas "*as pessoas capazes são aptas para dar procuração mediante instrumento particular, que valerá desde que tenha a assinatura do outorgante*".

---

[8] Carlos Roberto Gonçalves, *Direito Civil Brasileiro*, cit., v. 3, p. 432.

No entanto, cumpre afirmar que o relativamente incapaz também pode assumir a posição de mandatário, assumindo o mandante, porém, o risco de tal contratação.

É o que preceitua o art. 666 do CC/2002:

"Art. 666. O maior de dezesseis e menor de dezoito anos não emancipado pode ser mandatário, mas o mandante não tem ação contra ele senão de conformidade com as regras gerais, aplicáveis às obrigações contraídas por menores".

Reconhecida a validade da relação de mandato com o mandatário de dezesseis ou dezessete anos, é irrelevante para o terceiro que com ele celebrou contrato a sua relativa incapacidade, uma vez que é o mandante que responderá ao final. É o que ocorre, costumeiramente, por exemplo, quando o pai, sem ânimo para comparecer à reunião de condomínio, outorga poderes a seu filho de 17 anos.

Se, dentro dos limites estabelecidos no mandato, o mandatário menor não cumpriu bem a tarefa, o prejuízo será, única e exclusivamente, do mandante.

De toda maneira, o que deve ser verificado, sempre, é se o mandante tem capacidade para conferir o mandato.

Nada impede, finalmente, que o ato seja outorgado em favor de duas ou mais pessoas, consoante veremos no próximo subtópico.

5.1. Mandato conjunto

Não há, *mutatis mutandis*, diferença substancial de tratamento do mandato conjunto para o mandato individualizado.

De fato, estabelece o art. 672 do CC/2002:

"Art. 672. Sendo dois ou mais os mandatários nomeados no mesmo instrumento, qualquer deles poderá exercer os poderes outorgados, se não forem expressamente declarados conjuntos, nem especificamente designados para atos diferentes, ou subordinados a atos sucessivos. Se os mandatários forem declarados conjuntos, não terá eficácia o ato praticado sem interferência de todos, salvo havendo ratificação, que retroagirá à data do ato".

Ser "*especificamente designados para atos diferentes, ou subordinados a atos sucessivos*" significa, no final das contas, que se fez, por economia, no mesmo instrumento, mandatos distintos para sujeitos distintos.

Aliás, em nosso pensar, o simples ato de designação de mais de um mandatário no mesmo instrumento apenas possibilita o melhor cumprimento do ato proposto, uma vez que, nessa situação, há uma pluralidade subjetiva para o desempenho da atividade. Fala-se, assim, em mandato *solidário*, que é aquele em que qualquer um dos mandatários pode praticar todos os atos designados, independentemente da participação dos demais comandatários.

O mandato conjunto propriamente dito é aquele em que a atuação dos dois (ou mais) mandatários é concomitante, hipótese em que a ausência de um dos mandatários importa em ineficácia do ato, salvo ratificação posterior do mandante.

Debruçando-nos ainda neste dispositivo, veremos que, além de *conjunto*, podem os mandatários ser designados para atos diferentes (mandato *fragmentário* ou *fracionário*) ou para atos sucessivos (mandato *sucessivo*).

Caso a pluralidade não seja de mandatários, mas, sim, de mandantes, estabelece o art. 680 do CC/2002:

"Art. 680. Se o mandato for outorgado por duas ou mais pessoas, e para negócio comum, cada uma ficará solidariamente responsável ao mandatário por todos os compromissos e efeitos do mandato, salvo direito regressivo, pelas quantias que pagar, contra os outros mandantes".

Compreendidas todas essas noções gerais sobre o contrato de mandato, já é tempo de apresentar uma visão sistematizada de suas principais características.

6. CARACTERÍSTICAS

O contrato de mandato é, como visto, uma modalidade contratual *típica* e *nominada*, de grande ocorrência prática.

Quanto à natureza da obrigação estabelecida, o mandato é um contrato tipicamente *unilateral*, uma vez que implica, a priori, obrigações apenas a uma das partes.

Vale consignar que, tal qual o contrato de depósito, o mandato se enquadra na classificação de contrato bilateral imperfeito, que é aquele que pode, eventualmente, durante a sua execução, gerar efeitos à parte contrária, por fato superveniente[9].

Pela unilateralidade intrínseca da avença, é inaplicável a classificação em contratos comutativos e aleatórios, bem como em contratos evolutivos.

A regra geral do mandato é que seja estipulado de forma gratuita.

É de clareza meridiana, porém, que a autonomia da vontade pode estabelecê-lo na modalidade onerosa, havendo atividades em que esta forma é a regra e a gratuidade a exceção, como, por exemplo, no caso dos advogados e dos despachantes.

Nesse sentido, preceitua o art. 658 do CC/2002:

"Art. 658. O mandato presume-se gratuito quando não houver sido estipulada retribuição, exceto se o seu objeto corresponder ao daqueles que o mandatário trata por ofício ou profissão lucrativa.

Parágrafo único. Se o mandato for oneroso, caberá ao mandatário a retribuição prevista em lei ou no contrato. Sendo estes omissos, será ela determinada pelos usos do lugar, ou, na falta destes, por arbitramento".

Ressalte-se, ademais, que, nessa hipótese, o mandato torna-se *bilateral* propriamente dito, com características *comutativas* e *evolutivas*.

---

[9] "Uma vez que nos contratos unilaterais somente uma das partes se obriga, é impossível conceber qualquer espécie de dependência, mas, em alguns, surge, no curso da execução, determinada obrigação para a parte que tinha apenas direitos. Nesse caso, diz-se que o contrato é bilateral imperfeito. Seria uma categoria intermediária. A melhor doutrina repele-a, mas pode ser mantida por sua utilidade prática, especialmente para o direito de retenção. O contrato bilateral imperfeito não deixa de ser unilateral, pois, no momento de sua conclusão, gera obrigações somente para um dos contratantes. Em verdade, a obrigação esporádica não nasce do contrato, mas, acidentalmente, de fato posterior à sua formação. O contrato bilateral imperfeito subordina-se, com efeito, ao regime dos contratos unilaterais" (Orlando Gomes, *Contratos*, cit., p. 72).

Pode ser pactuado tanto na modalidade *paritária* quanto por *adesão*, sendo contrato eminentemente *civil*.

Mesmo considerando que ainda vamos tecer comentários sobre a forma do mandato, explicitemos, desde já, que se trata de uma modalidade *não solene*, que pode ser estabelecida verbalmente ou mesmo se caracterizar tacitamente. Somente por exceção é que se fala em solenidade essencial no mandato, o que decorre mais da natureza do negócio jurídico que se pretende celebrar do que de uma disciplina propriamente dita desta figura contratual.

É o caso, por exemplo, do casamento por procuração, que exige instrumento público, com poderes especiais.

Ainda quanto à forma, o mandato é um contrato consensual, uma vez que se concretiza com a simples declaração de vontade, não dependendo, em princípio, da prática de qualquer ato.

Quanto à pessoa do contratante, em que pese — como veremos — a possibilidade jurídica do substabelecimento, o mandato é um contrato *individual* e *personalíssimo*, ou seja, celebrado *intuitu personae*, em que a figura do contratante tem influência decisiva para a celebração do negócio, sendo razoável afirmar, inclusive, que a pessoa do contratante se torna um elemento causal do contrato.

Nessa linha, vale registrar que, da mesma maneira que a maioria das figuras contratuais nominadas do Código Civil (ressalvados os títulos de crédito), o contrato de mandato é um *contrato causal*, vinculado, portanto, à causa que o determinou, podendo ser declarado inválido se tal causa for considerada inexistente, ilícita ou imoral.

Quanto ao tempo, trata-se de um *contrato de duração*, que se cumpre por meio de atos reiterados. Tal duração pode ser *determinada* ou *indeterminada*, na medida em que haja ou não previsão expressa de termo final ou condição resolutiva a limitar a eficácia do contrato.

Geralmente, pela sua *função econômica*, consiste em um contrato *de atividade*, caracterizado pela prestação de uma conduta de fato, mediante a qual se conseguirá uma utilidade econômica.

Trata-se, por fim, de um contrato evidentemente *acessório*, já que tem finalidade preparatória, haja vista servir para a realização de determinados atos ou administração de interesses.

Não é, porém, um contrato *preliminar*, mas, sim, *definitivo*, em relação às partes contratantes (mandante e mandatário), mesmo tendo a sua produção de efeitos relacionada com a conduta a que um dos contratantes se obrigou em face do outro.

7. FORMA

No que diz respeito à forma, estabelece o art. 656 do CC/2002:

"Art. 656. O mandato pode ser expresso ou tácito, verbal ou escrito".

Tal previsão de liberdade da forma do contrato de mandato reforça a importância da afirmação do conteúdo plurissignificativo da expressão "procuração".

Afinal de contas, se procuração fosse única e exclusivamente o instrumento do mandato, seria por demais estranho reconhecer a possibilidade de existência de um "instrumento tácito ou verbal". Daí por que fica ainda mais nítida a diferença entre mandato e procuração.

O fato, todavia, é que a relação contratual do mandato pode decorrer tanto de manifestação expressa das partes neste sentido (mandato expresso), o que pode tomar a forma escrita ou verbal, quanto da prática de atos em benefício do alegado mandante (mandato tácito).

No caso de ser escrita, modalidade mais comum, estabelece o § 1.º do art. 654 do CC/2002 que o *"instrumento particular deve conter a indicação do lugar onde foi passado, a qualificação do outorgante e do outorgado, a data e o objetivo da outorga com a designação e a extensão dos poderes conferidos"*.

Uma mudança de diretriz da nova codificação, porém, foi o entendimento de que a exigência de reconhecimento de firma não é um requisito indispensável para a validade perante terceiros, mas, sim, uma formalidade que este mesmo terceiro pode exigir ou dispensar[10].

No caso do mandato expresso verbal, seu elemento complicador é justamente a prova de tal manifestação de vontade, o que, *a priori*, pode ser demonstrado por todos os meios de prova admissíveis em Direito, inclusive a prova testemunhal[11].

Assim, é exemplo de relação jurídica estabelecida verbalmente quando, na fila da matrícula, Camila anuncia publicamente que está designando Fred como seu procurador para fazer a matrícula em seu nome, sendo o mandato verbal a relação jurídica havida entre os sujeitos, a qual, pela sua unilateralidade, faz surgir obrigações para o mandatário e prerrogativas/direitos para o mandante. Caso o terceiro (a escola, a faculdade) não exija documento escrito de procuração, para efeito de prova, é perfeitamente defensável a existência do mandato verbal.

Já o mandato tácito é aquele que se depreende da prática de atos, pelo mandatário, em benefício do mandante, como se mandato expresso tivesse sido celebrado.

Na esteira do art. 659 do CC/2002, a *"aceitação do mandato pode ser tácita, e resulta do começo de execução"*.

Vale registrar que o mandato tácito é amplamente aceito, por exemplo, na jurisprudência trabalhista, considerando-se investido de tal poder o advogado que comparece em juízo, acompanhando a parte em audiência, mesmo sem procuração[12].

---

[10] É o que se infere da redação do § 2.º do art. 654 ("§ 2.º O terceiro com quem o mandatário tratar poderá exigir que a procuração traga a firma reconhecida"), em confronto com a regra anterior do § 3.º do art. 1.289 do CC/1916 ("§ 3.º O reconhecimento da firma no instrumento particular é condição essencial à sua validade, em relação a terceiros").

[11] Sobre o tema, confira-se o Capítulo XVI ("Prova do Fato Jurídico") do v. 1 ("Parte Geral") desta obra.

[12] Nesse sentido, confira-se a Súmula 164 do TST:
"Procuração. Juntada — Nova redação — Res. 121/2003, *DJ* 21.11.2003. O não cumprimento das determinações dos §§ 1.º e 2.º do art. 5.º da Lei n. 8.906, de 04.07.1994 e do art. 37, parágrafo único, do Código de Processo Civil importa o não conhecimento de recurso, por inexistente, exceto na hipótese de mandato tácito".

Cumpre anotar, ainda, que a liberdade de forma no contrato de mandato é uma regra geral, mas que deve levar em consideração também a forma do ato a ser praticado.

É o disposto no art. 657 do CC/2002:

"Art. 657. A outorga do mandato está sujeita à forma exigida por lei para o ato a ser praticado. Não se admite mandato verbal quando o ato deva ser celebrado por escrito".

Assim, por exemplo, se Cedric constitui Jorge como seu mandatário para vender seu valioso apartamento para Iuri, a forma pública será essencial, uma vez que o negócio jurídico de compra e venda, no caso, também se dará através de escritura pública.

8. SUBSTABELECIMENTO

Uma característica do contrato de mandato, como visto, é a sua celebração *intuitu personae*.

Isso não impede, todavia, que o mandatário original possa transferir os poderes que lhe foram outorgados pelo mandante para terceira pessoa, de modo a facilitar a realização da conduta a que se comprometeu.

Essa transferência de poderes, verdadeira relação negocial derivada, chama-se *substabelecimento*.

Pode ser feito *com* ou *sem reservas* de poderes para o mandatário original, ou seja, resguardando-se ou não os poderes inicialmente estabelecidos[13].

Da mesma forma, o substabelecimento pode-se dar para atuação *separadamente* ou *em conjunto*, ou seja, para que o substabelecido tenha ou não autonomia para atuar individualmente na conduta desejada pelo mandatário.

Entendemos, inclusive, que a prerrogativa de substabelecer o mandato é um direito subjetivo do mandatário, que somente pode ser subtraído por previsão legal específica ou cláusula contratual impeditiva expressa.

E como fica a responsabilidade pelos danos eventualmente causados pelo substabelecido?

A matéria é objeto de previsão específica e detalhada no art. 667 do Código Civil de 2002:

"Art. 667. O mandatário é obrigado a aplicar toda sua diligência habitual na execução do mandato, e a indenizar qualquer prejuízo causado por culpa sua ou daquele a quem substabelecer, sem autorização, poderes que devia exercer pessoalmente.

§ 1.º Se, não obstante proibição do mandante, o mandatário se fizer substituir na execução do mandato, responderá ao seu constituinte pelos prejuízos ocorridos sob a gerência do substituto, embora provenientes de caso fortuito, salvo provando que o caso teria sobrevindo, ainda que não tivesse havido substabelecimento.

§ 2.º Havendo poderes de substabelecer, só serão imputáveis ao mandatário os danos causados pelo substabelecido, se tiver agido com culpa na escolha deste ou nas instruções dadas a ele.

---

[13] Vale registrar que o art. 26 da Lei n. 8.906/94 (Estatuto da OAB) estabelece que o *"advogado substabelecido, com reserva de poderes, não pode cobrar honorários sem a intervenção daquele que lhe conferiu o substabelecimento"*.

§ 3.º Se a proibição de substabelecer constar da procuração, os atos praticados pelo substabelecido não obrigam o mandante, salvo ratificação expressa, que retroagirá à data do ato.

§ 4.º Sendo omissa a procuração quanto ao substabelecimento, o procurador será responsável se o substabelecido proceder culposamente".

E qual deve ser a forma do substabelecimento?

O sistema codificado anterior previa, no § 2.º do seu art. 1.289, que para "*o ato que não exigir instrumento público, o mandato, ainda quando por instrumento público seja outorgado, pode substabelecer-se mediante instrumento particular*".

Poderia, então, restar a dúvida: e se o ato exigisse instrumento público, o substabelecimento também deveria seguir a mesma sorte?

Em que pese a imperfeita redação, a resposta nos parece positiva, pois decorrente da aplicação da regra de que o acessório segue o principal.

O novo sistema codificado, na nossa opinião, manteve a regra, embora tenha modificado a redação do dispositivo equivalente, qual seja, o art. 655 do CC/2002:

> "Art. 655. Ainda quando se outorgue mandato por instrumento público, pode substabelecer-se mediante instrumento particular".

A ideia, no nosso entender, continua a mesma, pois o princípio não foi modificado, nem excepcionado.

Assim, para atos que exigem instrumento público, o substabelecimento obrigatoriamente deve seguir a mesma forma. A formalidade será dispensada, porém, quando tal instrumento não for da essência do ato, ainda que o mandato original, eventualmente, tenha seguido essa solenidade.

Nesse diapasão, foi editado o Enunciado n. 182 da III Jornada de Direito Civil da Justiça Federal:

> Enunciado n. 182 — "Art. 655: O mandato outorgado por instrumento público previsto no art. 655 do CC somente admite substabelecimento por instrumento particular quando a forma pública for facultativa e não integrar a substância do ato".

Entretanto, à guisa de exemplo, se Hélio constitui Ronaldo, por instrumento público, como seu procurador para vender determinado bem móvel (negócio jurídico este que não exige a forma pública), nada impede que Ronaldo substabeleça tal mandato a Vivaldo, por instrumento particular, sendo este substabelecimento perfeitamente válido.

Parece-nos ser, sem dúvida, a mais razoável interpretação.

9. OBJETO DO MANDATO

Quase todos os atos da vida civil podem ser objeto de um contrato de mandato.

De fato, todos os atos que envolvam interesses (patrimoniais ou extrapatrimoniais) não personalíssimos ou que não exijam a intervenção pessoal do mandante podem ter seu cumprimento ou administração delegados por meio de mandato.

Assim é o ensinamento de ORLANDO GOMES:

"A prática de qualquer negócio jurídico pode ser objeto de mandato. Quando o mandato constitui a relação jurídica subjacente do ato de atribuição do poder de representação não se permite que o mandatário se obrigue a praticar certos atos que, por sua natureza personalíssima, somente o mandante pode efetuar, como, v.g., o testamento.

O mandato pode ser convencionado no interesse exclusivo do mandante — *mandatum mea gratia*, no do mandatário — *mandatum tua tantum gratia* — ou no interesse comum dos dois — *mandatum tua et mea gratia*. Conclui-se também no interesse de terceiro — *mandatum aliena gratia*"[14].

No mesmo diapasão, também registra CARLOS ROBERTO GONÇALVES:

"Em regra, todos os atos podem ser realizados por meio de procurador. Constitui requisito inafastável que o ato ou o negócio colimado seja lícito e conforme aos bons costumes e à moral. O objeto do mandato não se limita, porém, aos atos patrimoniais. A adoção e o reconhecimento do filho natural, por exemplo, podem ser efetuados por meio de mandato. Até mesmo o casamento, que é um dos atos mais solenes do Código Civil e de reconhecida importância para a vida das pessoas, pode ser celebrado 'mediante procuração, por instrumento público, com poderes especiais' (CC, art. 1.542). Alguns poucos, todavia, como o testamento, a prestação de concurso público, o serviço militar, o mandato eletivo, o exercício do poder familiar e outros, por serem personalíssimos, não podem ser praticados por representante"[15].

Nessa linha de pensamento, até mesmo a confissão — entendida como a admissão de fato contrário a seu interesse e favorável à parte contrária — pode ser feita por representante, desde que tenha poderes para tal mister.

Vale lembrar aqui a regra do art. 213 do CC/2002:

"Art. 213. Não tem eficácia a confissão se provém de quem não é capaz de dispor do direito a que se referem os fatos confessados.

Parágrafo único. Se feita a confissão por um representante, somente é eficaz nos limites em que este pode vincular o representado".

Ainda sobre o objeto do mandato, a relação jurídica pode ser estabelecida para a prática de um ou mais negócios específicos, ou, então, referir-se à administração geral dos interesses do mandante, na forma do art. 660 do Código Civil.

O mandato, assim, pode ser *especial* a um ou mais negócios específicos, ou *geral* a todos os negócios do mandante, sendo, portanto, uma classificação quanto ao número (efetivo ou potencial) de negócios em que o mandatário está autorizado a representar o mandante.

Tais modalidades, por sua vez, não se confundem com os mandatos *em termos gerais* e com os mandatos *com poderes especiais*, classificação essa que diz respeito aos limites dos poderes outorgados no mandato[16].

---

[14] Orlando Gomes, *Contratos*, cit., p. 349.
[15] Carlos Roberto Gonçalves, *Direito Civil Brasileiro*, cit., v. 3, p. 433.
[16] Também adota esta classificação C. R. Gonçalves, cit., p. 399.

Com efeito, sobre o mandato em termos gerais, importante disciplina é estabelecida pelo art. 661 do CC/2002:

"Art. 661. O mandato em termos gerais só confere poderes de administração.

§ 1.º Para alienar, hipotecar, transigir, ou praticar outros quaisquer atos que exorbitem da administração ordinária, depende a procuração de poderes especiais e expressos.

§ 2.º O poder de transigir não importa o de firmar compromisso".

Algumas considerações devem ser feitas sobre a referida previsão.

De fato, o que são poderes de administração?

Por exclusão, podem eles ser definidos como aqueles que *exorbitem da administração ordinária*, como *"alienar, hipotecar, transigir"*.

Acreditamos, porém, que é possível estabelecer um conceito mais preciso da matéria.

Poderes de administração ordinária, com efeito, devem ser entendidos como todos aqueles necessários para o regular cumprimento dos negócios jurídicos já estabelecidos, inclusive a celebração de negócios jurídicos correlatos ou conexos ao mandato, que não importem necessariamente na perda do objeto do contrato.

Assim, por exemplo, se Márcia tem poderes para administrar um bem, cuidando pessoalmente de sua conservação, não está autorizada implicitamente a locá-lo, ainda que o resultado econômico reverta para o proprietário. Para isso, mister se faria a outorga de poderes específicos, pois tal conduta exorbitaria da administração ordinária.

A análise do caso concreto é, sem sombra de dúvida, imprescindível.

Por isso mesmo, a outorga de poderes especiais e expressos, mencionada no § 1.º, não dispensa a adequada descrição do objeto, com sua identificação e individualização[17], o que explica, também, a ressalva do § 2.º, pois, se para firmar compromisso pressupõe poderes para transigir, a recíproca não é verdadeira, ou seja, na letra da lei, o *"poder de transigir não importa o de firmar compromisso"*.

Não há impedimento legal, porém, para a comum prática de se estabelecer uma procuração com poderes gerais de administração cumulada com poderes específicos. Na verdade, tal estipulação pode ser algo bastante razoável para o cumprimento do mister desejado, pois, muitas vezes, para o desempenho de determinados objetivos, necessária se faz a realização de atos jurídicos próprios da administração ordinária.

Em conclusão, visando a enriquecer o estudo deste tópico, vale lembrar a possibilidade de se realizar *doação por meio de procuração*[18], conforme já anotou PABLO STOLZE GAGLIANO:

"A doutrina e a jurisprudência brasileiras têm admitido a *doação por procuração*, desde que o doador cuide de especificar o objeto da doação e o beneficiário do ato (donatário).

---

[17] Tal entendimento foi explicitado, inclusive, na III Jornada de Direito Civil da Justiça Federal, que aprovou o Enunciado n. 183, com a seguinte redação: "Arts. 660 e 661: Para os casos em que o parágrafo primeiro do art. 661 exige poderes especiais, a procuração deve conter a identificação do objeto".

[18] É tão amplo o objeto do mandato que, atualmente, já é possível, em nosso pensar, inclusive, a realização da separação e divórcio administrativos consensuais por meio de procurador.

Tal situação, aliás, *não proibida por lei*, já era prevista no Anteprojeto de Código de Obrigações, elaborado pelo grande CAIO MÁRIO DA SILVA PEREIRA[19]:

'Art. 432. Não vale a doação que se faça por procurador, salvo investido de poderes especiais, com indicação expressa do donatário, ou de um dentre vários que o doador nominalmente mencionar'.

Ora, desde que a referida procuração contenha poderes especiais, indicando, por conseguinte, o beneficiário da liberalidade e o bem doado, não vemos óbice a que se reconheça validade e eficácia ao ato, consoante anotam NELSON NERY JUNIOR e ROSA MARIA DE ANDRADE NERY: 'Para a validade de escritura de doação realizada por procurador não bastam poderes para a liberalidade, de modo genérico. É indispensável a menção do donatário, bem como o objeto respectivo. No mesmo sentido: RT 495/44 (RT 472/95)'[20].

Respeita-se, assim, a autonomia da vontade do doador representado, sem que haja risco à segurança jurídica"[21].

10. ESPÉCIES

Um esforço classificatório simples nos permite verificar a existência de diversas espécies de mandato.

Assim, quanto à forma, o mandato pode ser, como visto, *tácito* ou *expresso* e, nesta modalidade, tanto *verbal*, quanto *escrito*. Neste último, ou seja, no escrito, pode ser outorgado pela lavratura de um documento diretamente entre as partes (instrumento particular ou público) ou mesmo pelo registro da outorga de poderes em uma ata, seja extrajudicialmente (p. ex., em uma reunião ou assembleia), seja judicialmente (v. g., ata de audiência), o que é chamado de mandato *apud acta*.

Como visto em tópico passado, o mandato é, em regra, *gratuito*, mas pode ser *remunerado*.

Quando outorgado a mais de uma pessoa, os mandatos podem ser classificados como *conjuntos* (todos os mandatários têm de atuar simultaneamente), *fragmentários* ou *fracionários* (os mandatários são designados e atuam em atos diferentes), *sucessivos* (os mandatários são designados e atuam em atos distintos e que se sucedem no tempo) ou *solidários* (qualquer um dos mandatários pode praticar todos os atos designados, independentemente da participação dos demais comandatários).

Por outro viés, sob o enfoque do objeto do contrato, mais especificamente sobre o número (efetivo ou potencial) de negócios em que o mandatário poderá atuar, podemos classificar o mandato em *geral* ou *especial*, na medida em que estabelece poderes *genéricos* de administração ordinária de quaisquer negócios ou poderes limitados (restritos) à prática de determinados negócios jurídicos.

---

[19] Caio Mário da Silva Pereira, *Anteprojeto do Código de Obrigações*, já citado.
[20] Nelson Nery Junior e Rosa Maria de Andrade Nery, *Novo Código Civil e Legislação Extravagante Anotados*, São Paulo: Revista dos Tribunais, 2002, p. 211.
[21] Pablo Stolze Gagliano, *Contrato de Doação*, 5. ed., São Paulo: Saraiva, 2021, p. 260 (no prelo).

Sem confundir com tal classificação, como constatado no tópico anterior, mas, tomando por parâmetro os limites dos poderes outorgados no mandato, classificam-se tais avenças em mandatos *em termos gerais* (entendidos como os que outorgam *poderes genéricos de administração*) e mandatos *com poderes especiais*, que são os que abrangem poderes *específicos* (especiais e expressos) para atos como *alienar, hipotecar, transigir, firmar compromisso ou praticar outros quaisquer atos que exorbitem da administração ordinária*.

A classificação, porém, que mais nos interessa neste momento toma como base o campo de atuação do mandatário para a prática dos atos desejados.

Nesse prisma, o mandato pode ser *extrajudicial* ou *judicial*.

10.1. Mandato extrajudicial

A relação contratual de mandato serve, como visto, para quase todos os atos da vida civil, dada a gama multifária de situações que integra o seu objeto.

Assim, não há dúvida de que o mandato extrajudicial — tradicionalmente conhecido como *ad negotia* — é de ocorrência extremamente comum, sendo-lhe aplicada toda a disciplina aqui analisada.

Todavia, a outra espécie de mandato, sob o enfoque da área de atuação do mandatário, é, por incrível que pareça, ainda mais frequente: o *judicial*.

10.2. Mandato judicial

O contrato mantido pelo advogado com seu cliente, para o ajuizamento da demanda, não é, inicialmente, o de mandato, mas, sim, o de prestação de serviço ou, excepcionalmente, de emprego. Decidido o ajuizamento de demanda judicial, aí, por certo, é que surge o contrato de mandato, como o negócio jurídico que disciplina a relação interna entre advogado e cliente, em função do processo, ou seja, de mandatário e mandante.

O sistema codificado civil anterior trazia uma relativamente minuciosa disciplina do mandato judicial, tratando da matéria em seus arts. 1.324 a 1.330.

Tal previsão se justificava pelo momento histórico de sistematização do nosso primeiro Código Civil, em que a dogmática processualística ainda não se encontrava tão desenvolvida, nem era tão estudada e prestigiada como em décadas posteriores.

Por isso, plenamente justificável é a previsão do art. 692 do CC/2002, que remete a disciplina do mandato judicial à legislação processual e, somente de forma supletiva, às regras contidas no vigente Código Civil.

Isso porque, embora o mandato judicial não deixe de ser um vínculo jurídico com natureza contratual, as suas peculiaridades exigem uma normatização própria, decorrente, sem dúvida, da sistemática processual[22].

---

[22] Vale registrar, nesse ponto, que sendo o mandante (a parte) absoluta ou relativamente incapaz, o mandato outorgado a advogado (mandato judicial) pode ser lavrado por instrumento particular. Para a prática de atos negociais em geral (mandato *ad negotia*), como a venda de um imóvel, no entanto, devem-se observar as regras gerais de validade do negócio jurídico, e, bem assim, as normas especiais, analisadas neste capítulo, para se poder definir a natureza do instrumento (se público ou particular).

Trata-se, portanto, de uma área de interpenetração entre o Direito Processual e o Direito Material, devendo ser observadas as regras específicas de capacidade postulatória como pressuposto geral, inclusive a circunstância de que não é qualquer bacharel em Direito que pode ser mandatário, mas, sim, somente um advogado regularmente inscrito nos quadros da Ordem dos Advogados do Brasil.

Sobre o tema da procuração do mandato judicial, estabelecem os arts. 104 e 105 do Código de Processo Civil de 2015:

"Art. 104. O advogado não será admitido a postular em juízo sem procuração, salvo para evitar preclusão, decadência ou prescrição, ou para praticar ato considerado urgente.

§ 1.º Nas hipóteses previstas no *caput*, o advogado deverá, independentemente de caução, exibir a procuração no prazo de 15 (quinze) dias, prorrogável por igual período por despacho do juiz[23].

§ 2.º O ato não ratificado será considerado ineficaz relativamente àquele em cujo nome foi praticado, respondendo o advogado pelas despesas e por perdas e danos.

Art. 105. A procuração geral para o foro, outorgada por instrumento público ou particular assinado pela parte, habilita o advogado a praticar todos os atos do processo, exceto receber citação, confessar, reconhecer a procedência do pedido, transigir, desistir, renunciar ao direito sobre o qual se funda a ação, receber, dar quitação, firmar compromisso e assinar declaração de hipossuficiência econômica, que devem constar de cláusula específica[24].

§ 1.º A procuração pode ser assinada digitalmente, na forma da lei.

§ 2.º A procuração deverá conter o nome do advogado, seu número de inscrição na Ordem dos Advogados do Brasil e endereço completo.

§ 3.º Se o outorgado integrar sociedade de advogados, a procuração também deverá conter o nome dessa, seu número de registro na Ordem dos Advogados do Brasil e endereço completo.

§ 4.º Salvo disposição expressa em sentido contrário constante do próprio instrumento, a procuração outorgada na fase de conhecimento é eficaz para todas as fases do processo, inclusive para o cumprimento de sentença".

A regra do mencionado *caput* do art. 105 do CPC/2015 firma a ideia de que a procuração judicial pode ter dois tipos de cláusulas:

a) **cláusula *ad juditia*:** trata-se da cláusula que outorga poderes gerais para o foro, autorizando o advogado a atuar em todos os atos processuais;

b) **cláusula *extra juditia*:** trata-se da cláusula que outorga poderes específicos para atos de maior relevância no processo, que, em tese, deveriam ser feitos pessoalmente pela parte. São os especificamente enumerados no transcrito *caput* do art. 105 do CPC/2015, a saber, receber citação, confessar, reconhecer a procedência do pedido, transigir, desistir,

---

[23] No mesmo sentido, estabelece o § 1.º do art. 5.º da Lei n. 8.906/94: "O advogado, afirmando urgência, pode atuar sem procuração, obrigando-se a apresentá-la no prazo de quinze dias, prorrogável por igual período".

[24] No mesmo sentido, estabelece o § 2.º do art. 5.º da Lei n. 8.906/94: "A procuração para o foro em geral habilita o advogado a praticar todos os atos judiciais, em qualquer juízo ou instância, salvo os que exijam poderes especiais".

renunciar ao direito sobre o qual se funda a ação, receber, dar quitação, firmar compromisso e assinar declaração de hipossuficiência econômica, que devem constar de cláusula específica.

Sobre a extinção do mandato judicial, vale registrar ainda as previsões dos arts. 111 e 112 do Código de Processo Civil de 2015:

"Art. 111. A parte que revogar o mandato outorgado a seu advogado constituirá, no mesmo ato, outro que assuma o patrocínio da causa.

Parágrafo único. Não sendo constituído novo procurador no prazo de 15 (quinze) dias, observar-se-á o disposto no art. 76[25].

Art. 112. O advogado poderá renunciar ao mandato a qualquer tempo, provando, na forma prevista neste Código, que comunicou a renúncia ao mandante, a fim de que este nomeie sucessor.

§ 1.º Durante os 10 (dez) dias seguintes, o advogado continuará a representar o mandante, desde que necessário para lhe evitar prejuízo[26].

§ 2.º Dispensa-se a comunicação referida no *caput* quando a procuração tiver sido outorgada a vários advogados e a parte continuar representada por outro, apesar da renúncia".

Tais regras são bastante razoáveis, tendo em vista a imprescindibilidade da presença do advogado na demanda judicial, uma vez que é ele o detentor exclusivo do *jus postulandi*, salvo na Justiça do Trabalho e nos Juizados Especiais Estaduais ou Federais.

Saliente-se, porém, que a revogação do mandato pela parte, mesmo constituindo ato contínuo outro profissional para assumir a demanda, não prejudica o direito do causídico destituído ao preço pelo serviço até então prestado, o que deverá, na falta de previsão contratual específica, ser fixado por arbitramento, por aplicação do § 2.º do art. 22 do Estatuto da Ordem dos Advogados do Brasil[27].

---

[25] Sobre o tema, estabelece o art. 76 do Código de Processo Civil de 2015:
"Art. 76. Verificada a incapacidade processual ou a irregularidade da representação da parte, o juiz suspenderá o processo e designará prazo razoável para que seja sanado o vício.
§ 1.º Descumprida a determinação, caso o processo esteja na instância originária:
I — o processo será extinto, se a providência couber ao autor;
II — o réu será considerado revel, se a providência lhe couber;
III — o terceiro será considerado revel ou excluído do processo, dependendo do polo em que se encontre.
§ 2.º Descumprida a determinação em fase recursal perante tribunal de justiça, tribunal regional federal ou tribunal superior, o relator:
I — não conhecerá do recurso, se a providência couber ao recorrente;
II — determinará o desentranhamento das contrarrazões, se a providência couber ao recorrido".

[26] No mesmo sentido, estabelece o § 3.º do art. 5.º da Lei n. 8.906/94: "O advogado que renunciar ao mandato continuará, durante os dez dias seguintes à notificação da renúncia, a representar o mandante, salvo se for substituído antes do término desse prazo".

[27] "§ 2.º do art. 22 da Lei 8.906/94: Na falta de estipulação ou de acordo, os honorários são fixados por arbitramento judicial, em remuneração compatível com o trabalho e o valor econômico da questão, não podendo ser inferiores aos estabelecidos na tabela organizada pelo Conselho Seccional da OAB".

Vale registrar, outrossim, que o art. 25 da referida norma (Lei n. 8.906/94-EOAB) disciplina a prescrição da pretensão de cobrança dos honorários advocatícios da seguinte forma:

"Art. 25. Prescreve em cinco anos a ação de cobrança de honorários de advogado, contado o prazo:

I — do vencimento do contrato, se houver;

II — do trânsito em julgado da decisão que os fixar;

III — da ultimação do serviço extrajudicial;

IV — da desistência ou transação;

V — da renúncia ou revogação do mandato"[28].

Por fim, ainda sobre o mandato judicial, vale lembrar que, nos termos da Súmula 644 do STJ, "o núcleo de prática jurídica deve apresentar o instrumento de mandato quando constituído pelo réu hipossuficiente, salvo nas hipóteses em que é nomeado pelo juízo".

11. CONTEÚDO DO MANDATO

O conteúdo do mandato é estabelecido pela autonomia da vontade das partes.

É esta autonomia da vontade, portanto, que fixa quais são os limites da atuação do mandatário, devendo balizar o seu comportamento.

No entanto, somente obrigam o mandante os atos praticados dentro dos estritos limites do mandato, não sendo exigíveis as avenças celebradas que exorbitem tais regramentos.

É o que dispõe o art. 662 do CC/2002:

"Art. 662. Os atos praticados por quem não tenha mandato, ou o tenha sem poderes suficientes, são ineficazes em relação àquele em cujo nome foram praticados, salvo se este os ratificar.

Parágrafo único. A ratificação há de ser expressa, ou resultar de ato inequívoco, e retroagirá à data do ato".

A consequência, portanto, da inexistência de mandato (ou de mandato com poderes insuficientes) é a ineficácia do negócio jurídico celebrado, pelo menos em relação ao alegado mandante.

E se, por acaso, houver mandato, mas o mandatário atuar além dos seus limites ou diametralmente contra eles?

A resposta se encontra no art. 665 do CC/2002, que estabelece:

"Art. 665. O mandatário que exceder os poderes do mandato, ou proceder contra eles, será considerado mero gestor de negócios, enquanto o mandante lhe não ratificar os atos"[29].

---

[28] O referido prazo foi reafirmado pelo art. 206, § 5.º, II, do vigente Código Civil brasileiro, que estabeleceu o prazo de cinco anos para a prescrição da "pretensão dos profissionais liberais em geral, procuradores judiciais, curadores e professores pelos seus honorários, contado o prazo da conclusão dos serviços, da cessação dos respectivos contratos ou mandato".

[29] Sobre o tema da gestão de negócios, confira-se o tópico 3 ("Gestão de negócios") do Capítulo XXVII ("Atos Unilaterais") do v. 2 ("Obrigações") desta obra.

Cumprido regularmente o mandato, porém, é o mandante o responsável único pelo negócio celebrado, salvo se, por exceção, o mandatário agir em seu próprio nome, ainda que o negócio seja de conta do mandante.

12. DIREITOS E OBRIGAÇÕES DAS PARTES

Neste tópico, pretendemos enumerar, de forma sistematizada, com a indicação das previsões legais correspondentes, os principais direitos e obrigações do mandante e mandatário.

Com efeito, o regular cumprimento do mandato importa em uma gama de deveres e direitos cuja sistematização se impõe para a devida compreensão.

Isso porque o mandato é, como já informado, um contrato aprioristicamente unilateral, que somente geraria obrigações para o mandatário.

Nessa linha, o mandante não teria obrigações no contrato, mas, sim, apenas o dever de cumprimento do quanto pactuado pelo mandatário, o que já é uma fase posterior à avença contratual.

Destacamos, todavia, que, na execução do mandato, podem surgir obrigações para o mandante, motivo pelo qual a doutrina criou, para situações como essa, a classificação como contrato bilateral imperfeito[30].

Por outro lado, o mandato oneroso, por exceção, é um contrato propriamente bilateral, motivo por que o texto normativo também faz menção, nos arts. 675 a 681 do CC/2002, a "obrigações do mandante".

Feitos estes esclarecimentos preliminares, passemos, pois, à compreensão das obrigações (e, como o outro lado da moeda, os direitos) de cada uma das partes do contrato de mandato.

12.1. Obrigações do mandatário x Direitos do mandante

A obrigação básica do mandatário é, como parece óbvio, cumprir os atos necessários para o fiel desempenho do mandato.

Assim, como visto do já transcrito art. 667 do CC/2002, o *"mandatário é obrigado a aplicar toda sua diligência habitual na execução do mandato, e a indenizar qualquer prejuízo causado por culpa sua ou daquele a quem substabelecer, sem autorização, poderes que devia exercer pessoalmente"*, sendo direito do mandante exigir tal regular cumprimento ou, sucessivamente, a indenização pelos danos verificados.

Por isso mesmo, na forma do art. 668 do CC/2002, o *"mandatário é obrigado a dar contas de sua gerência ao mandante, transferindo-lhe as vantagens provenientes do mandato, por qualquer título que seja"*.

Dessa forma, é direito do mandante exigir, diretamente ou pela via judicial, tal prestação de contas.

Em relação aos terceiros, o vigente Código Civil brasileiro não trouxe norma equivalente à previsão do art. 1.305 do CC/1916, que estabelecia que o mandatário era *"obrigado*

---

[30] Sobre o tema, confira-se o Capítulo "Classificação dos Contratos" desta obra.

a apresentar o instrumento do mandato às pessoas, com quem tratar em nome do mandante, sob pena de responder a elas por qualquer ato, que lhe exceda os poderes".

A ausência dessa previsão normativa específica não afasta, porém, tal regra, que, em verdade, é um direito do terceiro, para conhecer os limites dos poderes do mandato.

Ademais, é possível admitir que tal direito se encontra previsto, de forma implícita, na estipulação do art. 673 do CC/2002, que preceitua, *in verbis*:

> "Art. 673. O terceiro que, depois de conhecer os poderes do mandatário, com ele celebrar negócio jurídico exorbitante do mandato, não tem ação contra o mandatário, salvo se este lhe prometeu ratificação do mandante ou se responsabilizou pessoalmente".

Vale registrar, ainda, que o dispositivo equivalente no Código Civil de 1916, a saber, o seu art. 1.306, trazia referência à ausência de ação "*contra o mandante, senão quando este houver ratificado o excesso do procurador*", o que nos parece despiciendo, pois, praticado o ato fora dos limites do mandato, não há como obrigar o mandante, salvo justamente pela sua ratificação, o que vem agora explicitado, conforme se depreende dos arts. 662 e 665 do CC/2002.

Voltando ao *caput* do art. 667 do CC/2002, é obrigação do mandatário, como visto, indenizar o mandante pelos prejuízos que causar no desempenho culposo do múnus atribuído.

Uma interessante regra, porém, em relação à referida indenização é prevista no art. 669 do CC/2002:

> "Art. 669. O mandatário não pode compensar os prejuízos a que deu causa com os proveitos que, por outro lado, tenha granjeado ao seu constituinte".

A justificativa do dispositivo é muito simples: é obrigação do mandatário realizar o mandato de forma benéfica ao mandante. Se, no desempenhar desta atribuição, granjeou-lhe proveitos, nada mais do que se espera e deseja. Se, porém, ao mesmo tempo, por outros atos também decorrentes do mandato, gerou perdas ao mandante, tal fato não é desejado, nem sequer esperado, devendo o mandatário indenizar integralmente o seu constituinte.

O abuso do direito no desempenho do mandato é um ato ilícito como outro qualquer, enquadrando-se na regra do art. 187 do vigente Código Civil brasileiro.

Todavia, preferiu o legislador trazer dois dispositivos com previsões específicas de hipóteses de abuso de direito no campo das relações jurídicas de direito material decorrentes do contrato de mandato, que merecem ser aqui referidos.

Confiram-se, pois, os arts. 670 e 671 do CC/2002:

> "Art. 670. Pelas somas que devia entregar ao mandante ou recebeu para despesa, mas empregou em proveito seu, pagará o mandatário juros, desde o momento em que abusou.
>
> Art. 671. Se o mandatário, tendo fundos ou crédito do mandante, comprar, em nome próprio, algo que devera comprar para o mandante, por ter sido expressamente designado no mandato, terá este ação para obrigá-lo à entrega da coisa comprada".

O primeiro dispositivo é de intelecção imediata, por ser óbvio que se o mandatário recebeu valores para entregar ao mandante ou para as despesas do cumprimento do mandato e, em vez de cumprir o determinado, empregou as verbas em proveito próprio, praticou ato ilícito que deve ser reparado, estabelecendo o dispositivo a cobrança de juros legais pelo abuso cometido.

Já quanto ao mencionado art. 671 do CC/2002, observa JONES FIGUEIRÊDO ALVES:

"Cria-se, aqui, regra nova, de lógica razoável, almejando, outrossim, a proteção do mandante para eventuais atos ímprobos, praticados pelo mandatário, em flagrante desrespeito à boa-fé e à fidúcia, caracteres inerentes à natureza do mandato. Afigura-se perfeitamente válida a pretensão do mandante em receber do mandatário algo que teria expressamente designado para que este comprasse no exercício de sua função e, mais ainda, valendo-se de fundos ou créditos do próprio outorgante"[31].

Por fim, embora o contrato de mandato seja uma avença personalíssima, que se extingue com a morte de qualquer das partes (art. 682, II, do CC/2002), isto não autoriza que o mandatário abandone a celebração já iniciada de um negócio, se houver perigo na demora, sob pena de responder por perdas e danos.

Tal regra está prevista no art. 674 do Código Civil e se justifica pela circunstância de que a manifestação de vontade do mandante, antes do fato superveniente, era no sentido de realmente concretizar o negócio. Assim, a impossibilidade posterior de conclusão do negócio, em função da demora imputável ao mandatário, gera potencial dano aos interesses subjetivos do mandante ou, no caso de morte, dos seus herdeiros.

12.2. Obrigações do mandante × Direitos do mandatário

Na precisa colocação de ORLANDO GOMES, no "mandato com representação, o mandatário tem simultaneamente uma obrigação e um poder — obrigação para com o mandante; poder, em relação a terceiros"[32].

Em que pese a unilateralidade genética do contrato de mandato gratuito, é óbvio que, em qualquer das modalidades de mandato, o mandante é obrigado, pelo menos, a satisfazer as obrigações contraídas pelo mandato, dentro dos seus estritos limites.

Isso, por si só, não retira a característica unilateral do mandato, pois o contrato, em si, já terá sido cumprido, no que diz respeito às suas partes, restando, portanto, apenas a produção de efeitos perante terceiros.

Sobre o tema, dispõe o art. 675 do CC/2002:

"Art. 675. O mandante é obrigado a satisfazer todas as obrigações contraídas pelo mandatário, na conformidade do mandato conferido, e adiantar a importância das despesas necessárias à execução dele, quando o mandatário lho pedir".

Do referido dispositivo extrai-se a conclusão de que as despesas inerentes ao cumprimento do mandato devem ser, evidentemente, suportadas pelo mandante, que é o beneficiário da conduta esperada.

---

[31] Jones Figueirêdo Alves, *Novo Código Civil Comentado* (coord. Ricardo Fiuza), São Paulo: Saraiva, 2002, p. 611.
[32] Orlando Gomes, *Contratos*, cit., p. 352.

Assim, conclui-se pela existência de um segundo dever do mandante, além de honrar os compromissos assumidos pelo mandatário, qual seja, custear as despesas da execução do mandato, o que se torna mais evidente, ainda, no contrato de mandato oneroso.

Sobre tal obrigação, confira-se o art. 676 do CC/2002:

"Art. 676. É obrigado o mandante a pagar ao mandatário a remuneração ajustada e as despesas da execução do mandato, ainda que o negócio não surta o esperado efeito, salvo tendo o mandatário culpa".

Tanto isso é verdade que a disciplina codificada deste contrato garante ao mandatário o direito à percepção de juros sobre qualquer quantia adiantada pela execução do mandato, bem como o ressarcimento pelas perdas que sofrer, obviamente não resultantes de culpa ou excesso de poderes.

Senão, vejamos os arts. 677 e 678 do CC/2002:

"Art. 677. As somas adiantadas pelo mandatário, para a execução do mandato, vencem juros desde a data do desembolso.

Art. 678. É igualmente obrigado o mandante a ressarcir ao mandatário as perdas que este sofrer com a execução do mandato, sempre que não resultem de culpa sua ou de excesso de poderes".

O direito do mandatário a ser ressarcido de todas as despesas e perdas que teve pelo regular cumprimento do mandato é uma prerrogativa tão importante que foi prevista duas vezes no novo texto codificado.

Em situações como esta, é defensável a tese, já sustentada linhas acima, de que o contrato se manifesta, por vezes, como bilateral imperfeito.

De fato, dispõem os arts. 664 e 681 do CC/2002:

"Art. 664. O mandatário tem o direito de reter, do objeto da operação que lhe foi cometida, quanto baste para pagamento de tudo que lhe for devido em consequência do mandato.

(...)

Art. 681. O mandatário tem sobre a coisa de que tenha a posse em virtude do mandato, direito de retenção, até se reembolsar do que no desempenho do encargo despendeu".

A previsão dúplice do direito de retenção do mandatário se explica, apenas por um esforço de sistematização do legislador, para estabelecer que o direito é aplicável tanto para a retribuição pelo mandato, quanto pelas despesas contraídas, no que entendemos abrangente não somente o ressarcimento de gastos, mas também as próprias perdas e danos.

Sobre o tema, a III Jornada de Direito Civil da Justiça Federal editou o Enunciado n. 184, com a seguinte redação:

Enunciado n. 184 — "Arts. 664 e 681: Da interpretação conjunta desses dispositivos, extrai-se que o mandatário tem o direito de reter, do objeto da operação que lhe foi cometida, tudo o que lhe for devido em virtude do mandato, incluindo-se a remuneração ajustada e o reembolso de despesas".

Neste momento, faz-se mister esclarecer a diferença entre *instruções do mandante para cumprimento dos negócios pretendidos* e os próprios *limites do mandato*.

De fato, atuando o mandatário dentro dos limites dos poderes outorgados, mesmo em situação ou resultado não querido pelo mandante, este último se obriga perante terceiros.

O risco da atividade, portanto, perante terceiros contratantes, é do mandante, uma vez que é este quem estabelece o limite de poderes outorgados. Tendo-o feito em desacordo com o que pretendia, intimamente, ou com o que instruiu o mandatário, não há como deixar de se obrigar perante as pessoas com as quais foram celebrados negócios jurídicos.

Isso não quer dizer que o risco final, no caso de descumprimento de instruções pelo mandatário, seja do mandante, mas apenas que os terceiros, de boa-fé, não podem ser responsabilizados se os negócios foram celebrados dentro dos estritos limites da outorga de poderes.

Tal afirmação justifica o direito subjetivo do mandante de acionar o mandatário pelas perdas e danos sofridos pelo descumprimento de suas instruções, sem prejuízo de ter de cumprir o quanto pactuado com terceiros, dentro dos limites do contrato.

É essa a regra do art. 679 do CC/2002:

"Art. 679. Ainda que o mandatário contrarie as instruções do mandante, se não exceder os limites do mandato, ficará o mandante obrigado para com aqueles com quem o seu procurador contratou; mas terá contra este ação pelas perdas e danos resultantes da inobservância das instruções".

Assim, por exemplo, imaginemos que Wilson constitua Esmeralda como sua mandatária, dando-lhe amplos poderes, por meio de uma procuração, para que alugue determinado bem de sua propriedade. Se, nas instruções passadas (embora não constantes da procuração), foi feita restrição quanto ao valor da locação e, mesmo assim, a mandatária aluga o bem para terceiro por valor menor do que o pretendido pelo mandante, o contrato de locação é perfeitamente válido e exigível pelo terceiro locatário, devendo Wilson processar, querendo, Esmeralda pela inobservância das instruções.

Por fim, parece-nos óbvio que é dever do mandante dar ao mandatário, que cumpriu regularmente as atividades que lhe foram delegadas, quitação formal de suas obrigações, sendo direito do mandatário exigi-la, inclusive judicialmente[33].

13. IRREVOGABILIDADE DO MANDATO

O mandato é um contrato tipicamente de duração, cuja possibilidade de resilição unilateral é prerrogativa inerente a qualquer das partes.

A resilição unilateral, quando de iniciativa do mandatário, é chamada de renúncia, uma vez que importa em abdicar dos poderes outorgados pelo mandante.

Quando a resilição unilateral parte do mandante, fala-se em revogação do mandato, o que, como visto, é o exercício de uma prerrogativa própria da relação contratual.

Assim, a revogabilidade é a regra, e apenas por exceção é estabelecida e admitida a irrevogabilidade do mandato.

Tal irrevogabilidade, contudo, comporta graus.

Com efeito, é possível classificar a irrevogabilidade em relativa (ou mitigada pela autonomia privada) e absoluta (ou imposta por norma de ordem pública).

---

[33] Sobre o tema da quitação, confira-se o tópico 4.1 ("Do objeto do pagamento e sua prova") do Capítulo VIII ("Teoria do Pagamento — Condições Subjetivas e Objetivas") do v. 2 ("Obrigações") desta obra.

A irrevogabilidade relativa é a mais comum e abrangente.

Inserida como cláusula contratual, pode ser desconsiderada pela autonomia da vontade da parte, que arcará com as perdas e danos correspondentes.

É ela que é tratada no art. 683 do CC/2002:

"Art. 683. Quando o mandato contiver a cláusula de irrevogabilidade e o mandante o revogar, pagará perdas e danos".

Todavia, há outra modalidade de cláusula de irrevogabilidade, que se reveste de natureza absoluta, ensejando a ineficácia do ato unilateral de revogação.

São as hipóteses previstas nos arts. 684 e 685 do vigente Código Civil brasileiro, a saber:

"Art. 684. Quando a cláusula de irrevogabilidade for condição de um negócio bilateral, ou tiver sido estipulada no exclusivo interesse do mandatário, a revogação do mandato será ineficaz.

Art. 685. Conferido o mandato com a cláusula 'em causa própria', a sua revogação não terá eficácia, nem se extinguirá pela morte de qualquer das partes, ficando o mandatário dispensado de prestar contas, e podendo transferir para si os bens móveis ou imóveis objeto do mandato, obedecidas as formalidades legais".

O mandato ou procuração em causa própria (in rem suam) é uma exceção à vedação do autocontrato.

Sua utilização é extremamente comum para a celebração de contratos de compra e venda, com o fito de facilitar a transmissão da propriedade, evitando a necessidade da "presença física" do alienante, admitindo-se a sua "presença jurídica" por meio do mandatário, que é o principal interessado no cumprimento do negócio[34].

Assim, a procuração em causa própria é estabelecida no interesse exclusivo do mandatário, que recebe poderes para desempenhar o mandato, com a transmissão de bem de titularidade do mandante em seu favor, motivo pelo qual se estabelece e se justifica a impossibilidade de sua revogação ou extinção com a morte ou interdição do mandante[35].

Para maior segurança, e considerando a natureza do ato final a ser realizado, o mandato em causa própria, em geral, deve ser firmado por instrumento público, dispensando-se, por óbvio, a prestação de contas.

Pelos mesmos motivos, o parágrafo único do art. 686 do Código Civil, estabelece que é *"irrevogável o mandato que contenha poderes de cumprimento ou confirmação de negócios encetados, aos quais se ache vinculado"*.

---

[34] *Vide*: STJ, REsp 4.589/PR, *DJ*, 18-11-1991, p. 16527, rel. Min. Athos Carneiro, 4.ª Turma, j. 19-6-1991.
Ver também: TJRS, Ap. Cív. n. 70012371498, rel. Luiz Ary Vessini de Lima, j. 22-12-2005, 10.ª Câmara Cível.

[35] *Vide*: STJ, REsp 64.457/RJ; REsp (1995/0020238-7), rel. Min. Sálvio de Figueiredo Teixeira, *DJ*, 9-12-1997, p. 64706, j. 8-10-1997, 4.ª Turma.
Ver também: TJRS, Ap. Cív. n. 70005871447, rel. João Armando Bezerra Campos, j. 24-8-2004, 14.ª Câmara Cível.

14. EXTINÇÃO DO MANDATO

Sobre os modos terminativos do mandato, estabelece o art. 682 do CC/2002:

"Art. 682. Cessa o mandato:

I — pela revogação ou pela renúncia;

II — pela morte ou interdição de uma das partes;

III — pela mudança de estado que inabilite o mandante a conferir os poderes, ou o mandatário para os exercer;

IV — pelo término do prazo ou pela conclusão do negócio".

Verifiquemos cada uma delas separadamente.

14.1. Revogação ou renúncia

Sobre a revogação e a renúncia já nos manifestamos em tópico anterior; consistem em modalidades particulares de resilição unilateral do contrato de mandato, quando de iniciativa, respectivamente, do mandante e do mandatário.

A revogação pode ser *expressa* ou *tácita*.

Esta última se configura, na forma do art. 687 do CC/2002, mediante a comunicação direta ao mandatário da designação de outro sujeito para a realização da atividade a que estava obrigado.

Em relação à prerrogativa de revogar o mandato, importantíssima regra, decorrente do princípio da boa-fé objetiva (e dos deveres acessórios de informação e confiança recíproca), está prevista no *caput* do art. 686 do CC/2002: a *"revogação do mandato, notificada somente ao mandatário, não se pode opor aos terceiros que, ignorando-a, de boa-fé com ele trataram; mas ficam salvas ao constituinte as ações que no caso lhe possam caber contra o procurador"*.

Já em relação à renúncia, não há a menor dúvida de que é um direito subjetivo do mandatário que, *a priori*, não comporta limitação.

Todavia, o exercício deste direito deve ser realizado de forma razoável, cabendo, sim, o pagamento de perdas e danos, caso seja feito de forma temporalmente inoportuna.

É a regra do art. 688 do CC/2002:

"Art. 688. A renúncia do mandato será comunicada ao mandante, que, se for prejudicado pela sua inoportunidade, ou pela falta de tempo, a fim de prover à substituição do procurador, será indenizado pelo mandatário, salvo se este provar que não podia continuar no mandato sem prejuízo considerável, e que não lhe era dado substabelecer".

14.2. Morte ou interdição

A natureza personalíssima do contrato de mandato implica reconhecer que a morte ou interdição de qualquer uma das partes resulta na sua extinção.

Esta extinção, por sua vez, como já mencionado, não autoriza o abandono, por parte do mandatário, de um negócio já iniciado em benefício do falecido mandante, sob pena de reparação das perdas e danos sofridos, conforme regra assente do art. 674 do CC/2002.

Como corolário da aplicação do princípio da boa-fé objetiva no contrato de mandato, no caso da morte do mandante, estabelece o art. 689 do CC/2002:

"Art. 689. São válidos, a respeito dos contratantes de boa-fé, os atos com estes ajustados em nome do mandante pelo mandatário, enquanto este ignorar a morte daquele ou a extinção do mandato, por qualquer outra causa".

Confira-se o Enunciado n. 655 da IX Jornada de Direito Civil: "Nos casos do art. 684 do Código Civil, ocorrendo a morte do mandante, o mandatário poderá assinar escrituras de transmissão ou aquisição de bens para a conclusão de negócios jurídicos que tiveram a quitação enquanto vivo o mandante". Trata-se de um importante norte interpretativo em prol da segurança jurídica das relações contratuais, a exemplo do que se dá quando o vendedor de um imóvel (mandante), representado por terceiro (mandatário), já pago o preço pelo comprador, falece antes da lavratura da escritura de compra e venda.

Da mesma forma, como o outro lado da moeda, no caso de morte de mandatário, estabelecem os arts. 690 e 691 do CC/2002:

"Art. 690. Se falecer o mandatário, pendente o negócio a ele cometido, os herdeiros, tendo ciência do mandato, avisarão o mandante, e providenciarão a bem dele, como as circunstâncias exigirem.

Art. 691. Os herdeiros, no caso do artigo antecedente, devem limitar-se às medidas conservatórias, ou continuar os negócios pendentes que se não possam demorar sem perigo, regulando-se os seus serviços dentro desse limite, pelas mesmas normas a que os do mandatário estão sujeitos".

Sobre os referidos dispositivos normativos, comenta JONES FIGUEIRÊDO ALVES:

"O mandato se extingue com a morte do mandatário, ainda que seus herdeiros tenham habilitação para executá-lo. De fato, o óbito do mandatário acarreta idêntico resultado extintivo, exatamente pelo caráter *intuitu personae* do negócio a que se vincula, fundado em características inerentes, peculiares à sua pessoa, as quais, aliás, servem para justificar a escolha do mandante.

Desaparecidas tais características com a morte do constituído, não subsistem os motivos para a permanência do contrato, sem se cogitar, daí, da possibilidade de sua transmissão hereditária, mas presente, ainda, a obrigação de prestar contas por parte dos herdeiros do mandatário (RF 142/235).

Diante disso, falecendo o mandatário e pendente o negócio a ele cometido, hão de se tomar algumas providências, sempre no intuito de resguardar os interesses do mandante. Assim, os herdeiros terão a obrigação de avisar ao constituinte o óbito e providenciarão a bem dele, de acordo com o que as circunstâncias exigirem no caso.

(...)

Todas as precauções elencadas no artigo anterior não podem ser concebidas, de forma absoluta, sem qualquer margem de limitação; com a morte do mandatário e pendente ainda o negócio a ele incumbido, deverão os herdeiros tomar providências no escopo de resguardar os interesses do mandante, só que limitadas ou às medidas conservatórias ou à continuidade dos negócios ainda pendentes, ou seja, apenas daqueles cujo sobrestamento importaria perigo, regulando-se os seus serviços, dentro desse limite, pelas mesmas normas a que os do mandatário estavam submetidos, antes de falecer"[36].

14.3. Mudança de estado

A modificação do estado civil de uma pessoa pode inabilitá-la a conferir poderes ou a exercê-los.

É o caso, por exemplo, de alguém solteiro que tenha constituído um mandatário para a alienação de um bem imóvel.

Vindo o mandante a casar-se antes de cumprido o múnus a que o mandatário estava obrigado, tem-se que o mandato não pode mais produzir o efeito desejado, pela ausência da outorga uxória, segundo o regime de bens estabelecido.

Mas, se a hipótese for a do mencionado "mandato em causa própria", parece-nos que, nesta situação, prevalece a já analisada regra do art. 685 do CC/2002, operando-se normalmente os efeitos do contrato, já que a outorga da procuração, esgotando a finalidade negocial, torna o contrato definitivo, simplesmente, um ato devido ou consequencial.

Da mesma forma, entendemos que a mudança de estado da pessoa jurídica (v. g., a declaração de sua falência) faz cessar, a priori, os mandatos em curso, dada a impossibilidade de disposição do patrimônio.

14.4. Término do prazo ou conclusão do negócio

Por derradeiro, o advento do termo final de vigência do mandato, quando estabelecido este fator eficacial, tem como efeito a sua extinção.

Por aplicação extensiva do mencionado dispositivo (art. 682, IV do CC/2002), também se tem por extinto o mandato quando realizada condição resolutiva expressa.

E, é evidente, a conclusão do negócio é a "morte natural" do mandato, com a realização da finalidade para a qual foi concebido.

Obviamente, as demais modalidades extintivas dos contratos, a exemplo da resilição bilateral, a impossibilidade material de execução e a resolução por inadimplemento contratual, são perfeitamente aplicáveis, *mutatis mutandi*, ao contrato de mandato.

---

[36] Jones Figueirêdo Alves, *Novo Código Civil Comentado*, cit., p. 628-9.

Capítulo XXV
Comissão

Sumário: 1. Introdução. 2. Conceito e elementos. 3. Características. 4. Figuras contratuais correlatas. 5. Direitos e obrigações das partes. 6. Espécies de comissão. 7. Comissão e relação de emprego. 8. Cláusula *del credere*. 9. Extinção do contrato.

1. INTRODUÇÃO

O contrato de comissão é figura de raiz tipicamente contratual.

Etimologicamente, lembra-nos WASHINGTON DE BARROS MONTEIRO,

"O termo comissão deriva do latim *committere*, que admitia vários significados: unir, confiar, entregar algo a alguém. No sentido do contrato em exame, significa cometer, encomendar, atribuir uma tarefa a alguém. Tem aqui a acepção de encargo ou incumbência"[1].

O seu desenvolvimento confunde-se com a era do expansionismo marítimo do século XIX, para atender, lembra-nos CARLOS R. GONÇALVES, "às necessidades do comércio com países longínquos", sendo denominado, na Idade Média, "contrato de commenda, para contornar certos inconvenientes do mandato, no comércio entre pessoas de praças diferentes"[2].

Já no dizer de SÍLVIO DE SALVO VENOSA,

"o contrato de comissão foi muito utilizado em nosso país, no passado, no mercado de café, na praça de Santos. Os comissários atuavam nas operações de exportação, armazenagem e venda interna de café, acumulando as funções de banqueiros e concluindo contratos de diversas naturezas. Sua atividade foi sendo reduzida com o surgimento das cooperativas agrícolas e o sistema de crédito rural implantado pelo Banco do Brasil, ficando restrita praticamente à atividade de exportação, ligada a empresas multinacionais"[3].

Como se pode notar, a comissão é contrato criado e desenvolvido pelo Direito Comercial[4], e que já gozou de maior importância prática no Brasil, muito embora a sua nova regulamentação, inaugurada pelo Código Civil de 2002 (que revogou toda a Parte Primeira do Código Comercial — arts. 1.º a 456), talvez auxilie a reacender o seu brilho.

Aliás, não se trata de negócio jurídico superado, como bem observou HUMBERTO THEODORO JR., em interessante estudo sobre a matéria:

"Algumas indústrias do setor da moda estão experimentando o sistema de comissão para otimizar a produção em larga escala, difundir a marca e incrementar as vendas, já que a

---

[1] Washington de Barros Monteiro, *Curso de Direito Civil — Direito das Obrigações* (2.ª Parte), cit., p. 300.
[2] Carlos Roberto Gonçalves, *Direito Civil Brasileiro — Contratos e Atos Unilaterais*, cit., v. 2, p. 469.
[3] Sílvio de Salvo Venosa, *Contratos em Espécie*, cit., p. 552-3.
[4] Código Comercial de 1850, arts. 165 a 190.

consignação das mercadorias remove uma barreira que se eleva entre a produção e o consumo, residente justamente no limite da capacidade financeira do comerciante varejista. Este, muitas vezes, não quer ou não pode formar grandes estoques e grades completas de coleções sazonais. Por esse sistema, o fabricante assume o custo e o risco do estoque, mas leva ao consumidor final toda a sua produção, podendo deflagrar um hábito de consumo em massa capaz de aumentar suas vendas e seus lucros.

A despeito do declínio do uso do instituto nos tempos atuais, a manutenção de sua regulamentação legal nos códigos do presente século é prova de que ele continua a prestar serviços ao comércio, seja tal como previsto no texto legal, seja amoldado às necessidades e peculiaridades de cada ramo ou atividade mercantil, seja, ainda, como negócio integrante de contratos atípicos coligados ou complexos, fruto da criação ágil da mente inventiva dos homens do comércio.

Não seria de se estranhar que da comissão passassem a se servir vantajosamente os exploradores do comércio eletrônico, por exemplo. Nos chamados negócios de compra e venda eletrônicos do tipo *just in time*, a empresa que se compromete a entregar mercadorias de forma instantânea a um público espalhado em vasto território não precisaria investir em estoques, fretes ou transporte se, agindo em seu nome, se dedicar à venda sob comissão em benefício do próprio fabricante"[5].

Veremos logo abaixo que esta modalidade contratual, apesar de parecida com o mandato, com ele não se confunde, uma vez que o *comissário* (a quem se delega ou comete a prática de determinados atos em favor do *comitente*) não é um simples representante, já que atua em seu próprio nome, por sua própria conta e responsabilidade[6].

Vale lembrar ainda que a comissão, ora tratada neste capítulo e regulada nos arts. 693 a 709, é mencionada também em outro importante capítulo do Código Civil, quando da análise da responsabilidade civil:

"Art. 932. São também responsáveis pela reparação civil:

(...)

III — o empregador ou *comitente*, por seus empregados, serviçais e prepostos, no exercício do trabalho que lhes competir, ou em razão dele" (grifo nosso).

O emprego da expressão "comitente", por sua vez, no supratranscrito dispositivo, comporta uma *interpretação extensiva*, para colocar sob o manto da norma outras formas de contratação civil, em que se constata a *atribuição de poderes*, e, consequentemente, a possibilidade de se admitir responsabilidade civil indireta (por ato de terceiro).

Nesse sentido, já explicamos em outra oportunidade:

"Já na segunda hipótese, em que se menciona a responsabilidade civil de um comitente[7], a relação jurídica base em que se postula a responsabilização pode se dar das mais amplas

---

[5] Humberto Theodoro Jr., Contrato de Comissão no Novo Código Civil, artigo publicado na *Revista Síntese de Direito Civil e Processual Civil*, n. 25, set./out. 2003, p. 106.

[6] *Vide*: TJRS, Ap. Cív. 598014173, rel. Luiz Ari Azambuja Ramos, j. 16-4-1998, 3.ª Câm. Cív.

[7] **"Comitente**. Adj.2g.s.2g. (1836 cf.SC) 1 JUR que ou aquele que incumbe alguém, mediante o pagamento de uma comissão, de executar certos atos em seu nome e sob sua direção e responsabilidade civil 2 COM que ou aquele que, por sua conta, consigna mercadorias a outrem. ETIM lat. commitens, entis, part.pres. de commitère 'confiar'; ver met; f.hist. 1836 comitente; a datação é para o subst.

formas de contratação civil (nela, incluídas, obviamente, as avenças comerciais), podendo se enquadrar, por exemplo, os contratos de mandato (arts. 653/685 do CC/2002), comissão (arts. 693/709 do CC/2002; no Código Comercial de 1850, arts. 165/190, sob o nome de 'comissão mercantil'), agência e distribuição (arts. 710/721 do CC/2002), corretagem (arts. 722/729 do CC/2002) e mesmo a representação comercial autônoma (regulada pela Lei n. 4.886, de 09/12/1965), entre outras formas contratuais"[8].

No presente capítulo, todavia, ater-nos-emos ao sentido técnico do contrato de comissão, aprofundaremos a sua análise, à luz da sua nova regulamentação legal, e cuidaremos de diferenciá-lo de outras figuras jurídicas que lhe são próximas.

Vamos adiante, então.

2. CONCEITO E ELEMENTOS

A título de introdução, vejamos como DE PLÁCIDO E SILVA conceitua comitente e, consequentemente, o contrato de comissão:

"COMITENTE. Denominação que se dá à pessoa que encarrega outra de comprar, vender ou praticar qualquer ato, sob suas ordens e por sua conta, mediante certa remuneração, a que se dá o nome de comissão.

É assim um dos participantes do contrato de comissão, que justamente dá poderes ao comissário para que execute o negócio ou pratique o ato, a seu mando e sob sua conta, obrigando-se a pagar ao comissário as despesas e comissões resultantes do contrato, e a cumprir as obrigações que da comissão (contrato) resultarem para ele.

Embora, sob vários aspectos, o comitente se assemelhe ao mandante, nem sempre ele o é, pois a comissão pode resultar de mandato ou simplesmente das ordens para execução de atos comerciais, que são feitos sob o nome e responsabilidade do comissário, que, assim, age autonomamente perante os terceiros com quem contrata.

A responsabilidade do comitente, pois, relativamente aos atos praticados pela pessoa a quem os incumbiu de praticar, decorre das condições em que foram dadas essas ordens, se em virtude de contrato de comissão mercantil, de mandato ou de preposição comercial, pois somente nestes dois últimos casos, perfeito mandante é responsável pelos atos de seus mandatários, se agirem segundo suas instruções e poderes dados.

No entanto, mesmo na comissão, o comitente é responsável pelas obrigações assumidas pelo comissário nos negócios ou operações realizados por determinação dele"[9].

Trata-se, pois, de um negócio jurídico bilateral pelo qual uma das partes (comissário) assume, em seu próprio nome e à conta do comitente, a obrigação de adquirir ou vender bens móveis. Pela natureza mesma deste tipo de contrato, e em se considerando a formalidade exigida para a transferência dos bens de raiz, conclui-se não ser possível comissão que tenha por objeto bens imóveis.

ANT comissionado" (Antônio Houaiss e Mauro de Salles Villar, Dicionário Houaiss da Língua Portuguesa, Rio de Janeiro: Objetiva, 2001, p. 771).
[8] Pablo Stolze Gagliano e Rodolfo Pamplona Filho, *Novo Curso de Direito Civil — Responsabilidade Civil*, cit., v. 3, p. 207-8.
[9] De Plácido e Silva, *Vocabulário Jurídico*, 15. ed., Rio de Janeiro: Forense, 1998, p. 184.

Isto porque no sistema brasileiro a transmissão de propriedade dos imóveis exige, em regra, instrumento público e registro que respeite a cadeia nominal. Desse modo, haveria, necessariamente, a atuação em nome do comitente e não em nome próprio do comissário ou, então, seria mister a transmissão prévia de propriedade ao comissário, para só assim realizar a venda do imóvel. Tanto em uma hipótese como na outra restaria desconfigurado o contrato de comissão.

De um lado, pois, temos o *comitente*, pessoa por cujo interesse bens móveis são vendidos ou adquiridos, e o *comissário*, pessoa que, atuando em seu próprio nome, mas por conta do primeiro, realiza os atos negociais perante terceiros, fazendo jus a uma retribuição ajustada ou arbitrada segundo os costumes do lugar, denominada *comissão*.

Exemplo interessante de aplicação deste contrato é encontrada na atividade comercial empreendida por agências de viagens que, contratando em seu próprio nome, fazem jus à remuneração devida (comissão) pela venda de passagens aéreas, atividade em que se pode encontrar farta jurisprudência sobre o tema[10].

O Código Civil de 2002, contornando a lacuna da codificação civil anterior (pois a matéria era disciplinada no Código Comercial de 1850), dispõe a respeito deste contrato:

"Art. 693. O contrato de comissão tem por objeto a aquisição ou a venda de bens pelo comissário, em seu próprio nome, à conta do comitente".

Vale registrar que o termo "comissão", além de designar a figura contratual, é utilizado também para nomear a remuneração a que tem direito o comissário pelo desempenho do encargo contratual que lhe delega o comitente.

Dessa forma, passemos a estudar as características deste contrato.

3. CARACTERÍSTICAS

O contrato de comissão, como visto, é, hoje, reconhecidamente uma modalidade contratual autônoma, *típica* e *nominada*.

É contrato *bilateral*, não apenas na sua formação, mas também quanto aos seus efeitos, pois impõe direitos e obrigações para ambas as partes: o comissário tem a obrigação precípua de adquirir ou alienar bens móveis no interesse da outra parte, e o comitente assume o dever de pagar-lhe a remuneração devida.

Além disso, é *consensual*, tornando-se perfeito pela simples convergência de vontades das partes (consentimento).

Por isso, trata-se, em regra geral, de um contrato *não solene*, admitindo-se, até mesmo, a sua celebração de forma verbal[11]. Aliás, nesse particular, cumpre-nos relembrar que vigora em nosso sistema o princípio da liberdade da forma.

Tal orientação, contudo, é a nota característica das sociedades contemporâneas, segundo já anotava CLÓVIS BEVILÁQUA:

---

[10] Cf.: STJ, REsp 667.633/CE, *DJ*, 2-10-2006, p. 283, rel. Min. Cesar Asfor Rocha, j. 12-9-2006, 4.ª Turma.

[11] *Vide*: STJ, REsp 617.244/MG, *DJ*, 10-4-2006, p. 198, rel. Min. Cesar Asfor Rocha, j. 7-3-2006, 4.ª Turma.

"É princípio aceito pelo direito moderno que as declarações de vontade não estão sujeitas a uma forma especial, senão quando a lei expressamente a estabelece. É até um dos resultados da evolução jurídica, assinalado pela história e pela filosofia, a decadência do formalismo, em correspondência com o revigoramento da energia jurídica imanente nos atos realizados pelos particulares, a expansão da autonomia da vontade e a consequente abstenção do Estado que se acantoa, de preferência, na sua função de superintendente, pronto a intervir, quando é necessário restabelecer coativamente o equilíbrio de interesses"[12].

Apenas excepcionalmente, a norma legal impõe determinado revestimento para o ato, traduzido em uma forma especial ou em uma indispensável solenidade, caso em que se diz que o negócio é ad solemnitatem. É o caso do testamento (negócio jurídico unilateral), para o qual a lei impõe determinada forma (pública, cerrada ou particular), não reconhecendo liberdade ao testador para elaborá-lo de acordo com a sua vontade. Também servem de exemplo os contratos constitutivos ou translativos de direitos reais sobre imóveis acima do valor consignado em lei, uma vez que a forma pública é indispensável para a validade do ato (art. 108 do CC/2002).

Ora, tratando-se de contrato pactuado, em geral, por empresários individuais ou sociedades empresárias, o mais comum é a sua lavratura em instrumento escrito particular, não apenas para efeito de prova, consoante visto acima, mas, também, por imperativo de segurança jurídica.

É também, a comissão, contrato oneroso, pois ambas as partes, ao benefício experimentado, sofreram decréscimo patrimonial.

Como as obrigações estabelecidas no contrato de comissão se equivalem, conhecendo os contratantes, *ab initio*, as suas respectivas prestações, não há dúvida de que se trata de um *contrato comutativo*. Por tal circunstância, podemos considerá-lo um *contrato evolutivo*, na classificação proposta pelo Prof. ARNOLDO WALD, para se referir a figuras contratuais, em que é estabelecida a equação financeira do contrato, que pode ser exigida judicialmente.

Na hipótese das partes estarem em iguais condições de negociação, estabelecendo livremente as cláusulas contratuais, na fase de puntuação, fala-se na existência de um *contrato paritário*, diferentemente do *contrato de adesão*, que pode ser conceituado simplesmente como *o contrato onde um dos pactuantes predetermina (ou seja, impõe) as cláusulas do negócio jurídico*. O contrato de comissão, hodiernamente, pode ser estabelecido nas duas formas.

Reconhecemos, também, neste contrato, um elemento *fiduciário* bem acentuado, vale dizer, é negócio jurídico essencialmente calcado na confiança recíproca, nos deveres de lealdade decorrentes da *boa-fé objetiva*. E tal aspecto fica bem realçado se analisarmos os arts. 693 e 707 do vigente Código Civil brasileiro, equivalentes aos revogados arts. 169 e 189 do Código Comercial de 1850:

"Art. 696. No desempenho das suas incumbências o comissário é obrigado a agir com cuidado e diligência, não só para evitar qualquer prejuízo ao comitente, mas ainda para lhe proporcionar o lucro que razoavelmente se podia esperar do negócio.

---

[12] Clóvis Beviláqua, ob. cit., p. 317.

Parágrafo único. Responderá o comissário, salvo motivo de força maior, por qualquer prejuízo que, por ação ou omissão, ocasionar ao comitente.
(...)
Art. 707. O crédito do comissário, relativo a comissões e despesas feitas, goza de privilégio geral, no caso de falência ou insolvência do comitente".

Note, caro leitor, que a responsabilidade jurídica e ética, imposta ao comissário, é inequivocamente notada no art. 696, quando a norma obriga-o a atuar, no desempenho deste contrato, com cuidado e diligência. Por outro lado, também o comissário, em face da firme expectativa que depositou no comitente, de que receberia a remuneração devida, fará jus a, eventualmente, em caso de inadimplência, habilitar o seu crédito com privilégio geral, quando se tratar de falência ou insolvência do comitente.

Por tais razões, concluímos que este contrato é essencialmente *fiduciário* e *personalíssimo* (*"intuitu personae"*), realizado de forma *individual*.

Quanto ao tempo, trata-se de um *contrato de duração*, também chamado de contrato *de trato sucessivo*, *execução continuada* ou *débito permanente*[13], que se cumpre por meio de atos reiterados. Tal duração pode ser *determinada* ou *indeterminada*, na medida em que haja ou não previsão expressa de termo final ou condição resolutiva a limitar a eficácia do contrato.

É característica comum do contrato de comissão a profissionalização do comissário, que desenvolve habitualmente a atividade comissionada. Nada impede que o comissário, porém, exerça sua profissão sem ajustar um contrato permanente ou de duração com o comitente, pois a avença pode resumir-se a uma operação ou a algumas operações determinadas. Na prática, todavia, abstraída a situação de um profissional dedicado à prática habitual da negociação de bens por conta alheia, dificilmente os interessados terão condições práticas de estabelecer um verdadeiro contrato de comissão. Entre dois não comerciantes, que têm em mira um só e específico negócio, muito mais natural será o uso do mandato que o da comissão, gerado que foi este nos usos e costumes das relações mercantis. Entretanto, é de reconhecer-se que, em tese, não há óbice à contratação de uma comissão plenamente civil (um contrato em que nenhuma das partes seja comerciante).

Na mesma linha da maioria das figuras contratuais nominadas do CC/2002, o contrato de comissão é um *contrato causal*, vinculado, portanto, à causa que os determinou, podendo ser declarado inválido se tal causa for considerada inexistente, ilícita ou imoral.

Pela *função econômica*, consiste em um *contrato de atividade*: caracterizado pela prestação de uma conduta de fato, mediante a qual se pode conseguir uma utilidade econômica (qual seja, a aquisição ou venda de bens do comitente pelo comissário).

Por fim, como é evidente, trata-se de um *contrato principal*, com existência autônoma, independentemente de outro, pois a compra e venda pode não ser realizada e, mesmo assim, o contrato é válido, e *definitivo*, pois não depende de qualquer outra avença, não

---

[13] "Débito permanente é o que consiste em uma prestação tal que não é possível conceber sua satisfação em um só momento; mas, do contrário, tem de ser cumprida durante certo período de tempo, continuadamente. A determinação de sua duração resulta da vontade das partes, mediante cláusula contratual em que subordinam os efeitos do negócio a um acontecimento futuro e certo, ou da declaração de vontade de um dos contratantes pondo termo à relação (denúncia). São, por consequência, por tempo determinado ou indeterminado" (Orlando Gomes, *Contratos*, cit., p. 79).

sendo propriamente preparatório para a compra e venda a ser potencialmente efetivada pelo comissário.

Por fim, registre-se que se trata de um contrato cuja presença é comum tanto na área *civil*, quanto *comercial*, podendo estar indiretamente relacionado com avenças *trabalhistas* e *consumeristas*, sendo incompatível com os contratos *administrativos*.

4. FIGURAS CONTRATUAIS CORRELATAS

Note-se haver inequívoca semelhança entre o contrato de comissão e o contrato de mandato, estudado em capítulo anterior.

Tal correlação resta evidenciada com a leitura do art. 709 do Código Civil de 2002, que determina a aplicação subsidiária à comissão das regras do contrato de mandato, na mesma linha do revogado art. 190 do Código Comercial de 1850.

Essa circunstância era ainda mais evidente na época da vigência do impreciso conceito constante do art. 165 do mencionado Código Comercial, que preceituava que "*comissão mercantil é o contrato do mandato relativo a negócios mercantis, quando, pelo menos, o comissário é comerciante, sem que nessa gestão seja necessária declarar ou mencionar o nome do comitente*".

Há, assim, uma verdadeira tentação em considerar o comissário um simples procurador do comitente, mas tal raciocínio padece de inegável atecnia.

Comissário não é simples procurador!

A despeito da semelhança, não existe identidade.

O comissário *age em seu próprio nome*, de maneira que é responsável pelos atos realizados em face de terceiros, não sendo considerado um simples representante convencional (mandatário) do comitente. Fica, pois, nos termos do art. 694 do vigente Código Civil, diretamente obrigado para com as pessoas com quem contrata, sem que estas tenham ação contra o comitente, nem este contra elas, ressalvada a hipótese de o comissário ceder os seus direitos a qualquer das partes.

Exemplificando, se o comissário vende um bem do comitente, por sua própria conta correrão os riscos da venda, de maneira que eventual compensação devida ao terceiro com quem contrata é de sua exclusiva responsabilidade. Na mesma linha, não poderá o comitente voltar-se contra o adquirente, devendo resolver eventual pendência com o próprio comissário. Ressalvou a lei apenas a hipótese de o comissário ceder os seus direitos a qualquer das partes, como na hipótese de transferir diretamente ao comitente o direito à cobrança do valor devido.

E não se diga que a previsão do art. 663 do CC/2002, ao dispor que, caso o mandatário aja em seu próprio nome, ficará pessoalmente obrigado com aquele que contrata, traduz a exata situação jurídica do comissário, pois esta responsabilidade direta do mandatário é episódica e excepcional, ao passo que na comissão decorre da natureza mesma do negócio.

Observa-se, pois, nesse contexto, que esta modalidade contratual é dotada de especificidades não encontradas no mandato.

Não se trata, outrossim, de simples "mandato sem representação", como propugnado por parte da doutrina especializada, como bem observa SÍLVIO VENOSA:

"Se o comissário declara o nome do comitente (apesar de não estar obrigado a fazê-lo), tão só isso não desnatura o contrato de comissão, se o comitente não figurar no negócio. Se o comitente integrá-lo, o ato passa a ter conteúdo de representação, aplicando-se as regras daí decorrentes, não mais se tratando de representação típica. Verificamos, pois, que os contratos de mandato e de comissão possuem conteúdos diversos, sendo por demais simplista definir a comissão como forma de mandato sem representação, como faz parte da doutrina tradicional. Na comissão, há outorga de poderes sem representação, sem haver mandato"[14].

A aplicação das regras do mandato, pois, subsidiariamente, decorre apenas de uma similitude existente, mas que não pode ser tomada pelo intérprete como identidade.

Se o nosso sistema quisesse tratar esta figura contratual como espécie de mandato, teria feito como o Código Civil da Itália:

"*Art. 1731. Nozione. Il contratto di commissione è un mandato, che ha per oggeto l'acquisto o la vendita di beni per conto del committente e in nome del commissionario*".

Isso, como visto, chegou a ser feito pelo já transcrito art. 165 da parte revogada do Código Comercial, mas, mesmo assim, já se propugnava pela autonomia dessa figura contratual, autonomia esta que, agora, pode ser claramente reconhecida e facilmente afirmada, na previsão específica do vigente Código Civil brasileiro.

De qualquer modo, certo é que esta espécie de contrato autoriza aquele que não é o dono a vender a coisa que lhe foi confiada pelo proprietário. A venda, porém, é feita pelo comissário, em seu próprio nome[15], sem invocar o do comitente e sem necessidade de declarar vontade em nome de outrem. Nesse passo, urge frisar que o poder de negociar a disposição de coisa alheia é adquirido pelo comissário *antes da alienação e por efeito imediato do contrato de comissão*.

Também não se confunde com a corretagem, contrato analisado adiante, como bem observou o grande CAIO MÁRIO:

"Na comissão há uma notória intermediação aliada à prestação de serviços, distinguindo-se, entretanto, de um e de outro contrato em que o comissário procede em seu próprio nome, e por isto mesmo as pessoas com quem contrata não têm ação contra o comitente, nem este contra elas, salvo se a um ou a outros houver cessão de direitos. A comissão distingue-se, ainda, da corretagem em que o comissário age *nomino suo*, ao passo que o corretor passa obrigatoriamente o contrato ao principal interessado, limitando-se a aproximar as partes"[16].

Não tem, pois, o comitente, assim como o corretor, a função de aproximar partes interessadas na celebração de um negócio, mas, certamente, a de celebrá-lo em seu próprio nome, no interesse do comitente.

Por fim, o contrato de comissão não se confunde com o contrato de franquia, também conhecido como "*franchising*". Este último possui objeto mais abrangente, na medida em que não se esgota apenas na revenda de produtos que se estabelece entre as empresas contratan-

---

[14] Sílvio de Salvo Venosa, *Contratos em Espécie*, cit., p. 553.
[15] *Vide*: STF, Tribunal Pleno, RMS 15.233, *DJ*, 25-8-1965, rel. Min. Hermes Lima, j. 21-6-1965.
[16] Caio Mário da Silva Pereira, ob. cit., v. III, p. 248.

tes, havendo, também, a prestação de assistência técnica na organização e gerenciamento dos negócios (bens, serviços, marcas, *know-how* etc.). O objetivo desta forma contratual não prevista no Código Civil brasileiro[17] vigente é permitir a manutenção da imagem da marca, seja do serviço, seja do produto vendido, visando menor custo e maior rentabilidade para ambas as partes, que conservam juridicamente uma independência total. Note-se, porém, que, na execução do contrato de franquia, o franqueado age sob uma formatação mercadológica definida pelo franqueador. Já na comissão, o objetivo é apenas a compra e venda de bens, em nome do comissário e por conta do comitente.

O elemento fiduciário neste contrato é bastante presente.

À luz do *princípio da boa-fé objetiva*, o comitente deve confiar no comissário, pessoa a quem incumbiu a tarefa de realizar atos de disposição patrimonial no seu próprio interesse.

Nesse ponto, não é demais lembrar, em uma perspectiva socializante, mais harmonizada com a hermenêutica constitucional, as palavras de MENEZES CORDEIRO:

"A boa-fé apenas normatiza certos factos que, estes sim, são fonte: mantenha-se o paralelo com a fenomenologia da eficácia negocial: a sua fonte reside não na norma que mande respeitar os negócios, mas no próprio negócio em si".

E mais adiante complementa, com maestria:

"O Direito obriga, então, a que, nessas circunstâncias, as pessoas não se desviem dos propósitos que, em ponderação social, emerjam da situação em que se achem colocadas: não devem assumir comportamentos que a contradigam — deveres de lealdade — nem calar ou falsear a actividade intelectual externa que informa a convivência humana — deveres de informação. Embora as estrutura e teleologia básicas sejam as mesmas, adivinha-se a presença de concretizações diversas, consoante os fatos que lhes deem origem"[18].

Nesse diapasão, e em conclusão a este tópico, ponderamos, com o nosso amigo leitor, que esta boa-fé objetiva, princípio axial do moderno direito contratual, deve impor ao intérprete uma releitura de determinadas normas do próprio Código Civil, as quais, embora não tenham perdido eficácia, devem ser apreciadas em novo contexto.

Exemplifiquemos.

Linhas acima mencionamos, como uma das peculiaridades do contrato de comissão, o fato de o comissário *agir em seu próprio nome*, ficando responsável pelos atos realizados em face de terceiros, vinculando-se, pois, nos termos do art. 694, diretamente, às pessoas com quem contratou, *sem que estas tenham ação contra o comitente, nem este contra elas*, ressalvada a hipótese de o comissário ceder os seus direitos a qualquer das partes.

---

[17] Conferir a Lei n. 13.966, de 26 de dezembro de 2019, que dispõe sobre o sistema de franquia empresarial. Em doutrina, recomendamos a leitura do Capítulo 7 da obra *Contratos Mercantis* de Thiago Ferreira Cardoso Neves (3. ed., Rio de Janeiro: GZ, 2020).

[18] Antônio Manuel da Rocha e Menezes Cordeiro, *Da Boa-Fé Objetiva no Direito Civil*, Coimbra: Almedina, 2001, p. 646.

De fato, a autonomia deste contrato implica que qualquer dano sobrevindo a terceiro, *por conta da própria relação contratual de comissão*, deverá ser suportado pelo comissário.

Todavia, não olvidemos que, à luz dos princípios da função social do contrato e da boa-fé objetiva, caso a comissão tenha por objeto a venda de um produto do comitente, no bojo de uma relação de consumo, se o bem alienado apresenta defeito, ou causa dano (acidente de consumo), a responsabilidade de ambos — comitente e comissário — é manifesta, regulando-se, pois, pelas normas do Código de Defesa do Consumidor (responsabilidade civil objetiva e solidária), em favor do hipossuficiente da relação jurídica.

Assim, na venda de passagem aérea, por agência de viagem, imaginemos que o comprador se viu frustrado por não ter conseguido realizar uma excursão à Europa pelo fato de a companhia emissora dos bilhetes e também responsável pelo pacote haver cancelado inadvertida e repentinamente a empreitada turística. Sem dúvida, em nosso sentir, poderão ser responsabilizados, solidária e objetivamente, nos termos da Lei de Defesa do Consumidor, a própria companhia área e a agência de viagens que anunciou os pacotes turísticos, lesando, por conseguinte, os eventuais adquirentes, que não estariam obrigados a viajar por outra companhia, por preços mais caros[19].

5. DIREITOS E OBRIGAÇÕES DAS PARTES

A obrigação precípua que decorre deste contrato é imposta ao comissário, que assume o dever de adquirir ou vender bens em seu próprio nome e no interesse do comitente (art. 693 do CC/2002; art. 165 do CCom).

Mas não apenas isso.

Em uma perspectiva afinada ao princípio da eticidade, um dos pilares deste Código Civil de 2002, deverá o comissário agir de conformidade com as instruções recebidas, com o máximo cuidado e diligência, por imperativo do princípio maior da boa-fé objetiva. Nesse sentido, cumpre-nos transcrever o art. 695 do CC/2002 (art. 168 do CCom) e relembrar o já mencionado art. 696 do CC/2002 (art. 169 do CCom):

> "Art. 695. O comissário é obrigado a agir de conformidade com as ordens e instruções do comitente, devendo, na falta destas, não podendo pedi-las a tempo, proceder segundo os usos em casos semelhantes.
>
> Parágrafo único. Ter-se-ão por justificados os atos do comissário, se deles houver resultado vantagem para o comitente, e ainda no caso em que, não admitindo demora a realização do negócio, o comissário agiu de acordo com os usos.
>
> Art. 696. No desempenho das suas incumbências o comissário é obrigado a agir com cuidado e diligência, não só para evitar qualquer prejuízo ao comitente, mas ainda para lhe proporcionar o lucro que razoavelmente se podia esperar do negócio.
>
> Parágrafo único. Responderá o comissário, salvo motivo de força maior, por qualquer prejuízo que, por ação ou omissão, ocasionar ao comitente".

---

[19] *Vide:* TJRS, Ap. Cív. 70004582557, rela. Cláudia Maria Hardt, j. 7-8-2003, 2.ª Câmara Especial Cível.

Note, estimado leitor, que o primeiro desses dispositivos impõe ao comissário o dever de cumprir fielmente as instruções recebidas do comitente — na mesma linha do dever imposto ao mandatário no desempenho do seu *munus*.

Todavia, caso não possa pedir determinada instrução a tempo, não prevista ou indicada previamente, poderá proceder de acordo com a sua vontade, *segundo os usos e costumes do lugar*[20], previsão legal que autoriza, mais uma vez, o reconhecimento do costume como fonte do Direito[21], notadamente na área comercial, o que há muito já é aceito na jurisprudência pátria[22].

Interessante observar ainda que o parágrafo único aponta duas situações justificadoras da atuação do comissário, no caso de não haver instrução específica a ser seguida:

a) se da sua atuação decorreu vantagem ao comitente (critério eminentemente utilitarista);

b) se a celebração do negócio não admitia demora (imagine que o terceiro, a quem seria vendido o bem, estava na iminência de viajar para o exterior), caso em que, a despeito de não haver instrução específica para aquele tipo de negócio, o comissário, agindo, claro, na mais estrita boa-fé, realizou o ato negocial segundo os costumes do lugar.

Observe-se que, neste último caso, não se exige que tenha resultado vantagem para o comitente. Vale dizer, desde que o comissário não tenha atuado com dolo, o eventual lucro daí advindo insere-se na álea de incerteza ínsita em negócios desta natureza. Estaria, pois, o comissário, devidamente justificado, não podendo o comitente responsabilizá-lo por haver celebrado um mau negócio. Aliás, se o negócio fosse bom, também não estaria o comitente obrigado a majorar o percentual da comissão...

Em seguida, o art. 696 traz importante regra, umbilicalmente ligada à boa-fé objetiva, como vimos no tópico anterior, impondo ao comissário o dever de atuar com cuidado e diligência, evitando qualquer prejuízo ao comitente, e visando a proporcionar-lhe o razoável lucro que se poderia esperar do negócio.

Tais deveres, de inegável conteúdo ético e exigibilidade jurídica, ainda que não fossem expressamente contemplados na lei, decorreriam da cláusula geral de boa-fé objetiva, implícita em todo e qualquer contrato.

Discorrendo sobre a lealdade contratual, merece ser lembrada a doutrina portuguesa.

Segundo PAIS DE VASCONCELOS:

"A confiança depositada pelas pessoas merece tutela jurídica. Quando uma pessoa actua ou celebra certo acto, negócio ou contracto, tendo confiado na atitude, na sinceridade, ou nas promessas de outrem, ou confiando na existência ou na estabilidade de certas quali-

---

[20] Cf.: STJ, AgRg no Ag 6.418/SP, *DJ*, 25-2-1991, p. 1470, rel. Min. Dias Trindade, j. 19-12-1990, 3.ª Turma.

[21] Sobre o tema, confira-se o tópico 3 ("Fontes do direito"), notadamente o subtópico 3.2.2 ("Costume") do Capítulo I ("Noções Elementares de Direito") do v. 1 ("Parte Geral") desta obra.

[22] "Os usos e costumes comerciais que estabelecem regras supletivas para a serenidade das transações mercantis, desde que não contrárias aos preceitos da lei, fazem lei entre as partes e sobre elas expressamente convencionadas" (STF, RE 12878 rel. Min. Afranio Costa, j. 29-12-1959, *DJ*, 17-7-1961, p. 163, EMENT. v. 1, p. 659, 2.ª Turma).

dades das pessoas ou das coisas, ou das circunstâncias envolventes, o Direito não pode ficar absolutamente indiferente à eventual frustração dessa confiança"[23].

E, ressalvando a sua importância, preceitua MENEZES CORDEIRO que:

"na sua falta, qualquer sociedade se esboroa. Em termos interpessoais, a confiança instalada coloca os protagonistas à mercê uns dos outros: o sujeito confiante abranda as suas defesas, ficando vulnerável. Seguidamente, todos os investimentos, sejam eles econômicos ou meramente pessoais, postulam a credibilidade das situações: ninguém dá hoje para receber (apenas) amanhã, se não houver confiança nos intervenientes e nas situações. Por fim, a confiança e a sua tutela correspondem a aspirações éticas elementares. A pessoa defraudada na sua confiança é, desde logo, uma pessoa violentada na sua sensibilidade moral. Paralelamente, o agente que atinja a confiança alheia age contra um código ético imediato"[24].

Com fundamento em tudo que se expôs, saliente-se ainda que, nos termos do parágrafo único do art. 696, o comissário é responsável por qualquer prejuízo causado ao comitente, salvo, por óbvio, se demonstrar ocorrência de caso fortuito ou força maior, causas excludentes de responsabilidade civil por ruptura do nexo causal[25]. Pode, ainda, o comissário no exercício da sua atividade, conceder dilação (prorrogação) de prazo para pagamento, segundo os usos e costumes do lugar, a menos que haja proibição expressa do comitente (art. 699).

Assim, na forma do artigo seguinte, sem equivalente na codificação comercial revogada:

"Art. 700. Se houver instruções do comitente proibindo prorrogação de prazos para pagamento, ou se esta não for conforme os usos locais, poderá o comitente exigir que o comissário pague incontinenti ou responda pelas consequências da dilação concedida, procedendo-se de igual modo se o comissário não der ciência ao comitente dos prazos concedidos e de quem é seu beneficiário".

Percebe-se claramente em tal dispositivo a preocupação com a observância da lealdade e da boa-fé objetiva na prática do ato de concessão de prazo.

Correlatamente às obrigações impostas ao comissário, por se tratar de negócio jurídico bilateral e sinalagmático, incumbe ao comitente remunerá-lo, pagando-lhe comissão, que geralmente é calculada segundo um percentual incidente sobre o valor do contrato. Nesse particular, vale lembrar que, caso não seja estipulada a retribuição devida ao comissário, será ela arbitrada segundo os usos correntes do lugar (art. 701 do CC/2002; art. 186 do CCom). Trata-se, no caso, de um costume praeter legem, para evitar que eventual litígio não seja dirimido.

E esta remuneração devida ao comissário afigura-se tão importante que, em face de eventual crédito não cumprido, ou por despesas realizadas no cumprimento da comissão, poderá o comissário habilitar-se no juízo falimentar ou da insolvência do comitente como

---

[23] Pedro Pais de Vasconcelos, *Contratos Atípicos*, Coimbra: Almedina, 1995, p. 63.

[24] Antônio Manuel da Rocha e Menezes Cordeiro, *Tratado de Direito Civil Português*. Coimbra: Almedina, 1999, p. 188.

[25] Sobre o tema, confira-se o subtópico 2.4 ("Caso fortuito e força maior") do Capítulo VIII ("Causas Excludentes de Responsabilidade Civil e Cláusula de Não Indenizar") do v. 3 ("Responsabilidade Civil") desta obra.

credor dotado de privilégio geral, na forma prevista no já transcrito art. 707 do Código Civil (art. 189 do CCom).

Vale observar ainda que, caso o contrato não possa ser concluído, em virtude da morte do comissário ou por motivo de força maior (art. 702 do CC/2002; antigo art. 187 do CCom), a comissão devida pelo comitente será proporcional aos trabalhos realizados pelo comissário. Ora, por "proporcional" entenda-se, em nosso sentir, o resultado monetário devido pelo tempo de efetiva prestação do serviço até o óbito ou a ocorrência do evento fortuito.

Note-se, outrossim, que o referido dispositivo não fez menção à hipótese de morte do comitente. Todavia, a depender da situação, entendemos que, por se tratar de contrato fiduciário, poderá também ser considerado extinto o negócio, devendo, por óbvio, o comissário, depositar judicialmente os valores a que farão jus os herdeiros do comitente falecido.

Ainda no que tange à comissão, é admitido que o comissário possa exercer direito de retenção sobre os bens e valores em seu poder em virtude da relação contratual, pelo reembolso das despesas feitas ou até que lhe seja paga a comissão devida (art. 708 do CC/2002; sem equivalente no CCom).

Este direito, de cunho potestativo, como se sabe, não tem natureza real, mas é entendido como uma prerrogativa que visa a forçar a parte devedora, no caso o comitente, a cumprir a sua obrigação. Pode ainda ser manejado como defesa preliminar de mérito — verdadeira exceção substancial — caso o comitente pretenda demandá-lo, ajuizando uma demanda possessória ou reivindicatória.

Interessante dispositivo contém o art. 706 do CC/2002 (art. 180 do CCom):

> "Art. 706. O comitente e o comissário são obrigados a pagar juros um ao outro; o primeiro pelo que o comissário houver adiantado para cumprimento de suas ordens; e o segundo pela mora na entrega dos fundos que pertencerem ao comitente".

Isso porque se trata de uma mesma regra autorizadora de dois tipos diferentes de juros, a saber, juros compensatórios em benefício do comissário, pelo adiantamento de despesas para cumprimento de ordens do comitente (ou seja, em outras palavras, cabe ao comitente custear as despesas para o cumprimento de suas ordens...); e juros moratórios em benefício do comitente, na hipótese de atraso dos valores devidos a ele.

6. ESPÉCIES DE COMISSÃO

Seguindo a doutrina de DESCARTES DE MAGALHÃES, a comissão poderá ser[26]:

a) imperativa ou facultativa;

b) simples ou complexa;

c) conexa ou alternativa.

Diz-se *imperativa* a comissão relativa àquele contrato em que a sua execução é ditada unilateralmente pelo comitente, caracterizando verdadeiro contrato de adesão. Já na comissão dita *facultativa*, reserva-se maior liberdade contratual ao comissário, no que tange ao ato a ser por ele praticado.

---

[26] Descartes Drummond de Magalhães, *Curso de Direito Comercial*, São Paulo: Escolas Profissionais Salesianas do Liceu, 1922, v. II, p. 221.

Simples, por sua vez, é a comissão única, ao passo que *complexa* é a que reúne duas ou mais comissões, cada uma com execução independente da outra.

Conexa é aquela que reúne várias comissões coligadas, unidas entre si, inseparáveis, enquanto *alternativa* é a que compreende duas ou mais ordens, facultando-se ao comissário a escolha entre elas.

7. COMISSÃO E RELAÇÃO DE EMPREGO

O contrato de comissão, quando o comissário for uma pessoa física, gera uma relação de trabalho que pode estar submetida à jurisdição da Justiça do Trabalho, por força do art. 114, I, da Constituição Federal, com a redação dada pela Emenda Constitucional n. 45/2004.

Todavia, isso não quer dizer que tal contrato civil tenha se convertido em um contrato de emprego, nem que as regras da Consolidação das Leis do Trabalho lhes passaram a ser aplicáveis.

De fato, contrato de trabalho é um gênero do qual o contrato de emprego é uma das espécies mais expressivas, mas não é a única.

E, para complicar um pouco o entendimento de quem não milita na área trabalhista, a expressão "comissão", no contrato de emprego, é utilizada em sentido completamente diferente.

Para isso, abrimos este tópico, com o fito de desanuviar quaisquer mal-entendidos.

No campo da relação de emprego, a expressão "comissão" se compreende como uma típica contraprestação salarial, na forma disposta no § 1.º do art. 457 consolidado[27], sendo elas, nas palavras de PAULO A. G. FALCI CASTELLÕES, *"pagamentos feitos aos empregados em bases percentuais calculadas sobre os preços das mercadorias por eles vendidas ou dos serviços por eles prestados"*[28].

---

[27] CLT: "Art. 457 — Compreendem-se na remuneração do empregado, para todos os efeitos legais, além do salário devido e pago diretamente pelo empregador, como contraprestação do serviço, as gorjetas que receber. [*Redação dada pela Lei n. 1.999, de 1.º-10-1953.*]

§ 1.º Integram o salário a importância fixa estipulada, as gratificações legais e de função e as comissões pagas pelo empregador. [*Redação dada pela Medida Provisória n. 808, de 2017.*]

§ 2.º As importâncias, ainda que habituais, pagas a título de ajuda de custo, limitadas a cinquenta por cento da remuneração mensal, o auxílio-alimentação, vedado o seu pagamento em dinheiro, as diárias para viagem e os prêmios não integram a remuneração do empregado, não se incorporam ao contrato de trabalho e não constituem base de incidência de encargo trabalhista e previdenciário. [*Redação dada pela Medida Provisória n. 808, de 2017.*]

§ 3.º Considera-se gorjeta não só a importância espontaneamente dada pelo cliente ao empregado, como também o valor cobrado pela empresa, como serviço ou adicional, a qualquer título, e destinado à distribuição aos empregados. [*Redação dada pela Lei n. 13.419, de 2017.*]

§ 4.º Consideram-se prêmios as liberalidades concedidas pelo empregador em forma de bens, serviços ou valor em dinheiro a empregado ou a grupo de empregados, em razão de desempenho superior ao ordinariamente esperado no exercício de suas atividades. [*Redação dada pela Lei n. 13.467, de 2017.*]

[28] "Gratificações. Comissões. Percentagens. Abonos. Prêmios. PIS-PASEP. Participação dos Empregados nos Lucros das Empresas, in *Curso de Direito do Trabalho — Estudos em Memória de Célio Goyatá* (Coord. Alice Monteiro de Barros), 2. ed., São Paulo, LTr, 1994, v. 2, p. 67.

Trata-se do exemplo clássico da forma de pagamento de salário por produção, em que o trabalhador perceberá sua retribuição pecuniária na medida exata do resultado de sua atividade profissional.

Conforme já expusemos em outra oportunidade, a *"depender da visão metodológica de cada doutrinador, podemos classificar as comissões em*:

"a) **Diretas** ou **Indiretas**, se estipuladas em razão de negócios realizados pessoal e diretamente pelo empregado ou apenas com a sua concorrência mediata, remota ou indireta, o que exigirá prévio ajuste para sua exigibilidade;

b) **Fixas** ou **Variáveis**, de acordo com os parâmetros que tenham sido utilizados para sua caracterização, sendo que as últimas se classificam, ainda, em progressivas ou proporcionais, segundo o rendimento do trabalho obreiro;

c) Permanentes ou Periódicas, quando estipuladas por duração indeterminada ou limitada no tempo".

"Além disso, vale destacar que a condição de comissionista do empregado pode ser pura ou impura, entendendo-se esta distinção em função da existência ou não de outras contraprestações salariais de natureza distinta, como é o caso, a título exemplificativo, do vendedor que, além de comissões, recebe salário fixo.

Sobre a sua exigibilidade, dispõe o *caput* do art. 466 da C.L.T. que o 'pagamento de comissões e percentagens só é exigível depois de ultimada a transação a que se referem', estabelecendo seus parágrafos que nas 'transações realizadas por prestações sucessivas, é exigível o pagamento das percentagens e comissões que lhes disserem respeito proporcionalmente à respectiva liquidação', bem como que a 'cessação das relações de trabalho não prejudica a percepção das comissões e percentagens devidas na forma estabelecida por este artigo'"[29].

Assim sendo, o direito à comissão não se confunde com a sua exigibilidade, uma vez que a regra geral é de que, sendo omisso o contrato, o empregado somente poderá exigir a comissão a que tem direito após a conclusão do negócio jurídico correspondente[30].

Como o termo "comissão" é utilizado, tanto no contrato civil de comissão quanto no contrato de emprego, para designar a remuneração a que tem direito a pessoa que exerce a atividade (comissário ou empregado, respectivamente) objeto do contrato, explicada está a confusão terminológica mencionada, que, como já se vê, é de fácil esclarecimento.

Um ponto, porém, que afasta ainda mais a suposta utilização do contrato de comissão em uma relação de emprego é a autonomia outorgada às partes.

Com efeito, embora deva cumprir as ordens e instruções que lhe passe o comitente, ao conferir-lhe o encargo contratual, o comissário, quando executa sua missão, perante

---

[29] José Augusto Rodrigues Pinto e Rodolfo Pamplona Filho, *Repertório de Conceitos Trabalhistas*, São Paulo, LTr, 2000, p. 130.

[30] Em função de tal preceito legal, observa JOSÉ MARTINS CATHARINO que "o direito à comissão começa a surgir no momento em que o empregado estabelece o contato com o freguês, corporifica-se pouco a pouco, amadurece com a conclusão do negócio ganhando forma e exatidão, salvo cláusula em contrário que o faça depender da liquidação superveniente, seja total ou parcial" (José Martins Catharino, *Tratado Jurídico do Salário*, edição fac-similada do original de 1951, São Paulo: LTr, 1994, p. 530).

terceiros, é um empresário que administra seus negócios com autonomia, isto é, em nome próprio e sob sua direta responsabilidade. Não é um representante nem agente, nem muito menos um gerente. Daí que não se pode concluir pela existência desse contrato (comissão) quando o comitente mantém no negócio do comissário um preposto com autoridade e autonomia sobre ele.

Da mesma forma, pela natureza civil da avença, o comitente tem liberdade, *a priori*, para alterar as instruções dadas ao comissário, na forma do art. 704 do Código Civil (sem equivalente no CCom), o que o aproxima, em verdade, do contrato de emprego. Isso, porém, se pode ocorrer na parte referente ao cálculo da retribuição do contrato civil de comissão[31], não deverá ser aceito, em regra, no contrato de emprego, por força do art. 468 da Consolidação das Leis do Trabalho.

8. CLÁUSULA *DEL CREDERE*

Estabelecendo uma regra geral, conforme estampado no art. 697 do CC/2002 (art. 175 do CCom), o comissário não responde pela insolvência das pessoas com quem tratar, exceto em caso de laborar com culpa ou na hipótese de haver sido estipulada a cláusula del credere (também conhecida como "cláusula de confiança" ou "cláusula de garantia").

Por meio desta estipulação negocial, o comissário passa a responder solidariamente com a pessoa com que houver tratado em nome do comitente, de maneira que o direito deste último resta mais acautelado.

É a previsão do art. 698 do CC/2002 (art. 179 do CCom), que estabelece, *in verbis*:

"Art. 698. Se do contrato de comissão constar a cláusula *del credere*, responderá o comissário solidariamente com as pessoas com que houver tratado em nome do comitente, caso em que, salvo estipulação em contrário, o comissário tem direito a remuneração mais elevada, para compensar o ônus assumido"[32].

No dizer de DESCARTES DE MAGALHÃES:

"Não há, porventura, quem não compreenda que mesmo as pessoas mais abastadas — a quem a fortuna prodigará sempre os maiores bens — podem, por esta ou aquela circunstância, que não vem a pêlo investigar, tornar-se carentes de recursos ou ser reduzidas à miséria. Sendo assim, o comitente, por mais atilado e probo que seja o comissário, arrisca-se, muita vez, a não ser pago, devido à superveniente insolvência da pessoa com quem contratou"[33].

---

[31] "Comissão *del credere*. Pode ser reduzida, pois não se confunde com a relação do emprego. O Art. 468 da CLT não tem aplicação ao caso. Agravo desprovido" (STF, AI 31879, *DJ*, 9-6-1965, rel. Min. Hermes Lima, j. 14-5-1965, 2.ª Turma).

[32] No Direito italiano, art. 1.736: "*Il commissionario che, in virtù di patto o di uso, è tenuto allo 'star del credere' risponde nei confronti del committente per l'esecuzione dell'affare. In tal caso ha diritto, oltre che alla provvigione, a un compenso o a una maggiore provvigione, la quale, in mancanza di patto, si determina secondo gli usi del luogo in cui è compiuto l'affare. In mancanza di usi provvede il giudice secondo equità*".

[33] Descartes Drummond de Magalhães, ob. cit., p. 257.

Tal cláusula, portanto, tem o nítido escopo de cercar de maior garantia o recebimento do crédito pelo comitente, onerando-se, por consequência, o comissário, que fará jus a uma remuneração maior.

Assemelha-se, pois, ao seguro, mas com este contrato não se confunde, pois não se tem em meta a proteção de interesse legítimo pela consumação de risco decorrente de sinistro, nem, muito menos, se pode encartar o comissário na figura do segurador, para o qual se exigem requisitos específicos para poder atuar no mercado de seguros.

Muito menos poderá o comissário ser considerado fiador, pois não é garantidor subsidiário, e, sim, solidário direto, não existindo benefício de ordem ou excussão legalmente previstos em seu favor.

Torna-se, em verdade, o comissário, por meio desta cláusula, um devedor solidário, de maneira que o comitente, para a satisfação do seu crédito, poderá demandá-lo diretamente, de forma isolada, ou, alternativamente, ao terceiro, sem prejuízo de poder acionar ambos, em litisconsórcio passivo (solidariedade passiva por força de lei). Excepciona, portanto, a regra geral do já analisado art. 694 do CC/2002 (art. 166 do CCom), no sentido de não poder o comitente demandar diretamente as pessoas com quem o comissário contratou. Ora, se há a previsão de solidariedade passiva, poderá, obviamente, demandar o comissário ou próprio terceiro.

Sobre a sua importância, assevera WALDEMAR FERREIRA:

> "Assaz relevante é ela e, por isso mesmo, correntia no comércio comissário. Fortalece sobremodo o contrato. Aumenta-lhe extraordinariamente a prestância, revertendo em benefício das duas partes contratantes. Ao aumento de responsabilidades do comissário corresponde o acréscimo de sua remuneração, por via de regra"[34].

Realçamos, porém, que a parte final do art. 698 do Código de 2002 dá ensejo a uma análise do tipo de contrato de comissão, pois a menção à ideia de que *"salvo estipulação em contrário, o comissário tem direito a remuneração mais elevada, para compensar o ônus assumido"* importa em verificar se o contrato foi estabelecido na modalidade paritária ou de adesão, pois, nesta última situação, não estranharíamos se a cláusula *del credere* fosse considera inválida, por abusividade.

9. EXTINÇÃO DO CONTRATO

Em primeiro plano, o contrato de comissão extingue-se com a consumação do seu objeto, ou seja, por meio de sua execução. Se for pactuada por prazo determinado, finda-se com a consumação do prazo.

Nada impede, outrossim, que seja desfeito por resilição bilateral (distrato) ou unilateral, ou em caso de inadimplemento (resolução).

Na hipótese de extinção promovida pelo comitente, independentemente da causa, estabelece o art. 703 do CC/2002 (art. 188 do CCom):

---

[34] Waldemar Ferreira, *Instituições do Direito Comercial — Os Contratos Mercantis e os Títulos de Crédito*, 2. ed., São Paulo: Freitas Bastos, 1948, v. II, p. 382.

"Art. 703. Ainda que tenha dado motivo à dispensa, terá o comissário direito a ser remunerado pelos serviços úteis prestados ao comitente, ressalvado a este o direito de exigir daquele os prejuízos sofridos".

Na hipótese, porém, de resilição unilateral pelo comitente, preceitua o art. 705 do Código Civil de 2002:

"Art. 705. Se o comissário for despedido sem justa causa, terá direito a ser remunerado pelos trabalhos prestados, bem como a ser ressarcido pelas perdas e danos resultantes de sua dispensa".

É importante ressaltar que a utilização da expressão *"despedida sem justa causa"*, visivelmente emprestada do Direito do Trabalho, não importa em reconhecer a existência de um vínculo empregatício no contrato de comissão, quando celebrado entre pessoas físicas.

O que ela quer dizer, em verdade, é que, no contrato de comissão, admite-se a resilição unilateral sem expressa previsão contratual, o que é uma situação evidentemente excepcional no sistema codificado brasileiro, tal qual ocorre no contrato de emprego.

Admite-se ainda a inexecução resultante de evento fortuito, como na hipótese já vista de morte da parte, seja o comissário (art. 702 do CC/2002), seja o comitente.

Finalmente, vale lembrar, com esteio na doutrina de THEODORO JR., que:

"A falência interfere na comissão mas não a extingue, necessariamente. Falido o comitente, terá o síndico poder de denunciá-la, na conveniência da massa. A concordata preventiva do comitente não repercute sobre o contrato de comissão. A falência do comissário inviabiliza a continuidade do contrato, mas a massa terá direito de receber os créditos já adquiridos"[35].

---

[35] Humberto Theodoro Jr., ob. cit., p. 106 (disponível também no *Juris Síntese IOB*).

Capítulo XXVI
Agência e Distribuição

Sumário: 1. Introdução. 2. Unidade ou distinção conceitual? 3. Características. 4. Contratos correlatos. 5. Direitos e obrigações das partes. 6. Extinção do contrato.

1. INTRODUÇÃO

O Código Civil brasileiro de 2002, inovando em relação à codificação anterior (que nada previa), disciplinou, em capítulo próprio e único (Capítulo XII — arts. 710 e 721), as figuras da "Agência" e "Distribuição".

Estamos diante de duas figuras tipicamente mercantis, tratadas conjuntamente, a partir do art. 710 do Código Civil, que antes eram consideradas contratos atípicos, pois regidos por normas de diferentes figuras contratuais, mas que, agora, encontram guarida em normas gerais da codificação civil.

No curso deste capítulo, cuidaremos de desenvolver os pontos de contato e os traços característicos destas duas figuras jurídicas, costumeiramente confundidas com o contrato de representação comercial, tratado em capítulo próprio.

2. UNIDADE OU DISTINÇÃO CONCEITUAL?

Um primeiro e intrigante ponto que deve, de logo, ser colocado à nossa apreciação diz respeito à acesa polêmica doutrinária acerca do tratamento conjugado dispensado pelo legislador a essas duas figuras.

Isso porque, no mesmo capítulo, intitulado "Da Agência e Distribuição", o codificador nos dá a aparente impressão de tratar-se de uma sinonímia, ou seja, de instituto idêntico, consagrado terminologicamente, todavia, de duas diferentes maneiras.

HUMBERTO THEODORO JR. é um dos juristas que não vê diferença entre os dois institutos:

"O novo Código Civil, a exemplo do direito europeu, abandonou o *nomem iuris* de "representante comercial", substituindo-o por "agente". Sua função, porém, continua sendo exatamente a mesma do representante comercial autônomo. Mas, além de falar em "contrato de agência", o Código fala também em "contrato de agência e distribuição". Não são, porém, dois contratos distintos, mas o mesmo contrato de agência no qual se pode atribuir maior ou menor soma de funções ao preposto"[1].

Ousamos, todavia, discordar do ilustre professor.

---
[1] Humberto Theodoro Jr., *Do Contrato de Agência e Distribuição no Novo Código Civil*, disponível em: <http: www.mundojuridico.adv.br>, acessado em 14-7-2006.

Note, o nosso atento amigo leitor, que a própria redação do art. 710, especialmente em sua parte final, já denota a diagnose diferencial entre os referidos contratos:

"Art. 710. Pelo contrato de agência, uma pessoa assume, em caráter não eventual e sem vínculos de dependência, a obrigação de promover, à conta de outra, mediante retribuição, a realização de certos negócios, em zona determinada, caracterizando-se a distribuição quando o agente tiver à sua disposição a coisa a ser negociada.

Parágrafo único. O proponente pode conferir poderes ao agente para que este o represente na conclusão dos contratos".

No *contrato de agência*, o agente, sem vínculo de subordinação, e sem deter a coisa que comercializa, realiza negócios, em área determinada, fazendo jus a uma remuneração fixa ou percentual; diferentemente, no *contrato de distribuição*, posto deva também empreender negócios à conta e no interesse de terceiro, o distribuidor já tem à sua disposição a coisa negociada.

Este elemento (*ter consigo ou não a coisa a ser comercializada*), pois, é a nota distintiva entre as duas espécies contratuais.

Assim, vale ressaltar, conceituamos o contrato de agência como o *negócio jurídico em que uma pessoa, física ou jurídica, assume, em caráter não eventual e sem vínculos de dependência, a obrigação de promover, à conta de outra, mediante retribuição, a realização de certos negócios, em zona determinada.*

Já o contrato de distribuição é o *negócio jurídico em que uma pessoa, física ou jurídica, assume, em caráter não eventual e sem vínculos de dependência, a obrigação de promover, à conta de outra, mediante retribuição, a realização de certos negócios, em zona determinada, tendo, desde já, em sua detenção, a coisa objeto do negócio.*

Sensível a esta diferença, HÉLIO CAPEL FILHO assevera:

"Imperioso notar que o legislador usou o colado dispositivo para conceituar o contrato de agência e, ao final, aponta uma hipótese em que, caso somado à agência, o fator modificador — a posse da coisa a ser comercializada — o contrato caracteriza-se de distribuição. A norma permite, desta forma, acreditar que, se o agente tiver à sua disposição a coisa a ser negociada, o contrato não será mais de agência, mas de distribuição. A declaração de existência deste efeito, de transfiguração contratual de uma forma para outra, por parte do legislador, não permite crer se tratar de uma só modalidade contratual, posto que impossível transformar-se em si mesmo. Inaceitável a hipótese de, na ontologia, um objeto sofrer interferências do meio para, ao final, transfigurar-se nele próprio.

Portanto, o contrato de agência e o contrato de distribuição são, na verdade, instrumentos distintos dos quais a empresa poderá lançar mão com o fito de escoar sua produção ou estoque. Contudo, vale lembrar que, conforme disposição dos bens nessa relação, poderá estar desvirtuado o objeto contratual, que poderá passar a ser regido por outras vias legais"[2].

---

[2] Hélio Capel Filho, Diferenciando contrato de agência e contrato de distribuição no novo Código Civil. *Jus Navigandi*, Teresina, a. 9, n. 586, 13 fev. 2005. Disponível em: <http://jus2.uol.com.br/doutrina/texto.asp?id=6316>. Acessado em 16-7-2006.

Além disso, no contrato de agência, o agente promove a celebração do negócio entre o proponente/agenciado e o adquirente (em geral consumidor), ao passo que, na distribuição, é o próprio distribuidor quem vende o produto (que já se encontrava em sua posse). E assim o é especialmente por considerarmos que este contrato tem raiz na *concessão mercantil*.

A esse respeito, pontifica com precisão JOSÉ MARIA TREPAT CASES:

"A primeira etapa do contrato de distribuição é a venda do produto pelo proponente ou distribuído ao distribuidor, para posterior revenda ao destinatário final — consumidor — ou a outra pessoa que faça dele objeto de nova comercialização. Aqui já se tem uma diferença abismal entre a distribuição e a agência: enquanto no primeiro o produtor e/ou fabricante revende ao distribuidor o produto para posterior revenda, neste último o proponente ou agenciado vende os produtos ou presta os serviços diretamente ao consumidor, em razão da intermediação do agente"[3].

Entendemos, outrossim, que tanto a agência como a distribuição são contratos eminentemente mercantis, expressamente voltados à *venda de mercadorias*, e assim pensamos por observarmos que a nota distintiva entre ambos é, precisamente, *o fato de o distribuidor ter em seu poder "coisas a serem negociadas"*, como assentou o próprio dispositivo sob comento[4].

Assim, há quem entenda que não se subsumiriam a estas figuras os contratos celebrados por representantes de artistas e jogadores de futebol, como anotam, por exemplo, ANTÔNIO FÉLIX DE ARAÚJO CINTRA e RICARDO BERGER, nos seguintes termos:

"Nessa linha de raciocínio, não se justifica a amplitude que alguns querem dar ao contrato de agência no Código Civil, dizendo que serviria para agenciamento de artistas, atletas e outras atividades que não fossem relacionadas à compra e venda de mercadorias. Vale frisar novamente que o Código Civil apenas deu outro nome para a mesma relação conhecida tradicionalmente como representação comercial. Isso decorre não apenas da definição equivalente do contrato, acima mencionada, mas também da própria regulamentação encontrada nos artigos 710 e seguintes do Código Civil. Toda a linguagem e toda a lógica desses dispositivos apontam para o agenciamento na compra e venda de mercadorias, por exemplo quando se fala em zona de atuação do agente, cessação de atendimento de propostas, direito à remuneração pelos negócios concluídos dentro da zona de atuação e assim por diante. Até a definição de distribuição, que conforme será visto aparece den-

---

[3] José Maria Trepat Cases, *Código Civil Comentado* — (Arts. 693 a 817), São Paulo: Atlas, 2003, v. VIII, p. 67.

[4] "Na sua manifestação mais simples, a distribuição se exterioriza como contrato de fornecimento: o produtor se obriga a fornecer certo volume de determinado produto, e o revendedor se obriga a adquiri-lo, periodicamente. Não há uma remuneração direta entre fornecedor e revendedor. Este se remunera com o lucro que a revenda dos produtos lhe proporciona. O fornecedor, por sua vez, não exerce interferência alguma na gestão do negócio do revendedor" (Humberto Theodoro Jr., *Do Contrato de Agência e Distribuição no Novo Código Civil*, cit.).

tro da definição de agência e como um desdobramento desta última, menciona claramente 'coisa a ser negociada'"[5 e 6].

A tese é atrativa e muito bem fundamentada, porém, não concordamos com ela.

De fato, o contrato de agência é, tradicionalmente, visto como uma modalidade de contrato de colaboração empresarial, tais como a comissão mercantil, a representação comercial, a concessão comercial, a franquia, a corretagem, a concessão do uso de marca etc.

Todavia, com a unificação das obrigações civis e comerciais pelo Código Civil brasileiro de 2002, é preciso um novo olhar para o instituto, sendo plenamente aplicável para as relações civis.

E, neste novo campo das relações negociais, encontram terreno fértil na disciplina do contrato de agência os negócios jurídicos estabelecidos com agentes de atividades artísticas e esportivas (notadamente, no Brasil, na área futebolística), em que a atividade pactuada é justamente a de promoção de negócios individuais, consistente na busca da clientela, para coletar propostas a serem repassadas ao proponente.

3. CARACTERÍSTICAS

Neste tópico, cuidaremos de caracterizar os contratos de agência e de distribuição conjuntamente, dada a inegável similitude que guardam entre si, agora consagrados como contratos *típicos* e *nominados*.

Trata-se de contratos *bilaterais* e *onerosos*, pois produzem direitos e obrigações para as duas partes, sendo, nessa linha, também *sinalagmáticos* (pois a prestação de uma das partes é causa da prestação da outra) e *comutativos* (pela equivalência das prestações). Por isso, também podem ser considerados *contratos evolutivos*, em que é estabelecida a equação financeira do contrato, impondo-se a compensação de eventuais alterações sofridas no curso do contrato.

São, ainda, contratos simplesmente *consensuais* e *não solenes*, muito embora, a depender do valor negociado, a forma escrita possa se fazer necessária, para efeito de *prova* (negócios *ad probationem*).

Finalmente, podemos afirmar tratar-se de negócios *fiduciários*, pois são inegavelmente calcados na confiança, em outras palavras, são negócios celebrados *intuitu personae*. E este caráter personalíssimo acaba por conferir ao agente certa exclusividade na área de sua atuação, a teor do art. 711 do Código Civil:

"Art. 711. Salvo ajuste, o proponente não pode constituir, ao mesmo tempo, mais de um agente, na mesma zona, com idêntica incumbência; nem pode o agente assumir o encargo de nela tratar de negócios do mesmo gênero, à conta de outros proponentes".

---

[5] Antônio Félix de Araújo Cintra e Ricardo Berger, É hora de definir agência e distribuição no novo Código Civil. *Jus Navigandi*, Teresina, a. 7, n. 66, jun. 2003. Disponível em: <http://jus2.uol.com.br/doutrina/texto.asp?id=4148>. Acesso em: 16-7-2006.

[6] Esposa posicionamento contrário ao nosso Sílvio de Salvo Venosa: "O agente pode-se dedicar a uma infinidade de negócios. Modernamente, destacam-se agentes que promovem negócios de turismo, teatro, atletas profissionais, espetáculos esportivos, publicidade e propaganda, política, transportes, mercado financeiro etc." (*Contratos em Espécie*, cit., p. 630).

Não viola a livre concorrência esta estipulação, pois é da natureza mesma deste tipo de contrato a fidelidade negocial imposta entre as partes, delimitadora de um âmbito específico de atuação do agente ou distribuidor.

Podem materializar-se tanto na modalidade *paritária* quanto *por adesão*, na medida em que, respectivamente, as partes estejam em iguais condições de negociação, estabelecendo livremente as cláusulas contratuais, na fase de puntuação, ou em que uma delas imponha as cláusulas do negócio jurídico.

Como contratos *individuais*, interessam apenas a pessoas determinadas, sendo contratos de *duração* (*determinada ou indeterminada*), também chamados de contratos *de trato sucessivo, execução continuada* ou *débito permanente*, cumpridos por meio de atos reiterados.

Mais uma vez, registramos a característica *causal* de tais contratos, que vincula a sua validade, sendo, *pela função econômica, um contrato de atividade*, caracterizado pela prestação de uma conduta de fato, mediante a qual se conseguirá uma utilidade econômica, embora, por vezes, soe como um contrato *associativo*, caracterizado pela coincidência de fins, tendo em vista que a finalidade de ambos os contratantes é a mesma, qual seja, a venda do produto agenciado ou distribuído.

Por fim, é típico contrato principal, com existência autônoma, e definitivo, pois não é preparatório para qualquer negócio jurídico, embora sua utilidade acabe se confundindo com o objetivo da alienação do produto agenciado ou distribuído.

4. CONTRATOS CORRELATOS

Delicada é a tarefa de tentar distinguir agência e distribuição do contrato de representação comercial, tratado em capítulo próprio, uma vez que a dúvida não é sentida apenas em nível doutrinário, mas também jurisprudencial[7].

Não temos dúvida de que a representação comercial tem amplitude social mais significativa, fato este observado por SÍLVIO VENOSA:

> "O contrato de agência situa-se, qualitativamente, em plano inferior ao da representação, razão pela qual não podem ser tomados como expressões sinônimas, embora parte da doutrina o faça"[8].

O representante comercial, entretanto, exerce atividade mais ampla, pois pode *participar da conclusão do negócio*, efetivamente *representando* a parte que lhe outorgou poderes, e, além disso, submete-se a registro específico em um Conselho Regional de Representantes Comerciais, vinculado, por sua vez, ao Conselho Federal, nos termos da Lei n. 4.886/65 (alterada pela Lei n. 8.420/92), inexigível dos simples agentes ou distribuidores. Caso o façam, passarão a exercer atividade contratual típica de representante comercial.

Logo, na prática, esta distinção, possível no plano teórico, torna-se tão nebulosa que é quase impossível separar a atuação do representante comercial do agente e do distribuidor[9].

---

[7] *Vide*: TJRS, AgI 70010305399, rel. Claudir Fidelis Faccenda, j. 29-12-2004, 16.ª Câm. Cív.
[8] Sílvio de Salvo Venosa, *Contratos em Espécie*, cit., p. 575.
[9] Maria Helena Diniz, por exemplo, identifica expressamente os contratos de *agência e representação*: "A agência ou representação comercial vem a ser o contrato pelo qual uma pessoa se obriga, mediante retribuição, a realizar certos negócios, em zona determinada, com caráter de habitualidade,

Até porque um representante comercial, devidamente inscrito em seu Conselho Profissional, poderá agenciar ou distribuir, já que, se pode o mais (exercer a representação comercial), pode, indiscutivelmente, o menos (praticar atos de agente ou distribuidor). O que não admitimos é o inverso: um simples agente exercer atividade de representante comercial, sem observar os requisitos exigidos pela legislação especial para o exercício da sua profissão.

Em conclusão a este tópico, e para tornar ainda mais claras as características do contrato de agência, transcrevemos trecho da doutrina de ARAÚJO CINTRA e BERGER, quando abordam a necessidade de se tentar compatibilizar a legislação do representante comercial (Lei n. 4.886/65) com as normas codificadas a respeito da agência e da distribuição:

> "Resta portanto estabelecer como deve ser compatibilizada a Lei do Representante Comercial com o capítulo de agência do Código Civil. A resposta é razoavelmente simples. Dado que o Código Civil não pretendeu esgotar a regulamentação da matéria, tendo inclusive ressalvado a aplicação de lei especial, devem ser considerados revogados apenas os dispositivos da Lei do Representante Comercial cuja matéria tenha sido regulada de forma diferente no Código Civil, permanecendo em vigor os demais. Por exemplo, na ausência de cláusula contratual, vale agora a presunção de exclusividade do Código Civil tanto para a zona de atuação do agente (exclusividade em favor do agente) como para o agenciamento (exclusividade em favor do proponente). E naquela que deve ser a maior diferença, o aviso prévio para encerramento de contratos por prazo indeterminado não será simplesmente de 30 dias como previsto na Lei do Representante Comercial, mas deverá ter no mínimo 90 dias e, ainda assim, desde que já tenha transcorrido prazo compatível com a natureza e o vulto dos investimentos exigidos do agente"[10].

A observação é interessantíssima, mas, na verdade, não concordamos integralmente com ela, especialmente o exemplo dado.

Isso porque, dada a defendida peculiaridade dos institutos contratuais mencionados, não podemos aceitar que uma regra geral revogue uma especial, ainda que anterior.

Em síntese, o que afirmamos é que temos, na realidade, três contratos autônomos: *agência, distribuição* e *representação comercial*. Todavia, o *contrato de agência* (e, consequentemente, a sua disciplina jurídica) deve ser considerado apenas o *tronco comum* de onde, pela especificação (com o aumento de atribuições), se emprestam as regras básicas a disciplinar o *contrato de distribuição* — quando o agente tiver à sua disposição a coisa a ser negociada — e o *contrato de representação comercial* — quando se tratar de uma relação empresarial, em que o representante desempenhe, em caráter não eventual por conta de uma ou mais pessoas, a mediação para a realização de negócios mercantis, agenciando propostas ou pedidos, para transmiti-los aos representados, praticando ou não atos relacionados com a execução dos negócios.

---

em favor e por conta de outrem, sem subordinação hierárquica" (*Direito Civil Brasileiro*, cit., v. III, p. 395). Também nesta linha, Humberto Theodoro Jr.: "Assim, na definição do Código, o contrato de agência (ou de representação comercial autônoma) é aquele pelo qual uma pessoa — o agente — assume, em caráter não eventual, e sem vínculos de dependência, a obrigação de promover à conta de outra — o preponente ou fornecedor — mediante retribuição, a realização de certos negócios, em zona determinada" (texto citado).

[10] Antônio Félix de Araújo Cintra e Ricardo Berger, texto citado.

E isso não significa revogação de regras especiais, necessariamente.

Tal sistematização permite perceber que, no contrato de agência firmado, por exemplo, entre um famoso jogador de futebol (preponente) e seu empresário (agente), a outorga de poderes do primeiro ao segundo, para representá-lo na conclusão dos contratos, não transmuda a avença em um contrato de representação comercial autônoma, mas, sim, no estabelecimento de um contrato de agência, com um mandato na forma de cláusula contratual, o que atrairia a aplicação das normas próprias desta última figura contratual, por força, inclusive, da previsão do art. 721 do Código Civil.

O contrato de agência não se confunde, também, com o contrato estabelecido com vendedores viajantes.

Nesta última modalidade, o que há é a distinção entre o contrato de agência e o contrato de emprego.

Mesmo por força da definição legal de contrato de agência, contida no já mencionado art. 710 do CC/2002, o agente é um trabalhador autônomo que, embora preste serviços de natureza não eventual, não tem qualquer vínculo de dependência, ou seja, não se encontra subordinado juridicamente, de forma absoluta, tal qual um empregado.

Ainda que, numa visão pragmática, a atividade exercida seja materialmente equivalente, qual seja, angariar clientes para a empresa (preponente, na agência; ou empregadora, no contrato de emprego), a nota distintiva é a ausência de hierarquização, valendo registrar que o agente atua como empresário, com sede própria, podendo se constituir em pessoa jurídica e, inclusive, contratar empregados ou prestadores de serviço para exercerem parte de suas atribuições, o que seria impensável em um contrato de emprego.

Neste ponto, vale registrar a síntese de HUMBERTO THEODORO JR.:

"É, em suma, a ausência de um contrato de trabalho que caracteriza o agente comercial e o distingue do viajante ou pracista, na tarefa da conquista de clientela para a empresa a que servem uns e outros.

Costumam-se arrolar as seguintes e principais distinções entre agente e representante assalariado:

a) O viajante ou pracista não pode contratar pessoal para desempenhar a representação que lhe cabe. Já o agente comercial é um empresário, um profissional independente, que pode livremente organizar sua empresa, da maneira que melhor lhe convier;

b) O viajante ou pracista não tem iniciativa pessoal, é hierarquicamente subordinado ao comando do empregador;

c) O viajante ou pracista não pode aceitar representação de outras empresas. O viajante não é mandatário e não capitaliza clientela. Não faz jus, por isso, às indenizações legais devidas ao agente autônomo;

d) O viajante ou pracista somente pode ser pessoa física, enquanto o agente pode ser indiferentemente pessoa física ou jurídica;

e) O viajante ou pracista não pode contratar sub-representantes, a não ser mediante autorização do empregador. A lei, no entanto, assegura ao agente a faculdade de contratar subagentes"[11].

---

[11] Humberto Theodoro Jr., *Do Contrato de Agência e Distribuição no Novo Código Civil*, cit.

O contrato de agência também não se confunde com o de mandato, embora as duas figuras contratuais possam coexistir.

De fato, o contrato de agência, em regra, NÃO pressupõe representação, mas, sim, o *animus* de promoção de negócios jurídicos de interesse do proponente. O agente, *a priori*, não fecha o negócio, embora lhe possam ser outorgados poderes neste sentido, constituindo-se em um contrato complexo de agência, ao qual se aplica a já mencionada regra do art. 721 do CC/2002.

Ademais, é importante lembrar que a agência pressupõe uma relação continuativa, ou seja, não eventual, enquanto o mandato pode ser estabelecido para a realização de negócios específicos e determinados.

O contrato de agência não deve ser confundido, por fim, com o contrato de comissão.

De fato, no contrato de comissão, o comissário pratica atos *em seu próprio nome*. Os produtos do comitente são postos à disposição do comissário, presencial ou virtualmente, autorizando-se a vendê-los aos consumidores em nome próprio. Assim, perante os destinatários dos bens, o vendedor é o comissário, e não o comitente. Já no contrato de agência, o vendedor é sempre o preponente, ainda que se possa conferir poderes ao agente para concluir e executar a venda, na forma do mencionado parágrafo único do art. 710 do CC/2002.

5. DIREITOS E OBRIGAÇÕES DAS PARTES

Firmada, como regra geral da atuação negocial do agente/distribuidor, a sua exclusividade territorial (CC/2002, art. 711), passemos a analisar mais detalhadamente os direitos e obrigações decorrentes do contrato.

A principal obrigação do contrato é imposta ao agente (ou distribuidor), que se obriga a atuar como empreendedor, promotor de negócios, em favor do proponente, devendo agir, no desempenho do que lhe foi cometido, com toda diligência, atendo-se às instruções recebidas (art. 712), ficando ao seu cargo, ainda, ressalvada estipulação em contrário, todas as despesas decorrentes do contrato (art. 713). Fica claro, pois, aqui, o *princípio da boa-fé objetiva*, com toda a sua magnitude[12].

Observe-se, outrossim, *não existir relação de dependência hierárquica ou subordinação funcional* entre as partes. Aliás, esta é uma das notas que diferencia o contrato de agência do contrato de trabalho, conforme visto no tópico anterior, bem como no capítulo próprio, pois a subordinação jurídica no contrato de emprego é absoluta, não se admitindo, em regra, autonomia na conduta do empregado.

Fará jus, o agente ou distribuidor, a uma remuneração, fixa ou percentual, pelos negócios que promover, correspondente àqueles concluídos dentro de sua zona, ainda que sem a sua interferência (art. 714).

---

[12] "Por certo é que o novo Código Civil adotou o princípio da eticidade, valorizando as condutas guiadas pela boa-fé, principalmente no campo obrigacional" (Flávio Tartuce, *A Função Social dos Contratos — do Código de Defesa do Consumidor ao Novo Código Civil*, São Paulo, Método, 2005, p. 164-5).

Interessante notar a previsão normativa no sentido de que, caso o negócio seja realizado na área de sua atuação (do agente ou distribuidor), ainda que o mesmo não tenha tido participação ativa na celebração do contrato, terá direito à remuneração (imagine-se que o produto do proponente ou agenciado foi adquirido na área geográfica de exclusividade de determinado agente, sem a sua intervenção direta). Com isso, quer-se evitar, nitidamente, fraude à cláusula de exclusividade, impedindo-se, assim, que terceiro intermedeie o negócio, afetado apenas àquele determinado agente.

Nesse sentido, TREPAT CASES:

"O cliente poderá pagar o preço devido tanto ao agente, desde que tenha poderes para praticar tal ato (mandato), como diretamente ao agenciado. Se pago ao agente, este poderá do montante, deduzir a sua remuneração. Se pago diretamente ao agenciado, este creditará ao agente.

Se não for ajustada cláusula de não exclusividade, toda e qualquer negociação concluída no território (zona) abrangido pelo contrato de agência e/ou distribuição, realizada diretamente pelo proponente ou por intermédio de terceiros, gerará o direito de comissão ao agente contratado para atuar naquela área geográfica"[13].

E esta remuneração será devida ainda quando o negócio deixe de ser realizado por fato imputável ao proponente (art. 716 do CC/2002). Imagine-se, por exemplo, que o proponente, por dívida sua, tenha se submetido à penhora dos produtos que seriam repassados ao agente para uma venda já acertada ao consumidor. Ora, inviabilizada a realização do negócio por fato imputável ao próprio agenciado (débito seu), deverá adimplir o crédito devido ao agente, referente à remuneração que lhe seria devida. Inversamente, caso a entrega do produto ao agente haja se tornado impossível em virtude de fato inevitável (caso fortuito ou força maior), não estará o proponente obrigado a nada.

Nesse ponto, vale transcrever breve análise que já tivemos oportunidade de fazer acerca do tratamento legal do caso fortuito e da força maior, dispensado pelo Código Civil de 2002:

"Sem pretender pôr fim à controvérsia, eis que seria inadmissível a pretensão, entendemos que a característica básica da força maior é a sua inevitabilidade, mesmo sendo a sua causa conhecida (um terremoto, por exemplo, que pode ser previsto pelos cientistas); ao passo que o caso fortuito, por sua vez, tem a sua nota distintiva na sua imprevisibilidade, segundo os parâmetros do homem médio. Nesta última hipótese, portanto, a ocorrência repentina e até então desconhecida do evento atinge a parte incauta, impossibilitando o cumprimento de uma obrigação (um atropelamento, um roubo).

(...)

Advertimos, outrossim, que as situações da vida real podem tornar muito difícil a diferenciação entre caso fortuito ou força maior, razão por que, a despeito de nos posicionarmos acerca do tema, diferenciando os institutos, não consideramos grave erro a identificação dos conceitos no caso concreto.

---

[13] José Maria Trepat Cases, ob. cit., p. 78.

Ademais para o direito obrigacional, quer tenha havido caso fortuito, quer tenha havido força maior, a consequência, em regra, é a mesma: extingue-se a obrigação, sem qualquer consequência para as partes"[14].

Imagine-se, a título de exemplo, que o proponente não tenha podido entregar a mercadoria ao agente, em virtude de um incêndio acidental ocorrido em suas instalações fabris.

No entanto, se o descumprimento fortuito da obrigação se der em face do agente, dispõe o art. 719 que, não podendo continuar o trabalho (por fato que não lhe seja imputável), terá direito à remuneração correspondente aos serviços realizados, cabendo esse direito aos herdeiros no caso de morte. A regra, em nosso sentir, é justa, por vedar o enriquecimento sem causa do proponente, nada impedindo a transmissibilidade do direito aos herdeiros do agente, pois se trata de direito meramente creditório. Aliás, se o serviço fora devidamente realizado pelo agente, ainda em vida, incorporou, por consequência, este crédito ao seu patrimônio, transferindo-se aos seus sucessores, depois de sua morte, por força do *princípio da "saisine"*[15].

Chama, finalmente, a nossa atenção a referência feita pelo art. 715, no sentido de que o agente ou distribuidor tem direito à *indenização* se o proponente, sem justa causa, cessar o atendimento das propostas ou reduzi-lo tanto que se torne antieconômica a continuação do contrato.

Trata-se, claramente, de uma regra que respeita a *função social do contrato e da empresa*.

Ora, se o proponente embaraça ou faz cessar, injustamente, o atendimento das propostas, reduzindo — ou até mesmo, em nosso sentir, inviabilizando-as —, sem justa causa, tornando *antieconômica* a continuação do contrato com o agente, deverá, pois, indenizá-lo.

Mas o que se entende por "cessar o atendimento o reduzir as propostas *sem justa causa*"?

Cuida-se, inegavelmente, de um conceito indeterminado, sintonizado com o sistema aberto de normas inaugurado pelo Código Civil de 2002 à luz do princípio da operabilidade ou concretude, e que deve ser preenchido pelo juiz, com a devida cautela e bom senso, no caso concreto. Pensamos que somente fatos inevitáveis, traduzidos como eventos fortuitos, poderiam autorizar esta atuação indesejada por parte do proponente. Fora daí, atuando culposamente, deverá indenizar o agente, por ser medida de justiça.

Tornar "antieconômica" a atividade negocial, como consequência desta atuação perniciosa do agenciado, significaria vulnerar o equilíbrio contratual, onerando o agente excessiva e injustificadamente, impedindo a celebração normal dos negócios que agenciou, e dos quais depende para a mantença do seu próprio empreendimento.

---

[14] Pablo Stolze Gagliano e Rodolfo Pamplona Filho, *Obrigações*, cit., v. 2, p. 308-309.

[15] Sobre o *droit de saisine*, pontifica, com habitual erudição, Francisco José Cahali: "O que ocorre, em verdade, é uma ficção jurídica, a transmissão da herança se faz *ipso jure*, para dar a necessária continuidade na titularidade das relações jurídicas deixadas pelo falecido, que não podem ficar acéfalas. Com a definitiva partilha e adjudicação da herança aos herdeiros, quando se desfaz a comunhão forçada, consolidando em seu patrimônio o quinhão herdado, a titularidade do acervo opera-se retroativamente, desde a data do falecimento" (Francisco José Cahali e Giselda Maria Fernandes Novaes Hironaka, ob. cit., v. 6, p. 43).

6. EXTINÇÃO DO CONTRATO

Já tivemos oportunidade de anotar que um contrato válido extingue-se, fundamentalmente, de três maneiras: por *resilição*, por *resolução*, e por *rescisão*.

Seja pela recusa — justificada ou não — do devedor, seja por fatos alheios à sua vontade, como, por exemplo, no caso fortuito ou de força maior, sempre será possível ao interessado (parte lesada pelo descumprimento) pedir a resolução do contrato, extinguindo-se o vínculo contratual. A resolução, pois, traduz desfazimento do contrato por inadimplemento.

Quanto à rescisão, podemos extrair duas acepções jurídicas da palavra.

A primeira é justamente a no sentido genérico de extinção do contrato, como utilizada no cotidiano civil e trabalhista, vale dizer, traduz descumprimento do contrato por inadimplemento, no mesmo sentido da resolução. O outro sentido, mais próximo do gramatical, é o que corresponde à ruptura do contrato em face de uma nulidade (lesão ou estado de perigo). Este último sentido não é muito frequente na prática jurídica, embora tenha respaldo de autores do porte de FRANCESCO MESSINEO[16].

Finalmente, a resilição consiste no desfazimento do contrato por simples manifestação de vontade, independentemente do seu cumprimento. Traduz, pois, o simples exercício de um direito potestativo.

Admite-se, além da resilição bilateral, o denominado distrato, também a resilição unilateral, que se dá quando uma das partes, após comunicar à outra (aviso prévio ou pré-aviso), denuncia o contrato, desfazendo-o.

Nessa linha, admite-se, portanto, a resilição unilateral somente com autorização legal expressa ou implícita (pela natureza da avença) e, **sempre**, com a prévia comunicação à outra parte.

É o que se infere do *caput* do art. 473 do Código Civil de 2002:

"Art. 473. A resilição unilateral, nos casos em que a lei expressa ou implicitamente o permita, opera mediante denúncia notificada à outra parte".

Pois bem.

Os contratos de agência e de distribuição admitem todas essas formas de dissolução, com alguns temperamentos.

Se o contrato for por tempo indeterminado, qualquer das partes poderá dissolvê-lo[17], mediante aviso prévio de noventa dias, desde que transcorrido prazo compatível com a natureza e o vulto do investimento exigido do agente (art. 720 do CC/2002).

Havendo divergência entre as partes, segundo dispõe o parágrafo único, o juiz decidirá da razoabilidade do prazo e do valor devido.

A falta deste pré-aviso poderá gerar direito à indenização em favor da parte que não denunciou o contrato.

---

[16] Francesco Messineo, *Doctrina General del Contrato* (tradução de R. Fontanarossa, Sentís Melendo e M. Volterra). Buenos Aires: EJEA, 1952, t. II, p. 210.

[17] O art. 720 utiliza a expressão "resolvê-lo", mas o sentido técnico correto é de resilição, e não de resolução, como vimos acima.

Mas note-se que a resilição não será possível, caso a natureza e o vulto do investimento realizado pelo agente determinem a mantença da avença, à luz do princípio que veda o enriquecimento sem causa.

Regra geral, semelhante a esta, encontramos no parágrafo único do art. 473, que já tivemos oportunidade de analisar, em nossa obra dedicada à Teoria Geral dos Contratos:

> "Em outra linha, se, por força da maior proteção que lhe dá a legislação consumerista, pretende um consumidor desfazer um contrato de compra e venda, por não ter mais condições de cumprir o pactuado, deve o vendedor aceitar tal fato, sem qualquer ressarcimento pelas despesas feitas?
>
> É claro que não, já havendo, inclusive, farta jurisprudência nacional sobre a matéria, mesmo aplicando regras anteriores ao novel Código Civil brasileiro.
>
> Pensando em tais situações, foi explicitada a regra do parágrafo único do mencionado art. 473, *in verbis*:
>
>> 'Parágrafo único. Se, porém, dada a natureza do contrato, uma das partes houver feito investimentos consideráveis para a sua execução, a denúncia unilateral só produzirá efeito depois de transcorrido prazo compatível com a natureza e o vulto dos investimentos'.
>
> Frise-se, entretanto, que a compensação das despesas efetuadas pela parte que não desfez o contrato deverá ser justa e fixada segundo critérios compatíveis com os princípios da função social do contrato e da dignidade da pessoa humana.
>
> Por tais razões, não vemos com bons olhos as regras de 'fidelização contratual' utilizadas pelas empresas de telefonia celular, resultando na imposição de pesadas multas ao consumidor que pretenda resilir o contrato, especialmente quando o móvel subjetivo da resilição for a insatisfação com o serviço fornecido.
>
> Em tal hipótese, esta referida técnica de subordinação contratual afigura-se-nos injusta e ilegítima, uma vez que retira do consumidor o direito de escolha quanto à melhor concessionária que possa servir-lhe, ferindo, inclusive, todo o sistema de privatização e a própria Constituição Federal, que aponta a livre concorrência como princípio básico da economia".

Ora, o princípio é o mesmo, em se tratando de contratos de agência e distribuição: a resilição não será possível se não transcorreu prazo razoável (conceito aberto), compatível com a natureza e o vulto do investimento realizado pelo agente, para a consecução dos negócios agenciados.

Finalmente, é de se observar que o art. 717 do Código Civil refere à "dispensa do agente por justa causa", expressão que deve ser entendida não como aplicação estrita de faltas graves enunciadas taxativamente, mas, sim, como no direito do trabalho, no sentido de "desfazimento do contrato por fato imputável ao próprio agente", o que traduziria, por óbvio, *hipótese de resolução contratual, e não de rescisão*.

Dispõe o referido artigo que, *mesmo dispensado por justa causa, terá o agente direito a ser remunerado pelos serviços úteis prestados ao proponente, sem embargo de haver este perdas e danos pelos prejuízos sofridos*, vale dizer, o agente que deu causa à extinção do contrato fará jus às remunerações referentes aos negócios que houver promovido, direta ou indiretamente, mas, por outro lado, não estará livre do dever de indenizar o agenciado pelos prejuízos morais e materiais que experimentou. Nada impede, pois, que se opere a compensação entre as dívidas.

Todavia, se a dispensa se der sem culpa do agente, terá ele direito à remuneração até então devida, inclusive sobre os negócios pendentes, além das indenizações previstas em lei especial[18] (art. 718 do CC/2002). Ou seja, neste caso, o desfazimento do contrato se dá por fato imputável ao proponente/agenciante, e não ao agente, de maneira que este último terá o direito de ser compensado pelos prejuízos morais e materiais que sofreu.

Nada impede, outrossim, que o próprio agente exerça o direito de resolução do contrato, quando o agenciado realizar atos incompatíveis com o objeto do contrato ou com a boa-fé objetiva.

Assim, para facilitar o entendimento deste tópico, elencamos, a título de exemplificação, as hipóteses justificadoras do desfazimento contratual do contrato de representação comercial autônoma, nos termos dos arts. 35 e 36 da Lei n. 4.886/65, que poderiam ser aplicados subsidiariamente aos contratos sob comento, eis que compõem um mesmo tronco comum, com algumas inserções nossas[19]:

"Art. 35. Constituem motivos justos para rescisão do contrato de representação comercial, pelo representado (hipótese de 'dispensa' pelo proponente, por fato imputável ao agente ou distribuidor):

a) a desídia do representante no cumprimento das obrigações decorrentes do contrato;

b) a prática de atos que importem em descrédito comercial do representado;

c) a falta de cumprimento de quaisquer obrigações inerentes ao contrato de representação comercial;

d) a condenação definitiva por crime considerado infamante;

e) força maior.

Art. 36. Constituem motivos justos para rescisão do contrato de representação comercial, pelo representante (hipótese de resolução do contrato pelo agente ou distribuidor, por fato imputável ao proponente/agenciante):

a) redução de esfera de atividade do representante em desacordo com as cláusulas do contrato;

b) a quebra, direta ou indireta, da exclusividade, se prevista no contrato;

c) a fixação abusiva de preços em relação à zona do representante, com o exclusivo escopo de impossibilitar-lhe ação regular;

d) o não pagamento de sua retribuição na época devida;

e) força maior".

---

[18] "Legislação especial" é expressão que traduz especialmente as normas referentes à representação comercial, muito embora devamos registrar que, supletivamente, aplicam-se também à agência e distribuição as normas regentes dos contratos de mandato e comissão, no que couber (art. 721 do CC/2002).

[19] Nesse sentido, José Maria Trepat Cases, ob. cit., p. 83-4.

Capítulo XXVII
Corretagem

Sumário: 1. Noções introdutórias. 2. Conceito e institutos análogos. 3. Tipologia. 4. Características. 5. Direitos e deveres do corretor e do comitente. 6. Remuneração do corretor. 7. Extinção do contrato de corretagem.

1. NOÇÕES INTRODUTÓRIAS

O Código Comercial de 1850, nos seus revogados arts. 36 a 67, tratava da profissão de corretor. Sua disciplina, porém, era limitada à disciplina dos atos de comércio.

O Código Civil de 1916, por sua vez, silenciou totalmente sobre o tema.

Assim, um contrato *típico* e *nominado* como a corretagem passou a ser disciplinado, no século XX, somente em legislação especial, a saber, a Lei n. 6.530/78 (regulamentada pelo Dec. n. 81.871/78).

Com o advento do Código Civil brasileiro de 2002, que trouxe previsão específica sobre sua disciplina nos arts. 722 a 729, a *corretagem* passou a ser uma modalidade contratual codificada, o que se justifica, sem sombra de dúvida, pela evolução das novas relações contratuais em um regime onde prepondera a liberdade do comércio.

Revoga-se, porém, apenas a legislação anterior incompatível, pois a própria codificação de 2002 ressalva, em seu art. 729, que os "preceitos sobre corretagem constantes deste Código não excluem a aplicação de outras normas da legislação especial"[1].

Feitas tais considerações iniciais, passemos a conceituar o instituto.

2. CONCEITO E INSTITUTOS ANÁLOGOS

O contrato de corretagem é o negócio jurídico por meio do qual uma pessoa, não vinculada a outra em decorrência de mandato, de prestação de serviços ou por qualquer outra relação de dependência, se obriga a obter para a segunda um ou mais negócios, conforme as instruções recebidas.

É como se o corretor, em linguagem simples e direta, tivesse a precípua tarefa de aproximar duas outras partes com o propósito de que as mesmas celebrem determinado contrato.

Tal conceito é extraído diretamente da previsão do art. 722 do Código Civil.

---

[1] Para um aprofundamento sobre esta figura contratual, consideramos essencial a leitura de Antonio Carlos Mathias Coltro, *Contrato de Corretagem Imobiliária*: Doutrina e Jurisprudência (São Paulo: Atlas, 2001), que reputamos a melhor obra do país sobre o tema.

O sujeito que se obriga é denominado *corretor* e o que contrata a intermediação é chamado de *comitente*, o que clama por uma atenção especial, para que não haja confusão com o contrato de comissão.

Note-se que o próprio conceito legal se preocupa em distinguir o contrato de corretagem de figuras análogas como o mandato e a prestação de serviços.

E a distinção é muito simples.

A atividade do corretor é uma obrigação de resultado, pois este se obriga a aproximar pessoas interessadas na realização de um negócio, somente fazendo jus à sua remuneração se este se concretizar, justamente por ter atendido aos objetivos da pessoa que lhe transmitiu as instruções e que lhe pagará a retribuição devida.

No mandato, porém, já tratado em capítulo anterior, o mandatário pratica atos pelo mandante, na qualidade de representante voluntário, o que inexiste na corretagem, em que o corretor apenas aproxima as partes, sem qualquer poder decisório ou especificamente de representação, ainda que delegado.

Já a prestação de serviços realmente se aproxima mais da corretagem, pois, a final, a atividade de aproximação ou de procura de interessados feita pelo corretor não deixa de ser um serviço prestado ao comitente. Todavia, a corretagem abarca peculiaridades inexistentes na prestação de serviços, como a necessária profissionalidade do corretor e a finalidade específica de tal modalidade contratual, além da circunstância fática de que o prestador de serviço age em nome próprio, enquanto o corretor apenas medeia as partes, não sendo ele quem concretiza o negócio.

Esta mesma última diferença é nota distintiva entre a corretagem e o contrato de comissão. De fato, a corretagem não deve ser confundida com a comissão, uma vez que o comissário age sempre *nomino suo*, enquanto o corretor é obrigado a encaminhar o contrato ao principal interessado, limitando-se aproximar o seu contratante dos demais interessados. Não tem, pois, o comissário (sujeito do contrato de comissão), como tem o corretor, a função de aproximar partes interessadas na celebração de um negócio, mas sim, a de celebrá-lo em seu próprio nome, no interesse do comitente.

Destaque-se ainda que, justamente pelas suas características específicas, a corretagem também não se confunde com o contrato de emprego, pois ausente estará a subordinação jurídica, mesmo em se tratando de uma relação de trabalho humano, em sentido amplo. Vale repisar que a relação jurídica no campo obrigacional nasce apenas com a efetivação do negócio, pois se trata de um contrato de resultado, não importando o trabalho do corretor se tal resultado não for atingido.

Assim, todo o esforço e tempo despendido pelo corretor não terá qualquer compensação se o negócio não for concretizado, o que, por certo, é um elemento diferencial do contrato de emprego, uma vez que, neste último, é a energia colocada à disposição que é remunerada, independentemente de resultados.

3. TIPOLOGIA

Sobre a atividade do corretor, lembra CARLOS ROBERTO GONÇALVES:

"Os corretores podem ser livres e oficiais. Os primeiros são pessoas que, sem nomeação oficial, exercem, com ou sem exclusividade, a atividade de intermediação de negócios, em caráter contínuo ou intermitente. Os corretores oficiais são os de valores públicos, de mercadorias, de navios, de seguros e de operações de câmbio, que têm a sua profissão legalmente disciplinada e são investidos em cargo público, cujos atos por esta razão gozam de fé pública, estando sujeitos a requisitos especiais para exercê-la, tais como idade, idoneidade e cidadania (Lei n. 6.530/78, regulamentada pelo Dec. n. 81.871/78).

Os corretores públicos, investidos em seu cargo mediante nomeação governamental, devem ter matrícula na Junta Comercial ou em outro órgão público competente e possuir os livros necessários ao exercício da função, denominados cadernos manuais, para registro das operações em que atuaram como intermediários. São ainda obrigados a prestar fiança, como garantia de seu bom desempenho"[2].

Dessa observação, infere-se, portanto, que existem dois tipos de corretagem: *a oficial e a livre*.

A corretagem oficial é aquela praticada por corretores investidos de ofício público, gozando de prerrogativas inerentes ao exercício de tal *munus*, como, por exemplo, a fé pública. Exigem-se requisitos especiais para exercê-la, estabelecidos em normas específicas de diversas naturezas[3].

Já a corretagem livre pode ser praticada por qualquer pessoa capaz, que exerce o ofício de intermediador continuadamente, não dependendo de designação oficial.

MARIA HELENA DINIZ elenca, como hipóteses de corretagem livre,

"corretores livres de espetáculos públicos e diversões; de empréstimos de obras de arte; de automóveis; de pedras preciosas; de publicidade; de serviços de trabalhadores em geral ou especializados; de artistas; de esportistas profissionais; de conferencistas; de bens móveis e imóveis etc."[4].

Neste aspecto, é interessante fazer uma observação sobre a corretagem de imóveis. Em nossa modesta opinião, ainda que esteja ela disciplinada por lei específica, a saber, a Lei n. 6.530/78 (regulamentada pelo Dec. n. 81.871/78), trata-se de uma modalidade de corretagem livre (mesmo dependente de requisitos legais, como a exigência de habilitação técnica específica), pois a sua atividade não se enquadra propriamente como um ofício público. Mas a matéria é de alta indagação, merecendo maior reflexão por parte dos nossos Tribunais.

---

[2] Carlos Roberto Gonçalves, *Direito Civil Brasileiro*, 17. ed., São Paulo: Saraiva, 2020, v. 3, p. 492.

[3] Confiram-se, a título meramente histórico exemplificativo, as Leis 2.146/53 e 5.601/70 (revogada pelo art. 83 da Lei n. 9.069/95), que tratam da *corretagem oficial de fundos públicos*; Decreto-Lei n. 806/1951, art. 27, Decreto-Lei n. 57.651/66, art. 50 (revogado pelo Dec. n. 1.800/96), Lei n. 8.934/94 e Resolução n. 1.645/89, do Banco Central, todas sobre *corretagem de mercadorias*; Decreto n. 19.009/29, art. 3.º, Decreto n. 52.090/63, arts. 3.º e 17, Decreto n. 57.651/66, art. 51, e Decreto n. 54.956/64, art. 4.º, revogado por Decreto s/n.º, de 15-02-1991), sobre *corretagem de navios*; Circular n. 1.533/89 do Banco Central; Resolução BACEN n. 2.202/95 e Lei n. 5.601/70, revogada pelo art. 83 da Lei n. 9.069/95, sobre *corretagem de operações de câmbio*; Lei n. 4.594/64, art. 1.º, Decreto n. 56.900/65, Decreto n. 56.903/65, Decreto-Lei n. 73/66, Decreto n. 60.459/67 e Lei n. 7.944/89, que tratam da *corretagem de seguros*; e, finalmente, sobre *corretagem de valores*, as Leis n. 4.728/65, 6.385/76, 6.404/76, 7.913/89, 7.940/89, 8.178/91 e 8.880/94, reguladas por diversas resoluções de Banco Central, Ministério da Fazenda e CVM (referências legais constantes na obra da ilustre Profa. Maria Helena Diniz, *Curso de Direito Civil Brasileiro — Teoria das Obrigações Contratuais e Extracontratuais*, 17. ed., São Paulo: Saraiva, 2002, v. III).

[4] Maria Helena Diniz, ibidem, v. 3, p. 488.

Compreendida a delimitação conceitual, bem como a tipologia da corretagem, verifiquemos as principais características deste contrato.

4. CARACTERÍSTICAS

Fixado o conceito desta modalidade contratual, é preciso enunciar suas principais características.

A corretagem, como visto, é um contrato *típico* e *nominado*.

Quanto à natureza da obrigação, trata-se de um contrato *bilateral*, que implica direitos e obrigações para ambos os contratantes, de um lado, o corretor, que assume a obrigação de resultado de mediar a realização de um negócio jurídico, do outro o comitente, pessoa que contrata tal intermediação.

É um contrato necessariamente *oneroso*, conforme verificaremos em tópico próprio, embora a remuneração do corretor dependa sempre da concretização do negócio.

Uma de suas características mais evidentes, porém, é o de ser um contrato *aleatório*, uma vez que a obrigação do comitente somente poderá ser exigida em função da concretização do negócio.

Pode ser estabelecido tanto na modalidade *paritária*, como *por adesão*, não sendo aplicável a classificação dos *contratos evolutivos*, dada a álea que envolve tal relação.

É contrato de ampla utilização nas relações *civis* e *comerciais*, sendo inaplicável, em nosso sentir, nas relações *trabalhistas e administrativas*.

Quanto à forma, trata-se de um contrato *não solene e consensual*, uma vez que se concretiza com a simples declaração de vontade, podendo ser realizado até mesmo verbalmente[5] e para qualquer tipo de negócio jurídico lícito[6].

---

[5] *Vide*: TJRS, Ap. Cív. n. 70012677803, Rel. Ergio Roque Menine, j. 21-12-2005, 16.ª Câmara Cível. Ver também: STJ, REsp 713.073/MT, *DJ*, 9-5-2005, p. 431, rel. Min. Aldir Passarinho Júnior, j. 22-3-2005, 4.ª Turma.

[6] Parece-nos relevante registrar, na espécie, a pioneira observação do Prof. Washington Luiz da Trindade: "Outros contratos, como o de *corretagem matrimonial* já existente no B.G.B. alemão (art. 656), começam a despontar entre nós, sendo de notar que os primeiros críticos do Projeto Reale apontam, como omissão imperdoável, nenhuma disposição sobre o contrato de fornecimento, o de concessão de venda com exclusividade, o contrato consorcial de empresas, o de compra e venda pelo sistema de consórcio, o de consertos em oficinas com penhor legal e o contrato de 'leasing' ou arrendamento com cláusula de opção de venda sobre bens produtivos" (Washington Luiz da Trindade, "Novas Figuras Contratuais", in *Revista do Tribunal Regional do Trabalho da 5.ª Região*, ano 1, n. 2, Salvador/BA: publicação do Tribunal Regional do Trabalho da 5.ª Região, 1973, p. 27).

Assim estabelece o art. 656 do Código Civil alemão:

"*656 Heiratsvermittlung. (1) Durch das Versprechen eines Lohnes fur den Nachweis der Gelegenheit zur Eingehung einer Ehe oder fur die Vermittlung des Zustandekommens einer Ehe wird eine Verbindlichkeit nicht begrundet. Das auf Grund des Versprechens Geleistete kann nicht deshalb zuruckgefordert werden, weil eine Verbindlichkeit nicht bestanden hat.*

(2) Diese Vorschriften gelten auch fur eine Vereinbarung, durch die der andere Teil zum Zwecke der Erfullung des Verprechens dem Mäkler gegenuber eine Verbindlichkeit eingeht, insbesondere fur ein Schuldanerkenntnis".

Quanto ao aspecto pessoal, entendemos que o contrato de corretagem é *personalíssimo* ou *intuitu personae*, ou seja, é celebrado em função da pessoa do contratante, que tem influência decisiva para o consentimento do outro, para quem interessa que a prestação seja cumprida por ele próprio, pelas suas características particulares (habilidade, experiência, técnica, idoneidade etc.), sendo estabelecido sempre de forma *individual*.

Embora a produção de efeitos, para o comitente, somente se perfaça, *a priori*, com a conclusão do negócio jurídico, a corretagem é um contrato de duração, pois as obrigações do corretor se cumprem por meio de atos reiterados, na busca, diligente e prudente, da realização do negócio pretendido.

Entendemos ainda que a corretagem é um *contrato causal*, cujos motivos determinantes podem impor o reconhecimento da sua invalidade, caso sejam considerados inexistentes, ilícitos ou imorais.

Posto seja um *contrato de atividade*, uma vez que implica a prestação de uma conduta de fato, vincula-se à realização de uma finalidade proposta, podendo afirmar-se que gera obrigação de resultado.

Trata-se, por isso mesmo, de um contrato *acessório*, pois a relação contratual depende da celebração do negócio jurídico objetivado, que é celebrado pelas partes, e não pelo corretor. Justamente em decorrência dessa característica, a nulidade do contrato principal deve impor a nulidade do contrato de corretagem, que não poderá produzir o efeito de ser devido o pagamento ao corretor.

Não é, porém, um contrato *preliminar*, mas, sim, *definitivo*, em relação às partes aqui contratantes (corretor e comitente), mesmo tendo a sua produção de efeitos, para fins remuneratórios, condicionada ao contrato principal. Note-se, neste diapasão, que os contratos preliminares (ou *pactum de contrahendo*) são exceção no nosso ordenamento jurídico, pois

---

Tradução: "656 (Comissão para casamento)

Pela promessa de uma comissão pela indicação de oportunidade para a realização de um casamento, ou pela mediação na celebração de um casamento, não se estabelece um compromisso. O que for prestado, com fundamento na promessa, não pode ser repetido pela circunstância de que não existiu um compromisso.

Estas disposições se aplicam também a um acordo pelo qual a outra parte, com a finalidade da realização da promessa, contrai, ante o corretor, um compromisso, particularmente no caso de um reconhecimento de dívida" (Souza Diniz, Código Civil Alemão, Rio de Janeiro: Record, 1960, p. 114).

Em que pese ter o autor da tradução utilizado a expressão "comissão", o fato indubitável é que, pelas características do instituto, se trata de uma corretagem, o que é reforçado pela menção a corretor no segundo parágrafo.

Apenas para não pairar qualquer dúvida, vale conferir a versão em inglês, que utiliza a expressão "*brokering*", que significa "corretagem":

"656. [Marriage Brokering] (1) A promise to pay a fee in exchange for providing an opportunity to enter into a marriage, or for brokering the coming into being of a marriage does not create an obligation. What has been performed on the basis of this promise cannot be claimed back on the ground that the obligation did not exist.

(2) These provisions apply equally to any agreement by which the other party, for the purpose of fulfilling the promise towards the broker, enters into an obligation, and in particular to a recognition of debt".

nada mais são do que negócios jurídicos que têm por finalidade a celebração de um contrato definitivo, pelas próprias partes.

5. DIREITOS E DEVERES DO CORRETOR E DO COMITENTE

Mesmo sendo um negócio jurídico que estabelece obrigação de resultado, a celebração de um contrato de corretagem importa na produção de efeitos para ambas as partes, embora a obrigação de pagar a comissão esteja condicionada à realização do contrato principal.

De fato, em um primeiro momento, regra geral, o contrato de corretagem gera obrigações apenas ao corretor, o que se infere da minuciosa regra do art. 723 do Código Civil, que preceitua, *in verbis*:

> "Art. 723. O corretor é obrigado a executar a mediação com diligência e prudência, e a prestar ao cliente, espontaneamente, todas as informações sobre o andamento do negócio.
>
> Parágrafo único. Sob pena de responder por perdas e danos, o corretor prestará ao cliente todos os esclarecimentos acerca da segurança ou do risco do negócio, das alterações de valores e de outros fatores que possam influir nos resultados da incumbência" (*Redação do caput e inclusão do parágrafo único dadas pela Lei n. 12.236, de 2010*).

Tal plêiade de obrigações se justifica tranquilamente pela característica peculiar da corretagem de estipulação de uma obrigação de resultado, em que todo o risco da atividade é do corretor, que deve buscar, de todas as formas, a realização do negócio.

A menção à diligência e prudência se refere justamente a esta assunção de riscos, o que orienta toda a interpretação do mencionado dispositivo, valendo destacar que o dever de prestar informações é, sem a menor sombra pálida de dúvida, uma consequência direta do princípio maior da boa-fé objetiva[7], que não precisava sequer ser positivado no caso concreto (o que não impede de aplaudirmos esta referência constante em norma específica).

A obrigação básica do comitente surgirá se o negócio jurídico pretendido for celebrado, hipótese em que deverá arcar com a remuneração do corretor, o que analisaremos no próximo tópico, não devendo atribuir isso a quem não foi parte no contrato de corretagem, como, por exemplo, a outra parte no contrato principal[8].

Registramos, porém, conforme ainda verificaremos a seguir, que, estabelecida uma cláusula de exclusividade na corretagem, o que demanda sempre previsão expressa e específica, a mesma deverá ser observada pelo comitente, sob pena de ter de arcar com o valor da remuneração, mesmo que o negócio tenha sido realizado sem a mediação do corretor exclusivo (salvo comprovação de inércia ou ociosidade).

6. REMUNERAÇÃO DO CORRETOR

A *remuneração* do corretor, também denominada *comissão, preço* ou *corretagem*, somente é devida após a conclusão do negócio, o que decorre da sua característica peculiar de estabelecimento de obrigação de resultado.

---

[7] Sobre o tema, confira-se o Capítulo "Boa-Fé Objetiva em Matéria Contratual" deste volume, notadamente o subtópico "Dever de informação".

[8] *Vide*: TJRS, Ap. Cív. n. 70016116147, rel. Paulo Roberto Felix, j. 22-11-2006, 15.ª Câmara Cível.

Conforme já explicitamos em tópico anterior, o contrato de corretagem é necessariamente oneroso, mesmo levando-se em consideração a circunstância de que a remuneração do corretor depende sempre da concretização do negócio.

Não vislumbramos, de forma alguma, a possibilidade jurídica de estabelecimento de um contrato gratuito de corretagem, valendo destacar que o próprio texto legal preceitua que, na ausência de estipulação, deve ser arbitrada a justa remuneração do corretor.

É a regra que se infere do art. 724 do CC/2002:

> "Art. 724. A remuneração do corretor, se não estiver fixada em lei, nem ajustada entre as partes, será arbitrada segundo a natureza do negócio e os usos locais".

Tendo desempenhado suas atividades de mediação e conseguido a celebração do negócio jurídico, terá o corretor adquirido o direito de percepção da remuneração, ainda que, posteriormente, venham as partes arrepender-se ou realizar o distrato do negócio, conforme preceitua o art. 725 do CC/2002:

> "Art. 725. A remuneração é devida ao corretor uma vez que tenha conseguido o resultado previsto no contrato de mediação, ou ainda que este não se efetive em virtude de arrependimento das partes".

A concepção do dispositivo, que inova o sistema anterior (ainda que já se encontrassem precedentes jurisprudenciais do STJ nesta linha[9]), é bastante simples: *celebrado o negócio jurídico, com a atuação do corretor, devida é a comissão, pois a obrigação de resultado se perfaz*.

A ideia é, para nós, tão evidente que prevalece, inclusive, na hipótese de extinção do contrato de corretagem, mas com celebração posterior do negócio por efeito direto do trabalho do corretor.

Em síntese, a ocorrência de situações supervenientes como o distrato ou mesmo o exercício do direito de arrependimento não podem afetar o direito adquirido do corretor à sua retribuição[10].

Justa, pois, é a regra, em nossa opinião.

É preciso, porém, registrar que não se pode confundir arrependimento com desistência[11].

Arrependimento pressupõe a celebração do negócio, com a retratação posterior, o que é uma situação excepcional.

Desistência, por sua vez, se situa ainda na fase pré-contratual, motivo pelo qual, não havendo ainda o negócio jurídico principal, não há que se falar em direito à comissão.

---

[9] *Vide*: STJ, REsp 71.708/SP, *DJ*, 13-12-1999, p. 148, rel. Min. Aldir Passarinho Júnior, j. 9-11-1999, 4.ª Turma.
Ver também: STJ, REsp 23.517/SP, *DJ*, 14-9-1992, p. 14971, rel. Min. Dias Trindade, j. 10-8-1992, 3.ª Turma.

[10] Cf.: TJRS, Ap. Cív. n. 598429298, rel. Ilton Carlos Dellandrea, j. 8-6-1999, 20.ª Câmara Cível.

[11] *Vide*: TJRS, Ap. Cív. n 70014305627, rel. Paulo Augusto Monte Lopes, j. 15-3-2006, 16.ª Câmara Cível.
Ver também: TJRS, 8.º Gr. de Câm. Cíveis, E. Infrs. n. 70011388279, Rel. Ricardo Raupp Ruschel, j. 13-5-2005.

Por fim, regra importantíssima, referente ao estabelecimento eventual de cláusula de exclusividade na corretagem, é estabelecida no art. 726 do CC/2002:

"Art. 726. Iniciado e concluído o negócio diretamente entre as partes, nenhuma remuneração será devida ao corretor; mas se, por escrito, for ajustada a corretagem com exclusividade, terá o corretor direito à remuneração integral, ainda que realizado o negócio sem a sua mediação, salvo se comprovada sua inércia ou ociosidade".

A exegese do dispositivo leva à afirmação de que o estabelecimento de cláusula de exclusividade faz pressupor a existência do direito do corretor à comissão, enquanto exigível o contrato, cabendo ao comitente o ônus da prova de que o corretor descumpriu a sua obrigação básica de atuar diligente e prudentemente.

Trata-se de uma situação que se visualiza claramente no dia a dia, o que faz com que recomendemos extrema cautela a todos que celebrarem contrato de corretagem, no que diz respeito a tal cláusula de exclusividade.

Justamente por isso é que afirmamos peremptoriamente que tal cláusula, pelos efeitos que produz, deve ser sempre expressa e clara, cabendo ao magistrado, na dúvida, decidir em favor do comitente.

Para encerrar o presente tópico, enfrentemos aquele que, para nós, é o dispositivo mais polêmico da disciplina codificada da corretagem, a saber, o art. 728 do Código Civil:

"Art. 728. Se o negócio se concluir com a intermediação de mais de um corretor, a remuneração será paga a todos em partes iguais, salvo ajuste em contrário".

Tal regra positivada, se interpretada friamente, comportará uma profunda injustiça.

De fato, o trabalho de corretagem envolve a prática de uma série de atos, não sendo estranho verificar situações em que diversos profissionais possam ter atuado, notadamente quando se trata de corretagem prestada por uma equipe de corretores profissionais.

Assim, podem ocorrer situações em que um primeiro corretor tenha feito apenas o primeiro contato com o cliente e um segundo tenha feito todo o trabalho de aproximação e convencimento das partes, bem como a formalização do negócio.

Dizer que a retribuição do primeiro deva ser igual à do segundo nos parece uma postura desarrazoada.

Desse modo, entendemos que a expressão *"salvo ajuste em contrário"* deve ser interpretada de forma ampla para abranger também um ajuste tácito de proporcionalidade do pagamento pela atuação de cada corretor.

O pagamento uniforme somente deve ser feito na impossibilidade de comprovação desta divisão de tarefas.

Nessa linha de pensamento, observa CARLOS ROBERTO GONÇALVES:

"... O dispositivo não distingue a atuação de cada um, afastando a possibilidade de se proporcionalizar a remuneração com base na maior ou menor participação de cada um na conclusão exitosa do negócio, salvo naturalmente ajuste em contrário. O critério não se afigura o mais justo, especialmente naqueles casos em que um corretor dedica todo o seu tempo na busca da efetivação do negócio, e outro tem uma discreta atuação, de poucos minutos. ORLANDO GOMES sustentava, em obra escrita quando ainda se encontrava em vigor o Código de 1916, que não tratava dessa matéria, que, na mediação conjunta, 'todos os corretores que intervierem fazem jus à remuneração, tendo direito cada qual a quota proporcional ao valor do serviço prestado se entrarem diretamente em contato com os interessados'.

Nesse sentido era a jurisprudência, antes da vigência do novo Código Civil. Parece-nos esta a melhor solução, devendo-se destarte interpretar a determinação do art. 728, de que a remuneração seja paga a todos os corretores em partes iguais, como endereçada às hipóteses em que todos eles tenham tido participação equivalente, efetiva e decisiva, como intermediários, na conclusão do negócio, não devendo ser aplicada quando for evidente a desproporção da atuação de cada um, sob pena de se configurar uma inominável injustiça. Pressupõe a regra, portanto, participação razoavelmente igualitária. Se os intermediários divergirem sobre a divisão da comissão, restará ao comitente consigná-la em juízo"[12].

É um critério que submetemos à jurisprudência a ser construída com base na nova codificação civil.

7. EXTINÇÃO DO CONTRATO DE CORRETAGEM

O "fim natural e desejado" do contrato de corretagem se dá com a celebração do negócio jurídico principal pretendido e o pagamento da remuneração, pois estará realizada a obrigação de resultado assumida, bem como adimplida a retribuição correspondente.

Todavia, ressalte-se que todos os meios comuns de dissolução do contrato também são perfeitamente aplicáveis ao contrato de corretagem.

Vale destacar, inclusive, que o advento do termo é uma forma bastante comum, quando celebrado o contrato de corretagem por duração determinada, ou a simples resilição unilateral por parte do comitente, sendo que, em tais situações, também poderá ocorrer a consolidação posterior do direito à retribuição, na forma já explicada dos arts. 727 e 728 do CC/2002.

---

[12] Carlos Roberto Gonçalves, *Direito Civil Brasileiro*, 17. ed., São Paulo: Saraiva, 2020, v. 3, p. 498-9.

Capítulo XXVIII
Transporte

Sumário: 1. Introdução. 2. Conceito. 3. Características. 4. Transporte de coisas ou mercadorias. 5. Transporte de pessoas. 6. Transporte gratuito. 7. Extinção do contrato de transporte.

1. INTRODUÇÃO

Com a sua peculiar sabedoria, AGUIAR DIAS observa que o estudo da responsabilidade civil atribui o seu desenvolvimento, em grande parte, ao avanço tecnológico no transporte de coisas e pessoas:

"O estudo da responsabilidade civil deve, em grande parte, o extraordinário incremento que apresenta em nossos dias ao desenvolvimento incessante dos meios de transporte. Sem desconhecer outros motivos realmente fortes, pode afirmar-se que a influência dos novos riscos criados pelo automóvel na responsabilidade civil foi profunda e decisiva, no sentido de alçá-la ao seu incontestável lugar de 'vedette' do direito civil, na classificação adequada de Josserand. O insopitável anseio de se transportar fácil e rapidamente, a que alude Julian Huxley, é responsável por essa crescente importância do problema"[1].

De fato, na medida em que a sociedade experimentou um assustador avanço científico, especialmente no período pós-guerra, um dos setores da atividade humana que mais se beneficiaram com esse esforço bélico foi, sem dúvida, o de transportes.

O transporte terrestre e o aeronáutico, sem nos esquecermos do marítimo, evoluíram, nos últimos cem anos, mais do que em todos os séculos precedentes, desde quando o homem, em magnífico *insight*, criou a roda.

O século XX, sob esta perspectiva, traduziu em seus cem anos o que não se conseguiu em mais de mil.

Entretanto, o lado ruim deste incremento tecnológico, tão importante para o bem-estar dos homens de hoje, foi o aumento do risco e, consequentemente, o agravamento das situações de dano, inseridas no campo da responsabilidade civil aquiliana.

Em magnífico ensaio, já referenciado neste livro, JOSÉ JOAQUIM CALMON DE PASSOS ressalta, em palavras magistrais, o incremento do risco como corolário do avanço da sociedade moderna merecendo a reiteração e a transcrição integral:

"A modernidade assentou em três pilares — o do Estado, o do mercado e o da comunidade. A par disso, deu visibilidade à dialética da convivência humana que se processa pela interação entre regulação e emancipação. Traduziu-se, em termos ideológicos, pela trilogia da Revolução Francesa — liberdade, igualdade e fraternidade; O Estado no papel de fiador da liberdade; o

---

[1] José de Aguiar Dias, *Da Responsabilidade Civil*, 9. ed., Rio de Janeiro: Forense, 1994, v. I, p. 184.

mercado como propiciador da igualdade; a fraternidade seria mera consequência da realização de ambas. A lógica intrínseca do capitalismo e o fato de haver-se confundido o desenvolvimento da racionalidade econômica com o da racionalidade tecnocientífica importou, entretanto, num déficit de fraternidade e de solidariedade. Todas as tentativas de se compatibilizar a liberdade com a igualdade resultaram frustrantes ou insuficientes para colocar a fraternidade em condições de efetivar-se. Nem o logrou o Estado como, por igual, o mercado, inexistindo, mesmo em médio prazo, no contexto da filosofia capitalista, perspectiva de que isso se faça possível. Essa realidade foi precisamente o que levou à teorização da responsabilidade objetiva que, antes de ser um avanço teórico, é uma consequência inelutável dos pressupostos de natureza sócio-político-econômica que a determinaram. Ao falarmos em responsabilidade sem culpa, usamos, na verdade, de um eufemismo encobridor de algo que ideologicamente precisa ser dissimulado. O puro fato da natureza, quando nos causa dano, se situa no âmbito do infortúnio, da fatalidade, da impotência humana diante de tudo quanto ainda não é capaz de controlar. Em verdade, todas as hipóteses de responsabilidade sem culpa são ocorrências em que o causador do dano e responsável por ele ou se tornou anônimo, dada a intensa mecanização e massificação da vida moderna, ou de tal modo está distanciado da vítima que seria uma injustificável exigência atribuir ao lesado o dever de identificá-lo. Sem esquecer que, em seu núcleo, a teoria do risco, a mais objetiva das teorias objetivas, apenas atende ao fato de haver--se tornado, em si mesmo, perigoso, em nossos dias, viver e conviver. E se todos somos coletivamente culpados pela adesão emprestada a esse estilo de vida, que legitimamos com o nome de progresso, tornamo-nos todos também coletivamente responsáveis. Os proveitos e vantagens do mundo tecnológico são postos num dos pratos da balança. No outro, a necessidade de o vitimado em benefício de todos poder responsabilizar alguém, em que pese o coletivo da culpa. O desafio é como equilibrá-los. Nessas circunstâncias, fala-se em responsabilidade objetiva e elabora-se a teoria do risco, dando-se ênfase à mera relação de causalidade, abstraindo-se, inclusive, tanto da ilicitude do ato quanto da existência de culpa"[2].

Mas o estudo da responsabilidade nos transportes ficaria incompleto se não cuidássemos de investigar o negócio jurídico de onde emerge a obrigação do transportador.

A nossa perspectiva, pois, no presente capítulo, é estudar a estrutura, os elementos, as características, bem como os direitos e obrigações decorrentes desta importante figura contratual, que ganhou relevo especial com a edição do Código de Defesa do Consumidor.

2. CONCEITO

O contrato de transporte, cuja disciplina é feita a partir do art. 730 do Código de 2002, pode ser definido como *o negócio jurídico bilateral, consensual e oneroso, pelo qual uma das partes (transportador ou condutor) se obriga a, mediante remuneração, transportar pessoa ou coisa a um destino previamente convencionado.*

Confira-se, a esse respeito, o referido artigo de lei (sem correspondência no Código revogado):

"Art. 730. Pelo contrato de transporte alguém se obriga, mediante retribuição, a transportar, de um lugar para outro, pessoas ou coisas".

---

[2] José Joaquim Calmon de Passos, "O Imoral nas Indenizações por Dano Moral", disponível no *site* <http: www.jusnavigandi.com.br>, in *doutrina*.

Trata-se de um contrato que embute, inequivocamente, uma obrigação de resultado: transportar a pessoa ou o bem, ao local de destino, em perfeita segurança.

Nesse ponto, importante observação é feita por CARLOS ROBERTO GONÇALVES, no sentido de que:

> "Se o transporte é secundário ou acessório de outra prestação, o contratante, seja vendedor ou de outra espécie, não pode ser considerado um transportador, cuja obrigação é exclusivamente a de efetuar o traslado de coisa ou pessoa, regendo-se a sua responsabilidade pelas normas que disciplinam o contrato principal"[3].

O art. 732 do CC/2002 procurou compatibilizar as normas codificadas do contrato de transporte com a legislação especial, dispondo: "Aos contratos de transporte, em geral, são aplicáveis, quando couber, desde que não contrariem as disposições deste Código, os preceitos constantes da legislação especial e de tratados e convenções internacionais".

Vale destacar, por exemplo, que, conforme o meio em que é feito o transporte, o contrato poderá ser: *terrestre*, se em terra ou em pequeno percurso de água (Decreto n. 92.353/86); *marítimo*, se feito em alto-mar ou rios e lagos navegáveis em longos percursos (CCom, arts. 629 a 632); e *aéreo*, se utilizar o espaço aéreo (Leis n. 6.350/76, 6.997/82, e 7.565/86 — Código Brasileiro de Aeronáutica, bem como a Convenção de Varsóvia[4]). Assim, sem negar a aplicação dos preceitos genéricos codificados, ressalva-se toda a legislação especial sobre transportes, bem como o Código de Defesa do Consumidor[5].

Não se deve confundir, outrossim, o contrato de transporte com o fretamento, pois, neste último, os riscos correm integralmente por conta do tomador da coisa fretada, consoante observa com sabedoria HUMBERTO THEODORO JR., alicerçado em PONTES DE MIRANDA:

> "Pontes de Miranda lembra que, também, não se pode confundir o contrato de transporte com o contrato de fretamento.
>
> Neste o proprietário de um navio ou de uma aeronave cede o seu uso a outra pessoa. O usuário assume o risco do transporte que realizar por meio do veículo fretado. O contrato é misto, envolvendo locação de coisa e às vezes locação de serviços. Seu objeto principal, porém, não é o deslocamento de pessoas ou mercadorias. É o usuário que, no fretamento, exerce a atividade de navegador, o que é completamente estranho ao contrato de transporte. Mesmo quando se freta uma nave com a respectiva tripulação, não se tem contrato de transporte. Explica Pontes de Miranda: no fretamento há transferência da posse da nave, o que afasta qualquer

---

[3] Carlos Roberto Gonçalves, *Direito Civil Brasileiro*, cit., v. 3, p. 502.

[4] *Vide*: STF, RE 214.549, *DJ*, 11-6-1999, p. 21, rel. Min. Moreira Alves, j. 13-4-1999, 1.ª Turma.
Ver também: STF, RE 297.901/RN, *DJ*, 31-3-2006, p. 38, rel. Min. Ellen Gracie, j. 7-3-2006, 2.ª Turma.

[5] Nesse sentido, também foi o entendimento explicitado na IV Jornada de Direito Civil da Justiça Federal, realizada de 25 a 27 de outubro de 2006, em que foi aprovado o Enunciado 369, com a seguinte redação: "Enunciado 369 — Diante do preceito constante no art. 732 do Código Civil, teleologicamente e em uma visão constitucional de unidade do sistema, quando o contrato de transporte constituir uma relação de consumo, aplicam-se as normas do Código de Defesa do Consumidor que forem mais benéficas a este".

teoria que pretende ver no fretamento da nave nua ou da nave armada e equipada locação de serviços e não locação de coisa"[6].

Voltando os nossos olhos ao contrato de transporte, podemos observar que da sua definição legal defluem as duas espécies, sem previsão específica no Código Civil de 1916:

a) transporte de coisas (arts. 743 a 756);

b) transporte de pessoas (arts. 734 a 742).

O preço pago ao transportador recebe a denominação de "frete ou porte", no transporte de coisas, e de "valor da passagem", no transporte de passageiros.

O contrato se celebra entre o *transportador* e, no outro polo, a pessoa que vai ser transportada ou o indivíduo que entrega o objeto transportado (*expedidor*).

Posto isso, e para a melhor compreensão das suas normas, estudemos as suas características.

3. CARACTERÍSTICAS

O contrato de transporte é um negócio jurídico *típico* e *nominado*, que passou a ser previsto no Código Civil brasileiro em 2002, tendo características bem definidas.

Trata-se de um contrato *bilateral e sinalagmático*, por gerar, reciprocamente, direitos e obrigações para ambas as partes.

Além disso, é um contrato *oneroso*, com prestações certas (*comutativo*). Assim sendo, não há que falar em contrato gratuito de transporte, o que é objeto de norma expressa, conforme verificaremos em tópico ainda neste capítulo.

Finalmente, é bom que se diga que este tipo de contrato é essencialmente *consensual*, contratado *por adesão*. Vale dizer, torna-se perfeito com a simples manifestação da vontade concordante dos envolvidos, a exemplo do passageiro que, no ponto, faz um simples gesto para que o ônibus pare. Naquele momento já há contrato, independentemente de qualquer instrumento escrito ou outra formalidade. Aliás, em havendo um acidente ali mesmo, na rua, a responsabilidade do transportador já é contratual. O mesmo ocorre quando adquirimos bilhetes de passagens aéreas ou providenciamos o envio de uma encomenda pela internet ou pelo telefone. Não se exige prévio contrato escrito, decorrendo a avença diretamente das vontades convergentes.

E note-se que, em geral, o transportador estabelece, respeitando regulamentação legal e administrativa, as condições do contrato.

Típico *contrato de adesão*.

Relembrando, podemos trazer quatro traços característicos dos contratos de adesão:

a) *uniformidade*: o objetivo do estipulante é obter, do maior número possível de contratantes, o mesmo conteúdo contratual, para uma racionalidade de sua atividade e segurança das relações estabelecidas;

---

[6] Humberto Theodoro Jr., *Do Transporte de Pessoas no Novo Código Civil*, disponível em <http://64.233.187.104/search?q=cache:q-g4XqoqZQJ:www.am.trf1.gov.br/biblioteca/OUTROS%-2520SERVI%C3%87OS/C%C3%93DIGO%2520CIVIL/do_transporte_de_pessoas_no_novo_cc.pdf+%-22Do+transporte+de+pessoas+no+novo+C%C3%B3digo+Civil%22&hl=pt-BR&gl=br&ct=clnk&-cd=8&lr=lang_pt>, acesso em 8-8-2006.

b) *predeterminação unilateral*: a fixação das cláusulas é feita anteriormente a qualquer discussão sobre a avença. De fato, a simples uniformidade não é suficiente para se considerar um contrato como de adesão, pois é imprescindível que tais cláusulas uniformes sejam impostas por somente uma das partes[7];

c) *rigidez*: além de uniformemente predeterminadas, não é possível rediscutir as cláusulas do contrato de adesão, sob pena de descaracterizá-lo como tal;

d) *posição de vantagem (superioridade material) de uma das partes*: embora a expressão *superioridade econômica* seja a mais utilizada (até pela circunstância de ser a mais comum), consideramos mais adequada a concepção de *superioridade material*, uma vez que é em função de tal desigualdade fática que faz com que possa ditar as cláusulas aos interessados. É o exemplo de alguém que, embora não sendo considerado um potentado econômico, seja o detentor do monopólio de exploração de determinado produto ou serviço, pelo que, no campo dos fatos, sua vontade prevalece sobre a dos aderentes, ainda que mais fortes economicamente.

Pela sua característica limitadora da liberdade contratual, pelo menos na sua concepção clássica, a interpretação do contrato de adesão não poderia se dar da mesma forma que em um contrato paritário tradicional.

Por isso, não se estranha que nas poucas oportunidades em que os contratos de adesão foram mencionados, no Código Civil brasileiro de 2002 (ante o absoluto silêncio da codificação anterior), tenha sido justamente para trazer regras de hermenêutica atenuadoras do elevado poder daqueles que predeterminam unilateralmente cláusulas uniformes e rígidas.

Quanto ao tempo, é um contrato que pode ser estabelecido na modalidade *instantânea* (ex.: o transporte público de cada dia...) ou *de duração* (ex.: contrato de transporte de empregados, feito por uma empresa terceirizada, de forma permanente), a depender da situação fática e da vontade das partes.

Em nosso sentir, poderá ainda este contrato ser de *execução simples*, quando apenas um transportador realiza o serviço, ou de *execução cumulativa*, quando mais de um transportador se obriga a cumprir um determinado percurso da viagem, vinculando-se solidariamente aos demais, como bem pontificou ZENO VELOSO:

"Dá-se transporte cumulativo quando vários transportadores — por terra, água ou ar — efetuam, sucessivamente, o deslocamento, de um lugar para outro, de pessoas ou coisas. Cada transportador se obriga relativamente ao respectivo percurso; se em tal percurso sofrerem danos as pessoas e coisas transportadas, o transportador responderá por eles"[8].

É a regra do art. 733 do Código Civil de 2002:

"Art. 733. Nos contratos de transporte cumulativo, cada transportador se obriga a cumprir o contrato relativamente ao respectivo percurso, respondendo pelos danos nele causados a pessoas e coisas.

---

[7] Se as partes, em vez de contratarem uma assessoria jurídica especializada, resolverem celebrar contratos com formulários comprados "na esquina" (o que, evidentemente, não se recomenda), apesar da evidente (e lamentável!) uniformidade, não há que se falar em contrato de adesão, tendo em vista que ambos os contratantes optaram por tal conteúdo contratual.

[8] Zeno Veloso, *Novo Código Civil Comentado*, Saraiva, p. 663.

§ 1.º O dano, resultante do atraso ou da interrupção da viagem, será determinado em razão da totalidade do percurso.

§ 2.º Se houver substituição de algum dos transportadores no decorrer do percurso, a responsabilidade solidária estender-se-á ao substituto".

É interessante registrar que o *caput* do mencionado artigo dá a entender que a responsabilidade civil de cada transportador limitar-se-ia ao respectivo percurso, mas é o art. 756 (aliado ao § 2.º transcrito) que esclarece a existência de solidariedade, o que é perfeitamente compatível com as regras assentes do Código de Defesa do Consumidor.

É o que pode ocorrer quando contratamos um "pacote de viagem turística", englobando trechos aéreos, terrestres, e, eventualmente, marítimo.

Finalmente, cumpre-nos mencionar que o contrato de transporte é, também, um *contrato de consumo*, regido e delimitado, consequentemente, pelas normas do Código de Defesa do Consumidor[9], como restou claramente evidenciado nos seguintes julgados do Superior Tribunal de Justiça:

"Código de Defesa do Consumidor. Acidente aéreo. Transporte de malotes. Relação de consumo. Caracterização. Responsabilidade pelo fato do serviço. Vítima do evento. Equiparação a consumidor. Artigo 17 do CDC.

I — Resta caracterizada relação de consumo se a aeronave que caiu sobre a casa das vítimas realizava serviço de transporte de malotes para um destinatário final, ainda que pessoa jurídica, uma vez que o artigo 2.º do Código de Defesa do Consumidor não faz tal distinção, definindo como consumidor, para os fins protetivos da lei, '... toda pessoa física ou jurídica que adquire ou utiliza produto ou serviço como destinatário final'. Abrandamento do rigor técnico do critério finalista.

II — Em decorrência, pela aplicação conjugada com o artigo 17 do mesmo diploma legal, cabível, por equiparação, o enquadramento do autor, atingido em terra, no conceito de consumidor. Logo, em tese, admissível a inversão do ônus da prova em seu favor.

Recurso especial provido" (STJ, REsp 540.235/TO, *DJ*, 6-3-2006, p. 372, rel. Min. Castro Filho, julgado em 7-2-2006, 3.ª Turma).

"Civil. Relação de consumo. Transporte de mercadorias. Se resultar de relação de consumo, o transporte de mercadorias está sujeito à disciplina do Código de Defesa do Consumidor, sendo de cinco anos o prazo de decadência do direito à reparação de danos. Embargos de divergência não providos" (STJ, EREsp 258.132/SP, *DJ*, 1.º-2-2006, p. 427, rel. Min. Ari Pargendler, julgado em 26-10-2005, 2.ª Seção).

Pela comutatividade, pode se enquadrar no conceito de *contrato evolutivo*.

É o caso, por exemplo, quando prestado por pessoa física, da cobrança da retribuição pelo transporte *terrestre* alternativo de passageiros, efetuado pelos denominados "perueiros",

---

[9] CC/2002: "Art. 732. Aos contratos de transporte, em geral, são aplicáveis, quando couber, desde que não contrariem as disposições deste Código, os preceitos constantes da legislação especial e de tratados e convenções internacionais".

Sobre os Tratados e Atos internacionais, além da famosa Convenção de Varsóvia, promulgada pelo Decreto 20.704, de 24 de novembro de 1931, consulte os seguintes endereços eletrônicos do Ministério das Relações Exteriores: <http://www2.mre.gov.br/dai/bifluvi.htm>; <http://www2.mre.gov.br/dai/transpt.htm>; <http://www2.mre.gov.br/dai/turismo.htm>.

o transporte escolar *terrestre* (normalmente feito por Vans) e o transporte *hidroviário* de passageiros: fluvial (barcos, balsas, lanchas etc.) e lacustre (barcos, balsas, lanchas etc.). Ou mesmo no transporte de cargas feito por caminhoneiros, que são proprietários de caminhão e trabalham como autônomos. Obviamente, não se propugna pelo pleito de reconhecimento de relação de emprego, mas, sim, da justa retribuição e reconhecimento pelo trabalho humano prestado.

Por não depender de qualquer forma prescrita em lei, trata-se de um contrato *não solene*.

É, ainda, um contrato *individual* — obrigando somente os sujeitos individualmente considerados — e *impessoal*, pois somente interessa o resultado da atividade contratada, independentemente de quem seja a pessoa que irá realizá-la.

Trata-se, como a maioria das formas contratuais previstas no Código Civil brasileiro, de um *contrato causal*, cujos motivos determinantes podem impor o reconhecimento da sua invalidade, caso sejam considerados inexistentes, ilícitos ou imorais.

Pela *função econômica*, trata-se de um contrato *de atividade*: caracterizado pela prestação de uma conduta de fato, mediante a qual se conseguirá uma utilidade econômica.

Por fim, trata-se de um contrato *principal* e *definitivo*, uma vez que não depende de qualquer outra avença (embora seja possível estabelecer um contrato acessório de transporte, como, por exemplo, o contrato de transporte de bagagens como acessório do contrato principal de transporte de passageiros), bem como não é preparatório de nenhum outro negócio jurídico.

Conhecidas as características básicas do contrato de transporte em geral, verifiquemos as suas duas modalidades, começando com o transporte de coisas para, somente depois, dada a importância, enfrentar o tema do transporte de pessoas.

4. TRANSPORTE DE COISAS OU MERCADORIAS

Ao utilizar a palavra "coisa", para caracterizar este tipo de transporte, o legislador vai ao encontro da tese que perfilhamos:

"Conforme arguta prelação de FRANCISCO AMARAL, o conceito de bem é histórico e relativo, variando de acordo com as diversas épocas da cultura humana. 'Com a evolução da espécie humana e o desenvolvimento da vida espiritual', pontifica o culto Professor da UFRJ, 'expresso na arte, na ciência, na religião, na cultura, enfim, surgiram novas exigências e novas utilidades, passando a noção de bem a ter sentido diverso do que tinha primitivamente'. Talvez por isso a doutrina não haja assentado, de maneira uniforme, a real extensão do conceito de bem, confundindo-o, diversas vezes, com a definição de coisa.

Preferimos, na linha do Direito Alemão, identificar a coisa sob o aspecto de sua materialidade, reservando o vocábulo aos objetos corpóreos. Os bens, por sua vez, compreenderiam os objetos corpóreos ou materiais (coisas) e os ideais (bens imateriais). Dessa forma, há bens jurídicos que não são coisas: a liberdade, a honra, a integridade moral, a imagem, a vida"[10].

Fica claro, pois, que apenas bens corpóreos e materializados, com expressão econômica, poderão ser objeto desse tipo de contrato.

Note-se, aliás, que o legislador, levando em conta a *materialidade* da coisa, exige que a mesma seja individualizada, bem como o destinatário, para evitar, com isso, a frustração da entrega:

"Art. 743. A coisa, entregue ao transportador, deve estar caracterizada pela sua natureza, valor, peso e quantidade, e o mais que for necessário para que não se confunda com outras, devendo o destinatário ser indicado ao menos pelo nome e endereço".

Recebendo a coisa, obriga-se o transportador a empreender todo o zelo e cautela no desempenho da sua atividade, emitindo, na oportunidade, o *conhecimento de transporte*, ou seja, o documento, derivado do próprio contrato, que contém os necessários dados de identificação da mercadoria (art. 744), podendo circular como *título de crédito*.

Nesse sentido, pontifica ZENO VELOSO:

"O conhecimento é documento emitido pelo transportador. Está preso ao princípio da literalidade: o que está escrito vale e deve ser cumprido. Os direitos e deveres das partes estão nele consignados, pelo que goza de autonomia. É considerado título de crédito, embora impróprio, representando as coisas ou mercadorias objeto do transporte e mencionadas no documento. Em regra, é título à ordem, e, como tal, pode ser endossado; o último endossatário e detentor do conhecimento presume-se titular da mercadoria constante do título. É claro, o conhecimento nominativo com a cláusula 'não à ordem' não pode ser endossado"[11].

Interessante anotar, ainda, que o conhecimento de transporte é documento que serve para fundamentar a responsabilidade civil do transportador, e, para esse fim, o Superior Tribunal de Justiça tem se contentado apenas com a sua cópia, desde que não exista dúvida quanto à sua emissão, conforme podemos concluir da leitura dos seguintes julgados:

"Transporte marítimo. Avaria total. Conhecimento de transporte. Exibição do original. Dispensabilidade no caso. Tradução de documento redigido em idioma estrangeiro. Providência também prescindível.

— Tratando-se de processo de conhecimento, no qual a ré não nega ter efetuado o transporte da mercadoria, nem a ocorrência da avaria, dispensável é a exibição do conhecimento de transporte em seu original.

— A transportadora é parte no contrato e o assinou em língua estrangeira, sendo de presumir-se ter assim pleno conhecimento das cláusulas nele insertas. Prescindível no caso a tradução do documento redigido em idioma alienígena.

— Inexistência de prejuízo (*pas de nullité sans grief*).

Recurso especial não conhecido" (STJ, REsp 151.079/SP, *DJ*, 29-11-2004, p. 341, rel. Min. Barros Monteiro, julgado em 24-8-2004, 4.ª Turma).

---

[10] Pablo Stolze Gagliano e Rodolfo Pamplona Filho, *Novo Curso de Direito Civil — Parte Geral*, 22. ed., citado, p. 322.

[11] Zeno Veloso, ob. cit., p. 671-2.

"Indenização. Seguro. Transporte marítimo. Avaria. Sub-rogação da Seguradora nos direitos da segurada. Original do conhecimento de transporte. Desnecessidade. Transação. Valor excessivo do montante exigido.

— Ausência de prequestionamento tocante aos temas dos arts. 1.025 e 1.030 do Código Civil. Inocorrência, ademais, de transação.

— 'A pretensão de simples reexame de prova não enseja recurso especial' (Súmula n. 7-STJ).

— Admissível a apresentação de cópia xerográfica do conhecimento de transporte, cuja autenticidade não foi contestada, tratando-se, além do mais, de título não negociável.

Recurso especial conhecido, em parte, mas desprovido" (STJ, REsp 108.487/RS, *DJ*, 16-9-2002, p. 188, rel. Min. Barros Monteiro, julgado em 21-5-2002, 4.ª Turma).

Ainda sobre o conhecimento de transporte, vale lembrar que "*o transportador poderá exigir que o remetente lhe entregue, devidamente assinada, a relação discriminada das coisas a serem transportadas, em duas vias, uma das quais, por ele devidamente autenticada, ficará fazendo parte integrante do conhecimento*", a teor do parágrafo único do art. 744.

Note-se, pois, que o conhecimento de transporte, a par de ser um título que acautela os direitos do remetente, também traduz obrigações a ele impostas, especialmente as que decorrem de quebra da boa-fé objetiva, quando presta informações falsas ou imprecisas[12].

"*Em caso de informação inexata ou falsa descrição no documento a que se refere o artigo antecedente*", dispõe o art. 745 do CC/2002, "*será o transportador indenizado pelo prejuízo que sofrer, devendo a ação respectiva ser ajuizada no prazo de cento e vinte dias, a contar daquele ato, sob pena de decadência*".

Trata-se, inequivocamente, de responsabilidade calcada na infração ao dever de informar, dever anexo ou de proteção, oriundo da *cláusula geral de boa-fé objetiva*.

Caso seja descumprido este dever, o transportador fará jus à indenização.

Até aí, tudo bem.

O problema está na estipulação de prazo decadencial de 120 dias para se formular a pretensão indenizatória.

Não é correta esta opção do legislador, em nosso sentir.

Pretensão indenizatória desafia prazo prescricional, e não decadencial, referente, este último, apenas a *direitos potestativos*.

---

[12] Além disso, o conhecimento firma a legitimidade de terceiro, desde que o apresente endossado, visando à retirada da coisa. Art. 754 do CC/2002: "As mercadorias devem ser entregues ao destinatário, ou a quem apresentar o conhecimento endossado, devendo aquele que as receber conferi-las e apresentar as reclamações que tiver, sob pena de decadência dos direitos. Parágrafo único. No caso de perda parcial ou de avaria não perceptível à primeira vista, o destinatário conserva a sua ação contra o transportador, desde que denuncie o dano em dez dias a contar da entrega".

Ressalte-se que, no Código Comercial de 1850, a regra era mais leonina: "Art. 109. Não terá lugar reclamação alguma por diminuição ou avaria dos gêneros transportados, depois de se ter passado recibo da sua entrega sem declaração de diminuição ou avaria".

Dada a relevância deste tópico, confira-se o seguinte trecho, de texto[13] de autoria de PABLO STOLZE GAGLIANO[14]:

"Diferentemente da prescrição, que tem por objeto a pretensão, a decadência diz respeito ao exercício de direitos potestativos.

Determinado prazo é considerado 'decadencial' quando nasce com o próprio direito potestativo, entendendo-se este como sendo *'o poder jurídico conferido ao seu titular de interferir na esfera jurídica terceiro, sem que este nada possa fazer'*.

Há direitos potestativos sem prazo para o exercício (como o direito de renunciar ao mandato conferido ao advogado) e direitos potestativos com prazo (a exemplo do direito de anular um contrato).

Para estes últimos, o prazo é considerado decadencial, e não prescricional.

Assim, o decurso de um prazo decadencial traduz a perda efetiva de um direito potestativo, pela falta do seu exercício, no período de tempo determinado em *lei* ou *pela vontade das próprias partes*.

E este ponto deve ser bem realçado: *diferentemente dos prazos prescricionais, que sempre são LEGAIS, os decadenciais poderão derivar da LEI ou da VONTADE das próprias partes.*

Tomemos alguns exemplos.

Em caso de dano ambiental, o prejuízo causado à comunidade de pescadores, em face do derramamento de óleo gera, em favor da coletividade, a *pretensão* de serem indenizados.

Isso porque, antes do evento, poderíamos considerar a existência de um direito à não poluição do rio (fonte de renda dos pescadores), direito este cuja prestação de não fazer (ou seja, de não poluir), quando descumprida (em face do derramamento de óleo), gera a referida *pretensão reparatória*.

Em tal caso, o *prazo prescricional*, previsto em *lei*, para se formular a pretensão (reparação pecuniária), é de três anos, na forma do novo Código Civil (art. 206, § 3.º, V)[15].

Por outro lado, se em um termo de ajustamento de conduta o Ministério Público faz constar prazo dentro do qual deva a parte ser comunicada *para que tome determinada providência*, este prazo, estipulado convencionalmente, é reputado *decadencial*.

Em suma, *prazos prescricionais jamais poderão ser convencionalmente fixados.*

Mas, afinal, como diferenciar, essencialmente, o objeto da prescrição do da decadência?

---

[13] Foram mantidas as notas de rodapé.

[14] Pablo Stolze Gagliano, "As Causas Impeditivas e Suspensivas da Decadência no Direito do Consumidor e os seus Reflexos no Direito Material e Processual Coletivo", capítulo publicado na obra coletiva *Execução Civil — Estudos em Homenagem ao Professor Paulo Furtado* (coord. Fredie Didier Jr.), Rio de Janeiro: Lumen Juris, 2006, p. 408-10.

[15] Não há mais o prazo extintivo vintenário, substituído pelo máximo de dez anos (art. 205). Entretanto, o prazo para se formular pretensão de reparação civil é especial de três anos, a teor do art. 206, § 3.º, V, mencionado. Aliás, este mesmo raciocínio aplicar-se-ia à ação civil pública, se adaptarmos à nova lei o entendimento pretoriano já assentado pelo próprio STJ, conforme disposto nos julgados: STJ, REsp 331.374/SP, *DJ*, 8-9-2003, p. 221, rel. Min. Francisco Falcão, j. 17-6-2003, 1.ª Turma; e STJ, REsp 457.723/SP, *DJ*, 25-8-2003, p. 282, rel. Min. Eliana Calmon, j. 10-6-2003, 2.ª Turma.

Bem, como vimos, a decadência não ataca direitos à prestação, mas apenas direitos potestativos. Por exemplo: adquirida uma coisa com vício redibitório[16] (defeito oculto que diminui o valor ou prejudica o uso da coisa alienada), o adquirente, desde o momento da tradição, tem o direito de exigir o desfazimento do contrato (por meio da ação redibitória), dentro do prazo predeterminado de trinta dias (se o bem for móvel) ou um ano (se o bem for imóvel)[17].

Trata-se de um prazo decadencial, legalmente previsto para o exercício de um direito potestativo (direito de redibir o contrato), uma vez que o alienante se sujeitará ao seu exercício, sem que nada possa fazer"[18].

No caso, todavia, de maneira anômala e um tanto atécnica, estabelece o legislador uma situação especial de prazo decadencial dentro do qual se pode formular pleito indenizatório. Note-se, mais uma vez, que a redibição do contrato — esta sim podendo desafiar prazo decadencial — não se poderia confundir com a pretensão compensatória, mas a opção do legislador foi a de estabelecer prazo único, de natureza decadencial.

Registre-se, nesse diapasão, que norma posterior — a recente Lei n. 11.442, de 5 de janeiro de 2007 — estabeleceu, *especificamente para os contratos de transporte rodoviário de carga*, com maior rigor terminológico, em seu art. 18:

"Art. 18. *Prescreve* em 1 (um) ano a pretensão à reparação pelos danos relativos aos contratos de transporte, iniciando-se a contagem do prazo a partir do conhecimento do dano pela parte interessada" (grifo nosso).

Tratando-se de regra especial, não revoga a regra geral do Código Civil brasileiro vigente, que é aplicável às demais modalidades de transporte de coisas, no que diz respeito aos danos decorrentes de informação inexata ou falsa descrição dos objetos a serem transportados.

E a pergunta que não quer calar é: qual é a natureza e o prazo para as postulações reparatórias de danos em contrato de transporte, que *não* sejam decorrentes de informação inexata ou falsa descrição das coisas transportadas?

Depois de tudo quanto exposto, a resposta nos parece clara.

Sendo a postulação reparatória de natureza condenatória, o prazo para o exercício de tal pretensão será sempre prescricional.

E o lapso temporal, na falta de regra específica, é o genérico de 3 (três) anos, previsto no art. 206, § 3.º, V, do CC/2002.

É, salvo melhor juízo, o entendimento que conseguimos ter sobre a matéria.

Por outro lado, não haverá direito à indenização se o transportador recusar a coisa cuja embalagem esteja inadequada, bem como a que possa pôr em risco a saúde das pessoas, ou danificar o veículo e outros bens (art. 746 do CC/2002).

---

[16] Os arts. 441 a 446 do CC/2002 disciplinam o instituto.
[17] CC/2002: Arts. 445 e 178, §§ 2.º.
[18] Pablo Stolze Gagliano e Rodolfo Pamplona Filho, *Novo Curso de Direito Civil — Parte Geral*, citado, 22. ed., p. 538.

Trata-se, aliás, de uma *obrigação legal do transportador*, pois a sua atividade profissional não poderá, em nenhuma hipótese, pôr em risco a saúde e a segurança das pessoas ou bens envolvidos, sob pena de responsabilização civil e criminal.

No âmbito civil, repita-se, exerce ele uma atividade de risco, que justifica a dispensabilidade do elemento culpa para a imposição do dever de indenizar. E tal dever lhe é imposto não apenas quando causa prejuízo ao consumidor, que o contrata, mas também aos seus empregados ou a terceiros atingidos pela relação de consumo, equiparados aos consumidores, denominados *bystanders* (art. 17 do CDC).

Na mesma linha, e visando especialmente à preservação da ordem pública, a teor do art. 747 do Código Civil de 2002, o transportador deverá obrigatoriamente recusar a coisa cujo transporte ou comercialização não sejam permitidos, a exemplo de bens contrabandeados, ou que venha desacompanhada dos documentos exigidos por lei ou regulamento (como as mercadorias introduzidas no país mediante sonegação fiscal, caracterizando o crime de descaminho).

Ainda no que tange à responsabilidade civil — e observe o leitor como o legislador é severo com o transportador, consagrando diversos dispositivos para regular a sua responsabilidade —, duas outras importantes questões merecem ser enfrentadas.

Dispõe o art. 750 CC/2002 que a responsabilidade do transportador é limitada ao valor constante do conhecimento, começando no momento em que ele, ou seus prepostos, recebe a coisa, e terminando quando é entregue ao destinatário, ou depositada em juízo, se aquele não for encontrado.

Quanto ao início e ao término da responsabilidade, nada temos a opor.

Todavia, limitar o alcance indenizatório ao valor constante do título pode não se afigurar justo nem, muito menos, razoável. Isso porque o prejuízo do contratante pode superar o teto estipulado no conhecimento, especialmente se tiver sofrido dano moral.

Argumentar-se que simplesmente "aceitou" o teto constante no documento, assumindo o risco de experimentar prejuízo a maior, é, em nosso sentir, à luz dos princípios da função social do contrato e da boa-fé objetiva, inaceitável!

Sobretudo se considerarmos que o transporte, geralmente, é pactuado sob a forma de contrato de adesão...

Registre-se, porém, que o Superior Tribunal de Justiça, modificando posicionamentos anteriores, firmou entendimento de que, para viagens internacionais, é possível tal limitação, pela aplicação da Convenção de Varsóvia[19].

---

[19] Confira-se:

"Terceira Turma revê decisão sobre extravio de bagagem para ajustar jurisprudência à interpretação do STF

A Terceira Turma do Superior Tribunal de Justiça (STJ), em juízo de retratação, reconheceu a possibilidade de limitação da indenização referente ao extravio de bagagem ou mercadorias em transporte aéreo internacional de passageiros, com base na Convenção de Varsóvia, e assim modificou o resultado de ação indenizatória.

A retratação decorre do julgamento do Recurso Extraordinário 636.331, em novembro de 2017, no qual o Supremo Tribunal Federal (STF) decidiu, com repercussão geral, que as normas e os tratados internacionais que limitam a responsabilidade das transportadoras aéreas de passageiros, especialmen-

Finalmente, vale anotar ainda que, em caso de transporte cumulativo, como visto, todos os transportadores responderão solidariamente pelo dano causado perante o remetente, ressalvada a apuração final da responsabilidade entre eles, de modo que o ressarcimento recaia, por inteiro, ou proporcionalmente, naquele ou naqueles em cujo percurso houver ocorrido o dano (art. 756 do CC/2002).

Por transporte cumulativo, vimos linhas acima, entende-se aquele em que vários *transportadores efetuam o deslocamento em determinado trecho ou percurso*, por terra, mar ou ar.

O art. 756, ao estabelecer a *responsabilidade solidária* entre os transportadores, nada mais fez do que reproduzir o comando normativo geral constante do art. 942, agregando algumas especificidades.

Deixou claro, por exemplo, que, embora qualquer dos transportadores possa ser demandado pela vítima do dano para a cobrança de toda a dívida — *dada a existência de solidariedade passiva* —, a responsabilidade de cada um, no âmbito da relação jurídica interna que os une, em sede de ação regressiva, deverá considerar a atuação isolada de cada coobrigado, em cada trecho de ocorrência do dano.

Exemplo: imagine que você contrate um pacote turístico em que haja transportes cumulativos — trechos pelo ar, pelo mar e por terra. Pois bem. Ocorrido um dano em seu trecho terrestre, você poderá demandar qualquer dos transportadores, mas aquele que pagou terá ação regressiva contra o codevedor efetivamente causador do dano (transportador terrestre). Se dois ou mais transportadores concorreram para o dano, repartirão entre si o ônus, em face daquele que indenizou a vítima.

---

te as Convenções de Varsóvia e Montreal, prevalecem em relação ao Código de Defesa do Consumidor (CDC).

Segundo o relator na Terceira Turma, ministro Marco Aurélio Bellizze, como as decisões proferidas anteriormente pelo STJ adotaram posições contrárias à interpretação do STF — afastando a indenização tarifada e prestigiando a aplicação do CDC para determinar a reparação integral do dano —, tem sido necessário rever esses julgados para ajustá-los ao entendimento da Suprema Corte.

Antinomia

'A antinomia aparente se estabelecia entre o artigo 14 do Código de Defesa do Consumidor, o qual impõe ao fornecedor do serviço o dever de reparar os danos causados, e o disposto no artigo 22 da Convenção de Varsóvia, introduzida no direito pátrio pelo Decreto 20.704, de 24/12/1931, que preestabelece limite máximo para o valor devido pelo transportador, a título de reparação pelos danos materiais', frisou o ministro.

Em virtude da interpretação do STF, Bellizze explicou que o recurso extraordinário que estava sobrestado retornou à Terceira Turma para adequação. O colegiado, então, decidiu, por unanimidade, afastar o CDC e aplicar o regramento previsto pelos tratados internacionais.

'Considerando, portanto, que o acórdão proferido por esta turma não está ajustado ao entendimento firmado pelo STF, deve-se proceder ao juízo de retratação a que faz referência o artigo 1.040, II, do CPC/2015', disse".

Fonte: <http://www.stj.jus.br/sites/STJ/default/pt_BR/Comunicação/noticias/Not%C3%ADcias/Terceira-Turma-revê-decisão-sobre-extravio-de-bagagem-para-ajustar-jurisprudência-à-interpretação-do-STF>. Acesso em: 2 jun. 2019.

Com fundamento na doutrina pátria[20], podemos apresentar o seguinte quadro esquemático de direitos e obrigações das partes envolvidas no contrato de transporte de mercadorias:

1. Direitos e Obrigações do remetente:

— entrega da mercadoria em condições de envio;

— pagamento do preço convencionado, ressalvada a hipótese de este ser adimplido pelo destinatário;

— acondicionamento da mercadoria;

— declaração do seu valor e da sua natureza;

— recolhimento tributário pertinente; respeito às normas legais em vigor no sentido de somente expedir mercadorias de trânsito admitido no Brasil;

— até a entrega, terá o direito de desistir do transporte, pedindo de volta a coisa, ou alterar o destinatário, arcando com as despesas devidas;

2. Direitos e Obrigações do transportador:

— receber a coisa a ser transportada, no dia, hora, local e pelo modo convencionados;

— empregar total diligência no transporte da mercadoria posta sob a sua custódia;

— seguir o itinerário ajustado, ressalvadas as hipóteses de caso fortuito e força maior;

— entregar a mercadoria ao destinatário da mesma, mediante apresentação do respectivo documento comprobatório de sua qualidade de recebedor (conhecimento de transporte);

— respeito às normas legais em vigor no sentido de somente expedir mercadorias de trânsito admitido no Brasil;

— desnecessidade de comunicar ao remetente a chegada da mercadoria ou de realizar a entrega em domicílio, se assim não fora convencionado (devendo tal obrigação, quando estipulada, constar também do conhecimento de transporte);

> Comentando o transporte de mercadorias, SÍLVIO VENOSA lembra ainda que: "cabe ao transportador permitir o desembarque da mercadoria, mediante a apresentação do conhecimento, salvo se se tratar de mercadoria sujeita a transporte sob regulamentação especial ou de endossatário em penhor (art. 106 do Decreto n. 51.813/63, redação do Decreto n. 61.588/67). Cuida-se do direito de *stoppage in transitu*, ou variação do destino da carga. Se houver variação do destino, o transportador poderá pedir reajuste do frete. Se não houver acordo, cumprirá o transporte entregando a coisa no destino primitivo"[21].

Todavia, não poderá efetivar esta entrega a destino algum, caso exista causa de interrupção da viagem, devidamente demonstrada, nos termos do art. 753 do Código Civil:

> "Art. 753. Se o transporte não puder ser feito ou sofrer longa interrupção, o transportador solicitará, incontinenti, instruções ao remetente, e zelará pela coisa, por cujo perecimento ou deterioração responderá, salvo força maior.

---

[20] Cf., a respeito, a obra de Sílvio de Salvo Venosa, *Direito Civil — Contratos em Espécie* (cap. 23), já citada.

[21] Sílvio de Salvo Venosa, *Contratos em Espécie*, cit., p. 487.

§ 1.º Perdurando o impedimento, sem motivo imputável ao transportador e sem manifestação do remetente, poderá aquele depositar a coisa em juízo, ou vendê-la, obedecidos os preceitos legais e regulamentares, ou os usos locais, depositando o valor.

§ 2.º Se o impedimento for responsabilidade do transportador, este poderá depositar a coisa, por sua conta e risco, mas só poderá vendê-la se perecível.

§ 3.º Em ambos os casos, o transportador deve informar o remetente da efetivação do depósito ou da venda.

§ 4.º Se o transportador mantiver a coisa depositada em seus próprios armazéns, continuará a responder pela sua guarda e conservação, sendo-lhe devida, porém, uma remuneração pela custódia, a qual poderá ser contratualmente ajustada ou se conformará aos usos adotados em cada sistema de transporte".

Chamam a nossa atenção alguns aspectos deste dispositivo.

Nota-se a possibilidade de o transportador, em não efetivando o depósito judicial, efetuar a *venda da coisa transportada*, caso perdure o impedimento, sem razão a si imputável, ou, ainda que o obstáculo lhe seja atribuído, caso se trate de mercadoria perecível.

Poderá, pois, vendê-la, segundo o valor razoável de mercado, depositando o preço recebido.

Toda esta providência, por óbvio, somente será possível se o remetente não se manifestar, pois, se o fizer, deverá a sua vontade prevalecer, por ser dono da coisa.

Aliás, esta alienação, a nosso ver, é medida extraordinária, supletiva, ou seja, deve o transportador, primeiramente, tentar contatar o remetente para que este se manifeste e comunique o que deve ser feito diante do impedimento; se não obtiver êxito, deverá depositar judicialmente o bem, e, não podendo fazê-lo (por falta de tempo hábil, por exemplo), deverá tentar a venda.

Temos para nós que este é o melhor entendimento, em respeito ao direito de propriedade do remetente, que poderá responsabilizar o transportador, caso experimente prejuízo, na aplicação deste dispositivo de lei.

Hipótese especial de depósito da coisa transportada vem contemplada no art. 755 do CC/2002, *in verbis*:

"Art. 755. Havendo dúvida acerca de quem seja o destinatário, o transportador deve depositar a mercadoria em juízo, se não lhe for possível obter instruções do remetente; se a demora puder ocasionar a deterioração da coisa, o transportador deverá vendê-la, depositando o saldo em juízo".

Vê-se aqui, em dispositivo análogo ao inciso IV do art. 335 do CC/2002, claramente, que o legislador fora mais técnico ao estipular que o *depósito* precederá à *venda da coisa*[22].

Por fim, não esqueçamos que a coisa, depositada ou guardada nos armazéns do transportador, em virtude de contrato de transporte, rege-se, no que couber, pelas disposições relativas a depósito, a teor do disposto no art. 751 do CC/2002.

---

[22] Sobre o tema, confira-se o tópico 3 ("Hipótese de ocorrência") do Capítulo X ("Consignação em Pagamento") do v. 2 ("Obrigações") desta obra.

Sobre a responsabilidade do transportador de mercadorias e os seus desdobramentos na jurisprudência, convidamos o nosso leitor a consultar o Cap. XVII (*"Responsabilidade Civil do Transportador"*) do nosso volume III, dedicado ao estudo da Responsabilidade Civil.

5. TRANSPORTE DE PESSOAS

Mutatis mutandis, poderíamos aproveitar as observações acima esposadas quanto aos direitos e obrigações das partes, aplicando-as ao transporte de pessoas.

Registre-se, apenas, o imensurável valor daquilo que se transporta: a vida humana.

Por isso mesmo é que invertemos a ordem apresentada pelo Código, para tratar, com mais ênfase, agora, do transporte de pessoas.

AGUIAR DIAS, em sua monumental obra, já advertia que, em todo o contrato de transporte de pessoas existe, implícita, uma cláusula de segurança ou de incolumidade[23].

Mesmo que o instrumento contratual não explicite, é decorrência do princípio da função social do contrato e da regra ética de boa-fé objetiva (arts. 421 e 422 do CC/2002) que o transportador tem o *dever* de levar o passageiro, a salvo e em segurança, até o local de destino.

A quebra desta obrigação implícita de natureza contratual impõe o reconhecimento da responsabilidade objetiva do transportador, que deverá indenizar a vítima independentemente de ter atuado ou não com dolo ou culpa.

Lembre-se, inclusive, de que o primeiro diploma brasileiro consagrador de responsabilidade civil objetiva foi, precisamente, o Decreto Legislativo n. 2.681, de 1912, referente às estradas de ferro.

Este mesmo princípio, anunciado há tantas décadas, veio previsto pelo Código de Defesa do Consumidor, que prevê a responsabilização objetiva do fornecedor de serviço (art. 14), facilitando, desta maneira, a compensação devida à vítima.

Não é demais notar que, se não bastasse a incidência do CDC, o serviço de transporte de passageiros — terrestre, marítimo ou aeronáutico — é considerado indiscutivelmente uma atividade de risco, para a qual o Código Civil prevê, também, a aplicação das regras da responsabilidade sem culpa, nos termos do parágrafo único do seu art. 927.

A disciplina específica do transporte de pessoas é feita a partir do art. 734 do Código Civil, que, harmonizando-se com a Lei do Consumidor, prevê:

"Art. 734. O transportador responde pelos danos causados às pessoas transportadas e suas bagagens, salvo motivo de força maior, sendo nula qualquer cláusula excludente da responsabilidade.

Parágrafo único. É lícito ao transportador exigir a declaração do valor da bagagem a fim de fixar o limite da indenização".

E qual é o momento em que se inicia a responsabilidade civil do transportador?

A resposta parece óbvia: *a partir do momento em que o contrato inicia a sua execução*.

---

[23] Aguiar Dias, ob. cit., v. I, p. 185.

A observação se faz pertinente porque, em certos meios de transporte, é possível distinguir facilmente a oportunidade da celebração do contrato e o momento de sua execução. Um exemplo comumente invocado é o que ocorre nas viagens aéreas, em que o *ticket* de viagem é comprado, normalmente, com alguma antecedência. Nessas situações, somente se pode falar de responsabilidade do transportador a partir da execução do contrato.

Por outro lado, no transporte rodoviário, levando-se em consideração que a estação de ônibus não é de titularidade da transportadora, somente se pode considerar iniciada a execução com o embarque do passageiro, terminando, obviamente, com o desembarque. Nesta linha, se o passageiro, por exemplo, machuca-se por causa de uma queda no embarque ou desembarque, em função de um deslocamento brusco do veículo, caracterizada estará a responsabilidade do transportador, tendo em vista ter se iniciado a execução do contrato[24].

Já no transporte rodoviário, tendo em vista que a estação não pertence à transportadora, a execução somente se inicia com o embarque do passageiro, e só termina com o desembarque. Se o passageiro vem a se ferir em razão de queda ocorrida durante o embarque ou desembarque, porque o ônibus movimentou-se abruptamente, configura-se a responsabilidade do transportador, porque já se iniciara a execução do contrato.

E essa obrigação de segurança é tão importante que somente será ilidida em situações excepcionais de quebra do nexo causal, não eximindo o transportador pelo fato de terceiro, nos termos da Súmula 187 do STF[25]:

"A responsabilidade contratual do transportador, pelo acidente com o passageiro, não é elidida por culpa de terceiro, contra o qual tem ação regressiva".

Tal preceito vem agora reproduzido pelo art. 735 do Código de 2002:

"Art. 735. A responsabilidade contratual do transportador por acidente com o passageiro não é elidida por culpa de terceiro, contra o qual tem ação regressiva".

Imagine-se, por exemplo, que um ex-empregado da companhia de viação, visando a prejudicar seu antigo patrão, resolva folgar alguns componentes da roda do ônibus, causando grave acidente. Em tal caso, não poderá o proprietário da empresa alegar fato de terceiro para se eximir da obrigação de indenizar.

---

[24] Esses exemplos são lembrados pelo nosso muito querido amigo Carlos Roberto Gonçalves, aqui tantas vezes citado, que nos deu a honra do Prefácio deste volume e a quem não cansamos de homenagear.

[25] Com base nesta súmula, controvertido entendimento jurisprudencial existe no sentido de que a companhia transportadora responde em caso de arremesso de objeto por terceiro contra o veículo, durante a viagem. A questão é delicada, na medida em que a companhia nem sempre dispõe de meios para evitar acontecimentos deste jaez, provenientes da atuação de vândalos. Nessa linha, cumpre-nos transcrever acórdão da lavra do Des. Cavalieri Filho, ressaltando a isenção de responsabilidade do transportador quando o dano se originar de causa estranha: "Não responde o transportador por dano decorrente de causa estranha ao transporte, provocado por grupo de delinquentes na prática do chamado arrastão. Tal fato, por ser inevitável e não guardar nenhuma conexidade com o transporte, equipara-se ao fortuito externo, excludente do próprio nexo causal. O transporte, em casos tais, não é causa do evento, apenas de sua ocasião, pelo que não pode ser incluído entre os riscos próprios do deslocamento. Desprovimento do recurso (TJRJ — Einf. em Ap. Cív. 3.362/96, j. em 2-4-1998)".

Assim, poderíamos concluir que apenas a culpa exclusiva da vítima ou a ocorrência de evento fortuito excluiriam o dever de indenizar.

Lembre-se, ademais, que somente o *fortuito externo* tem o condão de eximir o transportador, o mesmo não acontecendo na hipótese de *fortuito interno*.

Nesse sentido, CARLOS GONÇALVES, ilustre Desembargador do TJSP:

"Somente o fortuito externo, isto é, a causa ligada à natureza, estranha à pessoa do agente e à máquina, exclui a responsabilidade deste em acidente de veículos. O fortuito interno, não. Assim, tem-se decidido que o estouro de pneus, a quebra da barra de direção, o rompimento do 'burrinho' dos freios e outros defeitos mecânicos em veículos não afastam a responsabilidade do condutor, porque previsíveis e ligados à máquina"[26].

Questão interessante diz respeito ao assalto ocorrido durante o transporte.

Em nossa opinião, seria por demais injusto impor à companhia transportadora o ônus de assumir a obrigação de indenizar os passageiros pelo roubo ocorrido, do qual também foi vítima, ainda mais em se considerando ser do Estado o dever constitucional de garantir a todos a segurança pública.

Ressalve-se, apenas, a situação delituosa para a qual contribuiu a própria companhia transportadora, em virtude da atuação desidiosa ou negligente do seu preposto (que parou o ônibus ou atracou a embarcação em local inseguro, por exemplo).

Nesse diapasão, citem-se os seguintes julgados:

"Responsabilidade Civil — Estrada de Ferro — Passageiro Ferido em Assalto — O fato de terceiro que não exonera de responsabilidade o transportador é aquele que com o transporte guarda conexidade, inserindo-se nos riscos próprios do deslocamento. Não assim quando intervenha fato inteiramente estranho, como ocorre tratando-se de um assalto" (STJ — 3.ª T — REsp — Rel. Eduardo Ribeiro — j. 21.9.93 — RSTJ 52/208).

"O roubo caracteriza força maior e, portanto, é excludente da responsabilidade da transportadora, exceto se esta se expor negligentemente ao perigo, deixando de empregar as diligências e precauções necessárias" (1.º TACSP — Ap., Rel. Jorge Almeida, JTACSP 78/23)[27].

Há farta jurisprudência que aponta na mesma direção, consoante se pode deduzir da análise dos seguintes julgados:

"Responsabilidade civil. Exclusão. Transporte rodoviário. Força maior. A Seção, por maioria, entendeu que, não obstante a habitualidade da ocorrência de assaltos à mão armada em transportes coletivos, que colocam em risco a incolumidade dos seus usuários, no caso incide a excludente de responsabilidade por força maior (art. 17, segunda alínea, I, do Dec. n. 2.681/1912 e art. 1.058 do CC). Precedentes citados do STF: RE 88.408-RJ, *DJ* 12/7/1980; RE 113.194-RJ, *DJ* 7/8/1987; do STJ: REsp 74.534-RJ, *DJ* 14/4/1997; REsp 200.110-RJ, *DJ* 10/4/2000; REsp 30.992-RJ, *DJ* 21/3/1994, e REsp 118.123-SP, *DJ* 21/9/1998" (STJ, REsp 435.865-RJ, rel. Min. Barros Monteiro, julgado em 9-10-2002).

---

[26] Carlos Roberto Gonçalves, *Responsabilidade Civil*, cit., p. 290-1.
[27] Jurisprudência citada por Rui Stoco, cuja excelente obra serviu de importante fonte de consulta para o nosso trabalho.

"Responsabilidade civil. Transporte intermunicipal. Assalto praticado dentro do ônibus. Caso em que o fato de terceiro não guarda conexidade com o transporte. Exoneração da responsabilidade do transportador, de acordo com precedentes do STJ: REsp's 13.351, 30.992 e 35.436. Recurso especial conhecido e provido" (STJ, Acórdão REsp 74.534/RJ, Recurso Especial (1995/0046994-4), rel. Min. Nilson Naves, julgado em 4-3-1997, 3.ª Turma).

"Civil. Responsabilidade civil. Danos materiais e morais. Assalto em ônibus de transporte interestadual. Caso fortuito. 1) Não se deve inverter o ônus da prova quando esta é possível de ser produzida pelo consumidor, sob pena de ferir o princípio da legalidade. 2) O assalto em ônibus interestadual, salvo situação excepcionalíssima, constitui caso fortuito, afastando o dever de indenizar do transportador" (TJDF, Ap. Cív., 169041, *DJU*, 18-3-2003, p. 199, Rel. Gilberto Pereira de Oliveira).

"Civil. Responsabilidade civil. Roubo praticado no interior de ônibus interestadual. Caso fortuito. Exclusão do dever de indenizar. Precedente da turma recursal. 1. O roubo praticado no interior de ônibus pode ser definido como caso fortuito, porque é fato imprevisível que se encontra desligado da vontade do sujeito passivo. 2. Por ser caso fortuito, ocorrendo sem qualquer culpa do agente transportador, é considerado causa de exclusão da responsabilidade civil deste pelos danos materiais ou morais eventualmente sofridos pelos passageiros. 3. Está consagrado em nosso direito o princípio da exoneração do devedor pela impossibilidade de cumprir a obrigação sem culpa sua. Assim sendo, o sujeito passivo do assalto, ocorrido no interior de ônibus de transporte público, não poderá exigir indenização da empresa transportadora pelos prejuízos decorrentes do caso fortuito, consoante o disposto no art. 1.058 do Código Civil, além do que não há causalidade entre o roubo e o contrato de transporte, sendo da responsabilidade do Estado o oferecimento de segurança pública. 4. Recurso provido. Sentença reformada" (TJDF, Ap. Civ., Acórdão 130551, *DJU*, 19-10-2000, p. 60, Rel. Arnoldo Camanho de Assis).

E veja ainda este interessante julgado do TJRJ, que veda a denunciação da lide ao Estado pelo assalto ocorrido no transporte de passageiros:

"Responsabilidade civil. Assalto no interior de ônibus. Morte de passageiro. Dano moral. Não configuração. Indenização. Descabimento. Morte de passageiro em assalto dentro do coletivo. Caso fortuito. Denunciação da lide ao estado. Dano moral inocorrente. Não cabe denunciar a lide ao Estado, por morte de passageiro dentro de propriedade privada, onde a segurança pública não atua. O fato se caracteriza como fortuito, posto que inevitável. Não há nenhuma culpa do transportador, para que seja obrigado a indenizar a morte do passageiro. Recurso provido" (TJRJ, Ap. Cív. (2002.001.24206), Des. Bernardino M. Leituga, julgado em 26-11-2002, 16.ª Câmara Cível).

Seguindo esta mesma linha de raciocínio, CARLOS ROBERTO GONÇALVES pontifica:

"Pode-se afirmar, malgrado as divergências apontadas, que são encontradas na jurisprudência, em maior número, decisões no sentido de que o assalto à mão armada no interior de ônibus, embora se pudesse ter meios de evitá-lo, equipara-se ao caso fortuito, assim considerado o fato imprevisível, que isenta de responsabilidade o transportador, ao fundamento, especialmente, de que o dever de prestar segurança pública ao passageiro é do Estado, mercê do art. 144 da Constituição Federal, não se podendo transferi-lo ao transportador"[28].

---

[28] Carlos Roberto Gonçalves, *Responsabilidade Civil*, 19. ed., São Paulo: Saraiva, 2020, p. 293.

Nesse ponto, cumpre-nos indagar acerca da responsabilidade do transportador pelo dano causado a seus prepostos.

Em tal caso, estaremos diante de um acidente de trabalho, já desenvolvido em momento oportuno, em que, como visto, a responsabilidade civil do empregador será, em regra, subjetiva, salvo a caracterização da atividade como de risco habitual, para efeito de incidência da regra do parágrafo único do art. 927 do CC/2002, questão sobremaneira controvertida, como vimos.

Outro ponto digno de realce diz respeito à responsabilidade do transportador em face de pedestres.

Um acidente, muitas vezes, não atinge apenas os passageiros, mas também os transeuntes, vale dizer, pessoas que não mantinham relação contratual com a companhia transportadora.

Em relação ao passageiro, conforme já vimos, no momento em que o mesmo adquire o bilhete, ou recebe o e-mail de confirmação de aquisição da passagem, o contrato já está perfectibilizado.

Claro está, portanto que, em relação ao passageiro, a responsabilidade do transportador é contratual e objetiva, regida pelas normas do Código de Defesa do Consumidor.

Mas e quanto ao terceiro?

Imagine, apenas a título de ilustração, que o ônibus, por desídia do motorista que dormiu ao volante, causou grave acidente ferindo passageiros e atropelando pedestres. Como ficaria, afinal, a situação destes últimos?

Em nosso pensamento, trata-se de situação de responsabilidade civil aquiliana, também de natureza objetiva, por considerarmos o terceiro, vítima do evento, equiparado ao passageiro/consumidor, nos termos do art. 17 do CDC.

CAVALIERI lembra, ainda, que, em se tratando de transporte público, explorado por concessionários ou permissionários do serviço, a própria Constituição Federal, em seu art. 37, § 6.º, estabelece a responsabilidade sem culpa do transportador[29].

Gostaríamos de registrar, apenas, o fato de que, muitas vezes, o próprio pedestre é o único responsável pelo evento fatídico.

Pesa reconhecer que a população exige do Poder Público a construção de passarelas sobre movimentadas rodovias, e, uma vez concluída a obra, inúmeros transeuntes insistem, de forma leviana e injustificável, em arriscar as próprias vidas, passando por baixo da construção. Muitos demonstram, inclusive, certo prazer mórbido em se esquivar dos veículos.

Em tais casos, desde que não haja concorrência de culpa do motorista, entendemos que o pedestre/vítima não terá direito a indenização alguma — nem, muito menos, a sua família — se o dano decorreu exclusivamente de sua atuação culposa, por estar configurada uma excludente de responsabilidade civil, genericamente disciplinada no nosso ordenamento jurídico.

---

[29] Sérgio Cavalieri Filho, *Programa de Responsabilidade Civil*, 2. ed., São Paulo: Malheiros, 2000, p. 210.

Finalmente, deve-se notar que a obrigação de transporte do passageiro implica a necessidade de se guardar o mesmo dever de cautela em face de sua bagagem e, principalmente, de se observar o itinerário proposto, sob pena de o condutor ser responsabilizado.

Em relação à mudança de itinerário, se esta se der por motivo de força maior, o transportador não poderá ser responsabilizado, nos termos do art. 737. Imagine, por exemplo, que, em uma viagem aérea, o comandante da aeronave (sua autoridade máxima) decida alterar a rota, por força de uma tempestade, sendo forçado a pousar em uma cidade distante daquela traçada como destino no plano de voo...

Em tal hipótese, não podemos pretender responsabilizar a companhia aérea, em virtude de a medida haver sido tomada em atenção à incolumidade dos passageiros e da tripulação.

Por outro lado, a pessoa transportada também deve "*sujeitar-se às normas estabelecidas pelo transportador, constantes no bilhete ou afixadas à vista dos usuários, abstendo-se de quaisquer atos que causem incômodo ou prejuízo aos passageiros, danifiquem o veículo, ou dificultem ou impeçam a execução normal do serviço*", nos termos do art. 738, evitando conduta incompatível com a saúde, segurança e sossego dos outros passageiros. Interessante mencionar que neste dispositivo o legislador previu um *redutor indenizatório*, caso tenha havido culpa concorrente da própria vítima do evento:

> "Parágrafo único. Se o prejuízo sofrido pela pessoa transportada for atribuível à transgressão de normas e instruções regulamentares, o juiz reduzirá equitativamente a indenização, na medida em que a vítima houver concorrido para a ocorrência do dano".

Trata-se de uma aplicação específica da regra genérica sobre responsabilidade civil, prevista no art. 945 do CC/2002:

> "Art. 945. Se a vítima tiver concorrido culposamente para o evento danoso, a sua indenização será fixada tendo-se em conta a gravidade de sua culpa em confronto com a do autor do dano".

Cuidados especiais devem ser tomados, ainda, no que tange à admissão de alguns passageiros cuja situação pessoal possa pôr em risco a saúde ou a segurança dos demais.

O próprio Código Civil cuidou de estabelecer em seu art. 739 uma regra aparentemente discriminatória, mas que, em verdade, visa salvaguardar um interesse público superior:

> "Art. 739. O transportador não pode recusar passageiros, *salvo os casos previstos nos regulamentos, ou se as condições de higiene ou de saúde do interessado o justificarem*" (grifos nossos).

A título apenas de exemplo, lembre-se de que passageiros portadores de doenças infectocontagiosas, transmissíveis pelo ar, não devem viajar em aparelhos utilizados por outras pessoas.

Tal medida visa à proteção dos usuários desses serviços de transporte.

Na mesma linha, passageiros armados não podem ser admitidos em transportes de uso coletivo, especialmente as aeronaves.

Em nossa opinião, mesmo com o devido porte legal de arma, ressalvada a hipótese de condução especial de preso ou missão especialmente autorizada, a arma, a critério do comandante (autoridade máxima), deve ser transportada desmuniciada, em compartimento de carga.

Tais medidas afiguram-se sobremaneira importantes nos dias que correm, em que os atentados terroristas tornaram-se comuns em alguns meios de transporte — especialmente o aéreo — em alguns Estados do mundo.

6. TRANSPORTE GRATUITO

Questão interessante, amplamente discutida na doutrina e jurisprudência, diz respeito ao denominado transporte gratuito.

Na mais restrita acepção do termo, gratuito somente poderá ser considerado o transporte de mera cortesia, ou seja, a carona desinteressada, por amizade ou outro sentimento íntimo.

Neste sentido, o art. 736 do Código de 2002, sem correspondente no Código anterior:

"Art. 736. Não se subordina às normas do contrato de transporte o feito gratuitamente, por amizade ou cortesia.

Parágrafo único. Não se considera gratuito o transporte quando, embora feito sem remuneração, o transportador auferir vantagens indiretas".

Pela dicção da norma, podemos vislumbrar duas situações juridicamente distintas:

a) **o transporte propriamente gratuito ou de mera cortesia (previsto no *caput* do artigo sob comento)** — neste caso, havendo acidente e dano causado ao tomador da carona, entendemos dever ser aplicado o sistema de regras da responsabilidade aquiliana do Código Civil, o que significa dizer que o juiz, nos termos do art. 186, deverá perquirir a *culpa* (em sentido lato) do condutor para efeito de lhe impor a obrigação de indenizar. Não concordamos, data vênia, com o entendimento de que apenas o dolo ou a culpa grave autorizariam a obrigação de indenizar (Súmula 145, STJ), sobretudo pelo fato de o Código Civil de 2002 não estabelecer esta restrição[30]. Ademais, também negamos a natureza contratual da relação jurídica travada entre condutor e "caronista", pela idêntica razão de não encontrar respaldo legal. Trata-se, pois, a carona em si, de um ato jurídico não negocial que, se causar dano ao passageiro por má atuação do condutor, poderá se converter em ato ilícito. Exemplo: passando pela rua, um amigo pede carona. Momentos depois, o veículo tomba desgovernado, com danos ao condutor e ao passageiro. Neste caso, o primeiro poderá ser responsabilizado se houver prova de haver atuado com dolo ou culpa (art. 186, CC). Note-se que o art. 736 do Código refere expressamente não serem aplicáveis as regras do contrato de transporte para esta hipótese;

b) **transporte interessado, sem remuneração direta (parágrafo único do artigo sob comento)** — diferentemente, neste caso, o condutor, posto não seja diretamente remunerado, experimenta vantagem indireta, à custa do conduzido. Imagine, por exemplo, um representante de vendas que "faz questão de levar o seu cliente" até o seu *stand*. Ocorrendo um abalroamento lesivo no caminho, o transportador poderá ser responsabilizado, segundo as regras de responsabilidade civil contratual, inferidas do sistema de Defesa do

---

[30] Jurisprudência anterior ao Código de 2002, baseada na referida Súmula 145, e que entendemos deve ser repensada, sustentava a natureza contratual deste tipo de responsabilidade, que somente imporia ao condutor o dever de indenizar se houvesse atuado com dolo ou culpa grave, no que não concordamos, *vide*: STJ, REsp 38.668/RJ, *DJ*, 22-11-1993, rel. Min. Eduardo Ribeiro.

Consumidor. Trata-se de um acidente de consumo, gerador de responsabilidade civil objetiva. Aliás, uma vez que, neste caso, deverão ser aplicadas as regras do contrato de transporte, cumpre-nos lembrar a incidência da cláusula de segurança, impondo a obrigação de levar o passageiro ao seu destino, são e salvo. Veja, portanto, que, em se tratando de transporte interessado, a responsabilização do transportador é mais facilitada. Uma última indagação, entretanto, se impõe. Para não ser considerado gratuito, o referido "interesse" do condutor deve ser econômico? Uma carona motivada por interesse sexual, por exemplo, descaracterizaria a cortesia, fazendo incidir as regras do contrato de transporte, e, por conseguinte, da responsabilidade civil objetiva? Em nosso sentir, segundo uma interpretação teleológica, *desde que não seja por amizade ou mera cortesia* (art. 736, *caput*), o transporte motivado por qualquer interesse do condutor justificaria a descaracterização do transporte gratuito (art. 736, parágrafo único). Ademais, a lei não refere que o interesse do transportador deva ser necessariamente pecuniário. Assim, uma carona dada apenas para fins sexuais (a famosa *"cantada em ponto de ônibus"*) autorizaria, em nosso entendimento, a incidência das regras do contrato de transporte, por força da "vantagem indireta" experimentada pelo condutor, nos termos do mencionado parágrafo único do art. 736. Destarte, deverá observar a cláusula implícita de segurança, podendo ser compelido a indenizar a outra parte sem aferição de culpa. Advertimos, apenas, que a incidência dessas regras, mais severas para o transportador, não decorre da circunstância de estarmos diante de um contrato de transporte típico, pelo simples fato de a prestação sexual não ser licitamente admitida. Todavia, apenas para o efeito de facilitar a responsabilização do condutor — que atuou com segundas intenções —, concluímos que o legislador cuidou de determinar a aplicação das regras do contrato de transporte, afastando a alegação de mera cortesia, visando, dessa forma, facilitar a reparação da vítima.

Na jurisprudência, podemos ver o amplo reconhecimento da doutrina do transporte interessado, consoante se pode depreender do trecho deste acórdão do STJ, da lavra do Min. Ruy Rosado de Aguiar:

> "Responsabilidade civil. Transporte. Contrato com a empregadora da vítima. Honorários advocatícios. O transportador que celebra contrato com empresa para o transporte de seus empregados, não fornece ao passageiro um *transporte gratuito* e tem a obrigação de levar a viagem a bom termo, obrigação que assume com a pessoa que transporta, pouco importando quem forneceu o numerário para o pagamento da passagem. Deferida a indenização a título de responsabilidade contratual, os precedentes desta Turma deferem honorários calculados sobre as prestações vencidas e uma anualidade das vincendas. Recurso conhecido em parte e nessa parte provido" (STJ, REsp 238.676/RJ, *DJ*, 10-4-2000).

Finalmente, é bom que se diga que o *transporte clandestino* não encontra amparo legal, e qualquer acidente que venha a ocorrer em virtude do mesmo deverá ser juridicamente suportado pela vítima.

É o caso do sujeito que sofre grave lesão por adentrar sorrateiramente no compartimento de cargas de um navio.

Atuou com culpa exclusiva, não cabendo direito a indenização.

Caso venha a falecer, não poderão, pelas mesmas razões expostas, os seus familiares, pleitear indenização.

De clareza meridiana e fácil intelecção é o art. 741 do Código Civil, que dispõe:

"Art. 741. Interrompendo-se a viagem por qualquer motivo alheio à vontade do transportador, ainda que em consequência de evento imprevisível, fica ele obrigado a concluir o transporte contratado em outro veículo da mesma categoria, ou, com a anuência do passageiro, por modalidade diferente, à sua custa, correndo também por sua conta as despesas de estada e alimentação do usuário, durante a espera de novo transporte".

Trata-se de comando normativo que traduz a *obrigação de resultado* derivada deste tipo de contrato. Ainda que a viagem se frustre por motivo alheio à sua vontade, deve o transportador contar com a logística necessária para a consumação do fim a que se propôs, sob pena de responsabilidade. É o que ocorre, com frequência, nos aeroportos do Brasil, quando, diante de atrasos ou cancelamentos de voo, os passageiros são alocados em outras aeronaves, ou recebem *vouchers* para estada em hotel, aguardando acomodação. Todo esse custo faz parte da atividade do transportador, que não poderá repassá-lo ao usuário do serviço.

Por outro lado, efetivado o transporte, terá *"direito de retenção sobre a bagagem de passageiro e outros objetos pessoais deste, para garantir-se do pagamento do valor da passagem que não tiver sido feito no início ou durante o percurso"* (art. 742). Trata-se de direito contemplado na própria lei, semelhante — posto não idêntico, por lhe faltar natureza real — ao *penhor legal* previsto no *art. 1.467, I do CC/2002*.

Configura, portanto, uma modalidade de autodefesa, de forma a garantir o adimplemento da contraprestação fixada na relação contratual estabelecida. Vale destacar que o contrato de transporte de bagagens é acessório ao contrato de transporte de pessoas, pois o viajante, ao comprar a sua passagem, assegura o direito de transportar consigo as suas malas, ainda que se estabeleçam limites razoáveis para tal transporte.

7. EXTINÇÃO DO CONTRATO DE TRANSPORTE

Além dos meios comuns de dissolução do contrato, já exaustivamente analisados ao longo desta obra (resolução, resilição ou rescisão), o contrato de transporte pode se extinguir, simplesmente, pela consumação da sua finalidade, ou seja, por meio da sua execução.

Todavia, merece a nossa atenção o importante art. 740, que, em seu *caput*, admite que o passageiro possa dissolver *"o contrato de transporte antes de iniciada a viagem, sendo-lhe devida a restituição do valor da passagem, desde que feita a comunicação ao transportador em tempo de ser renegociada"*.

Não há um prazo mínimo estabelecido em lei para esta renegociação, razão por que, em face do silêncio do legislador, entendemos que poderá ocorrer *até antes do embarque*. Obviamente que não poderá se dar depois, como se dá com o *"no show"* (passageiro que, sem prévio aviso, não comparece ao seu embarque).

Admite, outrossim, o § 1.º, que o passageiro possa *"desistir do transporte, "mesmo depois de iniciada a viagem, sendo-lhe devida a restituição do valor correspondente ao trecho não utilizado, desde que provado que outra pessoa haja sido transportada em seu lugar"*, eis que se fosse dado ao transportador reter o valor da passagem caracterizaria *enriquecimento ilícito*.

Não terá, entretanto, *"direito ao reembolso do valor da passagem o usuário que deixar de embarcar, salvo se provado que outra pessoa foi transportada em seu lugar, caso em que lhe será restituído o valor do bilhete não utilizado*" (§ 2.º). Note-se que, nesta hipótese, o passageiro não cuidou de desistir, avisando ao transportador, e, ainda assim, outra pessoa viajou em seu lugar, caso em que terá direito ao reembolso.

Em conclusão, dispõe o § 3.º: "*nas hipóteses previstas neste artigo, o transportador terá direito de reter até cinco por cento da importância a ser restituída ao passageiro, a título de multa compensatória*".

E aqui, diante deste dispositivo, de aplicação direta ao mercado de consumo, por ausência de disposição igual ou semelhante no CDC, perguntamos: *não deveria o transportador aéreo seguir esta norma?*

Isso porque, muitas vezes, o reembolso do passageiro dá-se mediante crédito de outro trecho aéreo, o que nem sempre pode se afigurar justo ou, até mesmo, lhe interessar.

Capítulo XXIX
Seguro

Sumário: 1. Noções introdutórias. 2. Escorço histórico. 3. Conceito. 4. Princípios reguladores. 5. Natureza jurídica. 6. Características. 7. Partes. 8. Objeto do seguro: o risco. 9. A boa-fé e o contrato de seguro. 10. Apólice. 11. Direitos e obrigações das partes. 12. Prêmio. 12.1. Mora no pagamento do prêmio. 13. Agente autorizado do segurador: o corretor de seguros. 14. Espécies de seguro: seguro de dano e seguro de pessoa. 14.1. Seguro de dano. 14.1.1. Noções gerais de dano indenizável. 14.1.2. Seguro de dano: limites e proibição do sobresseguro. 14.1.3. Sinistro parcial. 14.1.4. Garantia do seguro e vício intrínseco da coisa segurada. 14.1.5. Seguro de coisas transportadas. 14.1.6. Transferência do contrato. 14.1.7. Direito de regresso da companhia seguradora. 14.1.8. Seguro de responsabilidade civil. 14.2. Seguro de pessoa. 14.2.1. Noções introdutórias. 14.2.2. Seguro de acidentes pessoais. 14.2.3. Seguro de vida. 14.2.4. Seguro em grupo. 15. Prazos prescricionais e o contrato de seguro. 16. Extinção do contrato. 17. Lei n. 15.040, de 9 de dezembro de 2024 – Normas de seguro privado (*vacatio legis* de um ano).

1. NOÇÕES INTRODUTÓRIAS

O presente capítulo versa sobre uma das mais difundidas modalidades contratuais da contemporaneidade, a saber, o contrato de seguro.

Como decorrência natural da evolução das relações sociais, viver e conviver coletivamente têm recomendado ou mesmo exigido a adoção de maior cautela no enfrentamento das atividades diárias, cada vez mais com novos riscos, outrora impensáveis.

Afinal, viver, por si só, já é um risco!

Para tal mister, ganha importância a noção de seguro, fazendo-se necessário, para sua ampla compreensão, um passeio por sua visão histórica, de forma a atender a toda a sua evolução jurídica.

Façamos isso, portanto, no próximo tópico.

2. ESCORÇO HISTÓRICO

A forma primitiva e mais rudimentar de seguro decorreu da união de pessoas formando uma espécie de *socorro mútuo*, sob a forma de um fundo, visando a acautelarem-se dos riscos inerentes às suas atividades.

PEDRO ALVIM, em obra clássica, observa que:

"A História registra a existência dessas sociedades desde remota antiguidade. Segundo Plínio, funcionavam na Ásia *ad sustinendam tenuiorum inopiam*. Esclarece o citado autor Fernando Emygdio da Silva que os gregos deram largo desenvolvimento ao princípio associativo em todas as suas formas, religiosa, política, comercial, marítima — e como tal criaram, sob o nome de *sinedrias*, *hetairos* ou *eranos*, sociedades do tipo de socorro mútuo.

(...)

Aparecem, também, em Roma, sob a denominação de *sodalitia ou collegia*. Reuniam, em geral, os indivíduos mais pobres ou pertencentes a classes humildes, com o propósito de angariar meios para a assistência médica aos doentes, despesas de funeral, sepultura honrosa etc. Posteriormente, os *collegia* adquiriram maior importância no meio social romano"[1].

Note, portanto, caro leitor, que o seguro, inequivocamente, nasce como consequência do fato associativo, da natural e imanente tendência do homem — ser eminentemente gregário — de se agrupar, de se unir, visando, neste caso, a se prevenir de riscos futuros.

Também na Idade Média as corporações, especialmente de comerciantes, notabilizaram-se pela constituição de fundos[2].

Ganhou mais força ainda o seguro na modernidade, com as incursões no além-mar, sempre permeadas de perigos, exigindo, especialmente dos comerciantes, a união de vários investidores, com o escopo de atenuarem os riscos das suas empreitadas.

Já na transição do século XIX para o século XX, com o incremento da imprevisibilidade, o avanço tecnológico e a complexidade sempre crescente das relações sociais, a atividade securitária passou a ser exercida predominantemente por grandes sociedades empresárias, constituídas exatamente para esta finalidade.

Hoje, inclusive, dado o desenvolvimento do instituto, já se fala em um ramo dedicado ao seguro — o Direito Securitário — com matizes publicistas, a exemplo das normas do seguro obrigatório de veículos automotores, e, bem assim, do complexo sistema de Seguridade Social.

Isso sem mencionar que o próprio Direito do Consumidor cuidou de interferir na matéria, considerando de natureza consumerista a relação travada entre segurado e segurador, com o escopo de — mediante a consagração de instrumentos de tutela do hipossuficiente (inversão do ônus da prova, desconsideração da personalidade jurídica, revisão contratual por onerosidade excessiva etc.) — *imprimir igualdade jurídica onde há desigualdade econômica*.

Tudo isso a demonstrar que, cotejando-o com todas as outras modalidades negociais estudadas na presente obra, para o contrato de seguro, "*o céu é o limite*".

3. CONCEITO

Inicialmente, cumpre-nos observar que a análise a ser empreendida neste capítulo diz respeito ao seguro de natureza contratual, ou seja, pactuado livremente entre segurado e segurador.

Preocupamo-nos em tecer este esclarecimento porque, com o incremento tecnológico e a banalização cotidiana das situações de risco, especialmente nas grandes cidades do mundo, o seguro ganhou tamanha importância, e tal é a necessidade social em face desse instituto que, hoje, tornou-se difundido o *seguro legal obrigatório de automóveis (DPVAT)*,

---

[1] Pedro Alvim, *O Contrato de Seguro*, 3. ed. Rio de Janeiro: Forense, 1999, p. 3.
[2] Segundo Pedro Alvim, "admitem alguns autores que a guilda medieval representou o mais avançado passo mutualista, realizando muitas das atribuições que são hoje pertinentes às operações de seguros" (p. 6).

sem mencionar a existência de um verdadeiro *direito securitário* regulador de certas relações travadas no âmbito da Previdência Social.

Por isso, deve o profissional do direito redobrar a sua atenção quando fizer menção à palavra "seguro", pois, em verdade, dada a sua dimensão semântica multifacetada, o mesmo significante pode conduzir a mais de um significado.

No entanto, conforme dissemos acima, considerando o propósito desta obra, cuidaremos aqui, simplesmente, do *contrato de seguro*.

Conceitualmente, podemos defini-lo como *o negócio jurídico por meio do qual, mediante o pagamento de um prêmio, o segurado, visando a tutelar interesse legítimo, assegura o direito de ser indenizado pelo segurador em caso de consumação de riscos predeterminados*.

Nesse sentido, preceitua o *caput* do art. 757 do Código Civil:

"Art. 757. Pelo contrato de seguro, o segurador se obriga, mediante o pagamento do prêmio, a garantir interesse legítimo do segurado, relativo a pessoa ou a coisa, contra riscos predeterminados".

Visa, pois, o contrato de seguro, a acautelar interesse do segurado, em caso de sinistro, obrigando-se, para tanto, o segurador, ao pagamento de uma indenização cujos critérios de mensuração são previamente estabelecidos pelas próprias partes.

Difícil imaginar a nossa vida moderna sem este contrato.

Afinal, especialmente no atual cenário urbano, o perigo nos acompanha em todos os momentos: ao sairmos de casa e entrarmos no elevador do nosso prédio, correndo o risco de este não estar no mesmo nível do piso; persegue-nos, ainda, quando vamos até a quadra vizinha pegar o nosso carro, ou, até mesmo, quando pretendemos visitar o nosso amor, em outra cidade, de ônibus, navio ou avião.

Em todos os momentos, portanto, o risco se faz presente, e os seus contornos e matizes ficam cada vez mais nítidos em uma sociedade marcada pelo avanço tecnológico e pela imprevisão institucionalizada.

Por isso mesmo, o pleno conhecimento das regras codificadas permite uma visão abrangente do tema, mas nunca exaustiva, uma vez que há uma enorme gama de seguros regidos por leis próprias, o que é reconhecido pelo próprio diploma civil, conforme se verifica do seu art. 777 do CC/2002[3].

E, dada a multiplicação incessante de situações de risco, típico aspecto de uma sociedade de massa, o seguro, hoje, concretiza-se, principalmente, por meio de *contratos de adesão*.

---

[3] CC/2002: "Art. 777. O disposto no presente Capítulo aplica-se, no que couber, aos seguros regidos por leis próprias".

Entre esses seguros regidos por leis próprias, podemos destacar a Lei n. 6.194, de 19-12-1974 (que dispõe sobre Seguro Obrigatório de Danos Pessoais causados por veículos automotores de via terrestre, ou por sua carga, a pessoas transportadas ou não), bem como a Lei n. 6.704, de 26-10-1979, que dispõe sobre o seguro de crédito à exportação e dá outras providências; a Lei n. 6.317, de 22-12-1975, que dispõe sobre a contratação de seguros sem exigências e restrições previstas na Lei n. 4.594, de 29-12-1964; e a Lei n. 8.374, de 30-12-1991, que dispõe sobre o Seguro Obrigatório de Danos Pessoais causados por embarcações ou por sua carga, e dá outras providências.

Conforme já escrevemos:

"Contratos de cartões de crédito, de fornecimento de água e luz, de telefonia fixa ou celular, de empréstimo, de seguro, de transporte aéreo, terrestre ou marítimo, de financiamento habitacional, de alienação fiduciária, de consórcio, de *leasing*, de franquia, de locação em *shopping center*, de concessão de serviços públicos, de serviços via internet, de TV a cabo, enfim, as mais importantes figuras contratuais são pactuadas, hoje, sob a forma de *contrato de adesão*, modalidade contratual forjada no início do século XX, e cuja especial característica consistiria exatamente no fato de apenas uma das partes ditar o seu conteúdo, redigindo as suas cláusulas, impondo-se a outra, portanto, aceitar ou não a proposta que lhe fora apresentada.

Coincidência ou não, essa 'faculdade de aderência', reservatório último da liberdade negocial e que resguarda, em última trincheira, a característica da 'bilateralidade negocial', coloca o aderente em situação pouco confortável, haja vista que, regra geral, a parte adversa, criadora da moldura contratual, detém, quase sempre, avassalador poder econômico ou o monopólio de um serviço considerado essencial.

Realçando esse nítido sufocamento da vontade, GEORGES RIPERT, ao analisar o contrato de adesão, é peremptório:

'Que há de contratual neste ato jurídico? É na realidade a expressão de uma autoridade privada. O único ato de vontade do aderente consiste em colocar-se em situação tal que a lei da outra parte venha a se aplicar. O aderente entra neste círculo estreito em que a vontade da outra parte é soberana. E, quando pratica aquele ato de vontade, o aderente é levado a isso pela imperiosa necessidade de contratar. É uma graça de mau gosto dizer-lhe isso: tu quiseste. A não ser que não viaje, que não faça um seguro, que não gaste água, gás ou eletricidade, que não use de transporte comum, que não trabalhe ao serviço de outrem, é-lhe impossível deixar de contratar"[4].

Mas, por outro lado, devemos reconhecer que, a despeito de sua suscetibilidade às expansões do poder econômico, o contrato de adesão, desde que concebido segundo o superior *princípio da função social*, e pactuado em atenção ao *mandamento constitucional de respeito à dignidade da pessoa humana*, é um instrumento de contratação socialmente necessário e economicamente útil, considerando-se o imenso número de pessoas que pactuam, dia a dia, repetidamente, negócios da mesma natureza, com diversas empresas ou com o próprio Poder Público"[5].

Por isso mesmo, parece-nos que, antes de expressar a natureza jurídica e apontar as principais características deste contrato, faz-se mister tecer algumas rápidas palavras sobre seus princípios reguladores.

Vamos a eles.

4. PRINCÍPIOS REGULADORES

Mesmo reconhecendo que o contrato de seguro se instrumentaliza, na esmagadora maioria das vezes, como um contrato de adesão, uma importante observação, neste ponto, urge ser feita.

---

[4] Georges Ripert, *A Regra Moral nas Obrigações Civis*. Campinas: Bookseller, 2000, p. 112-3.
[5] Pablo Stolze Gagliano e Rodolfo Pamplona Filho, *Novo Curso de Direito Civil — Contratos*, 2. ed., São Paulo: Saraiva, 2006, v. 4, t. I, p. 6-7.

Dois princípios fundamentais regem o contrato de seguro: *o princípio do mutualismo e o princípio da boa-fé*.

O princípio da *boa-fé* traduz uma regra impositiva de eticidade na relação negocial derivada do contrato de seguro.

E isso significa não apenas que as partes devem conduzir-se de maneira leal, mas, também, que ao intérprete impõe-se, na análise das cláusulas contratuais, o dever de extrair as conclusões mais condizentes com este princípio.

Sem dúvida, mais do que em qualquer outro contrato, no seguro, dada a sua vulnerabilidade diante de fraudes, a confiança recíproca — a boa-fé (objetiva e subjetiva) — se faz obrigatória, sob pena de total desvirtuamento jurídico da finalidade social de suas normas.

Lembra-nos, nesse particular, FRANÇOIS EWALD, filósofo assistente de MICHEL FOUCAULT no Collège de France:

> "É interessante notar, a propósito, que esta ideia de confiança, esta construção de si mesmo como tendo capacidade, tendo possibilidade de viver em confiança, esta relação entre alguém e os outros, constitui um bem que é a condição de todos os outros bens. Podemos dizer que a confiança é um bem soberano, um bem primordial".

E conclui:

> "Assim, localizado o seguro neste universo da confiança, podemos nos questionar sobre quais são as instituições que nos permitem, quais são as instituições por meio das quais, dentro da nossa cultura, procuramos obter este bem que é a confiança".

E, em seguida, neste belo trabalho, o autor enumera quais seriam essas "instituições": a filosofia, a ciência, a religião, asseverando que o *seguro*, na história do ocidente, como "produtor de confiança" encontra assento ao lado dessas grandes "instituições"[6].

Posteriormente, retornaremos ao estudo da confiança, quando nos dedicarmos, em tópico próprio, ao estudo da boa-fé aplicada ao contrato de seguro.

Já o *mutualismo* requer, desde já, esclarecimento de nossa parte, para facilitar a compreensão conceitual do seguro.

O objeto desse contrato é, como já comentado, o *risco transferido ao segurador*, com o propósito de resguardar interesse legítimo do segurado. No entanto, a viabilidade jurídica e econômica dessa atividade somente é possível em virtude da *base mutuária do seguro*, ou seja, da concorrência de um número mínimo de segurados que, por meio de seus aportes financeiros, garantem a solvabilidade do sistema.

Nesse sentido, observa SÍLVIO VENOSA:

> "Tecnicamente, só se torna possível quando o custeio é dividido entre muitas pessoas, por número amplo de segurados. Embora o contrato de seguro seja negócio jurídico isolado e autônomo entre segurador e segurado, somente se torna viável se existe base mutuária

---

[6] François Ewald, *Risco, Sociedade e Justiça. II Fórum de Direito do Seguro*, edição patrocinada pelo IBDS — Instituto Brasileiro de Direito do Seguro. São Paulo: BEI, p. 27-42.

para custeá-lo, e um amplo número de segurados. Cabem à ciência atuária o exame estatístico e o cálculo de seguros de determinado segmento social. São feitos cálculos aproximados dos sinistros que ordinariamente ocorrem, efetuando-se complexos estudos de probabilidade. O mutualismo constitui a base do seguro"[7].

Em outras palavras, mediante sofisticados cálculos matemáticos, a atividade securitária somente se torna viável se concorrer um número mínimo predeterminado de segurados, levando-se em conta, nesta análise, em especial, o perfil socioeconômico de cada um.

Todavia, se a base mutuária for deficitária ou insuficiente o sistema entrará em colapso.

Compreendida esta premissa, analisemos a natureza jurídica do seguro.

5. NATUREZA JURÍDICA

O contrato de seguro, aqui novamente entendido como a figura pactuada livremente entre segurado e segurador (abstraídas, portanto, as modalidades de seguro obrigatório), tem típica *natureza negocial*.

No entanto, a liberdade volitiva característica de outros negócios — pactuados entre partes iguais (paritários) — aqui não é normalmente notada, pois, como já afirmado, o seguro é concretizado, nos dias de hoje, na esmagadora maioria das vezes, por meio da técnica de contratação em massa notoriamente conhecida como *contrato de adesão*.

Sobre o tema, observa NELSON NERY JUNIOR:

"A denominação contrato de adesão foi dada a essa técnica de contratação por Saleilles, quando analisou a parte geral do BGB alemão. Muito embora a nomenclatura dessa forma de contratar tenha sofrido críticas da doutrina, ganhou aceitação tanto no Brasil como no exterior.

A doutrina faz distinção entre os contratos de adesão e os contratos por adesão. Aqueles seriam forma de contratar na qual o aderente não pode rejeitar as cláusulas uniformes estabelecidas de antemão, o que se dá, geralmente, com as estipulações unilaterais do Poder Público (v.g., cláusulas gerais para o fornecimento de energia elétrica). Seriam contratos por adesão aqueles fundados em cláusulas também estabelecidas unilateralmente pelo estipulante, mas que não seriam irrecusáveis pelo aderente: aceita-as, em bloco, ou não as aceita.

O Código de Defesa do Consumidor fundiu essas duas situações, estabelecendo um conceito único de contrato de adesão. Assim, tanto as estipulações unilaterais do Poder Público ('aprovadas pela autoridade competente', art. 54, *caput*, CDC) como as cláusulas redigidas prévia e unilateralmente por uma das partes estão incluídas no conceito legal de contrato de adesão.

Opõe-se ao contrato de adesão o 'contrato de comum acordo' (*contrat de gré a gré*), ou seja, aquele concluído mediante negociação das partes, cláusula a cláusula.

O contrato de adesão não encerra novo tipo contratual ou categoria autônoma de contrato, mas somente técnica de formação do contrato, que pode ser aplicada a qualquer categoria ou tipo contratual, sempre que seja buscada a rapidez na conclusão do negócio, exigência das economias de escala"[8].

---

[7] Sílvio de Salvo Venosa, *Contratos em Espécie*, v. III, p. 377.

[8] Nelson Nery Junior, *Código Brasileiro de Defesa do Consumidor — Comentado pelos Autores do Anteprojeto* — Ada Pellegrini Grinover e outros, 8. ed., Rio de Janeiro: Forense, 2004, p. 622-3.

Em tal técnica de formação no contrato de seguro, não se tem, pois, ampla liberdade na estipulação do conteúdo do negócio, uma vez que o segurado, ao optar por determinada companhia de seguro — e a esta "opção", basicamente, está reservada a sua liberdade! — adere à proposta de contratar que lhe é apresentada, sem a possibilidade de mudança de fundo das cláusulas contratuais.

Ou aceita, ou não contrata!

E, tamanha é a vulnerabilidade do segurado, no momento desta contratação, por conta da limitação em sua manifestação volitiva, que, atualmente, é possível pactuar-se o seguro, simplesmente, anuindo a uma cartilha apresentada (formulário), pela via impressa ou eletrônica, ou, até mesmo, por telefone ou fax.

Em verdade, consoante dissemos acima, esta desoxigenação de sua autonomia negocial justifica-se pela própria necessidade social de contratação em massa, impeditiva da celebração paritária de contratos deste matiz.

No entanto, isso não significa, obviamente, a legitimação do abuso de poder econômico, rechaçado pelo próprio sistema, que cuidou de consagrar princípios *supranegociais*, a exemplo da *função social do contrato* e da *boa-fé objetiva*, insculpidos não apenas no Código Civil, mas também no Código de Defesa do Consumidor, e umbilicalmente conectados ao superior (e matricial) *princípio da dignidade da pessoa humana*, com assento constitucional.

Em conclusão, temos que é característica marcante do contrato de seguro a sua celebração por meio da *técnica de adesão*, devidamente contida por superiores princípios de raiz constitucional e por normas de ordem pública, visando a coibir o abuso de poder econômico.

Além disso, nada impede o estabelecimento, ainda que em situações excepcionais, de modalidades personalizadas do contrato de seguro, com discussão especializada de cláusulas (o que deve elevar sobremaneira os valores exigidos), como, por exemplo, quando se verificam notícias, na imprensa especializada, de artistas e esportistas que celebram contratos de seguro para partes de suas características físicas marcantes, como voz, pernas e até mesmo nádegas...

Compreendida e reafirmada a natureza contratual do seguro, ainda que normalmente estipulado sob a técnica de adesão, vale enunciar, em separado, suas demais características.

6. CARACTERÍSTICAS

Além da circunstância de o contrato de seguro ser estabelecido normalmente sob a modalidade de contrato de adesão, outras características podem ser destacadas.

O seguro, contrato *típico e nominado*, é também contrato *bilateral*, com obrigações para ambos os contratantes, embora o sinalagma não se manifeste com tamanha nitidez, consoante analisaremos em tópico posterior.

É contrato *oneroso*, pois ao benefício proporcionado corresponde um sacrifício patrimonial.

Embora tradicionalmente seja considerado *aleatório*, pois visa a resguardar interesse jurídico do segurado, que pode eventualmente vir a não sofrer dano algum pela não consumação do sinistro, um importante esclarecimento deve ser feito: esta incerteza prestacional diz respeito ao risco (acontecimento incerto, que pode não se concretizar), e não à expectativa do recebimento do prêmio pelo segurador, obrigação contratual imposta ao segurado.

Trata-se, de certa maneira, de uma forma contratual que pode ser enquadrada juridicamente na modalidade *emptio spei*, prevista no art. 458 do CC/2002, em que o contratante assume o risco de não vir a ganhar coisa alguma, deixando à sorte propriamente dita o resultado da sua contratação.

Ademais, esta álea de incerteza (no pagamento da indenização em caso de sinistro) não chega a gerar insegurança jurídica para a atividade securitária, pois, em virtude dos precisos cálculos atuariais que realiza, o segurador tem, em altíssima margem de acerto, uma projeção antecipada do número de sinistros que ocorrerão, em determinada localidade, em certo período de tempo. Cuida-se, pois, nesse enfoque, de uma atividade relativamente segura para o segurador.

Por outro lado, a incerteza do pagamento da indenização, no caso de sinistro, é uma álea suportada com naturalidade pelo segurado, uma vez que não é razoável imaginar que queira ele sofrer os danos contratualmente segurados.

Embora seja uma típica figura contratual, aplicável em relações *civis, comerciais e consumeristas*, pode ser aplicada ao seguro a classificação, proposta pelo Prof. ARNOLDO WALD, de *contrato evolutivo*, para se referir a figuras contratuais, próprias do Direito Administrativo, em que é estabelecida a equação financeira do contrato, impondo-se a compensação de eventuais alterações sofridas no curso do contrato, pelo que o mesmo viria com cláusulas estáticas, propriamente contratuais, e outras dinâmicas, impostas por lei.

Trata-se de um *contrato de duração, com execução continuada*, pois se prolonga durante o tempo de vigência estabelecido pelas próprias partes, admitindo-se a sua recondução tácita, uma única vez, nos termos do art. 774 do CC/2002, de clara intelecção:

> "Art. 774. A recondução tácita do contrato pelo mesmo prazo, mediante expressa cláusula contratual, não poderá operar mais de uma vez".

Note-se, outrossim, que, em alguns casos, o contrato de seguro pode viger por longos anos, a exemplo dos planos de saúde, nada impedindo, entretanto, que, em vez da recondução do mesmo contrato, se possa pactuar novo acordo, renovando-o, como, em nosso sentir, deve se dar nos contratos de seguro de veículos, caso em que estaríamos, na verdade, diante de uma recondução expressa.

Finalmente, podemos afirmar que o contrato de seguro é eminentemente *consensual*, pois se torna perfeito mediante a simples manifestação de vontade das partes, por escrito (formulário, fax, internet) ou, até mesmo, oralmente (por telefone). Não há, pois, obrigatoriedade da forma pública como requisito de validade do contrato de seguro, muito embora a sua redução a termo e a consequente emissão da apólice e do documento para pagamento do prêmio possam ser necessários para efeito de prova do negócio em juízo.

Sobre tais aspectos, vale mencionar os arts. 758/759 do CC/2002:

> "Art. 758. O contrato de seguro prova-se com a exibição da apólice ou do bilhete do seguro, e, na falta deles, por documento comprobatório do pagamento do respectivo prêmio.

Art. 759. A emissão da apólice deverá ser precedida de proposta escrita com a declaração dos elementos essenciais do interesse a ser garantido e do risco".

Esse efeito meramente *ad probationem*, no nosso entender, não tem o efeito de tornar o negócio formal ou solene, uma vez que a própria parte final do primeiro dispositivo admite a sua prova, na falta dos documentos próprios, pelo "documento comprobatório do pagamento do respectivo prêmio".

Quanto à pessoa do contratante, parece-nos que o seguro pode ser encarado como um contrato *personalíssimo* ou *intuitu personae*, ou seja, celebrado em função da sua figura, que tem influência decisiva para o consentimento do outro. Nessas circunstâncias, mister se faz afirmar, inclusive, que a pessoa do contratante torna-se um elemento causal do contrato. Tal afirmação nos parece evidente em relação à figura do segurado.

Todavia, em relação ao segurador, tal característica de pessoalidade deve ser encarada com maior cuidado, pois não nos parece razoável recusar a possibilidade de sucessão de empresas em tal polo, desde que não haja prejuízo ao segurado.

Trata-se, por fim, de um contrato *individual*, por se referir a uma estipulação entre pessoas determinadas, ainda que em número elevado, mas consideradas individualmente.

O seguro, como as demais figuras contratuais codificadas, é um *contrato causal*, cujos motivos determinantes podem impor o reconhecimento da sua invalidade, caso sejam considerados inexistentes, ilícitos ou imorais, classificado, pela função econômica, em um *contrato de prevenção de riscos*, caracterizado pela assunção de riscos por parte de um dos contratantes, resguardando a possibilidade de dano futuro e eventual.

Por fim, o seguro consiste em um contrato *principal* e *definitivo*, uma vez que não depende de qualquer outra avença, bem como não é preparatório de nenhum outro negócio jurídico.

7. PARTES

São partes necessárias no contrato de seguro: o segurado e o segurador.

Eventualmente, em algumas modalidades de seguro, surge a figura do beneficiário.

Segurado é a pessoa física ou jurídica, consumidora da prestação de serviço da companhia seguradora, e que tem a precípua obrigação de pagar-lhe uma obrigação pecuniária denominada *prêmio*, visando a acautelar interesse legítimo seu.

Note-se que o segurado é destinatário final da prestação do serviço securitário, encartando-se, pois, o vínculo que trava com a companhia no conceito de relação de consumo, razão por que eventuais lides deverão ser dirimidas pelas normas do Código de Defesa do Consumidor.

Prêmio, conforme dissemos, e diferentemente do que muitos imaginam, é o valor devido e pago pelo segurado, e não pelo segurador, para que ele (segurado) tenha direito ao recebimento do valor indenizatório do seguro.

O segurador, por sua vez, é, necessariamente, pessoa jurídica sob a forma de sociedade anônima, cooperativa ou sociedade mútua, devidamente autorizada pelo Poder Executivo[9].

Trata-se, portanto, de uma pessoa jurídica que, para ter existência legal, e validamente funcionar, exige, além do registro público, autorização específica do governo, sob pena de se reputar inexistente a sua constituição[10].

Vale destacar, outrossim, que, na III Jornada de Direito Civil da Justiça Federal, foi aprovado o Enunciado n. 185, estabelecendo:

"Art. 757. A disciplina dos seguros do Código Civil e as normas da previdência privada que impõem a contratação exclusivamente por meio de entidades legalmente autorizadas não impedem a formação de grupos restritos de ajuda mútua, caracterizados pela autogestão".

É o segurador quem assume o *risco*, obrigando-se ao pagamento de indenização ao segurado, em caso de consumação do sinistro.

Interessante notar que SÍLVIO DE SALVO VENOSA entende não existir, no seguro, propriamente, indenização, mas sim contraprestação contratual.

"Ou seja", conclui o autor, "o segurador não indeniza quando ocorre um fato ou ato danoso, apenas cumpre o que lhe toca pela avença contratual. Ainda, não é da essência do contrato de seguro que todo o prejuízo seja ressarcido, porque, em princípio, o segurador compromete-se a pagar apenas o valor segurado"[11].

Ousamos divergir, ao menos em parte, do ilustrado jurista.

De fato, a obrigação do segurador tem natureza contratual, em tese limitada pelos termos do contrato, mas tal circunstância não elide a sua natureza indenizatória, especialmente porque a sua atividade pressupõe, exatamente, a transferência do risco de dano a ser eventualmente experimentado pelo segurado, que busca, no seguro, a garantia de compensação em caso de ocorrência do sinistro.

E tanto isso é verdade que, por se tratar de obrigação essencialmente compensatória, é vedado ao segurador, por exemplo, no seguro de dano, a ser analisado abaixo, *contratar valor que supere o interesse do segurado, no momento da conclusão do contrato* (art. 778 do CC/2002).

Temos, pois, que, em geral, não se lhe pode negar essa natureza compensatória, mitigada em alguns casos especiais de seguro, a exemplo do seguro de vida[12].

---

[9] É a previsão expressa do parágrafo único do art. 757 do vigente Código Civil brasileiro ("Parágrafo único. Somente pode ser parte, no contrato de seguro, como segurador, entidade para tal fim legalmente autorizada").

[10] Sobre o tema, confira-se o tópico 5 ("Surgimento da pessoa jurídica") do Capítulo VI ("Pessoa Jurídica") do v. 1 ("Parte Geral") desta obra.

[11] Sílvio de Salvo Venosa, *Contratos em Espécie*, cit., v. III, p. 377.

[12] Mesmo considerando a existência de modalidades especiais de seguros, regidas por princípios particulares, alinhamos o nosso pensamento com a doutrina de CAIO MÁRIO, no sentido de que, *não obstante a variedade de espécies, predomina o conceito unitário de seguro, que se multiplica em vários ramos ou subespécies* (*Instituições de Direito Civil — Fontes das Obrigações*, Rio de Janeiro: Forense, 1997, p. 303).

Pode concorrer, ainda, neste cenário jurídico, a figura do beneficiário do seguro.

O beneficiário não é, tecnicamente, parte, mas sim um *terceiro que experimenta efeitos patrimoniais favoráveis decorrentes do contrato de seguro.*

É o que ocorre, por exemplo, no *seguro de vida* pactuado por Bomfim com o Banco RPF, em que se indicou, como pessoa favorecida, em caso de morte, seu filho Bomfim Jr. Observe-se que este último, posto não seja parte no contrato de seguro, beneficia-se patrimonialmente, por fazer jus ao recebimento da indenização devida.

Trata-se, como se pode notar, de uma *estipulação em favor de terceiro*.

Situação próxima da estipulação em favor de terceiro, mas que com ela não se confunde, é o seguro por conta de outrem, sobre o qual escreveu PEDRO ALVIM:

> "Não se trata de uma estipulação a favor de terceiro da natureza daquela que ocorre no seguro de vida, onde o segurado dispõe livremente sobre o beneficiário do contrato. Os riscos transferidos ao segurador, neste caso, incidem sobre o estipulante. Contrata um negócio seu com o segurador, ao passo que no seguro por conta de quem pertencer o risco pesa não sobre o próprio estipulante, mas sobre interesses de outrem. Interfere, pois, o contratante, em negócio que não afeta seu patrimônio ou sua pessoa".

E exemplifica:

> "Um exemplo ajuda esclarecer melhor a questão. A mercadoria é despachada com destino a um armazém geral, onde deverá ser negociada posteriormente. O embarcador faz, então, o seguro dos riscos que podem ocorrer, a favor de quem pertencer"[13].

Dispõe, pois, neste ponto, a respeito desta peculiar figura, o art. 767 do Código Civil de 2002:

> "Art. 767. No seguro à conta de outrem, o segurador pode opor ao segurado quaisquer defesas que tenha contra o estipulante, por descumprimento das normas de conclusão do contrato, ou de pagamento do prêmio".

Norma clara, que visa a evitar que esta modalidade negocial prejudique o segurador.

Em conclusão, embora não faça parte da relação contratual, cumpre-nos lembrar que atua junto às companhias seguradoras, fiscalizando-as, a Superintendência de Seguros Privados (SUSEP).

Outra importante entidade que deve ser aqui mencionada é o Instituto de Resseguros do Brasil (IRB)[14]:

> "Nesse mesmo período foi criado, em 1939, o Instituto de Resseguros do Brasil (IRB), através do Decreto-lei n. 1.186, de 3 de abril de 1939. As sociedades seguradoras ficaram obrigadas, desde então, a ressegurar no IRB as responsabilidades que excedessem sua capacidade de retenção própria, que, através da retrocessão, passou a compartilhar o risco com as sociedades seguradoras em operação no Brasil. Com esta medida, o Governo Federal procurou evitar que grande parte das divisas fosse consumida com a remessa, para o exterior, de importâncias vultosas relativas a prêmios de resseguros em companhias estrangeiras.

---

[13] Pedro Alvim, *O Contrato de Seguro*, cit., p. 205-6.
[14] Registre-se que o Instituto de Resseguros do Brasil (IRB) foi privatizado a partir de 1º-10-2013.

O IRB adotou, desde o início de suas operações, duas providências eficazes visando criar condições de competitividade para o aparecimento e o desenvolvimento de seguradoras de capital brasileiro: o estabelecimento de baixos limites de retenção e a criação do chamado excedente único. Através da adoção de baixos limites de retenção e do mecanismo do excedente único, empresas pouco capitalizadas e menos instrumentadas tecnicamente — como era o caso das empresas de capital nacional — passaram a ter condições de concorrer com as seguradoras estrangeiras, uma vez que tinham assegurada a automaticidade da cobertura de resseguro"[15].

O resseguro, portanto, confere maior segurança ao sistema, pois permite o compartilhamento do risco com o ressegurador: *é como se a seguradora fizesse o seu próprio seguro*.

Mas não devemos confundi-lo com a *retrocessão*, lembra, com habitual sabedoria, SÍLVIO VENOSA: "a retrocessão, por sua vez, é a operação pela qual o ressegurador coloca seus excedentes junto ao outros seguradores, no mercado interno ou externo", salientando ainda a crítica feita por PONTES DE MIRANDA, no sentido de ser mais técnico falar-se em "retrosseguro, pois se trata de novo resseguro que faz o ressegurador"[16].

8. OBJETO DO SEGURO: O RISCO

O que se entende por "risco"?

AURÉLIO BUARQUE DE HOLANDA FERREIRA, conhecido estudioso da língua portuguesa, define o risco, em uma das suas acepções, como *o perigo mais possível do que provável*[17].

E, como dissemos acima, em uma sociedade notadamente violenta como a nossa, a assunção do risco tornou-se uma atividade extremamente rentável, uma vez que monopolizada apenas por grandes corporações.

Comentando o recrudescimento do risco na atualidade — o que serviria, até mesmo, de base à teoria da responsabilidade objetiva —, pontifica CALMON DE PASSOS:

"Sobre esse estado de coisas Niklas Luhmann e Raffaele de Giorgi, em trabalho intitulado de *L'analisi e lo studio del rischio nelle società complesse*, afirmam poder este tema 'ser objeto de pesquisa sociológica e de pesquisa orientada para uma teoria da sociedade', tal sua relevância. Lembram caber às ciências sociais a tarefa de fornecer análises que tornem possível uma compreensão das condições de vida da sociedade contemporânea. O horizonte de percepção desta sociedade, esclarecem, é caracterizado por uma crescente possibilidade de decisão. E se entendermos *perigo* como a probabilidade de um evento futuro danoso, resultante do que pode ser imputado a algo externo, colocado fora do poder de opção do agente, será possível falar-se de

---

[15] <http://www.susep.gov.br/principal.asp>, acessado em 10-5-2007.
[16] Sílvio de Salvo Venosa, *Contratos em Espécie*, p. 405. Para um aprofundamento sobre o tema, o que transbordaria dos limites desta obra, sugeríamos um estudo sistematizado da recente Lei Complementar n. 126, de 15 de janeiro de 2007, que dispõe sobre a política de resseguro, retrocessão e sua intermediação, as operações de cosseguro, as contratações de seguro no exterior e as operações em moeda estrangeira do setor securitário; altera o Decreto-Lei n. 73, de 21 de novembro de 1966, e a Lei n. 8.031, de 12 de abril de 1990, e dá outras providências.
[17] Aurélio Buarque de Holanda Ferreira, *Minidicionário*, Rio de Janeiro: Nova Fronteira, 1977, p. 422.

risco quando um dano, qualquer que seja, for passível de ser entendido como consequência de uma decisão, seja ela imputável ao agente ou atribuível a um outro que não ele. Nesses termos, a sociedade contemporânea caracteriza-se pela diminuição do perigo e incremento do risco. A ciência, a tecnologia, a economia de nossos dias contribuíram para a redução do perigo. A previsibilidade e o controle que a tecnologia já permite no tocante aos acontecimentos externos autorizam esta conclusão. O que é danoso por determinação externa se tornou altamente previsível e controlável, graças aos avanços da ciência. Contudo, na medida em que se tornam evidentes e mais numerosas as possibilidades de decisão em relação a comportamentos, ou na medida em que podem se tornar visíveis as possibilidades das quais depende a ocorrência de danos futuros efetivos, impõe-se a tematização dos riscos. O horizonte do futuro se retrai, a sua prospectiva se desloca do âmbito do perigo para o âmbito do risco. Os riscos, agora, estão estreitamente relacionados ao desenvolvimento da própria sociedade, ao desenvolvimento da ciência, da tecnologia, da medicina, da política e em geral às transformações da estrutura nas quais se torna possível a comunicação social. Em suma, concluem, *o risco se fez integrante do próprio modo de ser da sociedade contemporânea*"[18].

É nesse contexto, portanto, que ganhou importância, ao longo do século XX, a atuação das companhias de seguro, no Brasil e no mundo, o que exigiu, por parte do nosso legislador, uma exaustiva regulamentação, e cujo mais recente diploma — de grande envergadura — é, exatamente, o Código Civil de 2002.

Tamanha é a dimensão do risco que, no contrato de seguro, se, por um lado, a generalidade das situações autorizadoras de sua aplicação implica um *perigo de dano*, pode acontecer que o segurador seja chamado a indenizar em face da superveniência apenas de uma circunstância futura incerta e especial, a exemplo da sobrevivência no seguro de vida.

Ao definir o seguro, em seu art. 757, o Código Civil estabelece que a finalidade do negócio, ou seja, a sua causa, é *garantir um interesse legítimo do segurado, em caso de consumação da situação de risco*.

Nessa linha, podem ser objeto deste contrato inúmeros interesses jurídicos tutelados, de cunho material (casa, apartamento, avião, satélite, joias etc.) ou moral (vida, imagem, honra etc.)[19].

Antes de avançarmos neste ponto, é preciso deixar claro que se a causa do negócio for ilícita, deve ser reconhecida a sua nulidade absoluta (art. 166, III, do CC/2002 e art. 51, IV e XV, do CDC), por afronta ao princípio da função social do contrato[20], como já tivemos oportunidade de esclarecer, em nosso volume I:

---

[18] J. J. Calmon de Passos, O Imoral nas Indenizações por Dano Moral, *Jus Navigandi*, Teresina, n. 57, ano 6, jul. 2002. Disponível no *site*: <http://jus2.uol.com.br/doutrina/texto.asp?id=2989>. Acesso em: 22 fev. 2007.

[19] No dizer de Caio Mário da Silva Pereira, "o objeto do contrato de seguro é o risco, que pode incidir em todo bem jurídico" (*Instituições de Direito Civil — Fontes das Obrigações*, cit., v. III, p. 303), o que permite uma ampla gama de tipos de seguros privados.

[20] "O contrato de seguro, por desempenhar, nos dias atuais, dentro da sociedade, tal como configurada, o relevante papel de socialização dos riscos, dos danos e do dever de indenizar, não pode, definitivamente, arredar-se dessa diretriz, estando condicionado ao integral cumprimento da função social que tem a realizar" (Lucas Abreu Barroso, "O contrato de seguro e o direito das relações de consumo" in <http://www.intelligentiajuridica.com.br/v3/artigo_visualizar.php?id=1042>).

> "Veja-se a seguinte hipótese, apresentada com base no pensamento de JUNQUEIRA DE AZEVEDO: o *contrato de seguro* é um negócio admitido pelo ordenamento jurídico para que todos possam eliminar as consequências patrimoniais de um sinistro, prevenindo-se do risco. A causa estaria na *transferência lícita do risco (função prático-social do negócio)*. Todavia, se o seguro encobre uma *aposta*, o contrato não vale, pois se desvirtuou a sua *função ou finalidade socioeconômica e jurídica*, ou seja, em outras palavras, distorceu-se a sua causa"[21].

E com vistas à preservação da função social do contrato, estabelece o art. 762 do CC/2002 a nulidade absoluta do contrato de seguro, pactuado para garantia de risco proveniente de *ato doloso* do segurado, do beneficiário, ou de representante de um ou de outro.

Trata-se de norma que, em nosso sentir, é de clareza meridiana: não se pode conceber contrato de seguro que vise a acobertar um comportamento ilícito intencional do segurado, do beneficiário ou do representante de qualquer destes, pois isso afrontaria o princípio ético nas relações negociais. Imagine-se, por exemplo, a absurda hipótese de uma quadrilha contratar seguro de um carregamento contrabandeado ou de um lote de drogas. Impensável!

Por isso, corretamente, veda o legislador a contratação nesses termos.

Mas observe o nosso estimado leitor que a vedação aplica-se apenas aos ilícitos *dolosos* cometidos pelas pessoas ali elencadas, e não aos meramente *culposos*. Assim, a análise do elemento subjetivo — culpabilidade — é indispensável no caso concreto, para se poder concluir pela aplicabilidade ou não da norma proibitiva.

No entanto, o bom senso do julgador deve servir de bússola a orientar a adoção da melhor providência no caso concreto, impondo maior cautela em situações que evidenciem maior gravidade.

Assim, se o segurado, por exemplo, assumindo o risco danoso do seu próprio comportamento, realiza um racha, embriagado, e culmina por danificar todo o seu veículo, não consideramos justo o pagamento de indenização, sendo defensável, inclusive, sustentar-se, na hipótese aventada, a tese do dolo eventual.

O dolo eventual, em nosso sentir, portanto, *afasta o recebimento do valor do seguro*, nos termos do referido art. 762.

No que tange ao segurador, outra importante regra ética é estabelecida pelo art. 773 do CC/2002:

> "Art. 773. O segurador que, ao tempo do contrato, sabe estar passado o risco de que o segurado se pretende cobrir, e, não obstante, expede a apólice, pagará em dobro o prêmio estipulado".

Este dispositivo guarda íntima conexão com o princípio da boa-fé, adiante estudado. Ora, inexistente a situação de perigo de dano, forçoso convir que o contrato de seguro carece de objeto, devendo ser considerado, portanto, não simplesmente nulo, *mas inexistente*.

---

[21] Pablo Stolze Gagliano e Rodolfo Pamplona Filho, *Novo Curso de Direito Civil — Parte Geral*, 22. ed., São Paulo: Saraiva, 2020, p. 395.

Como se sabe, todo negócio jurídico pressupõe a existência de um *objeto* — utilidade física ou ideal —, em razão do qual giram os interesses das partes.

Assim, por exemplo, se a intenção é celebrar um contrato de mútuo, a manifestação da vontade deverá recair sobre *coisa fungível*, sem a qual o negócio, simplesmente, não se concretizará. Da mesma forma, em um contrato de prestação de serviços, a atividade do devedor em benefício do tomador (*prestação*) é o objeto da avença.

No caso do seguro, nesse mesmo diapasão, caso o risco — elemento constitutivo do contrato — não exista, ao tempo da celebração da avença, o negócio é inexistente, motivo pelo qual, como uma sanção tarifada, estabeleceu a codificação civil a obrigação de o segurador pagar em dobro o prêmio estipulado, o que tem natureza jurídica indenizatória.

E para que fique clara esta nossa conclusão, transcrevemos trechos do nosso volume, dedicado ao estudo da Parte Geral, quando analisamos o Plano Existencial do Negócio Jurídico:

"O Direito Romano, por não haver conhecido a categoria do *negócio jurídico*, não contribuiu significativamente para o desenvolvimento desta matéria.

Os alemães, por sua vez, impulsionaram consideravelmente o seu desenvolvimento teórico.

É nesse plano que se estudam os elementos constitutivos do *negócio jurídico*, sem os quais estar-se-ia diante de um 'não ato', não havendo que se cogitar em validade ou eficácia.

MARCOS BERNARDES DE MELLO, ilustrado mestre alagoano, em sua conhecida obra *Teoria do fato jurídico — Plano da existência*, preleciona, com clareza, que 'no plano da existência não se cogita de invalidade ou eficácia do fato jurídico, importa, apenas, a realidade da existência. Tudo, aqui, fica circunscrito a se saber se o suporte fáctico suficiente se compôs, dando ensejo à incidência'. E exemplifica: "o casamento realizado perante quem não tenha autoridade para casar, um delegado de polícia, por exemplo, não configura fato jurídico, e, simplesmente, não existe. Não há se discutir, assim, se é nulo ou ineficaz, nem se precisa de ser desconstituído judicialmente, como costumam fazer os franceses, por que a inexistência é o *não ser* que, portanto, não pode ser qualificado"[22].

O Professor JUNQUEIRA DE AZEVEDO, por sua vez, adverte que *a declaração de vontade*, e não a vontade em si, é requisito ou elemento existencial do negócio jurídico. Certamente que a declaração é o resultado do processo volitivo interno, mas, ao ser proferida, ela absorve-o, de forma que se pode afirmar que esse processo não é elemento do negócio. Aliás, como diz TARDE: 'no momento em que se diz que a minha vontade me obriga, esta vontade já não existe; ela se tornou estranha a mim, de modo tal, que é exatamente como se eu recebesse uma ordem de outra pessoa'[23].

Vale referir, nesse contexto, que mesmo entre os que admitem a autonomia do *plano existencial*, a exemplo dos autores supracitados, persistem ainda sérias dúvidas doutrinárias.

E a divergência começa na própria nomenclatura adotada para caracterizar os *elementos existenciais do negócio jurídico: elementos essenciais e elementos particulares* (WASHINGTON DE BARROS MONTEIRO), *elementos constitutivos* (SILVIO RODRIGUES), *elementos necessários para a configuração existencial do negócio* (JUNQUEIRA DE AZEVEDO), *ele-*

---

[22] Marcos Bernardes de Mello, *Teoria do Fato Jurídico (Plano da Existência)*, 10. ed., São Paulo: Saraiva, 2000, p. 83.

[23] Antônio Junqueira de Azevedo, *Negócio Jurídico. Existência, Validade e Eficácia*, 3. ed., São Paulo: Saraiva, 2000, p. 83.

mentos do negócio jurídico (SÍLVIO VENOSA), *requisitos do ato jurídico* (CARNELUTTI), *requisitos do negócio jurídico* (ORLANDO GOMES).

Preferimos a expressão *elementos constitutivos* para caracterizar os fatores existenciais do negócio jurídico, sem que haja erro técnico na adoção de outra corrente doutrinária"[24].

Por tais razões, sancionando este comportamento antiético, estabeleceu o legislador, no dispositivo sob comento, que o segurador *devesse pagar em dobro o prêmio estipulado*, com o fito de, assim, indenizar o segurado.

Entendemos, outrossim, que, não tendo havido previsão legal de indenização suplementar, esta somente será possível, em caráter excepcional, se o segurado — e é dele o ônus da prova, neste caso — demonstrar lesão patrimonial ou moral superior ao valor em dobro que lhe será pago.

9. A BOA-FÉ E O CONTRATO DE SEGURO

A expressão boa-fé tem uma carga semântica profunda para o Direito Civil.

Primeiramente, para que possamos compreendê-la adequadamente, é preciso estabelecer uma diagnose diferencial entre boa-fé objetiva e boa-fé subjetiva.

Esta última consiste em uma situação psicológica, um estado de ânimo ou de espírito do agente que realiza determinado ato ou vivencia dada situação, sem ter ciência do vício que a inquina.

Em geral, esse estado subjetivo deriva do reconhecimento da ignorância do agente a respeito de determinada circunstância, como ocorre na hipótese do *possuidor de boa-fé* que desconhece o vício que macula a sua posse. Nesse caso, o próprio legislador, em vários dispositivos, cuida de ampará-lo, não fazendo o mesmo, outrossim, quanto ao possuidor de má-fé (arts. 1.214, 1.216 a 1.220 e 1.242 do CC/2002).

Distingue-se, portanto, da *boa-fé objetiva*, a qual, tendo natureza de princípio jurídico — delineado em um conceito jurídico indeterminado —, consiste em uma verdadeira *regra de comportamento, de fundo ético, e exigibilidade jurídica*.

A respeito da diferença entre ambas, vale conferir a preleção de GISELDA HIRONAKA:

"A mais célebre das cláusulas gerais é exatamente a da boa-fé objetiva nos contratos. Mesmo levando-se em consideração o extenso rol de vantagens e de desvantagens que a presença de cláusulas gerais pode gerar num sistema de direito, provavelmente a cláusula da boa-fé objetiva, nos contratos, seja mais útil que deficiente, uma vez que, por boa-fé, se entende que é um fato (que é psicológico) e uma virtude (que é moral).

Por força desta simbiose — fato e virtude — a boa-fé se apresenta como a conformidade dos atos e das palavras com a vida interior, ao mesmo tempo que se revela como o amor ou o respeito à verdade. Contudo, observe-se, através da lição encantadora de André Comte-Sponville, que a boa-fé não pode valer como certeza, sequer como verdade, já que ela exclui a mentira, não o erro[25].

---

[24] Pablo Stolze Gagliano e Rodolfo Pamplona Filho, *Novo Curso de Direito Civil*: Parte Geral, v. 1, p. 389-90.

[25] André Comte-Sponville, *Pequeno Tratado das Grandes Virtudes*, Martins Fontes, 1999, citado por Régis Fichtner Pereira, *A Responsabilidade Civil Pré-Contratual*, Renovar, 2001.

O homem de boa-fé tanto diz o que acredita, mesmo que esteja enganado, como acredita no que diz. É por isso que a boa-fé é uma fé, no duplo sentido do termo. Vale dizer, é uma crença ao mesmo tempo que é uma fidelidade. É crença fiel, e fidelidade no que se crê. É também o que se chama de sinceridade, ou veracidade, ou franqueza, é o contrário da mentira, da hipocrisia, da duplicidade, em suma, de todas as formas, privadas ou públicas, da má-fé[26].

Esta é a interessante visão da boa-fé pela sua angulação subjetiva; contudo, enquanto princípio informador da validade e eficácia contratual, a principiologia deve orientar-se pelo viés objetivo do conceito de boa-fé, pois visa garantir a estabilidade e a segurança dos negócios jurídicos, tutelando a justa expectativa do contraente que acredita e espera que a outra parte aja em conformidade com o avençado, cumprindo as obrigações assumidas. Trata-se de um parâmetro de caráter genérico, objetivo, em consonância com as tendências do direito contratual contemporâneo, e que significa bem mais que simplesmente a alegação da ausência de má-fé, ou da ausência da intenção de prejudicar, mas que significa, antes, uma verdadeira ostentação de lealdade contratual, comportamento comum ao homem médio, o padrão jurídico *standard*.

Em todas as fases contratuais deve estar presente o princípio vigilante do aperfeiçoamento do contrato, não apenas em seu patamar de existência, senão também em seus planos de validade e de eficácia. Quer dizer: a boa-fé deve se consagrar nas negociações que antecedem a conclusão do negócio, na sua execução, na produção continuada de seus efeitos, na sua conclusão e na sua interpretação. Deve prolongar-se até mesmo para depois de concluído o negócio contratual, se necessário"[27].

Nessa mesma linha, BRUNO LEWICKI pontifica que a concepção de boa-fé (subjetiva),

"ligada ao voluntarismo e ao individualismo que informam o nosso Código Civil, é insuficiente perante as novas exigências criadas pela sociedade moderna. Para além de uma análise de uma possível má fé subjetiva no agir, investigação eivada de dificuldades e incertezas, faz-se necessária a consideração de um patamar geral de atuação, atribuível ao homem médio, que pode ser resumido no seguinte questionamento: de que maneira agiria o *bonus pater familiae*, ao deparar-se com a situação em apreço? Quais seriam as suas expectativas e as suas atitudes, tendo em vista a valoração jurídica, histórica e cultural do seu tempo e de sua comunidade?"[28].

A resposta a essas últimas indagações, portanto, encontra-se na definição da *boa-fé objetiva*, que, como é cediço, consiste em uma imprescindível regra de comportamento, umbilicalmente ligada à *eticidade* que se espera seja observada em nossa ordem social.

A boa-fé objetiva, com assento no art. 422 do Código Civil de 2002, traduz, como dito, *verdadeira regra de conteúdo ético e exigibilidade jurídica*, e que tem não apenas funções interpretativa e de colmatação, mas, especialmente, constitutiva de deveres ane-

---

[26] Ibidem.

[27] Giselda M. F. N. Hironaka, *Conferência de encerramento proferida em 21-9-01, no Seminário Internacional de Direito Civil, promovido pelo NAP — Núcleo Acadêmico de Pesquisa da Faculdade Mineira de Direito da PUC/MG*. Palestra proferida na Faculdade de Direito da Universidade do Vale do Itajaí — UNIVALI (SC), em 25-10-2002, gentilmente cedida a Pablo Stolze Gagliano.

[28] Bruno Lewicki, Panorama da Boa-Fé Objetiva, in Gustavo Tepedino, *Problemas do Direito Civil Constitucional*, Rio de Janeiro: Renovar, 2000, p. 56. Refere-se o autor aqui ao Código de 1916.

xos ou de proteção (lealdade e confiança recíprocas, assistência, sigilo, informação etc.), consoante exemplifica JUDITH MARTINS-COSTA:

> "Entre os deveres com tais características encontram-se, *exemplificativamente*: a) *os deveres de cuidado, previdência e segurança*, como o dever do depositário de não apenas guardar a coisa, mas também de bem acondicionar o objeto deixado em depósito; b) *os deveres de aviso e esclarecimento*, como o do advogado, de aconselhar o seu cliente acerca das melhores possibilidades de cada via judicial passível de escolha para a satisfação de seu *desideratum*, o do consultor financeiro, de avisar a contraparte sobre os riscos que corre, ou o do médico, de esclarecer ao paciente sobre a relação custo/benefício do tratamento escolhido, ou dos efeitos colaterais do medicamento indicado, ou ainda, na fase pré-contratual, o do sujeito que entra em negociações, de avisar o futuro contratante sobre os fatos que podem ter relevo na formação da declaração negocial; c) *os deveres de informação*, de exponencial relevância no âmbito das relações jurídicas de consumo, seja por expressa disposição legal (CDC, arts. 12, *in fine*, 14, 18, 20, 30 e 31, entre outros), seja em atenção ao mandamento da boa-fé objetiva; d) *o dever de prestar contas*, que incumbe aos gestores e mandatários, em sentido amplo; e) *os deveres de colaboração e cooperação*, como o de colaborar para o correto adimplemento da prestação principal, ao qual se liga, pela negativa, o de não dificultar o pagamento, por parte do devedor; f) *os deveres de proteção e cuidado com a pessoa e o patrimônio da contraparte*, v.g., o dever do proprietário de uma sala de espetáculos ou de um estabelecimento comercial de planejar arquitetonicamente o prédio, a fim de diminuir os riscos de acidentes; g) *os deveres de omissão e de segredo*, como o dever de guardar sigilo sobre atos ou fatos dos quais se teve conhecimento em razão do contrato ou de negociação preliminares, pagamento, por parte do devedor etc."[29]

Nesse contexto, o contrato de seguro é instituto jurídico que sobrevive oxigenado pela boa-fé, quer seja na sua dimensão subjetiva (individual-psicológica de cada parte, atuando sem malícia ou torpeza), quer seja na sua dimensão objetiva (pela incidência da regra ética comportamental de orientação hermenêutica e constitutiva de deveres de proteção).

Mais do que qualquer outra figura contratual, por sua vulnerabilidade a fraudes, o seguro exige a observância da ética negocial, sob pena do desvirtuamento da sua própria finalidade, conforme se depreende do art. 765 do CC/2002, *verbis*:

> "Art. 765. O segurado e o segurador são obrigados a guardar na conclusão e na execução do contrato, a mais estrita boa-fé e veracidade, tanto a respeito do objeto como das circunstâncias e declarações a ele concernentes".

A única ressalva que fazemos a este dispositivo é no sentido de que antes da celebração da avença, e mesmo após a sua consumação, a boa-fé deve ser preservada, para evitar comportamentos desleais, a exemplo do segurador que, previamente à apresentação dos termos do contrato, anuncia coberturas inexistentes (violação à boa-fé pré-contratual) ou que, após a vigência do negócio, divulga dados e informações dos segurados para outras empresas (violação à boa-fé pós-contratual). Justifica-se, nesses termos, a responsabilidade civil do transgressor, que também poderia ser o segurado, caso a conduta desleal fosse sua, em situações outras correlatas.

---

[29] Judith Martins-Costa, *A Boa-Fé no Direito Privado*, São Paulo: Revista dos Tribunais, 1999, p. 439.

Em suma: *a violação da boa-fé, no contrato de seguro, traduz a sua ineficácia jurídica com a consequente imposição de responsabilidade civil e — possivelmente — criminal do infrator.*

Imagine-se, por exemplo, o furto simulado de um automóvel ou o incêndio criminoso de um armazém, visando ao recebimento do valor do seguro. Em todas essas situações, afastada a boa-fé, o direito brasileiro repele a pretensão do segurado.

Aliás, em diversos julgados, no Superior Tribunal de Justiça, encontramos referência à boa-fé no contrato de seguro, como condição *sine qua non* para o pagamento da indenização devida em caso de consumação de risco.

E exatamente visando a preservar a boa-fé nas relações travadas entre segurador e segurado (como também com o eventual beneficiário), o Código Penal tipifica como *crime* a fraude para recebimento do seguro:

"Estelionato

Art. 171. Obter, para si ou para outrem, vantagem ilícita, em prejuízo alheio, induzindo ou mantendo alguém em erro, mediante artifício, ardil, ou qualquer outro meio fraudulento:

Pena — reclusão, de um a cinco anos, e multa.

§ 1.º Se o criminoso é primário, e é de pequeno valor o prejuízo, o juiz pode aplicar a pena conforme o disposto no art. 155, § 2.º.

§ 2.º Nas mesmas penas incorre quem:

Fraude para recebimento de indenização ou valor de seguro

(...)

V — destrói, total ou parcialmente, ou oculta coisa própria, ou lesa o próprio corpo ou a saúde, ou agrava as consequências da lesão ou doença, com o intuito de haver indenização ou valor de seguro".

Outro importante aspecto, no estudo da boa-fé aplicada ao contrato de seguro, diz respeito ao descumprimento do *dever de informação*, por meio da omissão ou inexatidão das informações prestadas pelo segurado, razão pela qual sugerimos a redobrada atenção quando do preenchimento de questionários apresentados pelas seguradoras.

Sobre tais declarações, estabelece o art. 766 do CC/2002:

"Art. 766. Se o segurado, por si ou por seu representante, fizer declarações inexatas ou omitir circunstâncias que possam influir na aceitação da proposta ou na taxa do prêmio, perderá o direito à garantia, além de ficar obrigado ao prêmio vencido.

Parágrafo único. Se a inexatidão ou omissão nas declarações não resultar de má-fé do segurado, o segurador terá direito a resolver o contrato, ou a cobrar, mesmo após o sinistro, a diferença do prêmio".

Interessante mencionar, neste ponto, que é posição tradicional da jurisprudência brasileira o reconhecimento da eficácia do contrato de seguro, caso o segurado não tenha intencionalmente prestado informação inexata ou se omitido, conforme podemos notar na leitura deste antigo julgado do Supremo Tribunal Federal:

"É válido o contrato de seguro, quando a omissão, verificada nas informações prévias do segurado, não tiver sido intencional ou de má-fé — Natureza jurídica do Instituto de Resseguros do Brasil" (STF, RE 47.410 [Recurso Extraordinário], relator: Min. Victor Nunes, julgado em 5-5-1961, 2.ª Turma).

E, nos dias de hoje, ainda é defensável este entendimento, ao interpretarmos o parágrafo único do art. 766, caso o segurador detecte a omissão ou inexatidão — comprovadamente culposa — na informação do segurado: *poderá resolver o contrato, ou cobrar, mesmo após o sinistro, a diferença do prêmio.*

Nessa linha de intelecção, concluímos que se o evento previsto no contrato houver se consumado (risco), demonstrada a atuação meramente culposa do segurado, a indenização será devida, mediante, claro, o pagamento de todo o prêmio estipulado.

Em conclusão, ainda tratando da boa-fé, cumpre-nos mencionar o art. 768 do Código Civil:

"Art. 768. O segurado perderá o direito à garantia se agravar intencionalmente o risco objeto do contrato".

Trata-se, indiscutivelmente, de comportamento que vulnera gravemente a lealdade contratual, caracterizando *abuso de direito* por parte do segurado. Por exemplo: contratado o seguro de danos de uma casa, o seu dono deixa expostos fios elétricos, facilitando a ocorrência do sinistro.

Ou, como bem ilustra SÍLVIO VENOSA:

"Em um seguro que garanta contra o furto de veículo, por exemplo, agrava o risco o fato de o proprietário ou possuidor deixar a chave no contato ou expor a coisa segurada a risco desnecessário, estacionando o veículo em local ermo e mal visitado. É posição do STJ que a culpa há de ser direta do segurado, não podendo prejudicá-lo, nesse caso, a culpa do preposto. Exige-se que o contratante do seguro tenha diretamente agido de forma a aumentar o risco (Fiuza, 2002:695)"[30].

De fato, corroborando esta afirmação, verifique-se o entendimento tradicional do STJ, perfeitamente aplicável ao Código Civil de 2002:

"Direito civil. Seguro. Acidente de trânsito. Culpa do preposto da segurada. Embriaguez. Agravamento do risco. Inocorrência. Ausência de conduta direta e culposa da empresa segurada. Art. 1.454, Código Civil. Precedentes. Denunciação da lide. Restabelecimento da sentença. Recurso provido.

— Na linha da orientação firmada por este Tribunal, a culpa exclusiva de preposto na ocorrência de acidente de trânsito, por dirigir embriagado, não é causa de perda do direito ao seguro, por não configurar agravamento do risco, previsto no art. 1.454 do Código Civil, que deve ser imputado à conduta direta do próprio segurado" (STJ, REsp 192.347/RS, *DJ*, 24-5-1999, p. 176, rel. Min. Sálvio de Figueiredo Teixeira, julgado em 18-3-1999, 4.ª Turma).

"Seguro. Responsabilidade pelo agravamento do risco. Interpretação do art. 1.454 do Código Civil. Precedente da Corte.

---

[30] Sílvio de Salvo Venosa, *Contratos em Espécie*, cit., p. 381.

1. Já decidiu a Corte que a 'culpa exclusiva de preposto na ocorrência de acidente de trânsito, por dirigir embriagado, não é causa de perda do direito ao seguro, por não configurar agravamento do risco, previsto no art. 1.454 do Código Civil, que deve ser imputado à conduta direta do próprio segurado'.

2. Recurso especial conhecido e provido" (STJ, REsp 231.995/RS, *DJ*, 6-11-2000, p. 200, rel. Min. Carlos Alberto Menezes Direito, julgado em 15-9-2000, 3.ª Turma).

10. APÓLICE

A apólice não se confunde com o contrato de seguro.

O contrato é o negócio, a avença, o acordo de vontades entre segurado e segurador, e que, em geral, tem as suas normas previstas em um instrumento impresso fornecido pelo segurador, com inúmeras cláusulas e advertências.

A apólice tem dimensão menor: *trata-se, simplesmente, do instrumento que consubstancia e descreve os limites de incidência do seguro pactuado.*

Por meio da apólice, portanto, descreve-se o risco e delimita-se o período de vigência do seguro, em dias e horas, visando, com isso, a tornar clara e precisa a assunção do risco pelo segurador, permitindo, em contrapartida, ao segurado, ter a exata noção da abrangência do seu direito.

Tamanha é a sua importância que serve, inclusive, de prova do contrato de seguro, na forma do já transcrito art. 758 do CC/2002, o que não quer dizer, logicamente, que o seu não recebimento implique em negativa de cobertura do risco.

Isso porque é muito comum pactuar-se o contrato de seguro, com vigência imediata, relegando-se o envio da apólice para momento posterior. Mas, uma vez enviada e recebida, é importante meio de prova do contrato.

Interessante mencionar, a respeito desta função probatória da apólice, que a jurisprudência do STJ, com acerto, em nosso pensar, aponta no sentido de que a sua ausência não impede a comprovação do contrato por outros meios, o que reforça a nossa afirmação de que o contrato de seguro é não solene. Nesse passo, veja-se:

"Processo civil. Ação de indenização. Seguradora. Acidente de veículo. Contrato. Apólice de seguro. Petição inicial. Inépcia.

1. A apólice, como prova do contrato de seguro na inicial, é irrelevante, se outros elementos constantes nos autos o comprovam.

2. Consta nos autos o aviso de sinistro que relata o acidente com o número da apólice do seguro.

4. Tem a seguradora legitimidade para estar em juízo, face à sub-rogação legal que possui.

5. Recurso especial improvido" (STJ, REsp 110.030/PE, Recurso Especial 1996/0063120-4), *DJ*, 7-3-2005, p. 183, rel. Min. Castro Meira, julgado em 28-9-2004, 2.ª Turma).

Precede a emissão da apólice proposta escrita com a declaração dos elementos essenciais do interesse a ser garantido e do risco, a teor do já mencionado art. 759 do Código Civil.

Lembra-nos, nesse ponto, TREPAT CASES, com amparo no Decreto n. 60.549/67, que regulamenta o Decreto-Lei n. 73/66:

"Antecede à apólice proposta encaminhada pelo corretor ou pelo segurado, pelo último assinada, que conterá os dados já enumerados, que farão parte do documento final. Uma vez aceita a proposta, será emitida a apólice, propriamente dita, em prazo não superior a 15 (quinze) dias"[31].

Interessante notar que alguns contratos podem ser celebrados com dispensa da apólice, emitindo-se documento mais simples denominado *bilhete de seguro*, a teor do art. 10 da Dec.-Lei n. 73/66, cuja dicção é:

"Art 10. É autorizada a contratação de seguros por simples emissão de bilhete de seguro, mediante solicitação verbal do interessado.

§ 1.º O CNSP regulamentará os casos previstos neste artigo, padronizando as cláusulas e os impressos necessários.

§ 2.º Não se aplicam a tais seguros as disposições do artigo 1.433 do Código Civil"[32].

É o caso, por exemplo, do seguro obrigatório de veículos, em que não há emissão de apólice, mas, sim, de simples bilhete.

Sobre o *bilhete de seguro,* pontifica PEDRO ALVIM:

"Reduz ao mínimo os elementos do contrato. Suas condições são todas impressas e inalteráveis. Figuram no próprio bilhete.

(...)

Obedece a um padrão que nivela todos os segurados na mesma posição.

(...)

Essa peculiaridade do bilhete limita seu campo de aplicação. Só serve para os ramos de seguro que se prestam à massificação através de uma cobertura-tipo, com as mesmas condições para todos os segurados"[33].

Mas é de notar que, em geral, os contratos de seguro, dada a complexidade das relações que formam, culminam por exigir a emissão de apólice, documento este que não experimenta as mesmas limitações do bilhete.

Quanto à forma de emissão, a apólice ou o bilhete de seguro serão nominativos, à ordem ou ao portador, e mencionarão os riscos assumidos, o início e o fim de sua validade, o limite da garantia e o prêmio devido, e, quando for o caso, o nome do segurado e o do beneficiário (art. 760 do CC/2002).

No seguro de pessoas, a exemplo do seguro de vida, a apólice ou o bilhete não podem ser ao portador.

Lembra-nos ainda CARLOS ROBERTO GONÇALVES que "as apólices nominativas podem ser transferidas mediante cessão civil, e as à ordem, por endosso. Naquelas, aliena-

---

[31] José Maria Trepat Cases, *Código Civil Comentado — Arts. 693 a 817*, São Paulo: Atlas, 2003, v. VIII, p. 219.

[32] A referência, por óbvio, é ao Código Civil brasileiro de 1916.

[33] Pedro Alvim, ob. cit., p. 159-60.

da a coisa que se ache no seguro, transfere-se ao adquirente o contrato, pelo prazo que ainda faltar"[34].

Finalmente, cumpre-nos registrar que a apólice também serve como importante instrumento de interpretação dos termos do contrato de seguro, não podendo, por óbvio, consignar cláusula que afronte norma legal, segundo entendimento já esposado pelo Supremo Tribunal Federal:

> "Recurso extraordinário. Seguro de vida. Morte do segurado. Alegação da seguradora de ter ocorrido suicídio do segurado. Divergência do acórdão com súmula 105 do STF. Premeditação do ato não demonstrada. Código Civil, art. 1.440. Cláusula da apólice reguladora do seguro não prevalece, quando contrariar disposição legal. Código Civil, art. 1.435. De acordo com art. 1.440 do Código Civil, considera-se morte voluntária a recebida em duelo, bem como o suicídio premeditado por pessoa em seu juízo. Não pode se eximir do pagamento pactuado a seguradora, se não provou que o suicídio foi voluntário ou premeditado. CPC, art. 333, II. Recurso extraordinário conhecido e provido, para restabelecer a sentença que rejeitou os embargos da seguradora a execução" (STF, RE 100485/SP, rel. Min. Néri da Silveira, julgado em 6-3-1989, 1.ª Turma).

11. DIREITOS E OBRIGAÇÕES DAS PARTES

Ao longo de todo este capítulo, fizemos menção às obrigações e direitos de ambas as partes.

Neste tópico, cuidaremos de sistematizar as mais importantes normas pertinentes ao tema, constantes nas disposições gerais do contrato de seguro, complementando esse rol (de direitos e obrigações), à medida que formos avançando no estudo de cada espécie de seguro, prevista no Código Civil.

A precípua obrigação do segurado, sem sombra de dúvida, é a de pagar o *prêmio*, nos termos do contrato. Trata-se da remuneração do segurador, devida em dinheiro pelo segurado, ainda que não se concretize o risco.

Tamanha é a sua importância que reservamos o próximo tópico apenas para a sua análise.

Em contrapartida, em se consumando o sinistro — ou, em casos especiais, como no seguro de vida, com o alcance da idade limite —, deverá o segurador efetuar o pagamento da contraprestação devida.

Essa é, pois, a base obrigacional do contrato de seguro: *prêmio x indenização (contraprestação)*.

O pagamento dessa indenização, devida ao segurado, deve, em princípio, ser efetuado em dinheiro, a teor do art. 776 do CC/2002:

> "Art. 776. O segurador é obrigado a pagar em dinheiro o prejuízo resultante do risco assumido, salvo se convencionada a reposição da coisa".

---

[34] Carlos Roberto Gonçalves, *Direito Civil Brasileiro — Contratos e Atos Unilaterais*, 17. ed., São Paulo: Saraiva, 2020, v. 3, p. 528.

Em havendo mora, a prestação indenizatória devida será monetariamente atualizada, segundo os índices oficiais estabelecidos, sem prejuízo dos juros moratórios (art. 772 do CC/2002[35]).

Nesse ponto, merece referência a Súmula 632 do STJ:

"Nos contratos de seguro regidos pelo Código Civil, a correção monetária sobre a indenização securitária incide a partir da contratação até o efetivo pagamento".

Além disso, podemos destacar, também, o dever imposto a ambas as partes, já estudado em tópico anterior, de observar atentamente o princípio da boa-fé, evitando situações de fraude que ponham em risco a própria atividade securitária.

Nesse contexto, ainda em respeito ao princípio da boa-fé, vale lembrar que o segurado é obrigado a comunicar ao segurador, logo que saiba, todo incidente suscetível de agravar consideravelmente o risco coberto, sob pena de perder o direito à garantia, se provar que silenciou de má-fé (art. 769 do CC/2002). Imagine-se, por exemplo, que, em um transporte marítimo de carga, o segurado tomou ciência de grave avaria na embarcação, durante o trajeto, pondo em risco o objeto segurado, não tendo feito a devida comunicação ao segurador.

Nesse caso, ocorrendo o agravamento do risco não derivado de culpa do segurado, o segurador poderá resolver o contrato (resolução fortuita), desde que o faça por escrito no prazo decadencial de quinze dias seguintes ao recebimento do aviso do incremento do risco (§ 1.º).

A resolução só será eficaz trinta dias após a notificação, devendo ser restituída pelo segurador a diferença do prêmio (§ 2.º).

Ainda na linha de respeito ao princípio da eticidade, dispõe o art. 771 do CC/2002 que, *sob pena de perder o direito à indenização, o segurado participará o sinistro ao segurador, logo que o saiba, e tomará as providências imediatas para minorar-lhe as consequências*, a exemplo da imperiosa medida de comunicação à autoridade policial, correndo à conta do segurador, até o limite fixado no contrato, as despesas de salvamento consequente ao sinistro.

Em momento oportuno, quando da análise dos seguros de dano e de pessoa, cuidaremos de aprofundar o estudo de outros efeitos obrigacionais aplicados a cada espécie particular de seguro, impondo-se-nos, por ora, a análise em separado da principal obrigação assumida pelo segurado: *o pagamento do prêmio*.

12. PRÊMIO

Na linguagem coloquial, a primeira acepção da palavra "prêmio" é sempre no sentido da outorga de um benefício pelo alcance de uma meta.

Todavia, no contrato de seguro, a expressão tem conteúdo bem distinto.

Denomina-se prêmio o valor que o segurado deve pagar à seguradora, visando à cobertura do risco.

O prêmio deve ser pago por inteiro, independentemente de haver se consumado o risco.

---

[35] CC/2002: "Art. 772. A mora do segurador em pagar o sinistro obriga à atualização monetária da indenização devida, sem prejuízo dos juros moratórios" (redação dada pela Lei n. 14.905/2024).

É a previsão expressa do art. 764 do CC/2002:

"Art. 764. Salvo disposição especial, o fato de se não ter verificado o risco, em previsão do qual se faz o seguro, não exime o segurado de pagar o prêmio".

Vale dizer, não existe propriamente um *sinalagma direto e necessário* — ou seja, um nexo causal — entre a prestação consistente no pagamento do prêmio e o pagamento da indenização devida pelo segurador.

O segurado pode, portanto, passar a vida inteira apenas pagando os valores devidos, sem nunca perceber indenização alguma, por conta da ausência de concretização do risco, *e dará graças a Deus por isso...*

É totalmente diferente, note o nosso amigo leitor, do contrato de compra e venda, em que as prestações estão unidas por um vínculo sinalagmático necessário: *o comprador somente paga porque recebe a coisa; o vendedor somente dá a coisa porque recebe o preço.*

Interessante notar ainda que o prêmio pode ser pago antes do início da vigência do seguro (caso em que, em geral, pagando à vista, o segurado obtém desconto), ou, o que é mais comum, facilidade oferecida pelas seguradoras por conta da concorrência entre as mesmas, o pagamento do prêmio é feito em parcelas, durante a vigência do contrato.

No entanto, caso o segurador permita o pagamento da primeira parcela após a concessão de prazo (30 dias, p. ex.), poderá, segundo o princípio da autonomia privada[36], estipular a vigência imediata do seguro, muito embora se admita também o contrário, ou seja, a vigência condicionada ao pagamento do prêmio, consoante tem entendido o STJ:

"Seguro em grupo. Prazo de vigência previsto na apólice. Precedentes da Corte.

1. Já decidiu a Corte que a 'cláusula que fixa o início da vigência do contrato de seguro no primeiro dia do mês subsequente ao do pagamento do prêmio é válida; o artigo 2.º, § 1.º do Decreto n. 60.459, de 1967, não tem força para revogar o disposto no artigo 1.448 do Código Civil" (REsp n. 226.173/MG, *DJ* de 13/5/02).

2. Recurso especial conhecido e provido" (STJ, REsp 514.247/SP, *DJ*, 19-12-2003, p. 459, rel. Min. Carlos Alberto Menezes Direito, julgado em 21-10-2003, 3.ª Turma).

Nesse sentido também é a doutrina de VENOSA, a respeito do prêmio:

"Pode ser pago antes da vigência do seguro, ou solvido a prazo, durante o período de vigência. No entanto, o seguro só vigerá a partir do pagamento do prêmio, embora o termo inicial apontado na apólice possa ser anterior. Trata-se de norma expressa (art. 12 do Decreto-Lei 73/66), que visa garantir ao segurado o recebimento do prêmio"[37].

---

[36] "Seguro. Vigência. Proposta.

A companhia de seguro que recebe parcelas do prêmio relativas a uma proposta de seguro, na qual está consignado que a data da vigência da cobertura corresponde à da assinatura da proposta, não pode deixar de pagar a indenização pelo sinistro ocorrido depois, alegando que o contrato somente se perfectibiliza com a emissão da apólice, pois todo o seu comportamento foi no sentido de que o negócio já era obrigatório desde então. Prática abusiva vedada pelo Código de Defesa do Consumidor, cujos princípios devem orientar a interpretação do artigo 1.433 do CCivil.

Recurso não conhecido" (STJ, REsp 79.090/SP, *DJ*, 29-4-1996, p. 13422, rel. Min. Ruy Rosado de Aguiar, j. 5-3-1996, 4.ª Turma).

[37] Sílvio de Salvo Venosa, *Contratos em Espécie*, cit., p. 390.

Outra conclusão a que podemos chegar, sem muito esforço, é no sentido de que, mesmo ainda não formalmente acatada a proposta, se o segurador recebeu o valor correspondente ao prêmio, deve cumprir as obrigações decorrentes do seguro.

Este também é um entendimento respaldado na jurisprudência do Superior Tribunal de Justiça:

"Contrato de seguro. Termo inicial. Pagamento de parcelas.

Precedentes.

1. Afirmando o Acórdão que houve a contratação do seguro e que parcelas do prêmio foram pagas ao departamento de sinistro da empresa em Curitiba, a decisão recorrida considerando vigente o contrato independentemente da aprovação da proposta e da emissão da apólice, não viola a legislação federal apontada.

2. Recurso especial conhecido, mas improvido" (STJ, REsp 223.617/PR, *DJ*, 12-6-2000, p. 108, rel. Min. Carlos Alberto Menezes Direito, julgado em 4-5-2000, 3.ª Turma).

Finalmente, vale lembrar que, salvo disposição em contrário, a diminuição do risco no curso do contrato não acarreta a redução do prêmio estipulado; mas, se a redução do risco for considerável, o segurado poderá exigir a revisão do prêmio, ou a resolução do contrato (art. 770 do CC/2002).

Nesse diapasão, impõe-se-nos uma pergunta: *o que se entende por diminuição do risco*?

No dizer de TREPAT CASES:

"Diminuição do risco é toda e qualquer providência tomada pela seguradora que traz como consequência imediata a redução do risco, em virtude de desativação ou exclusão de locais cobertos, bem como da melhoria da proteção dada ao objeto do seguro"[38].

Em outras palavras, traduz a redução da probabilidade de dano, razão por que, em consequência, o valor do prêmio deverá sofrer a diminuição correspondente, podendo resultar, em alguns casos, até mesmo na resolução do contrato.

Exemplo típico é a instalação de mecanismos rastreadores de veículos por satélite, que, fazendo recuar a margem de incidência de assaltos, resulta no pagamento de prêmio consideravelmente menor. Por outro lado, imagine-se agora que, por razão de ordem pública (pesquisa, p. ex.), um determinado objeto segurado (um armamento antigo) houvesse sido emprestado ao Exército por prazo indeterminado. Permanecerá, assim, em um quartel, reduzindo quase a zero a probabilidade de desaparecimento ou destruição da coisa. Em tal caso, é razoável não a simples revisão do prêmio, mas sim a resolução do próprio contrato.

12.1. Mora no pagamento do prêmio

Delicada questão gira em torno do atraso no pagamento do prêmio.

Isso porque, nos estritos termos da legislação vigente, adotando-se uma interpretação literal, a mora por parte do segurado — ainda que seja de um único dia — implica *a perda total do direito à indenização*, o que se não nos afigura justo.

---

[38] José Maria Trepat Cases, *Código Civil Comentado*, cit., p. 245.

Nesse sentido, o art. 763 do Código Civil:

"Art. 763. Não terá direito a indenização o segurado que estiver em mora no pagamento do prêmio, se ocorrer o sinistro antes de sua purgação".

A nosso ver, a rigidez desta norma rompe com o princípio da razoabilidade, pois o pagamento, mesmo tardio, com as naturais consequências derivadas da mora (pagamento de juros, multa etc.), permite supor o restabelecimento do equilíbrio contratual projetado *ab initio* pelo segurado e pelo segurador.

E, em assim sendo, a perda de todo o valor do seguro é inteiramente desarrazoada.

Nessa mesma linha de pensamento, assevera RUY ROSADO DE AGUIAR JR.:

"Pode assim acontecer que, em contrato de seguro cujo prêmio tenha sido pago durante muitos anos, a mora de um dia determinará a perda da indenização.

Não vejo nenhuma razão para que não se permita a purgação da mora, ainda depois do sinistro, quando for o caso de cumprimento substancial do contrato"[39].

De fato, é o caso de se reconhecer o *adimplemento substancial*, na hipótese vertente, quando a prestação, uma vez não cumprida conforme originalmente pactuado, é adimplida *a posteriori*, satisfazendo plenamente o interesse do credor.

Sobre esta doutrina, observa ELISSANE OMAIRI:

"Ocorre o adimplemento substancial quando a prestação for essencialmente cumprida e assim os interesses pretendidos pelo credor serão satisfeitos. Nessa situação o instituto resolutório é afastado em virtude do proveito da prestação pelo credor e também os efeitos produzidos pela resolução seriam injustos. Adimplemento substancial, na visão de Clóvis do COUTO E SILVA é: 'um adimplemento tão próximo do resultado final, que, tendo-se em vista a conduta das partes, exclui-se o direito de resolução, permitindo tão somente o pedido de indenização.' Já Anelise BECKER esclarece que: 'o adimplemento substancial consiste em um resultado tão próximo do almejado, que não chega a abalar a reciprocidade, o sinalagma das prestações correspectivas. Por isso mantém-se o contrato, concedendo-se ao credor direito a ser ressarcido pelos defeitos da prestação, porque o prejuízo, ainda que secundário, se existe deve ser reparado'"[40].

Ora, o pagamento posterior não pode traduzir a resolução da avença, mormente por considerarmos que o interesse que o credor (segurador) persegue é plenamente atendido, impondo-se o respeito ao que se pactuou originariamente.

Aliás, observando a aplicação desta teoria aos contratos de seguro, anota MARCO ANTÔNIO SCARPASSA:

"O primeiro deles é o *princípio da conservação do negócio jurídico*, segundo o qual se deve procurar conservar o máximo do negócio realizado pelas partes.

---

[39] Ruy Rosado de Aguiar Jr., *Projeto do Código Civil: as Obrigações e os Contratos*, Palestra proferida no Congresso Internacional sobre o Projeto do Código Civil Brasileiro, Porto Alegre, Faculdade de Direito da UFRGS, Conselho da Justiça Federal, 30 de abril de 1999, disponível no *site*: <http://www.stj.gov.br/webstj/Ministros/discursointernet.asp?Minis=0001102>. Acesso em: 31 mar. 2007.

[40] Elissane Leila Omairi, *A Doutrina do Adimplemento Substancial e a sua Recepção pelo Direito Brasileiro*, disponível no *site*: <http://www.direitonet.com.br/artigos/x/20/64/2064/>. Acesso em: 31 mar. 2007.

Para melhor esclarecimento, nos valemos das valiosas palavras de Antônio Junqueira de Azevedo, responsável pelo ensinamento de que '*o princípio da conservação consiste, pois, em se procurar salvar tudo que é possível num negócio jurídico concreto, tanto no plano da existência, quanto da validade, quanto da eficácia. (...) O princípio da conservação, portanto, é a consequência necessária do fato de o ordenamento jurídico, ao admitir a categoria negócio jurídico, estar implicitamente reconhecendo a utilidade de cada negócio jurídico*'.

O segundo princípio é o do *adimplemento substancial*, cuja aplicação em nosso direito é inconteste, conforme Araken de Assis: '*a hipótese estrita de adimplemento substancial — descumprimento de parte mínima — equivale, no direito brasileiro, grosso modo, ao adimplemento chamado de insatisfatório: ao invés de infração a deveres secundários, existe discrepância qualitativa e irrelevante na conduta do obrigado. Em tais termos, a solução do problema se acomoda ao regime usual e comum. O juiz avaliará a existência ou não da utilidade da prestação, segundo determina o art. 395, parágrafo único, do CC/2002*'"[41].

Com isso queremos dizer que, com a mora, *não se pode imediatamente considerar cancelada a apólice e extinto o seguro, negando-se, ao segurado, o direito à indenização devida, em caso de sinistro (abatendo-se, é claro, a parcela em atraso)*.

Deve, sim, o segurador, cuidar de comunicar o segurado, interpelando-o, judicial ou extrajudicialmente, dando-se-lhe ciência de que a sua mora implicará o cancelamento do contrato para, só assim, *respeitado o dever de informação decorrente do princípio da boa-fé objetiva*, considerar extinto o contrato.

Nesse sentido, importantes julgados do Superior Tribunal de Justiça, que merecem ser transcritos:

"Recurso especial. Violação ao artigo 535 do Código de Processo Civil. Inexistência. Seguro. Indenização por morte. Prestações mensais dos prêmios atrasadas. Suspensão da eficácia do contrato. Inexistência.

I — Não há falar em omissão ou ausência de fundamentação, não constando do acórdão embargado os defeitos contidos no artigo 535 do Código de Processo Civil, quando o aresto embargado, tão só, mantém tese diferente da pretendida pela parte recorrente.

II — A Segunda Seção, quando do julgamento do Resp 316.449/SP, decidiu que o simples atraso não implica suspensão ou cancelamento automático do contrato de seguro, sendo necessário, ao menos, a interpelação do segurado, comunicando-o da suspensão dos efeitos da avença enquanto durar a mora.

Recurso não conhecido" (STJ, REsp 805.175/RS, *DJ*, 5-6-2006, p. 281, rel. Min. Castro Filho, julgado em 18-5-2006, 3.ª Turma).

"Recurso especial — Civil — Contrato de seguro de vida — Atraso no pagamento de uma única parcela — Cancelamento automático do seguro — Impossibilidade.

1 — Consoante entendimento desta Corte, "O simples atraso no pagamento de uma das parcelas do prêmio não se equipara ao inadimplemento total da obrigação do segurado e, assim, não confere à seguradora o direito de descumprir sua obrigação principal' (REsp 293.722/SP, Rel. Ministra NANCY ANDRIGHI, *DJ* 28.05.2001).

---

[41] Marco Antonio Scarpassa, O contrato de seguro e a mora do segurado relativa ao pagamento do prêmio. *Jus Navigandi*, Teresina, n. 1.204, ano 10, 18 out. 2006, disponível em: <http://jus2.uol.com.br/doutrina/texto.asp?id=9057>. Acesso em: 2 abr. 2007.

2 — *Recurso não conhecido*" (STJ, REsp 814.127/PR, *DJ*, 5-2-2007, p. 255, rel. Min. Jorge Scartezzini, julgado em 7-12-2006, 4.ª Turma).

"Seguro. Inadimplemento da segurada. Falta de pagamento da última prestação. Adimplemento substancial. Resolução.

A companhia seguradora não pode dar por extinto o contrato de seguro, por falta de pagamento da última prestação do prêmio, por três razões: a) sempre recebeu as prestações com atraso, o que estava, aliás, previsto no contrato, sendo inadmissível que apenas rejeite a prestação quando ocorra o sinistro; b) a seguradora cumpriu substancialmente com a sua obrigação, não sendo a sua falta suficiente para extinguir o contrato; c) a resolução do contrato deve ser requerida em juízo, quando será possível avaliar a importância do inadimplemento, suficiente para a extinção do negócio.

Recurso conhecido e provido" (STJ, REsp 76.362/MT, *DJ*, 1.º-4-1996, p. 9917, rel. Min. Ruy Rosado de Aguiar, julgado em 11-12-1995, 4.ª Turma).

"Plano de saúde. Abusividade de cláusula. Suspensão de atendimento.

Atraso de única parcela. Dano moral. Caracterização.

I — É abusiva a cláusula prevista em contrato de plano-de-saúde que suspende o atendimento em razão do atraso de pagamento de uma única parcela. Precedente da Terceira Turma.

Na hipótese, a própria empresa seguradora contribuiu para a mora, pois, em razão de problemas internos, não enviou ao segurado o boleto para pagamento.

II — É ilegal, também, a estipulação que prevê a submissão do segurado a novo período de carência, de duração equivalente ao prazo pelo qual perdurou a mora, após o adimplemento do débito em atraso.

III — Recusado atendimento pela seguradora de saúde em decorrência de cláusulas abusivas, quando o segurado encontrava-se em situação de urgência e extrema necessidade de cuidados médicos, é nítida a caracterização do dano moral.

Recurso provido" (STJ, REsp 259.263/SP, *DJ*, 20-2-2006, p. 330, rel. Min. Castro Filho, julgado em 2-8-2005, 3.ª Turma).

Por tudo isso, forçoso convir que a simples mora não resulta na negativa do pagamento da indenização, senão quando efetivamente extinto o contrato, após a devida ciência do segurado[42], em respeito ao já mencionado princípio da boa-fé objetiva.

E tão importante é a ciência do segurado, por conta da perda da cobertura ajustada, que simples cláusula constante na apólice permitindo o cancelamento automático não serve, no nosso entender, para afastar a necessidade de comunicação formal, se for constatada a mora.

Finalmente, especificamente no que tange ao seguro obrigatório, é bom lembrar que a falta de pagamento do prêmio do seguro obrigatório de Danos Pessoais Causados por Veí-

---

[42] Nesse sentido, confira-se a Súmula 616 do Superior Tribunal de Justiça: "A indenização securitária é devida quando ausente a comunicação prévia do segurado acerca do atraso no pagamento do prêmio, por constituir requisito essencial para a suspensão ou resolução do contrato de seguro" (STJ, 2.ª Seção. Aprovada em 23-5-2018, *DJe* 28-5-2018).

culos Automotores de Vias Terrestres (DPVAT) não é motivo para a recusa do pagamento da indenização, nos termos da Súmula 257 do STJ[43].

13. AGENTE AUTORIZADO DO SEGURADOR: O CORRETOR DE SEGUROS

Inovando, o Código Civil de 2002 cuidou de regular a responsabilidade do segurador por ato do seu agente autorizado — o corretor de seguros.

E já não era sem tempo!

Em geral, quando pactuamos o seguro, não lidamos diretamente com prepostos ou empregados da companhia de seguro, mas sim, com os profissionais legalmente habilitados e autorizados para o exercício deste tipo de atividade.

O simpático corretor procura, visita, liga, envia mensagem eletrônica, carta pelo correio, apresenta a proposta, convence, enfim, seduz o segurado a pactuar o contrato com esta ou aquela companhia seguradora, orientando-o inclusive quanto à maneira de responder o — nem sempre fácil — questionário de risco.

Por tudo isso, é natural e lógico que o segurador, havendo atuação danosa do corretor, responda por ele, em face do segurado prejudicado.

Nesse sentido, estabeleceu o art. 775 do CC/2002:

"Art. 775. Os agentes autorizados do segurador presumem-se seus representantes para todos os atos relativos aos contratos que agenciarem".

Trata-se de responsabilidade por ato de terceiro, de natureza objetiva (por estar inserida em uma relação de consumo), facultando-se à seguradora, por óbvio, ingressar, *a posteriori*, com ação regressiva em face do agente causador do dano.

Nessa mesma linha, por uma informação equivocada prestada pelo agente autorizado, por ocasião das respostas ao questionário apresentado ao segurado, deve responder a companhia, caso não prove a má-fé do contratante.

E caso haja o descredenciamento de seu corretor, deve a companhia cuidar de comunicar ao segurado (que era assistido pelo agente descredenciado), por imperativo da boa-fé, e para evitar também eventual responsabilidade civil, por aplicação da *teoria da aparência*[44].

Por isso, entendemos que as companhias seguradoras devem redobrar a sua cautela, não apenas no credenciamento, mas, especialmente, na fiscalização que se deve exercer

---

[43] STJ-Súmula 257: "A falta de pagamento do prêmio do seguro obrigatório de Danos Pessoais Causados por Veículos Automotores de Vias Terrestres (DPVAT) não é motivo para a recusa do pagamento da indenização".

[44] Apelações cíveis. Contrato de seguro. Negativa de cobertura. Ação de cobrança. I — Recurso da ré. Responsabilidade do corretor. Irrelevância. Eventual direito de regresso. Inadimplemento do prêmio. Comprovação do pagamento do endosso. Sentença mantida. Apelo conhecido e desprovido. II — Recurso do autor. Juros moratórios. Vigência do CC/02. SELIC. Inaplicabilidade. Taxa de 12% ao ano. Art. 406 do CC/02 c/c art. 161, § 1.º, do CTN. Honorários de sucumbência. Art. 20 do CPC. Majoração devida. Apelo conhecido e provido. III — Apreciação de ofício. Matéria de ordem pública. Atualização monetária. Termo inicial. Erro material. Ausência de prejuízo às partes. Art. 463, I, do CPC.

sobre o corretor de seguros, eis que, como vimos acima, por disposição expressa de lei, assume, regra geral, a responsabilidade civil pelos seus atos.

14. ESPÉCIES DE SEGURO: SEGURO DE DANO E SEGURO DE PESSOA

Fundamentalmente, temos duas espécies de seguro: *o seguro de dano e o seguro de pessoa*.

O primeiro tem por objeto a assunção do risco de prejuízo a interesse material do segurado, impondo-se, mediante recebimento do prêmio, ao segurador, o dever de pagar--lhe indenização. Aqui, portanto, a natureza compensatória da prestação contratual assumida pela companhia de seguro é mais nítida, traduzindo-se como a sua mais notável característica.

Já o segundo tipo de seguro desdobra-se em: *seguro de vida e de acidentes pessoais*. Trata-se de modalidades negociais especiais, que escapam, em verdade, da natureza compensatória dos seguros em geral, consistindo em obrigações especiais, que visam a acautelar bens extrapatrimoniais insuscetíveis de valoração: *a integridade física e a vida*. Estão, pois, fortemente ligados aos direitos da personalidade, o que exigiu, por parte do legislador, tratamento específico.

Abordemos, então, separadamente estas duas espécies de seguro, destrinchando as suas principais características.

14.1. Seguro de dano

O seguro de dano, como visto, tem por finalidade acautelar o risco de lesões materiais do segurado.

Para bem compreendê-lo, faz-se mister rememorar alguns conceitos fundamentais de responsabilidade civil, uma vez que se trata de tema umbilicalmente vinculado.

Passemos em revista, portanto, algumas noções gerais sobre danos indenizáveis.

14.1.1. Noções gerais de dano indenizável

Inicialmente, cumpre-nos revisar o conceito de *dano ou prejuízo*, salientando alguns dos seus importantes aspectos doutrinários e jurisprudenciais.

Indispensável a existência de *dano* ou *prejuízo* para a configuração da responsabilidade civil e, consequentemente, para justificar a obrigação de indenizar o segurado.

Mesmo em se tratando de responsabilidade contratual, o comportamento da parte inadimplente que deixa de cumprir a obrigação convencionada carrega em si a presunção de dano.

Sem a ocorrência desse elemento não haveria o que indenizar, e, consequentemente, responsabilidade.

Observando a importância deste conceito, CIFUENTES observa que: *"Para el derecho privado, además de antijurídico por haberse contrariado una ley tomada en sentido material (cualquier norma emanada de autoridad competente), es necesario que haya un daño causa-*

do. Sin daño, en derecho privado, no hay stricto sensu acto ilícito, pues este derecho tiene por finalidad resarcir, no reprimir o punir"[45].

Poderíamos então afirmar que, seja qual for a espécie de responsabilidade sob exame (contratual ou extracontratual, objetiva ou subjetiva), o dano é requisito indispensável para a sua configuração, qual seja, sua pedra de toque.

Para entendermos, portanto, o seguro de dano, tais esclarecimentos se fazem imprescindíveis.

Com absoluta propriedade, SÉRGIO CAVALIERI FILHO, em sua obra *Programa de Responsabilidade Civil*, salienta a inafastabilidade do dano nos seguintes termos:

> "O dano é, sem dúvida, o grande vilão da responsabilidade civil. Não haveria que se falar em indenização, nem em ressarcimento, se não houvesse o dano. Pode haver responsabilidade sem culpa, mas não pode haver responsabilidade sem dano. Na responsabilidade objetiva, qualquer que seja a modalidade do risco que lhe sirva de fundamento — risco profissional, risco proveito, risco criado etc. —, o dano constitui o seu elemento preponderante. Tanto é assim que, sem dano, não haverá o que reparar, ainda que a conduta tenha sido culposa ou até dolosa"[46].

Nesses termos, poderíamos conceituar o dano ou prejuízo como a *lesão a um interesse jurídico tutelado — patrimonial ou não —, causado por ação ou omissão do sujeito infrator*.

Note-se, neste conceito, que a configuração do prejuízo poderá decorrer da agressão a direitos ou interesses personalíssimos (extrapatrimoniais), a exemplo daqueles representados pelos direitos da personalidade, especialmente o dano moral[47].

Aliás, como acentua CLAYTON REIS, "a concepção normalmente aceita a respeito do dano envolve uma diminuição do patrimônio de alguém, em decorrência da ação lesiva de terceiros. A conceituação, nesse particular, é genérica. Não se refere, como é notório, a qual o patrimônio é suscetível de redução"[48].

Sobre a tutela geral dos direitos da personalidade — cuja violação, como visto, também poderá gerar responsabilidade civil —, já tivemos oportunidade de consignar que a sua proteção poderá ser: "a) preventiva — principalmente por meio de tutela específica, objetivando evitar a concretização da ameaça de lesão ao direito da personalidade; b) repressiva — por meio da imposição de sanção civil (pagamento de indenização) ou penal (persecução criminal) em caso de a lesão já haver se efetivado"[49].

---

[45] Santos Cifuentes, *Elementos de Derecho Civil — Parte Geral*, 4. ed., Buenos Aires: Astrea, 1999, p. 261.

[46] Sérgio Cavalieri Filho, *Programa de Responsabilidade Civil*, 2. ed., São Paulo: Malheiros, 2000, p. 70.

[47] Gramaticalmente, o termo 'dano', segundo Aurélio Buarque de Holanda, tem as seguintes acepções: "DANO. [Do lat., *damnu*.] S. m. 1. Mal ou ofensa pessoal; prejuízo moral: *Grande dano lhe fizeram as calúnias*. 2. Prejuízo material causado a alguém pela deterioração ou inutilização de bens seus. 3. Estrago, deterioração, danificação: *Com o fogo, o prédio sofreu enormes danos*. Dano emergente. *Jur*. Prejuízo efetivo, concreto, provado. [Cf. *lucro cessante*.] Dano infecto. *Jur*. Prejuízo possível, eventual, iminente" (Aurélio Buarque de Holanda Ferreira, *Novo Dicionário Aurélio da Língua Portuguesa*, 2. ed., Rio de Janeiro: Nova Fronteira, 1986, p. 519).

[48] Clayton Reis, *Dano Moral*, 4. ed., Rio de Janeiro: Forense, 1995, p. 1.

[49] Pablo Stolze Gagliano e Rodolfo Pamplona Filho, *Novo Curso de Direito Civil*, 2. ed., São Paulo: Saraiva, 2002, p. 186-7.

É muito importante, pois, conforme anotamos em diversos momentos desta obra, que nós tenhamos o cuidado de nos despir de determinados conceitos egoisticamente ensinados pela teoria clássica do Direito Civil, e fixemos a premissa de que o prejuízo indenizável poderá decorrer — não somente da violação do patrimônio economicamente aferível — mas também da vulneração de direitos inatos à condição de homem, sem expressão pecuniária essencial.

Precisa e contundente, a esse respeito, é a preleção de LUIZ EDSON FACHIN:

"A pessoa, e não o patrimônio, é o centro do sistema jurídico, de modo que se possibilite a mais ampla tutela da pessoa, em uma perspectiva solidarista que se afasta do individualismo que condena o homem à abstração. Nessa esteira, não há, pois, direito subjetivo arbitrário, mas sempre limitado pela dimensão coexistencial do ser humano. O patrimônio, conforme se apreende do exposto por Sessarego, não só deixa de ser o centro do Direito, mas também a propriedade sobre os bens é funcionalizada ao homem, em sua dimensão coexistencial"[50].

Aliás, outro mito que se deve destruir é a ideia de que o dano, para o Direito Civil, toca, apenas, aos interesses individuais. O Direito Civil não deve ser produto do cego individualismo humano. Diz-se, ademais, nessa linha equivocada de raciocínio, que somente o dano decorrente de um ilícito penal teria repercussões sociais.

Nada mais falso.

Toda a forma de dano, mesmo derivado de um ilícito civil e dirigido a um só homem, interessa à coletividade. Até porque vivemos em sociedade, e a violação do patrimônio — moral ou material — do meu semelhante repercute, também, na minha esfera pessoal.

Nesse sentido, sábias e atuais são as palavras do magistral AGUIAR DIAS, *in verbis*:

"do ponto de vista da ordem social, consideramos infundada qualquer distinção a propósito da repercussão social ou individual do dano. O prejuízo imposto ao particular afeta o equilíbrio social. É, a nosso ver, precisamente nesta preocupação, neste imperativo, que se deve situar o fundamento da responsabilidade civil. Não encontramos razão suficiente para concordar em que à sociedade o ato só atinge em seu aspecto de violação da norma penal, enquanto a repercussão no patrimônio do indivíduo só a este diz respeito. Não pode ser exata a distinção, se atentarmos em que o indivíduo é parte da sociedade; que ele é cada vez mais considerado em função da coletividade; que todas as leis estabelecem a igualdade perante a lei, fórmula de mostrar que o equilíbrio é interesse capital da sociedade"[51].

Mas note-se que somente o dano indenizável pode ser coberto pelo seguro.

Sendo a reparação do dano, como produto da teoria da responsabilidade civil, uma sanção imposta ao responsável pelo prejuízo em favor do lesado, temos que, em regra, todos os danos devem ser ressarcíveis, porquanto, mesmo impossibilitada a determinação judicial de retorno ao "status quo ante", sempre se poderá fixar uma importância em pecúnia, a título de compensação.

Todavia, para que o dano seja efetivamente indenizável, é necessária a conjugação dos seguintes requisitos mínimos:

---

[50] Luiz Edson Fachin, *Estatuto Jurídico do Patrimônio Mínimo*, Rio de Janeiro: Renovar, 2001, p. 51.

[51] José de Aguiar Dias, *Da Responsabilidade Civil*, 9. ed., Rio de Janeiro: Forense, 1994, v. I, p. 7-8.

a) **a violação de um interesse jurídico patrimonial ou extrapatrimonial de uma pessoa física ou jurídica** — obviamente, todo dano pressupõe a agressão a um bem tutelado, de natureza material ou não, pertencente a um sujeito de direito. Lembre-se de que a Magna Carta de 1988, neste ponto acompanhada expressamente pelo art. 186 do Código Civil de 2002, reconhece a plena reparabilidade do dano moral, independentemente do dano patrimonial[52];

b) **certeza do dano** — somente o dano certo, efetivo, é indenizável. Ninguém poderá ser obrigado a compensar a vítima por um dano abstrato ou hipotético. Mesmo em se tratando de bens ou direitos personalíssimos, o fato de não se poder apresentar um critério preciso para a sua mensuração econômica não significa que o dano não seja certo. Tal ocorre, por exemplo, quando caluniamos alguém, maculando a sua honra. A imputação falsa do fato criminoso (calúnia) gera um *dano certo* à honra da vítima, ainda que não se possa definir, em termos precisos, quanto vale este sentimento de dignidade. MARIA HELENA DINIZ, com propriedade, citando doutrina estrangeira, lembra que "a certeza do dano refere-se à sua existência, e não à sua atualidade ou ao seu montante"[53]. Assim, um crime de lesões corporais que culmine com a mutilação da perna de um jogador de futebol é dano certo, proveniente de um fato atual, que gerará inevitáveis repercussões futuras.

Ainda analisando o requisito da certeza, devemos lembrar que a doutrina controverte-se a respeito da reparabilidade do dano decorrente da "perda da chance" (*perte d'une chance*). Nessa hipótese, temos que analisar se há ou não a *certeza do dano*. Sobre o tema, exemplifica SÍLVIO VENOSA:

> "Alguém deixa de prestar exame vestibular, porque o sistema de transportes não funcionou a contento e o sujeito chegou atrasado, não podendo submeter-se à prova: pode ser responsabilizado o transportador pela impossibilidade de o agente cursar a universidade? O advogado deixa de recorrer ou de ingressar com determinada medida judicial: pode ser responsabilizado pela perda de um direito eventual de seu cliente?"[54].

---

[52] Sobre o dano moral, tema que será cuidadosamente abordado no próximo capítulo, já tivemos oportunidade de lembrar que: "a Constituição Federal de 1988 consagrou a teoria mais adequada, admitindo expressamente a reparabilidade do dano moral, sem que o houvesse atrelado inseparavelmente ao dano patrimonial. Conferiu-lhe, pois, juridicidade em nível supralegal, e, além disso, autonomia, consoante se depreende dos termos do seu art. 5.º, V ("é assegurado o direito de resposta, proporcional ao agravo, além da indenização por dano material, moral, ou à imagem") e X ("são invioláveis a intimidade, a vida privada, a honra e a imagem das pessoas, assegurado o direito a indenização pelo dano material ou moral decorrente de sua violação"). O Superior Tribunal de Justiça, por seu turno, seguindo a vereda aberta pelo constituinte, foi mais além, firmando entendimento no sentido de que, a despeito de serem juridicamente autônomos, as indenizações por danos materiais e morais, oriundos do mesmo fato, poderiam ser cumulados, *ex vi* do disposto em sua Súmula 37 (volume 2 desta obra, 2. ed., p. 317).

[53] Maria Helena Diniz, *Curso de Direito Civil Brasileiro — Responsabilidade Civil*, 34. ed., São Paulo: Saraiva, 2020, v. 7, p. 82.

[54] Sílvio de Salvo Venosa, *Direito Civil — Responsabilidade Civil*, cit., p. 28. Ainda sobre este interessante tema, Sérgio Novais Dias, em excelente obra, pondera que: "Nas ações de responsabilidade civil do advogado pela perda de uma chance, inúmeras questões podem ser suscitadas, como a não contratação do advogado, o não cabimento da providência, a inexistência do nexo de causalidade, a extensão do dano, a concordância do cliente, as quais terão de ser examinadas de acordo com as

Em todos esses casos, não poderíamos excluir a reparabilidade do dano, desde que a investigação do nexo de causalidade aliada à comprovação da efetividade do prejuízo conduzissem à necessidade de restituição do *status quo ante* por meio da obrigação de indenizar;

c) **subsistência do dano** — quer dizer, se o dano já foi reparado, perde-se o interesse da responsabilidade civil. O dano deve subsistir no momento de sua exigibilidade em juízo, o que significa dizer que não há como se falar em indenização se o dano já foi reparado espontaneamente pelo lesante. Obviamente, se a reparação tiver sido feita às expensas do lesionado, a exigibilidade continua.

Esses três, portanto, são os requisitos básicos para que se possa atribuir o qualificativo "indenizável" ao dano.

Todos os outros aventados por respeitável doutrina[55], como a legitimidade do postulante, o nexo de causalidade e a ausência de causas excludentes de responsabilidade, uma vez necessários, tocam, em nosso entendimento, mais de perto aspectos extrínsecos ou secundários à consideração do dano em si.

Por isso, seguindo um critério científico mais rígido, preferimos elencar apenas esses três atributos, inerentes ao dano indenizável, que consideramos *fundamentais* para a sua caracterização: a) *a violação de um interesse jurídico — patrimonial ou moral*; b) *a efetividade ou certeza*; c) *subsistência*.

Tradicionalmente, a doutrina costuma classificar o dano em patrimonial e moral.

O dano patrimonial traduz lesão aos bens e direitos economicamente apreciáveis do seu titular. Assim ocorre quando sofremos um dano em nossa casa ou em nosso veículo.

Já advertimos, outrossim, seguindo a moderna tendência de despatrimonialização do direito civil, que outros bens, personalíssimos, também podem ser atingidos, gerando, assim, a responsabilidade civil do infrator.

Ainda, porém, no que tange especificamente ao dano patrimonial ou material, convém o analisarmos sob dois aspectos[56]:

a) o dano emergente — correspondente ao efetivo prejuízo experimentado pela vítima, ou seja, "o que ela perdeu";

b) os lucros cessantes — correspondente àquilo que a vítima deixou razoavelmente de lucrar por força do dano, ou seja, "o que ela não ganhou".

Com referência ao dano emergente, sempre presentes são as palavras de AGOSTINHO ALVIM, que pondera ser "possível estabelecer, com precisão, o desfalque do nosso patrimônio, sem que as indagações se perturbem por penetrar no terreno hipotético. Mas, com relação ao lucro cessante, o mesmo já não se dá". E a respeito do lucro cessante, assevera, com maestria:

---

peculiaridades das diversas situações que as pendências judiciais apresentam" (*Responsabilidade Civil do Advogado — Perda de uma Chance*, São Paulo: LTr, 1999, p. 91).

[55] Confira-se, no particular, a obra da Professora Maria Helena Diniz, *Curso de Direito Civil Brasileiro — Responsabilidade Civil*, cit., p. 83-4.

[56] No Código Civil de 2002, cf. o art. 402: "Salvo as exceções expressamente previstas em lei, as perdas e danos devidos ao credor abrangem, além do que ele efetivamente perdeu, o que razoavelmente deixou de lucrar".

"Finalmente, e com o intuito de assinalar, com a possível precisão, o significado do termo razoavelmente, empregado no art. 1.059 do Código, diremos que ele não significa que se pagará aquilo que for razoável (ideia quantitativa) e sim que se pagará se se puder, razoavelmente, admitir que houve lucro cessante (ideia que se prende à existência mesma de prejuízo). Ele contém uma restrição, que serve para nortear o juiz acerca da prova do prejuízo em sua existência, e não em sua quantidade. Mesmo porque, admitida a existência do prejuízo (lucro cessante), a indenização não se pautará pelo razoável, e sim pelo provado"[57].

A título de ilustração, leiam-se os exemplos que apresentamos em nosso volume II — Obrigações, quanto ao dano emergente e aos lucros cessantes:

"Imagine que uma indústria de veículos haja celebrado um contrato de compra e venda com um fornecedor de pastilhas de freios, que se comprometera a entregar-lhe um lote de dez mil peças até o dia 10. O pagamento efetivou-se no ato da celebração do contrato. No dia fixado, o fornecedor, sem justificativa razoável, comunicou ao adquirente que não mais produziria as referidas peças. Dessa forma, abriu-se ao credor a possibilidade de resolver o negócio, podendo exigir as *perdas e danos*, que compreenderiam *o dano efetivo causado pelo descumprimento obrigacional* (as suas máquinas ficaram paradas, tendo a receita mensal diminuído consideravelmente), e, bem assim, *o que razoavelmente deixou de lucrar* (se as pastilhas de freio houvessem chegado a tempo, os carros teriam sido concluídos, e as vendas aos consumidores efetivadas, como era de se esperar). Outro exemplo, agora extraído do campo de estudo da responsabilidade extracontratual, também nos servirá. Um indivíduo, guiando imprudentemente o seu veículo, abalroa um táxi que estava corretamente estacionado. Em tal hipótese, o causador do dano, por sua atuação ilícita, será obrigado a indenizar a vítima, pagando-lhe as *perdas e danos*, que compreenderão, conforme já vimos, o *dano emergente* (correspondente ao efetivo prejuízo material do veículo — carroceria danificada, espelhos laterais quebrados, danos à pintura etc.) e, bem assim, os *lucros cessantes* (referentes aos valores a que faria jus o taxista durante todo o tempo em que o seu veículo ficou parado, em conserto na oficina)"[58].

Claro está que o dano emergente e os lucros cessantes devem ser devidamente comprovados na ação indenizatória ajuizada contra o agente causador do dano, sendo de bom alvitre exortar os magistrados a impedirem que vítimas menos escrupulosas, incentivadoras da famigerada "indústria da indenização", tenham êxito em pleitos absurdos, sem base real, formulados com o nítido propósito não de buscar ressarcimento, mas de obterem lucro abusivo e escorchante.

Nesse sentido, firmou entendimento a 1.ª Turma do Superior Tribunal de Justiça, em sede de Recurso Especial, em acórdão da lavra do ilustre Ministro Demócrito Reinaldo:

"Para viabilizar a procedência da ação de ressarcimento de prejuízos, a prova da existência do dano efetivamente configurado é pressuposto essencial e indispensável. Ainda mesmo que se comprove a violação de um dever jurídico, e que tenha existido culpa ou dolo por parte do infrator, nenhuma indenização será devida, desde que, dela, não tenha decorrido prejuízo. A satisfação pela via judicial, de prejuízo inexistente, implicaria, em relação à parte adversa, em enriquecimento sem causa. O pressuposto da reparação civil

---

[57] Agostinho Alvim, *Da Inexecução das Obrigações e suas Consequências*, 2. ed., São Paulo: Saraiva, 1955, p. 206.
[58] Pablo Stolze Gagliano e Rodolfo Pamplona Filho, ob. cit., 7. ed., p. 287-8.

está, não só na configuração da conduta 'contra jus', mas, também, na prova efetiva do ônus, já que se não repõe dano hipotético"[59].

Ainda sobre os lucros cessantes, a recente jurisprudência do STJ continua sendo rígida quanto à necessidade de o julgador utilizar o bom senso para aferir a sua configuração, consoante se pode perceber da leitura deste trecho de acórdão da lavra do culto Min. Sálvio de Figueiredo Teixeira, no REsp 320.417/RJ, *DJ* de 20-5-2002:

> "A expressão 'o que razoavelmente deixou de lucrar', constante do art. 1.059 do Código Civil, deve ser interpretada no sentido de que, até prova em contrário, se admite que o credor haveria de lucrar aquilo que o bom senso diz que obteria, existindo a presunção de que os fatos se desenrolariam dentro do seu curso normal, tendo em vista os antecedentes".

Posto isso, seguindo esta linha de raciocínio, cumpre-nos lembrar que a compensação devida à vítima só deverá incluir os danos emergentes e os lucros cessantes diretos e imediatos, ou seja, só se deverá indenizar o prejuízo que decorra diretamente da conduta ilícita (infracional) do devedor (art. 403 do CC/2002[60]), excluídos os danos remotos.

"*Trata-se*", *segundo* preleção do Desembargador CARLOS ROBERTO GONÇALVES, "de aplicação da teoria dos danos diretos e imediatos, formulada a propósito da relação de causalidade, que deve existir, para que se caracterize a responsabilidade do devedor. Assim, o devedor responde tão só pelos danos que se prendem a seu ato por um vínculo de necessidade, não pelos resultantes de causas estranhas ou remotas"[61].

Até aqui, tratamos do dano patrimonial.

Entretanto, conforme dissemos, o dano poderá atingir outros bens da vítima, de cunho personalíssimo, deslocando o seu estudo para a seara do denominado dano moral.

Trata-se, em outras palavras, do "prejuízo ou lesão de direitos, cujo conteúdo não é pecuniário, nem comercialmente redutível a dinheiro, como é o caso dos direitos da personalidade, a saber, o direito à vida, à integridade física (direito ao corpo, vivo ou morto, e à voz), à integridade psíquica (liberdade, pensamento, criações intelectuais, privacidade e segredo) e à integridade moral (honra, imagem e identidade)"[62], havendo quem entenda, como o culto PAULO LUIZ NETTO LÔBO, que "não há outras hipóteses de danos morais além das violações aos direitos da personalidade"[63].

---

[59] Julgado em 23-5-1994, *RSTJ* 63/251.

[60] Este artigo tem a seguinte redação: "Art. 403. Ainda que a inexecução resulte de dolo do devedor, as perdas e danos só incluem os prejuízos efetivos e os lucros cessantes por efeito dela direto e imediato, sem prejuízo do disposto na lei processual". A referência à lei processual significa que a condenação no ônus da sucumbência (custas processuais, honorários de advogado) tem tratamento autônomo, na legislação adjetiva.

[61] Carlos Roberto Gonçalves, *Sinopses Jurídicas — Direito das Obrigações — Parte Geral*. São Paulo: Saraiva, 1998, v. 5, p. 140.

[62] Rodolfo Pamplona Filho, *O Dano Moral na Relação de Emprego*, 3. ed., São Paulo: LTr, 2002, p. 40. Para uma visão genérica sobre os direitos da personalidade, confira-se o capítulo próprio de Pablo Stolze Gagliano e Rodolfo Pamplona Filho, *Novo Curso de Direito Civil — Parte Geral*, cit.

[63] "A rica casuística que tem desembocado nos tribunais permite o reenvio de todos os casos de danos morais aos tipos de direitos da personalidade. (...) A referência frequente à 'dor' moral ou psicológica não é adequada e deixa o julgador sem parâmetros seguros de verificação da ocorrência de dano mo-

Segundo CARLOS ALBERTO BITTAR, qualificam-se "como morais os danos em razão da esfera da subjetividade, ou do plano valorativo da pessoa na sociedade, em que repercute o fato violador, havendo-se, portanto, como tais aqueles que atingem os aspectos mais íntimos da personalidade humana (o da intimidade e da consideração pessoal), ou o da própria valoração da pessoa no meio em que vive e atua (o da reputação ou da consideração social)"[64].

Conforme dissemos, o Código Civil de 2002, expressamente, em seu art. 186, dispôs que a indenização por ato ilícito é devida, ainda que o dano seja exclusivamente moral. Nada mais fez, nesse particular, do que explicitar determinações constitucionais que já respaldavam a autonomia jurídica do dano moral[65].

O grande mestre ARRUDA ALVIM, por sua vez, em excelente conferência proferida por ocasião do II Congresso de Responsabilidade Civil nos Transportes Terrestres de Passageiros, já anotava que, mesmo na sistemática do Código anterior, a tese da reparabilidade do dano moral era defensável. São suas palavras:

"Recordo aqui o artigo 159 do Código Civil, onde está dito: 'Aquele que, por ação ou omissão voluntária, negligência, ou imprudência, **violar direito** ou causar prejuízo a outrem, fica obrigado a indenizar". Nessa frase, por causa das expressões 'violar direito' ou 'causar prejuízo', muitos enxergam essa autonomia que poderia ter dado base a uma mais expressiva jurisprudência com vistas a indenizar autonomamente o dano moral. Isto porque quando prescreveu o legislador que aquele que causou prejuízo, deve indenizar, tais expressões seriam referentes aos danos materiais, mas quando disse 'violar direito', estas poderiam significar a ressarcibilidade do dano moral e direto respeito ao direito à intimidade, à liberdade, à honra, isto é, tudo isto já estaria previsto no Código Civil"[66].

Pode, portanto, nessa linha de intelecção, consoante veremos abaixo, o seguro de dano também ter por objeto o dano moral, cobertura que, inclusive, deveria ser mais incentivada no Brasil.

---

ral. A dor é uma consequência, não é o direito violado. O que concerne à esfera psíquica ou íntima da pessoa, seus sentimentos, sua consciência, suas afeições, sua dor, correspondem a dos aspectos essenciais da honra, da reputação, da integridade psíquica ou de outros direitos da personalidade.

O dano moral remete à violação do dever de abstenção a direito absoluto de natureza não patrimonial. Direito absoluto significa aquele que é oponível a todos, gerando pretensão à obrigação passiva universal. E direitos absolutos de natureza não patrimonial, no âmbito civil, para fins dos danos morais, são exclusivamente os direitos da personalidade. Fora dos direitos da personalidade são apenas cogitáveis os danos materiais" (Paulo Luiz Netto Lôbo, "Danos Morais e Direitos da Personalidade" in Eduardo de Oliveira Leite (coordenador), *Grandes Temas da Atualidade — Dano Moral — Aspectos Constitucionais, Civis, Penais e Trabalhistas*, Rio de Janeiro: Forense, 2002, p. 364-5).

[64] Carlos Alberto Bittar, *Reparação Civil por Danos Morais*, 1. ed., São Paulo, Revista dos Tribunais, 1993, p. 41.

[65] Nesse sentido o art. 5.º, V, da CF: "é assegurado o direito de resposta, proporcional ao agravo, além da indenização por dano material, moral, ou à imagem"; e o inciso X — "são invioláveis a intimidade, a vida privada, a honra e a imagem das pessoas, assegurado o direito a indenização pelo dano material ou moral decorrente de sua violação".

[66] Arruda Alvim, *Dano Moral e a sua Cobertura Securitária*, palestra proferida no II Congresso de Responsabilidade Civil nos Transportes Terrestres de Passageiros, 1997.

Finalmente, à guisa de conclusão, uma outra espécie de dano, por suas características peculiares, merece a nossa especial atenção.

Trata-se do dano reflexo ou em ricochete, cujo estudo desenvolveu-se largamente no Direito francês.

Conceitualmente, consiste no prejuízo que atinge reflexamente pessoa próxima, ligada à vítima direta da atuação ilícita.

É o caso, por exemplo, do pai de família que vem a perecer por descuido de um segurança de banco inábil, em uma troca de tiros. Note-se que, a despeito de o dano haver sido sofrido diretamente pelo sujeito que pereceu, os seus filhos, alimentandos, sofreram os seus reflexos, por conta da ausência do sustento paterno.

Desde que este dano reflexo seja certo, de existência comprovada, nada impede a sua reparação civil.

Sintetizando bem o problema, CAIO MÁRIO, com a habitual inteligência, observa que:

"Se o problema é complexo na sua apresentação, mais ainda o será na sua solução. Na falta de um princípio que o defina francamente, o que se deve adotar como solução é a certeza do dano. Se pela morte ou incapacidade da vítima, as pessoas, que dela se beneficiavam, ficaram privadas de socorro, o dano é certo, e cabe ação contra o causador. Vitimando a pessoa que prestava alimentos a outras pessoas, privou-as do socorro e causou-lhes prejuízo certo. É o caso, por exemplo, da ex-esposa da vítima que, juridicamente, recebia dela uma pensão. Embora não seja diretamente atingida, tem ação de reparação por dano reflexo ou em ricochete, porque existe a certeza do prejuízo, e, portanto, está positivado o requisito do dano como elementar da responsabilidade civil"[67].

Portanto, a despeito de não ser de fácil caracterização, o dano reflexo ou em ricochete enseja a responsabilidade civil do infrator, desde que seja demonstrado o prejuízo à vítima indireta, consoante se pode verificar da análise de interessantes julgados do Superior Tribunal de Justiça (REsp 254418/RJ, rel. Min. Aldir Passarinho Jr., *DJ* de 11-6-2001) e do Tribunal de Justiça do Rio Grande do Sul (Ap. Cível 598060713, rel. Des. Antônio Janyr Dall'Agnol Júnior, j. em 23-9-1998):

"I — Justifica-se a indenização por dano moral quando há a presunção, em face da estreita vinculação existente entre a postulante e a vítima, de que o desaparecimento do ente querido tenha causado reflexos na assistência doméstica e significativos efeitos psicológicos e emocionais em detrimento da autora, ao ser privada para sempre da companhia do *de cujus*. II — Tal suposição não acontece em relação ao cônjuge que era separado de fato do *de cujus*, habitava em endereço distinto, levando a acreditar que tanto um como outro buscavam a reconstituição de suas vidas individualmente, desfeitos os laços afetivos que antes os uniram, aliás, por breve espaço de tempo".

"Apelação Cível. Dano Moral. Protesto lavrado contra pessoa jurídica. Alegação de reflexo na pessoa do sócio. Prova. Em que pese inafastável, em tese, dano reflexo, à semelhança do dano em ricochete, quando lavrado protesto contra sociedade comercial, insta cabal demonstração da ilicitude do próprio ato notarial, pena de insucesso. Apelação desprovida".

---

[67] Caio Mário da Silva Pereira, *Responsabilidade Civil*, 9. ed. Rio de Janeiro: Forense, 2000, p. 44.

Feitas tais considerações iniciais, voltemos os nossos olhos para a específica análise desta modalidade de seguro.

14.1.2. Seguro de dano: limites e proibição do sobresseguro

De início, cumpre-nos anotar que o seguro de dano tanto pode servir para cobrir o prejuízo sofrido pelo segurado como também aquele que ele causa a terceiro, quer seja de natureza material, quer seja de natureza moral.

Assim, exemplo mais comum e corriqueiro, quando contratamos o seguro de nosso carro, estamos pactuando esta modalidade negocial para nos precaver de danos sofridos ou causados a outrem.

Mas note-se que, neste tipo de seguro, para evitar o enriquecimento sem causa, e o intuito especulativo espúrio — que afrontaria a natureza meramente compensatória da obrigação assumida pelo segurador, dispõe o art. 778 que "a garantia prometida não pode ultrapassar o valor do interesse segurado no momento da conclusão do contrato, sob pena do disposto no art. 766, e sem prejuízo da ação penal que no caso couber".

Na mesma linha, também para evitar o locupletamento ilícito, a indenização não pode ultrapassar o valor do interesse segurado no momento do sinistro, e, em hipótese alguma, o limite máximo da garantia fixado na apólice, salvo em caso de mora do segurador (art. 781 do CC/2002). Ponderamos tão somente que, nesse aspecto, não apenas em caso de mora do segurador — que naturalmente explica o aumento na indenização devida —, mas também em situações em que o valor da cobertura contratada é inferior ao valor justo de mercado da coisa segurada, dever-se-ia admitir o redimensionamento da prestação contratada.

Mas a regra geral permanece: *proíbe o legislador, no seguro de dano, a contratação de mais de um seguro sobre o mesmo bem, ou por valor superior a que valha, para evitar, em caso de sinistro, enriquecimento sem causa do segurado.*

Aliás, a teor do art. 782 do Código Civil, se o segurado pretender, na vigência do contrato, obter novo seguro sobre o mesmo interesse, e contra o mesmo risco junto a outro segurador, deve previamente, à luz do princípio da boa-fé objetiva, e especialmente do dever anexo de informação, comunicar sua intenção por escrito ao primeiro, indicando a soma por que pretende segurar-se, a fim de se comprovar a obediência ao disposto no art. 778, visto acima.

A proibição, portanto, recai no denominado *sobresseguro ou seguro a maior*, que, no dizer do ilustrado TREPAT CASES, em sua excelente obra, não se pode confundir com o *cosseguro*:

> "O sobresseguro, também denominado seguro a maior, é o seguro no qual o valor da apólice é maior do que o valor do bem segurado e não se confunde com o cosseguro (art. 761); a operação consiste na repartição de um mesmo risco, de um mesmo segurado, entre duas ou mais seguradoras, e podem ser emitidas tantas apólices quantas forem as seguradoras ou uma única apólice, por uma das seguradoras, denominada nesse caso Seguradora Líder, não se verificando, ainda assim, quebra do vínculo do segurado com cada uma das seguradoras que respondam isoladamente, perante ele, pela parcela de responsabilidade que assumiram"[68].

---

[68] José Maria Trepat Cases, ob. cit., p. 259.

De fato, especialmente quando o risco envolvido implica, em caso de sinistro, o pagamento de vultosas indenizações, é comum seguradoras associarem-se para a mesma cobertura, visando a repartir o ônus, em caso de pagamento de indenização ao segurado.

Nesse sentido, cumpre-nos transcrever o art. 761 do vigente Código Civil brasileiro:

"Art. 761. Quando o risco for assumido em cosseguro, a apólice indicará o segurador que administrará o contrato e representará os demais, para todos os seus efeitos".

Feita esta importante diferenciação, observe-se que a proibição do sobresseguro — típica dos seguros de danos — não pode ser confundida com a obrigatoriedade de o risco do seguro compreender todos os prejuízos resultantes ou consequentes, como sejam os estragos ocasionados para evitar o sinistro, minorar o dano, ou salvar a coisa (art. 779 do CC/2002), ou seja, a *cobertura deve ser completa*, não traduzindo, esta completude necessária, com o seguro a maior.

14.1.3. Sinistro parcial

Aparentemente simples, e talvez até desprovida de importância jurídica maior, a regra do art. 783 do CC/2002, a nosso ver, merece ser realçada, dadas as suas implicações em face do Código de Defesa do Consumidor:

"Art. 783. Salvo disposição em contrário, o seguro de um interesse por menos do que valha acarreta a redução proporcional da indenização, no caso de sinistro parcial".

Ora, se for contratado um seguro de determinado interesse patrimonial por valor menor do que o preço justo, operar-se-á, regra geral, uma redução proporcional na prestação devida, em caso de sinistro parcial, pois se presume que o próprio segurado assumiu esta diferença — a menor — quando da pactuação do seguro.

Tal regra nos conduz a uma reflexão.

Esta cláusula traduz, nitidamente, uma excepcionalidade que deve ser corretamente compreendida: *nada impede que o segurado, segundo a sua livre autonomia da vontade — e especialmente por considerarmos que ele pode não dispor de capacidade financeira para uma cobertura integral segundo o valor total da coisa — pactue o seguro por um valor menor, não obstante, frise-se,* **esta cláusula deva vir, por conta da boa-fé, devidamente destacada, e expressamente aceita pelo contratante.**

Em outras palavras, sob pena de violação aos arts. 25, 51 e 54 do CDC, a pretexto de nulidade absoluta, esta previsão não pode simplesmente integrar o corpo de um formulário, sem o necessário destaque, por se tratar de disposição que limita ou atenua a responsabilidade do fornecedor de serviço no mercado de consumo.

14.1.4. Garantia do seguro e vício intrínseco da coisa segurada

Importante dispositivo está previsto no art. 784 do CC/2002:

"Art. 784. Não se inclui na garantia o sinistro provocado por vício intrínseco da coisa segurada, não declarado pelo segurado.

Parágrafo único. Entende-se por vício intrínseco o defeito próprio da coisa, que se não encontra normalmente em outras da mesma espécie".

Para o seu adequado entendimento, necessário se faz, antes, observarmos que a noção de *vício intrínseco* tanto compreende o defeito aparente como o oculto (redibitório), pois, para efeito de cobertura, qualquer dos dois, quando não declarado pelo segurado, resulta na negativa de pagamento.

Sobre os vícios redibitórios, teçamos algumas considerações, a título de revisão conceitual.

Os vícios redibitórios, por definição, são defeitos ocultos que diminuem o valor ou prejudicam a utilização da coisa recebida por força de um contrato comutativo (art. 441 do CC/2002).

O principal aspecto a ser considerado é, precisamente, portanto, o fato de este vício ser *oculto, recôndito*, ou seja, *não aparente*.

Se for aparente, não se tratará de vício redibitório.

Nosso sempre lembrado mestre CAIO MÁRIO, ao defini-lo, afirma com absoluta precisão tratar-se de "um defeito oculto de que é portadora a coisa objeto de contrato comutativo, que a torna imprópria ao uso a que se destina, ou lhe prejudica sensivelmente o valor".

E mais adiante arremata:

"Não se aproxima ontologicamente o conceito de vício redibitório da ideia de responsabilidade civil. Não se deixa perturbar a sua noção com a indagação da conduta do contraente, ou apuração da sua culpa, que influirá, contudo, na graduação dos respectivos efeitos, sem aparecer como elementar de sua caracterização"[69].

Quanto a essa última afirmação do culto jurista, razão assiste-lhe inteiramente.

Essencialmente, o vício redibitório aproxima-se muito mais de uma causa de *dissolução contratual* do que propriamente do sistema de responsabilidade civil, muito embora a parte prejudicada tenha o direito de ser devidamente indenizada.

Exemplo típico de aplicação da teoria ocorrerá quando Simplicio[70], ao comprar um relógio de cobre da marca Scubix, ignora que o mesmo é portador de um defeito oculto — uma conexão equivocada de suas engrenagens, v.g. — que prejudica a sua utilização.

Note-se, outrossim, que esse defeito deverá *acompanhar a coisa, quando da sua tradição*.

Sim, porque se o vício é *posterior* à aquisição da coisa, ou seja, se a causa do defeito operou-se já quando a *res* estava em poder do adquirente, por má utilização ou desídia, este nada poderá pleitear.

Nesse diapasão, poderíamos elencar os seguintes elementos caracterizadores ou requisitos do vício redibitórios:

a) a existência de um contrato comutativo (translativo da posse e da propriedade da coisa);

---

[69] Caio Mário da Silva Pereira, *Instituições de Direito Civil*, cit., v. III, p. 71.
[70] Desistimos de uniformizar tudo com Caio e Tício! Merecido descanso para eles...

b) um defeito oculto existente no momento da tradição;

c) a diminuição do valor econômico ou o prejuízo à adequada utilização da coisa.

Pois bem.

Não importa se o vício é redibitório ou aparente: *sendo intrínseco da coisa segurada, e não declarado pelo segurado, determina a lei, como sanção pela violação ao princípio da boa-fé, a exclusão da garantia.*

Mas note-se que, a teor da última parte do art. 784, para o segurado perder o direito ao valor da indenização, deve ter se omitido no dever de informar à companhia seguradora sobre o defeito intrínseco da coisa, e, logicamente, para tanto, *deverá ter ciência do defeito que carrega a coisa.*

E, muitas vezes, situações como essa culminam por adentrar o campo da fraude, a exemplo do cidadão que, ciente do estado precário de desgaste dos seus pneus — completamente "carecas" — toma emprestado novos apenas para o dia da vistoria; ou o sujeito que, visando a pactuar o seguro de danos à sua residência, ciente de grave problema na rede elétrica, propício a causar incêndios, não comunica ao segurador.

Por outro lado, caso o segurado desconheça o vício, não teria, tecnicamente, como "se omitir", negando a informação devida. Em casos como esse, a indenização é devida, cabendo à companhia se precaver, realizando, quando reputar conveniente, respeitando sempre os termos do contrato, novas vistorias e avaliações.

14.1.5. Seguro de coisas transportadas

O contrato de transporte, cuja disciplina é feita a partir do art. 730 do Código de 2002 (sem correspondência no Código revogado), pode ser definido como o negócio jurídico bilateral, consensual e oneroso, pelo qual uma das partes (transportador ou condutor) se obriga a, mediante remuneração, transportar pessoa ou coisa a um destino previamente convencionado[71].

Confira-se, a esse respeito, o referido artigo de lei:

> "Art. 730. Pelo contrato de transporte alguém se obriga, mediante retribuição, a transportar, de um lugar para outro, pessoas ou coisas".

Trata-se de um contrato que embute, inequivocamente, uma obrigação de resultado: transportar a pessoa ou o bem, ao local de destino, em perfeita segurança.

Não se deve confundir, outrossim, o contrato de transporte com o fretamento, pois, neste último, os riscos correm integralmente por conta do tomador da coisa fretada, consoante observa com sabedoria HUMBERTO THEODORO JR., alicerçado em PONTES DE MIRANDA:

> "Pontes de Miranda lembra que, também, não se pode confundir o contrato de transporte com o contrato de fretamento.
>
> Neste o proprietário de um navio ou de uma aeronave cede o seu uso a outra pessoa. O usuário assume o risco do transporte que realizar por meio do veículo fretado. O contrato é

---

[71] Sobre o contrato de transporte, confira-se o Capítulo "Transporte" deste volume.

misto, envolvendo locação de coisa e às vezes locação de serviços. Seu objeto principal, porém, não é o deslocamento de pessoas ou mercadorias. É o usuário que, no fretamento, exerce a atividade de navegador, o que é completamente estranho ao contrato de transporte. Mesmo quando se freta uma nave com a respectiva tripulação, não se tem contrato de transporte. Explica Pontes de Miranda: no fretamento há transferência da posse da nave, o que afasta qualquer teoria que pretende ver no fretamento da nave nua ou da nave armada e equipada locação de serviços e não locação de coisa"[72].

Voltando os nossos olhos ao contrato de transporte, podemos observar que da sua definição legal defluem as duas espécies:

a) transporte de coisas (arts. 743 a 756);

b) transporte de pessoas (arts. 734 a 742).

Nessa linha de intelecção, e especificamente no que tange ao transporte de coisas, dispõe o art. 780 do vigente Código Civil:

"Art. 780. A vigência da garantia, no seguro de coisas transportadas, começa no momento em que são pelo transportador recebidas, e cessa com a sua entrega ao destinatário".

Norma clara, de intelecção imediata: o seguro no transporte de coisas inicia-se no momento em que o objeto é recebido pelo transportador e finda com a sua entrega ao destinatário, a quem se impõe, por consequência, a partir daí a responsabilidade sobre o bem adquirido.

14.1.6. Transferência do contrato

Salvo disposição em contrário, conforme dispõe o art. 785 do CC/2002, admite-se a transferência do contrato a terceiro com a alienação ou cessão do interesse segurado.

Trata-se, nitidamente, de hipótese de *cessão de contrato ou de posição contratual*.

A cessão de contrato ou de posição contratual é instituto jurídico conhecido da doutrina, mas que, surpreendentemente, não mereceu a devida atenção no Código de 2002.

Diferentemente do que ocorre na cessão de crédito ou de débito, neste caso, o cedente *transfere a sua própria posição contratual* (compreendendo créditos e débitos) a um terceiro (cessionário), que passará a substituí-lo na relação jurídica originária.

Com absoluta propriedade, SÍLVIO VENOSA observa que:

"a cessão de crédito substitui uma das partes na obrigação apenas do lado ativo, e em um único aspecto da relação jurídica, o mesmo ocorrendo pelo lado passivo na assunção de dívida. Todavia, ao transferir uma posição contratual, há um complexo de relações que se transfere: débitos, créditos, acessórios, prestações em favor de terceiros, deveres de abstenção etc. Na transferência da posição contratual, portanto, há cessões de crédito (ou pode haver) e assunções de dívida, não como parte fulcral no negócio, mas como elemento integrante do próprio negócio"[73].

---

[72] Humberto Theodoro Jr., *Do Transporte de Pessoas no Novo Código Civil*, disponível no *site* <http://64.233.187.104/search?q=cache:q-g4XqoqZQJ:www.am.trf1.gov.br/biblioteca/OUTROS%-2520SERVI%C3%87OS/C%C3%93DIGO%2520CIVIL/do_transporte_de_pessoas_no_novo_cc.pdf+%-22Do+transporte+de+pessoas+no+novo+C%C3%B3digo+Civil%22&hl=pt-BR&gl=br&ct=clnk&-cd=8&lr=lang_pt>, acessado em 8-8-2006.

[73] Sílvio de Salvo Venosa, *Contratos em Espécie*, cit., p. 346.

Note-se que parte respeitável da doutrina, adepta da *teoria atomística*, fragmentava a análise científica do instituto sob exame, para concluir que, em verdade, a cessão da posição contratual não seria mais do que um plexo de cessões múltiplas — de crédito e débito —, conjugadas, carecedoras de autonomia jurídica.

Não concordamos com esse entendimento.

Quando, em um determinado contrato (imagine-se uma promessa irretratável de compra e venda), uma das partes cede a sua posição contratual, o faz de forma integrada, não havendo, pois, a intenção de transmitir, separadamente, débitos e créditos.

Por isso, entendemos assistir razão à doutrina unitária, defendida por juristas de escol (PONTES DE MIRANDA, SILVIO RODRIGUES, ANTUNES VARELA, SÍLVIO VENOSA, entre outros), segundo a qual a cessão de contrato *opera a transferência da posição contratual como um todo*, sem que se possa identificar a fragmentação (ou atomização) dos elementos jurídicos componentes da posição contratual.

Ora, com a alienação da coisa, é consectário lógico a admissibilidade da transferência do próprio contrato de seguro, que passará, então, a surtir efeitos em face do novo adquirente.

Mas, se o instrumento contratual é nominativo, a transferência só produz efeitos em relação ao segurador mediante aviso escrito assinado pelo cedente e pelo cessionário (art. 785, § 1.º, do CC/2002). Por outro lado, a apólice ou o bilhete à ordem só se transfere por endosso em preto, datado e assinado pelo endossante e pelo endossatário, devidamente preenchido, portanto (art. 785, § 2.º, do CC/2002).

Sobre o tema, comenta JONES FIGUEIRÊDO ALVES:

"Este artigo trata da transmissibilidade dos direitos inerentes ao contrato de seguro. Como referido pelo art. 760, a apólice e o bilhete de seguro podem ser nominativos (onde constante, nominalmente, o segurador e o segurado, bem como o seu representante ou terceiro beneficiário), à ordem (transferíveis por endosso) ou ao portador (sem a nominação do beneficiário, são transferíveis por mera tradição, não exigindo nenhuma formalização). Desse modo, a transferência do contrato a terceiro por alienação ou cessão do interesse segurado é admitida como válida, salvo existindo cláusula expressa em contrário. Entretanto, conforme leciona Silvio Rodrigues, 'a transmissão do direito à indenização não pode implicar prejuízo para o segurador, cuja situação não deve ser por ela agravada' (Direito civil; dos contratos e das declarações unilaterais da vontade, 27. ed., São Paulo, Saraiva, 2000, v. 3, p. 355). Os parágrafos ao dispositivo inovam a matéria, trazendo-lhe melhor disciplina para efeito da transmissão"[74].

14.1.7. *Direito de regresso da companhia seguradora*

Paga a indenização, o segurador sub-roga-se, nos limites do valor respectivo, nos direitos e ações que competirem ao segurado contra o autor do dano (art. 786 do CC/2002).

Trata-se, sem dúvida, de hipótese de sub-rogação pessoal, tema dos mais apaixonantes, com raízes na teoria geral das obrigações.

---

[74] Jones Figueirêdo Alves, *Novo Código Civil Comentado* (coord. Ricardo Fiuza), São Paulo: Saraiva, 2002, p. 709-10.

Segundo o léxico CALDAS AULETE, *sub-rogação (s.f.)* é "o ato de sub-rogar. || Ato pelo qual se substitui uma pessoa ou coisa em lugar de outra. || (For.) Ato pelo qual o indivíduo que paga pelo devedor com o consentimento deste, expressamente manifestado ou por fatos donde claramente se deduza, fica investido nos direitos do credor (*Cód. Civ. Port.*, art. 778). || F. Lat. *Subrogatio*"[75].

Para a ciência jurídica, da mesma forma, sub-rogação traduz a ideia de "substituição" de sujeitos ou de objeto, em uma determinada relação jurídica.

Citando pensamento de HENRY DE PAGE, magistral civilista belga, CAIO MÁRIO observa que: "na palavra mesma que exprime o conceito (do latim 'sub rogare, sub rogatio'), está contida a ideia de substituição, ou seja, o fato de uma pessoa tomar o lugar da outra, assumindo a sua posição e a sua situação"[76].

Assim, se um indivíduo gravou determinado bem de sua herança com cláusula de inalienabilidade, o sucessor não poderá, sem a devida autorização judicial, aliená-lo, e, caso o faça, justificará o gasto, aplicando o valor remanescente na aquisição de outro bem, que substituirá o primeiro, o qual passará a suportar a cláusula restritiva.

Diz-se, no caso, haver se operado uma *sub-rogação (substituição) objetiva ou real*, ocorrida entre coisas.

Nesse sentido, confira-se, por exemplo, o art. 1.848, § 2.º, do Código Civil de 2002:

"Art. 1.848. Salvo se houver justa causa, declarada no testamento, não pode o testador estabelecer cláusula de inalienabilidade, impenhorabilidade, e de incomunicabilidade, sobre os bens da legítima.

§ 1.º Não é permitido ao testador estabelecer a conversão dos bens da legítima em outros de espécie diversa.

§ 2.º Mediante autorização judicial e havendo justa causa, podem ser alienados os bens gravados, convertendo-se o produto em outros bens, que ficarão sub-rogados nos ônus dos primeiros" (grifos nossos).

Outras hipóteses de sub-rogação real são encontradas nos seguintes artigos do Código de 2002: 39, 1.446, 1.659, I e II, 1.668, I, e 1.719.

Ao lado da sub-rogação objetiva ou real, temos, ainda, a *sub-rogação subjetiva ou pessoal*.

Como o próprio nome sugere, nesse caso, a substituição que se opera é de sujeitos, e não de objeto, na relação jurídica.

Tal ocorre, por exemplo, quando o fiador paga a dívida do afiançado, passando, a partir daí, a ocupar a posição do credor, substituindo-o. Assim, se Caio (fiador) paga a dívida de Tício (devedor principal/afiançado), junto a Mévio (credor), poderá, então, exigir o reembolso do que pagou, sub-rogando-se nos direitos do credor.

---

[75] Caldas Aulete, *Dicionário Contemporâneo da Língua Portuguesa*, ed. brasileira, Rio de Janeiro: Delta, 1958, v. V, p. 4780.
[76] Henry De Page, *Traité*, v. III, segunda parte, n. 513, citado por Caio Mário da Silva Pereira, *Instituições de Direito Civil*, 19. ed., Rio de Janeiro: Forense, 2001, v. II, p. 131.

A sub-rogação, pois, significará uma substituição de sujeitos na relação jurídica, uma vez que Tício assumirá o lugar do credor Mévio, que lhe transferirá os seus direitos e garantias, por força de lei.

Pois bem.

É exatamente desta última modalidade de sub-rogação que trataremos a seguir.

O *pagamento com sub-rogação,* modo especial de extinção das obrigações disciplinado pelos arts. 346 a 351 do CC/2002, traduz a ideia de cumprimento da dívida por terceiro, com a consequente substituição de sujeitos na relação jurídica obrigacional originária: *sai o credor, e entra o terceiro que pagou a dívida ou emprestou o necessário para que o devedor solvesse a obrigação.*

Ora, a título de ilustração, quando um terceiro paga ou empresta o necessário para que o devedor solva a sua obrigação, operar-se-á, por convenção ou em virtude da própria lei, a transferência dos direitos e, eventualmente, das garantias, do credor originário para o terceiro (sub-rogado).

Diz-se, no caso, ter havido *pagamento com sub-rogação pessoal,* ou seja, pagamento com substituição de sujeitos no polo ativo da relação obrigacional.

A dívida será considerada extinta em face do antigo credor, remanescendo, todavia, o direito transferido ao novo titular do crédito.

Há, portanto, dois necessários efeitos da sub-rogação: liberatório (pela extinção do débito em relação ao devedor original) e translativo (pela transferência da relação obrigacional para o novo credor).

Não há se confundir, todavia, o *pagamento com sub-rogação* com a mera *cessão de crédito*[77], já que, nesta última, a transferência da qualidade creditória opera-se sem que tenha havido o pagamento da dívida.

Como bem pondera ORLANDO GOMES, "A sub-rogação pessoal assemelha-se à cessão de crédito, subordinando-se, na sua espécie mais comum, às regras que a disciplinam. Não se confundem, porém. *A sub-rogação pressupõe pagamento,* só se verificando se o credor originário for satisfeito. A cessão de crédito, ao contrário, ocorre antes que o pagamento seja feito"[78] (grifos nossos).

A despeito dessa falta de identidade, é forçoso convir que esses institutos guardam pontos de contato, uma vez que a própria lei, na hipótese de sub-rogação convencional, estudada a seguir, manda sejam aplicados os dispositivos da cessão de crédito (art. 348 do CC/2002).

Assim, ocorre *pagamento com sub-rogação* quando Caio paga a dívida de Tício, sub-rogando-se nos direitos do credor Mévio. Diferentemente, haverá simples cessão de crédito quando o credor Mévio, por força de estipulação negocial, transfere o seu crédito a Caio, de forma que este, a partir daí, possa exigir o pagamento da dívida, notificando o devedor para tal fim.

---

[77] Sobre a cessão de crédito, confira-se o Capítulo XX ("Transmissão das Obrigações: Cessão de Crédito, Cessão de Débito (Assunção de Dívida) e Cessão de Contrato") do v. 2 ("Obrigações") desta obra.

[78] Orlando Gomes, *Obrigações,* 8. ed., Rio de Janeiro: Forense, 1992, p. 140.

Frise-se, outrossim, que esta substituição poderá se dar de duas formas: *por força de lei* ou *em virtude de convenção* (pela vontade das próprias partes).

Assim, temos:

a) pagamento com *sub-rogação legal*;

b) pagamento com *sub-rogação convencional*[79].

No caso, estabelecendo, o próprio legislador, no mencionado art. 786, a sub-rogação do segurador, nos limites do valor respectivo, nos direitos e ações que competirem ao segurado contra o autor do dano, temos, claramente, uma hipótese de *pagamento com sub-rogação legal*.

Pagando, pois, o segurador ingressa com ação regressiva em face do causador do dano, sendo ineficaz qualquer ato do segurado que diminua ou extinga, em prejuízo do segurador, os direitos a que se refere este artigo (art. 786, § 2.º). Não pode, pois, o segurado, por exemplo, pretender "perdoar" o causador do dano, já tendo recebido o valor da indenização, para impedir a demanda regressiva a ser proposta pela companhia.

Em nosso entendimento, parece-nos que o prazo para a ação regressiva deve ser o mesmo para a dedução da pretensão de reparação civil, qual seja, 3 (três) anos, com fundamento no art. 206, § 3.º, V, do vigente Código Civil brasileiro, uma vez que é nessa pretensão que se sub-roga o segurador.

Todavia, salvo em caso de atuação dolosa, a sub-rogação não tem lugar se o dano foi causado pelo cônjuge do segurado, seus descendentes ou ascendentes, consanguíneos ou afins (art. 786, § 1.º).

A lógica do dispositivo reside no fato de que há, potencialmente, um patrimônio comum do segurado e dos referidos familiares, não sendo razoável estimularem-se demandas no seio familiar.

Claro está, porém, que, dada a equiparação constitucional da união estável ao casamento, é forçoso convir, em uma interpretação conforme à Constituição, que o direito de regresso também não caberá se o causador do dano (não dolosamente realizado) for a companheira (ou companheiro) do segurado.

14.1.8. Seguro de responsabilidade civil

Uma das facetas do seguro de danos é o de responsabilidade civil.

Trata-se, hoje, de uma das formas mais comuns de seguro, por meio da qual o segurado visa a obter cobertura em face de eventuais danos que culposamente venha a causar a terceiros. Em outras palavras: pretende-se, por meio deste seguro, transferir ao segurador a responsabilidade civil do segurado pelo ilícito causado[80].

---

[79] Sobre este tema, convidamos o nosso leitor a conferir o Capítulo XI ("Pagamento com Sub-Rogação") do v. 2 ("Obrigações") desta obra.

[80] E a reparação devida pelo segurador deve ser justa, atualizada monetariamente, portanto, consoante já decidiu o STJ:
"Civil e Processo civil. Seguro de responsabilidade civil. Correção monetária do valor segurado. Possibilidade. Indenização por dano moral. Correção monetária. *Dies a quo*. Data da fixação pelo juiz.

Nesse sentido, dispõe o vigente Código Civil, sem norma correspondente na codificação anterior:

"Art. 787. No seguro de responsabilidade civil, o segurador garante o pagamento de perdas e danos devidos pelo segurado a terceiro.

§ 1.º Tão logo saiba o segurado das consequências de ato seu, suscetível de lhe acarretar a responsabilidade incluída na garantia, comunicará o fato ao segurador.

§ 2.º É defeso ao segurado reconhecer sua responsabilidade ou confessar a ação, bem como transigir com o terceiro prejudicado, ou indenizá-lo diretamente, sem anuência expressa do segurador.

§ 3.º Intentada a ação contra o segurado, dará este ciência da lide ao segurador.

§ 4.º Subsistirá a responsabilidade do segurado perante o terceiro, se o segurador for insolvente".

E note-se que esta imposição de responsabilidade ao segurador, visando à redução dos riscos, tão incrementados em nossa sociedade, é salientada pelo próprio *princípio da função social*, como bem notou o Tribunal de Justiça do Rio Grande do Sul, em belo acórdão:

"Acidente de trânsito. Reparação de danos materiais. Legitimidade passiva da seguradora em face do contrato de seguro do veículo causador do dano. Acolhimento. Aplicação do princípio da função social do contrato. Sentença de parcial procedência mantida por seus próprios fundamentos. Apesar da inexistência de vínculo contratual com a parte autora, é a seguradora parte legítima para figurar no polo passivo da ação de reparação de danos, conjuntamente com o segurado causador do dano, pois o contrato de seguro de responsabilidade civil acaba gerando efeitos que extrapolam às partes contratantes. Dessa sorte, revelar-se-ia injusta a exigência de que o terceiro busque a indenização apenas do causador direto dos danos, o qual, somente após ter desembolsado o valor dos danos, poderia agir regressivamente em face da seguradora. Trata-se de realçar, no caso, a aplicação do princípio da função social do contrato, em detrimento do princípio da relatividade, já que muitas vezes, como é o caso, o vínculo contratual pode beneficiar quem não é parte contratante. RECURSO DESPROVIDO" (TJRS, Recurso Cível 71000912709, (Turmas Recursais), Rel. Eugênio Facchini Neto, julgado em 29-8-2006, 3.ª Turma Cível).

Sucumbência recíproca. Compensação de verbas honorárias. Possibilidade, mesmo sendo uma das partes beneficiária da AJG.

— Tendo a correção monetária a finalidade de repor o poder aquisitivo da moeda, não implicando em acréscimo ou ganho real, deve o valor segurado ser corrigido monetariamente desde a data de contratação do seguro de responsabilidade civil, com base no mesmo índice fixado para a obrigação principal.

— Na hipótese do segurado sequer ter desembolsado o valor a ser ressarcido pela seguradora denunciada à lide, incabível a incidência de juros sobre o valor segurado.

— É devida correção monetária sobre o valor da indenização por dano moral fixado a partir da data do arbitramento. Precedentes.

— Havendo sucumbência recíproca, impõe-se a compensação das verbas honorárias, regra que também alcança beneficiário da assistência judiciária gratuita. Precedentes. Recurso especial conhecido e parcialmente provido" (STJ, REsp 868.081/RS, *DJ*, 18-12-2006, p. 397, rel. Min. Nancy Andrighi, j. 7-12-2006, 3.ª Turma).

Por imposição do princípio da boa-fé objetiva, tão logo saiba o segurado das consequências de ato seu, suscetível de lhe acarretar a responsabilidade incluída na garantia, comunicará o fato ao segurador (art. 787, § 1.º), podendo a demora na comunicação militar em seu desfavor, uma vez que danos consequenciais, derivados da própria mora, não poderiam ser imputados ao segurador, em face da interrupção do nexo causal. Vale dizer, a demora do segurado poderá traduzir uma *concausa* deflagradora de efeito danoso, em tese não imputável à companhia seguradora, a depender da análise do caso concreto.

Sobre a interrupção do nexo causal pela superveniência de concausas, aliás, já tivemos a oportunidade de escrever:

> "Utiliza-se a expressão 'concausa' para caracterizar o acontecimento que, anterior, concomitante ou superveniente ao antecedente que deflagrou a cadeia causal, acrescenta-se ao mesmo, em direção ao evento danoso.
>
> Como quer CAVALIERI, trata-se de 'outra causa que, juntando-se à principal, concorre para o resultado. Ela não inicia nem interrompe o nexo causal, apenas o reforça, tal como um rio menor que deságua em outro maior, aumentando-lhe o caudal'[81].
>
> A grande questão em torno do tema diz respeito à circunstância de esta concausa interromper ou não o processo naturalístico já iniciado, constituindo um novo nexo, caso em que o agente da primeira causa não poderia ser responsabilizado pela segunda.
>
> Se esta segunda causa for *absolutamente independente em relação à conduta do agente* — quer seja *preexistente, concomitante ou superveniente* — o nexo causal originário estará rompido e o agente não poderá ser responsabilizado"[82].

Pois bem.

Caso a demora do segurado agrave a dimensão do prejuízo, impondo efeitos colaterais gravosos a direito seu, poderá a seguradora, em princípio, eximir-se de responsabilidade, alegando a não observância da cobertura de risco contratada.

Na mesma linha, em face da vinculação contratual firmada com a companhia, também é defeso ao segurado reconhecer sua responsabilidade ou confessar a ação, bem como transigir com o terceiro prejudicado, ou indenizá-lo diretamente, sem anuência expressa do segurador (art. 787, § 2.º). Se assim o fizer, estará por sua própria conta.

Já no plano processual, intentada a ação contra o segurado, dará este ciência da lide ao segurador (art. 787, § 3.º), por meio do instituto jurídico da denunciação da lide[83].

---

[81] Sérgio Cavalieri Filho, ob. cit., p. 62.

[82] Pablo Stolze Gagliano e Rodolfo Pamplona Filho, *Novo Curso de Direito Civil — Responsabilidade Civil*, 18. ed., São Paulo: Saraiva, 2020, v. 3, p. 141-2.

[83] "A razão de ser desse preceito legal", segundo o Min. Eduardo Ribeiro, "prende-se, por certo, à garantia que o segurador prometeu 'de fazer indene à dívida o contraente'. Vencido na ação em que se pleiteie seja condenado a indenizar, o segurado haverá de ressarcir-se junto ao segurador, caso esse não preste a garantia, efetuando diretamente o pagamento" (Eduardo Ribeiro de Oliveira, Contrato de Seguro — Alguns Tópicos, in *O Novo Código Civil — Estudos em Homenagem a Miguel Reale* (coords.: Domingos F. Netto, Gilmar F. Mendes, Ives Gandra da S. Martins Filho), São Paulo: LTr, 2003, p. 740).

A respeito das consequências da denunciação, escreve o Prof. ARRUDA ALVIM, com a sua habitual erudição:

"Havendo denunciação, tanto pelo autor como pelo réu, haverá regime unitário contra a parte adversa, e na denunciação o denunciado será réu. A sentença será formalmente una, mas conterá, na verdade, duas decisões, já se tendo corretamente decidido pela nulidade da sentença omissa quanto a uma das lides"[84].

Vale acrescentar ainda que, na prática forense, tem-se observado que o instituto da denunciação da lide recebe diferentes matizes de aplicação no caso concreto, ou como bem observa FREDIE DIDIER JR., "não há como chegar a outra conclusão: a solução que se dá ao problema da admissibilidade da denunciação da lide é casuística"[85].

Nesse diapasão, notamos que a jurisprudência do Superior Tribunal de Justiça, dadas as características do contrato de seguro, e sem prejuízo da denunciação, tem admitido, inclusive, ação direta contra o próprio segurador:

"Civil. Seguro. Ação indenizatória. Denunciação. Acolhimento. Seguradora. Responsabilidade solidária. Decorrência. Título judicial. Cláusula contratual. Sistema de reembolso. Aplicação restrita ao âmbito administrativo.

I — O entendimento desta Corte é assente no sentido de que, em razão da estipulação contratual em favor de terceiro existente na apólice, a seguradora pode ser demandada diretamente para pagar a indenização.

II — Se a seguradora poderia ter sido demandada diretamente, não resta dúvida de que, ao ingressar no feito por denunciação, assumiu a condição de litisconsorte. Nessa situação, submete-se à coisa julgada e, no caso de condenação, é legitimada para figurar no polo passivo da execução, cabendo-lhe o adimplemento do débito nos limites da sua responsabilidade.

III — Julgado procedente o pedido indenizatório e a denunciação da lide, a responsabilidade solidária da seguradora passa a ser fundada no título judicial e não no contrato. Assim, sem perquirir acerca da nulidade ou abusividade da cláusula prevendo que a seguradora será responsabilizada apenas pelo reembolso ao segurado, conclui-se ficar restrita sua aplicação aos pagamentos efetuados administrativamente.

No que sobejar, a execução poderá ser intentada contra a seguradora.

Recurso provido" (STJ, REsp 713.115/MG, *DJ*, 4-12-2006, p. 300, rel. Min. Castro Filho, julgado em 21-11-2006, 3.ª Turma).

Frise-se, ainda, que subsistirá a responsabilidade do segurado perante o terceiro, se o segurador for insolvente (art. 787, § 4.º), hipótese pouco provável de ocorrer.

Regra especial, finalmente, encontra-se no art. 788 do Código Civil (também sem correspondente na codificação anterior):

---

[84] Arruda Alvim, *Manual de Direito Processual Civil — Processo de Conhecimento*, 9. ed. São Paulo: Revista dos Tribunais, 2005, v. II, p. 180.

[85] Fredie Didier Jr., *Direito Processual Civil — Tutela Jurisdicional Individual e Coletiva*, 5. ed., Salvador: Jus Podivm, 2005, p. 319.

"Art. 788. Nos seguros de responsabilidade legalmente obrigatórios, a indenização por sinistro será paga pelo segurador diretamente ao terceiro prejudicado.

Parágrafo único. Demandado em ação direta pela vítima do dano, o segurador não poderá opor a exceção de contrato não cumprido pelo segurado, sem promover a citação deste para integrar o contraditório".

Sobre o tema, comenta JONES FIGUEIRÊDO ALVES:

"O parágrafo único do artigo remete a hipótese ao disposto no art. 476 do CC/2002. Entretanto, exige-se maior acuidade na interpretação do seu texto, em face da pretensa exceção arguível. É que feito o seguro em favor de outrem não identificado, terceiro prejudicado potencial, não teria, em verdade, tal exceção o condão de afastar a seguradora pelo pagamento do prêmio, enquanto não implementada a obrigação pelo segurado. É o que o sistema de tais seguros objetiva estabelecer: o princípio da universalidade, a tanto que a cobertura à vítima do dano é efetuada independentemente de o veículo ou a própria seguradora serem identificados, acionando o beneficiário do seguro qualquer das empresas seguradoras integrantes do consórcio securitário (art. 7.º da Lei 6.194) e, mais ainda, terá o terceiro prejudicado direito à indenização pelo sinistro, mesmo que não efetuado o pagamento do prêmio pelo segurado. Nesse sentido, o STJ tem dirimido, com segurança: 'A indenização decorrente do chamado seguro obrigatório de danos pessoais causados por veículos automotores de vias terrestres (DPVAT), devida a pessoa vítima por veículo identificado que esteja com a apólice do referido seguro vencida, pode ser cobrada de qualquer seguradora que opere no completo (STJ, 4.ª T., Responsabilidade 200.838-GO, rel. Min. Cesar Asfor Rocha, DJ de 2-5-2000). A jurisprudência tem sinalizado, de há muito, nessa linha: 'Não pode a seguradora se recusar a pagar a indenização proveniente de seguro obrigatório alegando a falta de pagamento do prêmio pelo proprietário do veículo causador do acidente, pois a lei não faz essa exigência, e, além do mais, aquela não terá qualquer prejuízo, pois poderá ingressar com uma ação regressiva, tudo nos termos da Lei n. 6.019, com a redação dada pela Lei n. 8.441' (RT, 743/300). Observe-se, ademais, a orientação do STJ, ao particularizar a obrigação daquele causador do dano, somente quando inexistente consórcio segurador que assuma o risco: 'O dever de indenizar o prejudicado, pelo acidente causado por veículo cujo seguro estava vencido, é do proprietário deste, quando à época do evento danoso ainda não estava em vigor a norma que prevê a obrigação indenizatória do Consórcio de Seguradoras, para esses casos' (SJT, 3.ª T., Responsabilidade 218.418 — São Paulo, rel. Min. Fátima Nancy Andrighi, DJ de 17-9-2001). Diante de tal sentir, afigura-se ambígua e desproporcional a narração do texto do referido parágrafo, aparentando prevalecer, em tais hipóteses, a exceção do contrato não cumprido, quando, em verdade, terá apenas a seguradora demandada o direito de regresso contra o segurado moroso"[86].

Vale acrescentar que está sendo proposta a alteração deste dispositivo, na sua parte final, que assumiria os seguintes termos:

"Parágrafo único. Demandado em ação direta pela vítima do dano, o segurador não poderá opor a exceção de contrato não cumprido pelo segurado, cabendo a denunciação da lide para o direito de regresso"[87] (PL 6960/02).

Compreendido, de forma sistemática, o seguro de dano, passemos a abordar a outra espécie codificada de seguro, a saber, o seguro de pessoa.

---

[86] Jones Figueirêdo Alves, *Novo Código Civil Comentado*, cit., p. 713-4.

Sobre o tema da *exceptio non adimpleti contractus*, confira-se o Capítulo "Exceção de Contrato Não Cumprido" deste volume. .

[87] Jones Figueirêdo Alves e Mário Luiz Delgado, *Código Civil Anotado — Inovações Comentadas Artigo por Artigo*, São Paulo: Método, 2005, p. 347.

14.2. Seguro de pessoa

O seguro de pessoa, já comentado, escapa da natureza compensatória dos seguros em geral, consistindo em obrigações especiais acautelatórias de eventuais violações a direitos da personalidade.

Desdobra-se tal espécie contratual em outras duas específicas, a saber, o *seguro de vida e o seguro de acidentes pessoais*, ambas modalidades negociais especiais, que visam a cobrir riscos de lesões a bens extrapatrimoniais insuscetíveis de valoração, o que justifica o tratamento diferenciado por parte do legislador.

14.2.1. Noções introdutórias

O seguro de pessoa possui traços característicos que, em muitos pontos, afastam-no do seguro de dano.

E essa natureza peculiar é decorrência direta do interesse segurado: valores e bens de natureza personalíssima, a exemplo da integridade física e da própria vida.

Por isso, no seguro de pessoa, é possível a pactuação múltipla, ou seja, mais de um contrato em garantia do mesmo interesse, não havendo, em princípio, limitação de valor, consoante podemos verificar da leitura do Código Civil, mais especificamente do art. 789 do CC/2002:

> "Art. 789. Nos seguros de pessoas, o capital segurado é livremente estipulado pelo proponente, que pode contratar mais de um seguro sobre o mesmo interesse, com o mesmo ou diversos seguradores".

Uma outra característica do seguro de pessoa, que o diferencia das demais modalidades, é a proibição de o segurador sub-rogar-se nos direitos e ações do segurado, ou do beneficiário, contra o causador do sinistro (art. 800 do CC/2002), isso porque, além da natureza do interesse em jogo, não se aplica, aqui, ao menos nos moldes tradicionais, o *princípio indenitário*, como ocorre no seguro de dano.

Vale dizer: o valor a ser pago ao beneficiário ou segurado não pode ser encarado como uma indenização comum, mas sim como uma compensação ou consolo pela lesão ao interesse extrapatrimonial segurado.

Note, portanto, nosso amigo leitor, que o seguro de pessoa visa, em verdade, a acautelar direitos da personalidade, inestimáveis, sobre os quais já tivemos a oportunidade de escrever:

> "O homem não deve ser protegido somente em seu patrimônio, mas, principalmente, em sua essência.
>
> Uma das principais inovações da Parte Geral do novo Código Civil é, justamente, a existência de um capítulo próprio destinado aos direitos da personalidade.
>
> Trata-se de um dos sintomas da modificação axiológica da codificação brasileira, que deixa de ter um perfil essencialmente patrimonial, característico do Código Civil de 16, concebido para uma sociedade agrária, tradicionalista e conservadora, para se preocupar substancialmente com o indivíduo, em perfeita sintonia com o espírito da Constituição Cidadã de 1988.

Somente por tais circunstâncias já se pode vislumbrar a importância da matéria: a *previsão legal dos direitos da personalidade dignifica o homem*"[88].

E ainda:

"Conceituam-se os direitos da personalidade como aqueles que têm por objeto os atributos físicos, psíquicos e morais da pessoa em si e em suas projeções sociais.

A ideia a nortear a disciplina dos direitos da personalidade é a de uma esfera extrapatrimonial do indivíduo, em que o sujeito tem reconhecidamente tutelados pela ordem jurídica uma série indeterminada de valores não redutíveis pecuniariamente, como a vida, a integridade física, a intimidade, a honra, entre outros"[89].

Não se admite, ademais, nos termos do art. 795 do CC/2002, qualquer transação para pagamento reduzido do capital segurado, no seguro de pessoa, considerando-se *nula de pleno direito* qualquer cláusula neste sentido, por violar a boa-fé objetiva e o princípio da função social do contrato.

Cumpre-nos observar ainda que o segurador não pode eximir-se ao pagamento do seguro, ainda que da apólice conste a restrição, se a morte ou a incapacidade do segurado provier da utilização de meio de transporte mais arriscado, da prestação de serviço militar, da prática de esporte, ou de atos de humanidade em auxílio de outrem, nos termos do art. 799 do CC/2002.

Trata-se de norma de ordem pública, em nosso sentir, que visa a resguardar a própria função social dessas modalidades de seguro, não podendo, portanto, ser afastadas pela vontade das partes.

E tamanha é a importância do seguro de vida e de acidentes pessoais para o caso de morte que, a teor do art. 794 do CC/2002, o capital estipulado não está sujeito às dívidas do segurado, nem se considera herança para todos os efeitos de direito, razão pela qual o seu levantamento independe de inventário administrativo (Lei n. 11.441/07) ou judicial, podendo se realizar mediante simples alvará judicial, no bojo de procedimento de jurisdição voluntária.

A respeito do seguro de pessoa, lembra-nos CARLOS ROBERTO GONÇALVES que são exemplos os seguros de: *vida, acidentes pessoais, natalidade, pensão, aposentadoria, invalidez e seguro-saúde*, excluindo-se do âmbito do Código Civil este último, a teor do art. 802[90]:

"Art. 802. Não se compreende nas disposições desta Seção a garantia do reembolso de despesas hospitalares ou de tratamento médico, nem o custeio das despesas de luto e de funeral do segurado".

Dessas modalidades de seguro, algumas, inclusive, com matiz previdenciário, sobrelevam o seguro de acidentes pessoais, e, especialmente, o seguro de vida, que, pela sua dimensão, merece um tratamento mais minudente.

Vejamos cada um deles.

---

[88] Pablo Stolze Gagliano e Rodolfo Pamplona Filho, Parte Geral, v. 1, 22. ed., citado, p. 134.
[89] Ibidem, p. 135-6.
[90] Carlos Roberto Gonçalves, ob. cit., v. 3, p. 545.

14.2.2. Seguro de acidentes pessoais

O *seguro de acidentes pessoais* visa a cobrir danos que atinjam a integridade física, psicológica ou até mesmo moral do segurado, mediante pagamento de indenização em dinheiro.

Saliente-se que não é somente o fato do acidente que gera o direito à percepção da indenização, mas também no caso de morte, decorrente de acidente, deve haver o pagamento do seguro.

Como nos parece evidente, impõe-se a análise das cláusulas contratuais estabelecidas em tal seguro sempre à luz do Código de Defesa do Consumidor, para se poder dimensionar a extensão da cobertura.

Vale mencionar, inclusive, neste ponto, haver precedente no STJ no sentido de não se conhecer Recurso Especial, em caso de ação de indenização devida em virtude de contrato de seguro de vida em grupo e acidentes pessoais, pela circunstância de o *conceito de "acidente pessoal"* depender da análise interpretativa de cláusulas contratuais, não podendo ser aferido na instância especial, à luz do enunciado da Súmula 5 do STJ (REsp. 586.131/SP, rel. Min. Barros Monteiro, julgado em 25-10-2005).

14.2.3. Seguro de vida

Também espécie de seguro pessoal, o seguro de vida, dadas as suas peculiaridades, merece tratamento em dispositivo próprio.

"*Este contrato fue*" — afirmam RIPERT e BOULANGER — "*considerado inmoral durante mucho tiempo, y Portalis lo había declarado ilícito por constituir un juego sobre la vida humana. Una resolución del Consejo de Estado del 28 de mayo de 1818 lo declaró sin embargo lícito y luego de un desarollo bastante lento, el seguro de vida adquirió una importancia considerable*"[91].

Admitida a sua licitude, pois, entendemos que a natureza jurídica do seguro de vida, sem sombra de dúvida, encontra assento no conceito de *estipulação em favor de terceiro*.

Por meio da estipulação em favor de terceiro, ato de natureza essencialmente negocial, uma parte convenciona com o devedor que este deverá realizar determinada prestação em benefício de outrem, alheio à relação jurídica-base.

No Código Civil Brasileiro, a matéria é tratada de forma sucinta, praticamente repetindo o disposto na codificação revogada.

No dizer de CAIO MÁRIO, a estipulação em favor de terceiro "origina-se da declaração acorde do estipulante e do promitente, com a finalidade de instituir um *iuris vinculum*, mas com a peculiaridade de estabelecer obrigação de o devedor prestar em benefício de uma terceira pessoa, a qual, não obstante ser estranha ao contrato, se torna credora do promitente"[92].

---

[91] Georges Ripert e Jean Boulanger, *Tratado de Derecho Civil — Segun el Tratado de Planiol* — Contratos Civiles, Buenos Aires: La Ley, 1987, t. VIII, p. 582.

[92] Caio Mário da Silva Pereira, *Instituições de Direito Civil*, cit., p. 65.

Nessa modalidade contratual especial, as partes são chamadas de *estipulante* — aquele que estabelece a obrigação — e *promitente ou devedor* — aquele que se compromete a realizá-la. Já o *terceiro ou beneficiário* é o destinatário final da obrigação pactuada.

O exemplo mais comum desta figura jurídica é o seguro de vida. Neste caso, consumado o risco previsto na apólice, a seguradora, conforme estipulado com o segurado, deverá pagar ao terceiro (beneficiário) o valor devido a título de indenização.

E esta sua natureza jurídica é realçada, até mesmo, pela jurisprudência do Superior Tribunal de Justiça:

"Civil e processual civil. Contrato de seguro. Ação ajuizada pela vítima contra a seguradora. Legitimidade passiva *ad causam*. Estipulação em favor de terceiro. Doutrina e precedentes. Recurso provido. I — As relações jurídicas oriundas de um contrato de seguro não se encerram entre as partes contratantes, podendo atingir terceiro beneficiário, como ocorre com os seguros de vida ou de acidentes pessoais, exemplos clássicos apontados pela doutrina. II — Nas estipulações em favor de terceiro, este pode ser pessoa futura e indeterminada, bastando que seja determinável, como no caso do seguro, em que se identifica o beneficiário no momento do sinistro. III — O terceiro beneficiário, ainda que não tenha feito parte do contrato, tem legitimidade para ajuizar ação direta contra a seguradora, para cobrar a indenização contratual prevista em seu favor" (STJ, REsp 401718/PR; REsp (2001/0188298-0), *DJ*, 24-3-2003, p. 228, rel. Min. Sálvio de Figueiredo Teixeira, julgado 3-9-2002, 4.ª Turma).

Nesse diapasão, podemos afirmar ainda que a relevância desta modalidade de seguro é indiscutível, por ter por objeto o maior de todos os bens.

Sobre a vida, e o direito à vida, inclusive, já anotamos que:

"O Pacto Internacional sobre Direitos Civis e Políticos de 1966, em seu art. 6.º, III, referindo-se ao direito à vida, dispõe que:

'1. O direito à vida é inerente à pessoa humana. Este direito deverá ser protegido pela lei, e ninguém poderá ser arbitrariamente privado de sua vida'.

A vida é o direito mais precioso do ser humano.

Sem ela, nada existe, sendo o advento de seu termo final a única certeza absoluta de toda a humanidade.

Por isso mesmo, na precisa síntese de BITTAR, é o direito 'que se reveste, em sua plenitude, de todas as características gerais dos direitos da personalidade, devendo-se enfatizar o aspecto da indisponibilidade, uma vez que se caracteriza, nesse campo, um direito à vida e não um direito sobre a vida. Constitui-se direito de caráter negativo, impondo-se pelo respeito que a todos os componentes da coletividade se exige. Com isso, tem-se presente a ineficácia de qualquer declaração de vontade do titular que importe em cerceamento a esse direito, eis que se não pode ceifar a vida humana, por si, ou por outrem, mesmo sob consentimento, porque se entende, universalmente, que o homem não vive apenas para si, mas para cumprir missão própria da sociedade. Cabe-lhe, assim, perseguir o seu aperfeiçoamento pessoal, mas também contribuir para o progresso geral da coletividade, objetivos esses alcançáveis ante o pressuposto da vida'[93].

A ordem jurídica assegura o direito à vida de todo e qualquer ser humano, antes mesmo do nascimento, punindo o aborto e protegendo os direitos do nascituro.

---

[93] Carlos Alberto Bittar, *Os Direitos da Personalidade*, 3. ed., Rio de Janeiro: Forense, 1999, p. 67.

Isso não impede, porém, o reconhecimento da importância do planejamento familiar, como forma de incentivar uma vida com qualidade para todo aquele que nasça, o que foi alçado, inclusive, a nível constitucional[94].

A concepção de um direito à vida (e não — repita-se! — sobre a vida) implica no reconhecimento estatal da legitimidade do combate individual e coletivo a todas as ameaças à sadia qualidade de vida.

Assim, por exemplo, a questão dos alimentos transgênicos é matéria da ordem do dia, intimamente relacionada com o tema. De fato, na busca do aperfeiçoamento genético de alimentos pode-se acabar, mesmo indiretamente, violando o direito à vida (e, consequentemente, à saúde)"[95].

Lembra-nos o grande CAIO MÁRIO existirem duas espécies de seguro de vida[96]:

a) o seguro de vida propriamente dito — trata-se do negócio jurídico por meio do qual o segurado, mediante recolhimento do prêmio, constitui capital a ser pago ao beneficiário do seguro, por ocasião da sua morte;

b) o seguro de sobrevivência ou dotal — neste caso, admite-se, contratualmente, o levantamento, ainda em vida do segurado, do capital constituído, em caso do alcance de determinado limite temporal ou em face da ocorrência de determinado evento.

Em geral, o próprio segurado pactua o seguro, visando a beneficiar terceiro, admitindo o legislador, outrossim, que a vida de outrem seja segurada, caso haja razão ou justificativa para tanto, como o vínculo familiar próximo. Exemplo: eu posso celebrar um seguro de vida, que tenha por objeto o risco de morte do meu filho, estipulando determinada pessoa, minha esposa, sua mãe, como beneficiária:

Neste sentido, confira-se a previsão do art. 790 do CC/2002:

"Art. 790. No seguro sobre a vida de outros, o proponente é obrigado a declarar, sob pena de falsidade, o seu interesse pela preservação da vida do segurado.

Parágrafo único. Até prova em contrário, presume-se o interesse, quando o segurado é cônjuge, ascendente ou descendente do proponente".

---

[94] CF/88: "Art. 226. (...)

§ 7.º Fundado nos princípios da dignidade da pessoa humana e da paternidade responsável, o planejamento familiar é livre decisão do casal, competindo ao Estado propiciar recursos educacionais e científicos para o exercício desse direito, vedada qualquer forma coercitiva por parte de instituições oficiais ou privadas".

Em nível infraconstitucional, a Lei n. 9.263/96 regula o dispositivo constitucional supramencionado, dispondo, em seu art. 9.º, que: "Para o exercício do direito ao planejamento familiar, serão oferecidos todos os métodos e técnicas de concepção e contracepção cientificamente aceitos e que não coloquem em risco a vida e a saúde das pessoas, garantida a liberdade de opção. Parágrafo único. A prescrição a que se refere o *caput* só poderá ocorrer mediante avaliação e acompanhamento clínico e com informação sobre seus riscos, vantagens, desvantagens e eficácia".

[95] Pablo Stolze Gagliano e Rodolfo Pamplona Filho, Parte Geral, v. 1, 22. ed., citado, p. 199 (mantivemos as notas de rodapé do texto original).

[96] Caio Mário da Silva Pereira, ob. cit., p. 310.

Note-se que o dispositivo não deve ser interpretado literalmente, mas, sim, em uma perspectiva constitucional, o que foi confirmado na III Jornada de Direito Civil da Justiça Federal, que editou o Enunciado 186, com o seguinte teor:

> Enunciado 186 — "Art. 790. O companheiro deve ser considerado implicitamente incluído no rol das pessoas tratadas no art. 790, parágrafo único, por possuir interesse legítimo no seguro da pessoa do outro companheiro".

Ademais, se o próprio companheiro pode ser instituído beneficiário, por que não admitir a presunção de interesse no seguro da vida do outro?

Admite-se, ainda, a substituição do beneficiário do seguro de vida, nos termos do art. 791 do CC/2002, caso o segurado não renuncie a esta faculdade, ou se o seguro não tiver como causa declarada a garantia de alguma obrigação, por ato entre vivos (um termo contratual aditivo) ou de última vontade (testamento).

Imagine-se, por exemplo, a pactuação do seguro de vida, feito pelo pai, instituindo como beneficiário o seu filho, com o escopo de garantir a conclusão dos seus estudos, em caso de morte precoce do segurado.

Todavia, invocando o dever de informação, em decorrência do princípio da boa-fé objetiva, se o segurador não for cientificado oportunamente da substituição, desobrigar-se-á pagando o capital segurado ao antigo beneficiário (parágrafo único, do art. 791 do CC/2002). Trata-se, em nosso sentir, esta comunicação ao segurador, de *condição específica de eficácia*, para que a substituição pretendida surta os efeitos pretendidos.

Percebe-se, neste particular, uma certa mudança, caso cotejemos a legislação nova com a equivalente revogada, uma vez que o Código de 1916, tratando da matéria, em seu art. 1.473, dispunha no sentido de deferir ao herdeiro do segurado o valor do seguro, caso não houvesse sido instituído o beneficiário.

Comentando este dispositivo, SÍLVIO VENOSA observa ter havido uma mudança de diretriz no Código novo, pois, neste diploma, o capital deverá ser pago ao antigo beneficiário, e não ao herdeiro, quando *"o segurador não for cientificado oportunamente da substituição"*[97].

Interpretamos a mudança de maneira um pouco diferente.

Entendemos que, ao se referir ao pagamento ao herdeiro, em caráter subsidiário, a legislação anterior estava se referindo à situação de *falta de instituição de beneficiário*, e não propriamente de alteração de sujeito, não comunicada ao segurador.

Nessa linha, o Código de 2002, embora seja mais explícito no que tange aos efeitos jurídicos da falta de comunicação ao segurador, não cuidou de regular neste dispositivo a falta de indicação de beneficiário, disciplina que é feita, logo em seguida, pelo art. 792.

> "Art. 792. Na falta de indicação da pessoa ou beneficiário, ou se por qualquer motivo não prevalecer a que for feita, o capital segurado será pago por metade ao cônjuge não separado judicialmente, e o restante aos herdeiros do segurado, obedecida a ordem da vocação hereditária.
>
> Parágrafo único. Na falta das pessoas indicadas neste artigo, serão beneficiários os que provarem que a morte do segurado os privou dos meios necessários à subsistência".

---

[97] Sílvio de Salvo Venosa, *Contratos em Espécie*, cit., p. 387.

Na locução final, "serão beneficiários os que provarem que a morte do segurado os privou dos meios necessários à subsistência", incluem-se, em nosso sentir, as pessoas que integram a dimensão socioafetiva do conceito de família, não necessariamente unidas por vínculos de sangue, a exemplo de um primo distante, criado conosco, ou um afilhado.

Aliás, como bem observou RODRIGO DA CUNHA PEREIRA:

"A partir do momento em que a família deixou de ser o núcleo econômico e de reprodução para ser o espaço do afeto e do amor, surgiram novas e várias representações sociais para ela"[98].

Na mesma linha de intelecção, essa tendência é observada, entre os clássicos, pelo grande CAIO MÁRIO, em uma de suas últimas e imortais obras, *in verbis*:

"Numa definição sociológica, pode-se dizer com Zannoni que a família compreende uma determinada categoria de 'relações sociais reconhecidas e portanto institucionais'. Dentro deste conceito, a família 'não deve necessariamente coincidir com uma definição estritamente jurídica'".

E arremata:

"Quem pretende focalizar os aspectos ético-sociais da família, não pode perder de vista que a multiplicidade e variedade de fatores não consentem fixar um modelo social uniforme"[99].

Esse é o melhor entendimento, partindo do princípio da afetividade e da primazia do conceito socioafetivo da família moderna.

Acrescente-se, nesse ponto, haver entendimento do STJ (REsp 1.391.954/RJ, julgado em 22-3-2022) no sentido de que "o seguro de vida não pode ser instituído por pessoa casada em benefício de parceiro em relação concubinária" (amante, por ex.).

Inovou o legislador (art. 797 do CC/2002) no seguro de vida para o caso de morte, ao estipular a licitude do prazo de carência contratado, durante o qual o segurador não responderá pela ocorrência do sinistro. Neste caso, o segurador é obrigado a devolver ao beneficiário o montante da reserva técnica já formada, em nosso entender, devidamente atualizada.

Interessante registrar ainda a *impossibilidade legal de o segurador*, no seguro individual, ingressar com ação de cobrança (ou procedimento de execução de cobrança) em face do segurado, em havendo inadimplemento, assistindo-lhe, apenas, nos termos da lei, a resolução do contrato.

Nessa linha, é a previsão do art. 796 do Código Civil de 2002:

"Art. 796. O prêmio, no seguro de vida, será conveniado por prazo limitado, ou por toda a vida do segurado.

Parágrafo único. Em qualquer hipótese, no seguro individual, o segurador não terá ação para cobrar o prêmio vencido, cuja falta de pagamento, nos prazos previstos, acarretará, conforme se estipular, a resolução do contrato, com a restituição da reserva já formada, ou a redução do capital garantido proporcionalmente ao prêmio pago".

---

[98] Rodrigo da Cunha Pereira, *Direito de Família e o Novo Código Civil* (Coord.: Rodrigo da Cunha Pereira e Maria Berenice Dias), Belo Horizonte: Del Rey/IBDFAM, 2002, p. 226-7.
[99] Caio Mário da Silva Pereira, *Direito Civil*: Alguns Aspectos da sua Evolução, Rio de Janeiro: Forense, 2001, p. 170.

Questão das mais delicadas, envolvendo o seguro de vida, diz respeito ao *suicídio* cometido pelo segurado.

Aliás, em todos os tempos, povos e, especialmente, religiões, a temática do suicídio é extremamente complexa. E a sua ocorrência pode gerar repercussão jurídica no contrato de seguro de vida, digna de detida análise.

Antes da entrada em vigor do Código Civil de 2002, a matéria era regulada por duas súmulas, a saber:

No Supremo Tribunal Federal:

"**Súmula 105** — Salvo se tiver havido premeditação, o suicídio do segurado no período contratual de carência não exime o segurador do pagamento do seguro".

No Superior Tribunal de Justiça:

"*Súmula 61 — O seguro de vida cobre o suicídio não premeditado*" (2.ª seção, j. 14-10-1992, DJ, 20-10-1992, p. 18382).

Da simples leitura desses dois enunciados, forçoso concluir que o entendimento dos nossos Tribunais superiores era no sentido de *não admitir a cobertura do seguro, caso o suicida haja premeditado o ato que ceifou a sua vida. Vale dizer: não haverá direito à indenização se se provar que o segurado celebrou o contrato como parte de um plano fatal, visando a amparar patrimonialmente os seus entes queridos.*

A contrario sensu, não havendo premeditação (obviamente não para o ato suicida, mas, sim, para a percepção do benefício), o suicídio seria considerado um acidente pessoal, gerando o dever de pagamento da prestação pactuada, conforme, inclusive, vinha decidindo o STJ:

"Civil e processual civil. Agravo. Ofensa ao art. 535 do CPC. Inexistência. Seguro. Morte. Suicídio não premeditado. Acidente pessoal. Súmula 83/STJ. Incidência. Precedentes.

I. Os embargos declaratórios, ainda que opostos com a intenção de prequestionamento, devem ater-se às hipóteses de cabimento do art. 535 do CPC.

II. Esta Corte Superior firmou seu entendimento no sentido de que o suicídio não premeditado encontra-se abrangido pelo conceito de acidente pessoal, sendo nula, porque abusiva cláusula excludente da responsabilidade da seguradora, à qual cabe, ademais, o ônus de provar eventual premeditação.

III. Agravo desprovido" (STJ, AgRg no Ag. 647.568/SC, DJ, 26-6-2006, p. 150, rel. Min. Aldir Passarinho Júnior, julgado em 23-5-2006, 4.ª Turma).

Nesse diapasão, uma pergunta não quer calar: *afinal, o que se entende por premeditação no suicídio?*

Trata-se de questão intrincada.

Quando constatamos que alguém resolveu dar cabo da sua própria vida, claro está que o ato em si já traz uma certa carga de *meditação prévia*, pois houve a intenção, concretizada no comportamento fatal, de interromper o seu ciclo vital.

No entanto, a "premeditação" a que se refere a jurisprudência, em nosso sentir, é dotada de maior dimensão, ou seja, implica a existência de um plano prévio de suicídio que insere a pactuação do seguro como um dos seus elementos de realização: *celebra-se o contrato já visando a permitir o amparo das pessoas vinculadas afetiva ou economicamente ao suicida.*

Nessa linha, ausente este planejamento, o suicídio equivaleria a um *acidente pessoal*, um ato de descontrole emocional, que geraria a obrigação imposta ao segurador de indenizar.

Visando a contornar a dificuldade em se aferir se houve ou não premeditação, *e note-se que ônus da prova deve ser do segurador*, o Código Civil de 2002 tentou dirimir a controvérsia, por meio de dispositivo que, embora traga maior segurança jurídica, não é de todo preciso, conforme veremos abaixo:

> "Art. 798. O beneficiário não tem direito ao capital estipulado quando o segurado se suicida nos primeiros dois anos de vigência inicial do contrato, ou da sua recondução depois de suspenso, observado o disposto no parágrafo único do artigo antecedente.
>
> Parágrafo único. Ressalvada a hipótese prevista neste artigo, é nula a cláusula contratual que exclui o pagamento do capital por suicídio do segurado".

Embora garanta a restituição da reserva técnica do capital formado (parágrafo único, art. 797 do CC/2002), *não se reconhecerá o direito do beneficiário ao valor do seguro*, caso o suicídio ocorra nos primeiros dois anos de vigência inicial do contrato, ou da sua recondução depois de suspenso.

Trata-se de uma espécie peculiar de "prazo de carência" que busca dissuadir o segurado da ideia de pactuar o seguro como um dos elementos justificadores do seu suicídio. Claro está, no entanto, que se o agente aguardar por mais de dois anos, mesmo havendo premeditado, o seguro deverá ser pago...

Estabelecer um prazo fixo, determinado, pode significar, em alguns casos, injustiça manifesta, em virtude daqueles que, não premeditando nada, ceifam a sua própria vida em momento de descontrole, dentro ainda do prazo de dois anos, o que, eventualmente, pode ser objeto de discussão judicial.

Mas devemos reconhecer a tentativa louvável do legislador no sentido de imprimir maior segurança jurídica a esta delicada situação[100].

Por isso, não podemos deixar de aplaudir o reconhecimento jurisprudencial de tal critério, que se deu com a edição, pelo Superior Tribunal de Justiça, da Súmula 610, com o seguinte conteúdo:

> "O suicídio não é coberto nos dois primeiros anos de vigência do contrato de seguro de vida, ressalvado o direito do beneficiário à devolução do montante da reserva técnica formada".

Observe-se que, juntamente com a edição do novo aresto jurisprudencial, foi revogada a já mencionada Súmula 61, cujo enunciado, como visto, era mais amplo e sem limites temporais, ao preceituar que o "seguro de vida cobre o suicídio não premeditado".

---

[100] Por isso mesmo, parece-nos pertinente referir a III Jornada de Direito Civil da Justiça Federal, que, ao editar o Enunciado n. 187, fixou: "Enunciado 187 — Art. 798: No contrato de seguro de vida, presume-se, de forma relativa, ser premeditado o suicídio cometido nos dois primeiros anos de vigência da cobertura, ressalvado ao beneficiário o ônus de demonstrar a ocorrência do chamado 'suicídio involuntário'".

Assim, a presunção é apenas relativa, embora — convenhamos — não seja fácil demonstrar a ocorrência de um "suicídio involuntário", leia-se, suicídio não premeditado para pagamento do seguro.

Por fim, note-se que, ressalvada a hipótese prevista no artigo sob análise, é considerada *nula de pleno direito* a cláusula contratual que exclui o pagamento do capital por suicídio do segurado (parágrafo único do art. 798).

Trata-se de cláusula abusiva, violadora dos princípios da boa-fé e da função social.

Aliás, vale recordar que o parágrafo único do art. 2.035 do Código Civil, utilizando linguagem contundente, determina que *"nenhuma convenção prevalecerá se contrariar preceitos de ordem pública, tais como os estabelecidos por este Código para assegurar a função social da propriedade e dos contratos".*

Utilizando a expressão "nenhuma convenção", o legislador impõe a todos os negócios jurídicos, não importando se celebrados antes ou após a entrada em vigor do Código de 2002, a fiel observância dos seus preceitos de ordem pública, especialmente a função social da propriedade e dos contratos.

Assim, contratos que violem regras ambientais ou a utilização econômica racional do solo, assim como as convenções que infrinjam deveres anexos decorrentes da cláusula de boa-fé objetiva (lealdade, respeito, assistência, confidencialidade, informação), expressamente prevista no art. 422 do Código de 2002, não poderão prevalecer, ante a nova ordem civil.

Nessa mesma linha, a cláusula proibitiva do pagamento do seguro, em caso de suicídio, ressalvada a hipótese de incidência do *caput* do art. 798, é nula, por afrontar esses superiores princípios, de matiz constitucional.

A esse respeito, bastante apropriadas, aliás, são as palavras do grande jurista J. M. ARRUDA ALVIM, quando, em uma de suas insuperáveis obras, pontificou:

> "o que ocorreu, crescentemente, ao longo do século XIX, e, mais acentuadamente, nesse século XX, é que, mesmo no âmbito do contrato clássico ou tradicional, aumentou o espectro das normas de ordem pública, e, por isso mesmo, correlatamente, diminuiu o âmbito da livre manifestação dos contratantes. Pode-se acentuar que a razão em decorrência da qual aumentou o espectro das normas de ordem pública foi, precisamente, a falência, aos olhos da sociedade, do modelo clássico ou tradicional, na sua originária (início do século XIX) e absoluta pureza. Desta forma, o que se verificou, mesmo em sede do contrato tradicional, foi a modificação paulatina — sem o desaparecimento da autonomia da vontade — do caráter intensamente dispositivo das regras atinentes aos contratos, passando a aumentar o número de regras imperativas"[101].

14.2.4. Seguro em grupo

O seguro de pessoas pode ser estipulado por pessoa natural ou jurídica em proveito de grupo que a ela, de qualquer modo, se vincule, a teor do quanto dispõe o art. 801 do Código Civil de 2002:

> "Art. 801. O seguro de pessoas pode ser estipulado por pessoa natural ou jurídica em proveito de grupo que a ela, de qualquer modo, se vincule.

---

[101] Arruda Alvim, J. M., *Direito Privado*, São Paulo: Revista dos Tribunais, 2002, v. II, p. 109, Coleção Estudos e Pareceres.

§ 1.º O estipulante não representa o segurador perante o grupo segurado, e é o único responsável, para com o segurador, pelo cumprimento de todas as obrigações contratuais.

§ 2.º A modificação da apólice em vigor dependerá da anuência expressa de segurados que representem três quartos do grupo".

Comentando este instituto, no Código Civil de 1916, pontificava CAIO MÁRIO que,

"é objeto de ajuste entre várias pessoas que se propõem a assumir os riscos que todas estejam correndo, e figuram ao mesmo tempo como segurados e seguradores".

E arremata:

"Não se deve confundir o seguro mútuo com práticas adotadas entre pessoas ligadas por uma relação de natureza profissional ou outra, as quais ajustam entre si cotizarem-se e oferecer à família da que falecer uma quantia formada pela soma das cotas de todos. Há uma inspiração securitária, ou uma ideia de operação mútua de seguro, mas a falta dos requisitos não se compadece com esta espécie"[102].

A especial aplicação desta modalidade contratual é o *seguro de vida em grupo*.

"Essa modalidade de seguro", exemplifica CARLOS R. GONÇALVES, "é celebrada entre uma seguradora e uma grande empresa ou associação, em benefício dos seus empregados ou associados, que desfrutarão das vantagens da estipulação, mediante contribuição determinada e global a ser paga pelo estipulante"[103].

O estipulante, aliás, não representa o segurador perante o grupo segurado, e é o único responsável, para com o segurador, pelo cumprimento de todas as obrigações contratuais (§ 1.º), daí por que deve ter envergadura financeira para pactuar este tipo de contrato.

Frise-se, ademais, já haver decidido o STJ, em decisão da lavra do Min. TEORI ZAVASCKI que,

"tendo em vista a circunstância de que o seguro de vida em grupo é contratado pelo empregador em favor de grupo de empregados, sem individualização do montante que beneficia cada um deles, devem ser excluídos do conceito de 'salário' os valores pagos a esse título, de forma a afastar a incidência da contribuição previdenciária sobre tal verba" (STJ, REsp 701.802/RS, *DJ*, 22-2-2007, p. 166, rel. Min. Teori Albino Zavascki, julgado em 6-2-2007, 1.ª Turma).

Finalmente, cumpre lembrar que a modificação da apólice em vigor dependerá da anuência expressa de segurados que representem *três quartos do grupo* (§ 2.º), por expressa determinação legal.

15. PRAZOS PRESCRICIONAIS E O CONTRATO DE SEGURO

Sem pretender esgotar a casuística infindável das questões envolvendo aspectos relativos à prescrição no contrato de seguro, cuidamos de abrir este tópico, visando a apresentar uma noção geral do entendimento doutrinário e pretoriano atual.

Neste ponto, cumpre revisarmos, em breves linhas, o conceito de prescrição, segundo a doutrina moderna, adotado pelo Código Civil de 2002.

---

[102] Caio Mário da Silva Pereira, ob. cit., p. 313.
[103] Carlos Roberto Gonçalves, ob. cit., v. 3, p. 556.

A prescrição é a perda da *pretensão* de reparação do direito violado, em virtude da inércia do seu titular no prazo previsto pela lei.

Neste caso, a obrigação jurídica prescrita converte-se em obrigação natural, que é aquela "que não confere o direito de exigir seu cumprimento, mas, se cumprida espontaneamente, autoriza a retenção do que foi pago"[104].

Tem por objeto *direitos subjetivos patrimoniais e disponíveis*, não afetando, por isso, direitos sem conteúdo patrimonial direto como os direitos personalíssimos, de estado ou de família, que são irrenunciáveis e indisponíveis. Como veremos em tópico próprio, as relações jurídicas afetadas pela prescrição são objeto necessário de *ações condenatórias*, que visam a compelir o obrigado a cumprir a prestação ou sancioná-lo na hipótese de inadimplemento.

Entretanto, para se chegar à ideia de que a prescrição atinge a pretensão, e não o *direito de ação em si*, longo caminho foi percorrido.

Tradicionalmente, a doutrina sempre defendeu que "a prescrição ataca a ação e não o direito, que só se extingue por via de consequência"[105].

Nesse sentido, é o pensamento de CARVALHO SANTOS:

"Tal prescrição pode definir-se como sendo um modo de extinguir os direitos pela perda da ação que os assegurava, devido à inércia do credor durante um decurso de tempo determinado pela lei e que só produz seus efeitos, em regra, quando invocada por quem dela se aproveita"[106].

Mas tal assertiva, data vênia, ampara-se em fundamento equivocado.

O direito constitucional de ação, ou seja, *o direito de pedir ao Estado um provimento jurisdicional que ponha fim ao litígio*, é sempre público, abstrato, de natureza essencialmente processual e indisponível.

Não importando se o autor possui ou não razão, isto é, se detém ou não o direito subjetivo que alega ter, a ordem jurídica *sempre* lhe conferirá o legítimo direito de ação, e terá, à luz do *princípio da inafastabilidade,* inviolável direito a uma sentença.

Por isso, não se pode dizer que a prescrição ataca a ação!

Ocorre que, na época da elaboração do Código Civil de 1916, e mesmo antes, considerava-se, ainda com fulcro na superada *teoria imanentista do Direito Romano*, que a *ação judicial nada mais era do que o próprio direito subjetivo, lesado, em movimento*[107]. Por essa razão, incrementada pelo pouco desenvolvimento do Direito Processual Civil, não se visualizava a nítida distinção entre o direito de ação em si (*de pedir do Estado o provimento jurisdicional*) e o próprio direito material violado.

---

[104] Sérgio Carlos Covello, *A Obrigação Natural — Elementos para uma possível teoria*, São Paulo: LEUD, 1996, p. 71-2. Maiores detalhes sobre o tema podem ser encontrados no volume II ("Obrigações") desta obra.

[105] É a ideia de BEVILÁQUA, ESPÍNOLA, CARPENTER, CÂMARA LEAL, CARVALHO SANTOS (cf. O. GOMES, ob. cit., p. 518). Também SILVIO RODRIGUES: "O que perece, portanto, através da prescrição extintiva, não é o direito. Este pode, como ensina Beviláqua, permanecer por longo tempo inativo, sem perder a sua eficácia. O que se extingue é a ação que o defende" (*Direito Civil — Parte Geral*, 28. ed., São Paulo: Saraiva, 1998, v. 1, p. 318).

[106] J. M. Carvalho Santos, *Código Civil Brasileiro Interpretado — Parte Geral*, Rio de Janeiro: Freitas Bastos, 1950, v. III, p. 371.

[107] Essa era a interpretação que se dava ao art. 75 do Código de 1916: "A todo o direito corresponde uma ação, que o assegura".

Ora, se a ação e o direito material eram faces da mesma moeda, explicava-se por que a prescrição extintiva atacava o direito de ação e, indiretamente, o próprio direito material violado, que permaneceria inerte, despojado de sua capacidade defensiva...

Todavia, consoante já se demonstrou, a prescrição não atinge o direito de ação — que sempre existirá —, mas sim, a *pretensão que surge do direito material violado*.

E o que se entende por pretensão?

Pretensão é a expressão utilizada para caracterizar o poder de exigir de outrem, coercitivamente, o cumprimento de um dever jurídico, vale dizer, é o poder de exigir a submissão de um interesse subordinado (do devedor da prestação) a um interesse subordinante (do credor da prestação) amparado pelo ordenamento jurídico.

Um exemplo irá tornar claro o pensamento.

Caio (credor) é titular de um "direito de crédito" em face de Tício (devedor). Nos termos do contrato pactuado, Caio teria direito ao pagamento de 100 reais, no dia 1.º de janeiro de 2012 (dia do vencimento). Firmado o contrato no dia 10 de dezembro de 2011, Caio já dispõe do crédito, embora somente seja exigível no dia do vencimento. Observe, pois, que o *direito de crédito nasce com a realização do contrato*, em 10 de dezembro. No dia do vencimento, para a surpresa de Caio, o devedor nega-se a cumprir a sua obrigação. Torna-se, portanto, inadimplente, *violando o direito patrimonial de Caio de obter a satisfação do seu crédito*. Neste exato momento, portanto, violado o direito, *surge para o credor a legítima pretensão de poder exigir, judicialmente, que o devedor cumpra a prestação assumida*. Esta *pretensão*, por sua vez, quedará *prescrita, se não for exercida no prazo legalmente estipulado para o seu exercício (10 anos, no novo Código Civil — art. 205)*.

Observe, portanto, que o objeto da prescrição extintiva é a *pretensão*, e não o *direito de ação em si*, que sempre existirá, mesmo depois de decorrido o prazo prescricional estabelecido em lei.

Nesse sentido, a técnica do Código Civil de 2002 é digna de encômios:

"Art. 189. *Violado o direito*, nasce para o titular a *pretensão*, a qual se extingue, pela prescrição, nos prazos a que aludem os arts. 205 e 206" (grifos nossos).

Comentando este dispositivo, MIGUEL REALE, com sabedoria, pontifica que:

"Ainda a propósito da prescrição, há problema terminológico digno de especial ressalte. Trata-se de saber se prescreve a **ação** ou a **pretensão**. Após amadurecidos estudos, preferiu-se a segunda solução, por ser considerada a mais condizente com o Direito Proccessual contemporâneo, que de há muito superou a teoria da ação como simples projeção de direitos subjetivos"[108].

Aliás, mesmo antes da nova Lei Codificada, o Código de Defesa do Consumidor — talvez a lei mais inovadora após a Constituição de 1988 — já trazia disposição alinhada com a correta técnica de disciplina da prescrição, afastando-se da ideia equivocada de que o decurso do prazo prescricional atacaria o direito de ação.

É como reza o art. 27 do CDC, que ora transcrevemos, *in verbis*:

"Art. 27. *Prescreve* em cinco anos a *pretensão* à reparação pelos danos causados por fato do produto ou do serviço prevista na Seção II deste Capítulo, iniciando-se a contagem do prazo a partir do conhecimento do dano e de sua autoria" (grifos nossos).

---

[108] Miguel Reale, *O Projeto do Novo Código Civil*, 2. ed., São Paulo: Saraiva, 1999, p. 68.

Posto isso, anotamos que, no Código Civil de 2002, *os prazos prescricionais estão condensados em dois artigos: 205 (que traz o prazo geral de 10 anos) e 206 (que traz os prazos especiais)*, contendo, este último, regras específicas aplicadas aos contratos de seguro, objeto da nossa análise:

"Art. 206. Prescreve:

(...)

§ 1.º Em um ano:

(...)

II — a pretensão do segurado contra o segurador, ou a deste contra aquele, contado o prazo:

a) para o segurado, no caso de seguro de responsabilidade civil, da data em que é citado para responder à ação de indenização proposta pelo terceiro prejudicado, ou da data que a este indeniza, com a anuência do segurador;

b) quanto aos demais seguros, da ciência do fato gerador da pretensão;

(...)

§ 3.º Em três anos:

(...)

V — a pretensão de reparação civil;

(...)

IX — a pretensão do beneficiário contra o segurador, e a do terceiro prejudicado, no caso de seguro de responsabilidade civil obrigatório".

A respeito do início da contagem do prazo prescricional, entendeu o Superior Tribunal de Justiça, com amparo na Súmula 229, que a demora na resposta da seguradora, quanto ao não pagamento do seguro, não pode, por óbvio, prejudicar o segurado:

"Direito Civil. Recurso Especial. Ação de conhecimento. Seguro. Indenização. Prescrição. Suspensão. Súmula n. 229 do STJ. Interpretação extensiva. Impossibilidade. Regra de hermenêutica.

— Se a Súmula n. 229 do STJ dispõe que a prescrição fica suspensa até 'que o segurado tenha ciência da decisão', sobre a recusa do pagamento do valor do seguro, não se pode extrair daí que a cientificação do estipulante seja equivalente à ciência do segurado.

— A cientificação do estipulante sobre a decisão da seguradora em não efetuar o pagamento do valor do seguro não tem o condão de fazer fluir o prazo prescricional da pretensão de cobrança da indenização.

— Segundo regra básica de hermenêutica jurídica, não se pode dar interpretação extensiva em matéria de prescrição, visto significar perda do direito de ação por decurso de prazo, ou seja, restrição do direito de quem o tem.

— As disposições alusivas à perda de direito pela prescrição ou decadência devem ser interpretadas restritivamente, não comportando interpretação extensiva, nem analogia.

Recurso especial não conhecido" (STJ, REsp 799.744/DF, *DJ*, 9-10-2006, p. 300, rel. Min. Nancy Andrighi, julgado em 25-9-2006, 3.ª Turma).

Quando, todavia, o demandante é o *beneficiário*, e não o segurado, há precedente no sentido de não se aplicar o prazo ânuo (que também era contemplado no Código de 1916), consoante se lê abaixo:

"Recurso Especial — Civil — Seguro — Ação proposta por beneficiário contra a seguradora — Prescrição ânua — Inaplicabilidade — Recurso não conhecido.

1 — Consoante pacífico entendimento desta Corte, não se aplica o prazo prescricional ânuo, previsto no art. 178, § 6.º, II, do CC/16, à ação proposta pelo beneficiário contra a seguradora. Precedentes.

2 — Assentado nas instâncias ordinárias que os mutuários são meros beneficiários e não participaram do contrato de seguro, decidir em sentido contrário demandaria o reexame do conjunto probatório, o que é vedado na estreita via do recurso especial, *ex vi* da Súmula n. 07/STJ.

3 — Recurso especial não conhecido" (STJ, REsp 233.438/SP, *DJ*, 5-6-2006, p. 288, rel. Min. Jorge Scartezzini, julgado em 16-5-2006, 4.ª Turma).

Sendo autor da postulação o beneficiário (ou mesmo o terceiro prejudicado) e considerando-se a natureza da obrigação do segurador, entendemos razoável a extensão do prazo de *três anos (prazo prescricional da pretensão de reparação civil)*, especialmente levando em conta uma interpretação que contemple o *princípio da socialidade*.

Tal entendimento foi explicitado no já transcrito art. 206, § 3.º, IX, do Código Civil de 2006, até porque *não se tem aplicado o prazo previsto no Código de Defesa do Consumidor*, por não se encartar a hipótese no conceito de "acidente de consumo"[109].

Registramos que entendemos aplicável também o prazo trienal para a pretensão de ajuizamento de ação em que o beneficiário busca o pagamento da indenização referente ao seguro obrigatório[110].

Será de um ano o prazo para deduzir em juízo a pretensão, quando a demanda é proposta por segurado em grupo.

Nesse sentido, decisão do Superior Tribunal de Justiça:

"Seguro de vida e acidentes pessoais. Prescrição ânua. Recusa de pagamento. Suspensão.

— A Súmula 101 diz que 'a ação do segurado em grupo contra a seguradora prescreve em um ano'. O prazo prescricional, no entanto, tem início da data em que o segurado tem conhecimento inequívoco da incapacidade (Súmula 278), permanecendo suspenso entre a comunicação do sinistro e a da recusa do pagamento da indenização (Súmula 229).

---

[109] "Seguro. Ação de cobrança. Prescrição. Termo inicial. Valor da apólice.

1. Nos casos de cobrança de seguro, decidiu a Segunda Seção que não se aplica o art. 27 do Código de Defesa do Consumidor, valendo a prescrição prevista no Código Civil.

2. Não existindo nos autos documentação validada nas instâncias ordinárias sobre a negativa da seguradora, conta-se o prazo de um ano da data em que efetivada a notificação extrajudicial.

3. O valor é aquele previsto na apólice, conforme assentado pela Segunda Seção.

4. Recurso especial não conhecido" (STJ, REsp 595.720/SC, *DJ*, 4-4-2005, p. 309, Rel. Min. Carlos Alberto Menezes Direito, j. em 7-12-2004, 3.ª Turma).

[110] "AGRAVO REGIMENTAL — COBRANÇA — SEGURO OBRIGATÓRIO — DPVAT — PRESCRIÇÃO — OCORRÊNCIA — PRECEDENTES — AGRAVO IMPROVIDO. I — No que se refere ao prazo prescricional para o ajuizamento de ação em que o beneficiário busca o pagamento da indenização referente ao seguro obrigatório, o entendimento assente nesta Corte é no sentido de que o prazo prescricional é de três anos, nos termos do art. 206, § 3.º, IX, do CC. II — Agravo Regimental improvido" (STJ, AgRg no REsp 1.057.098/SP, *DJe*, 3-11-2008, Rel. Min. Massami Uyeda, j. em 14-10-2008, 3.ª Turma).

— O prazo prescricional, portanto, tem início quando o segurado toma conhecimento da incapacidade, e não da recusa do pagamento da indenização pela seguradora" (STJ, AgRg no Ag. 590.716/MG, *DJ*, 18-12-2006, p. 364, rel. Min. Humberto Gomes de Barros, julgado em 26-10-2006, 3.ª Turma).

Por fim, vale mencionar decisão do STJ (REsp 1.970.111/MG, julgado em 15-3-2022), segundo a qual "nos contratos de seguro em geral, a ciência do segurado acerca da recusa da cobertura securitária é o termo inicial do prazo prescricional da pretensão do segurado em face da seguradora".

Recomendamos o acompanhamento da evolução jurisprudencial sobre o tema prescrição *vs.* contratos de seguro.

16. EXTINÇÃO DO CONTRATO

Conforme já afirmamos, em outra oportunidade, um contrato válido extingue-se, fundamentalmente, de três maneiras: por *resilição,* por *resolução* e por *rescisão*[111].

Todas elas são perfeitamente aplicáveis ao contrato de seguro e, por isso, a ela remetemos nosso leitor.

Vale destacar, porém, duas peculiaridades já mencionadas quanto à extinção do contrato de seguro.

A primeira diz respeito à aludida previsão do art. 796 do CC/2002.

Nela, visualiza-se a ideia de que os contratos de seguro podem ser estipulados por tempo determinado, o que, aliás, é a regra mais comum.

Da mesma forma, o referido dispositivo traz uma hipótese específica de resolução do contrato por descumprimento da obrigação do segurado de pagamento do prêmio.

A segunda observação refere-se à aplicação do art. 766 do CC/2002, que traz uma hipótese de resolução do contrato, quando "a inexatidão ou omissão nas declarações não resultar de má-fé do segurado, o segurador terá direito a resolver o contrato, ou a cobrar, mesmo após o sinistro, a diferença do prêmio".

17. LEI N. 15.040, DE 9 DE DEZEMBRO DE 2024 – NORMAS DE SEGURO PRIVADO (*VACATIO LEGIS* DE UM ANO)

Decorrente do PLC n. 29/2017[112], no final de 2024, fora aprovada a **Lei n. 15.040, de 9 de dezembro de 2024**, que dispõe sobre as "normas de seguro privado".

Com previsão de *vacatio* de um ano, essa lei terá importante impacto no âmbito dos seguros e, também, dos resseguros, dentre várias outras implicações.

Será um verdadeiro *vetor ou marco normativo geral* para o seguro no Brasil.

A temática abordada não é simples, vale mencionar, e sofreu críticas[113].

---

[111] Pablo Stolze Gagliano e Rodolfo Pamplona Filho, *Contratos*, cit., v. 4, p. 232 e s.

[112] PL n. 2.597/2024.

[113] "A um só tempo, o PL é contrário à Constituição da República, à Lei da Liberdade Econômica, ao Código de Processo Civil, à Lei de Arbitragem, à Lei do Resseguro, da Retrocessão e do Cosseguro, ao Decreto-lei n. 73/1966, à Lei do Corretor de Seguros e a uma parte significativa do avanço

Destacamos alguns dispositivos da Lei, que revoga o inciso II do § 1º do art. 206 e os arts. 757 a 802 da Lei n. 10.406, de 10 de janeiro de 2002 (Código Civil), bem como os arts. 9º a 14 do Decreto-Lei n. 73, de 21 de novembro de 1966:

"Art. 1º Pelo contrato de seguro, a seguradora obriga-se, mediante o pagamento do prêmio equivalente, a garantir interesse legítimo do segurado ou do beneficiário contra riscos predeterminados.

Art. 2º Somente podem pactuar contratos de seguro entidades que se encontrem devidamente autorizadas na forma da lei.

Art. 3º A seguradora que ceder sua posição contratual a qualquer título, no todo ou em parte, sem concordância prévia dos segurados e de seus beneficiários conhecidos, ou sem autorização prévia e específica da autoridade fiscalizadora, será solidariamente responsável com a seguradora cessionária.

§ 1º A cessão parcial ou total de carteira por iniciativa da seguradora sempre deverá ser autorizada pela autoridade fiscalizadora.

§ 2º A cessão de carteira mantém a cedente solidária perante o cedido, caso a cessionária se encontre ou venha a tornar-se insolvente no período de vigência do seguro ou no prazo de 24 (vinte e quatro) meses, contado da cessão da carteira, o que for menor".

Sobre o resseguro:

"Art. 60. Pelo contrato de resseguro, a resseguradora, mediante o pagamento do prêmio equivalente, garante o interesse da seguradora contra os riscos próprios de sua atividade, decorrentes da celebração e da execução de contratos de seguro.

§ 1º O contrato de resseguro é funcional ao exercício da atividade seguradora e será formado pelo silêncio da resseguradora no prazo de 20 (vinte) dias, contado da recepção da proposta.

§ 2º Em caso de comprovada necessidade técnica, a autoridade fiscalizadora poderá aumentar o prazo de aceitação pelo silêncio da resseguradora estabelecido no § 1º deste artigo.

Art. 61. A resseguradora, salvo disposição em contrário, e sem prejuízo do previsto no § 2º do art. 62 desta Lei, não responde, com fundamento no negócio de resseguro, perante o segurado, o beneficiário do seguro ou o terceiro prejudicado.

Parágrafo único. É válido o pagamento feito diretamente pela resseguradora ao segurado, quando a seguradora se encontrar insolvente.

Art. 62. Demandada para revisão ou cumprimento do contrato de seguro que motivou a contratação de resseguro facultativo, a seguradora, no prazo da resposta, deverá promover a notificação judicial ou extrajudicial da resseguradora, comunicando-lhe o ajuizamento da ação, salvo disposição contratual em contrário.

§ 1º A resseguradora poderá intervir na causa como assistente simples.

---

regulatório ocorrido nos últimos anos por parte do CNSP e da Susep" (Thiago Junqueira, Aprovação do PL de Seguros n. 29/2017 seria um erro (parte 1). Disponível em: <https://www.conjur.com.br/2023-mai-18/seguros-contemporaneos-aprovacao-pl-seguros-292017-seria-erro-parte/>. Acesso em: 8 nov. 2024). Confira-se, também, notícia de *Jota*, "O PLC 29/2017 na contramão do sistema regulatório", de Guilherme Bernardes e Ilan Goldberg, 16 de maio de 2023. Disponível em: <https://www.jota.info/artigos/o-plc-29-2017-na-contramao-do-sistema-regulatorio>. Acesso em: 9 nov. 2024.

§ 2º A seguradora não poderá opor ao segurado, ao beneficiário ou ao terceiro o descumprimento de obrigações por parte de sua resseguradora.

Art. 63. As prestações de resseguro adiantadas à seguradora a fim de provê-la financeiramente para o cumprimento do contrato de seguro deverão ser imediatamente utilizadas para o adiantamento ou o pagamento da indenização ou do capital ao segurado, ao beneficiário ou ao terceiro prejudicado.

Art. 64. Salvo disposição em contrário, o resseguro abrangerá a totalidade do interesse ressegurado, incluído o interesse da seguradora relacionado à recuperação dos efeitos da mora no cumprimento dos contratos de seguro, bem como as despesas de salvamento e as efetuadas em virtude da regulação e liquidação dos sinistros.

Art. 65. Sem prejuízo do disposto no parágrafo único do art. 14 da Lei Complementar nº 126, de 15 de janeiro de 2007, os créditos do segurado, do beneficiário e do terceiro prejudicado têm preferência absoluta perante quaisquer outros créditos em relação aos montantes devidos pela resseguradora à seguradora, caso esta se encontre sob direção fiscal, intervenção ou liquidação".

Há, ainda, diversas regras a respeito da regulação e liquidação dos sinistros (arts. 75 a 88), o que tem importante utilidade prática:

"Art. 75. A reclamação de pagamento por sinistro, feita pelo segurado, pelo beneficiário ou pelo terceiro prejudicado, determinará a prestação dos serviços de regulação e liquidação, que têm por objetivo identificar as causas e os efeitos do fato comunicado pelo interessado e quantificar em dinheiro os valores devidos pela seguradora, salvo quando convencionada reposição em espécie".

Normas referentes à prescrição, matéria costumeiramente enfrentada pelo Superior Tribunal de Justiça, também foram consagradas:

"Art. 126. Prescrevem:

I – em 1 (um) ano, contado da ciência do respectivo fato gerador:

a) a pretensão da seguradora para a cobrança do prêmio ou qualquer outra pretensão contra o segurado e o estipulante do seguro;

b) a pretensão dos intervenientes corretores de seguro, agentes ou representantes de seguro e estipulantes para a cobrança de suas remunerações;

c) as pretensões das cosseguradoras entre si;

d) as pretensões entre seguradoras, resseguradoras e retrocessionárias;

II – em 1 (um) ano, contado da ciência da recepção da recusa expressa e motivada da seguradora, a pretensão do segurado para exigir indenização, capital, reserva matemática, prestações vencidas de rendas temporárias ou vitalícias e restituição de prêmio em seu favor;

III – em 3 (três) anos, contados da ciência do respectivo fato gerador, a pretensão dos beneficiários ou terceiros prejudicados para exigir da seguradora indenização, capital, reserva matemática e prestações vencidas de rendas temporárias ou vitalícias.

Art. 127. Além das causas previstas na Lei n. 10.406, de 10 de janeiro de 2002 (Código Civil), a prescrição da pretensão relativa ao recebimento de indenização ou capital segurado será suspensa uma única vez, quando a seguradora receber pedido de reconsideração da recusa de pagamento.

Parágrafo único. Cessa a suspensão no dia em que o interessado for comunicado pela seguradora de sua decisão final".

Vemos com certa perplexidade a regra atinente à suspensão do prazo prescricional, tendo em vista entendimento pacificado e firmado há muito tempo, pelo Superior Tribunal Justiça, conforme enunciado 229 da sua súmula, no sentido de que "o pedido do pagamento de indenização à seguradora suspende o prazo de prescrição até que o segurado tenha ciência da decisão".

Em nosso sentir, grande contribuição fora dada pela Comissão de Juristas do Senado Federal, responsável pela apresentação de Anteprojeto de Reforma do Código Civil, quanto às normas jurídicas atinentes ao contrato de seguro, razão por que talvez fosse desnecessária a lei especial[114].

Diversos outros dispositivos foram consagrados, o que implicará, por certo, substancial mudança no tratamento jurídico da matéria, valendo lembrar que, como dito *supra*, deverá o diploma respeitar a *vacatio legis* de um ano de sua publicação oficial (art. 134):

"Art. 134. Esta Lei entra em vigor após decorrido 1 (um) ano de sua publicação oficial".

Em edição futura desta obra, após o prazo de *vacatio*, cuidaremos de tecer outras considerações e proceder com alterações, lembrando que, a despeito de elogios e críticas, a nova Lei de Seguros terá grande impacto em nosso sistema.

---

[114] "O advogado Renato Chalfin, do escritório Chalfin, Goldberg & Vainboim, avalia que a versão atual do projeto possui alguns aspectos positivos, 'mas o balanço geral é bastante negativo'. Ele cita três razões principais para essa avaliação: O PLC está desconectado dos avanços regulatórios e tecnológicos ocorridos nos últimos anos e sua aprovação representaria um retrocesso para o mercado de seguro e resseguro; O PLC apresenta um texto desequilibrado, demasiadamente protetivo aos segurados, desconsiderando o fato de que tal viés, no fim das contas, prejudica o fundo mutual (a própria coletividade), ao provocar o aumento da precificação, a redução do acesso a produtos de seguro no país e a retração do investimento nacional e estrangeiro; e A Comissão de Juristas nomeada para revisar e atualizar o Código Civil recentemente concluiu os seus trabalhos, e o passo seguinte será o encaminhamento do anteprojeto ao Senado. O Capítulo XV que trata do seguro foi objeto de emendas, tendo sido aprovado um texto equilibrado e moderno, embora ainda sujeito a melhorias. Diante do cenário atual, não faz sentido avançar com o PLC e desperdiçar o bom trabalho da comissão" (Gilmara Santos, Aprovação do PL dos seguros divide setor; tramitação com Código Civil recebe críticas. *Infomoney*, 15 de julho de 2024. Disponível em: <https://www.infomoney.com.br/minhas-financas/aprovacao-do-pl-dos-seguros-divide-setor-tramitacao-com-codigo-civil-recebe-criticas/>. Acesso em: 9 nov. 2024).

Capítulo XXX
Constituição de Renda

Sumário: 1. Introdução. 2. Conceito. 3. Características. 4. Forma. 5. Direitos e obrigações das partes. 6. Nulidade da constituição de renda. 7. Direito de acrescer. 8. Extinção do contrato.

1. INTRODUÇÃO

O contrato estudado no presente capítulo não tem significativa expressão jurídica.

Dificilmente vemos, na prática jurídica, a sua pactuação, revestindo-se o seu interesse de um matiz mais acentuadamente acadêmico que propriamente social.

A respeito da sua origem, lembra-nos SÍLVIO VENOSA que:

"A constituição de renda, embora presente em raízes do Direito Romano, somente se desenvolveu em época mais recente, em locais de influência da Igreja, a fim de prevenir a usura. Busca-se no censo consignativo a origem da constituição de renda sobre imóvel. Por meio desse negócio, o alienante de um imóvel reserva para si os frutos, sob a forma de prestação anual perpétua. Pelo censo reservativo, alguém se obrigava à prestação anual a ser paga pelo adquirente e sucessores, mediante o recebimento de certo capital"[1].

Trata-se, portanto, de contrato com um nítido escopo assistencial, pois visa a amparar o credor, mediante a percepção do rendimento.

Não esqueçamos, outrossim, que a constituição de renda convertia-se em direito real, no Código Civil de 1916, quando devidamente registrada no Cartório de Imóveis, de forma a gerar efeitos *erga omnes* com a publicidade característica do sistema registrário brasileiro.

O Código Civil de 2002 não conferiu caráter real à constituição de renda, tratando-a em nível obrigacional e sucessório (como legado).

2. CONCEITO

Por meio do contrato de constituição de renda, uma pessoa (devedor, rendeiro ou censuário) obriga-se a pagar à outra (credor, rentista ou censuísta) determinada prestação periódica, a título gratuito ou oneroso, conforme consta dos arts. 803 e 804 do vigente Código Civil brasileiro, nos seguintes termos:

"Art. 803. Pode uma pessoa, pelo contrato de constituição de renda, obrigar-se para com outra a uma prestação periódica, a título gratuito.

Art. 804. O contrato pode ser também a título oneroso, entregando-se bens móveis ou imóveis à pessoa que se obriga a satisfazer as prestações a favor do credor ou de terceiros".

---
[1] Sílvio de Salvo Venosa, *Contratos em Espécie*, cit., p. 368.

Quando pactuado a *título gratuito*, não existiu contrapartida do credor, de maneira que o pagamento da renda tem explicação causal na liberalidade que se pretendeu conferir: Luan obriga-se a pagar prestação vitalícia a Florisvaldo, mediante contrato de constituição de renda, sem que este último nada houvesse pago ou transferido a Luan. Nesse caso, podemos afirmar ainda tratar-se de contrato *unilateral* por impor obrigação apenas para o devedor (censuário).

Interessante referência que deve ser feita na *constituição de renda a título gratuito* decorre da norma constante no art. 813 do CC/2002:

"Art. 813. A renda constituída por título gratuito pode, por ato do instituidor, ficar isenta de todas as execuções pendentes e futuras.

Parágrafo único. A isenção prevista neste artigo prevalece de pleno direito em favor dos montepios e pensões alimentícias".

Cuida-se, indiscutivelmente, de cláusula de impenhorabilidade que, para valer em face de terceiros, deve ser levada ao Registro Público. Desnecessária, no entanto, em nosso sentir, a menção aos montepios e às pensões, que têm nítida natureza alimentar, não podendo ser penhoradas por esta simples razão, a teor da legislação processual civil.

Em geral, todavia, a sua celebração opera-se a *título oneroso*. Neste caso, o rendeiro recebe da outra parte bens móveis (um capital, por ex.) ou imóveis, obrigando-se a pagar as prestações periódicas (em favor do credor/rentista ou, em havendo estipulação especial, até mesmo de terceiro).

Compreendida a conceituação desta incomum modalidade contratual, enumeremos suas principais características.

3. CARACTERÍSTICAS

A constituição de renda é um contrato típico e nominado, conforme se pode perceber da simples leitura do texto codificado.

Como visto, trata-se de modalidade contratual que pode ser pactuada tanto na forma *gratuita* (menos comum) quanto na *onerosa*.

Em regra, é bilateral (em sua formação), embora SILVIO RODRIGUES lembre-nos de que o "contrato pode adquirir o caráter de plurilateral, pelo desdobrar-se da pessoa do instituidor. Com efeito, é possível que o instituidor se proponha a transferir um capital ao censuário, a fim de que este pague uma renda vitalícia a terceira pessoa, que assume o nome de beneficiário"[2].

No que tange à certeza das prestações pactuadas, é, a nosso ver, contrato *comutativo*, não nos afigurando razoável sustentar uma modalidade *aleatória*.

A pouca incidência prática de tal contrato não permite afirmar se é mais comum a sua estipulação de forma *paritária* ou *por adesão*, sendo as duas perfeitamente aplicáveis.

---

[2] Silvio Rodrigues, *Direito Civil — Dos Contratos e Das Declarações Unilaterais de Vontade*, 30. ed., São Paulo: Saraiva, 2004, v. III, p. 335.

O conceito de contrato *evolutivo*, porém, é-lhe inaplicável pela sua própria disciplina jurídica.

É um típico contrato "civil" *stricto sensu*, não se visualizando como possa ser inserido, tal como disciplinado pelo Código Civil, em relações *comerciais*, *trabalhistas*, *consumeristas* ou *administrativas*.

É, como veremos no próximo tópico, um contrato *solene*, que exige escritura pública como requisito de validade.

Note-se, neste ponto, como observa CARLOS R. GONÇALVES, "que a maioria dos autores entende que se trata de contrato real, porque se aperfeiçoa com a entrega dos bens ao rendeiro, a quem o domínio é transferido desde a tradição"[3].

Ao encontro desta linha de pensamento, citam o art. 809 do CC/2002:

"Art. 809. Os bens dados em compensação da renda caem, desde a tradição, no domínio da pessoa que por aquela se obrigou".

Para o adequado entendimento deste ponto, relembremos o que se entende por "contrato real", diferenciando-o do "contrato com efeitos reais".

Contrato de "efeitos reais" é aquele que, de per si, opera imediatamente a transferência dominial da *res*, independentemente de solenidade, como ocorre na França. Por óbvias razões, forçoso convir não ser este o sistema adotado no Brasil, que, por influência romana, exige, como regra geral, para a transferência da propriedade, além do título (um contrato, por ex.), uma solenidade (registro/tradição).

Por outro lado, um contrato é denominado "real" quando somente se torna perfeito com a transferência da coisa — a exemplo do penhor e do comodato. Vale dizer, a entrega do objeto afigura-se como *pressuposto existencial específico* do contrato.

Sem a tradição, o contrato não se forma.

Vejamos o caso do penhor, na previsão do art. 1.431 do CC/2002:

"Art. 1.431. *Constitui-se o penhor pela transferência efetiva da posse* que, em garantia do débito ao credor ou a quem o represente, faz o devedor, ou alguém por ele, de uma coisa móvel, suscetível de alienação" (grifos nossos).

Observe-se, da análise deste dispositivo, que o contrato de penhor somente se reputará formado quando o devedor ou terceiro efetivar a entrega da *res* ao credor pignoratício.

O mesmo ocorre no comodato, conforme consignado no diploma civil pátrio:

"Art. 579. O comodato é o empréstimo gratuito de coisas não fungíveis. *Perfaz-se com a tradição do objeto*".

Sem a entrega da coisa, o contrato não se forma, é um *nada jurídico*...

Ora, o referido artigo 809 em nenhum momento deixou clara esta ideia. Pelo contrário, ao referir que "*os bens dados em compensação da renda caem, desde a tradição, no domínio da pessoa que por aquela se obrigou*", indica-nos a existência de um contrato anterior entre rendeiro e rentista, devedor e credor.

---

[3] Carlos Roberto Gonçalves, ob. cit., v. 3, p. 571.

No dizer de SERPA LOPES:

"ligar a tradição à formalização do contrato importaria na impossibilidade de transcrever, pois, antes da tradição, não existiria contrato. Consequentemente, entendemos infundada a qualificação da constituição de renda como contrato real"[4].

Assim, nesta linha de intelecção, poderíamos concluir que, na modalidade onerosa, *a constituição de renda se trata, como visto, de um contrato bilateral*.

No entanto, caso seguíssemos a linha reputada majoritária, que considera o presente contrato como de natureza real, jamais poderíamos considerá-lo *bilateral* (quanto aos efeitos que produz), mas, sim, *unilateral e oneroso*, a exemplo do mútuo feneratício, uma vez que a obrigação imposta ao rentista (de transferir o bem vinculado) seria *anterior à formação do próprio contrato*, verdadeiro requisito de sua existência, e não consequência obrigacional da avença.

Vale acrescentar, ainda, que o contrato pode vincular terceiro, não propriamente para obrigá-lo, mas, sim, para beneficiá-lo, a exemplo do que ocorre no seguro de vida (estipulação em favor de terceiro)[5].

Interessante mencionar que, tal como se dá no usufruto, este contrato será sempre *de duração* (ou seja, nunca *instantâneo*), podendo ser *temporário (com prazo determinado) ou vitalício*, a teor do art. 806 do CC/2002:

"Art. 806. O contrato de constituição de renda será feito a prazo certo, ou por vida, podendo ultrapassar a vida do devedor mas não a do credor, seja ele o contratante, seja terceiro".

Como se vê, o contrato pode surtir efeitos mesmo após a morte do devedor, vinculando os seus sucessores, que continuarão obrigados a pagar a renda, até as forças da herança, obviamente (art. 1.792 do CC/2002).

O mesmo não se dá com a morte do credor, pois o direito que titulariza é *personalíssimo*, não podendo transmiti-lo a terceiro. Assim, p. ex., se Leonardo Inácio (devedor/rendeiro) morre, o bem que recebeu (vinculado à renda) é transmitido ao seu filho Manoel Carlos, que continuará a pagar a renda ao credor (até o seu termo final ou a morte do referido rentista). Por outro lado, se morre o credor da renda, o contrato é imediatamente extinto.

Por isso mesmo, no que diz respeito à *importância da pessoa do contratante* para a *celebração* e *produção de efeitos* do contrato, a constituição de renda é *personalíssima* em relação ao credor (rentista ou censuísta), e *impessoal*, quanto ao devedor (rendeiro ou censuário).

Trata-se de um contrato *individual*, estipulado sempre entre pessoas determinadas.

Seguindo a linha causalista do vigente Código Civil brasileiro, cuja prova mais evidente é a previsão do art. 166, III, a constituição de renda é um *contrato causal*.

Por fim, trata-se de um contrato *principal* e *definitivo*, uma vez que não depende de qualquer outra avença, bem como não é preparatório de nenhum outro negócio jurídico.

---

[4] Serpa Lopes, *apud* Sílvio de Salvo Venosa, ob. cit., p. 370.
[5] Nesse sentido, Silvio Rodrigues, ob. cit., p. 335-6, e Carlos Roberto Gonçalves, ob. cit., p. 510.

4. FORMA

Quanto à forma, o contrato de constituição de renda é *negócio solene (ad solemnitatem)*, exigindo escritura pública para a sua validade, independentemente do valor da renda estipulada (art. 807 do CC/2002).

Vale lembrar que, por força do *princípio da liberdade da forma*, os negócios formais ou solenes não são a regra em nosso Direito.

Em tais casos, quando a norma legal impõe determinado revestimento para o ato, traduzido em uma forma especial ou em uma indispensável solenidade, diz-se que o negócio é *ad solemnitatem*. É o caso do *testamento* (negócio jurídico unilateral), para o qual a lei impõe determinada forma (pública, cerrada ou particular), não reconhecendo liberdade ao testador para elaborá-lo de acordo com a sua vontade. Também servem de exemplo *os contratos constitutivos ou translativos de direitos reais sobre imóveis acima do valor consignado em lei*, uma vez que a forma pública é indispensável para a validade do ato, consoante acima se demonstrou.

Assim, considerado o contrato de constituição de renda *formal ou solene*, a violação dos requisitos de forma implicará em sua nulidade absoluta (art. 166, IV, do CC/2002).

5. DIREITOS E OBRIGAÇÕES DAS PARTES

Na (rara) modalidade gratuita de constituição de renda, dada a sua unilateralidade, somente há de se falar em obrigações para o rendeiro ou censuário, devedor da prestação periódica, bem como de direitos ao beneficiário, rentista ou censuísta, credor da mesma.

Na modalidade bilateral e onerosa, porém, há um direito óbvio do rendeiro ou censuário, qual seja, receber os bens móveis ou imóveis objeto do contrato, para que possa pagar a prestação pactuada.

E como deve ser paga a prestação?

Da forma como for pactuada — respondemos nós! —, pois a matéria está livre para a autonomia da vontade.

A aquisição do direito à renda se torna exigível, porém, dia a dia, na forma estabelecida pelo art. 811 do CC/2002:

> "Art. 811. O credor adquire o direito à renda dia a dia, se a prestação não houver de ser paga adiantada, no começo de cada um dos períodos prefixos".

Obviamente, havendo o adimplemento do pagamento da prestação por parte do rendeiro ou censuário, tem o credor (beneficiário, rentista ou censuísta) o direito subjetivo de exigir judicialmente as prestações atrasadas.

O texto legal, porém, foi mais longe.

De fato, preceitua o art. 810 do CC/2002:

> "Art. 810. Se o rendeiro, ou censuário, deixar de cumprir a obrigação estipulada, poderá o credor da renda acioná-lo, tanto para que lhe pague as prestações atrasadas como para que lhe dê garantias das futuras, sob pena de rescisão do contrato".

A possibilidade de exigência de garantia, que, na falta de restrição legal, pode ser tanto real como fidejussória, é até razoável, dado o inadimplemento anterior.

O que é, pois, por demais interessante, é a previsão da possibilidade de "*rescisão do contrato*" por inadimplemento (e, por extensão, na impossibilidade de prestação da garantia).

Trata-se, portanto, de uma cláusula resolutória (ou, como prefere parte da doutrina nacional, resolutiva) tácita, implícita em todo contrato e, no particular, no de constituição de renda.

E a "*rescisão do contrato*" importará, por sua vez, em um retorno ao *status quo ante*, o que significa, no final das contas, o reconhecimento de que, nesta modalidade contratual, a propriedade transferida, para a compensação de renda, é potencialmente resolúvel.

É a única conclusão possível, a nosso ver, diante da previsão normativa.

6. NULIDADE DA CONSTITUIÇÃO DE RENDA

Hipótese especial de nulidade típica do contrato de constituição de renda vem prevista no art. 808 do CC/2002:

"Art. 808. É nula a constituição de renda em favor de pessoa já falecida, ou que, nos trinta dias seguintes, vier a falecer de moléstia que já sofria, quando foi celebrado o contrato".

Trata-se de nulidade absoluta, imprescritível, portanto, posto mereça os temperamentos que fizemos em nosso volume dedicado ao estudo da Parte Geral desta coleção:

"Preferível, por isso, é o entendimento de que a ação declaratória de nulidade é realmente imprescritível, como, aliás, toda ação declaratória deve ser, mas os efeitos do ato jurídico — existente, porém nulo — sujeitam-se ao prazo máximo prescricional para as ações pessoais que, como se verá no capítulo próprio, foi reduzido pelo Novo Código Civil de vinte para dez anos.

Isso porque se a ação ajuizada for, do ponto de vista técnico, simplesmente declaratória, sua finalidade será apenas a de certificar uma situação jurídica da qual pende dúvida, o que jamais poderia ser objeto de prescrição.

Todavia, se a ação declaratória de nulidade for cumulada com pretensões condenatórias, como acontece na maioria dos casos, de restituição dos efeitos pecuniários ou indenização correspondente, admitir-se a imprescritibilidade seria atentar contra a segurança das relações sociais. Neste caso, entendemos que prescreve sim a pretensão condenatória, uma vez que não é mais possível retornar-se as coisas ao estado de coisas anterior.

A evidente confusão nesta matéria parece-nos decorrente da imprecisão terminológica do CC/1916 (no que foi seguido, na espécie, pelo CC/2002) de não distinguir a inexistência do ato em relação à sua nulidade, o que leva diversos autores, nesse sentido, a prelecionar que a "nulidade absoluta, ora é imprescritível (nos casos de matrimônio nulo, menos a hipótese do art. 208), ora prescreve, mas dentro do prazo das ações pessoais"[6].

Por imperativo de segurança jurídica, melhor nos parece que se adote o critério da prescritibilidade da pretensão condenatória de perdas e danos ou restituição do que indevidamente se pagou, correspondente à nulidade reconhecida, uma vez que a situação consoli-

---

[6] Washington de Barros Monteiro, ob. cit., p. 277-8.

dada ao longo de dez anos provavelmente já terá experimentado uma inequívoca aceitação social. Aliás, se a gravidade, no caso concreto, repudiasse a consciência social, que justificativa existiria para tão longo silêncio? Mais fácil crer que o ato já atingiu a sua finalidade, não havendo mais razão para desconsiderar os seus efeitos.

Em síntese: a imprescritibilidade dirige-se, apenas, à declaração de nulidade absoluta do ato, não atingindo as eventuais pretensões condenatórias correspondentes"[7].

Com a previsão desta nulidade, quer-se não apenas proteger o interesse do devedor da renda, mas, especialmente, resguardar a eficácia do contrato, pois não teria sentido pactuá-lo em face de quem não é pessoa viva ou não goza da expectativa mínima necessária para o gozo da renda, em face de moléstia anterior.

7. DIREITO DE ACRESCER

Por expressa determinação legal, ressalvada estipulação contratual em contrário, veda-se o direito de acrescer em favor de rentista (credor) sobrevivo, caso a renda seja estipulada em prol de mais de uma pessoa.

Assim, a título exemplificativo, se há três rentistas, Huguinho, Zezinho e Luizinho, morrendo este último, a sua quota é abatida, presumindo-se, no silêncio do negócio, que cada um deles era titular de quota equivalente (no caso, um terço para cada um).

Nesse sentido, de clareza meridiana é o art. 812 do CC/2002:

"Art. 812. Quando a renda for constituída em benefício de duas ou mais pessoas, sem determinação da parte de cada uma, entende-se que os seus direitos são iguais; e, salvo estipulação diversa, não adquirirão os sobrevivos direito à parte dos que morrerem".

Nada impede, outrossim, que o instituidor preveja o direito de acrescer, de maneira que, com a morte de um dos credores, a sua parte beneficiaria aos demais.

Lembra-nos, neste particular, SÍLVIO VENOSA que, *em se tratando de beneficiários casados entre si, com o falecimento de um deles, o outro terá a respectiva parte acrescida à sua quota, por aplicação do art. 551, parágrafo único, referente às doações*[8], salvo disposição em contrário.

Todavia, tal conclusão, em nosso pensar, somente poderá ser aplicada aos contratos instituídos a título gratuito, pois somente a eles aplicam-se por equiparação as regras referentes às doações.

8. EXTINÇÃO DO CONTRATO

Além das hipóteses gerais[9] e especial de invalidade (esta última analisada acima), o contrato de constituição de renda — válido — poderá ser extinto pelas causas supervenientes à sua formação.

---

[7] Pablo Stolze Gagliano e Rodolfo Pamplona Filho, *Novo Curso de Direito Civil — Parte Geral*, 22. ed., São Paulo: Saraiva, 2020, v. 1, p. 460.
[8] Sílvio Venosa, ob. cit., p. 372.
[9] Sobre o tema, confira-se o Capítulo XIV ("Invalidade do Negócio Jurídico") do volume 1 ("Parte Geral") desta obra.

Assim, podem ocorrer quaisquer das formas gerais de dissolução contratual (resolução, resilição e rescisão)[10].

Vale destacar, porém, no particular, que o já analisado art. 806 do CC/2002 trata tanto de uma causa anterior (fixação de um termo certo), quanto superveniente (morte do credor).

Da mesma forma, a cláusula resolutiva tácita, mencionada no art. 810 do CC/2002, se enquadra em tais causas supervenientes, na modalidade "resolução".

Havia, porém, uma forma particular de resilição unilateral para o contrato de constituição de renda.

Trata-se do resgate, como uma particular modalidade de extinção da constituição de renda, prevista no art. 751 do CC/1916 (sem equivalente no CC/2002):

> "Art. 751. O imóvel sujeito a prestações de renda pode ser resgatado, pagando o devedor um capital em espécie, cujo rendimento, calculado pela taxa legal dos juros, assegure ao credor renda equivalente".

Tal possibilidade de resgate não é mais possível, ante a falta de previsão normativa vigente, motivo pelo qual sua menção tem interesse meramente histórico.

---

[10] Sobre o tema, confira-se o Capítulo "Extinção do Contrato" deste volume.

Capítulo XXXI
Jogo e Aposta

Sumário: 1. Noções introdutórias. 2. Conceito. 3. Natureza jurídica. 4. Espécies de jogo. 5. Características. 6. Contratos diferenciais. 7. Utilização do sorteio. 8. Exigibilidade de dívida de jogo contraída no exterior. 9. O reembolso de empréstimo para jogo ou aposta. 10. Extinção do contrato.

1. NOÇÕES INTRODUTÓRIAS

"Quer apostar comigo?"

Esta frase, tão comum no nosso dia a dia, é o início de uma proposta para a celebração de uma modalidade contratual típica, prevista no sistema codificado brasileiro.

Trata-se do *"Contrato de Aposta"*, que é tratado, juntamente com o *"Contrato de Jogo"*, nos arts. 814 a 817 do CC/2002, em uma reunião de dois contratos afins na mesma disciplina jurídica, tal qual também feito — em linha semelhante, posto não igual — na regulação dos Contratos de Agência e Distribuição.

Feito esse registro inicial de afirmação da dualidade contratual na mesma normatização, passemos a conceituar tais figuras contratuais.

2. CONCEITO

Como dito, os arts. 814 a 817 do Código Civil vigente regulam duas figuras jurídicas com conceitos distintos, mas com evidentes afinidades.

De fato, o contrato de jogo pode ser definido como o *negócio jurídico por meio do qual duas ou mais pessoas prometem realizar determinada prestação (em geral, de conteúdo pecuniário) a quem conseguir um resultado favorável na prática de um ato em que todos participam*.

Registre-se que o jogo (e, consequentemente, o sucesso ou fracasso de cada parte) depende necessariamente da atuação de cada sujeito (chamado jogador), seja por sua inteligência, seja por sua habilidade, força ou, simplesmente, sorte.

Já o contrato de aposta é o *negócio jurídico em que duas ou mais pessoas, com opiniões diferentes sobre certo acontecimento, prometem realizar determinada prestação (em geral, de conteúdo pecuniário) àquela cuja opinião prevalecer*.

Na aposta não se exige a participação ativa de cada sujeito (chamado apostador), contribuindo para o resultado do evento, mas, sim, apenas a manifestação de sua opinião pessoal.

A proximidade entre os dois institutos, porém, é evidente, notadamente pelo elemento comum da *álea* que os envolve, pois, apenas para recordar o velho clássico da corrida entre a lebre e a tartaruga, nem sempre o mais habilidoso ou capaz vence uma competição...

Há tanta afinidade entre eles que, na prática, muitas vezes acabamos fazendo referência a um quando pretendemos utilizar o outro. É o caso, por exemplo, quando dois amigos dizem *"vamos apostar uma corrida?"*. Isto, na verdade, não é propriamente uma aposta, mas, sim, um jogo, pois depende da participação efetiva dos contendores (habilidade, força ou velocidade) e não somente da sorte. Da mesma forma, fala-se em *"jogar nos cavalos"*, quando o indivíduo está realizando, de fato, apostas em corridas em um hipódromo.

Outros elementos marcantes, que demonstram o traço comum entre os dois institutos, são a inexigibilidade das prestações deles advindas e a irrepetibilidade do pagamento efetuado por sua causa[1], dados estes que evidenciam, a toda prova, a sua natureza de obrigações naturais.

É o que se infere do art. 814, *caput* e § 1.º, do CC/2002:

"Art. 814. As dívidas de jogo ou de aposta não obrigam a pagamento; mas não se pode recobrar a quantia, que voluntariamente se pagou, salvo se foi ganha por dolo, ou se o perdente é menor ou interdito[2].

§ 1.º Estende-se esta disposição a qualquer contrato que encubra ou envolva reconhecimento, novação ou fiança de dívida de jogo; mas a nulidade resultante não pode ser oposta ao terceiro de boa-fé".

A ressalva do *caput* é imperfeita e inadequada[3], pois somente abre exceção para o dolo, quando, por uma questão de lógica e justiça, também podem ser invocados os demais vícios de consentimento, como o erro, a coação, o estado de perigo e a lesão, além dos vícios sociais da fraude contra credores e da própria simulação (esta última hipótese de nulidade absoluta). Além disso, sendo o perdente menor ou interdito, a hipótese é de incapacidade, o que também invalidaria o negócio jurídico.

Interessante, porém, é a menção do § 1.º, que estende a inexigibilidade e a irrepetibilidade a todo e *"qualquer contrato que encubra ou envolva reconhecimento, novação ou fiança de dívida de jogo"*, o que nos parece medida das mais razoáveis, pois se harmoniza com a característica da inexigibilidade jurídica deste tipo de obrigação, sem prejudicar os interesses dos terceiros de boa-fé.

Estabelecida a distinção conceitual e os elementos de aproximação entre as duas figuras, cabe-nos compreender agora a sua natureza jurídica.

---

[1] Apenas para avivar a memória, lembremos que a irrepetibilidade é a característica de impossibilidade de devolução da prestação havida, o que é próprio de uma relação obrigacional efetivamente devida, como o são as obrigações naturais.

[2] Norma equivalente é encontrada, por exemplo, no Código Civil italiano, que preceitua, em seu art. 1.933:

"1933. *Mancanza di azione*. [I]. Non compete azione per il pagamento di un debito di giuoco o di scommessa, anche se si tratta di giuoco o di scommessa non proibiti [718 c.p.].

[II[. Il perdente tuttavia non può ripetere quanto abbia spontaneamente pagato dopo l'esito di un giuoco o di uma scommessa in cui non vi sia stata alcuna frode [2034]. La ripetizione è ammessa in ogni caso se il perdente è un incapace".

[3] Bem mais técnico, em nossa opinião, é o Código Civil português, ao preceituar, em seu art. 1.245.º, que o "jogo e a aposta não são contratos válidos nem constituem fonte

3. NATUREZA JURÍDICA

Fixados os conceitos básicos sobre jogo e aposta, parece-nos relevante, neste momento, reafirmar a sua *natureza jurídica contratual*.

De fato, apesar de inseridos no Título VI (*"Das Várias Espécies de Contrato"*), o fato de a lei negar alguns efeitos aos contratos de jogo e aposta, *como a inexigibilidade de suas prestações*, faz com que haja profunda controvérsia doutrinária em seu derredor.

Isso decorre, por certo, da concepção tradicional de que tanto o jogo quanto a aposta eram condutas socialmente indesejáveis, desagregadoras do ambiente familiar, pelo estabelecimento de posturas viciadas e possibilidade de ruína do patrimônio dos envolvidos.

Nessa linha, a condição de obrigação natural, em que não há exigibilidade judicial do conteúdo pactuado, faz com que a ideia de um contrato, no sentido de autodeterminação da vontade para a produção de efeitos, seja muito malvista por setores da doutrina.

Afirma, por exemplo, SILVIO RODRIGUES:

"O Código Civil cuida do jogo e da aposta dentro do terreno dos contratos nominados, ao mesmo tempo que nega a esses ajustes qualquer dos efeitos almejados pelas partes, o que constitui uma contradição.

Se o jogo e a aposta fossem um contrato, seriam espécie do gênero ato jurídico, gerando, por conseguinte, os efeitos almejados pelos contratantes. Se isso ocorresse, seria justa sua disciplinação entre os contratos. Todavia, tanto o jogo lícito quanto a aposta não são atos jurídicos, posto que a lei lhes nega efeitos dentro do campo do direito. Assim, não podem ser enfileirados entre os negócios jurídicos e, por conseguinte, entre os contratos"[4].

A crítica, em nosso sentir, embora bem fundamentada, não deve prevalecer.

A condição de obrigação natural não descaracteriza a figura contratual.

A relação jurídica de direito material existe e é válida, tendo apenas limitados alguns dos seus efeitos, por uma opção do legislador, calcado em um (pre)conceito social, positivando valores, conduta que deve ser respeitada. Todavia, negar a natureza contratual a um acordo de vontades que produz efeitos, ainda que restritos, parece-nos fazer sobrepujar o preconceito à norma e à efetiva aceitabilidade social do instituto.

Ademais, pretensões prescritas, por exemplo, não invalidam os contratos em que se fundam, mesmo se há a perda da exigibilidade judicial de algumas ou de todas as suas prestações. Isso mostra que a produção limitada de efeitos não retira a natureza contratual de um acordo de vontades para a produção de determinado resultado.

Em síntese, posto entendamos a limitação dos seus efeitos jurídicos, justificada pela natureza peculiar desses institutos, não negamos, outrossim, a sua natureza eminentemente contratual.

Parece-nos interessante, também, no que diz respeito à natureza jurídica, diferenciar o jogo e a aposta da promessa de recompensa.

---

de obrigações civis; porém, quando lícitos, são fonte de obrigações naturais, excepto se neles concorrer qualquer outro motivo de nulidade ou anulabilidade, nos termos gerais de direito, ou se houver fraude do credor em sua execução".

[4] Silvio Rodrigues, *Direito Civil — Dos Contratos e Declarações Unilaterais de Vontade*, 25. ed., São Paulo: Saraiva, 1997, v. 3, p. 363.

Nas modalidades aqui estudadas, temos um negócio jurídico que potencialmente produzirá uma obrigação natural. Já na promessa de recompensa, o que há é uma declaração unilateral de vontade, sem destinatário determinado, mas que faz surgir um direito, plenamente exigível, se atendida a condição ou desempenhado o serviço estabelecido.

4. ESPÉCIES DE JOGO

Antes de abordar as características básicas dos contratos de jogo e aposta, parece-nos relevante fazer algumas considerações sobre as espécies de jogo.

Com efeito, o jogo pode ser classificado como *ilícito (ou proibido)* e *lícito*, sendo que estes últimos se subdividem em *tolerados ou autorizados (legalmente permitidos)*.

Os jogos ilícitos, como é intuitivo, são aqueles vedados expressamente por normas legais.

Nesse diapasão, o Decreto-Lei n. 3.688, de 3-10-1941 (Lei das Contravenções Penais), estabelece, em seus arts. 50 a 58, diversas condutas típicas ensejadoras da persecução criminal.

Verifique-se, como nota comum, que todas estas condutas vedadas se vinculam, necessariamente, a práticas em que o resultado depende, única e exclusivamente, da sorte[5] (p. ex., jogo do bicho, roleta, dados etc.), *em lugar público ou acessível ao público*.

Independentemente da conveniência ou não da manutenção de seus tipos penais no ordenamento jurídico brasileiro, o fato é que a vedação dessas condutas importa na impossibilidade jurídica de reconhecer a validade plena de tais avenças[6].

Todavia, até mesmo por força do princípio jurídico que impede a alegação, em seu favor, da própria torpeza, bem como impede o enriquecimento indevido, a natureza contratual (no sentido de um acordo de vontades livremente estabelecido) impõe, sem dúvida, o reconhecimento da validade do *pagamento* já efetivado, uma vez que decorrente de ato voluntário do pagador, e, consequentemente, da *solutio retentio*. Assim, ainda que ilícitos o jogo e/ou aposta, as regras aqui tratadas lhes são plenamente aplicáveis[7].

Protestando contra tal contradição do sistema normativo, ensinava ORLANDO GOMES:

> "O contrato de jogo proibido é nulo de pleno direito, por ter causa ilícita. Nenhum efeito produz. De ato nulo não resultam consequências suscetíveis de proteção legal. Nesta ordem de ideias, não pode surgir a dívida de jogo como obrigação válida. A rigor, não se justifica a impossibilidade de repetição do que foi pago voluntariamente. Diz-se, no entanto, que o contrato de jogo proibido gera uma obrigação natural. Nessa assertiva se contém difundido equívoco. O principal efeito da obrigação natural consiste na *soluti retentio*. Ora, o credor de dívida de jogo proibido não tem o direito de reter o que recebeu.

---

[5] A Lei do Jogo portuguesa (Dec.-Lei n. 422, de 2-12-1989) define, em seu artigo 1.º, que *"jogos de fortuna ou azar são aqueles cujo resultado é contingente por assentar exclusiva ou fundamentalmente na sorte"*.

[6] Isso reflete até mesmo nas relações trabalhistas, não se podendo reconhecer validade aos contratos de emprego estabelecidos especificamente para a prática de tais condutas. É o caso, por exemplo, do *"jogo do bicho"*, prática que, embora ilícita, encontra grande aceitação social, sobre o qual o Tribunal Superior do Trabalho, através da sua Seção de Dissídios Individuais-I, editou, desde 8-11-2000, a Orientação jurisprudencial 199, com o seguinte teor: *"Orientação jurisprudencial 199: Jogo do bicho. Contrato de trabalho. Nulidade. Objeto ilícito. Arts. 82 e 145 do Código Civil"*.

[7] Quanto ao jogo do bicho, o fato é que já há, hoje, uma larga aceitação social da sua prática, o que poderia, sobretudo em termos penais, permitir uma reflexão acerca da sua ilicitude essencial.

A esse recebimento falta causa, precisamente porque o contrato é nulo de pleno direito. Por outro lado, embora imperfeita, porque desprovida de sanção, a obrigação natural tem um fim moral e seu suporte psicológico é a convicção de que deve ser cumprida porque assim manda a consciência. A prática de ato ilícito não pode gerar uma obrigação com semelhante finalidade, nem desperta o sentimento de que é desonroso o inadimplemento. Em obrigação natural pode-se falar quando o jogo é tolerado, haja vista que a lei lhe não atribui sanção apenas para não fomentar a prática de ato que não tem objetivo sério.

A dívida oriunda de contrato de jogo proibido poderia ser repetida, por constituir enriquecimento sem causa. O pagamento seria indevido, por ter como causa contrato nulo. Realizado como é contra proibição legal, esse contrato não pode originar qualquer efeito. Contudo, argúi-se que a repetição deve ser repelida com apoio no princípio geral que manda suprimir a *condictio* procedente da nulidade dos contratos quando há causa torpe para ambas as partes, *in paris causa turpitudinis, cessat repetitio*. A nulidade do contrato justifica a inexistência da obrigação, mas a repetição se excluiu pela concorrência de causa torpe"[8].

Uma questão interessante e tormentosa sobre este tema é a disciplina jurídica das "Casas de Bingo" no Brasil. Em que pese a *alea* evidente nessa modalidade de jogo, sua prática foi permitida e regulamentada, em todo o território nacional, pela Lei n. 9.615/98 (Lei Pelé), que destinou sua receita ao financiamento dos esportes olímpicos.

Posteriormente, a Lei n. 9.981/2000 revogou os dispositivos que autorizavam e disciplinavam os bingos, remetendo tal funcionamento à autorização da Caixa Econômica Federal, o que já tinha sido, inclusive, objeto de uma medida provisória anterior[9].

Em seguida, proibiu-se completamente, pela Medida Provisória n. 168, de 20-2-2004, o funcionamento dos bingos, medida que foi rejeitada pelo Senado, ficando os bingos sem uma disciplina legal, e funcionando, desde então, com base em decisões judiciais. O tema, porém, ainda comporta discussões, embora já haja respeitável entendimento jurisprudencial do Superior Tribunal de Justiça no sentido da ilegalidade da prática[10], bem como precedente em decisão monocrática no Supremo Tribunal Federal[11].

Em paralelo às condutas tipificadas, há outro campo de relações, referente a jogos e apostas, que merece a tutela do ordenamento jurídico.[11]

---

[8] Orlando Gomes, *Contratos*, 24. ed., Rio de Janeiro: Forense, 2001, p. 429-30.

[9] Ver arts. 1.º e 17 da Medida Provisória n. 2.216-37, de 31 de agosto de 2001.

[10] *Vide*: STJ, Corte especial, AgRg na SS 1.662/RS, *DJ*, 11-12-2006, p. 287, rel. Min. Barros Monteiro, j. 4-10-2006.

Ver também: STJ, REsp 703.156/SP, *DJ*, 16-5-2005, p. 402, rel. Min. Gilson Dipp, j. 19-4-2005, 5.ª Turma; e STJ, RMS 17.480/RS, *DJ*, 8-11-2004, p. 164, rel. Min. José Delgado, j. 28-9-2004, 1.ª Turma.

[11] "Jogos de azar. Suspensa decisão que autoriza empresas a explorar bingo

O Supremo Tribunal Federal suspendeu decisão que autorizou duas empresas a explorar máquinas eletrônicas de caça-níqueis, vídeo-bingo e vídeo-pôquer. O ministro Gilmar Mendes, que ocupa a presidência do STF, anulou liminares concedidas pelo Tribunal Regional Federal da 2.ª Região.

Em primeira instância, o juiz autorizou a busca e apreensão das máquinas. O TRF-2 suspendeu, em parte, a eficácia da sentença da 4.ª Vara Federal de Niterói (RJ). Ao acolher o pedido de liminar, justificou que a apreensão das máquinas causaria prejuízos à atividade econômica das empresas.

O procurador-geral da República recorreu ao STF por entender que há risco de irreparável lesão à ordem à segurança pública, uma vez que a polícia está impedida de apreender as máquinas de jogos

Trata-se da área dos jogos e apostas lícitos, em que se faz mister esclarecer uma importante distinção.

Há dois tipos de jogos lícitos.

A primeira forma de jogo lícito é aquela ocorrente no "grande mar de licitude" existente fora das "ilhas de ilicitude", o que é uma homenagem ao princípio ontológico da liberdade de que "tudo que não está juridicamente proibido está juridicamente permitido"[12].

Ou seja, toda modalidade de jogo ou aposta que não esteja tipificada é considera lícita, como a "corrida apostada" entre amigos para ver quem chega primeiro, a rifa feita por uma comissão de formatura ou o "carteado a dinheiro" entre membros da família (fora, portanto, do âmbito de incidência do art. 50, § 4.º, *a*, da LCP).

Em tal modalidade de jogo ou aposta há apenas a tolerância do ordenamento jurídico, pois, em que pese a aceitação de sua licitude, não se admite a produção total dos efeitos do negócio jurídico, gerando obrigações naturais, às quais também se aplicam as regras aqui tratadas.

E há uma segunda forma de jogo lícito.

Trata-se do jogo ou aposta autorizado ou legalmente permitido.

Nessas modalidades, não há falar em obrigação natural ou juridicamente incompleta, mas, sim, de obrigação juridicamente exigível, em todos os seus efeitos.

Tal distinção decorre da própria regra legal, inserida pelo codificador de 2002, em consonância com a realidade existente.

---

de azar. Dessa forma, para ele, prevalecem interesses particulares das empresas em detrimento ao interesse público de proteção aos eventuais usuários das máquinas.

No pedido, a procuradoria-geral citou precedente do próprio STF que firmou entendimento no sentido de que a exploração de loterias e jogos de azar por meio de máquinas eletrônicas não pode ser autorizada por normas estaduais.

Ao suspender a decisão, o ministro Gilmar Mendes observou a inconstitucionalidade de normas estaduais que autorizam o funcionamento de bingos e a instalação e a operação de máquinas eletrônicas de jogos de azar. Além disso, citou o julgamento da Ação Direta de Inconstitucionalidade 2.948 que definiu a exploração desses jogos como ilícito penal.

'No presente caso, entendo que se encontram demonstradas graves lesões à ordem e à segurança públicas, pois a liberação das máquinas eletrônicas apreendidas, a serem utilizadas na exploração de jogos de azar e loterias, é medida que se incompatibiliza com a natureza contravencional dessa atividade. Defiro o pedido formulado para suspender a execução das liminares concedidas pelo vice-presidente do TRF da 2.ª Região', decidiu" (SS 3.048 *Revista Consultor Jurídico*, 3 de janeiro de 2007 Disponível em: <http://conjur.estadao.com.br/static/text/51588,1>).

[12] "Tudo, pois, que não é ilícito é lícito, e vice-versa, o que não deixa margem à possibilidade de lacunas do direito.

Todavia, embora o princípio lógico acima enunciado 'tudo que não é lícito é ilícito' — seja, como uma proposição, logicamente conversível, realmente não se pode proceder à conversão do princípio paralelo ou equivalente — 'tudo que não está proibido está juridicamente facultado'. A conversão deste princípio, embora tivesse o mesmo resultado lógico de completar a ordem jurídica, conferindo-lhe uma plenitude hermética, não seria compatível com a liberdade em que a vida e a conduta essencialmente consistem; se 'tudo o que não é permitido é juridicamente proibido', simplesmente a vida não é possível, pois para cada contração muscular que executo para escrever este livro teria de haver uma expressa permissão por parte da ordem jurídica" (A. L. Machado Neto, *Compêndio de Introdução à Ciência do Direito*, 3. ed., São Paulo: Saraiva, 1975, p. 152).

Confiram-se, por isso, os dois últimos parágrafos do art. 814 do CC/2002, lembrando que o *caput* trata justamente da inexigibilidade e irrepetibilidade do pagamento de dívida de jogo e aposta:

> "§ 2.º O preceito contido neste artigo tem aplicação, ainda que se trate de jogo não proibido, só se excetuando os jogos e apostas legalmente permitidos.
>
> § 3.º Excetuam-se, igualmente, os prêmios oferecidos ou prometidos para o vencedor em competição de natureza esportiva, intelectual ou artística, desde que os interessados se submetam às prescrições legais e regulamentares".

É o caso, pois, das diversas loterias patrocinadas pelo Governo Federal, através da Caixa Econômica Federal, como, a título exemplificativo, Lotofácil, Loteca, Lotogol, Lotomania, Loteria Instantânea, Loteria Federal, Quina, Mega-Sena e Dupla Sena.

No mesmo sentido, enquadramos como obrigações juridicamente exigíveis, por força do mencionado § 3.º, não somente competições esportivas propriamente ditas mas todo tipo de premiação lícita prometida, seja em emissoras de televisão, seja em qualquer outro meio de divulgação. Nessas hipóteses, hão de ser aplicadas as *prescrições legais e regulamentares*[13], bem como, se for o caso, o Código de Defesa do Consumidor[14].

5. CARACTERÍSTICAS

Pela sua evidente similitude, cuidaremos de caracterizar os contratos de jogo e aposta conjuntamente, até mesmo pelo fato de ambos terem sido tratados na mesma disciplina.

A afirmação da natureza contratual do jogo e da aposta já os consagra como contratos *típicos* e *nominados*.

Trata-se de modalidades contratuais *bilaterais*, com direitos e obrigações para ambos os contratantes, admitindo-se uma *plurilateralidade* (ou *multilateralidade*), na medida em que haja mais de dois pactuantes.

Embora possam ser estabelecidos, sem problemas, na modalidade gratuita, o jogo e a aposta somente têm relevância para o Direito quando celebrados de forma *onerosa*.

Tendo em vista o elemento sorte (ou azar) que os envolve, são, obviamente, contratos *aleatórios*, já que a obrigação de uma das partes só pode ser considerada devida em função de coisas ou fatos futuros, cujo risco da não ocorrência foi assumido pelo outro contratante.

Podem ser estabelecidos tanto de forma *paritária* como *por adesão*, sendo ilustrativos, respectivamente, os exemplos da aposta entre amigos e a "fezinha" na loteria esportiva.

Pela álea inerente ao contrato, a classificação de *contrato evolutivo* é inaplicável ao jogo e à aposta.

---

[13] Destaque-se, por exemplo, a Lei n. 5.768, de 20-12-1971, que trata da legislação sobre distribuição gratuita de prêmios, mediante sorteio, vale-brinde ou concurso, a título de propaganda, estabelece normas de proteção à poupança popular, e dá outras providências, bem como seu Decreto regulamentador, a saber, o Decreto n. 70.951, de 9-8-1972.

[14] "Televisão. 'Show do milhão'. Código de Defesa do Consumidor. Prática abusiva. A emissora de televisão presta um serviço e como tal se subordina às regras do Código de Defesa do Consumidor. Divulgação de concurso com promessa de recompensa segundo critérios que podem prejudicar o participante. Manutenção da liminar para suspender a prática. Recurso não conhecido" (STJ, REsp 436.135/SP, *DJ*, 12-8-2003, p. 231, rel. Min. Ruy Rosado de Aguiar, j. 17-6-2003, 4.ª Turma).

São típicos contratos *civis*, inaplicáveis para relações *comerciais, trabalhistas e administrativos*, podendo revestir-se como contratos consumeristas.

Quanto à forma, são contratos *não solenes* e *consensuais*.

A priori, quanto à *importância da pessoa do contratante* para a *celebração* e *produção de efeitos* do contrato, tais negócios jurídicos classificam-se como *pessoais* (também chamados de *personalíssimos* ou realizados *intuitu personae*).

São contratos *individuais*, pois estipulados entre pessoas determinadas, ainda que em número elevado, mas consideradas individualmente.

Quanto ao tempo, podem ser tanto contratos *instantâneos* (seja de *execução imediata* ou de *execução diferida*) quanto *de duração* (*determinada ou indeterminada*), a depender da situação concreta.

São contratos tipicamente *causais*, a ponto de a regra de irrepetibilidade e inexigibilidade ser estendida a qualquer outra avença "que encubra ou envolva reconhecimento, novação ou fiança de dívida de jogo", na forma do já transcrito § 1.º do art. 814 do CC/2002, o que afastaria a exigibilidade, por exemplo, de títulos executivos decorrentes da dívida contraída tendo como causa o jogo ou a aposta[15].

---

[15] "Processual civil. Monitória. Memória de cálculo. Inexistência. Inépcia. Não ocorrência. Produção de provas. Audiência. Não realização. Aferição. Súmula 7 — STJ. Caução. Pessoa jurídica estrangeira. Art. 835 do CPC. Interpretação. Dívida de jogo. Caracterização. Reexame de provas. 1 — Em nenhum dos dispositivos que regem a monitória há a exigência de ser a inicial da ação guarnecida com planilha de cálculos ou memória discriminada do montante da dívida em cobrança, o que fica relegado aos embargos. 2 — A necessidade ou não de produzir prova em audiência é da exclusiva e soberana discricionariedade das instâncias ordinárias, com apoio no acervo probatório, esbarrando, portanto, a questão federal (arts. 330, I, e 332, ambos do CPC), neste particular, no óbice da súmula 7 — STJ. 3 — Eventual retardo no implemento da caução do art. 835 do CPC não rende ensejo à nulidade do processo, notadamente se, como na espécie, somente foi suscitada a falta em sede de embargos declaratórios ao acórdão de apelação. 4 — Vinculada a questão federal à existência ou não de dívida de jogo e as implicações disso resultantes, a irresignação encontra obstáculo intransponível no verbete sumular n. 7 — STJ, máxime porque o acórdão além de reportar-se a ampla interpretação probatória, menciona e se fundamenta em aspectos subjetivos da conduta do próprio recorrente. 5 — Recurso especial não conhecido" (STJ, REsp 307.104/DF, *DJ*, 23-8-2004, p. 239, rel. Min. Fernando Gonçalves, j. 3-6-2004, 4.ª Turma).
"Cheque — Emissão para pagamento de dívida de jogo — Inexigibilidade — Irrelevância de a obrigação haver sido contraída em país em que é legítima a jogatina — Inteligência dos arts. 9.º e 17 do Dec.-lei 4.657/42 e do art. 1.477 do CC. O cheque emitido para pagamento de dívida de jogo é inexigível, nos termos do art. 1.477 do CC, ainda que a obrigação tenha sido contraída em país em que a jogatina é lícita, eis que o princípio do *locus regit actum*, consagrado no art. 9.º da LICC, sofre restrições em face da regra insculpida no art. 17 do mesmo diploma legal" (TJRJ, Ap. Cív., Proc. n. 18.836/00, *DORJ*, 28-6-2001, rel. Des. Nametala Jorge, j. 16-4-2001, 13.ª Câmara Cível).
"Cheque — Emissão para pagamento de dívida de jogo — Inexigibilidade — Irrelevância de a obrigação de haver sido contraída em país onde é legítimo o jogo — Regra alienígena inaplicável face aos termos expressos do Art. 17 da LICC — Aplicação dos Arts. 1.477 e 1.478 do CC — Voto vencido em parte. O título emitido para pagamento de dívida de jogo não pode ser cobrado, posto que, para efeitos civis, a lei o considera ato ilícito (arts. 1.477 e 1.478 do CC). Mesmo que a obrigação tenha sido contraída em país onde é legítimo o jogo, ela não pode ser exigida no Brasil face aos termos expressos do art. 17 da LICC" (TJMG, Ap. Cív. n. 128.795-4, rel. Juiz Zulman Galdino, j. 29-9-1992, 1.ª Câmara Cível).

Sobre tal característica, é importante registrar que quando o jogo ou a aposta é a própria causa de um outro negócio jurídico, a sua condição de obrigação natural "contamina" a nova avença, o que é mais evidente na hipótese de mútuo, conforme se verifica do art. 815 do CC/2002[16], analisado no final deste capítulo[17].

A classificação pela função econômica não é adequada para os contratos de jogo e aposta, uma vez que a álea própria dessa relação contratual é um traço distintivo que o peculiariza dentre as demais formas contratuais. O mais próximo que se pode vislumbrar é de um contrato *de atividade*, que é aquele caracterizado pela prestação de uma conduta de fato, mediante a qual se conseguirá uma utilidade econômica. A classificação, porém, não é perfeita, justamente pelo fato de que a utilidade econômica não necessariamente será obtida, já que depende de outros fatores, independentemente da conduta do contratante, como a sorte e a habilidade do adversário (no jogo).

Por fim, é típico contrato principal, com existência autônoma, e definitivo, não sendo preparatório para qualquer negócio jurídico, nem podendo sê-lo, pela inexigibilidade a ele inerente.

6. CONTRATOS DIFERENCIAIS

Um modificação substancial entre a nova e a anterior codificação diz respeito ao tratamento dos chamados "*contratos diferenciais*".

São eles, no ensinamento de ORLANDO GOMES,

> "os contratos de vendas pelos quais as partes não se propõem realmente a entregar a mercadoria, o título, ou valor, e a pagar o preço, mas, tão só, à liquidação pela diferença entre o preço estipulado e a cotação do bem vendido no dia do vencimento. Se o preço subir, ganha o comprador, pois o vendedor é obrigado a pagar a diferença. Se baixar, ganha o vendedor, que à diferença faz jus. No primeiro caso, a diferença é paga pelo vendedor, e no segundo, pelo comprador"[18].

No sistema codificado do século XX, tais modalidades contratuais estavam equiparadas ao jogo, na forma do art. 1.479 do CC/1916[19], motivo por que não tinham exigibilidade judicial nem repetibilidade, caracterizando-se como obrigações naturais.

Tudo mudou o Código Civil brasileiro de 2002, que expressamente estabeleceu em seu art. 816:

> "Art. 816. As disposições dos arts. 814 e 815 não se aplicam aos contratos sobre títulos de bolsa, mercadorias ou valores, em que se estipulem a liquidação exclusivamente pela diferença entre o preço ajustado e a cotação que eles tiverem no vencimento do ajuste".

---

[16] CC/2002: "Art. 815. Não se pode exigir reembolso do que se emprestou para jogo ou aposta, no ato de apostar ou jogar".

[17] Confira-se o tópico 9 ("O reembolso de empréstimo para jogo ou aposta") deste capítulo.

[18] Orlando Gomes, *Contratos*, 24. ed., Rio de Janeiro: Forense, 2001, p. 433.

[19] CC/1916: "Art. 1.479. São equiparados ao jogo, submetendo-se, como tais, ao disposto nos artigos antecedentes, os contratos sobre títulos de bolsa, mercadorias ou valores, em que se estipule a liquidação exclusivamente pela diferença entre o preço ajustado e a cotação que eles tiverem, no vencimento do ajuste".

Assim, embora também existente a álea, tal qual no jogo e na aposta, estabelece a regra positivada a impossibilidade de sua equiparação a tais contratos, constituindo-se, portanto, em obrigações juridicamente completas e exigíveis.

Essa mudança de diretriz parece-nos bastante razoável, dada a importância moderna das bolsas de futuros, cuja finalidade é a organização de um mercado para a negociação de produtos derivados de títulos, mercadorias e valores.

Afinal de contas, referidos negócios têm seu risco inerente, com a possibilidade concreta de ganhos e perdas, como em qualquer sistema clássico de Bolsas de Valores, o que nunca foi considerado ilegal.

Sobre o tema, vale registrar a observação de JONES FIGUEIRÊDO ALVES:

"O CC/2002 aboliu o princípio da equiparação. Efetivamente, equiparar as operações de bolsas de futuros a jogo ou aposta era algo que não podia permanecer no Código Civil. Observe-se que o Decreto-Lei n. 2.286, de 23-7-1986, já dispõe sobre a cobrança de impostos nas operações a termo de bolsas de mercadorias ou mercados outros de liquidações futuras, realizadas por pessoa física, tributando os rendimentos e ganhos de capital delas decorrentes. E no art. 3.º são definidos como valores mobiliários sujeitos ao regime da Lei n. 6.385, de 7-12-1976, os índices representativos de carteiras de ações e as opções de compra e venda de valores mobiliários, sendo certo que o Conselho Monetário Nacional e o Banco Central do Brasil, através das Resoluções n. 1.190/86 e 1.645/89, respectivamente, referiam-se às bolsas, cujo objetivo é, justamente, a organização de um mercado livre e aberto para a negociação de produtos derivativos de mercadorias e ativos financeiros.

Isto já existe no Brasil desde 1986, quando foi criada a Bolsa de Mercadorias & Futuros, que realiza um volume de negócios equivalente a dez vezes o nosso Produto Interno Bruto. Tais bolsas existem na Alemanha, na França, na Itália, na Suíça, na Austrália, na Áustria, na Bélgica, em Luxemburgo, na Holanda, no Reino Unido e sobretudo nos Estados Unidos. Ser contra a existência dos negócios realizados nas Bolsas de Mercadorias e Futuros com base na afirmativa de eles terem por objeto negócios equiparados a jogo e aposta é despiciendo, porque nas clássicas Bolsas de Valores as ações compradas ou vendidas também variam de preço de um dia para o outro, sendo essa operação absolutamente aceitável e tributada"[20].

7. UTILIZAÇÃO DO SORTEIO

Não é toda decisão que depende da sorte que pode ser considerada jogo ou aposta.

Um bom exemplo disso é a técnica do sorteio, que, quando não tem por finalidade o divertimento ou ganho dos participantes, não pode ser regulado como jogo.

Sobre o tema, estabelece o art. 817 do CC/2002:

"Art. 817. O sorteio para dirimir questões ou dividir coisas comuns considera-se sistema de partilha ou processo de transação, conforme o caso".

O sorteio, embora seja um método que envolve necessariamente a sorte dos participantes, quando estabelecido como um critério para dirimir questões, não pode ser encara-

---

[20] Jones Figueirêdo Alves, *Novo Código Civil Comentado* (coord. Ricardo Fiuza), São Paulo: Saraiva, 2002, p. 737-8.

do como um jogo. Trata-se, apenas, de uma forma encontrada pelo sistema normativo para pôr termo a controvérsias.

Tal método é utilizado pelo ordenamento em diversas hipóteses nas regras processuais, como, a título exemplificativo, no sorteio de jurados, na distribuição de processos em comarcas onde há pluralidade de juízos, na relatoria em recursos etc.

Nas relações jurídicas de direito material, um bom exemplo é a promessa de recompensa, em que o próprio Código Civil brasileiro admite a utilização deste critério, quando for simultânea a execução da tarefa estabelecida.

Em pendências sobre direitos disponíveis entre pessoas capazes, a possibilidade jurídica de renúncia e transação torna admissível a eleição do sorteio como forma de solução de conflitos, o mesmo podendo dar-se no âmbito do inventário ou do arrolamento, em nível sucessório, entre os herdeiros.

Observe-se, porém, que em todas essas situações não há necessariamente a ideia de ganho para um em detrimento dos outros, uma vez que a sorte não tem por objetivo o lucro ou perda, mas apenas o deslinde da controvérsia.

8. EXIGIBILIDADE DE DÍVIDA DE JOGO CONTRAÍDA NO EXTERIOR[21]

Um tema que sempre nos é perguntado em sala de aula diz respeito à eventual exigibilidade de dívida de jogo contraída no exterior.

De fato, não soa como uma heresia dizer que o jogo é permitido no Brasil, seja na modalidade tolerada, seja na legalmente permitida, pois o que há, com efeito, é a vedação legal de algumas modalidades de jogos de azar.

Por isso mesmo, e constatando a circunstância de que um cidadão brasileiro pode contrair dívidas de jogo no exterior (por ex., em um cassino em *Monte Carlo*, no Principado de Mônaco; no Paraguai; ou em *Punta del Este*, no Uruguai), uma pergunta não quer calar: *é possível, à luz das normas de Direito Internacional Privado, cobrar, no Brasil, dívida de jogo regularmente contraída por brasileiro no exterior?*

Para responder a questão, é importante lembrar que a competência para a homologação das sentenças estrangeiras e a concessão do *exequatur* às cartas rogatórias era, até 2004, do Supremo Tribunal Federal (art. 102, I, *h*, da CF/1988), passando, a partir daí, a ser, por força da Emenda Constitucional n. 45/2004, do Superior Tribunal de Justiça, conforme regra hoje inscrita no art. 105, I, *i*, da Constituição Federal vigente.

Registre-se, inclusive, que o texto original da Constituição Federal admitia expressamente a delegação de tal matéria ao seu Presidente, por força de norma regimental, o que, de fato, era autorizado pelo art. 13, IX, do Regimento Interno do Supremo Tribunal Federal.

A matéria, para ser decidida, exige a aplicação das regras de Direito Internacional Privado, o que, no Brasil, importa na incidência do sistema normativo propugnado pela Lei de Introdução ao Código Civil brasileiro.

---

[21] Sobre o tema, confira-se o interessante artigo de Armindo de Castro Júnior, "Cobrança de dívida de jogo contraída por brasileiro no exterior". *Jus Navigandi*, Teresina, ano 10, n. 1.131, 6 ago. 2006. Disponível em: <http://jus2.uol.com.br/doutrina/texto.asp?id=8752>. Acesso em: 12 dez. 2006.

A regra básica para qualificação de obrigações está no art. 9.º da LINDB, que assim estabelece:

"Art. 9.º Para qualificar e reger as obrigações, aplicar-se-á a lei do país em que se constituírem.

§ 1.º Destinando-se a obrigação a ser executada no Brasil e dependendo de forma essencial, será esta observada, admitidas as peculiaridades da lei estrangeira quanto aos requisitos extrínsecos do ato.

§ 2.º A obrigação resultante do contrato reputa-se constituída no lugar em que residir o proponente".

Assim, sendo o jogo legal no território estrangeiro, onde foi contraída a dívida, não seria por isso que estaria impedida a cobrança deste valor no território nacional.

O óbice, porém, surge na colmatação de um conceito jurídico indeterminado fundamental, que é a noção de ordem pública.

De fato, estabelece o art. 17 da mesma LINDB:

"Art. 17. As leis, atos e sentenças de outro país, bem como quaisquer declarações de vontade, não terão eficácia no Brasil, quando ofenderem a soberania nacional, a ordem pública e os bons costumes".

É este o ponto fundamental que impede tal cobrança.

E a questão, sem sombra de dúvida, é de hermenêutica, pois é possível vislumbrar-se, nas decisões proferidas na época em que o Supremo Tribunal Federal era o competente para a matéria, o quanto essa interpretação variou[22], tendo encontrado, inclusive, guarida, ainda que minoritária, em decisões de Tribunais de Justiça de vários pontos do País[23].

---

[22] "Em 1993, ao julgar o Agravo Regimental na Carta Rogatória n. 5332, o eminente Ministro Octávio Gallotti reconsiderou *exequatur* concedido para citação do devedor, sob o fundamento de atentado à ordem pública, baseado em a dívida de jogo ser obrigação natural, de acordo com o CC/1916, bem como de a prática de jogo de azar ser considerada contravenção penal, pela lei brasileira. Da mesma forma e igualmente baseada em atentado à ordem pública, encontramos em 1996, a decisão proferida pelo Ministro Sepúlveda Pertence, ao julgar a Carta Rogatória n. 7426.

Entre 2001 e 2002, houve mudança de interpretação quanto ao tema, quando a presidência do STF foi ocupada pelo eminente Ministro Marco Aurélio Mello. Em longo arrazoado, foi admitido o *exequatur* para citação de devedores de jogo, nos autos da Carta Rogatória n. 9897, oriunda dos Estados Unidos da América (no mesmo sentido: CR 9970, CR 10415, CR 10416 e CR 10416 ED), sob o fundamento de que a lei a ser utilizada seria a norte-americana, de acordo com o art. 9.º da LICC, e que, por ser lícito o jogo no local onde foi contraído, afastaria a incidência do art. 1.477 do Código Civil, não havendo, pois, atentado à ordem pública, prevista no art. 17 da LICC.

Por serem decisões monocráticas, não há que se falar em tendência jurisprudencial, na medida em que não refletem o pensamento do tribunal, mas de seu presidente. Assim, ao assumir a presidência do STF em 2003, o Ministro Maurício Corrêa houve por modificar o entendimento de seu antecessor, reconsiderando a decisão de concessão do *exequatur*, em sede de Embargos Infringentes à Carta Rogatória n. 10415 (no mesmo sentido: CR 10416 AgR), sob o fundamento de atentado à ordem pública" (Armindo de Castro Júnior, "Cobrança de dívida de jogo", artigo citado).

[23] "Ação monitória. Nota promissória. Despesas no exterior. Jogo de azar. Territorialidade. Boa-fé. Ação monitória. Prévia de cerceamento de defesa que não prevalece. Pretensão à oitiva que não desnatura o título. Causa da emissão lícita no território alienígena, onde emitido. Notas promissórias

Resta, portanto, esperar qual será o posicionamento final do Superior Tribunal de Justiça sobre a matéria, órgão hoje competente para sua apreciação.

9. O REEMBOLSO DE EMPRÉSTIMO PARA JOGO OU APOSTA

Como afirmamos alhures, os contratos de jogo e de aposta são negócios jurídicos tipicamente *causais*.

Por isso, suas características básicas de irrepetibilidade de pagamento e inexigibilidade da prestação são estendidas "*a qualquer contrato que encubra ou envolva reconhecimento, novação ou fiança de dívida de jogo*", como estabelece o mencionado § 1.º do art. 814 do CC/2002.

O traço mais evidente deste perfil causalista do sistema codificado brasileiro se dá na relação do jogo e aposta com o mútuo.

De fato, é perfeitamente compreensível que, tomado pela excitação do momento do jogo ou da aposta, algum incauto queira fazer empréstimos para poder apostar ou jogar.

Tal consentimento, porém, é evidentemente viciado, motivo por que a regra legal estende a inexigilidade do reembolso para tal empréstimo.

---

firmadas na Argentina a serem pagas no Brasil. Débito oriundo de despesas com hospedagem, transporte, alimentação, diversão e jogo contraídas no exterior onde o jogo é prática lícita. Alegação do réu de inexigibilidade de dívida de jogo com base no art. 1.477 do CC de 1916 que não se aplica diante do art. 9 da LICC. Princípio da territoriedade. O princípio da boa-fé deve permear as relações. Prevalência da regra do 'locus regit actum'. Sentença em que é julgado procedente a ação monitória convertendo as notas promissórias em título executivo judicial. Irresignação que não se sustenta. Ato judicial mantido" (TJRJ, Ap. Cív. 2005.001.12814, Des. Rosita Maria De Oliveira Netto, j. 8-11-2005, 16.ª Câmara Cível).

"Direito internacional privado. Dívida de jogo contraída no exterior. Pagamento com cheque de conta encerrada. Art. 9.º da Lei de Introdução ao Código Civil. Ordem pública. Enriquecimento ilícito. 1. O ordenamento jurídico brasileiro não considera o jogo e a aposta como negócios jurídicos exigíveis. Entretanto, no país em que ocorreram, não se consubstanciam tais atividades em qualquer ilícito, representando, ao contrário, diversão pública propalada e legalmente permitida, donde se deduz que a obrigação foi contraída pelo acionado de forma lícita. 2. Dada a colisão de ordenamentos jurídicos no tocante à exigibilidade da dívida de jogo, aplicam-se as regras do Direito Internacional Privado para definir qual das ordens deve prevalecer. O art. 9.º da LICC valorizou o *locus celebrationis* como elemento de conexão, pois define que, 'para qualificar e reger as obrigações, aplicar-se-á a lei do país em que se constituírem'. 3. A própria Lei de Introdução ao Código Civil limita a interferência do Direito alienígena, quando houver afronta à soberania nacional, à ordem pública e aos bons costumes. A ordem pública, para o direito internacional privado, é a base social, política e jurídica de um Estado, considerada imprescindível para a sua sobrevivência, que pode excluir a aplicação do direito estrangeiro. 4. Considerando a antinomia na interpenetração dos dois sistemas jurídicos, ao passo que se caracterizou uma pretensão de cobrança de dívida inexigível em nosso ordenamento, tem-se que houve enriquecimento sem causa por parte do embargante, que abusou da boa-fé da embargada, situação essa repudiada pelo nosso ordenamento, vez que atentatória à ordem pública, no sentido que lhe dá o Direito Internacional Privado. 5. Destarte, referendar o enriquecimento ilícito perpetrado pelo embargante representaria afronta muito mais significativa à ordem pública do ordenamento pátrio do que admitir a cobrança da dívida de jogo. 6. Recurso improvido" (TJDF, E. Infrs. na Ap. Cív., Proc. n. EIC 44.921/97, rel. Des. Wellington Medeiros, Rev. Des. Adelith de Carvalho Lopes, j. 14-10-1998, 2.ª Câmara Cível).

É o que se vislumbra no art. 815 do CC/2002, que estabelece:

"Art. 815. Não se pode exigir reembolso do que se emprestou para jogo ou aposta, no ato de apostar ou jogar".

Parece-nos lógico que o preceito somente é aplicável para situações em que o mutuante tenha pleno conhecimento do fato, o que se depreende da menção ao momento em que o empréstimo é feito (*"no ato de apostar ou jogar"*).

Assim, por óbvio, entendemos que para os mútuos feitos sem nenhum tipo de vinculação com o *"ato de apostar ou jogar"*, ainda que sua finalidade implícita seja para tal mister, não se aplica o dispositivo, em respeito, inclusive, à boa-fé subjetiva daquele que emprestou.

Por outro lado, acreditamos firmemente que outros negócios jurídicos, como compra e venda de coisas móveis (pense-se na aquisição de fichas para pagamento posterior[24], por ex.), podem atrair a aplicação analógica da norma, na hipótese de ter a mesma causa.

10. EXTINÇÃO DO CONTRATO

Por se configurarem, regra geral, como obrigações naturais, juridicamente inexigíveis, não há grande interesse — prático ou acadêmico — no desenvolvimento deste tópico, razão por que o legislador, corretamente, permaneceu silente.

Claro está, todavia, que, fora as situações de invalidade, o jogo e a aposta extinguem-se com o *cumprimento da prestação pecuniária*, nos termos e nas condições desenvolvidas no corpo deste capítulo.

Cumpre-nos lembrar, apenas, e em conclusão, que os jogos e apostas oficialmente autorizados admitem a sua cobrança judicial por não se subsumirem à noção de obrigações naturais ou imperfeitas, a exemplo da Loto ou da Mega-Sena.

---

[24] "Dívida de jogo. Fornecimento de fichas em clube destinadas a jogo e para pagamento posterior. É inexigível o reembolso do que se emprestou nessa situação. Recurso extraordinário não conhecido" (STF, RE 65.319/SP, *DJ*, 27-12-1968, rel. Min. Evandro Lins, j. 3-12-1968, 2.ª Turma).

Capítulo XXXII
Fiança

Sumário: 1. Introdução. 2. Conceito. 3. Características. 4. Partes. 5. Objeto. 6. Espécies de fiança. 7. Efeitos da fiança. 7.1. Benefício de ordem. 7.2. Direitos e deveres das partes. 8. Fiança conjunta. 9. Limitação temporal da fiança. 10. Fiança e aval. 11. Fiança e outorga uxória. 12. Extinção da fiança.

1. INTRODUÇÃO

Inaugurando este capítulo, parece-nos interessante registrar que, em mais de uma oportunidade, encontramos referências à fiança no Livro de Provérbios.

Tais menções na Bíblia Sagrada, porém, não soam nem um pouco agradáveis ou convidativas:

"Filho meu, se ficaste por fiador do teu companheiro, se deste a tua mão ao estranho, e te deixaste enredar pelas próprias palavras; e te prendeste nas palavras da tua boca; Faze pois isto agora filho meu, e livra-te, já que caíste nas mãos do teu companheiro: vai, humilha-te, e importuna o teu companheiro" (Provérbios, 6, 1-3).

"Quem fica por fiador certamente sofrerá, mas o que aborrece a fiança estará seguro" (Provérbios, 11, 15).

"Ficando alguém por fiador de um estranho, tome-se-lhe a roupa: e por penhor àquele que se obriga pela mulher estranha" (Provérbios, 20, 16).

Até mesmo na mitologia grega esta figura é pintada com cores e traços vivos e severos, a exemplo da fiança prestada por Poseidon:

"Citam os escriptores um exemplo tirado dos poemas homericos que nos traçam vetustas instituições da Grecia, onde a fiança apparece bem nitidamente indicada. Hephaistos surprehendeu Aphrodite em flagrante delicto de adulterio com Arés. Os deuses decidem que este purgará sua falta, pagando a indemnização habitual, mas Hephaistos não se quer contentar com a promessa do culpado, com receio de que elle se desprenda de sua palavra, porque nem havia muita confiança na bôa fé entre as partes, nem merece confiança quem acaba de abusar della, muito embora seja immortal e divino aquelle que se vincula por obrigação. Poseidon, em tal emergencia, se compromete a cumprir o devido, no caso de Arés recusar-se a isso"[1] (*sic*).

Se, sob o prisma espiritual, ou até mitológico, a fiança já é um contrato gravoso, por outro, no plano econômico, trata-se de um negócio, sem sombra de dúvida, economicamente perigoso para o fiador, por permitir ao credor manifestar toda a sua *ferocidade creditória* em face de alguém que não é, em verdade, o titular da dívida.

---
[1] Clóvis Beviláqua, *Direito das Obrigações*, Campinas: RED Livros, 2000, p. 527-8.

Trata-se de modalidade negocial que traduz uma garantia pessoal ou fidejussória ao credor, a exemplo do aval, não se confundindo com outras formas mais vinculativas de garantia, como as de natureza real (hipoteca, penhor, anticrese). Diz-se "pessoal" este tipo de caução (garantia) porque o fiador assegura o crédito com o seu próprio patrimônio.

Podemos, portanto, afirmar, antes mesmo de aprofundarmos a análise do seu conceito, tarefa que faremos no tópico seguinte, que, na fiança, o fiador garante, com os seus próprios bens, dívida que originariamente não lhe pertence, ou seja, assume a *responsabilidade patrimonial* (obligatio), *sem que tenha dívida própria* (debitum).

Conforme já dissemos alhures:

"Não se deve confundir, ainda, obrigação (*debitum*) e responsabilidade (*obligatio*), por somente se configurar esta última quando a prestação pactuada não é adimplida pelo devedor. A primeira corresponde, em sentido estrito, ao dever do sujeito passivo de satisfazer a prestação positiva ou negativa em benefício do credor, enquanto a outra se refere à autorização, dada pela lei, ao credor que não foi satisfeito, de acionar o devedor, alcançando seu patrimônio, que responderá pela prestação.

Em geral, toda obrigação descumprida permite a responsabilização patrimonial do devedor, não obstante existam obrigações sem responsabilidade (obrigações naturais — *debitum* sem *obligatio*), como as dívidas de jogo e as pretensões prescritas. Por outro lado, poderá haver responsabilidade sem obrigação (*obligatio* sem *debitum*), a exemplo do que ocorre com o fiador, que poderá ser responsabilizado pelo inadimplemento de devedor, sem que a obrigação seja sua"[2].

Feita esta breve introdução, vamos então aprofundar a análise do conceito deste interessante e polêmico instituto contratual.

2. CONCEITO

No sistema brasileiro as garantias podem ser "reais", como se dá com a *hipoteca, penhor* e *anticrese*; ou "fidejussórias", ou seja, de natureza pessoal, em que determinada pessoa se compromete a, *na falta do devedor principal, suportar a dívida assumida*.

Dessa forma, como vimos linhas acima, a fiança traduz uma modalidade de garantia pessoal ou fidejussória.

Podemos defini-la, com base na regra legal, como *o negócio jurídico por meio do qual o fiador garante satisfazer ao credor uma obrigação assumida pelo devedor, caso este não a cumpra* (art. 818 do CC/2002).

É de notar um detalhe nem sempre percebido.

A fiança é um contrato firmado entre *credor e fiador*, não tendo a participação obrigatória do devedor.

Ou seja, o devedor, posto seja a pessoa por quem o fiador responde — subsidiária ou solidariamente —, não tem o condão de impedir a contratação, nos termos do art. 820 do CC/2002:

---

[2] Pablo Stolze Gagliano e Rodolfo Pamplona Filho, *Novo Curso de Direito Civil — Obrigações*, 21. ed., São Paulo: Saraiva, 2020, v. 2, p. 36-7.

"Art. 820. Pode-se estipular a fiança, ainda que sem consentimento do devedor ou contra a sua vontade".

Com isso não se quer dizer que o devedor não tome ciência da instituição da garantia, pois tal comunicação é decorrência do próprio *princípio da boa-fé objetiva*. Pode até indicar ou sugerir o fiador, pessoa de sua confiança, que deverá ser aceito pela outra parte.

Mas o que pretende o dispositivo é deixar claro que esta modalidade de garantia tem em mira o interesse do credor, e não do devedor, que não pode, como visto, opor-se à estipulação.

No que tange às características básicas desta modalidade contratual, vejamos tais classificações no próximo tópico.

3. CARACTERÍSTICAS

A fiança é, evidentemente, um contrato *típico* e *nominado*, pois se encontra previamente definida na lei civil, com nomenclatura consagrada e ampla utilização em relações *civis*, *comerciais* e *consumeristas*.

Dentre suas características, podemos enumerar algumas bem marcantes:

A primeira delas é a *unilateralidade*, pois, uma vez celebrado o contrato de fiança, impõe-se obrigação apenas para uma das partes, no caso, o fiador. Em função disso, é inaplicável a classificação dos contratos em *comutativos* ou *aleatórios*.

Outra característica importante é a *acessoriedade*, uma vez que sempre acompanha um contrato principal, criador da obrigação principal que é garantida. Imaginemos, por exemplo, um contrato de locação firmado com fiança locatícia: a locação é o contrato principal; a fiança, o contrato acessório.

Não é, porém, um contrato *preliminar*, mas, sim, *definitivo*, em relação às partes aqui contratantes (fiador e afiançado), mesmo tendo a sua produção de efeitos condicionada ao (des)cumprimento da obrigação do contrato principal. Note-se, neste diapasão, que os contratos preliminares (ou *pactum de contrahendo*) são exceção no nosso ordenamento jurídico, já que nada mais são do que negócios jurídicos que têm por finalidade justamente a celebração de um contrato definitivo, pelas próprias partes, o que inexiste na fiança.

Outro traço peculiar é a *gratuidade*, no sentido de que apenas traz benefício para uma das partes (credor), sem que se lhe imponha contraprestação alguma.

Vale lembrar que a interpretação dos contratos gratuitos deve ser sempre mais restrita do que os negócios jurídicos onerosos, uma vez que, por envolver uma liberalidade, a legislação considerou razoável que o contratante não onerado tivesse uma proteção menor do que o pactuante devedor.

Justamente por essa característica de não onerosidade, é inaplicável à fiança a classificação em contrato *evolutivo*.

Excepcionalmente, todavia, a fiança poderá ser onerosa, caso o fiador seja remunerado. Tal retribuição, dada a natureza *sui generis* deste contrato, ausente a característica geral do *sinalagma*, há de ser efetuada pelo próprio afiançado, ou seja, quem se onera não é o credor — parte do contrato de fiança — mas o devedor afiançado. Trata-se de uma onerosidade especial, sem dúvida, a exemplo do que ocorre na fiança bancária, pois o onerado não é parte do próprio contrato.

Ilustrando a hipótese, SILVIO RODRIGUES pontifica:

"Nada impede, entretanto, que o fiador reclame, em troca da garantia que oferece, determinada remuneração. O procedimento de há muito se instalou no comércio bancário, em que os bancos assinam termos de responsabilidade em favor de seus clientes, em troca de uma percentagem sobre o montante garantido. É a chamada fiança bancária. Modernamente, encontram-se firmas especializadas em prestar fiança, mediante percentagem. Nessas hipóteses, o negócio é oneroso, pois está presente o propósito especulativo"[3].

A fiança escapa ao princípio geral da liberdade da forma, previsto no art. 107 do Código Civil, pois, em virtude de dispositivo específico (art. 819 do CC/2002), é exigido instrumento escrito, não admitindo interpretação extensiva.

Caso as partes, outrossim, pretendam ainda imprimir eficácia *erga omnes* a este contrato, deverão registrá-lo no Cartório de Títulos e Documentos. Vale lembrar ainda que, reforçando o seu formalismo, em determinadas situações exige-se a outorga uxória, a teor do art. 1.647, consoante veremos em tópico posterior.

Pode ser celebrada tanto na modalidade *paritária* quanto *por adesão*, na hipótese, respectivamente, de as partes estarem em iguais condições de negociação, estabelecendo livremente as cláusulas contratuais, ou um dos pactuantes impor as cláusulas do negócio jurídico.

Trata-se de um contrato *individual*, estipulado sempre entre pessoas determinadas.

Quanto à pessoa do contratante, observa ORLANDO GOMES:

"Embora a fiança seja contrato *intuitu personae* em relação ao fiador, suas obrigações transmitem-se *mortis causa*, desde que nascida antes da abertura da sucessão. Por outras palavras, os efeitos da fiança produzidos até a morte do fiador vinculam os herdeiros *intra vires hereditates*"[4].

De fato, as obrigações da fiança se transmitem *mortis causa*, até os limites das forças da herança, conforme estabelecido no art. 836 do CC/2002:

"Art. 836. A obrigação do fiador passa aos herdeiros; mas a responsabilidade da fiança se limita ao tempo decorrido até a morte do fiador, e não pode ultrapassar as forças da herança".

Dessa forma, podemos afirmar que a fiança é, sim, um contrato personalíssimo, mas que, constituído o dever de pagar (pela inadimplência do devedor da obrigação principal), antes do advento da morte do fiador, esta responsabilidade se transmite a seus herdeiros.

Quanto ao tempo, é um contrato de *duração*, essencialmente temporário. Tal duração pode ser *determinada* ou *indeterminada*, na medida em que haja ou não previsão expressa de termo final ou condição resolutiva a limitar a eficácia do contrato. Sobre o tema, voltaremos a falar em tópico posterior, ainda neste capítulo.

---

[3] Silvio Rodrigues, *Direito Civil — Dos Contratos e das Declarações Unilaterais de Vontade*, 30. ed., São Paulo: Saraiva, 2004, v. III, p. 359.

[4] Orlando Gomes, *Contratos*, 24. ed., Rio de Janeiro: Forense, 2001, p. 439.

Seguindo a linha causalista do vigente Código Civil brasileiro, cuja prova mais evidente é a previsão do art. 166, III do CC/2002, a fiança é um *contrato causal*.

Quanto à função econômica, a fiança é classificada como um *contrato de prevenção de riscos*, pois caracterizado pela assunção de riscos por parte de um dos contratantes, resguardando a possibilidade de dano futuro e eventual que, *in casu*, se refere ao eventual inadimplemento por parte do devedor da obrigação principal.

4. PARTES

Cumpre-nos esclarecer este ponto.

Já mencionamos que as partes, no contrato de fiança, são o *credor e o fiador*, ou seja, trata-se de uma estipulação pactuada entre estas duas partes, e não com o devedor afiançado.

Pressupõe-se, por óbvio, a *capacidade das partes envolvidas*, valendo lembrar que, a teor do art. 826 do CC/2002, *se o fiador se tornar insolvente ou incapaz, poderá o credor exigir que seja substituído*, pois tal providência acautela a satisfação do seu crédito.

Não concordamos, todavia, com CARVALHO DE MENDONÇA quando, tachando a fiança de *contrato bilateral imperfeito*, preleciona:

> "Se, porém, como no caso mais comum, ela é contratada entre fiador e o devedor, o contrato é bilateral imperfeito, pois que, ao formar-se, somente origina obrigações do fiador para com o credor. Mas, se o fiador pagar mais tarde a dívida, surgem obrigações para o devedor, obrigado desde então ao reembolso"[5].

Definitivamente, não aceitamos tal pensamento.

A eventual (ou virtual!) possibilidade de o fiador demandar o devedor não significa que o contrato seja celebrado entre ambos, mas sim que o devedor simplesmente experimenta *a repercussão dos efeitos deste pagamento*[6].

Assim, é importante deixar clara a diferença entre "ser parte" e "sofrer os efeitos do pagamento efetivado por terceiros". Afinal, se o fiador é terceiro interessado em relação ao débito, parte é que ele, ao mesmo tempo, não pode ser!

Ressalte-se, no entanto, que, em geral, o devedor afiançado participa do ato, *não como parte*, mas como simples interessado, *indicando pessoa física ou jurídica para figurar como fiador*, posto a última palavra seja sempre do credor, a quem interessa, sob o prisma patrimonial, a constituição da garantia.

E isso fica muito mais claro ao lermos o art. 825 do Código Civil de 2002:

> "Art. 825. Quando alguém houver de oferecer fiador, o credor não pode ser obrigado a aceitá-lo se não for pessoa idônea, domiciliada no município onde tenha de prestar a fiança, e não possua bens suficientes para cumprir a obrigação".

Se o credor, pois, recusar a indicação, nada feito.

---

[5] Manuel Inácio Carvalho de Mendonça, *Contratos no Direito Civil Brasileiro*, 4. ed. Rio de Janeiro: Forense, 1957, v. III, t. 2, p. 411.

[6] Caio Mário da Silva Pereira, cit., v. III, p. 328.

Não haverá fiança.

Por outro lado, caso o credor o aceite, *efetuado o pagamento pelo fiador, este assumirá o posto de credor, sub-rogando-se em todos os seus direitos*, contra o devedor principal.

Neste caso, o credor originário (sub-rogado) deixa de figurar na relação jurídica, que passa a ter como partes o fiador (novo credor) e o devedor principal.

Trata-se do fenômeno da *sub-rogação legal*[7].

O principal efeito da sub-rogação é, exatamente, transferir ao novo credor "todos os direitos, ações, privilégios e garantias do primitivo, em relação à dívida, contra o devedor principal e os fiadores" (art. 349 do CC/2002).

Dessa forma, se o credor principal dispunha de garantia real (uma hipoteca ou um penhor, p. ex.) o terceiro sub-rogado passará a detê-la, podendo, pois, tomar as necessárias medidas judiciais para a proteção do seu crédito, como se fosse o credor primitivo[8].

Nesse ponto, interessante questão pode ser abordada.

Como sabemos, a Lei do Bem de Família (Lei n. 8.009/90), alterada pela Lei do Inquilinato (Lei n. 8.245/91), em seu art. 3.º, VII, excepcionou a protelação legal para admitir a penhora do imóvel do fiador, na locação.

Relembremos este ponto para que o nosso leitor possa compreender adequadamente a conclusão a que queremos chegar.

Em outras palavras: se o fiador for demandado pelo locador, visando à cobrança dos aluguéis atrasados, poderá o seu único imóvel residencial ser executado, para a satisfação do débito do inquilino.

---

[7] Na mesma linha, o art. 1.839 do Código Civil da Espanha: "*El fiador se subroga por el pago en todos los derechos que el acreedor tenía contra el deudor. Si ha transigido con el acreedor, no puede pedir al deudor más de lo que realmente haya pago*".

[8] Sobre o tema, confiram-se os seguintes acórdãos históricos do STJ:

"Responsabilidade civil. Ação de regresso da seguradora. Súmula n. 188 do Supremo Tribunal Federal. Súmula n. 130 do Superior Tribunal de Justiça. Art. 988 do Código Civil. 1. Como assentado em torrencial jurisprudência da corte, consolidada na súmula n. 130, a 'empresa responde, perante o cliente, pela reparação de dano ou furto de veículo ocorridos em seu estacionamento'. 2. O art. 988 do Código Civil não agasalha restrição alguma ao direito da seguradora, sub-rogada, a ingressar com ação de regresso contra a empresa que responde pelo estacionamento. 3. Recurso especial conhecido e provido" (REsp 177975/SP; REsp (1998/0042352-4), *DJ*, 13-12-1999, p. 141, rel. Min. Carlos Alberto Menezes Direito, j. 5-10-1999, 3.ª Turma).

"Civil. Responsabilidade civil. Acidente de trânsito. Acordo extrajudicial firmado pela segurada com o causador do dano. Seguradora. Sub-rogação. Inocorrência. Precedente da terceira turma. Recurso desacolhido. I — Na sub-rogação, o sub-rogado recebe todos os direitos, ações, privilégios e garantias que desfrutava o primeiro credor em relação à dívida (art. 988 do Código Civil). O sub-rogado, portanto, não terá contra o devedor mais direitos do que o primitivo credor. II — Assim, se o próprio segurado (primitivo credor) não poderia mais demandar em juízo contra o causador do dano, em razão de acordo extrajudicial com plena e geral quitação, não há que falar em sub-rogação, ante à ausência de 'direito' a ser transmitido" (STJ, REsp 274.768/DF; REsp (2000/0087178-8), *DJ*, 11-12-2000, p. 212, rel. Min. Sálvio de Figueiredo Teixeira, j. 24-10-2000, 4.ª Turma).

Não ignorando que o fiador possa obrigar-se solidariamente, o fato é que, na sua essência, *a fiança é um contrato meramente acessório*, pelo qual um terceiro (fiador) assume a obrigação de pagar a dívida, se o devedor principal não o fizer.

Mas seria razoável garantir o cumprimento desta obrigação (essencialmente acessória) do fiador com o seu único bem de família? Seria essa norma constitucional?

Partindo da premissa de que as obrigações do locatário e do fiador têm a mesma base jurídica — o contrato de locação —, *não é justo que o garantidor responda com o seu bem de família, quando a mesma exigência não é feita para o locatário*. Isto é, se o inquilino, fugindo de suas obrigações, viajar para o interior da Bahia e *comprar um único imóvel residencial*, este seu bem será *impenhorável*, ao passo que o fiador continuará respondendo com o seu próprio *bem de família* perante o locador que não foi pago.

À luz do Direito Civil Constitucional — pois não há outra forma de pensar modernamente o Direito Civil —, parece-nos forçoso concluir que este dispositivo de lei *viola o princípio da isonomia*, insculpido no art. 5.º, da Constituição Federal, uma vez que *trata de forma desigual locatário e fiador*, embora as obrigações de ambos tenham a mesma causa jurídica: o contrato de locação[9].

Lamentavelmente, o Supremo Tribunal Federal, no julgamento do RE 407.688/SP, pondo por terra belíssimo entendimento exarado anteriormente, em decisão monocrática, pelo Min. Carlos Velloso[10], firmou entendimento no sentido da constitucionalidade da

---

[9] Esse é o pensamento de Sérgio André Rocha Gomes da Silva, em seu excelente artigo "Da inconstitucionalidade da penhorabilidade do bem de família por obrigação decorrente de fiança em contrato de locação", publicado na *Revista de Direito Privado*, v. 2, abr./jun. 2000.

[10] "Constitucional. Civil. Fiador: bem de família: imóvel residencial do casal ou de entidade familiar: impenhorabilidade. Lei n. 8.009/90, arts. 1.º e 3.º. Lei n. 8.245, de 1991, que acrescentou o inciso VII, ao art. 3.º, ressalvando a penhora 'por obrigação decorrente de fiança concedida em contrato de locação': sua não recepção pelo art. 6.º, C.F., com a redação da EC 26/2000. Aplicabilidade do princípio isonômico e do princípio de hermenêutica: *ubi eadem ratio, ibi eadem legis dispositio*: onde existe a mesma razão fundamental, prevalece a mesma regra de Direito. Recurso extraordinário conhecido e provido.

Decisão: Vistos. O acórdão recorrido, em embargos à execução, proferido pela Quarta Câmara do Eg. Segundo Tribunal de Alçada Civil do Estado de São Paulo, está assim ementado:

'A norma constitucional que inclui o direito à moradia entre os sociais (artigo 6.º do Estatuto Político da República, texto conforme a Emenda 26, de 14 de fevereiro de 2000) não é imediatamente aplicável, persistindo, portanto, a penhorabilidade do bem de família de fiador de contrato de locação imobiliária urbana.

A imposição constitucional, sem distinção ou condicionamento, de obediência ao direito adquirido, ao ato jurídico perfeito e à coisa julgada é inarredável, ainda que se cuide, a regra eventualmente transgressora, de norma de alcance social e de ordem pública'. (Fl. 81)

Daí o RE, interposto por ERNESTO GRADELLA NETO e GISELDA DE FÁTIMA GALVES GRADELLA, fundado no art. 102, III, a, da Constituição Federal, sustentando, em síntese, o seguinte:

a) impenhorabilidade do bem de família do fiador em contrato de locação, dado que o art. 6.º da Constituição Federal, que se configura como autoaplicável, assegura o direito

à moradia, o que elidiria a aplicação do disposto no art. 3.º, VII, da Lei 8.009/90, redação da Lei 8.245/91;

b) inexistência de direito adquirido contra a ordem pública, porquanto '(...) a norma constitucional apanha situações existentes sob sua égide, ainda que iniciadas no regime antecedente' (fl. 88).

Admitido o recurso, subiram os autos.

A Procuradoria-Geral da República, em parecer lavrado pela ilustre Subprocuradora-Geral da República, Dr.ª Maria Caetana Cintra Santos, opinou pelo não conhecimento do recurso.

Autos conclusos em 15.10.2004.

Decido.

A Lei 8.009, de 1990, art. 1.º, estabelece a impenhorabilidade do imóvel residencial do casal ou da entidade familiar e determina que não responde o referido imóvel por qualquer tipo de dívida, salvo nas hipóteses previstas na mesma lei, art. 3.º, incisos I a VI.

Acontece que a Lei 8.245, de 18.10.91, acrescentou o inciso VII, a ressalvar a penhora "por obrigação decorrente de fiança concedida em contrato de locação'.

É dizer, o bem de família de um fiador em contrato de locação teria sido excluído da impenhorabilidade.

Acontece que o art. 6.º da C.F., com a redação da EC n. 26, de 2000, ficou assim redigido:

'Art. 6.º. São direitos sociais a educação, a saúde, o trabalho, a moradia, a segurança, a previdência social, a proteção à maternidade e à infância, a assistência aos desamparados, na forma desta Constituição'.

Em trabalho doutrinário que escrevi — 'Dos Direitos Sociais na Constituição do Brasil', texto básico de palestra que proferi na Universidade de Carlos III, em Madri, Espanha, no Congresso Internacional de Direito do Trabalho, sob o patrocínio da Universidade Carlos III e da ANAMATRA, em 10.3.2003 — registrei que o direito à moradia, estabelecido no art. 6.º, C.F., é um direito fundamental de 2.ª geração — direito social — que veio a ser reconhecido pela EC 26, de 2000.

O bem de família — a moradia do homem e sua família — justifica a existência de sua impenhorabilidade: Lei 8.009/90, art. 1.º. Essa impenhorabilidade decorre de constituir a moradia um direito fundamental.

Posto isso, veja-se a contradição: a Lei 8.245, de 1991, excepcionando o bem de família do fiador, sujeitou o seu imóvel residencial, imóvel residencial próprio do casal, ou da entidade familiar, à penhora. Não há dúvida que ressalva trazida pela Lei 8.245, de 1991, — inciso VII do art. 3.º — feriu de morte o princípio isonômico, tratando desigualmente situações iguais, esquecendo-se do velho brocardo latino: *ubi eadem ratio, ibi eadem legis dispositio*, ou em vernáculo: onde existe a mesma razão fundamental, prevalece a mesma regra de Direito.

Isto quer dizer que, tendo em vista o princípio isonômico, o citado dispositivo — inciso VII do art. 3.º, acrescentado pela Lei 8.245/91, não foi recebido pela EC 26, de 2000.

Essa não recepção mais se acentua diante do fato de a EC 26, de 2000, ter estampado, expressamente, no art. 6.º, C.F., o direito à moradia como direito fundamental de 2.ª geração, direito social. Ora, o bem de família — Lei 8.009/90, art. 1.º — encontra jus-

tificativa, foi dito linhas atrás, no constituir o direito à moradia um direito fundamental que deve ser protegido e por isso mesmo encontra garantia na Constituição.

Em síntese, o inciso VII do art. 3.º da Lei 8.009, de 1990, introduzido pela Lei 8.245, de 1991, não foi recebido pela CF, art. 6.º, redação da EC 26/2000.

Do exposto, conheço do recurso e dou-lhe provimento, invertidos os ônus da sucumbência.

Publique-se.

Brasília, 25 de abril de 2005.

Ministro CARLOS VELLOSO, Relator".

penhora do bem de família do fiador, na locação[11], no que já vem sendo acompanhado pelo Superior Tribunal de Justiça[12].

Posto isso, fazemos a seguinte indagação: se o fiador, terceiro interessado, pagar a obrigação locatícia, e, por consequência, sub-rogar-se nos direitos do credor satisfeito, teria em seu favor a prerrogativa de penhorar o imóvel residencial do devedor afiançado, em eventual ação regressiva? Vale dizer, partindo da premissa de que o credor primitivo detinha este poder contra si, assumindo agora o posto de credor, poderia exercê-lo em face do devedor principal.

O Superior Tribunal de Justiça, antes do mencionado julgamento do Supremo Tribunal Federal, corretamente a nosso ver, posicionou-se em sentido contrário[13].

De fato. Eis o acórdão do Superior Tribunal de Justiça, em que se entendeu que o fiador, que paga a dívida do locatário, não se sub-roga em todos os direitos e prerrogativas do locador, restando, pois, excluída a possibilidade de pleitear a *penhora do imóvel residencial do locatário-afiançado*:

"1 — A impenhorabilidade do bem de família é regra, somente cabendo as exceções legalmente previstas. Nos termos da Lei n. 8.009/90, art. 3.º, VII (incluído pela Lei n. 8.245/91, art. 82), é possível a penhora do bem de família como garantia de obrigação decorrente de fiança concedida em contrato de locação. 2 — O fiador que paga integralmente a dívida, à qual se obrigou, fica sub-rogado nos direitos e garantia do locador-credor. *Entretanto, não há como estender-lhe o privilégio da penhorabilidade do bem de família em relação ao locatário-afiançado, taxativamente previsto no dispositivo mencionado, haja vista que nem mesmo o locador o dispunha.* 3 — Recurso conhecido e provido" (STJ, REsp 255.663/SP, rel. Min. Edson Vidigal, julgado em 29-6-2000, 5.ª Turma) (grifos nossos).

A nossa preocupação, todavia, é que, com o julgamento do RE 407.688/SP, que firmou equivocadamente, *data venia*, a constitucionalidade desta penhora, passe-se a admitir a legitimidade da sub-rogação do fiador nesta prerrogativa.

---

[11] "Fiador. Locação. Ação de despejo. Sentença de procedência. Execução. Responsabilidade solidária pelos débitos do afiançado. Penhora de seu imóvel residencial. Bem de família. Admissibilidade. Inexistência de afronta ao direito de moradia, previsto no art. 6.º da CF. Constitucionalidade do art. 3.º, inc. VII, da Lei n. 8.009/90, com a redação da Lei n. 8.245/91. Recurso extraordinário desprovido. Votos vencidos. A penhorabilidade do bem de família do fiador do contrato de locação, objeto do art. 3.º, inc. VII, da Lei n. 8.009, de 23 de março de 1990, com a redação da Lei n. 8.245, de 15 de outubro de 1991, não ofende o art. 6.º da Constituição da República" (STF, Tribunal Pleno, RE 407.688/SP, *DJ*, 6-10-2006, p. 33, v. 2250-05, p. 880, rel. Min. Cezar Peluso, j. 8-2-2006).

[12] "Civil. Locação. Fiança. Penhora. Bem de família. Possibilidade.
É possível a penhora do único bem imóvel do fiador do contrato de locação, em virtude da exceção legal do artigo 3.º da Lei 8.009/90. (Precedente: RE n. 407.688, Pleno do STF, julgado em 8.2.2006, maioria, noticiado no informativo n. 416, acórdão pendente de publicação).
Agravo regimental desprovido" (STJ, AgRg no REsp 818.273/RS, *DJ*, 22-5-2006, p. 249, rel. Min. Félix Fischer, j. 25-4-2006, 5.ª Turma).

[13] *Vide*: STJ, REsp 772.230/MS, *DJ*, 23-10-2006, p. 351, rel. Min. Arnaldo Esteves Lima, j. 3-10-2006, 5.ª Turma.

Tal entendimento, em nosso sentir, padeceria de vício, pois, a par da manifesta inconstitucionalidade da medida, admitiria uma interpretação extensiva do preceito legal (art. 3.º, VII, da Lei do Bem de Família) para contemplar hipótese não admitida em lei.

A penhorabilidade (absurdamente) admitida é do imóvel do fiador, e não do afiançado...

5. OBJETO

O objeto de todo contrato de fiança é, sem dúvida, a dívida que se quer garantir.

Por óbvio, apenas terá efeito a fiança quando a obrigação principal se tornar exigível, admitindo, o legislador, nessa linha de intelecção, que se possa estipular a garantia fidejussória em face de débito futuro, embora, neste caso, o fiador não seja demandado senão depois que se fizer certa e líquida a obrigação do principal devedor (art. 821 do CC/2002).

Note, ainda, o nosso leitor, que, ao garantir a obrigação principal, o fiador assume-a de maneira ampla, compreendendo-se os seus acessórios, inclusive as eventuais despesas processuais assumidas pelo credor, desde a sua citação (art. 822 do CC/2002). Tal dispositivo é útil, pois, se não houvesse sido previsto, poderia haver dúvida, no caso concreto, acerca da extensão da garantia.

Outra importante regra sobre o objeto do contrato de fiança, que merece a nossa atenção, vem prevista no art. 823 do CC/2002:

> "Art. 823. A fiança pode ser de valor inferior ao da obrigação principal e contraída em condições menos onerosas, e, quando exceder o valor da dívida, ou for mais onerosa que ela, não valerá senão até ao limite da obrigação afiançada".

Trata-se de dispositivo claro, de cristalina intelecção.

Não teria sentido a fiança, garantia pessoal prestada por terceiro, superar o valor da obrigação principal. Se assim o fosse, estar-se-ia, indiscutivelmente, incrementando o enriquecimento sem causa do credor.

Observamos, apenas, que o legislador, em vez de utilizar a expressão "não valerá", deveria ter dito "não terá eficácia", uma vez que a impropriedade se refere *ao plano de eficácia, e não ao de validade*.

Entendemos, ainda, que o juiz não somente pode como deve realizar esta redução *de ofício*, no bojo da própria demanda ajuizada contra o fiador, independentemente da provocação do interessado, em respeito aos *princípios da função social do contrato e da boa-fé objetiva*, sob pena de coroar flagrante injustiça.

Finalmente, frise-se que as "obrigações nulas não são suscetíveis de fiança, exceto se a nulidade resultar apenas de incapacidade pessoal do devedor" (art. 824 do CC/2002). Vale dizer, qualquer outra causa de nulidade da obrigação principal (arts. 166 e 167 do CC/2002) prejudica a fiança, salvo se o devedor for absoluta ou relativamente incapaz. Neste caso, visando a protegê-lo, preferiu o legislador manter a fiança.

Assim, se um menor de 14 anos (absolutamente incapaz) contrai uma obrigação, esta poderá ser exigível do fiador, que não terá ação regressiva contra ele. Assumiu, pois, o risco de garantir uma dívida alheia sem direito ulterior ao reembolso.

Atente-se, porém, que, nos termos do parágrafo único do referido artigo, tal exceção não abrange o mútuo feito ao menor:

"Art. 588. O mútuo feito a pessoa menor, sem prévia autorização daquele sob cuja guarda estiver, não pode ser reavido nem do mutuário, nem de seus fiadores".

Relembre-se, todavia, da ressalva constante no artigo seguinte:

"Art. 589. Cessa a disposição do artigo antecedente:

I — se a pessoa, de cuja autorização necessitava o mutuário para contrair o empréstimo, o ratificar posteriormente;

II — se o menor, estando ausente essa pessoa, se viu obrigado a contrair o empréstimo para os seus alimentos habituais;

III — se o menor tiver bens ganhos com o seu trabalho. Mas, em tal caso, a execução do credor não lhes poderá ultrapassar as forças;

IV — se o empréstimo reverteu em benefício do menor;

V — se o menor obteve o empréstimo maliciosamente".

O dispositivo correspondente do Código de 1916, por sua vez, ia mais além, pois proibia inclusive que o mutuante, na falta da referida autorização, cobrasse o valor do "abonador" do menor:

"Art. 1.259. O mútuo feito a pessoa menor, sem prévia autorização daquele sob cuja guarda estiver, não pode ser reavido nem do mutuário, nem de seus fiadores, ou *abonadores* (art. 1.502)" (grifo nosso).

O denominado *abonador*, no caso, seria uma espécie de "fiador do fiador"[14], referência redundante e de todo desnecessária, corretamente excluída no Código novo.

6. ESPÉCIES DE FIANÇA

Parece-nos relevante, neste tópico, fazer um breve esclarecimento terminológico e classificatório.

Expliquemo-nos.

Do ponto de vista terminológico, a expressão *"fiança"* tem objetivos completamente distintos, a depender do campo de atuação em que se esteja trabalhando, qual seja, civil (o que se define por exclusão, ou seja, todas as relações não criminais, como civis *stricto sensu*, comerciais, consumeristas etc.) ou penal.

Ambas têm o sentido de garantia.

Diferem, todavia, na finalidade específica.

A fiança civil é, como visto, uma relação jurídica contratual, estabelecida entre o credor de uma obrigação e um sujeito garantidor, com seu patrimônio pessoal, para eventual hipótese de descumprimento de uma prestação principal, pelo efetivo devedor. Trata-se, portanto, de um contrato que reforça a solvabilidade de uma obrigação patrimonial. Já que estamos falando de terminologia, vale registrar, inclusive, que a unificação

---

[14] "A fiança pode ter por objeto outra fiança. Chama-se *subfiança* o contrato pelo qual alguém afiança a obrigação do fiador. O fiador do fiador denomina-se *abonador*. Se o fiador exige do devedor outro fiador para o caso que venha a exercer seu direito regressivo, diz-se que há *retrofiança*" (Orlando Gomes, *Contratos*, cit., p. 437).

da disciplina das obrigações civis e comerciais fez perder o sentido da especificação de fiança civil e fiança comercial[15].

Já a fiança criminal garante não o cumprimento de uma prestação patrimonial, mas, sim, o direito à liberdade do acusado, na efetivação da presunção de sua inocência até o trânsito em julgado do processo penal correspondente[16].

Como observa JULIO FABRINI MIRABETE:

"A fiança é um direito subjetivo constitucional do acusado, que lhe permite, mediante caução e cumprimento de certas obrigações, conservar sua liberdade até a sentença condenatória irrecorrível. É um meio utilizado para obter a liberdade provisória: se o acusado está preso, é solto; se está em liberdade, mas ameaçado de custódia, a prisão não se efetua. É uma contracautela à prisão provisória, pois a substitui, destinada a impedir que a dilação do inquérito policial e do processo condenatório cause dano ao *jus libertatis* do indiciado ou réu e a assegurar a sua presença no processo e o pagamento de custas, do dano e da pena multa. Os artigos 322 a 350 regulam a fiança, direito subjetivo constitucional, que denegado constitui constrangimento ilegal à liberdade de locomoção (art. 648, V)"[17].

A confusão entre os dois institutos é, embora indevida, sem sombra de dúvida justificável, não somente pelo sentido de garantia mas pela circunstância de ser uma assunção por um terceiro, necessariamente na fiança civil e facultativamente na fiança criminal.

Conforme já dissemos em outro volume:

"Talvez um bom exemplo de pagamento realizado por terceiro em seu próprio nome seja o da fiança **criminal**. De fato, se, na fiança civil, o terceiro (fiador) que paga a dívida, o faz por ter interesse na relação jurídica principal; na fiança criminal, quem presta a fiança, em seu próprio nome, para obter a liberdade provisória do acusado, definitivamente não tem nenhum vínculo com a relação jurídica estabelecida. Assim, para efeitos meramente didáticos, podemos afirmar que o pagamento da fiança civil é um caso típico de pagamento por terceiro interessado e o pagamento da fiança criminal de um exemplo de adimplemento por terceiro não interessado, que terá o direito de ser ressarcido do valor, no caso da quebra e perda da fiança"[18].

Registre-se, nessa linha, que a fiança criminal deve ser prestada, em primeiro plano, pelo próprio afiançado, sendo o pagamento por terceiro situação também admitida; ao passo que a fiança civil é prestada necessariamente por terceiro.

---

[15] "A fiança, quando se encontrava em vigor o Código de 1916, classificava-se ainda em civil (CC, arts. 1.481 a 1.504) e mercantil (CCom, arts. 256 a 264). O Código Civil de 2002 revogou, todavia, toda a parte primeira deste último diploma, inclusive os dispositivos concernentes à fiança. Desse modo, ela é hoje sempre civil, podendo ser chamada de empresária quando destinada a garantir o exercício da atividade própria de empresário" (Carlos Roberto Gonçalves, *Direito Civil Brasileiro*, São Paulo: Saraiva, 2004, v. III, p. 529).

[16] Para um aprofundamento sobre o tema, confira-se o excelente artigo de Oliveiros Guanais Filho, "Fiança Criminal — Real Alcance", publicado na *Revista Jurídica dos Formandos em Direito da UFBA*, ano II, v. II, Salvador: Ed. Ciência Jurídica/Nova Alvorada Ed. Ltda., 1997, p. 463-77.

[17] Julio Fabrini Mirabete, *Processo Penal*. São Paulo: Atlas, 2000, p. 408.

[18] Pablo Stolze Gagliano e Rodolfo Pamplona Filho, *Obrigações*, cit., v. 2, p. 142.

Realçada a diferença entre a fiança criminal e a fiança civil, é claro que é desta última modalidade que o corte epistemológico desta obra impõe a abordagem.

Contudo, esta também apresenta algumas espécies, fazendo-se mister um novo esforço classificatório para a adequada delimitação e compreensão do tema.

De fato, a fiança civil pode ser classificada em *judicial*, *legal* ou, finalmente, *convencional*.

A *fiança judicial* é aquela decorrente de uma *exigência processual*, não sendo estabelecida para garantir uma relação contratual, mas, sim, uma decisão judicial.

A peculiaridade desta forma de fiança é ser ela prestada pelo próprio devedor.

É o caso, por exemplo, da caução prevista, se estabelecida na modalidade fidejussória, no art. 559 do CPC/2015:

> "Art. 559. Se o réu provar, em qualquer tempo, que o autor provisoriamente mantido ou reintegrado na posse carece de idoneidade financeira para, no caso de sucumbência, responder por perdas e danos, o juiz designar-lhe-á o prazo de 5 (cinco) dias para requerer caução, real ou fidejussória, sob pena de ser depositada a coisa litigiosa, ressalvada a impossibilidade da parte economicamente hipossuficiente".

Já a *fiança legal*, como o próprio nome indica, é a proveniente de previsão legal específica, não sendo fruto exclusivo do interesse e manifestação volitiva dos sujeitos envolvidos.

O vigente Código Civil brasileiro[19] é repleto de disposições neste sentido, a saber:

> "Art. 260. Se a pluralidade for dos credores, poderá cada um destes exigir a dívida inteira; mas o devedor ou devedores se desobrigarão, pagando:
>
> I — a todos conjuntamente;
>
> II — a um, dando este caução de ratificação dos outros credores.
>
> (...)
>
> Art. 495. Não obstante o prazo ajustado para o pagamento, se antes da tradição o comprador cair em insolvência, poderá o vendedor sobrestar na entrega da coisa, até que o comprador lhe dê caução de pagar no tempo ajustado.
>
> (...)
>
> Art. 1.745. Os bens do menor serão entregues ao tutor mediante termo especificado deles e seus valores, ainda que os pais o tenham dispensado.
>
> Parágrafo único. Se o patrimônio do menor for de valor considerável, poderá o juiz condicionar o exercício da tutela à prestação de caução bastante, podendo dispensá-la se o tutor for de reconhecida idoneidade".

Registre-se, a bem da verdade, que a expressão utilizada é "caução", mas o contexto em que é inserida demonstra, claramente, que se trata de uma garantia fidejussória de natureza obrigacional, não pressupondo depósito de bens[20].

---

[19] Também o art. 121 do Código de Águas (Decreto n. 24.643, de 10-7-1934) estabelece: "Art. 121. Os donos dos prédios servientes têm, também, direito a indenização dos prejuízos que de futuro vierem a resultar da infiltração ou irrupção das águas, ou deterioração das obras feitas, para a condução destas. Para garantia deste direito eles poderão desde logo exigir que se lhes preste caução".

[20] "CAUÇÃO. Consoante sua própria origem, do latim *cautio* (ação de se acautelar, precaução), de modo geral, quer expressar, precisamente, a cautela que se tem ou se toma, em virtude da qual certa pessoa oferece a outrem a garantia ou segurança para o cumprimento de alguma obrigação.

Por fim, a fiança civil pode ser *convencional* (também chamada de *contratual*), que é aquela oriunda espontaneamente da vontade das partes (credor e fiador), mesmo sem a anuência do devedor afiançado.

É esta última modalidade que consiste no objeto precípuo do presente capítulo.

7. EFEITOS DA FIANÇA

A celebração de um contrato de fiança gera efeitos tanto para os sujeitos contratantes (credor e fiador) quanto para o devedor afiançado.

Para compreender a gama de direitos e deveres decorrentes de tal avença contratual faz-se mister discorrer primeiro sobre o instituto do benefício de ordem, que é, sem sombra de dúvida, uma das mais importantes características deste contrato.

7.1. Benefício de ordem

Não há dúvida de que o fiador é, em essência, por força da característica de acessoriedade do contrato de fiança, um sujeito passivo de segundo grau, ou seja, um *garantidor* da obrigação principal.

Tal ideia fora anunciada logo no início do presente capítulo, quando salientamos a natureza jurídica da fiança, afirmando tratar-se de *uma garantia pessoal ou fidejussória*, acessória da obrigação principal.

Com isso, podemos concluir, debruçando-nos na essência do instituto, que a obrigação do fiador é, em princípio, meramente subsidiária.

Vale lembrar, a respeito do tema, que *a subsidiariedade nada mais é do que uma solidariedade com preferência*.

De fato, na visão assentada sobre a solidariedade passiva, temos uma determinada obrigação, em que concorre uma pluralidade de devedores, cada um deles obrigado ao pagamento de toda a dívida. Nessa responsabilidade solidária, há, portanto, duas ou mais pessoas unidas pelo mesmo débito.

Como se vê, é tomado em sentido genérico, para indicar as várias modalidades de garantias que possam ser dadas pelo devedor ou exigidas pelo credor, para fiel cumprimento da obrigação assumida, em virtude de contrato, decorrente de algum ato a praticar, ou que tenha sido já praticado por quem está obrigado a ela.

E, como garantia que é prestada, a caução, em regra, pode ser consequente do oferecimento de penhor, de hipoteca, etc., como pode decorrer de fiança pessoal. E, nestes dois aspectos, se diz caução real, quando a garantia se efetiva sobre coisas móveis ou imóveis, ou se diz fidejussória, quando se trata da garantia pessoal.

A função jurídica da caução é, precipuamente, a de assegurar a solvabilidade do devedor.

E, sob o ponto de vista obrigacional, apresenta-se como o contrato ou obrigação acessória, de modo que, em regra, se firma na existência de contrato ou de obrigação principal. Por esta razão, não devem os encargos que dela decorrem exceder a responsabilidade da obrigação principal nem suas condições devem ser mais onerosas que as estipuladas para a dívida ou obrigação principal" (De Plácido e Silva, *Vocabulário Jurídico*, 15. ed., Rio de Janeiro: Forense, 1998, p. 160-1).

Na responsabilidade subsidiária, por sua vez, temos que uma das pessoas tem o débito originário e a outra tem apenas a responsabilidade por este débito[21]. Por isso, existe uma preferência (dada pela lei) na "fila" (ordem) de excussão (execução): no mesmo processo, primeiro são demandados os bens do devedor (porque foi ele quem se vinculou, de modo pessoal e originário, à dívida); não tendo sido encontrados bens do devedor, ou não sendo eles suficientes, inicia-se a excussão de bens do responsável, em caráter subsidiário, por toda a dívida.

Vale lembrar que a expressão "subsidiária" se refere a tudo que vem *em reforço de...* ou *em substituição de...*, ou seja, não sendo possível executar o efetivo devedor — sujeito passivo direto da relação jurídica obrigacional —, devem ser executados os demais responsáveis pela dívida contraída.

Obrigação subsidiária traduz-se, pois, como uma verdadeira *responsabilidade subsidiária*.

Afinal de contas, nem sempre quem tem responsabilidade por um débito se vinculou originariamente a ele por causa de uma relação jurídica principal, sendo este, justamente, o caso do fiador.

Por isso, dispõe ele de um instrumento jurídico eficaz para fazer valer a sua responsabilidade subsidiária: *o benefício de ordem ou excussão*.

Trata-se de uma prerrogativa, consistente em um meio de defesa patrimonial pelo qual o fiador, demandado pelo credor, aponta bens livres e desembargados do devedor, para serem excutidos em primeiro lugar. Tal é a razão por que, como dissemos acima, a sua responsabilidade é meramente subsidiária.

No Código Civil de 2002, confira-se o *caput* do art. 827:

"Art. 827. O fiador demandado pelo pagamento da dívida tem direito a exigir, até a contestação da lide, que sejam primeiro executados os bens do devedor".

Note-se que o momento processual oportuno para que a defesa seja manejada é a própria contestação, em *preliminar de mérito*, por se tratar de uma *exceção substancial*.

Não aproveita ao fiador, outrossim, a indicação genérica, impondo-se-lhe a especialização de bens determinados do devedor, livres de ônus ou outras garantias reais, situados no mesmo município, quantos bastem para solver a dívida (CC/2002, parágrafo único do art. 827).

Questão interessante, diante da evidente subsidiariedade da responsabilidade do fiador, é saber como proceder na hipótese de o devedor ter bens livres e desembaraçados, mas fora do município. Neste caso, como a relação contratual é estabelecida diretamente entre fiador e credor, entendemos, pela aplicação estrita da regra legal, que não há benefício de ordem a suscitar.

E, de fato, não é sempre que esse benefício pode ser invocado.

Na forma do art. 828, não aproveita este benefício ao fiador:

a) se ele o renunciou expressamente (inc. I);

b) se se obrigou como principal pagador, ou devedor solidário (inc. II);

c) se o devedor for insolvente, ou falido (inc. III).

---

[21] Sobre a diferença entre *obrigação* (*debitum*) e *responsabilidade* (*obligatio*), confira-se o Capítulo I ("Introdução ao Direito das Obrigações"), tópico 6.1 ("Conceitos correlatos"), do nosso volume 2 ("Obrigações").

A renúncia é uma declaração de vontade abdicativa de um direito. Na hipótese vertente, o fiador voluntariamente afasta de si o *direito de indicar preferencialmente bens do devedor*, de maneira que, se for demandado primeiro, nada poderá alegar.

É o que também ocorre quando se obriga como principal pagador ou solidariamente vincula-se ao cumprimento da obrigação. Em ambos os casos, é como se estivesse renunciando ao benefício legal[22].

Aliás, sobre a solidariedade passiva já tivemos a oportunidade de anotar em nosso volume II:

"A ocorrência prática da solidariedade passiva é muito comum.

Como já vimos, existe solidariedade passiva quando, em uma determinada obrigação, concorre uma pluralidade de devedores, cada um deles obrigado ao pagamento de toda a dívida.

Vale lembrar o exemplo supra-apresentado: **A**, **B** e **C** são devedores de **D**. Nos termos do contrato, os devedores encontram-se coobrigados solidariamente (solidariedade passiva) a pagarem ao credor a quantia de R$ 300.000,00. Assim, o credor poderá exigir de qualquer dos três devedores toda a soma devida, e não apenas um terço de cada um. Nada impede, outrossim, que o credor demande dois dos devedores, ou, até mesmo, todos os três, conjuntamente, cobrando-lhes toda a soma devida ou parte da mesma. Note, entretanto, que o devedor que pagou toda a dívida terá ação regressiva contra os demais coobrigados, para haver a quota-parte de cada um"[23].

É o que ocorre na hipótese analisada.

Vinculando-se solidariamente ao cumprimento da obrigação, faculta-se ao credor demandar diretamente o fiador, que poderá ingressar futuramente contra o devedor para haver aquilo que de fato desembolsou.

Na prática, as hipóteses mencionadas dos incisos I e II ocorrem de maneira extremamente comum. Em enorme quantidade de contratos verifica-se que, quase como uma cláusula de estilo, se promove à renúncia do benefício de ordem, figurando o fiador como devedor principal ou principal pagador, o que cria a solidariedade entre devedor e fiador.

Por isso, recomendamos a maior cautela possível a todos aqueles que se arvorarem a assumir a posição de fiador de outrem, devendo ter o máximo de cuidado ao assinar contratos que registrem tais hipóteses de inaplicabilidade do benefício de ordem.

---

[22] Importante observação é feita, neste ponto, pelo destacado civilista Flávio Murilo Tartuce: "Como se pode aduzir, as hipóteses dos incisos I e II são casos em que o fiador abre mão, por força de previsão no contrato, do direito de alegar um benefício que a lei lhe faculta. Justamente porque o fiador está renunciando a um direito que lhe é inerente é que defendemos, na IV Jornada de Direito Civil, que essa renúncia não valerá se o contrato de fiança for de adesão por força da aplicação direta do art. 424 do CC. Essa tese já foi por nós defendida em nosso livro *Função social dos contratos* (p. 254) e também no presente, sendo aplicação direta da eficácia interna desse princípio, que busca a *justiça contratual*. Assim, foi aprovado o Enunciado n. 364 CJF, pelo qual 'No contrato de fiança é nula a cláusula de renúncia antecipada ao benefício de ordem quando inserida em contrato de adesão'" (*Direito Civil. Vol. 3. Teoria Geral dos Contratos e Contratos em Espécie*, Série Concursos Públicos, 2. ed., São Paulo: Método, 2007 — obra no prelo em janeiro de 2007).

[23] Pablo Stolze Gagliano e Rodolfo Pamplona Filho, *Obrigações*, cit., v. 2, p. 101.

A terceira hipótese de impossibilidade de invocação do benefício de ordem é praticamente autoexplicativa.

Com efeito, tal benefício não pode ser alegado se o devedor for insolvente ou falido (art. 828, III, do CC/2002), o que significa, no final das contas, que o devedor não tem mais bens livres e desembargados para solver o débito, incidindo, portanto, na hipótese básica de responsabilidade do fiador.

7.2. Direitos e deveres das partes

Em um esforço de sistematização, parece-nos interessante fazer um breve resumo dos direitos e deveres de cada uma das partes do contrato de fiança, que se refere — repise-se! — somente ao credor e ao fiador, e não ao devedor afiançado.

A característica de unilateralidade do contrato de fiança, por sua vez, decorre do fato de a *obrigação de garantia do fiador ter alta significação jurídica*, quase se confundindo com a causa do próprio contrato.

Todavia, ainda assim, é possível falar, no que diz respeito ao credor, de um dever geral de respeitar o benefício de ordem, caso seja este aplicável, conforme visto no tópico anterior, em uma espécie de "dever geral de abstenção".

Da mesma forma, o credor só poderá exigir a fiança no termo fixado para a obrigação principal.

Mas, ainda assim, entendemos que tais "deveres" não são tão substanciais a ponto de descaracterizar a unilateralidade do contrato.

Por outro lado, tem o credor o direito de exigir, no momento próprio (observado, portanto, o termo da obrigação e, se for o caso, o mencionado benefício), o cumprimento da prestação pelo fiador, no caso de descumprimento pelo devedor.

Ao fiador, porém, é reservada uma disciplina muito mais minuciosa de deveres.

A obrigação fundamental do fiador é, sem qualquer dúvida, *responder pela dívida na ausência do devedor*.

Tal obrigação, como visto em tópico anterior, embora estabelecida em função da pessoa do fiador, *transmite-se aos seus herdeiros*, na forma do art. 836 do CC/2002, limitando-se a responsabilidade *até a morte do fiador*, bem assim cingindo-se *até as forças da herança*.

No que se refere ao *quantum*, entendemos, com base no mencionado art. 822, que a responsabilidade do fiador se estende aos *juros de mora a partir da interpelação* e às *despesas judiciais a partir da citação*.

Pagando a dívida, outrossim, por medida de justiça e *respeito ao princípio da vedação ao enriquecimento indevido*, terá o fiador *direito de regresso contra o devedor*, podendo reclamar não somente o valor histórico da dívida, mas, também, todos os acessórios, como *correção monetária, juros, despesas com o desembolso e perdas e danos*, sub-rogando-se nos direitos do credor, em aplicação da regra do art. 346, III, do CC/2002.

É o que se extrai das previsões dos arts. 831 a 833 do CC/2002:

> "Art. 831. O fiador que pagar integralmente a dívida fica sub-rogado nos direitos do credor; mas só poderá demandar a cada um dos outros fiadores pela respectiva quota.
>
> Parágrafo único. A parte do fiador insolvente distribuir-se-á pelos outros.

Art. 832. O devedor responde também perante o fiador por todas as perdas e danos que este pagar, e pelos que sofrer em razão da fiança.

Art. 833. O fiador tem direito aos juros do desembolso pela taxa estipulada na obrigação principal, e, não havendo taxa convencionada, aos juros legais da mora".

Não é demais lembrar, neste ponto, que o fiador é tipicamente *terceiro interessado*, ou seja, *titular de um interesse jurídico no cumprimento da obrigação*, de maneira que, pagando, sub-roga-se (substitui-se) em todos os direitos, ações, privilégios e garantias do credor originário (sub-rogado) (art. 349 do CC/2002).

Dessa forma, se o credor principal dispunha de garantia real (uma hipoteca ou um penhor, p. ex.), o fiador passará a detê-las, podendo, pois, tomar as necessárias medidas judiciais para a proteção do seu crédito, como se fosse o credor primitivo.

Nessa linha, lembremo-nos o quanto dispõe o art. 350 do CC/2002:

"Art. 350. Na sub-rogação legal o sub-rogado não poderá exercer os direitos e as ações do credor, senão até a soma que tiver desembolsado para desobrigar o devedor".

Assim, se a dívida vale R$ 1.000,00 e o terceiro juridicamente interessado (fiador) obteve desconto e pagou apenas R$ 800,00 — com a devida anuência do credor, que emitiu quitação plena e irrevogável —, só poderá exercer os seus direitos e garantias contra o devedor até o limite da soma que efetivamente desembolsou para solver a obrigação (R$ 800,00). Não poderá, assim, cobrar do devedor R$ 1.000,00, sob pena de caracterizar enriquecimento sem causa (ilícito).

O art. 1.499 do Código Civil brasileiro de 1916, por sua vez, trazia uma interessante regra, que não foi prevista na vigente codificação, a saber:

"Art. 1.499. O fiador, ainda antes de haver pago, pode exigir que o devedor satisfaça a obrigação, ou o exonere da fiança desde que a dívida se torne exigível, ou tenha decorrido o prazo dentro no qual o devedor se obrigou a desonerá-lo".

Embora não haja regra correspondente no CC/2002, parece-nos razoável propugnar, com base na disciplina geral do instituto, que pelo menos parte da referida prerrogativa ainda é possível.

De fato, a provocação do fiador ao devedor, para satisfazer a obrigação principal, é uma consequência lógica do exercício do benefício de ordem.

O que não é mais aceitável, por certo, é a parte final do dispositivo, quando menciona a possibilidade de o fiador *exigir que o devedor "o exonere da fiança desde que a dívida se torne exigível, ou tenha decorrido o prazo dentro no qual o devedor se obrigou a desonerá-lo"*.

Isso porque, como visto, a relação contratual da fiança não é mantida entre o fiador e o devedor afiançado, mas, sim, entre o fiador e o credor, pelo que somente este último pode desonerá-lo.

Baseada, porém, no mesmo *espírito*, foi mantida a regra de que o fiador detém a prerrogativa de *promover o andamento da ação executiva iniciada contra o devedor, quando o credor, sem justa causa, sustar tal andamento ou demorar em sua promoção* (art. 834 do CC/2002). No exercício desta prerrogativa, passaria o fiador a integrar a lide na condição de *terceiro juridicamente interessado*.

Lembre-se, neste aspecto, que a interrupção da prescrição produzida contra o devedor prejudicará o fiador, na forma do art. 204, § 3.º, do CC/2002.

Finalmente, vale destacar a regra do art. 837 do CC/2002:

"Art. 837. O fiador pode opor ao credor as exceções que lhe forem pessoais, e as extintivas da obrigação que competem ao devedor principal, se não provierem simplesmente de incapacidade pessoal, salvo o caso do mútuo feito a pessoa menor".

A concepção do dispositivo é muito simples.

O fiador, na defesa de seus interesses, está autorizado a opor ao credor não somente aquilo que lhe diz respeito, o que é óbvio, mas também tudo que se referir à obrigação principal do devedor, sejam pessoais (ex.: vícios de consentimento na celebração do contrato principal, compensação, confusão, remissão etc.), sejam impessoais (ex.: incorreção de valores, taxa de juros, prescrição etc.).

Excepcionam-se da possibilidade de arguição as exceções extintivas da obrigação que decorram de *incapacidade pessoal do devedor*. Nesse caso, por exemplo, se houver suspeita de que o devedor principal, por enfermidade ou deficiência mental, não tinha o necessário discernimento para praticar o ato ou, então, que, mesmo por causa transitória, não pudesse exprimir sua vontade, não poderá o fiador suscitar tais fatos em seu benefício. Ressalva-se, contudo, o mútuo feito a pessoa menor, pois, nessa situação, há previsão legal específica de inexigibilidade da prestação, seja da obrigação principal, seja das acessórias.

8. FIANÇA CONJUNTA

Nada impede que mais de uma pessoa assuma a qualidade de fiador, caso em que, por expressa determinação legal, haverá *solidariedade passiva* entre elas, ressalvada a hipótese de haver previsão contratual em sentido contrário, estabelecendo vínculos independentes entre os cofiadores (o chamado "benefício de divisão").

Caso seja estipulado tal benefício, a teor do parágrafo único do art. 829, regente da matéria, cada fiador responderá apenas pela parte que lhe couber no pagamento, proporcionalmente.

Assim, se três pessoas prestam fiança em face de um débito de R$ 300,00, não havendo estipulado com o credor o benefício de divisão, todas responderão *solidariamente* pela totalidade da dívida.

No entanto, caso figure tal previsão contratual, cada um dos cofiadores apenas responderá pela parte que assumiu no contrato de fiança, presumindo-se, na situação proposta, a terça parte do valor para cada um. Nada impede, outrossim, que assumam proporções desiguais, pois, dependerá, tal providência, da autonomia privada das partes envolvidas[24].

Mas fique atento, o nosso amigo leitor, a um importante aspecto.

A previsão contratual deste benefício de divisão não se confunde com a possibilidade de aplicação do benefício de ordem. Trata-se de institutos jurídicos distintos.

---

[24] Aliás, vale lembrar que cada fiador pode fixar no contrato a parte da dívida que toma sob sua responsabilidade, caso em que não será por mais obrigado (art. 830 do CC/2002).

Como vimos, o benefício de ordem ou excussão, quando afastado contratualmente, dá a qualquer dos cofiadores a prerrogativa de apontar, quando demandado, bens livres e desembargados do devedor para serem excutidos antes dos seus.

Finalmente, cumpre-nos lembrar que, nos termos do art. 831 do CC/2002, o fiador que pagar integralmente a dívida ficará sub-rogado nos direitos do credor; mas só poderá demandar a cada um dos outros fiadores pela respectiva quota.

Claro está que essa previsão normativa aplica-se especificamente para o caso de solidariedade passiva entre os fiadores, sendo consequência lógica, para evitar o enriquecimento sem causa, inclusive, que aquele que pagou possa ingressar com ação regressiva dos demais, a fim de haver a quota de cada um. Tal pretensão nitidamente compensatória, manejada no bojo desta *actio*, deverá ser formulada dentro do prazo prescricional de três anos, *ex vi* do disposto no art. 206, § 3.º, IV, do vigente Código Civil.

Caso, todavia, qualquer dos fiadores seja insolvente, a sua quota será repartida entre os demais (parágrafo único do art. 831 do CC/2002), o que, *a priori*, será feito em partes iguais, salvo disposição contratual em sentido diverso.

9. LIMITAÇÃO TEMPORAL DA FIANÇA

Por implicar a constituição de uma garantia, a fiança é um contrato essencialmente temporário.

O fiador não pode ficar eternamente jungido às garras do credor.

Assim, deve-se respeitar o prazo estabelecido no próprio contrato, que, em geral, corresponde ao prazo estabelecido para o cumprimento da obrigação principal.

Todavia, caso haja sido prestada a fiança sem limitação de tempo, poderá o fiador, sempre que lhe convier, exonerar-se da fiança (resilição unilateral do contrato), remanescendo a sua obrigação durante sessenta dias após a notificação do credor (art. 835 do CC/2002)[25]. Vale dizer, notificado o credor (judicial ou extrajudicialmente), o fiador ainda garantirá a obrigação do afiançado dentro do prazo legal de sessenta dias, tempo este que o legislador considerou suficiente para o credor, se for o caso e se assim o entender, poder buscar a constituição de nova garantia.

Nada impede, em nosso sentir, que seja convencionado prazo maior, não estando o fiador, obviamente, obrigado a aceitá-lo.

Importante observação, neste particular, faz SÍLVIO VENOSA:

> "Lembre-se de que existe toda uma problemática no direito do inquilinato nesse tema de exoneração do fiador. O art. 39 da Lei n. 8.245/91 dispõe: 'Salvo disposição contratual em contrário, qualquer das garantias da locação se estende até a efetiva devolução do imóvel'. Portanto, pelo microssistema do inquilinato, em interpretação literal, não há possibilidade de exoneração do fiador antes da entrega do imóvel locado. No entanto, nota-se que o Superior Tribunal de Justiça tem acolhido pretensões nesse sentido, aplicando a regra geral da fiança e não a lei especial, o que motiva uma reviravolta no sentido da lei locatícia, e, em princípio, coloca em risco esse segmento negocial"[26].

---

[25] **Súmula 656 do STJ:** "É válida a cláusula de prorrogação automática de fiança na renovação do contrato principal. A exoneração do fiador depende da notificação prevista no artigo 835 do Código Civil".

[26] Sílvio Venosa, *Contratos em Espécie*, cit., p. 433.

De fato, assiste-lhe inteira razão, consoante concluímos da leitura do seguinte julgado, que nos remete inclusive à intelecção da Súmula 214:

"Recurso especial. Civil. Locação. Rescisão contratual. Permanência do locatário no imóvel locado. Efeitos da fiança. Extinção. Conhecimento.

1. Rescindido o contrato de locação, não subsiste o contrato de fiança, que lhe é acessório, ainda que o locatário permaneça no imóvel.

2. Tem prevalecido o entendimento neste Superior Tribunal de Justiça no sentido de que o contrato acessório de fiança deve ser interpretado de forma restritiva, vale dizer, a responsabilidade do fiador fica delimitada a encargos do pacto locatício originariamente estabelecido. A prorrogação do contrato sem a anuência dos fiadores, portanto, não os vincula. Irrelevante, acrescente-se, a existência de cláusula de duração da responsabilidade do fiador até a efetiva entrega das chaves.

3. 'O fiador na locação não responde por obrigações resultantes de aditamento ao qual não anuiu'. (Súmula do STJ, Enunciado n. 214).

4. Recurso conhecido" (STJ, REsp 83.566/SP, *DJ*, 4-2-2002, p. 576, rel. Min. Hamilton Carvalhido, julgado em 4-10-2001, 6.ª Turma)[27].

---

[27] Nesse mesmo sentido, confira-se o seguinte acórdão:

"Processual civil. Locação. Cláusula que obrigue o fiador até a efetiva entrega das chaves. Irrelevância. Responsabilidade. Restrição ao período originalmente contratado. Prorrogação da locação com anuência do fiador. Extinção da garantia. Súmula 214/STJ. Inaplicabilidade. Recurso desprovido.

I — O Superior Tribunal de Justiça já pacificou entendimento no sentido de que a fiança como contrato benéfico não admite a sua interpretação extensiva, não tendo eficácia a cláusula contratual que preveja a obrigação fidejussória até a entrega das chaves, ou que pretenda afastar a disposição do art. 819 do Código Civil (1.483 do CC/16). Assim, há que se ter como termo final do período a que se obrigaram os fiadores a data na qual se extinguiu a avença locativa originária, impondo-se afastar, para fins de responsabilização afiançatória, o lapso temporal que se seguiu, creditado à conta de prorrogação do contrato.

II — A impossibilidade de conferir interpretação extensiva à fiança locativa, consoante pacífico entendimento desta Eg. Corte, torna, na hipótese, irrelevante, para o efeito de se aferir o lapso temporal da obrigação afiançada, cláusula contratual que preveja a obrigação do fiador até a entrega das chaves. Precedentes.

III — Na hipótese dos autos, há pormenor relevante. Consoante consignado pelo Juízo de Primeiro grau, 'os embargantes aceitaram a prorrogação da obrigação, ao anuírem ao acordo celebrado entre a embargada e o afiançado após o término do prazo de vigência originário (fls. 16/17)' (fl. 45).

IV — Nos termos do enunciado 214 da Súmula do STJ, 'O fiador na locação não responde por obrigações resultantes de aditamento ao qual não anuiu'.

V — Agravo interno desprovido" (STJ, AgRg no REsp 833.492/SP, *DJ*, 9-10-2006, p. 354, rel. Min. Gilson Dipp, j. 12-9-2006, 5.ª Turma).

Em sentido contrário, confiram-se os seguintes acórdãos:

"Processual civil. Agravo regimental no recurso especial. Locação. Fiança. Cláusula que determina a responsabilidade do fiador até a entrega do imóvel locado.

1 — Havendo cláusula expressa no contrato de aluguel de que a responsabilidade dos fiadores perdurará até a efetiva entrega das chaves do imóvel objeto da locação, não há falar em desobrigação por parte dos fiadores, apenas por decurso de prazo do respectivo contrato. A lei estabelece mecanismos próprios, passíveis de desvincular o fiador da garantia por ele assegurada. Em caso de inob-

servância de tal formalidade, não há como prevalecer a interpretação de desoneração do fiador de eventual acordo entre locador e locatário.

2 — Agravo improvido" (STJ, AgRg no REsp 791.077/SP, *DJ*, 27-3-2006, p. 378, rel. Min. Hélio Quaglia Barbosa, j. 7-3-2006, 6.ª Turma).

"Processual civil. Agravo regimental no recurso especial. Locação. Fiança. Cláusula que determina a responsabilidade do fiador até a entrega do imóvel locado. O fiador é parte legítima na ação de cobrança.

1 — O princípio da motivação das decisões judiciais, consubstanciado no artigo 93, inciso IX, da Carta da República, determina ao Judiciário a fundamentação de suas decisões, porque é apenas por meio da exteriorização dos motivos de seu convencimento que se confere às partes a possibilidade de emitir valorações sobre os provimentos jurisdicionais e, assim, efetuar o controle e o reexame da atividade jurisdicional, evitando e reprimindo erros ocasionais, abusos de poder e desvios de finalidade. Entretanto, após detida análise da decisão recorrida, constata-se que o aresto não violou o disposto no inciso II do art. 535 do CPC.

2 — Havendo cláusula expressa no contrato de aluguel de que a responsabilidade dos fiadores perdurará até a efetiva entrega das chaves do imóvel objeto da locação, não há falar em desobrigação por parte dos fiadores, apenas por decurso de prazo do respectivo contrato, sendo os mesmos parte legítima na execução dos alugueres devidos.

— A lei estabelece mecanismos próprios, passíveis de desvincular o fiador da garantia por ele assegurada. Em caso de inobservância de tal formalidade, não há como prevalecer a interpretação de desoneração do fiador de eventual acordo entre locador e locatário.

3. — Agravo improvido" (STJ, AgRg no REsp 682.082/RS, *DJ*, 27-3-2006, p. 369, rel. Min. Hélio Quaglia Barbosa, j. 7-3-2006, 6.ª Turma).

"Civil e processo civil — Recurso especial — Locação — Danos ao imóvel locado — Contrato vigente — Constatação após a entrega da chave — Art. 908, do CC — Falta de prequestionamento — Súmula 356/STF — Art. 39, da Lei n. 8.245/91 — Responsabilidade dos fiadores — Legitimidade passiva *ad causam* reconhecida — Prequestionamento implícito.

1 — Não enseja interposição de Recurso Especial matéria (art. 908, do CC) que não tenha sido ventilada no v. julgado atacado e sobre a qual a parte não opôs os embargos declaratórios competentes, havendo, desta forma, falta de prequestionamento. Aplicação da Súmula 356, do Colendo Supremo Tribunal Federal.

2 — Este Superior Tribunal de Justiça firmou posicionamento, mediante sua Corte Especial, no sentido de que a violação a determinada norma legal ou dissídio sobre sua interpretação, não requer, necessariamente, que tal dispositivo tenha sido expressamente mencionado no v. acórdão do Tribunal de origem.

Cuida-se do chamado prequestionamento implícito (cf. EREsp ns. 181.682/PE, 144.844/RS e 155.321/SP). Sendo a hipótese dos autos, afasta-se a aplicabilidade da Súmula 356/STF para conhecer do recurso pela alínea 'a', do permissivo constitucional, no tocante à questão de afronta ao art. 39, da Lei n. 8.245/91.

3 — Os fiadores solidários respondem integralmente por obrigações decorrentes do contrato de locação em vigor, dentre as quais encontra-se a de reparar os danos causados ao imóvel locado, os quais foram averiguados após a entrega das chaves. Logo, os fiadores são parte legítima para figurarem no polo passivo da ação de reparação de danos, porquanto garantiram, sem ressalvas, o instrumento jurídico, devendo responder por todas as obrigações contratuais vigentes, na hipótese em que o devedor-locatário não as cumpram. Ressalte-se que fica assegurado aos mesmos o direito de regresso contra o afiançado.

4 — Precedentes deste Tribunal.

5 — Recurso conhecido, porém desprovido" (STJ, REsp 300.035/SP, *DJ*, 26-8-2002, p. 283, rel. Min. Jorge Scartezzini, j. 16-5-2002, 5.ª Turma).

Outro importante aspecto a ser considerado, ainda neste tópico, diz respeito à subsistência da fiança em face de contrato novado.

Em outras palavras, havendo novação, a obrigação do fiador permanece?

Sabemos que o principal efeito da novação é liberatório, ou seja, a extinção da primitiva obrigação, por meio de outra, criada para substituí-la.

Em geral, realizada a novação, extinguem-se todos os acessórios e garantias da dívida (a exemplo da hipoteca e da fiança), sempre que não houver estipulação em contrário (art. 364, primeira parte do CC/2002). Aliás, especificamente quanto à fiança, o legislador foi mais além ao exigir que o fiador consentisse para que permanecesse obrigado em face da obrigação novada (art. 366 do CC/2002). Quer dizer, se o fiador não consentir na novação, estará consequentemente liberado.

Nesse aspecto, a regra é coerente e compatível com o já mencionado art. 837 do CC/2002, uma vez que a novação feita pelo devedor principal poderá ser invocada, pelo fiador, como uma exceção (defesa) extintiva da obrigação.

Da mesma forma, vale observar que a ressalva de uma garantia real (penhor, hipoteca ou anticrese) que tenha por objeto bem de terceiro (garantidor da dívida) só valerá com a anuência expressa deste (art. 364, segunda parte, do CC/2002). Ex.: Caio hipotecou a um banco a sua fazenda, em garantia do empréstimo concedido ao seu irmão Tício, para a aquisição de uma casa própria. Se Tício e a instituição financeira resolverem novar, a garantia real hipotecária só persistirá com a expressa anuência de Caio.

Finalmente, no que tange à transmissibilidade da obrigação decorrente da fiança, dispõe o art. 836 que a obrigação do fiador passa aos seus herdeiros, embora a responsabilidade da fiança se limite ao tempo decorrido até a morte do fiador, não podendo ultrapassar as forças da herança.

Relembremos este importante ponto.

Ainda, de acordo com o Código Civil de 2002, morto o fiador, a obrigação que assumiu será transmitida aos seus herdeiros nos limites das forças da herança, ou seja, caso o montante da dívida ultrapasse o ativo do espólio, os sucessores não assumirão o saldo devedor remanescente pois não estão obrigados a responder *ultra vires hereditatis*:

> "Art. 1.792. O herdeiro não responde por encargos superiores às forças da herança; incumbe-lhe, porém, a prova do excesso, salvo se houver inventário que a escuse, demonstrando o valor dos bens herdados".

Em conclusão, podemos afirmar que o credor na fiança poderá habilitar-se no inventário do fiador para haver o montante da dívida não adimplida pelo devedor principal, respeitando-se sempre os limites das forças da herança. Em sendo pago, poderá, consequentemente, o inventariante, na qualidade de representante do espólio, e em prol do interesse dos demais herdeiros, ingressar com ação regressiva contra o devedor principal.

10. FIANÇA E AVAL

Parece-nos relevante abrir um tópico específico para distinguir a fiança do aval.

Trata-se de uma diferenciação importantíssima, pois, na prática, os institutos são habitualmente confundidos, embora tenham disciplina jurídica diferenciada.

A fiança é, como visto, uma garantia pessoal contratual de natureza causal.

É, portanto, de um pacto acessório, com finalidade de garantia do cumprimento da prestação do contrato principal, cuja sorte lhe segue.

Assim, nulo o contrato principal, nula será a fiança.

Além disso, a responsabilidade na fiança é, originalmente, subsidiária, somente se tornando solidária quando há a hipótese de inaplicabilidade do benefício de ordem.

Já o aval é uma garantia aposta em título de crédito, de natureza abstrata.

Tem, portanto, existência autônoma, independentemente da sorte do título de crédito avalizado.

Assim, nulo o título de crédito, persiste o aval outorgado.

Nesse sentido, observa RUBENS REQUIÃO:

"Se a assinatura da obrigação avalizada for eivada de nulidade, e assim declarada, persiste o aval concedido ou é ele também nulo? Tendo em vista o princípio da independência das assinaturas e da autonomia das relações cambiárias, a resposta não pode ser outra senão a de que subsiste o aval, que não é atingido pela ineficácia da assinatura que ele garante. É o que expressamente dispõe a alínea 2 do art. 32, da Lei Uniforme, que declara que a obrigação do avalista se mantém, mesmo no caso em que a obrigação garantida seja nula por qualquer outra razão que não um vício de forma. O aval dado a uma assinatura falsa, ou a obrigação assumida por um menor incapaz, não é atingida pela nulidade decorrente da falsificação ou da incapacidade do menor"[28].

Por isso, a responsabilidade no aval é equiparada (e solidária) entre o devedor e o avalista.

Assim, não é adequada a utilização das regras da fiança para o aval.

Ilustrativa de tal posicionamento é a seguinte decisão do Superior Tribunal de Justiça:

"Cédula. Crédito comercial. Aval. Responsabilidade. Herdeiros.

Trata-se da ação de cobrança na qual o credor busca dos herdeiros o recebimento de notas avalizadas por seu falecido pai, nos limites do patrimônio do sucedido, mas com o óbito ocorrido antes do vencimento dos títulos. O Tribunal *a quo* entendeu que se aplica, por analogia, o art. 1.501 do CC/1916. Diante disso, a Turma entendeu que o aval é autônomo em relação à obrigação do devedor principal e se constitui no momento da assinatura do avalista no título de crédito, sendo a data do vencimento pressuposto para sua exigibilidade. Assim, o avalista já era obrigado pela dívida, mesmo ainda não exigível. Na relação de fiança, a responsabilidade do fiador só aparece quando há inadimplência do devedor principal, já no aval há uma obrigação nova, autônoma e distinta entre avalista e credor, cuja exigibilidade independe da inadimplência do avalizado. Ora, se assim é, não há caráter personalíssimo no aval, o que torna os herdeiros responsáveis pela obrigação nos limites da herança. Logo, cada herdeiro responde com a proporção observada na partilha, não podendo exceder a cota de cada um" (STJ, REsp 260.004/SP, rel. Min. Castro Filho, julgado em 28-11-2006).

---

[28] Rubens Requião, *Curso de Direito Comercial*, 20. ed. São Paulo: Saraiva, 1995, v. 2, p. 345.

11. FIANÇA E OUTORGA UXÓRIA

Importante aspecto envolvendo a fiança encontramos no Direito de Família.

Exige-se, para a validade da fiança prestada por fiador casado, nos termos do art. 1.647 do CC/2002, *outorga uxória* (autorização conjugal) do seu consorte:

> "Art. 1.647. Ressalvado o disposto no art. 1.648, nenhum dos cônjuges pode, sem autorização do outro, exceto no regime da separação absoluta:
>
> I — alienar ou gravar de ônus real os bens imóveis;
>
> II — pleitear, como autor ou réu, acerca desses bens ou direitos;
>
> III — *prestar fiança* ou aval;
>
> IV — fazer doação, não sendo remuneratória, de bens comuns, ou dos que possam integrar futura meação.
>
> Parágrafo único. São válidas as doações nupciais feitas aos filhos quando casarem ou estabelecerem economia separada" (grifos nossos).

Exceto, portanto, no regime da *separação absoluta*, exige-se a autorização do outro cônjuge, caso se pretenda realizar qualquer dos atos elencados neste dispositivo.

Em princípio, posto não seja este o momento adequado para fazermos profundas digressões atinentes ao Direito de Família, tarefa a que nos dedicaremos com afinco em volume próprio desta coleção, cumpre-nos esclarecer que "separação absoluta" a que se refere o *caput* do dispositivo sob comento é a *separação convencional de bens* (arts. 1.687 e 1.688 do CC/2002), escolhida no pacto antenupcial, e não a *separação legal ou obrigatória* (art. 1.641 do CC/2002), pois, como se sabe, nesta última modalidade de regime admite-se a constituição de patrimônio comum, nos termos da Súmula 377 do STF[29], não sendo razoável, portanto, em defesa desta massa de bens adquirida pelo esforço comum, dispensar-se a outorga.

No entanto, em se tratando de separação convencional, em virtude de ambos os cônjuges terem total autonomia patrimonial, a vênia conjugal, consequentemente, é dispensável.

Nesse sentido, com absoluta propriedade, NELSON NERY JUNIOR e ROSA MARIA DE ANDRADE NERY:

> "Quando a doutrina se refere ao regime da separação absoluta de bens, em regra, quer referir-se ao que foi assim firmado contratualmente, por meio de pacto antenupcial. A utilização desta terminologia consagrada pela doutrina no texto do CC 1.647 *caput in fine*, autoriza o intérprete a dizer que em caso de o casamento ter-se celebrado sob o regime da separação obrigatória de bens não incide a exceção à regra. No regime da separação obrigatória de bens exige-se a autorização do outro cônjuge para a realização dos atos elencados nos incisos que se lhe seguem"[30].

Outra importante observação para a adequada intelecção da norma diz respeito ao novo regime de *participação final nos aquestos*.

---

[29] STF: "Súmula 377. No regime de separação legal de bens, comunicam-se os adquiridos na constância do casamento".

[30] Nelson Nery Junior e Rosa Maria de Andrade Nery, *Novo Código Civil e Legislação Extravagante Anotados*, São Paulo: Revista dos Tribunais, 2002, p. 557.

Adotado este regime (arts. 1.672 a 1.686 do CC/2002), dispensa-se a outorga *para a alienação de imóveis*, a teor do art. 1.656 do CC/2002, caso os cônjuges, no pacto antenupcial, tenham feito expressa ressalva:

"Art. 1.656. No pacto antenupcial, que adotar o regime de participação final nos aquestos, poder-se-á convencionar a livre disposição dos bens imóveis, desde que particulares".

A exigência da outorga para a fiança, no entanto, *não poderá ser afastada*.

Em síntese, temos que *apenas se adotado o regime da separação convencional de bens* é dispensada a outorga uxória para todos os atos previstos no art. 1.647 do CC/2002, inclusive a fiança.

Nada impede, todavia, que o juiz supra a outorga, nos termos do art. 1.648 do CC/2002, quando um dos cônjuges a denegue sem motivo justo, ou lhe seja impossível concedê-la (estando hospitalizado, p. ex.).

A falta de autorização, não suprida pelo juiz, quando necessária (art. 1.649 do CC/2002), tornará anulável o ato praticado, podendo o outro cônjuge ou os seus herdeiros (art. 1.650 do CC/2002) pleitear-lhe a anulação, *até dois anos depois de terminada a sociedade conjugal*[31]. Admite-se, todavia, a ratificação do ato celebrado, desde que feita por instrumento público, ou particular, devidamente autenticado.

---

[31] "Processual civil. Locação. Fiança. Prequestionamento. Inexistência. Súmulas 282/STF e 211/STJ. Ausência da outorga uxória. Nulidade relativa. Arguição pelo cônjuge que prestou a fiança. Ilegitimidade. Decretação de ofício pelo magistrado. Impossibilidade. Recurso especial conhecido e improvido.
1. É pacífica a jurisprudência do Superior Tribunal de Justiça no sentido de que é nula a fiança prestada sem a necessária outorga uxória, não havendo considerá-la parcialmente eficaz para constranger a meação do cônjuge varão.
2. É inadmissível recurso especial pela alínea 'a' do permissivo constitucional, quando os dispositivos infraconstitucionais tidos por violados não foram debatidos no acórdão recorrido, malgrado tenham sido opostos embargos declaratórios, restando ausente seu necessário prequestionamento. Tal exigência tem como desiderato principal impedir a condução ao Superior Tribunal de Justiça de questões federais não examinadas no tribunal de origem. Aplicação das Súmulas 282/STF e 211/STJ.
3. Nos termos do art. 239 do Código Civil de 1916 (atual art. 1.650 do Novo Código Civil), a nulidade da fiança só pode ser demandada pelo cônjuge que não a subscreveu, ou por seus respectivos herdeiros.
4. Afasta-se a legitimidade do cônjuge autor da fiança para alegar sua nulidade, pois a ela deu causa. Tal posicionamento busca preservar o princípio consagrado na lei substantiva civil segundo a qual não poder invocar a nulidade do ato aquele que o praticou, valendo-se da própria ilicitude para desfazer o negócio.
5. A nulidade da fiança também não pode ser declarada *ex officio*, à falta de base legal, por não se tratar de nulidade absoluta, à qual a lei comine tal sanção, independentemente da provocação do cônjuge ou herdeiros, legitimados a argui-la. Ao contrário, trata-se de nulidade relativa, válida e eficaz entre o cônjuge que a concedeu, o afiançado e o credor da obrigação, sobrevindo sua invalidade quando, e se, legitimamente suscitada, por quem de direito, vier a ser reconhecida judicialmente, quando, então, em sua totalidade será desconstituído tal contrato acessório.
6. Recurso especial conhecido e improvido" (STJ, REsp 772.419/SP, *DJ*, 24-4-2006, p. 453, rel. Min. Arnaldo Esteves Lima, j. 16-3-2006, 5.ª Turma).

Finalmente, cumpre-nos destacar que o Superior Tribunal de Justiça pacificou acesa polêmica existente no que tange à prestação de fiança sem a devida autorização conjugal.

Discutia-se se a falta da outorga implicaria a *invalidade ou ineficácia de todo o ato* ou *apenas não surtiria efeitos em face do cônjuge prejudicado*, permitindo-se, assim, nesta última hipótese, que o credor pudesse excutir a garantia sobre a meação do fiador ou o seu patrimônio pessoal.

Prevaleceu a primeira corrente, *no sentido de se invalidar toda a garantia*, como podemos observar, nos seguintes julgados:

"Agravo regimental em recurso especial. Locação. Falsificação da assinatura da cônjuge mulher. Fiança prestada sem a outorga uxória. Nulidade.

1. É firme o entendimento desta Corte Superior de Justiça em que a fiança prestada por marido sem a outorga uxória invalida o ato por inteiro, não se podendo limitar o efeito da invalidação apenas à meação da mulher.

2. Inexiste óbice à arguição de nulidade da fiança, em se cuidando de recurso especial interposto também pela cônjuge mulher, que possui legitimidade para demandar a anulação dos atos do marido.

3. Agravo regimental improvido" (STJ, AgRg no REsp 631.450/RJ, *DJ*, 17-4-2006, p. 218, rel. Min. Hamilton Carvalhido, data da decisão 9-3-2006, 6.ª Turma).

"Civil. Locação. Fiança. Outorga uxória. Ausência. Nulidade integral do ato. Interpretação restritiva. Art. 483, inciso III, CC/1916. Precedentes.

I — O entendimento deste Superior Tribunal de Justiça é pacífico no sentido que a ausência da outorga uxória nulifica integralmente o pacto de fiança.

II — O contrato de fiança não admite interpretação extensiva, consoante determinava o art. 1.483 do Código Civil de 1916. Com base nessa premissa, inclinou-se a jurisprudência no sentido de que o fiador não responde pelos aditamentos ao contrato original a que não tenha anuído.

Recurso parcialmente provido" (STJ, REsp 619.814/RJ, *DJ*, 21-6-2004, p. 251, rel. Min. Félix Fischer, data da decisão 28-4-2004, 5.ª Turma).

"Processual civil. Locação. Fiança. Prorrogação do contrato sem a anuência da esposa. Ausência de responsabilidade.

1. O fiador responderá pelos encargos decorrentes do contrato de locação tão somente pelo período inicialmente determinado, ainda que exista cláusula estendendo a sua obrigação até a entrega das chaves. Precedentes do STJ.

2. O contrato acessório de fiança obedece à forma escrita, é consensual, deve ser interpretado restritivamente e no sentido mais favorável ao fiador. Assim, a prorrogação por tempo indeterminado do contrato de locação, compulsória ou voluntária, desobriga o fiador que a ela não anuiu. Precedentes.

3. No presente caso, a fiança prestada pelo marido no aditamento do contrato ocorrida em 01/09/1999, sem a necessária outorga uxória, não tem o condão de convalidar o contrato originário, isso porque não se admite que qualquer dos cônjuges preste fiança sem a autorização do outro. Precedentes.

4. Recurso conhecido e provido" (STJ, REsp 860.795/RJ, *DJ*, 30-10-2006, p. 415, rel. Min.ª Laurita Vaz, data da decisão 5-9-2006, 5.ª Turma).

Nesse diapasão, consolidando esta linha de entendimento, editou o Superior Tribunal de Justiça, em 2006, a Súmula 332, com o seguinte enunciado:

"Súmula 332. A anulação de fiança prestada sem outorga uxória implica a ineficácia total da garantia".

Em nosso sentir, claro está que a parte legitimada para arguir a anulação da fiança é o cônjuge que não consentiu, e não o fiador, pois isso seria arguir em juízo a própria torpeza[32].

12. EXTINÇÃO DA FIANÇA

Não há segredos neste tópico.

A fiança, enquanto contrato acessório, extingue-se, em princípio, com o pagamento da obrigação principal.

Além disso, podem ser invocadas, por óbvio, as modalidades extintivas do contrato, sejam causas anteriores ou contemporâneas à sua formação (ex.: invalidade), sejam supervenientes, com a dissolução da obrigação (ex.: por resolução, resilição ou rescisão).

Extingue-se também com o advento do seu termo final, ou quando, como vimos acima, houver exoneração da garantia (art. 835 do CC/2002), ou em caso de novação da obrigação principal (art. 366 do CC/2002).

Outras situações peculiares foram previstas pelo legislador, consoante podemos observar, em conclusão a este capítulo, no art. 838 do CC/2002:

"Art. 838. O fiador, ainda que solidário, ficará desobrigado:

I — se, sem consentimento seu, o credor conceder moratória ao devedor;

II — se, por fato do credor, for impossível a sub-rogação nos seus direitos e preferências;

III — se o credor, em pagamento da dívida, aceitar amigavelmente do devedor objeto diverso do que este era obrigado a lhe dar, ainda que depois venha a perdê-lo por evicção".

Trata-se de situações bem peculiares de *exoneração do fiador*.

Na primeira hipótese (inc. I), concedeu-se prazo para o devedor em mora, caso em que não seria justo manter-se o fiador vinculado além do tempo originariamente previsto e contratado.

A moratória consiste, portanto, na concessão de prazo ao devedor afiançado[33].

---

[32] "Agravo regimental. Locação. Fiança prestada por pessoa casada sem a anuência do outro cônjuge. 1. Regra geral, é reconhecida a nulidade da fiança prestada por pessoa sem o consentimento do outro cônjuge.

2. Entretanto não se admite venha o marido, em embargos à execução, pugnar pela nulidade do ato que conscientemente praticou, na medida em que tal requerimento cabia à esposa ou algum de seus herdeiros, na hipótese de ser a mesma falecida, nos termos do artigo 239 do Código Civil de 1916.

3. Agravo regimental a que se nega provimento" (STJ, AgRg no REsp 540.817/DF, *DJ*, 6-3-2006, p. 463, rel. Min. Hélio Quaglia Barbosa, j. 14-2-2006, 6.ª Turma).

[33] "Agravo regimental. Recurso especial. Processual civil. Locação. Fiança. Parcelamento da dívida. Moratória. Ausência de anuência do fiador. Solidariedade. Exoneração. Art. 838 do Código Civil (art. 1.503, I, do Código Civil/1916). Súmula 214/STJ.

Já no segundo caso (inc. II), tornou-se impossível a sub-rogação legal do fiador por ato imputável ao próprio credor, de modo que, em tal situação, ainda que pagasse o valor devido, o fiador não mais poderia gozar das mesmas garantias ou privilégios.

É o exemplo do credor que deu causa à destruição de um objeto valioso do devedor, que lhe fora dado em penhor.

Ressalte-se que consideramos inconveniente a utilização, na regra legal, da expressão "fato do credor"; o mais técnico seria "ato do credor", uma vez que se pressupõe uma conduta humana.

E, finalmente, na terceira hipótese (inc. III), o credor, ao aceitar do devedor objeto diverso daquele originariamente pactuado, em nítida configuração da *dação em pagamento*, exonerará o fiador, mesmo que venha a perder a coisa por *evicção*, pois não seria razoável exigir do fiador permanecer garantindo dívida cujo objeto fora modificado sem a sua participação.

Afinal, a dação em pagamento é uma forma extintiva da relação jurídica obrigacional que afeta, também, a obrigação acessória.

A análise desta terceira hipótese particular de desobrigação da fiança, porém, traz à baila uma pergunta: *responde o fiador pelos riscos da evicção, na situação de ser o bem evicto justamente o objeto da obrigação principal*?

Note-se que é uma situação diferente da anterior, pois o que se discutia era o efeito, para a fiança, da evicção ocorrida com um bem dado como prestação diversa da originalmente pactuada e afiançada (em dação em pagamento). Aqui, pergunta-se se a relação jurídica contida na fiança se restabelece se, após o cumprimento da prestação afiançada — entrega de um bem —, ocorrer a evicção.

Não há resposta direta no texto legal.

Para visualizar melhor o tema ora tratado, pensemos em um exemplo:

Cedric afiança, com seu patrimônio pessoal, a obrigação de Iuri de entregar 10 cabeças de gado a Jorge. Caso Iuri entregue esses bens, mas Jorge seja evicto, seria Cedric responsabilizado como fiador?

Quem entende que não provavelmente se respaldará na regra inscrita no art. 819 do CC/2002 de que a fiança "não admite interpretação extensiva".

De nossa parte, entendemos que, operada a evicção, a fiança deve ser restabelecida.

Ancoramos o nosso pensamento no fato de que a evicção, posto verificada *a posteriori*, traduz, em verdade, *a perda do bem em face do reconhecimento do direito* **anterior** *de outrem*.

I — A moratória oriunda de parcelamento da dívida locatícia constitui o aditamento das obrigações assumidas pelos garantes do contrato de locação.

II — Os fiadores exoneram-se da garantia prestada no contrato de locação, bem como da solidariedade em relação ao locatário, se não houve anuência em relação ao pacto moratório, a teor do art. 838 do Código Civil (art. 1.503, I, do Código Civil/1916), devendo ser aplicado o enunciado da Súmula n. 214 desta Corte. Precedentes.

III — Agravo regimental desprovido" (STJ, AgRg no REsp 706.691/SP, *DJ*, 20-2-2006, p. 356, rel. Min. Félix Fischer, j. 15-12-2005, 5.ª Turma).

Vale dizer, o pagamento da dívida operou a transferência de algo que não poderia ser alienado, neutralizando completamente os efeitos do suposto adimplemento. Teríamos, pois, aqui, uma verdadeira *alienação "a non domino"*.

Assim sendo, forçoso convir que o fiador continuará obrigado em face da dívida, que *não foi tecnicamente paga*.

Por fim, ficará exonerado também o fiador (art. 839 do CC/2002), se manejou o benefício *de ordem ou excussão*, e se o devedor, retardando-se a execução, caiu em insolvência, cabendo ao fiador provar que os bens por ele indicados eram, ao tempo da penhora, suficientes para a solução da dívida afiançada.

Trata-se de regra ética, que propugna por uma razoável duração do processo, postulado erigido, pela Emenda Constitucional n. 45/2004, a princípio constitucional, pois não é razoável que a insolvência posterior do devedor, já em curso a cobrança judicial do crédito, venha a prejudicar o fiador, que indicou, tempestivamente, bens (livres, desembargados e sitos no mesmo município) do efetivo sujeito passivo da relação obrigacional.

Capítulo XXXIII
Transação

Sumário: 1. Visão metodológica dos autores. 2. Conceito e natureza jurídica. 3. Elementos analiticamente considerados. 4. Características. 5. Espécies. 6. Forma. 7. Objeto. 8. Efeitos.

1. VISÃO METODOLÓGICA DOS AUTORES

Antes de inaugurarmos este capítulo, é preciso tecer algumas considerações metodológicas, que decorrem do corte epistemológico que foi adotado pelos autores para a realização deste livro.

De fato, começamos a redação desta obra, em seu volume I, às vésperas da aprovação do projeto de lei que veio a se constituir no vigente Código Civil brasileiro.

Naquela época — e, em vários programas de cursos de graduação e pós-graduação em Direito, até hoje — os temas *"Transação"* e *"Compromisso"* eram tratados, normalmente, junto com a disciplina do *"Direito das Obrigações"*. No caso específico do *"compromisso"*, este ainda tinha a agravante de estar intimamente relacionado ao estudo da Arbitragem, normalmente feito nas cadeiras de *"Teoria Geral do Processo"*, *"Direito Processual Civil"* ou mesmo em outra disciplina autônoma.

Por isso, quando redigimos o nosso volume II, dedicado ao estudo do *"Direito das Obrigações"*, não hesitamos em abrir capítulos próprios e abrangentes sobre os dois institutos, garantindo que o livro pudesse ser utilizado como manual básico em sala de aula.

Esta diretriz será mantida em nossa obra.

Todavia, se o sentido de completude foi o que nos compeliu naquele momento, a coerência desta proposta nos impõe que os dois institutos voltem a ser tratados.

É lógico que não seria razoável simplesmente transcrever aqui os dois capítulos, pois isso poderia soar como um desrespeito ao nosso público leitor, o que jamais faríamos. Mas o fato é que não dá para mudar o que já se registrou, pela singela situação de que realmente registramos tudo o que consideramos relevante, para aquele momento e para a proposta do volume 2.

Assim, optamos por esta nota prévia, ressaltando que a matéria continuará a ser tratada nos dois volumes, sendo que neste o enfoque será estritamente na sua concepção contratual, aproveitando, sempre que possível, o que apresentamos anteriormente.

Feitos estes esclarecimentos, passemos a compreender, neste capítulo, em que consiste a transação.

2. CONCEITO E NATUREZA JURÍDICA

A transação é um negócio jurídico pelo qual os interessados, denominados transigentes, previnem ou terminam um litígio, mediante concessões mútuas, conceito este extraído da própria previsão legal do art. 840 do CC/2002, que preceitua:

"Art. 840. É lícito aos interessados prevenirem ou terminarem o litígio mediante concessões mútuas".

Muita polêmica havia, no sistema codificado anterior, acerca da natureza jurídica da transação, o que justificou, inclusive, a nota introdutória deste capítulo.

De fato, conforme observa CARLOS ROBERTO GONÇALVES:

"Divergem os autores sobre a natureza jurídica da transação. Entendem uns ter natureza contratual; outros, porém, consideram-na meio de extinção de obrigações, não podendo ser equiparada a um contrato, que tem por fim gerar obrigações. Na realidade, na sua constituição, aproxima-se do contrato, por resultar de um acordo de vontades sobre determinado objeto; nos seus efeitos, porém, tem a natureza de pagamento indireto"[1].

A polêmica, porém, está superada com o Código Civil de 2002, que, reconhecendo a natureza contratual da transação, retira-a do elenco de meios indiretos de pagamento para incluí-la no título dedicado às *"várias espécies de contratos"*.

A obrigatoriedade da transação nasce justamente do acordo de vontades, cujos sujeitos têm o objetivo de extinguir relações obrigacionais controvertidas anteriores.

Por isso, não se concebe uma retratação unilateral da transação[2], que, na forma do art. 849, *caput* do CC/2002, *"só se anula por dolo, coação, ou erro essencial quanto à pessoa ou coisa controversa"*. Injustificável, porém, é a aparente limitação dos vícios de consentimento a ensejar a invalidade da transação, uma vez que, como negócio jurídico que é, deve estar sujeito a todos os princípios da parte geral, inclusive a possibilidade de ocorrência, v. g., de simulação, fraude contra credores, lesão e estado de perigo.

A importância da manifestação da vontade é tamanha que não se admite discussão sobre eventuais erros de direito a respeito do objeto da transação, na forma do parágrafo único do art. 849 do CC/2002. Todavia, a matéria não parece ser de fácil configuração prática, sobretudo quando, em cada caso concreto, o erro de direito mostra-se irremediavelmente ligado a uma situação de fato[3].

---

[1] Carlos Roberto Gonçalves, *Direito Civil Brasileiro — Contratos e Atos Unilaterais*, 17. ed., São Paulo: Saraiva, 2020, v. 3, p. 604-5.

[2] "Processual civil. Transação. Extinção do processo. Art. 269, III, CPC. Inexistência de lide. Homologação do acordo. Descumprimento. Alegação por uma das partes. Impossibilidade. Doutrina. Agravo desprovido. I — Homologado o acordo e extinto o processo, encerra-se a relação processual, sendo vedado a uma das partes, que requerera a homologação, arguir lesão a seus interesses, somente podendo fazê-lo em outro processo, como, por exemplo, a execução da sentença, no caso de descumprimento. II — Segundo o magistério de Humberto Theodoro Júnior, se 'o negócio jurídico da transação já se acha concluído entre as partes, impossível é a qualquer delas o arrependimento unilateral, mesmo que ainda não tenha sido homologado o acordo em juízo. Ultimado o ajuste de vontade, por instrumento particular ou público, inclusive por termo nos autos, as suas cláusulas ou condições obrigam definitivamente os contraentes, de sorte que sua rescisão só se torna possível 'por dolo, violência ou erro essencial quanto à pessoa ou coisa controversa' (Cód. Civ., Art. 1.030)'. III — A eventual execução do acordo e a apreciação de suas cláusulas incluem-se na competência do juízo onde teve início o processo de conhecimento" (Acórdão AGREsp 218.375/RS; Agravo Regimental no Recurso Especial (1999/0050305-8), *DJ*, 10-4-2000, p. 95, rel. Min. Sálvio de Figueiredo Teixeira, j. 22-2-2000, 4.ª Turma).

[3] No mesmo sentido, Sílvio de Salvo Venosa, *Contratos em Espécie*, cit., p. 314.

Destaque-se que a transação não se confunde com a conciliação. De fato, conciliar traduz o término do próprio litígio. Processualmente, quando alcançada, pode ser celebrada através de uma transação, que passa a ser seu conteúdo[4]. Homologada por sentença a transação, a ação cabível para sua eventual desconstituição é a ação anulatória, e não a ação rescisória, exceto quando a sentença aprecia o mérito do negócio jurídico, pois, aí, não seria meramente homologatória[5].

3. ELEMENTOS ANALITICAMENTE CONSIDERADOS

Para reconhecer a existência efetiva de uma transação, faz-se mister a conjunção de quatro elementos constitutivos fundamentais:

a) *acordo entre as partes*: a transação é um negócio jurídico bilateral, em que a convergência de vontades é essencial para impor sua força obrigatória. Assim sendo, é imprescindível o atendimento aos requisitos legais de validade, notadamente a capacidade das partes e a legitimação, bem como a outorga de poderes especiais, quando realizada por mandatário (art. 661, § 1.º, do CC/2002);

b) *existência de relações jurídicas controvertidas*: haver dúvida razoável sobre a relação jurídica que envolve as partes é fundamental para se falar em transação. Por isso mesmo, é *"nula a transação a respeito do litígio decidido por sentença passada em julgado, se dela não tinha ciência algum dos transatores, ou quando, por título ulteriormente descoberto, se verificar que nenhum deles tinha direito sobre o objeto da transação"* (art. 850 do CC/2002). Como observa SÍLVIO VENOSA, "qualquer obrigação que possa trazer dúvida aos obrigados pode ser objeto de transação. Deve ser elástico o conceito de dubiedade. Somente não podem ser objeto de transação, em tese, as obrigações cuja existência, liquidez e valor não são discutidos pelo devedor"[6];

c) *"animus" de extinguir as dúvidas, prevenindo ou terminando o litígio*: através da transação, cada uma das partes abre mão de uma parcela de seus direitos, justamente para evitar ou extinguir o conflito. Essa é a ideia regente do instituto;

d) *concessões recíprocas*: como a relação jurídica é controversa, não se sabendo, de forma absoluta, de quem é a razão, as partes, para evitar maiores discussões, cedem mutuamente. Se tal não ocorrer, inexistirá transação, mas, sim, renúncia, desistência ou doação.

4. CARACTERÍSTICAS

Fixado o conceito, natureza e elementos da transação, é preciso enunciar suas principais características, da mesma forma que fizemos com todas as demais modalidades contratuais.

---

[4] Embora seja a forma mais comum, a conciliação não precisa ser necessariamente uma transação, uma vez que, através dela, também poderia ocorrer o reconhecimento da procedência do pedido ou a renúncia do direito em que se funda a pretensão, caso disponíveis.

[5] Na seara trabalhista, o entendimento predominante do Colendo Tribunal Superior do Trabalho é, porém, diferenciado, somente admitindo a ação rescisória contra a conciliação judicial, na forma do seu Enunciado 259 ("Termo de Conciliação. Ação Rescisória. Só por ação rescisória é atacável o termo de conciliação previsto no parágrafo único do art. 831 da Consolidação das Leis do Trabalho").

[6] Sílvio de Salvo Venosa, *Direito Civil — Teoria Geral das Obrigações e dos Contratos*, São Paulo: Atlas, 2002, p. 306.

Com o advento do Código Civil brasileiro de 2002, a transação passou a ser regulada como uma modalidade contratual *típica* e *nominada*, incluída expressamente no título dedicado às "várias espécies de contratos".

Trata-se, evidentemente, de um contrato *bilateral*, em função das concessões recíprocas; *comutativo*, na equivalência das obrigações assumidas; e *oneroso*, em que o benefício recebido por um deve corresponder a um sacrifício patrimonial do outro.

A lógica de uma transação é de que ela seja um contrato *paritário*, tendo as partes iguais condições de negociação, para estabelecer livremente as cláusulas contratuais, sobretudo no que diz respeito às concessões de cada um.

A classificação em *contratos evolutivos* não é adequada para a transação. Disso se depreende que, dentro das características peculiares da transação, está a sua indivisibilidade, uma vez que ela deve ser considerada como um todo, sem possibilidade de fracionamento, pelo que, na forma do art. 848, *caput*, do CC/2002, sendo "*nula qualquer das cláusulas da transação, nula será esta*".

Destaque-se, porém, que o parágrafo único do mesmo artigo, ao estabelecer que "*quando a transação versar sobre diversos direitos contestados, independentes entre si, o fato de não prevalecer em relação a um não prejudicará os demais*", acaba admitindo a validade de certas cláusulas da transação, quando demonstrada a sua autonomia em relação à invalidada.

Mutatis mutandis, o raciocínio é o mesmo no que diz respeito à equação financeira do contrato, pois, além da indivisibilidade, a interpretação da transação deve ser sempre restritiva, na forma do art. 843 do CC/2002.

"Art. 843. A transação interpreta-se restritivamente, e por ela não se transmitem, apenas se declaram ou reconhecem direitos".

Tal regra inviabiliza a utilização da analogia ou interpretação extensiva, uma vez que, por envolver concessões recíprocas (e, por isso, renúncias mútuas), presume-se que a disposição foi feita da forma menos onerosa possível.

Assim, como a transação é de interpretação restritiva, não há como a recompor posteriormente, sob pena de violação de tal regra e da anterior da indivisibilidade.

Da análise do dispositivo supratranscrito, ainda pode ser registrada, como característica da transação, a sua natureza declaratória, em que apenas se certifica a existência de determinados direitos e situações jurídicas. Tal regra, todavia, não pode ser interpretada isoladamente, mas sim em conjunto com o art. 845 do CC/2002, que admite a renúncia ou a transferência de coisa pertencente a um dos transigentes, o que importa, porém, nos riscos da evicção.

Confiramos o mencionado dispositivo legal:

"Art. 845. Dada a evicção da coisa renunciada por um dos transigentes, ou por ele transferida à outra parte, não revive a obrigação extinta pela transação; mas ao evicto cabe o direito de reclamar perdas e danos.

Parágrafo único. Se um dos transigentes adquirir, depois da transação, novo direito sobre a coisa renunciada ou transferida, a transação feita não o inibirá de exercê-lo".

Assim, caso se opere a evicção, não se ressuscitará a obrigação original, convertendo-se a obrigação extinta em perdas e danos.

Exemplificando com a mesma hipótese já enunciada no volume II: A, transigindo em processo de separação litigiosa, transfere determinado bem imóvel do seu patrimônio pessoal à sua esposa B, em contrapartida à diminuição do valor da pensão alimentícia. Posteriormente, um terceiro logra êxito na ação reivindicatória da coisa ajuizada contra a separanda, consumando os riscos da evicção. Nesse caso, não reviverá a obrigação da pensão alimentícia, cabendo a B apenas ajuizar ação indenizatória contra A.

Registre-se, para a adequada compreensão do parágrafo único do referido art. 845 do CC/2002, ser preciso ter em mente que a transação não retira do comércio o seu objeto, pelo que, no exemplo *supra*, se não ocorrer a evicção, nada impede que A venha a adquirir algum direito sobre o bem transferido, como, v. g., a penhora de rendas de aluguel do imóvel, por força de execução fundamentada em título distinto, ajuizada contra a sua ex-esposa.

A transação é admitida amplamente em relações jurídicas *civis* e *comerciais*, havendo algumas restrições, em função de normas cogentes de interesse público, nos contratos *trabalhistas*, *consumeristas* e *administrativos*, a depender de cada situação.

Isso porque, como veremos da análise do art. 841 do CC/2002, só se admite a transação quanto a direitos patrimoniais de caráter privado.

No que diz respeito à forma, a depender das obrigações em discussão, a transação poderá ser tanto *solene* quanto *não solene*, conforme os interesses em conflito, como se infere do art. 842 do CC/2002, que será aprofundado em tópico posterior.

O mencionado art. 843 do CC/2002 (que explicita que, pela transação, não se transmitem, mas apenas se declaram direitos) já demonstra que se trata de um contrato *consensual*, pois se consuma com a sua celebração, ainda que a execução seja diferida.

Quanto ao número de sujeitos envolvidos, a transação pode ser tanto *individual*, referindo-se a uma estipulação entre pessoas determinadas, ainda que em número elevado (mas consideradas individualmente), quanto *coletiva*, também chamado de contrato *normativo*, alcançando grupos não individualizados, reunidos por uma relação jurídica ou de fato.

Em relação ao tempo, a transação é um contrato *instantâneo*, pois seus efeitos são produzidos de uma só vez. Admite-se, obviamente, porém, que a execução do quanto pactuado possa dar-se tanto *ipso facto* à avença como em data posterior à celebração, subdividindo-se, assim, tal classificação em contratos instantâneos de *execução imediata* ou de *execução diferida*.

Trata-se, também, como a maioria das formas contratuais previstas no Código Civil brasileiro, de um *contrato causal*, cujos motivos determinantes podem impor o reconhecimento da sua invalidade, caso sejam considerados inexistentes, ilícitos ou imorais.

Pela *função econômica*, entendemos que se trata de um contrato *de prevenção de riscos*, pois as partes, ao fazerem concessões recíprocas para prevenir ou terminar um litígio, assumem obrigações com o intuito de evitar o risco potencial da demanda.

Por fim, trata-se de um contrato *principal* e *definitivo*, uma vez que não depende de qualquer outra avença, bem como não é preparatório de nenhum outro negócio jurídico.

5. ESPÉCIES

A transação pode materializar-se em duas espécies, de acordo com o momento em que for realizada.

De fato, ocorrendo previamente à instauração de um litígio, fala-se em transação *extrajudicial*, que visa, portanto, preveni-lo.

Exemplificando: se A colide seu carro com o veículo de B, causando-lhe lesões, ficará obrigado a indenizá-lo. Todavia, o valor dessa indenização pode variar de acordo com a cotação que se fizer no mercado, para reparação das peças danificadas, bem como é possível que tenham ocorrido danos materiais e morais ainda não estimados pecuniariamente. Convencionando A e B o pagamento da quantia de R$ 5.000,00 pelo primeiro ao segundo, com quitação de todas as obrigações geradas, evitarão a ocorrência de uma demanda judicial[7].

A transação poderá ser, porém, *judicial*, se a demanda já tiver sido aforada. Exemplificando, A ajuíza ação demarcatória, em face de B, por divergir da exata divisão de seus terrenos. Ocorrendo convergência de vontades após esse momento, considerar-se-á judicial a *transatio*. Como observa CARLOS ROBERTO GONÇALVES, "a transação será classificada como judicial, mesmo se obtida no escritório de um dos advogados e sacramentada em cartório, por instrumento público, por envolver direitos sobre imóveis"[8].

6. FORMA

Sobre a forma da transação, como mencionamos em tópico anterior, esta pode variar de acordo com o interesse versado no conflito.

De fato, estabelece o art. 842 do CC/2002:

"Art. 842. A transação far-se-á por escritura pública, nas obrigações em que a lei o exige, ou por instrumento particular, nas em que ela o admite; se recair sobre direitos contestados em juízo, será feita por escritura pública, ou por termo nos autos, assinado pelos transigentes e homologado pelo juiz".

Recomendamos, no caso da transação extrajudicial, que sejam observados os requisitos dos incisos III ou IV do art. 784 do CPC/2015, de forma a garantir a sua executoriedade, no caso de eventual inadimplemento posterior.

7. OBJETO

Como visto, somente podem ser objeto de transação direitos patrimoniais de caráter privado (art. 841 do CC/2002).

---

[7] "Civil. Ação de indenização. Acidente de trânsito. 1. Pagamento pelo culpado de quantia estabelecida em transação. Alegação pelo credor, somente nas razões do recurso, de vício de consentimento, erro, dolo, simulação e fraude na assinatura do instrumento de transação. Inovação em relação à *litiscontestatio*. Inviabilidade. De resto, vícios não comprovados. Observância dos requisitos do art. 82 do Código Civil. 2. A transação visa também prevenir o litígio mediante concessões mútuas (art. 1.025 CC). O princípio da interpretação restrita da transação (art. 1.027 CC) não autoriza o exegeta a mutilar ou restringir o alcance da manifestação da vontade das partes livremente exercida e registrada no texto do documento. Quantia paga e recebida que indeniza 'todos os danos decorrentes do acidente de trânsito', ficando o culpado pagador 'desobrigado de quaisquer outras indenizações relacionadas com o mesmo acidente', cobertos todos os danos, materiais, morais e outros. Apelação desprovida" (TARS, Ap. Cív. 117438, Rel. Campos Amaral, j. 28-4-1981).

[8] Carlos Roberto Gonçalves, cit., p. 606.

Dessa forma, os direitos indisponíveis, os relativos ao estado e à capacidade das pessoas, os direitos puros de família e os direitos personalíssimos não podem ser objeto de transação, pois esta é direcionada para direitos que estão dentro do comércio jurídico.

Como critério básico para se verificar se determinados direitos podem ser objeto de transação, basta analisar se os mesmos estão no campo da disponibilidade jurídica ou não.

Assim, por exemplo, ninguém poderá negociar com um direito personalíssimo. Nada impede, porém, que uma compensação pecuniária por um dano moral sofrido seja objeto de transação.

Da mesma forma, o direito aos alimentos é insuscetível de transação. Nada impede, porém, que haja concessões recíprocas quanto ao valor devido — desde que não importe renúncia — até mesmo pelo fato de que não há preceito legal estabelecendo qual é o valor mínimo necessário para a contribuição de alguém para o sustento de outrem[9].

Por fim, vale registrar que, como negócio jurídico que é, nada impede que, no instrumento de transação, seja estabelecida uma cláusula penal[10], como autorizado pelo art. 847 do CC/2002. A previsão legal, inclusive, é despicienda, uma vez que, reconhecida a natureza jurídica contratual da transação, a ela se aplicam todas as regras pertinentes[11].

8. EFEITOS

A transação é limitada aos transatores, produzindo, entre eles, efeito semelhante à da coisa julgada. O art. 1.030 do Código Civil de 1916, todavia, trazia menção expressa a tal efeito e, mesmo não sendo repetida a disposição na novel codificação civil, é certo que tal

---

[9] "Civil. Família. Alimentos. Sentença que os fixa em um salário mínimo. Apelação. Transação posterior, reduzindo o respectivo *quantum* em 70% do referido salário. Possibilidade, desde que não se cuida de renúncia ao direito de pedir alimentos, mas de acordo em relação ao respectivo valor, nos termos do permissivo legal (*Cf.* Lei n. 5.478/68, art. 9.º, § 1.º). Homologação da transação" (TJPR, AC. 9523 — Apelação Cível, rel. Des. Sydney Zappa, j. 15-6-1993, 2.ª Câmara Cível).

[10] "Ação ordinária de rescisão de contrato cumulada com indenização por perdas e danos — Transação judicial adjetivada com cláusula penal — Execução de título judicial — Embargos do devedor — Improcedência. O saudoso Teixeira de Freitas já definia a transação como 'contrato de composição entre as partes para extinguirem obrigações litigiosas, ou duvidosas'. De seu turno, De Plácido E Silva (Vocabulário Jurídico, Forense, 1.ª Edição, Volume IV, Página 1583) observa que, 'a transação promove-se judicialmente ou extrajudicialmente', enquanto Caio Mario da Silva Pereira (Instituições de Direito Civil, Forense, 4.ª Edição, Volume II, Páginas 117 e 230) lembra que produz entre as partes "o efeito da coisa julgada' e que pode ser adjetivada da 'cláusula penal', pagável por aquele que a infringir. Consequentemente, se as partes transacionaram nos autos do processo relativo à nominada ação ordinária de rescisão de contrato cumulada com indenização por perdas e danos, inclusive com a inserção de cláusula penal (fls. 76), lícito era aos apelados executarem o avençado, eis que extintiva do litígio (artigo 1.028, do Código Civil), não podendo a ela se oporem os apelados, mesmo porque, além do efeito de coisa julgada (artigo 1.030), prevista estava a perda do imóvel, dado o inadimplemento daqueles apelados (artigo 1.034), que não a inquinaram de defeito que autorizasse a sua anulação ou rescisão, a exemplo do que pode ocorrer nos negócios jurídicos em geral. Recurso improvido" (TJDF, Ap. Cív. 6577, Rel. Renato Pedroso, j. 9-8-1999).

[11] Sobre o tema, confira-se o Capítulo XXV ("Cláusula Penal") do v. II ("Obrigações") desta obra.

força decorre muito mais do instituto — e da natureza contratual — do que de mera referência legal.

Justamente por isso, gera a extinção dos acessórios, até mesmo porque a relação obrigacional controvertida foi extinta pela transação.

Dessa forma, preceitua o art. 844 do CC/2002:

"Art. 844. A transação não aproveita, nem prejudica senão aos que nela intervierem, ainda que diga respeito a coisa indivisível.

§ 1.º Se for concluída entre o credor e o devedor, desobrigará o fiador.

§ 2.º Se entre um dos credores solidários e o devedor, extingue a obrigação deste para com os outros credores.

§ 3.º Se entre um dos devedores solidários e seu credor, extingue a dívida em relação aos codevedores".

Quanto aos efeitos de uma transação relacionada com um delito, em função da independência da jurisdição penal, estabelece o art. 846 do CC/2002:

"Art. 846. A transação concernente a obrigações resultantes de delito não extingue a ação penal pública".

Esta regra é absolutamente desnecessária, mormente em se considerando o fato de que a persecução criminal é norteada por superiores princípios de ordem pública e preservação social.

Ademais não se conceberia que uma *transação de natureza civil* prejudicasse o desfecho de uma ação penal de natureza pública.

A despeito disso, cumpre-nos advertir que, no processo penal, existe espécie peculiar de transação, inspirada no *plea bargaining* do direito norte-americano, e de *índole essencialmente penal*.

Trata-se da transação penal, aplicável, em regra, às infrações penais de menor potencial ofensivo, nos termos da Lei n. 9.099, de 26 de setembro de 1995[12], que instituiu os Juizados Especiais Criminais no Brasil (art. 76).

Comparando o sistema saxão de transação penal com o adotado no Brasil, PABLO STOLZE GAGLIANO observa que: "Apesar de muito criticado, este sistema de 'justiça criminal negociada' dos norte-americanos, com o crescimento populacional, tornou-se imprescindível — é de cerca de 90% o percentual de incidência do *plea bargaining* na jurisdição dos Estados Unidos. Nesse sentido, vale citar a advertência de Graham Hughes: 'the trial has become no more than an occasional adornment on the vast surface of the criminal process'". E arremata: "E o que dizer da nossa transação penal? A diagnose diferencial entre o nosso instituto e o norte-americano reside no fato de que a aceitação da proposta de aplicação imediata de pena restritiva de direitos ou multa, pelo autor do

---

[12] Ressaltando os benefícios desta lei, o Procurador da República OLIVEIROS GUANAIS DE AGUIAR FILHO adverte que: "no que concerne às infrações de menor potencial ofensivo, a disciplina da Lei n. 9.099/95 é acertada, seguindo a orientação mundial da despenalização. É inconcebível impor-se restrições a infratores que sequer serão condenados, por beneficiarem-se de institutos extintivos da punibilidade" ("Fiança Criminal — Real Alcance", in *Revista Jurídica dos Formandos em Direito da UFBA*, v. I, ano I, Salvador: Ciência Jurídica, 1996, p. 476).

fato, não implica reconhecimento de culpa. O agente, tão somente, aquiesce, perante o juiz, a que seja submetido a uma determinada sanção"[13].

Assim, através deste instituto, o órgão do Ministério Público, observados os requisitos subjetivos e objetivos previstos em lei, poderá propor ao autor do fato, antes mesmo do oferecimento da denúncia, a aplicação de uma pena restritiva de direitos ou multa, sem que se discuta a sua culpa.

Caso a proposta seja aceita, aplica-se a pena, arquivando-se, consequentemente, o processo, sem que haja registro algum de antecedentes criminais. A anotação feita no cartório é, apenas, para impedir novamente o mesmo benefício no prazo de 5 (cinco) anos (art. 76, § 4.º).

---

[13] Pablo Stolze Gagliano, "Lei n. 9.099/95 — Os Juizados Especiais Criminais e as Novas Medidas Despenalizadoras", in *Revista Jurídica dos Formandos em Direito da UFBA*, v. I, ano I, Salvador: Ed. Ciência Jurídica, 1996, p. 330.

Capítulo XXXIV
Compromisso

Sumário: 1. Esclarecimentos iniciais. 2. Noções históricas gerais. 3. Conceito de compromisso. 4. Características. 5. Natureza jurídica. 6. O compromisso no procedimento da arbitragem. 7. Extinção do contrato de compromisso.

1. ESCLARECIMENTOS INICIAIS

Da mesma forma que fizemos com a *"transação"*, consideramos conveniente esclarecer a proposta deste capítulo.

Com efeito, já tratamos, no volume II, do tema *"compromisso"*, fazendo a sua correlação com a arbitragem, forma extrajudicial de solução de conflitos, com que está intimamente relacionado.

Nos estritos limites da proposta do presente volume, porém, vamos nos abster de tecer maiores considerações sobre o procedimento arbitral, concentrando-nos no enfoque contratual do compromisso.

Por isso, para um aprofundamento sobre a arbitragem como forma de solução de conflitos, remetemos o nosso leitor às considerações feitas no mencionado volume desta obra[1].

Façamos, portanto, agora, algumas considerações históricas gerais sobre o instituto do compromisso, com o fito de compreendê-lo em sua integralidade, dentro do corte epistemológico aqui proposto.

2. NOÇÕES HISTÓRICAS GERAIS

O Código Civil de 1916 regulava, em seus arts. 1.037 a 1.048, o instituto jurídico do compromisso.

A visão que se dava ao compromisso era de uma forma de extinção de obrigações, mediante a qual as partes estabeleciam regras de como solucionar determinados conflitos decorrentes de choque de interesses patrimoniais.

O Código de Processo Civil de 1973, por sua vez, também tratou do juízo arbitral, dedicando-lhe todo um capítulo, em ampla sintonia com a legislação de direito material da época, valendo destacar que o Decreto n. 737, de 25 de novembro de 1850, já dispunha sobre solução arbitral de conflitos entre comerciantes.

---
[1] Confira-se o Capítulo XVII ("Compromisso (Arbitragem)") do v. 2 ("Obrigações") desta obra.

Com o advento da Lei 9.307, de 23 de setembro de 1996, revogaram-se os dispositivos mencionados do Código Civil e do Código de Processo Civil, tratando o referido diploma legal de forma ampla e abrangente da matéria arbitral no Brasil.

Observe-se, porém, que a ideia de compromisso é muito mais ampla do que a de arbitragem, pois é através do primeiro que, pela manifestação livre da vontade, as partes se dirigem para o segundo, como forma de solução de conflitos de interesses.

Assim, é preciso não confundir o compromisso com a arbitragem, pois isso seria identificar o instrumento celebrador com o procedimento de solução de conflitos.

O Código Civil de 2002 tratou laconicamente da matéria em três dispositivos, a saber, os arts. 851 a 853, apenas admitindo a estipulação do compromisso para remeter soluções de conflitos por arbitragem, na forma da mencionada lei especial.

É o que se verifica, de pronto, do art. 853 do CC/2002 (sem equivalente na codificação anterior), *in verbis*:

"Art. 853. Admite-se nos contratos a cláusula compromissória, para resolver divergências mediante juízo arbitral, na forma estabelecida em lei especial".

Relembradas tais noções, conceituemos o instituto.

3. CONCEITO DE COMPROMISSO

Compromisso é um negócio jurídico mediante o qual os pactuantes se obrigam a submeter um litígio, que os envolveu, a uma solução consistente no estabelecimento de uma ou mais obrigações.

Este é o conceito que se extrai do art. 851 do CC/2002:

"Art. 851. É admitido compromisso, judicial ou extrajudicial, para resolver litígios entre pessoas que podem contratar".

Por outro lado, poderíamos conceituar o compromisso de maneira *mais restrita*, como, simplesmente, um negócio jurídico mediante o qual os pactuantes se obrigam a submeter o litígio que os envolveu a um terceiro.

Tal conceito, todavia, limitaria a aplicação do instituto à arbitragem, o que, se é aceitável do ponto de vista histórico-pragmático, não é possível em uma concepção científica.

Com efeito, o compromisso, embora historicamente ligado a um procedimento arbitral, não se esgota nele, pois, em verdade, trata-se de um pacto em que os sujeitos envolvidos em uma disputa admitem celebrar, pela autonomia da vontade, um contrato para pôr fim ao conflito.

Note-se, ainda, a indubitável proximidade do compromisso com a transação.

Ressalte-se, contudo, que os institutos, embora próximos, não se confundem, pois a transação importa necessariamente, como visto, em concessões recíprocas, o que não necessariamente estará presente no compromisso.

Assim, a renúncia de direitos ou o reconhecimento da procedência das alegações da parte contrária encontra confortável guarida no instituto contratual do compromisso, não se enquadrando tecnicamente no conceito de transação.

Por isso mesmo é que consideramos que o Termo de Ajustamento de Conduta — TAC, concebido no § 6.º do art. 5.º da Lei n. 7.347/85 ("Lei de Ação Civil Pública"), por força da redação dada pelo Código de Defesa do Consumidor (Lei n. 8.078/90), pode ser enquadrado, sem problemas, no conceito doutrinário de compromisso, uma vez que não importa em concessões, mas, sim, em verdadeira confissão, com a admissão das alegações do *parquet* e a assunção do dever de adequar-se ao comportamento exigido. Vale registrar, ainda, que o TAC não poderia ser enquadrado como transação também pela circunstância de que ao Poder Público somente é possível transigir mediante autorização legal, não havendo tal óbice para o compromisso.

Aliás, há outras modalidades que se enquadram perfeitamente no nosso conceito legal de compromisso, que não se confundem com o Termo de Ajustamento de Conduta.

Sobre o tema, disserta GEISA DE ASSIS RODRIGUES:

"Na mesma tendência de se admitir a conciliação na tutela de direitos transindividuais foram previstos dois tipos de compromisso na Lei 8.884/94: o compromisso de cessação de atividades e o compromisso de desempenho. Como consideramos que o primeiro é uma espécie de ajustamento de conduta, o estudaremos mais adiante. O compromisso de desempenho, todavia, tem algumas peculiaridades que o distinguem do ajustamento de conduta. A lei permite que o Conselho Administrativo de Defesa — CADE autorize atos que, em tese, poderiam prejudicar o direito transindividual da livre concorrência, desde que sejam atendidas algumas condições específicas que demonstrem que a conduta empresarial possa ensejar um benefício maior para o sistema do que o eventual comprometimento desse valor[2].

A norma expressamente supõe a ponderação de bens e valores de relevo para o ordenamento jurídico. Ao que parece há uma amplitude maior de negociação na celebração do compromisso de desempenho do que no ajustamento de conduta. Neste último o objetivo é adequar à conduta do agente, que violou ou está ameaçando de violar um direito transindividual, às prescrições legais, sem admitir a consolidação da violação para fim de se proteger outros direitos. No compromisso de desempenho, todavia, é possível a limitação a um direito transindividual, o da livre concorrência, desde que a não realização da conduta possa ser mais prejudicial a outros interesses igualmente tutelados pelo sistema. Por exemplo, pode-se admitir a fusão de duas empresas nacionais, ainda que resulte em domínio de parte do mercado, para proteger a empresa nacional em face de suas concorrentes internacionais, ou para preservar o nível de emprego, desde que 'a empresa se comprometa formalmente a cumprir os objetivos fixados, bem como a distribuição equitativa dos benefícios, a preservação da concorrência de parte substancial e se observem os limites necessários'. Ademais, o compromisso de desempenho sempre deve levar em conta os direitos dos consumidores.

Resta demonstrada a característica tão bem evidenciada por Mancuso de conflituosidade objetiva dos direitos transindividuais. Ao contrário do ajuste de conduta, que pode versar sobre qualquer tipo de matéria, o desempenho de conduta é restrito à proteção dos valores da ordem econômica, e só pode ser celebrado pelo CADE. Some-se a isso o fato de o compromisso de desempenho não constituir, por si só, um título executivo extrajudicial,

---

[2] A Lei n. 8.884/94 teve diversos dispositivos alterados pela Lei n. 12.529/2011.

posto que o que a lei dota de eficácia executiva é a decisão do Plenário do CADE que comina multa ou impõe a obrigação de fazer e de não fazer"[3].

É importante salientar, finalmente, que somente o compromisso é o instrumento hábil para se dar início à arbitragem como forma de solução dos conflitos patrimoniais em que estão envolvidos os pactuantes, elegendo-se um terceiro não interessado para propor e impor um termo final às controvérsias.

4. CARACTERÍSTICAS

Fixado o conceito desta modalidade contratual, agora positivada como *típica* e *nominada*, é preciso enunciar, como fizemos nos capítulos anteriores, suas principais características.

Quanto à natureza da obrigação, o compromisso é, *a priori*, *bilateral*, uma vez que implica direitos e obrigações para ambos os contratantes. Todavia, no caso de renúncia ou reconhecimento da procedência integral das alegações da parte contrária, é possível, sim, falar-se em um compromisso *unilateral*.

Da mesma forma, referindo-se o compromisso a direitos patrimoniais disponíveis, temos que se caracteriza, aparentemente, como um *contrato oneroso*, correspondendo cada benefício recebido a um sacrifício patrimonial. Nada impede, porém, que, por exceção, como no mencionado Termo de Ajustamento de Conduta, fale-se em contrato *gratuito* ou *benéfico*, em que somente uma das partes auferirá benefício (a sociedade, representada pelo MP), enquanto a outra arcará com toda a obrigação.

Mesmo na situação do compromisso arbitral, em que não se pode antecipar o conteúdo da manifestação do árbitro, o contrato não deixa de ser *comutativo*, pois não há risco da não ocorrência do resultado, mas, apenas de que ele lhe seja desfavorável, o que, definitivamente, não o caracteriza como contrato *aleatório*.

O compromisso é uma modalidade contratual que pressupõe a manifestação livre de vontade das partes, com iguais condições de negociação, motivo pelo qual somente conseguimos vislumbrá-lo na modalidade *paritária*. Confessamos que não vemos com bons olhos a ideia de um compromisso estabelecido em *contrato de adesão*.

Quanto à forma, o compromisso é um contrato *não solene* e *consensual*, uma vez que não exige formalidade específica para ser validado, concretizando-se com a simples manifestação de vontade, regra geral.

Quanto à *importância da pessoa do contratante* para a *celebração* do contrato, o compromisso é, *a priori*, realizado *intuitu personae*, ou seja, celebrado em função da pessoa do contratante, que tem influência decisiva para o consentimento do outro. Nessas circunstâncias, é razoável afirmar, inclusive, que a pessoa do contratante torna-se um elemento causal do contrato. No que diz respeito à *produção de efeitos*, ainda que se admita a transmissão das consequências pecuniárias do compromisso como, por exemplo, a morte de um dos contratantes, isso não retira o seu caráter personalíssimo, pois o contrato se perfez com a presença das partes.

---

[3] Geisa de Assis Rodrigues, *Ação Civil Pública e Termo de Ajustamento de Conduta*: teoria e prática. Rio de Janeiro: Forense, 2002, p. 113-4.

O compromisso, quanto ao número de sujeitos envolvidos, pode ser *individual*, referindo-se a uma estipulação entre pessoas determinadas, mesmo que em número elevado (mas consideradas individualmente), ou *coletivo*, alcançando grupos não individualizados, reunidos por uma relação jurídica ou de fato.

No que tange ao tempo, o compromisso é um contrato *instantâneo*, já que seus efeitos são produzidos de uma só vez. Admite-se, porém, que a execução do quanto pactuado possa dar-se tanto *ipso facto* à avença como em data posterior à celebração, subdividindo-se tal classificação em contratos instantâneos de *execução imediata* ou de *execução diferida*.

Cuida-se, também, como a maioria das formas contratuais previstas no Código Civil brasileiro, de um *contrato causal*, cujos motivos determinantes podem impor o reconhecimento da sua invalidade, no caso de serem considerados inexistentes, ilícitos ou imorais.

Pela *função econômica*, entendemos que se trata de um contrato *de prevenção de riscos*, pois as partes estabelecem o compromisso justamente para evitar os riscos potenciais e econômicos do conflito até então existente.

Finalmente, trata-se de um contrato *principal* e *definitivo*, haja vista que não depende de nenhuma outra avença, bem como não é preparatório de nenhum outro negócio jurídico.

5. NATUREZA JURÍDICA

Para se vislumbrar a natureza jurídica do compromisso, é preciso diferenciá-lo, mais uma vez, da arbitragem.

No primeiro, temos um negócio jurídico em que, pela manifestação da vontade, as partes estabelecem que um terceiro irá resolver as suas divergências.

Assim, a natureza jurídica contratual do compromisso é, para nós, evidente, abrangendo todas as situações em que os pactuantes pretendem pôr fim a uma querela pela manifestação conjugada de suas vontades.

Já a arbitragem, em si mesma, é um mecanismo de solução de conflitos. E tem natureza jurisdicional, por dizer o direito aplicável ao caso concreto, reconhecendo-se a possibilidade de quebra do monopólio estatal da jurisdição[4].

6. O COMPROMISSO NO PROCEDIMENTO DA ARBITRAGEM

Sem qualquer intenção de pormenorizar a Lei n. 9.307/96, que disciplina a arbitragem no Brasil, por não ser o objeto do presente capítulo, acreditamos ser bastante válido destacar alguns aspectos importantes da sua atual disciplina, para compreendermos a inserção do compromisso em seu procedimento.

No que diz respeito aos limites de atuação da arbitragem, o art. 1.º da Lei preceitua que as *"pessoas capazes de contratar poderão valer-se da arbitragem para dirimir litígios relativos a direitos patrimoniais disponíveis"*.

A "capacidade" mencionada para contratar é a civil, na forma dos arts. 3.º e 4.º do CC/2002.

---

[4] Sobre o tema, confira-se o tópico 9 ("Arbitragem × Poder Judiciário") do Capítulo XVII ("Compromisso (Arbitragem)") do v. 2 ("Obrigações") desta obra.

Nesse aspecto, a previsão é visivelmente combinada com a mencionada constante do art. 851 do CC/2002.

A limitação da utilização do instituto é quanto ao tipo de litígio, pois ele é inaplicável a dissídios que não tenham natureza patrimonial, no que é seguido pela previsão do art. 852 do CC/2002, que estabelece:

"Art. 852. É vedado compromisso para solução de questões de estado, de direito pessoal de família e de outras que não tenham caráter estritamente patrimonial".

Anteriormente ao conflito, as partes poderão estabelecer, para o caso de seu eventual surgimento, que o mesmo seja resolvido por arbitragem. Tal estabelecimento se dará através da "*cláusula compromissória*", cujo conceito está expresso no art. 4.º da Lei n. 9.307/96, nos seguintes termos:

"Art. 4.º A cláusula compromissória é a convenção através da qual as partes em um contrato comprometem-se a submeter à arbitragem os litígios que possam vir a surgir relativamente a tal contrato".

Tal estipulação vincula as partes, em função da autonomia da vontade e do princípio geral do direito do *pacta sunt servanda*, podendo ser exigido judicialmente o cumprimento do estipulado (no caso, a submissão do conflito — outrora previsto e agora existente — ao Juízo arbitral).

E, embora não se adote a expressão, o fato é que tal instituto se enquadra como uma luva na previsão do contrato de compromisso.

Surgindo realmente o conflito, os litigantes celebraram compromisso arbitral, entendido este como "*a convenção através da qual as partes submetem um litígio à arbitragem de uma ou mais pessoas, podendo ser judicial ou extrajudicial*" (art. 9.º).

O conteúdo deste compromisso está previsto na Lei, onde constam elementos obrigatórios (art. 10) e facultativos (art. 11), o que deve ser cuidadosamente observado.

Assim, tanto a cláusula compromissória quanto o compromisso arbitral propriamente dito enquadram-se, como visto, na previsão legal de compromisso, sendo-lhes aplicável, por óbvio, a sua disciplina.

Note-se que os árbitros, apesar de naturalmente privados, terão características semelhantes (impedimentos, suspeições etc.) às do julgador estatal, conforme se pode verificar dos arts. 13 a 18 da Lei de Arbitragem.

Os arts. 19 a 22 tratam do procedimento arbitral *stricto sensu*, o qual, como já dissemos, pode ser regulado pelas próprias partes ou, na ausência de estipulação expressa, ter sua disciplina delegada ao árbitro ou ao tribunal arbitral institucional.

Já os arts. 23 a 33 se referem à sentença arbitral propriamente dita, que, como verificado no já transcrito art. 18, é irrecorrível no mérito, não havendo necessidade de homologação pelo Poder Judiciário, inovação legal das mais importantes para a consolidação desta forma de solução de conflitos[5].

---

[5] "A sentença arbitral, em termos gerais, também não necessita de homologação pelo Poder Judiciário. Finalmente, reconheceu-se a natureza jurisdicional da arbitragem, propondo-se, assim, uma reavaliação do entendimento clássico de jurisdição. Deram ao laudo a mesma importância e vigor da sentença emanada do juiz togado, estabelecendo-se que a sentença dos árbitros tem os mesmos efei-

Saliente-se, outrossim, que a sentença arbitral, cujos requisitos e elementos estão previstos nos arts. 24 a 29, tem realmente a força de uma sentença judicial, sendo, por força de lei, título executivo *"judicial"*, tendo em vista a referência à sentença arbitral no inciso VI do art. 515 do CPC/2015 (equivalente ao disposto no inciso IV do art. 475-N, que, originalmente, estava localizado no inciso III do art. 584).

Um dado que merece destaque, por demonstrar o caráter célere da arbitragem, é o fato de que a sentença arbitral tem prazo estipulado para ser proferida, sob pena de nulidade (o que implicaria a perda dos honorários do árbitro, que teria, portanto, o maior interesse na prolação rápida da decisão).

Apenas a título de curiosidade, ressalte-se que a Lei de Arbitragem, no seu art. 30, traz a previsão de ajuizamento de uma espécie de "Embargos Declaratórios", para o caso — sempre possível — de erro material, obscuridade, dúvida, contradição ou omissão na sentença arbitral (incs. I e II).

7. EXTINÇÃO DO CONTRATO DE COMPROMISSO

Não há maior interesse acadêmico em dissertar sobre a extinção do contrato de compromisso.

Com efeito, pela sua natural característica de contrato *instantâneo* e *consensual*, a sua celebração já consuma o negócio jurídico, gerando efeitos imediatamente.

Mesmo na excepcional situação em que se pactue, para o cumprimento do compromisso, um pagamento em prestações (ou seja, parcelas de trato sucessivo), ainda assim o negócio jurídico continuará válido, tendo apenas a sua *execução diferida*.

---

tos da sentença estatal. Em suma, ao dispensar a homologação, conferiu-se força executória à sentença arbitral, equiparando-a à sentença judicial transitada em julgado, porque o que se levou em conta foi a natureza de contrato da arbitragem, por que as partes, livremente e de comum acordo, instituem o juízo arbitral, não podendo romper o que foi pactuado" (Paulo Furtado, e Uadi Lammêgo Bulos, *Lei da Arbitragem Comentada*, São Paulo: Saraiva, 1997, p. 72).

Capítulo XXXV
Contrato de Administração Fiduciária de Garantias

Sumário: 1. Breve Introdução: Lei do Marco Legal das Garantias. 2. Contrato de administração fiduciária de garantias.

1. BREVE INTRODUÇÃO: LEI DO MARCO LEGAL DAS GARANTIAS

A Lei n. 14.711, de 30 de outubro de 2023 – Lei do Marco Legal das Garantias – pretendeu, em linhas gerais, facilitar a cobrança e o resgate de créditos, com redução de custos, inclusive com medidas de desjudicialização.

Dispôs sobre o "aprimoramento das regras de garantia, a execução extrajudicial de créditos garantidos por hipoteca, a execução extrajudicial de garantia imobiliária em concurso de credores, o procedimento de busca e apreensão extrajudicial de bens móveis em caso de inadimplemento de contrato de alienação fiduciária, o resgate antecipado de Letra Financeira, a alíquota de imposto de renda sobre rendimentos no caso de fundos de investimento em participações qualificados que envolvam titulares de cotas com residência ou domicílio no exterior e o procedimento de emissão de debêntures", além de proceder com a alteração de diplomas legais em vigor.

O seu art. 1º deixa claro o seu objeto:

"Art. 1º Esta Lei dispõe sobre o aprimoramento das regras relativas ao tratamento do crédito e das garantias e às medidas extrajudiciais para recuperação de crédito."

Dentre vários diplomas, destacamos o impacto desta lei no âmbito da alienação fiduciária de bens imóveis (Lei n. 9.514, de 20 de novembro de 1997) e do Código Civil.

Discorrendo sobre esse novo "marco legal das garantias", escreveu CARLOS ELIAS DE OLIVEIRA[1]:

"8. A Lei das Garantias busca aprimorar garantias reais, com o objetivo de estimular a concessão de créditos.

9. Sem garantias reais "fortes", inibem-se a concessão de empréstimos e a realização de negócios com pagamento parcelado do preço, além de aumentarem os juros e o preço de outros produtos.

10. Assim, a diretriz da nova lei é tentar eliminar inconveniências do então sistema jurídico de garantias, sob a ideia de que diversas operações financeiras e negociais deixam de ser concretizadas ou envolvem elevadas taxas de juros por conta delas.

---

[1] OLIVEIRA, Carlos E. Elias de. Lei das Garantias (lei 14.711/23): Uma análise detalhada. Disponível em: <https://www.migalhas.com.br/coluna/migalhas-notariais-e-registrais/396275/lei-das-garantias-lei-14-711-23--uma-analise-detalhada>. Acesso em: 4 nov. 2023.

11. De um modo geral, a lei pode ser vista como um atendimento parcial das demandas formuladas por entidades representantes do mercado imobiliário e do mercado financeiro, que tiveram participação protagonista na formação dessa lei. Dizemos parcial, porque obviamente os interesses das pessoas mais vulneráveis e de outros setores da sociedade foram observados pela intermediação democrática do Parlamento.

12. Assim, a Lei das Garantias precisa ser lida em conjunto com outras diretrizes do ordenamento não podem ser esquecidas, notadamente quando houver partes mais vulneráveis, a exemplo da impenhorabilidade do bem de família (Lei n. 8.009/1990) e da necessária observância do princípio do crédito responsável para livrar o consumidor de superendividamento".

Se, por um lado, compreendemos a necessidade do aprimoramento do sistema de garantias no Brasil, com a diminuição do custo do crédito, por outro, preocupa-nos os efeitos de tal regramento em face do devedor vulnerável, especialmente aquele mais suscetível a cair no abismo do superendividamento[2].

2. CONTRATO DE ADMINISTRAÇÃO FIDUCIÁRIA DE GARANTIAS

A Lei do Marco Legal das Garantias – Lei n. 14.711, de 30 de outubro de 2023 – consagrou um novo contrato típico: o contrato de administração fiduciária de garantias.

Em linhas gerais, trata-se de negócio jurídico por meio do qual o credor contrata um terceiro (agente de garantia) que assume uma peculiar obrigação de fazer: prestar **serviços de gestão do crédito garantido**, abrangendo, em especial, mas não apenas, a atividade de cobrança das dívidas.

Trata-se de um papel que, em parte, mas em muito menor escala, já era exercido por alguns fundos de investimento, mediante cessão do crédito por parte de uma instituição financeira.

Aliás, nesse ponto, é importante frisar o grande número de demandas em curso, no Brasil, em virtude de o devedor (cedido) impugnar a cobrança, alegando desconhecimento da dívida (e da cessão), o que, na maioria das vezes, não se justifica, quer por haver sido notificado, quer pelo simples fato de a ausência dessa notificação não implicar a inexigibilidade da cobrança, segundo o STJ[3].

Mas, sem dúvida, a figura do agente de garantia é infinitamente mais importante, quer sob o prisma de sua autonomia gerencial, quer sob a perspectiva econômica em favor do resguardo do interesse do credor.

Transcrevemos, nesse ponto, o art. 853-A do Código Civil, inserido pela Lei do Marco Legal das Garantias.

"Art. 853-A. Qualquer garantia poderá ser constituída, levada a registro, gerida e ter a sua execução pleiteada por agente de garantia, que será designado pelos credores da obrigação garantida para esse fim e atuará em nome próprio e em benefício dos credores, inclusive em ações judiciais que envolvam discussões sobre a existência, a validade ou a eficácia do ato jurídico do crédito garantido, vedada qualquer cláusula que afaste essa regra em desfavor do devedor ou, se for o caso, do terceiro prestador da garantia".

---

[2] Sobre os reflexos da Lei do Marco Legal das Garantias no âmbito da hipoteca, conferir o capítulo XXVI, volume 5 – Direitos Reais, 6. ed., 2024.

[3] STJ, AgInt no AREsp 1.637.202/MS.

Nada impede, inclusive, que o agente de garantia lance mão da "da execução extrajudicial da garantia, quando houver previsão na legislação especial aplicável à modalidade de garantia" respectiva (§ 1º), o que, sem dúvida, pode significar uma redução de custo para o credor.

Esperamos, aliás, que toda a redução de custos pretendida pela Lei resulte, a médio ou longo prazo, em redução de juros e, até mesmo, do *spread bancário*.

Mas estamos cautelosos quanto a isso. É esperar para ver.

Aliás, essa opção pela via extrajudicial tem sido uma tendência natural e compreensível em nosso sistema, caracterizado pela sobrecarga do Poder Judiciário:

> "O Plenário do Supremo Tribunal Federal (STF) validou lei de 1997 – em vigor há 26 anos – que permite que bancos ou instituições financeiras possam retomar um imóvel, em caso de não pagamento das parcelas, sem precisar acionar a Justiça. A decisão foi tomada no julgamento do Recurso Extraordinário (RE) 860631, com repercussão geral (Tema 982), concluído nesta quinta-feira (26).
>
> Por maioria de votos, o Tribunal concluiu que a execução extrajudicial nos contratos com a chamada alienação fiduciária, em que o imóvel fica em nome da instituição financiadora como garantia, prevista na Lei 9.514/1997, não viola os princípios do devido processo legal e da ampla defesa"[4].

Outro ponto importante diz respeito à responsabilidade do agente de garantia, pelo dever fiduciário que assumiu:

> "§ 2º O agente de garantia terá dever fiduciário em relação aos credores da obrigação garantida e responderá perante os credores por todos os seus atos".

Outros aspectos, ainda, quanto ao agente e ao produto da realização da garantia devem ser ressaltados[5]:

a) O agente de garantia poderá ser substituído, a qualquer tempo, por decisão do credor único ou dos titulares que representarem a maioria simples dos créditos garantidos, reunidos em assembleia, mas a substituição do agente de garantia somente será eficaz após ter sido tornada pública pela mesma forma por meio da qual tenha sido dada publicidade à garantia.

b) Os requisitos de convocação e de instalação das assembleias dos titulares dos créditos garantidos estarão previstos em ato de designação ou de contratação do agente de garantia.

c) O produto da realização da garantia, enquanto não transferido para os credores garantidos, constitui patrimônio separado daquele do agente de garantia e não poderá responder por suas obrigações pelo período de até 180 (cento e oitenta) dias, contado da data de recebimento do produto da garantia.

d) Após receber o valor do produto da realização da garantia, o agente de garantia disporá do prazo de 10 (dez) dias úteis para efetuar o pagamento aos credores.

---

[4] Disponível em: <https://portal.stf.jus.br/noticias/verNoticiaDetalhe.asp?idConteudo=517240&ori=1>. Acesso em: 4 nov. 2023.

[5] Art. 853-A, §§ 3º a 6º.

CARLOS EDUARDO ELIAS DE OLIVEIRA, em excelente texto, destaca características desse novo contrato e do próprio agente de garantia:

"3. O contrato de administração fiduciária de garantias envolve duas partes: o credor e o agente de garantia. O seu objeto é a gestão de garantias oferecidas a créditos, como hipotecas, alienações fiduciárias em garantia, penhores etc. Entendemos que, mesmo garantias fidejussórias (como fiança e aval) podem ser incluídas no âmbito do contrato de administração fiduciária em garantia (**capítulo IV.1. e IV.2.**).

4. O agente de garantia que decide prestar serviços ao devedor terá de adotar um grau elevadíssimo de transparência e lealdade, na mais estrita de boa-fé. A tendência é que esses serviços sejam relacionados à própria gestão da dívida, como receber pagamentos, atualizar dados cadastrais etc. (**capítulo IV.3**).

5. O agente de garantia é um substituto, e não um representante do credor (**capítulo IV.4**).

6. O agente de garantias pode figurar nos polos ativo ou passivo de ações judiciais envolvendo discussões sobre o crédito garantido. Há, porém, particularidades (**capítulo IV.5**).

7. O agente de garantia pode praticar qualquer ato relativo ao crédito garantido, como receber pagamento, renegociar a dívida, perdoar etc. (**capítulo IV.6**).

8. A cessão do polo contratual do agente de garantia para outro agente pode ocorrer por decisão da maioria simples dos credores: cessão de contrato por expromissão. Já a celebração ou a resilição do contrato de administração fiduciária de garantias depende da participação de cada credor (**capítulo IV. 7**).

9. Caso o agente de garantia receba o pagamento, é seu dever repassar o dinheiro ao credor, deduzidos, obviamente, eventual remuneração que tenha sido pactuada. Como forma de blindar juridicamente o dinheiro ou a outra coisa utilizada para pagamento da obrigação, o § 5º do art. 853-A do CC cobre esse bem com o manto protetor do patrimônio de afetação por 180 dias (**capítulo IV.8**)"[6].

Outras obrigações contratuais conexas podem, ainda ser assumidas pelo agente de garantia, nos termos do § 7º do art. 853-A:

"§ 7º Paralelamente ao contrato de que trata este artigo, o agente de garantia poderá manter contratos com o devedor para:

I – pesquisa de ofertas de crédito mais vantajosas entre os diversos fornecedores;

II – auxílio nos procedimentos necessários à formalização de contratos de operações de crédito e de garantias reais;

III – intermediação na resolução de questões relativas aos contratos de operações de crédito ou às garantias reais; e

IV – outros serviços não vedados em lei".

A forma dessa atuação exige uma redobrada cautela, à luz da cláusula geral de boa-fé, especialmente em face de pessoas mais vulneráveis, classes menos afortunadas, que compõem grande parte da sociedade brasileira.

---

[6] OLIVEIRA, Carlos E. Elias de. Continuação da análise detalhada da Lei das Garantias (Lei n. 14.711/2023). Disponível em: <https://www.migalhas.com.br/coluna/migalhas-notariais-e-registrais>. Acesso em: 6 nov. 2023.

A abordagem do agente não pode resultar em assédio contratual, impondo-se respeito, sobretudo, ao dever de informação, emanado da boa-fé.

Aliás, a preocupação do legislador quanto ao aspecto da eticidade é clara, porquanto, o § 8º foi expresso ao dispor que "na hipótese do § 7º deste artigo, o agente de garantia deverá agir com estrita boa-fé perante o devedor."

Pode parecer uma obviedade, mas não é. Deve ser dito.

Inúmeros problemas já existem no Brasil, por exemplo, quanto à compreensão e alcance de certas contratações de crédito (cartão de crédito consignado, contratos de empréstimo com reserva de margem), as quais, em si, nada têm de ilegal e ilícito, mas, quando pactuadas por desconhecimento comprovado ou desvantagem manifesta em desfavor da parte hipossuficiente, culminam por desembocar nos domínios da invalidade, especialmente em virtude da lesão.

É preciso que o agente de garantia, pois, tenha a consciência de que, se por um lado, é responsável em face do credor que o contrata, ao assumir um expresso "dever fiduciário", por outro, também pode vir a ter responsabilidade civil em face do devedor quando houver indesejável quebra da boa-fé objetiva.

Referências

Academia Brasileira de Letras Jurídicas. *Dicionário Jurídico*. 3. ed. Rio de Janeiro: Forense, 1995.

AGUIAR JÚNIOR, Ruy Rosado de. *Extinção dos Contratos por Incumprimento do Devedor*. 2. ed. Rio de Janeiro: Aide, 2003.

AGUIAR JÚNIOR, Ruy Rosado de. *Obrigações e Contratos — Projeto de Código Civil*. Disponível em: <www.cjf.gov.br>.

AGUIAR JÚNIOR, Ruy Rosado de. *Projeto do Código Civil: as Obrigações e os Contratos*. Palestra proferida no Congresso Internacional sobre o Projeto do Código Civil brasileiro, Porto Alegre, Faculdade de Direito da UFRGS, Conselho da Justiça Federal, 30 de abril de 1999. Disponível em: <http://www.stj.gov.br/webstj/Ministros/discurso_internet.asp?Minis=0001102>. Acesso em: 31 mar. 2007.

ALVES, Jones Figueirêdo. *Novo Código Civil Comentado* (coord. Ricardo Fiuza). São Paulo: Saraiva, 2002.

ALVES, Jones Figueirêdo; DELGADO, Mário Luiz. *Código Civil Anotado — Inovações Comentadas Artigo por Artigo*. São Paulo: Método, 2005.

ALVIM, Agostinho. *Da Inexecução das Obrigações e suas Consequências*. 2. ed. São Paulo: Saraiva, 1955.

ALVIM, Arruda. *Dano Moral e a sua Cobertura Securitária*. Palestra proferida no II Congresso de Responsabilidade Civil nos Transportes Terrestres de Passageiros, 1997.

ALVIM, Arruda. *Direito Privado*. São Paulo: Revista dos Tribunais, 2002. v. II. (Col. Estudos e Pareceres.)

ALVIM, Arruda. *Manual de Direito Processual Civil — Processo de Conhecimento*. 8. ed. São Paulo: Revista dos Tribunais, 2003. v. 2.

ALVIM, Arruda. *Manual de Direito Processual Civil — Processo de Conhecimento*. 9. ed. São Paulo: Revista dos Tribunais, 2005. v. 2.

ALVIM, Pedro. *O Contrato de Seguro*. 3. ed. Rio de Janeiro: Forense, 1999.

ALVIM NETTO, J. Manoel de Arruda. "A Função Social dos Contratos no Novo Código Civil", *RT*, v. 815 e *RF*, n. 371.

ALVIM NETTO, J. Manoel de Arruda. *Código do Consumidor Comentado*. 2. ed. São Paulo: Revista dos Tribunais, 1995.

ALVIM NETTO, J. Manoel de Arruda. *Direito Privado*. São Paulo: Revista dos Tribunais, 2002. v. II. (Col. Estudos e Pareceres.)

ALVIM NETTO, J. Manoel de Arruda. *Manual de Direito Processual Civil — Parte Geral*. 8. ed. São Paulo: Revista dos Tribunais, 2003. v. I.

ANDRADE, Ronaldo Alves de. *Contrato Eletrônico no Novo Código Civil e no Código do Consumidor*. Barueri-SP: Manole, 2004.

ASCENSÃO, José de Oliveira. Alteração das Circunstâncias e Justiça Contratual no Novo Código Civil. In: *Questões Controvertidas — Série Grandes Temas de Direito Privado*, v. II.

ASCENSÃO, José de Oliveira. *Direito Civil — Teoria Geral*. 2. ed. Coimbra: Coimbra Ed., 2000. v. I.

ASSIS, Araken de. *Cumulação de Ações*. 4. ed. São Paulo: Revista dos Tribunais, 2002.

ASSIS, Araken de. *Manual do Processo de Execução*. 8. ed. São Paulo: Revista dos Tribunais, 2002.

ASSIS, Araken de. *Resolução do Contrato por Inadimplemento*. 3. ed. São Paulo: Revista dos Tribunais, 2002.

AULETE, Caldas. *Dicionário Contemporâneo da Língua Portuguesa*. Rio de Janeiro: Delta, 1958. v. III.

AZEVEDO, Álvaro Villaça. O Novo Código Civil Brasileiro: Tramitação; Função Social do Contrato; Boa-Fé Objetiva; Teoria da Imprevisão e, em Especial, Onerosidade Excessiva (*Laesio Enormis*). In: *Questões Controvertidas — Série Grandes Temas de Direito Privado*. Coord. Mário Luiz Delgado e Jones Figueirêdo Alves. São Paulo: Método, 2004. v. 2.

AZEVEDO, Álvaro Villaça. *Prisão Civil por Dívida*. São Paulo: Revista dos Tribunais, 2000.

AZEVEDO, Álvaro Villaça. *Teoria Geral das Obrigações*. 9. ed. São Paulo: Revista dos Tribunais, 2001.

AZEVEDO, Álvaro Villaça. *Teoria Geral dos Contratos Típicos e Atípicos*. São Paulo: Atlas, 2002.

AZEVEDO, Antônio Junqueira de. *Projeto do Código Civil — O Princípio da Boa-Fé nos Contratos*. Disponível em: <http://www.cjf.gov.br/revista/numero9/artigo7.htm>.

AZEVEDO, Antônio Junqueira de. *Negócio Jurídico — Existência, Validade e Eficácia*. 3. ed. São Paulo: Saraiva, 2000.

AZEVEDO, Antônio Junqueira de. *Negócio Jurídico — Existência, Validade e Eficácia*. 4. ed. São Paulo: Saraiva, 2002.

AZI, Camila Lemos. *O Princípio da Equivalência Material das Prestações no Novo Código Civil*. Tese defendida no Programa de Pós-Graduação em Direito da UFBA — Universidade Federal da Bahia.

BARATTA, Alessandro. *Criminologia Crítica e Crítica do Direito Penal*. Rio de Janeiro: Revan, 1982

BARBAGALO, Erica Brandini. *Contratos Eletrônicos: contratos formados por meio de redes de computadores — peculiaridades jurídicas da formação do vínculo*. São Paulo: Saraiva, 2001.

BARROS, Alice Monteiro de (coord.). *Curso de Direito do Trabalho — Estudos em Memória de Célio Goyatá*. 2. ed., São Paulo: LTr, 1994.

BARROSO, Lucas Abreu. "O contrato de seguro e o direito das relações de consumo". Disponível em: <http://www.intelligentiajuridica.com.br/v3/artigo_visualizar.php?id=1042>.

BARROSO, Luís Roberto. Fundamentos Teóricos e Filosóficos do Novo Direito Constitucional Brasileiro (Pós-Modernidade, Teoria Crítica e Pós-Positivismo), In: *A Nova Interpretação Constitucional — Ponderação, Direitos Fundamentais e Relações Privadas*. Rio de Janeiro: Renovar, 2003 (obra coletiva).

BATISTA, Nilo. *Introdução Crítica ao Direito Penal Brasileiro*. Rio de Janeiro: Revan, 1990.

BENJAMIN, Antônio Herman de Vasconcellos e. *Código Brasileiro de Defesa do Consumidor — Comentado pelos Autores do Anteprojeto —* Ada Pellegrini Grinover e outros. 5. ed. Rio de Janeiro: Forense, 1997.

BERNARDI, Rachel Grellet Pereira. *Contrato de Compra e Venda como Título para a Transmissão da Propriedade Mobiliária*. Dissertação de mestrado apresentada e defendida na PUC-SP, sob a coordenação da Profa. MARIA HELENA DINIZ (inédita).

BERNARDES, Guilherme; GOLDBERG, Ilan. O PLC 29/2017 na contramão do sistema regulatório. *Jota*, 16 maio 2023. Disponível em: <https://www.jota.info/artigos/o-plc-29-2017-na-contramao-do-sistema-regulatorio>. Acesso em: 9 nov. 2024.

BESSONE, Darcy. *Do Contrato — Teoria Geral*. São Paulo: Saraiva, 1997.

BETTI, Emilio. *Teoria Geral do Negócio Jurídico*. Coimbra: Coimbra Ed., 1970. t. III.

BEVILÁQUA, Clóvis. *Código Civil dos Estados Unidos do Brasil*. 9. ed. Rio de Janeiro: Francisco Alves, 1953. v. IV.

BEVILÁQUA, Clóvis. *Direito das Coisas*. 4. ed. Rio de Janeiro: Revista Forense, 1956. v. I.

BEVILÁQUA, Clóvis. *Direito das Obrigações*. Campinas: RED Livros, 2000.

BEVILÁQUA, Clóvis. *Direito das Obrigações*. 8. ed. Rio de Janeiro: Francisco Alves, 1954.

BEVILÁQUA, Clóvis. *Filosofia Geral*. São Paulo: EDUSP-Grijalbo, [s.d.].

BITTAR, Carlos Alberto. *Contratos Civis*. 2. ed. Rio de Janeiro: Forense, 1991.

BITTAR, Carlos Alberto. *Os Direitos da Personalidade*. 3. ed. Rio de Janeiro: Forense, 1999.

BITTAR, Carlos Alberto. *Reparação Civil por Danos Morais*. São Paulo: Revista dos Tribunais, 1993.

BOBBIO, Norberto. *O Positivismo Jurídico — Lições de Filosofia do Direito*. São Paulo: Ícone, [s.d.].

BORDA, Guillermo A. *Manual de Contratos*. 19. ed. Buenos Aires: Abeledo-Perrot, 2000.

BRITO, Rodrigo Toscano de. Contrato atípico de hospedagem realizado através de plataformas digitais e sua incompatibilidade com a destinação residencial dos condomínios edilícios. *Migalhas*. Disponível em: <https://www.migalhas.com.br/coluna/migalhas-contratuais/345206/contrato-atipico-de-hospedagem-realizado-por-plataformas-digitais>. Acesso em: 2 out. 2021.

BULGARELLI, Waldirio. *Contratos Mercantis*. 9. ed. São Paulo: Atlas, 1997.

CAHALI, Francisco José; HIRONAKA, Giselda Maria Fernandes Novaes. *Curso Avançado de Direito Civil — Direito das Sucessões*. 2. ed. São Paulo: Revista dos Tribunais, 2003. v. 6.

CÂMARA, Alexandre Freitas. *Lições de Direito Processual Civil*. 5. ed. Rio de Janeiro: Lumen Juris, 2002. v. I.

CANOTILHO, J. J. Gomes. *Direito Constitucional e Teoria da Constituição*. 2. ed. Coimbra: Almedina, 1998.

CAPEL FILHO, Hélio. Diferenciando contrato de agência e contrato de distribuição no novo Código Civil. *Jus Navigandi*, Teresina, n. 586, ano 9, 13 fev. 2005. Disponível em: <http://jus2.uol.com.br/doutrina/texto.asp?id=6316>. Acesso em: 16 jul. 2006.

CAPEZ, Fernando. *Curso de Direito Penal — Parte Especial*. São Paulo: Saraiva, 2003. v. 2.

CASES, José Maria Trepat. *Código Civil Comentado — (Arts. 693 a 817)*. São Paulo: Atlas, 2003. v. VIII.

CASTRO, Hermano Flávio Montanini de; CASTRO, Danilo Flávio Montanini de. Evicção no Novo Código Civil. *Revista Síntese de Direito Civil e Processual Civil*. Porto Alegre: Síntese, n. 25, set./out. 2003.

CASTRO JÚNIOR, Armindo de. Cobrança de dívida de jogo contraída por brasileiro no exterior. *Jus Navigandi*, Teresina, n. 1131, ano 10, 6 ago. 2006. Disponível em: <http://jus2.uol.com.br/doutrina/texto.asp?id=8752>. Acesso em: 12 dez. 2006.

CATHARINO, José Martins. *Compêndio de Direito do Trabalho*. São Paulo: Saraiva, 1981. v. 2.

CATHARINO, José Martins. *Tratado Jurídico do Salário* — edição fac-similada do original de 1951. São Paulo: LTr, 1994.

CAVALCANTI, José Paulo. *Direito Civil — Escritos Diversos*. Rio de Janeiro: Forense, 1983.

CAVALIERI FILHO, Sérgio. *Programa de Responsabilidade Civil*. 2. ed. 3. tir. São Paulo: Malheiros, 2000.

CHAMOUN, Ebert. *Instituições de Direito Privado*. 6. ed. Rio de Janeiro: Ed. Rio, 1977.

CHRISTIE, Nils. *A Indústria do Controle do Crime*. Rio de Janeiro: Forense, 1998.

CIFUENTES, Santos. *Elementos de Derecho Civil — Parte Geral*. 4. ed. Buenos Aires: Astrea, 1999.

CINTRA, Antônio Félix de Araújo; BERGER, Ricardo. É hora de definir agência e distribuição no novo Código Civil. *Jus Navigandi*, Teresina, ano 7, n. 66, jun. 2003. Disponível em: <http://jus2.uol.com.br/doutrina/texto.asp? id=4148>. Acesso em: 16 jul. 2006.

COELHO, Fábio Ulhoa. *Manual de Direito Comercial*. 15. ed. São Paulo: Saraiva, 2004.

COELHO, Francisco Manuel de Brito Pereira. *A Renúncia Abdicativa no Direito Civil*. Boletim da Faculdade de Direito — Stvdia Ivridica 8. Coimbra: Coimbra Ed., 1995.

COLTRO, Antônio Carlos Mathias. *Contrato de Corretagem Imobiliária — Doutrina e Jurisprudência*. São Paulo: Atlas, 2001.

COLTRO, Antônio Carlos Mathias. *Um Valor Imprescindível*. Texto publicado na *Revista Jurídica Del Rey/IBDFAM*, ano IV, n. 8, maio 2002.

COMTE-SPONVILLE, André. *Pequeno Tratado das Grandes Virtudes*. São Paulo: Martins Fontes, 1999.

CORDEIRO, Antônio Manuel da Rocha e Menezes. *Da Boa-Fé Objetiva no Direito Civil*. Coimbra: Almedina, 2001.

COLTRO, Antônio Carlos Mathias. *Tratado de Direito Civil Português*. Coimbra: Almedina, 1999.

CORREIA, A. Ferrer. "A Procuração na Teoria da Representação Voluntária". In: *Estudos de Direito Civil, Comercial e Criminal*, 2. ed. Coimbra: Almedina, 1985.

COSTA, Anna Guiomar Nascimento Macêdo. *A Validade Jurídica dos Contratos Eletrônicos*. Dissertação apresentada no Curso de Mestrado em Direito da UFBA — Universidade Federal da Bahia, 2003.

COSTA, José Eduardo da. *Evicção nos Contratos Onerosos*. São Paulo: Saraiva, 2004.

COUTINHO, Grijalbo Fernandes; FAVA, Marcos Neves (coords.). *Nova Competência da Justiça do Trabalho*. São Paulo: LTr, 2005.

COUTO E SILVA, Clóvis V. do. *A Obrigação como Processo*. São Paulo: Bushatsky, 1976.

COVELLO, Sérgio Carlos. *A Obrigação Natural — Elementos para uma possível teoria*. São Paulo: LEUD, 1996.

CRETELLA JR., José. *Curso de Direito Romano*. 20. ed. Rio de Janeiro: Forense, [s.d.].

CUNHA, Alexandre dos Santos. Dignidade de Pessoa Humana: O Conceito Fundamental do Direito Civil. In: *A Reconstrução do Direito Privado*. Org. Judith Martins-Costa. São Paulo: Revista dos Tribunais, 2002.

DALLEGRAVE NETO, José Affonso. "Primeiras Linhas sobre a Nova Competência da Justiça do Trabalho fixada pela Reforma do Judiciário (EC n. 45/2004). In: COUTINHO, Grijalbo Fernandes; FAVA, Marcos Neves (coords.). *Nova Competência da Justiça do Trabalho*. São Paulo: LTr, 2005.

DE LA CUEVA, Mario. *Derecho Mexicano del Trabajo*. 4. ed. México: Editorial Porrúa, 1954.

DELGADO, Mário. Problemas de Direito Intertemporal: Breves Considerações sobre as Disposições Finais e Transitórias do Novo Código Civil Brasileiro. In: *Questões Controvertidas — Série Grandes Temas de Direito Privado*, São Paulo: Método, 2003. v. 1.

DELGADO, Mário Luiz; Alves, Jones Figueirêdo (coords.). *Novo Código Civil — Questões Controvertidas*. São Paulo: Método, 2003. v. I.

DELGADO, Mário. *Novo Código Civil — Questões Controvertidas*. São Paulo: Método, 2004. v. II.

DELGADO, Maurício Godinho. *Curso de Direito do Trabalho*. São Paulo: LTr, 2002.

DEMOGUE, René. *Traité des Obligations en Géneral*. Paris, 1924. t. IV.

DIAS, José de Aguiar. *Da Responsabilidade Civil*. 9. ed. Rio de Janeiro: Forense, 1994. v. I

DIAS, Sérgio Novais. *Responsabilidade Civil do Advogado — Perda de uma Chance*. São Paulo: LTr, 1999.

DIDIER JR., Fredie. "Da exceção: o direito de defesa e as defesas". *Revista Eletrônica do Curso de Direito da UNIFACS*. Disponível em: <www.unifacs.br/revistajuridica>, edição de agosto/2004, seção "Corpo Docente".

DIDIER JR., Fredie. *Direito Processual Civil*. 3. ed. Salvador: JusPodivm, 2003.

DIDIER JR., Fredie. *Direito Processual Civil — Tutela Jurisdicional Individual e Coletiva*. 5. ed. Salvador: Jus Podivm, 2005.

DIDIER JR., Fredie. *Regras Processuais no Novo Código Civil*. 4. ed. São Paulo: Saraiva, 2010.

DIDIER JR., Fredie. "Tutela Específica do Adimplemento Contratual". In: *Revista Jurídica dos Formandos em Direito da UFBA — 2001.2*, Salvador: s/ed., 2001, p. 322. Disponível em: <www.unifacs.br/revistajuridica>, edição de julho/2002, seção "Corpo Docente".

DINAMARCO, Cândido Rangel. *A Reforma do Código de Processo Civil*. 4. ed. São Paulo: Malheiros, 1997.

DINAMARCO, Cândido Rangel. "Electa una via non datur regressus ad alteram". In: *Fundamentos do Processo Civil Moderno*. 3. ed. São Paulo: Malheiros, 2000. t. II.

DINIZ, Maria Helena. *Código Civil Anotado*. 5. ed. São Paulo: Saraiva, 1999.

DINIZ, Maria Helena. *Código Civil Anotado*. 18. ed. São Paulo: Saraiva, 2017.

DINIZ, Maria Helena. *Curso de Direito Civil Brasileiro — Responsabilidade Civil*. 34. ed. São Paulo: Saraiva, 2020. v. 7.

DINIZ, Maria Helena. *Curso de Direito Civil Brasileiro — Teoria Geral das Obrigações*. 16. ed. São Paulo: Saraiva, 2002. v. 2.

DINIZ, Maria Helena. *Curso de Direito Civil Brasileiro — Teoria das Obrigações Contratuais e Extracontratuais*. 20. ed. São Paulo: Saraiva, 2020. v. 3.

DINIZ, Maria Helena. *Dicionário Jurídico*. São Paulo: Saraiva, 1998. 4 v.

DINIZ, Maria Helena. *Tratado Teórico e Prático dos Contratos*. 5. ed. São Paulo: Saraiva, 2003. 5 v.

DINIZ, Maria Helena. *Tratado Teórico e Prático dos Contratos*. 7. ed. São Paulo: Saraiva, 2013. 1 v.

DINIZ, Souza. *Código Civil Alemão*. Rio de Janeiro: Record, 1960.

DI PIETRO, Maria Sylvia Zanella. *Direito Administrativo*. 10. ed. São Paulo: Atlas, 1998.

ESPÍNOLA, Eduardo. *Dos Contratos Nominados no Direito Civil Brasileiro*. Atualizado por Ricardo Rodrigues Gama. Campinas: Bookseller, 2002.

EWALD, François. *Risco, Sociedade e Justiça*. II Fórum de Direito do Seguro, edição patrocinada pelo IBDS — Instituto Brasileiro de Direito do Seguro. São Paulo: BEI.

FABIAN, Cristoph. *O Dever de Informar no Direito Civil*. São Paulo: Revista dos Tribunais, 2002.

FACHIN, Luiz Edson. *Estatuto Jurídico do Patrimônio Mínimo*. Rio de Janeiro: Renovar, 2001.

FACHIN, Luiz Edson. *Teoria Crítica do Direito Civil*. Rio de Janeiro: Renovar, 2000.

FARIAS, Cristiano Chaves de; GAGLIANO, Pablo Stolze. *A Testemunha de Jeová e a Possibilidade de Recusa a Tratamento com Transfusão de Sangue*, artigo inédito.

FERRAZ Jr., Tércio Sampaio. *Introdução ao Estudo do Direito*. 2. ed., 2. tir. São Paulo: Atlas, 1996.

FERREIRA, Aurélio Buarque de Holanda. *Novo Dicionário Aurélio da Língua Portuguesa*. 2. ed. Rio de Janeiro: Nova Fronteira, 1986.

FERREIRA, Aurélio Buarque de Holanda. *Dicionário Aurélio da Língua Portuguesa*. 1. ed. 11. reimpr. Rio de Janeiro: Nova Fronteira, 1977.

FERREIRA, Aurélio Buarque de Holanda. *Minidicionário*. Rio de Janeiro: Nova Fronteira, 1977.

FERREIRA, Waldemar. *Instituições do Direito Comercial — Os Contratos Mercantis e os Títulos de Crédito*. 2. ed. São Paulo: Freitas Bastos, 1948. v. II.

FIÚZA, Ricardo (coord.). *Novo Código Civil Comentado*. São Paulo: Saraiva, 2002.

FONSECA, Arnoldo Medeiros da. *Caso Fortuito e Teoria da Imprevisão*. 3. ed. Rio de Janeiro: Forense, 1958.

FÖPPEL EL HIRECHE, Gamil. *A Função da Pena na Visão de Claus Roxin*. Rio de Janeiro: Forense, 2004.

FRADA, Manuel A. Carneiro da. *Contrato e Deveres de Protecção*. Coimbra: Suplemento do Boletim da Faculdade de Direito da Universidade de Coimbra, 1994.

FURTADO, Paulo; BULOS, Uadi Lammêgo. *Lei da Arbitragem Comentada*. São Paulo: Saraiva, 1997.

GAGLIANO, Pablo Stolze. *A Legislação Bancária, o Código de Defesa do Consumidor e o Princípio da Dignidade da Pessoa Humana*. Palestra proferida no IV Fórum Brasil de Direito, realizado pelo JusPodivm, no Centro de Convenções de Salvador-Bahia, em maio de 2002.

GAGLIANO, Pablo Stolze. *Contrato de Doação*. 6. ed. São Paulo: SaraivaJur, 2024.

GAGLIANO, Pablo Stolze. A Responsabilidade Extracontratual no Novo Código Civil e o Surpreendente Tratamento da Atividade de Risco. *Repertório de Jurisprudência IOB*, n. 19, 1.ª Quinzena de Outubro, 2002. Texto 3/19551.

GAGLIANO, Pablo Stolze. Algumas Considerações sobre a Teoria da Imprevisão. *Jus Navigandi*, Teresina, n. 51, out. 2001, disponível em: <http:www1.jus.com.br/doutrina/texto/asp?id=2006>, acessado em 4-11-2003.

GAGLIANO, Pablo Stolze. As Causas Impeditivas e Suspensivas da Decadência no Direito do Consumidor e os seus Reflexos no Direito Material e Processual Coletivo. Capítulo publicado na obra coletiva *Execução Civil — Estudos em Homenagem ao Professor Paulo Furtado* (coord. Fredie Didier Jr.). Rio de Janeiro: Lumen Juris, 2006. p. 408-10.

GAGLIANO, Pablo Stolze. *Código Civil Comentado*: Direito das Coisas, Superfície, Servidões, Usufruto, Uso, Habitação, Direito do Promitente Comprador (coord.: Álvaro Villaça Azevedo). São Paulo: Atlas, 2004. v. XIII.

GAGLIANO, Pablo Stolze. *Comentários ao Código Civil Brasileiro* (coord.: Arruda Alvim e Teresa Alvim). Forense, v. XVII (inédito).

GAGLIANO, Pablo Stolze. Lei n. 9.099/95 — Os Juizados Especiais Criminais e as Novas Medidas Despenalizadoras. *Revista Jurídica dos Formandos em Direito da UFBA*, v. I, ano 1, Salvador: Ed. Ciência Jurídica, 1996.

GAGLIANO, Pablo Stolze. *O Condomínio Edilício no Novo Código Civil*, disponível em: <http:www.novodireitocivil.com.br>, abr. 2003.

GAGLIANO, Pablo Stolze. *O Novo Código Civil e os Contratos Celebrados antes da sua Vigência*. Artigo publicado no *Diário do Poder Judiciário do Estado da Bahia*, em 11 de fevereiro de 2003. Disponível em: <www.novodireitocivil.com.br>.

GAGLIANO, Pablo Stolze. *Questões Controvertidas de Direito de Família (Reflexões no Mestrado da PUC-SP)*. São Paulo: Saraiva, 2007.

GAGLIANO, Pablo Stolze. *Regime de Bens no Casamento no CC/2002*. Disponível em: www.novodireitocivil.com.br. Acessado em 2-5-2004.

GAGLIANO, Pablo Stolze; OLIVEIRA, Carlos Eduardo Elias de. Continuando os comentários à Lei da Pandemia (Lei n. 14.010, de 10 de junho de 2020 — RJET). Análise dos novos artigos. *Revista Jus Navigandi*, ano 25, n. 6279, 9 set. 2020. Disponível em: <https://jus.com.br/artigos/85303>. Acesso em: 9 set. 2020.

GAGLIANO, Pablo Stolze; OLIVEIRA, Carlos Eduardo Elias de. Comentários à "Lei do Superendividamento" (Lei n. 14.181, de 01 de julho de 2021) e o Princípio do Crédito Responsável: uma primeira análise. *JusBrasil*. Disponível em: <https://direitocivilbrasileiro.jusbrasil.com.br/artigos/1240597511/comentarios-a-lei-do-superendividamento-lei-n--14181-de-01-de-julho-de-2021-e-o-principio-do-credito-responsavel-uma-primeira-analise>. Acesso em: 3 out. 2021.

GAGLIANO, Pablo Stolze; PAMPLONA FILHO, Rodolfo. *Novo Curso de Direito Civil — Contratos*. 7. ed. São Paulo: SaraivaJur, 2024. v. 4.

GAGLIANO, Pablo Stolze; PAMPLONA FILHO, Rodolfo. *Novo Curso de Direito Civil — Obrigações*. 25. ed. São Paulo: SaraivaJur, 2024. v. 2.

GAGLIANO, Pablo Stolze; PAMPLONA FILHO, Rodolfo. *Novo Curso de Direito Civil — Parte Geral*. 26. ed. São Paulo: SaraivaJur, 2024. v. 1.

GAGLIANO, Pablo Stolze; PAMPLONA FILHO, Rodolfo. *Novo Curso de Direito Civil — Responsabilidade Civil*. 22. ed. São Paulo: SaraivaJur, 2024. v. 3.

GAGLIANO, Pablo Stolze; PAMPLONA FILHO, Rodolfo. *O Divórcio na Atualidade*. 4. ed. São Paulo: Saraiva, 2018.

GAZZI, Fábio Pinheiro. *Vínculo Obrigacional e Seus Efeitos perante Terceiro (Cúmplice)*. São Paulo: Lex, 2014.

GHERSI, Carlos. Derecho e Información. *Revista de Direito Privado*, n. 14, abr./jun. 2003.

GOMES, Orlando. *Contratos*. 14. ed. Rio de Janeiro: Forense, 1994.

GOMES, Orlando. *Contratos. Contratos*. 15. ed. Rio de Janeiro: Forense, 1995.

GOMES, Orlando. *Contratos. Contratos*. 24. ed. Rio de Janeiro: Forense, 2001.

GOMES, Orlando. *Contratos. Direitos Reais*. 18. ed. Rio de Janeiro: Forense, 2001.

GOMES, Orlando. *Contratos. Introdução ao Direito Civil*. 10. ed. Rio de Janeiro: Forense, 1993.

GOMES, Orlando. *Contratos. Obrigações*. 16. ed. Rio de Janeiro: Forense, 2004.

GOMES, Orlando. *Contratos. Sucessões*. 7. ed. Rio de Janeiro: Forense, 1998.

GONÇALVES, Carlos Roberto. *Direito Civil Brasileiro — Contratos e Atos Unilaterais*. 17. ed. São Paulo: Saraiva, 2020. v. 3.

GONÇALVES, Carlos Roberto. *Direito Civil Brasileiro — Direito das Coisas*. 15. ed. São Paulo: Saraiva, 2020. v. 5.

GONÇALVES, Carlos Roberto. *Direito das Obrigações — Parte Especial — Contratos*. 21. ed. São Paulo: Saraiva, 2019. v. 6. t. I (Col. Sinopses Jurídicas).

GONÇALVES, Carlos Roberto. *Direito das Obrigações — Parte Geral*. São Paulo: Saraiva, 1998. v. 5 (Col. Sinopses Jurídicas).

GONÇALVES, Carlos Roberto. *Responsabilidade Civil*. 19. ed. São Paulo: Saraiva, 2020.

GONÇALVES, Luiz da Cunha. *Dos Contratos em Especial*. Lisboa: Edições Ática, 1953.

GRANDE DICIONÁRIO ENCICLOPÉDICO RIDEEL (Organizado por H. Maia de Oliveira). São Paulo: Rideel, 1978. v. 4.

GRECO FILHO, Vicente. *Direito Processual Civil Brasileiro*. 16. ed. São Paulo: Saraiva, 2003. v. 3.

GRINOVER, Ada Pellegrini e outros. *Código Brasileiro de Defesa do Consumidor*. 8. ed. Rio de Janeiro: Forense, 2004.

GUANAIS FILHO, Oliveiros. "Fiança Criminal — Real Alcance". Artigo publicado na *Revista Jurídica dos Formandos em Direito da UFBA*, ano II, vol. II, Salvador: Ciência Jurídica — Nova Alvorada, 1997, 2, p. 463-77.

GUERRA FILHO, Willis Santiago. *A Filosofia do Direito — Aplicada ao Direito Processual e à Teoria da Constituição*. 2. ed. São Paulo: Atlas, 2002.

HIRONAKA, Giselda M. F. N. *Conferência de encerramento proferida em 21.09.01, no Seminário Internacional de Direito Civil, promovido pelo NAP — Núcleo Acadêmico de Pesquisa da Faculdade Mineira de Direito da PUC/MG*. Palestra proferida na Faculdade de Direito da Universidade do Vale do Itajaí — UNIVALI (SC), em 25-10-2002, gentilmente cedida a Pablo Stolze Gagliano.

HIRONAKA, Giselda M. F. N. *Direito Civil — Estudos*. Belo Horizonte: Del Rey, 2000.

HORA NETO, João. *O Princípio da Função Social do Contrato no Código Civil de 2002. Revista de Direito Privado.* São Paulo: Revista dos Tribunais, n. 14, abr./jun. 2002.

HOUAISS, Antônio; VILLAR, Mauro de Salles. *Dicionário Houaiss da Língua Portuguesa.* Rio de Janeiro: Objetiva, 2001.

HULSMAN, Louk. *Penas Perdidas — O Sistema Penal em Questão.* 2. ed. Rio de Janeiro: Luam, 1997.

Instituto Antônio Houaiss de Lexicografia e Banco de Dados da Língua Portuguesa S/C Ltda. *Dicionário Houaiss de Sinônimos e Antônimos da Língua Portuguesa.* Rio de Janeiro: Objetiva, 2003.

JUNQUEIRA, Thiago. Aprovação do PL de Seguros n.º 29/2017 seria um erro (parte 1). *Conjur,* 18 maio 2023. Disponível em: <https://www.conjur.com.br/2023-mai-18/seguros--contemporaneos-aprovacao-pl-seguros-292017-seria-erro-parte/>. Acesso em: 12 nov. 2024.

KASER, Max. *Direito Privado Romano (Römisches Privatrecht).* Lisboa: Fundação Calouste Gulbenkian, 1999.

KATAOKA, Eduardo Takemi. Declínio do Individualismo e Propriedade. In: Tepedino, Gustavo. *Problemas de Direito Civil Constitucional.* Rio de Janeiro: Renovar, 2000.

LEITE, Eduardo de Oliveira (coord.). *Grandes Temas da Atualidade — Dano Moral — Aspectos Constitucionais, Civis, Penais e Trabalhistas.* Rio de Janeiro: Forense, 2002.

LEWICKI, Bruno. Panorama da Boa-Fé Objetiva. In: Tepedino, Gustavo (coord.) *Problemas de Direito Civil Constitucional.* Rio de Janeiro: Renovar, 2000.

LIEBMAN. Ações concorrentes. In: *Eficácia e Autoridade da Sentença.* 2. ed. Rio de Janeiro: Forense, 1981.

LLAMBÍAS, Jorge J. *Tratado de Derecho Civil — Obligaciones.* Buenos Aires: Perrot, 1973. t. I.

LÔBO, Paulo Luiz Netto. *Código Civil Comentado*: Direito de Família. Relações de Parentesco. Direito Patrimonial: Artigos 1.591 a 1.693 (coord.: Álvaro Villaça Azevedo). São Paulo: Atlas, 2003, v. XVI.

LÔBO, Paulo Luiz Netto. Danos Morais e Direitos da Personalidade. In: LEITE, Eduardo de Oliveira (coord.). *Grandes Temas da Atualidade — Dano Moral — Aspectos Constitucionais, Civis, Penais e Trabalhistas.* Rio de Janeiro: Forense, 2002.

LÔBO, Paulo Luiz Netto. *Direito das Obrigações.* São Paulo: Brasília Jurídica, 1999.

LÔBO, Paulo Luiz Netto. Princípios Sociais dos Contratos no CDC e no novo Código Civil. *Jus Navigandi,* Teresina, n. 55, mar. 2002, ano 6. Disponível em: <http://www1.jus.com.br/doutrina/texto.asp?id=2796>. Acesso em: 7 dez. 2003.

LÔBO, Paulo Luiz Netto; LYRA JÚNIOR, Eduardo Messias Gonçalves de (coords.). *A Teoria do Contrato e o Novo Código Civil.* Recife: Ed. Nossa Livraria, 2003.

LOPES, José Reinaldo de Lima. *O Direito na História — Lições Introdutórias.* São Paulo: Max Limonad, 2000.

LOPES, Miguel Maria de Serpa. *Curso de Direito Civil — Fontes das Obrigações: Contratos.* 6. ed. Rio de Janeiro: Freitas Bastos, 2001. v. III.

LOPES, Miguel Maria de Serpa. *Curso de Direito Civil — Fontes das Obrigações: Contratos.* 5. ed. Rio de Janeiro: Freitas Bastos, 1999. v. IV.

LOPES, Miguel Maria de Serpa. *Exceções Substanciais: Exceção de Contrato não Cumprido ("Exceptio non adimpleti contractus").* Rio de Janeiro: Freitas Bastos, 1959.

LOTUFO, Renan. *Questões Relativas a Mandato, Representação e Procuração*. São Paulo: Saraiva, 2001.

LOUREIRO, Luiz Guilherme. *A Teoria Geral dos Contratos no Novo Código Civil*. São Paulo: Método, 2002.

MACHADO NETO, A. L. *Compêndio de Introdução à Ciência do Direito*. 3. ed. São Paulo: Saraiva, 1975.

MAGALHÃES, Descartes Drummond de. *Curso de Direito Comercial*. São Paulo: Escolas Profissionais Salesianas do Liceu, 1922. v. II.

MAIA, Álvaro Marcos Cordeiro. *Disciplina Jurídica dos Contratos Eletrônicos no Direito Brasileiro*. Recife: Ed. Nossa Livraria, 2003.

MALLET, Estêvão. Apontamentos sobre a Competência da Justiça do Trabalho após a Emenda Constitucional n. 45. *Revista do Tribunal Superior do Trabalho*, Brasília, vol. 71, n. 1, jan./abr. 2005.

MARQUES, Cláudia Lima; BENJAMIM, Antônio Herman V.; MIRAGEM, Bruno. *Comentários ao Código de Defesa do Consumidor: arts. 1.º a 74*: aspectos materiais. São Paulo: Revista dos Tribunais, 2003.

MARTÍNEZ, Jaime Vidal. *Las Nuevas Formas de Reproducción Humana: Estudio Desde la Perspectiva del Derecho Civil Español*, Universidad de Valencia: Ed. Civitas, 1988.

MARTINS-COSTA, Judith. *A Boa-Fé no Direito Privado*. São Paulo: Revista dos Tribunais, 1999.

MARTINS-COSTA, Judith. *Zeca Pagodinho, a Razão Cínica e o novo Código Civil Brasileiro*. Disponível em: <https://www.migalhas.com.br/dePeso/16,MI4218,101048-Zeca+Pagodinho+a+razao+cinica+e+o+novo+Codigo+Civil+Brasileiro>. Acesso em: 6 out. 2019.

MASSIMO BIANCA. *Diritto Civile: Il Contrato*. Milano: 1987. v. III.

MATTIETTO, Leonardo. "A Representação Voluntária e o Negócio Jurídico de Procuração". *Revista Trimestral de Direito Civil*, v. 4, Rio de Janeiro: Padma, out./dez. 2000, p. 55-71.

MATTIETTO, Leonardo. O Direito Civil Constitucional e a Nova Teoria dos Contratos. In: *Problemas de Direito Civil Constitucional* (coord.: Gustavo Tepedino). Rio de Janeiro: Renovar, 2000. p. 175.

MAXIMILIANO, Carlos. *Hermenêutica e Aplicação do Direito*. 9. ed. Rio de Janeiro: Forense, 1996.

MELLO, Marcos Bernardes de. *Teoria do Fato Jurídico: Plano da Eficácia*, 1.ª parte. 2. ed. São Paulo: Saraiva, 2004.

MELLO, Marcos Bernardes de. *Teoria do Fato Jurídico (Plano da Existência)*. 10. ed. São Paulo: Saraiva, 2000.

MENDONÇA, Manuel Ignácio Carvalho de. *Contratos no Direito Civil Brasileiro*. 4. ed. Rio de Janeiro: Forense, 1957. t. 1.

MENDONÇA, Manuel Ignácio Carvalho de. *Contratos no Direito Civil Brasileiro*. 4. ed. Rio de Janeiro: Forense, 1957. v. III, t. II.

MESSINEO, Francesco. *Doctrina General del Contrato*. Tradução de R. Fontanarossa, Sentís Melendo e M. Volterra. Buenos Aires: EJEA, 1952. t. II.

MESSINEO, Francesco. *Il Contratto in Genere*. Milano: Giuffrè, 1973. tomo primo.

MIRABETE, Julio Fabbrini. *Processo Penal*. São Paulo: Atlas, 2000.

MIRANDA, Andréa Paula Matos Rodrigues de. *A Boa-Fé Objetiva nas Relações de Consumo*. Dissertação apresentada no Curso de Mestrado em Direito da UFBA — Universidade Federal da Bahia, 2003.

MIRANDA, Pontes de. *Tratado de Direito Privado*. 2. ed. Rio de Janeiro: Borsói, 1958. t. XXII.

MONTEIRO, Washington de Barros. *Curso de Direito Civil — Direito das Obrigações* (2.ª Parte). 34. ed. São Paulo: Saraiva, 1997.

MONTEIRO, Washington de Barros. *Curso de Direito Civil — Direito das Obrigações*. 30. ed. São Paulo: Saraiva, 1999. v. 4.

MONTEIRO, Washington de Barros. *Curso de Direito Civil — Direito das Coisas*. 37. ed. São Paulo: Saraiva, 2003.

MONTEIRO, Washington de Barros. *Curso de Direito Civil — Direito de Família*. 3. ed. São Paulo: Saraiva, 1957.

MORAES, Walter. Concepção Tomista de Pessoa. Um contributo para a teoria do direito da personalidade. *Revista de Direito Privado*. São Paulo: Revista dos Tribunais, n. 3, jul./set. 2000.

MOTA, Mauricio Jorge Pereira da. A Pós-Eficácia das Obrigações. In: TEPEDINO, Gustavo (coord.). *Problemas de Direito Civil-Constitucional*. Rio de Janeiro: Renovar, 2000.

MOTA, Mauricio Jorge Pereira da. A Pós-Eficácia das Obrigações. In: TEPEDINO, Gustavo (coord.). *Problemas de Direito Civil-Constitucional*. Rio de Janeiro: Renovar, 2001. p. 187-241.

NALIN, Paulo Roberto. *Do Contrato: Conceito Pós-Moderno — Em Busca de sua Formulação na Perspectiva Civil-Constitucional*. Curitiba: Juruá, 2001.

NASCIMENTO, Amauri Mascaro. *Curso de Direito do Trabalho*. 10. ed. São Paulo: Saraiva, 1992.

NEGREIROS, Teresa. *Teoria do Contrato*: Novos Paradigmas. 2. ed. Rio de Janeiro: Renovar, 2006.

NERY JUNIOR, Nelson. Contratos no Novo Código Civil — Apontamentos Gerais. In: *O Novo Código Civil — Estudos em Homenagem a Miguel Reale* (coords.: Domingos Franciulli Netto, Gilmar Ferreira Mendes e Ives Gandra da Silva Martins Filho). São Paulo: LTr, 2003.

NERY JUNIOR, Nelson. *Código Brasileiro de Defesa do Consumidor — Comentado pelos Autores do Anteprojeto* — Ada Pellegrini Grinover e outros. 8. ed. Rio de Janeiro: Forense, 2004.

NERY JUNIOR, Nelson; NERY, Rosa Maria de Andrade. *Código Civil Anotado e Legislação Extravagante*. São Paulo: Revista dos Tribunais, 2002.

NERY JUNIOR, Nelson; NERY, Rosa Maria de Andrade. *Código de Processo Civil Comentado*. 4. ed. São Paulo: Revista dos Tribunais, 1999.

NERY JUNIOR, Nelson; NERY, Rosa Maria de Andrade. *Novo Código Civil e Legislação Extravagante Anotados*. São Paulo: Revista dos Tribunais, 2002.

NEVES, Thiago Ferreira Cardoso. *Contratos Mercantis*. 3. ed. Rio de Janeiro: GZ, 2020.

NORONHA, E. Magalhães. *Direito Penal*. 25. ed. São Paulo: Saraiva, 1991. v. 2.

NORONHA, Fernando. *O Direito dos Contratos e Seus Princípios Fundamentais (Autonomia Privada, Boa-Fé, Justiça Contratual)*. São Paulo: Saraiva, 1994.

OLIVEIRA, Anísio José de. *A Teoria da Imprevisão nos Contratos*. 3. ed. São Paulo: Ed. Universitária de Direito, 2002.

OLIVEIRA, Carlos Eduardo Elias de. *Lei da Liberdade Econômica: Diretrizes interpretativas da Nova Lei e Análise Detalhada das Mudanças no Direito Civil e nos Registros Públicos*. Texto gentilmente cedido pelo autor, publicado no site: <http://www.flaviotartuce.adv.br>.

OLIVEIRA, Carlos Eduardo Elias de. Lei das Garantias (lei 14.711/23): Uma análise detalhada. Disponível em: <https://www.migalhas.com.br/coluna/migalhas-notariais-e-registrais/396275/lei-das-garantias-lei-14-711-23--uma-analise-detalhada>. Acesso em: 4 nov. 2023.

OLIVEIRA, Carlos Eduardo Elias de. Continuação da análise detalhada da Lei das Garantias (Lei n. 14.711/2023). Disponível em: <https://www.migalhas.com.br/coluna/migalhas-notariais-e-registrais>. Acesso em: 6 nov. 2023.

OLIVEIRA, Carlos Eduardo Elias de. Juros remuneratórios, juros moratórios e correção monetária após a Lei dos Juros Legais (Lei n.º 14.905/2024): dívidas civis em geral, de condomínio, de *factoring*, de antecipação de recebíveis de cartão de crédito e outras. *Migalhas*, 17 jul. 2024. Disponível em: <https://www.migalhas.com.br/arquivos/2024/7/ABA-04576D5B652_A6859FC25B407B_2024-7-6-Jurosm.pdf>. Acesso em: 27 jul. 2024.

OLIVEIRA, Eduardo Ribeiro de. Contrato de Seguro — Alguns Tópicos. In: *O Novo Código Civil — Estudos em Homenagem a Miguel Reale* (coords.: Domingos F. Netto, Gilmar F. Mendes, Ives Gandra da Silva Martins Filho). São Paulo: LTr, [s.d.].

OMAIRI, Elissane Leila. *A Doutrina do Adimplemento Substancial e a sua Recepção pelo Direito Brasileiro*. Disponível em: <http://www.direitonet.com.br/artigos/x/ 20/64/2064>. Acesso em: 31 mar. 2007.

PAMPLONA FILHO, Rodolfo. "A disciplina do contrato preliminar no novo Código Civil brasileiro". In: DELGADO, Mário Luiz; ALVES, Jones Figueirêdo (coord.). *Novo Código Civil — Questões Controvertidas*. São Paulo: Método, 2004. v. II; e in LÔBO, Paulo Luiz Netto e LYRA JÚNIOR, Eduardo Messias Gonçalves de (coords.). *A Teoria do Contrato e o Novo Código Civil*. Recife: Nossa Livraria, 2003.

PAMPLONA FILHO, Rodolfo. A Equidade no Direito do Trabalho. *Forum* (Revista do IAB — Instituto dos Advogados da Bahia), edição especial do 1.º Centenário de Fundação, Salvador-BA, Nova Alvorada, 1997.

PAMPLONA FILHO, Rodolfo. A Nova Competência da Justiça do Trabalho (uma contribuição para a compreensão dos limites do novo Art. 114 da Constituição Federal de 1988). *Revista LTr*, São Paulo, ano 70, edição de jan./2006, p. 38-49; *Revista de Direito do Trabalho*, São Paulo, Revista dos Tribunais, n. 121, ano 32, jan./mar. 2006, p. 233-58; e *Revista da Academia Nacional de Direito do Trabalho*, n. 13, ano XIII, São Paulo, LTr, 2005, p. 175-95.

PAMPLONA FILHO, Rodolfo. *O Dano Moral na Relação de Emprego*. 3. ed. São Paulo: LTr, 2002.

PAMPLONA FILHO, Rodolfo; Araújo, Ana Thereza Meirelles. Tutela Jurídica do Nascituro à Luz da Constituição Federal. *Revista Eletrônica do Curso de Direito da UNIFACS*.

Disponível em: *site* <www.unifacs.br/revistajuridica>, edição de maio 2007, seção "Corpo Docente".

PAMPLONA FILHO, Rodolfo; Villatore, Marco Antônio César. *Direito do Trabalho Doméstico*. 2. ed. São Paulo: LTr, 2001.

PAMPLONA FILHO, Rodolfo; Villatore, Marco Antônio César. *Direito do Trabalho Doméstico*. 3. ed. São Paulo: LTr, 2006.

PASCHOAL, Janaina Conceição. *Constituição, Criminalização e Direito Penal Mínimo*. São Paulo: Revista dos Tribunais, 2003.

PASSOS, José Joaquim Calmon de. O Imoral nas Indenizações por Dano Moral. Disponível em: <http://www.jusnavigandi.com.br>, in *doutrina*.

PENTEADO, Luciano de Camargo. Figuras Parcelares da Boa-Fé Objetiva e *Venire Contra Factum Proprium*. Disponível em: http://www.flaviotartuce.adv.br/ secoes/artigosc/Luciano_venire.doc, acessado em 20 jul. 2008.

PEREIRA, Caio Mário da Silva. *Anteprojeto do Código de Obrigações*. Rio de Janeiro, 1964, material disponível na biblioteca da PUC-SP.

PEREIRA, Caio Mário da Silva. *Direito Civil*: Alguns Aspectos da sua Evolução. Rio de Janeiro: Forense, 2001.

PEREIRA, Caio Mário da Silva. *Instituições de Direito Civil*. 3. ed. Universitária. Rio de Janeiro: Forense, 1992. v. I.

PEREIRA, Caio Mário da Silva. *Instituições de Direito Civil*. 19. ed. Rio de Janeiro: Forense, 2001. v. II.

PEREIRA, Caio Mário da Silva. *Instituições de Direito Civil*. 10. ed. Rio de Janeiro: Forense, 2001. v. III.

PEREIRA, Caio Mário da Silva. *Responsabilidade Civil*. 9. ed. Rio de Janeiro: Forense, 2000.

PEREIRA, Régis Fichtner. *A Responsabilidade Civil Pré-Contratual*. Rio de Janeiro: Renovar, 2001.

PEREIRA, Rodrigo da Cunha. *Direito de Família e o Novo Código Civil* (coords.: Rodrigo da Cunha Pereira e Maria Berenice Dias). Belo Horizonte: Del Rey/IBDFAM, 2002.

PESSOA, Cláudia Grieco Tabosa. *Efeitos Patrimoniais do Concubinato*. São Paulo: Saraiva, 1997.

PIMENTEL, Alexandre Freire. "Evicção e Denunciação da Lide no Novo Código Civil". In: Delgado, Mário Luiz e Alves, Jones Figueirêdo (coords.). *Novo Código Civil — Questões Controvertidas*. São Paulo: Método, 2003, v. I. p. 149-68.

PINHEIRO, Alice Maria da Silva *et al*. "A Ampliação da Competência da Justiça do Trabalho". *Revista Amatra 5*: Vistos etc.", v. 5, Salvador: Amatra5, 2005, p. 55.

PINTO, José Augusto Rodrigues. *Curso de Direito Individual do Trabalho*. 3. ed. São Paulo, LTr, 1997.

PINTO, José Augusto Rodrigues. *Curso de Direito Individual do Trabalho*. São Paulo: LTr, 1994.

PINTO, José Augusto Rodrigues; PAMPLONA FILHO, Rodolfo. *Repertório de Conceitos Trabalhistas*. São Paulo: LTr, 2000.

PONTES DE Miranda, F. C. *Tratado de Direito Privado*. 2. ed. Rio de Janeiro: Borsoi, 1958. t. XXII.

POPP, Carlyle. *Responsabilidade Civil Pré-Negocial: O Rompimento das Tratativas*. Curitiba: Juruá, 2002.

PRADO, Rodrigo Murad do. A Jurisdição Internacional, os Novos Endereços Jurisdicionais, o Direito Processual Civil Internacional e as Cortes Internacionais de Justiça. Disponível em: <http://www.uj.com.br/publicacoes/doutrinas/default. asp?action=doutrina&iddoutrina=4753>, acessado em 20 jul. 2008.

PRATA, Ana. *A Tutela Constitucional da Autonomia Privada*. Coimbra: Almedina, 1982.

PRATA, Ana. *O Contrato-Promessa e o seu Regime Civil*. Coimbra: Almedina: 2001.

QUEIROZ, Paulo de Souza. *Direito Penal — Introdução Crítica*. São Paulo: Saraiva, 2001.

PRATA, Ana. *Funções do Direito Penal*. Belo Horizonte: Del Rey, 2001.

REALE, Miguel. *Estudos Preliminares do Código Civil*. São Paulo: Revista dos Tribunais, 2003.

REALE, Miguel. *O Projeto do Novo Código Civil*. 2. ed. São Paulo: Saraiva, 1999.

REIS, Clayton. *Dano Moral*. 4. ed. Rio de Janeiro: Forense, 1995.

REQUIÃO, Rubens. *Curso de Direito Comercial*. 20. ed. São Paulo: Saraiva, 1995. v. 2.

RIPERT, Georges. *A Regra Moral nas Obrigações Civis*. Campinas: Bookseller, 2000.

RIPERT, Georges; BOULANGER, Jean. *Tratado de Derecho Civil — Segun el Tratado de Planiol — Contratos Civiles*. Buenos Aires: La Ley, 1987. t. VIII.

ROCHA, Silvio Luis Ferreira da. *Curso Avançado de Direito Civil — Contratos*. São Paulo: Revista dos Tribunais, 2002. v. 3.

RODRIGUES, Geisa de Assis. *Ação Civil Pública e Termo de Ajustamento de Conduta*: teoria e prática. Rio de Janeiro: Forense, 2002.

RODRIGUES, Silvio. *Direito Civil — Dos Contratos e Declarações Unilaterais de Vontade*. 25. ed. São Paulo: Saraiva, 1997. v. 3.

RODRIGUES, Silvio. *Direito Civil — Dos Contratos e Declarações Unilaterais de Vontade*. 30. ed. São Paulo: Saraiva, 2004. v. 3.

RODRIGUES, Silvio. *Direito Civil — Parte Geral*. 28. ed. São Paulo: Saraiva, 1998. v. 1.

RODRIGUES, Silvio. *Direito Civil — Parte Geral das Obrigações*. 30. ed. São Paulo: Saraiva, 2002. v. 2.

RODRIGUES, Silvio. *Direito Civil — Responsabilidade Civil*. 17. ed. São Paulo: Saraiva, 1999. v. 4.

RODRIGUES JUNIOR, Otávio Luiz. *Revisão Judicial dos Contratos*. São Paulo: Atlas, 2002.

RODRIGUEZ, Américo Plá. *Princípios de Direito do Trabalho*. 1. ed. bras. 4. tir. São Paulo: LTr, 1996.

RUGGIERO, Roberto de. *Instituições de Direito Civil*. Campinas: Bookseller, 1999.

SÁ, Almeno de. Relação Bancária, Cláusulas Contratuais Gerais e o Novo Código Civil Brasileiro. *Revista Brasileira de Direito Comparado*. Rio de Janeiro: Instituto de Direito Comparado Luso-Brasileiro, 2003.

SALAMA, Bruno Meyerhof; BARBOSA JR., Alberto L. Análise jurídico-econômica dos juros legais de mora – a nova redação do art. 406 do Código Civil. *Jota*, 12 jul. 2024. Disponível em: <https://www.jota.info/artigos/analise-juridico-economica-dos-juros-legais-de-mora-12072024>. Acesso em: 26 jul. 2024.

SANCHES, Sidney. *Denunciação da Lide no Direito Processual Civil Brasileiro.* São Paulo: Revista dos Tribunais, 1984.

SANGUINÉ, Odone. "Função Simbólica da Pena". *Revista Portuguesa de Ciência Criminal.* Coimbra: Aequitas-Editorial Notícias, 1995.

SANTOS, Antônio Jeová. *Direito Intertemporal e o Novo Código Civil.* São Paulo: Revista dos Tribunais, 2003.

SANTOS, Eduardo Sens. O Novo Código Civil e as Cláusulas Gerais: Exame da Função Social do Contrato. *Revista Brasileira de Direito Privado.* São Paulo: Revista dos Tribunais, n. 10, abr./jun. 2002.

SANTOS, Gilmara. Aprovação do PL dos seguros divide setor; tramitação com Código Civil recebe críticas. *InfoMoney*, 15 jul. 2024. Disponível em: <https://www.infomoney.com.br/minhas-financas/aprovacao-do-pl-dos-seguros-divide-setor-tramitacao-com-codigo-civil-recebe-criticas/>. Acesso em: 9 nov. 2024.

SANTOS, J. M. Carvalho. *Código Civil Brasileiro Interpretado — Parte Geral.* Rio de Janeiro: Freitas Bastos, 1950. v. III.

SANTOS, J. M. Carvalho. *Código Civil Brasileiro Interpretado — Direito das Obrigações.* 13. ed. Rio de Janeiro: Freitas Bastos, 1991. v. XVI.

SCARPASSA, Marco Antonio. O contrato de seguro e a mora do segurado relativa ao pagamento do prêmio. *Jus Navigandi*, Teresina, n. 1204, ano 10, 18 out. 2006. Disponível em: <http://jus2.uol.com.br/doutrina/texto.asp?id=9057>. Acesso em: 2 abr. 2007.

SECCO, Orlando de Almeida. *Introdução ao Estudo do Direito.* 4. ed. Rio de Janeiro: Lumen Juris, 1998.

SICA, Leonardo. *Direito Penal de Emergência e Alternativas à Prisão.* São Paulo: Revista dos Tribunais, 2002.

SIDOU, J. M. Othon. *Resolução Judicial dos Contratos — Cláusula "Rebus Sic Stantibus" — e Contratos de Adesão — No Direito Vigente e no Projeto do Código Civil.* 3. ed. Rio de Janeiro: Forense, 2000.

SILVA, Christine Oliveira Peter da. A Disciplina do Contrato de Empréstimo no Novo Código Civil — Novas Perspectivas do Contrato de Mútuo Feneratício e a Questão da Limitação da Taxa de Juros. In: *O Novo Código Civil — Estudos em Homenagem a Miguel Reale* (coords.: Domingos Franciulli Netto, Gilmar Ferreira Mendes e Ives Gandra da Silva Martins Filho. São Paulo: LTr, 2003.

SILVA, Clóvis V. do Couto e. *A Obrigação como Processo.* São Paulo: Bushatsky, 1976

SILVA, De Plácido e. *Vocabulário Jurídico.* 15. ed. Rio de Janeiro: Forense, 1998.

Silva, Luiz de Pinho Pedreira da. *Principiologia do Direito do Trabalho.* 2. ed. São Paulo: LTr, 1997.

SILVA, Sérgio André Rocha Gomes da. "Da inconstitucionalidade da penhorabilidade do bem de família por obrigação decorrente de fiança em contrato de locação". Artigo publicado na *Revista de Direito Privado*, v. 2, abr./jun. 2000.

SIMÃO, José Fernando. A Boa-Fé e o Novo Código Civil — Parte III. Disponível em: <http//www.professorsimao.com.br/artigos_simao_a_boa_fe_03.htm>, acessado em 20 jul. 2008.

SILVA, Sérgio André Rocha Gomes da. *A MP 881/19 (Liberdade Econômica) e as Alterações do Código Civil. Primeira Parte*. Disponível em: <https://www.migalhas.com.br/dePeso/16,-MI301612,41046-A+MP+88119+liberdade+economica+e+as+alteracoes+do+ Codigo+Civil>. Acesso em: 23 set. 2019.

SILVA, Sérgio André Rocha Gomes da. A Revisão do Contrato pelo Novo Código Civil. Crítica e Proposta de Alteração do art. 317 da Lei n. 10.406/02. In: *Novo Código Civil — Questões Controvertidas*. Coord. Mário Luiz Delgado e Jones Figueirêdo Alves. São Paulo: Método, 2003. v. I.

SILVA, Sérgio André Rocha Gomes da. *Direito Civil — Teoria Geral dos Contratos e Contratos em Espécie*. Série Concursos Públicos. 2. ed. São Paulo: Método, 2007. v. 3.

SILVA, Sérgio André Rocha Gomes da. *Direito Civil — Teoria Geral dos Contratos e Contratos em Espécie*. 18. ed. Rio de Janeiro: Forense, 2023. v. 3.

SILVA, Sérgio André Rocha Gomes da. *Vícios do Produto no Novo Código Civil e no Código de Defesa do Consumidor — Responsabilidade Civil*. São Paulo: Atlas, 2003.

SOARES, Mário Lúcio Quintão; BARROSO, Lucas Abreu. Os Princípios Informadores do Novo Código Civil e os Princípios Constitucionais Fundamentais: Lineamentos de um Conflito Hermenêutico no Ordenamento Jurídico Brasileiro. *Revista Brasileira de Direito Privado*, n. 14, abr./jun. 2003.

SOUZA, Eduardo Ribeiro Pacheco de. A promessa de compra e venda no NCC. Reflexos das inovações nas atividades notarial e registral. Disponível em: <http://www.irib.org.br/obras/a-promessa-de-compra-e-venda-no-ncc-reflexos-das-inovacoes-nasatividades-notarial-e-registral>. Acesso em: 29 set. 2018.

SOUZA, Sylvio Capanema de. *Da Locação do Imóvel Urbano*. Rio de Janeiro: Forense, 2002.

SÜSSEKIND, Arnaldo; MARANHÃO, Délio; VIANNA, Segadas; TEIXEIRA, Lima. *Instituições de Direito do Trabalho*. 19. ed. São Paulo: LTr, 2000. v. I.

SZANIAWSKI, Elimar. "O Embrião Excedente — O Primado do Direito à Vida e de Nascer. Análise do art. 9.º do Projeto de Lei do Senado n. 90/99". In: *Revista Trimestral de Direito Civil — RTDC*. Rio de Janeiro: Padma, v. 8, ano 2, out./dez. 2001, p. 83-107

TARTUCE, Flávio. *A Função Social dos Contratos — Do Código de Defesa do Consumidor ao Novo Código Civil*. São Paulo: Método, 2005.

TEPEDINO, Gustavo. *A Parte Geral do Novo Código Civil: Estudos na Perspectiva Civil-Constitucional*. Rio de Janeiro: Renovar, 2002.

TEPEDINO, Gustavo. *Problemas de Direito Civil Constitucional*. Rio de Janeiro: Renovar, 2000.

TEPEDINO, Gustavo. *Temas de Direito Civil*. 2. ed. Rio de Janeiro: Renovar, 2001.

TEPEDINO, Gustavo. *Do Contrato de Agência e Distribuição no Novo Código Civil*. Disponível em: <http: www.mundojuridico.adv.br>. Acesso em 14 jul. 2006.

TEPEDINO, Gustavo. *Do Transporte de Pessoas no Novo Código Civil*. Disponível em: <http://64.233.187.104/search?q=cache:q-g4XqoqZQJ:www.am.trf1.gov.br/biblioteca/OUTROS%2520SERVI%C3%87OS/C%C3%93DIGO%2520CIVIL/do_transporte_de_pessoas_

no_novo_cc.pdf+%22Do+transporte+de+pessoas+no+novo+C%C3%B3digo+Civil%22&hl=pt-BR&gl=br&ct=clnk&cd=8&lr=lang _pt>. Acesso em: 8 ago. 2006.

TEPEDINO, Gustavo. *O Contrato e seus Princípios.* Rio de Janeiro: Aide, 1993.

TEPEDINO, Gustavo. *O Contrato e sua Função Social.* Rio de Janeiro: Forense, 2003.

THEODORO JR., Humberto. Contrato de Comissão no Novo Código Civil. Artigo publicado na *Revista Síntese de Direito Civil e Processual Civil,* n. 25, set./out. 2003.

TICIANELLI, Joelma. "Limites Objetivos e Subjetivos do Negócio Jurídico na Constituição Federal de 1988". In: *Direito Civil Constitucional — Cadernos 1,* org. por Renan Lotufo. São Paulo: Max Limonad, 1999.

TRIBUNA DA MAGISTRATURA. Caderno especial jurídico. Publicação oficial da Associação Paulista dos Magistrados, autor da proposição: Prof. Wanderlei de Paula Barreto, ano XIV, n. 122, set. 2002.

TRINDADE, Washington Luiz da. "Novas Figuras Contratuais". *Revista do Tribunal Regional do Trabalho 5.ª Região,* Salvador, ano 1, n. 2, 1973.

VARELA, João de Matos. *Das Obrigações em Geral.* 9. ed. Coimbra: Almedina, 1996. v. 1.

VASCONCELOS, Pedro Pais de. *Contratos Atípicos.* Coimbra: Almedina, 1995.

VELOSO, Zeno. *Novo Código Civil Comentado,* Saraiva.

VENOSA, Sílvio de Salvo. *Direito Civil — Contratos em Espécie e Responsabilidade Civil.* São Paulo: Atlas, 2001. v. III.

VENOSA, Sílvio de Salvo. *Direito Civil — Contratos em Espécie.* 3. ed. São Paulo: Atlas, 2003. v. III.

VENOSA, Sílvio de Salvo. *Direito Civil — Parte Geral.* São Paulo: Atlas, 2001. v. I.

VENOSA, Sílvio de Salvo. *Direito Civil — Responsabilidade Civil.* 3. ed. São Paulo: Atlas, 2003.

VENOSA, Sílvio de Salvo. *Direito Civil — Teoria Geral das Obrigações e Teoria Geral dos Contratos.* São Paulo: Atlas, 2002.

VENOSA, Sílvio de Salvo. *Direito Civil — Teoria Geral das Obrigações e Teoria Geral dos Contratos.* 3. ed. São Paulo: Atlas, 2003. v. II.

VENOSA, Sílvio de Salvo. *Lei do Inquilinato Comentada — Doutrina e Prática.* 5. ed. São Paulo: Atlas, 2001.

VICENTE, Dário Moura. "A responsabilidade pré-contratual no Código Civil brasileiro de 2002". *Revista Trimestral de Direito Civil,* Rio de Janeiro: Padma, v. 18, p. 3-20, abr./jun. 2004.

VILLAÇA AZEVEDO, Álvaro. *Teoria Geral das Obrigações.* 9. ed. São Paulo: Revista dos Tribunais, 2001.

WALD, Arnoldo. *Curso de Direito Civil Brasileiro.* 8. ed. São Paulo: Revista dos Tribunais, 1995.

WALD, Arnoldo. *Curso de Direito Civil Brasileiro — Direito de Família.* 11. ed. São Paulo: Revista dos Tribunais.

WALD, Arnoldo. *Curso de Direito Civil Brasileiro — Obrigações e Contratos.* 12. ed. São Paulo: Revista dos Tribunais, 1995. v. II.

WALD, Arnoldo. *Direito Civil — Direito das Obrigações e Teoria dos Contratos*. 22. ed. São Paulo: Saraiva, 2015. v. 2.

WALD, Arnoldo. *Direito das Coisas*. 11. ed. São Paulo: Saraiva, 2002.

WALD, Arnoldo. O Contrato: Passado, Presente e Futuro. *Revista Cidadania e Justiça*. Rio de Janeiro: Publicação da Associação dos Magistrados Brasileiros, 1.º Semestre de 2000.

WALD, Arnoldo. O Novo Código Civil e o Solidarismo Contratual. *Revista de Direito Bancário, do Mercado de Capitais e da Arbitragem*. São Paulo: Revista dos Tribunais, n. 21, jul./set. 2003, ano 6.

ZAFFARONI, Eugenio Raúl. *Em Busca das Penas Perdidas*. Rio de Janeiro: Revan, 1991.

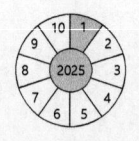